Peter-André Alt
Franz Kafka

Franz Kafka, im Herbst 1910

Peter-André Alt

Franz Kafka

Der ewige Sohn

Eine Biographie

Verlag C.H. Beck

Mit 43 Abbildungen

© Verlag C.H.Beck oHG, München 2005
Satz: Fotosatz Reinhard Amann, Aichstetten
Druck und Bindung: Ebner & Spiegel, Ulm
Gedruckt auf säurefreiem, alterungsbeständigem Papier
(hergestellt aus chlorfrei gebleichtem Zellstoff)
Printed in Germany
ISBN 3 406 53441 4

www.beck.de

«Es ist eine schöne und wirkungsvolle Vorführung, der Ritt den wir den Ritt der Träume nennen. Wir zeigen ihn schon seit Jahren, der welcher ihn erfunden hat, ist längst gestorben, an Lungenschwindsucht, aber diese seine Hinterlassenschaft ist geblieben und wir haben noch immer keinen Grund den Ritt von den Programmen abzusetzen, umsoweniger, als er von der Konkurrenz nicht nachgeahmt werden kann, er ist, trotzdem das auf den ersten Blick nicht verständlich ist, unnachahmbar.»

(Franz Kafka, Februar 1922)

Inhalt

Vorwort

Franz Kafkas Wirklichkeit war ein weitläufiger Raum der Einbildungskraft. «Die ungeheure Welt, die ich im Kopfe habe», notiert er im Juni 1913 in seinem Tagebuch (T II 179).[1] Während sich Kafkas äußeres Leben mit wenigen Ausnahmen in der überschaubaren Topographie Prags und der Provinzstädte Böhmens abspielt, bleibt die Erfahrung, die ihm das Reich des Imaginären vermittelt, unumschränkt und grenzenlos. Was sein literarisches Werk inspiriert, stammt nur in Bruchteilen aus den Zonen der externen Realität. Auf merkwürdige Weise scheint seine Welt der Phantasie von der wechselvollen Geschichte der Moderne unberührt. Die gravierenden Zäsuren, die Europa am Beginn des 20. Jahrhunderts bestimmen, spielen für Kafkas Leben scheinbar keine Rolle – weder seine Briefe noch die Tagebücher widmen ihnen größere Aufmerksamkeit. Die russische Revolution vom Winter 1905 taucht in der Erzählung *Das Urteil* auf, als sei sie ein gleichsam literarisches Ereignis. Die Balkankriege von 1912 und 1913 nimmt der Briefschreiber wie durch den Schleier des Tagtraums wahr (Br I 204). Die Mobilmachung vom August 1914 registriert der Tagebuchautor in einer lakonischen Beiläufigkeit, die befremdlich wirkt (T II 165). Dem Zusammenbruch der k. u. k.-Monarchie, der am 28. Oktober 1918 zur Geburt der tschechischen Republik führt, widmet er kaum ein Wort. Die Existenz des neuen Staates, als dessen Bürger er fortan lebt, ist ihm keinen näheren Kommentar wert; einzig über die bürokratischen Widerstände, denen sich der Reisende im Europa der Nachkriegszeit ausgesetzt sieht, klagt er gelegentlich. Als er 1923 nach Berlin zieht, beobachtet er die gesellschaftlichen Umbrüche des großen Inflationswinters wie ein Forscher, der den Gegenständen seiner wissenschaftlichen Neugier fernbleiben muß, um sie besser zu verstehen: «(…) und so weiß ich von der Welt viel weniger als in Prag.» (Br 468)

Als Visionär ohne Geschichte und Mystagogen ohne Realitätssinn haben die Nachgeborenen Kafka wahrgenommen. Das Porträt des einsamen Prager Asketen, der seine privaten Ängste und Obsessionen in traumhaft-phantastischen Texten verarbeitet, darf jedoch nicht davon ablenken, daß es auch noch eine andere Seite gibt. Sie zeigt dem Betrachter einen auf komplizierte Weise in die Epoche Verstrickten, der vor der gesellschaftlichen Wirklichkeit seiner Zeit die Augen nicht verschließt. Als Jurist in öffentlichen Diensten ist ihm die staatliche Bürokratie in Böhmen aus den Details eines grauen Büroalltags vertraut. Die Fabriken des Industriezeitalters, jene Schreckensorte im Inferno moderner Technik, hat er, anders als die meisten Schriftsteller des 20. Jahrhunderts, in seiner Rolle als Gutachter für den Unfallschutz bei Inspektionsbesuchen sehr genau kennengelernt. Seine privaten Reisen führen ihn durch die Länder Mitteleuropas, in die Schweiz, nach Frankreich und Oberitalien. Die großen europäischen Metropolen erkundet er mit der Neugier des Voyeurs, der vom nervösen Pulsschlag urbanen Lebens fasziniert ist. Sämtliche bedeutenden intellektuellen Strömungen der Zeit hat er aufmerksam registriert, ohne sich freilich von ihnen vereinnahmen zu lassen; Zionismus und Psychoanalyse, Anthroposophie und Naturheilkunde, Sozialismus und Anarchismus, Frauenbewegung und Pazifismus nimmt er als Epochenphänomene mit dem scharfen Blick des distanzierten Beobachters wahr. Sein Wissen verbirgt er dabei hinter der Maske des naiven Dilettanten, der die Souveränität bewundert, mit der die Akteure auf der Bühne des Geisteslebens ihre Rollen spielen.

Wer diese Selbstinszenierung als Tarnung durchschaut, erblickt einen sehr bewußt lebenden Zeitgenossen, dem seine kulturelle Umwelt niemals gleichgültig bleibt. Kafka hat seine besondere Identität als deutscher Jude in Prag, belehrt durch Theodor Herzls Zionismus und Martin Bubers Religionsphilosophie, mit wachsender Sensibilität reflektiert. Es ist das gesellschaftliche und kulturelle Milieu Böhmens im Zeitalter der jüdischen Assimilation, das seine Kindheit und Jugend am Ende des 19. Jahrhunderts bestimmt. Hier, vor dem Hintergrund einer verschatteten Überlieferung – der jüdischen Glaubenskultur – und auf dem Boden der technischen wie kulturellen Moderne, liegen die Voraussetzungen seiner ästhetischen Produktivität. Selbst wenn sein Werk die Spuren der Epoche stets nur indirekt verarbeitet, läßt es sich nicht lösen von deren politischen, sozialen und intellektuellen Signaturen. Auch der in seine Privatkonflikte eingesponnene Autor Kafka ist ein Künstler mit zeitgeschichtlich geprägter Identität, dessen literarische Arbeit unter den gesellschaftlichen Bedingungen eines katastrophenreichen Jahrhunderts steht.

Dieses Buch geht von der Beobachtung aus, daß Kafkas äußeres und inneres Leben zwar punktuell seine Texte inspiriert, umgekehrt aber auch die Literatur die Linien der Biographie festlegt. Kafka hat nicht selten in seinen poetischen Arbeiten Konstellationen der eigenen Vita vorweggenommen; man könnte, anders akzentuiert, auch sagen: er hat im Leben die Literatur nachgeahmt. Dieser Befund gilt etwa für das Verlobungsmotiv der Erzählung *Das Urteil*, das die Beziehung zu Felice Bauer antizipiert, aber ebenso für die tödliche Wunde des Jungen im *Landarzt*, die das Ausbrechen der Tuberkulose zu präludieren scheint. Es gehört zu den Grundmustern von Kafkas Leben, daß es sich im Geltungsbereich der Literatur abspielt und über ihn wesentlich definiert; das reflektieren zahlreiche Äußerungen in Tagebüchern und Briefen mit nicht ermüdender Intensität. Zentrale Aufgabe dieses Buchs ist es daher, die Prägungen zu beschreiben, die das Leben durch die imaginären Welten der Poesie und die Formen ihrer inneren Ordnung empfangen hat.[2] Erst die Einsicht in die literarische Konditionierung der Erfahrung erschließt das geheime – keineswegs mythische, vielmehr bewußt produzierte – Gesetz, das Kafkas Vita machtvoll regiert. In ihr existieren keine einfachen Lösungen, sondern nur Paradoxien und dialektische Verstrickungen, denen traditionelle Mythen wie das Bild vom asketischen, lebensängstlichen Schriftsteller so wenig gerecht werden wie ihre programmatischen Entzauberungen.

Man kann Kafka im Hinblick auf solche Paradoxien einen ‹ewigen Sohn› nennen, der seine Furcht vor dem Vater mit obsessiver Lust kultiviert, weil sie für ihn die Bedingung seiner Existenz bildet. Diese Konstellation bezeichnet ein Lebensprinzip, das Kafkas künstlerische Identität ebenso wie sein – von ihm selbst so empfundenes – Scheitern in der praktischen Wirklichkeit begründet. Kafka hat sich, obgleich er sich seines literarischen Rangs bewußt war, niemals aus der Rolle des Nachgeborenen befreit, der zögert, erwachsen zu werden. Seine Liebesgeschichten treiben in Katastrophen, da der Eintritt in die Rolle des Ehemanns oder Vaters seine Identität als Sohn zerstört hätte. Sie aber bildete die Voraussetzung für seine schriftstellerische Arbeit, die sich nach seiner Überzeugung nur in der unbedingten Einsamkeit vollziehen konnte. Nicht zuletzt wird in der Rolle des Sohnes die Logik seiner Texte deutlich, die endlose Reisen auf dem Meer der Bedeutungen unternehmen. Kafkas literarisches Werk ist einer Ästhetik des Zirkulären verpflichtet, in der sich die Ich-Konstruktion des ewigen Sohnes spiegelt: das ‹Zögern vor der Geburt›, wie er es genannt hat, das Verharren in Übergängen, Bruchstücken, Annäherungen. Der Sohn, der nicht erwachsen wird, reflektiert seine psychische Selbstorganisation in Texten, die so unabschließbar sind wie sein eigenes biographisches Projekt. Der Ich-Entwurf des ‹ewigen Sohnes› ist daher das Geheimnis der Künstlerpsychologie, die Kafkas Schreiben grundiert. Er führt, die Zufälle der äußeren Biographie wie Schwellen überschreitend, in jene Zone, die man die Dämonie des Lebens nennen mag: ins Arkanum der dunklen Verstrickungen, welche die dramatische Selbstinszenierung des Autors Kafka bestimmen.

Kafka ist kein Meteor, dessen Werk aus einem geschichtslosen Himmel über uns kam. Er steht vielmehr sehr bewußt in einem komplexen Überlieferungsgeschehen, das er freilich mit den Mitteln der Ironie, Travestie und Parodie, nicht selten gestützt durch die Denkmethode der negativen Dialektik, zu verfremden weiß. Die beiden Leitbegriffe, die dieses Überlieferungsgeschehen erschließen, lauten ‹Mythos› und ‹Moderne›. Mythos: das ist für

Kafka wesentlich die Welt des Judentums, dessen religiöse Sagen, Geschichten und Handlungsanleitungen ursprünglich mündlich überliefert waren. Über das Gespräch gewinnt Kafka durch Bekannte und Freunde wie Hugo Bergmann, Max Brod, Felix Weltsch, Jizchak Löwy, Martin Buber und Jiři Langer Einblicke in die Erzählwelten der jüdischen Religion. Daß deren Muster die Texte des *Landarzt*-Bandes, den *Proceß*-Roman und das Spätwerk geprägt haben, läßt sich begründet nachweisen. Zugleich mischt sich in das Ensemble der legendenhaften Stoffe, die Kafka verarbeitet, die griechische Antike ein. Die Mythen des Kampfes, des Familienkonflikts und der Reise, die er aufgreift, stehen damit in Zusammenhang. Das Buch wird die mythischen Serien rekonstruieren, denen Kafkas literarische Texte folgen. In ihnen sammeln sich Materialien aus unterschiedlichsten Zeiträumen der Kulturgeschichte, freilich im Rahmen von literarischen Experimenten, die ihre ursprüngliche Gestalt verändern. Kafka schreibt die großen mythischen Erzählungen des Abendlandes fort, indem er sie neu deutet und die unaufgelösten Widersprüche, die sie aufgeben, in erregender Weise einschärft.

Moderne: das ist einerseits die gegen das mündliche Überlieferungsgeschehen gerichtete Ordnung der Schrift, mit ihr die deutsche Literatur, die Kafka von Goethe (dem ältesten Autor, den er las) bis zur Generation seiner Zeitgenossen unsystematisch, aber aufmerksam zur Kenntnis nahm; andererseits die Welt der Medien, die er so genau wie kaum ein anderer Schriftsteller der Zeit beobachtete. Kino, Diktaphon und Schreibmaschine finden sich in seinen privaten Zeugnissen regelmäßig thematisiert; in verdeckter Form aber wird der medientechnische Diskurs der Moderne auch in seinen literarischen Arbeiten aufgegriffen und fortgeführt. Als Autor läßt sich Kafka vom Stummfilm anregen, dessen beschleunigte Bewegungsabläufe sich unmittelbar in einzelne Szenen des *Verschollenen* übersetzen. Die Erzählung *In der Strafkolonie* zeigt eine Beschäftigung mit Techniken der Schrift, wie sie ähnlich die Briefe an Felice Bauer, freilich auf anderer Ebene, offenbaren. Der Begriff der Modernität ist bei Kafka doppelt belegt: Literatur und technisch hergestelltes Bild gehören hier zusammen. Walter Benjamin hat über die zweifache Beeinflussung seines Œuvres durch die mündliche Überlieferung religiöser Prägung und die Welt des 20. Jahrhunderts bemerkt: «Kafkas Werk ist eine Ellipse, deren weit auseinanderliegende Brennpunkte von der mystischen Erfahrung (die vor allem die Erfahrung von der Tradition ist) einerseits, von der Erfahrung des modernen Großstadtmenschen andererseits bestimmt sind.»[3]

Die Literaturtheorie hat seit der Mitte der 60er Jahre die Vorstellung kritisiert, daß der Autor der allmächtige Herrscher über seine Texte sei. Im Fall Kafkas läßt sich zeigen, daß die Moderne von der Autorfiktion ebenso Abschied nehmen muß wie vom emphatischen Werkbegriff, den Adornos

Ästhetische Theorie (1970) letztmals mit Nachdruck vertreten hat. Kafkas Aufmerksamkeit galt weniger dem Werk als dem Schreiben, der Logik der Produktion; zwar kannte er den Selbstgenuß, den die Veröffentlichung eines eigenen Textes bedeutete, jedoch wurde er überwogen durch die Ekstase, die der Entstehungsvorgang selbst auslöste. Diese Gewichtung schlägt sich in der latent fragmentarischen Struktur seiner Prosa nieder. Kafkas Arbeit ist selbst dort, wo ihre Produkte vom Autor zur Publikation freigegeben worden sind, unabgeschlossen und offen. Die Unerschöpflichkeit seiner Texte gründet in dem Umstand, daß sie dort, wo sie enden, keine verbindlichen Folgerungen zulassen, mithin für einfache Sinnzuschreibungen unzugänglich bleiben. Im prozeßhaften Medium der Schrift, nicht in der konkreten Gestalt eines Werks hat Kafka seine künstlerische Identität ausgebildet. Die Schrift wiederum vollzieht, wie Jacques Derrida formuliert hat, eine unaufhörliche Annäherung an die Phänomene, die sie repräsentieren möchte.[4] Sie kann nie zu Ende kommen, weil sie stets *vor* dem steht, was sie bezeichnet. Dazu paßt, daß Kafka sich das glückende Schreiben als ununterbrochenen Strom vorgestellt hat, der durch keinerlei Widerstände aufgehalten wird. In einer Nacht ohne Morgen, frei von Störungen, jenseits der Rhythmen des Lebens wünschte er sich in seine Texte zu ‹ergießen› (so die Formulierung vom Januar 1912; T II 21). Seinem Arbeitsideal entsprach es, ins Zeichenmeer der Schrift einzutauchen und in diesem Vorgang das eigene Ich gesteigert zu erfahren. Ein solches Modell der literarischen Produktion mußte das Interesse an der Publikation abgerundeter, möglichst makelloser ‹Werke› keineswegs ausschließen, doch stand es nicht im Vordergrund von Kafkas Entwurf künstlerischer Autorschaft.

Als biographische Grundkraft verwandelt die Literatur Kafkas Erfahrungswelt zu einem Raum, in dem Phantasie und Realität nicht mehr getrennt werden können. Leben und Arbeit treten daher in diesem Buch in eine konstruktive Beziehung, die jener von imaginären Ordnungen gleicht. Weder versteht sich das eine aus dem anderen, noch bleiben beide blind füreinander. Das Leben funktioniert vielmehr selbst wie die literarische Fiktion, weil es deren Dramaturgie und Inszenierungskunst gehorcht. Kafkas Biographie zeigt, daß es sich der Literatur unterwerfen kann, indem es ihre Motivierungen und Bilder, ihre Sprünge, Widerstände, Stockungen und Verwerfungen, ihre Ekstasen, Glücksmomente und Grenzüberschreitungen, ihr Pathos und ihre Energie, ihre Schocks und Ausbrüche, Komödien und Vexierspiele in sich aufnimmt. Das Leben ist für Kafka vorrangig der Rohstoff, der vom Medium der Sprache geformt wird. Die sozialen und privaten Hintergründe der Biographie zu erfassen bedeutet daher, die grundlegenden Materialien kennenzulernen, die in Kafkas Texten mit eigenem Sinn aufgeladen werden.[5]

Geschichte und Gesellschaft, Umwelt und Kultur, Politik und Wissenschaft, Geschlechterrollen und Familie erscheinen in diesem Buch als historisch auslegbare, dynamisch veränderliche Felder mit jeweils neu zu erschließenden Bedeutungen. Sie bilden selbst Gegenstände des Verstehensaktes, den letzthin jede historische Untersuchung zu vollziehen sucht. Nur wer das kulturelle Milieu, in dem ein literarischer Text entstand, rekonstruiert, kann die zentralen Merkmale seiner Zeichensprache erfassen. Sie sind dort zu entdecken, wo der Text in einen Prozeß des Austausches mit den sozialen Regeln seiner Zeit tritt. Mißverstanden wäre diese Beziehung, wenn man sie als Vorgang des ‹Einflusses› der Gesellschaft auf das kulturelle System betrachtete. Vielmehr handelt es sich um ein Verhältnis der Interdependenz, in dem Zeichen, Symbole und Bilder so zirkulieren, daß sich die vermeintliche Objektivität des Sozialen und der Geschichte notwendig auflösen muß. Historische Wirklichkeit selbst wird geschaffen durch den Vorgang der permanenten Umgestaltung von Bedeutungskonfigurationen, an dem Literatur und Kunst direkt beteiligt sind. Erschließbar wird dieses Faktum aber nur durch die Arbeit der Interpretation, die den besonderen Kontext von sozialer Ordnung und Kultur in seiner dynamischen Wechselwirkung erfassen kann.

Zu vergegenwärtigen ist dabei, daß die Lebenswelt Kafkas uns nie in ungestalteter Form, sondern immer schon sprachlich, oft literarisch modelliert entgegentritt. Wenn wir sie aus historischer Distanz durchleuchten, arbeiten wir in der Regel an Texten: Briefen, Journaleintragungen, Quellen. Das Lebensmaterial gewinnt für Kafka Bedeutung nur im Medium der Schrift: Blicke und Gesten, Beobachtung und Reflexion, Träume und Lektüreerfahrungen, die großen Gefühle wie Schmerz, Ekel, Haß, Liebe und Angst wandern, bei ihm oft durch das Tagebuch vermittelt, in die Ordnung des Schreibens ein und gewinnen dort ihre eigene Ausprägung. Leben und Literatur kommunizieren in einem unendlichen Dialog. Wenn das vorliegende Buch diesen Dialog zu rekonstruieren sucht, so bedeutet das nicht, daß der ‹Autor› Kafka und sein ‹Werk› in traditioneller biographischer Manier erklärend aufeinander bezogen werden. Vielmehr verbindet literarische Arbeit und Vita, Schrift und Erfahrung die gemeinsame Abhängigkeit von der Einbildungskraft: ihre Allianz ist bei Kafka nur aus der Allmacht der Imagination zu verstehen, die den Raum der Erfahrung wie eine Traumlandschaft gliedert.

Wenn man heute, über achtzig Jahre nach seinem Tod, Franz Kafka liest, so vergißt man leicht, daß es keine Selbstverständlichkeit ist, auch seine nachgelassenen Texte im Rahmen einer Kritischen Ausgabe, sachkundig kommentiert, vor Augen zu haben. Was die Zeugen der frühen Wirkungsgeschichte in den 30er Jahren noch zu erregten Diskussionen herausforderte, bildet inzwischen selbst, so scheint es, eine versinkende Schicht der Überlieferung: die Tatsache, daß Max Brod 1924 Kafkas Testament mißachtete und gegen seinen Willen (aber im Bewußtsein seiner innerlichen Zustimmung) die nachgelassenen Arbeiten – darunter die drei Romane, Prosaskizzen der Oktavhefte und Tagebücher – während der folgenden anderthalb Jahrzehnte veröffentlichte. Die innere Logik, die in diesem Vorgang steckt, entspricht jener von Kafkas Geschichten. Dem im Herbst 1921 formulierten Wunsch, jede von ihm greifbare Zeile ungelesen zu vernichten, folgte ein jahrzehntelanger (noch immer unabgeschlossener) Editionsprozeß, in dessen Verlauf jede von ihm greifbare Zeile veröffentlicht, ausführlich kommentiert und in ihren privaten wie historischen Zusammenhängen erschlossen worden ist. Es gehört jedoch zu den eigenen Gesetzen von Kafkas psychischer Disposition, daß er solche dialektischen Vorgänge der Umkehrung sehr genau gesteuert hat. Wenn er Max Brod mit der Auslöschung seiner Texte beauftragte, so wußte er, daß der Freund, der seine Arbeit wie kaum ein anderer bewunderte, seinem Wunsch nicht entsprechen würde. Die Bitte um Vernichtung der Manuskripte enthüllt folglich die versteckte Sehnsucht nach einem öffentlichen Nachleben, die hier nicht ausdrücklich, sondern in Form einer negativen Dialektik zur Sprache kommt. Kafka möchte gelesen werden, ohne dieses einzugestehen; sein Testament ist daher die verkappte Aufforderung zur Rettung des Nachlasses: ein Text, dessen Kasuistik der Welt seiner Romane entstammt.

Ehe dieses Buch den Spuren von Kafkas Schriftsteller-Leben folgt, das eine fortwährende Suche nach dem wahren Schreiben war, soll die Sprache der ‹letzten Bitte› vernehmbar werden. Es ist eine Sprache, welche die Grenzen zwischen Wirklichkeit und Schein, Bejahung und Verneinung, Wahrheit und Täuschung verwischt; eine Sprache, die – wie die Rede des Talmud – vieles gleichzeitig sagt, weil ihre Zeichen sich entziehen, wenn man sie in ihrer gleitenden Bewegung festhalten möchte. Hinter der paradoxen Logik, die sie ausbildet, steckt das Geheimnis von Kafkas literarischer Welt: «Liebster Max, meine letzte Bitte: Alles, was sich in meinem Nachlaß (also im Buchkasten, Wäscheschrank, Schreibtisch, zuhause und im Bureau, oder wohin sonst irgendetwas vertragen worden sein sollte und Dir auffällt) an Tagebüchern, Manuscripten, Briefen, fremden und eignen, Gezeichnetem und so weiter findet, restlos und ungelesen zu verbrennen, ebenso alles Geschriebene oder Gezeichnete, das Du oder Andre, die Du in meinem Namen darum bitten sollst, haben. Briefe, die man Dir nicht übergeben will, soll man wenigstens selbst zu verbrennen sich verpflichten. Dein Franz Kafka.»[6]

Erstes Kapitel

Im Netz der Beziehungen

Hermann Kafka, Sohn eines Fleischhauers

«Die Kette der Generationen ist nicht die Kette Deines Wesens und doch sind Beziehungen vorhanden», schreibt Franz Kafka im Winter 1918 in Zürau. Melancholisch fügt er hinzu: «Die Generationen sterben wie die Augenblicke Deines Lebens.» (M 208) Kafka hat sich selbst sehr bewußt als Mensch in familiären Prägungen und Zusammenhängen gesehen. Briefe und Tagebücher betonen immer wieder das Interesse an den Geschichten der Vorfahren und den Legenden der Ahnen. «Verwandtschaft bedeutet mir viel», heißt es im Juni 1920 (Mi 79). Seine Persönlichkeit und seine Rolle beleuchtet Kafka bereits als junger Mann im Rahmen der ihn bestimmenden Familienüberlieferung, deren Mythen und Legenden ihn geheimnisvoll anziehen. Das Nachdenken über Herkunft und Vergangenheit gleicht dabei seiner Beschäftigung mit den Wurzeln der eigenen jüdischen Identität. In beiden Fällen nimmt er sich in der Position des Nachgeborenen wahr, der die zerstreuten, nur bruchstückhaft vermittelten Traditionen aus selbständigem Antrieb nicht mehr fortzuführen vermag. Dieses Ich-Bild schloß das Gefühl ein, aus dem Bannkreis der Autoritäten von Familie und Religion niemals autonom hervortreten zu können. Die Logik eines solchen Modells gehorcht dem Prinzip des Kontrasts, nach dem der Vater stark sein muß, damit der Sohn die Rolle des lebensschwachen Außenseiters angemessen ausfüllen kann. Daß er sich als Kind «keines Dinges sicher war» und stets «eine neue Bestätigung» seines «Daseins» benötigt habe, betont noch der 36jährige Kafka im Rückblick. Als ein «in Wahrheit enterbter Sohn» besitzt er keine Aussicht, in das Netzwerk der Tradition aktiv einzudringen und die Rolle des Nachgeborenen abzuwerfen (G 49). Der Vater ist das exponierte Symbol für die Selbsteinschätzung des Sohnes, der sich jenseits aller Zentren der sozialen und kulturellen Existenz stehen sieht. Wer verbarg sich hinter diesem Laios in Böhmen, der die erste und wichtigste Erfindung in Franz Kafkas Schriftsteller-Leben war?

Hermann Kafka wurde am 14. September 1852 in Wosek (Osek), einem südböhmischen Dorf bei Strakonitz, geboren. Dort wohnten damals zwanzig jüdische Familien (insgesamt knapp hundert Menschen); man verfügte über eine kleine Synagoge und pflegte ein bescheidenes Gemeindeleben.[1] Jakob Kafka, sein Vater, hatte 1849 als 35jähriger geheiratet.[2] Mit seiner Partnerin, der zwei Jahre jüngeren Franziska Platowski, lebte er zwar bereits seit einigen Jahren in gemeinsamem Hausstand, doch durfte er seine Beziehung zunächst nicht amtlich besiegeln, da für Juden ein staatliches Eheschließungsverbot existierte, von dem nur die jeweils ältesten Söhne ausgenommen waren (die ‹Familiantenstelle› hatte der 1813 geborene Bruder Samuel inne, der 1836 heiratete). Erst im Zuge der vom jungen Kaiser Franz Joseph eingeleiteten neuen Gesetzgebung, die die Emanzipation der Juden fördern sollte, wurde die seit 1726 bestehende Regelung im März 1849 aufgehoben. Zu diesem Zeitpunkt hatte das Paar bereits zwei Kinder: Filip und Anna, die älteren Geschwister Hermanns.

Innerhalb weniger Jahre wuchs die Familie auf acht Mitglieder an: 1850 kam Heinrich als drittes (und zugleich erstes eheliches) Kind der Familie zur Welt; Hermann wiederum folgten 1855 Julie (sie hat «das riesige Gesicht aller Verwandten von Vaters Seite»; T I 251) und 1857 Ludwig. Man bewohnte das Haus Nummer 35 in der Judengasse, das nur aus drei schmalen Zimmern und einem anschließenden Wirtschaftsgebäude bestand. Jakob Kafka verdiente den Lebensunterhalt für sich und die Familie als Fleischhauer, der das Dorf Osek und die nähere Umgebung belieferte. Die Tätigkeit des jüdischen Fleischers unterliegt strengen rituellen Regeln. Nach einem Religionsgesetz, das sich auf 3. Mos. 17,10 stützt, ist einzig der Verzehr koscheren und ausgebluteten Fleisches erlaubt. Aus diesem Prinzip leitet sich das Schlachtverfahren des

Schächtens (hebr. ‹schachat›) ab, bei dem den unbetäubten Tieren mit einem scharfen Schnitt Halsschlagader, Luft- und Speiseröhre durchtrennt wird, damit sie ausbluten können. Im Gewebe verbleibende Blutreste werden durch Einsalzen des Fleisches absorbiert. Für den Verzehr geeignet sind Tiere mit gespaltenen Klauen, Paarzeher und Wiederkäuer (also Rinder), wohingegen das Fleisch von Schweinen und Raubvögeln verboten bleibt (3. Mos. 20,22). Als selbständiger Schlachter war Jakob Kafka Fleischlieferant für Juden und Christen gleichermaßen: während die jüdische Kundschaft allein koscheres Fleisch erhielt, bezogen die Christen bei ihm ihr Schweinefleisch.

Jakob und Franziska Kafka, die Großeltern
väterlicherseits

Im Dorf war der Schächter Jakob Kafka eine angesehene Persönlichkeit. Eine um 1880 aufgenommene Photographie zeigt ihn in zeittypischer Beschützerpose neben seiner sitzenden Frau als hochgewachsenen Mann mit kantigen Gesichtszügen, dessen Kleidung von bescheidenem Wohlstand und bürgerlichem Geschmack zeugt. Franz Kafka hat die Welt des Großvaters in seinen Texten mehrfach am Rande berührt. So erinnern die Reinheitsgebote, welche die Hyänen in *Schakale und Araber* (1917) vertreten, an das jüdische Schächten; in der *Hungerkünstler*-Erzählung (1922) heißt es, daß die Wächter des Hungernden «gewöhnlich Fleischhauer» waren (D 214f., 262). Aus der Perspektive des überzeugten Vegetariers betrachtet er die Tätigkeit des Großvaters später mit einer Mischung aus Abscheu, Ironie und Bewunderung. «Ich muß soviel Fleisch nicht essen, als er geschlachtet hat», erklärt er 1920 (Mi 79). Den alten Jakob Kafka hat der Enkel noch erlebt, ohne jedoch nachhaltige Eindrücke zu gewinnen. Als er im Dezember 1889 stirbt, fährt der damals Sechsjährige mit der gesamten Familie zur Beerdigung nach Wosek.[3]

Die Kinder Jakob Kafkas mußten den ländlichen Gepflogenheiten gemäß frühzeitig im väterlichen Geschäft aushelfen und insbesondere die Kunden in der Nachbarschaft mit auf Handwagen transportierten Fleischlieferungen versorgen. Es war eine entbehrungsreiche Jugend, in der es keinen Raum für persönliche Entfaltung gab. Die Forderungen des Tages waren beherrscht von materiellen Zwängen: die Familie lebte nicht in Armut, blieb jedoch auf die Mitarbeit sämtlicher Mitglieder angewiesen. Im Tagebuch bemerkt Kafka Ende Dezember 1911, wie quälend die Kindheitserinnerungen des Vaters auf den in bequemen Bürgerverhältnissen eingerichteten Sohn wirkten: «Niemand leugnet es, daß er jahrelang infolge ungenügender Winterkleidung offene Wunden an den Beinen hatte, daß er häufig gehungert hat, daß er schon mit 10 Jahren ein Wägelchen auch im Winter und sehr früh am Morgen durch die Dörfer schieben mußte – nur erlauben, was er nicht verstehen will, diese richtigen Tatsachen im Vergleich mit der weiteren richtigen Tatsache, daß ich das alles nicht erlitten habe, nicht den geringsten Schluß darauf, daß ich glücklicher gewesen bin als er (...)» (T I 251).

Hermann Kafka besuchte sechs Jahre die Grundschule in der Judengasse, wo er Lesen, Schreiben, Rechnen und einige Bruchstücke der hebräischen Sprache erlernte. Über ein gesichertes bildungsbürgerliches Grundwissen verfügte er auch als Erwachsener nicht. Offizielle Unterrichtssprache der Schule war Deutsch, Umgangssprache jedoch Tschechisch: Hermann Kafka blieb zeitlebens ein Mensch mit einer für Böhmen typischen sprachlichen Doppelidentität, die freilich durch seinen sozialen Aufstiegsehrgeiz und die damit verbundene Unterdrückung des tschechischen Anteils verdeckt wurde. Die Bar-Mizwa, die am Sabbat nach dem 13. Geburtstag eines Jungen

Herrmann Kafka, der Vater, Anfang der 1880er Jahre

mit der ersten Lesung aus der Tora in der Synagoge begangen wird, markierte nach traditionellem Brauch das Erreichen der religiösen Mündigkeit und damit das Ende von Hermann Kafkas Kindheit. Er wurde ins benachbarte Písek geschickt, wo er bei einem Verwandten der Familie als Lehrling zur Ausbildung für das Textilgeschäft unterkam.[4] 1872 zog man ihn zum dreijährigen Militärdienst ein, den er bei einer technischen Einheit absolvierte. Die Armeezeit hat er rückblickend als positive Lebensperiode betrachtet; sie verschaffte ihm eine bürgerliche Rollenidentität, integrierte ihn in ein festes Ordnungssystem und stattete ihn mit einer – durch die Uniform sichtbaren – sozialen Reputation aus, wie es seinen stark von Äußerlichkeiten beherrschten Bedürfnissen entsprach.[5] Nach der Entlassung aus dem aktiven Dienst, der ihn zum Feldwebel (mit der Leitung eines 35 Mann umfassenden Zuges) aufsteigen ließ, war er für sieben Jahre – bis Ende August 1882 – in Prag und Umgebung als Vertreter für Gemischtwaren tätig: als ‹Hausierer›, wie es im Jargon der Zeit hieß, der von Tür zu Tür zog, um seine Produkte anzubieten. «Ein Hausierer», schreibt Joseph Roth, «trägt Seife, Hosenträger, Gummiartikel, Hosenknöpfe, Bleistifte in einem Korb, den er um den Rücken geschnallt hat. Mit diesem kleinen Laden besucht er verschiedene Cafés und Gasthäuser.»[6] Die Periode des – durch die strengen Reglements der Obrigkeit erschwerten – Hausiererlebens endete, als Hermann Kafka im Juni 1882 über eine Heiratsvermittlerin seine spätere Frau Julie Löwy kennenlernte. Mit der Eheschließung am 3. September 1882 begann für ihn eine Lebensphase im Zeichen bürgerlichen Erfolgs: er eröffnete am nördlichen Altstädter Ring (im Haus Nummer 929-I), unterstützt durch die Aussteuer der Braut, ein kleines Geschäft für Stoff- und Galanteriewaren und etablierte sich damit im doppelten Sinn als Ehemann wie als Unternehmer. Wie eng an diesem Punkt privater und geschäftlicher Aufbruch verbunden waren, zeigt der Umstand, daß Hermann Kafka seinen Laden im selben Häuserkomplex unterbrachte, in dem sich das Hotel befand, wo er seine Hochzeit mit Julie Löwy gefeiert hatte.

Zum «Fond» der Kafkas gehörten, so schreibt der Sohn 1919, ein ausgeprägter «Lebens-, Geschäfts-, Eroberungswillen», ferner «Stärke, Gesundheit, Appetit, Stimmkraft, Redebegabung, Selbstzufriedenheit» (G 12). Diese Typologie muß man wie jedes andere Mosaikstück aus Kafkas Vaterbild mit Vorsicht betrachten, dient sie doch vor allem dazu, ihr das Selbstporträt des schwachen, kränkelnden, ängstlichen, wortarmen Kindes entgegenzusetzen. Insofern erfüllt sie einen literarischen Zweck, der den Prinzipien der Imagination gehorcht: die Figur des vitalen, wirtschaftlich erfolgreichen Vaters wird entworfen, damit das Ich, das den Namen ‹Franz Kafka› trägt, über den Mechanismus der Abgrenzung ein eigenes Identitätsprofil gewinnen kann. Die Wahrnehmung der väterlichen Rollenautorität, die im Zeichen des Energieüberschusses steht, ergänzt Kafka frühzeitig um Momente einer Stilisierung, die den Schauplatz familiärer Machtverhältnisse als symbolisches Ordnungsgefüge zeigt. Alle Kämpfe, von denen sein literarisches Werk später erzählen wird, verweisen in letzter Instanz auf diese Ordnung zurück.

Die gebrochenen Züge im Wesen des Vaters vermittelt die Charakteristik des Sohnes daher nur am Rande, wenn es heißt, seine Brüder seien «fröhlicher, ungezwungener, leichtleibiger, weniger streng» als er selbst (G 13). Hermann Kafkas imperatorischer ‹Geschäftswillen› wird durch gesteigerte Empfindlichkeit und Kränkbarkeit eingeschränkt; die von ihm überlieferten Photographien zeigen einen gut aussehenden, offenbar eitlen Mann, der, stets modisch gekleidet, auf Außenwirkung bedacht scheint. Der mit Nachdruck auftretende Kaufmann und Familienvater besitzt ein schwach ausgeprägtes Selbstbewußtsein, das es ihm zeitlebens verwehrt, erlittene Verletzungen souverän zu überwinden. Noch die ausdrücklich attestierte ‹Redebegabung› trägt fragwürdige Züge, wenn man bedenkt, daß Hermann Kafka die deutsche Sprache nicht fehlerlos beherrschte und seine rhetorischen Talente vorwiegend im innerfamiliären Kreis entfaltete. Die Maßstäbe, an denen sich die Charakteristik des Sohnes ausrichtet, beziehen sich damit auf jene Zone der Intimität, die seine literarischen Texte später als Schauplatz sozialer Verdrängungskämpfe vorführen werden: der Tyrann herrscht nur im privaten Zirkel der Familie, im archetypischen Theater der Macht.

Die ambivalente Disposition des empfindlichen Kraftmenschen mit seelischen Spannungen verweist bei Hermann Kafka auf widersprüchliche Grundanlagen, die sich auch in den Lebensläufen der Brüder und Neffen spiegelten. Hier standen Erfolg und Versagen, Ehrgeiz und Furchtsamkeit, Expansionsstreben und Rückzugsneigung eng nebeneinander. Vor allem die Kinder von Hermanns ältestem Bruder Filip, der sich ebenso wie der zehn Jahre jüngere Heinrich als Kaufmann in Südböhmen niederließ, entwickelten einen ausgeprägten Eroberungsdrang.[7] Der erste der sechs Söhne, der 1879 geborene Otto Kafka, wanderte 1897 nach Südamerika aus, übersiedelte später nach New York und begründete dort ein erfolgreiches Exportgeschäft, dessen eindrucksvolle Umsätze ihm ein luxuriöses Leben erlaubten. Sein letzter Bruder, der 14 Jahre jüngere Franz, folgte ihm 1909 als

16jähriger und stieg zum leitenden Angestellten in seinem Unternehmen auf (Karl Roßmann, der Held von Kafkas Amerika-Roman, wird seine Züge tragen). Während es Filip und Heinrich Kafka als Kaufleute zu soliden Erfolgen brachten, scheint Ludwig, der jüngste der Brüder, weniger tatkräftig gewesen zu sein. Er eröffnete Mitte der 80er Jahre in Prag eine Galanteriewarenhandlung, die jedoch bald Konkurs anmelden mußte. Nach dem Geschäftszusammenbruch arbeitete er, der zwei Töchter hatte, als Buchhalter in einer Prager Versicherungsgesellschaft. Durch den Raum der behaglichen bürgerlichen Selbstzufriedenheit zog sich hier eine schmale Spur des Scheiterns.

Die verrückten Löwys

Franz Kafkas Mutter Julie kam am 23. März 1856 in dem 60 Kilometer östlich von Prag gelegenen Ort Poděbrady zur Welt. Ihr Vater, der 1824 geborene Jakob Löwy, war Tuchmacher und nahm in seiner Heimatgemeinde eine anerkannte gesellschaftliche Stellung ein. 1853 hatte er die damals 23jährige Esther Porias geheiratet, deren Vater, Adam Porias, in Poděbrady als Talmudgelehrter, Rabbiner und Beschneider wirkte. Esthers Mutter, Sarah Porias, war die Tochter des Geschäftsmanns Samuel Levit aus dem unmittelbar benachbarten Kolín. Von Adam Porias übernahm Jakob Löwy das schlecht laufende Tuchgeschäft als Mitgift, da Esther das einzige Kind blieb (ein sechs Jahre älterer Bruder, Nathan, verstarb frühzeitig). Den frommen Großvater Adam, der seine Kaufmannspflichten über dem Talmudstudium vernachlässigte, hat Julie Kafka in einem 1931, drei Jahre vor ihrem Tod, verfaßten handschriftlichen Lebensbericht als legendenhafte Figur charakterisiert: «Er trug die Schaufäden (Zidekl) über seinem Rock, trotzdem ihm die Schulkinder nachliefen und ihn auslachten. In der Schule wurde es gerügt und wurde den Kindern vom Lehrer streng aufgetragen, den heiligen Manne nicht zu belästigen, sonst würden sie sehr streng bestraft. Im Sommer so auch im Winter ging er täglich in die Elbe baden. Im Winter wenn Frost war, hatte er eine Harke [!], mit der er das Eis aufhackte, um unterzutauchen.»[8] Als der wunderliche Großvater 1862 im Alter von 68 Jahren stirbt, wird der gerade eingeschulten Julie ein religiöses Sühneritual abverlangt, von dem sie ein halbes Jahrhundert später noch ihrem Sohn berichten kann. «Sie erinnert sich», notiert Franz Kafka im Dezember 1911 in seinem Journal, «wie sie die Zehen der Leiche festhalten und dabei Verzeihung möglicher dem Großvater gegenüber begangener Verfehlungen erbitten mußte.» (T I 247)

Aus Esther Porias Verbindung mit Jakob Löwy gingen der 1852 – noch vor der Eheschließung – geborene Alfred, die vier Jahre später folgende Julie sowie die Brüder Richard (1857) und Josef (1858) hervor. 1859 starb Esther Löwy 29jährig an den Folgen einer Typhuserkrankung. Für Julie und ihre

Jakob Löwy, Kafkas Großvater mütterlicherseits

Geschwister muß der plötzliche Tod der Mutter traumatisch gewirkt haben. Die Großmutter, Sarah Porias, nahm sich aus Kummer über den Verlust ihrer einzigen Tochter 1860 das Leben – sie ertränkte sich in der Elbe.[9] Kafka selbst vermerkt Ende Dezember 1911 im Tagebuch: «Die Mutter meiner Mutter starb frühzeitig an Typhus. Von diesem Tode angefangen wurde die Groß-Mutter trübsinnig, weigerte sich zu essen, sprach mit niemandem, einmal, ein Jahr nach dem Tode ihrer Tochter gieng sie spazieren und kehrte nicht mehr zurück, ihre Leiche zog man aus der Elbe.» (T I 247) Noch im Trauerjahr heiratete der verwitwete Löwy die dreiunddreißigjährige Julie Heller aus Postelberg, die entfernt mit der verstorbenen Esther verwandt war. Sie gebar ihm zwei Söhne, 1861 Rudolf und 1867, als sie bereits 40 Jahre alt war, Siegfried.

Unter Julies Brüdern war der älteste, Alfred, der erfolgreichste. Er begann seine Laufbahn 1873 in Wien als Buchhalter und ging 1876 nach Paris, wo er sich zum Prokuristen der Privatbank Maurice Bunau-Varillas emporarbeitete. Die verantwortungsvolle Position, in die er als Protegé des Firmenchefs gelangte, brachte ihm das stattliche Jahreseinkommen von 15 000 Francs ein. 1890 nahm er, vermutlich auch mit Rücksicht auf seinen gesellschaftlichen Aufstiegswillen, die französische Staatsbürgerschaft an.[10] Dank der persönlichen Förderung von Philippe Bunau-Varilla konnte er Mitte der 90er Jahre die Funktion des Direktors einer spanischen Eisenbahngesellschaft in Madrid übernehmen. Zwar brachte ihm diese Stellung weniger Einfluß als der hochtrabende Titel vermuten ließ, doch befriedigte sie seinen sozialen Ehrgeiz. Alfred besuchte seine böhmischen Verwandten regelmäßig und stand auch mit seinem Neffen Franz in lockerem Kontakt. Während eines zweiwöchigen Prag-Aufenthalts im Spätherbst 1912 wohnte er bei der Familie, so daß Kafka ihn näher studieren konnte. Leicht amüsiert zeigt er sich über sein zeremoniös-geziertes Auftreten: «Sein Schweben durch das Vorzimmer ins Klosett». Zugleich registriert er aber auch, daß der nach außen unzugänglich wirkende Erfolgsmensch sensible Züge trägt («Wird weicher von Tag zu Tag»; T II 81). Seine Briefe atmen die Gelassenheit des toleranten Weltmannes, der die literarischen Arbeiten seines Neffen mit leicht geschmäcklerisch wirkender Neugier verfolgt (Br II 578f.). Als Alfred Löwy im Februar 1923 starb, hinterließ er ein Vermögen von 600 000 Kronen, das jedoch, wie Kafka resigniert vermerkt, vorwiegend in die Hände der «Pariser und Madrider Notare und Advokaten» fiel (Br 461).

Ähnlich erfolgreich wie Alfred war der jüngste Bruder Josef, der seit 1891 im belgischen Kongo an der Organisation des Eisenbahnbaus mitwirkte. Zuletzt amtierte er dort als Leiter des Handelsdienstes, der die französischen Kolonialgeschäfte koordinierte. Im Herbst 1903 übersiedelte er nach China, um sich dort als Vertreter der mit europäischem Geld arbeitenden *Banque Russo-Chinoise* zu versuchen; nach einem kurzen Intermezzo in Paris, wo er eine Französin heiratete, zog es ihn 1908 nach Kanada. Nur zwei Jahre später kehrte er nach Frankreich zurück, erwarb ein Haus in Versailles sowie eine Sommerresidenz in St. Malo und führte fortan das Leben eines vermögenden Privatiers.[11] Seine Kongo-Abenteuer spiegeln sich offenkundig in Kafkas Anfang August 1914 entstandenem Prosastück *Erinnerungen an die Kaldabahn*, das das Thema des Bahnbaus unter klimatisch extremen Bedingungen aufgreift, jedoch pointiert abwandelt: an den Platz des Kongo tritt hier die endlose Eiswüste Rußlands (T II 169ff., T III 44ff.).

Weniger exotisch verlief das Leben der übrigen Brüder. Richard Löwy betrieb ein bescheidenes Bekleidungsgeschäft am Prager Obstmarkt, das seine Frau und die vier Kinder − unter ihnen Franz Kafkas spätere Lieblingscousine Martha − notdürftig ernährte. Julies jüngere Halbbrüder Rudolf und Siegfried, die als Sonderlinge galten, blieben Junggesellen. Rudolf, der als Buchhalter beschäftigt war, wohnte noch im Erwachsenenalter bei den Eltern und unterstützte nach dem Tod der Mutter, die 1910 starb, seinen mittellosen Vater, mit dem ihn ein spannungsvolles Verhältnis in Haßliebe verband (T III 204). Die ungesellige Lebensform des Onkels hielt Kafka später für ein Spiegelbild seiner eigenen Tendenz zur sozialen Isolation. Im Dezember 1911 bemerkt er im Tagebuch, sein Vater betrachte ihn mit Blick auf seine zurückgezogene Lebensweise als Nachfolger Rudolf Löwys und «Narr der neuen nachwachsenden Familie»; elf Jahre später findet er selbst die Ähnlichkeit mit ihm «verblüffend» (T I 236, T III 204f.). In Rudolf erkennt er nicht zuletzt seine Neigung wieder, sich in imaginären Kämpfen mit dem Vater innerlich aufzureiben. Nachdem der Onkel 1921 gestorben ist, notiert Kafka aus dem Bewußtsein der geistigen Wahlverwandtschaft im Journal: «Ich weiß viel zu wenig über ihn, danach zu fragen wage ich nicht.» (T III 205)

Siegfried Löwy, der als einziger der Söhne eine höhere Schulbildung erhielt, studierte Medizin und ließ sich später als Landarzt im mährischen Triesch nieder.[12] Vor allem in den Jahren nach dem Abitur stand Kafka ihm besonders nahe, besuchte ihn während des Sommers in Triesch und verbrachte sogar seinen Urlaub mit ihm. Er hielt ihn für einen Außenseiter, der beharrlich seinen Weg ging, ohne auf Konventionen Rücksicht zu nehmen.

Julie Kafka, die Mutter, Anfang der 1880er Jahre

Über Siegfried Löwy heißt es in einem
Brief an Max Brod Mitte September 1917,
er verfüge über einen «unmenschlich dünnen, junggesellenmäßigen, aus verengter
Kehle kommenden, vogelartigen Witz»:
«Und er lebt so auf dem Land, unausreiß-
bar, zufrieden, so wie einen eben ein leise rauschender Irrsinn zufrieden machen
kann, den man für die Melodie des Lebens
hält.» (Br 164) Siegfried Löwy, der einsame
Ironiker mit festen Lebensprinzipien, ge-
hört zu den zahlreichen Verwandten und Freunden Kafkas, die den Verbrechen der Nationalsozialisten zum Opfer fielen: 1942 beging er, kurz vor seiner Deportation nach Theresienstadt, Selbstmord.[13]
    Julie Löwy wuchs, anders als ihr späterer Ehemann, in gehobenen bür-
gerlichen Verhältnissen auf. Das Haus, das die Familie in Podébrady bewohnte, war einstöckig, aber dennoch geräumig, so daß es den Bedürfnissen
eines mittelständischen Kaufmanns entsprach. Jakob Löwy scheint wie sein
Schwiegervater ein frommer Mann gewesen zu sein, dem die rituell vollzogene Religionsausübung einen festen Lebenssinn bedeutete. Im Gegensatz zu Hermann Kafka verfügte Julie durch ihren Vater über eine unver-
brüchlich in der Familientradition verankerte Glaubensidentität. Den
Unterricht für die sechs Kinder versahen Hauslehrer, da in Podébrady vor
1871 keine deutsche Schule existierte. Vermutlich im Jahr 1876, nachdem die
drei älteren Söhne das Haus verlassen hatten, veräußerte Jakob Löwy sein
Geschäft und siedelte mit der damals 21jährigen Julie und den beiden jüngeren Brüdern nach Prag über.[14] Dort zog er sich, obgleich er erst 53 Jahre alt
war, ins Privatleben zurück. Fortan bestimmte die Talmudlektüre den genau
geregelten Alltag des frommen Mannes, der erst 1910, mit 86 Jahren, starb.
Für Julie Löwy bedeutete der Umzug nach Prag zunächst keine einschneidende Lebensveränderung. Gemäß dem traditionellen Rollenverständnis,
das am Ende des 19. Jahrhunderts im jüdischen Milieu noch stark ausgebildet war, verbrachte sie ihre Zeit damit, auf den geeigneten Moment der
Eheschließung zu warten. Sechs weitere Jahre dauerte es, ehe sie das väterliche Haus verließ, um eine eigene Familie zu gründen.
    Die Gefühlswelt, die Julie Löwy unter dem Einfluß ihres Vaters kennen-
lernte, war von Spannungen nicht frei: die religiöse Grundhaltung brach sich
in einer regelmäßig durchdringenden Neigung zu Schwermut und Welt-
flucht. Ähnlich wie im Fall der Kafkas trat hier ein Moment der inneren

Spannung und Selbstblockierung zutage. Die Frömmigkeit der Löwys verknüpfte sich so mit ambivalenten Zügen; Affinität zum Obskurantismus, religiöse Schwärmerei, Verstocktheit und isoliertes Junggesellentum gediehen auf dem Boden der Melancholie. Der Löwysche «Stachel» wirke, so schreibt Kafka 1919, weniger direkt als die äußerliche Vitalität des Vaters, «geheimer, scheuer, in anderer Richtung» (G 12). Zu den dunklen Seiten, die das Löwy-Erbe auszeichnet, gehört das gelegentliche ‹Aussetzen› der Lebensenergien, das Erstarren der aktiven Kräfte und Sich-Einkapseln in lähmender Lethargie. In der Neigung, ganze Nachmittage auf dem Sofa zu ‹verfaulenzen›, nimmt Kafka diese Anlage auch an sich selbst wahr (G 49).

Galanteriewaren

«Du hattest dich allein durch eigene Kraft so hoch hinaufgearbeitet, infolgedessen hattest Du unbeschränktes Vertrauen zu deiner Meinung.» (G 16) Diese Charakteristik, die der Sohn 1919 entwirft, spiegelt Aufstiegsehrgeiz und Borniertheit des Vaters gleichermaßen wider. Hermann Kafka war ein Parvenü, der mit Beharrlichkeit seinen geschäftlichen Erfolg anstrebte. Die ökonomische Sicherheit, die er sich energisch zu erkämpfen suchte, stellte sich jedoch nur langsam ein. Sein Kurzwarengeschäft konnte er im September 1882 lediglich eröffnen, weil Julie Löwy eine nennenswerte Mitgift in die Ehe eingebracht hatte. Anfangs betrieb Hermann Kafka seinen Laden mit einem Teilhaber, um das finanzielle Risiko in Grenzen zu halten; später halfen neben der Frau, die nach jüdischem Familienverständnis eine gleichberechtigte Rolle in der Berufswelt ihres Mannes beanspruchen durfte, auch mehrere Angestellte im Geschäft. Große Erlöse konnte man zunächst nicht erwarten, zumal die Gewinnspanne angesichts der Preise der veräußerten Waren geringfügig blieb. Zu Hermann Kafkas Sortiment gehörten Handschuhe, Regenschirme, Kurzwaren, Stoffe und Baumwolle – Gegenstände für gehobene bürgerliche Alltagsbedürfnisse. Der Galanteriewarenhandel bildete einen Geschäftsbereich, der in Deutschland und Österreich gleichermaßen als jüdische Domäne galt.

In den ersten Jahren nach der Etablierung geriet Hermann Kafka mehrfach in Konflikte mit der Obrigkeit.[15] Im September 1887 mußte er sich mit dem Vorwurf auseinandersetzen, gegen das christliche Sonntagsöffnungsverbot verstoßen und am Feiertag Waren verkauft zu haben; im Sommer 1888 beschuldigte ihn die städtische Gewerbeaufsicht, Hehlergut vertrieben zu haben, sprach ihn jedoch nach genauer Prüfung des Falls und Untersuchung der (aufgrund josephinischen Dekrets in deutscher Sprache zu führenden) Geschäftsbücher frei; Ende Dezember 1890 wurde er erneut wegen Sonntagsverkaufs angezeigt; mehrfach geriet er in den Verdacht, Falschgeld in Umlauf gebracht zu haben, konnte sich aber jeweils durch Zeugen entlasten.

Es läßt sich nicht mehr rekonstruieren, ob Hermann Kafka tatsächlich in den ersten Jahren seiner Selbständigkeit zu unseriösem Geschäftsgebaren neigte. Zu vermuten ist, daß antisemitische Vorurteile gegenüber der jüdischen Konkurrenz zu den letzthin unhaltbaren Denunziationen führten. Verdächtigungen und Vorwürfe schadeten ihm aber auf Dauer nicht: 1895 wurde er zum k. k. Sachverständigen beim Handelsgericht ernannt und damit als allgemein respektierter Geschäftsmann ins bürgerliche Leben der Stadt integriert. Die repräsentativen Briefbögen seines Unternehmens zierte in diesen Jahren bereits eine von Eichenzweigen umrankte, einfarbig gezeichnete Dohle – ein Hinweis auf die Etymologie des Familiennamens, der auf das tschechische Wort ‹kavka› (Dohle) zurückgeht. Der schreibende Sohn wird später mit dieser Bedeutung spielen und sie in mehreren seiner literarischen Texte – *Ein altes Blatt* (1916/17), *Der Jäger Gracchus* (1917) – aufgreifen.

In den Gründungsjahren hatte Hermann Kafka seinen Laden im Häuserkomplex des Hotels Goldhammer am Nordende des Altstädter Rings untergebracht, seit 1887 in der Zeltnergasse 3, zwischen 1906 und 1912 im ersten Stockwerk des Hauses Zeltnergasse 12; im unweit entfernten Haus Nummer 2 wohnte die Familie selbst bis Ende Juni 1907, anschließend in der von prunkvollen Neubauten geprägten Niklasstraße (im hohen Eckhaus *Zum Schiff*, Nummer 36). Im Oktober 1912 wurde das Geschäft, das fortan als Großhandel firmierte, an den Altstädter Ring ins rechte Erdgeschoß des *Kinsky-Palais* verlegt. Das war ein Symbol des ökonomischen Aufstiegs, denn man residierte nun im modernen, wirtschaftlich lebendigen Stadtzentrum. Die Familie übersiedelte ein Jahr später, im November 1913, in das luxuriöse *Oppelt-Haus* an der nördlichen Ecke des Altstädter Rings. Die vier Domizile, in denen Hermann Kafka zwischen 1882 und 1918 sein Geschäft betrieb, sind durch eine Entfernung von knapp hundert Metern voneinander getrennt: Berechenbarkeit und Kontinuität bildeten für den Inhaber wesentliche Prämissen des ökonomischen Erfolgs.

Nach 1900, als Hermann Kafka sich einen festen Kundenstamm erobert hatte, begann die Zahl der Angestellten zu wachsen. Im Jahr 1910 belief sie sich bereits auf mehrere Kontoristen (Verkäufer) und Lehrmädchen sowie einen Geschäftsführer (den ‹Kommis›). Hermann Kafka war ein launischer Chef mit wechselnden Stimmungen und Strategien – nicht jener tyrannische Despot, als den ihn sein Sohn später beschrieb, sondern eine unberechenbare Autorität voller innerer Widersprüche. František Xaver Bašik, der 1892 als Lehrling in das Unternehmen eintrat, erinnert sich an eine Haltung väterlicher Milde und Fürsorglichkeit, die jedoch stets von unerwarteten Ausbrüchen und Wutanfällen abgelöst werden konnte (V 69ff.). Die patriarchalische Einstellung schloß Zuneigung und Willkür, Hilfsbereitschaft und

Schikanen gleichermaßen ein. Waren, die am falschen Platz lagen, pflegte Hermann Kafka auf den Boden zu werfen, wo sie der Kommis unter den Augen der übrigen Angestellten aufzusammeln hatte. Verdächtigungen und Anschuldigungen standen auf der Tagesordnung; der mißtrauische Chef, der sich seinen materiellen Wohlstand nach entbehrungsreichen Jahren mühsam erobert hatte, sah in seinen Mitarbeitern «bezahlte Feinde», die ihn unaufhörlich zu betrügen suchten (G 32). Der Begriff des ‹Betrugs› wird in Kafkas literarischem Wertsystem eine entscheidende Rolle spielen. Er steht dort jedoch niemals für einen objektiven Tatbestand, sondern bezeichnet eine subjektiv gefärbte Zuschreibung im Raum des Imaginären.

Noch 1919 erinnert sich Kafka, daß er als Kind gegenüber dem Personal devot aufgetreten sei, um die Unfreundlichkeit des Vaters zu kompensieren: «Und hätte ich, die unbedeutende Person, ihnen unten die Füße geleckt, es wäre noch immer kein Ausgleich dafür gewesen, wie Du, der Herr, oben auf sie loshacktest.» (G 33) Im Auftrag der Eltern mußte der diplomatisch veranlagte Sohn in späteren Jahren bisweilen Vermittlungsdienste versehen. Nachdem die gekränkten Angestellten ihrem temperamentvollen Dienstherrn Mitte Oktober 1911 geschlossen gekündigt hatten, führte er geduldig Einzelgespräche mit ihnen, um sie zur Revision ihrer Entscheidung zu veranlassen (T I 67). Selbst vor Familienmitgliedern machte der Zorn des von schwankenden Launen beherrschten Inhabers nicht Halt. Als Irma Kafka, die zweite Tochter seines jüngsten Bruders Ludwig, nach dem Tod ihres Vaters 1911 ins Geschäft am Altstädter Ring eintrat, wurde sie von Hermann Kafka mit besonderer Ausdauer schikaniert. Sie suchte sich, wie Kafka rückblickend attestiert, auf subversive Weise zu wehren, indem sie «Vergeßlichkeit, Nachläßigkeit, Galgenhumor» an den Tag legte: jene Strategien der Abwehr, mit deren Hilfe auch der Sohn seine eigene Rolle auszufüllen suchte (G 39). 1918 verließ Irma Kafka das Geschäft, weil sie die Spannungen mit ihrem Onkel nicht mehr ertrug (den äußeren Anlaß bildete ihre Verlobung mit dem Tschechen Gustav Vesecky). Nach ihrem frühen Tod im Mai 1919 erinnerte sich Hermann Kafka mit einer ebenso mitleidslosen wie drastischen Formel an sie: «Die Gottselige hat mir viel Schweinerei hinterlassen.» (G 39)[16]

Spätestens seit der Jahrhundertwende gehörten Kafkas Eltern zur etablierten Mittelschicht. Sie waren finanziell gesichert, beschäftigten in ihrem Haushalt zwei Bedienstete (was sich nur knapp 12 Prozent aller Familien in Prag leisten konnten[17]) und bewohnten ein relativ geräumiges Domizil. Das gespannte Klima der Zeit vor dem Ersten Weltkrieg nahmen sie jedoch trotz ihrer gesicherten sozialen Position wahr. Die Streitigkeiten, die der Vater mit seinen Angestellten auszufechten hatte, fanden ihre Ursache vermutlich nicht nur in seinem – vom Sohn fraglos übertrieben geschilderten – Jähzorn, sondern zugleich in antisemitischen Vorurteilen der tschechischen Bediensteten. Franz Molnars Drama *Liliom* (1909) hat die Judenfeindschaft des depravierten Kleinbürgermilieus in der österreichisch-ungarischen Doppelmonarchie prägnant beleuchtet; seine auf die Budapester Verhältnisse bezogene Diagnose gilt zweifellos auch für Böhmen. Hermann und Julie Kafka ziehen in den Jahren der ökonomischen Etablierung häufig um. Der Laden vergrößert sich, die Zahl der Angestellten wächst. Das Leben ist unruhig, aber seine Unruhe gehorcht dem geregelten Rhythmus des Waren- und Geschäftsverkehrs. Kafka erklärt später, daß es ihm stets Freude bereitet habe, seinen Vater bei der Arbeit zu beobachten; das Auspacken von Kisten, die Gespräche mit Kunden, das Verhandeln mit Lieferanten nimmt das Kind als Zeichen bewältigten Lebens wahr (G 31f.). In diese Beobachtung mischt sich bereits die Faszination für die Leichtigkeit, mit der andere Menschen ihren Alltag absolvieren, ohne unter seinen Lasten zusammenzubrechen. Zu solchen Lasten gehört für den erwachsenen Kafka die bedrückende Gewißheit, daß das Leben ihm keine Selbstverständlichkeiten zu bieten hatte, sondern nur die befremdlichen Irritationen angesichts einer Normalität, deren Erfahrung ihm verschlossen blieb.

Politische Kräftespiele

3. Juli 1883, Prag in Böhmen: Ort und Zeit von Franz Kafkas Geburt verweisen auf einen sozialen Schauplatz, der durch ein kompliziertes Geflecht unterschiedlicher Einflüsse gekennzeichnet ist. Die gesellschaftlichen Widersprüche, die hier herrschen, bleiben symptomatisch für die Zwänge, die von der europäischen Großmachtordnung des späten 19. Jahrhunderts ausgehen. Als Teil der österreichischen Monarchie repräsentierte das Königreich Böhmen ein künstliches politisches Gebilde, dessen innere Spannungen aus dem Widerstreit nationaler Interessen resultierten. Deutsche und Tschechen standen in einem schwer überwindbaren Gegensatz, der sich in verschiedenen Krisenkonstellationen jeweils neu auffrischte. Im Zeichen der erstarkenden tschechischen Nationalbewegung gerieten die Deutschen in Böhmen zunehmend unter Druck. Sie verteidigten sich ihrerseits mit ideologischen Gegenentwürfen, unter denen die Vorstellung von der deutschen Kulturnation zunächst der mächtigste und einflußreichste blieb. Nachdem das Metternich-System 1848 zusammengebrochen war, präsentierten sich die Deutschen in Böhmen als Vertreter eines bürgerlichen Liberalismus, der die Zugehörigkeit zu Österreich prinzipiell nicht in Frage stellte. Dagegen sympathisierten die Tschechen mit (zunächst moderaten) Konzepten der politischen Selbständigkeit, was erhebliche Distanz zur Politik der Paulskirche und deren Vision von der inneren Einheit Deutschlands einschloß. Im Umfeld der 1848er Revolution entwickelten deutsche und tsche-

chische Politiker verschiedene Ordnungsvorschläge, mit deren Hilfe man Böhmen als sozial diversifizierten Vielvölkerstaat neu zu gliedern suchte. Solche Entwürfe, die den Einzelgruppen eine relative Autonomie zu sichern trachteten, wurden jedoch niemals praktisch erprobt. 1846 waren 38,6 Prozent der Menschen in Böhmen Deutsche, knapp 60 Prozent Tschechen. In der benachbarten Provinz Mähren lag der Anteil der Tschechen bei 70 Prozent, jener der Deutschen bei 27,6 Prozent; den Rest der Bevölkerung bildeten slawische Minoritäten (darunter Slowaken und Ungarn).[18] Die politische Selbständigkeit des gesellschaftlich zerrissenen Landes wuchs seit 1860, unter dem Einfluß diverser Verfassungsänderungen, erheblich an. Nach der Niederlage Österreichs im Krieg gegen Italien und Frankreich kam es in Böhmen zu einem ersten Reformschub. Mit Diplom vom 5. März 1860 gewährte Kaiser Franz Joseph I. dem böhmischen Reichsrat größere Autonomie und eine erweiterte Mitgliederzahl; der föderalistische Charakter des Landes und die Position seiner Hauptstadt Prag wurden auf diese Weise gestärkt. Schon 1861 stellten die Tschechen, gemäß ihrem hohen Bevölkerungsanteil, die Mehrheit im böhmischen Landtag, ohne daraus aber politischen Einflußgewinn ableiten zu können. Im Spektrum der Parteien dominierte der deutschnationale Liberalismus, der sich in Sachfragen zumeist mit der gemäßigt reformwilligen Ordnungspolitik des josephinischen Neoabsolutismus verbündete. Unter der Oberfläche, die das Bild des harmonischen Interessenausgleichs vermittelte, gärten jedoch die Konflikte. Seit den 1860er Jahren kam es immer wieder zu massiven Spannungen zwischen den Abgeordneten des Landtags. 1868 verließen die tschechischen Deputierten aus Protest gegen die prodeutsche Kulturpolitik Böhmens den Landtag. 1871 formulierten sie einen ‹Fundamentalartikel›, in dem sie einen Forderungskatalog für die gleichberechtigte parlamentarische Interessenvertretung aufstellten.[19]

Die politische Anpassung an die gesellschaftlichen Mehrheitsverhältnisse in Böhmen vollzog sich jedoch nur zögerlich. Erst ab dem Beginn der 80er Jahre verloren die Deutschen ihren übermächtigen Einfluß im öffentlichen Leben des Königreichs. Seit 1878 war die national orientierte Partei der Jungtschechen im Landtag vertreten und zog dadurch auch zunehmendes publizistisches Interesse auf sich. 1880 setzten die Tschechen die Zweisprachigkeit bei den böhmischen Gerichten durch; zur selben Zeit begann man, Straßenschilder und offizielle Bekanntmachungen auf das Tschechische umzustellen. «So wahr die Sprachenverwirrung beim babylonischen Turmbau nicht durch Verordnungen geregelt wurde», schreibt Karl Kraus 1907 spöttisch, «so wahr sind die tschechischen Straßentafeln nicht die richtigen Tafeln Mosis.»[20] 1897 führte Ministerpräsident Kasimir Badeni, seit 1895 Nachfolger des katholisch-konservativen Böhmen Eduard Graf von Taaffe, einen Erlaß ein, der die Zweisprachigkeit in sämtlichen böhmischen Behörden vorschrieb. Unter massivem Druck der deutschen Bevölkerung, der sich in Massenprotesten und gewaltsamen Ausschreitungen entlud, wurde diese Initiative zwei Jahre später, nach dem Sturz des Badeni-Kabinetts, wieder rückgängig gemacht. Freilich vermochte auch die neue Regelung, der gemäß sich die Wahl der Amtssprache nach der jeweiligen Bevölkerungsmehrheit in den Bezirken richten sollte, den Streit um die kulturelle und gesellschaftliche Dominanz nicht zu schlichten. Mehrfach kam es nach 1900 zu öffentlichen Zusammenstößen zwischen Tschechen und Deutschen. In Gewalttätigkeiten kulminierende Demonstrationen, Straßenkämpfe, Plünderungen, Prügeleien an Schulen und Universitäten dokumentierten die von der Politik zumeist geleugneten Spannungen in einer, wie es Stefan Zweig nannte, «windstillen Epoche».[21] Sie bildeten die unerfreulichen Zeichen des unbefriedeten Zusammenlebens – die Spuren eines latenten Bürgerkriegs als Abbild jener destruktiven Kräfte, welche die nur oberflächlich harmonisierte Gesellschaft Böhmens beherrschten.

Die neoabsolutistische Ära förderte zwischen 1849 und 1860 die aufkommende Industrialisierung des Königreichs.[22] Sie erfolgte im Bereich des Bergbaus, der Holzverarbeitung und der Stahlproduktion, wo man vor allem tschechisches Arbeitspersonal rekrutierte; die chemische und elektrische Industrie spielten dagegen nur eine nachgeordnete Rolle. Die heiße Konjunktur der Gründerphase vertiefte die sozialen Gegensätze zwischen dem deutschen Wirtschaftsbürgertum und dem tschechischen Proletariat. Mit dem Aufbau von Fabriken und Handelszentren verband sich eine Landflucht, die den Charakter einer unaufhaltsamen Umsiedlungsströmung gewann. Sie führte zu einer erheblichen Bevölkerungskonzentration in den Städten, wo sich das böhmische Industrieproletariat niederließ. Der «Dampf» habe die Menschen, so schreibt Theodor Herzl 1896, «in den Fabriken versammelt» und auf engem Raum zusammengetrieben wie eine Naturgewalt.[23]

Der im gesamten Kaiserreich weiterhin über 50 Prozent umfassende Anteil der in der Landwirtschaft tätigen Menschen sank in Böhmen rapide ab und betrug nach der Jahrhundertwende nur noch ein Drittel der arbeitenden Bevölkerung. Das böhmische Königreich trug weit über die Hälfte (nach 1900 75 Prozent) der Industrieproduktion ganz Österreichs.[24] Innerhalb Böhmens kam es unter dem Einfluß von Berg- und Montanbau zu beträchtlichen Migrationsbewegungen. Vom Osten zog die Landbevölkerung in die weitläufigen Industrieregionen des Nordens, die sich wie ein immer breiter werdender Gürtel an die großen Städte – Prag, Pilsen – lagerten. Hinzu kamen erhebliche Ströme von Rückkehrern aus der Neuen Welt, die in der Fremde gescheitert waren. Schon 1868 konnte Karl Marx registrieren, die Vereinigten Staaten hätten «aufgehört, das gelobte Land für auswandernde Arbeiter zu sein.»[25] In einem vom *Prager Tagblatt* am 5. November 1911 nachgedruckten Interview, das auch Kafka gelesen hat, erklärte der Erfinder Thomas Alva Edison zurückhaltender, das hohe Tempo der böhmischen Industrialisierung sei daraus zu erklären, daß zahlreiche tschechische Amerika-Emigranten nach den Jahren des Auslandsaufenthalts in ihre Heimat zurückgekehrt seien, um dort ihre Arbeitserfahrungen nutzbringend weiterzugeben (T I 189).

Der Anteil der Deutschen in Böhmen und Mähren nahm seit dem Ende des Jahrhunderts erheblich ab. Die Entwicklung in Kafkas Geburtsstadt trug hier symptomatische Züge: während im Jahr 1880 noch 38 591 der Einwohner Prags deutschsprachig waren, sank diese Zahl bis 1910 auf 32 332. Da sich im selben Zeitraum die Gesamtbevölkerung von 260 000 auf 442 000 erhöhte, bedeutete das eine Verringerung von 14 auf 7,3 Prozent. Ähnlich verhielt es sich mit dem jüdischen Bevölkerungsanteil, der in Böhmen unter dem Einfluß der Amerika-Emigration zwischen 1880 und 1900 von 95 000 auf 92 700 zurückging. Lediglich Prag bildete dabei eine bemerkenswerte Ausnahme: nach der Jahrhundertwende stieg hier die Quote der jüdischen Einwohner leicht an; um 1900 lebten in Prag 26 342 Menschen mosaischen Glaubens, 1910 waren es 28 000 (darunter jeweils die Hälfte Tschechen), was einem Anteil von 10 bzw. 6 Prozent entsprach (in Wien belief sich dieser Anteil kurz vor der Jahrhundertwende auf 8,7, in Berlin auf 4 Prozent).[26] Einen wesentlichen Faktor bildete die Zuwanderung von Juden aus den ländlichen Regionen, die insbesondere den Händlern schlechtere Geschäftsbedingungen boten. «Das Kapital», bemerkt Aharon David Gordon 1917 über die Migrationswelle, die das Europa vor dem Ersten Weltkrieg durchzog, «flieht aus dem Dorf, aus der Natur in die Stadt, wo es bessere Geschäfte machen kann, die Arbeit ihm nach (nicht nur aus Not).»[27] Neben dem wirtschaftlichen Interesse war es der zumal im Zarenreich enthemmt tobende Antisemitismus, der die großen Wanderungsbewegungen der Jahrhundertwende herbeiführte. Aus Galizien und Rußland, wo die von Nikolaus II. gebilligten Pogrome die Existenz der Juden permanent bedrohten, drängten zahlreiche Emigranten in den Westen. Zwischen 1880 und 1910 floß ein gewaltiger Umsiedlerstrom mit 3 Millionen Ostjuden nach Böhmen, Mähren, Österreich und Deutschland. Ungefähr 400 000 von ihnen hielten sich nur kurz in ihren mitteleuropäischen Aufnahmeländern auf und entschlossen sich dann zur Ausreise nach Amerika.

Parallel zur Abnahme des deutschen Bevölkerungsanteils wuchs jener der Tschechen.[28] Das Zurücktreten des deutschen Übergewichts spiegelte sich auch in den kulturellen Vorlieben und Vorbildern des böhmischen Judentums. Bei einer Volkszählung im Jahr 1890 gaben 73,8 Prozent der Prager Juden Deutsch als ihre Hauptsprache an, eine Dekade später dagegen nur noch

43,7 Prozent.[29] Hinter diesem Vorgang offenbart sich die wachsende Annäherung der Juden an die tschechische Bevölkerung, die sich auch auf institutioneller Ebene vollzog. Während die Juden im letzten Drittel des 19. Jahrhunderts vornehmlich in deutschen Vereinen Mitglieder waren, strebten sie
jetzt, angeführt durch die Sammlungsbewegung Alois Zuckers, verstärkt zu
tschechischen Gruppierungen. Andererseits bevorzugten auch nach 1900 die
meisten Prager Juden deutsche Schulen für ihre Kinder. Hier vollzog sich
der Umverteilungsprozeß äußerst langsam, weil die deutsche Sprache trotz
der Verschiebung der gesellschaftlichen Gewichte weiterhin als Sprache der
Gebildeten galt. Die kulturelle Vormacht der Deutschen in Böhmen blieb als
letzte Bastion einer fragwürdigen Dominanz bis ins 20. Jahrhundert erhalten. Wer nach sozialem Aufstieg strebte, mußte sich um Kontakt zu den
deutschen Clubs und Vereinen bemühen. Diesem Credo folgte auch Kafkas
Vater, der sich, wo immer es um den Ausweis seines gesellschaftlichen Erfolgs ging, als Freund der Deutschen zu profilieren suchte.

Nationale und konfessionelle Identität ließen sich vor diesem Hintergrund nicht immer klar gegeneinander abgrenzen. Zum exemplarischen
Schauplatz der wechselnden kulturellen Orientierungen wurde Prag, das
wie ein Seismograph die Spannungen und Gegensätze des Vielvölkerstaates
anzeigte. Über seine Geburtsstadt bemerkt Kafka 1918 nach der Rückkehr
aus dem ländlichen Zürau: «Die Religionen verlieren sich wie die Menschen» (M 227). Zu Kafkas Kinderzeit bildete das deutschnationale Lager
noch eine bestimmende Größe, deren Macht jedoch schwand. Seit 1898 war
man dazu übergegangen, Straßen, Plätze und Bezirke nur noch in tschechischer Sprache auszuschildern. Die neue Nationalbewegung, die ab 1891
durch die geschlossen auftretende jungtschechische Partei im Parlament
repräsentiert wurde, wußte sich durch die Arbeiterschaft und das Kleinbür-
gertum gestützt. Gegen den bisweilen philiströsen Bildungsanspruch der
Deutschen verwiesen die Tschechen auf ihre autonome kulturelle Identität,
die sich in einer an der europäischen Moderne ausgerichteten Literatur,
einer reichen Musiktradition (mit herausragenden Komponisten wie Smeta-
na und Dvořák) und einem anerkannten Nationaltheater (mit einer Oper
von Weltrang) niederschlug. Solche legitimen Formen der Selbstversiche-
rung und Selbstbehauptung empfingen jedoch im Zuge der Verschärfung
des politischen Konflikts ihrerseits eine ideologische Note. So gewann das in
einzelnen Kreisen der Nationalbewegung auftretende Ressentiment gegenüber den wirtschaftlich konsolidierten jüdischen Bürgern nicht selten antisemitischen Charakter. Unter den tschechischen Gruppen lehnten zwar die
von Tomáš Masaryk im März 1900 gegründete Volkspartei und die seit der
Jahrhundertwende erstarkte Sozialdemokratie den Antisemitismus ab, doch
traten jungtschechische Politiker wie Václav Brešnovsky öffentlich als Feinde

des Judentums auf. Die Frage «jste Žid» – «sind Sie Jude» – habe im Tschechischen, so schreibt Kafka im Mai 1920 an Milena Pollak, einen Klang von
eigener Aggressivität: «Sehen Sie nicht, wie im: ‹jste› die Faust zurückgezo-
gen wird, um Muskelkraft anzusammeln? Und dann im ‹Žid› den freudigen,
unfehlbaren, vorwärts fliegenden Stoß?» (Mi 28)

Unter dem Druck des wachsenden tschechischen Antisemitismus flüchteten sich zahlreiche Juden in eine forcierte Sympathie für die deutschnationalen Gruppierungen. Diese Orientierung suggerierte ihnen nicht nur eine
kulturelle Heimat, sondern zudem jene soziale Integration, die das Gesetz
über die Gleichstellung der Religionen von 1867 faktisch nicht herbeigeführt hatte. Unübersehbar war dabei, daß auch unter den Deutschnationalen, insbesondere im chauvinistischen Milieu der Studentenschaft, antisemitische Strömungen auftraten. Sie wurden jedoch von den um Assimilation
bemühten jüdischen Mittelstandsbürgern vorsätzlich überhört. Wie verbreitet die Verdrängungsmentalität in dieser Periode war, zeigt die auch für die
Wiener Verhältnisse unzutreffende Behauptung Arthur Schnitzlers, der Antisemitismus habe in den 90er Jahren «weder als politischer noch als sozialer
Faktor» eine «bedeutende Rolle» gespielt.[30] In Prag sorgten zumal die Couleursstudenten an der deutschen Universität und die streng organisierten
Turnvereine für scharfe antisemitische Töne. Sie griffen dabei eine am Beginn des 19. Jahrhunderts vertraute Denunziationsstrategie auf, indem sie
den Juden vorhielten, daß sie eine letzthin dekadente Form der bourgeoisen
Identität pflegten, der die Bindung an eine nationale Kultur fremd sei. In
einer satirischen Streitschrift über den Typus des Philisters, die mit antisemitischen Tönen durchsetzt ist, formulierte Clemens Brentano schon 1811 gehässig, die Juden hätten «zur listigen Angst sauer gewordene» Gemüter.[31]
Friedrich Nietzsche erklärt in einem Nachlaßfragment aus der Mitte der
80er Jahre, seine eigentliche Konjunktur habe der Antisemitismus durch den
«Sumpfboden» der Bismarck-Ära gewonnen, und meint damit jene Form
des Liberalismus, die auch die Haßtiraden einer aggressiven «Bierbankpoli-
tik» für tolerabel hält.[32]

Der von dem Gymnastiklehrer Anton Kießlich herausgegebene *Deutsche
Volksbote* geriet zum Zentralorgan des Antisemitismus; der Begriff war durch
den fanatisierten Journalisten Wilhelm Marr eingebürgert worden, der am
28. September 1879 in Berlin die *Antisemiten-Liga* gegründet hatte. Der *Volksbote* beschränkte sich zwar zunächst auf demagogische Drohrhetorik und
hielt Distanz zur Politik der Straße, blieb aber deshalb nicht weniger gefährlich. Das liberal ausgerichtete deutsche Großbürgertum, das allein aus wirtschaftlichen Gründen ein entspanntes Verhältnis zu den jüdischen Kaufleuten
anstrebte, vermochte solche nationalchauvinistischen Tendenzen auf Dauer
nicht zu unterdrücken. Sie entsprachen der in der gesamten Monarchie seit

Ende der 80er Jahre aufkommenden Judenfeindschaft, wie sie der spätere Wiener Bürgermeister Karl Lueger in besonders widerwärtiger Form zu einer Politik der Vorurteile und des Ressentiments ausbaute. Über den öffentlich gelittenen Antisemitismus bemerkt Theodor Herzl nach der Lektüre von Eugen Dührings Pamphlet *Die Judenfrage als Racen-, Sitten- und Culturfrage* (1881) in seinem Tagebuch unter dem 9. Februar 1882: «Auf den mittelalterlichen Holzstoss, der etwas feucht geworden und nicht mehr recht brennen will, muss modernes Petroleum gegossen werden, dass es lustig aufflackere und das prasselnde Fett der geschmorten Juden die angenehmsten Gerüche entsende in die ungebogenen Nasen der protestantischen und selbst ‹freidenkerischen› (siehe Herrn Dühring) Nachfolger der Dominikaner, die dies im übelriechenden Mittelalter besorgt hatten.»[33] Die Aktivitäten der 1886 von dem Wiener Rabbiner Joseph Bloch gegründeten *Österreichisch-Israelitischen Union* und ihres Presseorgans, der *Österreichischen Wochenschrift*, bildeten zwar ein für die Öffentlichkeit sichtbares Symbol des Widerstands gegen den offiziell geduldeten Antisemitismus, jedoch blieb die Organisation mit kaum 250 Mitgliedern nur eine untergeordnete Kraft ohne maßgeblichen Einfluß.[34] Eigenständige Institutionen wie der Verein *Bar-Kochba* gewannen erst in dem Maße an Bedeutung, in dem die jüdische Intelligenz Prags sich mit dem Zionismus zu befassen und die Voraussetzungen ihrer eigenen Assimilation kritisch zu befragen begann.

Die Prager Deutschen betrachteten sich als führende Bildungsschicht mit prägendem Einfluß auf das kulturelle Leben der Stadt. Das 1862 gegründete *Casino* am Graben, wo Vorträge, Lesungen und Diskussionsabende stattfanden, stellte den wichtigsten Versammlungsort der gehobenen Kreise dar; es wurde daher nach 1890 häufig zum Ziel tschechischer Demonstrationen gegen den bornierten deutsch-böhmischen Vormachtsanspruch. Unter der Ägide Otto Forchheimers, der zwischen 1894 und 1914 Vorsitzender des *Casinos* war, öffnete sich das Institut verstärkt für die jüdischen Bürger Prags, die man im Konflikt mit den Tschechen auf die deutsche Seite zu ziehen suchte. Im Jahr 1907 waren 48 Prozent der Mitglieder Juden – bezeichnend für die vorübergehende Annäherung zwischen deutscher und jüdischer Oberschicht in der Zeit der Jahrhundertwende (die tschechische Option wählten hingegen bevorzugt Juden ohne ökonomische Sicherheiten).

Das Bühnenangebot Prags, das sich auf zwei Theater und ein großes Konzerthaus stützte, zeigte solide Qualität, blieb allerdings in der Auswahl konservativ. Das in der altstädtischen Eisengasse gelegene Deutsche Theater, das 1781–83 erbaut worden war, zeigte ein populäres (oftmals böhmisch-nationalistisch eingefärbtes) Programm mit Volksstücken und Komödien. Das Neue Deutsche Theater am Stadtpark bestand erst seit 1887 und wurde bis 1910 von Angelo Neumann geleitet. Das knapp 2000 Plätze umfassende

Haus besaß einen überregionalen Ruf, den es vor allem durch die Opern-
inszenierungen des Wagner-Freundes Neumann errungen hatte. Neben den
Klassikern standen bisweilen auch die modernen Naturalisten auf dem
Spielplan, ohne daß hier jedoch die Standards Berlins oder Dresdens erreicht
wurden.[35] Nach Neumanns Tod übernahm 1910 Heinrich Teweles, der frühere Chefredakteur der *Bohemia*, das Theater, vermochte aber sein Niveau
nicht zu erhalten. Das seit 1864 bestehende tschechische Nationaltheater, das
der junge Kafka gern besuchte, setzte den deutschen Bühnen ein eigenes
Programm entgegen. Gemeinsam mit der 1882 ins Leben gerufenen Universität, deren Lehrveranstaltungen im traditionellen Zentralgebäude – dem
Carolinum – stattfanden, und der acht Jahre später gegründeten *Akademie für
Wissenschaften und Künste* demonstrierte es das erwachte tschechische Selbstbewußtsein auf den Feldern von Bildung und Kultur.

Die Juden waren in Böhmen wie auch in Österreich und Deutschland
vorwiegend in selbständigen Handelsberufen tätig. Für die Prager Verhältnisse gilt ähnlich wie für die großen österreichischen Städte, daß die meisten
von ihnen dem gehobenen Mittelstand angehörten, während ihr Anteil
an der Unterschicht gering blieb. Der Beamtenstatus war für Juden durchweg unerreichbar.[36] Um 1900 entstammten in Österreich ebenso wie in
Deutschland nur knapp zwei Prozent der Beamten dem Judentum; Kafkas
Anstellung bei einer Behörde des öffentlichen Dienstes bildete einen un-
wiederholbaren Ausnahmefall, den er später mit bitterer Ironie zu kommentieren pflegte (Br 194). Angesichts des starken Anpassungsdrucks, der auf
ihnen lastete, vollzogen die meisten böhmischen Juden eine zumindest
äußerliche Annäherung an ihre christliche Umwelt. Die Assimilation war für
sie eine selbstverständliche Überlebensstrategie, die verhindern sollte, daß sie
im politischen Kampf zwischen Deutschen und Tschechen unter die Räder
gerieten. Walther Rathenaus giftiges Wort von den jüdischen ‹Halbbürgern›,
«die sich aus der Ghettoschwüle in die deutsche Waldes- und Höhenluft
sehnen»,[37] besaß eine bemerkenswerte Evidenz. An diesem Punkt unter-
schieden sich die Verhältnisse in Böhmen kaum von jenen im deutschen
Kaiserreich. Die Prager Juden hausten zwar nicht in einem ‹doppelten
Ghetto›, wie man gern behauptet hat, doch blieb ihnen zum alltäglichen
Leben zwischen Tschechen und Deutschen einzig ein ungesichertes Terrain,
auf dem sie von gefährlichen Kraftströmen beherrscht wurden.[38]

Seit dem Ende des 19. Jahrhunderts wuchsen Einfluß und Gewicht der
tschechischen Öffentlichkeit. Die liberalen Alttschechen, die sich um die
charismatischen Meinungsführer Palacký und Rieger versammelt hatten,
verloren ihre einflußreiche Stellung an die radikaleren Jungtschechen, denen
größere Teile der Arbeiterbewegung angehörten. Seit 1891 besaßen die
Jungtschechen in Wien Parlamentsmandate: sie galten als ernstzunehmende

Gruppierung mit wachsender Akzeptanz bei der Bevölkerung. Die antisemitischen Ressentiments gehörten bei ihnen zum selbstverständlichen Argumentationsmuster, das lediglich vor Wahlen aus taktischen Gründen geringfügig abgewandelt wurde, da man auch die Stimmen der jüdischen Bürger zu gewinnen suchte. Im Alltag herrschte dagegen das Motto «Svuk k
svému» («Jedem das Seine»), das keineswegs Toleranz einforderte, sondern
einen scharfen Verdrängungswettbewerb bezeichnete: Boykottaufrufe und
Drohungen sollten die jüdischen Geschäfte schädigen, Übergriffe gegen La-
deninhaber ein Klima der Angst schüren. Jungtschechische Politiker zeigten
wenig Bereitschaft, der wachsenden Aggression gegen jüdische Bürger of-
fensiv zu begegnen; der Straßenkampf wurde als Mittel der öffentlichen Inszenierung nationaler Ansprüche gebilligt.

Aufgrund der strengen Gesetze, die auch nach 1849 den Juden den Zugang zu den meisten akademischen Berufen verschlossen und den Erwerb
von Bodenbesitz untersagten, blieb ihnen nur der Weg in den freien Beruf
des Kaufmanns. Der Groß- und Detailhandel in Böhmen wurde daher
durch jüdische Geschäftsinhaber wesentlich geprägt. Damit verband sich
eine erhebliche Zunahme der Mobilität, die bestimmend für die Situation
am Ende des 19. Jahrhunderts blieb. Die allgemeine Binnenwanderung, die
nach 1880 einsetzte, erfaßte insbesondere die Juden, die dem Drang in die
Städte folgten, weil sie auf dem Land kaum berufliche Perspektiven besaßen.
In den Metropolen freilich stießen sie auf eine doppelte Barriere: die Tschechen erblickten in ihnen Vertreter des kapitalistischen Systems, das die als
billig geltenden einheimischen Arbeitskräfte ausbeutete, die Deutschen regi-
strierten sie als Konkurrenten im Kampf um Märkte und Kunden. Daß die
zugewanderten Juden häufig deutsche und tschechische Kulturelemente zu
verbinden suchten, betrachtete man wiederum als Bestätigung des Vorurteils
vom jüdischen Opportunismus. Faktisch blieb den Juden jedoch keine andere Wahl, als die eigenen Optionen in verschiedene Richtungen offenzu-
halten; eine klare protschechische oder prodeutsche Orientierung wäre für
sie im Nationalitätenkonflikt weitaus gefährlicher als jegliches Lavieren gewesen.[39]

Im Jahr 1897 geriet die österreichisch-ungarische Monarchie in eine
schwere innenpolitische Krise, von der auch Böhmen betroffen war. Ihre
Dramaturgie zeigte, wie stark die soziale Existenz der böhmischen Juden
von den Ausläufern des Nationalitätenkonflikts geprägt wurde. Den Ausgangspunkt bildete die um Interessenausgleich bemühte Politik des Kabinetts Badeni, das gemeinsam mit den Jungtschechen eine neue Linie im
Dauerstreit der Gruppierungen zu verfolgen suchte.[40] Das protschechische
Programm des Kabinetts rief den erbitterten Widerstand der deutschnationalen Gruppen in Österreich und den Donauländern auf den Plan. Nach

der unvermeidlich gewordenen Entlassung des Ministerpräsidenten kam es Anfang Dezember 1897 in mehreren böhmischen Städten zu gewalttätigen Ausschreitungen, die von antisemitischen Übergriffen begleitet wurden. In Prag, Saaz und Eger kulminierten die Konflikte in Straßenschlachten mit brennenden Barrikaden und Plünderungen jüdischer Geschäfte. Erst nach dem Einschreiten von Dragonern und berittener Polizei beruhigte sich das Geschehen, ohne daß jedoch die innenpolitische Krise überwunden werden konnte. Aus Protest gegen die liberale Sprachenverordnung der neuen Regierung, die das Tschechische zur Amtssprache erhob, verließen die deutschen Abgeordneten 1898 den böhmischen Landtag. Theodor Herzl, der im Wien Karl Luegers, aber auch als Beobachter des Dreyfus-Prozesses (1894/95) massiven Formen des Antisemitismus begegnet war, verwies unter dem Eindruck der Unruhen der Badeni-Krise auf die Passivität der böhmischen Juden, die sich um ein Höchstmaß an Anpassung bemühten: «Was hatten sie denn getan, die kleinen Juden von Prag, die braven Kaufleute des Mittelstandes, die Friedlichsten aller friedlichen Bürger? Womit hatten sie die Plünderung, Brand und Mißhandlung verdient?»[41] Daß man die Vorsicht der Juden auch als Quelle ihrer besonderen Gefährdung betrachten konnte, demonstrierte ein anonym veröffentlichter *Brief aus Mähren*, der 1899 sarkastisch erklärte: «Du magst also ruhig weiterschlafen, lieb' Judenthum, bis dich aus dem Schlafe erweckt das Geklirre zerschlagener Fensterscheiben, das Jammern der Kinder, der Schmerzensschrei der Geplünderten, die Thränen unschuldig Angeklagter (…)».[42]

Unter dem Einfluß der antisemitischen Stimmung in Böhmen verließen nach 1900 zahlreiche Juden das Land; manche von ihnen wanderten nach Amerika aus, andere kehrten nach Ungarn zurück. Zwischen 1900 und 1912 verringerte sich der Anteil der Juden in Böhmen um acht Prozent von 92 000 auf 85 000 Einwohner.[43] Das Alltagsleben wurde für die, die blieben, deutlich beschwerlicher. Wiederholt kam es zu Boykottaufrufen nationalchauvinistischer Verbände, die das Ziel verfolgten, die jüdischen Geschäftsleute vom Markt zu verdrängen; insbesondere in den kleineren Städten wie Teplitz oder Eger bildeten sich deutsche ‹Beobachtungskomitees›, die jene als ‹Volksverräter› denunzierten, welche bei jüdischen Händlern kauften. Unterstützt wurden derart üble Kampagnen durch Wellen öffentlicher Schauermeldungen über religiös motivierte Blutrituale, die Juden vorgeblich an Deutschen zu vollziehen pflegten.[44] In solchen Propandalügen, bemerkt Theodor Herzl 1896 pointiert, mische sich «roher Scherz, gemeiner Brotneid, angeerbtes Vorurtheil, religiöse Unduldsamkeit».[45] Selbst vom österreichischen Thronfolger Franz Ferdinand war bekannt, daß er antijüdischen Positionen nahestand und antisemitische Abgeordnete im Wiener Parlament für ihre Informationsdienste bezahlte.[46] Das in den Landregionen aufziehende Klima der sozialen Repressionen verschonte selbst Prag nicht, wenngleich die Weitläufigkeit der Großstadt für liberalere Verhältnisse sorgte. Anders als im Zarenreich, wo staatlich gedeckte Pogrome auf der Tagesordnung standen, äußerte sich der Judenhaß in Böhmen versteckter, durch perfidere Formen der alltäglichen Bespitzelung und Denunziation. Auch Franz Kafka hat diese tückischen Techniken der Unterdrückung kennengelernt, obwohl er keinen direkten antisemitischen Anfeindungen ausgesetzt blieb. Daß Macht und Ohnmacht nicht an der Sichtbarkeit der Ordnungsverhältnisse zu messen sind, in denen sie auftreten, gehört zu den wesentlichen Erkenntnissen, die seine Texte ihren Lesern vermitteln werden.

Prager Stadtansichten

«Alte Häuser, steilgegiebelt», so schreibt Rilke in seinem Gedicht *Auf der Kleinseite,* das 1895 im Band *Larenopfer* erschien, «Hohe Türme voll Gebimmel, – | in die engen Höfe liebelt | nur ein winzig Stückchen Himmel.»[47] Es ist die verschachtelte Architektur der Altstadtgassen links der Moldau, die Rilke hier in seiner Reminiszenz an den Ghettomythos und den erloschenen Glanz der barocken Paläste schildert. Sie gehörte um 1900 zum prägenden Stadtbild, das der Betrachter wie ein Moment aufgehobener Zeit wahrnehmen konnte. Bereits zur Jahrhundertwende wurde diese Topographie aber als historisch empfunden – aus der Distanz des Nachgeborenen bezieht auch Rilkes sentimentale Stadtreise ihr Fluidum. Der 20jährige Hermann Ungar sah Prag 1913, nachdem er aus München zum Rechtsstudium hierher gekommen war, als romantische Metropole, in der christliche und jüdische Mythen zusammenwirkten.[48] Johann Gottfried Seume beobachtete schon 1802 in Prag eine Stimmung der religiösen Verklärung, für die das Denkmal des Schutzheiligen Nepomuk charakteristisch sei, das den Spaziergängern «Trost» spende.[49]

Gegen das zum Mythos verklärte Weichbild der Kleinseitenviertel hebt sich um 1900 die ambitionierte architektonische Modernität des neuen Zentrums ab. Zwischen Romantik und Sachlichkeit, den zwei unvereinbaren Polen, ist die Topographie Prags zur Jahrhundertwende ausgespannt. Die Schienen der Elektrischen durchziehen die Straßen wie Spinnennetze; Post- und Telegraphenämter, Büros und Banken, Staatsverwaltung und Schulen präsentieren sich in schnörkellosen Gebäudekomplexen von unübersehbarer Massivität; die Gegend um den Wenzelsplatz und den Altstädter Ring ist seit Anfang der 90er Jahre von hohen Gaslaternen gesäumt; Lichtspielhäuser, Theater, Kabaretts, Bars und Restaurants zeigen nachts strahlend helle Beleuchtung. Klassizistische Fassaden suggerieren traditionsreiche Gediegenheit: Stukkatur und Fenster präsentieren sich in der auch aus Wien und Budapest vertrauten kaiserzeitlichen Pracht. Daneben aber erschließt sich eine

geschichtlich abgelagerte Kulissenwelt mit gotischen Türmen, Renaissance-
fenstern, Sgrafitto-Malerei, barocken Stadtpalästen und Rokoko-Bürger-
häusern. In den schmalen, kaum von Laternenlicht beschienenen Gassen des
früheren – bereits 1854 als Ghetto aufgehobenen – Judenviertels scheint die
Zeit stillzustehen. Labyrinthisch verzweigen sich hier die Wege; dunkle, fast
grottenartige Durchgänge, eng zusammenragende Giebel und schmale Häuser erzeugen eine düstere, von den Spuren der Gegenwart unberührte
Atmosphäre, die der sentimentale Blick des modernen Betrachters als Signatur romantischer Stadtwirklichkeit erfaßt.

Die ‹Durchhäuser› mit ihren geheimnisvoll anmutenden Gängen verlok-
ken den Flaneur zu genauerer Erkundung. Sie unterliegen, so schreibt Egon
Erwin Kisch, «dem Gesetze der Kontinuität, eines greift in das andere über,
und man kann durch ganze Stadtteile Prags gehen, ohne die offene Straße zu
etwas anderem als zum bloßen Überschreiten benützen zu müssen, sozusa-
gen auf dem Landwege.»[50] Der Begriff ‹Passage›, wie ihn Walter Benjamin
auf die Archäologie des modernen Paris übertragen hat, gewinnt hier seinen
typischen Doppelsinn: er ist Ausdruck des Übergangs zwischen verschiedenen Orten und der «Zweideutigkeit des Raums»,[51] zugleich aber Bezeichnung für die Bewegungsform des Spaziergängers, welcher sich als Flaneur
durch die Straßen treiben läßt. Die Prager Passagen erscheinen, topogra-
phisch konzentriert, in den «niedrigen, gewölbten Viadukten» der Altstadt,
die sich, wie Paul Leppin bemerkt hat, «durch den Bauch eines Hauses hindurch» ziehen.[52] So bilden sie stationäre Landschaften, in deren Dickicht
man jenseits der großen Straßen unbemerkt verschwinden kann. In den
‹Durchhäusern› denkt und entwirft sich Prag als auratischer Ort düsterer
Andeutungen und labyrinthischer Geheimnisse. Gehirnwindungen gleich,
verdeutlichen sie jene Ordnungsidee, die Paul Valéry 1937 in seinem Essay
Présence de Paris für das besondere Merkmal der französischen Metropole gehalten hat, als er erklärte, die moderne Stadt entspreche der Struktur des
menschlichen Bewußtseins.[53] In ihrem Inneren sammeln sich nach Valéry
die verschiedenen Schichten der Vergangenheit, ähnlich wie das Bewußtsein
zurückliegende Erfahrungen zu speichern vermag. Das Gehirn der Stadt
Prag findet sich im alten Ghetto und seinen Labyrinthen, wo der Verlauf der
engen Wege und Gassen die Untiefen einer schwer entwirrbaren Historie
ahnen läßt. Ganz in diesem Sinne hat Franz Kafka in seinen Texten – man
denke an die *Betrachtung* und den *Proceß*-Roman – Stadtbilder als Landschaften der Seele kenntlich werden lassen.[54] Der passionierte Spaziergänger Kafka eignet sich die Welt Prags wie ein Leser an, der in den Spuren der Vergangenheit seine eigene psychische Wirklichkeit zu entziffern sucht. In seinem
Tagebuch sammelt er die zersplitterten Bilder, die ihm die abendlichen
Wege durch die alte Stadt erschließen, als seien sie Mosaiksteine eines gro-

ßen, nur noch in der Phantasie rekonstruierbaren Gemäldes. Die Reisen in die Imagination, die Kafka am nächtlichen Schreibtisch unternimmt, werden angeregt durch solche Wanderungen in den Gassen Prags, deren verwinkelte Wege die Windungen des denkenden Gehirns der Stadt ausprägen und formen.

Zur Zeit der Jahrhundertwende lädt Prag den Flaneur zum Abenteuer des Sehens, Verschwindens und Vergessens ein. Die Gassen der Altstadt locken in Labyrinthe, die der Bürger mit einem aus Lust und Furcht gemischten Gefühl zu betreten pflegt. Im Zwielicht der kaum beleuchteten Straßen, deren winkliger Verlauf den Fremden rasch in die Irre führt, finden sich sinistre Spelunken, schmutzige Kneipen und Bordelle. Schmale Passagen geben den Blick auf trübe Hinterhöfe frei und eröffnen die Aussicht auf ein fast mittelalterlich anmutendes Gewerbe- und Handwerkstreiben (von den «Feengrotten»[55] der dunklen Gänge hat Benjamin in Bezug auf Paris gesprochen). Die Straßenlaternen sind zumeist auf Höhe der Fenster des ersten Stockwerks angebracht und werfen nur dürftiges Licht; in den Flurgängen selbst leuchten Öllampen. Paul Leppin charakterisiert die Josefstadt als «schiefes, düsteres Gewinkel, aus dem kein Wetter den Geruch nach Moder und feuchtem Gemäuer wegzublasen vermochte und wo im Sommer den geöffneten Türen ein giftiger Atem entströmte.»[56] Ende März 1885 beschloß der Gesundheitsausschuß des Prager Magistrats den Abriß des alten Judenviertels, dessen Bewässerungssystem moderneren Hygienevorstellungen nicht mehr genügte und jenen ‹fürchterlichen Gestank› erzeugte, den Max Brod in seinem Roman *Tycho Brahes Weg zu Gott* (1915) als Merkmal bereits der barocken Stadt bezeichnet;[57] die Assanierung der insgesamt 128 Häuser des alten Ghettos wurde jedoch – nach zahlreichen Protesten – erst 1895 begonnen und beanspruchte eine ganze Dekade. In der Josefstadt schien zur Jahrhundertwende, da das neue Prager Zentrum seine Modernität zur Schau stellte, die Zeit stehengeblieben zu sein. Erzähler wie Victor Hadwiger, Gustav Meyrink, Paul Leppin, Leo Perutz und Franz Werfel haben das Viertel nach 1900, als es schon museal geworden war, literarisch beschworen. Die eigentümliche Künstlichkeit ihrer forcierten Porträts verdeckt hinter der romantischen Physiognomie den Kulissencharakter einer Altstadt, die längst zum Märchentheater verwandelt scheint. Auch Rilke, seit 1896 ein reisender Europäer ohne festen Wohnsitz, hat seine Geburtsstadt in frühen Prosastücken – *Am Leben hin* (1898), *Zwei Prager Geschichten* (1899) – in einen morbiden Dämmerschein gerückt, dessen Artifizialität zuweilen zum Manierismus gerät.

Sigmund Freud vergleicht 1930 in seinem Aufsatz *Das Unbehagen in der Kultur* das Unbewußte mit einer Stadt, in der alle Perioden ihrer architektonischen Entwicklung gleichzeitig im jeweils unzerstörten Zustand zu betrachten seien. Das Prag um 1900 entspricht dieser «Phantasie»[58] Freuds, insofern es die unterschiedlichsten Stufen seiner Kulturgeschichte zusammenführt. Die Stadt entwirft sich im Ambiente barocker Baukunst, in den Palästen des Klassizismus und den Repräsentationsgebäuden des modernen Jugendstils gleichermaßen. Das Prag der Jahrhundertwende ist eine Großstadt, die alte Intimität und neue Anonymität im Pluralismus der Stile verbindet. Auf zeittypische Weise, jedoch gedrängter als in Berlin, London, Paris und Wien, ragen hier mehrere Welten ineinander, ohne zu einer dauerhaften Einheit zu finden. Die Zeichen der Tradition stehen neben den Symbolen des Aufbruchs in eine neue Zeit: die Stadt erscheint als Raum unverbundener Bilderwelten und Landschaften, deren Asymmetrie die innere Zerrissenheit des Vielvölkerstaates am Vorabend seines Zusammenbruchs widerspiegelt.

Neben den großen Flanier- und Einkaufsstraßen, dem Graben und dem Wenzelsplatz, bestimmen zahlreiche Grünanlagen das Bild, so der – von Kafka besonders geliebte – Chotek-Park (T III 81), der Rieger- und der Stadtpark. In den Vororten drängen sich dagegen die neuen Fabriken, deren Flachgebäude als steinerne Monumente der Industrialisierung grau und dunkel auf vormals unbebauten Flächen stehen. Mächtige Mietskasernen, düstere Hauseingänge, Straßenfluchten und Viadukte vermitteln ein monochromes Bild der Massenexistenz an der Peripherie der Stadt. Kafka hat diese Regionen mit einer Mischung aus Befremden und Anziehung wahrgenommen. Im November 1911 schreibt er nach einem Besuch im Arbeiterbezirk Žižkov, wo die Asbestfabrik seines Schwagers Karl Hermann lag, er betrete die Vororte «stets mit einem gemischten Gefühl von Angst, von Verlassensein, von Mitleid, von Neugier, von Hochmuth, von Reisefreude, von Männlichkeit» (T I 197).

Zahlreiche Legenden und Mythen ziehen sich als sichtbare Spuren durch die Historie der Stadt. Sie eignen ihr eine verbindliche Identität zu, indem sie ihre kulturellen Tiefenstrukturen begründen und befestigen. Zu den berühmtesten Stadtmythen, die sich in die Topographie Prags eingeschrieben haben, zählt die Geschichte vom hochgelehrten Rabbi Löw (1520–1609), der aus einer formlosen Masse eine Gestalt, einen Golem, schuf, indem er ihn mit Schem, dem belebenden Namen Gottes belehnte und ihm das hebräische Zeichen ‹Emeth› (Wahrheit) an die Stirn heftete. Dieser Golem leistete dem Rabbiner während der Woche gute Dienste, jedoch wurde er, weil am Samstag geruht werden mußte, von ihm jeweils zum Sabbat in einen leblosen Stein verwandelt. Eines Tages vergaß der Rabbiner diesen Verwandlungsakt, worauf der Golem, während die Juden ihren Abendgottesdienst feierten, in wütende Raserei geriet.[59] In der Synagoge, wo man bereits den Sabbat-Psalm 92 («Freude am Lob Gottes») rezitiert hatte, breitete sich Panik aus, ehe es dem Rabbi Löw gelang, den Golem zu bannen, ihm den Schem zu entziehen und in Stein zu verzaubern. Aus Dankbarkeit für die Errettung aus der Gefahr stimmte die Gemeinde erneut den Psalm 92 an, der fortan, auch noch zu Lebzeiten Kafkas, in der Prager Altneusynagoge stets zweifach vorgetragen wurde. Die sterblichen Überreste des Golem aber beerdigte man dem Mythos nach in der Attika der Synagoge; ihr Eingang ist bis heute versiegelt. Die Prager Sage bildete die Vorlage für Gustav Meyrinks Roman *Der Golem* (1916), der in unbedenklicher Weise indische mit jüdischen Mythen kreuzt, um seine surreale Geschichte im Dämmerlicht von Tagtraum und Angstphantasie ansiedeln zu können. Paul Wegeners berühmter *Golem*-Film von 1920 überführte die sagenhafte Prager Welt des Ghettos später in eine geschickt inszenierte Kinoerzählung, die die Legende mit den Mitteln des modernen Mediums suggestiv zu vergegenwärtigen sucht.

Um 1900 ist der Golem-Mythos im Bild Prags noch auf unheimliche Weise präsent. Nicht nur das Absingen des Psalms in der Synagoge, sondern auch die steinernen Gassen der schmalen Altstadt, in denen die Uhren stillzustehen scheinen, erinnern an die Geschichte vom Golem und die entrückt anmutende Epoche alter Frömmigkeit. Franz Kafka wuchs in den Zeichenwelten einer wie konserviert erscheinenden Vergangenheit auf und blieb ihnen dennoch innerlich zutiefst fremd. Als ‹in Wahrheit enterbter Sohn› konnte er die Traditionen des Mythos und der Religion nur noch beobachten, nicht aber mehr unbefangen erfahren und nutzen. In seinen literarischen Texten hat er sie daher neu erfunden wie eine imaginäre Realität, die der erhitzten Einbildungskraft entsprungen scheint, zugleich aber geheimnisvoll in die Sphäre der Überlieferung zurückdeutet. Der Mythos, der sich in den Topographien der Stadt abgelagert hatte, fand auf diese Weise den Weg in die Zeichenwelten der Sprache und die Ordnungen des Logos.

Zweites Kapitel
Kindheit und Schuljahre (1883–1901)

Die Einsamkeit des Erstgeborenen

Orte besitzen ihren eigenen Zeichencharakter, dessen Geheimnis sich, diskret und hermetisch, allein dem Eingeweihten zu verkünden pflegt. Das Haus *Zum Turm,* in dem Franz Kafka am 3. Juli 1883 als erstes Kind Hermann und Julie Kafkas geboren wird, liegt an der Ecke zwischen Enge- und Karpfengasse (der heutigen Kaprová). Es befindet sich mithin an der Schnittstelle zwischen vergangenem und modernem Prag: am Rande der Josefstadt, des früheren Ghettos, dem es die Rückseite zukehrt, und zugleich gegenüber dem Altstädter Ring, dem Zentrum neuer Urbanität. Zu Beginn der 1880er Jahre offenbaren sich hier die verschiedenen Geschichtsstufen der Stadt als Einheit von Gegensätzen: der bereits verelendete frühere Ghettobezirk mit seinen Trödelläden, Kneipen und Bordellen berührt dort, wo das Geburtshaus steht, die von den Spuren des modernen Geschäftslebens bestimmte Region um den Großen Ring. Das Eckgebäude wurde 1897 im Zusammenhang mit der seit 1885 geplanten Assanierung des jüdischen Viertels abgerissen, wobei lediglich das kunstvoll verzierte Portal erhalten blieb. Heute muß die über Photographien vermittelte Vorstellung an den Platz der Anschauung treten. Kafkas Geburtshaus ist ein imaginärer Ort, dessen ursprüngliche Topographie von einer zum Vergessen treibenden Gegenwart verdeckt wird.

Gemäß dem jüdischen Religionsgesetz fand am achten Tag nach der Geburt, dem 10. Juli 1883, die Beschneidung des Jungen statt. Dieses streng festgelegte Ritual, das das Kind in den Bund Gottes mit Abraham und dem jüdischen Volk eintreten läßt, wurde vom dafür ausgebildeten ‹Mohel› (‹Moule›) durchgeführt. Während der blutigen Prozedur, bei der man keine hygienischen Vorsorgemaßnahmen treffen durfte, hielt der Großvater – ersatzweise der Pate – den Neugeborenen auf dem Schoß. Mit neugierigem Blick beschreibt Kafka den rituellen Akt am Beispiel seines Neffen Felix, der am 8. Dezember 1911 zur Welt gekommen war: «Zuerst wird der Junge durch Umbinden, das nur das Glied frei läßt, unbeweglich gemacht, dann wird durch Auflegen einer durchlochten Metallscheibe die Schnittfläche präzisiert, dann erfolgt mit einem fast gewöhnlichen Messer einer Art Fischmesser der Schnitt. Jetzt sieht man Blut und rohes Fleisch, der Moule hantiert darin kurz mit seinen langnägeligen zittrigen Fingern und zieht irgendwo gewonnene Haut wie einen Handschuhfinger über die Wunde. Gleich ist alles gut, das Kind hat kaum geweint. Jetzt kommt nur noch ein kleines Gebet, während dessen der Moule Wein trinkt, und mit seinen noch nicht ganz blutfreien Fingern etwas Wein an die Lippen des Kindes bringt.» (T I 241f.) Die von Dr. Moritz Weisl vollzogene Beschneidung Kafkas erfolgte in der Wohnung an der Karpfengasse. Jakob und Franziska Kafka, die beide fast siebzig Jahre alt waren, blieben der Feierlichkeit vermutlich fern, weil sie die Belastungen der Reise fürchteten. Als Pate, der beim Ritual die Rolle des Großvaters versah, firmierte Angelus Kafka, ein Cousin Hermanns, der älteste Sohn von Jakob Kafkas Halbbruder Samuel. Daß die Wahl auf ihn fiel, hatte vermutlich materielle Gründe. Angelus Kafka war ein vermögender Weinhändler und Likörexporteur, der seit 1872 in Prag lebte und seinen bestens eingeführten Laden mittlerweile am belebten Fleischmarkt betrieb. Seine Geschäfte dehnte er, später unterstützt von seinem Sohn Ernst, auch über die Grenzen der Stadt in den oberhalb der Moldau gelegenen Vorort Troja aus, wo er eine Weinkellerei führte, die der junge Franz Kafka gelegentlich besuchte.[1] Über seine Tüchtigkeit und seinen wirtschaftlichen Sachverstand sprach das gesamte Judenviertel.[2]

Bereits kurz nach der Entbindung übernahm Julie Kafka wieder ihre Aufgaben im Geschäft. Der neugeborene Junge wurde einer Amme überlassen und wuchs unter der Obhut des häuslichen Personals auf. In den ersten Jahren der Geschäftsetablierung beschäftigten die Kafkas eine Köchin und ein Dienstmädchen, das auch für die Pflege des Kleinkindes zuständig war, verzichteten aber zunächst aus finanziellen Gründen auf die Einstellung einer Gouvernante. Es ist verständlich, daß der Junge die Dienstboten, die mit ihm den Alltag teilten, sehr viel intensiver erlebte als die zumeist abwesenden Eltern. Deren Verkaufszeit erstreckte sich an den sechs Wochentagen von acht Uhr morgens bis zwanzig Uhr am Abend; der einzige Anlaß, zu dem der kleine Junge die Eltern sah, dürfte das gemeinsame Mittagessen in der Privatwohnung gewesen sein, für das jedoch nur eine halbe Stunde zur Verfügung stand, da man den Laden ungern von den Angestellten beaufsichtigen ließ. Gegenüber Felice Bauer erklärt Kafka im Dezember 1912, er habe sich in seinen Kinderjahren «mit Ammen, alten Kindermädchen, bissigen Köchinnen, traurigen Gouvernanten [!] herumgeschlagen», weil seine Eltern «immerfort im Geschäft» waren (Br I 345).

Julie Kafka füllte ihre Rolle nach traditionellem jüdischem Verständnis aus. Das schloß ein durchaus selbständiges Engagement im Geschäft, nicht zuletzt aber die Dominanz im inneren Zirkel ein. Sie organisierte den Haushalt, ging in der Mittagspause selbst einkaufen, koordinierte die Aufgaben der Dienstboten und betrachtete sich als Vermittlerin, die Spannun-

gen innerhalb der Familie, aber auch Konflikte mit dem Personal auszugleichen suchte. «Wenn man das Rackern gewöhnt ist», schreibt sie im August
1916, «kann man sich an Ruhe u. Müßiggang schwer gewöhnen.» (F 678)
Kafka hat das Zurücktreten persönlicher Forderungen und das Verschwinden des Subjektiven in den Pflichten des Alltags bei ihr deutlich registriert:
«Die Mutter arbeitet den ganzen Tag, ist lustig und traurig, wie es kommt,
ohne mit eigenen Zuständen im geringsten in Anspruch zu nehmen (...)».
Erst im Kontrast zur christlich geprägten Lebenswelt leuchtet ihm das Spezifische dieser Rollenauffassung ein, ohne daß es ihm jedoch gelingt, die
Spannungen, die zwischen den unterschiedlichen Prägungen bestehen, auf
eindeutige Weise zur Sprache zu bringen: «Die jüdische Mutter ist keine
‹Mutter›, die Mutterbezeichnung macht sie ein wenig komisch (nicht sich
selbst, weil wir in Deutschland sind) wir geben einer jüdischen Frau den
Namen deutsche Mutter, vergessen aber den Widerspruch, der desto schwerer sich ins Gefühl einsenkt, ‹Mutter› ist für den Juden besonders deutsch, es
enthält unbewußt neben dem christlichen Glanz auch christliche Kälte, die
mit Mutter benannte jüdische Frau wird daher nicht nur komisch sondern
auch fremd.» (T I 82) Als jüdische Mutter gewinnt Julie Kafka für den Sohn
freilich erst in späteren Jahren jene beruhigende Präsenz, die aus ihrer fami-
lieninternen Autorität hervorgeht. Das Kind dürfte unter ihren Geschäfts-
verpflichtungen und den stets nur flüchtigen Begegnungen am Mittagstisch
gelitten haben. Die in rascher Folge wechselnden, zumeist aus den Dörfern
der Umgebung stammenden Dienstmädchen, die ihre Arbeit routiniert ver-
richteten, konnten Julie Kafka schwerlich ersetzen. Zudem nahm der Sohn
die Mutter in Konfliktfällen nicht als autonome Kraft, sondern als Verbündete des Vaters wahr, wie es 1919 im Brief an Hermann Kafka heißt: «Man
konnte bei ihr zwar immer Schutz finden, jedoch nur in Beziehung zu Dir.
Zu sehr liebte sie Dich und war Dir zu sehr treu ergeben, als daß sie in dem
Kampf des Kindes eine selbständige geistige Macht für die Dauer hätte sein
können.» (G 34)
   In den ersten Jahren zog die Familie häufig um, wobei der Radius, der dabei ausgeschritten wurde, wie im Fall der Geschäftsniederlassungen schmal
blieb. Mitte Mai 1885 übersiedelten die Kafkas auf den großstädtischen Wenzelsplatz, im Dezember in die unweit des alten Ghettos gelegene Geistgasse V / 187. Zwei Jahre später wechselte man in die Niklasstraße 6, im Juni
1889 an den Altstädter Ring 2, wo das mittelalterliche *Haus Minutá* stand;
hier fand die Familie erstmals eine größere Wohnung. Im September 1896
zogen die Kafkas in die Zeltnergasse 3, damit in die unmittelbare Nachbarschaft des väterlichen Geschäfts. Dort lebte man elf Jahre, ehe Ende Juni
1907 der Umzug in die Niklasstraße 36 erfolgte, wo der Sohn ein Zimmer
mit Ausblick auf die Moldau erhielt.[3] Der regelmäßige Wohnungswechsel

zwang das Kind, auch wenn er sich auf einen knappen Bezirksradius beschränkte, zur Anpassung an stets neue Räumlichkeiten und Milieus. Das dürfte, in Verbindung mit der gewohnten Abwesenheit der Eltern, die Erfahrung der Unsicherheit gesteigert haben.

Wann immer Kafka in späteren Jahren über seine Kindheit spricht, wird er zwei Leitmotive hervorheben: Furcht und Einsamkeit. «Ich war ein ängstliches Kind», heißt es im November 1919; das Leben des Heranwachsenden werde hinter den verschlossenen Pforten des Gerichts entschieden, erklärt er 1921 (G 13, Br 317). Der 36jährige erinnert den Vater – den ‹alle Türen füllenden Geschworenen› (Br 317) – an die tief verunsichernden Wirkungen seiner sadistischen Strafaktionen, die eine auch physische Überlegenheit des Erwachsenen zur Geltung brachten. «Ich winselte einmal in der Nacht immerfort um Wasser, gewiß nicht aus Durst, sondern wahrscheinlich teils um zu ärgern, teils um mich zu unterhalten. Nachdem einige starke Drohungen nicht geholfen hatten, nahmst Du mich aus dem Bett, trugst mich auf die Pawlatsche und ließest mich dort allein vor der geschlossenen Tür ein Weilchen im Hemd stehn.» (G 14) Die von solchen Maßnahmen erzeugte Grundstimmung der Furcht, die durch eine «totenaugenähnliche Ernsthaftigkeit» begleitet wird, verknüpft sich, wie der Erwachsene später behauptet, mit dem unverlierbaren Gefühl der Einsamkeit (Mi 71). Felice Bauer berichtet er im Dezember 1912, er habe als Kind «sehr lange allein gelebt» und zwangsläufig gelernt, sich ohne die Eltern im Alltag zu behelfen (Br I 345). Daraus entsteht, wie er später andeuten wird, eine Gleichgültigkeit gegenüber der familiären Umwelt, hinter der «Angst, Sorge und Traurigkeit» lauern (Br I 253). Max Brod hat solche Charakterisierungen übernommen, wenn er betont, man müsse sich Kafkas Kinderjahre «als unsagbar einsam denken.»[4]

Furcht und Einsamkeit sind topische Figuren eines Selbstbildes, das in künftigen Jahren nahezu versteinerte Züge gewinnt. Kaum übersehen läßt sich jedoch, daß sie subjektiven Zuschreibungen entspringen, die den Erfordernissen der Identitätsbildung gehorchen, nicht aber zwangsläufig objektiven Tatsachen entsprechen. «Die Welt, die uns etwas angeht, ist falsch d. h. ist kein Thatbestand, sondern eine Ausdichtung und Rundung über einer mageren Summe von Beobachtungen», schreibt Friedrich Nietzsche 1886.[5] Wer sich mit Kafkas Kindheit befaßt, stößt nicht auf die hier genannte ‹magere Summe von Beobachtungen›. Er ist vielmehr in das Reich des Imaginären eingetreten, denn er gewinnt seine Erkenntnisse über jene ‹Ausdichtungen› und ‹Rundungen›, die der Erwachsene später dem eigenen Erfahrungsmaterial hinzugefügt hat. Das Kind erscheint in Tagebucheintragungen, in den Selbstbildern der Korrespondenz, nicht zuletzt im berühmten Brief an den Vater, den der kranke Sohn 1919 in Schelesen schrieb. Seine

Wahrnehmungen und Außeneindrücke existieren einzig durch die Brechungen der schriftlichen Zeugnisse, die fast stets mit den Mitteln der Fiktion arbeiten. Man trifft das Kind allein in den Geschichten, Phantasien, Erinnerungsbildern und Tagträumen des erwachsenen Mannes. Seine Erlebnisspuren werden von den Zeichen einer nachträglichen Schrift zugedeckt. So erfindet der Autor seine frühen biographischen Erfahrungen, indem er übertreibt, stilisiert, auswählt. Schon Kafkas Kindheit ist, was seine gesamte Erwachsenenexistenz sein wird: erschriebenes Leben. Die Leitmotive, die diese Kindheit durchziehen, bilden Elemente einer imaginären Ich-Konstruktion, die der Schriftsteller kunstvoll entworfen hat. Die Bilder, die er für seine Kindheit findet, bleiben eingewoben in die literarischen Netze, die er ausspannt, wann immer er im Medium des Textes arbeitet.

Gibt es für das Kind ein Außen? Wo endet der Tagtraum, wo beginnt das komplizierte System der Wirklichkeit? «Alles erscheint mir als Konstruktion», formuliert der 30jährige im Tagebuch. Die «Gewalt des Lebens» läßt sich ertragen, sofern sie als Bestandteil einer künstlichen Welt der Erfindung erfaßt wird (T II 203). Das wiederum verlangt eine genaue Technik der Wahrnehmung, die nur mit höchster Konzentration zu praktizieren ist. Die Perspektive des Beobachters, die die ‹Gewalt des Lebens› entschärft, nötigt zugleich zur Isolation, weil sie Distanz und Zurückhaltung fordert. Die Einsamkeit, die Kafka als Kind erfahren hat, ist die Einsamkeit des Zuschauers inmitten der Gemeinschaft. Sie entsteht nicht aus einem objektiven Mangel, sondern aus dem Wunsch, die externen Eindrücke zu erfassen, ohne sich ihnen auszusetzen. In diesem Sinne ist die Angst des Kindes mit seiner Einkapselung verbunden, denn sie zwingt zu jener Isolation, die wiederum die distanzierte Einstellung gegenüber der Außenwelt bedingt. Im «großen Schachspiel» des Lebens sei er, erklärt Kafka 1920 ungewöhnlich pathetisch, «der Bauer des Bauern, also eine Figur, die es nicht gibt» (Mi 75).

Für den heranwachsenden Sohn entsteht eine Grundsituation, die primär durch die innere – vom Gefühl der Furcht getragene – Einsamkeit bestimmt wird. Das Kind lernt, die Position des fernen Betrachters einzunehmen, der sich der Realität nur im Gestus des Zuschauers nähert. Abstand und Absperrung bilden die räumlichen Voraussetzungen für diese Haltung: «Auf die Gefahr hin, daß die ganze Reihe meiner vergangenen Lehrer dies nicht begreifen kann, gerne und am liebsten wäre ich jener kleine Ruinenbewohner gewesen, abgebrannt von der Sonne, die da zwischen den Trümmern von allen Seiten auf den lauen Epheu mir geschienen hätte (…)» (T I 17). Der erwachsene Kafka sucht später die Erfahrungslandschaften seines Alltags in Zonen zu verwandeln, wo er die Kunst der Beobachtung unbefangen praktizieren darf. Die Wohnung der Familie, die Straßennetze der Großstadt, Büro und Caféhaus, Kino und Theater, Elektrische und Eisenbahn werden für ihn Schauplätze eines als fremd empfundenen Lebens, das er zu observieren liebt, weil es ihn dunkel anzieht, ohne daß er sich ihm preisgeben möchte. ‹Einsamkeit inmitten der Gemeinschaft› lautet die Zauberformel für diese Perspektive.

Er suche, schreibt er Felice Bauer im Februar 1913 mit Blick auf seine Urlaubsplanungen, einen Ort, «wo man, selbst wenn man allein ist und mit niemandem spricht, sich nicht verlassen fühlt» (Br II 94). 1922 erläutert er die Sehnsucht nach der schweigenden Teilnahme am pulsierenden Leben gegenüber Max Brod mit einem prägnanten Beispiel: «Bezeichnend ist es übrigens, daß mir in leeren Wohnungen so wohl ist, aber doch nicht in ganz leeren, sondern in solchen, welche voll Erinnerungen an Menschen sind und vorbereitet für weiteres Leben, Wohnungen mit eingerichteten ehelichen Schlafzimmern, Kinderzimmern, Küchen, Wohnungen, in die früh Post für andere eingeworfen, Zeitung für andere eingesteckt wird.» (Br 415)

Es ist nicht auszuschließen, daß dieser Genuß an der Beobachtung einer fremden, im inneren Kern geheimnisvollen Alltagswelt auf eine frühe Erfahrung zurückweist. In der leeren Wohnung der Eltern mag dem Kind an langen Vormittagen die Einsicht gedämmert sein, daß das Alleinsein eine süße Lust bedeutete, die wuchs, wenn man sich vorstellte, wie schnell sie vergehen konnte. Auch später, als die Stimmen der Geschwister in die Ruhe des Lebens drangen, änderte sich an der inneren Haltung des Jungen wenig. Er blieb ein fremder Mitbewohner, der im «Hauptquartier des Lärms» (T I 176) hauste, weil er seine Einsamkeit nur genießen konnte, wenn er sie gegen eine ihn umgebende Gemeinschaft verteidigen mußte. Die psychische Distanzhaltung des Kindes bildet später ein tragendes Element des biographischen Selbstentwurfs, der nicht am objektiven Wert von Begriffen wie ‹Furcht›, ‹Isolation› oder ‹Trauer› zu messen ist. Er stellt den Versuch einer Identitätsformung dar, welche allein im Moment ihrer Beschreibung – als literarische Ich-Inszenierung – glücken wird. Jenseits der Schrift existiert nur die Vorläufigkeit: «Mein Leben», heißt es im Januar 1922, «ist Zögern vor der Geburt.» (T III 207)

Drei Schwestern

Die frühen Photographien, die uns überliefert sind, scheinen Kafkas Selbstbild des ängstlichen Kindes zu bestätigen. Sie präsentieren dem Betrachter zumeist einen furchtsam wirkenden Jungen, dessen dunkle Augen weit aufgerissen sind, als suchten sie das im Moment der Aufnahme emporschießende Magnesiumlicht zu bannen. Karl Roßmann, der Held des Romans *Der Verschollene* (1912–13), erinnert sich daran, wie er als Kind «nach dem Auftrag des Photographen den Apparat hatte anschauen müssen», der ihm gegenüberstand (V 106). Noch auf Bildern des Erwachsenen findet sich

Einjährig, 1884

dieser Augenausdruck, der durch die Hel-
ligkeit des Blitzes wie verhext scheint
(«den visionären Blick habe ich nur bei
Blitzlicht»; Br I 293). Die vermutlich früheste Kinderphotographie zeigt den Einjährigen barfüßig auf einem Sessel; Kafka
kommentiert das Bild im November 1912:
«Damals gehörte ich wohl noch vollständig mir an und es scheint mir sehr behaglich gewesen zu sein.» Auf späteren Photographien agiere er dagegen, so befindet er,
zunehmend dressiert, als «Affe» seiner Eltern (Br I 280). Die dem Zeitgeschmack
folgenden Photo-Inszenierungen führen
das Kind in wechselnden Posen vor, denen
die Künstlichkeit fader Rollenbilder an-
haftet. Eine vermutlich aus dem Jahr 1888 stammende Aufnahme zeigt den
trotzig, doch zugleich furchtsam blickenden Fünfjährigen in einer exotischen Atelierlandschaft mit Stock und Hut. Das artifizielle Arrangement –
Palmen vor Meereshorizont auf Kunsttapeten – ist bezeichnend für die
Photostudios des späten 19. Jahrhunderts, die, wie Walter Benjamin vermerkt
hat, «so zweideutig zwischen Folterkammer und Thronsaal standen.»[6] Die
Eltern fehlen auf sämtlichen der uns überlieferten Kinderbilder. Ist es Zufall,
daß wir keine einzige Photographie besitzen, die den Sohn gemeinsam mit
ihnen zeigt?

Franz Kafka wächst zunächst im Schatten bedrückender Verlusterfahrun-
gen auf, die die junge Familie erheblich belasten. Der Bruder Georg, der am
11. September 1885 zur Welt kommt, überlebt im Dezember 1886 die Ma-
sern nicht, der am 27. September 1887 geborene Heinrich stirbt im April
1888 an einer Mittelohrentzündung. In beiden Fällen scheint die medizinische Versorgung auch nach den damals herrschenden Standards unzureichend gewesen zu sein; Kafka spricht später davon, daß der Tod seiner Brüder durch «die Schuld der Ärzte» verursacht worden sei (Br I 345). So habe
er, erinnert er sich 1919, den «ersten Stoß ganz allein aushalten» müssen
(G 12). Dieser Stoß geht nicht nur vom herrisch-rücksichtslosen Vater aus.
Den tiefen Schmerz, den die Mutter über den Tod der beiden Söhne empfindet, hat das Kind zweifellos mit einer Mischung aus Furcht, Schuldgefühl
und Eifersucht wahrgenommen. So entsteht frühzeitig eine psychische
Konfliktsituation, deren herausragendes Kennzeichen die Ahnung darstellt,

allein durch die eigene Existenz schuldig zu sein. Wenn die verstorbenen Brüder geliebt werden, weil sie sterben mußten, wird dem, der am Leben blieb, folgerichtig keine Liebe zuteil. Der Entzug der Zuneigung ist die Strafe für die Gesundheit des vermeintlich Stärkeren. Das spannungsvolle Verhältnis zu Vitalität und physischer Kraft, das Kafka als Erwachsener mit neurotischer Lust kultivieren wird, entspringt fraglos dieser Erfahrung. Der Tod ist fortan ein Akt des Verschwindens, wie ihn der Junge im Fall seiner Brüder erlebt hat. Als Unsichtbarwerden, Sich-Verlieren und Zurücktreten ins Nichts werden seine literarischen Texte später das Sterben beschreiben. So ist der Tod Gregor Samsas in der *Verwandlung* ein ‹Verschwinden› (D 152); Wese, das Opfer des ‹Brudermörders› Schmar, ‹versickert› im «dunklen Straßengrund» (D 231), und auch Josefine, die singende Maus aus Kafkas letzter Erzählung, ‹verliert› sich verlöschend in der Geschichte ihres Volkes (D 294). Der Erfahrung des Todes, wie ihn das Sterben der Brüder vermittelt, folgt aber zugleich der Lebensentwurf des erwachsenen Kafka, der jede soziale Festlegung und Entscheidung meiden wird, um nicht aus dem Schatten seines Sohnesstatus treten zu müssen. Er verläßt das väterliche Haus niemals auf Dauer, heiratet nicht, gründet keine Familie, sammelt keinen Besitz, schafft sich im bürgerlichen Sinn keine eigene Existenz. Kafkas gesellschaftliche Identität gehorcht dem Gesetz der permanenten Negation – von Bindung, Erwerb und Rollenpräsenz –, als suche er jener Logik des Verschwindens zu folgen, die allein das Sterben aufweist. Er bleibt dauerhaft ein Sohn – «Ewige Kinderzeit», heißt es noch im Oktober 1921 (T III 189) –, weil er anders das Schuldgefühl nicht ertragen kann, das ihn seit dem Tod seiner Brüder unaufhörlich begleitet.

Am 22. September 1889 wird die Schwester Gabriele (Elli) geboren; ihr folgt fast genau ein Jahr später, am 25. September 1890, Valerie (Valli); als jüngstes Kind kommt am 29. Oktober 1892 Ottilie (Ottla) zur Welt. Den gefestigten Status, den die Mädchen innerhalb der Familie ohne Mühe gewinnen, nimmt der Bruder neidvoll zur Kenntnis. Er selbst betrachtet sich als einsamen Kämpfer, indes die Schwestern geregelte Verhältnisse vorfinden. Verbittert bemerkt der knapp 30jährige im Dezember 1912 über das Glück der Nachzügler: «Diese Spätge-

Etwa fünfjährig, 1888

borenen haben um sich herum gleich eine solche Mannigfaltigkeit zum Teil der schon durchkosteten zum Teil der erst angestrebten Erlebnisse, Erkenntnisse, Erfahrungen, Erfindungen, Eroberungen ihrer übrigen Geschwister und die Vorteile, Belehrungen, Aufmunterungen eines so nahen, so beziehungsreichen, verwandtschaftlichen Lebens sind ungeheuer.» (Br I 345) Die Mädchen bewundern den älteren Bruder vorbehaltlos und unterwerfen sich bereitwillig seinem Urteil. Er hat die Zuneigung, die sie ihm entgegenbrachten, mit gelassener Selbstverständlichkeit erwidert. An die knapp elf Jahre alte Elli schreibt der 17jährige im Juli 1900 aus Triesch, wo er sich ohne die Schwestern für einige Tage als Gast Siegfried Löwys aufhält: «Klein-Ella wie schaust Du denn aus, ich habe Dich schon so völlig vergessen als hätte ich Dich nie gestreichelt.» (Br I 9) Freilich empfindet Kafka in den Jahren der Gymnasialzeit die Rolle des älteren Bruders auch als Last, widersprach sie doch seiner inneren Haltung der Distanz zu sämtlichen Formen der Hierarchie, der Macht und des Ungleichgewichts. Eine 1893 aufgenommene Photographie zeigt den Zehnjährigen im Atelier neben Elli und Valli. Die Hand, die in Beschützergebärde über der rechten Schulter der älteren Schwester liegt, scheint förmlich in der Luft zu schweben, sie wirkt wie montiert: der Körper verweigert sich der verordneten Pose, indem er die Zeichen der Täuschung sichtbar ausstellt.

Im stillen Widerstand gegen die Eltern können die jüngeren Schwestern den Bruder nicht unterstützen. Elli und Valli besitzen zwar Sensibilität, aber nur schwach entwickelte Tatkraft. Ein ausgeprägtes Phlegma, verbunden mit der Bereitschaft zur Anpassung, gehört offenbar zu den Charaktermerkmalen der Mädchen. Dem entspricht ein den bürgerlichen Rollenkonventionen folgender Lebensentwurf, der sie in späteren Jahren an Ehe und Mutterschaft band. Über Elli schreibt Kafka Ende 1919, sie sei ein «schwerfälliges, müdes, furchtsames, verdrossenes, schuldbewußtes, überdemütiges, boshaftes, faules, genäschiges, geiziges Kind» gewesen, das ihm durch seine Unterwerfungsbereitschaft wie ein Spiegel seiner selbst erschienen sei. In der Angst der Schwester findet er die eigene Gemütsverfassung reflektiert; die Photographie, die ihn mit Elli zeigt, bekräftigt solche Parallelen durch eine Körperspra-

Mit den Schwestern Valli (links) und Elli (Mitte), 1893

Die Schwestern
(von links: Valli, Elli, Ottla), um 1898

che, die Furcht und Unsicherheit
bezeichnet. Im Gegensatz zu ihm
selbst, so erklärt der 36jährige Kafka, habe Elli jedoch als Erwachsene eine stabile Persönlichkeit
ausgebildet, die sie, in der Rolle
der Ehefrau und Mutter, «fröhlich, unbekümmert, mutig, freige-
big, uneigennützig, hoffnungsvoll» auftreten ließ (G 36). Valli wiederum sieht
er im Rückblick durch das ausgleichende Temperament der Mutter bestimmt, das es ihr erlaubte, sich der direkten Konfrontation mit dem Vater zu
entziehen. In ihr sei so «wenig Kafka'sches Material», daß sie, jenseits familiärer Rollenerwartungen, als Reinkarnation der Julie Löwy stets größere Freiräume genossen habe (G 35).

Während Elli und Valli familiären Frieden suchten, lehnte sich Ottla frühzeitig gegen die vom Vater repräsentierte Ordnung auf. Kafka beschreibt sie
als Mischung der elterlichen Temperamente, in der «Löwy'scher Trotz, Empfindlichkeit, Gerechtigkeitsgefühl, Unruhe» mit dem «Bewußtsein Kafka'-
scher Kraft» verbunden sei. Die Folge war ein ständiger «Kampf» mit dem
Vater, den Ottla im Gegensatz zum Bruder offen austrug (G 37). Als einzige
im Kreis der Geschwister wagte sie es, Hermann Kafka zu widersprechen
und seine Selbstherrlichkeit zu kritisieren. Er, der ‹in seinem Lehnstuhl die
Welt regierte›, antwortete auf die Insubordination der jüngsten Tochter mit
der Ankündigung massiver Strafen, mit Wutausbrüchen und Verfluchungen.
Das entsprach dem Verhaltensrepertoire des Tyrannen, der seine Macht nicht
aus dem «Denken», sondern aus seiner «Person» abzuleiten suchte (G 16f.).
Ottla ließ sich jedoch in ihrer zähen Widerstandskraft von den Drohgebär-
den des Vaters nicht einschüchtern, sondern beharrte entschieden auf ihrem
eigenen Weg. Kafka bewunderte an ihr die physische Vitalität, die ihm selbst
fehlte; er fand sie «groß und stark», gemäß dem Erbteil der väterlichen Familie, wo die «Riesen zuhause sind.» (Br I 232, Br II 51) Ottla besaß zeitlebens
eine besondere Bedeutung für ihn; Krisen oder Spannungen traten im Verhältnis zu ihr niemals auf. Sie sei ihm, bemerkt er am 1. November 1912, unter seinen Schwestern, «unbeschadet der Liebe zu den andern, die beiwei-
tem liebste» (Br I 204); wenig später nennt er sie «meine beste Prager Freundin» (Br I 226).

Auf den Bildern, welche die drei Mädchen um die Jahrhundertwende zeigen, fällt die Ähnlichkeit der Aufmachung ins Auge, die individuelle Unter-

schiede einebnet. Frisur und Kleidung suggerieren eine Einheit, die keine charakterlichen
Differenzen zulassen soll. Noch die ‹Hofpho-
tographien› von 1910, die auch als Werbungs-
material für den Heiratsmarkt gedacht waren,
offenbaren eine bemerkenswerte Identität der
Gebärdensprache und des Ausdrucks, von der
lediglich das Porträt Ottlas punktuell ab-
weicht. Deutlich bekräftigen die Bilder ein
Erziehungsprogramm, das die Mädchen primär auf ihre Rolle als künftige Ehefrauen und
Mütter vorbereitet. Auf dieser Ebene hat auch
der Bruder sie in den Jahren ihrer Pubertät
verstärkt wahrgenommen. Die auffallende Attraktivität, die seine heranwachsenden Schwestern entwickeln, ist ihm nicht entgangen.
Nach der Gymnasialzeit mischt sich daher
eine deutlich erotische Komponente in die
Zuneigung, die er ihnen entgegenbringt. Mit
gemischten Gefühlen beobachtet er ihre zunehmende Selbständigkeit als Prozeß der
Lösung von seiner bevormundenden Rolle:
«Schwer gehn sie im Nebenzimmer auf und
ab, wie wir aber auch dort eindringen aus Lü-
sternheit und Trotz hocken sie in einer Fen-
sternische und lesen die Zeitung ohne einen
Blick für uns zu haben.» (T I 217) Im September 1912 bezeichnet er, unter dem Eindruck
von Vallis Verlobung, die Liebe «zwischen Bruder und Schwester» als «Wiederholung» der
Liebe zwischen den Eltern (T II 84).

Kafka liest seinen Schwestern vor und
schreibt – bis in die Universitätsjahre – Theaterstücke für sie, die, ohne seine eigene Mitwirkung, an den Geburtstagen der Eltern auf-
geführt werden. Dabei handelt es sich häufig,
wie die überlieferten Titel verraten, um ko-
mödiantische oder pantomimische Versuche
(*Der Gaukler*, *Photographien reden*). Gelegent-

Elli, Valli und Ottla Kafka im Herbst 1910

lich inszeniert er einfache literarische Texte, so die Fastnachtspiele und Schwänke von Hans Sachs, die er aus dem Lesebuch der sechsten Gymnasialklasse kannte.[7] Frühzeitig begegnet er den Schwestern mit pädagogischen Absichten, sucht auf ihre Lesegewohnheiten und die Alltagsgestaltung Einfluß zu nehmen. Unter seiner Anleitung müssen sie im Kinderzimmer nackt Atemübungen praktizieren und turnen.[8] In späteren Jahren versorgt er sie unermüdlich mit Lektüre, empfiehlt ihnen Lexika, Theaterstücke, bisweilen auch – als passionierter Kinogänger – attraktive Filme. Noch als Erwachsener führt er ihnen mit darstellerischer Virtuosität Kinoszenen im Badezimmer – dem Ort ihrer intimen Aussprachen – vor, wobei er ohne Hemmungen seinen sonst unterdrückten «Nachahmungstrieb» auslebt (T I 255). Hier verrät sich eine Unbefangenheit, die er Fremden gegenüber niemals an den Tag zu legen vermag: «Ich bin vor meinen Schwestern, besonders früher war es so, oft ein ganz anderer Mensch gewesen, als vor anderen Leuten.» (T II 184)

Elli und Valli folgen als erwachsene Frauen bürgerlichen Lebensmustern; Kafkas Freundin Felice Bauer, die selbst von konventionellen Rollennormen beherrscht ist, nennt sie im Januar 1915 mit gezielter Gehässigkeit «‹flach›» (T III 74). Elli heiratet am 27. November 1910 den Fabrikanten Karl Hermann; 1911 wird der Sohn Felix, 1912 die Tochter Gerti, 1920 Hanna geboren. Die Verbindung ist nicht sonderlich harmonisch; im Mai 1912 notiert Kafka: «Die Schwester weint wegen Ihrer [!] neuen Schwangerschaft (...)» (T II 70). Valli schließt am 12. Januar 1913 die Ehe mit Josef Pollak; noch im selben Jahr kommt die Tochter Marianne, 1914 ihre Schwester Lotte zur Welt (sie wird schon 1931 an einer plötzlichen Infektion sterben). Nicht ohne Trauer erlebt Kafka die Verheiratung seiner Schwestern als Akt der unwiderruflichen Trennung. Er bedeutet den Abschied von inzestuös gefärbten Beziehungen, die auch eine sinnlich-leibliche Komponente besitzen. Mit giftigem Sarkasmus registriert der Bruder daher, daß sich Elli nach Eheschließung und Geburt «im Aussehen» der Mutter annähert und «in einem sonderbaren Mieder mit verquollenem Körper» wie eine Matrone wirkt (Br II 219f.). Für die Sehnsüchte der Geschwisterliebe blieb nur Ottla, die erst spät heiratete. Auch hier zeigte sie den Willen zum ‹Kampf›, den ihr der Bruder bescheinigt hatte. Die Ehe, die sie, knapp 28jährig, am 15. Juli 1920, mit dem tschechischen Katholiken Josef David einging, bedeutete für die Familie eine Provokation, weil sie gegen den jüdischen Heiratskodex verstieß. Erst als 1921 und 1923 die Töchter Véra und Helena geboren wurden, gab Hermann Kafka seine Vorbehalte gegen den nationaltschechisch eingestellten Schwiegersohn vorübergehend auf.

Am Ende führten alle Wege in den Schrecken. Die Schwestern Kafkas wurden ebenso wie zahlreiche seiner Freunde in Konzentrationslagern er-

mordet. Am 21. Oktober 1941 verschleppte die Gestapo Elli, die seit 1939
verwitwet war, von Prag ins jüdische Ghetto nach Lodz, wohin Valli und ihr
Mann zehn Tage später folgen mußten. Im Frühjahr 1942 wiesen die NS-
Behörden Elli eine schmale Wohnung zu, in die auch die Schwester und der
Schwager sowie die jüngste Tochter Hanna zogen.[9] Bereits im Mai 1942
kam es zu Massenerschießungen in Lodz, denen 11 000 Juden zum Opfer
fielen. Seit Anfang des Jahres ermordeten die Deutschen 70 000 Ghetto-
bewohner; Kafkas Schwestern starben vermutlich im September 1942 in der
Gaskammer, Hanna Hermanns Spuren verloren sich schon Ende 1941. Ottla
war zunächst durch ihre Ehe mit Josef David vor Verfolgung geschützt. Im
August 1942 ließ sich David jedoch von seiner Frau scheiden und lieferte sie
damit rücksichtslos ihrem Schicksal aus. Ottla wurde noch im selben Monat
nach Theresienstadt deportiert. Am 5. Oktober 1943 begleitete sie als Pflege-
rin freiwillig einen Zug mit jüdischen Kindern nach Auschwitz, vermutlich
in dem klaren Bewußtsein, daß das ihren Tod bedeutete. 77 297 Juden, deren
Namen heute an den Wänden der Prager Pinkas-Synagoge festgehalten
sind, wurden in Böhmen und Mähren von den Deutschen ermordet. Aus
dem Familienkreis der Kafka-Schwestern überlebten mit Ausnahme Hanna
Hermanns nur die Töchter – Gerti Hermann, Marianne Pollak, Věra und
Helena Davidová – den Holocaust; Felix Hermann war bereits 1940 während der Flucht nach Frankreich an einer fiebrigen Infektion gestorben. Die
idyllisch anmutenden Bilder aus den Photostudios der Jahrhundertwende
wirken angesichts der Lebenswege, die in der Shoa endeten, wie die stummen Zeichen einer versunkenen Welt, deren Bewohner nicht ahnen konnten, welche Heimsuchungen auf sie warteten.

Gouvernanten und Dienstmädchen

Die Raumordnung der bürgerlichen Wohnung findet ihr symbolisches Zentrum im Schlafzimmer der Eltern. Es ist ein Ort des Privilegs: des
Vorrechts auf Sexualität, das den übrigen Mitgliedern der Familie vorenthalten wird. In seinem Roman *Die Schlafwandler* (1932) charakterisiert Hermann Broch diese eigentümliche Konstellation mit sarkastischem Unterton:
«So werden abends überall die Betten für die Herrschaft gerichtet mit den
Laken, die so heuchlerisch glatt in der Wäschekammer gefaltet werden, und
das Gesinde und die Kinder wissen, wofür dies geschieht; überall schlafen
Dienerschaft und Gesinde keusch und ungepaart um den gepaarten Mittel-
punkt des Hauses herum (...)».[10] Noch der dreißigjährige Kafka notiert
Ende Juli 1913 im Tagebuch, «der Anblick der Nachthemden auf den für die
Nacht vorbereiteten Betten» seiner «Eltern» löse in ihm Gefühle physischen
Unbehagens aus (T II 184). Felice Bauer erklärt er drei Jahre später, die An-
sicht «des Ehebetts zuhause» könne ihn «bis nahe zum Erbrechen reizen»

(F 729). Daß das Schlafzimmer der bürgerlichen Wohnung ein gerade durch seine Intimität befestigtes Herrschaftszentrum ist, erschließt sich bereits der dunklen Vorahnung des Kindes. Kaum zufällig wird das Bett in Kafkas Romanen ein zweideutiger Ort, wo die Macht des Triebs mit der Ohnmacht des Kontrollverlusts vereinigt scheint.

Nach der Geburt Ellis stellten die Kafkas neben Köchin und Dienstmädchen die 22jährige Anna Čuchalová als Amme ein, die mit der Familie im *Haus Minutá* wohnte.[11] Während die zumeist sehr jungen Dienstmädchen, die aus dem dörflichen Umland Prags kamen, häufig wechselten, blieb die Köchin Františka Nedvědová durchgehend bis zu Kafkas Gymnasialzeit im Haushalt der Familie beschäftigt. Für die alltägliche Betreuung der Kinder – von der Körperpflege bis zum Vorlesen – war zunächst die 20jährige Tschechin Marie Zemanová zuständig. Über sie heißt es in einem Tagebucheintrag des 28jährigen Kafka: «Mein gewesenes Kindermädchen, die im Gesicht schwarzgelbe, mit kantigem Nasenrand und einer mir damals so lieben Warze auf der Wange war heute zum zweitenmal in kurzer Zeit bei uns um mich zu sehn. Das erste Mal war ich nicht zuhause, diesmal wollte ich in Ruh gelassen sein und schlafen und ließ mich verleugnen. Warum hat sie mich so schlecht erzogen, ich war doch folgsam, sie sagt es jetzt selbst im Vorzimmer zur Köchin und zum Fräulein, ich war von ruhiger Gemütsart und brav.» (T I 203)[12]

Mit Blick auf die bevorstehende Einschulung des Jungen wurde 1888 die 28jährige belgische Gouvernante Louise Bailly eingestellt, die jedoch nicht im Domizil der Familie wohnte. Ihre Funktion lag zunächst darin, die Hausaufgaben des Sohnes zu überwachen und Schreibübungen zur Verbesserung des Stils mit ihm abzuhalten. Später versah sie auch die Erziehung der heranwachsenden Mädchen, mit denen sie Spaziergänge in den Stadtpark unternahm, einen gehobenen Konversationston einstudierte sowie Zeichen- und Klavierstunden veranstaltete (Kafka selbst erhielt in der Gymnasialzeit kurz Violinenunterricht, den er jedoch bald abbrach; T III 266). Dieses Programm spiegelte das Bemühen der Eltern, sich an den Erziehungsnormen und Verhaltensregeln des Großbürgertums zu orientieren. Im Jahr 1900, als Kafka bereits kurz vor der Reifeprüfung stand, engagierte man die Deutsche Elvira Sterk als Erzieherin der Mädchen, die Prag 1902 wieder verließ, um eine neue Stelle in Aachen anzutreten. Ihre Nachfolgerin, die Tschechin Anna Pouzarová, blieb nur zwölf Monate im Haushalt – eine typische Fluktuation angesichts der Tatsache, daß die jungen Frauen ihre Tätigkeit zumeist nur als Zwischenstation auf dem Weg in die Ehe betrachteten. In den folgenden Jahren beschäftigte man – offenbar auf Rat des bereits studierenden Sohnes – französische Gouvernanten, um die Sprachkenntnisse der Mädchen zu verbessern.[13] Die Tschechin Marie Werner, in früheren Biographien irrtümlich als Erzieherin Kafkas bezeichnet, stieß erst 1910 als 26jährige zur Familie.[14] Sie übernahm, da die Schwestern mittlerweile das Erwachsenenalter erreicht hatten, die Rolle der «Wirtschafterin» (Br II 37) mit diversen häuslichen Aufgabenbereichen, die sich vom Einkauf über die Kleiderpflege bis zur abendlichen Konversation erstreckten. Marie Werner, die man respektvoll ‹das Fräulein› nannte, wohnte bis zu Hermann Kafkas Tod im Jahr 1931 bei den Eltern und pflegte schließlich die gebrechliche Julie Kafka während ihrer letzten drei Lebensjahre in der Bílekgasse.

Mit den Eltern wurde zwar Deutsch gesprochen, jedoch blieb das Tschechische für den Jungen ein fester Bestandteil der Alltagskommunikation. Die Hausangestellten der Kafkas (mit Ausnahme der Bailly und Elvira Sterks), aber auch die Mitarbeiter im Geschäft waren Tschechen, die das Deutsche kaum verstanden. Die wechselnden Dienstmädchen und die Köchin redeten im Umgang mit dem Kind durchgehend Tschechisch. Diese Sprache ist für Kafka ein gefühlsbesetztes Idiom geblieben, fern von den Restriktionen und Normen des schulischen oder elterlichen Regelsystems. Zwar hat er das Tschechische niemals fehlerfrei geschrieben, doch sprach er es zeitlebens relativ geläufig und bescheinigte sich selbst, ein Gespür für seinen Rhythmus zu besitzen (Mi 17, 28).[15] Tschechisch war für ihn nicht die Sprache der Schrift, die quälen und erlösen, Ekstase und Zerstörung herbeiführen konnte, sondern das Medium der mündlichen Verständigung: ein zwangsfreies Idiom, das kaum vom Druck des Gelingens belastet schien, wie ihn die deutsche Sprache auf den Schüler, später auf den Juristen und Schriftsteller ausübte. Während seiner Studienzeit, in der er sich fast ausschließlich des Deutschen bediente, legte Kafka daher Wert darauf, daß die Schwestern ihre Tschechischkenntnisse verbesserten, und empfahl der Erzieherin Anna Pouzarová, ihnen Božena Němcovás *Babička* (1855), die melancholisch eingefärbte Romanerzählung über das böhmische Landleben des 19. Jahrhunderts, vorzulesen.[16] Im Mai 1920 erklärt er Milena Pollak: «Deutsch ist meine Muttersprache und deshalb mir natürlich, aber das tschechische ist mir viel herzlicher (…)» (Mi 17).

Zwischen den heranwachsenden Schwestern, den ständig wechselnden Dienstmädchen und Gouvernanten blieb die Position des Erstgeborenen schwierig. Als einziges männliches Familienmitglied neben dem vom Geschäft okkupierten Vater besaß der Junge notwendig einen Sonderstatus. Das erleichterte ihm die Haltung der *desinvolture*, die durch die innere Distanz gegenüber dem ständig lauter und schwirrender werdenden Familienleben begründet wurde. Zugleich belastete ihn die exponierte Rolle, weil sie ihm jenes Eintauchen in die Nestwärme verbot, um das er seine Schwestern ausdrücklich beneidete. Besondere Schwierigkeiten entstanden in solchen Phasen des Tagesablaufs, die eine Begegnung mit dem Vater erzwangen. Jenseits des Sonntags waren dieses vornehmlich die Mahlzeiten, die mittags und abends gemeinsam eingenommen wurden. Sie führten dem Sohn zu Bewußtsein, daß die Frauenwelt, in der er lebte, ein Reich der Illusionen repräsentierte, das sich um ein nur scheinbar leeres Zentrum der Macht schloß. Dieses Vakuum wurde täglich neu gefüllt, wenn der Vater am Eßtisch mit knappen Befehlen, bohrenden Fragen und lakonischen Kommentaren unter Beweis stellte, wem die Rolle des Familienherrschers zufiel. Es ist bezeichnend, daß Kafkas großer Brief vom Winter 1919 dem Szenario der Mahlzeiten exemplarische Aufmerksamkeit widmet: «Da ich als Kind hauptsächlich beim Essen mit Dir beisammen war, war Dein Unterricht zum großen Teil Unterricht im richtigen Benehmen bei Tisch.» (G 19) Hier nahm der Sohn Hermann Kafka als Alltagsdespoten wahr, der unmißverständliche Handlungsmaximen, geronnene Lebensweisheiten und banale Gemeinplätze verkündete. Die genau fixierte Dramaturgie bei der Verteilung der Speisen, das den Kindern auferlegte Schweigegebot, die zur Befestigung der eigenen Position genutzte Beschimpfung der Köchin (das ‹Vieh›) und die vorsätzliche Inkonsequenz beim Befolgen der zuvor verordneten Verhaltensregeln bildeten tragende Elemente väterlicher Machtausübung, die der Sohn mit einer Mischung aus Furcht und Abscheu registrierte. Unabhängig von der Frage, ob Hermann Kafka dem hier entworfenen Bild objektiv entsprach, vermittelte sich das Modell einer archetypischen Autorität, das der Junge wie ein unumkehrbares Grundmuster von Fremdheit und Bedrohlichkeit erlebte (G 19f.).

Während der Sohn den Vater als Eindringling empfand, der ihm täglich den fragilen Charakter seines eigenen Status vor Augen führte, blieb die Mutter die Adressatin seiner affektiv besetzten Wünsche und Erwartungen. Eine wesentliche Strategie des Erstgeborenen bildete dabei die intervallartig wiederholte Flucht in die Krankheit. Im Zustand körperlicher Schwäche ahmte das Kind die Rolle seiner jüngeren Brüder nach. Sie schloß die Androhung eines unwiderruflichen Verlusts ein, der die Mutter entgehen konnte, indem sie ihrem Sohn emotionale Zuwendung schenkte. Der erwachsene Kafka erinnert sich an die Fürsorglichkeit, mit der sie ihn in Phasen der Krankheit umgab. Seine gelegentlich aufflackernde Sehnsucht, sich ohne echte Symptome ins Bett zu legen, entspringe der Erinnerung daran, «wie die Mutter trösten kann» (T I 81). Die Krankheiten des Erstgeborenen bringen in sehr eigener Sprache einen Liebeswunsch zum Ausdruck. Inmitten des von Dienstboten beherrschten Alltags ermöglichten die Phasen der Bettlägrigkeit die seltene Chance zum zärtlichen Umgang mit der vielbeschäftigten Mutter, nicht zuletzt aber sanfte Drohmittel, deren Einsatz an das Schicksal der früh verstorbenen Brüder gemahnen sollte. Julie Kafka scheint den psychischen Hintergrund der sporadisch auftretenden Erkran-

kungen intuitiv erahnt zu haben, wenn sie in ihrem um 1931 verfaßten Lebensbericht knapp bemerkt, daß der Sohn «ein zartes aber gesundes Kind»
war.[17] Ähnlich wie Elli und Valli legte der junge Kafka ein Phlegma an den Tag,
das nicht allein seinem Temperament entsprang, sondern zugleich den Erfordernissen seines Selbstentwurfs genügen sollte. Motiviert wurde dieser
Entwurf durch die Opposition gegen die offen zur Schau gestellte (freilich
nicht ungebrochene) Vitalität des Vaters. In der Rolle des introvertierten,
kontaktarmen, distanziert auftretenden Sohnes, der spärlich ißt, selten lacht
und zumeist schweigt, lebte Kafka den Widerstand gegen den Vater aus.
Unterstützt wurde dieses Ich-Modell von einer Frauenwelt, die den Sohn
wie einen Ring umschloß. Sein Leben fand sich auf solche Weise doppelt
abgeschirmt: durch die endogenen Impulse, die das Ich zu «Schutzbauten»
gegen die bedrohliche Wirklichkeit nötigten, und durch die Interventionen der Helferinnen, die ihn vor unerfreulichen Erfahrungen zu bewahren
suchten.[18] Seine Erziehung habe sich «vollständig im einsamen, überkalten
oder überheißen Knabenbett vollzogen», erklärt Kafka im September 1922
(Br 419). Das verweist auf fehlende Kräftebalance, mangelnden Außenkon-
takt und ungelöste Spannungen, auch im Bereich der körperlichen Selbstwahrnehmung – eine Konstellation, von der noch zu sprechen ist.

Zur Pädagogik der Denaturierung, die den Jungen in eine Treibhauswelt
zwingt, gesellt sich das Machtdenken der Älteren, die dem Kind fremde Erfahrungen vorenthalten, um ihre autoritäre Verfügungsgewalt ausüben zu
können. «Die Erziehung als Verschwörung der Großen», notiert Kafka am
8. Oktober 1916, ziele auf das Einsperren der «frei Umhertobenden» im
engen Haus der Familie (T III 138). Daß die Erscheinungsformen der El-
ternliebe letzthin nur die Verpuppungen von Herrschaftsstreben, Besitzden-
ken und Egoismus seien, bleibt seine feste Überzeugung. «Der Eigennutz
der Eltern – das eigentliche Elterngefühl – kennt ja keine Grenzen», heißt es
im Herbst 1921 unter Bezug auf einen pädagogischen Exkurs in Jonathan
Swifts Gulliver-Roman (1726).[19] Dieser Eigennutz äußert sich für Kafka
in «Tyrannei» oder «Sklaverei», woraus er – mit Swift – die Forderung ableitet, die Unterweisung der Kinder in die Hände ausgewählter Pädagogen zu
legen und die Familie als Erziehungsinstitution konsequent aufzuheben
(Br 345f.).

Der Druck, den das Kind seitens des Vaters verspürt, läßt sich nicht unmittelbar aushalten, sondern nur in abweichenden Selbstentwürfen verarbeiten.
Die Rolle des Heranwachsenden wird darin bestehen, die unerschöpflich
wirkende Lebensenergie des Vaters umzuwerten und in Inszenierungen der
Ambivalenz umzugestalten: Essen, Sexualität, Beruf und Lebensplan betrachtet Kafka in späteren Jahren als Erprobungsfelder, auf denen er väter-

liche Erwartungen durchkreuzen und einem rituellen Opfer preisgeben muß. Wo immer die vitalen Kräfte der Wirklichkeit zum Zuge kommen dürfen, bleiben sie bei ihm merkwürdig gespannt und zweideutig. Solche Zerrissenheit ist Kafkas Antwort auf die Selbstgefälligkeit, mit der sich ihm die Macht des Vaters im Lehnstuhl präsentiert. Umgeben von den weiblichen Helferinnen in den Schutzzonen der Familie, wagt der Heranwachsende den Kampf gegen die Autorität freilich nur als Schattenkrieg. Daß er zu stark auf die Unterstützung durch Frauen setze, wird der Geistliche im *Proceß*-Roman dem Angeklagten Josef K. vorwerfen (P 223). In diesem Sinne bleibt auch Kafka als Sohn, der dem Vater entkommen möchte, ein Beschuldigter ohne tieferes Vertrauen in die eigenen Verteidigungskräfte.

Deutsche Knabenschule

Am 16. September 1889, eine Woche vor Ellis Geburt, wurde Kafka eingeschult. Die Wahl des geeigneten Instituts verband sich mit der Frage der gesellschaftlichen Orientierung und spiegelte den sozialen Status der Familie wider. Ende der 80er Jahre stand es für einen jüdischen Kaufmann mit Aufstiegswillen außer Zweifel, daß er sein Kind auf eine deutschsprachige Schule zu schicken hatte. Unzugänglich war für die Kafkas jedoch die als Eliteeinrichtung geltende katholische Piaristenschule, die ausschließlich Söhne aus der Oberschicht – so den einer Bankiersfamilie entstammenden Max Brod – aufnahm. Kindern des mittelständischen Bürgertums wie Franz Kafka blieb die *Deutsche Volks- und Bürgerschule in Prag*, die sich am hinteren Ende des Fleischmarkts befand. Auf diesem Platz hatten die Metzger früher ihre Ware bei den ländlichen Großanbietern eingehandelt, seit Beginn der 80er Jahre diente er den Prager Fischverkäufern als zentraler Standort. Die Schüler waren in einem modernen, sachlich gestalteten Gebäude mit drei Stockwerken untergebracht, dem lediglich ein größerer Pausenhof fehlte. Gegenüber lag die tschechische Elementarschule, die im Gegensatz zur Deutschen Knabenschule nur einen geringen Anteil jüdischer Kinder – knapp zehn Prozent eines Jahrgangs – aufwies; an ihrer Tür stand eine mächtige Büste des berühmten Prager Pädagogen Johann Amos Comenius, die nationales Kulturbewußtsein bezeugen sollte.[20] Aufgrund der gegenseitigen Ressentiments kam es häufig zu Streitigkeiten und Prügeleien zwischen tschechischen und deutschen Kindern. Von den Lehrern wurden sie nur selten unterbunden; das entsprach der Gleichgültigkeit, mit welcher der politische Liberalismus den ethnischen Konflikten im Königreich Böhmen begegnete.

Kafkas gut viertelstündiger Schulweg führte vom *Haus Minutá* über den belebten Altstädter Ring durch die schmale Teingasse zu der in östlicher Richtung abbiegenden Fleischmarktgasse, an deren Ende das Volksschul-

gebäude lag. Im ersten Jahr wurde das Kind von der Köchin Františka Nedvědová, die ein Brief vom Juni 1920 als «fest, energisch und überlegen» beschreibt, zur Schule gebracht (Mi 71). Sie nötigte den Jungen zu Folgsamkeit
und Eile, indem sie ihm androhte, sie werde dem Lehrer berichten, wie «un-
artig» er «zuhause gewesen» sei. Den Schulweg brachte das Kind mit der aufsteigenden Angst hinter sich, die Köchin könne ihre Ankündigung wahr
machen. Am Ende betrat es das Schulgebäude in einer rasenden Furcht vor
der Entdeckung seiner vermeintlichen Untaten, die sich mit der Unlust angesichts des beginnenden Unterrichts mischte: «(…) ich riß sie am Rock
zurück (leicht hatte sie es auch nicht) aber sie schleppte mich weiter unter
der Versicherung auch dieses noch dem Lehrer zu erzählen (…)» (Mi 72).
Das tägliche Absolvieren des Schulwegs ist ebenso Ritual wie die Erpressung durch die Köchin. Kafka wird sich zeitlebens vor Ritualen fürchten,
weil von ihnen die Drohung der Wiederholung, die unheimliche Kraft der
allen Erklärungszwängen entzogenen Gewohnheit ausgeht. Rituale repräsentieren Macht; wer sie praktiziert, entwindet sich dem Diktat der Begründung, das jede Macht auflöst. Kafkas Geschichten werden von den Schalt-
kreisen einer hermetischen Autorität erzählen, denen Menschen gegenüberstehen, die sich und ihr Handeln permanent zu rechtfertigen suchen. Das
sich selbst genügende Ritual, das keines Kommentars bedarf, und der zur
Verteidigung aufgeforderte Einzelne, der seine Existenz unaufhörlich zu erläutern trachtet, bilden in ihnen ein Grundmodell des Konflikts. Schon der
Schüler Kafka studiert im Ritual die Ordnung der Macht und die lakoni-
sche Faktizität, mit der sie sich gegen Widerstände behauptet. Die drohende
Köchin wird neben dem Vater zur exponierten Vertreterin einer Herrschaftspraxis, die das Kind allein durch die Ankündigung ihres Vollzugs in
Angst und Schrecken versetzt.

Nicht nur die Familie, sondern auch die Schule ist die «Repräsentantin
des Lebens» (T III 214). Die Furcht, die sie einflößt, steht im Zeichen der
Andeutung. Es ist weniger die Strafe selbst als deren Androhung, die das
Kind unter Druck setzt: die Macht bleibt an das Moment des Imaginären
gebunden. Zum Symbol der angespannten, angstbesetzten Erwartung werden die Schulglocken, die das Ende der Freiheit bezeichnen, indem sie den
Beginn des Unterrichts einläuten (Mi 72). Walter Benjamin beschreibt dieselbe Kindererfahrung in der Begegnung mit dem Zwang der automatisierten Zeit, wenn er erklärt, die Schuluhr habe stets auf ‹zu spät› gestanden.[21]
In einem Anfang Dezember 1922 verfaßten Text, den Benjamin nicht kannte,
als er seine Erinnerung festhielt, beleuchtet Kafka die Situation des Gehetz-
ten, die der sechsjährige Junge erstmals auf dem Schulweg mit der Köchin
kennengelernt hatte: «Es war sehr früh am Morgen, die Straßen rein und
leer, ich ging zum Bahnhof. Als ich eine Turmuhr mit meiner Uhr verglich,

sah ich daß schon viel später war als ich geglaubt hatte (...)» (E 130).[22] Die Zeit ist die Chiffre für jene Logik der Androhung, in der das Kind das Geheimnis der virtuellen Macht erkennt.

Das Kollegium der *Knabenschule* setzte sich aus tschechischen und deutschen Lehrern zusammen. Im Wechsel der Lehrkräfte, die Kafka unterrichteten, spiegelte sich das gesamte Spektrum der Prager Verhältnisse wider: der Rektor Franz Fiegert, der für die Schüler «in unerreichbaren Regionen»[23] amtierte, war ein liberaler Deutscher, Hans Markert, der die erste Klasse übernahm, ein österreichischer Nationalist, der ihm folgende Karel Netuka ein Tscheche, Matthias Beck, der Klassenlehrer im dritten und vierten Jahr, ein Jude.[24] Kafka betrachtete den jeweiligen Vertreter der schulischen Autorität als «Welt-Respekts-Person», der man Gehorsam schuldete (Mi 71). Fraglos herrschten gemäß der zeitüblichen Unterrichtspraxis strikte Verhaltensregeln, deren Verletzung durch konsequente Bestrafung geahndet wurde. Andererseits pflegte das Kollegium einen nach damaligen Maßstäben liberalen Erziehungsstil. Über Matthias Beck berichtet Kafkas Mitschüler Hugo Hecht, er habe das «Zutrauen» der Schüler zu «gewinnen» gesucht, indem er sie nach ihren häuslichen Interessen und Vorlieben befragte, mit den Eltern «in Verbindung» trat und auf diese Weise seine Rolle frei vom steifen Habitus des autoritären Staatsbeamten ausfüllte.[25]

Es ist aufschlußreich, daß man solche Erinnerungen bei Kafka nirgends findet. Im Rückblick betont er konsequent den Eindruck der Angst, den die Schulsituation in ihm ausgelöst habe. Seine Reminiszenzen sind freilich so formuliert, daß das Moment der Projektion hervortritt, das sein gespanntes Verhältnis zur Autorität begründete. Die Macht der Lehrer entstand durch eine äußere Drohkulisse, die der Schüler mit seiner ‹totenaugenähnlichen Ernsthaftigkeit› beobachtete, ohne sie in Frage zu stellen. Feinsinnigere, die wie Beck den Eindruck der Strenge zu mildern suchten, durchkreuzten zwar dieses Bild, wurden aber gerade deshalb mit Skepsis beurteilt. Da die Schule grundsätzlich ein Symbol der Angst war, konnten Versuche der Angstminderung nur als besonders tückische Strategien der Herrschaftssicherung gelten. Ein ähnliches Spannungsfeld offenbart sich auch im Bereich der Selbst- und Fremdwahrnehmung. Der Brief an den Vater beschreibt die Furcht vor dem Scheitern als Grundgefühl, das ihn die gesamte Schulzeit begleitet habe: «Niemals würde ich durch die erste Volksschulklasse kommen, aber es gelang (...)» (G 50). Hugo Hecht erinnert sich, daß Kafka ein «Musterschüler, oft Vorzugsschüler» gewesen sei, dem aufgrund seines «bescheidenen, stillen» Wesens die Sympathie seiner Lehrer galt.[26] Solche Erfolge betrachtete Kafka selbst als Zeichen eines Betrugs, den er absichtslos an seinen Erziehern begangen hatte (G 51). Wo immer sich die Schule als angstfreie Zone – durch Zuwendung der Lehrer oder gute Leistungen des Schülers – hätte ausweisen können, wurden die entlastenden Indizien in Symbole einer perfiden Bestrafungstaktik umgedeutet. Als Erwachsener hat sich Kafka ein kritisches Verhältnis zu institutionellen Formen der Erziehung bewahrt. In verschiedenen Lebensperioden wird er alternative Unterrichtskonzepte – im Rahmen von Anthroposophie, Naturheilkunde und Zionismus – aus freilich habitualisierter Distanz prüfen und ihre Konsequenzen für die kindliche Sozialisation durchdenken. Im Oktober 1916 liest er Friedrich Wilhelm Foersters zu diesem Zeitpunkt bereits in zehnter Auflage gedrucktes Buch *Jugendlehre* (1904), das eine pazifistische Reformpädagogik auf der Basis christlicher Wertethik vortrug (T III 138). Mit Felice Bauer, die seit dem Herbst 1916 auf seine Initiative als Lehrerin beim *Jüdischen Volksheim* in Berlin arbeitet, diskutiert er über die geeignete Lektüre für Jugendliche. An seine Schwester Elli schickt er im Herbst 1921 mehrere ausführliche Briefe, in denen er unter dem Eindruck von Swifts *Gulliver*-Roman Ratschläge für die Ausbildung seines zehnjährigen Neffen Felix und dessen Schwester Gerti formuliert. Die eigenen Kindheitseindrücke schlagen sich hier in einem klaren Votum für die Freien Schulen, die Anthroposophie und die Erziehung der Heranwachsenden außerhalb der Familie nieder (Br 339ff.). «Weg von zu Hause mit den Kindern», so habe, erinnert sich Gerti Hermann, das Motto ihres Onkels gelautet.[27] 1917 formuliert Kafka in einem Memorandum über pädagogische Fragen mit melancholischer Nüchternheit: «Jeder Mensch ist eigentümlich und kraft seiner Eigentümlichkeit berufen zu wirken, er muß aber an seiner Eigentümlichkeit Geschmack finden. Soweit ich es erfahren habe, arbeitete man sowohl in der Schule als auch zuhause darauf hin die Eigentümlichkeit zu verwischen.» (M 143ff.)

In der Synagoge

Die religiöse Aktivität der Kafkas beschränkte sich auf die drei herausragenden Feiertage des jüdischen Festkalenders: Rosch ha-Schana (Neujahr), Pessach (Erinnerung an den Auszug aus Ägypten) und Jom Kippur (Versöhnungsfest). Anders als Chanukka, Purim oder Sukkot (das herbstliche ‹Laubhüttenfest›) wurden diese Feierlichkeiten von den meisten assimilierten ‹Dreitagejuden› ernstgenommen und, freilich nicht immer mit letzter Andacht, begangen. Aus ihrem Anlaß besuchten die männlichen Familienmitglieder die Synagoge, der man an den übrigen Tagen des Jahres fernblieb. Joseph Roth spottete später, die Feiertagsjuden seien «gutzogene, glattrasierte Herren in Gehröcken und Zylindern, die das Gebetbuch in den Leitartikel des jüdischen Leibblattes packen».[28] Max Brod erinnert sich, daß allein das Pessach-Abendessen mit Lammbraten und den zugemessenen vier Gläsern Wein, das am vorangehenden Seder-Tag stattfand, der Bewahrung der jüdischen Tradition diente. In seinem Verlauf trug der Bankdirektor Brod die vorgeschriebenen Gebetsformeln vor, die jedoch die am Tisch sitzenden Kinder nicht mehr verstanden, weil sie keine ausreichenden Hebräischkenntnisse besaßen.[29] In der Familie Kafka benutzte man zu Pessach ausgewähltes Geschirr, das während des sonstigen Jahres auf dem Speicher verwahrt wurde, und aß das ungesäuerte Brot (‹Mazza›), das der Sohn wenig schätzte, wie sich Anna Pouzarová erinnert (er bevorzugte die ‹Mazze loks›, süße Puddings, die die Köchin als Nachtisch servierte).[30] Die Befolgung der Speiserituale beschränkte sich auf das Pessach-Fest, das man nicht zuletzt wegen des Seder-Abends beging. Auch hier fehlte jedoch der tiefere religiöse Ernst; Eltern und Kinder betrachteten das Seder-Essen, ähnlich wie es Brod berichtet, als fröhliches Treffen, das «immer mehr zu einer Komödie mit Lachkrämpfen wurde.» (G 43) Das Mazza, das die gesäuerte Speise («Chamez») ersetzt, kam nur zu Pessach auf den Tisch. Während des restlichen Jahres aß man nicht koscher, kochte am Sabbat, ließ Milch und Fleischgerichte ungetrennt, genoß Fische ohne Schuppen. Auch die Fastenregeln, die für Jom Kippur galten, unterlief die Familie zumeist. In Kafkas Tagebüchern ist von der letzten Mahlzeit (‹seudat mafseket›), die man am Abend vor der Versöhnungsfeier einnehmen durfte, nie die Rede; das Kindermädchen erinnert sich, daß der Sohn zum Fest «nichts Besonderes» tat und sein gewöhnliches Alltagsleben fortsetzte.[31]

Die Synagogenbesuche der Kindheit absolvierte Kafka, wie er später schreibt, lustlos und gelangweilt, ohne das Bewußtsein, an einem heiligen Akt teilzuhaben. Die Stunden während des Gottesdienstes «durchgähnte und durchduselte» er in einer Art von Dämmerzustand, die dem Stadium des Halbschlafs glich. Rasch erkannte der Heranwachsende, daß der Vater das Ritual als verpflichtendes Element einer entleerten Kulturtradition betrachtete, der er sich innerlich nicht zugehörig fühlte. Die «Gebete» blieben für ihn eine «Formalität», die man gleichgültig erledigte. Ihr Gesetzescharakter schien für ihn veräußerlicht und erschöpfte sich in erstarrten Symbolen, die dem alltäglichen Leben im Zuge der Assimilation entglitten und nun zu Sinnbildern einer versunkenen Welt erstarrt waren. Lediglich die Angst davor, auch er könne zur öffentlichen Lesung der Tora aufgefordert werden, habe ihn, so erinnert sich Kafka, in den Momenten des Dämmerns wachgehalten (G 42f.). Im Juni 1921 schreibt er an Max Brod über diesen Status der Entfremdung, der zahlreiche jüdische Intellektuelle und Schriftsteller seiner Generation bestimmte: «Weg vom Judentum (...) wollten die meisten, die deutsch zu schreiben anfingen, sie wollten es, aber mit den Hinterbeinchen klebten sie noch am Judentum des Vaters und mit den Vorderbeinchen fanden sie keinen neuen Boden.» (Br 337)

Die Bar-Mizwa-Feier, die am 13. Juni 1896 in der durch ihren prachtvollen Deckenschmuck berühmten – wenige Jahre später abgerissenen – *Zigeuner-Synagoge* stattfand, wurde vom Vater offiziell auf gedruckten Karten als «Confirmation» angekündigt.[32] Den Bar-Mizwa (‹Sohn der Pflicht›) nimmt man mit dem 13. Geburtstag als gleichwertiges Mitglied in die Gemeinschaft der Gläubigen auf. Zum Nachweis seiner religiösen Reife liest er während des Gottesdienstes einen Abschnitt aus der Tora, den Maftir, und einen zum jeweiligen Wochenabschnitt passenden Text aus den Büchern der Propheten, die Haftara. Kafka erinnert sich 24 Jahre später, daß er «im Tempel ein mühselig eingelerntes Stück vorbeten» mußte und zu Hause eine kleine Rede hielt, was durch «viele Geschenke» belohnt wurde (Mi 207). Selbst das vertraute Gefühl der Angst scheint in diesem Fall gefehlt zu haben, weil der gesamte Prüfungsakt vorhersehbar und nicht bedrohlich war: eine Pflichtübung, die ohne innere Verbindlichkeit für den Kandidaten blieb.

Während der Gymnasialzeit entfielen zwei Wochenstunden auf den jüdischen Religionsunterricht. Er wurde nicht nur von Rabbinern, sondern auch von Lehrern erteilt, die eine Sonderausbildung an einem jüdischen Seminar erhalten hatten. In Deutschland und Österreich fehlte es gegen Ende des 19. Jahrhunderts oft an Lehrpersonal, so daß zehn Prozent aller jüdischen Schüler den evangelischen oder katholischen Unterricht besuchten.[33] In Prag wäre eine solche Konstellation undenkbar gewesen, doch legten die meisten Eltern geringen Wert auf die fundierte Glaubenserziehung ihrer Kinder; nur eine Minderheit unter den jüdischen Familien Prags lebte am Ende des 19. Jahrhunderts nach orthodoxen Regeln. Kafka scheint den Religionsunterricht, den in den ersten Jahren Moritz Popper und Salomon Knöpfelmacher erteilten, als Nebensache betrachtet zu haben. Erst als in der letzten Gymnasialphase der versponnen wirkende Nathan Grün die Lektionen übernahm, steigerte sich sein Interesse; durch ihn gewannen die Schüler erste Kenntnisse über die jüdischen Sagen, die für Kafkas Erzählen später so bedeutsam werden sollten.[34] Freilich gelang es Grün, der im Hauptamt die 1857 gegründete Gemeindebibliothek leitete, aufgrund seiner weltfremden Ausstrahlung nicht, seine Zöglinge für Glaubensfragen im engeren Sinne zu begeistern.

Während die Kafka vorausgehenden Schüler-Generationen unter einem ambitionierten Hebräisch-Unterricht litten, der «manchem gelehrten Orientalisten noch Nüsse aufzuknacken gegeben hätte», wurde die Sprache Palästinas von den Religionslehrern um 1900 nur in sehr unsystematischer und beiläufiger Form vermittelt.[35] Tora-Texte lernten die Schüler auswendig, ohne daß sich ihnen der Sinn genau erschloß; Übersetzungen beschränkten sich auf allgemeine Paraphrasen, denen die grammatische und semantische Exaktheit fehlte. Da die meisten Synagogenbesucher zu dieser

Zeit unzulängliche Hebräischkenntnisse besaßen, lagen oftmals ins Deutsche übersetzte Gebetbücher aus.[36] Das Gotteshaus blieb ein heiliger Ort, an dem jedoch die Spuren der Säkularisierung durchschimmerten.

Es sei gut, daß man Vergessenes niemals ganz zurückgewinnen könne, hat Walter Benjamin vermerkt: «Der Schock des Wiederhabens wäre so zerstörend, daß wir im Augenblick aufhören müßten, unsere Sehnsucht zu verstehen.»[37] Mit der Bar-Mizwa endete, wie sich František Langer erinnert, für die meisten jungen Juden die Beschäftigung mit der religiösen Tradition. Nur wenige lasen danach Tora-Texte, kaum einer von ihnen betrat eine Synagoge.[38] Joseph Roth schreibt über das Erkalten der rituellen Formen: «Die Großväter kämpften noch verzweifelt mit Jehova, schlugen sich die Köpfe wund an den tristen Mauern des kleinen Bethauses, riefen nach Strafe für ihre Sünden und flehten um Vergebung. Die Enkel sind westlich geworden. Sie bedürfen der Orgel, um sich in Stimmung zu bringen, ihr Gott ist eine Art abstrakter Naturgewalt, ihr Gebet ist eine Formel.»[39] Wenn Kafka als Erwachsener gelegentlich, von den Konventionen eines säkularisierten Milieus abweichend, den Gottesdienst besucht, so geschieht das vorwiegend aus Neugier. Seine Haltung ist hier jene des Beobachters, der den Gläubigen bei ihren Praktiken zuschauen möchte, ohne sie selbst mit voller Überzeugung zu vollziehen; das Gegenbild zu dieser Rolle bietet der Beter in der frühen Erzählung *Beschreibung eines Kampfes*, der während seiner frommen Verrichtungen angestarrt werden will, da er nur so zur letzten Versenkung findet. Den Bedürfnissen des Zuschauers kam die Lage der Wohnung in der Zeltnergasse 3 entgegen, aus deren Hinterzimmer man durch ein Fenster in den Innenraum der angrenzenden Teinkirche blicken konnte. Kafka mußte den ‹Tempel›, wie er die Synagoge nach deutschem Wortgebrauch nannte, nicht selbst betreten, um die Gläubigen beim Gebet zu beobachten.[40]

Daß ihm der religiöse Ritus fremd ist, beweist die Beschreibung der Eindrücke, die das Tagebuch am 1. Oktober 1911 über den Besuch der Altneusynagoge aus Anlaß von Kol Nidre (‹alle Gelübde›), dem Einleitungsgebet am Abend vor dem Jom Kippur, liefert. Die Diktion der Betenden und die Sprache ihrer Gebärden erscheinen Kafka als Zeichen aus einer exotischen Welt, in der man sich fremd und unsicher bewegt: «Drei fromme offenbar östliche Juden. In Socken. Über das Gebetbuch gebeugt, den Gebetmantel über den Kopf gezogen, möglichst klein geworden. (...) Nicht eigentlich oder hauptsächlich wird das Wort gesungen, aber hinter dem Wort her werden Arabesken gezogen aus dem haardünn weitergesponnenen Wort.» Daß die «Familie des Bordellbesitzers» dem frommen Ritual gleichfalls beiwohnt, erwähnt der Eintrag nicht ohne Süffisanz. Wie sehr ihn der Dankgottesdienst in der Vergangenheit bewegt («hingenommen») habe, vermerkt er mit derselben Nüchternheit, die ihm bei der Beschreibung der Betenden

die Feder führt (T I 40f.). Die Religion erscheint hier als exotischer Erfahrungsraum, den Kafka in der Rolle des Forschungsreisenden untersuchen
muß, weil er ihm bereits entrückt ist.

Gershom Scholem betont in seinen Erinnerungen, die Jugend der Jahrhundertwende sei «einem Prozeß fortschreitender geistiger Zerfaserung des
Judentums» ausgesetzt worden. Der «Wunsch nach Selbstaufgabe» habe sich
hier mit der Sehnsucht nach «Würde und Treue zu sich selbst» dialektisch
verschränkt.[41] Diese fragile Konstruktion einer aus der Tradition entlassenen
jüdischen Identität begründet auch Kafkas Ich-Wahrnehmung. Im Februar
1918 wird er in Bezug auf den seine Kindheit und Jugend bestimmenden
Verlust religiöser Bindungen erklären, er leide unter einem «Mangel des Bodens, der Luft, des Gebotes.» Wo andere auf Ererbtes zurückgreifen könnten,
müsse er sich den Grund, den er besiedele, neu schaffen. Durch diese
«Schwäche» aber habe er einen Status erlangt, der es ihm gestatte, «das Negative» seiner Zeit in sich aufzunehmen und zu vertreten (M 215). Der
Zwang zum ständigen Neubeginn, in dem sich der Verlust der Tradition besiegelt, verwandelt den säkularisierten Juden in die Symbolfigur seiner Epoche. In Jakob Fromers Talmudkommentar (1909) heißt es dazu, die religiöse
Entfremdung habe derart rapide zugenommen, daß selbst die Rabbiner an
heiligen Feiertagen gezwungen seien, sich mit Ungläubigen an einen gemeinsamen Tisch zu setzen, weil die orthodox Lebenden in der Gemeinde
eine Minderheit darstellten.[42]

Ein während des Sommers 1922 entstandenes Prosafragment bezeichnet
den Glaubensmangel der Assimilierten durch eine prägnante Allegorie. «In
unserer Synagoge», so schreibt Kafka, «lebt ein Tier in der Größe etwa eines
Marders. Es ist oft sehr gut zu sehn, bis auf eine Entfernung von etwa zwei
Metern duldet es das Herankommen der Menschen. Seine Farbe ist helles
Blaugrün. Sein Fell hat noch niemand berührt, es läßt sich also darüber
nichts sagen, fast möchte man behaupten, daß auch die wirkliche Farbe des
Felles unbekannt ist, vielleicht stammt die sichtbare Farbe nur vom Staub
und Mörtel die sich im Fell verfangen haben, die Farbe ähnelt ja auch dem
Verputz des Synagogeninnern, nur ist sie ein wenig heller.» (E 34f.) Was das
Fragment über das Tier ausführt, läßt sich auf das Verhältnis der Westjuden
zur Frömmigkeit übertragen. Wenn es heißt, daß den Männern der Gemeinde der Anblick des merkwürdigen Synagogenbewohners «längst gleichgültig
geworden» sei, so erinnert das ebenso an die Assimilation wie der Hinweis,
auch die Kinder erstaunten nicht mehr über sein Erscheinen. Daß einzig die
Frauen «das Tier fürchten», deutet wiederum auf ihre Rolle im orthodoxen
jüdischen Gottesdienst hin, den sie nur als Zuschauerinnen in einem durch
«Gitter» vom Inneren der Synagoge abgetrennten Raum verfolgen dürfen
(E 35f.). Da die Frauen mit den frommen Ritualen weniger vertraut sind,

begegnen sie dem Glauben auch in einer authentischeren Form; wenn das Tier sie erschrecken läßt, so verrät das eine Irritierbarkeit durch die Religion, die den säkularisiert lebenden, den Gottesdienst ohne innere Beteiligung absolvierenden Männern abhanden gekommen ist. Der Status der Säkularisierung bildet jedoch zugleich einen unsicheren Zustand, weil er ungewiß läßt, ob die Frömmigkeit nur ein Relikt oder den Vorschein einer neuen Identität des Judentums darstellt. Über das Tier heißt es: «Ist es die Erinnerung an längst vergangene oder die Vorahnung künftiger Zeiten? Weiß dieses alte Tier vielleicht mehr, als die drei Generationen, die jeweils in der Synagoge versammelt sind?» (E 38)

Auf den tiefgreifenden Verlust der religiösen Identität läßt sich Kafkas 1919 formulierte Diagnose beziehen, er sei «in Wahrheit ein enterbter Sohn» (G 49). Mit diesem Selbstbild verknüpfen sich zwei grundlegende Konsequenzen, die seinen gesamten Lebensentwurf bestimmen: die Suche nach dem verlorenen Erbe und das Festhalten an der Rolle des Sohnes. Sein Schreiben entspringt der Ahnung, auf schwankendem Boden ohne religiöse Verankerung zu stehen. Die jüdische Identität geht, scheinbar widersinnig, gerade aus der fundamentalen Erfahrung der Ortlosigkeit hervor. Kafkas Judentum bindet sich an das Bewußtsein der Entwurzelung angesichts der Distanz zur Tradition. Einzig paradox kehrt diese verlorene religiöse Tradition in seinen Texten wieder, erzählen sie doch von der Anwesenheit des Entschwundenen: von der Gegenwart dessen, was unendlich fern scheint. In Scholems Denkfigur einer Dialektik des Entgleitens spiegelt sich aber auch die Rolle des Sohnes, der lebenslang sein verlorenes Erbe sucht. Mit kargen Versen, deren Ton die Sprache Paul Celans vorwegnimmt, hat Kafka im Frühjahr 1918 die Hoffnungslosigkeit bezeichnet, die der dauerhafte Verlust dieses Erbes für einen ewigen Sohn erzeugt: «Wohin treibt uns das Verlangen | Dies erwirken? dies verlieren? | Sinnlos trinken wir die Asche | und ersticken unsern Vater | Wohin treibt uns das Verlangen» (M 224).

Alpträume eines Gymnasiasten

Die deutschsprachigen Gymnasien Böhmens waren nach österreichischem Vorbild organisiert und den Zielen eines konservativen Erziehungsprogramms verpflichtet. Das schloß das strenge Festhalten an genauen Disziplinarregeln, die Bekräftigung von Rollenhierarchien, nicht zuletzt die Vermittlung eines national geprägten Weltbildes ein, das die Monarchie zur Garantin imperialer Größe verklärte. Die Lehrer zeigten sich als treue Beamte des Kaisers und trugen an hohen Feiertagen, aber auch bei der Zeugnisvergabe ihre Uniform mit einem kleinen Degen an silbernem Band. Die Schülergeneration, die in der letzten Dekade des 19. Jahrhunderts das Gymnasium durchlief, empfand solche Symbole freilich schon als Zeichen einer

entleerten Tradition ohne Inhalt. Kafkas Jugendfreund Hugo Bergmann erinnert sich, daß der alte Repräsentationsstil, der den Gedanken «eines über-
nationalen Österreichs» veranschaulichen sollte, um 1890 zur «Operette her-
abgesunken» sei.[43] Der Anspruch auf Priorität, den die deutsche Kultur im
Prag der Jahrhundertwende vertrat, war jedoch gerade am Angebot der höheren Schulen zu erkennen. Fünf Gymnasien und zwei Oberrealschulen
standen unter deutscher Verwaltung, hinzu kamen die deutschsprachige
Universität und ein Polytechnikum. Diese Institutionen wurden auch von
den jüdischen Familien bevorzugt: 1882 besuchten 81 Prozent der jüdischen
Schüler deutschsprachige höhere Schulen, 1912 immerhin noch 69 Prozent.[44]

Hermann Kafka hatte für seinen Sohn das als besonders streng geltende
Staats-Gymnasium mit deutscher Unterrichtssprache in Prag-Altstadt ausgewählt.[45] Es nahm überwiegend Söhne aus der selbständigen Mittelschicht
und der Beamtenschaft auf, wobei der jüdische Schüleranteil stark ins Gewicht fiel (er belief sich zumeist auf zwei Drittel einer Klasse).[46] Am 19. September 1893 trat Franz Kafka als Zehnjähriger in das Institut ein. Die fünfte
Klasse durfte er überspringen, da er die Aufnahmeprüfung für die höhere
Schule in den Fächern Religion, Deutsch und Mathematik erfolgreich absolvierte. Auf diese Weise verkürzte sich die Schulzeit für die Prager Gymnasiasten nach österreichischem Muster auf zwölf Jahre. Kafka gehörte zu den
jüngsten Mitgliedern der neu gebildeten Klasse; Mathias Beck hatte den Eltern noch im Sommer geraten, ihn nicht durch einen verfrühten Schul-
wechsel zu überfordern: «Lassen Sie ihn noch in die fünfte Klasse gehn, er
ist zu schwach, solche Überhetzung rächt sich später.» (T III 173) Als ehr-
geiziger Aufsteiger, der seinem Sohn energisch den Weg in eine Akademi-
kerkarriere zu bahnen suchte, ignorierte Hermann Kafka solche Empfehlungen mit der Selbstherrlichkeit des Patriarchen.

Das *Staats-Gymnasium* war an der nordöstlichen Seite des Altstädter Rings
im hinteren Hofflügel des prunkvollen *Kinsky-Palais* untergebracht, dessen
rechts neben dem Eingang gelegene Erdgeschoßräume Hermann Kafka 1912
für sein Geschäft anmietete. Vom *Haus Minutá*, aber auch von der 1896 bezogenen Familienwohnung in der Zeltnergasse 3 betrug der Fußweg nur wenige Minuten; dennoch gehörte es zur Imitation eines großbürgerlichen
Lebensstils, daß die Gouvernante den Gymnasiasten in den ersten Jahren am
Mittag abholte und nach Hause begleitete. Die Klassenzimmer, die sich über
die beiden oberen Etagen erstreckten, besaßen, wie es Max Brod unter dem
Eindruck der hier für ihn veranstalteten Französischstunden empfand,
«schaurig vornehmen» Charakter.[47] Die herrschaftliche Symbolik, in der sich
das Ambiente präsentierte, hat seine Wirkung auf den jungen Kafka nicht verfehlt. Die paranoiden Ängste, an die er sich noch zwei Dekaden nach dem

Etwa dreizehnjährig, um 1895

Abitur erinnert, entsprangen fraglos auch
dem Gefühl der Unterlegenheit, das die
steinerne Monumentalität des Gebäudes
einem Heranwachsenden vermitteln mußte. Ironisch wird er später von den «glücklichen Zeiten der Kindheit» sprechen, «als
die Tür noch geschlossen war, hinter der das
Gericht beriet (…)» (Br 317). Nach Kafkas
eigener Einschätzung war es eine Stimmung
der Entlarvungsfurcht, die seinen Schulall-
tag bestimmte. Ihre Grundlage fand sie in
der Überzeugung, bisherige Prüfungen und
die Versetzung nur durch die betrügerische

Suggestion eines faktisch nicht vorhandenen Wissens bewältigt zu haben:
«Oft sah ich im Geist die schreckliche Versammlung der Professoren (…),
wie sie, wenn ich die Prima überstanden hatte, also in der Sekunda, wenn ich
diese überstanden hatte, also in der Tertia u.s.w. zusammenkommen würden,
um diesen einzigartigen himmelschreienden Fall zu untersuchen, wie es mir,
dem Unfähigsten und jedenfalls Unwissendsten gelungen war, mich bis in
diese Klasse zu schleichen, die mich, da nun die allgemeine Aufmerksamkeit
auf mich gelenkt war, natürlich sofort ausspeien würde, zum Jubel aller von
diesem Albdruck befreiten Gerechten.» (G 50)

Die Angstvision des Schülers, an die sich der 36jährige mit erschreckender
Intensität erinnert, enthält die Elemente der klassischen Gerichtsszenen, die
seine Texte beschreiben werden: das verdrängte, aber doch nicht dauerhaft
unterdrückte Schuldgefühl, die peinliche Anklage und die öffentliche Bestrafung für ein allein subjektiv wahrgenommenes, im Gestus der Selbstbezichtigung gleichzeitig eingestandenes und dementiertes Vergehen. Michel Foucault hat in *Surveiller et punir* (1976) die Prüfung als «Ökonomie der Sichtbarkeit in der Machtausübung» gekennzeichnet; in ihr richtet die institutionelle
Macht den Blick auf das Subjekt, um es im Zeichen der Normierung und
Sanktionierung zu kontrollieren. Das Examen bildet eine Form der Beobachtung, unter deren Diktat der Einzelne sich in eine genau festliegende Hierarchie gezwungen sieht. Durch die Prüfung wird das Individuum observiert
und aufgrund seiner jeweiligen Leistung dokumentarisch erfaßt. Zugleich
aber verschafft sie dem Geltungsanspruch der Institution den Anschein des
Objektiven; Macht, die sich über das Abhören von Wissen manifestiert, erscheint nicht willkürlich, sondern in regelhaften, sachlich begründeten und
erprobten Normen verankert.[48] In der fragmentarischen Skizze *Unter meinen*

Mitschülern, die im Juli 1909 entstand, veranschaulicht Kafka seine Prüfungsangst mit schwebend zweideutigen Bildern, die vor allem auf seine Furcht vor
der Überwachung durch eine externe Instanz verweisen (B 136ff.).
1919 bemerkt er, er habe sich als Schüler wie ein Bankbetrüger gefühlt,
«der noch in Stellung ist und vor der Entdeckung zittert» (G 50). Das groteske Bild des ertappten Defraudanten beleuchtet eine Selbstwahrnehmung
im Zeichen ständiger Schuldgefühle. Deren Genese und Wirkung beschreibt
das 1917 entstandene Memorandum über pädagogische Fragen, in dem es
heißt, daß jeder Entschluß, die ihm innewohnenden ‹Eigentümlichkeiten›
auszuleben, bei ihm zum Bewußtsein des Betrugs geführt habe, weil er mit
der Unterdrückung dunkler Anteile im Ich erkauft worden sei. «Das war
keine Täuschung, sondern nur eine besondere Form der Erkenntnis, daß
zumindest unter Lebenden sich niemand seines Selbst entledigen kann.»
(M 146f.) Kafka wußte, wie eng das Bild des Betrügers, der sich durch die
Prüfungen laviert, an das Register seiner subjektiven Ängste gebunden war.
Die Macht der Institution bekundete sich für ihn im Gefühl persönlicher
Ohnmacht, das ihn dazu zwang, Prüfungserfolge einzig als Resultate von
Täuschung und Betrug zu verbuchen. Die Tatsache, daß er bis zum vierten
Gymnasialjahr ein ‹Vorzugsschüler› blieb und auch in den fortgeschrittenen
Klassen über dem Durchschnitt rangierte, konnte diese obsessiv besetzte
Überzeugung nur steigern.

Im Januar 1922 notiert Kafka, offenbar unter Bezug auf eine Bemerkung
Milena Pollaks: «M. hat recht: die Furcht ist das Unglück, deshalb aber ist
nicht Mut das Glück, sondern Furchtlosigkeit (…)». Lakonisch fügt er hinzu: «(…) in meiner Klasse waren wohl nur 2 Juden, die Mut hatten und
beide haben sich noch während des Gymnasiums oder kurz darauf erschossen (…)» (T III 200). Wenige Jahre nach dem Abitur lernte Kafka Emil
Strauß' Roman *Freund Hein* (1902) kennen, der die Tragödie eines Schüler-
selbstmords beschreibt.[49] Im Gestus protokollarischer Nüchternheit schildert Strauß die Geschichte des künstlerisch begabten Heinrich Lindner, der
an den mechanisierten Zwängen des Gymnasiums und der indifferenten
Verständnislosigkeit seines Vaters scheitert. Hier fand Kafka eine Darstellung
der Unterrichtsatmosphäre, wie er sie selbst erlebt hatte, gemischt mit den
Elementen des Melodrams, ohne die das Genre der Schulerzählung in dieser Zeit nicht auskam. Das Thema gehörte zu den großen Sujets der Jahrhundertwende; Thomas Manns *Buddenbrooks* (1901), Rilkes *Die Turnstunde*
(1902), Heinrich Manns *Professor Unrat* (1905), Hermann Hesses *Unterm Rad*
und Robert Musils *Verwirrungen des Zöglings Törleß* (jeweils 1906) erfassen es
in verschiedenen Färbungen und Tonlagen.

Das Altstädter Gymnasium bildete aufgrund seines hohen jüdischen
Schüleranteils einen Schutzraum gegenüber offen antisemitischen Strömun-

gen. Einen sadistischen Judenhaß, wie er Max Brod zur selben Zeit am Stefansgymnasium entgegenschlug, hat Kafka nicht erfahren.[50] Dennoch wird auch er die Spannungen verspürt haben, die das gesellschaftliche Zusammenleben beherrschten. Geschäftsboykotte, Straßenunruhen, Anschläge auf jüdische Einrichtungen und Ritualmordhysterie gehörten nach der Badeni-Krise des Jahres 1897 zu den regelmäßig wiederkehrenden Erscheinungen des Prager Alltags. Man mußte über keine besondere Sensibilität verfügen, um die Unsicherheiten und Gefährdungen des jüdischen Sozialstatus im Vielvölkerstaat zu registrieren. Die höhere Schule besaß angesichts der Szenen des Hasses, die sich auf den Straßen abspielen konnten, den Charakter eines geschlossenen Treibhauses, in dem ein mühsam gehegter, bald aber hinfälliger Gesellschaftsfrieden gedieh.

Das Gymnasium, so schreibt Friedrich Nietzsche 1878, überliefere im Idealfall weniger Stoffe als Formen: hier erlernten die Schüler «die abstracte Sprache der höhern Cultur», die sich in den Techniken der Vermittlung des Inhalts, nicht in diesem selbst abzeichne.[51] Solche Vorstellungen blieben freilich zumeist dem Wunschdenken jenseits der Realität verpflichtet. Praktisch wurde der Gymnasialbetrieb der Jahrhundertwende durch den Zwang zum Auswendiglernen dominiert, in dem sich niederschlug, was Nietzsche selbst 1873 im Anfangsstück der *Unzeitgemäßen Betrachtungen* die «Philisterbildung» genannt hatte: eine institutionell gesicherte und auf diese Weise «dauerhaft begründete Barbarei».[52] Die «Einheit des Gepräges», die das philiströse Bildungssystem des ausgehenden Jahrhunderts seinen Absolventen zu verschaffen trachtete, sollte durch ein bis ins Detail ausgearbeitetes Curriculum erzeugt werden, das keinen Spielraum für individuelle pädagogische Entscheidungen ließ.[53] In den ersten zwölf Gymnasialmonaten gehörten für Kafka acht Wochenstunden Latein, vier Stunden Deutsch, drei Stunden Mathematik und Geographie, zwei Stunden Tschechisch («Böhmische Sprache»), Naturgeschichte und Turnen sowie, als freies Fach, Zeichnen zum Pensum.[54] Im zweiten Gymnasialjahr trat Geschichte, im dritten Griechisch, anschließend Physik hinzu; aus dem Bereich der fakultativen Fächer wählte Kafka später Stenographie (im vorübergehenden Tausch gegen die Tschechischstunden, die er bei einem Lehrling seines Vaters fortsetzte) und Französisch, das er nach der Gymnasialzeit mehrfach zu vertiefen suchte. Der umfangreiche Stoff wurde zumeist durch einen monologischen, nur von Kontrollfragen unterbrochenen Lehrervortrag vermittelt. Die regelmäßigen Leistungsüberprüfungen waren exakt vorgeschrieben; so legte das Curriculum für den sehr strengen Lateinunterricht im zweiten Jahr 65 zu benotende Schularbeiten – Vokabel- oder Übersetzungsübungen – fest.[55] Der Paukbetrieb zählte zu den zentralen Elementen einer funktional ausgerichteten Pädagogik, die auf nachprüfbares Wissen setzte, ohne die Entwicklung der Urteilsfähigkeit zu fördern.

Die monoton organisierten Gymnasialstunden verschafften nur dann intellektuelle Anregungen, wenn das jeweilige Fach von profilierten Persönlichkeiten vertreten wurde. Kafkas Klassenlehrer («Ordinarius») war bis zum Abitur Emil Gschwind, ein Katholik und Priester des 1597 von Joseph Calasanza in Rom gegründeten Piaristenordens, der neben Latein und Griechisch in den höheren Klassen auch Philosophie unterrichtete. Gschwinds Engagement ging weit über das geforderte Maß an dienstlicher Pflichterfüllung hinaus. Er wohnte im Ordenskloster, das in der vom Graben abzweigenden Herrengasse lag, wo ihn seine Vorzugsschüler, zu denen auch Kafka gehörte, am Sonntag bisweilen besuchten, um ihm die Resultate ihrer lateinischen Wochenlektüre zu präsentieren. Auf der Suche nach einem ruhigen Domizil erinnert sich der 30jährige Kafka im ersten Kriegswinter an die von zauberischer Stille geprägte Unterkunft seines Ordinarius, die er als Beweis der Auszeichnung gelegentlich betreten durfte: «Die zwei Zimmer meines Klassenvorstandes im Kloster.» (T II 77f.) Von solchen idyllischen Inseln der Zurückgezogenheit träumt der geräuschempfindliche Kafka in den Jahren seines Prager Berufslebens vergeblich. Die Erinnerung an den klösterlich hausenden Lehrer wird so zu einer Projektion des idealen Arbeitsraums, der Stille und Abgeschiedenheit bietet. Im grotesken Szenario des Kellerbewohners, der jeglichen sozialen Verkehr meidet, um zur vollendeten Schreibruhe zu finden, entwirft er bereits zwei Jahre zuvor in einem Brief an Felice Bauer ein Sehnsuchtsbild, dessen Erfüllung ihm die lärmdurchrauschte Großstadt verweigert (Br II 40).

Insbesondere Gschwinds interdisziplinär angelegter Philosophieunterricht, der im vorletzten Gymnasialjahr begann, hinterließ bleibenden Eindruck bei den Schülern. Ins Zentrum rückten dabei Fragen der Logik (die als Basisdisziplin der Erkenntnislehre galt), der Psychologie und Wahrnehmungstheorie. Gschwind verfolgte die aktuelle wissenschaftliche Diskussion und stand der Schule Wilhelm Wundts nahe. Wundt hatte 1874 mit seinen *Grundzügen der physiologischen Psychologie* eine ausgreifende Neubestimmung der zuvor philosophisch dominierten Seelenlehre aus den Verfahrensweisen der experimentellen Forschung vollzogen.[56] Das psychische Erleben wurde hier, auf der Basis einer deutlich von naturwissenschaftlichem Geist imprägnierten Methodik, in Analogie zu körperlichen Vorgängen beobachtet und beschrieben. Die Vorstellung, daß psychische Prozesse – verstanden als «geordnete Einheit vieler Elemente» – den kausalen Zusammenhängen im physischen Apparat des Menschen entsprächen, nutzte Wundt, um sich von den Konzepten der spätromantischen Seelenlehre Schuberts, Baaders oder Carus' abzugrenzen.[57] Das Denkmodell des psychophysischen Monismus, der körperliche und seelische Wahrnehmung als einander wechselseitig konditionierende Wirkungssysteme begreift, hat später der bis 1895 in Prag lehrende Erkenntnistheoretiker Ernst Mach im Rahmen seines Hauptwerks *Beiträge zur Analyse der Empfindungen* (1886) ausgebaut.

Für den Unterricht des letzten Gymnasialjahres benutzte Gschwind zudem Gustav Adolf Lindners *Lehrbuch der empirischen Psychologie*, das 1900 durch Franz Lukas überarbeitet und in neuer Auflage veröffentlicht worden war. Psychologie ist nach den einleitenden Bestimmungen Lindners, der bis zu seinem Tod 1887 Pädagogik an der Prager Karls-Universität unterrichtet hatte, eine «Naturgeschichte der Seele», die erfahrungswissenschaftlich – auf der Basis induktiver Methoden – betrieben werden müsse.[58] Das Werk übernahm in seiner Ausrichtung an Parametern der äußeren Erlebniswelt («Der Leib wirkt beständig auf die Seele ein»)[59] Positionen der Psychophysik Gustav Theodor Fechners, mit dessen Ästhetik sich Kafka in seinen Studienjahren näher beschäftigte. Insbesondere Fechners Auffassung, daß allein das Bezugssystem der körperlichen Umwelt des Menschen eine mathematisch verbindliche Erfassung seiner seelischen Wahrnehmungsvorgänge gestatte, bildete für Lindners Kompendium eine entscheidende Prämisse, von der sich auch Gschwinds Unterricht leiten ließ.[60] Kafka, der später betonen wird, er sei zum abstrakten begrifflichen Denken nicht fähig, hat sich, wie zumal die Tagebücher der Jahre zwischen 1910 und 1912 nachweisen, intensiv mit den Strukturen der menschlichen Wahrnehmung und deren Verhältnis zur materiellen Wirklichkeit befaßt. Zahlreiche Notizen dieser Phase kreisen um das Problem des Sehens, die Verarbeitung sinnlicher Reize im Gehirn und ihre Transformation in Bedeutungsordnungen mit systematischem Zuschnitt. Der ambitionierte Psychologieunterricht warf folglich Fragen auf, die Kafka faszinierten, auch wenn ihn die angebotenen Lösungen der Psychophysik mit ihrem mathematischen Exaktheitsanspruch gelangweilt haben dürften. Hugo Hecht bemerkt in seinen Erinnerungen an die Gymnasialzeit mit Kafka, daß die sechs der insgesamt 24 Schüler der Klasse, die «sich im Leben über den Durchschnitt erhoben», ihren Erfolg vornehmlich den Impulsen des Ordinarius Gschwind verdankten.[61] Kaum zufällig immatrikulierten sich mehrere von Kafkas Mitschülern – unter ihnen der egozentrische Emil Utitz und (mit Umwegen) Hugo Bergmann – nach dem Abitur im Fach Philosophie.

Die zweite prägende Pädagogenpersönlichkeit war Adolf Gottwald, bei dem die Schüler seit dem ersten Gymnasialjahr abwechselnd Naturgeschichte und Physik hörten. Gottwald, der nach dem Beginn eines Medizinstudiums aus finanziellen Gründen in den Schuldienst hatte eintreten müssen, befaßte sich mit den Lehren Charles Darwins und bot einen modernen Naturkundeunterricht, in dem auch Elemente einer freilich verschämten

Sexualaufklärung ihren Platz hatten. Hugo Hecht, später Arzt für Haut- und Geschlechtskrankheiten, erinnert sich, daß Gottwald zwar nur «in Gleichnissen» über das Problem der Fortpflanzung sprach, jedoch seine moderne Gesinnung betonte, indem er den Schülern zum «Genuß» ohne das Gefühl der «Sünde» riet.[62] Auch in methodischer Hinsicht scheint er seinen Unterricht unkonventionell gestaltet zu haben; die Stunden waren, von Prüfungsdruck entlastet, auf Diskussion und mündlichen Austausch angelegt, während der Lehrervortrag in den Hintergrund rückte. Als Evolutionstheoretiker ging Gottwald davon aus, daß die Menschheit im Begriff stehe, «auf eine höhere Kulturstufe» zu steigen; das verband sich mit Appellen an die Schüler, die ihnen auferlegte geistige Gestaltung der Zukunft verantwortungsvoll in Angriff zu nehmen.[63] Kafka dürfte sich weniger für solche Fortschrittsideologien als vielmehr für die anschaulichen Illustrationen, Präparate und Modelle des Naturkundeunterrichts interessiert haben, die sein Bedürfnis nach Material für die Beobachtung aus der Distanz befriedigten.

Das umfassende Lektürepensum läßt sich an heutigen Ansprüchen für das Studium der Altertumswissenschaften messen. Im Griechischen, das seit dem dritten Gymnasialjahr gelehrt wurde, gehörten Platons *Apologie*, Sophokles' *Antigone* und Auszüge aus Homers Epen zum Programm der höheren Klassen; in Latein las man selbstverständlich Ovids *Metamorphosen* während der Mittelstufe, später Sallusts *Bellum Iugurthinum*, Ciceros Reden und Passagen aus Vergils *Georgica* bzw. *Bucolica*, im Abiturjahr längere Abschnitte aus Tacitus' *De origine et situ Germanorum* und Oden von Horaz.[64] Bedenkt man, daß auch ein größerer Teil des Geschichtsunterrichts dem Altertum gewidmet war, so mag es überraschen, wie fremd Kafka die Antike blieb. Gerade diejenigen seiner Texte, die sich mit griechischen Mythen befassen, verraten eine tiefgreifende Distanz, welche ihrerseits als Moment der literarischen Dekonstruktion genutzt wird. Wo Kafka später über Odysseus' Sirenenabenteuer, das Schicksal des Prometheus oder den Meeresgott Poseidon schreibt, entstehen Bibliotheksphantasien, die den Mythos aus dem scheinbar unendlichen Abstand des modernen Betrachters erfassen. Die Überlieferung mythischer Stoffe steht unter dem Diktat des Vergessens, dem sich die Literatur mit kasuistischen Mitteln zu entwinden sucht. Durch seinen altertumskundlichen Gymnasialunterricht scheint Kafka nicht die Nähe, sondern die Ferne des Mythos bewußt geworden zu sein; er wird ihm zum Sinnbild einer Distanz, welche die Moderne nur beschreiben, niemals aber überwinden kann.

Während für die alten Sprachen seit dem dritten Gymnasialjahr elf Wochenstunden reserviert wurden, beschränkte sich der Deutschunterricht auf nur drei Stunden. In der Mittelstufe bot das neben den breit angelegten Grammatiklektionen zu absolvierende Lektürepensum einen literarhisto-

rischen Kursus vom Althochdeutschen bis zur Spätromantik. Im Herbst
1899, zu Beginn der letzten Gymnasialperiode Kafkas, übernahm Karl Wihan, der vom renommierten Prager Germanisten August Sauer promoviert
worden war, das Fach. In der siebenten Oberschulklasse standen neben den
neu eingeführten Redeübungen das Œuvre Goethes (bis 1805) und Schillers
Dramen auf dem Plan; für das Abiturjahr war neben Goethes Spätwerk,
Kleists *Prinz Friedrich von Homburg* sowie Grillparzers *König Ottokars Glück
und Ende* auch ein Abriß der österreichischen Literatur obligat. Prosatexte
behandelte man häufig nur ausschnitthaft; zum Programm zählen die *Hamlet*-Episode aus Goethes *Lehrjahren*, Auszüge der *Italienischen Reise*, Kleists
Michael Kohlhaas und Novellen Conrad Ferdinand Meyers.[65] Wenn Kafka
sich in späteren Jahren die europäische Romanliteratur des 19. Jahrhunderts
von Flaubert bis zu Dickens und Tolstoj erschließt, so kann er dabei auf
schulische Anregungen nicht zurückgreifen. Neuere Sprachen wurden im
Curriculum kaum berücksichtigt: Französisch blieb fakultativ (zur Vorbereitung einer Paris-Reise nahm er später Privatstunden in französischer Konversation); Englisch stand auch als Wahlfach nicht auf dem Plan. Während
die französischen Romane des 19. Jahrhunderts – vor allem Flauberts *Éducation sentimental* – zu seinen Lieblingstexten gehörten, hat Kafka, sieht man
von Dickens ab, zur angelsächsischen Literatur keinen Zugang gefunden.
Jedoch kommt es zu einer Annäherung an die tschechische Kultur: um 1896
beginnt er regelmäßig Aufführungen des Tschechischen Nationaltheaters zu
besuchen; im Sprachunterricht, der bis zum Abitur zweistündig erteilt wurde, hatte er bereits während des ersten Gymnasialjahres Božena Němcovás
Babička gelesen, was wiederum Rückschlüsse auf die guten Tschechischkenntnisse zuläßt, die Kafka hier, zusätzlich zur häuslichen Übung durch den
Kontakt mit dem Personal, erwarb.[66]

Weder der Monumentalismus des nachklassischen Geschichtsdramas noch
die lyrischen Texte der Romantik, die ihm das Gymnasium vermittelte, sprechen Kafka sonderlich an. Auch Goethe, die Zentralgestalt des Deutsch-
unterrichts, bleibt letzthin eine fremde Größe, obgleich Kafka sich in späteren Jahren regelmäßig mit seinem Werk beschäftigen wird. Erheblichen Abstand verrät 1911 eine Notiz, die registriert, daß Goethes Erzählkunst einen
mächtigen Schatten auf die Literatur des 19. Jahrhunderts geworfen habe:
«Wenn sich auch die Prosa in der Zwischenzeit öfters von ihm entfernt, so
ist sie doch schließlich, wie gerade gegenwärtig mit verstärkter Sehnsucht zu
ihm zurückgekehrt und hat sich selbst alte bei Goethe vorfindliche sonst
aber mit ihm nicht zusammenhängende Wendungen angeeignet, um sich an
dem vervollständigten Anblick ihrer grenzenlosen Abhängigkeit zu erfreu-
en.» (T I 247) Die zahlreichen Anmerkungen über die Goethe-Lektüren
späterer Jahre halten zwar die Bewunderung für das Werk fest, betonen aber

stets auch dessen erdrückende Gewalt, die nachfolgende Autorengeneratio-
nen gelähmt habe. Die Begegnung mit der klassischen Literatur ist ein ambivalenter Vorgang, der Faszination und Abstoßung gleichermaßen freisetzt.

Als Dreizehnjähriger scheint Kafka erstmals eigene literarische Texte verfaßt zu haben, über die wir jedoch nichts Genaueres wissen, weil er die Manuskripte später vernichtete. Dem Mitschüler Hugo Bergmann und dessen
älterem Bruder Arthur deutet er zu dieser Zeit mit ernsthafter Überzeugung
an, daß er Schriftsteller zu werden gedenke.[67] Solche Pläne gedeihen nicht
auf dem Boden des schulischen Literaturkanons, sondern werden durch die
häusliche Lektüre inspiriert. Der Gymnasiast Kafka begegnet Kleists und
Hebels Prosa (aus dem *Schatzkästlein* trägt er noch im letzten Winter in Berlin seiner Lebensgefährtin Dora Diamant vor), Grillparzers *Armem Spielmann,* der ihn zeitlebens fasziniert, Erzählungen Stifters und – im Jahr des
Abiturs – Texten Thomas Manns und Hofmannsthals. Auf der Landkarte der
persönlichen Vorlieben, die später durch Flaubert und Dostojevskij ergänzt
wird, sind damit die entscheidenden Positionen besetzt. Jenseits der Schul-
pflichten gerät die private Lektüre zur entscheidenden Abenteuerreise der
Phantasie, die der Imagination neue Felder eröffnet, ohne daß der Reisende
über ihr freies Spiel Rechenschaft ablegen muß. Die Leselust ist der einzige
Genuß, den Kafka auch in späteren Jahren niemals bereuen wird. In der Lebenswelt des Heranwachsenden stößt sie jedoch auf gewisse Widerstände:
am Abend pflegen die Eltern das Gaslicht im Zimmer ihres Sohnes zu lö-
schen, weil sie fürchten, er könne die Nacht wachend bei seinem Buch verbringen (M 144f.).

Während Kafka in den humanistischen Disziplinen bis zum Abitur ein
Vorzugsschüler war, stellte ihn die Mathematik vor erhebliche Probleme. Sie
blieb das Fach, das die größte Versagensfurcht auslöste. Abstrakte logische
Denkordnungen entzogen sich seinem bildhaft arbeitenden Verstand und
bereiteten ihm nahezu körperliches Unbehagen. Obgleich man im Unterricht nur Grundelemente der höheren Mathematik vermittelte, mußte er,
wie sich Hugo Hecht erinnert, häufiger die Hilfe seiner Mitschüler in Anspruch nehmen, um die gestellten Aufgaben zu bewältigen; das schloß auch
das Abschreiben beim Klassenbesten Hugo Bergmann ein.[68] Max Brod berichtet, Kafka habe ihm «manchmal erzählt, er sei in Mathematik nur ‹mit-
telst Weinen bei den Prüfungen› durchgekommen».[69] Hinter solchen Reminiszenzen steht freilich die strategische Technik der Selbstverkleinerung, die
auch den Brief an den Vater vom Winter 1919 auszeichnet. Das Ich wappnet
sich gegen Enttäuschungen, Überforderungen und Peinlichkeit, indem es
seine eigene Geringfügigkeit unter Beweis stellt. Charakteristisch für ein
solches Selbstbild ist es, wenn Kafka Mitte Juni 1913 in einem Brief an Felice
Bauer schreibt: «(…) ich weiß tatsächlich von den meisten Dingen weniger

als kleine Schulkinder, und was ich weiß, weiß ich so oberflächlich, daß ich schon der zweiten Frage nicht mehr entsprechen kann.» (Br II 209) Diese Einstellung wird von einem massiven Selbsthaß begleitet, der in der Pubertät mit Macht hervorbricht. Seinen Niederschlag findet er in Kontaktscheu und Zurückgezogenheit, gebückter Körperhaltung und Schweigsamkeit. «Darum», heißt es 1909 in einem autobiographischen Fragment, «machte es mich verdrießlich mit fremden Leuten bekannt zu werden.» (B 136f.) An die Formen der grotesken Ich-Verleugnung, die sich in Akten des Widerstands gegen neue Kleidung, in gehemmtem Habitus und Verstocktheit äußerten, erinnert sich Kafka noch Jahre später mit bitterer Ironie (T I 259). Bevorzugt habe er in dieser Zeit unmodische Anzüge getragen, um die Verachtung gegenüber seinem Körper zum Ausdruck zu bringen: «Infolgedessen gab ich den schlechten Kleidern auch in meiner Haltung nach, gieng mit gebeugtem Rücken, schiefen Schultern, verlegenen Armen und Händen herum (...)» (T I 260). Daß ihm während der Pubertät der eigene Körper «unsicher» geworden sei, betont er 1919; denn «ich wuchs lang in die Höhe, wußte damit aber nichts anzufangen, die Last war zu schwer, der Rücken wurde krumm; ich wagte mich kaum zu bewegen oder gar zu turnen, ich blieb schwach (...)» (G 49). Zur Furcht vor «Spiegeln», die den Heranwachsenden in seiner «unvermeidlichen Häßlichkeit zeigten» (T I 260), tritt als Komplement die Neigung zur psychischen Selbstbeobachtung – ein Denken, das gerade den automatischen physiologischen Prozessen gilt, die ihre Selbstverständlichkeit verlieren, wenn man sie observiert. Der Pubertierende erkennt, daß die Funktionen seines Körpers störanfällig werden, sobald man über sie nachzusinnen beginnt. Noch der Dreißigjährige erklärt mit Blick auf seine Größe: «Mein Körper ist zu lang für seine Schwäche, er hat nicht das geringste Fett zur Erzeugung einer segensreichen Wärme, zur Bewahrung inneren Feuers, kein Fett von dem sich einmal der Geist über seine Tagesnotdurft hinaus ohne Schädigung des Ganzen nähren könnte.» (T I 205)[70]

Der eigene körperliche Zustand bildet für den Heranwachsenden ein Objekt unaufhörlichen Befremdens. In der Zivilschwimmschule an der Moldau, die er am Sonntag gelegentlich mit dem Vater besucht, wird ihm die Hinfälligkeit seiner Physis über die Erfahrung des Kontrasts bewußt, die zugleich die Einheit von Ohnmacht und Macht einschärft: «Ich war ja schon niedergedrückt durch Deine bloße Körperlichkeit. Ich erinnere mich z. B. daran, wie wir uns öfters zusammen in einer Kabine auszogen. Ich mager, schwach, schmal, Du stark, groß, breit. Schon in der Kabine kam ich mir jämmerlich vor undzwar nicht nur vor Dir, sondern vor der ganzen Welt, denn Du warst für mich das Maß aller Dinge.» (G 16) In den Gymnasialjahren ist es die Turnstunde, die Kafka mit dem Eindruck von Ohnmacht und Schwäche konfrontiert. Als «schlechter Turner» quält er sich durch die

Übungen, verfolgt vom Gefühl der Peinlichkeit und der Angst vor dem Versagen.[71] Rilke hat in einer kleinen Prosastudie von 1902 den Drill solcher Turnstunden als Schreckbild einer dressierten Gesellschaft vorgeführt. In der vom Karbolgeruch durchzogenen Sporthalle, die Rilke beschreibt, lauert der Stumpfsinn einer mechanisierten Leibesdisziplinierung, deren starrer Ablauf von sadistischen Lehrern befehligt wird.[72] Mit ähnlichen Gefühlen wie das Turnen, dessen Qualen durch den öffentlichen Rahmen der physischen Selbstdarstellung gesteigert werden, hat Kafka in der Pubertätszeit die Tanzstunden erfahren. Im Dezember 1912 schreibt er über die Erfolglosigkeit des Unterrichts: «Mein Nichtanzenkönnen [!] wird ja verschiedene Gründe haben. Vielleicht hätte ich mehr allein üben sollen, wenn ich mit Mädchen tanzte war ich immer sowohl allzu befangen als auch allzu zerstreut.» (Br I 340f.) Solche ‹Zerstreutheit› ist in Kafkas Texten später ein Symptom der Verdrängung tiefsitzender Ängste, von dem Georg Bendemann in der Erzählung *Das Urteil* ebenso beherrscht wird wie Josef K. im *Proceß*-Roman. Wer seine Bewußtseinskräfte nicht zu bündeln versteht, verrät, daß er seine gesamte psychische Energie benötigt, um die Furcht zu vergessen, die ihn lähmt.

Die Angst vor der öffentlichen Präsentation des Körpers wird unterstützt durch den Eindruck, mit der physischen und psychischen Entwicklung der Gleichaltrigen nicht Schritt halten zu können. An Fragen der Sexualität, dem geheim gepflegten Lieblingsthema der Heranwachsenden, zeigt der Gymnasiast Kafka kein Interesse. Erst die Mitschüler, angeführt vom umtriebigen Hugo Hecht, verschaffen ihm die aus ihrer Sicht gebotene Aufklärung.[73] 1922 erinnert Kafka sich im Habitus befremdeter Selbstdistanz: «Als Junge war ich (und wäre es sehr lange geblieben, wenn ich nicht mit Gewalt auf sexuelle Dinge gestossen worden wäre) hinsichtlich sexueller Angelegenheiten so unschuldig und uninteressiert wie heute etwa hinsichtlich der Relativitätstheorie [!]» (T III 228). Im *Urteil* diagnostiziert der Vater mit gehässigem Sarkasmus Georg Bendemanns Entwicklungsverspätung: «‹Wie lange hast du gezögert, ehe du reif geworden bist!›» (D 51) Erst die Belehrung durch die Mitschüler erlaubt es Kafka, wie er ironisch vermerkt, «Kleinigkeiten» am anderen Geschlecht wahrzunehmen, die ihm zuvor entgingen. Die dunkle Ahnung der Sexualität berührt jedoch sogleich die Zonen des Tabus: die Erkenntnis, «daß gerade die Frauen, die mir auf der Gasse die schönsten und die schönstangezogenen schienen, schlecht sein sollten.» (T III 228)

Türen zur Welt

Die gesellschaftlichen Kontakte der Kafkas beschränkten sich auf den Verkehr mit dem weitläufigen Familienkreis des Vaters. Freundschaften jenseits dieses Zirkels bildeten eine Ausnahme; sie wurden durch die geschäftlichen Arbeitszeiten, die sich bis in den Abend ausdehnten, verhindert.

So wächst der Sohn im inneren Bezirk der ‹Mischpoche› auf, an deren Schicksal er auch als Erwachsener, wie sein Tagebuch bezeugt, regen Anteil nimmt. Der Wunsch nach Einsamkeit, der ihn zeitlebens begleitet, gedeiht im Gehege eines temperamentvollen, oft unruhigen Familienlebens. Kafka fühlt sich zwar als Randfigur dieses pulsierenden Zirkels, aber er hat zumeist bereitwillig an ihm teilgenommen (lediglich dem abendlichen Kartenspiel der Eltern, bei dem heftig gestritten wird, entzieht er sich konsequent). Der schreibende Asket, der die Stille der Nächte für die literarische Arbeit zu nutzen sucht, ist in einem dicht gefügten Netzwerk sozialer Bindungen aufgewachsen. So bleibt auch in späteren Jahren die Einsamkeit eine Lebensform, die nicht durch den Mangel an Kontaktmöglichkeiten, sondern durch den Wunsch bedingt wird, sich «bis zur Besinnungslosigkeit von allen» abzusperren (T II 190).

Die Berichte der früheren Mitschüler betonen übereinstimmend, daß Kafka in der Gymnasialzeit zwar zurückhaltend aufgetreten, aber nicht isoliert geblieben sei. Intensive Freundschaften bestimmten die acht Jahre, die er auf der höheren Schule verbrachte. Der intellektuell Begabteste unter seinen Vertrauten ist Hugo Bergmann, der später eine glanzvolle akademische Karriere als Professor für Philosophie an der Hebräischen Universität in Jerusalem absolviert. Vermittelt wird das enge Verhältnis bereits in der Grundschulzeit durch die Mütter, die einander näher kannten. Bergmann, der knapp sechs Monate jünger als Kafka ist, avanciert in der Mittelstufe des Gymnasiums zum wichtigsten Partner bei der Diskussion religiöser Probleme. Mit ihm habe er, so erinnert sich Kafka 1911, in einer «entweder innerlich vorgefundenen oder nachgeahmten talmudischen Weise» über Gottesbeweise und Fragen der Schöpfungsgeschichte disputiert (T I 258). Bergmann steht zu diesem Zeitpunkt bereits dem Zionismus nahe, der 1896 durch Theodor Herzls *Der Judenstaat* eine durchaus pragmatisch argumentierende Programmschrift gefunden hatte. Herzls illusionslose Einsicht in die Unüberwindlichkeit des europäischen Antisemitismus und die aus ihr abgeleiteten Überlegungen zur Neugründung eines jüdischen Siedlerstaates in Palästina hatten den Schüler, der einem assimilierten Elternhaus entstammte, in Bann geschlagen. Als Student der Philosophie trat er später dem Verein jüdischer Hochschüler bei, den er mit beträchtlicher Energie auf die Sache des Zionismus einzuschwören suchte. Im Spätsommer 1910 unternahm er, nun bereits als begeisterter Schüler Martin Bubers, seine erste Reise nach Palästina; im Mai 1920 wanderte er endgültig mit seiner Frau und seinen Söhnen nach Jerusalem aus, wo er die Hebräische National- und Universitätsbibliothek aufbaute, die er bis 1935 leitete.

Kafka lernt über den vergeistigten Bergmann die Welt des Zionismus kennen, die ihn als ‹enterbten Sohn› faszinieren muß. Max Brod erinnert sich, daß auch er durch Bergmann, in dessen Wohnung ihm das Photo Theodor Herzls auffiel, erstmals mit den Zielen der zionistischen Bewegung konfrontiert worden sei.[74] Kafka scheint sich dem Freund, womöglich aufgrund des Altersunterschieds, überlegen gefühlt zu haben, obgleich dieser als Klassenprimus einen exponierten Rang einnahm. So erinnert er sich im Dezember 1913: «Und als Junge war er wegzublasen, in allem, aber vielleicht doch nicht in allem und es war nur mein Unverstand, der das glaubte.» (T II 220) Die Freunde verbringen die Nachmittage miteinander, erledigen häufig am selben Schreibtisch die Schulaufgaben, tauschen sich über ihre Lektüreeindrücke aus. Im intellektuellen Habitus ahmt der gläubige Bergmann den Toragelehrten nach, während Kafka sich als Skeptiker gibt, der die Haltung des Widerspruchs übt. Spielerisch erproben die Freunde die Techniken einer religiösen Diskussionskultur, die sie sich über ihre rhetorischen Formen zu erschließen beginnen. Zu den Regeln solcher Spiele gehört es, daß sie die bildhafte Sprache der in Geschichten verdichteten (aggadischen) Kommentare der Mischna imitieren und derart die ‹talmudische Weise› der Argumentation wiederholen, die ihnen der Religionsunterricht im Grundsätzlichen nahegebracht hatte. Mit einer aus Hybris und Unschuld gemischten Lust traktieren die Freunde theologische Fragen, die an die Grenzen des Faßbaren stoßen. Nach Nietzsches Diktum ist gerade das Absolute und Unbedingte ein Anziehungspunkt des naiven Geistes, welcher «zwischen den Zäunen der Vergangenheit und der Zukunft in überseliger Blindheit spielt.»[75] 1897 trägt Kafka in Bergmanns Erinnerungsalbum impressionistisch gefärbte Verse ein, die um die Trauer angesichts des Unwiderruflichen kreisen (es handelt sich um den frühesten Text, der aus seiner Feder überliefert ist): «Es gibt ein Kommen und ein Gehn | Ein Scheiden und oft – kein Wiedersehn.» (Br I 380)

Ihren Höhepunkt überschreitet die Freundschaft mit Bergmann nach Kafkas 16. Lebensjahr. Zur selben Zeit vollzieht sich die Annäherung an Oskar Pollak, der, obwohl er zu den Jüngsten der Klasse zählt, die meisten Mitschüler intellektuell deutlich überragt. Während Bergmann vorwiegend religiöse Interessen hegt, ist der Atheist Pollak ein Gesprächspartner für Fragen der Kunst, die Kafka in den letzten beiden Gymnasialjahren in besonderem Maße fesseln. Er bekennt ihm nicht nur seine literarischen Vorlieben, sondern zeigt ihm auch, vorerst noch in strenger Auswahl, eigene literarische Versuche. Das ist ein erheblicher Vertrauensbeweis, den Kafka kaum ohne reifliche Vorüberlegung beansprucht haben dürfte; über seinen Helden Tonio Kröger bemerkt Thomas Mann spöttisch, daß ihm das Bekanntwerden seiner poetischen Ambitionen sehr «schadete», und zwar «bei seinen Mitschülern sowohl wie bei den Lehrern.»[76]

Pollak, der, obgleich jüdischer Herkunft, mit deutschnationalen Überzeugungen sympathisiert, ist in der ersten Phase der Freundschaft die dominierende Persönlichkeit. Max Brod spricht von der «Schroffheit und Unzu-gänglichkeit» seines Wesens, die er erst in späteren Jahren abzulegen ver-mochte.[77] Der Gymnasiast trägt einen Bart, mit dem er sich das Air männ-licher Entschlossenheit zu verleihen sucht. Er ist sportlich, fährt Ski und ru-dert – Vorlieben, die auf den Einfluß der zeitgenössischen Jugendbewegung verweisen. Seine Tatkraft, die auch der Klassenkamerad Bergmann an ihm rühmt, und der weite Radius seiner Interessen dürften Kafka fasziniert ha-ben. Als Lautenspieler, Prediger der Heimatkunst-Bewegung, Nietzsche-Jünger und Renaissancebegeisterter, der Julius Langbehns nationalistisches *Rembrandt*-Buch mit Zustimmung liest, tritt er im Habitus des vitalen En-thusiasten auf.[78] Die Briefe, die Kafka an Pollak richtet, sind von Spuren einer spielerisch maskierten, bisweilen hinter einem forschen Ton versteck-ten Bewunderung durchzogen. Dem Urteil des Freundes billigt er derart großes Gewicht zu, daß er ihm nach dem Abitur seine gesamten literari-schen Arbeiten – ein «paar tausend Zeilen» – vertrauensvoll zur Prüfung zu-schickt (Br I 27). Ein solcher Vorgang bleibt, wie der Lebensfreund Brod nicht ohne Neid festhält, ein singulärer Akt, der sich niemals wiederholt.[79] Als Ratgeber verfügt Pollak über Privilegien, die Kafka, nachdem sich der Kontakt ab 1905 lockert, fortan keinem anderem zugesteht. «(...) ich neh-me», so erläutert er ihm am 6. September 1903 die Übersendung eines Kon-voluts älterer Manuskripte, «ein Stück von meinem Herzen, packe es sauber ein in ein paar Bogen beschriebenen Papiers und gebe es Dir.» (Br I 26)

Anders als Kafka besaß Pollak später den Mut, bei der Wahl seines Stu-dienfachs allein seinen ästhetischen Interessen zu folgen. Er immatrikulierte sich in Philosophie, Archäologie und Kunstgeschichte, schrieb 1907 eine Dissertation über barocke Plastik, wechselte drei Jahre später als Assistent an die Universität Wien, wo er sich 1913 habilitierte, und arbeitete danach als Sekretär des österreichischen Instituts für Geschichtsforschung in Rom. Er starb am 11. Juni 1915 in Italien an der Isonzo-Front, wohin er als Freiwilli-ger eines Infanterieregiments versetzt worden war. Im November 1915 be-sucht Kafka letztmals Mutter und Schwester des toten Freundes; er bewun-dert ihre gefaßte Haltung und notiert zugleich selbstkritisch im Tagebuch: «Gibt es übrigens jemanden vor dem ich mich nicht beuge?» (T III 113)[80]

Im Gegensatz zu Bergmann und Pollak war der Mitschüler Ewald Felix Přibram, der aus der begüterten Prager Oberschicht stammte – sein Vater amtierte von 1895 bis zu seinem Tod 1917 als Präsident der Prager *Arbeiter-Unfall-Versicherungs-Anstalt* –, an intellektuellen Fragen kaum interessiert. Kafkas Freundschaft mit Přibram entwickelte sich 1899 und dauerte bis in die ersten Berufsjahre hinein fort. Sie bot offenbar einen Ausgleich für die hierarchisch geordnete Beziehung zu Pollak, da Kafka hier größeren Einfluß ausüben konnte. Přibram war frühzeitig aus der jüdischen Religionsgemein-

schaft ausgetreten und hatte sich taufen lassen – ein Vorgang, der unter den
Schülern des Altstädter Gymnasiums «eine große Seltenheit» darstellte.[81]
Daß Kafka der Freundschaft mit Bergmann in den letzten beiden Schuljah-
ren den Kontakt zu einem Assimilierten vorzog, zeigt deutlich, wie stark in
dieser Zeit atheistische Tendenzen die zionistische Begeisterung bei ihm
verdrängt hatten. Přibram gab sich als liebenswürdiger Sonderling, der, trotz
eines leichten Sprachfehlers, charmant und gewinnend wirkte. Emil Utitz
beschreibt seinen Habitus so, daß er wie ein Doppelgänger Kafkas erscheint:
«immer höflich, liebenswürdig, lächelnd, zurückhaltend.»[82] Seine besondere
Leidenschaft galt Blumen, die er im großen Garten seiner Eltern züchtete.
Kafka, der als junger Mann wenig Sinn für die Reize der Natur aufbrachte,
erinnert sich: «Oft standen wir vor Blumenbeeten, er sah auf die Blumen,
ich gelangweilt über sie hinweg.» (Br II 130) Přibram wird später bescheinigt, er besitze «vernünftigen Überblick» – der sich in einer ausgeprägten
mathematischen Begabung äußerte –, verstehe jedoch nichts von «Kunst»
(Br I 37). Statt dessen schätzte er gutes Essen und ausgesuchte Kleidung; Kafka dagegen, der in der Gymnasialzeit «ordentlich», aber «nie elegant» auftritt,
hat erst als Student Wert auf geschmackvolle Anzüge und Krawatten gelegt,
wie Photographien der Zeit nach 1904 zeigen.

Zum erweiterten Freundeskreis der letzten beiden Schuljahre zählen Camill Gibian, Otto Steuer und Paul Kisch (während die Beziehung zu dem als
affektiert geltenden Utitz frostig bleibt).[83] Der Arztsohn Gibian, der auch
mit Přibram in engerem Kontakt steht, begleitet Kafka bisweilen auf Rad-
touren nach Troja. Er war, wie Anna Pouzarová berichtet, ein häufiger Gast
in der Zeltnergasse, wo man sich nach der Schule traf.[84] Ähnlich wie
Přibram scheint Gibian unternehmungslustig, aber von zurückhaltendem
Temperament gewesen zu sein. Das Klassenphoto des Jahres 1898 dokumentiert seine auffallende Ähnlichkeit mit Kafka; feingliedrig und fragil sitzt er
in der unteren Reihe, den Körper starr aufgerichtet, die Augen schreckhaft
weit geöffnet: die Inkarnation der Schulangst. Gibian wird später Rechtswissenschaften studieren, jedoch niemals ins Berufsleben eintreten: er er-
schießt sich im Sommer 1907, wenige Monate vor seinem 24. Geburtstag,
nachdem er zweimal durch die juristische Staatsprüfung gefallen ist, aus
Furcht vor dem Scheitern im letzten Versuch. Bereits 1902, ein Jahr nach
dem Abitur, hatte ein Mitschüler Kafkas aufgrund von Spielschulden, die er
nicht zurückzahlen konnte, seinem Leben mit dem Revolver ein Ende gesetzt.[85]

Über Otto Steuer, der zur Runde um Přibram und Gibian gehört, ist wenig bekannt. Die Schülerliste weist aus, daß er nicht vier, sondern fünf
Grundschulklassen absolvierte und ein Gymnasialjahr – vermutlich das vorletzte – wiederholen mußte.[86] Er ist zweieinhalb Jahre älter als Kafka, intro-

Klassenphoto aus dem sechsten Gymnasialjahr (1898)
Kafka: obere Reihe, zweiter von links; rechts neben ihm Paul Kisch; in der Reihe darunter zweiter von
links: Oskar Pollak; in der Mitte rechts der Klassenordinarius Emil Gschwind, in derselben Reihe links
außen Rudolf Illový; rechts außen Ewald Felix Přibram; ebenda, dritter von links: Hugo Bergmann;
rechts unten: Camill Gibian

vertiert und in seine Phantasiewelt eingesponnen; angesichts des großen
Altersunterschieds war das Verhältnis der beiden weniger intensiv und blieb
auf Oberflächlichkeiten beschränkt.[87] Steuer scheint nach dem Abitur für
längere Zeit ins Ausland gegangen, später jedoch – womöglich aufgrund geschäftlichen Mißerfolgs – nach Prag zurückgekehrt zu sein. Im Tagebuch
vom Februar 1913 vermerkt Kafka mit Blick auf die Erzählung *Das Urteil*,
daß er den in der Fremde vereinsamten Freund seines Protagonisten Georg
Bendemann nach dem Vorbild Steuers gestaltet habe. Der Kontakt ist zu diesem Zeitpunkt nur noch flüchtig; über die aktuellen Lebensumstände des
früheren Mitschülers weiß Kafka nichts Näheres. Irritiert stellt er fest, daß
Realität und Literatur in eine eigentümliche Spannung treten, da der Junggeselle Steuer die ihm von der Novelle zugedachte Rolle des Sonderlings in
der Wirklichkeit abzulegen beginnt: «Als ich nun zufällig ein Vierteljahr
nach dieser Geschichte mit ihm zusammenkam, erzählte er mir, daß er sich
vor einem Vierteljahr verlobt habe.» (T II 126) Solche Verstöße gegen die
Priorität des Imaginären mochte Kafka nicht billigen. Sein eigenes Leben
vermittelte ihm den Eindruck, daß das Wissen, das die Literatur besitzt, den
Bahnen der Realität vorauseilen konnte. Eine Figur, die sich aus den Regeln
der literarischen Geschichte, in der sie agierte, zu befreien vermochte, ge-

fährdete die phantasmagorische Welt des Schriftstellers und die Hierarchien, von denen sie bestimmt wurde. Der einzige Mitschüler, der Kafkas Literaturinteresse teilt, ist Paul Kisch. Die Freundschaft zu ihm scheint, wie die Briefe der ersten Studienzeit zeigen, Formen einer derben Selbstdarstellung mit betont maskulinem Habitus eingeschlossen zu haben. Hier schlägt er Töne an, die in seinem Register sonst nicht vorkommen: burschikos und aggressiv, auftrumpfend und schrill klingt die Diktion, in der er Kisch schreibt. Manche von Kafkas Briefen entwerfen groteske Bilder, die wie aus dem *Simplicissimus* geschnitten scheinen; in ihnen spiegelt sich die Affinität zu Gesellschaftssatire und karikaturistischer Drastik, die Kisch außerordentlich schätzte (Br I 20f.). Er hat Kafka vornehmlich mit Schriftstellern der Moderne konfrontiert; ähnlich wie Pollak bewundert er die naturalistische Bewegung, liest Ibsen, Strindberg, bald aber auch Hofmannsthal und Maeterlinck. Zu seinen späteren Lieblingsautoren gehört Heine, über den er als Student aus Anlaß des 50. Todestages am 17. Februar 1906 einen Vortrag in der *Lese- und Redehalle* hält.[88] Während der Schulzeit diskutiert man eigene poetische Versuche, wobei Kafka in diesem Fall die Rolle des Kritikers und Ratgebers versieht. Die gemeinsamen literarischen Interessen führen nach dem Abitur kurzfristig zu der Idee, ein Germanistikstudium in München zu beginnen. Nur Kisch jedoch ringt sich durch, diesen Plan auch umzusetzen. Aus München schickt er dem in Prag Gebliebenen im Winter 1902/03 ‹gesunde› Briefe, in denen er von seinem turbulenten Nachtleben berichtet (Br I 21). Das entspannte Vertrauensverhältnis aus Schul- und frühen Studienjahren spiegelt eine Postkarte wider, die Kafka Ende August 1902 während der Sommerfrische in Liboch an Kisch schreibt: «Was kann man am Vormittag besseres thun als mit Blinzelaugen zwischen dunklen Feldern und blühenden Wiesen liegen? Nichts. Womit kann man den Nachmittag besser beginnen als daß man dem Paulchen eine Karte schickt. Da hast Du sie.» (Br I 15)

Die Wege der Freunde trennten sich, als Kisch während der Studienzeit in einer schlagenden Verbindung aktiv wurde und zunehmend nationalen Gesinnungen folgte. Den Austritt aus der jüdischen Gemeinde vollzog er allein deshalb nicht, weil er seine gläubige Mutter zu schonen suchte. Nach dem Germanistikstudium, das er 1912 mit der Promotion beendete, arbeitete er als Journalist. In der Nachfolge seines Bruders Egon Erwin – des bald berühmten ‹rasenden Reporters› – wechselte Paul Kisch 1913 als Redakteur zur *Bohemia*; mit Kriegsende 1918 schloß er sich in Wien der *Neuen Freien Presse* an, kehrte aber 1938, als Hitler Österreich annektierte, nach Prag zurück. 1943 wurde Kisch von deutschen Besatzern deportiert und ein Jahr später in Auschwitz ermordet (Br I, 639).

Darwin, Nietzsche und der Sozialismus

In Kafkas frühen Bildungsabenteuern offenbaren sich zunächst, kaum überraschend, die Spuren des Zeitgeists. Durch Adolf Gottwald lernt der Gymnasiast die Evolutionstheorie Darwins kennen, welche die wissenschaftliche und kulturelle Diskussionen am Ende des 19. Jahrhunderts gleichermaßen stark bewegte. Ihre Brisanz gewann Darwins Lehre nicht nur als revolutionärer Denkansatz, der die Schöpfungsgeschichte enttheologisierte, sondern auch durch ihre Anwendung auf die Begründung politischer Ideologien. Zwar lehnte Darwin selbst eine gesellschaftliche Instrumentalisierung seiner Abstammungslehre entschieden ab, doch bedienten sich gerade Apologeten einer imperialistischen und antisemitischen Politik seiner biologischen Argumentationsmuster. Darwins Theorie bildete das methodische Raster, nach dem, wie Michel Foucault bemerkt hat, «die Beziehungen der Kolonialisierung, die Notwendigkeit des Krieges, die Kriminalität, die Phänomene von Wahnsinn und Geisteskrankheit» gedeutet wurden.[89] Solche Aneignungen erfolgten jedoch nicht nur im Zusammenhang nationalistischer Ideologien; so hat Karl Marx, der Darwin bewunderte, die Evolutionstheorie als ein Modell historischer Erkenntnis begriffen, welches das Vorbild für die materialistische Beschreibung der Technikgeschichte mit ihren sozialen Begleiterscheinungen, Anpassungsprozessen und Verwerfungen abgeben sollte.[90]

Man kann vermuten, daß die Prager Gymnasiasten weniger an den naturwissenschaftlichen Implikationen als an den weltanschaulichen Konsequenzen von Darwins Lehre interessiert waren. Die atheistischen Tendenzen, die sie ausbildete, sprachen in Kafkas Freundeskreis vor allem Oskar Pollak an. Jedoch durfte im Unterricht noch nicht offen über die mit der Evolutionstheorie verbundene Kritik der Schöpfungstheologie debattiert werden; auch Gottwald pflegte sich hier, wie Hugo Hecht berichtet, in Andeutungen zu ergehen. Im vorletzten Schuljahr wurde es Pollak durch den Klassenvorstand untersagt, den Darwinismus als Gegenstand für die im Deutschunterricht vorgeschriebene Redeübung auszuwählen.[91] Die Diskussionen im Schülerkreis besaßen folglich jenen klandestinen Charakter, der verbotenen Themen seinen eigenen Reiz verleiht. Die Aura, die Darwins Theorien anhaftete, verflog jedoch in den meisten Fällen rasch. Anders als Max Brod, der als Student im volkswirtschaftlichen Seminar Alfred Webers die Beschäftigung mit dem Darwinismus, Lamarcks *Philosophie zoologique* (1809) und den Lehren Mendels fortsetzte, hat Kafka nach dem Abitur naturwissenschaftliche Studien konsequent gemieden.[92]

Im vorletzten Schuljahr liest Kafka, angeregt durch Gottwalds Unterricht, Ernst Haeckels gerade veröffentlichtes Buch *Die Welträthsel* (1899). Haeckel, der sich im Vorwort selbst als «Kind des neunzehnten Jahrhunderts» bezeichnet, liefert mit seinem popularphilosophisch angelegten Werk einen Beitrag zur Verbreitung von Darwins System, dessen weltanschauliche Tendenz auf eine antimetaphysische Position zielt.[93] Als Monist mit naturwissenschaftlicher Denkschulung leitet er die Betrachtung der Umwelt des Menschen aus einem zentralen Kausalprinzip ab, das seine Begründung durch den Begriff der Substanz findet. Ihm werden Geist und Materie als Grundmuster der belebten und der unbelebten Welt konsequent unterworfen. Naturgeschichte ist lesbar als Variation der *einen* Substanz in verschiedenen Formen und Zuständen, die sich evolutionär verändern. Diese Vorstellung führt zu einer Bekräftigung des Darwinschen Selektionsgesetzes, das die Natur als kausal, aber nicht teleologisch beherrschten Wirkungsraum definiert. Nach Haeckel gehorchen auch das menschliche Seelenleben sowie die Akte der Wahrnehmung einer an physikalischen Prozessen beobachtbaren Kausalität, die letzthin die Priorität der Naturgesetze erweist. Für ihn bedeutet die Selektionstheorie Darwins den «Schlüssel zur monistischen Erklärung» der Erscheinungsvielfalt, durch die sich die organische Welt auszeichnet.[94] Gott ist in diesem System nur als wirkende auslösende Instanz – pantheistisch – aufzufassen, insofern die Schöpfung auf das in den Formen des Lebens manifeste Prinzip des evolutionären Wandels, nicht aber auf eine teleologische Ordnung zurückgeführt wird.[95] Haeckel betont zwar ausdrücklich, daß seine Lehre keine Bestätigung des Materialismus bedeute, jedoch unterstützen sein Substanzbegriff und der mit ihm verbundene Monismus die zeittypische Abkehr vom Geistidealismus hegelianischer Prägung, die in der Negation einer christlichen Weltanschauung mit transzendentalen Konstruktionselementen kulminiert.

Die Haeckel-Lektüre leitet, wie Bergmann allzu pointiert formuliert, Kafkas «atheistische oder pantheistische Periode» ein.[96] Mit Hilfe des rudimentär kennengelernten Monismus, der den Gottesbegriff durch das physikalische Prinzip der Substantialisierung von Formen und Zuständen ersetzt, sucht Kafka im Disput mit dem gläubigen Freund die Priorität eines Schöpfers gegenüber der Schöpfung zu widerlegen. Jedoch erinnert er sich später, daß «diese Widerlegung in mir nicht fest begründet war und ich mir sie für den Gebrauch erst wie ein Geduldspiel zusammensetzen mußte.» (T I 259) Eine derartige Beobachtung ist typisch für die intellektuellen Anregungen der beiden letzten Gymnasialjahre: sie bieten Identitätsofferten, die experimentell erprobt werden, nicht aber verbindliche Weltanschauungen, die klare Deutungsoptionen erschließen. Die geistige Erkenntnis bleibt ein ‹Geduldspiel›, das verlangt, die unterschiedlichen Theorien, welche die Welt erklären möchten, zu einem standfesten Ganzen zusammenzufügen.

Folgenreicher als die Monismus-Episode ist die Auseinandersetzung mit Nietzsche, die, angeregt durch den Freund Pollak, vermutlich Ende des Jahres 1898 beginnt. Besonders der *Zarathustra*, dessen erster Teilband in seinem Geburtsjahr erschienen war, scheint Kafka gefesselt zu haben.[97] Selma Kohn, die Tochter des Oberpostmeisters im ländlichen Rostok, erinnert sich, daß er ihr während der Sommerferien im August 1900 abends bei Kerzenlicht unter einer alten Eiche neben einer Waldlichtung aus Nietzsches dithyrambischem Text vorlas. Kafkas pathetischer Eintrag in Selma Kohns Erinnerungsalbum verrät durch seinen bildertrunkenen Stil und die rhetorische Geste der Sprachskepsis den Einfluß des *Zarathustra*: «Aber es gibt ein lebendiges Gedenken, das über alles Erinnerungswerte sanft hinfuhr wie mit kosender Hand. Und wenn aus dieser Asche die Lohe aufsteigt, glühend und heiß, gewaltig und stark und Du hineinstarrst, wie vom magischen Zauber gebannt, dann – – – – Aber in dieses keusche Gedenken, da kann man nicht hineinschreiben mit ungeschickter Hand und grobem Handwerkszeug, das kann man nur in diese weißen, anspruchslosen Blätter.» (Br I 380f.) Die Sätze des 17jährigen Kafka, welche die Möglichkeit der Erinnerung jenseits der Sprache beschwören, sind auch ein Epitaph für den verstorbenen Philosophen: sie entstanden am 4. September 1900, zehn Tage nach Nietzsches Tod in Weimar.

Daß der junge Kafka mit Enthusiasmus Nietzsche liest, vermag kaum zu überraschen. Das Werk des Philosophen repräsentiert den magischen Punkt, auf den die intellektuellen Tendenzen des *Fin de siècle* in Mitteleuropa zulaufen. In Nietzsches Denken erkennt die junge Generation des ausklingenden Jahrhunderts ihre Leidenschaften, Ängste, Abneigungen und Widersprüche. Ihr Haß auf eine tote Philisterwelt, auf die Mediokrität des Bildungsbürgertums, die Selbstgefälligkeit der Kirche und des Staates, die akademische Borniertheit und den Standesdünkel findet hier seine subtile Bestätigung. Die Moralkritik Nietzsches und der ‹physiologische Blick›, den er unbestechlich auf die Monumente des Mittelmaßes richtet, faszinieren die intellektuellen Zirkel der Zeit. Sein rhetorisch kunstvoll aufgebautes Lebenspathos wird zur Zauberformel gegen den Historismus, der sich in seiner Tendenz zum Eklektisch-Pedantischen bleischwer über das Geschichtsdenken des ausgehenden 19. Jahrhunderts gelegt hatte. Nietzsches Fähigkeit zur radikalen Selbstdurchdringung der eigenen Erkenntnissuche gewinnt den Charakter eines Korrektivs für die positivistische Erstarrung, von der die Arbeit der Geisteswissenschaften – insbesondere die philologische Praxis – befallen war. Sein polyperspektivisch angelegter Reflexionsstil, der die Haltung der Ironie zur Pflicht des geistig autonomen Menschen erklärt, zersetzt dogmatische Verhärtungen jeglicher weltanschaulicher Provenienz. Seine Entlarvungspsychologie markiert an den selbstgefälligen Ostentationen formeller Identität, den Inszenierungen des Scheins und den täuschenden Maskeraden institutioneller Rituale die Verfallssymptome, welche die Philister-Gesell-

schaft des sterbenden bürgerlichen Zeitalters bestimmen. Nietzsches Denken der Macht, das sich auf die Technik einer so hybriden wie scharfsinnigen
Beobachtungskunst stützt, erfaßt die geheimen Herrschaftsstrukturen, die in
den verschiedenen Formen der sozialen und kulturellen Selbstdarstellung
des Menschen verborgen liegen.

Wenn der junge Kafka durch Nietzsche, den Meister der Dekonstruktion,
gefesselt wird, so wiederholt er damit ein Bildungserlebnis, das für sämtliche
Autoren seiner Generation von Thomas Mann über Gottfried Benn bis zu
Robert Musil und Hermann Broch gleichermaßen prägend blieb. Daß ihn
in den Gymnasialjahren vornehmlich der *Zarathustra* anzieht, ergibt sich
nahezu folgerichtig aus seinen literarischen Neigungen. Die dahingleitende
poetische Sprache der Schrift erzeugt eine Magie, die lange in ihm nachwirkt. Er, der später von sich sagt, daß er Literatur «mit ganzem Körper» in
sich aufzunehmen und über den Rhythmus der Sätze zu erfahren vermöge,
muß die suggestive Diktion des *Zarathustra* geradezu physisch empfunden
haben (T II 34). Vor allem aber ist es Nietzsches Beobachtungsstil, der Spuren
in seiner geistigen Welt hinterläßt. In seinen Texten wird Kafka die sozialen
Mächte der Moderne mit dem scharfen Blick des Detektivs unter die Lupe
nehmen: die Dispositive der Sexualität, die Ordnungen des Rechts, die Systeme der Verwaltung, die Gesetze der Religion und Moral erscheinen in
den Topographien seiner Geschichten als Wirkungsfelder einer geheimen
Herrschaftspraxis, die sich über Rituale, Symbole und Hierarchien zur Geltung bringt. Nicht zuletzt ist es die durch Nietzsche theoretisch verworfene,
aber praktisch angewendete Technik der Ironie als «Pathos der Distanz», die
Kafka von seinem Lehrmeister adaptiert.[98] Mit ihrer Hilfe gelingt es ihm,
die Rolle des kalten Beobachters zu spielen, der scheinbar leidenschaftslos
die Katastrophen verfolgt, die sich seinen Augen darbieten.

Die Suche nach der Tür, die den Weg in die Wirklichkeit öffnet, führt den
Gymnasiasten Kafka auch zur Auseinandersetzung mit der sozialen Frage.
Erste politische Ideen vermitteln sich ihm im Laufe des Jahres 1897 durch
den erheblich älteren Mitschüler Rudolf Illový. Auf dem Klassenphoto von
1898 sitzt er ganz am Rande, in einer Pose, die offenkundig an Napoleon erinnern soll. Illový repräsentiert die junge jüdische Intelligenz, die sich am
Ende des Jahrhunderts verstärkt den tschechischen Sozialisten zuwandte.
Eine solche Option war naheliegend, bildeten diese doch die einzige politische Gruppe, die nicht mit dem antisemitischen Stimmungspotential spielte,
das sich im Königreich Böhmen seit den 80er Jahren offenbart hatte. Im Zusammenhang der Badeni-Krise Ende 1897 setzten sich die Sozialdemokraten entschieden für den Schutz der jüdischen Bevölkerung gegen Plünderungen und Lynchjustiz ein. In dem Maße, in dem der Liberalismus sich nationalistischen Vorstellungen annäherte, übernahm die politische Linke die

Position eines Sachwalters jüdischer Interessen – was in Deutschland früher als in den Kronländern der österreichischen Monarchie als neue Tendenz sichtbar wurde.[99] Da den jungen Gymnasiasten der Besuch politischer Versammlungen streng untersagt war, beschränkte sich Kafkas Beschäftigung mit dem Sozialismus auf Diskussionen unter Anleitung des durch Zeitungslektüre gut informierten Illový. Die aktuelle Situation bot genügend Stoff für heftige Debatten: die seit Ende der 80er Jahre in Österreich vollzogenen Anpassungen an die im Reich unter Bismarck beschlossenen Sozialgesetze, die Aufhebung des Verbotes der Sozialdemokraten, die politischen Verwerfungen der Badeni-Krise, nicht zuletzt die Verflechtungen zwischen Antisemitismus und Liberalismus. Wie die Annäherung an den Zionismus ist jedoch das Sympathisieren mit sozialistischen Ideen bei Kafka kein ideologischer Selbstzweck, sondern primär Ausdruck der Opposition gegen den Vater. Zielte der Zionismus auf den assimilierten Juden ohne religiöse Identität, so der Sozialismus auf den selbständigen Unternehmer, der seine Wirtschaftsprinzipien mit der Rücksichtslosigkeit des gesellschaftlichen Emporkömmlings vertrat. Seinen praktischen Ausdruck findet Kafkas soziale Einstellung daher auch im Geschäft des Vaters, wo er zu dessen großem Ärger den Angestellten durch bis zur ‹Demut› gesteigertes «anständiges Benehmen» Respekt zu erweisen und die herrschende Hierarchie in Frage zu stellen sucht (G 33). Der Sohn steht auf der Seite der Unterdrückten und Unterlegenen, mit denen er eine natürliche, aus dem Grundgefühl der Angst vor der Macht geborene Solidarität empfindet. Zu dieser Haltung paßt, daß er im Oktober 1899 die Kriegserklärung der von Paulus Krüger geführten Buren begrüßt und ihren Widerstand gegen die englische Kolonialherrschaft bewundert.[100] Vom radikalen Individualismus Nietzsches führt keine Brücke zu den sozialistischen Überzeugungen der letzten Schuljahre. Daß der bewunderte Philosoph im Sozialismus eine Bewegung sah, die sich «im Stillen zu Schreckensherrschaften» vorbereitete, dürfte Kafka bekannt gewesen sein.[101] Im Kopf des 17jährigen finden geistige Ideen jedoch wie die zerstreuten Teile eines Mosaiks Platz, das erst zu einem Ganzen zusammengesetzt werden muß.

Der frühreife Illový verläßt 1898 freiwillig das Gymnasium, schlägt eine Journalistenlaufbahn ein und schreibt Artikel für das tschechische Arbeiterblatt *Pravo lidu*. Auch nachdem man sich aus den Augen verloren hat, trägt Kafka als Zeichen seiner politischen Weltanschauung außerhalb der Schule eine rote Nelke im Knopfloch (der Student wird diesen unter den Prager Handelsangestellten verbreiteten Brauch später verspotten; Br I 29). Selbst wenn er politischen Parteien mit grundsätzlichen Reserven gegenübersteht, bleibt Kafka, nicht zuletzt unter dem Eindruck beruflicher Erfahrungen im Bereich des Arbeitsschutzes, in den Jahren vor 1914 seinen sozialen Überzeugungen verpflichtet. Während des Krieges kauft er Lily Brauns zweibändige *Memoiren einer Sozialistin* (1909/12); gegenüber Minze Eisner nennt er die Autorin, die er für ihren Mut, sich von ihrer aristokratischen Herkunft zu lösen, ausdrücklich lobt, einen ‹streitbaren Engel› (Br 282). Auch später folgt Kafka einem «romantischen Antikapitalismus»,[102] der, ohne dezidiert politisch zu sein, doch eine scharfe Kritik des Wirtschaftsliberalismus und seiner Erwerbsideologie einschloß. Sie verbindet sich mit dem Interesse an Herzls Zionismus und der Idee der Besiedlung Palästinas auf der Grundlage kollektiver Eigentumsverhältnisse. Das Schema *Die besitzlose Arbeiterschaft*, das im Winter 1917/18 entsteht, bringt eine solche Verknüpfung von zionistischen und sozialistischen Gedankenmotiven zum Ausdruck (M 221f.). Kafka selbst bleibt zeitlebens ein Mensch ohne nennenswertes Eigentum. Er verfügt nur über eine schmale Bibliothek, wohnt in spartanisch möblierten Zimmern, erwirbt weder Land noch Haus. Die karge Einrichtung seiner bürgerlichen Existenz spiegelt das Bewußtsein wider, ein enterbter Sohn zu sein, der keinen materiellen Wohlstand erringen darf, weil auch seine geistige Identität auf Provisorien gegründet ist.

Daß die politischen Überzeugungen im Spannungsfeld zwischen Zionismus, Deutschnationalismus und Sozialismus beim 17jährigen Kafka nicht sonderlich gefestigt sind, erkennt man an einer bezeichnenden Episode. Im Winter 1899/1900 schließt er sich der Schülerorganisation des *Altstädter Kollegien-Tags* an, einer farbentragenden Verbindung, die Angehörige der letzten beiden Gymnasialklassen aufnahm, um künftige Studenten für ihre ‹Kneipen› zu gewinnen. Kafkas Eintritt mochte auch durch die Lust am Subversiven motiviert worden sein, waren doch solche Schülergruppen offiziell seit der Mitte des 19. Jahrhunderts in Österreich-Ungarn verboten. Freilich registriert er rasch, daß die hier gepflegte nationale Ideologie, die sich in schalen Jungmänner-Ritualen dokumentierte, fremd und abstoßend auf ihn wirkt. Bei einem Bierfest, das im Hotel *Platteis* aus Anlaß der Abiturfeiern Mitte Juli 1900 stattfindet, provozieren Bergmann und er die anwesenden Mitglieder, indem sie, während man stehend die *Wacht am Rhein* anstimmt, ostentativ sitzen bleiben. Als die Freunde darauf wegen ungebührlichen Benehmens ausgeschlossen werden, überkommt sie das Gefühl der Befreiung, weil sie wissen, daß der borniert Deutschnationalismus ihnen am Ende des Jahrhunderts keinen Weg in die Zukunft vorzeichnen kann. «Wir haben es leicht verwunden», schreibt Hugo Bergmann, «denn neue Gedanken, neue Ideen erfüllten unser Leben.»[103]

Drittes Kapitel

Studium und Lebensfreundschaften (1901–1906)

Chemie und Germanistik

Von den ursprünglich 84 Mitschülern, die, verteilt auf zwei Parallel-klassen, mit Kafka den Weg durch das Gymnasium begannen, erreichten nur 24 die Matura.[1] Die gefürchtete Reifeprüfung bestand Kafka knapp 18jäh-rig als einer der Jüngsten des Jahrgangs im Sommer 1901. In der ersten Mai-woche fand das schriftliche Examen in den Hauptfächern – alte Sprachen, Deutsch und Mathematik – statt. Das Thema des von Josef Wihan gestellten Abituraufsatzes lautete in zeittypisch chauvinistischer Tendenz: «Welche Vorteile erwachsen Österreich aus seiner Weltlage und aus seinen Boden-verhältnissen?» Nur einen Monat später, am 12. Juni 1901, stattete Kaiser Franz Joseph I. Prag eine Visite ab. Die Schüler des deutschen Altstädter Gymnasiums, das als Hort nationalen Staatsbewußtseins galt, mußten aus diesem Anlaß am Franzens-Quai aufmarschieren und in der glühenden Mit-tagshitze militärische Haltung zeigen, während Franz Joseph zu Pferde die Parade abnahm. Der Kaiserbesuch bildete gleichsam das symbolische Nach-spiel zu der im Zentralaufsatz behandelten Fragestellung, welche Böhmens Zugehörigkeit zu Österreich so nachdrücklich beschwor. Unübersehbar präsentierte sich die Schule Kafka in den letzten Wochen vor dem Abitur als kulturpolitischer Raum, in dem die ethnische und religiöse Identität des Einzelnen von nationalen Ideologien zugedeckt wurde.

Zwischen dem 8. und 11. Juli 1901 erfolgten die mündlichen Examina, die Kafka wie einen drohenden Gerichtstag erwartete, an dem sich sein Schick-sal entscheiden sollte. Sie konzentrierten sich auf Übersetzungen aus dem Lateinischen und Griechischen, mit denen sich Sachfragen zu Textverständ-nis und Grammatik verknüpften. Kafkas spätere Erinnerung, er habe die Prüfungen «zum Teil nur durch Schwindel» bewältigt (G 51), sollte nicht wörtlich genommen werden, stammt sie doch aus dem Repertoire jener unerbittlichen Anklagerhetorik, die vom Standpunkt eines absoluten Geset-zes zu urteilen pflegt. Die Schuld des Schülers, der die Prüfung besteht, ist – unter Abwandlung einer Formulierung aus der Erzählung *In der Strafkolonie* – stets «zweifellos» (D 168), weil er ein Wissen vorgetäuscht hat, das er nie-mals zu besitzen vermag, solange er seine Unwissenheit unterschätzt. Es ist dieses sokratische Wissensverständnis im Zeichen eines tiefen Skeptizismus, das Kafka zur Formel vom ‹Betrug› greifen läßt.

Mit dem Unbehagen des Gehemmten dürfte Kafka sich der freien Redeübung unterzogen haben, die im letzten Schuljahr öffentlich vor der Klasse
zu absolvieren war. Als Aufgabe wählt er das von Wihan gestellte Thema
«Wie haben wir den Schluß von Goethes *Tasso* aufzufassen?»[2] Der Gymnasiast mußte sich hier mit der Frage auseinandersetzen, ob Künstlertum und
soziale Rollenbindung spannungsfrei zusammenwirken können. Sie wird in
späteren Jahren ein Lebensproblem Kafkas berühren, das sich nicht lösen
ließ, weil der Schutz eines bürgerlichen Amtes, den er der Existenzform des
freien Schriftstellers vorzog, zugleich die permanente Gefährdung seiner
imaginären Welt bedeutete. Daß *Torquato Tasso* kein glühendes Plädoyer für
die Autonomie der Literatur formulierte, sondern das Spannungsverhältnis
von Kunst und Gesellschaft illusionslos beleuchtete, fiel zweifellos auch dem
Gymnasiasten ins Auge. Goethes Kritik des von Antonio repräsentierten
politischen Zweckdenkens wird ihm so wenig entgangen sein wie die spürbare Reserve, die der Autor trotz aller Sympathie der Egozentrik seines Helden entgegenbrachte.

Das Maturitätszeugnis bescheinigt Kafka in sechs Fächern – so in Geographie, Geschichte, Griechisch und Philosophie – «lobenswerte», in weiteren
sechs Fächern – darunter Mathematik, Deutsch, Naturkunde und Französisch – «befriedigende» Leistungen.[3] Es zeigt damit das Bild eines leicht
überdurchschnittlichen Schülers, der in keiner Disziplin nennenswerte Stärken oder Schwächen aufzuweisen scheint. Da nach österreichischem Muster
auch der Zeugniskopf nur das Bestehen der Reifeprüfung attestiert, den Abiturienten aber jenseits seiner spröden Lebensdaten nicht näher charakterisiert, besitzt das Dokument den Charakter eines jener Aktenstücke, die den
Menschen verwalten, ohne Wesentliches über ihn auszusagen. In einer autobiographisch gefärbten Skizze, die acht Jahre nach der Matura im Juli 1909
entstand, heißt es mit einer Formulierung, die auch auf die leere Sprache des
Zeugnisses anwendbar ist, über die Urteilsroutinen der Erwachsenen: «Ihr
Blick glitt von uns ab, wie ein erhobener Arm niederfällt.» (B 137)

Nach dem Abitur belohnen die Eltern Kafka mit der ersten Reise, die ihn
über die Grenzen des Königreichs Böhmen führt. Zum Begleiter des 18jähri-
gen wird der Onkel Siegfried Löwy aus Triesch erkoren, der gegenüber dem
Neffen die Rolle des Cicerone versehen soll. Am 28. Juli fährt Kafka zunächst
allein mit dem Zug über Leipzig und Hamburg nach Cuxhaven, um von dort
– nach 18stündiger Reise – mit der Fähre zur Insel Helgoland überzuset-
zen. Noch Jahre später erinnert er sich an die Impressionen auf der eintönig
langen Eisenbahnstrecke, während der er seine Taschenuhr anstarrt und das
Gefühl für seine Umgebung verliert: «Vergessen daß man vergessen hat, mit
einem Schlage ein im Blitzzug allein reisendes Kind werden, um das sich der
vor Eile zitternde Waggon anstaunenswert im Allergeringsten aufbaut wie

Der Abiturient, Juli 1901

aus der Hand eines Taschenspielers.» (Br I 73,
T III 146)[4] Auf Helgoland stößt nach einer
Woche Siegfried Löwy zu ihm, der bereits die
nächste Fahrtetappe vorbereitet hat. Gemeinsam reist man am 8. August nach Norderney
weiter, wo bis zum 28. August in der nur wenige Minuten vom Herrenbad des Strandes
entfernten Pension *Frisia* Quartier bezogen
wird (der Onkel trägt seinen Neffen stolz als
‹Studenten› ins Gästebuch ein).[5] Das Meer hat
Kafka später nur noch selten als Urlaubsziel
gewählt; im Frühherbst 1913 fährt er nach Venedig, 1914 an die dänische, 1923
an die deutsche Ostsee – in sämtlichen Fällen ohne längere Planung, unter
dem Diktat schwerer Lebenskrisen. Bei seinen Italienbesuchen wird er hingegen die Seen des Nordens der Adria und den toskanischen Stränden vor-
ziehen. Die spröde Küstenlandschaft wirkt auf den Abiturienten mit jenem
Reiz des Fremden, das fesseln kann, aber nicht behaglich stimmt. Eine Karte,
die er am 24. August 1901 an die Schwester Elli nach Prag schickt, zeigt das
leicht bewegte Meer mit einem entfernten Fischkutter, darüber eine dunkle
Wolkendecke im Zeichen des abziehenden Sturms (Br I 390).

Mitte September, knapp drei Wochen nach der Rückkehr der Nordsee-
Urlauber, fällt ein Schatten auf die Familie: Oskar Kafka, der erst 17jährige
Cousin, mittlerer Sohn von Hermanns Bruder Filip, nimmt sich in Kolín
mit dem Revolver das Leben, nachdem er bei der Aufnahmeprüfung für die
Kavallerie-Kadettenschule in Mährisch-Weißkirchen durchgefallen war.
Wie eine düstere Spur des Schreckens ziehen sich solche Schüler-Selbst-
morde durch die Epoche der Jahrhundertwende. Sie bilden eine symptoma-
tische Signatur des Zwangs, den die autoritäre Gesellschaft des Kaiserreichs
auf die heranwachsende Generation ausübte. In der Literatur der Zeit taucht
das Thema als Indiz uniformierter Verhältnisse und Leitmotiv sozialer
Schuld immer wieder auf – so bei Wedekind, Strauß, Hesse und Friedrich
Huch.

Aufgrund eines ärztlichen Attests, das ihm «Schwäche» bescheinigt, wird
Kafka vom Militärdienst dispensiert und muß daher die für Abiturienten der
österreichisch-ungarischen Kronländer («Einjährigfreiwillige») vorgeschriebenen zwölf Monate in Uniform nicht absolvieren.[6] Gemeinsam mit Oskar
Pollak und Hugo Bergmann schreibt er sich im Oktober 1901 zunächst für
ein Chemiestudium an der Universität ein; ins Verzeichnis des Gymnasiums
hatte er kurz vor der Reifeprüfung noch «Philosophie» als Studienwunsch

eingetragen, jedoch spätestens Mitte Juli 1901 einen Meinungswechsel vollzogen.[7] Da für Juden der Staatsdienst mit wenigen Ausnahmen unzugänglich war, kamen für Hochschulabsolventen nur freie Berufe in Frage. Einen
Sonderfall bildeten jene Fächer, die für eine Tätigkeit in der Privatindustrie
qualifizierten. Aus diesem Grund entschloß sich Kafka zum Chemiestudium, das ihm später Zugang zu einem Posten in der Wirtschaft verschafft
hätte. Nicht zuletzt war es der inspirierende, an modernen Standards ausgerichtete naturkundliche Unterricht Gottwalds, der die für diese Zeit ungewöhnliche Studienwahl bestimmte. Daß der Leiter des chemischen Instituts,
Guido Goldschmiedt, ein getaufter Jude war, dürfte dagegen für Kafka und
den zionistisch orientierten Bergmann ein unerfreuliches Begleitphänomen
dargestellt haben, das sie an die Zwänge gemahnte, denen jüdische Hoch-
schulkarrieren unterworfen waren.[8]

   Die 1348 gegründete Karls-Universität hatte sich 1882 in eine deutsche
und eine tschechische Hochschule geteilt, deren Veranstaltungen jeweils im
Carolinum stattfanden. Die Prager Juden entschieden sich, wenn es um Bil-
dungsfragen ging, mit klarer Priorität, unabhängig von ihrer Muttersprache,
für die deutsche Universität. Im Jahr 1890 hatten sich hier 506 jüdische Studenten (unter insgesamt 1500) immatrikuliert, an der tschechischen jedoch
nur 44; 1904/05 waren knapp 25 Prozent der Studenten der deutschen Universität und knapp 30 Prozent der Technischen Hochschule jüdischer Herkunft (nur bei jeweils einem Prozent lag ihr Anteil bei den beiden tschechischen Universitäten der Stadt).[9] Bis zum Jahr 1912 änderte sich dieses Verhältnis bloß geringfügig, obwohl die kulturelle Dominanz der Deutschen
zur selben Zeit zu schwinden begann.[10] Pointiert schreibt Leo Herrmann,
der Obmann des zionistisch orientierten Vereins *Bar-Kochba*, 1909 an Martin
Buber: «Nur die Juden glauben noch, das Deutschtum verteidigen zu müssen. Da sie aber ohne Berührung mit dem nationalen Deutschtum leben, ist
ihr Charakter natürlich zu größten Teilen jüdisch. Aber kein Prager merkt
es. Und jeder wehrt sich gegen das bewußte Judentum.»[11]

   Mit Geschick verstand es die deutsche Universität, bedeutende Fachge-
lehrte zu gewinnen. In Prag unterrichtete bis 1895 der Physiker Ernst Mach,
der durch sein monistisches Hauptwerk *Beiträge zur Analyse der Empfindungen*
(1886) entscheidenden Einfluß auf die philosophische bzw. psychologische
Wahrnehmungstheorie der Epoche gewann; vor dem Ersten Weltkrieg wird
Einstein als Nachfolger Ferdinand Lippichs ein – freilich nur zwei Jahre
währendes – Gastspiel auf dem Lehrstuhl für theoretische Physik geben. Der
Völkerrechtler Heinrich Rauchberg, der Rechtshistoriker Heinrich Singer
und der Verwaltungsjurist Josef Ulbrich, der 1897/98 als Rektor amtierte,
repräsentierten um 1900 den hohen wissenschaftlichen Standard der juristischen Fakultät.[12] Die Germanistik beherrschte der mächtige August Sauer,

der mit «Wachsamkeit und Emsigkeit», wie er programmatisch erklärte, das deutsche Kulturleben der Stadt gegen eine vermeintliche Bedrohung durch protschechische Tendenzen zu verteidigen suchte.[13] Sauer, in späteren Jahren auch Rektor der Universität, betrieb Germanistik als Volkskunde, was – in der Konzentration auf ‹populäre› Gattungen und Autoren – eine nationalistische Tendenz implizierte, wie sie sein Schüler Josef Nadler in seiner unheilvollen *Literaturgeschichte der deutschen Stämme und Landschaften* (1912/13) ideologisch verfestigte.

Vorzüglich besetzt waren die Professuren in der philosophischen Fakultät, die überregionales Ansehen genoß. Im Vordergrund standen hier Schüler Franz von Brentanos, dessen psychologische Wahrnehmungstheorie im Prag der Jahrhundertwende produktiv fortentwickelt wurde: Anton Marty (dem Max Brod freilich intellektuelle «Primitivität» vorwarf), Christian von Ehrenfels (ab 1897) und, nach Martys Tod 1914, Oskar Kraus.[14] Seit 1904 vertrat Alfred Weber, der jüngere Bruder Max Webers, das relativ neue Fach der Nationalökonomie. Er wird später Kafkas Promotor, was jedoch eine rein institutionelle Aufgabe – die offizielle Präsentation der Doktoranden vor dem Rektor – darstellte, die keine persönliche Bekanntschaft voraussetzte. Jüdische Ordinarien bildeten in Prag wie in Österreich eine verschwindend kleine Minderheit. Die zahlreichen jüdischen Privatdozenten und Extraordinarien mußten, wollten sie sich im akademischen Leben durchsetzen, zum christlichen Glauben übertreten. Allein die Taufe bot die sichere Gewähr für ein Fortkommen im Universitätssystem; wer sich diesem Anpassungszwang nicht unterwarf, hatte sich – wie Freud in Wien – mit einer Titularprofessur zu begnügen.

Die Karls-Universität gab sich ähnlich wie das *Casino* deutschnational. Bei öffentlichen Auftritten trugen die Studenten schwarz-rot-goldene Schulterbänder, denen man die Jahreszahl «1848» eingenäht hatte; lediglich die traditionellen Kappen galten, wie sich Max Brod erinnert, nach der Jahrhundertwende als unmodern.[15] Den Treffpunkt der deutschen Studenten bildete die *Lese- und Redehalle*, deren Versammlungshaus im *Deutschen Studentenheim* in der Mariengasse lag, wo auch ein großer Speiseraum und ein Festsaal für Promenaden- und Militärkonzerte untergebracht waren.[16] Die *Halle* besaß eine vorzügliche Bibliothek mit modernen Beständen, die Kafka jedoch, wie Brod bemerkt, niemals konsultierte; er kaufte Bücher bevorzugt in der Buchhandlung *Calve*, mied aber die öffentlichen Bibliotheken.[17] Die Studenten saßen lesend im ersten Stock, blickten auf die belebte Ferdinandstraße und aßen Butterbrote, die der Hausmeister am Morgen vorbereitet hatte. Das Programm der gemäßigt national eingestellten, für die Ästhetik der Moderne offenen Einrichtung hat Kafka insbesondere während der ersten Studienjahre stark beeinflußt.

Das Chemie-Studium stellte praktische Anforderungen, denen sich der frisch Immatrikulierte kaum gewachsen zeigte. Daß die naturwissenschaftliche Alltagsarbeit vornehmlich aus Labortätigkeit bestand, hatten Kafka und seine Freunde nicht bedacht, zumal der Schulunterricht relativ abstrakt und anwendungsfern abgelaufen war. Bereits nach zwei Wochen wechselt Kafka in die rechtswissenschaftliche Fakultät, weil er erkennt, daß er für die experimentellen Aufgaben im Labor gänzlich ungeeignet ist (auch Bergmann und Pollak wenden sich von der Chemie ab). Über 20 Jahre später, im Januar 1922, wird er betonen, sein ganzes Leben sei vom Diktat des Scheiterns vor dem Ziel beherrscht; er habe «immerfort einen Anlauf zum Radius genommen, aber immer wieder gleich ihn abbrechen müssen.» (T III 206) Das mythische Gesetz des ‹Abbrechens›, das sich hier erstmals andeutet, bestimmt nicht zuletzt Kafkas literarische Produktion, die im Zeichen des Fragments steht.

Die Juristen bildeten die größte Fakultät innerhalb der Karls-Universität. Gerade für Juden war das Fach attraktiv, weil es die Aussicht auf eine freie Tätigkeit als Anwalt und Notar eröffnete; mehr als 50 Prozent aller jüdischen Studenten belegten zur Zeit der Jahrhundertwende Rechtswissenschaften. Die Entscheidung für das juristische Fach bedeutete, daß Kafka in einen Strom der Anonymität eintrat, in dem er zunächst unerkannt blieb. Der furchtsame Student, dem aus der Schule noch sehr genau die Angst vor der individuellen Prüfungsverantwortung vertraut war, dürfte diese Konstellation als angenehm empfunden haben. Im unpersönlichen Vorlesungsbetrieb konnte er als Individuum verschwinden und träumerisch in eigene Gedankenwelten eintauchen. Statt sich intensiver mit der römischen Rechtsgeschichte zu befassen, die während des ersten Semesters das Unterrichtsprogramm dominierte, reist Kafka im Hörsaal durch imaginäre Welten. Wie in Trance läßt er die monotonen Stimmen der Vortragenden an sich vorüberziehen, ohne tiefer in die spröde Materie einzudringen (eine Unterlassung, die ihn vor der Zwischenprüfung zu erheblichen Arbeitsanstrengungen zwingen wird). Schon im Frühjahr 1902 entflieht er, bedrückt von der Prosa der Verhältnisse, dem Joch der Rechtswissenschaft und belegt Vorlesungen in Germanistik, Philosophie und Kunstgeschichte. Noch unschlüssig, wie die künftigen Weichen zu stellen sind, besucht er eine Veranstaltung zur deutschen Literatur des Mittelalters (bei Ferdinand Detter), August Sauers Kolleg zum Sturm und Drang, Stilübungen, ein Seminar über den genialischen Spätaufklärer Heinrich Wilhelm von Gerstenberg und eine Vorlesung zur niederländischen Malerei.[18]

Der in der Germanistik zumal von Sauer vertretene deutsch-chauvinistische Kurs dürfte Kafka jedoch abgestoßen haben. Als Herausgeber der Monatsschrift *Deutsche Arbeit* und Propagandist einer germanistischen Volkskunde sah Sauer seine vorzügliche Aufgabe in der Vermittlung eines nationalen Kulturbewußtseins. Im Rahmen seiner Prager Rektoratsrede vom 18. November 1907 erklärt er, das wichtigste Ziel der ethnographisch ausgerichteten deutschen Philologie sei die Erfassung einer «Volksseele», die ihrerseits nach ‹Stämmen›, ‹Landschaften› und ‹Provinzen› zu unterscheiden sei. «Und daher», formuliert Sauer ungelenk, «ergeht an euch, liebe Kommilitonen, der Ruf, sich mit Liebe und Eifer der Pflege des deutschen Volkstums in euren Heimatsgegenden nach allen nur möglichen Seiten anzunehmen und für dessen ungeschmälerte Erhaltung, ja für dessen Festigung zu sorgen.»[19] Daß Kafka solche Programmerklärungen vor dem Hintergrund seiner negativen Erfahrungen mit dem *Altstädter Kollegien-Tag* wenig schätzte, war verständlich; im Spätsommer 1902 erklärt er Oskar Pollak unter dem Eindruck von Sauers nationalem Jubelpathos, die Germanistik solle «in der Hölle» braten (Br I 13).

Den August 1902 verbringt Kafka zur Erholung in Liboch an der Elbe; am Ende des Monats reist er für wenige Tage nach Triesch zum Onkel Siegfried Löwy. Zu Beginn des Wintersemesters 1902/03 nimmt er das unterbrochene Jurastudium wieder auf. Der Plan, nach München zu wechseln, wird kurzfristig zu den Akten gelegt. «Prag läßt nicht los», so schreibt er Ende Dezember 1902 an Pollak: «An zwei Seiten müßten wir es anzünden, am Vyšehrad und am Hradschin, dann wäre es möglich, daß wir loskommen.» (Br I 17) Trotz der desillusionierenden Eindrücke, die ihm Sauers Vorlesungen bescherten, bleibt die Germanistik jedoch in seine Zukunftsüberlegungen einbezogen. Ein Jahr später, Ende November 1903, fährt Kafka nach München, um sich probeweise ein Bild von der Stadt zu verschaffen. Er nimmt für zwei Wochen Quartier in der Pension Lorenz in der Sophienstraße am Botanischen Garten, erkundet die Museen und Caféhäuser, verbringt müßiggängerisch die Stunden im *Luitpold* bei ausgedehnter Zeitschriftenlektüre und denkt vorerst nicht an die Rückreise, obgleich die rechtswissenschaftlichen Vorlesungen in Prag bereits begonnen haben. Der ortskundige Paul Kisch, der bereits seit einem Jahr in München studiert, möchte ihn mit Adressen und Empfehlungen versorgen, erfüllt sein Versprechen aber nicht, so daß Kafka ohne Kontakte bleibt; den früheren Mitschüler Emil Utitz wiederum, der hier seit dem Sommersemester 1902 philosophische Vorlesungen hört, meidet er, weil er seinen outrierten Habitus nur schwer erträgt. Mit ostentativer Verärgerung schreibt er am 5. Dezember 1903, als er auf der Rückreise in Nürnberg Station macht, an den unzuverlässigen Kisch: «Du verfluchter Kerl, Du bist der einzige an den ich nur mit Wuth habe denken können. Das hier ist also die fünfte Karte. Ich bitte um die Adressen, bitte bitte, sollte ich am Ende auf den Knien nach Prag rutschen? Na warte!» (Br I 32)

Das überschaubare München zieht Kafka, in spätherbstlicher Stimmung, durchaus an. «Das Oberflächlichste» der Stadt habe er, so notiert er am 26. November 1903, in den ersten Tagen seines Aufenthalts «gerade betastet» (Br I 31). Dennoch scheinen die flüchtigen Impressionen zu genügen, um das besondere Flair zu bemerken, das hier herrscht: «Erst beim Verdauen kann man etwas über dieses wunderbare München sagen.» (Br I 32) Es ist zu vermuten, daß Kafka in den Herbstwochen des Jahres 1903 nochmals über eine Rückkehr zur Germanistik nachdenkt. Der Mut reicht jedoch nicht zur Entscheidung für den Wechsel des Fachs. Der äußere Widerstand des Vaters, der von einer bürgerlichen Laufbahn seines Sohnes träumt, spielt hier ebenso eine Rolle wie die Erinnerung an die chauvinistische Nationalphilologie Sauers. Anfang Dezember 1903 kehrt Kafka nach Prag zurück, verzweifelt entschlossen, es nochmals mit dem ungeliebten Rechtsstudium zu versuchen.

Geistige Ernährung durch Holzmehl

Über die Monotonie seiner Universitätserfahrungen schreibt Kafka 1919: «Ich studierte also Jus. Das bedeutete, daß ich mich in den paar Monaten vor den Prüfungen unter reichlicher Mitnahme der Nerven geistig förmlich von Holzmehl nährte, das mir überdies schon von tausend Mäulern vorgekaut war.» (G 51) Gerade die eintönige Beschaffenheit der Lehrinhalte aber erscheint dem Studenten als Reiz, weil sie ihn nicht zum persönlichen Einsatz nötigt. Jede Aufforderung, am «Spiel» der anderen teilzunehmen, habe er, so heißt es im Herbst 1921, entschieden abgelehnt. Einzig das, was sein Ich nicht berührte, sei von ihm als geistige Realität zugelassen worden (T III 193). In diesem Sinne beginnt er das Rechtsstudium im Bewußtsein, daß seine intellektuellen Identifikationsmöglichkeiten durch das spröde Fach nicht über Gebühr beansprucht werden. Wieder herrscht dabei das ‹Pathos der Distanz›, eine Haltung der *desinvolture*, die es erlaubt, Vorgänge aus innerem Abstand zu beobachten, ohne sich preiszugeben. Kafkas Studienwahl bekräftigt den Habitus des Gymnasiasten, der – wie der fernstehende Synagogenbesucher – lediglich ein Zuschauer ist, welcher sich dem Außen niemals ernsthaft aussetzt.

Auch während der Studienzeit wohnt Kafka in der elterlichen Wohnung an der Zeltnergasse 3. Er verfügt über die Privilegien des Erstgeborenen, den man auszeichnet (und zugleich ausgrenzt), indem man ihn abschirmt. Er wird später geweckt als die übrigen Familienmitglieder, ißt abends zumeist allein, darf sich dem vom Vater geschätzten Kartenspiel entziehen und statt dessen Freunde empfangen. Anders als die Schwestern, die in beengten Verhältnissen miteinander auskommen müssen, besitzt er ein eigenes Zimmer, in dem der große Schreibtisch steht, den er während der Schulzeit häufig mit Hugo Bergmann benutzt hatte (Br I 12).[20] Unter dem Einfluß Pollaks, der die antikisierende Kunst Arnold Böcklins schätzt, kauft er sich im Frühjahr 1903 über Vermittlung Kischs für den karg möblierten Raum eine elfenbeinerne Figur, die eine tanzende Mänade darstellt (Br I 23). Man mag hier an Hofmannsthals Tanzdichtungen, etwa den *Triumph der Zeit* (1900/01) denken, die, von Böcklin-Bildern inspiriert, den Mythos als Fundus für eine dionysische Verklärung des Weiblichen nutzen. Die Mänade steht fortan auf dem sonst kahlen Schreibtisch in der Zeltnergasse, wie ein fremdes Sinnbild der Lust inmitten einer asketisch anmutenden Klause.

Kafka ist ein Student, der einzig unter Druck – in Prüfungssituationen – arbeitet. Die rechtshistorischen Vorlesungen der ersten Semester hat er, wie er später gesteht, in Trance verdämmert. Um sich die zäh zerrinnende Zeit im Hörsaal zu vertreiben, beginnt er, seine Kollegblätter mit Karikaturen, Skizzen und Porträts zu füllen. Noch im Februar 1913 erinnert er sich gegenüber Felice Bauer an seine Vergangenheit als Zeichner, dessen Talent auch die Freunde wahrnahmen (Br II 87). Nach dem Studium scheint er Unterricht bei einer Malerin genommen, jedoch rasch erkannt zu haben, daß die Übungsstunden ihn nicht wesentlich förderten, vielmehr seine Spontaneität unterbanden. Nur dort, wo er ohne Zwang zeichnet, gelingen ihm, wie er bemerken muß, befriedigende Resultate. Das Erlernen einer Technik drohte dagegen die Kanäle zu verschließen, aus denen die spontane Zeichenlust floß. Die verknappenden Umrisse der schwarzen Tintenskizzen, die uns überliefert sind, besitzen einen expressiven Zug (manche von ihnen zieren die Umschläge der älteren Kafka-Ausgaben des Fischer-Verlags). Sie zeigen Menschen, an denen Schmerz und Scham, Angst und Einsamkeit, Ohnmacht und Verzweiflung durch Körperhaltung und Gestik auf eindringliche Weise hervortreten: Geschundene und Gebeugte, die unter der Last von inneren oder äußeren Zwängen stehen.

In den ersten drei juristischen Semestern (bis zum Sommer 1903) hört Kafka vor allem Pflichtvorlesungen zur Rechtsgeschichte. Das Gebiet umfaßte das römische, aber auch das österreichische Recht unter weiträumiger historischer Perspektive. Hinzu treten Einzelfragen des Privatrechts, des Kirchen- und Völkerrechts sowie die zeitaufwendige Einführung in die Pandekten, die Sammlung von Bestimmungen des römischen *Corpus Juris Civilis*. Die Qualität der Vorlesungen war gerade während der ersten Semester schwankend, da die wissenschaftlich renommierte juristische Fakultät der Karls-Universität mit Ausnahme Heinrich Singers keine herausragenden Rechtshistoriker besaß. Heinrich Maria Schuster trug die deutsche Rechtsgeschichte temperamentvoll, aber ohne systematische Ordnung vor; Emil Pfersche, der in das römische Recht einführte, befaßte sich bevorzugt mit Fragen der Politik (er saß als Abgeordneter der Fortschrittspartei im Landesparlament) und engagierte sich kaum für sein Fach, das er als Nebenamt ohne Enthusiasmus vertrat. Zu den pädagogisch inspirierteren Lehrern gehörten der noch nicht 40jährige Ivo Pfaff, der Spezialist für österreichische Rechtsgeschichte war, und der schon genannte Kirchenhistoriker Singer, ein zum Christentum übergetretener Jude, der als pedantischer Quellenforscher galt. In den meisten Fällen wurde jedoch ermüdend langweilig vorgetragen, oftmals auf der Basis von veralteten Skripten, die, gelegentlich mit Duldung der Professoren, unter den Studenten zirkulierten.[21]

Im Juli 1903, nach Ende des Sommersemesters, besteht Kafka die rechtshistorische Staatsprüfung – das *Romanum* –, die das Grundstudium abschließt. Dem mit «gutem Erfolg» absolvierten Examen geht eine mehrwöchige häusliche Klausur voraus, die notwendig wird, weil er sich nach drei verträumten Semestern aufgrund der Mitschriften von Kommilitonen vorbereiten muß, ohne auf eigene Notizen zurückgreifen zu können. Mit dem Beginn des Wintersemesters 1903/04 gewinnt das Studium durch sein Themenangebot für Kafka jenseits des Paukbetriebs ein anregenderes intellektuelles Profil; die drei klassischen Teilgebiete des Fachs – Zivilrecht, Strafrecht und Staatsrecht – beherrschen fortan den Unterrichtsplan. Hinzu kommen nationalökonomische Vorlesungen, die damals zum Pensum des Jurastudiums zählten, da die zur rechtswissenschaftlichen Fakultät gehörende Volkswirtschaftslehre noch kein eigenständiges Fach bildete. Die herausragende Lehrerpersönlichkeit dieser Phase war der Kriminologe Hans Groß, den man erst 1902, im Alter von 55 Jahren, von der Provinzuniversität in Czernowitz (Bukowina) nach Prag berufen hatte (schon 1905 wechselte er auf einen Grazer Lehrstuhl). Er gründete seine akademische Reputation auf sein *Handbuch für Untersuchungsrichter*, das, 1893 erstmals veröffentlicht, bald in zahlreiche Weltsprachen übertragen worden war (als Groß 1915 starb, lagen 55 Übersetzungen vor). Es besaß nicht nur den Status eines Standardtextes für die Kriminologie der Zeit, der die modernen Methoden der Forensik systematisierte, sondern vermittelte auch, ähnlich wie im 18. Jahrhundert die *Causes célèbres et interessantes* (1734–1743) François Guyot de Pitavals, stoffliche Anregungen für diverse Detektiv- und Kriminalgeschichten.[22]

Neben dem Strafrecht hörte Kafka ab dem Wintersemester 1903/04 Vorlesungen über Verwaltungsrecht, Zivil- und Handelsrecht, Volkswirtschaftslehre und Gerichtsmedizin. Zu den prägenden Dozenten des zweiten Studienabschnitts zählten der temperamentvoll vortragende Zivilrechtsspezialist Horaz Krasnopolski, der es liebte, mit kräftiger Stimme Lehrsätze zu skandieren, und der fachlich sehr renommierte Nationalökonom Robert Zukkerkandl, dessen an Problemen der aktuellen Forschung orientierter Vorlesungsstil freilich den durchschnittlichen Studenten überforderte. Kafka erinnert sich ein Jahrzehnt später, daß ihm Zuckerkandl besonderen Respekt eingeflößt habe, «weil er, zum Unterschied von den andern, die immer mit dem ganzen Gewicht ihrer Umständlichkeit auf dem Podium standen, nur eine mit fünf Strichen zu umreißende, reinliche Figur hingestellt hat, also seine wesentlichen Absichten zurückgehalten haben muß, vor denen man sich irgendwie beugte.» (Br 188) Zuckerkandl wird 1917 auf Kafkas Erzählungen aufmerksam werden und sie, wie Felix Weltsch berichtet, mit großem Respekt lesen, sich aber an seinen früheren Studenten kaum noch erinnern: «Ich muß ihn doch kennen, wenn er unser Doktor ist.» (Br 508)

Da schwierige wirtschaftswissenschaftliche und handelsrechtliche Fragen allein im Rahmen von Vorlesungen erörtert wurden – Seminare und Übungen gehörten noch nicht zu den gängigen Veranstaltungsformen des Rechtsstudiums –, hatte Kafka, dem die höhere Mathematik fremd blieb, schwerwiegende Verstehensprobleme. Hier stieß er an die Grenzen seines Auffassungsvermögens, das der anschaulichen Unterstützung bedurfte, um hinreichend angeregt zu werden. Mit größerer Aufmerksamkeit verfolgte er die vierstündige rechtsphilosophische Vorlesung, die im Sommer 1904 von Hans Groß angeboten wurde.[23] Ihr schloß sich im Winter 1904/05 der freiwillige Besuch einer Veranstaltung zur Geschichte der neuen Philosophie bei Emil Arleth, einem Schüler Franz von Brentanos, an. Offenbar hatte der intellektuell ruhelose Jurastudent zu diesem Zeitpunkt zunehmend Interesse an philosophischen Fragen, das auch durch seine private Umwelt stimuliert wurde.

Philosophie im «Louvre»-Zirkel

Seit dem Herbst 1901 besucht Kafka regelmäßig die schon erwähnte *Lese- und Redehalle der deutschen Studenten*, die Vorträge, Diskussionsrunden und Rezitationsabende veranstaltet. Er kannte die Institution vermutlich durch seinen Onkel Siegfried Löwy, der während seiner Studienzeit Mitglied der *Halle* gewesen war. Sämtliche der ihm nahestehenden Mitschüler – mit Ausnahme Camill Gibians – traten im Verlauf des ersten Studienjahrs in die *Halle* ein. Hier bildete sich eine strenge Hierarchie, die das asymmetrische Machtgefälle der höheren Schulen reproduzierte; die Jungmitglieder bildeten die *Finkenschaft*, während die älteren Herren sich im *Ausschuß* zusammenfanden. Ihm gehörte auch Bruno Kafka an, der Sohn von Herrmann Kafkas Cousin Moritz, der eine recht erfolgreiche Anwaltskanzlei in Prag betrieb. Max Brod beschreibt ihn als äußerlichen Doppelgänger Franz Kafkas, bei dem alles «aus gröberem Stoff geformt» war.[24] Bruno Kafka, zwei Jahre älter als Franz, wurde 1904 mit Auszeichnung promoviert, übernahm eine Assistentenstelle am Lehrstuhl des Zivilrechtlers Horaz Krasnopolski und absolvierte später eine glänzende akademische Karriere, die ihn bis zur Position des Rektors der Prager Universität führte; in den ersten Jahren der tschechischen Republik war er der Kopf der *Deutschdemokratischen Freiheits-partei.* Während seiner Studienzeit unterstützte Bruno Kafka die Arbeit der *Lese- und Redehalle* in unterschiedlichsten Funktionen, hielt sich aber recht hochmütig von seinem jüngeren Verwandten fern.[25] Die *Halle* verstand sich als Forum für Themen aus dem weiten Spektrum der deutschen Kultur, ohne jedoch nationalistische Tendenzen zu fördern. In den Jahren zwischen 1902 und 1906 veranstaltete man Lesungen von Prager Autoren – Leppin, Meyrink, Teweles, Salus, Wiener –, aber auch Gastrezitationen prominenter Schriftsteller aus dem Reich (Kafka hörte hier Detlev von Liliencron und Richard Dehmel). Die Fülle der philosophischen und philologischen Vorträge, die offeriert wurden, hätte die Konkurrenz mit dem Vorlesungsangebot einer geisteswissenschaftlichen Fakultät nicht scheuen müssen. Die Referenten sprachen über Herder, Goethe, Heine, Grillparzer, Schopenhauer, Nietzsche, über zeitgeschichtliche und kunsthistorische Fragen; Österreichs Eisenbahnverkehr und die wirtschaftliche Situation Böhmens gehörten ebenso zu den Themen wie Michelangelo, Raffael oder der Zusammenhang von Ästhetik und Weltanschauung.[26]

Philosophische Ideen entstehen nicht nach den Gesetzmäßigkeiten einer die Geschichte strukturierenden Teleologie des Geistes, sondern immer dann, wenn Menschen die Möglichkeiten alternativer Realitätsversionen durchdenken; sie sind kein Produkt geplanter Evidenz, vielmehr Ergebnis einer spielerischen Erprobung der Optionen, die das Überschreiten der herrschenden Wirklichkeit erzeugt.[27] In diesem Sinne entwickelt der junge Kafka Interesse an philosophischen Reflexionsformen als Techniken der Simulation. Auch wenn ihm die strenge Systematik begrifflicher Ordnungsgefüge fremd bleibt, fasziniert ihn die Entwurfskraft des philosophischen Denkens. Nicht nur das facettenreiche Vortragsprogramm der *Halle*, sondern auch ein Debattier- und Lesekreis im Prager Zentrum fördert die Annäherung an die Philosophie. Über die Vermittlung Oskar Pollaks und Hugo Bergmanns gelangt Kafka 1902, ein Jahr vor seinen späteren Freunden Max Brod und Felix Weltsch, in den philosophischen Zirkel, der sich vierzehntägig im großräumigen *Café Louvre* an der Ferdinandstraße versammelt. Das vornehme *Louvre,* das sich selbst in einer Werbeanzeige aus dem Jahr 1907 «etwas Pariserisches»[28] bescheinigt, zählt zu den bevorzugten Treffpunkten der akademischen Debattierrunden Prags. Bis zu Beginn des Jahres 1906 nimmt Kafka regelmäßig an den Veranstaltungen des *Louvre*-Kreises teil, dem mehrere seiner früheren Mitschüler – neben Bergmann und Pollak auch Camill Gibian und Otto Steuer – angehören.[29]

Im Zentrum der *Louvre*-Runde steht die Diskussion der Philosophie Franz von Brentanos, dessen Lehre zu diesem Zeitpunkt an der Prager Universität als bedeutsamster Wegweiser der intellektuellen Moderne betrachtet wurde. Brentano hatte Katholische Theologie studiert, empfing 1864 die Priesterweihe und war nach der 1866 erfolgten Habilitation zunächst philosophischer Extraordinarius an der Universität Würzburg, wo er jedoch in zunehmende Zweifel an der Autorität des Vatikans geriet. Aus Protest gegen das Unfehlbarkeitsdogma der Kirche legte er am Karfreitag des Jahres 1873 sein geistliches Würdenamt ab, verließ seine Professur und wechselte auf ein Ordinariat an der Universität Wien. Diese Funktion mußte er 1880 nach seiner Eheschließung aufgeben, jedoch lehrte er bis 1895 im Status des Privatdozenten vor einer ständig wachsenden Zuhörerschaft. Das entscheidende Rechtsgutachten, das 1880 seine Dienstsuspension unterstützte, verfaßte der bereits genannte Horaz Krasnopolski, dessen Vorlesungen Kafka zwischen 1903 und 1905 hörte.[30] Seit 1896 lebte Brentano, zunehmend körperlich verfallen, in Florenz, wo ihn seine Schüler und Verehrer, die ihn zu einer intellektuellen Kultfigur erhoben, regelmäßig besuchten. Im Zentrum seines Werkes steht die Lehre von der inneren Wahrnehmung des Menschen, die Grundlage einer weit verzweigten Bewußtseinstheorie ist. Methodisch strebt Brentano mit Hilfe logisch-deduktiver Verfahrensweisen eine Vermittlung von Geistes- und Naturwissenschaften an, wie sie bereits eine seiner 25 Thesen aus Anlaß der Disputation im Rahmen des Würzburger Habilitationsverfahrens von 1866 gefordert hatte.[31] Als «analysierende Beschreibung» unserer Phänomene» untersucht die von Brentano entwickelte deskriptive Psychologie nicht die physiologischen Bedingungen des Sehens, Hörens und Fühlens, sondern die Verarbeitungsprozesse, die Wahrnehmungsakte im seelischen Apparat durchlaufen.[32] Ins Zentrum rücken damit Überlegungen zur Genese von Urteilsbildung und Bewußtseinskonstruktion, die ihrerseits als Vorgänge verstanden werden, die produktive Umsetzungen von Wirklichkeitserfahrungen darstellen. Objekte der psychologischen Erkenntnis bilden für Brentano ausschließlich die auf Vorgänge der Perzeption und Apperzeption zurückgehenden Akte der innerseelischen Erfahrungsorganisation, nicht aber die empirischen Objekte, von denen sie ausgelöst werden. Realität repräsentiert in Brentanos Lehre einzig eine Beziehungsgröße, die durch die intentionale Einstellung des Individuums auf das von ihm wahrgenommene Objekt entsteht. Die ‹Substanz› der Erscheinungen ist nur begründ- und beschreibbar, wenn man die Haltung des sie erfassenden Subjekts als ihr konstitutives Element begreift.[33] Mit dieser Theorie der intentionalen, den Prozeß der Wirklichkeitskonstitution herbeiführenden Wahrnehmung hat Brentano die Phänomenologie seines Wiener Schülers Edmund Husserl, die ihr deduktiv entwickeltes Wirklichkeitsbild aus der ‹Einstellung› des Individuums zur Umwelt ableitet, maßgeblich beeinflußt.[34] Daß Hugo Bergmann für seine 1907 abgeschlossene, 1908 bei Niemeyer publizierte Dissertation das Thema *Untersuchungen zum Problem der Evidenz der inneren Wahrnehmung* auswählt, demonstriert, wie stark die deskriptive Psychologie auch nach der Jahrhundertwende in Prag fortwirkte.

An der Karls-Universität galten der 1847 geborene Anton Marty und der zwölf Jahre jüngere Christian von Ehrenfels als wichtigste Vertreter der Philosophie Brentanos. Marty, der seit 1880 ein philosophisches Ordinariat bekleidete und 1896 zum Rektor gewählt wurde, hatte Brentanos Lehre zu einer konstruktivistischen Bedeutungstheorie ausgebaut, die eine gleichsam realitätskonstitutive, die Wirklichkeit objektiv begründende Dimension des Urteils einschloß. In seiner am 16. November 1896 gehaltenen Prager Rektoratsrede (*Was ist Philosophie?*) suchte Ehrenfels im Anschluß an seinen Lehrer Brentano die Psychologie als Disziplin zu profilieren, die durch ihr Interesse an Fragen der Wahrnehmungsprozesse und der Urteilsgenese eine Brücke zwischen Geistes- und Naturwissenschaften zu schlagen vermöge.[35] Marty selbst versuchte in seinen sprachphilosophischen Arbeiten eine an den Verfahrensweisen der modernen Naturforschung ausgerichtete mathematische Methodik einzusetzen, die der Beschreibung von Lautproduktion, phonetischer Verknüpfung und Syntax diente.

Christian von Ehrenfels wiederum verwandelte Brentanos deskriptive Psychologie zu einer eigenständigen Theorie der seelischen Produktion, die davon ausging, daß die innere Erfassung der Realität zwar selektiv verfährt, aber durch die Ausbildung von Gestaltungsqualitäten im psychischen Apparat eine objektive Dimension gewinnt. Der 1859 geborene Ehrenfels amtierte seit 1896 in Prag als Extraordinarius für Philosophie und wurde 1899 zum ordentlichen Professor berufen. Der im Gegensatz zu Marty an musischen Fragen stark interessierte Ehrenfels pflegte ein offenes Haus, das Intellektuellen und Künstlern als zentraler Treffpunkt galt. Die Widersprüchlichkeit seines wissenschaftlichen Denkens, in dem eine naturwissenschaftlich fundierte Psychophysik mit zweifelhaften Theorien der Vererbungslehre zusammentritt, spiegelte sich auch in seinen weitläufigen persönlichen Kontakten. Zu Ehrenfels' Bekanntenkreis gehörten Richard Wagner und Sigmund Freud, der Antisemit Houston Stewart Chamberlain und der Zionist Max Brod, der Deutschnationale Friedrich von Wieser und der tschechische Sozialdemokrat Tomáš Masaryk.

Im Rahmen seines rechtswissenschaftlichen Studiums war Kafka verpflichtet, auch zwei philosophische Veranstaltungen zu besuchen. Im Wintersemester 1901/02 belegte er eine Vorlesung über *Praktische Philosophie* bei Ehrenfels und kam auf diese Weise, nicht unbedingt durch ein vitales Eigeninteresse geleitet, mit den Brentanisten in Berührung. Im Sommersemester 1902 verfolgte er Ehrenfels' Kolleg über *Grundfragen des musikalischen Dramas* (die Perzeption von Tönen galt als Musterbeispiel für die Gestaltproduktion seelischer Aktivität), nahm an Martys Vorlesung zu *Grundfragen der deskrip-*

tiven Psychologie teil und besuchte dessen Privatkolleg in seiner Wohnung.
Auch wenn sich hier ein über die Erfüllung des Normalpensums hinauswei-
sendes Engagement abzeichnet, dürften Martys Texte, insbesondere seine
sprachphilosophischen Arbeiten mit ihrer systematischen Bedeutungslehre,
die 1908 in den *Untersuchungen zur Grundlegung der allgemeinen Grammatik
und Sprachphilosophie* veröffentlicht wurden, für Kafka allzu abstrakt geblieben sein. Die fakultative Abschlußprüfung des Kollegs bestand er im Sommer 1902 nicht – sie fiel in eine Periode der Desorientierung und nervösen
Suche, die seine Kräfte offenkundig blockierte. Kafkas Verhältnis zum philosophischen Fach war gespannt, geprägt durch starkes Interesse an Aspekten
der Wahrnehmung, Urteilsbildung und Sprachkonstruktion, zugleich jedoch
getragen von einem tief verwurzelten Mißtrauen gegenüber den abstrakten
Ordnungssystemen einer deduktiven Methodik. So ist erklärbar, daß er an
den philosophischen Debattierzirkeln der *Louvre*-Runde teilnahm, obgleich
ihn deren scholastisch anmutende Begriffsakrobatik abstieß.

Für die Diskussionsabende des *Louvre*-Kreises ließ sich der äußerlich verschlossen wirkende Marty durch seine Assistenten Oskar Kraus, Alfred Kestil
und Josef Eisenmeier vertreten. Die Dominanz der Brentano-Schüler äußerte sich in einer verbreiteten Neigung zum Dogmatismus, die 1905
schließlich auch zu Kafkas Austritt aus dem Zirkel führte. Schulbildungen
aller Art bereiten ihm dasselbe Unbehagen, das er gegenüber Formen eines
autoritären Geltungsanspruchs empfindet. Die Wahl der philosophischen
Autoren, die er in der Studienphase liest, mutet daher zufällig an, als sei sie
vom bewußten Anspruch diktiert, systemlos und ungeordnet zu bleiben (in
späteren Jahren gehorcht sie dem Einfluß biographischer Interessen, so im
Fall Kierkegaards). Im November 1903 lernt er die Schriften Meister Eck-
harts kennen, kurz danach Texte des Physikers und Psychologen Gustav
Theodor Fechner. Auf diesen hatte ihn bereits Emil Gschwind hingewiesen,
der im Philosophieunterricht des letzten Gymnasialjahres ein an Fechners
Methodik ausgerichtetes Lehrbuch zur Psychologie benutzte. Kafka deutete
ihn, so scheint es, als Mystiker, der ihm Erkenntnisse über die Momente gesteigerter Erfahrung im Zeichen der Vereinigung von Körper und Geist vermittelte. An Oskar Pollak schreibt er am 8. November 1903 nicht ohne Emphase über die Lektüre: «Manches Buch wirkt wie ein Schlüssel zu fremden
Sälen des eigenen Schlosses.» (Br I 29) Auch wenn sich kein eindeutiger Be-
leg für die Identifizierung des hier gemeinten Textes finden läßt, wird man
vermuten können, daß Kafka im Herbst 1903 Fechners *Zend-Avesta* (1851)
in der 1901 vorgelegten Neuedition des deutschen Science-Fiction-Autors
Kurd Laßwitz gelesen hat. Diese Schrift, das philosophische *Chef d'œuvre* des
Leipziger Ordinarius, sucht aus der Sicht einer spekulativen Psychophysik
die Beseelung der gesamten Natur zu erweisen, deren Rechtsgrund eine auf

den Gesetzen der Steigerung und wechselseitigen Beeinflussung beruhende Phänomenologie darstellt. Jedes Wesen ist, so Fechners Überzeugung, in einem höheren Wesen im Medium geistiger Erfahrung eingeschlossen, zu dem es sich wie sein Leib verhält. Die gesamte Schöpfung erscheint derart als Körper Gottes, dessen einzelne Glieder innerhalb einer Ordnung der Gradation von seelischer Energie durchpulst werden. Die panpsychische Beschaffenheit der Natur kann das Individuum in Akten der Erinnerung, der somnambulen Erfahrung und im Traum erfassen. Allein jenseits der Vernunft erschließt sich dem Menschen die geheimnisvolle Verbindung aller Wesen, die nach Fechner durch deren elementare seelische Kommunikation geschaffen und erhalten wird. Phantasie und Traum bilden die zentralen Schauplätze, auf denen sich diese psychische Grundstruktur unserer Umwelt direkt erfassen läßt. Die erstmals 1901 in Leipzig veröffentlichte Neuedition von Laßwitz, die Kafka vermutlich kannte, belebte das publizistische Interesse an Fechners metaphysischer Naturlehre erheblich. Sein Werk wurde als Beitrag zur Lebensphilosophie monistischer Prägung betrachtet und damit auf eine Linie mit der Naturlehre Haeckels gebracht – fraglos eine massive Verkürzung, die dem eigenwilligen Denken des spätromantischen Physikers Fechner kaum Gerechtigkeit widerfahren ließ.[36]

Für rein theoretische Fragestellungen, die sich auf Gebiete der systematischen Philosophie konzentrieren, zeigt der Student Kafka dagegen keinen Sinn. Die Tagebucheintragungen und Heftnotizen des Schriftstellers werden begriffliche Erkenntnisformen nur in erzählerisch aufgelöster Form aufnehmen, so daß sie dort gleichsam, nach einem Wort Maurice Blanchots, «wie im Exil» fortleben.[37] Ende Februar 1913 behauptet Kafka in einem Brief an Felice Bauer im Zusammenhang mit Eindrücken aus philosophischer Lektüre über sein mangelndes Abstraktionsvermögen: «(…) wo nicht etwas dasteht, auf das man die Hand auflegen kann, verfliegt meine Aufmerksamkeit zu leicht (…)» (Br II 112). In Zürau wird er im Herbst 1917 erklären: «Alle Wissenschaft ist Methodik im Hinblick auf das Absolute.» (G 160) Wer mithin ein Absolutes erlangen will, kann sich auf die wissenschaftliche Erkenntnis nur als formales Verfahren stützen, das Hilfsmittel, nicht aber Weg zum Ziel ist. Im Meer des philosophischen Wissens bewegt sich schon der junge Kafka mit der Skepsis des Schiffbrüchigen, der geringes Vertrauen in die Tragfähigkeit des Rettungsbootes hegt, das ihn durch das Wasser trägt.

Intime Kreise: Brod, Weltsch, Baum

Am 23. Oktober 1902 hält der achtzehnjährige Max Brod, der eben erst sein Jurastudium begonnen hat, in der *Lese- und Redehalle* einen Vortrag über Schopenhauer, dessen Philosophie des Willens er entschieden gegen ihre subversive Umwertung durch die Lebenslehre Nietzsches verteidigt.

Kafka, der unter den Zuhörern sitzt, bleibt gegenüber den mit feuriger Verve vertretenen Thesen des temperamentvollen Gymnasiasten skeptisch, weil er in ihnen einen Angriff auf die zentralen Denkmuster des bewunderten *Zarathustra* erkennt. Beim gemeinsamen Heimweg kommt er mit dem ein Jahr jüngeren Brod in ein Gespräch, das kein Ende finden möchte. Bis zum Abend streift man durch die Gassen der Altstadt, ohne Gefühl für die verstreichende Zeit; in seinem Roman *Arnold Beer* (1912) hat Brod diese denkwürdige Szene selbstverliebt beschrieben.[38] Kafka verteidigt Nietzsches Lebensphilosophie gegen den vom Redner erhobenen Vorwurf der ‹Schwindelei› und sucht ihm zu verdeutlichen, daß deren perspektivisches Sehen nicht nach den Kategorien der traditionellen Ideengeschichte bewertet werden dürfe.[39] Auch auf literarischem Feld unterscheidet sich ihr Geschmack: Brods ausgeprägte Vorliebe für Gustav Meyrinks Erzählungen, deren Phantasmagorien Ernst Bloch später als «Märchenkolportage vom Jahrmarkt» bezeichnet hat, kann Kafka, der sich vorwiegend für die großen Autoren des 19. Jahrhunderts begeistert, schwer nachvollziehen.[40] Kafkas Sympathien für die Heimatkunst-Bewegung, die durch die Freundschaft mit Pollak vermittelt worden waren, bleiben wiederum Brod unverständlich. Der Dissens in philosophischen und ästhetischen Fragen verhindert allerdings nicht, daß an diesem Herbstabend des Jahres 1902 das erste Fundament für eine Freundschaft gelegt wird, die, obgleich sie extrem gegensätzliche Temperamente zusammenführte, bis zu Kafkas Tod Bestand hatte.

Brod stammte aus gutsituiertem Hause und war, anders als Kafka, mit Bildungsgütern frühzeitig verwöhnt worden. Der Vater hatte sich zum stellvertretenden Direktor der Böhmischen Unionsbank in Prag emporgearbeitet und besaß seit der Jahrhundertwende ein nicht unerhebliches Vermögen. Die Mutter, die das Familienleben als hochneurotische Tyrannin mit ihrem «wild dahinfegenden Vulkanismus» beherrschte, war eine schöne, musisch begabte Frau, die es liebte, ein offenes Haus zu führen.[41] Der Sohn wuchs mit den vier bzw. acht Jahre jüngeren Geschwistern Otto und Sophie in großbürgerlichen Verhältnissen auf, zu denen auch reiche kulturelle Offerten gehörten: Musik, Literatur und Malerei bildeten ein Dreieck, in dem man sich bei den Brods selbstverständlich bewegte. Belastet wurde die geistig anregende, in materieller Sicherheit verbrachte Jugend durch eine schwere physische Behinderung: seit dem vierten Lebensjahr litt Max Brod unter einer Wirbelsäulenverkrümmung (Kyphose), die den Patienten, wäre sie nicht frühzeitig diagnostiziert worden, zu einem Leben im Rollstuhl gezwungen hätte. Man behandelte die Fehlstellung mit einem Stahlkorsett und einer Kopfstütze, die der Junge bis in die Gymnasialzeit tragen mußte. Gegen die Hypothek der Körperbehinderung kämpfte der Schüler, dessen enorme Willenskräfte die physische Schwäche kompensierten, mit eiserner Energie an. Frühzeitig zeigte er musikalisches Talent, erhielt eine pianistische Ausbildung, später auch Kompositionsunterricht. Er besuchte zunächst die katholische Volksschule der Piaristen, wo ihm ein Rabbiner separaten Religionsunterricht erteilte, danach das Stefansgymnasium, zu dessen Absolventen in den folgenden Jahrgängen Franz Werfel und Willy Haas zählten. Bereits als Schüler trat Brod mit eigenen Gedichten an die Öffentlichkeit. Gemeinsam mit seinem früh verstorbenen Freund Max Bäuml, dessen sublimen Geschmack er noch kurz vor seinem Tod 1968 ausdrücklich gerühmt hat, las er die großen Autoren der europäischen Moderne: Schnitzler, die Brüder Mann, Ibsen und Hamsun.[42] In der prinzipiellen Tendenz unterschied sich jedoch der literarische Geschmack Brods deutlich von dem Kafkas. Insbesondere über die Frage des Stils stritt man schon bei den ersten Treffen, die der Diskussion nach dem Vortrag folgen, heftig und prinzipiell. Noch drei Jahrzehnte später erinnert sich Brod, daß Kafka die von ihm selbst geschätzte Erzählung *Der violette Tod*, die Gustav Meyrink kurz zuvor in der Sammlung *Der heiße Soldat* (1903) veröffentlicht hatte, als maniriert ablehnte und statt dessen eine Formulierung aus Hofmannsthals *Gespräch über Gedichte* rühmte, das im Februar 1904 in der von ihm abonnierten *Neuen Rundschau* erschienen war: «der Geruch feuchter Steine in einer [!] Hausflur»[43]. Brods Begeisterung für Dekadenz, Ästhetizismus und Immoralismus setzte Kafka eine – zuweilen selbst wieder artifiziell wirkende – Vorliebe für das ‹Natürliche› entgegen, von der noch zu sprechen ist.

Das gemeinsame Studienfach verpflichtete zum Besuch von Vorlesungen, die für Hörer verschiedener Semester angeboten wurden. So traf man sich in Kafkas letzten beiden Universitätsjahren insbesondere in nationalökonomischen und verwaltungsrechtlichen Kollegs, ohne daß es jedoch während dieser Zeit bereits zu einer tieferen freundschaftlichen Beziehung kam. Das änderte sich erst nach Kafkas Examen im Juni 1906: 1907 nahm sich der Schulfreund Camill Gibian, mit dem er in den ersten Jahren des Studiums engeren Kontakt pflegte, das Leben; im April 1908 wiederum starb Brods Intimus Max Bäuml. Diese Todesfälle bezeichneten für beide eine gewaltsame Ablösung von den vertrauten Verhältnissen der Gymnasialzeit, deren Nähe unwiederbringlich verloren war. Fortan geriet der Austausch zwischen ihnen weniger förmlich, weil er sich nicht auf intellektuelle Fragen beschränkte. Gemeinsam las man, um das Schulgriechisch aufzufrischen, Platons *Protagoras* im Original, später auch französische Romane.[44] Die kurzen Briefe, die Kafka Brod seit 1906 zumeist über die (in Prag auf einem fünf Kilometer umfassenden Streckennetz ausgebaute) Rohrpost schickt, dokumentieren einen persönlichen Ton, zu dem ritualisierte Selbstironie und ein spielerisch zur Schau gestellter Optimismus gehören.

Während der gemeinsamen Universitätsjahre traf man sich nicht nur in der *Halle*, sondern auch im *Louvre*-Zirkel. 1905 wurde Brod jedoch aus der illustren Runde ausgeschlossen, weil ihm die Brentanisten mangelnde Treue zur Lehre ihres Meisters vorwarfen. Es kam zu einer gerichtsähnlichen Verhandlung, bei der Kafkas früherer Mitschüler Emil Utitz den Vorsitz führte. Man hielt Brod vor, er habe in seiner Novelle *Zwillingspaar von Seelen*, die in der Berliner Zeitschrift *Die Gegenwart* erschienen war, Brentanos Philosophie denunziert. Der Beschuldigte wehrte sich mit dem Hinweis darauf, daß der betreffende Passus ein Element literarischer Rollenprosa darstelle, drang jedoch gegen die Vorwürfe des Zirkels nicht durch. Er selbst vermutete, daß der ehrgeizige Utitz, der eine philosophische Laufbahn anstrebte, bewußt gegen ihn intrigierte, weil er einen lästigen Konkurrenten um die geistige Führungsposition im Kreis der Jüngeren auszuschalten suchte.[45] Kafka, der sonst zumeist schwieg, verteidigte Brod im Rahmen der peinlichen Aussprache und mied den Kreis nach dem Ausschluß des Freundes solidarisch. Ehrenfels' Veranstaltungen und Seminare besucht er auch in den späteren Berufsjahren noch, so im Herbst 1913 (Br II 292), hält dabei aber zunehmende Distanz zu dessen obskurer Vererbungslehre, die für die programmatische Erzeugung von «Mischrassen» eintrat; bei einer Vortragsveranstaltung im Festsaal des Jüdischen Rathauses in der Maiselgasse kommt es Ende Januar 1912 zu Unruhe und Verärgerung, als der unter den Zuhörern weilende Ehrenfels in einem Exkurs seine erschreckenden biopolitischen Visionen offenbart («Komische Scenen», notiert das Tagebuch moderat; T II 30).

Trotz wachsender Annäherung erkennt Kafka rasch die Differenz der Temperamente, die ihn von seinem neuen Freund trennt. Der gesprächssüchtige Brod ist ein auf Wirkung bedachter Gesellschaftsmensch, der sich dem Rollenklischee des dekadenten Literaten und sexuell freizügigen Libertins unterwirft; Photographien zeigen ihn in jenen Jahren mit Monokel und dandyhaften Krawatten in der Pose des mondänen Zynikers – eine Attitüde, die auch den Versuch der Kompensation seines körperlichen Gebrechens darstellen mochte. Brods extrovertiertes Auftreten, seine ungezügelte Schreiblust, sein zumeist unkritischer Umgang mit der eigenen literarischen Produktion wecken in Kafka Widerwillen; über die Gesellschaft seiner ihn bewundernden Freunde schreibt er am 28. August 1904 mit unverhohlener Skepsis: «Soweit sie abhängig ist, steht sie um Dich als empfindliches Bergland mit breiterem Echo. Das macht den Zuhörer bestürzt. Während seine Augen sich mit einem Gegenstand vor ihm ruhig beschäftigen möchten, wird sein Rücken geprügelt.» (Br I 38) Auch später treten bei Kafka mehrfach Perioden des Zweifels an der Substanz einer Freundschaft auf, die zwei äußerst ungleiche Temperamente vereint. Er stehe zu stark unter Brods «Einfluß», bemerkt er am 26. Oktober 1911, so daß er selbst an den literarischen

Arbeiten des Freundes kaum noch Gefallen finde, weil er sich instinktiv gegen sie zur Wehr setzen müsse, um den Spielraum für Eigenes zu bewahren (T I 155f.). Einen Monat später bemerkt er in resignativer Lakonie: «Ich und Max müssen doch grundverschieden sein.» (T I 200) Im Januar 1912 erwägt er nach sich häufenden Mißverständnissen, ein Tagebuch über sein Verhältnis zum Freund anzulegen (T II 20). Ende April 1914 heißt es inmitten einer Phase schwerer Depressionen: «Ich bin Max unklar und wo ich ihm klar bin, irrt er sich.» (F 559)

Während der letzten beiden Studienjahre Kafkas arbeitet Brod an seinem Roman *Schloß Nornepygge*, der 1908 mit einer Widmung an Max Bäuml veröffentlicht wird (1906 erschien bereits die Prosasammlung *Tod den Toten!*, 1907 der Band *Experimente*). Der Text, dessen Protagonist Walder Nornepygge dem Typus des perversen Grafen des Esseintes in Joris K. Huysmans *A rebours* (1884) nachgebildet ist, verschafft Brod höchste Anerkennung in den avantgardistischen Zirkeln der Zeit. Die jungen Berliner Autoren um Kurt Hiller und Franz Pfemfert bewundern Brods Lehre des ‹Indifferentismus› («O ich bin nicht frei! Alles, was geschieht, geschieht notwendig. Alle meine Geschichten und Taten sind erzwungen»)[46] als Zeugnis einer bewußt zweideutigen Sozialkritik, die den Verfall der alten Väterordnung für unwiderruflich hält, ohne jedoch einen neuen Weg vorzeichnen zu können.[47] Brod hat sich in späteren Jahren vom forcierten Immoralismus des Romans, der einer eigenwilligen Schopenhauer-Lektüre entsprang, klar distanziert. Das Buch sei ihm, vermerkt er im November 1912 gegenüber Felice Bauer,

«ganz entfremdet» (F 116). In der Zeit vor 1910 hat *Schloß Nornepygge* seine literarische Karriere jedoch maßgeblich gefördert und ihn zu einem der angesehenen Vertreter der jungen Autorengeneration werden lassen. Noch im Oktober 1914 veröffentlicht Oskar Baum in der *Berliner Aktion* einen kurzen Artikel über die ersten Arbeiten Brods, den er unter Bezug auf den Debütroman mit *Der Indifferente* überschreibt.

Bereits vor dem Ende seines Rechtsstudiums stellt der junge Brod eine feste Größe im Prager Literaturbetrieb dar; Legion ist die Zahl der Gelegenheitstexte und Journalartikel, die er, zumeist unter Zeitdruck und im Gestus hektischer Nervosität,

Max Brod (1914)

in diesen Jahren verfaßt. Wie weit sein Renommee schon während seiner Universitätszeit gedrungen ist, zeigt der Umstand, daß der angesehene Hofburgschauspieler Ferdinand Gregori im Dezember 1906 Gedichte von ihm in der *Lese- und Redehalle* rezitiert. Kafka steht solchen Formen literarischer Berühmtheit in neidloser Skepsis, aber auch ratlos gegenüber, denn in seinem System der Werte existieren für öffentliche Anerkennung keine passenden Zuordnungen. In den Momenten des Erfolgs erscheint ihm der Freund wie ein Außenstehender, den er für den Wirkungswillen, mit dem er seine Karriere plant, bewundert, ohne ihm nahe zu sein. «(...) ich verliere so selten den fremden Blick für andere», heißt es im April 1914 (F 559).

Am Ende der Studienzeit erweiterte sich Kafkas Freundeszirkel um Oskar Baum und Felix Weltsch, die bald die Rollen von Hugo Bergmann und Oskar Pollak übernahmen (während dem ehemaligen Mitschüler Přibram der Status des weltkundigen Cicerone blieb, der Kafka in die Prager Caféhäuser begleitete). Max Bäuml hatte Brod 1902, kurz nach dessen Abitur, mit Oskar Baum bekannt gemacht. Der 1883 in Pilsen geborene Baum wurde schon als Kind auf folgenreiche Weise mit dem böhmischen Nationalitätenkonflikt konfrontiert. Er, der seit seiner Geburt nur über ein normalsichtiges Auge verfügte, war 1893 nach einer Prügelei mit tschechischen Schülern vollständig erblindet. Er mußte daraufhin das Gymnasium verlassen und die jüdische Blindenschule *Hohe Warte* in Wien besuchen. Hier erhielt er eine gediegene Ausbildung, deren Schwerpunkt auf der musikalischen Erziehung lag. Baum wurde ein vorzüglicher Pianist, studierte Komposition und gab nach seiner Übersiedlung im Jahr 1902 als anerkannter Privatlehrer in Prag Klavierstunden. Im Dezember 1907 heiratete er Margarete Schnabel; am 4. Dezember 1909 wurde der Sohn Leopold geboren, dem Kafka in späteren Jahren anrührende Briefe schrieb (er starb im Juni 1946 bei einem Bombenanschlag einer jüdischen Widerstandsgruppe in Jerusalem) (Br 286f.). Eine starke psychische und physische Konstitution gestattete es Baum, trotz seines schweren Schicksals mit erstaunlicher Produktivität künstlerisch zu arbeiten. Bereits 1908 erscheint, vermittelt durch Brod, sein erstes Buch beim Verlag Axel Juncker in Berlin (*Uferdasein*), eine Sammlung von drei Novellen, in deren Stoffe die Erfahrungen an der Wiener Blindenschule eingingen (das Manuskript diktierte er Margarete Schnabel, später beschäftigte er eine Sekretärin). 1909 folgt der autobiographische Roman *Leben im Dunkeln*, 1911 das Drama *Konkurrenz*. Bis zum Beginn der 20er Jahre veröffentlicht Baum fünf weitere Romane, eine Erzählung, ein Drama, zahlreiche Novellen in Zeitschriften (so in Willy Haas' *Herderblättern* und Brods *Arkadia*): ein eindrucksvolles Arbeitspensum, das, ähnlich wie im Fall Brods, mit großer Beharrlichkeit einem beschwerlichen Lebensalltag abgerungen wurde (Br I, 627f.).

Felix Weltsch, um 1910

Im Herbst 1904 bringt Brod Baum und Kafka zusammen. Man trifft sich in Baums Wohnung, wo Brod seine Novelle *Ausflug ins Dunkelrote* vorliest.[48] Anläßlich der ersten Vorstellung verbeugt sich Kafka vor dem blinden Oskar Baum so tief, daß sein dichter Haarschopf dessen Stirn berührt. Baum erinnert sich an die anrührende Wirkung, die diese Geste der Höflichkeit in ihm auslöste, noch 25 Jahre später: «Hier hatte einer als Erster unter allen Menschen, die mir begegnet waren, meinen Mangel als etwas, das nur mich allein anging, nicht durch Anpassung oder Rücksicht, nicht durch die geringste Veränderung seines Verhaltens, festgestellt.»[49] An Baum schätzt Kafka bald die stoische Ausgeglichenheit und innere Ruhe – Züge, die wie ein Gegenstück zu Brods extrovertiertem Charakter wirkten. Daß auch Kafka zu diesem Zeitpunkt bereits schreibt, ist den neuen Freunden nicht bekannt; er selbst hüllt sich über seine literarische Arbeit, in die er zuvor nur die Mitschüler Bergmann und Pollak eingeweiht hat, sphinxhaft in Schweigen.

Ergänzt wird die kleine Runde durch den 1884 geborenen Felix Weltsch, der gemeinsam mit Brod die Volksschule des Piaristenordens besucht hatte. Als Zehnjähriger wechselte Weltsch an das Altstädter Gymnasium, wo er in den höheren Klassen aufgrund des gemeinsamen, stets zwei Jahrgangsstufen zusammenfassenden Religionsunterrichts auch Kafka kennenlernte, ohne daß jedoch ein engeres Verhältnis zustande kam. Nach dem Abitur begann Weltsch 1902 mit dem Jurastudium, das er nur als Brotfach betrachtete, da seine eigentlichen Neigungen der Philosophie galten. Zu dieser Zeit traf man sich regelmäßig bei Vorträgen der *Lese- und Redehalle*, wo Brod den näheren Kontakt herstellte. Weltsch führte Kafka 1903 im Haus des Apothekers Max Fanta und seiner intellektuell ambitionierten Frau Berta ein. Die damals knapp Vierzigjährige, die als eine der ersten Frauen in Böhmen ein Studium an der Karls-Universität absolviert hatte, betrieb einen Salon, in dem über philosophische, psychologische und theosophische Themen diskutiert wurde. Gemeinsam studierte man Kant, Hegel, Schopenhauer, die Phänomenologie Brentanos, Zusammenfassungen von Einsteins Relativitätstheorie und Texte Freuds; Kafkas Kenntnisse über Psychoanalyse vermittelten sich in den Jahren vor dem Weltkrieg insbesondere durch das Haus Fanta. Auch wenn er im Gegensatz zu Weltsch kein Dauergast, sondern nur ein sporadischer (zumeist schweigender) Besucher blieb, gehör-

Oskar Baum, um 1912

te er doch zum inneren Kreis der Mitglieder, der stets eingeladen wurde, wenn angesehene Referenten auftraten.[50] Welche Bedeutung Berta Fanta für die jüngeren Intellektuellen Prags besaß, läßt der Brief ahnen, den Brod nach ihrem Tod am 20. Dezember 1918 an Kafka schreibt: «Sie war ein ganz reiner Mensch und gegen ihre kleinen Fehler führte sie einen leidenschaftlichen Krieg.» (BK II 254) Zu den Freunden des Salons zählten auch Hugo Bergmann, der später die Fanta-Tochter Else heiratete, und Oskar Pollak, mit dem Kafka Silvester 1904 für die Gäste ein allegorisches Spiel über Brentanos Lehre vorgetragen haben soll, das Wagners *Meistersinger* persiflierte.[51]

Weltsch schloß 1907 das Jura-Studium mit der Promotion ab, übernahm nach einer einjährigen Tätigkeit als Gerichtspraktikant 1909 eine Position an der National- und Universitätsbibliothek, studierte daneben Philosophie und erwarb 1911 einen zweiten Doktorgrad. Gemeinsam mit Max Brod arbeitet er in diesen Jahren an der Studie *Anschauung und Begriff* (1913), die stark von der Wahrnehmungspsychologie der Brentano-Marty-Schule bestimmt blieb. Gestützt auf die im Neukantianismus verbreitete Annahme einer subjektzentrierten, einzig durch formale Kategorien jenseits der Erfahrung beschreibbaren Erkenntnis, folgt die ehrgeizige Schrift dem Anspruch, die vorbegriffliche Anschauung als privilegiertes Medium menschlicher Urteilsbildung auszuweisen.[52] Die von genauer Rezeption der neuesten psychologischen und phänomenologischen Forschung zeugende Studie stammte, auch wenn das Nachwort die gemeinschaftliche Leistung betont, vor allem aus der Feder Weltschs.[53] Anders als Brod, der vorwiegend assoziativ dachte, verfügte er über einen analytischen Verstand, ausgeprägtes logisches Verständnis und reiches philosophisches Wissen. Ein vertrauteres Verhältnis zu Weltsch entwickelt Kafka in der Zeit nach 1906; erst im Mai 1912 trägt er ihm – als der Ältere nach den Regeln der Konvention – auf brieflichem Weg das ‹Du› an (T II 71). Weltsch bemerkt später, daß er an Kafka in besonderem Maße «die Gabe des Wohlwollens und Ernstnehmens» geschätzt habe, die zugleich ein bescheidenes Zurücktreten der eigenen Ansprüche und Bedürfnisse einschloß.[54]

Mit Baum, Brod und Weltsch trifft sich Kafka bis in die ersten Kriegsjahre hinein an den Samstagabenden zum Vorlesen, Plaudern, Diskutieren. Dem Ritus dieser Verabredungen, die zumeist bei Baum oder Brod stattfinden, entspricht es, daß Kafka zumeist verspätet eintrifft. Er selbst erklärt seine ausgeprägte Neigung zur Unpünktlichkeit im Dezember 1911 damit, daß er «die Schmerzen des Wartens nicht fühle». Weil er beim Warten einen «Zweck» seiner «augenblicklichen Existenz» spüre, sei er in diesem Zustand geduldig «wie ein Rind». Die Unpünktlichkeit erweist sich als eine Form des Genusses an der transitorischen Form des Augenblicks, der vom Ich nichts verlangt, als daß es körperlich existiert: «Ich habe fast teils aus Nachlässigkeit, teils aus Unkenntnis der Schmerzen des Wartens die Zeit verabredeter Zusammenkünfte versäumt, teils aber auch um neue kompliciertere Zwecke des erneuten unsichern Aufsuchens jener Personen, mit denen ich mich verabredet hatte, also auch die Möglichkeit langen unsichern Wartens zu erreichen.» (T I 233)

Im Umgang mit Gleichaltrigen umgibt Kafka eine Aura der Zurückhaltung, die er nur in Ausnahmefällen durchbricht. Vertraute Intimität riskiert er in der Zeit des Studiums einzig mit ehemaligen Mitschülern wie Bergmann und Přibram und – in der Periode des Examens – mit Brod. Die persönlichen Briefe dieser Jahre verraten eine Lust an Ironie, Sarkasmus und Albernheit, die er freilich nur engsten Vertrauten gegenüber zuläßt. Sonst ist Distanz, gemischt mit formeller Höflichkeit, sein vorherrschender Habitus, der Scheu und Furcht vor Berührbarkeit bekundet. Sein äußeres Erscheinungsbild nimmt für ihn ein; er ist hochgewachsen, schlank, das Gesicht wird beherrscht von dunklen, manchmal verschleiert wirkenden Augen, einem – nach Willy Haas – «fast olivenfarbigen» Teint und harmonisch klaren Formen: ein schöner Mensch, der – auch wenn seine kritische Selbstwahrnehmung solche Wirkungen zuweilen dementierte – auf beide Geschlechter anziehend wirkt.[55] Wer mit ihm Freundschaft schließen möchte, stößt jedoch rasch auf Widerstände und Grenzmarkierungen. Hinter der Fassade der Höflichkeit bleibt der junge Kafka kühl und zuweilen abweisend, um die inneren Bezirke seines Ich zu schützen. Vertrauen faßt er nur zögerlich, abwartend und unter Vorbehalten, die spontane Bekenntnisse ausschließen. Mehrere Jahre nach der Periode der regelmäßigen Freundestreffen, 1918 in Zürau, notiert er über seine isolierte Stellung in der Gemeinschaft: «Das Gesetz der Quadrille ist klar, alle Tänzer kennen es, es gilt für alle Zeiten. Aber irgendeine der Zufälligkeiten des Lebens die nie geschehen dürften, aber immer wieder geschehn bringt Dich allein zwischen die Reihen. Vielleicht verwirren sich dadurch die Reihen selbst, aber das weißt Du nicht, Du weißt nur von Deinem Unglück.» (M 193)

Auch in späteren Lebensjahren dauert es stets geraume Zeit, ehe er zu Männern ein ungezwungenes Verhältnis entwickelt. Jizchak Löwy, Ernst Weiß und Robert Klopstock bilden die Ausnahmen in der Serie der zumeist förmlichen Bekanntschaften, die Kafka zu schließen pflegt. Die magische

Linie, die um den innersten Bezirk des Ich gezogen ist, vermögen nur wenige zu durchbrechen. Kafkas Fähigkeit zur Freundschaft unterliegt festen Beschränkungen, weil sie von absoluten Ansprüchen getragen wird. «In mir selbst», wird er im August 1913 schreiben, «gibt es ohne menschliche Beziehung keine sichtbaren Lügen. Der begrenzte Kreis ist rein.» (T II 193) Wer so denkt, bedarf zwar eines Fensters zur Welt, aber er setzt sich dem Außen niemals dauerhaft aus. Die Einsamkeit bleibt existenznotwendig, weil sie allein jene ‹Reinheit› zu leben erlaubt, die Kafka mit fortschreitendem Alter immer bedeutsamer wird.

Rituale der Sexualität

Daß die sexuelle Initiation der Söhne im bürgerlichen Milieu am Ende des 19. Jahrhunderts durch den Kontakt zum weiblichen Hauspersonal geregelt wurde, kann man zahlreichen literarischen und autobiographischen Zeugnissen der Zeit entnehmen. Max Brod hat dieses Grundmuster in seiner Erzählung *Ein tschechisches Dienstmädchen* (1909) auf süßlich-sentimentale Weise dargestellt und damit eben jene Verlogenheit zum Stilgestus verwandelt, mit der die sexuelle Ausbeutung der Frauen aus unteren Schichten geschönt wurde. In Brods ein Jahr zuvor veröffentlichter Prosastudie *Die Stadt der Mittellosen* darf der Protagonist über die tschechische Verkäuferin, mit der er liiert ist, selbstgefällig bemerken, daß sie nicht nur einen sinnlichen Körper, sondern auch «eine tapfere Seele» besitze, die sie «treu und kampfeslustig» mache.[56] Noch Paul Leppins neuromantischer Stadtroman *Severins Gang in die Finsternis* (1914) liefert eine typische Männerphantasie der Zeit, wenn er seinen Helden in den Armen des tschechischen Ladenmädchens Zdenka geschlechtliche Wonnen erleben läßt, die ihm die jungen Frauen des gehobenen deutschsprachigen Bürgertums vorenthalten. Das Blut, so heißt es in kaum überbietbarem Chauvinismus, «das bei den Männern ihres Volkes in Haß und Revolten losbrach», sorge bei den Tschechinnen für eine ungehemmte Sinnlichkeit, die das Geheimnis ihrer physischen Attraktion bilde.[57]

Seine ersten erotischen Eindrücke hat Kafka fast zwangsläufig durch das Zusammenleben mit dem weiblichen Dienstpersonal der Familie gewonnen. Anna Pouzarová, die zwischen 1902 und 1903 als Erzieherin der Mädchen bei den Kafkas lebte, berichtet, daß er sie durch den Spiegel über dem Waschbecken der Küche unaufhörlich mit den Augen verfolgt habe.[58] Sehr deutlich erinnert Kafka sich später an die Anziehung, die die Gouvernante Louise Bailly auf ihn ausübte. Sie habe, so heißt es am 3. Oktober 1911 rückblickend, «Ergießungen» bei ihm provoziert, die «nicht entlassen» wurden: sexuelle Phantasien ohne befreienden Effekt (T I 44f.). Als er die 53jährige Bailly Anfang Mai 1913 wiedersieht, empfindet er ein bis zum Ekel gestei-

gertes Unbehagen, weil sich mittlerweile «ihr Übergang zur alten Frau vollzogen hat». Im Tagebuch beschreibt er minuziös-selbstquälerisch ihren jetzt
unförmig gewordenen Körper, der ihn als Heranwachsenden noch zu erhitzten erotischen Phantasien verlockt hatte (T II 176). Wie stark ihm solche
Prägungen bewußt blieben, verrät ein Tagebucheintrag vom 9. August 1912,
in dem er lakonisch vermerkt: «Gestern das Dienstmädchen, das zum kleinen Jungen auf der Treppe sagte: ‹Halt dich an meine Röcke.›» (T II 76)

Neben erotischen Tagträumen und vorsichtigen Blickkontakten mit den
Hausangestellten bleiben dem jungen Kafka zunächst nur platonische Ur-
laubsfreundschaften. Während des Spätsommers 1900 entwickelt er in Rostok, wo die Familie mehrwöchige Ferien verbringt, eine zaghafte Liebesbeziehung zu der knapp siebzehnjährigen Selma Kohn, der er, wie schon erzählt, in malerischer Kulisse aus Nietzsches *Zarathustra* vorlas. Selma Kohn
erinnert sich 55 Jahre später in poetischen Worten, unter dem Einfluß sentimentaler Verklärung («ich war schön und er war sehr klug»), an das herrliche
Landschaftspanorma, das sich den Blicken offenbarte: «man sah so weit, das
ganze Tal, das silberne Band der Moldau, am anderen Ufer Klettau und Bru-
ky beleuchtet (...)» (Br 496). Das Verhältnis zu Selma Kohn blieb, getragen
von Schwärmerei und romantischen Phantasien, im Rahmen der bürgerlichen Normen. Kafka suchte die kunstsinnige Freundin darin zu bestärken,
gegen den Wunsch ihres Vaters ein Studium an der Karls-Universität durchzusetzen und sich auf diese Weise von den Erwartungen zu lösen, denen sie
sich in ihrer traditionell denkenden Familie unterworfen sah. Am Ende be-
siegte jedoch die Konvention Kafkas Vorschlag, der zum – von ihm selbst
stets gemiedenen – Kampf mit der väterlichen Macht aufforderte: Selma
Kohn immatrikulierte sich nicht, heiratete im Juni 1906 in Prag den Österreicher Max Robitschek, verzichtete auf eigene Berufstätigkeit und beschritt damit den Weg der weiblichen Rollengesetze (Br I 639f.).

Die Befriedigung sexueller Bedürfnisse beschränkte sich für unverheiratete junge Männer in einer hierarchisch strukturierten Gesellschaft wie der
des Kaiserreichs auf den Umgang mit Köchinnen, Dienstmädchen und Ver-
käuferinnen. Die Grenzen zwischen Freiwilligkeit, Erpressung (mit der Androhung von Entlassung) und Prostitution waren dabei fließend. In einer
1905 verfaßten Denkschrift an die Prager Studenten hatte der ehemalige
Rektor Anton Marty davor gewarnt, Frauen in außerehelichen Beziehungen zu Objekten der Lustbefriedigung zu degradieren. Martys ‹sexualethi-
scher Aufruf› verstand sich nicht nur als Appell zur Enthaltsamkeit, sondern
auch als Beitrag zum Schutz des weiblichen Geschlechts. Die «einzig ge-
rechte Stellung der Frauen in der menschlichen Gesellschaft» sei «die der
Gattin in einer Ehe, wo die Treue auf beiden Seiten in gleicher Weise Pflicht
ist.»[59] Die Wirklichkeit, wußte Marty, sah anders aus und schloß bei Män-

nern den permanenten Mißbrauch sozialer Abhängigkeit zum Zweck der Befriedigung sexueller Bedürfnisse ein.

Auch Kafka erfuhr Sexualität in enttabuisierter Form erstmals durch eine Frau, die nicht aus bürgerlichen Schichten stammte. Im Juli 1903 verbrachte der eben 20jährige seine erste Liebesnacht mit einer Verkäuferin aus einem gegenüber der elterlichen Wohnung gelegenen Ladengeschäft in der Zeltnergasse. Anfang August 1920 erinnert er sich in einem Brief an Milena Pollak sehr detailliert an den Ablauf der Ereignisse, wobei sich sein Bericht unter der Hand zu einer literarischen Erzählung über Lust und Schrecken des Geschlechtlichen wandelt: «(...) gegenüber war ein Konfektionsgeschäft, in der Tür stand ein Ladenmädchen, oben wanderte ich, etwas über 20 Jahre alt, unaufhörlich im Zimmer auf und ab mit dem nervenspannenden Einlernen für mich nutzloser Dinge zur ersten Staatsprüfung beschäftigt. Es war im Sommer, sehr heiß, diese Zeit wohl, es war ganz unerträglich, beim Fenster blieb ich, die widerliche römische Rechtsgeschichte zwischen den Zähnen, immer stehn, schließlich verständigten wir uns durch Zeichen. Am Abend um 8 Uhr sollte ich sie abholen, aber als ich abend hinunterkam, war schon ein anderer da nun das änderte nicht viel, ich hatte vor der ganzen Welt Angst, also auch vor diesem Mann; wenn er nicht gewesen wäre, hätte ich auch Angst vor ihm gehabt. Aber das Mädchen hängte sich zwar in ihn ein, aber machte mir Zeichen, daß ich hinter ihnen gehen solle. So kamen wir auf die Schützeninsel, tranken dort Bier, ich am Nebentisch, gingen dann, ich hinterher, langsam zur Wohnung des Mädchens, irgendwo beim Fleischmarkt, dort nahm der Mann Abschied, das Mädchen lief ins Haus, ich wartete ein Weilchen, bis sie wieder zu mir herauskam und dann giengen wir in ein Hotel auf der Kleinseite. Das alles war, schon vor dem Hotel, reizend, aufregend und abscheulich, im Hotel war es nicht anders.» (Mi 196f.)

Das «Glück», das er auf dem Rückweg über die Karlsbrücke in der immer noch warmen Morgenluft spürte, entsprang, wie er sich erinnert, dem Gefühl der Ruhe «vor dem ewig jammernden Körper». Neben solche Erleichterung tritt jedoch jenes ‹Abscheuliche›, das Kafka die erste Liebesnacht in einer für ihn charakteristischen Mischung aus Lust und Widerwillen durchleben läßt. Die Tatsache, daß das sexuell erfahrene Mädchen im Hotel eine frivole Bemerkung macht und ihn durch eine intime Geste irritiert («in aller Unschuld eine winzige Abscheulichkeit»), weckt in ihm Verwirrung, Verlegenheit und Ekel. Nach einem weiteren Treffen, bei dem «alles so gut wie zum erstenmal» ausfällt (Mi 197), fährt er in den Sommerurlaub nach Salesel bei Aussig, von dort für einige Tage in ein Naturheilkundesanatorium bei Dresden. Als er vier Wochen später in die Prager Spätsommerhitze zurückkehrt, ignoriert er das Mädchen, schämt sich für seine Unoffenheit, leidet unter Schuldgefühlen, während die überraschte junge Frau ihn «mit ihren

nichts verstehenden Augen» verfolgt (Mi 197). Angst und Sehnsucht –
«strach» und «touha», wie es tschechisch im Brief an Milena Pollak heißt –
bestimmen diese Erfahrung als Grundmuster, das er auch in künftigen Jahren immer wieder reflektieren wird (Mi 196).

Die sexuelle Initiation gerät zum Gegenstand einer Erzählung, die eine
klare Pointe lanciert: die doppelte Erfahrung von Angst und Sehnsucht in
einem Dritten, dem ‹Abscheulichen›, kennzeichnet das Erlebnis der ersten
Nacht. Schmutz und Lust werden in Kafkas späteren literarischen Arbeiten
zu zentralen Merkmalen der Sexualität, an deren ambivalenter Struktur die
Abgründigkeit des menschlichen Triebs sichtbar gemacht wird. Auch der
Brief an Milena ist in diesem Sinne ein poetischer Text, der die Sprache des
Körpers, die sich im ersten Geschlechtsverkehr gegen die Schranken des
Selbstschutzes durchgesetzt hat, zum Geständnis zwingt, daß sie das Zeichen
des Schmutzes ist. Kafkas Archiv der Erinnerung, das jegliche Erfahrung in
Schrift verwandelt, setzt die Lust mit dem Ekel gleich. ‹Schmutz› ist die zentrale Bezugsebene für die Sprache des Geständnisses, die, wie Foucault gezeigt hat, seit dem 18. Jahrhundert das soziale Verhältnis zum Sexus regelt.[60]
Unter der Chiffre des Schmutzes aber wird der Trieb bei Kafka zugleich ein
Gegenbild der väterlichen Vitalität. Im männlichen Ausleben seiner Sexualität setzt er sich dem Vater gleich, in den Obsessionen von Angst und
Schmutz bricht er die einheitliche Rollenidentität durch das Grundmuster
der Ambivalenz. Beide Positionen ergänzen sich zu einem widersprüchlichen Ich-Entwurf, der auch in den folgenden Jahren Kafkas Verhältnis zu
Frauen bestimmt. Auf der einen Seite meldet sich ein offenbar nicht zu
unterdrückender Triebwunsch, der sich mit dem Part des vom weiblichen
Geschlecht begehrten attraktiven Mannes verbindet; auf der anderen Seite
steht die Neigung zur Selbstbestrafung des erotisch Erfolgreichen, der seine
Identität nur in der Negation seiner Sexualität entfalten kann, weil allein
diese ihn vom Vater unterscheidet.[61]

Der Sommerurlaub, den Kafka 1903 in Salesel an der Elbe verbringt, steht
im Zeichen einer zeitweiligen Befreiung von der Angst, hat er doch zwei
Lasten abgeworfen: die Furcht vor der Prüfung und jene vor den dunklen
Zonen des Sexus. Zumindest für einen Moment scheint er sich unbefangen
dem unbekannten Gefühl des Spannungsverlusts hingegeben zu haben.
Anna Pouzarová erinnert sich später daran, daß er heftig mit einer jungen
Urlauberin flirtete und seinen Körper trainierte, indem er Tennis spielte, badete und Fahrrad fuhr.[62] In einem Brief an Oskar Pollak formuliert er Mitte
Januar 1904 eine Phantasie über den amourösen Erfolg, die auf die Erlebnisse des zurückliegenden Sommers bezogen scheint: «Ich sehe einem Mädchen in die Augen und es war eine sehr lange Liebesgeschichte mit Donner
und Küssen und Blitz!» (Br I 35). «Am nächsten Tag», so heißt es Ende August

1904 in einem Brief an den zum Wolfgangsee gereisten Max Brod, «zog sich ein Mädchen ein weißes Kleid an und verliebte sich dann in mich. Sie war sehr unglücklich darüber und es ist mir nicht gelungen sie zu trösten, wie das eben eine schwere Sache ist.» (Br I 40) Solche zwischen Tagtraum und Erfahrungsbericht schwankenden Szenen verraten, daß der Student bisweilen über ein erstaunlich vitales Selbstbild verfügen kann, sieht er sich doch hier nicht in der Rolle des Werbenden, vielmehr als Objekt weiblicher Sehnsucht. Zu Gesicht kommt nicht der isolierte Eremit, der Hemmungen, Lebensangst und Haß auf das eigene Ich mit neurotischer Intensität pflegt, sondern der entspannte junge Mann, der sich seiner attraktiven, auf Frauen wirkenden Attribute bewußt ist. Bezeichnend aber scheint, daß das verliebte Mädchen ‹unglücklich› wird, weil ihr umschwärmter Held ihre Neigung nicht erwidert. Hier läßt sich das Eis ahnen, das auf dem Strom der erotischen Phantasien treibt.

Mit Rücksicht auf die umfassenden Studienverpflichtungen verzichtet Kafka 1904 auf einen längeren Urlaub und gönnt sich lediglich eine kurze Sommerfrische auf dem Land. Ende Juli 1905 aber fährt er für vier Wochen nach Zuckmantel am Rande des nordmährischen Altvatergebirges in ein nach modernsten Standards eingerichtetes Sanatorium, wo er eine Hydrokur mit elektrisch erhitzten Bädern gegen nervöse Spannungszustände durchführen läßt (vermutlich eine Maßnahme, die vor allem die Prüfungsangst therapieren sollte); anschließend reist er mit den Schwestern zu Anna Adler, einer Tante aus Hermanns Familie, nach Strakonitz.[63] In Zuckmantel beginnt er eine Affäre mit einer älteren Frau, die ihn «leichtsinnig» und «ziemlich lebendig» macht (Br I 43). Im Juli 1916 schreibt Kafka in Erinnerung an die Liebesgeschichte im Sanatorium, von der er sonst kaum zu sprechen pflegt: «Dort war sie eine Frau und ich ein Junge» (Br 139). Ob diese Charakterisierung, die nicht frei von den Klischeebildungen einer Männerphantasie bleibt, objektiv zutreffend ist, kann niemand mehr prüfen. Kafka selbst neigte dazu, sein aktives Verhalten im Umgang mit Frauen nicht mit letzter Aufrichtigkeit darzustellen und eigene Initiativen zu verschleiern. Sein Selbstbewußtsein scheint in diesem Punkt größer gewesen zu sein, als man es aufgrund der vorliegenden schriftlichen Zeugnisse vermuten würde.

Die Qualen des Examens

Mit dem Sommer 1905, nach nur sieben Semestern, ist Kafkas Studium formell abgeschlossen. Während des letzten Jahres hört er vornehmlich handelsrechtliche und nationalökonomische Vorlesungen, besucht Kollegs zu Statistik, Konkursrecht und Volkswirtschaftspolitik, während die klassischen Fächer nur noch durch das von Krasnopolski vorgetragene Zivilrecht repräsentiert werden. Im Herbst 1905 beginnt die Zeit der Staatsprüfungen, die sich bis zum Juni 1906 erstreckt. Vorgeschrieben waren in der seit 1872 geltenden, 1893 nochmals novellierten Rigorosumsordnung für Juristen der österreichischen Kronländer drei mündliche Examina, jedoch keine Klausuren und wissenschaftlichen Hausarbeiten. Das Stoffgebiet teilte sich in einen zivilrechtlichen, einen (seit 1893 stark auf die österreichischen Verhältnisse zugeschnittenen) staatsrechtlichen und einen rechtshistorischen Bereich mit entsprechenden Filiationen auf. Die Prüfungskommission bestand aus mindestens drei Fachprüfern und dem Dekan, wobei über den Erfolg des Kandidaten das Mehrheitsvotum des Gremiums entschied (bei paritätischer Zusammensetzung gab die Stimme des Dekans den Ausschlag). Im Gegensatz zu der älteren Ordnung, die bis 1872 in Kraft war, durften ausschließlich Universitätsprofessoren, nicht aber Richter, Staatsanwälte oder Notare an den Examina mitwirken.

Während der Vorbereitungszeit muß Kafka erkennen, daß er durch den Vorlesungsbesuch nur sehr lückenhaft präpariert ist. Noch drei Jahre später, im April 1909, erinnert er sich an die trostlose Stimmung, in die ihn die Zeit des fortgesetzten Lernzwangs versetzte. Vor «Unglück schwarz», sei er «unaufhörlich durch unvollendete Selbstmorde» gestolpert und habe sich danach gesehnt, mit ausgebreiteten Armen aus dem engen Zimmer fliegen zu können (Br I 99). In einem Tagebucheintrag aus dieser Zeit, den er im Frühjahr 1912 nochmals zitiert, ehe er ihn vernichtet, heißt es: «Jetzt abend nachdem ich von 6 Uhr früh an gelernt habe, bemerkte ich, wie meine linke Hand die rechte schon ein Weilchen lang aus Mitleid bei den Fingern umfaßt hielt.» (T I 196) Seit Oktober 1905 versucht er sich in unermüdlicher Arbeit täglich bis zum Abend das notwendige Spezialwissen – zunächst auf dem Feld des Zivilrechts – anzueignen und die Versäumnisse des unkonzentrierten Studenten wettzumachen. Um nicht abgelenkt zu werden, verzichtet er auf jeden geselligen Kontakt, vernachlässigt seine Freundschaften und geht auch zu später Stunde nicht aus, weil er bereits im Morgengrauen – gegen seine sonstigen Gewohnheiten – am Schreibtisch sitzt. Am 7. November 1905 besteht er den ersten Examensteil, das Rigorosum II (Zivil-, Handels- und Wechselrecht), mit drei von vier Stimmen der Prüfer; es ist zu vermuten, daß der als streng geltende Krasnopolski, dessen zivilrechtliche Vorlesungen den Charakter von Paukübungen trugen, das Gegenvotum abgegeben hat.

Für das aufgrund seiner heterogenen Stoffgebiete als besonders schwierig eingestufte Rigorosum III (Allgemeines und österreichisches Staatsrecht, Völkerrecht und politische Ökonomie), das der ersten Prüfung folgte, hätte im Normalfall eine Vorbereitungszeit von knapp fünf Monaten zur Verfügung gestanden. Kafka wählt jedoch mit dem Mut des Seiltänzers, der über dem Abgrund schwebt, ein vorgezogenes Prüfungsdatum, so daß ihm

kaum genügend Gelegenheit bleibt, seine großen Wissenslücken zu schließen. «Ich habe mir einen unsinnig frühen Termin genommen, während meine Kenntnisse noch nicht einmal geringfügig sind.» (Br I 44) Als der Dekan,
der Handelsrechtler Otto Frankl, den Prüfungstag aus organisatorischen
Gründen nochmals um einige Tage vorverlegt, spielt Kafka mit dem Gedanken, unter Einsatz eines ärztlichen Attests zurückzutreten. Die Furcht vor
der eigenen Lethargie nötigt ihn allerdings, den Sprung ins kalte Wasser zu
wagen; weil er weiß, daß er, wie es später heißt, «förmlich alles nur im Fallen
machen» kann, setzt er sich gezielt dem Zwang zum Lernen unter erschwerten Bedingungen aus (Br I 99). Komfortablere Prüfungsbedingungen hätten,
so ahnt er, die alte Neigung zur Bequemlichkeit siegen lassen und den Exa-
menserfolg massiv gefährdet als das Diktat der Uhr, die nun unerbittlich
läuft.

In den letzten Wochen vor dem zweiten Prüfungsabschnitt wachsen die
methodischen Schwierigkeiten, die sich aus der Beschäftigung mit dem abstrakten Stoff ergeben. Insbesondere die von Zuckerkandl vertretenen Gebiete der Finanzwissenschaft und Volkswirtschaftslehre erschließen sich Kafka nur rudimentär, weil sie eine mathematische Denkschulung verlangen,
die er nicht besitzt.[64] Gebiete wie Statistik und Bilanzwesen, aber auch der
gesamte Sektor der nach 1900 wissenschaftlich expandierenden Nationalökonomie bleiben ihm fremd. Hier sah er sich auf kaufmännisches Terrain
treiben, das ihn in unheimlicher Weise an die Welt seines Vaters erinnerte.
Daß ihm deren ökonomische Realität zur Zeit des Studiums längst wie ein
bedrohliches Zeichen dunkler Machtspiele entrückt schien, gesteht er 1919
ausdrücklich: «Schließlich fürchtete ich mich fast vor dem Geschäft und jedenfalls war es schon längst nicht mehr meine Sache, ehe ich noch ins Gymnasium kam und dadurch noch weiter davon fortgeführt wurde.» (G 33f.)
Für die unsystematische, nur auf ein Überstehen des Examens ausgerichtete
Vorbereitung benutzt er die Notizzettel Max Brods, der Zuckerkandls und
Webers nationalökonomische Vorlesungen im eben zu Ende gehenden Wintersemester 1905/06 besucht hat. Knapp, mit drei von fünf Stimmen, besteht
er am 13. März 1906 die Prüfung, die, unter dem Vorsitz des Dekans, Zuckerkandl, Alfred Weber, der Staatsrechtler Rauchberg und der für das Verwaltungsrecht zuständige Ulbrich abhalten. Mit der Selbstironie des Erleichterten räumt er wenige Tage später ein, daß es im Examensgespräch «lustig,
wenn auch nicht kenntnisreich» zuging und er ohne die «Zettelchen» des
Freundes gescheitert wäre (Br I 44f.). Der fleißigere Freund Přibram, der
volkswirtschaftlichen Themen besonderes Interesse entgegenbringt, erzielt
hingegen die Note «sehr gut» (Br I 45).

Drei Monate bleiben danach noch, ehe der letzte Schritt vollzogen werden kann. Wieder sperrt sich Kafka in seinem Zimmer ein und absolviert die

Fron des Auswendiglernens – «schön Überflüssiges» (Br I 45) – als unfreiwilliger Eremit, den die frühere Lethargie selbst bestraft. Das Rigorosum I faßt die historischen Fächer Deutsches und Römisches Recht, Kirchenrecht und kanonisches Recht zusammen. Hier kann Kafka zumindest auf allgemeine Kenntnisse zurückgreifen, die er sich vor dem *Romanum* angeeignet hatte, so daß die Präparation systematischer und fundierter ausfällt als in den vorangehenden Monaten. Erneut setzt ihn der Dekan unter Druck, indem er ihn mit einem allzu frühen Termin versieht, ohne daß Kafka jedoch protestiert («da ich mich geschämt habe, vorsichtiger zu sein als er, habe ich nichts eingewendet»; Br I 46). Am 13. Juni 1906 besteht er einstimmig das letzte Rigorosum, an dem neben Frankl die – ihm aus seinen Anfangssemestern bekannten – Rechtshistoriker Pfaff, Singer und der für mittelalterliche Rechtsgeschichte sowie Bergrecht zuständige Extraordinarius Adolf Zycha, der erst kurz zuvor nach Prag berufen worden war, mitwirken.

Der Abschluß des Examensverfahrens bedeutete zugleich die Promotion zum Doktor der Rechte, für die in Österreich keine schriftliche Arbeit eingereicht werden mußte. Die seit 1810 geltende Pflicht zur Abfassung einer Dissertation mit anschließender Disputation hatte die Rigorosumsordnung von 1872 aufgehoben, weil sie in der zweiten Hälfte des 19. Jahrhunderts zur leeren Formalität abgesunken war;[65] in Österreich wurde sie erst 1978 im Rahmen einer durchgreifenden Novellierung des Rechtsstudiums wieder eingeführt, obgleich sich bereits zur Zeit des Kaiserreichs Kritiker zu Wort gemeldet hatten, die das laxe Promotionsrecht bemängelten und den Nachweis wissenschaftlicher Befähigung durch das Ablegen der drei Rigorosen für nicht erbracht hielten.[66] Am 18. Juni 1906 empfängt Kafka im Rahmen eines akademischen Festaktes, der im *Carolinum* stattfindet, aus der Hand Alfred Webers seine Prüfungsurkunde. Anfang Juli läßt der frisch Examinierte eine kurze Annonce drucken, in der er seinen neuen akademischen Status öffentlich macht: «Franz Kafka beehrt sich anzuzeigen, daß er am Montag, den 18. Juni d. J. an der k. k. Deutschen Karl Ferdinands-Universität in Prag zum Doktor der Rechte promoviert wurde.»[67]

Ende Juli 1906 reist Kafka erneut ins Sanatorium nach Zuckmantel. Die Wahl des nordmährischen Reiseziels ist kein Zufall, sondern offenbar genau erwogen: wieder trifft er hier die ältere Frau, mit der er die Affaire des Vorjahres fortsetzt. Die wechselseitige Zuneigung scheint jetzt von beiden heftiger und zugleich unbeschwerter ausgelebt worden zu sein. Das Gefühl, der Last der Prüfungen entronnen zu sein, mochte entspannend gewirkt haben, wenngleich man den spärlichen Lebenszeugnissen dieser Monate nur leise Zeichen der inneren Befreiung anmerkt. «Schön ist es, schön», schreibt er Brod am 28. Juli 1906, wenige Tage nach der Ankunft in Nordmähren; er müsse ihm bald Genaueres berichten, «weil sich hier so vieles sehen läßt und alles durcheinander.» (Br I 46) Die Liebesbeziehung in Zuckmantel hat nicht nur eine sexuelle Komponente, sondern schließt alle Register der heftigen Passion ein; noch im Mai 1913 bezeichnet er Felice Bauer gegenüber die Begegnung im Sanatorium als elementares Erlebnis: «Geliebt, daß es mich im Innersten geschüttelt hat, habe ich vielleicht nur eine Frau, das ist jetzt sieben oder acht Jahre her.» (Br II 191) Mehr als diesen knappen Satz gibt er über die Affaire in Zuckmantel freilich nicht preis. Kafkas Leben bleibt gerade an den Punkten, da er die Grundstimmung der Angst für einen kurzen Moment überwindet, so hermetisch wie seine literarische Produktion.

Schreibversuche des Schülers

Kafkas literarische Anfänge, die in die Zeit um 1896 fallen, liegen weitgehend im Dunkeln. Die Manuskripte sind in den meisten Fällen von ihm selbst verbrannt worden, Entwürfe und Skizzen existieren nicht mehr. Neben den kleinen Dramen, die für die Aufführung im Familienkreis – aus Anlaß elterlicher Geburtstage – bestimmt waren, scheinen seit der Pubertät erste Prosatexte entstanden zu sein. Hugo Bergmann erinnert sich, daß Kafka ihm ungefähr 1896 von seinem Wunsch berichtet habe, Schriftsteller zu werden.[1] Zu dieser Zeit entwirft er einen Roman, in dessen Mittelpunkt die Geschichte zweier feindlicher Brüder steht. Erzählen wollte er, wie sich Kafka im Januar 1911 ins Gedächtnis ruft, die erfolgreiche Intrige des einen Bruders, der «nach Amerika fuhr, während der andere in einem europäischen Gefängnis blieb.» (T I 115) Der ausgewählte Stoff steht – was der 14jährige nicht wußte – in einer reichen Tradition von den Familiendramen Shakespeares über Schiller, Kleist und Grillparzer bis zu Dostojevskijs *Die Brüder Karamasow.* Wie eng das Schreiben mit einer wirkungsorientierten Selbstinszenierung verbunden ist, zeigt sich daran, daß der Gymnasiast nicht heimlich, sondern am Familientisch vor den Augen der Koliner Verwandtschaft an seinem Text arbeitet, um allgemeine Beachtung zu finden. Der Wunsch nach Anerkennung wird jedoch enttäuscht, als ein Onkel – vermutlich Filipp Kafka – ihm eines Tages das Manuskript aus der Hand nimmt, es kurz überfliegt und höhnisch als das «gewöhnliche Zeug» bezeichnet (T I 116). Die im Journal festgehaltene Situation ist eine Urszene von großer Bedeutung, die das Trauma des ewigen Sohnes bezeichnet: das aus Anerkennungsdrang begonnene Schreiben wird dem Spott preisgegeben, die furchtsame Suche nach Identität von einer massiven Kränkungserfahrung bedroht. Die spätere Gewohnheit des Vaters, Kafkas neue Bücher mit einem unfreundlichen «Leg's auf den Nachttisch!» zu begrüßen, wiederholt diese Szene in einer fast schon ritualisierten Ablehnungsreaktion (G 47).

Im Herbst 1903 übersendet Kafka dem Schulfreund Oskar Pollak einige «tausend Zeilen» älterer Arbeiten, unter denen sich vorwiegend Erzählungen befinden. Für ihn sind sie zu diesem Zeitpunkt bereits Zeugnisse einer überwundenen Phase, deren Ertrag er distanziert als «Kindergekritzel» beurteilt.

Nach Kafkas kargen Erläuterungen dürfte es sich um impressionistisch gefärbte Skizzen gehandelt haben, die gemäß dem Vorbild Eduard von Keyser-
lings und Jakob Wassermanns Seelenzergliederung mit Stimmungssugge-
stion zu verbinden suchten. Vermutlich stammten die – heute verlorenen –
Manuskripte aus den letzten beiden Gymnasialjahren. Zu den Texten, die er
Pollak sendet, zählen auch Entwürfe und eine Liste mit ‹ungewöhnlichen›
Namen, die er für einen Roman zusammenstellte; solche Pläne wird er später kaum noch anlegen, weil sie ihn an der spontanen Entfaltung seiner
Ideen hindern. Das entscheidende Manko der Schülerarbeiten sieht Kafka
darin, daß sie ohne «Fleiß» und «Ausdauer» ausgeführt sind, folglich bruch-
stückhaft und unorganisch bleiben. Die Kunst, so lautet sein Resümee, bedürfe des Handwerks, die Kinder der Phantasie verlangen nach «Erziehung»
(Br I 27).

Auch der Kommentar zur Sprache der frühen Versuche fällt kritisch aus:
«Du mußt aber daran denken, daß ich in einer Zeit anfing, in der man ‹Werke schuf›, wenn man Schwulst schrieb; es gibt keine schlimmere Zeit zum
Anfang. Und ich war so vertollt in die großen Worte.» (Br I 27) Hinter dieser
Vorliebe stand der Wunsch nach einer Darstellungsform, die wie ein dichtes
Gewebe mit dem eigenen «Leben verbunden» war. Das Schreiben sollte, so
erinnert sich Kafka im Januar 1911, in einer geradezu körperlichen Beziehung zu seinem Selbstgefühl stehen. Einzulösen sucht der Gymnasiast ein
solches Ideal durch überspannte Bilder, die letzthin eine ihn «tagelang»
verfolgende «Kälte» erzeugen (T I 115). Die innere Einstellung zum Geschriebenen bleibt prekär, weil sich die ersehnte Verknüpfung zwischen dem
eigenen ‹Leben› und dem sprachlichen Ausdruck nur unvollständig vollziehen läßt. Sie gelingt später allein dort, wo Kafka das ‹Leben› bereits als Kon-
struktionsphantasie des Autors begreift und in die Ordnung der Schrift einholt.

Die Sensibilität für die Grenzen der Sprache ist auch das Resultat der besonderen Situation, in der sich die Prager Autoren im Spannungsfeld zwischen jüdischen, deutschen und tschechischen Kulturströmungen befan-
den. Nicht ganz frei von Attitüde und rhetorischer Inszenierung bemerkt
Kafka Mitte Juni 1921 in einem Brief an Brod rückblickend über die Lage der
jüdischen Schriftsteller im Böhmen der Jahrhundertwende: «Sie lebten zwischen drei Unmöglichkeiten, (die ich nur zufällig sprachliche Unmöglichkeiten nenne, sie könnten aber auch ganz anders genannt werden): der Unmöglichkeit, nicht zu schreiben, der Unmöglichkeit, deutsch zu schreiben, der
Unmöglichkeit, anders zu schreiben (...)» (Br 337f.). Aus dem ungesicherten
Verhältnis zur deutschen Tradition, das in einer gemischtsprachigen Umwelt
notwendig schwankend bleiben mußte, flüchteten sich die Autoren, die nach
der Jahrhundertwende debütierten, nicht selten in jene maniert-pathe-

tische, um Opulenz des Ausdruck bemühte Stillage, die Karl Kraus später exemplarisch am Œuvre Franz Werfels als Signum des Kunstgewerblichen anprangerte.[2] «Mein Herz ist ein goldner Becher | Mit dunklem Opferwein», formuliert 1903 Paul Leppin in typisch schwülstiger Diktion; der junge Brod schreibt 1907 im Expositionsteil der Erzählung *Die Insel Carina*: «In der tiefen Ruhe und Einsamkeit entfalteten die herrlichen Magnolienbäume ihre Blüten wie große, violette Porzellanschalen; durch die duftenden Symphonien scharlachner und schneeweißer Blumenmeere, durch die Palagniumssträucher und Rotaglianen leuchteten Kolibriblitze auf; seidenglänzende Morphofalter spannten ihren Changeantflügel, andere Schmetterlinge prunkten in violetten und smaragdblauen Farbentinten (…)».[3] Das Gegenbild zu dieser outrierten Diktion war der im Alltag gesprochene Prager «Schmock», von dem Egon Erwin Kisch noch 1920 erklärte, er lebe jenseits der Schichtengrenzen «überall»[4]. Zahlreiche seiner Elemente leiteten sich aus dem Tschechischen ab, dessen Grammatik man umstandslos auf das Deutsche übertrug.[5] Auch Kafkas Prosa ist gelegentlich von Pragismen dieser Art bestimmt; Wendungen wie «es steht dafür» oder «auf ein Nachtmahl gehen» bilden Reflexe der spannungsvollen tschechisch-deutschen Sprachgemeinschaft, die seinen Stil offenkundig beeinflußt hat. Zu bedenken bleibt dabei, daß Kafka das Tschechische mündlich sehr gut beherrschte und als Kind unter dem Einfluß der Hausangestellten faktisch zweisprachig aufwuchs. Reflexionen über die innere Fremdheit des Deutschen durchziehen daher in späteren Jahren seine Reisetagebücher, die den Eindruck der Unsicherheit der eigenen Sprachidentität festhalten. «Schweizerisch», notiert er Ende August 1911 in Zürich: «Mit Blei ausgegossenes Deutsch.» (R 26)

Auch wenn man die Formel vom Prager ‹Sprachghetto› als überzogen bezeichnen muß, weil sie ausblendet, daß die deutschen Autoren in engem Austausch mit den literarischen Zentren in Berlin und Wien standen, wird man sie nicht gänzlich verwerfen dürfen.[6] Für zahlreiche Prager Schriftsteller deutscher Sprache galt, daß sie gegenüber ihrer kulturellen Tradition ein ambivalentes Verhältnis besaßen. Die Auseinandersetzung mit den eigenen Stilmitteln – ohnehin ein gewichtiges Thema der Literatur der Jahrhundertwende – wurde daher in Prag zu einer Form der kulturellen Selbstverständigung von programmatischem Charakter. So macht der junge Franz Werfel in seinem ersten Gedichtband *Der Weltfreund*, der 1911 seinen Ruhm begründete, die Skepsis gegenüber der Sprache zum zentralen Sujet: «Ihr armen Worte, abgeschabt und glatt, | Die Sprache und die Mode hat euch satt | Von zuviel Ausgesprochensein verzehrt | Seid ihr schon schal und doch wie sehr bedauernswert.»[7] Nur ein Jahr zuvor schrieb Max Brod in seinem *Tagebuch in Versen* über die Ohnmacht des Redens: «Ich aber wühle | In Münzen, die nicht gelten.»[8]

Die Kehrseite der Lust an den ‹großen Worten›, die Kafkas Brief an Pollak hervorhebt, ist mithin die Unsicherheit gegenüber den Möglichkeiten der Sprache. Die im Literaturbetrieb der Jahrhundertwende zur rhetorischen Konvention gehörende Sprachskepsis besitzt beim jungen Kafka jedoch eine durchaus spielerische Note mit klar erkennbarem Simulationscharakter. «Schnörkel und Schleier und Warzen», heißt es am 4. Februar 1902 gegenüber Pollak, solle man beim Reden meiden, weil sie Mißverständnisse erzeugten; ähnlich problematisch aber erscheinen «läppische Worte», die man «beim nächsten besten» hören könne (Br I 10f.). Weder die kunstvolle Rhetorik mit ihren ‹Schnörkeln› noch das profane Idiom des Alltags gewähren jene freie Kommunikation, in der Sache und Person gleichermaßen zu ihrem Recht kommen. Seiner Freundin Selma Kohn schreibt Kafka am 4. September 1900 zum Abschied wehmütige Sätze ins Poesiealbum, welche die Möglichkeit einer durch Worte geleisteten Verständigung über individuelle Erfahrungen in Frage stellen. Zu den wesentlichen Defekten der Sprache scheint zu gehören, daß sie «ein lebendiges Gedenken» nicht vermitteln kann: «Denn Worte sind schlechte Bergsteiger und schlechte Bergmänner. Sie holen nicht die Schätze von den Bergeshöhn und nicht die von den Bergestiefen!» (Br I 380f.) Im Hintergrund steht hier die Metaphorik von Nietzsches *Zarathustra*, wo es heißt: «Im Gebirge ist der nächste Weg von Gipfel zu Gipfel: aber dazu mußt du lange Beine haben. Sprüche sollen Gipfel sein: und Die, zu denen gesprochen wird, Grosse und Hochwüchsige.»[9] Allein die Rede des Eingeweihten, der sich an Gleichgesinnte wendet, vermag jene Gipfelschätze zu erreichen, welche die banalen Worte des Alltags verfehlen. Gegenüber der Energie und Wärme sinnlicher Erfahrung bleiben, so die Diagnose, Worte stets papiern und dürftig. Die rhetorische Dimension dieser Klage, die sich selbst poetisch inszeniert, ist jedoch offenkundig. Weder das Leben, von dem die Literatur spricht, noch die Sprache, die es darstellt, können Authentizität besitzen, weil beide gleichermaßen künstliche Systeme bilden. Die Kritik an der Realitätsferne der Sprache übersieht vorsätzlich, daß die Imagination eines Lebens, das von Worten nicht erreicht werden kann, immer schon ein artifizielles Produkt ist.

Hinter den zur Jahrhundertwende verbreiteten Äußerungen der Sprachkritik, wie sie auch von Hofmannsthal, Rilke, Schnitzler und Maeterlinck überliefert sind, steht daher nur scheinbar die Enttäuschung über die Mängel eines Kommunikations- und Ausdrucksmediums, das um 1900, im Vorfeld von Radio und Film, noch konkurrenzlos bleibt. Wesentlicher als die Diagnose eines grundlegenden Defekts ist der Versuch, in der Reflexion über die Grenzen der Sprache deren unterschiedliche Darstellungsleistungen zu durchleuchten und praktisch zu erproben. Im Schatten der Rhetorik der Sprachkrise etablieren sich damit individuelle Formen des literarischen

Schreibens: Nietzsches Idiom für Eingeweihte, Hofmannsthals Rede von der Mystik der Dinge (hinter der letzthin ein Zweifel an der Evidenz unserer Begriffe steht),[10] Georges Konzept einer lyrischen Geheimdiktion, Rilkes Poetik der orphischen Natursprache zwischen Andeutung und Schweigen. Auch Kafkas Albumeintrag zeigt unter der Oberfläche des sprachkritischen Befundes ein reiches Spiel der Ausdrucksvarianten, an dem zu erkennen ist, daß die Einsicht in die Mangelhaftigkeit der Worte nicht zum Verstummen, sondern zum Vollzug eines Schreibakts führt. Bezeichnend ist bereits die bildhaft-pathetische Formulierung, welche die Sprachlosigkeit scheinbar authentischer Gefühle zum Ausdruck bringt: «Aber es gibt ein lebendiges Gedenken, das über alles Erinnerungswerte sanft hinfuhr wie mit kosender Hand.» Dem folgt ein zusammenfassender Schlußabschnitt, der nüchtern die Grenzen des Sagbaren konstatiert, dabei jedoch gleichfalls literarischen Funktionen unterworfen ist: «Aber in dieses keusche Gedenken, da kann man nicht hineinschreiben mit ungeschickter Hand und grobem Handwerkszeug, das kann man nur in diese weißen, anspruchslosen Blätter.» (Br I 380f.) Beide Passagen lassen sich von einer vergleichbaren Diagnose leiten, artikulieren sie jedoch auf unterschiedliche Weise. Der Wettstreit der Darstellungsformen verdeckt letzthin den kritischen Befund, der sich am Ende nur als produktiver Ausgangspunkt für das literarische Schreiben und damit als Akt der Simulation erweist. Bereits der Gymnasiast berührt hier einen Stilkonflikt, der noch die Prosa der Studienjahre beherrschen wird. Manierismus und Exaktheit, Spiel und Askese bilden die Optionen, zwischen denen die Sprache des jungen Kafka schwankt. Ehe sie ihr unverwechselbar nüchternes Gepräge findet, durchläuft sie mehrere experimentelle Stadien in den schattigen Zonen, die die alten Häuser des Epigonentums werfen.

Kulissenzauber im «Kunstwart»

Im vorletzten Schuljahr lernt Kafka durch Vermittlung Pollaks ein Journal kennen, das seine ästhetischen Geschmacksvorlieben entscheidend prägen wird. Es handelt sich um die von Richard Avenarius 1887 gegründete Halbmonatsschrift Der Kunstwart. Ihr Stammhaus lag in Wien, jedoch bestanden enge Verbindungen zu Böhmen, da der leitende Musikredakteur Richard Batka seine Geschäfte in Prag führte. Die Zeitschrift, die Kafka von 1900/01 bis 1904 abonnierte, hatte sich unterschiedlichsten Gegenständen verschrieben; Aufsätze über Malerei, Literatur, Theater und Musik, Essays, Kritiken, Glossen, poetische Miniaturen, aber auch Druckillustrationen und Notenbeispiele bestimmten ihr vielseitiges Bild. Es herrschte eine deutschnationale Tendenz mit gelegentlich bornierter Attitüde, die Kafka nicht abgestoßen, den zuweilen chauvinistischen Freund Pollak sogar angezogen zu haben scheint. Zu den literarischen Mitarbeitern gehörten vornehmlich Vertreter der naturalistischen Richtung – so Richard Dehmel, Gustav Falke, Detlev von Liliencron, Johannes Schlaf und Carl Spitteler. Neben Goethe galt die besondere Verehrung der Redaktion Mörike und, mit einigem Abstand, Wilhelm Raabe. Die größeren Essays stammten von Autoren wie Wilhelm Bölsche, Rudolf Eucken und Adolf Bartels, die, unterschiedlichsten ideologischen Lagern zugehörig, Themen des Zeitgeists anschlugen: Wandervogelbewegung und Körperkult, Gartenstadt-Konzept, Naturheilkunde und Heimatkunstidee, Vegetarismus und Sozialgesetzgebung, modernes Theater und Milieutheorie, Darwinismus und Nietzsche-Rezeption wurden hier gleichermaßen erörtert. Unter dem breiten Dach eines national gefärbten Reformgeistes suchte man eine gemäßigte Linie einzuhalten, die antisemitische Ausfälle ebenso ausschloß wie die Unterstützung antibürgerlicher Tendenzen. So geriet der *Kunstwart* zu einem Zentralorgan «für gebildete Halbmodernisten»,[11] das Rationalitätskritik und nationalen Chauvinismus auf durchaus zeittypische Weise miteinander verknüpfte.

Der Kunstgeschmack der Zeitschrift war fixiert auf die unter dem Einfluß Gustave Courbets stehende Landschaftsmalerei Karl Haiders und Ludwig von Hofmanns. Gefördert wurden realistische Strömungen, während man den französischen Impressionismus ablehnte; unsentimentale, milieugenaue Darstellungen zog man der aufgedonnerten Historienmalerei eines Anton von Werner (der auch als Kunstberater Wilhelms II. fungierte) oder den schwülen Salonbildern Hans Makarts entschieden vor. Im Fall Arnold Böcklins schätzte die Redaktion eher die wirklichkeitsnahen Porträts als die symbolträchtigen Inszenierungen der Antike. Für unübertrefflich hielt man Dürer, dem eine ähnlich kultische Verehrung entgegengebracht wurde wie auf dem Feld der Literatur Mörike. Kafka liebte am Journal nicht zuletzt die häufig beigelegten Drucke, die bekannte Exponate der naturalistischen Generation zeigten. In Max Brods Roman *Jüdinnen* (1911) heißt es, der Salon der kapriziösen Irene sei geschmückt mit «Reproduktionen aus den ‹Kunstwart-Mappen›».[12] Kafkas Interesse an Malerei wird durch den Geschmack der Redaktion entscheidend geprägt. In seinem Zimmer hing seit der Studienzeit eine Kopie des *Pflügers* von Hans Thoma, der als Schüler Courbets zu den vom *Kunstwart* besonders stark protegierten Malern gehörte.[13] Thomas Œuvre bündelte die widerspruchsvollen Tendenzen, für die auch die Zeitschrift einstand: gegen den pathetischen Kitsch der Gründerzeit setzte es stimmungshaft inszenierte Elemente, gegen die Massendarstellungen einer staatsfrommen Repräsentationsmalerei scheinbar naive Landschaftsidyllen; der antiakademische Kult des Volkstümlichen, wie er sich auch in der Heimatkunstbewegung spiegelte, fand zur selben Zeit in Langbehns zweifelhaftem Erfolgsbuch *Rembrandt als Erzieher* (1890) und seiner scharfen

Kritik am alexandrinisch-historistischen Zeitgeist seinen wirkungsmächtigsten Ausdruck.

Zu den von der Zeitschrift geförderten Autoren der jüngeren Generation gehörten neben den bereits genannten Vertretern des Naturalismus Hermann Hesse, dessen *Peter Camenzind* im Spätsommer 1904 in einem Teilabdruck erschien, Eduard von Keyserling und Arthur Schnitzler. Im Bereich des Theaters schätzte man Ibsen, Hauptmann, Shaw und Wilde ebenso wie Populisten vom Schlage eines Heinrich Laube. Einerseits riefen Adolf Bartels und Arthur Moeller van den Bruck das «Ende der Moderne» aus[14], andererseits verfolgte eine eigene Rubrik die neuesten Entwicklungen auf dem Buchmarkt und im Theatersektor. Von einer einheitlichen literarischen Linie des *Kunstwart* kann also nicht die Rede sein, doch lassen sich anhand der meisten Beiträge formale Grundmuster aufweisen, die der junge Kafka in seine frühen Prosaskizzen punktuell eingearbeitet hat.[15] Zu ihnen zählen ein bisweilen deutschtümelnder, Archaismen einschließender Sprachgebrauch, ein bemüht naiver Märchenstil, ferner die Vorliebe für Landschafts- und Interieurbeschreibungen von mikroskopischer Genauigkeit. Insbesondere die sich populär gebende Kurzprosa des *Kunstwart* spiegelt solche Tendenzen gebündelt wider.

Kafka bediente sich der vorgefundenen Stilformen in einer durchaus originellen Weise, indem er sie mit ironischer Tendenz einsetzt. Die Geschichte «vom schamhaften Langen und vom Unredlichen in seinem Herzen», die er in einem Brief an Oskar Pollak vom 20. Dezember 1902 erzählt (Br I 17f.), erinnert in wesentlichen Punkten an das *Kunstwart*-Vorbild. Von ihm übernimmt Kafka die Beschreibung des Gegensatzes zwischen Stadt und Dorf, die zum thematischen Repertoire der Heimatkunst- bzw. Gartenstadt-Bewegung, aber auch der Philosophie Nietzsches gehört; den leicht ironisch gebrochenen Moralismus, mit dem der vom Alkohol stimulierte Lebensgenuß des ‹Unredlichen› als Element urbaner Dekadenz ausgewiesen wird; die Schilderung betont karger Möblierung als Stilmerkmal eines in den Architekturartikeln des leitenden Kunstredakteurs Paul Schultze-Naumburg gepflegten Natürlichkeitsideals; nicht zuletzt den bemüht kindlichen Märchenton, dessen Grundierung auf bezeichnende Weise artifiziell bleibt (eine vermutlich aus der frühen Studienzeit stammende, heute verlorene Prosasammlung trägt den bezeichnenden Titel *Das Kind und die Stadt*; Br I 29).[16] Der ‹Lange› spiegelt das Selbstbild wider, das der junge Kafka in Briefen bevorzugt vermittelt; das gilt für seine Körperlichkeit ebenso wie für die ‹Schamhaftigkeit›, mit der er sich als gehemmter Einzelgänger präsentiert. Daß er einen ‹Unredlichen› in seinem Herzen trägt, verweist bereits auf die Grundstruktur des Kampfes, die spätere Texte ausbilden werden. Der ‹Unredliche›, in dem Max Brod ein Porträt des früheren Mitschülers Emil Utitz erblickt hat, bezeichnet keine moralisch verwerfliche Haltung, sondern die eitle Lust am Leben.[17] Wenn er seine Worte wie «feine Herren mit Lackschuhen» aus dem Mund hervortreten läßt, so deutet das auf das Feld der gesellschaftlichen Verkehrsformen hin, die er verkörpert. Bezeichnend für den phantastischen Grundzug der Skizze ist die Ablösung von der Normalität, die sich in dem Moment vollzieht, da der ‹Unredliche› und die seinen Lippen entstiegenen ‹Herren› als selbständige Figuren ins Geschehen eintreten. Dieser Vorgang entspricht einem Wörtlichnehmen der Metaphorik, wie es Kafka auch in späteren Texten praktizieren wird. Die Bilder erwachen zu eigenem Leben und lösen sich von der ihnen zugedachten Vergleichsebene ab.

Der ‹Unredliche›, der für den ‹Langen› ein ‹Fremder› bleibt, bezeichnet mit seinen Begleitern neben der Sphäre des Gesellschaftlichen auch Lebensgenuß und Sexualität. Die Herren sprechen, wie es heißt, «anzüglich», der ‹Unredliche› wiederum sticht, während er «von der Stadt, von seinen Gefühlen» in ‹bunten› Farben redet, dem ‹Langen› mit einem Spazierstock «in den Bauch». Nachdem der merkwürdige Besucher gegangen ist, bleibt der ‹Lange› in schwerer Trauer als einsamer Träumer zurück, unfähig zu entscheiden, ob ihm ein «Gott» oder ein «Teufel» den ‹Unredlichen› geschickt habe (Br I 19). Kafka reflektiert hier seinen eigenen Zwiespalt zwischen der Sehnsucht nach Gemeinschaft und der Lust an der Isolation in einer Geschichte von märchenhafter Magie. Ihr besonderer Reiz besteht darin, daß sie – deutlich geschult an Richard Beer-Hofmanns Roman *Der Tod Georgs* (1900) – innere Stimmungen und subjektive Gefühle in der Gebärden- und Körpersprache nach außen wendet. Die Scham des ‹Langen› verrät sich im Verhältnis zu seinem Leib und in den Gesten, mit denen er sein Inneres offenbart. Der formale und thematische Einfluß des *Kunstwart* wird am Ende durch einen eigenen Ton relativiert, der Melancholie und Selbstironie zu einer luftigen Verbindung führt.

Den *Kunstwart*-Einfluß spürt man zumal dort, wo Kafka mit typologischen Vereinfachungen operiert, die dem Stil der Zeitschrift entsprechen. Exemplarisch bestimmen sie einen Gedichtentwurf, den er einem Brief an Pollak vom 8. November 1903 beifügt: «In dem alten Städtchen stehn | Kleine helle Weihnachtshäuschen, | Ihre bunten Scheiben sehn | Auf das schneeverwehte Plätzchen.» (Br I 30) Derartige Diminuitive, die das Bild der Wirklichkeit im Verkleinerungsformat zurückwerfen, gehören zum Arsenal des archaisierenden *Kunstwart*-Stils, den Kafka hier kopiert; von «Glas- und Silberdinglein», «Sternlein» und «Schwefelgerüchlein» spricht 1904 ein typischer Beitrag Leopold Webers.[18] Festzuhalten bleibt jedoch, daß Kafka solche Formen nicht nur reproduziert, sondern mit ironischer Distanz aufgreift. Der Gestus des selbstkritischen Schülers zeigt sich in der Brieferzählung vom ‹schamhaften Langen›, wegweisend für die künftige Arbeit, deutlich genug.[19]

Neben dem *Kunstwart* liest Kafka auch die Journale des umtriebigen Wiener Literaten Franz Blei, der als Herausgeber, Redakteur und Essayist mit der Prager Literaturszene locker verbunden ist. Ende Dezember 1905 abonniert er mit Brod den von Blei frisch gegründeten, im Monatstakt erscheinenden *Amethyst*, der als *Zeitschrift für seltsame Literatur und Kunst* ausgewiesen ist. Das Journal, zu dem Brod selbst lyrische Arbeiten liefert, enthält vornehmlich pornographische Texte, die mit handfesten Zeichnungen – von Hofer, Kubin und Thomas Theodor Heine – illustriert werden. Unter dem Einfluß von Bleis zweifelhaftem Organ hat sich Kafka vermutlich auch entschlossen, eine Erzählsammlung des französischen Sade-Nachfolgers Octave Mirbeau antiquarisch zu erstehen, die 1903 erstmals in deutscher Übersetzung erschienen war (*Laster und andere Geschichten*); vom selben Autor kauft er wenig später den Roman *Enthüllungen einer Kammerzofe* (in einer Edition von 1901).[20] 1907 abonniert Kafka Bleis *Opale*, die an die Stelle des im November 1906 durch die Zensur verbotenen *Amethyst* treten.[21] Das kostbar aufgemachte Blatt konzentriert sich thematisch erneut auf erotische Sujets, bietet aber zugleich Raum für ausgewählte avantgardistische Arbeiten. Bleis Selbstdarstellung als geschmäcklerischer Zeitgeistautor mit pornographischen Vorlieben dürfte zumal dem Rollenverständnis Max Brods entsprochen haben, der auch zu den *Opalen* Texte beisteuert (thematisch gehören sie in den Band *Der Weg des Verliebten*, der 1907 bei Juncker erscheint). Kafka tritt mit Blei 1908 in Verbindung, als er in dessen neu gegründetem *Hyperion* – einem seriösen Nachfolgejournal der vorangehenden Zeitschriften – seine ersten Prosaarbeiten veröffentlicht. Entscheidender für seine literarische Geschmacksbildung wird jedoch die *Neue Deutsche Rundschau,* das Hausorgan des S. Fischer-Verlags, dem er seit 1902 große Aufmerksamkeit schenkt. Über die *Rundschau* gerät er an zahlreiche Autoren der jungen Moderne, deren Arbeiten ihn fortan in den Bann schlagen. Bis in die Zeit kurz vor Kriegsausbruch hat er das Periodikum regelmäßig konsultiert und auch danach nicht ganz aus dem Auge verloren; vor allem die Beiträge Thomas Manns beachtet er noch in späteren Jahren mit starkem Interesse.

Selbstbeobachtung und Lektüre

Nur diejenigen Momente im Leben eines Autors, die vom Medium der Schrift festgehalten werden, entziehen sich dauerhaft dem Vergessen. Tagebücher und Briefe, Protokolle und Notizzettel, Werkstattberichte, Pläne und ‹Sudelhefte› zeugen von der Fähigkeit dieses Mediums, den flüchtigen Augenblick im unverlierbaren Zeichen der Erinnerung zu bewahren. Die historisch greifbare Existenz eines Schriftstellers ist aufgehoben in den Texten, die er hinterläßt. Was sie nicht fixieren, verfällt dem Lethe-Strom, der die Geschichte unaufhaltsam durchzieht. Biographische Erinnerung kann folglich nur dort ansetzen, wo die Schrift ihre Zeichen auf Papier gebannt hat. Im Fall von Autoren schließt solche Speicherungstechnik zumeist die Spiele der Fiktion ein. Was vermeintlich authentisch ist – der private Brief, das intime Tagebuchgeständnis – unterliegt stets dem Bann der Erfindung, der das Künstlerleben in die literarische Konstruktion verwandelt. Gerade Kafka hat sich selbst sehr bewußt unter dem Blickwinkel der Literatur ausgelegt und dargestellt. Immer wieder finden sich bei ihm Äußerungen, die dem Schreiben einen singulären Einfluß auf seine soziale und private Identität einräumen. «Ich habe kein litterarisches Interesse», erklärt er Felice Bauer am 14. August 1913 apodiktisch, «sondern bestehe aus Litteratur, ich bin nichts anderes und kann nichts anderes sein.» (Br II 261) «Mein ganzes Wesen ist auf Litteratur gerichtet», heißt es zwei Wochen später in einem für Felices Vater Carl Bauer bestimmten Brief (Br II 271).

Zur Einübung ins Schreiben gehören beim jungen Kafka die alltäglichen Akte der Perzeption und Apperzeption. Sie schließen einen genauen Blick auf das Ich ein, umfassen aber auch die Wahrnehmung der äußeren Wirklichkeit. Dort, wo Kafka ihre Ergebnisse protokolliert, verhält er sich ihnen gegenüber bereits literarisch. Daß das Beobachten von vornherein über das Medium der Poesie vermittelt ist, verrät eine vom 15. Februar 1920 stammende Tagebuchnotiz, in der er unter Bezug auf die eigene Gymnasiastenzeit erklärt, er habe stets den Wunsch gehegt, «eine Ansicht des Lebens zu gewinnen (und – das war allerdings notwendig verbunden – schriftlich die andern von ihr überzeugen zu können) in der das Leben sein natürliches schweres Fallen und Steigen bewahre aber gleichzeitig mit nicht minderer Deutlichkeit als ein Nichts, als ein Traum, als ein Schweben erkannt werde.» (T III 179) Die Prozesse des Sehens und Schreibens treten hier zusammen, weil das Beobachtete erst zur wahren Evidenz erwachen kann, nachdem es in Buchstaben überführt wurde.[22] Zugleich aber hofft Kafka, daß die Erfindung des Lebens in der Sprache, die es in ein leichtes Traumbild verwandelt, ihm nicht den Rhythmus und die Kraft raube. Die Paradoxie der Beobachtungskultur, die er hier umreißt, erwächst aus dem doppelten Anspruch, als Zuschauer am Rand der Wirklichkeit zu stehen und dennoch den Kontakt zu deren geheimen, unsichtbaren Energieflüssen nicht zu verlieren. Das ‹Leben› enthüllt sich vor diesem Hintergrund als ein «Experiment des Erkennenden»,[23] wie es Nietzsche begriffen hat: als Modell einer ganzheitlich-organischen, jenseits des Logos nur bedingt zu erfassenden Erfahrung, die einzig in der Schrift zu vergegenwärtigen ist.

Allein dort, so bemerkt Schopenhauer, wo das Lesen «zum Schreiben» bilde, vermöge es uns «den Gebrauch» zu lehren, «den wir von unsern eigenen Naturgaben machen können (…)».[24] Für den jungen Kafka ist das Lesen mehr als nur die Öffnung eines Fensters zur gefürchteten und zugleich begehrten Welt. Der Rausch, den es gelegentlich in ihm auslöst, wird in den Magazinen der literarischen Einbildungskraft abgekühlt. Im erhitzten Kopf des Lesers entfaltet sich ein eigener Spielraum der Phantasie, dessen Depots Bausteine der literarischen Erfindung versammeln. Die Lektüre konfrontiert Kafka mit Strategien des Schreibens, an denen er sich schult; mit Beobachtungstechniken, die er selbst erprobt; mit Subjektentwürfen, die ihm die Spielarten einer komplexen Archäologie des Ich vor Augen führen. Da Lektüre für ihn zugleich das Nachdenken über literarische Produktionsprozesse bedeutete, ist Kafka zeitlebens kein exzessiver Leser gewesen. Die Auseinandersetzung mit einem Buch zwang ihn zum Innehalten, zur Erinnerung, zum vorsichtigen Erproben von Realitätsversionen und Selbstbildern. Die Reisen, die Kafka auf dem Meer der Literatur unternahm, verlangten eine gründliche Besichtigung ihrer Ziele ohne jene nervöse Hektik, die Max Brods intellektuelle Wahrnehmung beherrschte. Sorgfältige Auswahl – eine Diätetik der Lektüre – stellte die äußere Bedingung für diese Kultur des Lesens dar. Die private Bibliothek, die Kafka im Laufe der Jahre aufbaut, ist kein alexandrinisches Labyrinth, sondern repräsentiert eine überschaubare Sammlung bewältigter Texte.

In der Zeit des Studiums konzentriert sich Kafkas Lektüre nahezu ausschließlich auf zeitgenössische Werke. Erst nach 1906 befaßt er sich auch mit Autoren des 18. und frühen 19. Jahrhunderts, die sein Schulunterricht nur am Rande behandelt hatte. Zu ihnen gehören Matthias Claudius, Adelbert von Chamisso und, als hellster Stern am privaten Literaturhimmel, Kleist. Unter den Vertretern der klassischen Periode findet nur Goethe das Interesse des Studenten, ohne daß die Lektüre jedoch frei von Gefühlen der Distanz und Fremdheit bleibt. Kafkas Lesepensum unterliegt stets auch dem Anspruch, die Kanäle zu öffnen, die der alltägliche Lebensvollzug verstellt hat. Ein Buch müsse «wie ein Selbstmord» wirken, um als Axt das «gefrorne Meer in uns» aufschlagen zu können, heißt es Ende Januar 1904 über dieses Programm. Die hier bezeichnete Enteisung des im Alltag erstarrten Ich richtet sich gegen ein Lebensmodell, das festen Regeln und Überzeugungen folgt. An Marc Aurels *Selbstbetrachtungen*, die er seit Beginn des Jahres 1904 in knapper Dosierung vor dem Einschlafen liest, stört Kafka die unerschütterliche Glaubensgewißheit, die sich «mit Worten zuschüttet», ohne dem Zweifel und der Skepsis Einlaß zu gewähren (Br I 36, 33). Gegen solche Formen der moralischen Scheinsouveränität setzt er die Überzeugung, daß nur die Verunsicherung unser inneres Eis zum Schmelzen bringe. Literatur kann allein dort wirken, wo sie die Automatismen des alltäglichen Lebens aufhebt, indem sie die Gewohnheiten der Wahrnehmung und des Urteils suspendiert.

An der Spitze der modernen deutschsprachigen Autoren steht für den jungen Kafka zweifellos Hofmannsthal. Besonders stark zieht ihn der schil-

Mit Alfred Löwy, um 1905

dernde, dabei streng rhythmisierte Duktus seiner Sprache an. 1904
schenkt er Max Brod eine Ausgabe von Hofmannsthals *Das
kleine Welttheater* (1897), in dem er
seine eigene Position des distanzierten Beobachters reflektiert
findet. Der Dichter, der nicht
weiß, «‹wo sich Traum und Leben
spalten›», ist, obgleich er passiver
Zuschauer bleibt, in das Geflecht
der Wirklichkeit «dareinverwebt».[25] Die hier bezeichnete Zweideutigkeit
einer kontemplativen Haltung, die Indifferenz sucht, um nicht belangt zu
werden, entspricht Kafkas Selbstbild. In den lebensfernen Helden der frühen
Dramen Hofmannsthals, deren Spektrum von den scheiternden Ästhetizisten
Andrea und Claudio über den Pessimisten Fortunio bis zum labilen Herrscher in *Der Kaiser und die Hexe* (1897) reicht, sieht er die Fragilität seiner
eigenen Beobachterrolle gespiegelt. Die Verehrung für Hofmannsthal überdauert die Studienzeit und währt bis zum Weltkrieg, auch wenn er von seiner
persönlichen Aura wenig beeindruckt ist. Als er ihn Mitte Februar 1912 bei
einer Lesung erlebt, die auf Einladung des von Willy Haas und Otto Pick geleiteten Herdervereins stattfindet, ist er irritiert über die unschöne Klangfär-
bung seiner Stimme, die der Wirkung der rezitierten Texte schadet (T II 37).

Die aktuellen Prosaarbeiten Thomas Manns lernt der Student durch die
Rundschau des S. Fischer-Verlags kennen. Die Novelle *Tonio Kröger*, die er
vermutlich schon kurz nach seinem Erscheinen im Februar 1903 las, vergleicht er gegenüber Max Brod mit dessen die Lebensferne des Künstlers
ausleuchtender Erzählung *Ausflüge ins Dunkelrote*, die während des Herbstes
1904 abgeschlossen, aber erst 1909 im Berliner Juncker-Verlag veröffentlicht
wird. Für das zentrale Thema von Manns Text hält er, nicht unbedingt originell, das «Verliebtsein in das Gegensätzliche.» (Br I 42) Den kurzen Text *Ein
Glück*, der von der *Rundschau* im Januar 1904 abgedruckt wird, empfiehlt er
dem Freund ausdrücklich als Meisterstück, wobei er sich vor allem für die
Exposition begeistert: «Still! Wir wollen in eine Seele schauen.»[26] Noch im
Oktober 1917 erklärt er entschieden: «Mann gehört zu denen, nach deren
Geschriebenem ich hungere.» (Br I 82)

Zum kleinen Kreis der bewunderten Autoren zählt auch Robert Walser.
Mit seinen beim Berliner Cassirer-Verlag veröffentlichten Romanen *Geschwister Tanner* (1907), *Der Gehülfe* (1908) und *Jakob von Gunten* (1909) er-

schloß sich der Schweizer rasch ein exklusives Lesepublikum. Kafka gefallen der schwebende Ton Walsers, die kunstvolle Verfremdung alltäglicher Vorgänge, das ironische Spiel mit absurden Details und die vermeintliche Naivität des unbefangen beobachtenden Erzählers – Techniken, die, wie noch zu zeigen ist, gerade seine späteren Romanprojekte in ähnlicher Manier bestimmen. Mit großer Emphase liest er im Mai 1909, unmittelbar nach dem Erscheinen, den *Jakob von Gunten*, den er ein Jahr später Max Brod zum Geburtstag schenkt. In dem vom Herbst 1909 stammenden Entwurf eines Briefes an seinen früheren Dienstvorgesetzten Ernst Eisner behauptet Kafka, daß er die beiden älteren Romane Walsers nicht kenne, jedoch mögen Zweifel an dieser Aussage angebracht sein. Zumindest die *Geschwister Tanner* kommentiert er derart sachkundig, daß man eine nähere Beschäftigung mit dem Text vermuten muß. Was Kafka hier über Simon Tanner bemerkt, liest sich wie ein Porträt aller Helden Walsers: er sei stets «glücklich bis an die Ohren», doch werde «am Ende nichts aus ihm als ein Vergnügen des Lesers» (Br I 115).²⁷ Die Erzählungen Walsers hat Kafka, wie Brod berichtet, besonders gern vorgelesen.²⁸ An ihrem musikalischen Rhythmus schult er die eigene Diktion: es gehört zu den Stereotypen der frühen Rezeption, daß die Kritiker Kafkas Prosa mit jener Walsers vergleichen. Der Schweizer scheint schnell auf den fünf Jahre Jüngeren aufmerksam geworden zu sein. Im genannten Briefentwurf aus dem Jahr 1909 deutet Kafka an, daß Walser ihn kenne; vermutlich hatte dieser die Anfang März 1908 im *Hyperion* Franz Bleis erschienenen Prosastudien gelesen, mit denen Kafka debütierte.

Wiederum durch die *Rundschau* dürfte Kafka auch auf Rilkes *Aufzeichnungen des Malte Laurids Brigge* gestoßen sein, die dort auszugsweise im Jahr 1909 publiziert wurden (die Buchfassung kam 1910 auf den Markt). Es ist überraschend, daß er sich über das Werk des gebürtigen Pragers, der Böhmen 1896 verlassen hatte, niemals näher äußert. Gerade der *Malte* wird ihn jedoch durch seine Programmatik des Beobachtens und der distanzierten Wahrnehmung, die sich zu einem Kultus des Augenblicks weitet, gefesselt haben. «Ich lerne sehen», lautet die Devise, unter der Rilke seinen Protagonisten im Rahmen einer von Kindheitserinnerungen gesteuerten Lebensreise durch das schillernde Paris des *Fin de siècle* wandern läßt.²⁹ Der *Malte*, aber auch Hofmannsthals und Thomas Manns frühe Prosa zeigen sich in ihrer Tendenz zur suggestiven Darstellung synästhetischer Erfahrungen wiederum beeinflußt durch Jens Peter Jacobsens impressionistisch gefärbten, von herbstlicher Lebensmelancholie und Morbidität durchwehten Roman *Niels Lyhne* (1880), den Kafka spätestens im September 1907 gelesen hat (Br I 59).

Für lyrische Arbeiten besaß der Student hingegen kein verfeinertes Sensorium. Die vorbehaltlose Mörike-Begeisterung des *Kunstwart* teilt er nicht; das Œuvre Baudelaires oder Mallarmés bleibt ihm unerschlossenes Gelände;

Verlaine, dessen Texte er in einer aus dem Jahr 1902 stammenden, von Stefan
Zweig veranstalteten Edition besaß, scheint ihn kaum sonderlich gefesselt zu
haben;[30] über die (ihm bekannten) Gedichte Nietzsches und Hofmannsthals
äußert er sich an keiner Stelle näher; die lyrischen Anfänge Rilkes ignoriert
er offenkundig. Eine Ausnahme bilden lediglich die Arbeiten Stefan Georges, die er außerordentlich bewundert. 1905 schenkt er Brod ein Exemplar
der dritten Auflage von *Das Jahr der Seele*, das 1897 als fünfter Gedichtband
des Autors erschienen war. Der Freund wird einen der Texte – *Indes deine
Mutter dich stillt* aus den *Sprüchen für die Geladenen* – wenig später vertonen.[31]
Das im Sommer 1904 begonnene Prosafragment *Beschreibung eines Kampfes*
weist als Motto einen Fünfzeiler auf, der eines der schönsten Gedichte aus
Georges Band variiert: «Und die Menschen gehn in Kleidern | schwankend
auf dem Kies spazieren | unter diesem großen Himmel, | der von Hügeln
in der Ferne | sich zu fernen Hügeln breitet.» (B 47) Bei George heißt es, im
Rhythmus zwingender und damit auch musikalischer: «Wir schreiten auf
und ab im reichen flitter | Des buchenganges beinah bis zum tore | Und se-
hen aussen in dem feld von gitter | Den mandelbaum zum zweitenmal im
flore.»[32] Zu seinem 26. Geburtstag erhält Brod von Kafka Georges *Hirten-
und Preisgedichte* (1895), die zu den wirkungsmächtigsten Texten des Frühwerks gehören. Die martialische Rhetorik von Dienst und Entsagung, die
spätestens den *Stern des Bundes* (1914) bestimmt, scheint Kafka in der ihm
später eigenen Bewunderung autoritärer Selbstsetzung nicht abgelehnt, sondern toleriert zu haben. Im September 1921 erklärt er Robert Klopstock,
George sei «kein schlechter aber ein strenger Herr.» (Br 352)
   Die Vorliebe für die Sprache der Sentenzen und Maximen, der er bei George begegnete, verschafft ihm auch einen Zugang zur asiatischen Literatur.
Eine von Hans Heilmann 1905 im Piper-Verlag herausgegebene Sammlung
chinesischer Lyrik vom Mittelalter bis zur Moderne gehört über mehrere
Jahre zu seinen bevorzugten Büchern. Die Übersetzungen sind in Prosa gehalten, was die epigrammatisch-strenge Formelhaftigkeit der Originale
unterstreicht. Kafka beschränkt sich nicht auf die Lektüre der Texte, sondern
informiert sich über ihren kulturellen Umkreis, die historischen Perioden
ihrer Entstehung und die Geschmacksvorlieben einzelner Dynastien. Felice
Bauer überrascht er im November 1912 mit Kenntnissen chinesischer Lyrik,
die er, wie er freimütig gesteht, aus Heilmanns Anthologie bezieht (Br I
258f.). Max Brod schenkt er den Band unter Hinweis auf einige der von ihm
besonders bewunderten Texte (sie behandeln zumeist die Spannung zwischen Einsamkeit, Ehe, Erotik und Junggesellentum).[33] Auch nach 1910
bleibt freilich die Auseinandersetzung mit Gedichten bei Kafka eine Ausnahme. Nur die Arbeiten des jungen Franz Werfel, die er durch Brod kennenlernt, können sich in diesen Jahren vor seinem strengen Werturteil be-

haupten. Die bruchstückhaften Verse, die er später selbst – selten genug – notiert, zeigen sich einer sententiösen Sprache verpflichtet (so die lyrischen Versuche des Zürauer Winters 1917/18; M 179). Eine Ausnahme bildet das unvollendete Gedicht, das er im September 1909 auf ein Kalenderblatt schreibt: «Kleine Seele springst im Tanze | legst in warme Luft den Kopf | hebst die Füße aus glänzendem Grase | das der Wind in zarte Bewegung treibt [.]» (B 143)[34]

Unter den fremdsprachigen Autoren zählt Flaubert zu den Hausgöttern des jungen Studenten. Immer wieder greift er zur *Éducation sentimentale* (1869), die er erstmals im Winter 1903/04 mit heißem Kopf liest. Die in seinem Bibliotheksnachlaß befindliche französische Ausgabe des Romans, die in der Verlagsbuchhandlung Louis Conard erschien, hat er vermutlich kurz nach ihrer Veröffentlichung im Oktober 1910 in Paris erworben. Der (ohnehin unvollständigen) ersten deutschen Gesamtedition, die Heinrich Mann zwischen 1907 und 1909 im Münchner Müller-Verlag veranstaltet hatte, zog er die Originaltexte vor. Felice Bauer erklärt er am 15. November 1912, der Roman sei ihm vertrauter als mancher Mensch seiner Umgebung; er selbst habe sich stets «als ein geistiges Kind dieses Schriftstellers gefühlt» (Br I 237). Er träumt davon, das gesamte Werk «ohne Unterbrechung» in französischer Sprache vorzutragen, daß die Wände «widerhallen» (Br I 298). Schon 1907 liest Kafka mit Brod Flauberts *La tentation du St. Antoine*, später auch die *Éducation sentimentale* im französischen Original, wobei man abwechselnd kürzere Passagen rezitiert und bespricht (Br I 94, 113). Die Eindrücke, die Hamsun (im Sommer 1904 mit der *Kaukasusreise*), danach auch Keller (*Die Leute von Seldwyla, Der Grüne Heinrich*), Stifter (*Studien*) und Grillparzer (*Der arme Spielmann*) vermitteln, verblassen gegenüber dem Flaubert-Erlebnis. Das erzählerische Werk Dostojevskijs und Tolstojs erschließt sich Kafka dagegen erst in den Jahren nach 1910 vollständig (die *Kreutzersonate* hatte dem Schüler bereits eine Gouvernante vorgelesen; T I 110). Balzac wiederum bleibt ihm fremd, weil er seine Neigung zu typisierenden Darstellungen problematisch findet.[35] Aus ähnlichen Gründen lehnt er später Schnitzler ab, für dessen doppelbödiges Spiel mit Klischees er wenig Sinn besitzt.

Auch die Kleist-Lektüre gehört zu den rituell wiederholten Akten der Studienjahre. Während das dramatische Œuvre für ihn zweitrangig scheint, kehrt er zur Prosa des Autors immer wieder zurück. Felice Bauer erklärt er im Februar 1913, er lese den *Michael Kohlhaas*, ein Werk, vor dem ihn «Gottesfurcht» und «Staunen» überfalle, inzwischen «zum zehnten Male» (Br II 84). Seine Bibliothek enthielt einen Band mit den Anekdoten Kleists, der 1911 in einer Edition von Julius Bab bei Rowohlt erschienen war und dessen druckgraphische Gestaltung später die Vorlage für den Satz der *Betrachtung* bildete, ferner eine Sammlung mit Kleist-Gesprächen.[36] Außerordentlich stark zieht ihn die private Lebenssituation des von seiner Familie geächteten preußischen Offiziers an. Die biographischen Zeugnisse wirken auf ihn mit geradezu physischer Macht; Max Brod schreibt er am 27. Januar 1911, im Blick auf die Lektüre der Jugendbriefe, Kleist blase in ihn wie «in eine alte Schweinsblase» (Br I 132).[37] Noch ehe er 1913 den *Kohlhaas* öffentlich vorträgt, übt er sich im Familienkreis. Private Kleist-Lesungen veranstaltet Kafka vor allem in den Studienjahren gern, bevorzugt vor seinen Schwestern.[38] Solche Rezitationen verschaffen ihm Gelegenheit, den gespannten Rhythmus der durch strenge Interpunktion gegliederten Prosa, der später auch seine eigenen Erzählungen auszeichnen wird, körperlich zu empfinden.

Da Literatur für Kafka Lebensersatz bedeutet, wird sie vorrangig unter Bezug auf ihre Identifikationsangebote ausgewählt. Hebbels Tagebücher, die 1903 in vier Bänden erschienen waren, liest er zum Jahresbeginn 1904 trotz ihres Umfangs – knapp 1800 Seiten – «in einem Zuge» (Br I 35), während ihm das dramatische Werk mit seiner düsteren Schicksalssemantik fremd geblieben zu sein scheint. Im August 1904 folgt die Auseinandersetzung mit Byrons Tagebüchern (Br I 41); Ende 1908 stößt er auf Rudolf Kassners zwei Jahre zuvor veröffentlichte Diderot-Biographie (Br I 92); Eckermanns *Gespräche mit Goethe* verschlingt er ebenso wie die Korrespondenz Flauberts und Fontanes. Häufig fesseln ihn die autobiographischen Zeugnisse stärker als das im engen Sinne literarische Werk; das gilt neben Hebbel auch für Immermann, Grabbe und Gogol, von denen er später Briefsammlungen und Erinnerungen liest, und für Stendhal, dessen *Journal* ihn 1907 in den Sommerurlaub nach Triesch begleitet.

Kafkas Texte werden die Lektürespuren, die sie beeinflussen, später konsequent verdecken. Literatur ist in ihnen ausdrücklich kein Thema, denn ihre Protagonisten lesen nicht; aber auch Formen des Zitierens, des spielerischen Verweisens und Aufzeigens von Bezügen bleiben ihnen fremd. Sie unterwerfen das lebensgeschichtliche Material ebenso wie die Lektürerfahrungen des Autors ihrem eigenen ästhetischen Gesetz: darin allein sind sie hermetisch. Auch wenn Kafka die literarischen oder biographischen Quellen, die seine schriftstellerische Arbeit speisen, im Zeichen einer vorsätzlichen Gedächtnistilgung versteckt hat, sollte man nicht darauf verzichten, sie aufzudecken und namhaft zu machen. Wer aber vermutet, mit ihnen schon den Schlüssel für das Verständnis der Texte gefunden zu haben, sieht sich getäuscht wie der Angeklagte Josef K., der den Sinn seines Prozesses deshalb verfehlt, weil er sich im Besitz der alleinigen Wahrheit über sich selbst wähnt.

Der Mythos des Kampfes

Immer wieder wird der Erzähler Kafka mythische Grundmuster nutzen, mit deren Hilfe er seine imaginären Welten ins Bild setzt. Die lange Reihe der Mythen, die seine Arbeiten durchzieht, eröffnet das Motiv des Kampfes, das bereits den Epen der Antike vertraut ist.[39] Herakles, Achill, Orest und Aeneas verkörpern kämpfende Helden, die ihren besonderen Charakter durch die Strategien empfangen, denen sie im Konfliktfall folgen. Auch die Erzählliteratur und die geistlichen Spiele des Mittelalters kennen den Kampf als Modell der Konfrontation von weltlichen und spirituellen Mächten. Das europäische Barockdrama führt den Streit guter und böser Kräfte im Rahmen opulent angelegter allegorischer Intermezzi vor. Die großen Romanciers des 19. Jahrhunderts – Dickens, Keller, Dostojevskij und Tolstoj zumal – stellen ihre Helden bevorzugt in die Situation des Kampfes mit einer feindlichen Umwelt. In seinen frühen Arbeiten hat Kafka dieses mythische Motiv, das auch für den späteren Expressionismus von Döblin über Kaiser bis zu Bronnen wegweisend sein wird, aufgegriffen und aus verschiedenen Blickwinkeln gestaltet. Die erste uns überlieferte Prosaarbeit – *Beschreibung eines Kampfes* – beleuchtet bereits durch ihren Titel die erzählerische Strategie, mit der Kafka den Mythos darstellt. Das Stichwort ‹Beschreibung› verdeutlicht, daß er das Leben im Medium der Schrift zu beobachten und dadurch zu ordnen sucht. Bestimmend für seine künftige Arbeit bleibt die Rolle des Zuschauers, der sich in Distanz zu den Erscheinungen der Wirklichkeit begibt, um sie ästhetisch zu bewältigen. Schon der früheste uns überlieferte Text des Schriftstellers Kafka entwirft damit eine Grundsituation von archetypischer Bedeutung. Es ist ein literarischer Beginn, dessen Originalität sich gerade dort zeigt, wo der junge Autor Themen und Formtendenzen seiner Zeit eigenständig abwandelt und neu organisiert.

Die erste Fassung des Manuskripts wird vermutlich im Sommer 1904 begonnen und im Laufe des Jahres 1907 abgeschlossen.[40] Die Atmosphäre der Rahmenerzählung verweist auf das gesellige Leben der letzten beiden Studienjahre, als Tees und Bälle zu Kafkas Alltag gehören. Ihr Schauplatz ist das nächtliche Prag, das in einer imaginären Reise vom inneren Stadtkern bis zur Kleinseite durchwandert wird: Ferdinandstraße, Kreuzherrenkirche, Karlsgasse, Karlsbrücke, Laurenziberg; nie wieder wird ein literarischer Text Kafkas die Topographie Prags vergleichbar konkret in seine fiktive Welt einbeziehen. Der Aufbau des in Unterkapitel gegliederten Fragments ist kompliziert, jedoch, anders als bisweilen behauptet, logisch nachvollziehbar. Die aus der Sicht eines Ich-Erzählers dargebotene Rahmenhandlung umschließt eine mehrfach gestufte Binnengeschichte, die sich wie eine Treppe in tiefere Vergangenheitsebenen windet, aus ihnen am Schluß aber wieder aufsteigt. Den Auftakt bildet die Begegnung des Erzählers mit seinem Bekannten nach einem Hausball im Winter. Aus der Beschreibung eines nächtlichen Spaziergangs in klirrender Kälte (I), der zum Prager Laurenziberg führen soll, tritt unter dem Titel *Belustigungen* eine traumhaft wirkende neue Handlungsfolge hervor. Der Erzähler zwingt den Bekannten auf die Knie und ersteigt ihn wie ein Reiter (II,1), verläßt ihn, nachdem er sich verletzt hat, und beginnt seine Wanderung durch eine von ihm in phantastischer Weise gestaltete Natur (in einer später gestrichenen Passage des Manuskripts wird das als Produkt einer Halbschlafphantasie ausgewiesen (II,2);[41] er trifft den Dicken, eine bizarre Gestalt mit befremdlicher Lust an der Selbstzerstörung (II, 3), und läßt sich von ihm in eine neue Erfahrungswelt locken: der Dicke beschwört die Landschaft, erzählt von seiner Begegnung mit einem Beter, der seinerseits von der Unterhaltung mit einem Betrunkenen berichtet (a–d); nachdem der Text auf die vorletzte Vergangenheitsstufe zurückgekehrt ist, schildert er den Untergang des Dicken in einem reißenden Fluß (II, 4); der Ich-Erzähler findet zu seinem Bekannten zurück (III), sucht Streit mit ihm, veranlaßt ihn zu einem Akt der Selbstverletzung, tröstet ihn versöhnend und entwirft am Ende in Gedanken das friedliche Szenario eines frühlingshaft warmen Tages, an dem die Alleen von der Sonne durchflutet werden (mit einer vergleichbar tückischen Idylle schließt später die *Verwandlung*).

Die Erzählung versteht sich als «Beweis dessen, daß es unmöglich ist zu leben.» (B 61) Das Ich tritt, oberflächlich betrachtet, in einen massiven Konflikt mit der äußeren Wirklichkeit und den von verschiedenen Episodenfiguren verkörperten Formen ihrer Bewältigung. Der Kampf, den Kafka beschreibt, trägt sich auf dem Boden der einsamen Auseinandersetzung mit dem Leben zu, wie ihn das Ich führt. Das Fragment umspielt derart einen für die intellektuelle Kultur um 1900 wegweisenden Begriff. Die irrlichternde Sehnsucht nach dem Leben mit seinen geheimnisvollen, gleichzeitig aber profanen Kräften bildet, aus verschiedenen Blickwinkeln beleuchtet, das große Thema für eine ganze Autorengeneration von Nietzsche bis zu Thomas Mann, von den Berliner Naturalisten bis zu den Exponenten der Wiener Moderne um Bahr, Beer-Hofmann, Schnitzler und Hofmannsthal. Kafkas Erzählung verarbeitet den Mythos des Lebenskampfs jedoch so, daß hinter ihm ein neuer Horizont zutage tritt, der sich einzig erschließen läßt, wenn man die ihn eröffnende Wahrnehmungstechnik genauer betrachtet.

Mit verwirrender Konsequenz zerstört Kafkas Text die vertraute Ordnung der äußeren Welt. Accessoires, Möbel, Kleidung, Gebäude, Denkmäler und Landschaften verlieren unter dem Blick der Figuren ihre selbstverständliche Festigkeit und entwickeln eine schwindelerregende Dynamik. Die toten Dinge geraten zum Spielball menschlicher Imagination, in deren Sog sie nur noch als Produkte subjektiver Phantasie Bestand haben. Diese Perspektive findet ihr Vorbild in Carl Einsteins *Bebuquin*-Erzählung (1912), die zwischen 1906 und 1909 entstand. Kafka kannte sie aus Franz Bleis Zeitschrift *Die Opale*, wo 1907 ein Abdruck der ersten vier Kapitel veröffentlicht wurde. Mit Einsteins außergewöhnlichem Prosastück teilt sein früher Text die Vorliebe für den abrupten Wechsel der Erzählabschnitte, die Lust an der Aufhebung empirischer Gesetze sowie die Tendenz zur Verflüssigung der Grenzen zwischen Mensch und Umwelt. Einsteins Personen experimentieren mit den Gegenständen des Alltags, indem sie diese zu einem künstlichen Leben erwecken oder selbst in deren Gestalt eingehen. Figuren treten aus Plakaten, Menschen verwandeln sich zu Standbildern, Einrichtungsobjekte gewinnen groteske Formen. Auf ähnliche Weise zeigt Kafkas Erzählung eine aus dem Gleichgewicht geratene Welt, in der Steinsäulen im Wind schwanken, Landschaften ihre Umrisse verändern, die Gesetze der Schwerkraft aufgehoben werden. Damit die «Gegenstände» den Menschen nicht «aufsaugen», so heißt es bei Einstein, müßten sie durch das Denken zerstört und nach ihrer «Vernichtung» im Medium einer wunderbaren Logik neu geschaffen werden.[42] Wenn Kafka wiederum betont, daß unter dem Einfluß der Einbildungskraft «alle Dinge ihre schöne Begrenzung» verlieren (B 67), entspricht das Einsteins hybrider Lehre von der Macht der intellektuellen Phantasie: «Die Welt ist das Mittel zum Denken.»[43] Die geistige Verfügung über die Wirklichkeit, die Einstein und Kafka beschwören, wird genährt durch die heikle Vorstellung eines allmächtigen Subjekts. Das Ich, das die Erscheinungen der Dingwelt im Schutzraum der Imagination neu gebiert, stößt am Ende stets auf das eigene Spiegelbild. In der phantastischen Logik seiner Erfindungen, die Individuum und Welt unauflöslich vernetzen, kocht die entfesselte Lust am Narzißmus. Sie bleibt für Kafkas Erzähler auch dort bestimmend, wo seinen ‹Belustigungen› das Stigma der Angst vor der Einsamkeit anhaftet. Programmatische Konturen gewinnt die Poetik der unbelebten Erscheinungen, wie sie Einstein und Kafka kultivieren, wenig später im Futurismus, dessen Vordenker Marinetti 1912 schreibt: «An die Stelle der längst erschöpften Psychologie des Menschen muß DIE LYRISCHE BESESSENHEIT DER MATERIE treten.»[44]

Kafkas Text scheint auf den ersten Blick die Grundstrukturen eines Bildungsromans auszuprägen. Der Ich-Erzähler lernt im Fortgang der Geschichte verschiedene Episodenfiguren kennen, die ihm divergierende Lebenshaltungen vorführen, denen jeweils das Zeichen des Scheiterns eingegraben ist.[45] Tatsächlich aber sind sie keine Repräsentanten der Wirklichkeit, sondern Erfindungen des Erzählers, der sich dem Spiel seiner Imagination überantwortet, um dem eigenen Gefühl der Schwäche und Ohnmacht zu entkommen (B 65). So wie er am Beginn der Binnengeschichte die Natur nach Belieben umgestaltet und über ihre Geschöpfe verfügt, schafft er diese Figuren aus dem Arsenal seiner Phantasie. An der Schnittstelle zwischen Rahmen- und Episodenerzählung steht das Stichwort «Einfall», welches das weitere Geschehen als Produkt der Einbildung auszeichnet (B 65). Die vermeintliche Objektivität des Wirklichkeitsbezugs erweist sich als reine Spiegelung des Ichs. In diesem Punkt radikalisiert der Text den eitlen Narzißmus, mit dem die Literatur der Jahrhundertwende von Wildes *Dorian Gray* (1890) über Schnitzlers *Anatol* (1888–91) und Georges *Algabal* (1892) bis zu Thomas Manns *Bajazzo* (1897) ihre Figuren ausstattet. Konsequenter als bei Kafka kann man radikalen Selbstbezug und die mit ihm verbundene Folge des Realitätsverlusts nicht darstellen. Die Umwelt schwindet hier zur flüchtigen Spiegelung des Ich, das außerhalb seiner inneren Welt nichts mehr erfaßt. So ist auch die Natur, die seine frühen Arbeiten im Gegensatz zu späteren Texten detailliert beschreiben, nur in Verbindung mit dem sie wahrnehmenden Subjekt wirklich existent.[46]

Der Narzißmus verbirgt im Fall der Erzählerfigur einen ausgeprägten Selbsthaß und damit eine pathologische Disposition, wie sie zahlreichen Gestalten der Literatur des *Fin de siècle* eigentümlich ist. Ihr entspringen Neid und Eifersucht (im Blick auf die erotischen Erfolge des Bekannten), Scham und Kontaktscheu, untergründige Aggressivität und Neigung zu Gewaltphantasien, die sich in den Signalen der Körpersprache spiegelt. Der Erzähler verbirgt seine Hände in den Taschen, weil sie ihm «unnötig» erscheinen, beugt beim Laufen den Rücken, so daß die Hände die Knie berühren, und zwickt den Bekannten, der ihm vor Freude den Kopf gegen den «Leib» stößt, an den Waden (B 50, 55, 60). Er selbst sieht sich als «Stange in baumelnder Bewegung auf die ein gelbhäutiger und schwarzbehaarter Schädel ein wenig ungeschickt aufgespießt ist.» (B 53) Neben dieses Bild, das an das Porträt des ‹schamhaften Langen› erinnert, tritt jedoch eine ekstatische Naturwahrnehmung, die den Leib mit der Landschaft vereint (B 59). Wenn das Ich am Ende, nach dem Untergang des Dicken, «fast kleiner als gewöhnlich» scheint, zugleich aber mit seinen unaufhörlich wachsenden Beinen die gesamte Landschaft bedeckt, so offenbart sich darin der Wettstreit zweier Körpererfahrungen (B 91). Als träumender Schöpfer will es sich wie Pan, der Naturgott, grenzenlos fühlen, jedoch muß es zugleich die Beschränkung zur Kenntnis nehmen, die ihm aufgrund seines immer wieder aufbrechenden Selbsthasses gesetzt ist. Ähnlich ambivalente Charakterzüge wird wenige Jahre später Alfred Döblin seinem Durchschnittshelden Michael Fischer in der Erzählung *Die Ermordung einer Butterblume* (1910) zuschreiben.[47]

Erscheint der Bekannte zuerst als lebenskundiger Erfolgsmensch, dem die Gunst der Mädchen zufällt, so überträgt das Ich am Ende seine zerstörerischen Zweifel mühelos auf ihn. Symbolische Bedeutung hat die Armverletzung, die er sich in der Schlußszene mit einem Messer zufügt (B 96). Die Autoaggression, die den Erzähler anfänglich bestimmt, verschiebt sich hier auf den Bekannten. Ein solcher Transfer verrät, daß der Bekannte letzthin eine Spiegelung des Ich ist: ein Wunschbild zunächst, dem der Traum vom erotischen Erfolg zugrunde liegt, später ein Produkt des Selbstekels. Die Aussicht auf die dörfliche Idylle im Frühjahr, deren Beschreibung die Diktion der *Hochzeitsvorbereitungen auf dem Lande* vorwegnimmt, bleibt angesichts dessen eine Täuschung. Nicht Tageswärme, sondern die Kälte der Nacht, die von der Exposition des Fragments so eindrucksvoll beschrieben wird, überzieht das Schauerstück vom einsamen Individuum, das der Text erzählt. Was Ernst Jünger 1931 zu Alfred Kubins Phantasmagorien bemerkt, läßt sich auf den frühen Kafka übertragen: «Das Leben der Personen wird in traumhaften Augenblicken gesehen; es ist von dämonischer Aktivität oder von einer dumpfen, pflanzenhaften Eingesponnenheit.»[48] Eine solche Traum-Dämonie entsteht in der *Beschreibung* wesentlich durch die Technik der Verdoppelung, mit deren Hilfe Narzißmus und Selbsthaß des Erzählers eine wunderbare Brechung erfahren. Der Kampf, den das Ich führt, gilt zwar äußerlich dem in verschiedenen Entwurfsformen ausgebreiteten Leben, tatsächlich aber seiner inneren Disposition, wie sie sich in den egozentrischen Bildern der *Belustigungen* abzeichnet.[49] Mit der Konzeption der den Erzähler spiegelnden Episodengestalten greift Kafka das seit der Romantik vertraute Motiv des Doppelgängers auf, das sich in der Literatur des *Fin de siècle* – besonders bei Stevenson, Wilde und Hofmannsthal – als Sinnbild der psychischen Ich-Spaltung gesteigerter Beliebtheit erfreut.[50] Eine Version dieses Motivs ist die eigentümliche Symbiose, welche die Figuren sporadisch eingehen können. Kafkas Helden suchten, so erklärt Adorno, wie im Mythos «Rettung» durch die «Einverleibung der Kraft des Gegners.»[51]

Auch die (von Einstein angeregte) Figur des Dicken zeigt sich, obgleich sie auf den ersten Blick eigenständig wirkt, als Spiegelung des Erzählers.[52] Wie dieser besitzt sie eine gestörte Beziehung zu ihrem Körper (B 90); ihr gelber Schädel, die Furcht vor Erfahrungen, die ‹beim Denken stören›, das voyeuristische Interesse an der Beobachtung und die Fähigkeit zur magischen Umgestaltung der sie umgebenden Landschaft verweisen klar genug auf die Verwandtschaft mit dem Erzähler (B 66f.). Das Zwiegespräch, das dieser mit dem auf einer Sänfte im Flußwasser dahintreibenden Dicken führt, bleibt folglich das Resultat seiner eigenen Erfindung. Die Passagen, die das befremdliche Szenarium beschreiben, erinnern verblüffend an einen Ausschnitt aus Hofmannsthals *Kleinem Welttheater*, das Kafka gut kannte. In dessen Exposition betrachtet ein Dichter einen Fluß, über dem das Abendlicht liegt; bei Kafka heißt es: «Da brach aus den Rändern der großen Wolke der flache Schein der abendlichen Sonne und verklärte die Hügel und Berge» (B 69). Hofmannsthals Protagonist sieht einen Schwimmer, der das andere Ufer zu erreichen sucht: «Die Augen auf die Wellen, gleitet fort. Will er hinab, bis wo die letzten Meere | Wie stille Spiegel stehen? wird er, | Sich mit der Linken an die nackte Wurzel | Des letzten Baumes haltend, dort hinaus | Mit unbeschreiblichem Erstaunen blicken?» Anders als der von Hofmannsthals Dichter beobachtete Schwimmer, der «wie ein wilder Faun»[53] auf den Wellen reitet, kann der Dicke am Ende des Gesprächs mit dem Erzähler dem Strom keinen Widerstand leisten: «Da wurde alles von Schnelligkeit ergriffen und fiel in die Ferne. Das Wasser des Flusses wurde an einem Absturz hingezogen, wollte sich zurückhalten, schwankte auch noch an der zerbröckelten Kante, aber dann fiel es in Klumpen und Rauch. Der Dicke konnte nicht weiterreden, sondern er mußte sich drehn und in dem lauten raschen Wasserfall verschwinden.» (B 90f.) Hofmannsthals Darstellung des Schwebens, das als Allegorie des dionysischen Genusses erscheint, steht Kafkas Bild des Untergangs im treibenden Wasser wie ein mächtiges Zeichen der Lebensangst entgegen: das tödliche Finale des *Urteil* wird hier bereits geprobt.

Als Verdoppelung der Erzählerfigur ist auch der Beter angelegt, von dem der Dicke berichtet. Sein Leib wirkt seiner «ganzen Länge nach» wie «aus Seidenpapier herausgeschnitten, aus gelbem Silberpapier» (B 79), was deutlich an den Erzähler erinnert. Bis zur Selbstkasteiung getriebener Körperhaß und Exhibitionismus («Zweck meines Betens ist von den Leuten angeschaut zu werden») treten bei ihm zusammen (B 70, 74). Die Geschichte des Beters wiederholt jene des Ich-Erzählers: ihr Ausgangspunkt ist ein Fest, auf dem er sich, als er sich von einem Mädchen abgewiesen fühlt, in eine Tagesphantasie flüchtet, die ihn als erfolgreichen Pianisten und Charmeur zeigt; nachdem ihn der Hausherr vor die Tür gesetzt hat, begegnet er auf einem einsamen Spaziergang einem Betrunkenen, den er mit Hilfe seiner Einbildungskraft zu einem französischen Aristokraten ernennt, um die Trivialität seiner stummen, fast debilen Erscheinung zu verdrängen (B 85). Wie der Ich-Erzähler bestaunt der Beter die Selbstverständlichkeit, mit der die Menschen über ihre Sprache verfügen (B 76). Kafka übernimmt an diesem Punkt nahezu wörtlich einen Passus aus seinem Brief an Oskar Pollak vom 28. August 1904, in dem er eine Prager Alltagsszene beschreibt, deren Banalität ihm zeigt, mit welcher «Festigkeit» die Menschen «das Leben zu ertragen wissen.» (Br I 40)

Der Kampf, den das Fragment darstellt, tobt nicht allein im Inneren des sich in unterschiedlichen Episodenfiguren verdoppelnden Erzählers, sondern auch auf dem Terrain der Sprache. Deren klassische Ordnung, die Sache und Zeichen verbindlich einander zuschrieb, ist am Beginn der Moderne tiefgreifend erschüttert worden. Die Sprache kann nicht mehr als Stellvertreterin der Wirklichkeit gelten, weil sie sich selbst in wachsendem Maße problematisiert und, wie Foucault bemerkt, ihrerseits als Reflexionsobjekt das Feld des Denkens betritt.[54] Nietzsches berühmte Frage, ob «die

Sprache der adäquate Ausdruck aller Realitäten» sei, erfaßt diesen Vorgang der Selbstbeobachtung in prägnanter Weise.[55] Kafkas Erzählung beleuchtet ihn nicht ohne Ironie, indem sie immer wieder konkurrierende Formen der Darstellung durchspielt und dem Leser als Ausdrucksversionen anbietet. Die *Beschreibung eines Kampfes* wandelt sich so zu einem Kampf um die Beschreibung, der jedoch unter zuweilen sarkastischen Begleittönen vonstatten geht (B 68ff.). Seinen Ausgangspunkt bildet der Umstand, daß die Figuren den «Namen» der Dinge vergessen haben (B 74) und nun neue Bezeichnungen erproben müssen: «‹Gott sei Dank, Mond, Du bist nicht mehr Mond, aber vielleicht ist es nachlässig von mir daß ich Dich Mondbenannten immer noch Mond nenne. Warum bist du nicht mehr so übermüthig, wenn ich dich nenne *vergessene Papierlaterne in merkwürdiger Farbe*. Und warum ziehst du dich fast zurück, wenn ich Dich *Mariensäule* nenne (…)›» (B 84). Kafkas Figuren treiben ihr groteskes Spiel mit den Benennungen, indem sie Metaphern und Bildserien aktivieren, die das Vertraute verfremden und so zu neuer Eindringlichkeit bringen. Leicht abgewandelt – im Blick auf ein privates Idiom – heißt es in Georges *Das Jahr der Seele* (1897) über diese schöpferische Leistung: «In einem seltnen reiche ernst und einsam | Erfand er für die dinge eigne namen –».[56]

Mit jeder Bezeichnung ändert sich auch die Beschaffenheit der Wirklichkeit, auf die sie verweist. Das widerspricht grundsätzlich der Diagnose, die Hofmannsthal 1902 im Chandos-*Brief* vorgetragen hat. An die Stelle des dort formulierten Vertrauens in die wortlose Magie der Dinge tritt bei Kafka umgekehrt die Überzeugung, daß ohne die Ordnung der Sprache für den Menschen nichts existiere. Die Zeichen des Logos erst geben den Dingen Leben ein und bestimmen deren für uns erfahrbare Gestalt. Die besondere Leistung der Literatur besteht darin, daß sie, anders als die Alltagskommunikation, den Luxus konkurrierender Bezeichnungen zuläßt und derart erweisen kann, wie stark unsere Wahrnehmung der Wirklichkeit von ihrer Beschreibung abhängt. Hinter dieser Auffassung taucht eine Sprachtheorie auf, die aus der jüdischen Mystik vertraut ist. Walter Benjamin vertritt in einem an Denkmotiven der Kabbala orientierten Aufsatz von 1916 die Überzeugung, daß Gott die Erscheinungen erst durch ihre Benennung geschaffen habe. In einem paradiesischen Sprachstadium waren die Menschen befähigt, über Worte den Sinn zu erschließen, den Gott den Dingen im Schöpfungsakt beilegte. Dieses ‹adamitische Nennen›, in dem Sprache nach der Lehre der Kabbala vollkommene Erkenntnis bedeutet, wird laut Benjamin durch den Sündenfall aufgehoben, der die Rede von den Realien trennt und zu einem willkürlichen Kommunikationswerkzeug ohne magische Kraft macht.[57] Gershom Scholem ergänzt Benjamins Hypothese durch den Hinweis, daß allein das Hebräische den Sturz in die instrumentelle Ordnung der Sprache nicht vollzogen und sich eine paradiesische Reinheit erhalten habe.[58] Kafkas Fragment spiegelt dieses Ideal des unmittelbaren Ausdrucks wider, wenn es eine literarische Sprache vorführt, die das geheime Leben der Dinge als Offenbarungsmedium jenseits einer bloßen Verständigungsabsicht erschließt. Zwar sind die adamitischen Namen ‹vergessen›, doch kann die Poesie durch ihr offenes, nicht auf Eindeutigkeit festgelegtes Spiel der Bezeichnungen deren ursprüngliche Erkenntniskraft erneuern. Die ‹merkwürdige› Rede (B 74), die der Dialog mit dem Beter dokumentiert, erzeugt für einen freilich nur flüchtigen, nicht zu fixierenden Moment die Illusion eines ‹adamitischen Nennens›, das den Sündenfall aufhebt und den sprechenden Menschen zum Herrn über die Dinge macht. An diesem Punkt zeigt sich eine verblüffende Nähe zwischen der Wortmagie der jüdischen Mystik und den verbalen Epiphanien des Erzählfragments, für die sich äußere Gründe kaum ausfindig machen lassen. Kafka hat sich weder in der Studienzeit noch in späteren Jahren intensiv mit der Kabbala befaßt; Auslegungen, die hier eine tiefere Kenntnis voraussetzen, gehen vermutlich in die Irre.[59] Dennoch ist eine Verwandtschaft zwischen dem literarischen Wissen Kafkas und den Denkmotiven der jüdischen Mystik zu beobachten, die gerade spätere Texte – etwa den *Proceß*-Roman – auf markante Weise bestimmt. Nicht theoretisches Studium, sondern mündliche Überlieferung – durch Freunde wie Hugo Bergmann und Georg Langer – bildet in künftigen Jahren die Quelle dieses Wissens, das sein Fundament mithin im gesprochenen Wort als ursprünglichem Medium religiöser Erfahrung besitzt.

Die Sprache der Literatur darf alles sagen, weil sie nicht wahr sein muß.[60] Sie verschafft dem Subjekt verschiedene Ansichten der Wirklichkeit, ohne sich auf jene ‹Intentionalität› festzulegen, die nach der Philosophie Brentanos die besondere Leistung der Begriffe darstellt.[61] Der Preis, den der Mensch für die Offenheit der poetischen Sprache zahlt, ist freilich die «Seekrankheit auf festem Lande», unter der sämtliche Figuren leiden (B 74). Da im freien Spiel der Zeichen nichts dauerhaft Bestand hat, können sie über die Wirklichkeit kaum zuverlässig verfügen. Unter der Regie stets anderer Namen changiert diese wie ein Proteus, dessen Gestalt sich nicht verbindlich fixieren läßt. Eine zweite Konsequenz der assoziativen Sprachbewegung, die das Fragment in Szene setzt, bildet das Scheitern von Verständigung. An keinem Punkt der Erzählung gelingt es den Figuren, sich persönliche Wahrnehmungen, Urteile und Überzeugungen wechselseitig zu vermitteln. Der totale Ausfall von Kommunikation, der die Dialoge des Fragments zu verkappten Monologen werden läßt, bildet die Folge jener poetischen Selbstbezüglichkeit der Rede, unter deren Einfluß jedes «rechte Gespräch», wie Novalis bewußt zweideutig formuliert hat, ein «bloßes Wortspiel» darstellt.[62] Die Magie der Literatursprache, so zeigt Kafkas früher Text, zersetzt die Einheit der Wirklichkeit und schafft eine neue Welt, die keinen eindeutigen Sinn mehr offenbaren kann.

Im Juni 1909 erscheinen in Bleis *Hyperion* das *Gespräch mit dem Beter* und das *Gespräch mit dem Betrunkenen* aus dem 1907 abgebrochenen Fragment. Beide Texte werden für den Druck orthographisch modernisiert, aber sonst nicht verändert. Wenige Wochen nach dieser Publikation entschließt sich Kafka zur Arbeit an einer neuen Fassung der gesamten *Beschreibung eines Kampfes*.[63] Das uns erhaltene Manuskript weist die ausschwingende Handschrift eines seiner künstlerischen Leistung durchaus bewußten Autors auf. Nur wenige Korrekturen unterbrechen das schön rhythmisierte Textbild. Kafka verwendet hier, wie durchgängig seit 1907, die lateinische, nicht mehr die von der deutschen Schule vorgegebene Kurrentschrift.[64] Die Exposition bleibt weitgehend erhalten, während der frühere Mittelteil tiefgreifend verändert wird. In einem abgeschlossenen Traum erscheinen dem Ich zunächst idyllische Bilder aus seiner Jugend. Der märchenhafte Text, der sich zu einer genau rhythmisierten Etüde fügt, bildet 1912 unter dem Titel *Kinder auf der Landstraße*, geringfügig geändert, den Auftakt zu Kafkas erstem selbständigen Prosaband. Der Ich-Erzähler tritt nachfolgend als alleinige Beobachterfigur auf, der Dicke entfällt, der Beter gewinnt neben dem Bekannten stärkeres Gewicht. Kafka verzichtet darauf, ihn als Spiegelung des Erzählers anzulegen; die Begegnung mit ihm erhält wirklichkeitsnähere Züge, die auch den Dialog bestimmen. Die Struktur der Verdoppelung als Spielart des Narzißmus wird damit formal beruhigt und in einer Zentralperspektive aufgehoben.

Unter dem Einfluß der gestrafften Konzeption streicht Kafka einige der phantastischen Szenen, welche die Erstfassung aufwies. Surreale Momente werden aus der jeweiligen Situation motiviert oder durch Kommentare abgeschwächt; wenn der Erzähler plötzlich in die Luft aufsteigt und sich dort wie ein Schwimmer fortbewegt, so muß er nun seine Irritation über das neue Vermögen bekunden (B 111). Dem schärfer pointierten Dialog kommt entgegen, daß auch die Sprachreflexion in den Hintergrund tritt. Nicht mehr das ‹Vergessen› der «wahrhaftigen Namen der Dinge», sondern das Ungenügen an ihnen treibt den Beter zur poetischen Erfindung (B 126). Die Sprache der Literatur folgt keineswegs aus dem Verlust einer metaphysischen Gewißheit, von dem die erste Fassung ausging. Sie füllt lediglich die Leere auf, welche die ‹wahrhaftige›, aber zugleich anschauungsarme Sprache der alltäglichen Kommunikation erzeugt. Damit kehrt sie den von Nietzsche so prägnant beschriebenen Prozeß der Begriffsbildung aus abgestorbenen Metaphern um: an den Platz der starren Abstrakta treten wieder die verflüssigten Bilder der Poesie als Zeichen einer Ursprache des Menschen.[65] Das neu verfaßte Intermezzo des zweiten Kapitels schafft mit seinen Motiven der glücklichen Gemeinschaft, Vitalität und idyllischen Naturnähe das Gegenbild zu den quälenden Ritualen, denen sich die Figuren im Zuge ihrer Selbstdarstellung ausliefern. Es beschwört den Reiz des voraussetzungsfreien Anfangs und der ungebrochenen Ich-Gewißheit, den Kafka mit dem – sonst für ihn angstbeherrschten – Bereich des kindlichen Erlebens verbindet: «Nichts hätte uns aufhalten können; wir waren so im Laufe, daß wir selbst beim Überholen die Arme verschränkt und ruhig uns ansehen konnten.» (B 119)

Die Niederschrift der Neufassung wird im Februar 1910 abgebrochen. Der Episodengeschichte mit dem Beter folgt kein Abschluß, das Motiv des Kampfes bleibt daher unentwickelt. Am 14. März 1910 liest Kafka in Brods Wohnung aus der Handschrift vor, ohne seine Unzufriedenheit mit dem Projekt zu verhehlen. Als er ihm einige Tage später erklärt, daß er den Text nicht fortführen möchte, bittet Brod ihn sich zur vertiefenden Lektüre aus. Fortan verwahrt er ihn in seiner Schublade, um ihn vor dem Autodafé zu schützen, das Kafka mit Manuskripten, die seinen strengen Maßstäben nicht genügten, zu veranstalten pflegte.

Hochzeitsvorbereitungen ohne Braut

Noch ehe Kafka einen Text publiziert hat, wird er für seine literarische Leistung öffentlich gerühmt. In einer Besprechung von Franz Bleis Drama *Der dunkle Weg*, die in der Berliner Wochenschrift *Die Gegenwart* erscheint, erwähnt ihn Brod Anfang Februar 1907 in einer illustren Reihe neben Heinrich Mann, Wedekind und Meyrink als Autor, der ein Vertreter der «hohen Cultur deutschen Schriftthums» sei (Br I 417). Kafkas erste Veröffentlichungen folgen erst ein Jahr nach diesem Hymnus, dessen Diktion Brods späteres Bekenntnis zum Zionismus noch nicht ahnen läßt. In Franz Bleis Zweimonatsschrift *Hyperion,* einem «höchst luxuriösen und snobistischen» Journal,[66] erscheinen im Februar 1908 acht Prosastücke, die vier Jahre später mit geringfügigen Veränderungen in den selbständigen Erzählband *Betrachtung* aufgenommen werden; unter den kurzen Stücken befindet sich auch die dialektische Studie über die ‹Bäume› aus der *Beschreibung eines Kampfes.* Als Max Brod die Texte kurz vor der Veröffentlichung dem siebzehnjährigen Gymnasiasten Franz Werfel und seinem gleichaltrigen Freund Willy Haas vorliest, stößt er auf starkes Befremden. ««Das kommt niemals über Bodenbach hinaus!»»[67] soll Werfel, der damals bereits in privaten Zirkeln als Lyriker bekannt war, erbost erklärt haben. Die Prognose, daß Kafkas Arbeiten nur im engsten Umkreis von Prag wirken würden, war so abwegig nicht. Die frühen Texte weisen eine in sich eingesponnene Beobachtungskultur auf, die weit von dekadenter Morbidität und impressionistischem Seelenkitsch – den modischen Trends um 1900 – entfernt ist. Gerade die leuchtende Beschreibungsintensität ihrer scharf sezierenden Sprache schien eine breite Rezeption auszuschließen, weil sie weder psychische Sensationen noch neuromantische Innerlichkeit offenbarte.

Die kürzeren Prosastücke des öffentlichen Debüts vom Februar 1908 entstanden im Umfeld eines zweiten Langzeitprojekts, das als Roman geplant war. Max Brod hat dem unvollendeten Manuskript später den Titel *Hochzeitsvorbereitungen auf dem Lande* gegeben. Vermutlich im Frühjahr 1907 beginnt Kafka die Arbeit an seinem Entwurf. Mitte Juni 1907 legt er Brod das erste Kapitel vor, das aus Unzufriedenheit mit dem bisher Geleisteten nicht fortgeführt wird. Im Sommer 1909 versucht er eine Revision und skizziert zwei weitere Fassungen, die jedoch über wenige Seiten nicht hinausgelangen. Anfang Juli 1909 überläßt er das Manuskript Max Brod mit dem ironisch getönten Hinweis, der «Roman» sei «sein Fluch» (Br I 104). Schon hier wird sichtbar, daß Kafka, dessen große Texte fragmentarisch geblieben sind, nicht vorsätzlich eine nachromantische Ästhetik des Bruchstücks, sondern die geschlossene Form der möglichst einheitlichen Erzählung anstrebt. Es gehört zur Ironie seiner literarischen Arbeit, daß sie dieses Ziel immer wieder neu – und immer wieder produktiv – verfehlt.

Die Geschichte, die der Text erzählt, ist unspektakulär. Eduard Raban, ein 30jähriger Mann in gesicherten Berufsverhältnissen, bricht zu einem zweiwöchigen Landurlaub auf, um sich mit seiner Braut Betty, «einem ältlichen hübschen Mädchen», zu treffen (B 35). Den Spaziergang zum Bahnhof, das unaufmerksam geführte Gespräch mit einem Bekannten, den Aufenthalt im Zug und die abschließende Fahrt in einem Pferdewagen nutzt Raban für eine Gedankenreise, die immer wieder durch kaleidoskopartige Beobachtungen von Straßen- und Abteilszenen unterbrochen wird. Trennscharfe Momentaufnahmen durchsetzen den Reflexionsstrom des Protagonisten und sorgen für das Gegengewicht zur Darstellung innerseelischer Befindlichkeit. Charakteristisch für diese Konstruktion ist das Motiv der Eisenbahnfahrt, das Kafka nutzt, um das Wechselspiel von Reiseeindrücken und Gedankenarbeit zu verdeutlichen. In die Beschreibung des Textes gehen Impressionen ein, wie er sie während seiner Fahrten nach Zuckmantel im Sommer 1905 bzw. 1906 hat gewinnen können; auf diesen konkreten Hintergrund verweist die leicht hügelige Landschaft, die sich Raban beim Blick aus dem Fenster wie ein gefälliges Pastellbild darbietet. Die Bahn spielt auch in späteren Prosaarbeiten eine wichtige Rolle: der im Spätsommer 1911 mit Max Brod konzipierte Roman *Richard und Samuel* wird durch die Szene einer Zugfahrt eröffnet; im August 1914 entsteht ein in Ich-Form gehaltenes erzählerisches Bruchstück über einen Eisenbahnbau in Rußland und die Mühen der Streckenerschließung unter klimatisch extremen Bedingungen (T II 169ff., T III 44ff.). Anregend gewirkt hat hier zweifellos die Erinnerung

an Alfred Löwys Berichte über die von ihm geleitete Madrider Eisenbahngesellschaft. Julies jüngerer Bruder Josef war wiederum bis 1903 mit der (am
Ende scheiternden) Organisation des Bahnbaus in Belgisch-Kongo befaßt;
obgleich Kafka ihn persönlich nie kennenlernte, dürften ihm Details über
das afrikanische Abenteuer des Onkels zu Ohren gekommen sein. Neben
solche äußeren Anregungen treten eigene Eindrücke von Zugfahrten, die
das Journal jedoch erst ab dem Januar 1911 regelmäßig festhält. Die Bahn
(bzw. die Elektrische) bildet das ideale Vehikel für den leidenschaftlichen Beobachter Kafka, der im Abteil seinen Blick wandern läßt und Landschaft wie
Mitreisende aus der Perspektive des unbeteiligten Zuschauers am «Coupeefenster» (T I 14) wahrnimmt. Ähnlich wie der Typus des Spaziergängers, den
die Prosastücke der späteren *Betrachtung* beschreiben, ist der Bahngast ein
Voyeur, der die flüchtig dahingleitenden Eindrücke mit der Lust am Wechsel
der Reize in sich aufnimmt, ohne von ihnen wirklich berührt zu werden.

Raban, der die Zugreise skeptisch-melancholisch beginnt, wird seine Verlobte in Kafkas Fragment niemals erreichen. Seine düstere Stimmung spiegelt sich durch das trübe Wetter; wie ein Sinnbild seiner Seelenverfassung
wirkt es, wenn der Regen zunimmt, je näher er seinem Reiseziel kommt.
Der Tagtraum, nur den angekleideten Körper auf die Fahrt zu schicken, das
psychische Ich aber zurückzulassen, deutet auf Rabans Solipsismus ebenso
hin wie die als Vorspiel der *Verwandlung* erscheinende Vision, in der «Gestalt
eines großen Käfers» im Bett zu liegen (B 18). Hinter dem Wunsch nach
einer vollständigen Metamorphose steckt eine «Selbstverschiebung».[68] Raban träumt davon, der Verantwortung, die ihm seine bevorstehende Heirat
aufbürdet, durch die Regression in das tierische Existenzstadium zu entkommen. Seiner Verfassung entspricht die Rolle des Flaneurs, der sich durch
die Stadt treiben läßt und dabei seinen Gedankenströmen folgt. Der Junggeselle Raban, ein Prototyp der frühen Texte, ist ein Held der Beobachtung,
der sich nicht festlegen möchte, weil er seine bequeme Bindungslosigkeit
genießt. Diese Ökonomie des geregelten Lebens, hinter der ein Abgrund
von Kälte und Egoismus zutage tritt, muß für ihn flüchtig bleibende erotische Abenteuer keineswegs ausschließen. Fast beiläufig deutet der Erzähler
später an, daß Raban trotz seiner Verlobung in der Stadt mit einer Geliebten
verkehrt, bei der er ‹angenehme Nächte› zu verbringen pflegt (B 34). Entscheidender als die Leidenschaft ist die Einfügung der Sexualität in die
Monotonie des geordneten Alltagsablaufs; auf vergleichbar nüchterne Weise
wird Josef K. im *Proceß* seine sexuellen Beziehungen zur Kellnerin Elsa gestalten.

Der Name ‹Raban› erinnert durch die Stellung der Buchstaben an ‹Kafka›
und bildet damit den Auftakt zu einer Reihe von literarischen Maskenspielen vergleichbaren Zuschnitts. Ähnliche Verwandtschaften liegen, von Kafka

selbst eingeräumt, bei Georg Bendemann (*Urteil*) und Gregor Samsa (*Verwandlung*) vor (T II 125). Im *Proceß* und im *Schloß* ist die Privatmythologie der Zeichen durch das in den Manuskripten wie ein archaisches Symbol geschwungen aufragende «K.» vollends evident. Grete Bloch erklärt Kafka am 3. März 1914, er sehe seinen «Namen nicht gern geschrieben» (Br II 341); einen Brief an Milena Pollak beschließt er im Juni 1920 mit der Formel: «nun verliere ich auch noch den Namen, immerfort ist er kürzer geworden und jetzt heißt er: Dein» (Mi 67). Im Laufe der Zeit werden auch die autobiographischen Chiffren knapper, bis die Helden nur noch als Funktionsträger auftreten: Dorfschullehrer und Gruftwächter, Jäger und Kübelreiter, Landarzt und Hausvater, Zirkusreiterin und Ingenieur, Hungerkünstler und Trapezartist (lediglich Josefine, die singende Maus aus der letzten Erzählung, darf den Namen einer ganzen Epoche tragen). Grundsätzlich sollte man jedoch die von den Buchstabenspielen des frühen Œuvres suggerierten Bezüge nicht zum Ausgangspunkt für die biographische Lektüre der Texte machen. Sie verdecken die Arbeit der Form, mit der Kafka dafür sorgt, daß die Materialien der Erfahrung neu sortiert und in eine verdichtete poetische Struktur überführt werden. Die zentralen Muster des Lebens − Existenzangst des Sohnes, Einkapselung in Schuldphantasien, Fremdheitsgefühle und Bindungsfurcht − dringen nur über Umwege in die Welt der Literatur ein.

Anders als im Fall der *Beschreibung eines Kampfes* steht die Erzählform der *Hochzeitsvorbereitungen* unter dem Diktat des Realismus.[69] Phantastische Elemente werden konsequent ausgeschlossen; die Sprache der Schilderungen bleibt frei von jeglichem Kommentar, sachlich und emotionslos. Die messerscharfe Exaktheit der Momentaufnahmen verrät eine Prägung durch Flaubert, mit dessen Werk sich Kafka seit Ende des Jahres 1907 intensiv beschäftigt hatte. Insbesondere am nüchternen Duktus der *Éducation sentimentale*, der Caféhaustreiben und Boulevard, Salonleben und Theaterfoyer, Landpartien und Festessen scheinbar ohne innere Beteiligung des Erzählers beschreibt, nimmt der junge Kafka Maß. Seine Straßenszenen, die städtischen Verkehr und Passanten, Gesichter, Gesten, Kleidung und Accessoires einfangen, folgen in einer kalt-sezierenden Schnitt-Technik aufeinander. Wie unter einem Vergrößerungsglas treten physiognomische Einzelheiten und Gebärden in den Mittelpunkt der Aufmerksamkeit. Anders als bei Flaubert mischt sich jedoch in die Schilderung von Details ein irritierter Unterton, der das Vertraute verfremdet, indem er ihm die Selbstverständlichkeit raubt: «Ein kleines Mädchen hielt in den vorgestreckten Händen ein müdes Hündchen. Zwei Herren machten einander Mittheilungen, der eine hielt die Hände mit der innern Fläche nach oben und bewegte sie gleichmäßig als halte er eine Last in der Schwebe.» (B 14) Rilkes *Malte*-Roman wird einige Jahre nach der Entstehung von Kafkas Romanentwurf ein vergleichbares

Verfahren der Beschreibung wählen, um die Pariser Straßenszenen einzu-spielen, die sich den Blicken des Protagonisten wie Momente einer künst-lichen Bühnenwelt darbieten.

Die Interventionen des Erzählers gestaltet Kafka so, daß sie den Anschein gewinnen, als seien sie dem Bewußtsein der Protagonisten entsprungen.[70] Die doppelsinnige Wirkung dieser Technik zeigt bereits die Exposition des Fragments: «Als Eduard Raban durch den Flurgang kommend, in die Öff-nung des Thores trat sah er, daß es regnete. Es regnete wenig.» (B 14) Die Perspektive ist hier keineswegs auf die Position des Protagonisten be-schränkt, sondern offen angelegt. Die Wahrnehmung Rabans und jene des Erzählers laufen in getrennten Bahnen. Rabans Beobachtung – «es regnete» – findet sich durch den Erzähler modifiziert – «es regnete wenig». Daß dieser Vorgang wie eine Selbstkorrektur des Helden erscheint, dessen erste Wahr-nehmung genauer gefaßt wird, gehört zur Subtilität, mit welcher Kafka Re-gie führt. Der Erzähler weiß mehr als sein Held, doch mißtraut er diesem Wissen im Gestus des Zweifelnden, der sich beständig ins Wort fallen muß, um eine – stets wieder zu berichtigende – Eindeutigkeit zu gewinnen (ein ähnliches Verfahren der rhetorischen Selbstkorrektur benutzt Nietzsche mit seiner dekonstruierenden Fragetechnik). Das Vexierspiel der Täuschungen, das Kafka seinen Lesern zumutet, ist ein Spiel mit dem Wissen, das weder subjektive – durch den Protagonisten vermittelte – noch objektive – über die Erzählerinstanz herstellbare – Evidenz und Dauer gewinnt. Es bewegt sich jenseits der Wahrheit, in den Vorräumen der Erkenntnis; Flauberts ‹im-passibilité› hat sich hier bereits zu einem Medium der poetischen Dekon-struktion normativer Bedeutungen und Sinnstrukturen gewandelt.

Die im Sommer 1909 entstandenen Fassungen des Textes behalten die Straßenszenen der Exposition bei, variieren jedoch die Gesprächssituation. An die Stelle des Bekannten tritt in der zweiten Version ein älterer Herr, mit dem sich Raban nur unter Schwierigkeiten über seine Reisepläne zu ver-ständigen vermag, weil dieser ihm fortwährend Lehren und Ratschläge er-teilen möchte. Die dritte Fassung ist nicht bis zum Beginn des Gesprächs durchgeführt, sondern bricht nach der Aufreihung von unverbunden wir-kenden Ansichten des städtischen Verkehrs ab. Stärker als in den früheren Entwürfen herrscht hier ein filmästhetischer Blick vor, der die Bewegung auf der belebten Straße durch scharf voneinander abgegrenzte Bildfolgen einfängt. Bezeichnend ist dabei der Verzicht auf kommentierende Abschnit-te, die den Übergang der Szenen weicher hätten gestalten können. Auf diese Weise kommt es zu einer filmischen Rhythmisierung nach dem Muster der Schnittechnik, die Momentaufnahmen in harter Fügung aneinanderreiht. Kafka, der, wie noch zu erzählen ist, seit 1908 regelmäßig das Kino besuchte, hat sich an diesem Punkt von seinen neuen Seherfahrungen anregen lassen.

Siegfried Kracauer weiß zu berichten, daß der frühe Film Massenszenen «auf Schauplätzen, wo es von Menschen wimmelte», besonders liebte.[71] In seinem *Berliner Programm (An Romanautoren und ihre Kritiker)* wird Alfred Döblin 1913 erklären: «Die Darstellung erfordert bei der ungeheuren Menge des Geformten einen Kinostil.»[72] Nicht nur die nüchterne Schilderungskunst Flauberts, sondern auch die Choreographie des Stummfilms bestimmt, solchen Forderungen gemäß, die Bogenführung des dritten Romanentwurfs.

Das Tagebuch als Versuchslabor

Bereits in seiner Studienzeit führt Kafka ein Journal. Die frühen Notizhefte hat er jedoch wie zahlreiche seiner Prosatexte aus persönlichem Unbehagen vernichtet. Am 11. März 1912 heißt es bezeichnend lakonisch: «Heute viele alte widerliche Papiere verbrannt.» (T II 53) Das uns überlieferte Tagebuch beginnt erst im Jahr 1909. Die Eintragungen entstehen vorwiegend in Heften; bisweilen werden auch einzelne Zettel oder Blätter benutzt. Die meisten der erhaltenen Notizen stammen aus der Zeit zwischen Sommer 1909 und Herbst 1917. Danach hat Kafka ein Tagebuch offenbar nur sporadisch geführt, weil die für die Selbstbeobachtung notwendigen Energien in Briefe und poetische Texte flossen. Literarische Versuche, die früher dem Journal anvertraut wurden, finden sich seit 1917 vornehmlich in eigenen Oktavheften festgehalten.

Bevorzugt versammelt Kafkas Tagebuch Alltagsbeobachtungen, die dem Umfeld des familiären Lebens, aber ebenso Wahrnehmungen auf Spaziergängen und in Caféhäusern gelten können (lediglich der Bereich der Büroarbeit entfällt nahezu vollkommen). Hinzu treten Gesprächseindrücke, die in der Regel Bruchstücke von Dialogen fixieren; ferner Formen der Selbstbeobachtung, die den eigenen seelischen und körperlichen Zustand aufdecken; Protokolle von Tagesphantasien und Träumen; Erinnerungen an Theater- und Kinobesuche, an Vorträge und Leseabende; Reflexionen über Lektüren, die sich in Inhaltsangaben, Exzerpten, Zitaten oder Urteilen bekunden; Briefe und Brieffragmente; mündlich Überliefertes (zumal Talmud-Lehren und religiöse Rituale); Kindheitsreminiszenzen; Bruchstücke literarischer Entwürfe, aber auch komplette Texte; schließlich Gedanken über die schriftstellerische Arbeit und deren Ertrag. Diesen unterschiedlichen Themenfeldern bleibt gemein, daß sie mit poetischem Anspruch behandelt werden. In Kafkas Tagebuch gehorchen sämtliche Eintragungen dem Gesetz der Literatur, jenseits dessen das Nichts einer schriftlosen Welt herrscht. Beobachtungen und Urteile, Erinnerungen und Alltagseindrücke besitzen einzig den Charakter von Materialien, die in die Konstruktion fiktiver Geschichten eingehen.

Jedes Journal trägt durch die ihm eigene Stilisierung subjektiver Erfahrung literarischen Charakter. Unabhängig von dieser allgemeinen Tendenz lassen sich aber unterschiedliche Auffassungen seiner Form beobachten.[73] Ein seit dem 18. Jahrhundert vertrautes Modell besteht darin, den persönlichen Lebensablauf möglichst detailliert festzuhalten und Rechenschaft über seine individuelle Organisation abzulegen; in diesem Sinne haben Autoren wie Goethe, Thomas Mann oder Brecht ihr Tagebuch geführt. Ein davon abweichendes, für die Moderne typisches Verfahren schafft im Journal einen Raum der intimen Selbstbeobachtung, der es gestattet, das Ich durch den Akt des Schreibens stets neu zu entwerfen. Solchem Muster folgen – um Kafka vertraute Autoren zu nennen – die Tagebücher Kierkegaards, Stendhals und Tolstojs; Spuren dieses Vorgehens finden sich später auch im Journal des jungen Georg Heym, der wie Kafka ein Beobachtungskünstler mit voyeuristischen Neigungen ist. Im 19. Jahrhundert entwickelt sich ein drittes Modell, das dem Journal den Charakter eines Rechenschaftsberichts über die künstlerische Arbeit verleiht; einem derartigen Ansatz begegnet man bei Grillparzer, Platen, Immermann und Hebbel.

Auf den ersten Blick gewinnt man den Eindruck, als stehe die minutiöse Selbstwahrnehmung in Kafkas Journal im Vordergrund. Dieser Befund verdeckt jedoch die Tatsache, daß auch die Beschreibung von Körperzuständen, Stimmungen und Emotionen durch die Imagination diktiert wird. Das Erfahrungsmaterial bildet eine formbare Masse, die zum Objekt der literarischen Einbildung gerät. In diesem Sinne dient Kafkas Tagebuch ausschließlich dazu, Erzählformen und Stoffe zu erproben. Das Archiv des Journals bietet Gelegenheit, Textmuster, Geschichtenanfänge und Motive experimentell durchzuspielen. Zahlreiche Einträge lassen sich als Varianten von narrativen Eröffnungsszenen lesen, die tastende Versuche bilden, in den Prozeß des Schreibens zu finden. Gestützt werden solche literarischen Probeläufe nicht selten durch ältere Entwürfe, die sich hier zu Fermenten des Erzählens wandeln; das Journal ist kein Raum für spontane Äußerungen, sondern, wie diverse Streichungen und Revisionen verraten, eine Werkstatt, in der der Autor konzentriert und beharrlich arbeitet. Robert Musils pointierte Bemerkung, ein Tagebuch sei «nicht Kunst», wird dementiert durch den ernsthaften ästhetischen Anspruch, mit dem Kafka seine biographischen Quellen für den Sprung in die Welt der Fiktion nutzt.[74]

Wesentliche Bedeutung für die literarische Dimension des Tagebuchs besitzt der Vorgang der Verfremdung. Alltagsbeobachtungen und Gesprächserinnerungen werden so notiert, daß sie den Zusammenhang verlieren, in dem sie ursprünglich standen. Der staunende Blick auf die Wirklichkeit, den sich Kafka hier bewahrt, entspringt einer strikten Auswahl, damit wiederum einer literarischen Technik. Das verdichtete Erfahrungsmaterial findet sich bereits, ehe es der Autor in das Medium der Schrift überführt, gefiltert und sortiert. Der Prozeß der sprachlichen Darstellung unterzieht es dann einer zweiten Umschichtung, die das Beobachtete neu formiert und gestaltet. In seinem Aufsatz *Zur Ästhetik*, den die Berliner Zeitschrift *Gegenwart* im Februar 1906 in zwei Teilen veröffentlichte, hat Max Brod das Neue als wesentliche Qualität des Schönen zu bestimmen gesucht; Freude und Genuß an der Kunst werden nach seiner Ansicht durch die Auffrischung erzeugt, die unsere Wahrnehmung erfährt, wenn wir mit dem Unbekannten in Berührung kommen und dieses bewußt – im Akt der Apperzeption – als neu erfassen.[75] Kafka hat sich nicht ohne analytischen Scharfsinn – den er sich in philosophischen Fragen stets absprach – mit Brods Artikel befaßt. Kritische Einwände erhebt er gegenüber seiner unsauberen Begriffsarbeit und der dogmatischen Ableitung des Schönen aus dem Neuen. Dagegen zeigt er Einverständnis mit Brods Überzeugung, daß das Neue keine in der Erscheinung begründete Qualität darstelle, sondern nur über den individuellen Perzeptionsakt erfahrbar sei (B 11f.). In vergleichbarem Sinne wirkt auch die genuin literarische Verfremdungsleistung der Tagebuchnotate. Diese heben die automatisierte Wahrnehmung auf, indem sie Erscheinungen aus ihrem vertrauten Rahmen lösen und das vermeintlich Normale zu einem Symbol des Unbekannten verwandeln, dem ein verstörendes Moment anhaftet.

Beispielhaft für dieses Verfahren sind die unverwechselbaren Gesichtsbeschreibungen, die Kafka im Tagebuch liefert. Sie bilden literarische Etüden von hoher handwerklicher Kunst, kleine selbstverliebte Porträts, bei denen nicht die Authentizität des Eindrucks, sondern der artistische Charakter der Darstellung im Vordergrund steht.[76] Am 13. Oktober 1911 vermerkt er über Eugen Pfohl, seinen unmittelbaren Dienstvorgesetzten in der Prager Versicherungsanstalt: «Kunstloser Übergang von der gespannten Haut der Glatze meines Chefs zu den zarten Falten seiner Stirn. Eine offenbare, sehr leicht nachzuahmende Schwäche der Natur, Banknoten dürften nicht so gemacht sein.» (T I 61) Einige Wochen zuvor schildert er den Zeichner Alfred Kubin: «sehr stark, aber etwas einförmig bewegtes Gesicht, mit der gleichen Muskelanspannung beschreibt er die verschiedenen Sachen. Sieht verschieden alt, groß und stark aus, je nachdem er sitzt, aufsteht, bloßen Anzug oder Überzieher hat [.]» (T I 36) Nach einem Bordellbesuch notiert er in Erinnerung an eine der Prostituierten: «Die eine Jüdin mit schmalem Gesicht, besser das in ein schmales Kinn verläuft, aber von einer ausgedehnt welligen Frisur ins Breite geschüttelt wird.» (T I 41) «Im Gesicht hatte sie», heißt es über eine Heiratsvermittlerin, «so tiefe Falten, daß ich an das verständnislose Staunen dachte, mit welchem Tiere solche Menschengesichter anschauen müßten.» (T I 166f.) Die physiognomische Momentaufnahme arbeitet mit der Technik der Dekonstruktion, die den Gegenstand der Betrachtung in

Einzelteile zerlegt und neuen Kontexten einfügt. Die literarische Qualität der Kafkaschen Tagebuchporträts ist zumeist mit dem kalten Blick verbunden, den sie riskieren. Zur vollen Geltung aber kommt dieser Blick durch die poetische Sprache, die Wahrnehmungseindrücke filtert und in neue Zusammenhänge stellt. Umgekehrt verlangt die literarische Erfindung konkretes Material, weil sie, wie es am 13. Dezember 1911 heißt, zumeist in Gefahr steht, im Bodenlosen zu schweben: «Ich ziehe, wenn ich nach längerer Zeit zu schreiben anfange, die Worte wie aus der leeren Luft.» (T I 227) Daß sich Journaleintrag und literarische Studie kaum trennen lassen, zeigen die Eisenbahnimpressionen der *Hochzeitsvorbereitungen*, die in der Tendenz den minutiösen Alltagsbeobachtungen entsprechen, wie sie das frühe Tagebuch von 1910/11 festhält. Beide suchen einzufangen, was man den «unendlichen Moment»[77] genannt hat: den unbegreiflichen Zauber eines Augenblicks, der durch die Schrift dem Vergessen entrissen und zum Gegenstand der poetischen Erfindung geworden ist.

Kafkas Tagebücher versammeln mehr als hundert literarische Entwürfe, Skizzen, Fragmente, aber auch abgeschlossene Texte wie *Der Heizer* und *Das Urteil*. Vollkommen fehlen dagegen Handlungspläne, Gliederungsschemata, Figurenlisten und Modelle für Erzählchronologien. Kafka zieht es vor, über den Vorgang der spontanen Niederschrift in eine Geschichte zu finden, weil er seine Stoffe anders nicht zu ordnen weiß (das führt später bei den Romanprojekten zu erheblichen Schwierigkeiten).[78] Im Gegensatz zu Autoren wie Hofmannsthal oder Thomas Mann vermag er seine literarische Tätigkeit niemals einer arbeitsökonomischen Planung zu unterwerfen, die zunächst den Abriß der Handlung und die einzelnen Schritte ihrer Darstellung festlegt. In stets neuen Anläufen, denen das Moment kalkulierter Steuerung gänzlich abgeht, werden bei ihm Versuche variiert, Erzählkonstruktionen getestet, Motive geprüft. Das Tagebuch zeigt, wie quälend sich solche Schreibprozesse bisweilen entwickeln können. Charakteristisch scheint hier das von Brod betitelte Fragment *Der kleine Ruinenbewohner*, mit dem Kafka sich in der zweiten Hälfte des Jahres 1910 abmüht. Der Entwurf weist am Ende sechs Versionen auf, die sämtlich Bruchstücke bleiben. Der Prozeß der Niederschrift bezeichnet zugleich eine Ablösung vom biographischen Material, das dem Text deutlich zugrunde liegt, und die wachsende literarische Autonomie des Entwurfs.[79] Die erste Fassung beginnt als Erinnerung an persönliche Kindheitserfahrungen, wie sie das Tagebuch häufiger beleuchtet: «Wenn ich es bedenke, so muß ich sagen, daß mir meine Erziehung in mancher Richtung sehr geschadet hat.» (T I , 17) Zwar hält Kafka in den folgenden Varianten an dieser Eröffnung grundsätzlich fest, jedoch trägt er ihren biographischen Horizont Stufe für Stufe ab. Am Ende steht eine durch innere Spannungen geprägte, literarisch wirkungsvollere Version: «Ich überlege es oft und lasse den Gedanken ihren Lauf ohne mich einzumischen, aber immer komme ich zu dem gleichen Schluß, daß die Erziehung mich mehr verdorben hat, als alle Leute, die ich kenne und mehr als ich begreife.» (T I 25) Kafka verzichtet darauf, die erste Fassung seines Entwurfs durch direkte Korrekturen zu verändern. Da er nicht nach systematischer Gliederung zu arbeiten pflegt, ist es für ihn erforderlich, die nötigen Schreibenergien möglichst konzentriert, in einem einzigen Fluß, zu entfalten. Scheitert er in diesem Punkt, so setzt er – zumeist nach langer Unterbrechung – neu an, indem er Partien des älteren Textes aufnimmt, abwandelt und umgruppiert. Damit entsteht ein Verfahren des angespannten Verbesserns durch Variation, von dem das Tagebuch deutlich genug Zeugnis ablegt. Es wird zum Schauplatz für die Arbeit an der idealen Einheit einer Geschichte, die sich erst durch mühsames Graben in tieferen Schichten der Phantasie einstellt. «Alle Dinge nämlich die mir einfallen», heißt es Mitte Mai 1910, «fallen mir nicht von der Wurzel aus ein, sondern erst irgendwo gegen ihre Mitte.» (T I 14) So offenbart das Journal eine Produktionsweise des regelmäßigen Neuansatzes, die sich zyklisch vollzieht und ständig vom Versiegen der literarischen Imagination bedroht ist.

Zu den literarischen Versuchen, die das Journal versammelt, gehören durchgängig Prosatexte. Lyrische Entwürfe bleiben eine Ausnahme und verraten selten sonderliche Originalität. Am 15. September 1912, dem Tag der Verlobung Vallis, notiert Kafka zwei düstere, in Rhythmus und Metaphorik von Hofmannsthal angeregte Vierzeiler, die seine Trauer über die bevorstehende Bindung der Schwester spiegeln: «Aus dem Grunde | der Ermattung | steigen wir | mit neuen Kräften | | Dunkle Herren | welche warten | bis die Kinder | sich entkräften [.]» (T II 84)[80] Auch außerhalb des Tagebuchs hat sich Kafka an die lyrische Form nur sporadisch gewagt. Das am 17. September 1909 entstandene Gedicht *Kleine Seele*, das Max Brod 1911 zu vertonen sucht (B 143), und die von Stefan George inspirierten Verse am Beginn der *Beschreibung eines Kampfes* bilden Einzelstücke. Kafka scheint früh bewußt gewesen zu sein, daß seine Begabung nicht auf lyrischem Feld lag. Die eigene Musikalität und Rhythmik seiner Sprache entfaltete sich allein im Medium der Prosa. Es ist aber nicht auszuschließen, daß er in seinen Pubertätsjahren häufiger Gedichte verfaßt hat. Zumindest entsprach das einem zeittypischen Stilideal, dem auch die Prager Gymnasiasten folgten; zahlreiche seiner musisch interessierten Mitschüler von Rudolf Illový über Paul Kisch bis zu Emil Utitz hatten sich an lyrischen Texten versucht, wobei ihr großes Vorbild zumeist der preziös schreibende Hugo Salus war. Der Mediziner Salus (1866–1929), neben Friedrich Adler (1857–1938) der exponierteste Vertreter der älteren Generation deutschsprachiger Autoren in Prag, beeinflußte mit seinem manierierten Stil diverse Schriftsteller der Jahrhundertwende. In einem Brief an Brod charakterisiert Kafka 1917 die selbstverliebt-gezierte Bildhaftigkeit, die nicht selten eine lyrische Talmikultur hervorbrachte, als die «Salus'schen Locken», vor denen man bewundernd, aber ohne innere Anteilnahme stehe (Br 182); Johannes Urzidil spricht rückblickend von «gotischer und barocker Manier», die Salus' Verse «getönt» habe.[81] Der frühzeitig ausgeformte Stilpurismus, der Kafkas Sprachverständnis begründete, immunisierte ihn rechtzeitig gegen den falschen Glanz solcher Lyrik.

Die Konzeption des Tagebuchs als Schauplatz permanenter Schreibübungen schließt für Kafka auch eine reflektierte Form des Umgangs mit sich selbst ein. Sein Ziel ist es, daß «man sich mit beruhigender Klarheit der Wandlungen bewußt wird, denen man unaufhörlich unterliegt (...)» (T I 239). Eine solche Einsicht läßt sich jedoch nur durch eine bestimmte Wahrnehmungstechnik anbahnen. Mitte Mai 1910 bemerkt er nüchtern über seine künftige Journalstrategie: «Aber jeden Tag soll zumindest eine Zeile gegen mich gerichtet werden wie man die Fernrohre jetzt gegen den Kometen richtet.» (T I 15) Dieser Satz bezieht sich inhaltlich auf die von den Zeitungen erregt diskutierte Sonnenverfinsterung durch den Halleyschen Kometen, die für den Morgen des 19. Mai 1910 berechnet war (Kafka sah sie gemeinsam mit Brod und Franz Blei auf dem von Menschen überfüllten Laurenziberg).[82] Der Vergleich zwischen intimer und naturwissenschaftlicher Beobachtung, Tagebuchtechnik und Himmelsschauspiel wirkt symptomatisch. Hier geht es nicht, wie in Jakob van Hoddis' berühmtem Gedicht *Weltende*, das 1910 einen grotesken Kommentar zur Kometendiskussion lieferte («Die Eisenbahnen fallen von den Brücken»),[83] um die Erosion der Realität. Bei Kafka ist das Ich selbst ein fernes Wesen, das so weit entrückt scheint wie der Halleysche Komet. Allein durch das Schreiben kann es der Autor in ein zugänglicheres Blickfeld stellen, wo es beobachtet und überprüft werden darf. Das Journal funktioniert als Hilfsorgan ähnlich wie ein Fernglas im Feld der Astronomie. Der Prozeß der Näherung besitzt jedoch zugleich den Charakter der Neuschöpfung. Das Lichtjahre entfernte Ich wird erst im Medium der Schrift gegenwärtig, so wie der Komet nur durch die moderne optische Technik dem Beobachter vor Augen treten kann. Das Tagebuch gerät damit zum Ort der Geburt des Subjekts, das sich schreibend selbst entwirft.

Fünftes Kapitel
Erste Berufszeit (1906–1912)

Am Landgericht

Nach österreichischem Muster war auch im Königreich Böhmen für sämtliche Absolventen des Jurastudiums, die eine Laufbahn im Staatsdienst anstrebten, ein unbezahltes Gerichtsjahr vorgeschrieben. Bereits am 1. April 1906, noch vor dem letzten Rigorosum, tritt Kafka als *Concipient* mit Aushilfsfunktionen in die Anwaltskanzlei Dr. Richard Löwys am Altstädter Ring ein (die Namensverwandtschaft mit der Familie der Mutter ist zufällig). Am 1. Oktober beginnt er seine eigentliche Praxisausbildung, zunächst am Kreiszivil- und Kreisstrafgericht, dann, ab Mitte März 1907, beim Landesgericht. Über der einjährigen Gerichtszeit liegt eine Stimmung der Lethargie wie grauer Nebel. Kafka betrachtet die mäßig anstrengende Arbeit als Fortsetzung des Studiums unter erleichterten Bedingungen, kann aber die gewachsene Freiheit nicht recht nutzen. Die Tatsache, daß er als Praktikant keine eigene Bezahlung empfängt, hält ihn weiterhin in finanzieller Abhängigkeit vom Vater. Es ist daher selbstverständlich, daß er sein Zimmer in der elterlichen Wohnung an der Zeltnergasse nicht aufgibt und auch nach

dem Familienumzug im Juni 1907, der in die Niklasgasse führt, keine eigene Unterkunft sucht.

Im Rückblick bezeichnet Kafka das Gerichtsjahr skeptisch als «angebliche Bummelzeit» (Br II 17). Noch 1920 heißt es: «Es war damals eine Art Abschied, den er von der Scheinwelt der Jugend nahm; sie hatte ihn übrigens niemals getäuscht, sondern nur durch die Reden aller Autoritäten rings herum täuschen lassen.» (T III 180) Zahlreiche Nachmittage vertrödelt er im Caféhaus – bevorzugt wird das am Graben hinter der Zeltnergasse gelegene *Corso* –, wo er mit pedantischer Gründlichkeit die Tagespresse sowie literarische Journale – zumeist *Die Ge-*

Nach der Promotion, 1906

genwart und S. Fischers *Neue Rundschau* – liest. Häufig geht er ins Kunstge-
werbemuseum, weil er die dort ausliegenden Kataloge und Journale studieren möchte (diese Gewohnheit wird bis 1911 beibehalten).[1] Regelmäßig besucht er die Vorträge der *Halle*, vertreibt sich abends die Stunden beim Bil-
lardspiel in Weinkneipen und lernt gemeinsam mit dem abenteuerlustigen
Brod die Prager Nachtbars kennen. Zum Alltag des Müßiggängers gehören
nicht zuletzt die ausgedehnten Spaziergänge, die ihn durch die innere Stadt
und auf die Kleinseite treiben.

Bezeichnend für die träge Stimmung dieser Lebensphase ist, daß er während des Gerichtsjahrs seine literarische Arbeit trotz hinreichend freier Zeit
nur zögernd fortsetzt, die *Beschreibung eines Kampfes* im Frühling 1907 abbricht und den Romanentwurf der *Hochzeitsvorbereitungen* über das Anfangs-
stadium nicht hinausführt. Im Klima der trägen Selbstbeobachtung entstehen lediglich einige kurze Prosa-Etüden – *Die Abweisung, Zerstreutes Hinausschaun* –, die im folgenden Jahr von Franz Bleis *Hyperion* gedruckt werden.
«Leute, die nicht bis zum 25ten Jahr wenigstens Zeitweise gefaulenzt haben»,
heißt es im Oktober 1907, «sind sehr zu bedauern, denn davon bin ich überzeugt, das verdiente Geld nimmt man nicht ins Grab mit, aber die verfau-
lenzte Zeit ja.» (Br I 73) Noch 1919 bemerkt er mit ähnlichem Tenor: «Bis zu
den Heiratsversuchen bin ich aufgewachsen wie ein Geschäftsmann, der
zwar mit Sorgen und schlimmen Ahnungen, aber ohne genaue Buchfüh-
rung in den Tag hineinlebt.» (G 63)

Nach Ablauf des Pflichtjahrs erholt sich Kafka im August 1907 für einen
Monat bei seinem Onkel in Triesch. Er fährt auf den sandigen Landstraßen
Motorrad, trinkt Bier, spielt Billard, hilft den Bauern beim Vieh und badet
nackt in Teichen. In Triesch lernt er die 19jährige Wienerin Hedwig Weiler
kennen, die sich mit ihrer Freundin Agathe Stern, der Tochter des ortsansäs-
sigen Rabbiners, auf die externe Reifeprüfung an einem humanistischen
Gymnasium vorbereitet, um danach – ungewöhnlich für Frauen in dieser
Zeit – ein Studium zu beginnen (erst seit 1908 waren Studentinnen an den
meisten Universitäten der Monarchie zugelassen). Auf den ersten Blick findet Kafka die Mädchen, wie er Max Brod in einem Brief Mitte August 1907
berichtet, wenig anziehend: «Agathe ist sehr häßlich und Hedwig auch.» Die
Beschreibung setzt, vergleicht man sie mit dem uns überlieferten Photo von
Hedwig Weiler, auf die Technik der grotesken Verfremdung: «H. ist klein und
dick, ihre Wangen sind roth ununterbrochen und grenzenlos, ihre obern
Vorderzähne sind groß und erlauben dem Mund nicht, sich zu schließen,
und dem Unterkiefer nicht, klein zu sein; sie ist sehr kurzsichtig und
das nicht nur der hübschen Bewegung halber, mit der sie den Zwicker auf
die Nase – deren Spitze ist wirklich schön aus kleinen Flächen zusammengesetzt – niedersetzt (…)». Die Sympathie wächst nur langsam, als Folge

Hedwig Weiler

von Täuschung, Selbstbetrug und Suggestion: «(...) heute Nacht habe ich von ihren verkürzten dicken Beinen geträumt und auf diesen Umwegen erkenne ich die Schönheit eines Mädchens und verliebe mich.» (Br I 53) Kafka muß sich in das Gefühl der Zuneigung förmlich hineinarbeiten; es bleibt, ähnlich wie später bei Felice Bauer, das Ergebnis eines inneren Imperativs, der dem Bedürfnis nach einer bürgerlichen Regelung seines Liebeslebens zu entspringen scheint.

Auf ‹Umwegen›, motiviert durch die Macht der Imagination, entwickelt sich so ein platonisches Verhältnis, in dessen Mittelpunkt das intellektuelle Gespräch – über soziale Bewegungen, Nietzsches Philosophie, Stendhals Tagebücher und die skandinavische Literatur – steht. Kafka liest Hedwig Weiler, ähnlich wie Selma Kohn in Rostok, regelmäßig unter freiem Himmel vor. Rezitiert wird aus Max Brods zweitem Prosaband *Experimente*, der kurz zuvor im Juncker-Verlag veröffentlicht worden war und in der Erzählung *Die Insel Carina* ein verzeichnetes Porträt Kafkas als geschmäcklerischer Dandy enthielt.[2] Die strengen Grenzen der Konvention überschreitet die Beziehung nicht; das Äußerste des Statthaften ist erreicht, als das Mädchen Kafka das vertrauliche ‹Du› zugesteht. Nachdem er Ende August 1907 aus Triesch zurückgekehrt ist, beginnt er einen Briefwechsel mit der Freundin, in dem er sich offenbar freier als im direkten Gespräch fühlt. Er schickt ihr Gedichte, beschwört die Triescher Sommererinnerungen, läßt sie an seinen Alltagserfahrungen teilhaben («Liebe, Liebe mein Nachhauseweg aus dem Bureau ist erzählenswert, besonders da er das einzige von mir Erzählenswerte ist»; Br I 71) und wagt imaginäre erotische Annäherungen («Ich schließe die Augen und küsse Dich»; Br I 66). Da Hedwig Weiler sich mit dem Gedanken trägt, nach der Wiener Reifeprüfung ein philologisches Studium an der Karls-Universität zu beginnen, versucht er, ihr eine Stelle als Gesellschafterin und Hauslehrerin in Prag zu verschaffen; auf die Annoncen, die er in den Zeitungen aufgibt, scheint sich jedoch niemand gemeldet zu haben.

Die uns vorliegenden schriftlichen Zeugnisse deuten an, daß das Verhältnis nicht frei von Spannungen war. Kafkas Briefe spiegeln mehrfach Mißverständnisse und Differenzen in grundsätzlichen Fragen wider. Hedwig Weilers Pedanterie, ihre Neigung zum Dogmatismus und die Empfindlichkeit, mit der sie auf jeden Anflug von Kritik reagiert, verstören ihn rasch. Ihre Lebenssicht findet er «sehr socialdemokratisch», getragen von weltanschaulicher Konsequenz und strengen Werturteilen; sie müsse, so heißt es schon im August 1907, «die Zähne aneinanderhalten», um nicht «bei jedem Anlaß eine Überzeugung, ein Princip auszusprechen.» (Br I 53) Andererseits scheint ihn der Wirklichkeitssinn, den die junge Frau an den Tag legt, zu faszinieren. Einige Jahre später, Ende November 1911, bemerkt er im Tagebuch unter Anspielung auf seine Schwestern: «Immer hatte die Erziehung der Mädchen, ihr Erwachsensein, die Gewöhnung an die Gesetze der Welt einen besonderen Wert für mich. Sie laufen dann einem, der sie nur flüchtig kennt und gern mit ihnen flüchtig reden möchte, nicht mehr so hoffnungslos aus dem Weg, sie bleiben schon ein wenig stehn und sei es nur an der Schwelle ihres Zimmers wo man sie haben will (...) Nur zum Ankleiden ziehn sie sich zurück.» (T I 216) Es ist die erotisch besetzte Mischung aus Attraktion und Fremdheitsgefühlen, die Kafka im Verhältnis zu seinen heranwachsenden Schwestern erprobt und nun auf die Beziehung zu Hedwig Weiler überträgt.

Die strategische Selbstdarstellung, mit der Kafka seine Außenwirkung zu steuern sucht, vermittelt ein ambivalentes Bild zwischen betont maskuliner Entschiedenheit und ängstlichem Rückzug. Ostentativ spielt er den Part des älteren, weltkundigen Mannes, der seine Lebensrolle mühelos beherrscht: «(...) die Rechnung für den Champagner, den ich gestern nacht auf Dein Wohl getrunken habe – hast Du nichts gemerkt – werde ich Dir schicken lassen [.]» (Br I 65) Zugleich zeigen sich bereits in der Korrespondenz mit Hedwig Weiler Grundformen jener auf Selbstanklage beruhenden Rhetorik, die später auch die Schreiben an Felice Bauer und Milena Pollak bestimmen werden: «Du siehst ich bin ein lächerlicher Mensch; wenn Du mich ein wenig lieb hast, so ist es Erbarmen; mein Antheil ist die Furcht.» (Br I 57) Am 19. September 1907 heißt es über den Wechsel der Stimmungen, der ihn beherrsche, mit einer bezeichnenden Formulierung: «Andere Menschen entschließen sich nur selten und genießen dann den Entschluß in den langen Zwischenräumen, ich aber entschließe mich unaufhörlich, so oft wie ein Boxer, nur boxe ich dann nicht, das ist wahr.» (Br I 62)

Zu diesem zweideutigen Selbstbild gehört schon hier das Oszillieren zwischen Nähe und Abstand, Intimität und Distanz, das Kafkas Liebesbriefe späterer Jahre mit kunstvoller Quälerei inszenieren werden. Einerseits beklagt er, daß Hedwig ihm fern bleibt («Wie ist denn das, Du willst mir entlaufen oder drohst es doch?»), andererseits erfüllt ihn die Erwartung, sie könne ihn besuchen, mit massiver Furcht («Genügt es, daß ich in Prag bleibe, um Deine Pläne zu entmuthigen»; Br I 64f.). So entsteht ein merkwürdiges Wechselspiel von erotischer Imagination und Abweisung, Phantasie und Alltagsprosa, das die Freundin letzthin zu einer schimärischen Figur werden läßt, mit der Kafka luftige Projekte durchträumt, aber keine realen Verabredungen trifft. «Nun am Ende ist nichts geschehen», heißt es am 29. September 1907, «als daß wir ein bißchen zwischen Prag und Wien eine Quadrillefigur getanzt haben, bei der man vor lauter Verbeugungen nicht zu einander kommt, wenn man es auch noch so wollte.» (Br I 66) Fast manisch werden Kafkas künftige Liebesbriefe an Felice Bauer und Milena Pollak Quadrillefiguren nachzeichnen, die das Paar nicht vereinigen, sondern – ‹vor lauter Verbeugungen› – trennen. Hedwig Weiler bleibt in Wien und reist nicht nach Prag; sie ist Kafkas erste Schrift-Geliebte: eine reale Adressatin, die sich durch die Sprache seiner Briefe zu einem Phantasiegebilde verwandelt findet.

Da Teile der Korrespondenz verloren sind, läßt sich nicht mehr rekonstruieren, aus welchen Gründen das Verhältnis im Laufe des Jahres 1908 in eine Krise geriet. Schon Ende 1907 klingt die Diktion von Kafkas Schreiben deutlich kühler: «Sei auch gegen meine Faulheit oder wie Du es nennen willst, ein bischen freundlich.» (Br I 80) Am 7. Januar 1909 schickt Kafka Hedwig Weiler auf ihren Wunsch sämtliche Briefe nach Wien zurück. Die förmliche Anrede «geehrtes Fräulein» verrät, daß die junge Frau sich offenbar als Reaktion auf Kafkas zunehmendes Desinteresse zurückzog. Die jonglierende Rhetorik der Fernliebe wird im letzten Schreiben durch eine juristisch anmutende Kasuistik verdrängt: «Deshalb darf ich Ihnen sagen, daß Sie mir eine Freude machen würden durch die Erlaubnis mit Ihnen zu reden. Es ist Ihr Recht, das für eine Lüge zu halten, doch wäre diese Lüge gewissermaßen zu groß, als daß Sie sie mir zutrauen dürften, ohne hiebei eine Art Freundlichkeit zu zeigen.» (Br I 95) Ihren Wunsch, den Kontakt gänzlich abzubrechen, hat Hedwig Weiler nicht konsequent verwirklicht. Daß sie im April 1909 ihr Abitur bestand, fünf Jahre später in Wien ein Literaturstudium mit der Promotion abschloß und im Oktober 1917 den Ingenieur Leopold Hertka heiratete, scheint Kafka von ihr selbst erfahren zu haben (Br I , 646).[3]

Von den «Assicurazioni Generali» zur «Versicherungs-Anstalt»

Am 1. Oktober 1907 tritt Kafka nach mehrwöchiger Postensuche den Dienst im privaten Versicherungsunternehmen *Assicurazioni Generali* an. Alfred Löwy, der Madrider Onkel, hat ihm die Wege in das schwer zugängliche Institut geebnet. Einer seiner Bekannten ist der junge José Arnaldo Weißberger, der Vertreter der *Generali* in Madrid. Weißbergers Vater, der als amerikanischer Ehrenkonsul in Prag amtiert, legt auf Initiative Alfreds ein gutes Wort für den jungen Absolventen ein.[4] Die sehr genaue amtsärztliche Untersuchung durch Dr. Wilhelm Pollak, die in einem sechsseitigen Bericht festgehalten wird, ergibt als Befund eine leichte Dämpfung des oberen Lungenflügels aufgrund einer rachitischen, vermutlich durch unausgewogene Ernährung erzeugten «Verbiegung», die jedoch keinen Anlaß zu Einstellungsbedenken bietet.[5] Kafka wird zunächst als «Aushilfskraft» geführt und muß Kurse in Versicherungsrecht absolvieren, um seinen neuen Aufgaben

gerecht zu werden. In den Abendstunden lernt er Italienisch, weil er vermutet, man werde ihn künftig auch im Außendienst, zunächst in Triest, beschäftigen. Hedwig Weiler berichtet er Anfang Oktober 1907 in ungewohntem
Überschwang von der reizvollen Aussicht, «selbst auf den Sesseln sehr ent-
fernter Länder einmal zu sitzen» und «aus den Bureaufenstern Zuckerrohr-
felder oder mohamedanische Friedhöfe» zu erblicken (Br I 72).

Über das Versicherungswesen hat Kafka später vermerkt, es gleiche
«der Religion primitiver Völkerschaften, die an die Abwendung von Unheil
durch allerlei Manipulationen glauben.»[6] In der ersten Zeit seiner beruflichen Tätigkeit wird ihm diese totemistische Funktion allerdings kaum bewußt gewesen sein. Das neue Arbeitsgebiet scheint ihn interessiert zu haben, erschloß es doch praktische Perspektiven, von denen er während des
rein theoretisch ausgerichteten Studiums ferngehalten wurde. Zwischen Februar und Mai 1908 absolviert Kafka neben dem Bürodienst einen Kurs in
Versicherungsrecht und Buchhaltung an der Prager Handelsakademie. Zu
den dortigen Dozenten gehören Dr. Robert Marschner und Eugen Pfohl,
die später, nach dem Wechsel zur *Arbeiter-Unfall-Versicherungs-Anstalt*, seine
direkten Vorgesetzten sein werden, sowie Dr. Siegmund Fleischmann, ein
künftiger Kollege. Kafka nimmt sehr konzentriert auf, was ihm die zumeist
engagierten Referenten, deren Einsatzfreude sich von der trüben Routine
seiner Universitätslehrer abhob, in kompakter Form vermittelten; in sämtlichen der von ihm belegten Fächer schloß er die Prüfung mit der Note
«vorzüglich» ab (AS 401).[7] Der Arbeitsalltag bei der *Generali*, die sich seit ihrer Gründung im Jahr 1831 auf die Bereiche der Transport- und Feuerversi-
cherung spezialisiert hatte, entwickelt sich jedoch weniger angenehm, weil
die Tätigkeit monoton, die Atmosphäre im Büro angespannt ist.[8] Das Gehalt
liegt bei «winzigen» 80 Kronen monatlich, das die «unermeßlichen 8–9 Ar-
beitsstunden» kaum aufwiegt; die freie Zeit nach dem Büro verschlingt Kafka, der noch an den komfortablen Lebensgang des Praktikumsjahrs gewohnt
ist, daher «wie ein wildes Thier.» (Br I 72) Am Morgen, wenn er über den
Flur zu seinem Dienstzimmer läuft, erfaßt ihn bisweilen eine «Verzweiflung», die bei einem «konsequenteren Charakter» zu einem «geradezu seli-
gen Selbstmord genügt hätte.» (Br I 242)

Kafka wird dem Ressort für Lebensversicherungen – damals noch eine
recht neue Branche – zugeteilt, wo er sich vorwiegend mit Problemen der
Statistik zu befassen hat. Die Arbeitsbedingungen gehorchen strengen
Richtlinien: der Sonnabend ist ein normaler Amtstag, Urlaub wird nur in
Ausnahmefällen gewährt, privates Engagement in Vereinen und Stiftungen
bedarf der Zustimmung des Direktoriums. Im Dienst herrscht ein rigider
Ton, der den jungen Angestellten auf unheilvolle Weise an die häusliche Ty-
rannis erinnert; Drohen, Schimpfen und Brüllen der Abteilungsvorsteher

gehören im Büro zu den Selbstverständlichkeiten des alltäglichen Umgangs (G 32). Ein sporadischer Ausgleich entsteht dadurch, daß sich Kafkas Vorgesetzter, der nur ein Jahr ältere Ernst Eisner, als gebildet, feinsinnig und literarisch interessiert erweist. Von Eisner, der mit dem Komponisten Adolf Schreiber verwandt ist, leiht Kafka regelmäßig Hefte der *Neuen deutschen Rundschau* aus, wobei er sich im Gegenzug mit Exemplaren von Bleis *Hyperion* und Lektüreempfehlungen revanchiert (Br I, 115, 136). Die literarischen Diskussionen mit Eisner, die vor allem den Autoren der Moderne gelten, bilden unverhoffte Ruhepunkte inmitten eines Bürolebens, das der empfindliche Kafka als Strafe erfährt.

Bereits im Frühjahr 1908 erkennt Kafka, daß er dem Druck eines ganztägigen Bürodienstes nicht länger gewachsen ist. Seine literarische Kreativität liegt brach, seine Nerven sind angespannt, private Verabredungen drängen sich an den freien Sonntagen. Um den Zwängen der *Generali* zu entkommen, sucht er eine neue Anstellung bei der in ihren Beschäftigungszeiten flexibleren Post, bleibt jedoch erfolglos. Ende Juni 1908 bewirbt er sich schließlich um eine Position als Aushilfsbeamter bei der staatlichen *Arbeiter-Unfall-Versicherungs-Anstalt (AUVA)*. Durch die Vermittlung Ewald Přibrams, dessen Vater Direktor des Instituts ist, kommt es nach dem Anfang Juli erfolgten Vorstellungsgespräch zu einem positiven Bescheid, obgleich Juden die Aufnahme in öffentliche Einrichtungen sonst versagt bleibt. Der Anteil jüdischer Staats- und Kommunalbeamter lag in Prag äußerst niedrig; unter den dreitausend Bediensteten der Stadt waren 1909 lediglich dreiundzwanzig Juden.[9] Neun Jahre später, im November 1917, klärt Kafka Max Brod mit sarkastischer Ironie über den Ausnahmecharakter seiner Position auf: «Die Anstalt ist für Juden unzugänglich (…) Es ist unverständlich wie die zwei Juden, die dort sind (durch Hilfe des dritten Juden) hineinkamen und es wiederholt sich nicht.» (Br 194) Zum 15. Juli 1908 kündigt Kafka bei der *Assicurazioni Generali* unter dem Vorwand gesundheitlicher Probleme; ein ärztliches Gutachten, das er selbst in Auftrag gegeben hat, bescheinigt ihm ohne spezifischen Befund eine Herzneurose mit regelmäßigen nervösen Störungen. Da er seinen Dienst bei der *AUVA* erst zum 30. Juli antreten muß, nutzt er die Zeit für einen kurzen Urlaub in Spitzberg im Böhmerwald, wo er vom 16. bis zum 24. Juli ein Zimmer in einer kleinen Pension mietet. Nach der Rückkehr erfaßt ihn im steingrauen Prag bei der Erinnerung an die ländliche Idylle, wo die «Schmetterlinge (…) so hoch wie die Schwalben bei uns fliegen» (Br I 86), eine tiefe Depression, aus der er sich nur mühsam befreien kann.

Die *AUVA* war ein relativ neues staatliches Institut, mit dem das Königreich Böhmen seine gesellschaftliche Modernität unter Beweis zu stellen suchte. In Deutschland hatte Bismarck im Zuge der Sozialistengesetze von

1878 den Versicherungsschutz für Arbeiter eingeführt, der Ende Mai 1883 offiziell in Kraft trat.[10] Auf diese Weise suchte der Staat, der durch die neuen sozialen Bewegungen unter Druck zu geraten begann, seine moralischen Verpflichtungen gegenüber dem – von Marx so genannten – «Invalidenhaus der aktiven Arbeiterarmee» abzugelten.[11] 1887 beschloß auch die österreichische Regierung ein Arbeiterunfallgesetz, das ab 1889 im Donauraum eingeführt wurde. In der gesamten Monarchie gründete man sieben große Arbeiter-Unfallversicherungsanstalten, deren Aufgabe darin bestand, den Versicherungsschutz in den ihnen regional zugeordneten Gewerbebetrieben und Fabriken zu überwachen. Die einzelnen Unternehmen wurden innerhalb eines komplizierten Systems nach Gefahrenstufen eingegliedert, von denen wiederum die Höhe des durch sie zu entrichtenden staatlichen Versicherungsbeitrags abhing. Die am 1. November 1889 gegründete Prager Versicherungsanstalt, deren Zuständigkeit sich auf das gesamte Königreich Böhmen erstreckte, bildete das größte unter den sieben Instituten der Monarchie; im Jahr 1911 waren ihr insgesamt 288 094 Unternehmen zugeordnet.[12]

Unter finanzpolitischen Gesichtspunkten bedeutete die Anstalt eine erhebliche Belastung für den Staat, weil sie ständig mit Deckungslücken zu kämpfen hatte, die aus öffentlichen Mitteln ausgeglichen werden mußten. Die Unkosten überstiegen erheblich die Einnahmen, da die meisten Betriebe ihre Beiträge notorisch unpünktlich entrichteten oder mit falschen Angaben operierten, die es ihnen erlaubten, in einer niedrigeren Gefahrenstufe eingeordnet zu werden. «Es hieße, vor Tatsachen seine Blicke verschließen», bemerkt Kafka in einem Zeitungsartikel vom 13. September 1911, «wollte man stillschweigend übergehen, daß auch die Unternehmerschaft selbst ihre Verpflichtungen dem neuen Zweig der öffentlichen Fürsorge gegenüber nicht in dem Maße erfüllt hat, wie diese[s] der Gesetzgeber vorsah.» (KKAA 248)[13] 1902, nur dreizehn Jahre nach der Gründung, erreichte das Defizit der Anstalt die astronomische Höhe von 18 Millionen Kronen. In den folgenden Haushaltsperioden wurde es zwar kontinuierlich gesenkt, doch blieb man, um die Bilanz ausgeglichen zu halten, auf nennenswerte staatliche Zuschüsse angewiesen.[14] Mit großer Mühe mußte die Anstalt ihre Interessen gegenüber zwei Seiten wahren, die sie mißtrauisch beobachteten: die Regierung sah in ihr ein unwirtschaftliches Risikounternehmen, das jährlich enorme Steuergelder verschlang, die Betriebe wiederum suchten sich ihrer Kontrolle durch unseriöse Statistiken und Verschleierungsstrategien zu entziehen. In detailliert formulierten ‹Rekursen› – auf dem Klageweg vorgebrachten Anfechtungen der anberaumten Versicherungsbeiträge – suchten sie niedrigere Zahlungen durchzusetzen, was die Anstalt wiederum durch Rechtsgutachten über die Stimmigkeit der vorgenommenen Klassifi-

kation zu beantworten pflegte. Der juristische Kampf gegen die oftmals betrügerische Taktik der Fabrikanten, die mit falschen Lohnlisten und unzu-
treffenden Angaben zum Maschinenpark aufwarteten, gehörte zum Berufsalltag Kafkas.[15] Dessen dunkelste Seite bildete jedoch die Konfrontation mit
den industriellen Produktionsverhältnissen in Nordböhmen. Täglich befaßte
sich Kafka mit den Folgen schwerer Arbeitsunfälle, die durch mangelnde
Schutzvorkehrungen, veraltete Technik, unzureichend gewartete Maschinen
oder Übermüdung der überforderten Arbeiter ausgelöst wurden. Abge-
trennte Gliedmaßen durch Sägemaschinen oder Seilwinden, Skalpierungen
durch offen laufende Transmissionsräder, Verbrennungen, Vergiftungen und
Verätzungen – Kafkas nüchterne Berichte über juristisch genau begründete
Schadensersatzansprüche offenbaren die Schreckensszenarien des Industriezeitalters.[16] Wann immer er in den Jahren seiner bis 1922 währenden Berufstätigkeit das Elend des Büros beklagte, hatte er vornehmlich diese Seite vor
Augen. Nicht die labyrinthischen Wirren der Verwaltung, sondern die traurigen Katastrophen des Arbeitsalltags in den böhmischen Fabriken lösten
seinen tiefen Widerwillen gegen die Lasten des Amtes aus.

Die neue Position bot die erhoffte ‹halbe Frequenz›, eine Dienstzeit, die,
mit Ausnahme eines Wochentages, nur bis 14 Uhr dauerte; Max Brod übernahm ein halbes Jahr später, Mitte März 1909, eine ähnliche Anstellung bei
der Prager Post. Versicherungstechnische Fragen bei Betriebsunfällen standen im Vordergrund von Kafkas Arbeit. Die Anstalt vertrat – nach den Zahlen von 1912 – immerhin 45 000 größere Betriebe, 200 000 Unternehmer
und 3 Millionen Arbeiter (Br I 302). Zunächst hatte Kafka kleinere Scha-
densfälle und deren finanzielle Regulierung zu behandeln. Bereits Anfang
September 1908 schickte man ihn zu einer Dienstreise ins nordböhmische
Industriegebiet und nach Bodenbach, wo er die Sicherheitsstandards einzelner Fabriken prüfte. Am 17. September 1909 wechselte er vom Unfallressort
in die technische Abteilung, zu der 70 Beamte – knapp 30 Prozent des Per-
sonalbestands – gehörten.[17] Sein Büro bezog er fortan im vierten Stock des
mächtig aufragenden Gebäudes am Pořič 7, das der Anstalt seit Juni 1896 als
Sitz diente. Die jährlich neu zu ermittelnde Einstufung der Industriebetrie-
be in Schadensklassen und die Analyse möglicher Unfallverhütungsmaß-
nahmen gehörten zu den wichtigsten Aufgaben des jungen Aushilfsbeam-
ten. Um seine Fachkenntnisse über Fertigungswesen und Produktions-
sicherheit zu verbessern, besuchte Kafka mit Genehmigung des Vorstands
während des Wintersemesters 1908/09 an der Technischen Hochschule bei
Karl Mikolaschek jeweils vier Tage in der Woche Vorlesungen über die Verarbeitung von Faserstoffen. Da die Reihe in den Morgenstunden stattfand,
wurde ihm von der Leitung des Instituts für mehrere Monate ein späterer
Dienstbeginn zugestanden.

Kafkas prosaischer Berufsalltag umfaßte die Aktenlektüre, Aufstellung von Statistiken, Briefverkehr mit einzelnen ‹Parteien› – den Versicherten –, Begutachtung von technischen Standards, schriftliche Beantwortung von Eingaben der Unternehmer (zumeist durch Briefdiktat als konzeptionelle Vorlage für den Vorstand) und die Erörterung von Möglichkeiten verbesserter Schutzmaßnahmen in den Fabriken. Seine Haupttätigkeit galt der juristischen Absicherung von Entschädigungsansprüchen und der Festsetzung von Versicherungsbeiträgen der Unternehmen, die sich aus der seit dem 1. Juli 1907 in Böhmen geltenden Gefahrenklasseneinstufung ergaben. Diese Gefahrenklassen stellten eine statistische Größe dar, nach der die Beitragstarife der Unternehmen errechnet wurden. Ihre Grundlage bildete das, wie es in den *Amtlichen Nachrichten* des Innenministeriums im besten Verwaltungsdeutsch hieß, «Verhältnis der in einer bestimmten Zeitperiode erwachsenen Belastung durch Unfallentschädigungen zu der in der gleichen Periode für die Versicherung, also Beitragsleistung anrechenbaren Lohnsummen».[18] Während in den ersten Jahren des Bestehens der *AUVA* die Unfallhäufigkeit in den Unternehmen die Basis für die Bestimmung des jeweiligen Beitragssatzes darstellte, verschob man mit dem Risikoklassenschema den Maßstab in eine rein statistische Ebene, auf der allein das Verhältnis von Entschädigungssummen und früherer Tarifquote zählte. Das ‹Risiko› bildete eine Rechengröße jenseits individueller Leidenserfahrung, worin sich die Logik einer verwalteten Welt spiegelte, die den Opfern der industriellen Produktion einzig den Status von ‹Fällen› ohne persönliche Konturen zuordnete. Neben die körperliche Gefährdung, die durch mangelnde Sicherheitsstandards bedingt wurde, trat als statistische Kategorie die Beitragssumme, die der betreffende Betrieb in der Vergangenheit entrichtet hatte; das persönliche Unglück fand sich unter dem Blickwinkel des Gefahrenklassenschemas gegen das Kapital aufgerechnet, das die Fabrikanten für die Entschädigung der Invaliden bereitstellten.

Die Behandlung technischer Probleme und die Prüfung der mathematischen Statistik übernahm in Kafkas Abteilung der drei Jahre jüngere Ingenieur Alois Gütling, mit dem er seit 1910 zusammenarbeitete. Sein fachlich unmittelbar benachbarter Kollege war der Jurist Dr. Siegmund Fleischmann: ein assimilierter Jude mit tschechischem und deutschem Familienhintergrund, «ganzer Sozialdemokrat», überzeugter Pazifist und mit Leidenschaft dem Versicherungsrecht ergeben, wie Kafka sarkastisch vermerkt (Br 189f.). Als Dienstvorgesetzter amtierte Robert Marschner, ein intellektuell beweglicher Jurist, zu dem sich ein ähnlich entspanntes Verhältnis entwickelte wie im Fall Eisners. Aus Anlaß seiner Ernennung zum Direktor der *AUVA* Mitte März 1909 hielt ihm Kafka eine – den Regeln des Genres gemäße – Lobrede, in der er seine ‹Sachlichkeit› und ‹Offenheit› rühmte: «Diese Wahl ist sehr begrüßenswert. Ein Mann tritt hiermit tatsächlich in eine ihm auch ideell gebührende Stellung und diese Stellung erhält den für sie notwendigen Mann.» (B 140ff.)

Im September 1909 wurde Kafka zum *Praktikanten* (mit dem schon geschilderten Beschäftigungsfeld in der technischen Abteilung) ernannt, am 1. Mai 1910 zum *Concipisten*, Anfang März 1913 zum *Vizesekretär* und damit zugleich zum Stellvertreter des Abteilungsvorstands Eugen Pfohl berufen. Bei der offiziellen Danksagung für die Beförderung zum Konzipisten am 28. April 1910 widerfährt es ihm, daß er unter dem Eindruck der salbungsvollen Ansprache seines Kollegen einen Lachkrampf erleidet und sich vor dem in einer «urkomischen Stellung» zuhörenden, die Körperhaltung des Kaisers imitierenden Direktor Dr. Otto Přibram blamiert (Br II 26f.). Knapp drei Jahre danach beschreibt er Felice Bauer die absurde Szene aus gelassener innerer Distanz als Theatersituation mit den Elementen des Lustspiels: «Mit der rechten Hand meine Brust schlagend, zum Teil im Bewußtsein meiner Sünde (in Erinnerung an den Versöhnungstag) zum Teil um das viele verhaltene Lachen aus der Brust herauszutreiben, brachte ich vielerlei Entschuldigungen für mein Lachen vor, die vielleicht alle sehr überzeugend waren, aber infolge neuen immer dazwischenfahrenden Lachens gänzlich unverstanden blieben.» (Br II 29) Das steinerne Bild vom ernsten Asketen, das Kafkas Tagebuch zuweilen vermittelt, täuscht darüber hinweg, daß er eine ungehemmte Lust an komischen Einfällen entwickeln und gerade dem Sinnlosen anarchisches Vergnügen entlocken konnte.

Das peinliche Ereignis vom April 1910 hat Kafka in der Anstalt offenbar nicht geschadet. Er stieg regelmäßig im Rang auf und erhielt Zug um Zug eine bessere Besoldung, die sich freilich stets im engen Rahmen der für den Staatsdienst üblichen Summen bewegte. Zwischen 1909 und 1910 betrug sein Jahressalär noch dürftige 1000 Kronen, zwischen Mai und November 1910 1800 Kronen, danach wurde es auf 2100 Kronen erhöht. Zu diesem Grundgehalt kamen jeweils eine Teuerungszulage und Quartiergeld, die das Einkommen nochmals um knapp 30 Prozent anhoben (AS 406f.). Im Juni 1913 lagen Kafkas Bezüge, wie er Felice Bauer mitteilt, bereits bei 4588 Kronen (Br II 212). Materielle Sicherheiten sind ihm, auch wenn er asketisch und nahezu besitzlos lebt, keineswegs nebensächlich. Über seine Neigung zum Geiz äußert er sich selbstironisch und illusionslos, als handle es sich um eine unkorrigierbare Anlage (Br I 82, 128). Daß er in Einkommens- und Beförderungsfragen hartnäckig war, zeigen seine umständlich-peniblen Gesuche um höhere Besoldung. Sie entsprechen zwar im Ton den zeitüblichen Normen, indem sie den sperrigen Apparat rhetorischer Devotionsformeln aufbieten, bleiben jedoch in der Sache äußerst nachdrücklich. Bezeichnend für diese Strategie wirkt der schier endlose Brief, mit dem er Ende Dezember 1912 um eine Gehalts- und Rangerhöhung bittet. In absurd anmutender Pedanterie listet Kafka die Gehaltsentwicklung der einzelnen Beamtengrade auf, liefert ausführliche statistische Tabellen und legt eine nachgerade wissenschaftliche Analyse des Zahlenmaterials vor, aus der er am Ende sein Gesuch um «durchgreifende Regelung seiner Gehalts- und Rangsverhältnisse» ableitet (das Wort ‹Erhöhung› umgeht er in diesem Zusammenhang mit souveränem Geschick). Die auftrumpfend-insistierende Argumentation des Schreibens, die durch seine byzantinische Rhetorik nur notdürftig verdeckt wurde, schien den Vorstand zunächst zu irritieren; mit einer sonst nicht üblichen Verzögerung bewilligte man Kafkas Gesuch erst im März des folgenden Jahres (Br I 319ff.). Es blieb die letzte Anhebung seines Salärs vor dem Krieg, zu dessen harmloseren Konsequenzen auch die Verlangsamung der Beförderungen gehörte.

Alltag des Beamten

Im Rahmen seiner amtlichen Tätigkeit mußte Kafka regelmäßig Fabriken in Nord- und Westböhmen besuchen. Mehrfach, zumeist während der schneereichen Wintermonate, reist er nach Reichenbach, Friedland und Pilsen. Da Marschner und Pfohl frühzeitig seine Formulierungsgabe schätzen lernen, wird er immer wieder damit betraut, Artikel für die Jahresberichte der Anstalt zu verfassen. 1908 (im Rapport für 1907) schreibt er über den *Umfang der Versicherungspflicht der Baugewerbe und der baulichen Nebengewerbe*, 1909 über die – damals noch völlig neue – Automobilversicherung, 1910 liefert er einen Beitrag über schutztechnische Maßnahmen bei Holzhobelmaschinen, 1911 folgt ein Aufsatz über Prinzipien der Unfallverhütung. Kafka hat solche Pflichtarbeiten auch als Stilübungen betrachtet, auf die er in den ersten Jahren durchaus stolz war. So schickt er am 7. Februar 1909 den wenige Wochen zuvor erschienenen Jahresbericht für 1907 an Franz Blei, mit der Bitte «ihn freundlich» aufzunehmen, als handele es sich um einen literarischen Text (Br I 97). Selbst Felice Bauer erhält von ihm später amtliche Abhandlungen, nun jedoch verbunden mit selbstironischer Distanz. Den mit Fragen der Werkstattversicherung befaßten Jahresbericht für 1909, den er ihr zu senden verspricht, kündigt er spöttisch an: «(…) es stehn Dir noch viele Freuden bevor.» (Br I 294) Den Jahresbericht für 1915 – der vorletzte, an dem er mitwirkte – schickt er ihr am 30. Mai 1916 schon mit der melancholischen Formel «zur traurigen Unterhaltung» (F 660).

Kafkas amtliche Texte bestechen durch ihre klare logische Gliederung, das exakt dargebotene juristische Fachwissen und die Präzision der Argumentation. Bemerkenswerter noch als ihre rhetorische Qualität ist die handfeste Entschlossenheit, mit der sie die Lösung von Problemen skizzieren und praktische Auswege aus vertrackten Konflikten vorzeichnen. Die resignative

Passivität, mit der Kafkas Romanhelden später vor den Ordnungslabyrinthen der Bürokratie stehen, ist hier nirgends zu erkennen.[19] Die massiv gehäuften Metaphern des Fortschreitens und Sich-Entwickelns, die seine amtlichen Schriften durchziehen, besitzen jedoch auch einen gewaltsam-voluntaristischen Zug (KKAA 257, 267f., 295f.). Der Optimismus, den sie erhellen, entspringt der Zuversicht der Bürokraten, die an eine geregelte, durch effizientere Organisation vervollkommnungsfähige Einrichtung der Welt glauben. Nur gleichsam zwischen den Zeilen blitzt bisweilen jene unkommentierte Kasuistik auf, die einen Abgrund von Ironie verdeckt. In einem 1911 verfaßten Zeitungsartikel bemerkt Kafka über die notorischen Haushaltslücken der *AUVA*, das Institut erscheine wie «ein toter Körper», dessen einzig Lebendiges seine wachsende Schuldenlast bilde: «Endlich machte man die Höhe der Verwaltungskosten für den Zustand der Anstalt verantwortlich. Es geschah dies mit und ohne Berechtigung. Mit Berechtigung, denn für eine Anstalt, die nur Defizite zu Stande brachte, waren die kleinsten Verwaltungskosten zu groß; ohne Berechtigung, denn am Defizit hatten die Verwaltungskosten die allergeringste Schuld, und nur ein oberflächlicher Beobachter, wie es die Öffentlichkeit zumindest damals war, konnte dies glauben.» (KKAA 255, 264f.) Die für Kafkas kurze Prosa typische Sophistik, die den Scheincharakter des Logischen und die Täuschung im Rationalen entlarvt, ist hier schon entfaltet. Der gesamte Sachverhalt wird nach verschiedenen Seiten untersucht, ohne daß am Ende ein verbindlicher Befund steht: die Wahrheit ist die eckige Seite der Kugel.

In späteren Jahren übernimmt Kafka, da er als eleganter Rhetoriker gilt, auch gelegentlich die Aufgabe, öffentlich die Positionen der aufgrund ihrer maroden Finanzsituation vielfach gescholtenen Anstalt zu verteidigen. Ende September 1910 muß er in Gablonz die für die böhmischen Fabrikbesitzer ungünstigen neuen (von Eugen Pfohl eingeführten) Versicherungsklassen erläutern – ein Auftritt, der ihm diplomatisches Geschick abfordert, jedoch mit einem Mißerfolg endet, weil er von den empörten Fabrikanten unter pauschalen Angriffen gegen die «schablonenmäßige» Beitragsreform massiv attackiert wird (AS 325). Den Anfang November 1911 geschriebenen Artikel für die Beilage der *Tetschen-Bodenbacher Zeitung*, der sich mit dem prekären Verhältnis der Anstalt zu den zahlungsunwilligen Unternehmern befaßt, zugleich aber die eigene «Defizitwirtschaft» einräumt, nennt er im Tagebuch selbst ‹sophistisch› (KKAA 260; T I 60). Mitte Dezember 1913 leitet er eine Diskussionsveranstaltung im Prager Beamtenverein, auf der die Anstalt Auskunft über ihre Arbeit (insbesondere zu Beitragsfragen) gibt (T II 217). Auf seinen Dienstreisen nach Pilsen und Gablonz (im Dezember 1909) sowie nach Friedland und Reichenberg (während des eisigen Winters 1911) besichtigt er nicht nur die Fabriken der böhmischen Industrieregion, sondern führt auch aufreibende Verhandlungen mit den Unternehmern, die den massierten Einsatz seiner Redekunst verlangen.

Kafkas Verhältnis zur eigenen Tätigkeit durchläuft eine Entwicklung, die ihrerseits nicht frei von Ambivalenz bleibt. In den ersten beiden Jahren seiner Arbeit bei der *AUVA* zeigt er unverstelltes Engagement und Interesse. Ab 1910 spürt er, wie ihn die Routine der bürokratischen Zuordnungsvorgänge abstößt, ohne daß er die – in Briefen mehrfach reflektierte – Distanz offen zu zeigen wagt. Kollegen und Vorgesetzte haben später immer wieder sein außerordentliches Pflichtgefühl und die fachliche Kompetenz seiner Berichte hervorgehoben. Die regelmäßigen Hinweise auf Schlamperei, Müdigkeit, den «leeren Kopf» und den chaotisch unordentlichen Schreibtisch – «ich kenne beiläufig nur das, was obenauf liegt, unten ahne ich bloß Fürchterliches» (Br I 296) – gehören folglich zu einem verinnerlichten Ritual der ironischen Selbstbezichtigung, das der dienstlichen Realität kaum entspricht. Kafka weiß genau, daß er keineswegs der «Schrecken» seines Chefs geworden ist, wie er Felice Bauer gegenüber behauptet, sondern vorzügliche Arbeit leistet (Br I 296). Es gehört allerdings zu seiner früh ausgebildeten Anklagerhetorik, diesen Umstand mit nachdrücklicher Energie zu dementieren und die Unzulänglichkeit seiner amtlichen Tätigkeit zu betonen. Noch 1919 erklärt er dem Vater kokett, seine «Gesamtarbeitsleistung» im Büro sei «winzig»: «(…) hättest Du darüber einen Überblick, würde es Dich entsetzen.» (G 49)

Auch nach dem Eintritt ins Berufsleben wohnt Kafka weiterhin bei den Eltern. Am 20. Juni 1907 war die Familie von der Zeltnergasse in das Haus *Zum Schiff* in der Niklasstraße umgezogen, die, vom Altstädter Ring abzweigend, zur Moldau führte. Das im Obergeschoß gelegene Domizil, das einen schönen Blick auf den Fluß eröffnet, bietet zwar modernen Komfort, jedoch, wie schon die früheren Unterkünfte, kaum Platz für die sechsköpfige Familie und die beiden Dienstboten (die Köchin und ein Hausmädchen). Die drei Schwestern müssen sich das Erkerzimmer teilen, Kafka erhält einen schmalen Durchgangsraum, der zwischen Wohn- und Elternschlafzimmer liegt, mithin nur eingeschränkte Intimität bietet (seine Freunde besuchen ihn, indem sie direkt vom Flur aus bei ihm eintreten, ohne die Familie zu stören).[20] Da er auf Lärm in wachsendem Maße allergisch reagiert, bedeutet die Lage des Zimmers für ihn eine beständige Bedrohung. Die erforderliche Ruhe für Lektüre und Schreiben schafft allein die Nacht, wenn die Eltern ihr geräuschvolles Kartenspiel beendet haben.

Die Situation entspannt sich nur wenig, als Elli Ende November 1910 Karl Hermann, den sie durch ein Ehevermittlungsinstitut kennengelernt hat, heiratet und eine Dreizimmer-Wohnung in der Nerudagasse (früher Spornergasse) im westlichen Vorort Prag-Weinberge bezieht. Die Skizze *Großer Lärm* vermittelt im Herbst 1912 einen recht authentischen Eindruck von der

häuslichen Enge. Mit der Studie wolle er «öffentlich» die eigene «Familie
züchtigen», schreibt Kafka am 26. September an Willy Haas, den Herausgeber der *Herderblätter*, der den Text Anfang November publiziert (Br I 173).
Zur ungünstigen Raumsituation kommt eine lebenslang bewahrte Ge-
räuschempfindlichkeit, die bisweilen hypochondrische Züge annehmen
kann. Kafka vermag sich jedoch in dieser Phase nicht zum Auszug zu entschließen, obgleich er die Situation als beengend empfindet. Erst unter dem
Druck des Krieges, als die bereits verheirateten älteren Schwestern mit ihren
Kindern zu den Eltern zurückkehrten, weil ihre Männer einberufen wurden, weicht er in ein externes Quartier aus. Die schmucklose Möblierung,
die bereits seine früheren Zimmer aufwiesen, behält Kafka in der Niklasstraße ebenso bei wie die Vorliebe für ungeheizte Räume. Ein schmales Bett,
der Wäscheschrank, ein niedriges Regal, neben dem das Fahrrad steht, ein
Kanapee und der alte dunkelbraune Schreibtisch mit seinen zahlreichen
Schubfächern bilden die Einrichtung: Requisiten für die Klause eines zurückgezogenen Höhlenbewohners.[21]

Nachtleben

Seit dem Spätherbst 1906 verkehrt Kafka regelmäßig in Bars, Weinstuben und Varietés. In den ersten Berufsjahren, zwischen 1907 und 1909,
besucht er gemeinsam mit Max Brod die einschlägigen Lokalitäten der Prager Innenstadt, deren bescheidenes Unterhaltungsprogramm freilich hinter
den Angeboten der großen europäischen Metropolen zurückblieb. Zu den
bevorzugten Zielen gehört das *Cabaret Lucerna*, das *London*, das im selben
Haus gelegene Weinrestaurant *Trocadero* (das einen zweifelhaften Ruf als
Animierbetrieb besaß), das bis zum Morgen geöffnete *Eldorado* an der Obst-
gasse und *Nellys Maxim*, wo auch Franz Werfel und seine Freunde zuweilen
einkehrten.[22] Kafka hat diese Etablissements nicht als einsamer Beobachter
frequentiert, sondern das undurchsichtige Spiel zufälliger Begegnungen und
Gespräche gesucht. Im Herbst 1907 gesteht er Hedwig Weiler, er sei in seinen «paar Abendstunden» ständig unter Menschen, habe Offiziere, Maler,
Coupletsänger, Gäste aus Berlin und Paris getroffen: «Man vergißt dabei, daß
die Zeit vergeht und man die Tage verliert, darum ist es zu billigen.»
(Br I 80) Die eigentliche Absicht der nächtlichen Bar-Aufenthalte verrät der
Brief an die spröde Freundin aus naheliegenden Gründen nicht. In den aus
derselben Zeit stammenden Schreiben an Max Brod gibt sich Kafka weniger
zurückhaltend und spekuliert offen über die Möglichkeiten, in geeigneten
Etablissements ‹Weiber› oder ‹Mädchen› kennenzulernen (Br I 82ff.). Brod
selbst war zwar seit 1908 fest mit seiner späteren Ehefrau Elsa Taussig liiert,
erwies sich jedoch als unternehmungslustiger Begleiter, der erotischen Verlockungen schwer widerstand.

Mit Juliane Szokoll, um 1908

Vermutlich aus dem Jahr 1908 stammt eine Photographie, die Kafka mit der Prager Weinstubenkellnerin Juliane (‹Hansi›) Szokoll zeigt. Die damals 22jährige Frau, die sich auf ihren Visitenkarten als Modistin ausgab, sitzt strahlend lächelnd auf einem Sofa; neben ihr sieht man Kafka mit schief auf dem Kopf plaziertem Hut, verlegenen Gesichts, als sei er eben dem *Chambre séparée* entstiegen. Während des Sommers 1908 scheint eine intime Beziehung zwischen den beiden zustande gekommen zu sein. Am 9. Juni 1908 schreibt er Brod, er habe den Nachmittag «im Sopha neben dem Bett der lieben H. verbracht» (Br I 84). Die Liaison mit der erotisch freizügigen Szokoll widert ihn allerdings, nach den zeittypischen Gesetzen männlicher Doppelmoral, auf die Dauer an; einer Tagebuchnotiz Brods entsprechend, soll er von ihr abfällig gesagt haben, «ganze Kavallerieregimenter seien über ihren Leib geritten».[23] Die Affäre ist nach wenigen Monaten beendet, doch hat Kafka Juliane Szokoll nicht gänzlich vergessen. Im März 1912 notiert er nach einem Besuch im *Cabaret Lucerna*: «Fatinizza, Wiener Sängerin. Süßes inhaltsvolles Lächeln. Erinnerung an Hansi.» (T II 59)

Daß die Übergänge zwischen Neigung und Geschäft bei den Prager Weinstubenkellnerinnen fließend blieben, scheint Kafka zumindest grundsätzlich nicht zu irritieren. Ende März 1908 entwirft ein Brief an Brod den Plan für «ein hübsches Morgenleben», der vorsieht, die einschlägigen Etablissements nach vorangehender Nachtruhe am beginnenden Tag zu besuchen, auf diese Weise Unkosten zu sparen («es gibt Millionäre und noch Reichere, die um 6 Uhr früh kein Geld mehr haben») und die für die Animation der Gäste zuständigen «Mädchen als erstes Frühstück» zu «nehmen». (Br I 82f.) Offenbar zur selben Zeit beginnt er eine Liaison mit einer Bardame aus dem *Trocadero*, deren derbe sinnliche Ausstrahlung nach einem Eindruck Brods an die «Germania der deutschen Reichspostkarten» erinnert.[24] Immerhin scheint er ihr für einige Monate die Wohnung bezahlt und sie ausgehalten zu haben, ohne Zweifel an den Quellen ihres sonstigen Gelderwerbs zu hegen. Kafka wird seine Erfahrungen mit Gelegenheitsprostituierten später Josef K., dem Helden des *Proceß*-Romans, vererben, der seine freien Stunden an einem genau festgelegten Wochentag mit einer Weinstubenkellnerin teilen darf.

In den frühen Berufsjahren hat Kafka nicht nur Nachtbars, sondern auch regelmäßig Bordelle besucht.[25] Noch als 38jähriger vermerkt er den für ihn immer wieder neu gültigen ‹Leitsatz zur Hölle›: «‹Du mußt jedes Mädchen besitzen!› nicht donjuanmäßig, sondern nach dem Teufelswort ‹sexuelle Etikette›» (T III 228). Im November 1905 existierten in der Prager Altstadt 35 Bordelle; es waren 500 Straßendirnen registriert, wobei sich die Dunkelziffer auf 6000 belief.[26] Stefan Zweig hat in seiner Autobiographie *Die Welt von Gestern* (1944) von der «ungeheuren Ausdehnung der Prostitution in Europa» bis zum Beginn des Ersten Weltkriegs gesprochen.[27] Gerade in den Metropolen bewegte sich die Zahl der Frauen, die sich auf der Straße oder in Etablissements anboten, jenseits der Zehntausend; sie stellten, wie Walter Benjamin notiert, einen «Massenartikel» für die «Masse» dar.[28] Die kapitalistische Logik der Prostitution hat, frei von der sonst gängigen Klage über die bürgerliche Doppelmoral, unübertrefflich Robert Musil gekennzeichnet, als er bemerkte, sie liege dort vor, wo ein Mensch nicht, wie üblich, seine ganze Person für Geld hingebe, sondern nur seinen Körper.[29]

Das Zentrum der Prostitution bildete in Prag auch nach 1900 die alte Judenstadt, die traditionelle Frömmigkeit und städtisches Laster auf eigentümliche Weise koexistieren ließ. Hugo Steiner, der Illustrator der Erstausgabe von Meyrinks *Golem*, bemerkt über diese ambivalente Atmosphäre: «Hier standen in seltsamstem Kontrast die uralten dämmrigen Gotteshäuser der Juden neben übelberüchtigten Verbrecherkneipen und zahllosen Bordellen; hier mischte sich oft in frommes Murmeln ekstatischer Beter widerliches Grölen der von schlechtem Schnaps Betrunkenen.»[30] Egon Erwin Kisch berichtet in seinen 1912 veröffentlichten Stadtreportagen von den ritualisierten Großrazzien in zweifelhaften Lokalen und routineartig durchgeführten Straßenkontrollen, die der Überwachung der Freudenmädchen dienten.[31] In der Erzählung *Das Gespenst der Judenstadt* schreibt Paul Leppin über die Bordellstraße des alten Ghettos: «In den Haustoren lehnten die Frauenzimmer mit geschminkten Lippen, lachten gemein, zischelten den Männern in die Ohren und hoben die Röcke, um ihre gelben und zeisiggrünen Strümpfe zu zeigen.»[32] Oskar Baums Roman *Die Tür ins Unmögliche* beleuchtet 1919 rückblickend die morbide Stimmung des Altstädter Rotlichtviertels, wenn er seinen Protagonisten Krastik von einem «Weltkongreß der Syphilitiker» träumen läßt, der «Dirnen, Studenten, Reisende, Offiziere, Schauspieler, Zuhälter, Hochadel, Polizisten» versammelt.[33]

Bordellbesuche erwähnen Kafkas private Lebenszeugnisse seit dem Sommer 1906 regelmäßig, zumeist im Ton nüchterner Bilanz. Ein wenige Tage vor der letzten Rechtsprüfung geschriebener Brief vermerkt Ende Mai 1906 «sehr wenig Lernen», statt dessen aber Zeitvertreib durch schöngeistige Lektüre und «Dirnen»: «auch so ergibt sich ein Ganzes» (Br I 45). Im Sommer 1908 bekennt er Brod, er sei nach der Rückkehr aus dem Böhmerwald derart niedergeschlagen gewesen, daß er seine Einsamkeit durch einen Hotelbesuch mit einer Prostituierten zu bekämpfen gesucht habe: «Sie ist zu alt, um noch melancholisch zu sein, nur tut ihr leid, wenn es sie auch nicht wundert, daß man zu Dirnen nicht so lieb wie zu einem Verhältnis ist. Ich habe sie nicht getröstet, da sie auch mich nicht getröstet hat.» (Br I 87) Daß für Kafka in diesen Jahren der regelmäßige Umgang mit Prostituierten nicht allein der ‹sexuellen Etikette› geschuldet ist, verrät ein Tagebucheintrag vom Jahresende 1909, den Max Brod in der ersten Edition des Journals noch unterdrückte: «Ich gieng an dem Bordell vorüber, wie an dem Haus einer Geliebten.» (T I 14) Am 30. September 1911 beschreibt er detailliert einen Besuch im als exklusiv geltenden *Salon Šuha*, in dem auch Jaroslav Hašek, der spätere Autor des *Schwejk*, verkehrte. Die Tagebuchnotiz vermerkt ausdrücklich den bizarren Kunstcharakter des in der altstädtischen Benediktsgasse gelegenen Etablissements: die Besucher warten im Salon vor unberührten Getränken «wie in einer Wachstube auf der Bühne», die Mädchen erscheinen durch den billigen Schmuck ihrer Kleider als «Marionetten für Kinderteater, wie man sie auf dem Christmarkt verkauft d. h. mit Rüschen und Gold beklebt und lose benäht, so daß man sie mit einem Zug abtrennen kann und daß sie einem dann in den Fingern zerfallen.» (T I 41) Wenn Kafka nicht nur die sich in frivolen Posen präsentierenden Frauen, sondern auch deren Kunden mit detailversessener Genauigkeit charakterisiert, so verrät das die Lust am Voyeurismus, die das erotische Abenteuer begleitet. Am 19. November 1913 erklärt ein Tagebucheintrag: «Ich gehe absichtlich durch die Gassen, wo Dirnen sind. Das Vorübergehen an ihnen reizt mich, diese ferne aber immerhin bestehende Möglichkeit mit einer zu gehen. Ist das Gemeinheit?» (T II 203)

Am 26. November 1911 besucht Kafka mit Max Brod im Caféhaus des Hotels *Graf* am Komenskyplatz den Linzer Hofrat Anton Max Pachinger, der ihnen von dem Zeichner Alfred Kubin, einem gemeinsamen Bekannten, empfohlen worden war. Zu Pachingers Besitz gehört auch eine umfassende Kollektion pornographischer Bilder, die er seinen Gästen später im Hotelzimmer präsentiert («Er zeigt Photographien seiner Lieblinge»). Kafkas Tagebuch hält mit einer für ihn untypischen Drastik die Details des Gesprächs über sexuelle Fragen fest, in dessen Verlauf sich Pachinger seiner erotischen Erfolge rühmt («Er liebt Rubensweiber wie er sagt») und handfeste Ratschläge offeriert: «Sehr ergiebiger Fasching in München. Nach dem Meldeamt kommen während des Faschings über 6000 Frauen ohne Begleitung nach München offenbar nur um sich koitieren zu lassen.» Kafkas ausführliche Darstellung der Pachingerschen Sammlung ist von Faszination und Ekel gleichermaßen beherrscht, weil die Nähe, die der Blick auf das pornographische Material erzeugt› zugleich einen Verlust des erotischen Geheimnisses offenbart: «Auf einem Bilde (…) sind die Brüste, so wie sie ausgebrei-

tet und geschwollen förmlich geronnen aussehn, und der zum Nabel gehobene Bauch gleichwertige Berge.» (T I 214f.)

Die intimen Beobachtungen des Journals verraten, daß Kafkas Auseinandersetzung mit sexuellen Motiven durchgängig von einer Mischung aus
Anziehung und Widerwillen bestimmt ist. Der erotische Blick gilt nicht selten Frauen mit abstoßenden Zügen; er erfaßt spezifische Merkmale ihrer
Kleidung, Details ihres Körpers und Gesichts, Aspekte ihres Gangs und Momente ihrer Gebärdensprache als sexuelle Signale, die wie die Splitter eines
zerstörten Mosaiks erscheinen, dessen Teile sich nicht zu einem Ganzen zusammenfügen. Ein Leitmotiv dieser obsessiven Besetzung bildet die Schürze
von Dienstmädchen, Arbeiterinnen und Köchinnen, die häufig mit Merkmalen des Schmutzigen oder Verbotenen assoziiert wird (T II 33). Fasziniert
schildert das Journal die «von ihren Arbeitsschürzen besonders hinten fest
umspannten Mädchen» eines Ladengeschäfts: «Eine bei Löwy und Winter-
berg heute vormittag, bei der die Lappen der nur auf dem Hintern geschlossenen Schürze, sich nicht wie gewöhnlich aneinanderfügten, sondern übereinander hinweggiengen, so daß sie eingewickelt war wie ein Wickelkind.
Sinnlicher Eindruck dessen (...), ganz wie zur Befriedigung einer Lust.»
(T I 189) Im Juli 1913 notiert er nach einem Besuch in Rostok bei Prag die
«natürliche Unreinheit» des Weiblichen: «Die Vollblütigkeit und Klugheit
der schwangeren Frau. Ihr Hintere [!] mit geraden abgeteilten Flächen,
förmlich facettiert.» (T II 187) Fetischistische und sadomasochistische Tendenzen mischen sich in den voyeuristischen Bildern, die Kafkas Tagebuch
wiederholt festhält. Die verstörende Phänomenologie solcher Motive, die
auch *Der Proceß* in seinen erotischen Szenen vermitteln wird, hat Krafft-
Ebing 1886 in seiner *Psychopathia sexualis* erstmals mit systematischer Akribie
analysiert.[34]

Ihren besonderen Stachel findet Kafkas Libido in den masochistisch anmutenden Ekelexzessen, denen er sich immer wieder hingibt.[35] Beschreibungen von alten Frauen, unreiner Gesichtshaut, verfallenen Körpern, unerfreulichen Gerüchen, abstoßenden Accessoires durchziehen das Tagebuch.
Sie stellen Strafphantasien dar, mit denen er die Macht der sexuellen *attractio*
über Umwege kultiviert. Im Tagebuch heißt es über die Prager Straßenpro-
stituierten, die er erregt beobachtet: «Ich will nur die dicken ältern, mit veralteten aber gewissermaßen durch verschiedene Behänge üppigen Kleidern.» (T II 204) Bei einem Bordellbesuch beobachtet er angewidert die
«Wirtin mit dem mattblonden über zweifellos ekelhaften Unterlagen straff
gezogenem Haar, mit der scharf niedergehenden Nase, deren Richtung in
irgendeiner Beziehung zu den hängenden Brüsten und dem steif gehaltenen
Bauch steht» (T II 41). Am 9. Oktober 1911 vermutet er im Tagebuch: «Sollte
ich das 40te Lebensjahr erreichen, so werde ich wahrscheinlich ein altes

Mädchen mit vorstehenden, etwas von der Oberlippe entblößten Oberzähnen heiraten.» (T II 57) Als eines der zahlreichen Elemente aus dem labyrinthischen Bedeutungsregister der Erotik dient der Ekel nicht der Restriktion, sondern der (freilich ambivalenten) Stimulation der Lust. Auch in der Selbstbestrafung durch die Ekelphantasie steckt ein sinnliches Vergnügen, das die Rhetorik des Tagebuchs hinreichend klar vermittelt. Charakteristisch für Kafkas Sexualität bleibt ihre doppelte Besetzung im Zeichen von Angst und Begehren, Abstoßung und Lust. Diese Disposition entspringt der Macht einer libidinösen Energie, die sich gerade von fremden Frauen magisch angezogen und durch ihre Anonymität gefesselt sieht. Max Brod wird er im April 1921 gestehen, daß ihm in früheren Jahren «der Körper jedes zweiten Mädchens» erotisch begehrenswert erschienen sei (Br 317). Die Furcht vor dem Sexus aber entsteigt der Ahnung, daß er letzthin unpersönlich ist: ein Indiz jener namenlosen Herrschaft, die der Trieb – für den späten Freud das ‹Es› – über das Individuum ausübt.[36] Die käufliche Sexualität bildet gleichsam nur eine Allegorie dieser Konstellation, in der die «Gemeinheit» der Lust mit ihrer Allgemeinheit, Vulgarität mit dem erregenden Schrecken des Zufälligen direkt verbunden ist (T II 204).

Bis 1912 frequentierte Kafka zudem regelmäßig Chantants und Varietés, wo Kleinkunst in unterschiedlichen Graden erotischer Freizügigkeit dargeboten wurde (T I 95, T II 58). Hier konnte man in der Atmosphäre eines Restaurants nach französischem Vorbild Gesangs- und Tanzinszenierungen verfolgen, die auf einer kleinen, nur leicht erhöhten Bühne stattfanden. Während ihm klassische Musik zeitlebens fremd blieb, liebte Kafka Chansons, Operettenschlager, Couplets und Revuetänze. Zum Varieté als Ort profaner Erleuchtungen schreibt Ludwig Rubiner 1906: «Der Genuß sollte ganz hochgespannt und ganz hastig sein. So schnell, wie die elektrischen Lampen aufleuchten und verlöschen können, so schnell mußte der Eindruck des Zuschauers wechseln.»[37] Den Effekt der modernen Unterhaltungskunst verband das Varieté in publikumswirksamer Weise mit dem Tempo der Großstadt und dem Rhythmus der industriellen Produktion. Über seinen mechanisierten Vergnügungen stand das Motto der Sachlichkeit: die wie Maschinen im Takt sich bewegenden Körper vermittelten die Illusion, als seien sie einem zweifelhaften Utopia der Technik entsprungen, in dem der Leib dem strengen Diktat des automatisierten Lebens gehorcht. Max Brod hat dem mathematisch ausgeklügelten und zugleich normierten Gang der Soubretten einige Jahre später eine essayistische Studie gewidmet, die in ihrer mondänen Koketterie selbst ein Symptom des Zeitgeists darstellt.[38]

Zu Anfang und Ende des Jahres 1911 verbringt Kafka mehrfach die Abende in einem relativ neuen, als elegant und teuer geltenden Kabarett, das seit dem September 1910 im *Lucerna*-Saal unweit des Wenzelsplatzes etabliert war, um dort Tanzdarbietungen zu sehen.[39] Zwar unterlagen die Aufführungen der städtischen Zensur, die Nacktänze verbot, jedoch zeigten sie eine für die damalige Zeit ungewöhnliche Freizügigkeit. Daß Kafka das Programm der *Lucerna* regelmäßig besucht, verrät deutlich, wie wenig prüde er in diesem Punkt war (das schloß wiederum Unbehagen an Obszönitäten keineswegs aus).[40] Besonders anziehend findet er Ende September 1911 den Auftritt der Österreicherin Gusti Odys, die einen Schleiertanz vorführte, dem sie durch Elemente der modernen Ausdruckschoreographie einen künstlerisch ambitionierten Charakter verlieh: «Steife Hüften. Richtige Fleischlosigkeit» (T I 38). Noch im März 1912 beschreibt das Tagebuch mit passionierter Präzision die Revuegirls aus dem *Lucerna*: «Eine sehr schön. Kein Teaterzettel nennt ihren Namen. Sie war die äußerste rechts vom Zuschauerraum.» (T II 59) Auch nach dem Herbst 1912, als die Korrespondenz mit Felice Bauer begonnen hat, verzichtet Kafka auf die Nachtvergnügungen des Junggesellen nicht vollständig. Anfang Juli 1913 besucht er mit Max und Elsa Brod sowie Felix Weltsch die frivole Spätvorführung des Kabaretts *Chat Noir* im Hotel *Zum goldenen Engel*, wo, wie er Felice gesteht, seine eigene Ehefrau «nicht hingehen dürfte.» Er selbst freilich genieße «solche Sachen (…) mit Herzklopfen», weil er sehr viel «Sinn für sie» besitze. (Br II 231)[41] Die regelmäßigen Bordellvisiten stellt er in dieser Zeit allmählich ein. Verstößt er zuweilen gegen das Prinzip der Enthaltsamkeit, so beichtet er das Max Brod mit selbstquälerischem, aber oft ironisch gebrochenem Ton: schuldbewußt in aller Unschuld.

Literarische Caféhauszirkel

Der aufgespreizte Individualismus, den man um 1900 im öffentlichen Leben der europäischen Metropolen zunehmend antrifft, bestimmt auch die kulturelle Szenerie Prags. Sonderlinge, Hasardeure, Bohemiens und Hochstapler bevölkern neben Journalisten und soliden Bürgern die in der Innenstadt gelegenen Cafés. Das kapriziöse Spiel der Selbstinszenierung, das, wie Georg Simmel schreibt, durch eine «Form des Andersseins, des Sich-Heraushebens» dem Einzelnen Gelegenheit bieten soll, «einen Platz auszufüllen», gehört zu den gängigen Mustern der dort gedeihenden Kultur.[42] Nicht zufällig bietet das Caféhaus durch seine verspiegelten Wände dem Betrachter Gelegenheit, am Geschehen des gesamten Raums teilzunehmen, ohne sein Inkognito aufzugeben. Heimlichkeit und Öffentlichkeit, Klandestinität und Exhibition, Verständigung und Einsamkeit, Gespräch und Lektüre werden in seinem Milieu gleichermaßen gefördert. So erweist es sich im Strom des Kommens und Gehens als eigenschaftsloser Ort, der selbst keine festen Konturen besitzt, weil die, die ihn wechselnd bevölkern, seine Topographie stets neu bestimmen.

Das Caféhaus bildete sich in den Hauptstädten Europas schon am Anfang des 19. Jahrhunderts zu einem exponierten Raum der kulturellen Kommunikation. Journalisten und Verleger, Schriftsteller und Mäzene, Theaterleute und Kritiker, Maler und Kunstsammler fanden sich hier zum Austausch zusammen. Vor der Erfindung des Telegraphen wurde so, wie Walter Benjamin im Blick auf das Paris des zweiten Empire schreibt, eine öffentliche Informationsbörse mit hoher Austauschfrequenz geschaffen: «Der Kaffeehausbetrieb spielte die Redakteure auf das Tempo des Nachrichtendienstes ein, ehe noch dessen Apparatur entwickelt war.»[43] Die Stadt gewinnt damit einen Knotenpunkt von eminenter sozialer Bedeutung, einen offenen Schauplatz der Kommunikation, der seine eigene symbolische und rituelle Ordnung ausprägt. Die Aufgabe der Schaltstelle für die Nachrichtenzirkulation versah das Caféhaus zwar im Zeitalter des technisch gestützten Informationsverkehrs nicht mehr, doch bewahrte es seine Bedeutung für den geselligen Umgang und die Lektüre von Zeitschriften. Nicht wenige Autoren der Jahrhundertwende, so Else Lasker-Schüler, Peter Altenberg und Anton Kuh, bevorzugten das Caféhaus als Ort der literarischen Produktion. Nicht zuletzt aber blieb es eine Börse der kulturellen Selbstinszenierung, deren Logik zuweilen ein eigenes Wirklichkeitsverständnis jenseits externer Gesellschaftsordnungen erzeugte. Im Blick auf die hybriden Programme, die in den Bohèmezirkeln der Vorkriegszeit ersonnen wurden, spricht Karl Kraus 1913 von der «Kaffeehaustheologie»,[44] mit deren Hilfe man die Welt auf eine Formel zu bringen suche.

Zwischen 1907 und 1912, in den ersten Jahren der Berufstätigkeit, besucht Kafka die Prager Caféhäuser regelmäßig, manchmal sogar täglich. Max Brod führt ihn in die städtischen Autorenkreise und Künstlerzirkel ein, die jeweils unterschiedliche Kommunikationszentralen aufgebaut hatten. Kafka schließt Bekanntschaft mit den wichtigsten Vertretern der jungen Generation: Norbert Eisler, Rudolf Fuchs, Willy Haas, Paul Kornfeld, Alfred Kubin, Otto Pick und Franz Werfel. Die um Werfel und seinen Freund Haas im bürgerlich eingerichteten *Café Arco* in der Hyberner Gasse versammelte Runde, die man ironisch als ‹Argonauten› bezeichnete, besucht er seit ihrer Gründung im Jahr 1908 kontinuierlich. Die Caféhausvisite bot nicht nur Gelegenheit zum Gespräch, sondern vermittelte über die Lektüre zugleich wichtige Informationen über die ästhetische Avantgarde der Zeit. Im *Arco*, aber auch im von Kafka geschätzten *Central*, das 18 Räume umfaßte,[45] lagen zuweilen 300 verschiedene Journale aus, darunter die bedeutsamsten Organe der literarischen Moderne: *Der Sturm* (der mit einer zeitweiligen Auflage von 30 000 Stück besonders einflußreich war), *Die Aktion*, *Der Brenner* (das wegweisende Periodikum der jungen Autoren Österreichs, dessen Halbmonatshefte Kafka zwischen 1912 und 1914 regelmäßig kaufte), *Pan* und *Saturn*, *Das Neue Pathos* und *Das Forum*, ebenso René Schickeles *Weiße Blätter*, die ein bedeutsames Forum für junge Prager Autoren darstellten. Kafka nutzt den Caféhausbesuch zumeist dazu, seine «Gier nach Zeitschriften» (Br II 132) zu befriedigen; das Schreiben in der Öffentlichkeit wäre für ihn hingegen undenkbar gewesen, weil es seinem Arbeitsideal, das unbedingte Ruhe forderte, zuwiderlief. Bevorzugt verlegt er sich auf die Rolle des ruhig an seinem Tisch sitzenden Beobachters und Zuhörers. Max Brod schätzte es, wenn er dem Freund im *Arco, Corso* oder *Continental*, wo man in späteren Jahren für Autoren sogar ein Arbeitszimmer mit einer Schreibmaschine einrichtete, aus seinen neuesten Manuskripten vorlesen konnte.[46] Nicht selten entbrannte im Anschluß eine heftige Debatte über das jeweils aktuelle Projekt, an der hinzustoßende Bekannte spontan teilnahmen.

Kafkas Verhältnis zu den Arbeiten Brods ist schwierig und ambivalent. Der Freund produziert mit niemals erlahmender Intensität, hastig und ohne letzte Sorgfalt. Seine Weltanschauung sei die des «Literaten», erklärt er 1913 freimütig im Essayband *Über die Schönheit häßlicher Bilder*.[47] Brods Arbeitstempo war unerhört, führte jedoch zu künstlerischen Kompromissen: den Prosasammlungen *Tod den Toten!* (1906) und *Experimente* (1907) folgte sehr rasch zeitgeistnahe Lyrik – *Der Weg des Verliebten* (1907) –, die in dandyhafter Attitüde einen faden Kult der obsessiven Erotomanie pflegte. Kafka hatte für die bei Axel Juncker veröffentlichte Ausgabe eine Umschlagzeichnung entworfen, die von der Druckerei aber nicht reproduziert werden konnte. In schnellem Takt entstand danach eine Serie von Prosaarbeiten: der schon genannte Roman *Schloß Nornepygge* (1908), *Die Erziehung zur Hetäre, Ein tschechisches Dienstmädchen* (beide 1909), *Jüdinnen* (1911), *Arnold Beer* (1912), *Der Bräutigam* (1912), *Weiberwirtschaft* (1913) und – Kafka gewidmet – *Tycho Brahes Weg zu Gott* (1915). Brods Stärke war ein zuweilen leichtfüßiger, ironisch gefärbter Stil, der in seinen besten Momenten plastische Seelenportraits lieferte, an schwächeren Stellen jedoch seicht, banal und redundant wirkte. Insbesondere seine Lyrik zeigte sich durch ihre Mischung aus Kabarett-Ton, urbanem Witz, Dandy-Attitüde und Männerphantasien auf der Höhe der Zeit. Ein Vorläufer des Expressionismus, wie man oft liest, war Brod jedoch nicht; allzu konventionell blieb sein sprachlicher Gestus, allzu bodenständig seine Psychologie der Leidenschaften. Neben die literarischen Arbeiten, zu denen auch Dramentexte wie der von süßlichem Impressionismus und kitschigem Seelenpathos geprägte Einakter *Die Höhe des Gefühls* (1913) gehörten, traten philosophisch-ästhetische Abhandlungen, Zeitungsartikel, kurze Essays (über Mode, Theater, Musik, französische Literatur, Film, Okkultismus), Rezensionen, Vorträge, nicht zuletzt Liedkompositionen und Klavierstücke. Mit großer Energie förderte Brod zudem junge Künstlertalente, neben Franz Werfel den tschechischen Schriftsteller Jaroslav Hašek sowie die Komponisten Leoš Janáček und Carl Nielsen.[48]

Bedenkt man, daß Brod seit 1909 eine Stelle als Beamter der Prager Post-direktion (bis 1924) versah und für das Schreiben nur die Nachmittags- bzw. Nachtstunden in Frage kamen, so läßt sich die ungeheure Anstrengung ah-nen, die ihm sein Arbeitspensum abverlangte. Das ausgeprägte Leistungs-ethos war einem kranken Körper abgerungen; es suchte die Benachteiligung auszugleichen, die Brod angesichts seiner Physis empfinden mußte. Die künstlerische Qualität blieb freilich bei solchen Gewaltakten auf der Strecke. Zwar besaß Brod ein exzellentes Gespür für modische Themen – Großstadt-leben, erotische Liberalisierung, Kinoästhetik, Photographie –, doch fehlt ihm die Fähigkeit zur ruhigen Ausarbeitung seiner Stoffe. Die literarischen Arbeiten wirkten oftmals im schlechten Sinne feuilletonistisch, hastig hinge-schludert, ohne sprachliche Nuancierung, durchsetzt von psychologischen Klischees und routiniertem Journalismus. Kafka verbirgt dem Freund nicht, daß er sein Schreibtempo bedenklich, seine Rastlosigkeit ruinös findet. In die Bewunderung für Brods Produktivität mischt sich frühzeitig die Sorge, daß er seine Kräfte nicht hinreichend zu konzentrieren vermöge. Bereits im Juni 1908 bemerkt er mit skeptischem Unterton über *Schloß Nornepygge*: «Was für ein Lärm; ein wie beherrschter Lärm.» (Br I 84) Ende März 1911 entsteht der Entwurf einer Kritik zu Brods *Jüdinnen*, der aber nicht abge-schlossen wird. Daß sie nicht nur lobend ausgefallen wäre, verrät eine vielsa-gende Notiz, die er Anfang September 1911 während eines gemeinsamen Aufenthalts in Mailand festhält: «Max bedauert Geschriebenes nur während des Schreibens, später niemals [.]» (R 41) Kafkas Distanz zum Typus des Lite-raten, den der umtriebige Freund repräsentierte, läßt sich nicht überbrük-ken, weil ihm dessen gespreizte Selbstdarstellung fremd bleibt. Brods Ver-strickung in die Konventionen der literarischen Polemik, wie sie seine Auseinandersetzung mit Karl Kraus bekundet, erscheint ihm kaum nach-vollziehbar (T I 232f.).[49] Brod hatte am 3. Juli 1911 in der *Aktion* Kraus at-tackiert («Ein mittelmäßiger Kopf»), worauf der Angegriffene fünf Tage spä-ter in der *Fackel* mit heftigen Ausfällen antwortete. Solchen aufgeregten Ge-fechten der Tageskritik wird sich Kafka zeitlebens entziehen, weil sie ihm in ihrer Aggressivität befremdlich, in ihrer rituellen Ordnung banal, im narziß-tischen Habitus leer und eitel vorkommen.

Die meisten seiner privaten Kontakte jenseits der Familie pflegt Kafka in dieser Periode über das Caféhaus. Das gilt auch für das respektvolle Verhält-nis zu Franz Werfel, das sich bei den regelmäßigen Treffen im *Café Arco* und im luxuriöseren *Louvre* entwickelte. Der 1890 geborene Werfel, der bereits als Gymnasiast durch Rezitationen seiner Texte hervortrat, debütierte 1911 im Leipziger Juncker-Verlag mit dem Lyrikband *Der Weltfreund*, der ihn nach wenigen Wochen – die ersten 4000 Exemplare waren innerhalb von sieben Tagen ausverkauft – zum Star der Prager Literaturszene avancieren ließ.[50]

Kafka bewundert an Werfel, den er zur Jahreswende 1908/09 durch Brod
kennengelernt hatte, die literarische Vitalität und das ausgeprägte, in späteren
Jahren leicht routiniert wirkende Formverständnis, das er «mit musikali-
schem Sinn» kultiviert; «großartig im Gebären» nennt ihn Kasimir Edschmid
(T I 232).[51] Seine lyrischen Texte schwanken zwischen steilem Pathos und
unterkühlter Sachlichkeit, Manierismus und Gesprächston, Hofbühne und
Cabaret. Ende Dezember 1911 vermerkt Kafka nach einem Rezitationsabend Werfels, die Begeisterung habe ihn fast «bis in den Unsinn» fortgerissen, so daß sich sein Kopf fühle «wie von Dampf erfüllt.» Am 30. August
1912 nennt er ihn ein «Ungeheuer», nachdem er im Arco eine Lesung seiner
neuen Gedichte aus dem geplanten Band Wir sind (1913) gehört hat (T I
239, II 80). Max Brod beschreibt seine Vortragstechnik, die sich auf ein stu-
pendes Gedächtnis stützt, als imposanten Theaterakt, bei dem er mit «inniger
oder aber jauchzender Stimme» gesprochen und «bald in lauten, bald in sehr
reichen vielfältigen Modulationen» förmlich gesungen habe.[52] Daß Werfels
hochgerühmte Deklamationskunst das Produkt konsequenter Übung war,
verrät freimütig das Gedicht Mein Pathos (1911): «Ja, so ist es besser, | Daß vor
dem Spiegel ich Worte und Gesten türme.»[53]
   Die Freundschaft zu Werfel bleibt nicht ungetrübt, weil Kafka ihn um die
finanzielle Unabhängigkeit, die er als Sohn eines vermögenden (und toleranten) Prager Handschuhfabrikanten genießt, beneidet: «Ich hasse W. (...)
Er ist gesund, jung und reich, ich in allem anders.» (T I 232) Ende 1912 verläßt Werfel Prag und siedelt nach Leipzig über, wo er offiziell als Lektor
beim Wolff-Verlag angestellt wird, faktisch jedoch seine gesamte Zeit dem
Schreiben widmen kann. Im Blick auf derart günstige Arbeitsverhältnisse
nennt Kafka ihn neidvoll einen «schönen Faulenzer» (Br II 51). Als man sich
am Neujahrstag 1913 in Prag wiedertrifft, reißt ihn erneut das wilde Pathos
seines freien Vortrags hin, obgleich er nach einer Privatlesung von Texten aus
dem Band Wir sind gegen dessen «Einförmigkeit» einige «Einwände» hegt
(Br II 12). Auch die ersten szenischen Versuche des jungen Autors, die kurz
zuvor entstanden, scheinen ihn aufgrund ihres musikalischen Sprachrhyth-
mus zu fesseln. Ende Mai 1912 überläßt ihm Werfel den Text seines eben in
den Herderblättern veröffentlichten lyrischen Dramas Der Besuch aus dem Ely-
sium zur Lektüre (T II 72). Auszüge aus seiner Euripides-Übersetzung Die
Troerinnen liest Kafka im selben Jahr mit Anerkennung in Schickeles Weißen
Blättern. Während er die dampfende Rhetorik der Dramen Spiegelmensch
und Bocksgesang, die nach dem Krieg Werfels Bühnenruhm begründen,
durchaus schätzt, wird er ihm den stilistischen Wechsel zu einem derben Mi-
lieu-Realismus verübeln, wie ihn die Tragödie Schweiger (1922) vollzieht
(E 130; vgl. Br 423f.). Noch im Mai 1920 heißt es jedoch voller Respekt,
Werfel werde ihm «schöner und liebenswerter von Jahr zu Jahr» (Mi 24).

Zu Werfels Umfeld zählt dessen Schulfreund Willy Haas, der in der Hybernergasse gegenüber dem *Café Arco* wohnte. Als Jurastudent gründete der Neunzehnjährige 1910 den *Herder-Verein*; die Namensgebung verweist auf den Umstand, daß man sich um eine Vermittlung zwischen slawischer und deutscher Kultur bemühte, wie sie auch Herder, den Max Brod ‹großartigstürmisch› nannte, angestrebt hatte.[54] Dem Verein waren seit 1912 die *Herderblätter* als ständiges Journal und Forum junger Prager Autoren beigeordnet. Organisatorisch gehörte die studentische Gruppe um Haas zur jüdischen Loge *B'nai B'rith*, deren kulturpolitischen Ableger sie bildete.[55] Gemeinsam mit dem vier Jahre älteren Otto Pick, der sein Geld als Bankbeamter verdiente, aber bereits für diverse Feuilletons arbeitete – später wurde er einer der wichtigsten Prager Publizisten –, veranstaltete der umtriebige Haas regelmäßig Leseabende und Diskussionsrunden, auch über Fragen des Judentums. Kafka hat ihn persönlich geschätzt, zugleich jedoch eine gewisse Distanz zur Bonhomie des acht Jahre Jüngeren bewahrt, die sich im Ton der an ihn gerichteten Briefe bekundet. Zusammen mit Haas, Brod, Werfel, Weltsch und Paul Kornfeld nimmt Kafka im Spätwinter 1909 in den Kellerräumen eines Caféhauses, vermutlich des *Radetzky* am Kleinseitner Ring, gelegentlich an spiritistischen Sitzungen teil.[56] Das Interesse für Phänomene des Okkultismus, den Adorno als «Metaphysik der dummen Kerle» bezeichnet hat, entspringt einer Zeitmode.[57] Auch Thomas Mann mochte sich ihr nicht entziehen, als er mehrfach in München Séancen des Parapsychologen und Hypnotiseurs Albert von Schrenck-Notzing besuchte[58] (seine Beobachtungen gingen bekanntlich in das Okkultismus-Kapitel des *Zauberberg* ein). Max Brod hat die gemeinsamen Erfahrungen mit spiritistischen Experimenten in einem 1913 publizierten Essay (*Höhere Welten*) nicht frei von Ironie geschildert.[59] Auf Kafka scheinen sie, so erinnert sich Haas später, wenig Eindruck gemacht zu haben.[60]

Umtriebige Literaten wie Haas oder der geschäftstüchtige, ständig neue Beziehungen knüpfende Pick ziehen Kafka bereits in jungen Jahren wenig an. Kein Zufall mag es daher sein, wenn er jenseits der Prager Autorenzirkel bewußt den Kontakt zu Außenseitern sucht. Mit dem als Einzelgänger geltenden Zeichner und Autor Alfred Kubin, der fünf Jahre älter als er selbst ist, kommt er Ende September 1911 erstmals zusammen. Dessen Redseligkeit, die sich im Erzählen witziger Geschichten und intimer Details bekundet, fesselt ihn zwar, stößt ihn aber auch ab (T I 39; vgl. T II 158). Über Kubins phantastischen Roman *Die andere Seite* (1909) hat er sich nie geäußert, jedoch läßt sich nachweisen, daß er das Milieu seiner eigenen Texte, insbesondere die Konstruktion der *Schloß*-Geschichte, punktuell beeinflußte.[61] Bedeutsam für die Wirkungsgeschichte von Kafkas Arbeiten wird die Begegnung mit dem 21jährigen Berliner Jurastudenten Kurt Tucholsky, der 1907 mit dem satirischen *Märchen* in der Zeitschrift *Ulk* debütiert hatte. Kafka trifft Tucholsky und dessen gleichaltrigen Freund, den Zeichner Kurt Szafranski, am 30. September 1911 in Prag (auf Brod wirken die beiden, so erinnert er sich später, wie zwei wandernde Handwerksburschen).[62] Der Kontakt stellt sich durch Brods Berliner Verleger Axel Juncker her, einen lebenslustigen dänischen Bohemien, für den Szafranski, der ein Schüler Lucian Bernhards war, gelegentlich als Illustrator arbeitete (von ihm wird auch der Umschlag für Werfels *Weltfreund*-Band stammen). Nach anregenden literarischen Gesprächen besucht man am Abend gemeinsam mit den Berliner Gästen das Nobelbordell *Salon Šuha* (T I 41). Der junge Tucholsky, der eben seine journalistische Laufbahn als freier Mitarbeiter des *Vorwärts* begonnen hat – ein «ganz einheitlicher Mensch» (T I 39) –, wird schon bald zu den publizistischen Geburtshelfern von Kafkas Autorenruhm gehören. Ende Januar 1913 bespricht er die *Betrachtung* für das *Prager Tagblatt* und bescheinigt dem Debüt, daß es in seiner ‹singenden Prosa› an Robert Walser erinnere, zugleich aber «viel Neues» biete, das eine große Laufbahn verheiße.[63] Am 3. Juni 1920 feiert er in einer Rezension für die *Weltbühne* die Erzählung *In der Strafkolonie* als Werk eines zweiten Kleist: «Seit dem Michael Kohlhaas ist keine deutsche Novelle geschrieben worden, die mit so bewußter Kraft jede innere Anteilnahme anscheinend unterdrückt und die doch so durchblutet ist von ihrem Autor.»[64]

Zwischen Herbst 1910 und Frühjahr 1912 verfolgt Kafka das Prager Kulturleben in einer Intensität, wie er sie später nicht mehr entfalten wird. Am 7. November 1910 hört er Paul Wiegler, damals Redakteur der *Bohemia*, im Deutschen Studentenheim mit einem Referat über Hebbels Leben und seine *Maria Magdalene*. Am 27. November besucht er eine (beim Publikum auf Reserve stoßende) Lesung Bernhard Kellermanns im Spiegelsaal des Deutschen Kasinos am Graben, am 15. März 1911 ein Programm von Karl Kraus, zu dessen Repertoire ein Versuch über *Heine und die Folgen* zählt, zwei Tage später einen Vortrag des Wiener Architekten Adolf Loos über *Ornament und Verbrechen*, Ende Mai eine Einführung in die Relativitätstheorie, die der frisch nach Prag berufene Albert Einstein im Auditorium des physikalischen Instituts der Karls-Universität gibt. Am 11. November hört Kafka den französischen Schriftsteller Jean Richepin, der im *Rudolfinum* über die Napoleon-Legende spricht. Am 16. Februar 1912 nimmt er an einer Veranstaltung des *Herder-Vereins* teil, auf der Oskar Bie ein Referat zur Ästhetik des Tanzes hält und Hofmannsthal – in für ihn enttäuschender Manier – eine Gedichtauswahl vorträgt; den Abend beendet die berühmte Grete Wiesenthal aus Wien, für die Hofmannsthal 1910 das Ballettlibretto *Das fremde Mädchen* geschrieben hatte, mit Tänzen zu Strauß-Walzern und Liszts zweiter ungarischer Rhapsodie. Vermutlich war es nicht nur der Auftritt des verehrten österreichischen Autors, sondern auch der choreographische Teil des Programms, der Kafka hier anzog. Außerordentlich gefesselt hatte ihn bereits das Gastspiel des Petersburger kaiserlich-russischen Balletts am 24./25. Mai 1909. Der erotisch gefärbte Zigeunertanz der Jewgenja Eduardowa faszinierte ihn so sehr, daß er von diesem Eindruck geraume Zeit gefangen blieb; Felice Bauer gesteht er noch zweieinhalb Jahre später, er habe über mehrere Monate von der Eduardowa geträumt (Br II 45).[65] Im Januar 1913 sieht er einen russischen Ballettabend mit dem berühmten Nijinskij, den er für einen «fehlerlose[n]» Menschen hält (Br II 48). Die Frequenz, in der er das reiche Kunstangebot Prags wahrnimmt, steigert sich zu Beginn des Jahres 1912 nochmals erheblich; so besucht er allein im März 1912 an acht Abenden Vorträge, Liedervorführungen oder das Theater.

Während der ersten Berufsjahre legt Kafka seine Lektüren systematischer an als in der Studienzeit. Besonderes Gewicht besitzen aktuelle Texte, die zumeist im Prager Umkreis entstanden oder sogar aus dem engsten Freundeszirkel stammten. Entdeckungen älterer Autoren sind hingegen selten, weil Kafka sich auf diesem Feld ungern zerstreut und nur auswählt, was ihn sogleich, ohne daß er Mühen investieren muß, in den Bann schlägt. Seit 1911 beschäftigt er sich intensiv mit Goethe, dessen klassische Dramen er als Schüler eher durchlitten als genossen hatte. Im Vordergrund steht die Lektüre von *Dichtung und Wahrheit*, die ihm, ebenso wie die *Gespräche mit Eckermann*, einen aus Befremden und Faszination gemischten Eindruck vermittelt (T II 29ff.). Das biographische Interesse fesselt ihn auch nach dem Studium vor allem an Kleist, dessen Texte er wie heilige Schriften liest. Im November 1911 notiert er sarkastisch über die Berliner Kleist-Feier aus Anlaß des 100. Todestages, die Familie habe auf dem Grab am Wannsee einen Kranz mit der Aufschrift *«Dem Besten ihres Geschlechts»* niedergelegt (T I 206). Kaum zufällig durchbricht er bei Kleist die Gewohnheit, Texte nur den Schwestern oder engen Freunden vorzutragen. Am 11. Dezember 1913 liest er in der *Toynbee-Halle*, wo regelmäßig Kulturabende für ein kleinbürgerliches Publikum stattfinden, den Beginn des *Michael Kohlhaas* vor. Daß Rezitationen im intimen Kreis zu seinen besonderen Leidenschaften gehören, gesteht er selbst offen ein; umgekehrt bedeutet der Auftritt vor fremden Zuschauern jedoch eine innere Belastung, der er sich später nicht mehr aussetzt. Nach dem Abend in der *Toynbee-Halle* bilanziert er enttäuscht: «Ganz und gar mißlungen. Schlecht ausgewählt, schlecht vorgetragen, schließlich sinnlos im Text herumgeschwommen.» (T II 215f.) Solche Formen der Selbstkritik dürften der tatsächlichen Wirkung der Lesung kaum entsprochen haben. Oskar Baum betont in einer Erinnerung aus dem Jahr 1929, Kafka sei stets ein vorzüglicher Rezitator gewesen, der sich, «in schwindelerregendem Zungentempo, ganz einer musikalischen Breite der Phrasierung von endlos langem Atem und gewaltig sich steigernden Crescendi der dynamischen Terrassen» hingegeben habe.[66]

Sechstes Kapitel
Auf Spurensuche (1908–1912)

Der Reisende

Ein verbreitetes Urteil besagt, Kafkas Erfahrungswelt sei auf Prag und seine böhmische Umgebung beschränkt geblieben. Dem genaueren Blick erschließt sich jedoch ein anderes Bild, das mit dem Porträt des erfahrungsängstlichen Einsiedlers, wie er es später selbst entwarf, nicht übereinstimmt. Kafka besaß eine ungebrochene Reiselust, die er in den ersten Berufsjahren gemeinsam mit Max Brod zu erproben begann. Er sah große Teile Ost- und Südeuropas, die Nord- und Ostsee, lernte die modernen Metropolen der Kaiserzeit kennen: Berlin, Dresden, Leipzig, Paris, Mailand, Zürich, Wien und Budapest. Reisen bedeutet für Kafka die Möglichkeit, Fremdes zu beobachten und in seiner Eigentümlichkeit frei von Anpassungszwängen festzuhalten, ohne den Schutz der Anonymität preiszugeben. Bereits Bahnhofsszenen, Zug- und Metrofahrten bieten ihm Anlässe, jene verfeinerte Wahrnehmungskultur zu praktizieren, die sich unter den Belastungen des Alltags nur sporadisch entfalten konnte. Auch in den Zeiten des Urlaubs ist Kafka mit dem Medium der Schrift verbunden: durch die Lektüre von Periodika, Reiseführern und Romanen, die ihn in fremde Regionen einweihen, und durch seine Tagebuchnotizen, deren trennscharfer Duktus das Gesehene einfängt, um es zum Material für künftige Geschichten zu ordnen. Zwar ruhen in solchen Phasen konkrete literarische Projekte, doch sucht er zumindest durch die sporadische Arbeit an einem Reisejournal für jene Kontinuität des Schreibens zu sorgen, ohne die er nicht glücklich sein kann. Daß dieses Journal nach 1912 abgebrochen wird, ist wiederum ein Indiz für die zunehmend selbstkritische Haltung, mit der er seine eigenen Wahrnehmungstechniken beurteilt (sie wird ab 1914 zum Stocken des gesamten Tagebuchs führen).

Die erste größere Auslandsreise seit dem Besuch auf Norderney unternimmt Kafka gemeinsam mit Max und Otto Brod; im September 1909 fährt man für zehn Tage nach Riva am Gardasee, das Otto ein Jahr zuvor schon allein erkundet hatte. In Riva, das damals noch zum Habsburgerreich gehörte, genießen die Urlauber die Tage in einer «kleinen Badeanstalt unter der Ponalestraße, in den ‹Bagni della Madonnina›», wo auch der Tiroler Schriftsteller Carl Dallago, ein bekennender «Naturapostel» und Vegetarier, unter primitiven Lebensumständen seine Sommer verbringt. Man liegt auf grauen

Brettern in der Sonne, beobachtet, wie «die funkelnden Eidechsen über die Gartenwege schlüpfen», liest zur Übung der Sprache die örtliche Zeitung (*La Sentinella Bresciana*) und setzt sich, wenn die Hitze unerträglich geworden ist, in den Schatten der «ragenden Felswand», die das Gelände säumt.[1] Gelegentlich mieten die Freunde ein Boot, rudern gemeinsam auf den See und lassen sich in dessen Mitte treiben. Max Brod besitzt einen Photoapparat und hält einige der Urlaubsszenen in grobkörnigen Bildern fest, die vom milchigen Licht der norditalienischen Spätsommertage überzogen scheinen. Eine Reminiszenz an die schläfrige Stimmung von Wärme, gedämpfter Ruhe und Müßiggang wird Kafka zu Beginn des Jahres 1917 in der Erzählung *Der Jäger Gracchus* beschwören, deren phantastisches Geschehen sich in Riva zuträgt.[2]

Am 9. September 1909 erfuhren die Freunde durch eine Zeitungsnotiz, daß zwischen dem 8. und 20. September in Brescia eine internationale Flugschau geboten wurde. Die ersten Tage waren für die Besichtigung der Flugzeuge durch das Publikum vorgesehen, danach sollten Luftwettbewerbe um üppige Preisgelder stattfinden. In den frühen Morgenstunden des 10. September brechen die neugierig gewordenen Prager Urlauber von Riva mit dem Dampfer auf und besteigen in Desenzano den Zug, der am frühen Nachmittag in Brescia einläuft. Sie erkunden die Stadt, geraten am Abend in Streit mit einem Pferdekutscher, der sie zu einem betrügerisch hohen Preis befördert, und übernachten in einem engen, schmutzigen Zimmer, das einer «Räuberhöhle» gleicht (D 312).[3] Die Flugdarbietung, die am folgenden Tag auf einer Heidefläche (‹Brughiera›) vor mehr als tausend Zuschauern abläuft, bildet einen Höhepunkt in der frühen Geschichte der Luftfahrt, gehören ihre Teilnehmer doch zu den berühmtesten Piloten der Epoche. Unter ihnen befinden sich der Franzose Louis Blériot, der wenige Wochen zuvor die erste Überquerung des Ärmelkanals bewältigt hatte, sein Landsmann Henri Rougier, der am Abend des 11. September 1911 mit 198 Metern die höchste Flughöhe des Meetings erreichen wird, der Amerikaner Glenn Curtiss, der den Geschwindigkeitsrekord hielt, sowie die italienischen Lokalmatadore Alessandro Anzani und Mario Calderara. In der Zuschauermenge, die von Angehörigen des italienischen Hochadels durchsetzt war, zeigten sich Giacomo Puccini und der Technikfanatiker Gabriele d'Annunzio, der an einem Roman über die Fliegerei arbeitete und am 12. September selbst als Passagier des wortkargen Amerikaners Curtiss in die Lüfte aufstieg.[4] Neben den Fliegern sind es die schönen Italienerinnen in aufwendigen Garderoben, die die Blicke der drei Freunde anziehen; Max Brod wird am Nachmittag weniger die mutigen Piloten beobachten als die eleganten Frauen, die ihnen bei ihren Kunststücken zusehen (BK I 12).

Nachdem sich das zunächst trübe und windige Wetter am Nachmittag verbessert hat, steigen gegen 16 Uhr die ersten Maschinen von dem einem

«Pferderennplatz» gleichenden Flugfeld auf (BK I 10). Der Wettbewerb ist in verschiedene Einzelkonkurrenzen gegliedert, so daß den Zuschauern einige Abwechslung geboten wird. Die Piloten zeigen ihre Höhenflugtechnik, kämpfen um den Geschwindigkeitspreis und suchen sich in der Flugdauer zu übertreffen. Erst bei Einbruch der Dämmerung verlassen die beeindruckten Prager Urlauber, die niemals zuvor ein Flugzeug in der Luft gesehen haben, das weitläufige Gelände der ‹Brughiera›, weil sie in Brescia noch ihren Zug erreichen müssen. Max Brod, der unter dem Eindruck der erregten Stimmung von der Organisation eines Prager Flugmeetings träumt, schlägt Kafka vor, das Ereignis in getrennten Arbeiten zu beschreiben und einen Wettstreit um die beste Form der Reportage zu führen. Noch in Riva, wo sie während der letzten Urlaubstage die Ruhe der sich leerenden Badeanstalt genießen, beginnen die Freunde mit der Ausarbeitung ihrer Manuskripte. Kafkas leicht gekürzter Text erscheint am 29. September 1909, zwei Wochen nach der Rückkehr aus Italien, unter dem Titel *Die Aeroplane in Brescia* in der Prager *Bohemia*, mit deren Feuilletonredakteuren Paul Wiegler und Willi Handl Brod in engerem Kontakt stand. Brod selbst hat dem Brescia-Meeting drei Jahre später in seinem Roman *Arnold Beer*, der gleichfalls eine Flugschau beschreibt, ein Denkmal gesetzt.[5]

Kafkas Artikel liefert die erste ästhetisch ambitionierte Schilderung eines Flugmeetings, welche die deutschsprachige Literatur kennt. Die kurze Studie nutzt die Perspektive eines unbefangenen Blicks, mit dem die Stimmung in der Campagna, dann der Flugplatz, die neugierige Zuschauermasse, schließlich die Künste der Piloten erfaßt werden. Zunächst sammelt der Text die flüchtigen Impressionen, die das Treiben der gewaltig ausgedehnten Menge vermittelt (die ausführliche Darstellung der unkomfortablen Anreise strich Wiegler für den Druck). Die Schleier und Hüte der attraktiven Aristokratinnen, die eleganten Anzüge ihrer Begleiter, die Gebärdensprache der rauchenden Piloten, das stumme Treiben der Mechaniker in den Fliegerhallen und das selbstsichere Auftreten der Pilotenfrauen geraten gleichermaßen ins Visier des Reporters. Aufmerksam, aber ohne Heroisierung observiert er die Prominenten unter den Zuschauern: «Gabriele d'Annunzio, klein und schwach, tanzt scheinbar schüchtern vor dem Conte Oldofredi, einem der bedeutendsten Herren des Komitees. Von der Tribüne schaut über das Geländer das starke Gesicht Puccinis mit einer Nase, die man eine Trinkernase nennen könnte.» (D 317) Die hinter Vorhängen untergebrachten Flugmaschinen wirken durch ihre breiten Formen auf den Berichterstatter «wie geschlossene Bühnen wandernder Komödianten.» (D 313) Die Beschreibung der zum Himmel aufsteigenden Piloten weitet sich schließlich zu einem subtilen Spiel mit den Perspektiven, das den Standort des Zuschauers unsicher werden läßt. Die Darstellung gerät, von kunstvoller Unaufdringlichkeit beherrscht, zu einem Tableau, auf dem sich die Vexierspiele von Abstand und Nähe wie unter einem diffusen Lichtkegel zeigen. Über den Versuch des Amerikaners Curtiss heißt es: «(…) schon fliegt er über uns hinweg, fliegt über die Ebene, die sich vor ihm vergrößert, zu den Wäldern, er verschwindet, wir sehen die Wälder an, nicht ihn.» (D 318)

Die eigentliche Sensation des Tages kann Kafkas Rapport nur als Suchbild aus zunehmender Entfernung umreißen – die Prager Urlauber verpassen sie, weil sie das Flugfeld bei hereinbrechender Dämmerung verlassen, um noch in der Nacht nach Riva zurückkehren zu können. Während sie in der offenen Kutsche zum Bahnhof von Brescia aufbrechen, schwingt sich Rougier zu einem Rekordflug in die Höhe, bei dem er stattliche 117 Meter erreicht: «Der Weg dreht sich und Rougier erscheint so hoch, daß man glaubt, seine Lage könne bald nur nach den Sternen bestimmt werden, die sich gleich auf dem Himmel zeigen werden, der sich schon dunkel verfärbt. Wir hören nicht auf, uns umzudrehen; gerade steigt noch Rougier, mit uns aber geht es endgültig tiefer in die Campagna.» (D 320)[6] Die Freunde, die nur vier Tage später Italien verlassen, trösten sich angesichts der intensiven Eindrücke mit der Hoffnung, daß «man etwas ähnliches» wie das Brescia-Meeting auch «in Prag veranstalten könnte» (D 320).

Für den Herbst 1910 wird eine Parisreise geplant, die Kafka langfristig vorbereitet, indem er seit dem Sommer private Französischstunden bei dem Maler Willy Nowak und einer Konversationsdame nimmt. Bereits Ende des Jahres 1907 begann er mit Brod, Romane Flauberts – *L'éducation sentimentale*, *Bouvard et Pécuchet*, *La tentation du St. Antoine* – im Original zu lesen, um jene rudimentären Sprachkenntnisse auszubauen, die er durch die Gouvernanten seiner Schwester erworben hatte. Am 8. Oktober 1910 reist er mit Otto Brod zunächst nach Nürnberg, wo man, um die Strecke aufzuteilen, übernachtet (Kafka hatte hier bereits im Dezember 1903, auf dem Rückweg von München nach Prag, Station gemacht); Max Brod stößt erst am nächsten Morgen, aus Pilsen kommend, zu ihnen und weckt die Schlafenden, die erst spät ins Bett gekommen sind, gegen acht Uhr im Hotel (BK I 37). Nach einer 14stündigen Bahnfahrt treffen die Freunde am späten Abend des 9. Oktober in Paris ein. Das urbane Bild, das sich Kafka in den folgenden neun Tagen offenbart, unterscheidet sich freilich von den auf die Verhältnisse der 1840er Jahre bezogenen Beschreibungen, die er durch Flauberts *Éducation* kannte. «Le vieux Paris n'est plus (la forme d'une ville | Change plus vite, hélas! Que le cœur d'un mortel)», so klagt schon Baudelaire in *Le Cygne* aus den *Fleurs du mal* (1857/61): «Das alte Paris ist nicht mehr (die Gestalt einer Stadt wechselt rascher, ach! Als das Herz eines Sterblichen)».[7]

Das Programm der Reisenden umfaßt Besichtigungen und Vergnügungen sehr unterschiedlicher Art. Klassische Orte wie Tuilerien, Louvre, Montmar-

tre, Jardin du Luxembourg, Arc de Triomphe und Eiffelturm zählen ebenso
zum Pensum der drei Prager Touristen wie das historische Museum (*Musée
Carnavalet*), das *Odéon*-Theater (mit einer Aufführung der *Manette Salomon*
aus der Schreibfabrik der Brüder Goncourt), ein Grammophonsalon und
der Besuch der großen Warenhäuser der Stadt, wo Kafka, seinem sonstigen
Geiz zum Trotz, eine teure Krawatte ersteht (Br I 293).[8] Eine besondere Attraktion bilden zwei Besuche im Varieté – mit erotisch gefärbtem Tanzpro-
gramm (*Folies Bergère*) sowie komischen Chansons (*La Cigalle*) – und im
Vaudeville, in dem die berühmte Tänzerin Polaire auftritt; schon Ludwig
Börne schrieb in seinen *Briefen aus Paris* (1832–34), die Tanzvorführungen
der französischen Metropole seien derart mitreißend, daß man «selbst Hegel
zu einem Walzer aufzufordern» Lust habe.[9] Auf Wunsch von Max Brod, der
Paris bereits 1909 gemeinsam mit dem ortskundigen Maler Georg Kars
(Karpeles) erkundet hatte, durchstreifen die Freunde am 16. Oktober die
Nachtlokale von Montmartre und geraten dabei zu später Stunde in das
Grande Taverne, das neben mehreren Restaurants auch ein Kino, eine amerikanische Bar und diverse Chambres separées für erotische Abenteuer mit
den Animiermädchen bot.[10] Kafka kann freilich zu diesem Zeitpunkt den
Freuden der Nacht nichts mehr abgewinnen, weil er seit Tagen an einer Furunkulose am Rücken leidet, die seine Unternehmungslust empfindlich
einschränkt. Die Stimmung ist gedrückt, da er sich mit sinnlosen Schuldvor-
würfen quält und durch seine hypochondrische Selbstbeobachtung auch die
Freunde enerviert; die in Paris konsultierten Ärzte können zumindest kurzfristig nicht helfen.[11] Am 16. Oktober fährt er, um die Brod-Brüder durch
seine Depression nicht mehr zu belasten, mit der Metro allein nach Long-
champ, wo er im Hippodrom ein Pferderennen sieht – ein Eindruck, der
später in den Roman *Der Verschollene* eingearbeitet wird. Am 17. Oktober,
nach neun Tagen, bricht er seinen für zwei Wochen geplanten Aufenthalt ab
und reist nach Prag zurück, um seine Abszesse kontinuierlich behandeln zu
lassen.

Da ihm zum Ende des Jahres noch ein Resturlaub bleibt, fährt Kafka, inzwischen von der Furunkulose genesen, am 3. Dezember 1910 für sechs Tage
nach Berlin. Im Mittelpunkt steht dabei die Erkundung des seriösen städtischen Theaterlebens, das er mit den Pariser Eindrücken, wie sie das *Odéon*
vermittelte, vergleichen möchte. Bereits am Abend der Ankunft besucht er
die Kammerspiele; am nächsten Tag sieht er Schnitzlers *Anatol* im Lessing-
Theater, ohne jedoch sonderlich beeindruckt zu sein – in späteren Jahren
wird er eine förmliche Phobie gegenüber Schnitzlers Arbeiten entwickeln,
die er für oberflächlich und wirkungskalkuliert hält (Br II 91). Fasziniert verfolgt er dagegen einen Tag später Max Reinhardts *Hamlet*-Inszenierung im
Deutschen Theater, in der Albert Bassermann die Titelrolle und Gertrud Ey-

soldt die Ophelia spielen. Daß ihn der *Hamlet*-Stoff in besonderem Maße gefesselt hat, ist offenkundig (er besaß eine 1878 publizierte neunbändige Ausgabe der Dramen des elisabethanischen Dramatikers, die er antiquarisch erstanden hatte).[12] Auch Shakespeares Held erscheint als ewiger Sohn, der nicht aus dem Schatten seines noch im Tod übermächtigen Vaters zu treten vermag und sich, wie Freuds Interpretation in der *Traumdeutung* hervorhob, einem von Inzestphantasien gespeisten Schuldgefühl unterwirft, das ihn handlungsunfähig werden läßt.[13] Hamlet, der grübelnde Tat-Beobachter ohne Tatkraft, ist eine Figur, in deren Seelendunkel sich Kafka auskennt; Ende Oktober 1915 fragt er lakonisch im Tagebuch: «Wie konnte Fortinbras sagen, H. hätte sich höchst königlich bewährt?» (T III 101) Der Eindruck, den die Berliner Inszenierung hinterläßt, sei, so berichtet er Max Brod, geradezu physischer Natur: «Ganze Viertelstunden hatte ich bei Gott das Gesicht eines andern Menschen, von Zeit zu Zeit mußte ich von der Bühne weg in eine leere Loge schauen, um in Ordnung zu kommen.» (Br I 129) Über Gertrud Eysoldt, die in Berlin als überragende Ibsen- und Hofmannsthal-Spielerin galt, heißt es rückblickend in einem Brief vom Januar 1913: «Ihr Wesen und ihre Stimme beherrschen mich geradezu.» (Br II 43) Ein Besuch im Metropol-Theater an der Behrensstraße, auf dessen Programm die Revue *Hurra! Wir leben noch!* und Jacques Offenbachs Operette *Pariser Leben* stehen, erzeugt hingegen nur den Effekt der Langeweile, an den er sich noch zwei Jahre später erinnert; «mit einem Gähnen meines ganzen Menschen größer als die Bühnenöffnung» habe er die Aufführung begleitet, gesteht er am 24. Oktober 1912 (Br I 187).

Ende August 1911 fahren Brod und Kafka über München, Zürich und Luzern zum Sommerurlaub nach Lugano. Da Kafka diese Reise relativ ausführlich im Journal beschrieben hat, gewinnt sie für uns eine eigene Präsenz, die literarische Dimensionen besitzt. Das Tagebuch schmilzt kontingente Erfahrungen ein, zieht Details vor eine scharfgestellte Kameralinse, verfremdet die Normalität des Alltags und entfaltet eine Kultur des Erstaunens, die noch den trivialen Kleinigkeiten des Lebens gilt: «Unverantwortlich ohne Notizen zu reisen, selbst zu leben.» (R 42) Kafkas Eintragungen, die als Beobachtungsübungen eines reisenden Schriftstellers konzipiert sind, gewinnen ihren Reiz aus dem photographischen Blick, mit dem flüchtige Impressionen in feste Momentaufnahmen gebannt werden. Das Journal erfaßt vorrangig Eindrücke der Alterität: Formen einer unvertrauten Sprache («Der Chauvinist kennt sich nicht mehr aus»; R 26), die Gewohnheiten unbekannten Alltagslebens («Viel zu lang aufbleibende Kinder»; R 62), merkwürdige Speisefolgen («Köche und Kellner, die nach dem allgemeinen Essen Salat Bohnen und Erdäpfel essen»; R 66), exotisch anmutende Garderoben («Schwarzer Turban, loses Kleid»; R 35), Passanten und Reisende («Lump auf dem Bahnhof in Wintertur mit Stöckchen, Gesang und einer Hand in der Hosentasche»; R 23), nicht zuletzt Museums- und Theaterbesucher («Vermeintliche Claqeurin in unserer Reihe»; R 68f.), an denen die Beobachtung des Beobachtens erprobt wird.

Immer wieder richtet sich der Blick auf die hektischen Abläufe im städtischen Lebensrhythmus («Auf dem Asphaltpflaster sind die Automobile leichter zu dirigieren aber auch schwerer einzuhalten»; R 75) und die eigentümliche Künstlichkeit urbaner Landschaften («Hauptverkehrsader, leere Elektrische»; R 25), die wie die Kulissen eines modernen Naturtheaters erscheinen. Sämtliche dieser Notizen dienen der artifiziellen Neukonstruktion des Fremden in der Schrift, das sie, indem sie es als exotisches Kunstwerk beleuchten, in verändertem Zusammenhang reorganisieren. Daß die Überführung der Wahrnehmungseindrücke in die Ordnung des Textes ein geschlossenes, letzthin auf sich selbst bezogenes Bedeutungssystem erzeugt, bleibt Kafka dabei bewußt: «Ein Mensch der kein Tagebuch hat, ist einem Tagebuch gegenüber in einer falschen Position.» (R 64)

Die Reise des Spätsommers 1911 wird von unterschiedlichen literarischen Plänen teils scherzhaften, teils ernsten Charakters bestimmt. Bereits kurz nach der Ankunft in Luzern, wo Kafka erstmals ein Spielcasino besucht (das Tagebuch hält in einer Skizze das Grundmuster des Roulette fest; R 28f.), erwägen die Freunde unter dem ungewohnten Eindruck der Vorformen des Schweizer Massentourismus den Gedanken, einen neuen Typus von Reiseführern zu kreieren. Er soll, in großer Auflage verbreitet, den Titel *Billig* tragen und Urlaubern günstige Verkehrsverbindungen, Hotels sowie Restaurants offerieren – ein spielerisches Vorhaben, das die beiden Autoren, wie sie hoffen, «zu Millionären machen und der scheußlichen Amtsarbeit entreißen» werde.[14] In Lugano, wo sie am Abend des 29. August 1911 eintreffen, beschließen die Freunde bei einem langen Gespräch auf der Hotelterrasse, ein gemeinsames Romanprojekt in Angriff zu nehmen. In den folgenden Tagen diskutiert man Grundzüge der – später unter dem Titel *Richard und Samuel* firmierenden – Geschichte, die Stationen einer spannungsreichen, von Gegensätzen bestimmten Männerbeziehung erzählen soll. Brod liebt zu dieser Zeit Gemeinschaftsvorhaben: mit Franz Blei übersetzte er 1909 Jules Laforgues *Pierrot* (1887), mit Felix Weltsch arbeitet er an der bereits genannten philosophischen Studie *Anschauung und Begriff*, mit Franz Werfel plant er einen satirischen Gedichtzyklus.[15]

Was die schriftlichen Notizen neben Menschenporträts und alltäglichen Szenen festhalten, ist ein südliches Flair der spätsommerlichen Wärme, die über dem Weichbild einer in flimmerndes Licht getauchten Seenlandschaft liegt. Das Sonett *Lugano-See*, das Brod zwei Jahre später in der Wochenschrift *März* veröffentlicht, erinnert an die Hitze der Landstraßen, die Libellen über dem Wasser und die «schweren Trauben», die in den «Weinlaubhainen» hängen (Br I 512). Da sie die gleichförmigen Tage in der Badeanstalt jedoch bald langweilen, fahren die Freunde am 4. September nach Mailand; sie besichtigen dort den Dom, ersteigen die Kuppel, sehen die *Galleria Vittoria Emanuele* und kehren abends in einem Bordell ein, das den verheißungsvollen Namen *Al vero Eden* trägt. Beim Anblick der im Gestus von Theaterfiguren posierenden Mädchen – sie «sprachen ihr Französisch wie Jungfrauen» – überfällt Kafka, der zunächst «zu allem leicht entschlossen» ist, ein derart starkes Unbehagen, daß er das Etablissement wortlos verläßt; am nächsten Morgen entschuldigt er sich bei Brod für sein Verhalten, weil er glaubt, den Freund, der ihm rasch gefolgt war, desavouiert zu haben. Das Reisejournal beschreibt den ganzen Vorgang wie eine kleine Novelle, die die Geschichte eines mißglückten Abenteuers erzählt (R 40ff.).

Am 5. September fahren die Urlauber weiter nach Stresa und machen dort für zwei Tage Station, um am Lago Maggiore auszuruhen und zu baden. Die Idylle ist jedoch rasch gestört; in Norditalien werden erste Fälle einer seit dem Frühsommer 1911 aufgetretenen Cholera-Epidemie gemeldet, über die man in Hotels und Badeanstalten erregt debattiert («je nach Gruppierung und dem eigenen körperlichen Zustand ändert sich der durchschnittliche Charakter dieser Nachrichten»; R 37). Schon eine Woche zuvor, während der Dampferüberfahrt auf dem Vierwaldstädter See, hatte Brod sich unter dem Eindruck von «Zeitungsausschnitten» über die Krankheitswelle in Italien besorgt gezeigt (R 128). Mit Rücksicht auf die Epidemie brachen seit dem Sommer zahlreiche Touristen ihren Aufenthalt in Italien vorzeitig ab; zu ihnen gehörten auch Thomas Mann, seine Frau Katia und der Bruder Heinrich, die nur wenige Wochen zuvor, Anfang Juni 1911, aus Angst vor einer Ansteckung fluchtartig den venezianischen Lido, wo sie im *Grand Hotel des Bains* wohnten, verlassen hatten. Die unter dem Eindruck der italienischen Erfahrungen entstandene Novelle *Der Tod in Venedig*, die im Herbst 1912 in der *Neuen Rundschau* erschien, verarbeitet das Krankheitsmotiv bekanntlich zu einer ironisch gebrochenen Tragödie der menschlichen Selbstzerstörung. Bei Mann heißt es über die aus Asien eindringende Cholera: «Aber während Europa zitterte, das Gespenst möchte von dort aus und zu Lande seinen Einzug halten, war es, von syrischen Kauffahrern übers Meer verschleppt, fast gleichzeitig in mehreren Mittelmeerhäfen aufgetaucht, hatte in Toulon und Malaga sein Haupt erhoben, in Palermo und Neapel mehrfach seine Maske gezeigt und schien aus ganz Kalabrien und Apulien nicht mehr weichen zu wollen.»[16]

Aus Furcht vor der Cholera beschließen Brod und Kafka am 7. September, für die verbleibenden sechs Tage ihres gemeinsamen Urlaubs nach Paris zu fahren (mit gezierter Attitüde vermerkt Brods Tagebuch, die Aussicht auf eine Gounod-Aufführung «in der großen Oper» habe den Ausschlag gegeben; R 145). Nach einer strapaziösen Nachtfahrt, die knapp 14 Stunden dauert, treffen sie am Morgen des 8. September über Dijon kommend an der *Gare de Lyon* ein.[17] Anders als im Fall der ersten Reisestationen hält Kafka während des Paris-Aufenthalts nur Stichworte fest, die er nach der Rückkehr aus Frankreich zwischen Ende September und Anfang November 1911 ausarbeitet (Brod wird dasselbe Verfahren praktizieren). Der ästhetische Blick, der hier das Produkt einer den authentischen Eindruck zugunsten größerer Distanz meidenden Schreibpraxis ist, erschließt den Sinn für das Theatralische der Stadt, den automatisierten Rhythmus ihres Verkehrsstroms, die Szenerien der öffentlichen Kommunikation und die anonymen Formen urbaner Lustbefriedigung zwischen Caféhaus, Nachtbar und Bordell. Paris erscheint so als «gestrichelte» Stadt, deren Strukturen wie durch die Spuren eines Bleistifts gebildet sind, als «Welt und Buch zugleich», wie es Walter Benjamin, bezogen auf den Flaneur Baudelaires und seine *Fleurs du mal*, diagnostiziert hat (R 47).[18] Ins Zentrum der Beobachtungen Kafkas rücken jene ‹Korrespondenzen›, welche die zersplitterten Bilder der sinnlichen Erfahrung in ein Netz überraschender Bezüge treten lassen, so daß sie wie ‹Wälder von Symbolen› («des forêts de symboles») wirken, in denen ‹Düfte›, ‹Farben› und ‹Töne› einander wechselnd antworten («Les parfums, les couleurs et les sons se répondent.»).[19] Ein typisches Beispiel für dieses Verfahren liefert eine noch in Paris entstandene Notiz vom 9. September 1911, die unterschiedlichste Stadteindrücke zu einem Cluster von Wahrnehmungselementen verknüpft, deren Gemeinsamkeit die geometrische Ordnung des planen Raums ist: «die charakteristische Flächenlage: Hemden, Wäsche überhaupt, Servietten im Restaurant, Zucker, große Räder der meist 2rädrigen Wagen, Pferde einzeln hintereinandergespannt, flächige Dampfer auf der Seine, die Balkone teilen die Häuser in die Quere und verbreiten diese flächigen Querschnitte der Häuser, die flachgedrückten breiten Kamine, die zusammengelegten Zeitungen.» (R 47)

Das touristische Programm, das die Freunde absolvieren, ist äußerst gedrängt und bietet kaum Gelegenheit für kontemplative Momente.[20] Am Tag der Ankunft erkunden sie die großen Boulevards im Umfeld der Place de l'Opéra («Die Beine gehen einem auseinander auf den großen Pariser Straßen»; R 43), baden nachmittags in der Seine und sehen abends eine Inszenierung von Bizets *Carmen* im 1898 restaurierten Prachtbau der *Opéra Comique*, vor deren Schlußakt sie jedoch, durch die Nachtreise erschöpft, in ein Café fliehen. Am folgenden Tag statten sie, nachdem sie früh in der Seine geschwommen sind, dem *Louvre* einen gründlichen Besuch ab, in dessen Verlauf Kafka im Journal die Titel ausgewählter Exponate für den geplanten Reiseführer festhält. Das berühmteste Werk der Sammlung, die Gioconda, hatte zweieinhalb Wochen zuvor ein Unbekannter gestohlen – eine Episode, die Georg Heym im selben Jahr in seinem Prosastück *Der Dieb* verarbeitete, wobei er die wirklichen Ereignisse antizipierte, indem er beschrieb, daß der Schuldige mit seiner Beute in Italien festgenommen worden sei; tatsächlich gelang es eineinhalb Jahre später, den Täter – den Dekorationsmaler Vicenzo Perugia – in Florenz zu verhaften. Am Abend des 9. September erleben die Freunde eine Vorstellung von Racines *Phèdre* im *Théâtre-Français*, deren rhythmisch-strenge Choreographie sie fasziniert («Viele langsame Verhüllungen der Gesichter mit den Händen.»; R 69). Zu späterer Stunde suchen sie ein als besonders exquisit geltendes Bordell in der Rue Hannovre auf, das Brod bereits durch seine Paris-Visite vom Oktober 1910 kennt. Kafka zeigt sich von der ‹rationellen› Einrichtung eines ‹Läutwerks› beeindruckt, mit dem die Portierfrau neue Gäste meldet, um peinliche Begegnungen im Treppenhaus zu verhindern. Angesichts der «in aufrechten auf ihren Vorteil bedachten Stellungen» sich präsentierenden Mädchen, die im Empfangszimmer spärlich bekleidet auf Kundschaft warten, überfallen ihn jedoch wie in Mailand Furcht und Abscheu. Die Szene seiner abrupten Flucht, die das Tagebuch nachträglich skizziert, erinnert an die Jugendepisode, mit deren Erzählung Flauberts *Éducation sentimentale* endet: Fréderic, der Held des Romans, läuft aus einem Freudenhaus davon, weil er sich beim Anblick der nackten Frauen, die ihm ihre Dienste offerieren, nicht entscheiden mag und angesichts seiner Unschlüssigkeit von ihnen verlacht wird.[21] «Einsamer langer sinnloser Nachhauseweg», heißt es in Kafkas Journal; wieder hat der Trieb jene eigentümliche Mischung aus «strach» und «touha» – Angst und Sehnsucht – zur Folge wie im Fall der ersten Liebesnacht mit der Prager Verkäuferin Anfang Juli 1903 (R 70f., Mi 196).

Am 10. September besichtigen die Freunde nochmals den *Louvre* und sehen dessen Skulpturensammlung; zu später Stunde entscheiden sie sich für einen Abstecher ins Kinotheater *Omnia Pathé*, wo ein Film über den Diebstahl der Gioconda gezeigt wird, der Kafkas literarische Phantasie beflügelt und einige Monate später im Roman *Der Verschollene* deutliche Spuren hinterläßt. Am 11. September, dem vorletzten Tag ihres Aufenthalts, besuchen sie das Varieté des *Café Ambassador* auf den Champs Elysées, das sie jedoch durch seine geistlosen Darbietungen abstößt und bereits vor dem Ende des Programms auf die Straße treibt. Am letzten Tag fährt man nach Versailles, ohne daß Kafka diesen Reiseabschnitt ausführlicher beschreibt; in der *Galerie des Batailles* scheinen ihn aber die Bilder von Napoleon in besonderem Maße gefesselt zu haben, was fortan ein biographisches Interesse an der Figur des Kaisers nährt.[22] Das Journal klingt mit dem Bericht über einen harmlosen Unfall in der Rue du Louvre aus, dessen Protokollierung durch Polizei und Zeugen er aus filmähnlicher Optik als Slapstick-Szene schildert.

An solchen Punkten verwandelt die Distanz des Beobachters den urbanen Alltag zu einer naturhaften Masse von Sinneseindrücken, die jenen Synästhesien gleichen, welche die *Fleurs du mal* nach Benjamins Urteil mit unübertrefflicher Prägnanz als den Meeressturm der Metropole vergegenwärtigen: «Baudelaire spricht in das Brausen der Stadt Paris hinein wie einer der in die Brandung spräche.»[23]

Über Paris heißt es zwei Monate nach der Reise vom September 1911: «Fremde Städte nimmt man als Tatsache hin, die Bewohner dort leben, ohne unsere Lebensweise zu durchdringen, so wie wir ihre nicht durchdringen können (…)» (T I 196). Diese Notiz bezeichnet sehr genau die Lage des Reisenden, der sich der Distanz bewußt ist, welche ihn von der unbekannten Metropole trennt, zugleich aber ahnt, daß erst sie ihn zum Aufschreiben seiner Erfahrungen zwingt. Am Abend des 13. September 1911 trennen sich die Freunde in Paris; Brod fährt allein nach Prag zurück, Kafka reist über Belfort und Basel nach Erlenbach bei Zürich, wo er sich bis zum 19. September in einem Naturheilkunde-Sanatorium einquartiert. Im Zug trifft er einen jüdischen Arbeiter aus Krakau, der 30 Monate in den Goldminen Nordamerikas beschäftigt war, auf dem Weg in die Heimat sein Glück in Paris versuchte, nun aber, gestrandet und müde, nach Polen zurückkehren möchte. Seine Geschichten über die Ostküste, die amerikanischen Verdienstmöglichkeiten, die großen Boulevards in New York und die Gigantomanie der städtischen Architektur liefern Kafka den Betriebsstoff für einen zu dieser Zeit bereits gärenden Romanentwurf, dessen Handlung in der Neuen Welt spielt. «Sein Koffer ist klein, er trägt ihn beim Aussteigen wie eine Last», notiert er; und: «Etwas Kindlichkeit mischt sich zu.» (R 49f.) New York, ein Koffer, ein naiv anmutender Held: das sind bald die Bausteine für das erste Kapitel des Amerika-Romans, das den Titel *Der Heizer* tragen wird. Am 20. September 1911 kehrt Kafka von der bis dahin längsten Auslandsreise seines Lebens nach Prag zurück; vor ihm liegen ereignisreiche Monate, die sein intellektuelles und literarisches Selbstverständnis tiefgreifend verändern.

Naturheilkunde und Anthroposophie

Kafkas Schädel ist ein empfindlicher Raum, in dem die physischen Störungen gedeihen, welche eine stets überreizte Einbildungskraft erzeugt. «Beim Einschlafen», notiert er am 3. Oktober 1911, «ein vertikal gehender Schmerz im Kopf über der Nasenwurzel, wie von einer zu scharf gepreßten Stirnfalte.» (T I 44) «Solch ein Gefühl», erklärt er Max Brod im Blick auf seine Migräne, «müßte eine Glasscheibe an der Stelle haben, wo sie zerspringt.»[24] Die Klage über den als Quelle und Folge von Schlaflosigkeit auftretenden Kopfschmerz, der ihn wie eine «Schußwunde» (T II 196) quält, führt Kafka seit den ersten Berufsjahren. Sie steigert sich zuweilen zu der düsteren Ahnung, daß die ihm verfügbare Lebenszeit begrenzt, das Arsenal der Kräfte rasch verbraucht sein könnte. Die neurasthenisch begründeten Schmerzen – «links oben im Kopf ein flackerndes kühles Flämmchen» (T I 46) – geraten zu Vorzeichen der Agonie, wie sie ein Eintrag vom 9. Oktober 1911 deutet: «Vierzig Jahre alt werde ich aber kaum werden, dagegen spricht z B. die Spannung, die sich mir über die linke Schädelhälfte öfters legt, die sich wie ein innerer Aussatz anfühlt und die auf mich, wenn ich von den Unannehmlichkeiten absehe und nur betrachten will, den gleichen Eindruck macht wie der Anblick der Schädelquerschnitte in den Schullehrbüchern oder wie eine fast schmerzlose Sektion bei lebendem Leibe, wo das Messer ein wenig kühlend, vorsichtig, oft stehenbleibend und zurückhaltend, manchmal ruhig liegend blätterdünne Hüllen ganz nahe an arbeitenden Gehirnpartien noch weiter teilt.» (T I 57) Die Vivisektion am denkenden Kopf ist das unheimliche Sinnbild für einen Schmerz, der sich auf massive Weise ins Leben einmischt und nicht vergehen möchte. Er zieht seine dunkle Spur durch schlaflose Nächte, denen lähmende Tage folgen, die sich nur im Bett ertragen lassen.

Seit den Studienjahren hat sich Kafka bemüht, die ihn bestimmenden nervösen Spannungen, die er mit hypochondrischer Aufmerksamkeit beobachtet («Dieser Flaschenzug im Innern»; T II 183), durch eine möglichst natürliche Lebensführung auszugleichen. Die Landaufenthalte in Liboch, Salesel, Zuckmantel, Strakonitz, Triesch und Spitzberg nutzt er, um seinen Körper zu trainieren. Er schwimmt, rudert, fährt in rasantem Tempo Fahrrad; in Triesch, während der Besuche beim Onkel, wagt er sich auch auf ein Motorrad, mit dem er über die frisch gemähten Wiesen jagt. Im Sommer spielt er seit den letzten Studienjahren mit Max Brod und dessen Schwester auf der Primatoreninsel Tennis (eine Erinnerung an diese Treffen fängt der Freund noch 1931 in seinem Roman *Stefan Rott* ein);[25] in Kuchelbad nimmt er 1909 auf der Pferderennbahn Reitunterricht – mit durchaus passablen Resultaten, wie Brod berichtet.[26] Die größeren Auslandsreisen dienen, so war zu erkennen, neben der Kunstliebhaberei der direkten Erfahrung der Natur: vor dem *Louvre*-Besuch steht der morgendliche Abstecher in eine Badeanstalt an der Seine. Auch in Prag sucht Kafka der Stickluft der Salons und Amtszimmer zu entkommen, so oft es ihm möglich ist. Bis in seine letzten Lebensjahre frequentiert er die ‹Zivilschwimmschule› an der Moldau, über die Egon Erwin Kisch notiert hat, sie bilde den theatralischen Schauplatz für eine imposante «Wasserpantomime».[27] Die Badeanstalten sind nicht selten der Ausgangspunkt für Ruderpartien im ‹Seelentränker›, einem Zweisitzer, der leicht und beweglich durch das Wasser gleitet.[28] Vor allem in den Jahren zwischen 1906 und 1912 gehört das Nacktschwimmen zu den Sommervergnügungen der Freunde; gemeinsam mit Brod, Weltsch und dem jungen Werfel badet Kafka in Davle, Stechowitz und Wran am Rande der Stromschnellen der Moldau, klettert auf den Mühlwehren und setzt sich inmitten des reißenden Flusses «halsbrecherischen Situationen» aus.[29] In Max Brods Gedicht *Dampferfahrt* aus dem Band *Der Weg des Verliebten* (1907) heißt es über diese Ausflüge: «Stromaufwärts fahren wir aus Prag | und lassen windig unsre Mäntel flattern (…)».[30] Auch in der kälteren Jahreszeit ist Kafka kein Hieronymus im Gehäuse, der sich in der überheizten Stube einschließt. Während des Winters unternimmt er lange Spaziergänge in die Umgebung, auf denen er, wie Brods Tagebuch Anfang 1911 nach einem Gespräch vermerkt, «ohne Ziel, ohne Denken» allein dem Rhythmus seiner Laufschritte folgt.[31] Weil ihm die Ofenluft Kopfschmerz bereitet, verzichtet er darauf, sein Zimmer zu heizen. Auch im frostklirrenden Prager Winter geht er nur in leichten Überziehern aus («Ich bin gegen Kälte fast besser abgehärtet als ein Stück Holz»); Felice Bauer gegenüber bezeichnet er sich im November 1912 ironisch als «Erfinder der westenlosen Kleidung» (Br I 218).

Seit dem Herbst 1909 trainiert Kafka nach dem populären Unterrichtswerk des dänischen Gymnastiklehrers Jens Peder Müller. Zu seiner Methode, die Müller in einer 1904 veröffentlichten, bald in 24 Sprachen übersetzten Schrift (*Mein System*) dargelegt hatte, gehören Dehn- und Bewegungsübungen, die täglich für die Dauer von 15 Minuten nackt bei geöffnetem Fenster zu absolvieren sind. «Kafka turnt sehr gut am Seil», vermerkt Brod im September 1911 nach dem Besuch einer Badeanstalt an der Seine (R 175). Ende April 1911 lernt er auf einer Dienstreise nach Warnsdorf den Fabrikanten und Naturheilapostel Moriz Schnitzer kennen, der ihm zu Gartenarbeit, vegetarischer Ernährung und Frischluftkuren rät.[32] Kafkas Ziel ist es dabei, die periodisch wiederkehrenden Störungen abzulegen, die seit den Anfängen der Studienzeit neben der Schlaflosigkeit auch Verdauungsbeschwerden erzeugen – Symptome, die er, oft zur Verärgerung seiner Freunde, mit hypochondrischer Gründlichkeit untersucht. «Lieber Max», schreibt er am 19. Juli 1909, «ich habe jenen Druck im Magen, wie wenn der Magen ein Mensch wäre und weinen wollte; ist es so gut? Dabei ist die Ursache nicht tadellos, wie erst, wenn sie tadellos wäre. Überhaupt ist dieser ideale Druck im Magen etwas, über dessen Fehlen ich mich nicht zu beklagen habe, wären nur alle andern Schmerzen auf gleicher Höhe.» (Br I 107) Anstelle der Behandlungsformen der Schulmedizin praktiziert Kafka, aus Furcht vor den Nebenwirkungen von Arzneimitteln, homöopathische Kuren. Daß die meisten Krankheitsbilder durch psychosomatische Faktoren konditioniert werden, bleibt seine feste Überzeugung; «Heilung» und «Übertragung von Leid» erfolge stets, erklärt er Ende Oktober 1912, «von Mensch zu Mensch» (Br I 191). Mit Argwohn beobachtet er, nicht nur während des Pariser Aufenthalts 1910, Fehldiagnosen und therapeutische Irrtümer der Ärzte. «Hätte ich doch die Kraft», heißt es im März 1912, «einen Naturheilverein zu gründen.» (T II 49)

Die sommerlichen Ausflüge der Freunde bedeuten für ihn auch, daß er das Unbehagen überwinden muß, das ihn seit der Pubertät angesichts seines hoch aufgeschossenen Körpers beherrscht. Im August 1911, als er die Nachmittage in den Schwimmschulen von Prag, Königssaal und Černoschitz verbringt, registriert er überrascht im Tagebuch, er habe durch die Gewohnheit des regelmäßigen Badens aufgehört, sich seiner physischen Erscheinung zu «schämen» (T I 32). Die Befindlichkeit des Leibes, den er als «mager, schwach, schmal» (G 16) beschreibt, bleibt Gegenstand der dauernden Selbstbeobachtung: «Sicher ist, daß ein Haupthindernis meines Fortschritts mein körperlicher Zustand bildet. Mit einem solchen Körper läßt sich nichts erreichen. Ich werde mich an sein fortwährendes Versagen gewöhnen müssen.» Der Organismus, der nicht ausreichend mit Sauerstoff versorgt wird, weil der Kreislauf überfordert ist, gerät zum Symptom allgemeiner Lebensschwäche: «Wie soll das schwache Herz, das mich in der letzten Zeit öfters gestochen hat, das Blut über die ganze Länge dieser Beine hin stoßen können.» (T I 205) Im Gegensatz dazu erscheint ihm ein dicker Leib, wie es im Mai 1920 unter Bezug auf den fülligen Franz Werfel heißt, «vertrauenswürdig», da er Vitalität und Präsenz repräsentiert: «Nur in diesen starkwandigen Gefäßen wird alles zuendegekocht, nur diese Kapitalisten des Luftraums sind, soweit es bei Menschen möglich ist, geschützt vor Sorgen und Wahnsinn und können sich ruhig mit ihrer Aufgabe beschäftigen und sie allein sind, wie einmal einer sagte, als eigentliche Erdenbürger auf der ganzen Erde verwendbar, denn im Norden wärmen sie und im Süden geben sie Schatten.» (Mi 24)

Das kritische, bisweilen hypochondrische Interesse am eigenen Körper, das sich periodisch zum Ich-Haß steigert, schließt jedoch die Tatsache nicht aus, daß Kafka zu einem ausgeprägten Narzißmus fähig sein kann, der keineswegs nur in den seltenen Momenten der inneren Harmonie durchschlägt. «Im übrigen», so heißt es Anfang 1911 in einer autobiographisch gefärbten Erzählskizze, «gefalle ich vielen, selbst jungen Mädchen, und denen ich nicht gefalle die finden mich doch erträglich.» (T I 25)[33] Nicht ohne Koketterie und Lust am Klischee schreibt er am 12. Dezember 1913 über seine Physiognomie: «Ein klares übersichtlich gebildetes, fast schön begrenztes Gesicht. Das Schwarz der Haare, der Brauen, der Augenhöhlen dringt wie Leben aus der übrigen abwartenden Masse. Der Blick ist gar nicht verwüstet, davon ist keine Spur, er ist aber auch nicht kindlich (…)» (T II 217). Daß ihn Frauen für attraktiv halten und seine Nähe suchen, ist ihm als Meister der Beobachtung schwerlich entgangen. Zum Ausdruck kommt die narziß-

tische Neigung – die Inversion des Selbsthasses – in Kafkas sorgfältiger äußerer Aufmachung. Zeitlebens legt er auf Kleidung großen Wert, trägt elegante, bisweilen dandyhaft wirkende Anzüge mit vorzüglichem Schnitt, geschmackvolle Krawatten und Manschettenknöpfe. Max Brod erinnert sich,
daß Kafka bisweilen sonntägliche Verabredungen verpaßte, weil er allzu ausführlich «Toilette» gemacht habe.[34] Als Gegenentwurf zum Typus des abgemagerten Knaben, der «bretterartig steife, dann faltighängende» Jacketts bevorzugt, wird hier der Körper des Selbstgenusses sichtbar, der Augenblicke
der Übereinstimmung mit der eigenen Erscheinung erlaubt (T I 259). Im Tagebuch heißt es Anfang Januar 1912 mit unüberhörbarem Stolz: «Ich soll
dem Maler Ascher nackt zu einem heiligen Sebastian Modell stehn.»
(T II 22)

Eine nicht unerhebliche Ursache für die Anziehung, die Kafka auf Frauen
ausübt, ist sein jugendliches Erscheinungsbild. Ein Kindermädchen aus Radotin bei Prag, mit dem er im Herbst 1911 anläßlich eines Besuchs beim
Kontoristen seines Vaters flirtet, hält den 28jährigen «für 15–16jährig» und
weicht sogar nach einem längeren Gespräch mit ihm nicht von dieser Überzeugung ab (T I 74). Der knapp 30jährige kann von sich selbst im November
1912 sagen: «Allerdings sehe ich wie ein Junge aus und je nach Menschen-
kenntnis des uneingeweihten Beurteilers schätzt man mein Alter auf 18–25
Jahre.» (Br I 218) Im September 1911 formuliert Kafka in Paris Max Brod
gegenüber die Befürchtung, er werde bis zu seinem vierzigsten Jahr «wie
ein Knabe» wirken, «um dann plötzlich ein vertrockneter Greis zu werden.» (R 139f.) Nicht nur innerlich, sondern auch äußerlich bleibt er zeitlebens der Sohn, dessen Physiognomie und Körper kaum altern. So bedurfte
es keiner Verstellungskunst, um bei Frauen in der Rolle des juvenilen Helden zu überzeugen. Kafka tritt niemals als planvoll handelnder Verführer
auf, sondern als junger Mann ohne Absichten, dessen erotisches Begehren
gleichsam beiläufig zur Geltung kommt.

Gegenüber Felice Bauer erklärt Kafka im August 1913, er verfüge über
«großartige, eingeborene asketische Fähigkeiten» (Br II 261). In späteren Jahren hat er die Askese – den Verzicht auf Liebesbeziehungen, Gemeinschaft,
alkoholische Genüsse und Rauschmittel – als fundamentale Voraussetzung
für das Gelingen literarischen Schreibens betrachtet. Dieser asketische Ich-
Entwurf darf jedoch in seiner Bedeutung nicht überschätzt werden, weil er
bei Kafka niemals eine konsequente Ablösung von Erotik und Sexualität bedeutet.[35] Das Interesse am weiblichen Geschlecht begleitet ihn, obgleich er
es als Fluch und Zwang zur Unreinheit begreift, auch in Perioden der
Niedergeschlagenheit und Trauer. Seit 1912 lebt er bis zu seinem Tod in vier
– freilich unterschiedlich gestalteten, oftmals nur über Fernkontakte definierten – Liebesbeziehungen, zu denen sich eine nicht ganz unbeträchtliche

Zahl amourös gefärbter Begegnungen gesellt. Das Bild des Entsagenden, das er gern von sich entwirft, steht in deutlichem Widerspruch zu seiner keinesfalls zölibatären Lebenspraxis. Die Bedingung der literarischen Arbeit ist nach 1912 nicht die komplette Askese, sondern der gegen innere Widerstände errungene Eheverzicht, der Kafka die Rolle des Sohnes sichert, ohne daß er – meist als ambivalent erlebte – sexuelle Erfahrungen ausschließen muß. Seit 1910 hält Kafka an einer überwiegend vegetarischen Ernährung fest. Sein Frühstück besteht aus Milch, Kompott und Cakes; das Mittagessen nimmt er nach der Rückkehr aus dem Büro mit dem Vater ein (die Mutter und er müssen sich im Laden abwechseln, den man durchgängig geöffnet halten möchte). Dabei ißt er bevorzugt Gemüse und – im Gegensatz zum Vater bedachtvoll langsam – «weniger Fleisch als wenig»; gegen halb zehn Uhr abends folgt ein frugales Mahl aus Joghurt, Simonsbrot, Nüssen und Obst (Br I 250). Daß er, wie er Ottla im Februar 1911 berichtet, auf einer Dienstreise in einem nordböhmischen Gasthof bei Reichenberg «einen Kalbbraten mit Kartoffeln und Preiselbeeren» bestellt, bildet eine ungewöhnliche Ausnahme (Br I 134); verbreitet sind dagegen Ekelphantasien über das Verzehren von Fleisch, denen ein masochistischer Charakter innewohnt: «Sehe ich eine Wurst, die ein Zettel als eine alte harte Hauswurst anzeigt, beiße ich in meiner Einbildung mit ganzem Gebiß hinein und schlucke rasch, regelmäßig und rücksichtslos wie eine Maschine. Die Verzweiflung, welche diese Tat selbst in der Vorstellung zur sofortigen Folge hat, steigert meine Eile.» (T I 164)[36] Alkohol, Kaffee und Tee meidet Kafka ebenso entschieden wie Stimulantien anderer Art, mit denen seine Generationsgenossen nicht selten experimentierten (Haschisch und Morphium gehörten schon in den Jahren vor dem Krieg zu den verbreiteten Modedrogen der literarischen Bohème) (Br I 218). In der Phase der regelmäßigen Barbesuche, die 1910 ausklingt, hält er sich noch nicht mit letzter Konsequenz an die Regeln der Abstinenz; gelegentlich trinkt er in dieser Zeit Wein, Bier oder Champagner, jedoch eher aus Verlegenheit als aus Vergnügen.

Bereits im August 1903 hatte Kafka einen Urlaubsaufenthalt in Salesel bei Aussig für einen Abstecher nach Dresden genutzt, wo er einige Tage das Sanatorium in Bad Weißer Hirsch besuchte und erstmals naturheilkundliche Kuren kennenlernte. Im September 1911 reist er nach Erlenbach bei Zürich, um dort eine Woche im streng auf Freilufttherapie und vegetarische Kost ausgerichteten Sanatorium Friedrich Fellenberg-Eglis zu verbringen. Ein konkreter gesundheitlicher Grund für diesen Aufenthalt existiert nicht; als Motiv seiner Kurreisen nennt Kafka im November 1912 einen Zustand «der allgemeinen Schwäche und nicht zu vergessen der in sich selbst verliebten Hypochondrie.» (Br I 212) Bereitwillig unterwirft er sich in Erlenbach dem geregelten Tagesrhythmus, der durch die genauen Terminierungen von Bädern,

Einreibungen, Gymnastik, Massage, Ruhepausen, Essenszeiten und abendlichen Grammophonvorführungen im Gemeinschaftszimmer – man mag an
Thomas Manns *Zauberberg* denken – diktiert wird. Angenehm findet er die an
einem großen Tisch mit vorwiegend weiblichen Gästen («Schweizer Frauen
des Mittelstandes») im säulengeschmückten Speisesaal eingenommenen vegetarischen Mahlzeiten, «da sie als Apfelmus, Kartoffelpurée, flüssiges Gemüse, Obstsäfte u.s.w. sehr rasch, wenn man will ganz unbemerkt, wenn man
aber will auch sehr genußreich hinunterrinnen nur ein wenig aufgehalten
von Schrotbrot, Omeletten, Puddings und vor allem Nüssen.» (Br I 142)[37]
Die Sanatoriumsbesuche sind für Kafka nicht zuletzt eine Flucht vor den
Freunden und der Familie: Moratorien im Zeichen des Selbstgenusses, die
Einsamkeit ermöglichen, ohne soziale Kontakte völlig auszuschließen.

Im Juli 1912, zehn Monate nach dem Erlenbach-Besuch, fährt er nach
Halberstadt in den Harz und hält sich knapp drei Wochen in der bei Stapelburg unweit des Brocken gelegenen naturheilkundlichen Kuranstalt *Jungborn* auf. Das Institut wurde von dem gelernten Buchhändler Adolf Just, der
neben Sebastian Kneipp «einer der bekanntesten Naturkundigen»[38] seiner
Zeit war, gemeinsam mit seinem für die vegetarische Küche zuständigen
jüngeren Bruder Rudolf geleitet. Die Gäste wohnten unter primitiven Bedingungen in kleinen Hütten, die allein dem Schlafen vorbehalten blieben,
sangen morgens gemeinsam Choräle, widmeten sich wechselnden Bade-
kuren und Packungen, trieben Gymnastik oder Ballspiele, halfen bei der
Obsternte und durchstreiften nackt die Parkanlagen. Ein zentrales Element
der von Just praktizierten Verschreibungen, über deren medizinische Grundlagen der leitende Arzt an den Abenden Vorträge hielt, war die Lichttherapie,
die darauf zielte, daß der unbekleidete Körper in freilich kontrolliertem Ausmaß mit Sonnen- und Mondstrahlungen in Berührung kam und auf diese
Weise seine zivilisationsbedingten Schäden abbaute. Kafkas erster Eindruck
nach der Ankunft am 8. Juli schließt ein Moment des Befremdens angesichts
des Nudismus der Gäste ein: «Mein Haus heißt ‹Ruth›. Praktisch eingerichtet. 4 Luken, 4 Fenster, 1 Tür. Ziemlich still. Nur in der Ferne spielen sie
Fußball, die Vögel singen stark, einige Nackte liegen still vor meiner Tür. Alles bis auf mich ohne Schwimmhosen.» (R 95) Immer wieder irritieren ihn
in der ersten Woche die unbekleidet über die Wiesen laufenden Patienten,
die ihm «leichte oberflächliche Übelkeit» bereiten: «Auch alte Herren, die
nackt über Heuhaufen springen, gefallen mir nicht.» (R 98)

Kafka verbringt seine Tage mit Sonnenbaden, Obsternten, Heuwenden,
Turnen und Chorsingen. Die medizinischen Vorträge hört er nicht ohne
Interesse, obgleich ihn deren religiöser Hintergrund befremdet haben dürf-
te. Vertrat Just ein protestantisch geprägtes Gemeinschaftsideal, nach dem die
Gäste die Form einer christlichen Kommune bildeten («Verteidigung Gottes

und der Bibel»; R 98), so orientierte sich der leitende Arzt offenbar an der Mazdaznan-Bewegung, die, von Otto Hanish (1844–1936) begründet, auf die geistige, durch vegetarische Ernährung und spezielle Atemübungen unterstützte Erneuerung des Menschen im Zeichen der Weisheitslehre Zarathustras setzte (R 96).[39] An den profanen Vergnügungen der übrigen Gäste, zu denen Lehrer, höhere Beamte und Geschäftsleute, alleinstehende junge Frauen, aber auch eine ‹lederriemenartige schwedische Witwe› (R 106) gehören, nimmt er bereitwillig teil. Er besucht mit ihnen das Schützenfest im benachbarten Stapelburg, wo er mit Kindern Karussell fährt und der Dorfjugend – seine verinnerlichte Sparsamkeit überwindend – Limonade stiftet («Sie gehn, soweit es möglich ist, sehr bescheiden mit meinem Geld um»; R 103). Auf der einige Tage später stattfindenden Kirmes fordert er, gegen seine sonstige Gewohnheit, eine junge Frau zum Tanz auf und unterhält sich mit ihr später «im Mondschein» über ihre Herkunft. Sie stammt aus Wolfenbüttel, ist «Feldarbeiterin» und in einer Wirtschaft in Appenroda beschäftigt, wo sie jedoch bereits gekündigt hat. Hinter den dürren Daten, die das Tagebuch fixiert, steht eine ambivalente Biographie; scheinbar zielsicher wählte Kafka eine Tanzpartnerin aus, deren Weltleben bereits abgeschlossen scheint: «Sie geht ins Kloster wegen der schlechten Erfahrungen, die sie gemacht hat. Erzählen kann sie sie aber nicht.» (R 107)

Der Aufenthalt in Jungborn vermittelt Kafka erstmals die Begegnung mit einem vorwiegend christlich geprägten Milieu, das im Zeichen protestantischer Reformbemühungen um die seelische Gesundheit des Menschen steht. Der zuweilen eifernden Frömmigkeit einzelner Gäste – «Der aus der ‹Christl. Gem.› der (…) den ganzen Tag im Gras liegt, drei Bibeln vor sich aufgeschlagen hat und Notizen macht» (R 99) – steht Kafka distanziert, aber äußerlich tolerant gegenüber. Er studiert die religiösen Werbungsbroschüren, die ihm ein Patient – «Hitzer, Landvermesser» (R 100) – überreicht hat, diskutiert mit dem Breslauer Magistratsbeamten Schiller über Christentum und Atheismus, spricht mit einem Nauheimer Gymnasiallehrer über Psychoanalyse, liest neben Platons *Politeia* und Flauberts *Éducation* die – in sämtlichen Hütten ausliegende – Bibel; das Geheimnis seiner jüdischen Identität gibt er, so scheint es, während der gesamten drei Wochen den übrigen Patienten nicht preis. Zum Zweck literarischer Übung verfaßt er im Reisejournal maliziöse Gästeporträts, die aus ironischer Distanz physiognomische oder habituelle Details erfassen, zugleich aber die Spuren unterdrückter Aggressivität tragen (R 100, 107f.). Daneben meldet sich der erotische Blick, der Frauen nachjagt, um sie vor eine imaginäre Kameralinse zu rücken: «Ein neu angekommenes steifes Fräulein mit bläulichem Schein. – Die Blonde mit kurzem zerrauftem Haar. Biegsam und mager wie ein Lederriemen. Rock, Bluse, Hemd, sonst nichts. Der Schritt!» (R 99) Der Harz-Aufenthalt bewirkt für einen Moment, daß Kafka seinen Purismus überwindet; nach zehn Tagen hat sich die Furcht vor der Entblößung («Die große Beteiligung des nackten Körpers am Gesamteindruck des Einzelnen»; R 101) in eine ihm zuvor fremde Lust an der Schaustellung seiner selbst verwandelt, so daß er es wagt, dem als Maler dilettierenden Schiller nackt Modell für eine Ölskizze zu stehen. «Exhibitionistisches Erlebnis» (R 101) vermerkt das Tagebuch überrascht; die nudistische Erfahrung bleibt jedoch folgenlos: Vergleichbares wird sich in späteren Jahren nicht wiederholen.

Zur Naturheilkunde tritt ab 1911 ein – in der Sache freilich nur punktuelles – Interesse an der anthroposophischen Lehre Rudolf Steiners. Zwischen dem 19. und 28. März 1911 hielt Steiner im Saal des Prager kaufmännischen Vereins *Merkur* – nur wenige Häuser von der Wohnung der Kafkas in der Niklasstraße 36 entfernt – elf Vorträge zu Fragen der Theosophie, die den Grundlagen seiner Auffassung vom Menschen als Abbild Gottes, dem Verhältnis von Leib, Seele und Geist, der Theorie der drei intellektuellen Sinne (verstandesgestützte, sprachliche sowie begriffliche Wahrnehmung) und der Bedeutung der Intuition für die Selbsterfahrung des Individuums galten. Max Brod hatte sich intensiv im Haus Fanta auf diese Vorträge vorbereitet, Texte ausgeliehen und Aufsätze gelesen. In seinem Tagebuch notiert er am 10. März: «Abends mit den Brentanisten Café City – Theosophie – ‹Höhere Welten› von Dr. Rudolf Steiner, sehr anregend.» (T I 281) Grundpositionen der Theosophie diskutierten die Freunde bereits, ehe der Referent nach Prag kam. Daß man im Kreis der Brentano-Anhänger Steiner las, war ein Zeichen der intellektuellen Liberalität, herrschte doch zwischen beiden Schulen erbitterter Streit. Die deskriptive Psychologie repräsentierte in Steiners Augen ein akademisches System, das die leibseelische Einheit des Menschen nicht angemessen erfaßte, da sie die Bedeutung der Intuition, die im Denken der Theosophie eine entscheidende Rolle spielte, nach seiner Überzeugung nicht hinreichend berücksichtigte. Kafka bereitet sich auf Steiners Vortragszyklus vor, indem er die schmale Abhandlung *Die Erziehung des Kindes vom Gesichtspunkte der Geisteswissenschaft* (1907) studiert. Steiners Denken erschließt er sich damit über eines seiner zentralen Lebensthemen: das Problem der Beziehung zwischen Eltern und Kindern, das die Anthroposophie als Nervenpunkt für die Ausbildung des ‹Ich-Leibs› im Sinne eines ‹Trägers einer höheren Menschenseele› ausmachte.[40]

Kafka hat vermutlich den gesamten Zyklus über *Okkulte Physiologie* gehört, mit Sicherheit aber die inhaltlich korrespondierenden Vorträge am 19. und 25. März 1911 besucht (*Wie widerlegt man Theosophie?*; *Wie verteidigt man Theosophie?*) (T I 124 f.). In mancher Hinsicht bedeutet die Begegnung mit Steiners Lehre für ihn auch eine letzte Ablösung von den brentanistischen Auffassungen der *Louvre*-Phase, zählte doch die Opposition gegen akademische Schulen zu den programmatischen Elementen der Theosophie. Insbesondere die methodischen Grundsätze der zeitgenössischen Psychologie, wie sie die Psychophysik Wundts und die Brentano-Anhänger um Marty vertraten, attackierte Steiner scharf. Aufmerksam wird Kafka die Kritik registriert haben, mit der er die Systematik Brentanos bedachte, die er für «scholastisches Spintisieren» ohne Bezug zur Individualität menschlichen Seelenlebens hielt.[41] Gegen die akademische Psychologie setzte er eine neue Universalität der Geisteswissenschaft, die vom Komplementärcharakter der menschlichen Anlagen ausging und deren Einheit in einem umfassenden pädagogischen Programm idealiter abzubilden suchte. Kafka fühlt sich im Frühjahr 1911 vor allem durch Steiners Modell der physischen Repräsentation des Intellekts und die Lehre von der Bedeutung einer imaginativen Welt, die eine intensive Beschäftigung mit dem Begriff der Intuition einschloß, in seiner eigenen Abneigung gegenüber dem strengen Rationalismus der deskriptiven Psychologie bestätigt. In der anthroposophischen Grundüberzeugung, daß der Geist des Menschen sich über einen gleichsam spirituellen Körper verwirkliche, der durch die Intensivierung künstlerischer und sensueller Erfahrung gefördert werden müsse, sieht er zudem sein Interesse für leibseelische Zusammenhänge, wie es seine Auseinandersetzung mit der Naturheilkunde belegt, gespiegelt und bekräftigt.

Am 29. März 1911, im Anschluß an die Beendigung des Vortragszyklus, sucht Kafka, ermuntert durch Brod, Steiner persönlich auf. Wie sein Tagebuch verrät, schildert er ihm, daß ihn beim Schreiben bisweilen tranceähnliche Zustände überfielen, in denen er «ganz und gar in jedem Einfall wohnte, aber jeden Einfall auch erfüllte» und an die «Grenzen des Menschlichen überhaupt» zu stoßen glaubte (T I 30). Die Anthroposophie betrachtete solche Stadien als Zeichen einer Veräußerlichung von Produkten der Einbildungskraft durch Intuition, die sich in Schwingungen gleichsam organisch materialisierten, was Kafka bewog, ihm seine Erfahrungen näher zu schildern.[42] Steiner beantwortet die relativ intimen Eröffnungen seines Besuchers jedoch nur mit Stereotypen, die das für die Anthroposophie zentrale Verhältnis zwischen Verstandes-, Empfindungs- und Bewußtseinsseele betreffen.[43] Die allgemein gehaltenen Erklärungen, die Kafka aus dem Vortragszyklus kannte, befriedigen ihn so wenig, daß er im Tagebuch, wo er seine eigenen Gesprächsausführungen minuziös festhält, keine von Steiners Erklärungen notiert. Statt dessen verlegt er sich auf physiognomische Detailbetrachtungen, die der Selbstinszenierung des im Habitus eines Beichtvaters auftretenden Steiner gelten: «Er hörte äußerst aufmerksam zu, ohne mich offenbar im geringsten zu beobachten, ganz meinen Worten hingegeben. Er nickte von Zeit zu Zeit, was er scheinbar für ein Hilfsmittel einer starken Koncentration hält.» (T I 31)

Die chiliastischen Heilsvisionen, die sich in Steiners (von der Anthroposophie zur Theosophie gesteigerten) Naturlehre mischten, dürften Kafka so wenig behagt haben wie die parareligiösen Elemente in der von Adolf Just vertretenen Therapeutik. Auch die Konstruktion einer okkulten Dynamik der Seelenwanderung widersprach vermutlich seinem letzthin nüchternen Blick auf die psychische Landschaft des Menschen. In ironischem Ton registriert er im Tagebuch die Platitüden der vor dem Saal in der Niklasstraße wartenden Schüler, die ihren Meister dogmatisch verehren, seine Qualitäten als Medium rühmen und ihm spiritistische Fähigkeiten zuschreiben («Beim Vortrag drängen sich die Toten so sehr an ihn»; T I 27f.). Als Visionär und Künder einer neuen Zeit mag Kafka Steiner keinesfalls betrachten, denn er sucht weder einen Messias noch eine unbekannte Religion. Daß man im Freundeskreis nicht unkritisch über die Theosophie denkt, verrät auch Max Brods 1912 entstandener Essay *Höhere Welten*, der Steiners Selbstinszenierung als Prophet skeptisch kommentiert und seine kunstvolle Rhetorik als Werbestrategie entlarven möchte.[44]

Im Kino

Das Gedächtnis ist ein Magazin der Bilder. In der Moderne, wo die Erinnerung selbst zunehmend ein Gegenstand der Fiktion geworden ist, erzählt die *Memoria* ihre Geschichten nicht allein im diskursiven Medium der Sprache, sondern entlang der Spuren sprachloser Zeichen. Der junge Kafka überließ sich den mäandernden Bilderflügen der Phantasie mit einer selbstgenügsamen Leidenschaft, die er in anderen Fällen zu unterdrücken pflegte. Das Interesse an der Malerei, das die *Kunstwart*-Periode geweckt hatte, blieb jedoch nur episodisch. Intensiver entwickelte sich in den Jahren nach 1908 die Passion für den Film, zu der sich rasch eine «Gier nach den Plakaten» der Kinotheater gesellte (Br I 132). Ähnlich wie die Lektüre ist der Kinobesuch für Kafka zumeist ein einsamer Akt. Gelegentlich hat er sich gemeinsam mit Brod Filme angesehen – so 1911 in Paris –, zuweilen auch von Felix Weltsch begleiten lassen. Sonst aber bleibt das Kino ein «Junggesellentheater»[45] der selbstvergessenen Lüste, wo sich Kafka im Kokon der Tagträume einspinnen kann. Durchbrochen wird diese Haltung, wenn er Ottla im «Badezimmer» komische Bilder aus Filmen vorführt (T II 180). Solche Szenen zeigen das Vergnügen am Spiel der Gesten, das eine Quelle seiner Kinoneugier ist. Die Gebärdensprache des Körpers wiederholt hier die Ausdrucksformen des stummen Films, die später auch Kafkas Texte zu imitieren lieben. Die literarische Phantasie geht, so wird sich zeigen, beim Kino in die Schule.

Seitdem die Brüder Lumière 1896 mit ihrem Projektionsapparat, der erstmals bewegte Bilder zeigte, durch Europa gereist waren, hatte sich der Film in rasantem Tempo einen festen Platz in der zeitgenössischen Unterhaltungskultur erobert. Neben den Vorführungen in Sälen kam um 1900 das ambulante Lichtspieltheater auf, das sich im Rahmen von Jahrmärkten mit Kurzfilmen einem staunenden Massenpublikum präsentierte. Erst nach 1908 stieg jedoch die Zahl der etablierten Kinos nennenswert an. Ihre Expansion wurde dadurch gefördert, daß man verstärkt abendfüllende Spielfilme zeigte, die den zumeist auf Jahrmärkten vorgeführten Kurzfilm verdrängten. Aufgrund der niedrigen Eintrittsgelder war das Kino auch für die Arbeiterschaft erschwinglich; als Unterhaltungsmedium stand der Film in dieser Zeit im Verdacht der künstlerischen Bedeutungslosigkeit. Unterstützt wurde seine wachsende Verbreitung durch den Aufbau von Verleihfirmen, die den Filmtheatern ein abwechslungsreiches Programm ermöglichten, indem sie Kopien gegen Gebühr anboten. Die französische *Pathé*-Gruppe eroberte sich zwischen 1903 und 1909 auf diesem Gebiet eine nahezu europaweite Monopolstellung. 1910 gab es in Deutschland 456, 1913 bereits 2371 Kinos;[46] ein einziger Film erreichte vor dem Krieg bisweilen ein Publikum von 6,5 Millionen Menschen.[47] Das erste Prager Stadtkino, das im Haus *Zum blauen Hecht* in der Karlsgasse untergebracht war, wurde im Frühjahr 1907 eröffnet. Am 18. Oktober 1907 nahm ein zweites Lichtspieltheater im *Café Orient* an der Hibernergasse seinen Betrieb auf; es galt auch in späteren Jahren als komfortabelstes Kino der Stadt.[48] Ein weiterer Vorführraum befand sich bald im *Cabaret Lucerna*, das vor allem Kleinkunst zeigte. Das früheste uns überlieferte Zeugnis für Kafkas Beschäftigung mit dem Film ist ein vom Dezember 1908 stammender Brief an Brods spätere Ehefrau Elsa Taussig, der in ironischem Ton nähere Empfehlungen für die geeignete Programmwahl formuliert. Das Kino erscheint als ‹notwendiges Vergnügen›, das seinen festen Platz unter den selbstverständlichen Genüssen des Alltags hat (Br I 93f.). Wie stark das neue Medium auf Kafka wirkt, verrät ein Tagebucheintrag vom 25. September 1912: «Heute abend mich vom Schreiben weggerissen. Kinematograph im Landesteater.» (T II 103)

Der Filmstil, mit dem Kafka konfrontiert wurde, beschränkte sich zumeist auf die Darbietung trivialer Stoffe, deren kolportagehafter Charakter nur notdürftig durch pathetische Zwischentitel verdeckt wurde (vor 1907 hatten Beschäftigte der Lichtspieltheater als ‹Erklärer› die Funktion solcher Titel versehen). Straßenmotive, Massenszenen, Impressionen von Fabriken und Großstadtverkehr stellten den Hintergrund für die zumeist aktionsreichen Geschichten dar. Der Kunstanspruch blieb begrenzt, Kolportage herrschte vor; eine Berliner Statistik zählte 1910 in 250 Filmen 97 Morde, 45 Selbstmorde, 51 Ehebrüche, 19 Verführungsszenen, 22 Entführungen, 35 Betrunkene und 25 Prostituierte.[49] «Besser Bombenattentate als Familienszene, besser Verwegenheit als Rührstück», lautet das Motto, mit dem Carlo Mierendorff noch 1920 sarkastisch das gängige Programm umreißt.[50] Das Kino biete Lösungen von Rätseln, die «mit aller Falschheit unserer Vorstellungen vom Leben» aufwarteten, schreibt Milena Pollak im Januar 1920 in der *Tribuna*.[51] Kafka freilich ist ein Kinobesucher ohne Scheu vor Trivialmythen, der sich von der Profanität der Stoffe auf eigene Weise angezogen fühlt. Zum zeitgenössischen Schund gehörte der Ende 1910 in Berlin gedrehte Film *Die weiße Sklavin*, der erotische Kolportage mit melodramatischen Effekten verknüpfte. Kafka sah das Machwerk, wie ein Brief aus dieser Zeit andeutet, unmittelbar nach seiner Prager Premiere Mitte Februar 1911 (Br I 134). Die Trivialität solcher Sujets wurde unterstützt durch die Rollenfixierung des frühen Films, in der Ernst Jünger noch 1932 den wesentlichen Unterschied gegenüber dem Theater erblickt. Der Filmschauspieler sei, so Jünger, auf die «Repräsentation des Typus» verpflichtet, die von ihm «nicht Einmaligkeit, sondern Eindeutigkeit» verlange.[52] Wie stark sich gerade die Autorengeneration des Expressionismus von derartigen Mustern fesseln ließ, zeigte die zeitgenössische Dramatik mit ihrer Tendenz zur Präsentation von programmatisch aufgefaßten Typenfiguren (sie galt insbesondere für Werfel, Hasenclever und Georg Kaiser). Der Wolff-Verlag veröffentlichte 1914 ein *Kinobuch*, das zumeist in parodistischem Stil gehaltene Drehvorlagen («Kinodramen») bekannter Hausautoren versammelte. Zu den vom damaligen Lektor Kurt Pinthus geladenen Beiträgern gehörten Vertreter der jüngeren Generation wie Max Brod, Albert Ehrenstein, Walter Hasenclever, Otto Pick und Heinrich Lautensack.[53] Ihre Mitarbeit bezeugt, daß die jungen Schriftsteller der Zeit ein ausgeprägtes Interesse am Film hegten und das Medium trotz seiner oberflächlichen Stoffe aufmerksam beobachteten.[54] Zugleich meldeten sich jedoch Skeptiker zu Wort, die den Enthusiasmus des Zeitgeists nicht teilen mochten. Alfred Döblin, Moritz Heimann, später auch Carl Einstein – keineswegs konservative Geister – vermerkten polemisch die künstlerische Dürftigkeit der für den Massengeschmack produzierten Filme. Franz Pfemfert, Herausgeber der *Aktion*, machte das Kino sogar für den allgemeinen Kulturverfall der Zeit und die Zerstörung der Phantasie durch Bilderüberfluß verantwortlich.[55]

Interessiert hat Kafka zumal die Bewegungsform, Sequenzierung und Komposition der Bilder. Als leidenschaftlicher Beobachter erfaßt er mit wachem Auge die neue Wahrnehmungskultur, die das Medium erzeugt, indem es vertraute Abläufe durch Beschleunigung verfremdet. Das Kino setzt mit seiner Logik der Bildfolge ästhetisch um, was zu den zentralen Erkenntnissen moderner Wissenschaft gehört: die Relativierung der Raum- und Zeitkonstanten, wie sie die moderne Physik vollzieht; die von der Psychoanalyse erschlossene Dissoziation der Identität durch die Trennung von Bewußtem und Unbewußtem; den Zerfall der Sprachsicherheit, den Philosophie und Literatur reflektieren; die Zerstreuung der Perzeption durch die Beschleunigungstechniken des urbanen Verkehrs; die Mechanisierung des menschlichen Körpers, die von den automatisierten Produktionsformen der Industrie vorangetrieben wird. Das neue Medium wiederholt mit seinen künstlerischen Mitteln die Selbstinszenierung der Moderne, die sich auf zahlreichen Feldern der sozialen und intellektuellen Erfahrung des Menschen vollzieht.

Welche weitreichenden Assoziationen das Kino in diesem Punkt bei Kafka freisetzt, zeigt ein Tagebucheintrag vom 17. Dezember 1910, in dem es heißt: «Zeno sagt auf eine dringliche Frage hin, ob denn nichts ruhe: Ja der fliegende Pfeil ruht» (T I 104). Bereits Henri Bergson hat sich in seiner Schrift *L'évolution créatrice* (1907) mit dem (auf Parmenides zurückgehenden) Diktum des Vorsokratikers Zenon von Elea unter wahrnehmungs- und insbesondere filmästhetischen Gesichtspunkten befaßt.[56] Für ihn ist Bewegung die Summe von unbewegten Zuständen. Bedeutsam bleibt diese Zuschreibung, weil sie auch die Logik des Denkvorgangs erklärt, der, wie es heißt, durch die Aufreihung von intellektuellen Eindrücken entsteht. Vor solchem Hintergrund gerät das neue Medium für Bergson zum Modell geistiger wie sinnlicher Wahrnehmung. Der Film bildet die Verbindung von Momentaufnahmen, welche sich seriell zusammenfügen; das Denken wiederum entspricht einer Aktivierung unserer inneren Filmrolle, die sich in der Reflexion mit mechanischer Folgerichtigkeit abspult («cinématographe intérieur»).[57] Es ist zu vermuten, daß Kafka die französische Ausgabe von Bergsons Text, dessen deutsche Übersetzung Gertrud Kantorowicz erst 1912 vorlegte, durch den *Louvre*-Zirkel kannte (Brod und Weltsch werden den Philosophen in *Anschauung und Begriff* kritisch rezipieren).[58] Wie Bergson verwendet auch Kafka die berühmte These vom fliegenden Pfeil, der ruht, weil er sich immer nur an einem Ort befindet, im Zusammenhang mit spezifischen Kino-Beobachtungen, die das Verhältnis von Illusion und Realität betreffen. Die erste uns überlieferte Tagebuchnotiz vom Sommer 1909, die dem Zenon-Eintrag vorausgeht, lautet: «Die Zuschauer erstarren, wenn der Zug vorbeifährt.» (T I 11) Kafka bezieht sich hier auf die suggestive Wirkung einer filmischen Eisenbahn-Szene, deren Dynamik das Prager Publikum offenkundig erschreckte. Ob er den 1896 entstandenen Kurzfilm der Brüder Lumière meinte, der unter dem Titel *L'Arivée d'un train à la gare de La Ciotat* die Annäherung und das Anhalten einer Lokomotive im Bahnhof zeigt, läßt sich nicht klären.[59] Der Überlieferung nach sollen einige der Pariser Zuschauer, als ihnen die nur eine Minute dauernde Sequenz präsentiert wurde, überstürzt den Saal verlassen haben, weil sie vor der naturalistischen Echtheit der vorbeirauschenden Lokomotive erschraken; der «Stupor» und der «Schock» gehören, wie Hanns Zischler treffend formuliert, zur Wirkungsgeschichte des frühen Kinos.[60] Nach einer Bemerkung Siegfried Kracauers ist die «Bahnhofsaufnahme» der Lumières häufig «nachgeahmt» worden, so daß Kafka womöglich eine Variation des berühmten Originals gesehen hat.[61] Kafka befaßt sich mit dem Eisenbahn-Topos auch deshalb, weil ihn interessiert, wie der Film seine Bilder dynamisiert. Das wiederum entspricht dem Zenon-Bezug bei Bergson, der im Tagebuch in vergleichbarem filmästhetischem Kontext wiederkehrt. Über eine nächtliche Münchener Taxifahrt heißt es im Reisetagebuch vom Herbst 1911, die Reifen des Wagen rauschten «auf dem nassen Asphalt wie der Apparat im Kinematographen» (R 22).

Max Brod hat in seinem Essayband *Über die Schönheit häßlicher Bilder* (1913) – einer Revue des Zeitgeistes – dem Kino seine besondere Aufmerksamkeit geschenkt und dabei Kafkas Beobachtungen aufgegriffen. Typisch ist, daß Brod den Film als Unterhaltungsmedium betrachtet, durch das «viel phantastisches Theater in die Welt gekommen» sei.[62] Auch bei ihm taucht das Geschwindigkeitsthema auf; ein Essay beschreibt eine Darstellung einer Eisenbahnfahrt, die den Zuschauer in ihren Bann schlägt, weil dieser mit den Augen auf die Schienen schauen muß, die sich vor der Kamera wie ins Nichts erstrecken.[63]

Zumindest zwei der künstlerisch ambitionierteren Kinofilme der Zeit hätten Kafka schon durch ihren äußeren Bezug auf seine Geburtsstadt anziehen müssen: *Der Student von Prag* (1913, nach einem Drehbuch des Schriftstellers Hanns Heinz Ewers) und *Der Golem* (1920, nach einer Vorlage Paul Wegeners). Beide behandeln phantastisch-okkulte Sujets und spielen das Bild Prags, dem Zeitgeist gemäß, auf eine mystische Ebene mit grotesken Zügen. Wir wissen nicht, ob Kafka diese Filme gesehen hat. Den neuromantischen Stoffen und ihrer bizarren Symbolwelt stand er innerlich fern, wie er bereits durch seine Ablehnung Meyrinks bekundete. Weitaus stärker als der thematische ist ohnehin der formale Einfluß, den das Kino auf den Erzähler und Tagebuchbeobachter nimmt. Die Straßenbeschreibungen in der letzten Fassung der *Hochzeitsvorbereitungen auf dem Lande* bleiben kein Einzelfall. Gerade in seinem Amerika-Roman *Der Verschollene* hat sich Kafka, wie später zu berichten ist, von den Geschwindigkeitserlebnissen, die der Film vermittelte, inspirieren lassen. Noch einzelne Prosastücke aus dem *Landarzt*-Band (1919) – so *Ein Brudermord* – entwerfen suggestive Szenen mit eindeutig filmästhetischem Charakter. Wenn Alfred Döblin 1928 in seiner Rezension von James Joyces *Ulysses* formuliert, in den «Rayon der Literatur» sei «das Kino eingedrungen», so dokumentiert Kafkas Œuvre eines der frühesten Beispiele für diese Entwicklung.[64]

Das Kino verschwindet auch in den späteren Jahren des sozialen Rückzugs nicht vollständig aus Kafkas Alltag. Am 4. März 1913 sieht er mit Brod, dessen Frau Elsa und Felix Weltsch im Kino *Bio Lucerna* Aufnahmen vom Comer See, die Erinnerungen an die italienische Reise vom Spätsommer

1911 geweckt haben dürften. Zehn Tage später besucht er mit Weltsch im selben Etablissement eine Vorführung des Films *Der Andere* nach dem gleichnamigen Theaterstück des Boulevardautors Paul Lindau, in dem der von ihm bewunderte Albert Bassermann die Hauptrolle spielt (Br II 121f.). Anfang Juli 1913 sieht er nach einem Wochenschaubericht über das russische Zarenhaus, der ein Hofzeremoniell in sommerlicher Hitze zeigt, den Wildwestfilm *Sklaven des Goldes* im *Grande Theatre Bio ‹Elite›*, erneut ein Trivialopus (T II 180). Bei einem Kinobesuch in Verona, wo er Ende September 1913 für einen Tag auf der Reise nach Riva Station macht, muß er unter dem Eindruck des melodramatischen Sujets weinen (Br II 295). Daß ihn gerade eine «ganz schematische Geschichte» rühren könne, vermerkt er bereits drei Monate zuvor (T II 180). Am 20. November 1913 erklärt eine Tagebuchnotiz nochmals: «Im Kino gewesen. Geweint.» Der Eintrag bezieht sich neben anderem auf den dänischen Film *Katastrophe im Dock*, der vom Schicksal eines hybriden Ingenieurs erzählt, welcher nach dem Scheitern seiner Konstruktionspläne dem Wahnsinn verfällt. «Maßlose Unterhaltung», heißt es dazu lapidar im Journal (T II 204).[65]

Kafkas Interesse gilt in den Jahren vor dem Weltkrieg nicht nur dem Kino, sondern sämtlichen Formen der technischen Bilderproduktion. In Reichenberg besucht er auf einer Dienstreise Anfang Februar 1911 das Kaiserpanorama. Es handelt sich um einen damals bereits als veraltet geltenden Apparat, der eine Folge von in gleichen Abständen durch eine Walzenkonstruktion vorgeführten Standbildern zeigt, die zumeist exotische Landschaften präsentieren. Das erste Gerät dieser Art war von Daguerre 1822 in Paris entwickelt, 1838 in seinem Salon öffentlich zugänglich gemacht und seitdem kaum verändert worden. Über das Kaiserpanorama schreibt Walter Benjamin in Erinnerung an seine Kindheitserfahrungen: «Die Künste, die hier überdauerten, sind mit dem neunzehnten Jahrhundert aufgestanden.»[66] Max Brod, der aufmerksame Medienbeobachter, nennt das Panorama 1912 eine «symbolische Zufluchtsstätte» für Unzufriedene, die dem unruhigen Flimmern des Kinos entkommen möchten.[67] Kafka sieht in Reichenberg Aufnahmen italienischer Städte und Photographien von Kathedralen, die ihn an seine Reiseeindrücke erinnern, zugleich aber Technikphantasien erzeugen («Warum gibt es keine Vereinigung von Kinema und Stereoskop in dieser Weise?»). «Die Bilder lebendiger als im Kinematographen», so notiert er, «weil sie dem Blick die Ruhe der Wirklichkeit lassen.» (R 16)

An der Schwelle zum Zionismus

Die Auseinandersetzung mit Fragen jüdischer Identität, Kultur und Staatszukunft, die Kafka in der letzten Gymnasialperiode aktiv betrieben hatte, schien während der Studienjahre in den Hintergrund getreten zu sein.

Nach der Immatrikulation drangen derart vielfältige Anregungen auf ihn ein, daß zwischen *Louvre*-Zirkel, Redehalle und Caféhausrunde die älteren Sympathien für die zionistische Bewegung vorübergehend verblaßten. Den Schulfreund Hugo Bergmann verspottete er Ende des Jahres 1902, weil er dessen Bekenntnis für die Ideen Herzls als Zeichen einer auf Außenwirkung abgestellten Attitüde betrachtete. Bergmann antwortete zur Jahreswende mit einem ernsthaften Bekenntnisbrief, der Kafka durchaus angerührt haben dürfte. Der Zionismus, so erklärte er, entspringe seiner «Sehnsucht nach Liebe» und damit einem Gemeinschaftsbedürfnis, wie es auch dem Freund nicht fremd sein könne.[68]

Zum Zionismus findet Kafka nach dem Studium nur über Umwege zurück. Im September 1909 lernt er den damals erst 16jährigen Michal Mareš kennen, der in einem an der Niklasstraße gelegenen Büro als technischer Angestellter arbeitet. Gegen Ende des Jahres 1910 beginnt er, sporadisch an abendlichen Vorträgen aus dem Umfeld des anarchistischen *Klub mladých* («Club der Jungen») teilzunehmen, zu dessen aktiven Mitgliedern Mareš zählt.[69] Über die subversive Organisation, deren gemeinsame Basis die Ablehnung politischer Gewaltakte war, heißt es in Brods Roman *Stefan Rott*, es handele sich um einen «Sammelpunkt jener geistigen Führer des Anarchismus, die auf absolute Sauberkeit hielten» und «angeregteste Diskussionsfreiheit» ermöglichten, so daß sich «viele tschechische Künstler zu ihnen hingezogen» fühlten.[70] Der *Klub* wurde trotz seiner moderaten Positionen im Mai 1910 polizeilich verboten, tagte jedoch, getarnt als Privatzirkel mit heimatkundlichen Veranstaltungen, auch in den folgenden Jahren. Mareš, den Brod als sympathisch, aber naiv beschreibt,[71] dürfte in seinen Erinnerungen das Ausmaß des Interesses, das Kafka der anarchistischen Bewegung entgegenbrachte, übertrieben haben; er beschränkte sich vermutlich auf punktuelle Besuche in der Haltung des passiven Zuhörers, ohne daß es zu einem – seinem Naturell widersprechenden – Engagement für den *Klub* gekommen wäre.[72] Gegenüber Milena Pollak, die dem Anarchisten mehrfach persönlich begegnet war, bezeichnet Kafka das Verhältnis im September 1922 als «Gassenbekanntschaft», nachdem er Mareš bereits im Juli 1920 in ungewöhnlicher Schärfe als «pitomec» (Dummkopf) apostrophiert hatte (Mi 306, 137).

Kafkas politische Vorlieben galten weniger den Anarchisten als den tschechischen Sozialdemokraten, die sich in der vom späteren Staatspräsidenten Tomáš Masaryk gegründeten Realistenpartei zusammengeschlossen hatten und, obgleich sie nur über zwei Sitze im Reichsrat verfügten, in den Jahren vor dem Krieg mit ihrer moderaten nationalen Linie zunehmenden Einfluß gewannen. In der Periode nach 1910 entspannten sich die Beziehungen zwischen Juden und Tschechen deutlich, da sich die jüngere Generation um

einen Interessenausgleich bemühte. Masaryks Partei warb um die jüdischen
Intellektuellen, weil sie in ihnen Vertreter eines jenseits provinzieller Engstir-
nigkeit angesiedelten Kosmopolitentums sah, die für die von ihr angestrebte
gesellschaftliche Erneuerung – Gleichberechtigung der Geschlechter, Trennung von Staat und Kirche, pazifistische Grundorientierung – zu gewinnen
waren. Daher kam es um 1910 zu ersten Ansätzen der Verständigung zwischen tschechischer und jüdischer Reformbewegung, die Kafka mit großer
Sympathie verfolgte.[73] Im März 1910 besucht er eine Versammlung der Realistenpartei, auf der der Journalist Jan Herben einen Vortrag hält, und läßt aus
diesem Anlaß sogar das ursprünglich verabredete Treffen mit seinen Freunden ausfallen (Br I 119). Regelmäßig liest er in dieser Phase die Zeitung *Čas*,
das offizielle Organ der Masaryk-Anhänger, und demonstriert damit nicht
nur seine Neigungen für die Sozialdemokratie, sondern auch seine vorzüglichen Tschechischkenntnisse (Br I 120).

Erst nach dem Wechsel in die *AUVA* befaßt sich Kafka wieder intensiver
mit den politischen Fragen und Problemen des Zionismus. So sammelt er
populärwissenschaftlich gehaltene Broschüren aus der Reihe der durch
Friedrich Michael Schiele 1906 begründeten *Religionsgeschichtlichen Volksbücher für die deutsche christliche Gegenwart*. Unter den 22 Bänden der Serie, die
er bis 1921 erwarb, waren Abhandlungen über die Bücher Moses und Josua,
die Propheten Saul, David, Salomo, Daniel, Amos und Hosea, über die jüdischen Gesetze, die Geschichte Israels, Märchen im Alten Testament, antike
Mysterienreligionen, die Gnosis und den Kirchenstaat in persischer, griechi-
scher und römischer Zeit. Seit 1910 besucht er, von Hugo Bergmann eingeführt, die Veranstaltungen des jüdischen Vereins *Bar-Kochba*, ohne ihm offiziell beizutreten.[74] Der *Bar-Kochba* war 1899 als Nachfolgeinstitution des seit
1892 bestehenden jüdischen Studentenvereins *Maccabaea* ins Leben gerufen
worden, der noch stark assimilatorische Positionen vertreten hatte. Als
Dachorganisation firmierte die im April 1886 durch den Rabbiner Joseph
Bloch aufgebaute *Österreichisch-Israelitische Union*, deren Pendant der 1893
gegründete, 48 regionale Gruppen zusammenführende *Centralverein deutscher
Staatsbürger jüdischen Glaubens* (CV) bildete – Verbände, die sich seit der Jahrhundertwende unter dem Eindruck des wachsenden Antisemitismus von
Schutzvereinigungen zu kulturpolitischen Institutionen mit dem Ziel der
Durchsetzung emanzipatorischer Positionen entwickelt hatten.[75] Der *Bar-
Kochba* hält bis zum Kriegsende einen mittleren Kurs, indem er auf die Balance zwischen Ost- und Westjudentum, Chassidismus und moderner Reli-
gionskultur setzt. Er grenzt sich vom radikalen Zionismus der in der Theo-
dor-Herzl-Gesellschaft organisierten tschechischen Juden ebenso ab wie
von der *Barissia*, einer deutschsprachigen Verbindung, die auf eigentümliche
Weise den Ungeist der Couleursstudenten mit dem Programm des jüdi-

schen Nationalismus verband.[76] Wie heftig die jungen jüdischen Intellektuellen um die angemessene zionistische Richtung rangen, verrät der absurd
anmutende Umstand, daß Leo Herrmann, der Obmann des *Bar-Kochba*,
1909 zu einem (glimpflich ausgehenden) Pistolenduell gegen einen Vertreter
der *Barissia* antrat, das durch den Streit um zionistische Grundsatzfragen
provoziert worden war.[77]

Erste Vorformen einer zionistischen Bewegung hatten sich schon in den
1880er Jahren gebildet, erlangten aber kaum mehr als regionale Bedeutung.
1881 gründeten russische Juden in Rußland die Organisation *Chibat Zion*
(Zionsliebe), deren Wirkung sich auf das – von antisemitischen Wellen
heimgesuchte – Zarenreich beschränkte. Ein Jahr später riefen Wiener Studenten die nationaljüdisch orientierte Gesellschaft *Kadima* ins Leben, die
sich als Parallelunternehmen zum deutschen *Centralverein* sah, ohne jedoch
direkt in die politischen Tageskonflikte einzugreifen. Die Aktivitäten jüdischer Verbände beschränkten sich in den 1890er Jahren auf die Bereitstellung
finanzieller Hilfen für palästinensische Bauern und die Veranstaltung von
Vortragsabenden, die der Stärkung eines kulturellen Identitätsgefühls dienen
sollten. Theodor Herzls *Der Judenstaat* (1896) entstand bekanntlich als Antwort auf die öffentliche politische Unterstützung, die dem Antisemitismus
nicht nur in Österreich zuteil geworden war; die sichtbarsten Symptome für
die «Wiederkehr des alten Hasses»[78] waren die Dreyfus-Affäre, über die
Herzl 1894 als Wiener Korrespondent in Paris berichtete, und der rasante
Aufstieg des seit April 1897 amtierenden Wiener Bürgermeisters Karl Lueger, der mit demagogischen Mitteln die antijüdischen Ressentiments aller
Schichten für seine politischen Zwecke instrumentalisierte. Herzls Schrift
stieß vor allem bei jungen Lesern auf große Resonanz, weil sie die in assimilierten Kreisen verbreitete Neigung zu überwinden suchte, sich in einer geschlossenen sozialen Lebenswelt mit, nach einer Formel Max Brods, «ge-
fühlsmäßigen Provisorien» zu begnügen und Identität über Surrogate wie
ökonomischen Erfolg oder die punktuelle Integration in christliche Milieus
herzustellen.[79]

Die seit dem ersten zionistischen Weltkongreß, der 1897 in Basel tagte, in
Österreich, Böhmen und Ungarn verstärkt diskutierten Fragen galten weniger dem Problem der Besiedlung und den technischen Voraussetzungen für
die Gründung eines israelitischen Staates als vielmehr dem Problem der jüdischen Lebenssituation in Europa. Gegner des Zionismus hielten Herzl und
seinen Anhängern vor, sie würden die Errungenschaften der Assimilation
und damit die Existenzgrundlage des europäischen Judentums durch eine
freiwillige Ghettoisierung in Frage stellen.[80] Die böhmischen Juden emp-
fanden das Risiko der Preisgabe sozialer Sicherheiten nicht mit derselben
Intensität wie ihre Wiener Glaubensgenossen, jedoch wurde auch in Prag

heftig über die Folgen des Zionismus für die gesellschaftliche Integration gestritten. Stärkere Aufmerksamkeit als in Österreich fanden unter den jüdischen Intellektuellen der böhmischen Metropole Fragen, welche die Siedlerbewegung betrafen. Daß in Prag Probleme der praktischen Umsetzung der Nationalstaatsidee mit besonderer Aufmerksamkeit erörtert wurden, ist kein Zufall, wenn man an die erschwerten Lebensumstände der Juden im Spannungsfeld zwischen den erstarkenden tschechisch-deutschen Nationalbewegungen denkt. An einem Ort, an dem sich die Religionen in derart scharfer Konfrontation gegenüberstünden, könne man den «Palästinatraum» mit Händen greifen, hat der spätere Romancier Hermann Ungar über die prozionistische Stimmung vor dem Weltkrieg vermerkt.[81]

Anders als in Prag, wo der Zionismus der jüngeren Generation die intellektuellen Milieus rasch beeinflußte, dominierten in Wien und Berlin vor dem Ersten Weltkrieg unter Künstlern, Journalisten und Gelehrten die Argumente der Assimilation. Typisch für sie war Walther Rathenaus früher Aufsatz *Höre, Israel!* (1897), der die Fremdheit der mitteleuropäischen Juden betont und diese mit unverhohlenem Widerwillen als inmitten der zivilisierten Kulturzentren siedelnde «asiatische Horde» bezeichnet.[82] Für Rathenau, der sich später von seinem Text distanzierte, blieben die jüdische Religionsbindung und der Zionismus zeitlebens problematisch, weil sie sich mit seinem bewußt gepflegten aristokratischen Einzelgängertum nicht vereinbaren ließen. Seinem Ideal entsprach ein «jüdisches Patriziertum»[83] auf individueller Grundlage, das sich nach seiner Überzeugung allein aus der Annäherung an die intellektuelle Kultur der Deutschen ohne Einfluß der für ihn nur persönlich faßbaren Glaubensidentität entwickeln ließ. Gershom Scholem hat später mit Blick auf solche Positionen davon gesprochen, daß für die Westjuden «die geistigen Ordnungen» der Vaterwelt bei der «Berührung mit ‹Europa›» eingestürzt seien.[84]

Die Denkformen des jüdischen Antizionismus repräsentiert in typischer Weise auch Karl Kraus, der bereits als junger Mann im Oktober 1899 offiziell aus der israelitischen Gemeinde ausgetreten war und am 8. April 1911 durch die Taufe – mit dem Architekten Adolf Loos als Paten – seinen Wechsel zum Katholizismus vollziehen ließ. Noch in seiner Autobiographie (1960) kritisiert Max Brod mit einer von Theodor Lessing 1930 aufgebrachten Formulierung, daß Kraus seine Zeitschrift *Die Fackel* zu einem Forum des «jüdischen Selbsthasses» ausgebaut habe.[85] In der *Fackel* war Ende Dezember 1907 ein von Kraus ausdrücklich gebilligter Artikel Stanislaw Przybyszewskis erschienen, welcher mit seiner These, der nach Anpassung und Mediokrität strebende «Judaismus» habe «der schönen menschlichen Seele das Gift eingeimpft, das bis auf den heutigen Tag die Menschheit zersetzt», eine grob antisemitische Tendenz zeigte.[86] Kraus selbst hatte schon 1898 mit seinem Essay *Eine Krone für Zion* die ein Jahr zuvor auf dem ersten Basler Kongreß von Herzl verfolgte nationale Politik als Spielart eines ‹jüdischen Antisemitismus› abqualifiziert, der dem diffusen Bedürfnis entspringe, «der Parfumschwüle bourgeoiser Salons zu entfliehen und demnächst eine ackerbautreibende Nation zu werden.»[87] Problematisch fand Kraus die vermeintlich polarisierende Wirkung des Zionismus, die darin bestehe, auch solche «Christen, die dem Antisemitismus bisher keinerlei Geschmack abzugewinnen vermochten, allmählich von der Heilsamkeit der Absonderungsidee zu überzeugen.»[88] Noch radikaler und unversöhnlicher als Kraus argumentierten der Sprachphilosoph Fritz Mauthner und der fanatische Otto Weininger – auch er ein Konvertit –, der den Zionismus 1903 eine «Negation des Judentums» nannte, deren kämpferischer Anspruch der «inneren Würdelosigkeit» des jüdischen Volkes widerstreite.[89] Für Kraus war der jüdische Einfluß auf die deutsche Literatur vornehmlich in der Spur des Feuilletonismus sichtbar, dessen Genese er auf Börne und Heine zurückführte. Dekadenz, Oberflächlichkeit und Effektgier bestimmten nach seiner Überzeugung den jüdischen Umgang mit der deutschen Literatursprache vor allem in der Presse; diese Auffassung vertrat er nach 1910 in zahlreichen Artikeln in der *Fackel*, die ihrerseits von den Prager Zionisten scharf angegriffen wurden. Im März 1911 konnte Kraus noch mit einer Rezitation in der *Rede- und Lesehalle* auftreten; in späteren Jahren vollzog sich zwischen ihm und den meisten Prager Autoren jüdischer Herkunft ein derart heftiger Bruch, daß eine persönliche Verständigung ausgeschlossen war. «Nichts trostloser als seine Adepten, nichts gottverlassener als seine Gegner», bemerkt Walter Benjamin noch 1928 mit kunstvoller Zweideutigkeit über Kraus’ publizistische Wirkung.[90]

Für die Prager Zionisten waren Kraus’ Angriffe nach seiner Fehde mit Max Brod im Juli 1911 nicht mehr akzeptabel, zumal ihr Selbstverständnis ohnehin die Auseinandersetzung mit gangbaren Wegen aus der jüdischen Identitätskrise, nicht aber theoretische Debatten verlangte. Der *Bar-Kochba* informiert seit dem Herbst 1911, als Felix Weltsch die Funktion des Obmanns übernimmt, durch zumeist im Festsaal des Jüdischen Rathauses stattfindende Vorträge über die Besiedlung Palästinas und die *Chaluz*-Bewegung (‹Pioniere›), die sich dem Programm einer kollektiven Bewirtschaftung des gelobten Landes verschrieben hatte. Kafka, der in besonderem Maße an praktischen Fragen jüdischer Politik interessiert ist, besucht einige dieser Veranstaltungen, so Ende Januar 1912 ein Referat Felix Aron Theilhabers über den Verfall des deutschen Judentums und dessen Auflösung im israelitischen Staat, einen Monat später eine Rede Kurt Blumenfelds, der als Generalsekretär der zionistischen Weltorganisation über *Die Juden im akademischen Leben* spricht (T II 37), und Ende Mai 1912 einen Vortrag von Davis Trietsch über die Kolonisation Palästinas (T II 72). Farbige Anschauungsberichte, die seine Vorstellungskraft anregten, erhält er auch durch Hugo Bergmann, der bereits im Spätsommer 1910 nach Jaffa und Jerusalem gereist war, wo er sich ausführlich über das Leben der Kolonisten informierte. Bezeichnend für seine wieder intensivierte Beschäftigung mit dem Judentum ist der Umstand, daß Kafka seit 1909 die wöchentlich – jeweils am Freitag – erscheinende Prager Zeitschrift *Selbstwehr* liest, die man im März 1907 gegründet hatte. Das Journal tritt entschieden gegen die herrschende Assimilationspraxis ein, fordert die böhmischen Juden zur Pflege ihrer religiösen Traditionen auf und verlangt die Anerkennung einer jüdischen Nationalität im Kronland. 1910 übernimmt Leo Herrmann, der bis zum Sommer 1909 als Obmann des *Bar-Kochba* amtiert hatte, den Posten des Redaktionschefs und bringt die Zeitung auf einen journalistisch anspruchsvolleren Kurs, der sie zumal für die Prager Intellektuellen interessant macht. Kafka hat sich die *Selbstwehr*, wie Felix Weltsch berichtet, auch in seinen letzten Lebensjahren, da er Prag aufgrund seiner Krankheit oft monatelang fernblieb, stets durch die Post nachsenden lassen.[91] Herrmanns Nachfolger wird 1913 Siegmund Kaznelson, mit dem Kafka persönlich bekannt ist (er heiratete später Felix Weltschs Schwester Lise, die sich im Vorstand des 1912 gegründeten *Klubs jüdischer Frauen und Mädchen* engagierte).

Zu einer ambivalenten intellektuellen Erfahrung wird für Kafka die Begegnung mit dem Denken Martin Bubers. Auf Einladung des *Bar-Kochba* und der *Selbstwehr* hatte der damals 30jährige Buber bereits am 20. Januar 1909 einen Vortrag zum Thema *Der Sinn des Judentums* gehalten, der freilich noch auf spürbare Reserven im Publikum gestoßen war; ihm folgten im Jüdischen Rathaus am 3. April und 18. Dezember 1910 zwei weitere, ein Jahr später gesammelt publizierte Referate (*Das Judentum und die Menschheit, Die Erneuerung des Judentums*), die auch Kafka mit einiger Sicherheit hörte (Br II 42).[92] In einer Situation, da der Zionismus sich in Flügelkämpfen und Organisationsstreitigkeiten zu verlieren drohte, vermittelte Buber einen neuen kulturpraktischen Optimismus, der nicht nur auf den Kreis der Prager Zuhörer um Brod und Weltsch anziehend wirkte. Der schon als Schüler vom Zionismus faszinierte Buber, der an der Universität Wien mit einer Arbeit zur Rolle der Individuation im Denken des Nikolaus von Kues und Jakob Böhmes promoviert wurde, war 1904 in Italien, auf der Suche nach einem Habilitationsthema, in den Bannkreis der Frage nach der *conditio judaica* geraten. Ausgehend von der Vorstellung einer religiösen «Wiedergeburt», die er schon 1901 in einem Aufsatz skizziert hatte, befaßte er sich mit dem Problem, wie es dem Judentum gelingen könne, zu den Wurzeln seiner geistigen Autonomie zurückzukehren, ohne dabei den politisch-nationalen Selbstbestimmungsanspruch preiszugeben. In Florenz, vor den Kulissen der europäischen Renaissance, stieß Buber 1904 auf die chassidische Literatur, die ihm fortan als Muster für eine authentische jüdische Identität galt. Die fatalen Konsequenzen der Assimilation ließen sich aus seiner Sicht durch eine intensivierte Auseinandersetzung mit den – allein noch in Osteuropa gepflegten – religiös-kulturellen Traditionen beheben, deren Quellen jedoch zu versiegen drohten, wenn man sie nicht ins Gedächtnis zurückrief. Die säkularisierte politische Vision Herzls sollte auf diese Weise durch die Idee einer geistigen Erneuerung modifiziert werden, die ihrerseits eine «Subjektivierung des Judentums»[93] bedeutete. Sie schloß einen deutlichen Vorbehalt gegen die rabbinische Orthodoxie ein, die nach Auffassung Bubers nur kalte Gelehrsamkeit, nicht aber die humane Wärme der allein in der Mystik aufbewahrten Religiosität authentischer Prägung ausbreitete. In zwei Sammelbänden stellte er 1906 und 1908 jüdische Märchen zusammen, die – auf der Grundlage der modernisierten Nacherzählung – den Zugang zu einer für Westjuden verschütteten Kulturtradition schaffen sollten (*Die Geschichten des Rabbi Nachmann*; *Die Legende des Baalschem*). 1909 erschienen die *Ekstatischen Konfessionen*, in denen Buber Erweckungsberichte mystischer Provenienz aus indischen, sufischen, griechischen, jüdischen, deutschen und westeuropäischen Quellen dokumentierte. Nirgends ist sein Bruch mit dem Zionismus, den er 1904 vollzog, deutlicher als hier zu erkennen: gegen Herzls prosaische Nationalpolitik setzt er eine religiös inspirierte, als Steigerung menschlicher Existenz begriffene Innerlichkeit, die ihre jenseits spezifischer Glaubensinhalte angesiedelte Lebensemphase spürbar aus dem Einflußbereich der Philosophie Nietzsches bezog. Daß Buber dem Zeitgeist keineswegs ganz fern stand, bewies er durch die luxuriöse Aufmachung seiner beim renommierten Jenaer Verleger Eugen Diederichs erscheinenden Bücher, deren Umschläge von prominenten Vertretern des Jugendstils illustriert wurden.[94]

In Prag spricht Buber 1910 über das Problem einer inneren Selbstfindung des Judentums, die allein aus dem «Sicheinstellen in die große Kette»[95] der religiösen Tradition herbeigeführt werden könne. Der Weg zur Nation bleibe den säkularisierten Westjuden versperrt, so argumentiert er, wenn sie ihre Religion nur im Akt der Erinnerung wie ein verlorenes Gut wahrnähmen. Die Annäherung an deren Wurzeln müsse im Medium der Einfühlung erfolgen, die sich nicht durch Herzls pragmatisch-intellektuellen Lösungsweg, sondern allein über das Moment der emotionalen Bindung vollziehe. Jüdische Identität entfaltet sich für ihn durch die affektive Verknüpfung des Individuums mit der religiösen Gemeinschaft, die ihrerseits ein Sammelbecken kultureller Überlieferungen und Deutungsmuster darstellt. Die Dualität von sozialer Integration und Seelenleben, die Buber als Merkmal des modernen Charakters auffaßt, bestimmt zwar aus seiner Sicht moderne Westjuden in besonderem Ausmaß, läßt sich aber durch eine kreative Annäherung an die verschütteten religiösen Traditionen für den Einzelnen überwinden.[96] Dabei ist sich Buber bewußt, daß die Voraussetzungen für eine national geprägte Aneignung der Glaubensinhalte kaum geschaffen waren, denn es fehlten in der Flut der von Herzl initiierten Programmschriften die Maßstäbe für die Ausbildung einer nicht nur durch die ethnische Zugehörigkeit gebundenen jüdischen Autonomie. Um entsprechende Parameter zu gewinnen, müsse das Judentum, so erläutert Buber, die verhängnisvolle Differenz zwischen relativem und absolutem Leben, Glauben und Handeln, Ekstase und Alltag überwinden.[97] Bubers Prager Reden von 1910 hinterließen im Gegensatz zu seinem ersten, ein Jahr zuvor erfolgten Auftritt bei den Zuhörern starken Eindruck; einzig Franz Rosenzweigs *Der Stern der Erlösung* (1921) wird eine ähnlich mitreißende Wirkung auf die jüdische Jugend entfalten wie diese 1911 veröffentlichten Vorträge.

Kafka läßt sich freilich von der allgemeinen Begeisterung, die auch Brod erfaßt hat, nicht anstecken. Buber vermittle, so schreibt er rückblickend im Januar 1913, «einen öden Eindruck, allem, was er sagt, fehlt etwas.» (Br II 42) Seine Nacherzählungen chassidischer Märchen mißfallen ihm wiederum, weil er ihren modernen Stil, der die Vorlagen verwässere, «unerträglich» findet (Br II 51). Bubers religionsphilosophisches Werk, das, mit einer von Max Brod 1920 formulierten Wendung, den Zionismus als «gläubiges Vertrauen auf das religiöse und soziale Genie des jüdischen Volkes»[98] definiert, erschließt sich Kafka erst in den Jahren des Krieges. In der Zeit vor 1914 meidet er seine theoretischen Abhandlungen, weil er ihrem ekstatischen Erneuerungspathos mißtraut (Gershom Scholem attestiert ihnen «verschleierte Subjektivität»),[99] beginnt jedoch, auch unter dem Eindruck von Brods neuem Glaubensenthusiasmus, religiöse Texte zu studieren. Seit dem Herbst 1911 liest er regelmäßig im Talmud, nimmt dessen Anweisungen zur Frömmigkeit unter die Lupe und fühlt sich, wie schon im schulischen Unterricht, durch die Geschichten der Aggada mit ihren parabolischen Strukturen stark angezogen. Die Lektüre erschließt den Bereich der religiösen Erfahrung als exotischen Raum, der sich ihm jedoch nur langsam öffnet; befördert wird Kafkas Suche nach den Wurzeln der religiösen Kultur im Herbst 1911 durch die Begegnung mit der Jargonbühne, die wegweisende Bedeutung für sein jüdisches Selbstbewußtsein gewinnen wird.

Das jiddische Theater
Kafka besaß eine eigene Sensibilität für die Ästhetik der Bühne, die er in späteren Jahren auch literarisch produktiv machte, indem er Szenen seiner Romane wie theatralische Spielkonstellationen anlegte, die die Figuren zu Akteuren auf einem Schauplatz der mimischen und gestischen Zeichensprachen verwandelt. Als Zuschauer, der bevorzugt auf Reisen ins Theater ging,

liebte er vor allem jenen naturalistischen Berliner Stil, den er bei seinem ein-
wöchigen Aufenthalt im Dezember 1910 an Albert Bassermann studieren
konnte, während er die manieristischen Spielformen, die Alexander Moissi
als Star des Reinhardt-Ensembles vor dem Krieg verkörperte, kaum schätzte; seine Diktion scheint ihm, auch wenn er ihre Technik bewundert, zu affektiert, wie das Tagebuch im März 1912 nach dem Besuch eines Rezita-
tionsabends vermerkt, zu dessen Programm auch Beer-Hofmanns *Schlaflied
für Mirjam* gehörte (T II 48). Frank Wedekinds Schauspielkunst wiederum,
der die zeitgenössische Kritik Unzulänglichkeit vorzuhalten pflegte, hat Kafka durchaus angezogen; am 1. Februar 1912 sieht er eine Aufführung von
Der Erdgeist mit Wedekind als Dr. Schön und seiner Ehefrau Tilly als Lulu,
die ihn durch ihre Mischung aus Salonstil und Dämonie fasziniert: «Wider-
sprechender Eindruck des durchaus festgegründeten und doch fremdblei-
benden.» (T II 28) In einer kurzen Tagebuchstudie erklärt er am 30. Dezember 1911, daß der wesentliche Fehler des Bühnen-Dilettantismus darin bestehe, die «Grenze des Spiels» nicht zu wahren und auf diese Weise die
illusionistischen Möglichkeiten einer den Zuschauer bannenden Kunst zu
verfehlen. Solche Überlegungen zeugen von einem feinsinnigen Verständnis
für die Probleme des Theaters, dem wiederum das Wissen zugrunde liegt,
wie sehr Kunst und Realität von einer Differenz beherrscht werden, die zu
übersehen droht, wer «zu stark nachahmt.» (T I 256)
   Ein seelisch und körperlich gleichermaßen nachwirkender Bühnenein-
druck, den er zeitlebens nicht vergessen wird, vermittelt sich Kafka durch
die Begegnung mit dem jiddischen Theater. Zwischen dem 24. September
1911 und dem 21. Januar 1912 gastierte unter der Leitung von Jizchak Löwy
eine aus Lemberg stammende Truppe im Prager *Café Savoy*, das nördlich
vom Altstädter Ring in der von Bordellen und zweifelhaften Lokalen geprägten Ziegengasse lag.[100] Zum Repertoire zählten neben Solovorführun-
gen, Travestienummern und Chansons zumal Jargonstücke, die meist aus
dem späten 19. Jahrhundert stammten, häufig aber ältere Stoffe der jüdischen
Legendentradition verarbeiteten. Das Jiddische, das hier die Bühnensprache
bildete, war in der Habsburgermonarchie staatlich nicht geduldet; im Artikel
19 der Verfassung vom 21. Dezember 1867, der die offiziellen Landesspra-
chen auflistet, findet es sich nicht genannt. Obwohl der Jargon in Ungarn
und Galizien selbstverständlich im Alltag benutzt wurde, war es daher auch
untersagt, Jiddisch bei Volkszählungen als Umgangssprache anzugeben.[101]
Vor diesem Hintergrund besaßen die von Löwys Ensemble vorgeführten
Theaterstücke ein subversives Element, erinnerten sie doch an eine Tradition, die der Staat zu unterdrücken suchte. Wie wenig Kredit das Jiddische
auch in Kreisen der westjüdischen Intelligenz besaß, verraten Theodor
Herzls abfällige Bemerkungen über den «verkümmerten und verdrückten»

Jargon, den er als Reflex der babylonisch gewordenen «Ghettosprachen» ablehnt und im neuen Staat Palästina nicht akzeptieren möchte.[102]
Am 5. Oktober 1911 sieht Kafka in Begleitung von Brod, der sich bereits persönlich mit Löwy bekannt gemacht hat, erstmals eine Veranstaltung im *Café Savoy*, einen Soloabend, in dem die Schauspielerin Flora Klug als ‹Herrenimitatorin› auftritt. Er zeigt sich sofort gefesselt und versäumt in den folgenden Wochen nur wenige Aufführungen. Im Journal hält er genaue Einschätzungen von Inhalt, Inszenierung, Schauspielerleistungen und Musik fest. Die Eindrücke, die sich ihm hier vermitteln, unterscheiden sich deutlich von allem, was er bisher im Theater sah: die Darsteller sind Improvisationskünstler, die ihren Text nicht beherrschen und sich auf offener Bühne streiten, die Kostüme wirken zerschlissen und fadenscheinig, die Stücke bleiben dramaturgisch dürftig und tragen oftmals eine süßlich-sentimentale Note. Gerade das affektive Moment der Darstellung aber unterstreicht in Kafkas Augen den Eindruck der Authentizität, insofern es zu einem Medium des Widerstands gegen den konventionellen Charakter der bürgerlichen Kunstauffassung gerät.[103] Das hier in Szene gesetzte Theater der Gefühle erzeugt eine Form der Anteilnahme, die Kafka nach der Aufführung von Joseph Lateiners *Sejdernacht* am 10. Oktober 1911 im Tagebuch sehr genau beschreibt: «Zu Zeiten griffen wir (im Augenblick durchflog mich das Bewußtsein dessen) nur deshalb in die Handlung nicht ein, weil wir zu erregt, nicht deshalb weil wir bloß Zuschauer waren.» (T I 60)[104]
Das von Löwy präsentierte Repertoire stand in einer modernen Tradition, die 1876 während des russisch-türkischen Krieges durch Abraham Goldfaden (eigentlich: Goldenfudim) in Bukarest begründet worden war.[105] Sie griff zurück auf die Jargonsprache des Ghettos und verarbeitete legendenhafte oder burleske Stoffe, wobei man die dramatischen Texte in hebräischer Schrift verfaßte.[106] Zu den Vorläufern gehörten die auf biblische Themen gestützten Purimspiele, die, seit dem 16. Jahrhundert überliefert, ab 1650 auch in jiddischer Sprache verfaßt wurden; im 18. Jahrhundert begannen jüdische Wanderstudenten sie, mit komischen Intermezzi vermischt, in deutschen Ghettos bekannt zu machen. Ein weiteres Einflußfeld stellten die jüdischen Bänkelsänger dar, die mit Liedern, Couplets und Tanzeinlagen in Schenken, Weinlokalen und Caféhäusern Galiziens, Polens und Rumäniens gastierten. Beibehalten wurde vom jiddischen Theater der Märchencharakter der mündlich weitergetragenen Sujets, der die Auseinandersetzung mit metaphysischen und religiösen Fragen einschloß, während die verstärkte Reflexion über das Leben im Ghetto und die Berücksichtigung des jüdischen Berufsalltags als neue Themen hinzutraten. Goldfaden spielte zunächst mit wechselnden Darstellern auf Jahrmärkten, sammelte aber nach den großen Erfolgen der ersten Monate eine feste Truppe, mit der er sich 1878 in Odessa niederließ. Das

Jizchak Löwy

Unternehmen prosperierte bald, vertrug konkurrierende Neugründungen – in Lodz bzw. Wilna – und veranlaßte die Produktion zahlreicher Theaterstücke, die zumeist von Schauspielern oder Direktoren als künstlerische Massenware ohne höhere Ansprüche verfaßt wurden. Erstmals engagierte man jetzt auch Frauen, was den orthodoxen Regeln der älteren Tradition, denen gemäß weibliche Rollen mit Männern zu besetzen waren, zuwiderlief. Nachdem 1883 durch ein Edikt Alexanders III. den Juden in Rußland das Theaterspiel untersagt wurde, wanderten zahlreiche Darsteller nach Frankreich, England und in die U.S.A. aus.[107] Im Anschluß an ein Intermezzo in New York, das nur zwei Jahre dauerte, suchte Goldfadens Ensemble ab 1889 sein Glück an wechselnden Spielorten und bereiste die slawischen Nachbarländer. Innerhalb von Europa lag das Zentrum der jiddischen Bühnentradition nach 1900 in Polen, wo bis in die 30er Jahre die herausragenden Truppen beheimatet waren. Für die assimilierten Prager Stadtjuden, die erstmals im April 1910 ein gastierendes Jargontheater (unter Leitung von Moritz Weinberg) hatten sehen können, erschloß das Gastspiel der Lemberger ein bisher unbekanntes Gebiet des eigenen kulturellen Erbes.

Jizchak Löwy, den Chef der Kompagnie, lernt Kafka am 13. Oktober 1911 nach der Aufführung von Goldfadens *Sulamith* durch Brods Vermittlung persönlich kennen. Rasch entwickelt sich ein freundschaftliches Verhältnis zwischen ihnen, das Kafka mit keineswegs selbstverständlicher Initiative fördert. Löwy ist ein «heißer Jude» (Br I 215), ein temperamentvoller und gläubiger Mann, der, obgleich erst 24 Jahre alt, bereits auf ein bewegtes Leben zurückblicken kann. Er wurde 1887 in Rußland als Kind einer gutsituierten Familie geboren und verbrachte seine Jugend nicht orthodoxfromm, sondern als ‹bocher›, der das Geld seines Vaters verschwendete (T I 8of.). 1904 ging er nach Paris, wo er erstmals mit dem jiddischen Theater in Berührung kam; 1907 schloß er sich einer Truppe an, die in den Metropolen Mitteleuropas auftrat. Kurz nach dem Prager Gastspiel machte er sich unter dem Eindruck eines heftigen Streits mit Mitgliedern der Kompagnie während einer Tournee durch Berlin und Brandenburg selbständig. Jizchak Löwy führt Kafka im Herbst 1911 nicht nur in die jiddische Theatertradition und die jüdische Literatur ein, sondern erläutert ihm auch zahlrei-

Löwy in der Rolle des Lemech in Gordins
Der wilde Mensch

che religiöse Bräuche der frommen Ostjuden, der Chassidim (T I 243f.). Deren Lehre geht zurück auf das Stifterwerk des ‹Baal-
Schem-Tow› genannten Rabbi Israel Ben-
Elieser (1698–1760) und stützt sich auf die
Überzeugung, daß allein das Gefühl, nicht
aber das dauernde Studium des Talmud und
die sklavische Befolgung seiner komplizierten Regeln den Weg zu Gott weise. Die
Verschmelzung mit dem Schöpfer wird
möglich im Gebet, wobei eine fromme Lebenspraxis den Glauben an die Möglichkeit
des Übernatürlichen einschließt. Gott ist in allen Erscheinungen unmittelbar präsent und läßt sich nur im Rahmen eines absoluten Pantheismus denken, dem die Chassidim im Anschluß an den Rabbi Israel folgen. In Jakob
Fromers 1909 veröffentlichter Studie *Der Organismus des Judentums*, die die
Geschichte des Talmud und seiner Auslegungen darstellt, heißt es: «Der Cha-
sid [!] vereinigt in sich ein frommes Gemüt mit feinen, zarten, nach dem
Höchsten strebenden Instinkten. Sein Gott ist das absolut Gute und sein
Ideal ist: die Vergottung der Menschheit, die Verwirklichung des Himmelrei-
ches auf Erden.»[108] Anders als die Misnagdim, die städtisch lebenden Westjuden, kennen die Chassidim die Rolle eines Priesters, des Zaddik, der sich
nicht, wie der Rabbiner, auf die Rolle des gelehrten Dolmetschers beschränkt, welcher Schrift und Gesetz erklärt, sondern als Vermittler zwischen Gott und Mensch tätig ist. In dieser Rolle, die ihn zum Auserwählten
macht, steht er dem Volk gleichwohl näher als der Rabbiner, dessen Gelehrsamkeit eine Form der Exklusivität schafft, die bewußt, im Einverständnis
mit der Gemeinde, kultiviert wird. Verbreitung fand der Chassidismus besonders in Galizien, den russischen Teilen Polens, Südwestrußland und Ru-
mänien;[109] erst Martin Buber verfolgte das Ziel, den geistigen Gehalt der
chassidischen Lehre auf die aktuelle Lebenssituation des Westjudentums zu
beziehen und damit – im nicht unbedingt authentischen Geist einer modernen Neuromantik – «salonfähig» zu machen.[110]

Kafka ist ein aufmerksamer Zuhörer, der Löwys Berichte über ostjüdische Waschungsrituale, Anekdoten von Talmudgelehrten, Schulpraktiken,
Beschneidungszeremonien, Beerdigungen und Pessachfesten akribisch in
seinem Tagebuch festhält. Die festgefügt scheinende ostjüdische Identität
Löwys, sein Ruhen in der Tradition, die stoisch anmutende Selbstsicherheit

seines Auftretens und der Mut, mit dem er äußerlichen Widrigkeiten die Stirn bot, faszinieren Kafka derart, daß er Anfang Januar 1912 beginnt, die Lebenserinnerungen seines Gesprächspartners im Tagebuch zu notieren. Jakob Wassermann wird die psychologischen Ursachen solcher Anziehung 1913 in einem auf Anregung Bubers für den Prager *Bar-Kochba* geschriebenen Beitrag zu ergründen suchen; der «Jude als Orientale», so heißt es bei ihm, verkörpere für die Vertreter der Assimilation eine «mythische» Gestalt, in der ihnen die Tiefen der Religion begegneten, weil sie «bloß an das Fremde, das Andere, das Anderssein» glaubten.[111] Die Frömmigkeit der Westjuden äußert sich derart in der Bewunderung des exotischen Typus, die sich als Symptom des Verlusts einer ursprünglichen Identität auslegen läßt. Hermann Kafka freilich, der solche Sehnsüchte und Wunschbilder weltfremd fand, mißbilligt die neue Freundschaft seines Sohnes, weil er den Warschauer Schauspieler für unstandesgemäß hält; Anfang November 1911 erklärt er nach Löwys zweitem Besuch in der Niklasstraße giftig: «Wer sich mit Hunden zu Bett legt steht mit Wanzen auf.» (T I 174) Der Schock über diese obszöne Bemerkung sitzt so tief, daß der Sohn sich noch knapp acht Jahre später, als er seinen großen Anklagebrief gegen den Vater schreibt, zumindest im Grundsätzlichen an sie erinnert: «Ohne ihn zu kennen, verglichst Du ihn in einer schrecklichen Weise, die ich schon vergessen habe, mit Ungeziefer (…)» (G 18).

Kafkas Sympathie für das jiddische Theater wird im Herbst 1911 nicht nur durch die Freundschaft mit Löwy, sondern auch durch die erotische Anziehung gefördert, welche die Schauspielerin Amalie Tschisik auf ihn ausübt. Sie ist ein wenig älter als er selbst, verheiratet, Mutter zweier Kinder im Alter von acht und zehn Jahren, offenkundig keine begnadete Darstellerin, aber in ihrer Wirkung anrührend («ihr Spiel ist nicht mannigfaltig»; T I 78). Kafka erkennt rasch, daß seine «Liebe zur Frau Tschissik [!]» ein Produkt der Imagination ohne Aussicht auf Verwirklichung bleiben wird (T I 77). Während einer Vorstellungspause bei der Aufführung von Abraham Goldfadens *Bar-Kochba* läßt er der Schauspielerin am 3. November im *Savoy* durch den Caféhauskellner in einem symbolischen Vertretungsakt Blumen überreichen. Er habe gehofft, so bemerkt er im Tagebuch, durch diese öffentliche Geste seine Neigung zu «befriedigen», jedoch sei der Versuch «ganz nutzlos» gescheitert: «Es ist nur durch Litteratur oder durch den Beischlaf möglich.» (T I 180) Das Grundmuster, das hier erscheint, wird sich in späteren Lebensphasen bei Kafka als Konstante des schriftstellerischen Selbstentwurfs wiederholen. Das gelingende Schreiben bedeutet keinen Ersatz für sexuelle Erfüllung, sondern schließt diese in umfassendem Sinn ein, so daß ‹Literatur› und ‹Beischlaf› Spielarten eines identischen Impulses repräsentieren. Scheitert die literarische Arbeit, so kommt es umgekehrt zu

psychischen Stauungen, die den stockenden Formen verdrängter Sexualität)
gleichen.

Zwischen Anfang Oktober 1911 und Mitte Februar 1912 besucht Kafka
zwölf Vorstellungen der Lemberger, darunter auch Soloprogramme und
Rezitationsabende. Ausführlich beschreibt er die gesehenen Stücke im Tagebuch; sie stammen von Jakob Gordin (*Der wilde Mensch, Gott, Mensch und
Teufel*), Josef Lateiner (*Die Sejdernacht, Davids Geige, Blümale oder Die Perle
von Warschau*), Abraham Goldfaden (*Bar-Kochba, Sulamith* – eine Operette,
die er mit Amalie Tschisik in der Hauptrolle zweimal sieht), Abraham Scharkansky (*Der Meschumed, Kol nidre*), Moses Richter (*Moijsche Chajet oder Der
Schneider als Gemeinderat, Herzele Mejiches*) und Sigmund Feinmann (*Der Vice-
könig*).[112] Das Spektrum, das hier geboten wurde, reichte von religiösen Legenden (Scharkansky) und bürgerlichen Familienstücken (Gordin) über
Operetten (Goldfaden) bis zu kolportagehaften Melodramen (Lateiner) und
populären Komödien (Richter); als herausragender Autor der Zeit galt Jakob
Gordin – der ‹jiddische Shakespeare› –, dessen groteske Tragödie *Der wilde
Mensch* in der Gestalt des schwachsinnigen Lemech eine Paraderolle für
Löwy bot, der hier, wie ein Photo zeigt, mit expressiven Mitteln agieren
konnte.[113] Nicht vorgeführt wird in Prag Scholem Aschs *Sabbatai Zevi*, das
fraglos bekannteste jiddische Drama vor dem Ersten Weltkrieg, das in deutscher Übersetzung im S. Fischer-Verlag erschienen war.[114] Da das Lemberger Ensemble nur über eingeschränkte technische und personelle Möglichkeiten verfügte, mußte es sich notwendig auf überschaubare Burlesken und
märchenhafte Legenden konzentrieren, die man auch auf knappem Raum
aufführen konnte, während Massenstücke wie Aschs Drama über den religiösen Schwärmer Zevi für das Repertoire nicht in Frage kamen.

Kafka begegnet der Kunst der Schauspieler mit «Liebe» (Br I 215) und
Respekt, leidet mit ihnen unter den schlechten Aufführungsbedingungen
im kleinen, schäbig eingerichteten Caféhaus, verzichtet aber nicht auf kritische Urteile, die dem Repertoire und der Inszenierung gleichermaßen gelten: Scharkanskys *Kol nidre* nennt er ein «ziemlich schlechtes Stück» (T I 77);
Gordins *Wilden Menschen* bescheinigt er zwar «mehr Details, mehr Ordnung
und mehr Folgerichtigkeit» als den Arbeiten Lateiners und Feinmanns («der
Lärm dieses Judentums klingt dumpfer»), doch beklagt er zugleich, daß hier
die Authentizität der sonst für Improvisationen offenen Vorlagen entfalle,
weil der Autor «dem Publikum Koncessionen gemacht» habe (T I 153). Ob
sich Kafka zur selben Zeit mit der jüdischen Liedtradition, die auch die jiddischen Stücke beeinflußte, näher beschäftigt hat, läßt sich nicht mit Gewißheit feststellen. Ephraim Moses Lilien, ein in Deutschland lebender Galizier,
hatte kurz nach der Jahrhundertwende eine wirkungsvolle Sammlung unter
dem Titel *Lieder des Ghetto* veröffentlicht, die auf zahlreiche jüdische Auto-

ren der Zeit ähnlichen Eindruck machte wie Martin Bubers Edition der chassidischen *Geschichten des Rabbi Nachmann*, die 1906 publiziert wurde.[115] Über die Gesangseinlagen in Scharkanskys *Der Meschumed* schreibt Kafka, der sonst selten eine Oper oder ein Konzert besucht: «Die Melodien sind dazu geeignet, jeden aufspringenden Menschen aufzufangen und ohne zu zerreißen seine ganze Begeisterung zu umfassen, wenn man schon einmal nicht glauben will, daß sie sie ihm geben.» (T I 50)

Durch die Eindrücke, die das Lemberger Theater vermittelt, wächst Kafkas Wunsch, sich intensiver mit den nationalen Wurzeln der in «Kampfstellung» operierenden, um Selbstbehauptung ringenden jiddischen Literatur zu befassen (T I 56). Im November 1911 liest er Auszüge aus Heinrich Graetz' *Volkstümlicher Geschichte der Juden in drei Bänden* (1888), Ende Januar 1912 verschlingt er «gierig», mit – ihm bei wissenschaftlichen Abhandlungen sonst fremder – «Gründlichkeit, Eile und Freude» Meyer Isser Pinès' im Jahr zuvor erschienene *Histoire de la littérature judéo-allemande*. Das umfangreiche Werk ist in zwei Teile gegliedert, deren erster die Sprachgeschichte und die Anfänge der jiddischen Literatur seit der frühen Neuzeit, deren zweiter Tendenzen des modernen Jiddisch und des Theaters – am Beispiel einzelner Autoren – darstellt. Kafka nutzt die Lektüre, um sich auf einen Vortrag über den Jargon vorzubereiten, mit dem er am 18. Februar 1912 einen Rezitationsabend Löwys einleiten muß, der im Festsaal des Jüdischen Rathauses stattfindet (als Redner hatte er ursprünglich Oskar Baum vorgesehen, der aber zehn Tage vor dem Termin absagte). Für sein Referat exzerpiert er Passagen über die Haskala – die jüdische Aufklärung –, Hinweise auf die populären Romane des 19. Jahrhunderts und Ausführungen zum Beginn des modernen jiddischen Theaters bei Goldfaden (T II 22ff.).

In den ersten Wochen des Jahres 1912 entfaltet Kafka pragmatische Aktivitäten, die für ihn höchst ungewöhnlich sind. Er sucht dem Ensemble Gastspielmöglichkeiten zu vermitteln, bittet die Stadtverwaltung in einem Schreiben um die Senkung der Raummiete und verfaßt einen Artikel für die *Selbstwehr*, in dem er das Theater mit seinem Repertoire näher vorstellt. Zur Vorbereitung von Löwys Soloabend holt er die obligate polizeiliche Erlaubnis beim Magistrat ein, organisiert die Gestaltung des Programms und den Kartenverkauf, sorgt für die Numerierung der Plätze, das Arrangement der Begleitmusik, den Aufbau des Podiums und versendet die erforderlichen Informationen an die Presse. Stolz vermerkt er im Tagebuch seine planerischen Initiativen, Gespräche und Interventionen, zugleich aber auch die Furcht vor der ungewohnten öffentlichen Rolle als Redner zur Einführung Löwys. Erst im Moment des Auftritts, am Abend vor den Zuhörern, registriert er ein unbekanntes Gefühl der Selbstvergessenheit, wie er es später auch als Bedingung glückenden literarischen Arbeitens erfahren wird:

«(...) stolzes, überirdisches Bewußtsein während meines Vortrags (Kälte gegen das Publikum, nur der Mangel an Übung hinderte mich an der Freiheit der begeisterten Bewegung), starke Stimme, müheloses Gedächtnis (...)».

Angesichts des Erfolgs seiner Rede und des nachfolgenden Programms, in dessen «bunter Fülle» (so die Rezension der *Selbstwehr*) Löwy Gesangsnummern, kurze Szenen, komische Einlagen und melodramatische Monologe unterbrachte, zeigen sich ihm «Kräfte», denen er sich «gern anvertrauen möchte» (T II 36, 260). Hermann und Julie Kafka freilich blieben, obgleich sie eingeladen waren, dem Ereignis fern, weil sie den sozial degradierenden Umgang ihres Sohnes mit den Schauspielern mißbilligten. «Meine Eltern», heißt es so knapp wie verbittert im Journal, «waren nicht dort.» (T II 35f.)

Kafkas Rede, die sich im Manuskript erhalten hat, rät den assimilierten Besuchern in insistierendem Ton, den Jargon nicht mit dem Verstand zu erfassen, sondern durch den Körper wirken zu lassen. Die Begründung für diese Empfehlung stützt sich zunächst auf Pinès' große Studie, der Kafka – neben punktuellen Informationen über Genese, Sprachmischung und osteuropäische Einflüsse – den Hinweis entnimmt, daß das Jiddische primär ein Medium der Kommunikation jenseits der Schrift sei (B 150).[116] Wo jedoch Pinès die Mixtur der Spracheinflüsse als Konstituens eines selbständigen Systems begreift, erklärt Kafka unumwunden, das Jiddische bestehe «nur aus Fremdwörtern» (B 150). Mit Hilfe einer perspektivischen Drehung vermittelt er so eine Ansicht, die es erlaubt, das Unbekannte aus der Distanz zu erschließen, ohne es durch rationale Reflexion in den eigenen Denkhorizont einzufügen. Das Jiddische versammelt ‹Wörter aus der Fremde›, die sich ihrerseits nicht assimilieren lassen, auch wenn sie in den Dienst einer neuen Ordnung des Ausdrucks treten. Die «Angst», die der Jargon bei den Westjuden auslöst, bedeutet eine natürliche Reaktion, die einzig überwunden werden kann, wenn man die Sprache des alten Ghettos, wie die Rede empfiehlt, «fühlend zu verstehen» lernt (B 150, 152).[117] Die Empfindung ist das Medium, durch das sich das Jiddische vermittelt, der Körper sein Dolmetscher. Kafka wußte sehr genau, wovon er redete: für ihn konnte, wie wir noch erfahren werden, das Schreiben eine ähnlich physische Dimension erreichen wie die Begegnung mit dem authentischen Jargon. Im Tagebuch heißt es, er habe zur Einstimmung in seinen Auftritt Sätze Goethes gelesen, um ein leibliches Sensorium für die Sprache und ihre «Betonungen» zu gewinnen (T II 34). Der Jargon-Vortrag ist vor diesem Hintergrund selbst, was er analysiert: zum Körper gewordene Rede.

Das Interesse am Jargon bleibt bei Kafka auch nach der Abreise der Lemberger Schauspieler im Spätwinter 1912 bestehen. Am 2. Mai 1913 besucht er eine Gastspielaufführung der *Wiener Jüdischen Bühne* im Café-Restaurant *Picadilly* (*Die goldene Hochzeit*), deren musikalische Partien ihn durch «etwas

Zauberhaftes» erneut ergreifen (T II 176). Im Sommer 1917 trifft er Löwy nach längerer Pause zufällig in Budapest und diktiert nach der Rückkehr in Zürau seiner Schwester Ottla Bruchstücke der schon 1912 im Tagebuch sporadisch notierten Biographie des Freundes (M 137).[118] Bezeichnend für die von Löwys Ensemble freigesetzte Wirkung ist es, daß Kafka den Besuch etablierter Theater nach 1912 nahezu vollständig einstellt, weil die körperlich-authentische Erfahrung des Jargons ihm den Zugang zum deutschsprachigen Bühnen-Establishment verschließt. Dem Faszinosum einer Kulturtradition, welche die Verheißung der verbürgten, durch nichts erschütterbaren Identität bot, konnte Kafka sich nicht mehr entziehen, auch wenn er ahnte, daß für ihn, den ‹enterbten Sohn›, die Quellen der Überlieferung verschüttet bleiben mußten.

Im Dezember 1911 stellt Kafka im Tagebuch ein *Schema zur Charakteristik kleiner Litteraturen* auf, das sich auch als Reflex der Erfahrungen mit dem jiddischen Theater lesen läßt: «Wirkung im guten Sinn hier wie dort auf jeden Fall. Hier sind im Einzelnen sogar bessere Wirkungen. 1 Lebhaftigkeit a Streit b Schulen c Zeitschriften 2 Entlastung a Principienlosigkeit b kleine Themen c leichte Symbolbildung d Abfall der Unfähigen 3 Popularität a Zusammenhang mit Politik b Litteraturgeschichte c Glaube an die Litteratur, ihre Gesetzgebung wird ihr überlassen (…)» (T I 253). Die knappe Skizze, die Kafka ohne näheren Kommentar notiert, dürfte sich auf verschiedene Erscheinungen künstlerischer Minorität beziehen: auf das Jiddische ebenso wie auf die tschechische Literatur, die jahrzehntelang in Prag unter dem Herrschaftsanspruch des Deutschen leiden mußte.[119] So läßt sich das Schema als Plädoyer für dezentrale, vom Staat gelöste Kulturformen auslegen, deren Nuancen nicht durch politische Zwänge verwischt werden sollten; gerade die ‹Principienlosigkeit› bleibt für Kafka Programm, die Individualität Bedingung ästhetischer Identität. Denkt man an die totalitären Systeme des 20. Jahrhunderts, so berühren diese Notizen in besonderer Weise, weil sie mit ihrem Entwurf einer sich selbst regierenden Kunst den Gleichschaltungsterror aller Diktaturen anklagen. Wer sie liest, sollte sich daran erinnern, daß zahlreiche von Kafkas Freunden und Verwandten, darunter auch der Schauspieler Löwy, der Shoa zum Opfer fielen, der er selbst womöglich nur durch seinen frühen Tod entkam.

Die Gier nach einem Buch

Seit den ersten Berufsjahren drängte Max Brod mit der ihm eigenen Vitalität den sich sträubenden Kafka regelmäßig zur Veröffentlichung seiner Texte. Im Promotionsjahr 1906 hatte Kafka sich mit einer (nicht mehr erhaltenen) Erzählung unter dem «Deckwort» *Himmel in engen Gassen* an einem Wiener Preisausschreiben beteiligt, ohne jedoch auf Resonanz zu stoßen.[1] Anfang März 1908 publiziert Franz Bleis *Hyperion*, wie berichtet, acht kurze, zumeist 1907 entstandene Prosastücke, die den Sammeltitel *Betrachtung* erhalten. Die vom vermögenden Carl Sternheim finanzierte Zeitschrift folgt dem Jugendstil-Geschmack des *Pan*, ohne dessen Manierismus unbedacht nachzuahmen. Bewußt verzichtet Blei auf die für zahlreiche Journale der Jahrhundertwende typische Illustrationskunst, um allein dem Wort Raum zu geben; Papier, Schrift und Druckqualität verraten aber weiterhin den leicht snobistischen Willen zur Exklusivität. Neben den renommierten Autoren des Journals – Hofmannsthal, Heinrich Mann, Musil, Rilke, Sternheim, Schröder – blieb Kafka als Debütant ein Außenseiter. Blei setzte jedoch vorbehaltloses Vertrauen in ihn: im Frühjahr 1909 druckt der *Hyperion* auch die Gespräche mit dem Beter und mit dem Betrunkenen aus der *Beschreibung eines Kampfes*. Die Osterbeilage der *Bohemia* bietet am 27. März 1910 unter dem Titel *Betrachtungen* nochmals einige der Prosastücke aus dem *Hyperion* sowie *Zum Nachdenken für Herrenreiter*. Brod hatte die Arbeiten ohne Kafkas Wissen an den zuständigen Redakteur Paul Wiegler geschickt und mit ihm über die Veröffentlichung verhandelt.[2] Schon am 29. September 1909 war der Reisebericht über das Flugmeeting in Brescia, von Brod diskret der Redaktion zugespielt, in der *Bohemia* erschienen.

Im Herbst 1911 arbeiten Brod und Kafka an ihrem auf der Schweizer Reise skizzierten Romanentwurf, der den vorläufigen Titel *Richard und Samuel* erhält (D 326ff.). Erneut handelt es sich um einen Versuch Brods, Kafka zur kontinuierlichen literarischen Tätigkeit anzuhalten. Schon in der Planungsphase häufen sich jedoch Schwierigkeiten, die aus der unterschiedlichen Arbeitsweise der Freunde resultieren. Am 28. Oktober erklärt Kafka unmißverständlich, daß er das Gemeinschaftsprojekt für gescheitert halte. Offenbar stimmt ihn der Freund zunächst um, denn Mitte November entwirft Kafka die Skizze einer Einleitung; an den beiden verbleibenden Sonntagen der zweiten Monatshälfte entsteht in zügiger Kooperation das erste Kapitel (B 145f.).[3] Danach bleibt das Manuskript jedoch endgültig liegen, weil Kafka dem autobiographischen Stoff keinen Reiz mehr abgewinnen kann. Knapp fünf Jahre später, im Juli 1916, findet er das Fragment literarisch bedeutungslos (Br 141); nur die Erinnerung an die Arbeit am gemeinsamen Schreibtisch löse, wie er Brod gesteht, angenehme Gefühle in ihm aus (Br I 163).

Im Mai 1912 veröffentlicht Brod das abgeschlossene erste Kapitel des Fragments unter dem Titel *Die erste lange Eisenbahnfahrt* in Willy Haas' eben gegründeten *Herderblättern*. Der kurze Text greift die Eindrücke der spätsommerlichen Lugano-Reise auf. Der introvertierte Richard (anfangs Robert genannt) ist Kafka, der Verführer Samuel dagegen Brod nachgebildet. Die Darstellung gewinnt ihren Reiz durch den Wechsel der Perspektiven, der Richard und Samuel dieselben Situationen aus ihrer je individuellen Sicht zu beschreiben erlaubt. Vorherrschend bleibt der voyeuristische Blick zweier Junggesellen, die im Zug über München nach Italien fahren. Den (autobiographisch bestimmten) Kulminationspunkt der spröden Fabel sollte ein Streit über die Gefahren der Cholera-Epidemie bilden, die im Frühsommer 1911 in Italien ausgebrochen war. Die Technik des Reisejournals hinterläßt hier ihre Spuren; zahlreiche Materialien gehen aus den Tagebüchern unmittelbar in die Geschichte ein. Der gescheiterte Flirt mit einer Abteilbekanntschaft, die man in München zu einer abendlichen Stadtrundfahrt einlädt, wird ähnlich im Journal geschildert; lediglich den Namen der Mitreisenden hat man geändert: Alice Rehberger (Brod nennt sie «Angela») wandelt sich zu Dora Lippert (R 21, 118, D 328). Aus der schnell eintretenden Monotonie der Beschreibung ragen die Anspielungen auf Kinofilme sowie literarische Vorbilder und die traumähnlichen Phantasien des im Halbschlaf dämmernden Richard hervor. Das am Ende fehlgeschlagene Münchner Liebesabenteuer erinnere, so heißt es, an den Film *Die weiße Sklavin*, der in der Exposition eine Szene zeigt, in welcher «die unschuldige Heldin gleich am Bahnhofsausgang im Dunkel von fremden Männern in ein Automobil gedrängt und weggeführt wird» (D 333). Das Melodram, das Kafka ein dreiviertel Jahr vor der Niederschrift des Kapitels im Kino gesehen hatte (Br I 134), erzählt die Geschichte einer jungen Frau, die unfreiwillig in die Prostitution gerät – ein Stoff, den Georg Wilhelm Pabst 1915 mit Asta Nielsen und Greta Garbo in *Die freudlose Gasse* zum Filmklassiker machen wird. Wenn sich die autobiographischen Helden des Romanfragments in der Rolle von Zuhältern sehen, so beleuchtet das ein signifikantes Selbstbild, in dem sich männliche Aggression und Schuldgefühl mischen. Neben diesen subversiven Kinobezug rückt der Text auch literarische Reminiszenzen, die freilich kaum originell ausfallen. Der Anblick der stolzen Schweizer Bürgerhäuser erinnert an Walsers Roman *Der Gehülfe* und die dort gelieferte Beschreibung des alltäglichen Geschäftsverkehrs; verständlich, daß sich wenig später, beim Anblick idyllisch anmutender Sonntagsspaziergänger, der Bezug zu Gottfried Keller aufdrängen muß (D 337). Eindeutig auf Kafkas Stil verweisen jene Partien, in denen der fließende Übergang vom Schlaf- zum Wachstadium beschrieben wird. «Viel sehe ich nicht», so heißt es über den Blick aus dem Abteilfenster, «und was ich sehe, ist mit dem nachlässigen Gedächtnis des Träumenden erfaßt.» (D 339) Solche Oszillation der Zustände wird später auch die Protagonisten von Kafkas Romanen wiederholt bestimmen. Die Unsicherheit der Wahrnehmung entspringt der Traumlogik, die das Alltagsleben in neues Licht taucht. Sieht man von derartigen Perlen der literarischen Beobachtung ab, so bietet das Romanfragment keine Szenen, die den Leser in ihren Bann schlagen. Kafkas spätere Zweifel an seinem literarischen Rang, von dem Brod wiederum fest überzeugt war, besitzen fraglos ihre Berechtigung.

Sehr sporadisch hat Kafka in den ersten Berufsjahren auch Kritiken verfaßt. Im Februar 1909 veröffentlicht er eine kurze Rezension von Franz Bleis Damenbrevier *Die Puderquaste* in der Zeitschrift *Der neue Weg*; mit feiner Ironie, versteckt hinter einem lyrisch gefärbten, jede begriffliche Analyse vermeidenden Stil, registriert er dabei die versnobt-geschmäcklerische Attitüde, die Blei der Sammlung verliehen hat («Der Himmel, in den das Buch in der Mitte und gegen Ende ausbrechen muß, um durch ihn die frühere Gegend zu retten, ist fest und überdies durchsichtig»; D 298).[4] Am 16. Januar 1910 druckt die *Bohemia* seine längere Rezension von Felix Sternheims Briefroman *Die Geschichte des jungen Oswald*, die an der modernisierten – im Ton Jacobsens *Niels Lynhe* folgenden – Version des *Werther* das authentische Lebensgefühl rühmt, die literarische Leistung aber geringschätzt. Am 19. März 1911 zeigt Kafka die Einstellung von Bleis *Hyperion* in der *Bohemia* an. Trotz seiner Sympathien für Blei, dem er «begeisterte Verblendung» bescheinigt, erklärt er unumwunden, dem Journal habe im Schatten von *Pan* und *Insel* die programmatische «Notwendigkeit» gefehlt (D 324f.). 1911 scheint er auch Kleists Anekdoten besprochen zu haben, ohne daß man bisher den Ort der Publikation ausfindig machen konnte.

Die Veröffentlichung seiner ersten Arbeiten hat Kafka mit Stolz erfüllt. Alles, was gedruckt vorliegt, erschließt ihm sinnliche Genüsse in höchster Intensität. Die Schaufenster von Buchhandlungen bereiten ihm ähnliche Lust wie einem Fleischesser die üppig gefüllten Auslagen einer Metzgerei. «Es ist», bekennt er am 11. November 1911, «als ob diese Gier vom Magen ausgienge, als wäre sie ein irregeleiteter Appetit.» (T I 190) Die vornehme Zurückhaltung gegenüber sämtlichen Formen öffentlicher Wirksamkeit steht nicht in Widerspruch zu seinem Wunsch, die eigenen Arbeiten, sofern sie ihm erträglich schienen, zu publizieren. Die Maßstäbe für das Gelingen waren jedoch strenger als im Fall des rasch und oft unkonzentriert produzierenden Brod. Sie entspringen letzthin einem hohen literarischen Selbstwertgefühl, das freilich nur selten ungebrochen zur Sprache kommt. Am 15. November 1911 heißt es: «Gestern abend schon mit einem Vorgefühl die Decke vom Bett gezogen, mich gelegt und wieder aller meiner Fähigkeiten mir bewußt geworden, als hielte ich sie in der Hand (…)» (T I 195). Kafkas Künstler-Ich ist keineswegs schwankend, sondern in der Grundanlage überraschend stabil. Die rituelle Kritik am bisher Geleisteten beleuchtet nur den hohen Anspruch, nicht aber ein geringes Selbstbewußtsein. Kafka bedarf daher auch keiner narzißtischen Inszenierung, wie sie Max Brod oder, mit anderen Mitteln, Rilke und Thomas Mann gepflegt haben. Er muß nicht als Literat im Habitus des Dandys auftreten, weil er sein Ich in einer ihm völlig selbstverständlichen Weise über das Schreiben bestimmt. Die Freude an der öffentlichen Wirkung, die dieses Schreiben begleiten kann, ist für den Aufbau seines psychischen Gleichgewichts nicht erforderlich. Der einzige Richter, den er akzeptiert, bleibt – jenseits aller Tageskritik – die eigene Selbstwahrnehmung. Unter den zahlreichen gestrichenen Passagen, die das Journal aufweist, findet sich eine auf den 19. Februar 1911 datierte Stelle, die mit besonders starken, nahezu eruptiv wirkenden Federzügen unkenntlich gemacht worden ist. Die von Kafka getilgte Formulierung, die Hans-Gerd Koch wie ein Palimpsest entziffert hat, lautet: «und zweifellos bin ich jetzt im Geistigen der Mittelpunkt von Prag».[5]

Schreibökonomie und Berufsleben lassen sich, so scheint es auch nach 1908, nur um den Preis gewaltiger innerer Spannungen vereinbaren. Das findet seinen Grund weniger in Zeitmangel als in Kafkas uns bekannter Produktionsweise. Zur literarischen Arbeit benötigt er vollkommene Ruhe, Konzentration und Abgeschiedenheit, wie sie ihm ein normaler Alltag nicht bot. Seine Wunschvorstellung, einen Text in einem Stück ohne die als schmerzhaft empfundene Unterbrechung zu Ende zu treiben, hätte sich auch bei einer von Amtspflichten befreiten Zeitverfügung kaum vollständig erfüllen lassen. Es ist daher folgerichtig, daß Kafkas Produktivität in Urlaubszeiten, sofern er sie in Prag verbrachte, nicht nennenswert anstieg. Es dauerte einige Jahre, ehe er erkannte, daß die Stille der Nachtstunden seinem Ideal des störungsfreien Schreibens unter den herrschenden Umständen die besten Voraussetzungen eröffnete. Erst Ende Dezember 1910 entschließt er sich, den Abend von 20 bis 23 Uhr der literarischen Arbeit vorzubehalten, um auf diese Weise die erforderliche Ruhe zu gewinnen, die ihm der Nachmittag nicht verschafft (T I 106). Damit beginnt eine stärkere gesellschaftliche Isolation, die in den folgenden Jahren fortschreitet. Die Zeit der abendlichen Cabaret- und Caféhausbesuche neigt sich dem Ende zu; auch in den

Zirkeln seiner Vertrauten ist Kafka fortan ein seltener Gast. Der Junggeselle wird zum Eremiten und beginnt den Rückzug aus den Netzwerken der sozialen Wirklichkeit.

Besuch in Weimar

Ab 1912 pflegt Kafka auch seinen Urlaub nicht mehr mit Freunden, sondern allein zu verbringen. Die letzte gemeinsame Reise, die er mit Brod unternimmt, führt Ende Juni 1912 nach Weimar. Das Vorhaben war pedantisch vorbereitet worden; in den beiden vorangehenden Jahren hatte sich Kafka, anders als zur Zeit des Studiums, regelmäßig mit klassischen deutschen Autoren befaßt. Im November 1910 liest er Goethes *Iphigenie auf Tauris*, die ihm angesichts der rhythmisierten Diktion der Blankverse bewundernswert und zugleich befremdlich erscheint: «Jedes Wort wird von dem Vers vor dem Lesenden im Augenblick des Lesens auf die Höhe getragen, wo es in einem vielleicht magern aber durchdringenden Licht steht.» (T I 100) Einen Monat später beschäftigt er sich kursorisch mit Goethes Tagebüchern, deren Lektüre 1911 fortgesetzt wird; starkes Interesse gilt auch dem *Werther*-Roman und der Autobiographie *Dichtung und Wahrheit*, über die er Ende Dezember 1911 bemerkt, sie enthalte «eine durch keinen Zufall zu überbietende Lebendigkeit.» (T I 251) Das immer wieder formulierte Erstaunen, das die Klassiker-Lektüre begleitet, bekundet neben dem Respekt vor der ästhetischen Leistung ein deutliches Gefühl der Distanz. Kafka hält sich bewußt, daß die Sprache des 18. Jahrhunderts verloren und für die Literatur der Moderne untauglich geworden ist. Die Spiegelungen, die Goethe vermittelt, zeigen ein fremdes Bild, das keinen Anlaß zur Verehrung bietet, sondern angesichts des Abstands, der die Sprachen der Literatur voneinander trennen kann, zu fortwährender Überraschung nötigt.

Am 28. Juni 1912 machen die Freunde auf dem Weg nach Weimar zunächst für einen Tag Station in Leipzig. Unmittelbar nach der Ankunft unternehmen sie gegen Abend einen ausgedehnten Rundgang, den Brod mit dem ‹topographischen Instinkt› des geschulten Reisenden organisiert (R 81). Man steigt in einem Bierlokal ab, wo Kafka sich an der Selbstverständlichkeit der kleinbürgerlichen Feierabendrituale ergötzt (die behaglich-biedere Lebensfreude bezeichnet der gebürtige Leipziger Carl Sternheim rückblickend als Signum der Stadt).[6] Später erwägt man den obligaten Bordellbesuch, jedoch wirkt das ausgewählte Etablissement so abstoßend, daß man die Flucht ergreift: «Unsere undeutliche Auskunft über den Grund unseres sofortigen Weggehens.» (R 82) Am Mittag des folgenden Tages kommt es zu einem Zusammentreffen mit dem Verleger Ernst Rowohlt, von dem sogleich noch zu berichten ist. In *Wilhelms Weinstube*, einem ‹dämmrigen Lokal im Hof, begegnet man zudem Kurt Pinthus, Walter Hasenclever und dem Grafen Gerd von Bassewitz, die sich hier regelmäßig zu einem bald legendären Zirkel der Rowohlt-Autoren versammeln («Eigentümliches tägliches Mittagessen in der Weinstube»; R 82). Durch ihr preziöses Auftreten und die Sprache ihrer Gebärden wirken sie, als stammten sie aus einer von Kafkas Junggesellengeschichten: «Alle 3 schwenken Stöcke und Arme» (R 82). Im Anschluß an das ausgedehnte Dinner sucht man auf Initiative Hasenclevers erneut ein einschlägiges Etablissement auf, wird jedoch nicht eingelassen, «weil die Damen bis 4 Uhr schlafen.» (R 83) Für eine Stunde statten Brod und Kafka am späteren Nachmittag Rowohlts Kompagnon Kurt Wolff eine erste Geschäftsvisite ab, bevor sie um 17 Uhr nach Weimar weiterfahren.

Nochmals regieren jetzt die eingeübten Rituale früherer Urlaubsreisen. Ehe das auf eine Woche ausgedehnte Weimarer Besichtigungsprogramm beginnt, suchen die Freunde in der Dämmerung eine Badeanstalt am Kirschberg auf und schwimmen in der Ilm. Anderntags besichtigen sie Schillers Domizil an der Esplanade («Gute Anlage einer Schriftstellerwohnung»; R 84) und das Goethe-Haus am Frauenplan («Trauriger an tote Großväter erinnernder Anblick»; R 84). Am 1. Juli verzichtet man auf weitere Erkundungen, genießt das Baden in der Sonne, läßt sich durch die Ilm treiben; am 2. Juli folgt ein Besuch des Liszt-Hauses, am 3. Juli erkunden die Freunde die Großherzogliche Bibliothek, hören in einem Gartenkonzert hinter dem *Hotel Chemnitius* Auszüge aus Bizets *Carmen* («Ganz durchdrungen davon»; R 88); am 4. Juli erkunden sie die Fürstengruft, am Tag darauf das Goethe-Schiller-Archiv, wo Kafka handschriftliche Briefe von Lenz, dessen Werk er zu diesem Zeitpunkt kaum kennt, mit großem Interesse betrachtet. Am 6. Juli, einen Tag vor der Abreise, unternimmt er in Begleitung Paul Ernsts, der sich seit der Jahrhundertwende als Vertreter eines neoklassizistischen Dramas profiliert hatte, einen längeren Spaziergang und besucht gegen Abend in Begleitung Brods den Dramatiker Johannes Schlaf. Der einstmals herausragende Repräsentant der naturalistischen Bewegung in Deutschland, der sich inzwischen einer spekulativen Kosmologie verschrieben hat, hinterläßt bei Kafka jedoch einen ambivalenten Eindruck: «Spricht hauptsächlich von Astronomie und seinem geocentrischen System. Alles andere Litteratur, Kritik, Malerei hängt nur noch an ihm weil er es nicht abwirft.» (R 91f.)

Weimar ist für die Reisenden, so scheint es, kein musealer Ort, sondern eine Stadt mit zahlreichen kulturhistorischen Schichten zwischen Aufklärung und Moderne, die ein archäologisches Sensorium freizulegen hat. Ähnlich wie in Paris gesellt sich zur literarischen Spurensuche das erotische Spiel, in dem jetzt Kafka den aktiveren Part übernimmt; «gestoßen» (R 84) wird er dabei jedoch von Brod, der unter Rücksicht auf seine bevorstehende Eheschließung mit Elsa Taussig amouröse Zurückhaltung üben muß (in seinem für die Braut geführten Reisejournal fehlt bezeichnenderweise der Hinweis auf die Leipziger Bordellepisode). Pedantisch genau hält Kafkas Tagebuch einen über mehrere Tage sich erstreckenden Flirt mit der 16jährigen Tochter des Kustos des Goethe-Hauses, Kirchner, fest. Das junge Mädchen entspricht Kafkas Ideal der vermeintlich naiven Kindfrau offenbar in perfekter Weise; wie Ironie wirkt es, daß sie den Namen ‹Margarethe› trägt und damit die *Faust*-Bezüge der Situation hinreichend unterstützt (im Tagebuch ist bald vertraulich von ‹Grete› die Rede). Daß er während des Weimarbesuchs auf erotischem Feld nichts dem Zufall überläßt, verrät Brods Eintrag vom 30. Juni 1912, in dem es ostentativ heißt: «Kafka kokettiert erfolgreich mit der schönen Tochter des Hausmeisters. Deshalb also hat man sich jahrelang an diesen Ort gewünscht.» (R 202)

Mit dem Auftritt Margarethe Kirchners wandelt sich die Literaturstadt Weimar zum Schauplatz eines am Ende erfolglosen Flirts, dessen einzelne Stationen – voyeuristische Beobachtung, Augenkontakt, erstes Gespräch, Ausflug mit dem Mädchen und seiner Familie nach Tiefurt, gemeinsame Abendspaziergänge, Rendezvous und Versetztwerden – das Tagebuch in fast ironischer Genauigkeit, jedoch zugleich mit affizierter Tonlage fixiert («Wenn man das Leid aus dem Fenster schütten könnte»; R 88f.). Eine ähnliche Konstellation beschrieb Kafka ein knappes Jahr zuvor, als er in Radotin bei Prag versuchte, einen der Angestellten seines Vaters, der gekündigt hatte, zum Wiedereintritt in das Geschäft zu bewegen: «Ein hinter einer Tür sich versteckendes Kindermädchen hat Lust auf mich. Ich weiß unter ihren Blicken nicht, was ich gerade bin, ob gleichgültig, verschämt, jung oder alt, frech oder anhänglich (...)» (T I 69). Der Wechsel der Rollen und Masken macht deutlich, daß der Augenflirt auf einer Theaterbühne stattfindet, wo die Erotik als ästhetisch-unverbindliches Spiel im Zeichen vermeintlicher Naivität erscheint. Nur so verliert sie für Kafka den Schrecken und jenen Geruch des Ekelhaften, den die direkte Begegnung mit dem weiblichen Körper freisetzen kann. Das Weimarer Intermezzo weist sämtliche Merkmale eines idealen erotischen Spiels auf, das Kafka betreiben darf, ohne seinen vertrauten Part als absichtsloser Verführer preisgeben zu müssen. Am 3. Juli 1912 – seinem 29. Geburtstag – entsteht im Garten des Goethehauses ein Photo, das die Geschichte einer gescheiterten Annäherung erzählt. Im Tagebuch heißt es: «Es wird photographiert. Wir zwei auf der Bank.» (R 87) Die tatsächliche Szenerie des unscharfen, wenig professionellen Bildes sieht anders aus, als es dieser Eintrag vermuten läßt. Das Paar ist aus scheinbar großer Distanz aufgenommen, wie durch ein Weitwinkelobjektiv, dessen Aufnahmen Nähe und Abstand gleichermaßen erzeugen; Margarethe Kirchner sitzt mit übereinandergeschlagenen Beinen in der Mitte der Bank, Kafka dagegen hat auf der Armlehne Platz genommen und läßt den zwischen ihnen liegenden Platz frei, so daß er, erheblich größer als seine Nachbarin wirkend, im Wortsinn entrückt erscheint: eine Allegorie der Fernliebe ohne Anspruch auf Intimität.[7]

Die Auseinandersetzung mit der Weimarer Klassik ist nach der Sommerreise für Kafka nicht beendet. Neben Goethes Autobiographie, die ihn periodisch anzieht, beginnt ihn auch Schiller, der für ihn zuvor nur Schullektüre war, zu fesseln. Zur Vorbereitung der Fahrt nach Weimar hatte er die 1905 zum hundertsten Todestag Schillers erschienene Biographie Eugen Kühnemanns gekauft, die er jedoch erst im Juli in Jungborn ausführlicher liest (R 100). Unter dem Eindruck einer Zitatensammlung notiert er am 9. November 1911 im Tagebuch zustimmend einen Passus aus der dritten medizinischen Dissertation (1780): «Schiller irgendwo: Die Hauptsache ist (oder ähnlich) ‹den Affekt in Charakter umzubilden›» (T I 188).[8] Trotz seiner negativen Erfahrungen mit der Prager Germanistik zieht er auch später literaturwissenschaftliche Fachbücher zu Rate. Anfang Januar 1914, als er erneut Goethe studiert, liest er Wilhelm Diltheys *Das Erlebnis und die Dichtung* (1906), dessen von Nietzsche inspirierte Hermeneutik ihm Respekt einflößt, weil sie die individuelle Disposition des Autors mit der symbolischen Sprache der Literatur zu versöhnen sucht: «Liebe zur Menschheit, höchste Achtung vor allen von ihr ausgebildeten Formen, ein ruhiges Zurückstehn auf dem geeignetsten Beobachtungsplatz.» (T II 224)

Die Klassiker-Lektüre im Umfeld der Weimar-Reise entspringt dem Wunsch, die Fremdheit historisch entrückter Texte nicht durch Gesten der Proskynese zu verdecken, sondern bewußt zu erfassen und auszuhalten. Die Distanz zum klassischen Stil der Epoche um 1800 mündet so in eine Form der Selbstwahrnehmung, die dort hervortritt, wo sich die Beschreibung der *Iphigenie* Goethes wie eine Analyse des Pragerdeutsch liest: «Darin ist wirklich von einzelnen offen fehlerhaften Stellen abgesehen die ausgetrocknete deutsche Sprache im Munde eines reinen Knaben förmlich anzustaunen.» (T I 100) Lesen wird zum produktiven Akt, weil es die Alterität der Texte nicht auslöscht, vielmehr bewahrt und der Reflexion zugänglich macht. Während die Schule Kafka nur Versionen der «Philisterbildung» vermittelte, erfährt er jetzt die Bereitschaft zum freien, ungebundenen Suchen, die Nietzsche gerade für das besondere Merkmal intellektueller «Kultur» gehalten hat.[9] Seine Klassikerlektüre wird nicht durch das feststehende Werturteil geprägt, sondern von der Lust an überraschenden Erfahrungen, die ihm die Dynamik der literarischen Formgeschichte vor Augen führen. Eingeschlossen sind in solche Erfahrungen aber auch Momente des Befremdens, in denen er sich dem fernen Olympier mit tiefen Vorbehalten, Skepsis, sogar Angst nähert. Insgeheim träumt er davon, ein Buch über «‹Goethes entsetzliches Wesen›» (T II 28) zu schreiben und den Schatten nachzuzeichnen, den er auf seine Nachwelt geworfen habe. «Goethe», heißt es am 25. Dezember 1911 nüchtern, «hält durch die Macht seiner Werke die Entwicklung der deutschen Sprache wahrscheinlich zurück.» (T I 247)

Ein eleganter Verleger

Während der eintägigen Zwischenstation auf der Fahrt nach Weimar macht Brod Kafka am 28. Juni 1912 in Leipzig mit dem erst 25 Jahre alten Ernst Rowohlt und seinem stillen Teilhaber Kurt Wolff bekannt. Da Brod den traditionell ausgerichteten Berliner Juncker-Verlag, der sein eigenes Werk betreut, verlassen möchte, sucht er Kontakt zu einem neuen, beweglicheren Unternehmen. Rowohlt arbeitet in dieser Zeit noch mit dem gleichaltrigen Kurt Wolff zusammen. Wolff stammte aus einer vermögenden Darmstädter Familie; der Vater war Universitätsprofessor in Bonn. Nach dem Abitur hatte er in Marburg – wo er auch in einem Seminar Hermann Cohens saß –, später in München und Leipzig recht ziellos Germanistik studiert.[10] Wolff war kein analytischer Kopf, sondern ein geschmackssicherer Leser und Kunstkenner, der Sinn für die schönen Dinge des Lebens besaß. Er sammelte seltene Buchausgaben – schon 1912 umfaßte seine Privatbibliothek 12 000 Exemplare –, spielte geläufig Cello und interessierte sich lebhaft für moderne Malerei; in seinem großen Leipziger Haus verkehrten später auch zahlreiche Künstler aus den Zirkeln der *Brücke* und des *Blauen Reiter*. Im Winter 1908 trat Wolff, ohne sein Studium abgeschlossen zu haben, in den Rowohlt-Verlag ein. Seine einzige Qualifikation sei, wie er sich später erinnert, der «Enthusiasmus» gewesen, mit dem er sich der neuen Tätigkeit hingegeben habe.[11] Er konzentriert sich zunächst auf die Gestaltung von Klassikerausgaben, die er in einer neuen Reihe kostbar ausgestattet, jedoch mit hoher Auflage auf den Markt bringt. Den ersten Band dieser bald sehr erfolgreichen *Drugulin-Drucke* bildete Goethes *Torquato Tasso*. Wolff übernahm selbst einen Teil der finanziellen Risiken, welche die Reihe mit sich brachte, und entlastete dadurch den ohne Privatvermögen arbeitenden Rowohlt.[12] Weniger glücklich war man bei der Anwerbung junger Autoren. In den ersten beiden Jahren der Zusammenarbeit verpflichtete man lediglich drei repräsentative Vertreter der Gegenwartsliteratur: den von Rowohlt überschätzten Max Dauthendey, Carl Hauptmann und Paul Scheerbart. 1910 kam Georg Heym hinzu, den Wolff für den Verlag gewann. Der junge Walter Hasenclever, mit dem er während des Studiums in Leipzig Vorlesungen bei Albert Köster und Georg Witkowski gehört hatte, stieß ebenfalls zum inneren Zirkel des Hauses – zunächst als freier Lektor, später als Autor.

Zu Beginn des Jahres 1910 steigt Wolff zum stillen Teilhaber des Verlags auf. Am 1. September 1912 wird er mit einer Einlage von 35 000 Mark und einer Darlehenszusicherung von 55 000 Mark Kommanditist bei Rowohlt.

Diese neue Konstruktion führt jedoch rasch zu Belastungen im persönlichen Verhältnis, schließlich sogar zu heftigen Zerwürfnissen. Am 24. Oktober 1912 vermerkt Wolffs Tagebuch den Beginn des offenen Konflikts mit dem jähzornigen Rowohlt, der sein Haus offenkundig nicht mehr zu teilen wünscht. Bereits am 2. November wird ein Trennungsvertrag unterzeichnet. Rowohlt, dessen Temperament keine gleichberechtigte Persönlichkeit neben sich duldete, scheidet aus dem gemeinsamen Unternehmen aus, um in Berlin einen neuen Geschäftsanfang zu wagen. Wenige Monate später, Mitte Februar 1913, läßt Wolff den Verlag im Handelsregister auf seinen Namen umschreiben.[13]

Anders als in den Jahren der Kooperation mit Rowohlt gelingt es Wolff im eigenen Haus zunehmend, junge Autoren an sich zu binden. Sein Verlag avanciert rasch zur Heimstatt der deutschsprachigen Avantgarde.[14] Mit wirtschaftlichem Instinkt setzt Wolff auf die Herstellung broschierter Bücher, die durch ihre niedrigen Preise gerade das jugendliche Publikum ansprechen. Anders als Insel und Fischer fördert er zahlreiche Debütanten, verzichtet aber weitgehend auf die durch die Lizenzzahlungen teuren Übersetzungen fremdsprachiger Literatur. Das Spektrum der bei ihm publizierenden Autoren reicht von Gottfried Benn und Walter Hasenclever über Rudolf Leonhard und Carl Sternheim bis zu Ernst Toller und Georg Trakl; Franz Werfel, einer von Wolffs Lieblingsautoren, tritt durch Vermittlung seines Vaters zu Beginn des Jahres 1913 in formeller Funktion als Lektor in den Verlag ein, ohne jedoch prosaische Büropflichten übernehmen zu müssen. Die von Wolff geführten Periodika und Buchreihen gelten bald als Signum des Expressionismus: Franz Bleis *Loser Vogel*, die Serie *Der jüngste Tag* (jeweils ab 1913), die von Blei 1913 begründeten, später durch René Schickele edierten

Weißen Blätter, die der Millionenerbe Ernst Schwabach mit einer Einlage von 300 000 Mark finanzierte[15], werden zu Seismographen der literarischen Moderne. Die enorme öffentliche Wirkung, die das Haus innerhalb weniger Jahre erzielt, erklärt sich auch aus der dandyhaften Aura des Verlegers. Wolff sei, so betont Kafka im April 1913 sarkastisch, «ein wunderschöner» junger Mann, dem Gott «eine schöne Frau, einige Millionen Mark, Lust zum Verlagsgeschäft und wenig Verlegersinn gegeben» habe (Br II 158). Daß er – Kafkas negativer

Kurt Wolff

Einschätzung seiner unternehmerischen Talente zum Trotz – bald der wichtigste Förderer einer einflußreichen jungen Autorengeneration wird, verrät eine Tagebuchnotiz des Fischer-Lektors Oskar Loerke, der im November 1913 besorgt vermerkt: «Ich lese Publikationen des Verlags Kurt Wolff. Neue Namen, neues Können, wir müssen uns sehr anstrengen, um nicht in die Ecke zu fliegen.»[16]

Am Nachmittag des 29. Juni 1912 trifft sich Wolff mit Brod und Kafka im schäbigen Büro der ehemaligen Leipziger *Drugulin*-Druckerei. Rasch verständigt man sich über die Vorbereitung eines ersten Prosabandes, der kürzere Erzählungen enthalten soll. Wolff ist von Kafka so fasziniert, daß er sich noch vier Jahrzehnte später mit «spukhafter Deutlichkeit» an die erste Begegnung erinnert. Überrascht zeigt er sich von Kafkas juveniler Ausstrahlung; der knapp Dreißigjährige habe gewirkt «wie ein Gymnasiast», der «verschüchtert» vor seine «Examinatoren» trete.[17] Die Art und Weise, in der Brod seinen Freund vorführt, erweckt bei Wolff den Eindruck, der «Impresario» präsentiere «den von ihm entdeckten Star.»[18] Der selbstlose Vermittler hat in diesem Fall freilich eigene Ambitionen, hegt er doch seit dem Frühsommer den Plan, sich mit Hilfe eines neuen literarischen Jahrbuchs an die Leipziger Verleger zu binden. Es soll den Namen *Arkadia* tragen (so «wurden bisher nur Weinstuben genannt», vermerkt Kafka spöttisch; Br I 161) und neben Vertretern des jungen literarischen Prag auch die Wiener und Berliner Avantgarde versammeln.[19] Umrissen ist hier ein weit gespanntes Unternehmen, das eine Verbindung zwischen drei deutschsprachigen Ländern herzustellen hat; als «ungeheures litterarisches Jahrbuch» bezeichnet Kafka die *Arkadia* im September 1912 (Br I 176). In Leipzig findet sich nun Gelegenheit, neben der Erörterung von Kafkas Erzählband zugleich Brods Vorhaben zu diskutieren.

Kafka verläßt Leipzig im Bewußtsein des Erfolgs. Nicht nur Wolff, sondern auch Rowohlt («Jung rotwangig, stillstehender Schweiß zwischen Nase und Wangen») hat sein Interesse an einer Zusammenarbeit signalisiert: «R. will ziemlich ernsthaft ein Buch von mir.» (R 82f.) Nach der Rückkehr aus Jungborn Ende Juli 1912 beginnt jedoch eine Phase der Selbstzweifel, wie sie Kafkas kurzzeitigen Ekstasen stets zu folgen pflegt. Bereits die Zusammenstellung der Texte bereitet ihm Nöte, weil die meisten seiner abgeschlossenen Arbeiten älteren Datums sind und ihn kaum noch befriedigen. Der Mangel an Material nötigt zur Improvisation. Neben den *Hyperion*-Stücken von 1908 werden daher selbständige Passagen aus der *Beschreibung eines Kampfes* für den Druck geprüft. Die Anordnung des Bandes, zu dem am Ende 18 kurze Prosaminiaturen gehören, nimmt Kafka im August 1912 vor. Leitend ist das Prinzip des atmosphärischen Wechsels: heiteren oder spielerischen Stücken – *Kinder auf der Landstraße* und *Entlarvung eines Bauernfängers* –

folgen düstere oder phantastische Arbeiten. In der Mitte des Buchs hat Kafka seine Junggesellengeschichten untergebracht, die von ‹plötzlichen Spaziergängen›, nächtlichen Gedankenreisen und der Einsamkeit unverheirateter Männer handeln. Im letzten Drittel begegnet man impressionistischen Skizzen über die Blickreisen des Voyeurs, der ein ‹Gassenfenster› oder die Plattform eines Autoomnibusses benötigt, um seine Exkursionen im Reich der Wahrnehmung zu beginnen. Das Finale bilden Gedankenexperimente wie *Die Bäume*, ehe *Unglücklichsein* einen Schlußakkord in melancholischer Tonlage setzt.[20]

Am 13. August überläßt Kafka – nicht ohne inneren Widerwillen – dem wie stets drängenden Brod das schmale Manuskriptpaket zur Versendung. Bereits im Oktober erhält er Fahnenabzüge aus Leipzig. *Betrachtung* erscheint Ende 1912 mit der Jahreszahl «1913» in einer Auflage von 800 numerierten Exemplaren. Der schön gestaltete Band umfaßt lediglich 99 Seiten. Die vom Verlag auf Wunsch Kafkas gewählte Schrifttype verwendet überdimensional große Buchstaben, um den schmalen Umfang der Sammlung zu kaschieren. Über den Fließbogen einer Druckprobe des Textes bemerkt er Anfang November 1912, daß die Schrift «besser für die Gesetzestafeln Moses» als für seine kleinen «Winkelzüge» passen würde (Br I 222). Der Verkauf des Bandes vollzieht sich schleppend, was Kafka gegenüber Rudolf Fuchs zu der ironischen Feststellung veranlaßt: «‹Elf Bücher wurden bei André abgesetzt. Zehn habe ich selbst gekauft. Ich möchte nur wissen, wer das elfte hat.›»[21] Komplettes Zahlenmaterial liegt nicht mehr vor; nach einer Auskunft Wolffs wurden zwischen Juli 1915 und Juni 1916 258 Exemplare veräußert, 1916/17 noch 102, bis Ende 1917 69.[22] Der Dramatiker František Langer möchte Ende April 1914 einige Texte des Bandes für eine Prager Monatsschrift ins Tschechische übersetzen, was von einer gewissen Resonanz auch beim Lesepublikum jenseits der deutschen Avantgarde-Zirkel zeugt (Br 127).

In mehr als zehn Rezensionen und Kurzanzeigen wird der Band öffentlich wahrgenommen, jedoch bleibt das Echo gemischt. Falsch ist Wolffs Erinnerung, für die *Betrachtung* hätte «kein Kritiker ein Gefühl» besessen.[23] Es gab durchaus verständnisvolle Würdigungen, aber zugleich Äußerungen der Irritation. Neben den hymnischen Huldigungen Max Brods und Albert Ehrensteins wirken die Urteile Otto Picks und Paul Friedrichs ein wenig ratlos. Friedrich stößt inmitten der ‹merkwürdigen› Texte der Sammlung auf «psychologisches Gold, das noch jungfräulich ungeprägt ist.» Pick sucht verzweifelt nach einem passenden Etikett für Kafkas Prosa und findet es im Begriff des «‹Indifferentismus›», den Max Brod für seinen Roman *Schloß Nornepygge* gewählt hatte: das kunstvolle Beobachtungsverfahren des Erzählers lasse die «Luft hinter den Dingen sehen», so daß die Welt in eine merkwürdige

Schwebe gerate. Insgesamt bleiben die Urteile über Kafkas Erstling nicht frei von Widersprüchen. Während Robert Musil Kafkas Prosatexte als «Seifenblasen» abwertet, die letzthin eine mißlungene Form der Walser-Nachahmung darstellten, sieht Kurt Tucholsky durch den Band einen «Weg» zum «Parnaß» bezeichnet: seine Prosa sei «tief und mit den feinfühligsten Fingern gemacht.»[24]

Flaneure und Voyeure

Der Voyeur ist eine Figur aus dem literarischen Repertoire des 19. Jahrhunderts. E. T. A. Hoffmanns *Des Vetters Eckfenster* (1822), Balzacs *Le Peau de chagrin* (1831), Poes *The Man of the Crowd* (1840), Nervals *Les nuits d'octobre* (1852), Baudelaires *A une passante* (1857) und Kierkegaards *Tagebuch des Verführers* aus *Entweder-Oder* (1843) (dessen Sozialpsychologie Adorno in seiner Habilitationsschrift von 1933 einige prägnante Bemerkungen gewidmet hat)[25] umreißen Urszenen der voyeuristischen Betrachtung. Nicht selten erscheint der Voyeur hier zugleich als passionierter Spaziergänger im Straßenmeer der modernen Großstadt, der sich dem mächtigen Strom der Menge hingibt, um in ihm die Lust an der kollektiven Energie zu erfahren. Es ist ein Akt der Kraftübertragung, der sich dabei vollzieht; einem Vampir gleich sucht der Spaziergänger den Kontakt zur Masse, weil er ohne sie blutleer und ohnmächtig ist. Flaneur und Voyeur gehören als kulturelle Typenfiguren zusammen, wie Georg Simmels Großstadt-Essay (1903), Franz Hessels Buch *Spazieren in Berlin* (1929) und Benjamins Baudelaire-Studien (1938) verraten. Wer nicht flaniert, muß, um beobachten zu können, zu technischen Hilfsmitteln Zuflucht nehmen. Kierkegaards Verführer wählt dabei den Reflexionsspiegel, der ihm die Fluchtlinie der Straße vor seinem Fenster ins eigene Zimmer wirft, damit er an den Vorgängen der Außenwelt teilhaben kann.

Der beobachtende Flaneur, der sich als Wellensegler im Strom der Masse inszeniert, bleibt letzthin ein einsamer Zuschauer, ohne daß ihn der Rhythmus des autonomen Lebens wirklich erfassen kann. Der so disponierte Typus ist nicht der ‹freie Geist›, als den Nietzsche in der berühmen Vorrede zu *Menschliches, Allzumenschliches* den Psychologen mit der Fähigkeit zur Entlarvung preist; er hat das «Ereignis» einer «großen Loslösung», das ihn in die produktive Einsamkeit des unabhängigen Geistes eintreten läßt, noch nicht erlebt.[26] Er haftet, auch wenn er physisch frei bleibt, seelisch an den Erscheinungen, auf die sich sein Auge richtet. Der Blick des Voyeurs fixiert die Phänomene der sinnlichen Welt und gerät damit unter ihr magisches Gesetz. Ihr flüchtiger Charakter befreit ihn nicht, sondern unterwirft ihn dem Zwang der Wiederholung. Als Müßiggänger sucht er, wie Benjamin bemerkt hat, anstelle der auf Dauer gestützten Erfahrung das unvermittelte «Erlebnis», in

Um 1911/12

dem sich die «Phantasmagorie» der Dinge zu einem singulären Reiz verdichtet.[27]
Auch Kafka kennt die Lust an der versteckten Beobachtung. Als Voyeur genießt er die Verbindung von Intimität und Desinvolture, welche ihm die über Jahre vertraute Großstadt offeriert. Seine Blickreisen riskiert er zumeist im Schutz eines ihm bekannten Milieus. So bezeugt es ein Tagebucheintrag vom 5. Januar 1912, der den Charakter einer Urszene trägt. Kafka verfolgt in seinem Zimmer aus der Höhe des obersten Stockwerks gemeinsam mit Felix Weltsch den auf der Straße stehenden Schauspieler Löwy und registriert mit akribischer Genauigkeit jede seiner Gesten. «Ich glaubte zum erstenmal in meinem Leben in dieser leichten Weise aus dem Fenster einen mich nahe betreffenden Vorgang unten auf der Gasse beobachtet zu haben. An und für sich ist mir solches Beobachten aus Sherlock Holmes bekannt.» (T II 14) Im Blick des Detektivs ist das Objekt der Observation nur als Gegenstand kriminalistischen Interesses gegenwärtig. Jenseits dieser Aufgabe hat es keinen Bestand, weil seine Existenz einzig durch das wahrnehmende Subjekt erzeugt wird. Das detektivische Sehen bildet einen Übertragungsakt, der die sinnliche Erfahrung verfügbar macht, indem er sie auf die Funktion der Spurensicherung einstellt.

Kafkas Tagebücher sind durchzogen von voyeuristischen Beschreibungen junger Mädchen, die er während eines Spaziergangs, im Caféhaus oder bei Lesungen und Vorträgen mit den Augen verfolgt hat. Lise Weltsch, die attraktiven Schwestern Werfels, Margarethe Kirchner, die schöne Schauspielerin Gertrud Kanitz, anonyme Passantinnen, Gouvernanten und Dienstmädchen betrachtet er mit erotisch aufgeladener Passion. Immer wieder werden Details der Haare, der Gesichtsform und Augenfarbe, Kleidungsstücke (vor allem Pelzwerk, Schleier, Shawls und Schürzen) sowie Hüte beschrieben. Die Leidenschaft für den Fetisch verbindet sich dabei mit der Tendenz zur atomisierenden Wahrnehmung, die isolierte Reize einfängt und die Einheit der Person zerstört. Das Bild der Frau gehorcht hier einer dynamischen Zerstreuung in Einzelmomente, wie sie auch zu den Effekten der kubistischen Malerei gehört. Der vom sexuellen Begehren gelenkte Blick zerlegt die äußere Erscheinung in Splitter, die ihrerseits einem Strudel der permanenten Verschiebungen ausgesetzt werden. Die Beobachtung verwandelt die räumliche Distanz zu einer Form der nicht ertragenen Nähe. Kafka steigert diese Wirkung zuweilen, indem er sich als Beobachter vor Spiegeln postiert, um ungestört Details für die spätere Aufzeichnung des Gesehenen im Tagebuch zu gewinnen (vgl. T III 60). Das voyeuristische Bild vermittelt sich hier zweifach gebrochen, durch das Medium des Spiegelglases und durch die literarische Beschreibung. Am Ende steht dann der isolierte Blickreiz, der die erotische Energie von der geschlossenen Erscheinung abzieht und in Handschuhen, Schleiern, Pelzen, in Haar, Haut und Lippen lokalisiert.

In der biographisch erprobten Rolle des Flaneurs mit Lust am schweifenden Blick treten in der *Betrachtung* zumal die Junggesellen auf. Von «Kafkas Junggesellenkunst» spricht Paul Friedrich am 15. August 1913 im *Literarischen Echo* – eine Formel, die Kafka, wie ein Brief an Felice Bauer verrät, mit selbstironischer Zustimmung zur Kenntnis genommen hat (Br II 262).[28] Die einsamen Spaziergänger der frühen Prosa sind unverheiratete jüngere Männer, die im Gegensatz zu Kierkegaards Verführer Johannes nicht als Privatiers (mit Kontakt zur Bohème), sondern in der Rolle zermürbter Berufsmenschen auftreten, die am Abend nach ermüdendem Arbeitsalltag in den Gassen flanieren. Aus dem engen Zimmer, in dem sie hausen, treibt sie zumeist die Angst vor dem, was Ernst Bloch in den *Spuren* (1930) das «allzu Eigene» genannt hat.[29] Wenn sich Kafkas Junggesellen dem Kraftstrom der Passanten preisgeben, so tun sie das auch, um ihrer nur auf sich selbst bezogenen Lebensform zu entgehen. Freilich unterliegen sie einer Täuschung: Die Begegnung mit der äußeren Wirklichkeit erfolgt allein im Wahrnehmungsmedium des Blicks, der das Fremde sofort wieder in die geschlossene Reflexionsordnung des einsamen Subjekts zurückspielt. Auf diese Weise entsteht eine zirkuläre Struktur, die das Risiko eines gleitenden Realitätsverlusts birgt.

Unter den 18 Stücken des Bandes befassen sich acht Texte an zentralen Stellen mit der Position des voyeuristischen Beobachters. Manche signalisieren dieses schon im Titel, so *Die Vorüberlaufenden* (in Erinnerung an Baudelaires *A une passante* aus dem Zyklus der *Fleurs du mal*, 1857), *Zerstreutes Hinausschaun* und *Das Gassenfenster*. Im *Gassenfenster* wird das Programm der Beobachtung auf die denkbar einfachste Art beschrieben: «Wer verlassen lebt und sich doch hie und da irgendwo anschließen möchte, wer mit Rücksicht auf die Veränderungen der Tageszeit, der Witterung, der Berufsverhältnisse und dergleichen ohne weiteres irgend einen beliebigen Arm sehen will, an dem er sich halten könnte, – der wird es ohne ein Gassenfenster nicht lange treiben.» (D 30) Zum Beobachten aus der Perspektive des Fensters tritt das Flanieren, das es den Helden Kafkas erlaubt, junge Frauen mit den Blicken zu verfolgen: «Doch sehe ich Mädchen», heißt es in *Kleider*, «die wohl schön sind und vielfache reizende Muskeln und Knöchelchen und gespannte Haut und Massen dünner Haare zeigen (...)» (D 27). Das Spezifikum des Kafka-Blicks besteht in seinem Sinn für Details, der die visuelle Szene atomisiert, indem er den Eindruck eines ganzen Menschen in Bruchstücke zerlegt. In der *Betrachtung* besitzt dieses Verfahren eine erotische Komponente mit eigener Ambivalenz. Über ein Mädchen, das in einem Omnibus fährt, heißt es: «Ihr Gesicht ist braun, die Nase an den Seiten schwach gepreßt, schließt rund und breit ab. Sie hat viel braunes Haar und verwehte Härchen an der rechten Schläfe. Ihr kleines Ohr liegt eng an, doch sehe ich, da ich nahe stehe, den ganzen Rücken der rechten Ohrmuschel und den Schatten an der Wurzel.» (Im Tagebuch vom Spätsommer 1910 steht der Satz: «Meine Ohrmuschel fühlt sich frisch rauh kühl saftig an wie ein Blatt»; T I 11). Die visuelle Annäherung an die fremde Frau führt unter dem Diktat des erotisch animierten Blicks zur Dissoziation der Eindrücke. Der Voyeur nutzt diesen Effekt seiner Beobachtungsarbeit jedoch für ganz eigene Zwecke, denn indem er das Objekt seiner Begierde mit den Blicken entzaubert, macht er es sich in der Imagination verfügbar. Entscheidender als der Kontakt mit der Realität ist deren Rekonstruktion in der durch disparate Wahrnehmungsdaten gespeisten Einbildung (D 26f.).

Die Urszene eines so kultivierten Voyeurismus beschreibt Kierkegaard im *Tagebuch des Verführers*. Johannes, der Vertreter des radikalen Ästhetizismus, verlegt sich bei seinen erotischen Abenteuern zunächst auf die Rolle des Spähers. Sein Opfer Cordelia kundschaftet er geduldig aus, ergründet seine soziale Position und die alltäglichen Gewohnheiten des Umgangs. Nicht die erotische Erfüllung, sondern die Verführung zur Sinnlichkeit steht im Zentrum dieser Strategie. Von größter Bedeutung für den Voyeur ist grundsätzlich das Flanieren, weil es ihm Erfahrungsdaten zuspielt, die er in geschlossenen Räumen nie gewinnen kann: «Im gesellschaftlichen Leben ist jedes junge Mädchen gewappnet, die Situation ist unergiebig und wieder und wieder vorgekommen, dem jungen Mädchen widerfährt keine wollüstige Erschütterung. Auf der Straße ist sie auf offner See, und deshalb wirkt alles stärker, gleich wie alles rätselhafter ist.»[30] Gelten im Wohnzimmer die Gesetze der Moral, so auf der Promenade die des erotischen Freihandels, der sich durch kleine Gesten und Blicke organisiert. Auch Kierkegaards *Stadien auf des Lebens Weg* (1845), die Kafka erst im Dezember 1922 las, heben das Vergnügen am Spiel der Blicke auf der Promenade hervor.[31] Die Ökonomie des Sehens, die Erotik als Tauschgeschäft zwischen Wahrnehmung und Erscheinung, männlichem Beobachter und überraschter weiblicher Unschuld faßt, hat in Kafkas Prosa deutliche Spuren hinterlassen.

Einer der ältesten Texte der *Betrachtung* ist der vor 1908 entstandene *Fahrgast*, in dem ein Passant vom Trittbrett des Autobusses eine junge Frau mit sezierender Genauigkeit beobachtet: «Sie erscheint mir so deutlich, als ob ich sie betastet hätte.» Der Effekt solcher Annäherung ist die Verfremdung, die aus der Dissoziation resultiert. Wenn der Erzähler schon zu Beginn erklärt, er fühle sich «vollständig unsicher in Rücksicht meiner Stellung in dieser Welt», so ergibt sich das folgerichtig aus dem fortschreitenden Zerfall, dem die Wirklichkeit unter seinen Blicken ausgesetzt ist. ‹Verwunderung› bleibt die Grundhaltung, die er den äußeren Erscheinungen entgegenbringt. Der sezierende Blick entspricht dem Erstaunen über eine Realität, in der nichts selbstverständlich scheint (D 26). Im *Jakob von Gunten*, den Kafka im Mai 1909 kurz nach der Erstveröffentlichung gelesen hat, beobachtet der Erzähler mit ähnlich verwunderter Einstellung eine alltägliche Straßenszene: «Die Wagen der elektrischen Trambahn sehen wie figurenvollgepfropfte Schachteln aus. Die Omnibusse humpeln wie große, ungeschlachte Käfer vorüber. Dann sind Wagen da, die wie fahrende Aussichtstürme aussehen. Menschen sitzen auf den hocherhobenen Sitzplätzen und fahren allem, was unten geht, springt und läuft, über den Kopf weg.»[32] Auch hier sorgt die Irritation über die Vexierspiele der Wahrnehmung dafür, daß der Betrachter die Realität als Mosaik dissoziierter Reize erfährt. Bei Kafka gewinnt diese Diagnose freilich eine bedrückende Dimension, weil sie mit der isolierten Rolle des Junggesellen verbunden ist, der in nahezu sämtlichen Texten der *Betrachtung* die Hauptrolle spielt.

Programmatische Bedeutung besitzt hier das Stück *Das Unglück des Junggesellen*. Kafka notiert es am 14. November 1911 als abendliche Dämmerphantasie im Tagebuch (T I 194). Gestrichen ist im Druck die Eingangsbemerkung «Vor dem Einschlafen», die den autobiographischen Rahmen skizziert hatte. Der Text entwirft eine Altersvision: das Groteskbild vom unverheirateten Mann, der sich, einsam, kauzig und schwermütig, ohne Frau und Kinder durchs Leben bringen muß. Die einzige vage Hoffnung, die das Stück am Ende aufscheinen läßt, geht vom Bewußtsein körperlicher Identität aus. Der junge Mann, der sich der Imagination einer traurigen Zukunft überläßt, erahnt die Einheit seiner Person in der Vorstellung ihrer Kontinuität: auch im Alter wird er versehen sein «mit einem Körper und einem wirklichen Kopf, also auch einer Stirn, um mit der Hand an sie zu schlagen.» (D 22) Wie eine Bestätigung solcher fiktiven Entwürfe mag es Kafka erschienen sein, daß ihm sein in Madrid lebender Onkel Alfred Löwy bei einem Prag-Besuch Anfang September 1912 ein Szenario beschrieb, in dem er seine eigene Unzufriedenheit auf die zur Nervosität reizende Einsamkeit des Junggesellen zurückführte (T II 81). Der hier dargestellte Typus ist zur selben Zeit auch in der Prosa Thomas Manns und Hermann Hesses gegenwärtig. Der Bajazzo, der kleine Herr Friedemann, Tonio Kröger, Detlev Spinell, Peter Camenzind und der Musiker Kuhn aus dem Roman *Gertrud* (1910) bezeichnen vergleichbare Repertoiregestalten der Moderne. Von Kafkas Junggesellen unterscheiden sie sich jedoch dadurch, daß ihre Einsamkeit der künstlerischen Arbeit geschuldet scheint. Die Einzelgänger der *Betrachtung* wirken in ihrem Spleen auch deshalb so trostlos, weil er keinem höheren Lebensprogramm entspringt. Selbst zum Dilettantismus, der gängigen Spielart des dekadenten Dandytums um 1900, sind Kafkas Helden untauglich, da sie in einem fatalen Sinn der bürgerlichen Alltagswelt verhaftet bleiben. Ihre desaströse Existenz ist das Zeichen für die Verfehlung der einfachsten Lebensansprüche jenseits ästhetischer Sublimierung. «Auch im Talmud heißt es», so weiß das Tagebuch im November 1911: «Ein Mann ohne Weib ist kein Mensch.» (T I 207)

Die pathologische Seite dieser Lebensverfehlung beschreibt das erzählerisch kunstvollste Stück der Sammlung. *Unglücklichsein* zieht am Ende der *Betrachtung* Bilanz und eröffnet einen Blick in die Abgründe der Neurose. Die Rituale des zurückgezogenen Lebens gewinnen bereits in der Exposition eine krankhafte Dimension. Der in seiner melancholischen Verdüsterung gefangene Protagonist des Stücks läuft auf dem «schmalen Teppich» seines Zimmers «wie in einer Rennbahn» einher, als aus dem dunklen Korridor unversehens ein «kleines Gespenst» (D 31) in Gestalt eines Kindes hervortritt. Es entspinnt sich ein förmliches Gespräch, an dem zumal irritiert, daß der Erzähler die ungewöhnliche Lage überspielt, in der er sich befindet (Max Brod wird diese Dialogsituation in seiner 1916 veröffentlichten Erzählung *Die erste Stunde nach dem Tode* aufgreifen).[33] Ähnlich wie im Fall der *Beschreibung eines Kampfes* arbeitet die Geschichte mit dem Motiv der Figurenverdoppelung, denn das Gespenst erscheint explizit als *alter ego* des einsamen Junggesellen. «‹Ihre Natur ist meine›, erklärt dieser, ‹und wenn ich mich von Natur aus freundlich zu Ihnen verhalte, so dürfen auch Sie nicht anders.›» (D 34) Im furchtsamen Auftreten des Gespenstes spiegelt sich die Angst des Erzählers, den die Sorge vor der Konfrontation mit den dunklen Seiten des eigenen Ichs umtreibt. In einem abschließenden Gespräch, das er auf der Treppe mit einem anderen Mieter des Hauses über das Erscheinen des Gespenstes führt, erklärt er hellsichtig: «‹Die eigentliche Angst ist die Angst vor der Ursache der Erscheinung. Und diese Angst bleibt. Die habe ich geradezu großartig in mir.›» (D 35) Kafkas einsame Helden produzieren Bilder der Imagination, in denen sich eine neurotische Furcht vor den Abgründen des Ichs abzeichnet. Statt aber die Quellen solcher Furcht zu ergründen, suchen sie ihr Heil in der pedantischen Organisation des Alltags, die den Regeln bürgerlicher Konvention unterstellt wird. «Das Sprungbrett ihrer Lustigkeit», so hatte Kafka im Oktober 1907 über seine Kollegen in der *Assicurazioni Generali* geschrieben, «ist die letzte Arbeitsminute» (Br I 73). Wer so lebt, ist im Grunde niemals ‹lustig›, weil er die Vertagung seiner Wünsche zum Programm erhoben hat. Die Angst, die Kafkas Junggesellen stets begleitet, läßt sich nicht abschütteln, da sie − anders als das Objekt des Wunsches − eine unwiderrufliche Präsenz besitzt. Das Gespenst der Erzählung erweist die unheilvolle Macht des allgegenwärtigen Schreckens, der sich nur ver-

drängen, nicht aber dauerhaft unterdrücken läßt.[34] In einer Kritik für die
ungarische Zeitung *Pester Lloyd* bezeichnet Otto Pick die «Darstellung bisher unbeschriebener Zustände» als besonderes Merkmal von Kafkas Prosa.[35]
Vergleichbare Studien über die tückische Wiederkehr des Verdrängten boten
zur selben Zeit nur die Krankenberichte der Psychoanalyse, die man zutreffend eine «Novellistik der namenlosen Schatten im Geisterreich des unbewußten Seelenlebens» genannt hat.[36]
    Eine knappe Skizze aus dem Tagebuch vom 12. März 1912 entwirft das
Gegenbild zu den isolierten Einzelgängern der *Betrachtung*. Sie zeigt einen
zufriedenen jungen Mann, der nach seiner Verlobung am Abend mit der
Straßenbahn in die Stadt zurückfährt und im Gefühl seines Glücks den eigenen Körper souverän kontrolliert. Das Spiel seiner Gesten verrät die Selbstsicherheit des Erfolgreichen, der zu keiner falschen Bewegung fähig ist: «Er
fühlte sich gut aufgehoben im Zustand eines Bräutigams und sah in diesem
Gefühl manchmal flüchtig zur Decke des Wagens hinauf.» (T II 57f.) Kafka
entschied sich aus naheliegenden Gründen dafür, diese Studie nicht in die
Betrachtung aufzunehmen, hätte ihr Protagonist doch kaum ins Panorama der
dort versammelten Neurotiker gepaßt. Glück freilich schildern auch die Prosastücke des ersten Buchs − nur bleibt es den noch nicht Erwachsenen und
den vollends Verrückten vorbehalten.

Glückliche Narren, Kinder und Bauernfänger

Am 27. Dezember 1911 hatte Kafka im Tagebuch sein bereits erwähn-
tes *Schema zur Charakteristik kleiner Litteraturen* notiert, das Strategien des
Schreibens unter den Bedingungen eines überschaubaren sozialen Milieus
nach dem Muster der jiddischen Sprachkulturen Osteuropas festhält
(T I 253).[37] Im Vordergrund stand die Absicht, durch «kleine Themen» eine
autonome, ihre eigene «Gesetzgebung» ausbildende, dabei aber durchaus
den «Zusammenhang mit der Politik» herstellende Literatur hervorzubringen. Deleuze und Guattari haben diesem Schema die Überzeugung ent-
nommen, daß Kafkas Œuvre durch seine Auseinandersetzung mit den
Mikrostrukturen gesellschaftlicher Ordnungen eine entschiedene Abkehr
vom großräumigen Programmdenken der Moderne vollziehe.[38] Die Poetik
der dezentralen Beobachtung, die das Gewicht des Details gegen die Ansprüche des Ganzen verteidigt, bleibt jedoch mit einem (von Deleuze und
Guattari unterschätzten) Moment der spielerisch-schwebenden Heiterkeit
verbunden. Die Darstellung der ‹kleinen Themen› schafft eine optimistische
Vitalität, die man nur dort findet, wo der innere Kreis der sozialen Wirklichkeit ohne Unterbrechung geschlossen scheint. «Es ist schwer sich umzustim-
men», so beendet Kafka seinen Eintrag, «wenn man dieses nützliche fröhliche Leben in allen Gliedern gefühlt hat [.]» (T I 253)

Solche Heiterkeit der Intimität, die dem Vertrauen in die zuverlässige Fügung der Welt entspringt, trifft man in manchen Erzählungen der *Betrachtung*
an. Narren und Kinder umreißen hier eine Gegensphäre zu den Nachter-
fahrungen der einsamen Melancholiker, Junggesellen und Sonderlinge. Ihre
Lebenswirklichkeit ist märchenhaft, weil in ihr die Gesetze der Gravitation,
des Raumes und der Zeit aufgehoben scheinen. *Kinder auf der Landstraße*, das
Eröffnungsstück der *Betrachtung*, entwirft ein luftig-flirrendes Szenario mit
idyllischen Zügen und einem verklärten Finale, dem Tucholskys Rezension
«Shakespearesche» Qualitäten bescheinigte.[39] Naivität und Optimismus bestimmen die Denkwelt der hier agierenden Figuren. Ungewöhnlich für Kafka ist die massive Verwendung von Naturtopoi, die einen Gegensatz zu den
düsteren Stadtansichten der übrigen Stücke des Bandes bilden. Auffällig
bleibt zudem, daß das Ich der Erzählung nicht isoliert auftritt, sondern in
einer Gemeinschaft von Freunden, die, als die Sonne schon gesunken ist, im
warmen Wind des Sommerabends einen Ausflug vom Dorf in den Wald
unternehmen. Der Weg führt über die Landstraßen, eine Brücke, an einem
Bach entlang. Der Wechsel der Erzählperspektive – von ‹Ich› über ‹Wir› und
‹Man› – verdeutlicht, daß das Subjekt in einer komplexen Bündelung von
Beziehungen gesehen wird. Die kunstvoll eingelegten, wie im Stakkato-
Rhythmus vorgetragenen Dialoge zwischen den Freunden verschaffen dem
Text ein musikalisches Air, das zu den gedämpft-impressionistischen Stim-
mungsbildern der Landschaft paßt. Leitmotiv der Gespräche ist das regelmäßig wiederholte «Kommt», mit dem die Gruppe diejenigen, die sich abson-
dern, in die Gemeinschaft zurückruft. Die nächtliche Wanderung, die zum
Symbol einer kollektiven Identität gerät, führt in eine eigene Naturwelt, der
die Spuren der Zivilisation noch nicht eingeprägt sind. Den Eisenbahnzug
hört man nur «in der Ferne», seine beleuchteten Coupés schimmern aus
großer Distanz; selbst das Dorf bleibt den Blicken entrückt (D 14ff.). Am
29. September 1911 heißt es unter dem Eindruck von Goethes Tagebüchern,
die Reisewege der Postkutschen des 18. Jahrhunderts verhielten sich zu den
modernen Bahnstrecken «wie Flüsse zu Kanälen» (T I 37). In diesem Sinne
beschreibt das Prosastück einen imaginären Raum der Natur, der jeder
Künstlichkeit entrückt ist.

Am Ende löst sich der Erzähler aus der Gemeinschaft der Freunde. Er verläßt die ins Dorf zurückgekehrte Gruppe und läuft in die Richtung einer
südlich gelegenen Stadt. Sie hat einen mythischen Ruf, weil sie von den
Schlaflosen bewohnt wird, zu denen auch der ruhelos wirkende Erzähler zu
gehören scheint. Während das Ich sich auf den Weg in diese eigentümliche
Stadt macht, erinnert es sich an die Menschen, die dort hausen. Von ihnen
heißt es, sie schliefen nicht, weil sie «Narren» seien: «‹Werden denn Narren nicht müde?› ‹Wie könnten Narren müde werden!›» (D 16) Der Text

schließt hier mit der Variation eines Motivs, wie man es aus romantischen Märchen kennt. Die Schlaflosigkeit ist das Indiz für eine ungewöhnliche seelische Konfliktsituation, in der die Regeln der physischen Welt aufgehoben scheinen. Kafkas Narren stehen außerhalb der Wirklichkeit, in einem mythischen Reich, aus dem, wie Walter Benjamin notierte, später auch die kindischen Gehilfen des *Schloß*-Romans stammen werden.[40] Paul Friedrichs Rezension, die am 15. August 1913 im Berliner *Literarischen Echo* erschien, rühmt an der Erzählung die ‹intuitive› Darstellung der «Knabenpsychologie».[41] Das Kindliche bildet hier ein subversives Moment des Aufbegehrens gegen das reibungslose Funktionieren einer Welt, die ihren blinden Selbstbezug in ewigen Wiederholungen unbedenklich fortschreibt. Über eine Photographie, die den fünfjährigen Kafka zeigt, hat Benjamin bemerkt, sie veranschauliche auf ergreifende Weise die «‹arme kurze Kindheit›»: die Allegorie für einen Zustand des Provisorischen, dem keine Dauer verliehen ist.[42]

Das Gegenmuster, das der Sphäre der Kinder kontrastiert ist, repräsentiert der Text *Entlarvung eines Bauernfängers*. Während ihrer Parisreise im Spätsommer 1911 hatten Kafka und Brod die Werbungsmethoden der Schlepper für Bordelle, die man als ‹Bauernfänger› bezeichnete, genau studiert. In Brods Aufzeichnungen schwingt die kaum noch geheime Lust am Voyeurismus mit, wenn er die Arbeit dieses zweifelhaften Berufsstandes beschreibt: «Vor der Olympia sammeln sich die Bauernfänger.» (R 195; vgl. R 179f.) Kafkas Text setzt mit der Beschreibung einer Ankunftsszene ein. Nachdem er zwei Stunden lang von einem ihm «nur flüchtig bekannten Mann» durch die nächtlichen Gassen geführt wurde, hat der Ich-Erzähler endlich das Haus erreicht, in dem er zu einer Gesellschaft geladen ist. Im Moment des Eintretens bemerkt er, daß es sich bei seinem Begleiter um einen Bauernfänger handelt: «Und ihre Mittel waren stets die gleichen: Sie stellten sich vor uns hin, so breit sie konnten; suchten uns abzuhalten von dort, wohin wir strebten; bereiteten uns zum Ersatz eine Wohnung in ihrer eigenen Brust, und bäumte sich endlich das gesammelte Gefühl in uns auf, nahmen sie es als Umarmung, in die sie sich warfen, das Gesicht voran.» (D 18) Wenn das Ich am Ende den Bauernfänger decouvriert («‹Erkannt!› sagte ich», D 19), so bedeutet das auch, daß es die in ihm selbst schlummernde Anlage zur Ambivalenz durchschaut und das sie verkörpernde *alter ego* abzustoßen sucht. Der Bauernfänger, der für profanen Lebensgenuß, sexuelle Triebhaftigkeit und eine sinistre Vergnügungslust steht, vertritt als Inkarnation des Unseriösen jene Züge des Ich, die sein bürgerliches Selbstbild zu verdrängen trachtet. Indem das Subjekt sich aufspaltet, überführt es die unterschiedlichen Funktionen seiner Identität in zwei Gestalten. Bezeichnend bleibt für Kafkas Spiel mit dem Motiv der Figurenverdoppelung, daß es ohne den Einsatz phantastischer Elemente auskommt, wie man sie bei E. T. A. Hoffmann (*Die Elixiere des Teufels*, 1815/16), Poe (*William*

Wilson, 1839), Dostojevskij (*Ein Doppelgänger*, 1864), Stevenson (*Dr. Jekyll and Mr. Hyde*, 1886), Wilde (*The picture of Dorian Gray*, 1890) und Hofmannsthal (*Reitergeschichte*, 1895) antreffen kann. Hinter der Normalität der Abendstimmung, die das Stück schildert, schlummert freilich das Drama der Verdrängung. Das Erkennen des Bauernfängers führt nicht zum Kampf mit ihm, sondern einzig zur Flucht vor jenem anderen Selbst, das im fremden Körper vor der Tür des Hauses in der Nacht zurückbleibt: «Aufatmend und langgestreckt betrat ich dann den Saal.» (D 19)

Negative Dialektik

Kafkas frühe Prosa verwandelt die soziale Umwelt ihrer Helden in labyrinthische Ordnungen, die dem Einzelnen die Orientierung rauben. Diese Grundsituation löst hektische Erklärungsversuche aus, in denen sich das Verlangen nach Beherrschung eines unübersichtlich gewordenen Lebens äußert. Kafkas Protagonisten treten der Wirklichkeit, in der sie existieren, mit einem nervös-angespannten Deutungswillen entgegen, ohne jedoch ihre Lage praktisch ändern zu können. Die kurzen Studien der *Betrachtung* sind durchzogen von den Spuren einer hermeneutischen Arbeit, die letzthin unabschließbar scheint. In der kasuistischen Rhetorik, die diese Arbeit gebiert, haben sich auch die scharfsinnigen Begründungsmuster niedergeschlagen, von denen Kafkas juristisches Denken durch die berufliche Prägung bestimmt wird.

Vor *Unglücklichsein*, dem letzten Text der Sammlung, hat Kafka zwei kurze Stücke plaziert, die Experimente auf dem Feld der Logik unternehmen. *Wunsch, Indianer zu werden* entwirft im Konditionalis, ähnlich wie später der erste Teil von *Auf der Galerie* (1917), ein Szenario, das den Magazinen der Einbildungskraft entstammt. Beschrieben wird das visionäre Bild eines reitenden Indianers, der sich der (nur imaginierten) Sporen und Zügel entledigt, während er in rasendem Tempo über die Prärie galoppiert. Wenn schließlich das ihn tragende Pferd Hals und Kopf verliert, so mag man sich an Gottfried August Bürgers berühmte Ballade *Lenore* (1774) erinnern, die den Gespensterritt des Mädchens mit seinem toten Bräutigam zum apokalyptischen Bild der Strafe werden läßt. Anders als bei Kafka, der Bürgers Text aus der Schule kannte, zerfällt hier nicht der Leib des Pferdes, sondern jener des Reiters, der aus dem Reich der Gräber gekommen ist. Im Stilduktus folgt der Text wiederum Kleists *Fabel ohne Moral* (1808), die Kafka ebenfalls vertraut war: «Wenn ich dich nur hätte, sagte der Mensch zu einem Pferde, das mit Sattel und Gebiß vor ihm stand, und ihn nicht aufsitzen lassen wollte (…)».[43] Während Kleists Stück jedoch den Abstand zwischen Natur und Kunst, Freiheit und Dressur reflektiert, befaßt sich Kafka mit dem Verhältnis zwischen Reiter und Pferd nur am Rande.

Der Text treibt sein Spiel mit den Möglichkeiten der Imagination. Er nimmt die in der Phantasie ersonnenen Vorstellungen zunächst ernst, indem er die Fiktion zur Wirklichkeit erklärt. Sporen und Zügel muß der Reiter ‹wegwerfen›, weil er sie gegen die Wahrscheinlichkeit erfunden hat (Indianer reiten ohne Sporen und Zügel). Im Fortgang des Textes werden nun aber auch jene Elemente des Szenarios abgetragen, die für die Phantasie des Ritts unabdingbar sind: Pferdehals und Pferdekopf. Indem die fiktive Sequenz sich unter das mächtige Gesetz der Bewegung stellt, löst sie sich von der gegenständlichen Welt. Die Fiktion macht Dynamik dort erfahrbar, wo sie die Zeichen der objektiven Wirklichkeit auslöscht. Damit enthüllt sich die Absicht des Textes im Versuch, Bewegung unmittelbar in der Sprache präsent zu machen.

Dem *Wunsch, Indianer zu werden* folgt das Stück *Die Bäume*, das aus der *Beschreibung eines Kampfes* stammt: «Denn wir sind wie Baumstämme im Schnee. Scheinbar liegen sie glatt auf, und mit kleinem Anstoß sollte man sie wegschieben können. Nein, das kann man nicht, denn sie sind fest mit dem Boden verbunden. Aber sieh, sogar das ist nur scheinbar.» (D 30) Gegenüber der Erstfassung hat Kafka jetzt den Beginn des Textes geändert. Neu ist das einleitende ‹denn›, das eine kausale Beziehung zum vorangehenden Stück nahelegt: wir können keine Indianer sein, weil wir Baumstämme im Schnee sind.[44] Die Argumentation des kurzen Textes wirkt zirkulär, insofern der letzte Satz mit anderen Worten dasselbe wie der erste zu behaupten scheint: wenn die Bäume nur vermeintlich mit dem Boden verbunden sind, müssen sie notwendig ‹glatt aufliegen›. Auf den zweiten Blick sagt dieser Satz jedoch nicht dasselbe, weil er es anders sagt und damit auch einen anderen Sinn hervorbringt. Identität und Differenz werden hier in einer Form der Travestie dialektischer Logik vorgeführt, die Kafka aus dem Rechtsstudium vertraut war.[45] Die Aussage, das Aufliegen der Bäume sei scheinbar, wird durch die Behauptung, daß ihre feste Verwurzelung ebenfalls scheinbar sei, zwar bestätigt, doch nur im Sinne der Bekräftigung einer allgemeinen Macht des Scheins, die Wahrnehmung und Urteil unzuverlässig werden läßt. Der Aspekt der Täuschung ist in beiden Behauptungen enthalten, so daß sie keinen Gegensatz, sondern ein dialektisches Verhältnis ausprägen. «Sicher ist mein Widerwillen gegen Antithesen», heißt es am 20. November 1911 im Tagebuch. Antithesen bilden laut Kafka eine täuschende Logik geregelter Beziehungen ab, die letzthin aber die zirkuläre Gesetzmäßigkeit des Lebens wiederholen, ohne Erkenntnis zu gewähren (T I 201f.). Die Denkfigur des Stücks *Die Bäume* zeigt in der dialektischen Anordnung ihrer Antithesen die leerlaufende Mechanik eines undurchschaubaren Beziehungsspiels, das sich beobachten, nicht jedoch erklären läßt. Max Brod hat in seiner Rezension des Buchs sehr treffend von ‹dialektischen Tänzen› gesprochen, deren Paradoxie gerade im Fall der *Bäume* ihren besonderen Reiz durch die Unauffälligkeit behauptet, mit der sie in Szene gesetzt wird.[46]

Was Dialektik für ihn bedeutet, dokumentiert Kafka 1917 an einem düsteren Beispiel, das ein Brief an Milena Pollak vom November 1920 aufgreift: «Das Tier entwindet dem Herrn die Peitsche und peitscht sich selbst, um Herr zu werden (…)» (M 232, Mi 290). Das «selbständige Sein» des Herren, von dem Hegel sprach, kann der Knecht auch dann nicht erringen, wenn er dessen Machtsymbole an sich reißt.[47] Eine Identität, die das Wesen der Differenz nicht erkennt und unbedacht aufheben will, ist blind. Adorno hat in der *Negativen Dialektik* (1966) bemerkt, daß Kritik nicht zur eilfertigen Erzeugung einer positiven Wahrheit führen dürfe, sondern zunächst der Verwerfung falscher Formen der Identität dienen müsse.[48] Gerade dem nicht mit sich selbst in Übereinstimmung Befindlichen – den Spuren der Zerstörung im Subjekt – muß die Dialektik als Medium der Negation nachgehen. Bei Kafka erscheint die Möglichkeit solcher Kritik in der Offenheit einer frei beweglichen Reflexionstätigkeit bezeichnet, die das Bewußtsein ihrer eigenen Vorläufigkeit mitführt. Kritische Distanz gegenüber der scheinbaren Eindeutigkeit unseres Wissens, wie sie auch Nietzsches Philosophie der Dekonstruktion bestimmt, prägt das kurze Prosastück über die Bäume und den Täuschungscharakter aller Urteile.

Im Tagebuch vom 5. Oktober 1911 notiert Kafka unter dem Eindruck eines jiddischen Gesangsabends mit Flora Klug: «Die talmudische Melodie genauer Fragen, Beschwörungen oder Erklärungen: In eine Röhre fährt die Luft und nimmt die Röhre mit, dafür dreht sich dem Befragten aus kleinen fernen Anfängen eine große im ganzen stolze in ihren Biegungen demüthige Schraube entgegen.» (T I 50) Diesem eindringlichen Bild entspricht das Verfahren der *Betrachtung*: wo die Texte Erläuterungen offerieren, erzeugen sie neue Widersprüche, ohne stringente Klärungen herbeizuführen. Nietzsches Überzeugung, daß der «Werth der Welt in unserer Interpretation liegt»,[49] findet sich bei Kafka nochmals überboten durch ein Verfahren der mehrsinnigen Auslegung, das die Wirklichkeit in zahllosen Farben leuchten läßt. Die Erklärungen, die seine Texte in ritualisierter Form anbieten, bleiben unzuverlässig, weil sie dem Gesetz der Täuschung unterliegen. Sie etablieren keine klare Ordnung der Werte und Begriffe, sondern gehorchen ihrerseits der mäandernden Bewegung des Lebens, das sie doch zu erläutern beanspruchen. Ihre gegenüber sozialen und intellektuellen Normen stets kritische Logik liegt damit, wie Harold Bloom betont hat, in einem imaginären Sektor des Scheins, in dem die permanente Zirkulation der Bedeutungen herrscht.[50] Kafkas Texte vollbringen hier das Kunststück, vom Gesetz der talmudischen Dialektik bestimmt zu sein, sich ihm aber zugleich in die Zone der Täuschung zu entziehen. Diese Täuschung bildet einen Akt der

Kritik, wie sie allein die Dekonstruktion des erstarrten, für sich selbst blinden Wissens ermöglicht: die Praxis der negativen Dialektik.[51] Kafkas Geschichten entwickeln Versuchsanordnungen für einen Verstand, der Scheu vor der Totalität empfindet. Sie auf einen einzigen Sinn festzulegen, würde ihre Denklogik zerstören, die darin besteht, daß sie im Offenhalten mehrerer Optionen Widerstand gegen die tödliche Erstarrung leisten, die von der Eindeutigkeit ausgeht.[52] Später wird Kafka in seiner unerfüllten Sehnsucht nach Gemeinschaft nicht ohne Strenge gerade solche Totalität als Bedingung geglückten Lebens fordern. Zugleich aber bleibt ihm bewußt, daß die Spuren der Versöhnung, die an eine Überwindung des Streits zwischen Leben und Tod, Körper und Geist, Ich und Gemeinschaft denken lassen, nur scheinhaft sind. Bereits die frühen Texte liefern daher keine Deutungen, sondern allein die Beschreibung von Deutungen; noch die Arbeit der Interpretation ist für sie ein Gegenstand der Beobachtung. Indem sie den hermeneutischen Vorgang selbstreflexiv machen, vollziehen sie dieselbe Operation, der auch Nietzsches Erkenntnispsychologie als methodisches Vorbild folgt. An die Stelle eines konsequenten Bezugs auf eine feste Ordnung der Bedeutungen tritt die vielfältig gebrochene Beschreibung des Verstehensaktes. Die Unendlichkeit der Welt entspringe, so heißt es in der *Fröhlichen Wissenschaft* (1887), der Unendlichkeit der Perspektiven, unter denen sie ausgelegt werden kann.[53] Sie aber verbirgt das inkommensurable Spiel eines absoluten Sinns als jene ‹Narrheit der Interpretation›, die wie in einem Spiegelkabinett die tausend Gesichter der Moderne zeigt.

Achtes Kapitel

Eine Schrift-Geliebte: Felice Bauer (1912–1913)

Wie ein Dienstmädchen

Mit einer vielfach beschriebenen Urszene beginnt die bedeutsamste und zugleich traurigste Liebesgeschichte in Kafkas Leben. Ihr Arrangement ist alltäglich, ihre Dramaturgie mutet zufällig an. Im Hintergrund steht, sogleich symptomatisch, die Literatur: sie bildet Panorama und Kulisse eines prägnanten Moments, der sich später zum biographischen Mythos verdichten wird. Am Dienstag, dem 13. August 1912 betritt Kafka gegen 21 Uhr, eine Stunde später als verabredet, die Wohnung der Brods im Obergeschoß des stilvollen Eckhauses in der Schalengasse 1. Der stets nervöse Freund, der den Vertragsabschluß mit Rowohlt in die Wege leitete, hat ihn gedrängt, an diesem Abend die endgültige Anordnung der Manuskripte für die *Betrachtung* festzulegen, die am folgenden Tag nach Leipzig geschickt werden sollen. Kafka fühlt sich unbehaglich, weil er den letzten Schritt zur Veröffentlichung, der eine verbindliche Fixierung bedeutet, fürchtet. Den gesamten Monat über bewegt er sich in einer tranceähnlichen Stimmung aus Lethargie und Träumerei, die ihn daran hindert, die Urlaubszeit seines Chefs zu konzentrierter literarischer Arbeit zu nutzen (T II 80). Als er bei Brods ankommt, wirkt er unaufmerksam und zugleich angespannt.

Rasch jedoch werden seine Lebensgeister durch eine fremde junge Frau geweckt, die vollkommen selbstverständlich am großen Eßzimmertisch sitzt. Trotz ihres bürgerlichen Habitus wirkt sie auf ihn, so hält das Tagebuch fest, «wie ein Dienstmädchen» (T II 79): eine Beobachtung, die bei Kafka eine deutlich erotische Komponente enthält. Der Gast ist die aus Berlin stammende 24jährige Felice Bauer, eine entfernte Verwandte der Familie; Brods jüngere Schwester Sophie hatte sich im Juni 1911 mit Felices Breslauer Cousin, dem Geschäftsmann Max Friedmann verheiratet. Im Tagebuch porträtiert Kafka die Besucherin eine Woche später aus vorsätzlichem Abstand, mit derselben sezierenden Schärfe wie fünf Jahre zuvor Hedwig Weiler: «Knochiges leeres Gesicht, das seine Leere offen trug. Freier Hals. Überworfene Bluse. Sah ganz häuslich angezogen aus, trotzdem sie es, wie sich später zeigte, gar nicht war. (…) Fast zerbrochene Nase. Blondes, etwas steifes, reizloses Haar, starkes Kinn. Während ich mich setzte, sah ich sie zum erstenmal genauer an, als ich saß, hatte ich schon ein unerschütterliches Urteil.» (T II 79) Die Beschreibung dringt gleichsam unter die Haut, um die anatomischen Hintergründe

Felice Bauer, um 1914

der Physiognomie zu erfassen.[1] Ähnlich wie im
Fall Hedwig Weilers ist sie von dem Willen getragen, durch das Heranrücken der imaginären
Kamera innere Distanz zum Objekt der Betrachtung zu schaffen. Die Zuneigung, die Kafka im Moment der ersten Begegnung empfunden zu haben scheint, soll in einem kalten Bild
eingefroren werden. «Ich entfremde mich ihr»,
so weiß das Tagebuch, «ein wenig dadurch, daß
ich ihr so nahe an den Leib gehe.» (T II 79)
Wer ist diese junge Frau, die Kafka derart
nachhaltig irritiert, daß er beim abendlichen «Ordnen» seiner Manuskripte
unter ihrem «Einfluß» zu stehen glaubt? (Br I 166) Felice Bauer lebt noch bei
ihren Eltern und ist seit mehreren Jahren als Vertriebsbeauftragte mit Proku-
ra bei der Berliner Grammophonfirma Carl Lindström A.G. beschäftigt: eine
erfolgreiche Angestellte, moderne Westjüdin mit zionistischer Orientierung.
In Prag macht sie Zwischenstation auf der Reise nach Budapest, wo sie für
zwei Wochen ihre verheiratete ältere Schwester besuchen möchte. Sie liebt
das Theater, die Operette und die Revue, liest in unerhörtem Tempo – zumeist bis spät in die Nacht – zeitgenössische Novellen und Romane, ohne
im eigentlichen Sinn ästhetisch gebildet zu sein.[2] Daß sie die beiden jungen
Autoren an diesem Abend mit ihren literarischen Kenntnissen beeindrucken
möchte, ist offenkundig. Selbstsicher und neugierig, mit einer merkwürdigen Mischung aus Unbefangenheit und Distanzlosigkeit, beteiligt sie sich
am Gespräch. Brod und Kafka, die über die Anordnung der Prosatexte nachdenken möchten, kommen kaum zum ungestörten Arbeiten.

Der Abend des 13. August 1912 nimmt einen turbulenten Verlauf. Das Gespräch, an dem sich auch Brods Eltern und der jüngere Bruder Otto beteiligen, kreist zunächst um das aktuelle Augustheft der Monatsschrift *Palästina*,
das Kafka mitgebracht hat. Das Journal gibt Anlaß, über die Reize und Herausforderungen einer Palästinareise zu sprechen. Man betrachtet Werbepho-
tographien der Firma *Österreichischer Lloyd*, die exotische Motive aus dem
fernen Land zeigen. Der sonst so zurückhaltende Kafka überredet Felice
Bauer, ohne Rücksicht auf Konventionen in die ausgestreckte Hand zu versprechen, gemeinsam mit ihm eine Palästinatour zu unternehmen. Nur wenig später flüstert er den Brods zu, die junge Frau gefalle ihm «zum Seufzen»: eine von ihm nachträglich als ‹blödsinnig› bezeichnete Bemerkung,
die jedoch seine an diesem Abend ungewöhnlich animierte Stimmung sehr
treffend charakterisiert (Br I 291).

Zu fortgerückter Stunde tritt, wie sich Kafka später erinnert, «eine große Zerstreuung der Gesellschaft» ein: «Frau Brod duselte auf dem Kanapee, Herr Brod machte sich beim Bücherkasten zu schaffen, Otto kämpfte mit dem Ofenschirm» (das Pochen gegen die Abdeckung des Ofens war ein ritualisiertes Zeichen, das den Hausfreund Kafka, der seine Besuche bis tief in die Nacht auszudehnen pflegte, daran erinnern sollte, daß die Zeit der Bettruhe gekommen war) (Br I 195). Trotz der fortgeschrittenen Zeit erlahmt das Gespräch mit dem Gast jedoch nicht. Man diskutiert über jiddisches Jargontheater, Tanz und Operette; Kafka, der, durchaus ungewöhnlich, die Unterhaltung selbst vorantreibt, nutzt die Gelegenheit, sich als Kenner der Berliner Bühnenlandschaft auszuweisen. In raschem Tempo wechseln die Themen: Goethe wird von der jungen Frau mit einem banalen Zitat – «‹er bleibt ein König auch in Unterhosen›» – gerühmt («das einzige», was Kafka an diesem Abend an ihr mißfällt; Br I 195); man spricht über das Berliner Revuetheater und tauscht Lektüreeindrücke aus, die sich schließlich auch auf Brods *Schloß Nornepygge* beziehen. Die Besucherin hat den umfangreichen Roman, wie sie gesteht, im Gegensatz zum *Arnold Beer* nicht zu Ende gelesen, kann jedoch der vorübergehend indignierten Familie des Autors versichern, daß es ihr lediglich an Zeit, nicht an Interesse gefehlt habe. Im übrigen erfährt man, daß sie durch ihre Pflichten außerordentlich eingespannt ist, weil sie nach ihren Bürostunden an den Abenden Auftragsarbeiten erledigt und wissenschaftliche Manuskripte in die Maschine überträgt – was ihr «Vergnügen» bereitet, wie sie gesteht, und Kafka dazu veranlaßt, vor Überraschung mit der Hand auf den Tisch zu schlagen. Daß die Nebentätigkeit auch durch ein finanzielles Familiendilemma erzwungen wird, ahnt an diesem Abend bei Brods niemand (Br I 194f.).

Spät in der Nacht bricht Felice Bauer, die am folgenden Morgen mit dem Frühzug nach Budapest reisen möchte, in ihr Hotel auf. Die junge Frau logiert im noblen Haus *Zum blauen Stern*, dem teuersten und besten Quartier, das Prag zu dieser Zeit zu bieten hat. Es liegt am Graben neben der Hyberner Gasse gegenüber vom Pulverturm, knapp 15 Gehminuten von der Schalengasse entfernt.[3] Während der Abschiedszeremonie erbittet sich Kafka flüsternd von Brods Mutter Felice Bauers Berliner Adresse, die er mit Bleistift auf seinem Exemplar der *Palästina* notiert. Gemeinsam mit Adolf Brod begleitet er dann den Gast durch die nach den Regenfällen des Tages kühle nächtliche Stadt. Plötzlich hat ihn der Esprit, mit dem er das Gespräch bei Brods betrieb, verlassen. Er schweigt, wirkt unkonzentriert und versteckt sich, wie gewohnt, in seinen Kopfwelten. Während Felice Bauer ihn nach seiner Prager Anschrift fragt, träumt er davon, sie am nächsten Tag vor ihrer Abfahrt mit Blumen am Bahnhof zu begrüßen – ein Plan, den er jedoch rasch fallen läßt. Vor dem *Blauen Stern* schiebt er sich voller «Befangenheit» in denselben Abschnitt der Drehtür wie sie und stößt dabei an ihre «Füße». In der Halle nimmt man Abschied voneinander, formelhaft und doch freundlich (Br I 192ff.). Es dauert sieben Monate und elf Tage, ehe Kafka Felice wiedersieht. Dazwischen liegt ihre Neuschöpfung durch den Autor Kafka, der in dieser Zeit 195 Briefe an sie schickt: die Geburt einer Felice Bauer, die mit ihm allein im Medium der Schrift kommunizieren darf.

Briefverkehr zwischen Prag und Berlin

Das über fünf Jahre sich erstreckende Drama der Korrespondenz wird eröffnet durch den Auftritt des Anstifters. Am 20. September 1912, fünfeinhalb Wochen nach der Begegnung bei Brods, schickt Kafka Felice Bauer den ersten Brief, den er am Nachmittag auf der Büroschreibmaschine verfaßt. Er beginnt mit einer Formel, die nicht allein der Höflichkeit geschuldet scheint, sondern auch dem Anspruch, sich im Leben der jungen Frau festzusetzen: «Für den leicht möglichen Fall, daß Sie sich meiner auch im geringsten nicht mehr erinnern könnten, stelle ich mich noch einmal vor (…)» (Br I 170). Der äußere Anknüpfungspunkt ist die Palästinatour, die man am 12. August in Prag verabredet hat. Felice scheint freundlich und detailliert geantwortet zu haben, auch wenn Kafkas erster Brief nur ein vager Schattenriß war, der die Situation des Schreibers genauer beleuchtete als das Gesprächsangebot, das er unterbreitete. Der Reiseplan muß freilich aufgegeben werden, weil Felices besorgte Eltern Einwände erheben. Am 28. September folgt ein zweiter, mehrere Seiten umfassender Brief, in dem Kafka vor sich selbst warnt: «Was für Launen halten mich, Fräulein! Ein Regen von Nervositäten geht ununterbrochen auf mich herunter. Was ich jetzt will, will ich nächstens nicht.» (Br I 174)

Angesichts dieser Selbsteinschätzung, die das gegenüber Hedwig Weiler benutzte Bild vom Boxer, der nicht boxt, wiederholt, zögert Felice Bauer mit einer weiteren Antwort. Erst Anfang Oktober 1912 schickt sie einen Brief nach Prag, der jedoch verloren geht. Mit Hilfe diplomatischer Interventionen durch Max Brod und seine Schwester Sophie Friedmann, die der besorgte Kafka als Boten und Mittler einsetzt, wird der profane Grund für das vermeintliche Schweigen der Berliner Korrespondenzpartnerin ausgeforscht. Die Möglichkeit eines technischen Fehlers bei der Zustellung hatte Kafka zunächst nicht erwogen: «Ja gehen denn Briefe», fragt er Sophie Friedmann, nachdem sie ihn von der Panne informiert hat, «überhaupt verloren, außer in der unsicheren Erwartung dessen, der keine andere Erklärung findet?» (Br I 183) Das kleine Intermezzo verweist auf jene Stockungen des Nachrichtenverkehrs, wie sie knapp zehn Jahre später der *Schloß*-Roman als Merkmal einer labyrinthischen Verwaltung schildern wird. Dort erläutert der Amtsvorsteher dem verunsicherten K. über die

Hintergründe seiner (vermeintlichen) Berufung zum Landvermesser in trauriger Ironie: «Es ist ein Arbeitsgrundsatz der Behörde, daß mit Fehlermöglichkeiten überhaupt nicht gerechnet wird.» (S 81f.) Um jegliches Mißverständnis zu beseitigen, schickt Felice Bauer in der vorletzten Oktoberwoche einen erklärenden Brief, dem sie eine getrocknete Blume hinzufügt. Ende des Monats kommt so das erschöpfte Briefgespräch nach seinem ersten «Stolpern» (Br I 186) mit rasch steigender Frequenz wieder in Gang. Kafkas Replik ist enthusiastisch: «Und wenn alle meine drei Direktoren um meinen Tisch herumstehen und mir in die Feder schauen sollten, muß ich Ihnen gleich antworten, denn Ihr Brief kommt auf mich herunter, wie aus Wolken, zu denen man drei Wochen umsonst aufgeschaut hat.» (Br I 185) Felice Bauer kann sich dem Drängen aus Prag fortan nicht mehr entziehen. Sie erwidert Kafkas Briefe, die sie mit Fragen nach ihrem Alltagsleben überhäufen, zügig: zuerst pflichtbewußt, wie es ihre preußische Erziehung verlangt, dann gründlich, offen und bald freundschaftlich. Felice Bauers Schrift freilich ist für uns erloschen; Kafka hat ihre Briefe vermutlich kurz nach der endgültigen Trennung 1917 verbrannt.

«Das Wichtige an Felice war», so bemerkt Elias Canetti 1969, «daß es sie gab, daß sie nicht erfunden war und daß sie so, wie sie war, nicht von Kafka zu erfinden wäre.»[4] Diese Einschätzung täuscht, denn sie verfehlt die besondere Struktur der uns überlieferten Briefe. Kafkas Schreiben galten nur in sehr eingeschränktem Maße einer wirklichen Person aus Fleisch und Blut. Tatsächlich bezogen sie sich auf ein Traumbild, das seine Vorstellungskraft ersonnen hatte. Zwar existierten Reste der Erinnerung an Felice Bauer, die er pedantisch festzuhalten suchte, doch besaßen sie einzig den Charakter von Versatzstücken, welche die Depots der Einbildung füllen konnten. Die genau profilierte Realität der Briefpartnerin stand für ihn außer Frage, aber sie machte bloß ein Ferment innerhalb des Haushalts der Imagination aus, den Kafka bewirtschaftete. Unter dem Gesetz der Phantasie, die das Wirklichkeitsmaterial zu eigenen Zwecken umgestaltete, wuchs Felice Bauer zu einer Person, die ähnlich fiktive Züge trug wie jenes Fräulein Bürstner des *Proceß*-Romans, dem sie später ihre Initialen lieh.

Kafkas Briefe entwerfen mit dem Ich, *von* dem sie sprechen, auch sogleich das Du, *zu* dem sie sprechen. Weil die Erfindung aber Anschauungsstoff benötigt, fordert Kafka von seiner Briefpartnerin genaue Einblicke in ihre Lebensumstände. Kindheit, Schule, Alltag, die Arbeit, das Verhältnis zu den Familienmitgliedern und Kolleginnen, Essens- und Schlafensgewohnheiten, Lektüre, Theaterbesuche, Krankheiten und Wetter: nichts ist ihm gleichgültig. Die Leser seiner Briefe gewinnen über die Spiegelungen, welche die aus Berlin übermittelten Details finden, exakte Erkenntnisse über die heute verstummte Briefpartnerin. Zug um Zug entsteht so ein biographisches Mosaik, dessen Splitter sich langsam zusammensetzen: Felice Bauer kam am 18. November 1887 im oberschlesischen Neustadt zur Welt. Ihr Vater Carl Bauer, ein gebürtiger Wiener, hatte sich 1899 in Berlin als Versicherungs-agent etabliert und betreute Firmen in Norddeutschland und Skandinavien. Die Mutter, Anna Bauer, war sieben Jahre älter als ihr Mann; sie entstammte einem kleinbürgerlichen Milieu und war mit acht Geschwistern ohne grö-ßere materielle Freiheiten in Berlin aufgewachsen. Von ihr scheint die Toch-ter den preußischen Habitus und einen eisernen Willen geerbt zu haben; er schloß die Bereitschaft ein, seelischen Schmerz zu verschweigen und private Katastrophen allein zu durchleiden.

Felice hatte drei Schwestern, von denen die 1886 geborene Erna, die als Sekretärin in Sebnitz bei Dresden arbeitete, ihr besonders nahe stand. Die vier Jahre ältere Elisabeth lebte, nicht sonderlich glücklich, in Budapest; sie hatte 1911 den Ungarn Bernát Braun geheiratet und 1912 eine Tochter zur Welt gebracht. Die 1892 geborene Schwester Toni wohnte wie Felice noch bei den Eltern; sie galt als Sorgenkind, war offenbar phlegmatisch, selbstbe-zogen und launisch; ihr Desinteresse an Literatur kommentiert Kafka später mit der Bemerkung: «Liest ein zwanzigjähriges Mädchen mit Entschieden-heit gar nichts, finde ich nichts Böses daran, halbes Lesen ist ärger» (Br I 307). Der einzige Sohn der Familie, der 1884 geborene Ferdinand, war Kaufmann und im Herbst 1912 in einer Wäschefirma tätig. Er galt als äußerst charmant, war aber notorisch unzuverlässig und verschwenderisch, was bald zu drama-tischen Konsequenzen führen sollte. Unter den Geschwistern ragte Felice offenkundig durch Ehrgeiz und Tatkraft heraus, die ihr beruflichen Erfolg bescherten. Frühzeitig durfte sie in ihrer Firma geschäftliche Verantwortung übernehmen, verfügte über einen kleineren Stab von Mitarbeiterinnen, rei-ste regelmäßig auf Messen und bezog ein passables Gehalt. Wenn sie den-noch nach Büroschluß, der sich zumeist bis zum späten Abend verzögerte, in den Nachtstunden Schreibarbeiten für Publizisten und Wissenschaftler erle-digte, so verweist das darauf, daß Carl Bauer nur dürftige Einkünfte bezog, die die Familie kaum ernährten. Im Herbst 1912 wurde Felices Alltag von unaufhörlicher Arbeit regiert; die Briefe, die sie Kafka schrieb, entstanden im Bett, zu später Stunde, oftmals unter dem Einfluß psychischer und physi-scher Erschöpfung.

Nicht sämtliche, aber die meisten der hier angeführten Details hat Kafka durch Felice Bauers Briefe erfahren. Die Grundlinien ihrer Familienge-schichte, die häusliche Konstellation, die Beziehungen zwischen den Ge-schwistern und ihre Aufgaben im Büro sind ihm nach wenigen Wochen vertraut. Die dunklen Seiten, von denen später noch zu sprechen ist, ver-schweigt ihm Felice freilich; die Streitigkeiten zwischen den Eltern, die Un-treue des Vaters, die uneheliche Schwangerschaft der älteren Schwester, die geschäftlichen Betrügereien ihres Bruders bleiben ihr Geheimnis. Zu den innersten Zonen dringt auch Kafka nicht vor, obgleich er die Kunstmittel seines Schreibens mit raffinierter Geschicklichkeit einsetzt. An solchen Punkten war Felice Bauer, wie er bald spüren wird, von einer unverrückbaren Diskretion, die, wenn die Familienehre auf dem Spiel stand, auch die Bereitschaft zur Lüge einschloß.[5] Wo Felice nur zögerlich Auskunft gab, half gelegentlich die Spionage. Bereits Ende Oktober 1912 beauftragt Kafka den in Berlin gastierenden Jizchak Löwy damit, ihm einen brieflichen Bericht über die Berliner Immanuel-kirchstraße zu liefern, in der Felice mit ihrer Familie wohnt (zum 1. April 1913 wird sie in ein geräumigeres Domizil im bürgerlichen Charlottenburg umziehen). Löwy kannte sich in dieser Straße gut aus, lag doch hier die Druckerei, in der seine Schauspieltruppe ihre Plakate produzieren ließ (Br I 210). Er schickt unverzüglich eine ebenso präzise wie anrührende Beschreibung, die Kafka Anfang November 1912 in einem Brief an Felice im Originalwortlaut mit ihrer haarsträubenden Orthographie wiedergibt: «Von Alexander Platz ziht sich eine lange, nicht belebte Straße, Prenzloer Straße, Prenzloer Allee. Welche hat viele Seitengäßchen. Eins von diese Gässchen ist das Immanuel. Kirchstraß. Still, abgelegen, weit von dem immer roschenden Berlin. Das Gäßchen beginnt mit eine gewenliche Kirche. Wi sa wi steht das Haus Nr. 37 ganz schmall und hoch. Das Gäßchen ist auch ganz schmall. Wenn ich dort bin, ist immer ruhig, still, und ich frage, ist das noch Berlin?» (Br I 213)

Seit dem 31. Oktober 1912 wechselt man zwischen Prag und der Reichshauptstadt täglich einen Brief. Kafkas Schreiben sind fordernd, pedantisch, werbend, charmant, selbstquälerisch, hektisch und geduldig zugleich. Ein wildes Gebräu der Emotionen beglaubigt, daß ihn ein ‹Regen von Nervositäten› beherrscht. Mehrfach beschließt er, weil er Felices Antworten falsch gedeutet hat, den Kontakt abzubrechen. Mitte November sorgt erst die Intervention des nach Berlin gefahrenen Max Brod für die Aufklärung eines Mißverständnisses (offenkundig hatte Felices Bemerkung, Kafka sei unzufrieden und seiner selbst nicht sicher, schwere Irritationen bei ihm ausgelöst; Br I 220). So gehorcht die Dramaturgie der Korrespondenz frühzeitig dem Rhythmus von Kafkas literarischem Arbeiten, das zwischen ekstatischem Schwung und gehemmtem Stocken schwankt. Die Briefanrede steigert sich, gegen die strengen Konventionen der Zeit, innerhalb weniger Wochen, in einer feinsinnigen Dramaturgie der Formeln von «Verehrtes Fräulein», «Gnädiges Fräulein» über «Liebes Fräulein Felice» und «Liebstes Fräulein» bis zu «Liebste». In der Nacht des 11. November 1912, fünfzig Tage nach dem Beginn der Korrespondenz, tritt ein ekstatisches «Du» plötzlich, ohne Ankündigung, an die Stelle des «Sie»: es «gleitet wie auf Schlittschuhen, in der

Lücke zwischen zwei Briefen kann es verschwunden sein» (Br I 231). Ab Mitte November steigert Kafka die Intensität seines Schreibens; ein erster Brief entsteht nachmittags, ein zweiter nach der nächtlichen Arbeit. Die literarische Tätigkeit, die am Abend beginnt, wird so von der Korrespondenz mit Felice gerahmt. Es ist, wie noch zu erzählen bleibt, eine Zeit außerordentlicher schriftstellerischer Produktivität.

In seinem Büro hat Kafka ein kompliziertes Abfangsystem ersonnen, das es ihm erlauben soll, Felices Antworten, die während der Wochentage an die Versicherungsanstalt geschickt werden, ohne Zeitverlust zu erhalten. Ein Bürodiener, der Leiter des Postversands und eine Aushilfsbeamtin haben Anweisung, ihm Briefe aus Berlin unverzüglich auszuhändigen (Br I 235f.). Erst Mitte November ändert Kafka die Organisation der Korrespondenz, weil ihm das bisherige Verfahren zu umständlich erscheint. Felice schickt jetzt ihre Briefe nicht mehr an sein Büro, sondern an die Privatwohnung in der Niklasstraße. Das führt zwar dazu, daß Kafka ihre Schreiben ab dem frühen Nachmittag rascher als zuvor erhält, birgt jedoch auch Risiken. Schon Mitte des Monats liest Kafkas Mutter unerlaubterweise einen Brief Felices, der sich in seinem nach der Rückkehr aus dem Büro im Zimmer aufgehängten Jakkett befindet (in Berlin wird Anna Bauer wenige Wochen später mit derselben Unbefangenheit ein ganzes Konvolut der aus Prag eingegangenen Briefe unter die Lupe nehmen). Die neugierige Julie Kafka schreibt nur einen Tag später selbst an die ihr unbekannte Berlinerin. Als Motiv gibt sie an, daß sie sich für ihre Indiskretion entschuldigen wolle – ein rhetorischer Trick, der auch von Kafka selbst hätte stammen können (Br I 555f.). Felice ist so irritiert, daß sie zunächst Max Brod einschaltet, der Kafka am 21. November vom Verhalten seiner Mutter informiert. Zwar muß er Brod geloben, die Sache nicht allzu schwer zu nehmen, doch kommt es noch am selben Abend zu «einem fast gänzlich unbeherrschten Ausbruch» gegenüber der Mutter. Die erregte Emotion, die sich hier Bahn bricht, bezeichnet Kafka als erstes wahres Gefühl, das er nach Jahren kühler Freundlichkeit inmitten seiner Familie geäußert habe (Br I 254).

Zwischen Ende Oktober und Ende Dezember 1912 schickt Kafka Felice Bauer knapp 90 Briefe. Nicht selten werden sie ‹express› aufgegeben, zuweilen als Einschreiben (‹rekommandiert›), gelegentlich von Telegrammen begleitet, die nach ausbleibender Post fragen. Der Briefverkehr selbst gerät zum zentralen Gegenstand von Kafkas Schreiben. Die Unpünktlichkeit der Zustellung, sich überschneidende Sendungen und – als Gipfel möglicher Katastrophen – der Briefverlust bilden ständigen Anlaß zur ausführlichen Klage: «Liebste es gehn, es gehn Briefe verloren, oder ich leide an Verfolgungswahnsinn (...)» (Br II 285). Ende November 1912 unterstreicht Kafka solche Paranoia ironisch, indem er die fünf Bogen seines ausführlichen Sonntagsbriefs in gesonderten Umschlägen verschickt, um zu gewährleisten, daß zumindest einer von ihnen sein Ziel erreicht (Br II 263). In manchen Fällen befassen sich seine Briefe einzig mit dem Risiko, welches das Absenden bedeutet, da es die Gefahr des Textverlusts einschließt: «Schrecklich ist es, daß unsere Korrespondenz sich so durch Katastrophen weitertreibt.» (Br I 251) Der Brief gerät zu einem Medium, das sich selbst beobachtet. Kafkas Träume beglaubigen das, denn auch sie sprechen seit dem Winter 1912 immer wieder von der zirkulären Logik des Schreibverkehrs: von der Sehnsucht nach Briefen (Br I 241), der Beschleunigung des Nachrichtenstroms (Br I 308f.), der Furcht vor Zustellungsfehlern der Post (F 714).

Kafkas Informationsbedürfnis ist grenzenlos, jedoch bleibt es auf den Schriftverkehr beschränkt. Wenn er genaue Berichte über Felices Leben verlangt, so heißt das nicht, daß er diese Bereiche mit eigenen Sinnen erfahren möchte. Bedingung seiner Neugier ist die Konzentration auf die Sprache, die sich in den Zeichen der Schrift wie eine stetige Anspannung auf das ferne Ziel der Aussage ausbildet.[6] Die Ordnung der Schrift ist für Kafka mit der Form vergleichbar, die er Felice verliehen hat, weil beide in ähnlicher Weise Abwesenheit und Nähe bezeichnen; sie repräsentieren die Erwartung einer Erfüllung, die nie eintritt, und gewähren derart eine zweifelhafte Präsenz des Vorläufigen, Unerreichbaren. Über solche Präsenz sagt Kafka selbst: «Wir peitschen einander mit diesen häufigen Briefen. Gegenwart wird ja dadurch nicht erzeugt, aber ein Zwitter zwischen Gegenwart und Entfernung, der unerträglich ist.» (Br II 279)

Der Brief erschafft eine eigene Wirklichkeit, läßt jedoch das Bewußtsein aufsteigen, daß noch etwas anderes jenseits der Schrift existiert. So verwandelt Kafka Felice in jene ‹Sphinx ohne Geheimnis›, die Oscar Wilde hinter den Frauenbildern der Jahrhundertwende entdeckte.[7] Die Aura, die er ihr im Wortsinn zuschreibt, verliert sich in dem Moment, da sie selbst spricht. Ihr handfester Pragmatismus, ihre bürgerlichen Kunstideale, ihr triviales Literaturverständnis, ihr spießiger Geschmack, ihr Vergnügen an Revuen, Bällen, Schmuck und Schokolade durchkreuzen Kafkas Phantasiebilder. Als sie ihm rät, er solle seine Pflichten im Büro und in der Fabrik ernster nehmen, die Nächte zum Schlafen nutzen und – mit einer symptomatischen Wendung – beim Schreiben ««Maß und Ziel»» verfolgen, reagiert er daher ungewöhnlich energisch, indem er ihr solche Formulierungen höflich, aber entschieden untersagt (Br I 213). Wenn die Sphinx zeigt, daß sie kein Geheimnis birgt, sondern die Banalität des Konventionellen verkörpert, muß sie zum Schweigen verpflichtet werden.

Umgekehrt mag auch Felice Bauer bisweilen den Eindruck gewonnen haben, als paßten Wirklichkeit und Einbildung nicht mehr zusammen. Der charmante junge Mann, der mit ihr über den Zionismus stritt, Reisepläne schmiedete, Tatkraft und Entschlossenheit ausstrahlte, verwandelt sich nach dem ersten Werben in einen von Skepsis zerfressenen Pessimisten, der sich permanent selbst anklagt und sein bisheriges Leben lustlos als ‹gescheitert› bilanziert. Zionistische Themen, die Felice außerordentlich beschäftigen (sie lernt zu dieser Zeit Hebräisch), schneidet er in seinen Briefen nicht mehr an.[8] Ihre Fragen nach seiner Bürotätigkeit beantwortet er ausweichend, meist nur unter Hinweis auf die völlige Bedeutungslosigkeit dessen, was er leiste. Sogar die Bemerkungen über die literarische Arbeit, die er in seine Briefe einfließen läßt, bleiben sparsam und knapp. Da er fast nichts veröffentlicht hat, bleibt ihr Bild vom Autor Kafka gänzlich unscharf (die *Betrachtung* scheint sie Mitte Dezember 1912 ratlos aufgenommen zu haben). Eine annähernde Vorstellung von den ungeheuren Erzählprojekten, die er in den Winternächten 1912/13 wälzt, hat Felice kaum gewonnen. Vor allem aber sind es seine scharfen Attacken gegen das eigene Ich, die sie verwirren müssen. Die unaufhörliche Selbstverkleinerung, die er wütend betreibt, paßt schwerlich zu dem konventionellen Männerbild, mit dem sie aufgewachsen ist. Daß sie die Korrespondenz trotz solcher irritierenden Eindrücke fortsetzt, hat zwei Gründe: sie findet Kafka attraktiv (was sie ihm gegenüber auch durch vorsichtig eingesetzte Komplimente bekräftigt); und sie kann sich der Magie seiner rhetorischen Kunst mit ihren überraschenden Bildern, dem musikalischen Periodenbau, dem Gleiten der Töne nicht entziehen.

Kafkas Briefwechsel mit Felice setzt in jener Lebensphase ein, da er sich der Singularität seiner Junggesellen-Rolle, welche die Texte der *Betrachtung* noch spielerisch durchleuchteten, klar bewußt wird. Max Brod steht kurz vor der Eheschließung mit Elsa Taussig, plant den Umzug in eine größere Wohnung und gibt sich bürgerlich-saturiert. Die Schwester Elli hat am 8. November 1912 ihr zweites Kind – die Tochter Gerti – geboren; einen Monat zuvor verlobte sich Valli mit Josef Pollak, einem böhmischen Juden aus dem ländlichen Český Brod (wobei wiederum die Anbahnung durch ein Heiratsinstitut vorausgegangen war). Selbst Ottla befindet sich auf dem Weg in eine feste Bindung; 1911 hat sie den zwei Jahre älteren Tschechen Josef David kennengelernt, einen katholischen Jurastudenten aus ärmsten Verhältnissen, der sich mit Tatkraft und Willensstärke bald eine feste Position im bürgerlichen Erwerbsleben erkämpfen wird; die Ehe schließen beide erst im Sommer 1920, jedoch sind sie zu diesem Zeitpunkt längst ein Paar. Der Verlust der Schwestern schmerzt Kafka, denn nur im Verhältnis zu ihnen kann er als Liebender agieren, ohne den Part des Sohnes preiszugeben. Gegenüber anderen Frauen ist ihm diese Koinzidenz nicht erlaubt, weil die erotische Beziehung hier von ihm verlangt, daß er seine Identität als Sohn auslöscht.

In den Briefen an Felice übernimmt Kafka verschiedene Rollen, die einander auf paradoxe Weise widersprechen: er präsentiert sich als notorischer

Junggeselle und als Werbender, als Charmeur und als Mißvergnügter, als Sohn und als erwachsener Mann. Der Wunsch, ein «Mädchen» durch den intellektuellen Eros der «Schrift» an sich zu binden, den Kafka im Juli 1912 gegenüber Max Brod im Blick auf den Weimarer Flirt mit Margarethe Kirchner formuliert, erzeugt ein kaleidoskopisches Spiel mit Identitäten, die einzig in einem imaginären Raum existieren (Br I 160).[9] Der Brief ist das Medium, das den Liebenden und die Geliebte zuallererst hervorbringt; nur im Schreiben kann Kafka Felice, die er erotisch kaum attraktiv findet, begehren.[10] Das Moment des Authentischen löst sich in der Sprache der Briefe auf, indem es seinerseits zu einem Bestandteil der Kommunikation wird. Die Leitdifferenz, die zwischen ‹wahr› und ‹falsch› eine deutliche Grenze zieht, ist, wie Niklas Luhmann gezeigt hat, für die Liebesauffassungen der Moderne nicht mehr zuständig.[11] Seit der Mitte des 18. Jahrhunderts organisiert sich der soziale Austausch der Liebenden verstärkt im Medium der Schrift.[12] Entscheidend ist hier, daß die Verständigung in einer Tonlage abläuft, die individuelle Nuancierungen erlaubt. Eine ‹falsche› Liebesneigung, die rhetorische Mittel nutzt, um ‹Wahrheit› nur zu suggerieren, kann in diesem Kommunikationssystem nicht vorkommen. Die Liebe, von der im Brief gesprochen wird, ist allein in den Ordnungen der Schrift aufgehoben. Die radikale Offenheit, die Kafka Felice gegenüber seit dem Beginn ihrer Korrespondenz ohne jede Verstellung praktiziert, bahnt daher nicht den Weg ins Arkanum seiner letzten Geheimnisse, sondern bleibt nur ein Element aus dem Register dieser Schrift. Der tägliche Brief erschließt nichts und erklärt nichts, denn er steht für sich selbst, ohne auf eine tiefere Wahrheit zu verweisen. Das Schreiben bildet keinen Ersatz, ist vielmehr die einzige Form, in der Kafka Felices Anwesenheit erträgt. So wird der Brief zu einer ‹Passage› im Sinne Walter Benjamins: zu einem Übergang zwischen Orten, die nicht dauerhaft verbunden werden können, weil sie keine Einheit bilden.[13]

Das Nachdenken über die paradoxe Logik des Briefschreibens führt immer wieder zu Formulierungen, die mit sexuellen Bedeutungsnuancen gesättigt sind. Am 23. November 1912 bemerkt Kafka, er wolle sich in seinem nächsten Brief über den einzigen «schwarzen Punkt», der ihn verdüstere, «ordentlich» vor ihr «ergießen» und sie solle «die Hände im Schoos die große Bescherung ansehn.» (Br I 256) Der ‹schwarze Punkt› wird dann am folgenden Tag durch ein Gedicht des chinesischen Dichters Yan-Tsen-Tsai (1716–1797) dokumentiert, das Kafka aus der 1905 veröffentlichten Anthologie Hans Heilmanns kannte. Es beschreibt einen Gelehrten, der über seiner Arbeit «die Stunde des Zubettgehens vergessen» hat und durch seine «schöne Freundin» daran erinnert werden muß, daß es «spät» ist. (Br I 259) Das scheint eine Urszene für Kafka zu sein, die er Felice vorführt, um anzudeuten, was sie von ihm erwarten kann. Er, der sich in Briefen ‹ergießt›, findet seine nächtliche Lusterfüllung beim Schreiben, nicht im Beischlaf: «Ich bin noch knapp gesund für mich, aber nicht mehr zur Ehe und schon gar nicht zur Vaterschaft.» (Br II 227)

Hier spricht wieder der Sohn, dessen Identität durch die Figur des Aufschubs erzeugt wird, wie sie der *Proceß*-Roman später als Mittel der «Verschleppung» des Rechtsverfahrens anführt (P 160ff.). Jacques Derrida hat in ihr ein wesentliches Strukturelement der Psychoanalyse Freuds erkannt: das Zeichen des niemals schließbaren Abstands zwischen Wunsch und Erfüllung, Ursprung und Präsenz, Subjekt und Objekt.[14] Kafka bedient sich dieser Figur des Aufschubs, indem er sie als Mittel zur Verzögerung der ‹Präsenz› – der Bindung und Vaterschaft – einsetzt. Wenn er Felice räumlich auf Distanz hält, kann er der werbende Sohn bleiben, ohne belangt zu werden. Diese Konstruktion bildet den fragilen Rechtsgrund, auf dem sich die gesamte Korrespondenz entwickelt. Für die ‹Vaterschaft› reicht die – hier in einem rein psychischen Sinn gemeinte – Gesundheit nicht aus, weil sie die Identität des Sohnes zerstört.

Das Gegenstück zum Motiv des Sich-Ergießens bleibt der Topos des Blutsaugers, der die Lebensfülle der Geliebten nutzt, um sich selbst neue Energien zuzuführen. Das von Deleuze und Guattari aufgebrachte, oft wiederholte Bild des Vampirs Kafka, der die Vitalität Felices aus ihren Briefen trinkt, um «Kraft zum Schaffen» zu gewinnen, ist jedoch problematisch, weil es dem Repertoire seiner eigenen Argumentationsformen entstammt und daher das Element einer rhetorischen Strategie darstellt.[15] Wenn er am 22. Juni 1913 betont, er «sauge» sein Leben aus ihren Briefen (Br I 215), so ist das ein Kunstgriff, der wiederum darauf abzielt, den Bannkreis des Schreibens zu befestigen. Das wahre Leben, besagt die Formulierung, haust nur in den Räumen des Imaginären, welche die Schrift aufzeichnet. Zur Logik der Fiktion, die Kafkas Briefe regiert, gehören die Identitätsentwürfe, die er sich selbst und Felice zuweist. Ihnen entsprechend ist er schwach und schuldig, während die Berliner Freundin kräftig und schuldlos erscheint. Nicht der Vampir, der der Frau die Lebensenergie raubt, sondern der Pygmalion, der sie neu schafft, steht im Mittelpunkt seiner Briefe.

Die rhetorische Maschinerie scheint frühzeitig ausgebildet und läuft während des Winters 1912/13 mit geringfügigen Variationen ab. Kafka klagt sich an, indem er behauptet, Felice mit seinen launisch-egoistischen Briefen zu peinigen, rückt sie anschließend in die Rolle der Richterin (‹urteilen› solle sie, so heißt es häufig), weist ihr aber zugleich den Status der Anwältin zu, die ihn selbst zu verteidigen hat. «Mein Leben ließe ich für Dich», schreibt er am 2. Dezember 1912, «aber das Quälen kann ich nicht lassen.» (Br I 292) In diesem ungemütlichen Dreieck von Selbstanklage, Projektion und Rechtfertigung findet der Briefstil Kafkas seine spezifische Ordnung. Daß Felice hier unterzugehen droht, liegt auf der Hand. Mit ihrem praktischen, auf klare Oppositionen fixierten Verstand kann sie seine Advokatenrede nicht erfassen. Wenn sie im Herbst und Winter 1912/13 immer wieder von neurasthenischen Beschwerden – Weinanfällen, Kopfschmerzen – heimgesucht wird, so ist das auch die Folge des psychischen Drucks, den Kafka durch sein Wechselspiel der Launen auf sie ausübt. Hinzu kommt eine höchst spannungsgeladene familiäre Situation, in deren Schatten sich ein bürgerliches Drama abspielt, von dem der Wortmagier in Prag nichts ahnt.

Felices um ein Jahr ältere Schwester Erna war in Dresden eine Liaison mit einem offenbar verheirateten Mann eingegangen und im Sommer 1912 schwanger geworden. Mit großer Mühe gelang es Felice, diesen Umstand der Familie gegenüber zu verheimlichen. Im Februar 1913 siedelte die Schwester, durch Felice tatkräftig unterstützt, nach Hannover über, wo sie am 30. April 1913 von einer Tochter entbunden wurde (Br II 420). Das Kind, das den Namen Eva erhielt, wuchs bei Pflegeeltern auf und kam erst 1917 zu seiner Mutter, die inzwischen in Berlin geheiratet hatte.[16] Im Streit um die Unterhaltszahlungen, die der fest gebundene Geliebte verweigerte, suchte Felice die Schwester zu beraten, indem sie Textstellen aus Briefen sammelte, in denen er seine Vaterschaft indirekt eingestand (HKKA Br II 744). Kafka selbst war über die prekäre Situation der Schwester nicht informiert. Zwar sprach Felice im Februar 1913 von einem «Unglück», das sie sogar dazu zwinge, die Eltern zu «belügen», jedoch beließ sie es bei Andeutungen (Br II 110f.). Den Zweck der Dresdner Reise, die sie Ende Februar unternahm, um den Wohnungswechsel der Schwester zu organisieren, verschleierte sie ihm gegenüber (Br II 104). Die bürgerliche Ordnung mußte um jeden Preis nach außen gewahrt und durch beharrliches Verschweigen des ‹Fehltritts› verteidigt werden. Zur Logik von Felices Vertuschungsmanövern gehörte es übrigens auch, daß sie Kafka niemals von den Eheproblemen ihrer Eltern berichtete. Der Vater hatte zwischen 1901 und 1904 mit seiner Geliebten zusammengelebt und war erst nach deren Tod in die Familienwohnung zurückgekehrt, um den äußeren Anschein einer intakten häuslichen Existenz zu wahren. Das Verhältnis der Eltern wurde von massiven Spannungen regiert, die den Alltag oftmals zur Qual machten; Kafka hat auch von diesem dunklen Fleck in der Familienlandschaft nichts gewußt.

In den Prager Nächten spielen ohnehin nicht die realen, sondern die erdachten Familiendesaster die entscheidende Rolle. Die großen Texte, die im Herbst 1912 entstehen – *Der Verschollene, Das Urteil* und *Die Verwandlung* – behandeln Ereignisse, die aus dem Bodensatz jener bürgerlichen Konflikte aufsteigen, von denen Felice zur selben Zeit beherrscht wird. Die Katastrophen, die sie beschreiben – uneheliche Schwangerschaft, Auswanderung, Selbstmord, gesellschaftliche Ächtung –, siedeln sich jedoch jenseits der sozialen Wirklichkeit inmitten einer archetypischen Seelenlandschaft an, die Kafka in diesen Herbsttagen mit einer Souveränität auszuleuchten lernt, wie er sie vorher noch nicht an den Tag gelegt hatte. So sind die Briefe an Felice stets auch Kommentare zu den Texten, die während des Winters 1912/13 wachsen. Als im Frühjahr 1913 das literarische Schreiben versiegt, nimmt zugleich die Frequenz der Berliner Korrespondenz ab: der Eros bleibt an die Literatur gebunden, die ihm erst Existenz und Sinn verschafft. Die Liebe vermag sich für Kafka nur in den Ordnungen der Sprache zu entfalten, jenseits der Enge der Wirklichkeit. Der Briefwechsel mit Felice vermittelt ihm daher dieselbe Erfahrung, die auch die literarische Arbeit offenbart: sein Ich ist gefesselt an die Schrift, ohne die es dauerhaft wie ein dunkler Schatten wirken muß, leer und eigenschaftslos. Derrida bemerkt über diesen Zusammenhang: «Schreiben heißt wissen, daß das, was noch nicht im Schriftzeichen erzeugt ist, keine andere Bleibe hat (...)».[17] Kafkas spätere Texte handeln von der Sehnsucht, den Körper, der seine Heimat verlor, in der Schrift zu vergegenwärtigen und das Wort wieder Fleisch werden zu lassen.[18] Erst das Schreiben schafft das Subjekt und seine Beziehungen zur Welt: die «Ansicht des Lebens», wie es 1920 im Tagebuch heißt (T III 179).

Das Rauschen der Medien

Am 20. September 1912 hatte Kafka seinen ersten Brief an Felice auf dem Briefpapier der Versicherungsanstalt mit der Maschine einer Stenotypistin geschrieben. Dieser Auftakt schien zur geschäftlichen Tätigkeit der Korrespondenzpartnerin zu passen, stellte er doch sogleich einen Zusammenhang mit der modernen Angestelltenwelt und deren medientechnischer Austattung her. Er sitze «im Bureau bei Schreibmaschinenmusik», bemerkt Kafka Ende Oktober 1907 in einem Brief an Hedwig Weiler (Br I 77). Die hier verwendete Metapher, die das geschäftige Treiben der Stenotypistinnen unterstreichen soll, gewinnt wenige Jahre später eine eigene Realität: Siegfried Kracauer berichtet in seinem Essay *Die Angestellten* (1929), daß moderne Handelsschulen junge Mädchen seit geraumer Zeit an der Schreibmaschine auszubilden pflegten, indem sie Grammophonplatten abspielen ließen, deren Musik das Anschlagtempo rhythmisch beschleunigte.[19] Auch am 20. September 1912 sitzt Kafka im gleichmäßigen Geräuschgewitter der Stenotypistinnen, während er seinen Brief verfaßt. Es ist früher Nachmittag – kurz «nach der sechsten Bürostunde» –, und seine Arbeitszeit liegt bereits hinter ihm, während Sekretärinnen und Beamte mit ‹voller Frequenz› noch Dienst tun. Den Briefwechsel mit Felice eröffnet eine Schreibsituation, die unter dem Einfluß jener Medienwelt steht, die fortan auch ein Leitthema der Korrespondenz selbst bilden wird (Br I 171).[20]

In einem Brief vom 21. Dezember 1912 erklärt Kafka, er meide es im Büro, Schriftstücke mit vollem Namen zu zeichnen. Bevorzugt verwende er seine Initialen, obgleich ihm dieses dienstlich untersagt sei. Eine solche Strategie entspringe, so erläutert er, der Angst vor der persönlichen Verantwortung für das Geschriebene: der Furcht des Sohnes vor der Festlegung und endgültigen Bindung, wie sie im Namen symbolisch vollzogen wird. Die Schreibmaschine verschafft Kafka einen eigenen Reiz, da sie es ihm erlaubt, Buchstaben unter dem Anschein einer mechanischen Automatik hervorzubringen. In «allen Bureausachen» fühle er sich zu ihr «hingezogen, weil ihre Arbeit, gar durch die Hand des Schreibmaschinisten ausgeführt so anonym ist.» (Br I 348) Die Schrift kann das Ich nur auflösen, wenn ihre Zeichen den Bezug zum Schreiber verloren haben. Thomas Manns mittelmäßiger Held Hans Castorp träumt im *Zauberberg* (1924) davon, in der Sprache verschwinden, ohne Verantwortung reden und derart die Sehnsüchte des Ich ungezwungen offenbaren zu dürfen; eine Vorstellung, die allein die Fremdsprache – das Französische – zu realisieren erlaubt: «‹parler français, c'est parler sans parler›».[21] Kafkas Vision gilt dagegen dem automatischen Sich-Verlieren in der Schrift: ‹écrire sans écrire›. Im Büro kann diese Vision durch die Anonymisierung des Autors an der Schreibmaschine, während der literarischen Arbeit durch eine geradezu ekstatische Konzentration verwirklicht werden (von derartigen Erfahrungen Kafkas ist noch zu berichten). Das kurze Prosastück *Ein Traum*, das Anfang Dezember 1914 im Zusammenhang des *Proceß*-Romans entsteht, wird die zweideutigen Dimensionen eines automatischen Schreibprozesses behandeln. Kafkas Vorstellung einer ‹écriture automatique› ohne haftbar zu machenden Verfasser findet hier eine szenische Umsetzung, deren dunklem Zauber sich kein Leser entziehen kann. Das automatische Schreiben ist, wie der Text zeigt, auch ein Schreiben am Rande des Grabes, im Schatten des Todes.

Wenn Kafka den ersten Brief, den er nach Berlin sendet, an der Schreibmaschine verfaßt, so stellt er intuitiv einen Stromkreis mit der Adressatin her, deren Bildungsweg und berufliche Tätigkeit an die Welt der modernen Büromedien gebunden waren. Felice Bauer hatte 1908 die höhere Handelsschule abgeschlossen und trat danach als Stenotypistin in die Grammophonfirma Odeon ein. Sie gehörte damit zu jenen knapp zwei Millionen Angestellten, welche Alfred Weber 1910 unter Bezug auf die öffentliche Statistik für Deutschland verzeichnet (1885 lag diese Zahl erst bei 700 000).[22] Die seelenlose Arbeit an der Schreibmaschine scheint Felice Bauer keineswegs mißfallen zu haben. Auch in späteren Jahren, als sie längst selbständige Geschäftsverantwortung trug und über eigene Sekretärinnen verfügte, benutzte sie die Maschine mit einem gewissen Vergnügen an ihrem mechanisierten Funktionsablauf und ließ sich zu Werbezwecken mit ihr photographieren.[23]

Im August 1909 wechselte Felice Bauer in die Carl Lindström A.G., wo sie sich rasch zur Leiterin des Vertriebs emporarbeitete. Das Unternehmen produzierte Grammophone und Diktiergeräte, die in Deutschland und Österreich angeboten wurden. Da Felice Bauer in der bürotechnischen Abteilung beschäftigt war, konzentrierten sich ihre Aufgaben auf den Verkauf von ‹Parlographen›, wie man die Diktiergeräte damals nannte. Zu ihren Pflichten gehörten neben der Werbung der regelmäßige Besuch der Frankfurter Messe und der Kontakt mit den regionalen Firmenvertretern.

Das Diktaphon repräsentierte zu Beginn des 20. Jahrhunderts eine hochmoderne Bürotechnik, die sich in zunehmendem Tempo auf dem Markt durchsetzte. 1877 war die erste funktionierende Sprechmaschine durch Edison konstruiert worden. Zwei Jahre später hatte Chichester Bell, der Cousin des Telefonerfinders Charles S. Tainter, einen Diktierapparat entwickelt, der mit gewisser Verzögerung auch in die Massenfertigung ging. Während die älteren Geräte die Stimme noch mit einem in Paraffin getränkten Edelsteinstift auf Metallmembrane auftrugen, verwendete man seit 1898, angeregt durch eine Idee des dänischen Ingenieurs Valdemar Poulsen, Elektromagnete auf Stahlband als Speicher. Seit Beginn des 20. Jahrhunderts wurden Diktiergeräte in größeren Büros eingesetzt, nach 1912 erlangten sie den Charakter eines Massenartikels.[24] Der Schwede Carl Lindström hatte sich 1892 in Deutschland etabliert und an der Dresdner Straße in Berlin einen ersten Phonographenbetrieb aufgebaut, der zunächst kaum Gewinne abwarf. Ab der Jahrhundertwende entwickelte sich Lindströms Geschäft jedoch besser; 1904 stellte seine Firma bereits 5000 Phonographen und 10000 Plattenspieler her. Nach mehreren Zusammenschlüssen mit deutschen Betreibern kam es 1911 zu einer Fusion mit der englischen Odeon-Gesellschaft, die für die Lindström A.G. außerordentlich effizient war. Sie repräsentierte fortan das wirtschaftlich stärkste Unternehmen der Medienbranche.[25]

Kafka hegt freilich einige Zweifel an der Notwendigkeit des ‹Parlographen›, die er in der für ihn typischen Offenheit vor der Briefpartnerin nicht verbirgt. Am 2. November 1912 fragt er Felice unter besorgter Rücksicht auf ihre berufliche Abhängigkeit von dem neuen Medium: «Ja kauft denn das jemand? Ich bin glücklich (falls ich in Ausnahmefällen nicht selbst auf der Maschine schreibe) einem lebendigen Menschen diktieren zu können, (das ist meine Hauptarbeit) der hie und da, wenn mir gerade nichts einfällt, die Pfeife anzündet und mich unterdessen ruhig aus dem Fenster schauen läßt?» (Br I 206) Als wolle er seine Skepsis einschränken, fügt er jedoch sogleich hinzu, er gönne Felice einen möglichst freien, widerstandslosen und gleichsam erdenfernen Büroalltag: «Ich kann mich also in das Geschäft nicht recht hineindenken und würde nur wünschen, daß es auch in Wirklichkeit so unbegründet und luftig organisiert wäre, wie ich es mir vorstelle,

und daß Sie darin ein entsprechend leichtes und müheloses Leben führten.»
(Br I 206)

Kafka nähert sich den technischen Medien, die Felices Berufswelt bestimmen, auf eine für ihn bezeichnende Weise durch die Welt des Imaginären. In
der Nacht vom 6./7. Dezember 1912 träumt er von einer Telegraphierma-
schine, die einem heutigen Faxgerät entspricht: «Der Apparat war derart konstruiert, daß man nur auf einen Knopf drücken mußte und sofort erschien auf
dem Papierbändchen die Antwort aus Berlin.» (Br I 309f.) Es ist symptomatisch, daß Kafka, der sich allein im Bereich des Schreibens heimisch fühlt, von
einem Apparat träumt, der den Schriftverkehr beschleunigt. Er wird zum
Sinnbild der Sehnsüchte des Briefautors, der täglich begierig auf Nachrichten wartet. Der Traum entwirft eine Wunschmaschine, die den Schreibprozeß
schnell, automatisch und widerspruchsfrei gestaltet. Felice dürfte nicht entgangen sein, daß die ‹Antwort aus Berlin›, die auf diese Weise mechanisch erzeugt wurde, ihre Existenz als replizierendes Medium überflüssig machte.

Die Zweifel an der Effizienz des Diktaphons, dessen Vorführung im Prager Büro er «langweilig und unpraktisch» fand, hindern Kafka nicht daran,
Gedanken über die wirtschaftliche Förderung von Felices Firma zu entwickeln (Br I 206). Am Anfang steht die ostentative Geste der Identifikation,
die sich in dem stolzen Bekenntnis äußert, er habe beim Spaziergang vor
den Filialen der Konkurrenzfirmen «ausgespien» (Br I 300). In den folgenden Monaten zeigt Kafka jenseits solcher Formen des Liebesbeweises eine
ökonomische und technische Phantasie, die erstaunlich anmutet. In einem
umfassenden Vorschlagskatalog unterbreitet er Felice Ende Januar 1913 fünf
zentrale Punkte, welche die technische Entwicklung und den Vertrieb des
Diktaphons betreffen. Jeder dieser Punkte zielt darauf, das stockende Ver-
kaufsgeschäft der Lindström A.G. anzutreiben. Zur Steigerung des Umsatzes
solle die Firma, so empfiehlt Kafka, öffentliche Schreibmaschinenbüros einrichten, in denen Parlographen eingesetzt werden. Münzdiktaphone müsse
man, rät er, an belebten städtischen Plätzen installieren, wo jeder Passant seine
Notizen aufsprechen und mit einer Verschriftlichung durch die Stenotypistin
innerhalb weniger Stunden rechnen könne: «Ich sehe schon die kleinen
Automobile der Lindström A.G., mit welcher die benutzten Walzen dieser
Parlographen eingesammelt und frische Walzen gebracht werden.» Solche
Geräte möchte er insbesondere auf Bahnhöfen, in Postämtern und Hotels
angebracht wissen, «wo die vor Geschäftsunruhe zappelnden Kaufleute die
Parlographen umlagern würden.» Neben der Organisationsvision eines mo-
bilen Einsatzverkehrs von Walzen, der das alltägliche Kommunikationssystem
durch Beschleunigung der Nachrichtenübermittlung revolutionieren würde,
hat Kafkas Liste auch eine technische Neuerung zu bieten. Durch die «Verbindung zwischen dem Telephon und dem Parlographen», die «unbedingt

erfunden» werden müsse, tritt der Informationsverkehr mit seiner großen Bedeutung für «Redaktionen» und «Korrespondenzbureaux» in eine neue Phase ein (Br II 57f.).[26] Das Geheimnis dieser Funktionsallianz wäre die Verwandlung der gesprochenen in die geschriebene Sprache, die wiederum das Nachrichtensystem von Verwaltungen und Firmen erheblich umgestaltete. Nichts anderes als die moderne Kommunikation mit Hilfe von Anrufbeantwortern und stimmgestützt funktionierenden Computern entwirft Kafkas wie beiläufig formulierter Brief. Gegenüber der verwirrenden Genauigkeit seiner Technikphantasien wirken die utopischen Visionen des Mathematiklehrers Kurd Laßwitz, der in seinem zu dieser Zeit weit verbreiteten Roman *Auf zwei Planeten* (1897) futuristische Formen der Nachrichtenzirkulation beschrieben hatte, nachgerade anachronistisch.

Nur diejenigen Medien aber, die mit Schrift arbeiten oder Schrift erzeugen, sind Kafka geheuer. Wo Ton und Stimme vorherrschen, verspürt er Furcht vor dem, was man mit Derrida die «Metaphysik der Gegenwärtigkeit» nennen kann.[27] Es ist die Furcht angesichts der Festlegung, welche die Zeichen der Sprache unumkehrbar fixiert. Allein in der Ordnung der Schrift wird ein Aufschub solcher Fixierung erreicht, der es Kafka erlaubt, die Umwelt als Wirkungsgeflecht von Kräften zu beobachten, die das Ich nicht gefährden. Einzig das, was sich entzieht, ist nicht bedrohlich, weil es dahingleitet, ohne den Anspruch der Autorität und Bindung geltend zu machen. Während die Schrift das Medium des Sohnes darstellt, der den Aufschub verkörpert, sind Grammophon und Telefon die Medien der väterlichen Welt, in der die Stimme herrscht («Stimmkraft» bescheinigt der Brief von 1919 Hermann Kafka als wesentliches Element seiner patriarchalischen Selbstdarstellung; G 12). In der *Dialektik der Aufklärung* bemerken Adorno und Horkheimer, daß das Radio das menschliche Wort verabsolutiere und in ein Zeichen der angemaßten Autorität verwandle. Sie bezogen sich, als sie ihre Kritik des Massenmediums formulierten, auf die Stimme des Propagandaministers Goebbels und die pathetischen Rede-Inszenierungen bei nationalsozialistischen Aufmärschen. Schon für Kafka aber, dem die Erfahrung solcher Formen politischer Propaganda erspart geblieben ist, war die Stimme stets das Organ der Macht, die durch die Wirkung des Tons Autorität beanspruchte: ein bedrohliches Element der Vater-Welt.[28]

Das Grammophon ist Kafka zuwider, weil es seine Lärmempfindlichkeit auf eine fürchterliche Probe stellt. Es erscheint Kafka wie eine «Drohung», die seine Arbeitsruhe gefährdet (Br I 275). Was Thomas Manns *Zauberberg* zwölf Jahre später, ironisch unterlegt, als das «treusinnig Musikalische in neuzeitlich-mechanischer Gestalt» preist, erzeugt bei ihm einzig Nervenleiden.[29] Allein in Paris, so gesteht er, hätten ihm die von der Firma Pathé eingerichteten Grammophonsalons gefallen, in denen man «für kleine Münze

ein unendliches Programm» abspielen lassen konnte (Br I 275). Die Stimmung des Urlaubers, der auf die unabdingbare Schreibruhe nicht angewiesen war, mochte hier den Genuß des Zuhörens unterstützt haben.
Dringen die Töne des Grammophons dagegen unerwartet in die Ruhe
des Alltags, so lösen sie eine Schockwirkung aus. Als Josef K. im *Proceß*-Ro-
man in die Gasse des Außenbezirks einbiegt, wo das Haus liegt, das man ihm
zum Verhör angewiesen hat, wird er auf unangenehme Weise vom Lärm der
modernen Medienwelt überrascht: «Eben begann ein in bessern Stadtvier-
teln ausgedientes Grammophon mörderisch zu spielen.» (P 44) Nur dann,
wenn das Grammophon den Hörer nicht schockartig überwältigt, vermag
Kafka ihm eigene Reize abzugewinnen. Bezeichnend ist daher sein Wunsch,
Felices Stimme zu speichern und auf einem Tonträger abzuspielen: «Verkauft
Ihr auch Platten? Ich bestelle 1000 Platten mit Deiner Stimme und Du
mußt nichts anderes sagen, als daß Du mir soviele Küsse erlaubst, als ich
brauche, um alles Traurige zu vergessen.» (Br I 275) Kafkas Phantasie verwandelt das Grammophon in eine zweite Form der Schrift. Die Küsse, die
von der auf der Schallplatte gespeicherten Stimme versprochen werden, sind
ebenso ein Produkt des Mediums wie die, welche die Briefe Kafkas beschwören. In beiden Fällen erzeugt die mediale Vermittlung einen Entzug
der Präsenz, der als entlastend empfunden wird; das Grammophon, das allein
von Abwesendem kündet, bedeutet für Kafka keine Bedrohung.

Das Telefon nimmt Kafka als unheimlichen Apparat wahr, vor dem ihm
zumeist die Stimme versagt. In zahlreichen Briefen an Felice gesteht er seine
Telefonfurcht, die ihn stumm und gänzlich redeunfähig mache (Br I 275,
309; Br II 55). Nur in äußersten Notfällen bedient er sich in der *AUVA* des
Telefons, das sich im Zimmer des Anstaltsdirektors Marschner befindet, wo
ein ständiger Parteienverkehr die ungestörte Kommunikation verhindert.
Die Bauers verfügten dagegen über einen Telefonanschluß in ihrer Wohnung, den vor allem der Vater für seine Geschäfte nutzte. Max Brod berichtet
seinem Freund, nachdem er aus Anlaß seines Berlinbesuchs Mitte November 1912 mit Felice telefonierte, daß ihre Stimme äußerst fröhlich geklungen
habe. Kafka schreibt ihr darauf überrascht: «Wie gut mußt Du das Telephonieren verstehn, wenn Du vor dem Telephon so lachen kannst. Mir vergeht
das Lachen schon wenn ich ans Telephon nur denke.» (Br I 232) Zu bedenken ist, daß der Apparat damals aus zwei großen, hantelschweren Hörern
bestand, die man an die Ohren pressen mußte, um die Stimme des Gesprächspartners zu verstehen (Max Brod spricht 1910 von der ‹schwarzen
Holztrompete›, die tote Luft ausströme).[30] Daraus erklärt sich der nahezu
physische Widerwille gegen das Telefonieren, den nicht nur Kafka, sondern
auch andere Zeitgenossen wie Walter Benjamin oder Ernst Bloch als sie beherrschende Blockierung in ihrem Verhältnis zu dem neuen Gerät beschrie-

ben haben.[31] Die Position des erstarrten Zuhörers, der, mit dem fremden Stimmrauschen konfrontiert, verstummen muß, beleuchtet eine Szene des *Schloß*-Romans, in der es heißt: «K. horchte ohne zu telephonieren, den linken Arm hatte er auf das Telephonpult gestützt und horchte so.» (S 30) Weil die Stimmen, die das Medium transportiert, wie Geräusche eines Automaten klingen, erstarrt der Körper desjenigen, der sie vernimmt. Die Erzählstudie *Der Nachbar*, die Ende Februar 1917 entstand, variiert in ironischer Form Kafkas Telefonangst, indem sie die paranoide Furcht eines Geschäftsmanns beschreibt, der vermutet, daß er, während er seine Gespräche führt, von einem Konkurrenten an der Wand des angrenzenden Zimmers belauscht und derart übervorteilt werde (M 90f.).

Telefonieren bildet für Kafka einen Akt, der angstbesetzt ist, weil er das, was eigentlich unerreichbar bleibt, in einem Moment der täuschenden Repräsentation als gegenwärtig erscheinen läßt. Die Stimme läßt sich hier, abweichend von den Diktaphon-Utopien, die Kafka entwirft, nicht in Schrift überführen. Sie erzeugt ein Rauschen, das gefälschte Nähe bedeutet: den Eindruck einer Präsenz, die nur technisch suggeriert wird. Am 21./22. Januar 1913 träumt Kafka, er bediene auf einer Brücke zwei «Telephonhörmuscheln, die dort zufällig auf der Brüstung lagen», vernehme jedoch aus der Ferne nur das Brausen des Meeres: «Ich begriff wohl, daß es für Menschenstimmen nicht möglich war, sich durch diese Töne zu drängen, aber ich ließ nicht ab und gieng nicht weg.» (Br II 55)[32] Wie die Brücke soll das Telefon der Verbindung von zwei Orten dienen, die der Raum trennt. Am Ende freilich, so zeigt der Traum, droht wieder nur die Einsicht, daß der Abgrund, der zwischen den Menschen herrscht, nicht überwunden werden kann. Die Töne, die im Telefon rauschen, bleiben dem, der sie hört, fremd und bedrohlich.

An Milena Pollak schreibt Kafka Ende März 1922, die Technik scheine Verständigungsgrenzen abzubauen, ohne aber die Distanz, welche die Individuen trenne, zu überwinden. Das «Gespenstische zwischen den Menschen» vermag die neue Medienwelt nicht auszuschalten; selbst wenn man «nach der Post den Telegraphen», das «Telephon, die Funkentelegraphie» erfunden habe, vermöge man die Barrieren schwerlich zu überspringen, die sie voneinander scheiden (Mi 302). Die alten Geister lassen sich durch die moderne Technik nicht bezwingen. Auch in den Drähten der Telefonleitungen, zwischen den Rillen der Schallplatte und in den Walzen des Diktaphons hocken die Gespenster, die den Abstand zwischen den Menschen schaffen. Ihr leises Lachen übertönt mühelos das Rauschen, das die neuen Medien erzeugen. Kafka hat es als jenen Gesang «fernster, allerfernster Stimmen» wahrgenommen, der dem falschen Landvermesser K. im *Schloß*-Roman aus dem Telefon des Dorfgasthofes entgegenschallt (S 30).

Literarische Aversionen

Felice Bauer nutzte die Literatur anders als Kafka im Sinne eines Entspannungsmediums, das reale Reizzustände abbaute, indem es imaginäre Erregungen erzeugte. Sie las zumeist rasch und wahllos, wie es ihrem von Geschäftsterminen und Familienpflichten getriebenen Leben entsprach. Kafka betrachtet die Lektüren der Geliebten frühzeitig mit Argwohn und Eifersucht. Nur ungern formuliert er Empfehlungen, doch äußert er sich um so entschiedener, wenn er den Eindruck gewinnt, daß Felice das Gelesene vorbehaltlos bewundern könnte. Die Kritik dient, wie rasch durchschaubar ist, der Sicherung der eigenen Position. Auch wenn er gegen seine eigenen Arbeiten zu wüten pflegt, möchte er sich als Autor vor der ungeliebten Konkurrenz schützen. Das Mißfallen gilt dabei nahezu jedem Schriftsteller, den Felice liest: «(…) ich bin eifersüchtig wegen des Werfel, des Sophokles, der Ricarda Huch der Lagerlöf, des Jakobsen.» (Br I 368)

Kafkas Kritik ist jedoch nicht nur persönlich, sondern auch ästhetisch motiviert. Die Einwände gegen die von Felice gelesenen Autoren variieren in ihrer Intensität und verraten damit, daß sie von allgemeinen Prinzipien bestimmt werden.[33] So bieten die Briefe die reizvolle Gelegenheit, Kafkas Landkarte mißliebiger Autoren und mit ihr die Maßstäbe kennenzulernen, nach denen er literarische Urteile fällt. Solche Urteile beziehen sich einerseits auf stilistische Haltungen fremder Schriftsteller, andererseits auf Selbstentwürfe im Zeichen des nach außen vermittelten künstlerischen Rollenbildes. Nach dem ersten Indikator bewertet Kafka Herbert Eulenberg, dessen Lesung er am 1. Dezember 1912 im Spiegelsaal des *Deutschen Casinos* hörte. Eulenberg, ein promovierter Jurist, hatte bis 1909 unter dem Intendanten Gustav Lindemann als Dramaturg am Düsseldorfer Schauspielhaus gearbeitet und anschließend begonnen, seinen Lebensunterhalt durch freie Schriftstellerei zu verdienen. Nach mehreren Komödien, die an deutschen Bühnen reüssierten, veröffentlichte er 1910 seine *Schattenbilder*, eine Sammlung biographischer Kurzporträts berühmter Persönlichkeiten der Kulturgeschichte, die rasch zum Erfolgsbuch avancierte. In Prag las er ausgewählte Essays der Sammlung, darunter das Mozart-Bildnis, zudem Auszüge seines eben veröffentlichten Bandes *Sonderbare Geschichten*, die Kafka literarisch jedoch nicht überzeugen konnten. Als Felice Ende Dezember 1912 Eulenbergs *Schattenbilder* mit einer preußisch klingenden Lobesformel als «knapp und klar» rühmt, antwortet die Stimme aus Prag ungewöhnlich scharf: hier trete «eine Prosa voll Atemnot und Unreinlichkeit» zutage, deren Rezitation man «kaum ertragen» könne. Die Komödien, so heißt es, seien angeblich «liebenswert», was jedoch wie ein vergiftetes Lob klingt (Br I 368). Nach dieser schroffen Intervention wagt Felice es nicht mehr, den Namen Eulenbergs zu nennen.

Im Fall Else Lasker-Schülers gelten Kafkas Aggressionen weniger dem Stil als dem künstlerischen Habitus. Felice scheint ihn nach seiner Einschätzung der Autorin gefragt zu haben; am 12./13. Februar 1913 folgt ein vernichtendes Kurzporträt, das sich nicht auf die Bewertung einzelner Texte stützt, sondern ins Grundsätzliche zielt: «Ich kann ihre Gedichte nicht leiden, ich fühle bei ihnen nichts als Langeweile über ihre Leere und Widerwillen wegen des künstlichen Aufwandes. Auch ihre Prosa ist mir lästig aus den gleichen Gründen, es arbeitet darin das wahllos zuckende Gehirn einer sich überspannenden Großstädterin.» (Br II 88) Daß Kafka, der zu lyrischen Texten keinen Zugang fand, die Gedichte der Lasker-Schüler genauer kannte, dürfte kaum anzunehmen sein. Sein (sachlich unhaltbares) Urteil bezieht sich freilich nicht auf ästhetische Qualitäten, sondern vorwiegend auf die Haltung einer Autorin, die für ihn der Inbegriff eines outrierten Literatentums ist, das er auch in den Prager Zirkeln nach Möglichkeit zu meiden sucht. Als er Else Lasker-Schüler Ende März 1913 im Berliner *Café Josty* persönlich begegnet, scheint er sie in ihren wallenden Gewändern und Königinnenposen kaum wahrgenommen zu haben.

Literarische und persönliche Abneigungen bezeugt das Urteil über Arthur Schnitzler. Den Auslöser bildet Mitte Februar 1913 Felices Ankündigung, sie werde im *Kleinen Theater* sein Drama *Professor Bernhardi* sehen. Am 14./15. Februar äußert Kafka entschiedenes Mißfallen über diese Wahl: «Denn ich liebe den Schnitzler gar nicht und achte ihn kaum; gewiß kann er manches, aber seine großen Stücke und seine große Prosa sind für mich angefüllt mit einer geradezu schwankenden Masse widerlichster Schreiberei. Man kann ihn gar nicht tief genug hinunterstoßen.» (Br II 91) Es scheint bezeichnend, daß Kafka diese Verdammung mit einem Hinweis auf Schnitzlers Selbstdarstellung als Autor verbindet. Die von den Photographien präsentierte Physiognomie beleuchte einen geistigen Habitus, der ihm zutiefst mißfalle: «Nur vor seinem Bild, vor dieser falschen Verträumtheit, vor dieser Weichmütigkeit, an die ich auch mit den Fingerspitzen nicht rühren wollte, kann ich verstehn, wie er aus seinen zum Teil vorzüglichen anfänglichen Arbeiten (Anatol, Reigen, Lieutenant Gustl) sich so entwickeln konnte.» (Br II 91f.) Daß Schnitzlers Drama *Liebelei* 1914 erfolgreich verfilmt wurde, dürfte Kafkas Antipathie, die keineswegs frei von Neid war, gesteigert haben. Sie galt einem Autor, in dem er den Vertreter eines mediokren Zeitgeschmacks sah, der nach psychologisch überzeugenden Anfängen den Gesetzen des Literaturbetriebs Tribut zollte. Wie konsequent, stilistisch geschlossen und unverwechselbar Schnitzlers Werk auch in seinen schwächeren Phasen blieb, hat der scharfe Kritiker nicht wahrzunehmen vermocht.

Kafka vermeidet es offenkundig, seine Einwände begrifflich zu pointieren. Die aktuellen Schlagworte der ästhetischen Diskussion – Impressionismus, *L'art pour l'art*, Dekadenz – umgeht er vorsätzlich. In ihnen erblickt er einen Reflex jener blinden Selbstverklärung, die er generell am Literatursystem verurteilt. Hinter den knapp gehaltenen Formeln, mit denen er seine Kritik artikuliert, wird jedoch die Kategorientafel sichtbar, die sein Urteil bestimmt: Reinheit der Sprache, Geschlossenheit der Form, Verzicht auf geschwätzigen Alltagston und manierierte Spielerei bilden für ihn gleichermaßen Kriterien der bedeutenden literarischen Leistung. Wer sie nicht erfüllt, verfällt einem unerbittlichen Verdikt, das, auch wenn es in den Briefen an Felice bisweilen von Färbungen der Eifersucht überzogen ist, als ästhetisches Urteil ernstgenommen werden muß.

Während die Vertreter der Wiener und Berliner Moderne mit einiger Schärfe verdammt werden, nennt Kafka seine Prager Kollegen zumeist voller Respekt. Daß Brod trotz skeptischer Bewertung seiner literarischen Betriebsamkeit gelobt wird, versteht sich von selbst: hier beherrscht das Freundschaftsgefühl die ästhetische Wertung. Ausdrückliches Lob empfängt Franz Werfel, dessen Berliner Lesung ein Brief vom 1./2. Januar 1913 entschieden empfiehlt: «(…) da mußt du jedenfalls hingehn.» Stolz schickt Kafka Felice wenige Tage später ein Widmungsexemplar des *Weltfreund*, in das Werfel die Worte «Für eine Unbekannte» eingetragen hat (Br II 13). Auch die keineswegs makellosen literarischen Unternehmungen von Willy Haas und Otto Pick finden eine sympathisierende, letzthin unkritische Würdigung. Gegenüber dem vertrauten Milieu besitzt Kafka kein sonderlich ausgeprägtes Abgrenzungsbedürfnis. Einzig auf dem fremden Weltmeer möchte er seine eigene Position sichern, indem er die Konkurrenten wie ein Freibeuter angreift, ehe er selbst in Gefahr gerät.

Nennt Felice scheinbar wahllos die Namen fremder Autoren, so weckt das auch deshalb Kafkas Eifersucht, weil es aus seiner Sicht zu einer Zerstreuung des Gesprächs führt. Der Stromkreis, den seine Briefe aufbauen möchten, darf nicht unterbrochen werden. Kafka vermag Felice nur zu lieben, wenn er sich auf sie und ihr imaginäres Bild uneingeschränkt konzentrieren kann, ohne daß ihn eine feindliche Umwelt in dieser kontemplativen Haltung stört. Am 19. Dezember 1912 beschließt er seinen Brief mit einem Wunsch, der die Idealsituation der ungestörten Versenkung widerspiegelt: «Ganz allein also, Liebste, wollte ich mit Dir sein, ganz allein auf der Erde, ganz allein unter dem Himmel und mein Leben, das Dir gehört, unzerstreut und ganz gesammelt in Dir führen.» (Br I 343) Diese Vorstellung bezeichnet keine Symbiose, die am Ende einer körperlich-seelischen Vereinigung der Partner stehen würde. Felices Funktion liegt vielmehr darin, daß sie den Raum bildet, in dem Kafka schreiben kann. Wenn dieser Raum sich eigenmächtig zu bewegen beginnt, dann mündet der Traum vom stillen Schreiben in die Schrecken der Fremdbestimmung.

Zweifelhafte Wunder

Den an Felice adressierten Neujahrsbrief für 1913 beschließt Kafka mit einer düsteren Anmerkung. In Erinnerung an Hippolyte Taines Sammlung von Augenzeugenberichten über die Zeit der Französischen Revolution (*Les Origines de la France Contemporaine*), deren deutsche Ausgabe von 1911 er im Dezember las, gibt er sich der Phantasie hin, zur Zeit der Schreckensherrschaft seien Paare mit aneinander gefesselten Handgelenken zur Guillotine geführt worden; in gleicher Weise, so heißt es, fühle er sich an Felice geschnürt (Br I 378f.). Mitte Februar 1913 erklärt er mit quälendem Nachdruck: «(...) uns verbindet ein fester Strick, wenn es schon nicht Gott nicht gefällig sein will, daß es eine uns umschließende Kette werde.» (Br II 91) Diese symptomatische Vorstellung lebt eineinhalb Jahre später in Kafkas Tagebucheintrag nach der offiziellen Verlobung mit Felice wieder auf, wenn es heißt, er habe sich bei der Familienfeier «gebunden» wie ein «Verbrecher» gefühlt (T II 153). Vom Gedanken an das Bild der Fessel kann Kafka, wenn er sich mit Felice beschäftigt, nicht freikommen.

Das neue Jahr beginnt mit mehreren Hochzeiten. Am 12. Januar 1913 findet in der Synagoge in der Geistgasse die Trauung Valli Kafkas mit Josef Pollak statt; ein früherer Termin war im Herbst 1912 unter dem Eindruck des Kriegsausbruchs auf dem Balkan – aus Furcht vor einem Vordringen der Türken in die Ostregionen der Monarchie – verschoben worden. Die Feier wird in großem Stil begangen, man hat mehr als 600 Einladungen verschickt. Kafka fällt die Aufgabe zu, seine schöne Cousine Martha Löwy, die den Part der Brautjungfer versieht, als «Kranzelherr» in den Tempel zu begleiten. Trotz des Unbehagens, das ihm die pathetische Hochzeitszeremonie bereitet, kann er nicht verhehlen, daß er die Rolle an der Seite der attraktiven Verwandten – Leopold Kreitner spricht später von der «reizenden» Martha – gern übernimmt.[34] Felice Bauer gegenüber lobt er wie beiläufig die Qualitäten der «angenehmen, hübschen, eleganten und vor allem sehr rücksichtsvollen» Frau, was unverzüglich – womöglich auch beabsichtigt – eifersüchtige Nachfragen aus Berlin provoziert (Br II 34, 39). Bei der anschließenden Feier hält er die offizielle Begrüßungsansprache an die Hochzeitsgesellschaft. Erneut schmerzt es ihn, eine Schwester zu verlieren und den einflußreichen Status des älteren Bruders an einen Ehemann abtreten zu müssen. Während der gesamten Feier befindet er sich, wie er gesteht, in einem «ausgetrockneten kopfhängerischen Zustand», der sich erst löst, als er zu später Stunde in ein Caféhaus flieht. Dort sitzt er allein an seinem Tisch, durchblättert die Monatsschrift *Kunst und Künstler* und betrachtet eine Serie satirischer Bilder von Honoré Daumier, deren Typengestalten ihn für einen Moment aus der quälenden Realität befreien (Br II 38).

Einen noch massiveren Einschnitt bedeutet die Hochzeit zwischen Max Brod und Elsa Taussig am 2. Februar 1913. Die unaufwendige Feier findet während der Mittagsstunden im *Hotel Bristol* statt und bedeutet zugleich einen Abschiedsempfang für das Paar, das wenige Stunden später zu einer Hochzeitsreise an die französische Riviera aufbricht. Der Sohn verliert die Schwester und den Freund, die Garanten seiner Identität, die ihm zuvor bestätigt hatten, daß er nicht erwachsen werden mußte. Jetzt vermag sich Kafka den Gesetzen der äußeren Situation nicht mehr zu entziehen: er beginnt zu begreifen, daß er in einem Strudel schwimmt, dessen Sogkräften er nur noch schwer entkommen kann. Die Entscheidungspflicht, die er seit dem Beginn des Briefwechsels mit Felice spielerisch verdrängt hat, lastet nun schwer auf ihm: die Geister, die er rief, darf er nicht abschütteln.

Schon Ende November 1912 hatten sich die Indizien dafür gemehrt, daß Felice kaum willens war, auf Dauer die Rolle der Briefgeliebten zu versehen. Mit leisem Nachdruck fragt sie bei Kafka an, ob er sie während der Weihnachtsferien, die sie in den Bergen verbringen möchte, zu treffen bereit sei. Er antwortet so offen wie knapp, daß er diese Zeit für das Schreiben zu nutzen vorhabe, stellt aber gleichzeitig eine Begegnung an Felices Urlaubsort in Aussicht (Br I 277). Als sie seinem Vorschlag zustimmt, verschanzt er sich plötzlich hinter Vorwänden, die sich auf die unsicheren Terminplanungen des Büros beziehen; später heißt es, die Hochzeit seiner Schwester sei auf die letzten Dezembertage verlegt worden, so daß der geplante Weihnachtsurlaub ausfallen müsse (Br I 291). Die Bahnfahrt nach Berlin dauert acht Stunden – ein Zeitpensum, das spontan zu bewältigen wäre. Daß ihn jedoch keine äußeren, sondern innere Hindernisse blockieren, verrät die Bemerkung, die Reise sei «unmöglich und unausdenkbar.» (Br I 290) Nachdem Kafka Felice zu einer allein in der Sprache aufgehobenen Person umgestaltet hat, fällt es ihm schwer, ihre lebendige Präsenz zuzulassen, weil diese das Bild zerstört, das er sich von ihr macht. Er ist ein anderer Pygmalion, der sich eine künstliche Frau erschaffen hat, ohne aber – was ihn von der mythischen Figur unterscheidet – deren wirkliche Existenz zu ersehnen.

Im neuen Jahr müssen knapp vier Monate vergehen, ehe es zu einem Wiedersehen mit Felice kommt. Am 16./17. März 1913 wagt Kafka endlich einen – für seine Verhältnisse irritierend kühnen – Vorstoß: «Rund herausgefragt, Felice: hättest Du Ostern, also Sonntag oder Montag, irgend eine beliebige Stunde für mich frei und wenn Du sie frei hättest, würdest Du es für gut halten, wenn ich komme?» (Br II 137) Nachdem Felice ihm ihre Vorfreude auf eine Begegnung signalisiert hat, entsteht das gewohnte Wechselspiel der Zu- und Absagen, weil Kafka erneut die eigene Initiative fürchtet. Er treibt seine Manöver so weit, daß schließlich das Leben und die Schrift nicht mehr zur Deckung gelangen: als er am Nachmittag des 22. März 1913 bereits gemeinsam mit Otto Pick und dem tschechischen Autor František Khol im Zug nach Berlin sitzt, erhält Felice einen Kartenbrief, in dem es heißt: «Noch immer unentschieden.» (Br II 143) Kafka übernachtet im *Askanischen Hof*, einem Hotel der Mittelklasse, das in der Königgrätzerstraße am Potsdamer Platz nicht weit vom Anhalter Bahnhof liegt. Am 23. März – es ist Ostersonntag – holt er Felice an ihrer Wohnung in der Immanuelkirchstraße ab und trifft dort zufällig auch ihren Bruder Ferdinand; eine förmliche Vorstellung findet nicht statt, denn Kafka hatte gebeten, seine öffentliche Präsentation im Familienkreis auf einen späteren Besuchstermin zu verschieben.

Die erste Begegnung nach mehr als sieben Monaten dürfte von Hemmungen und Peinlichkeiten begleitet gewesen sein. Nachdem sich beide in Briefen nahezu alles gesagt haben, was zu einem intimen Gespräch gehört, erkennen sie jetzt, wie fremd sie einander als körperliche Wesen mit Stimmen, Gerüchen, Gebärden und Physiognomie geblieben sind. Um der Turbulenz des Großstadtlebens zu entkommen, fahren sie mit dem Bus in den Grunewald und gehen dort zwei Stunden spazieren. Irgendwann sitzen sie nebeneinander auf einem Baumstamm und versuchen die irritierende Nähe zu ertragen, die sie weiter voneinander entfernt, als es die räumliche Trennung jemals vermochte. Am Telefon, so wird Kafka später schreiben, habe er sich Felice vertrauter gefühlt als in diesem Moment: eine Beobachtung, die angesichts seiner Phobie vor dem bedrohlichen Medium besonderes Gewicht erhält (Br II 149).

Die Konfrontation mit der wirklichen Felice bleibt für Kafka, wie er geahnt hat, ein Akt mit doppeltem Risiko. Sie zeigt ihm, daß er sie im Grunde wenig anziehend findet, und zerstört zudem die mühsam aufgebaute Illusion der Liebe, die sich allein im Medium des Briefs inszenieren ließ. Später läßt Kafka immer wieder erkennen, wie reizlos ihm Felices Äußeres erscheint. Er habe, schreibt er ihr einige Tage nach dem Berliner Treffen mit zweideutigen Wendungen, «in das wirkliche, menschliche, notwendig fehlerhafte Gesicht gesehn» und sich «darin verloren» (Br II 147). Nur unter dem Bann der Wirklichkeit kann Kafka sich ‹verlieren›, während er in der Imagination als sein eigener Herr unumschränkt regieren darf. Ohne das distanzierende Moment der Schrift ist er den ‹Fehlern›, die Felices Äußeres offenbart, unabdingbar ausgesetzt. Der Berlinbesuch wird zur Reise in eine beschwerliche Realität, die jetzt neben dem luftigen Reich der Einbildungen existiert: die früheren Phantasien sind angesichts dessen unwiederbringlich verloren. So bezeichnet es keine Verklärung, sondern das Gefühl der Distanz, wenn er behauptet, Felice bedeute ihm nach dem Besuch «ein unbegreiflicheres Wunder (...) als jemals». Weil sie diesen Satz falsch versteht, antwortet sie postwendend, er sei ihr «unentbehrlich geworden» (Br II 144, 148). Tatsächlich aber schließt das ‹Wunder›, das Felice für ihn darstellt, die Zertrümmerung ihrer Aura ein: die Nähe, die das Gebilde der Phantasie auslöscht und damit neuen Abstand schafft.

Der mühsam vorbereitete Berlinbesuch bietet nur das flüchtige Nachmittagstreffen mit Felice, ohne daß es zu weiteren Zusammenkünften kommt. Es gehört zur eigentümlichen Logik dieser Reise, daß die Geliebte selbst dort, wo sie lebendig und greifbar werden kann, rasch wieder in die Imagination zurücktritt. Offenbar scheint aber nicht nur Kafka, sondern auch Felice selbst eine zweite Begegnung am Osterwochenende eher verhindert als forciert zu haben. Am Sonntagabend besucht er allein das *Metropol*-Theater, wo die Operette *Die Kino-Königin* gespielt wird, die aus der Kompositionsfabrik Jean Gilberts stammt. Vermutlich riet ihm Felice, die bereits Gilberts *Das Autoliebchen* gesehen und im August in Prag ausdrücklich gelobt hatte, zu dieser Programmwahl (es handelte sich um eine aufwendig inszenierte Glorifizierung der Filmkultur und ihrer frühen Glamourwelt) (Br II 193).[35] Am nächsten Tag findet sich Kafka auf Einladung von Pick im *Café Josty* am Potsdamer Platz ein, wo sich eine illustre Runde gebildet hat: an einem Tisch sitzen hier Albert und Carl Ehrenstein, Paul Zech und Else Lasker-Schüler. Da es sich durchgängig um Schriftsteller des Hauses Wolff handelt, sendet man dem gemeinsamen Mentor eine Karte: «Von einer Vollversammlung Ihrer Verlagsautoren die besten Grüße.» (Br II 143)

Am Nachmittag des 24. März fährt Kafka gemeinsam mit Pick und Khol nach Leipzig. Er trifft dort Franz Werfel wieder, außerdem Jizchak Löwy, der durch eine Unaufmerksamkeit bei der Fixierung seiner Verträge genötigt ist, mit seiner Truppe abwechselnd in Berlin und Leipzig aufzutreten (eine ruinöse Konstruktion, die sein Honorar nahezu völlig aufbraucht). Ein kurzes Treffen mit Kurt Wolff steht im Zeichen von Kafkas neuen Erzählvorhaben, über die Max Brod Werfel informiert hat, der sie seinerseits dem Verleger erläuterte, ohne sie genau zu kennen. Kafka bleibt in diesem Punkt freilich zurückhaltend und stellt die Übersendung eines fertigen Manuskripts für die nächsten Monate nur vage in Aussicht. Am Dienstag, dem 25. März 1913, fährt er über Dresden nach Prag zurück, zerrüttet von den hektischen Begegnungen, den unaufhörlichen Monologen Picks und den schwirrenden Stimmen in seinem Kopf.

Anfang April 1913 beginnt Kafka im Stadtteil Nusle, das im Prager Norden liegt, täglich zwei Stunden bei dem Gemüsegärtner Karl Dvorský zu arbeiten. Die Gespenster im Hirn, die Schlaflosigkeit und Depressionen herbeizwingen, sollen durch körperliche Tätigkeit vertrieben werden. Über die ersten Wirkungen der neuen Nachmittagsbeschäftigung berichtet er Felice, die sich zu diesem Zeitpunkt auf einer Büromesse in Frankfurt aufhält: «Die Muskeln werden natürlich etwas gespannt, die ganze Figur etwas schwerer und aufrechter und das Selbstgefühl erhöht sich dadurch ein wenig. Ganz ohne Bedeutung kann es natürlich nicht sein, wenn ein Körper, der ohne gute natürliche Gaben bei einem Schreibtisch- und Kanapeeleben sich immerfort angreifen und erschüttern läßt, einmal mit dem Spaten selbst angreift und erschüttert.» (Br II 164) Der therapeutische Erfolg der Gärtnerei scheint sich jedoch in Grenzen gehalten zu haben, wie ein Tagebucheintrag vom 15. Oktober 1913 verrät: «Aber die Kopfschmerzen, die Schlaflosigkeit!» (T II 194)

Am 11./12. Mai fährt Kafka während der Pfingstfeiertage zum zweiten Besuch nach Berlin, bei dem er nun auch offiziell der Familie vorgestellt wird. Es ist kein günstiger Zeitpunkt für ruhige Begegnungen: Ferdinand Bauer hat sich mit Lydia Heilborn, der Tochter seines Chefs, verlobt und läßt sich von Freunden wie Verwandten im Rahmen der von der Familie festgesetzten zwei ‹Empfangstage› feiern. Am Pfingstsonntag macht Kafka mit Felice einen Spaziergang in Nikolassee, wo die Geräusche der Großstadt nur wie ferne Meeresbrandung zu vernehmen sind. Am folgenden Tag findet er sich mit einem Blumenstrauß in der neuen Wohnung an der Wilmersdorfer Straße ein und präsentiert sich der Familie. Der Vater, der seine österreichische Herkunft nicht verhehlt, plaudert umgänglich, die Mutter erweist sich dagegen als steif, förmlich, reserviert: eine preußische Jüdin mit eisernen Konvenienzvorstellungen, der Felices sonderbarer Freund fraglos mißfiel.

Aus Anlaß des Verlobungsfestes ist auch die Schwester Erna gekommen, die zwölf Tage zuvor in Hannover von einer Tochter entbunden worden war. Kafka kannte bereits seit Mitte März, nachdem Felice sich in vagen Andeutungen über ihr ‹Unglück› ergangen hatte, eine Photographie Ernas, die sie ihm schicken mußte, weil er Anschauungsmaterial für seine Phantasie und sein Mitgefühl benötigte («damit ich weiß, um wen Du Dich sorgst»). Das Bild scheint ihn angezogen zu haben: «Der Ausdruck ihrer Augen und deren Verhältnis zur Nase gehört einem Typus jüdischer Mädchen an, der mir immer nahe gieng. Um den Mund ist dann eine besondere Zartheit.» (Br II 131, 136) Erna Bauer, die ihr intimes Geheimnis vor der Familie verbirgt, ist die einzige, der er sich beim Pfingsttreffen, wie er später schreibt, «gleich näher fühlte» (Br II 189).

Für Momente der Besinnung bleibt nach Kafkas Rückkehr aus Berlin kaum Zeit. Felice reist durch Deutschland, gehetzt von Geschäftsterminen und Verpflichtungen. Bereits im April 1913 hatte sie nahezu zwei Wochen lang ihre Firma auf der Messe für *Geschäftsbedarf und Reklame* in Frankfurt vertreten; es folgen in hektischem Tempo Fahrten nach Göttingen und Hamburg. Ihre Briefe schreibt Felice auf Bahnhöfen, im Speisewagen und in der Elektrischen. Kafka setzt gegen diese Umtriebigkeit, die ihn erschreckt, weil sie keine Zeit für Moratorien läßt, das Gleichmaß eines äußerlich geregelten Alltags, das seine Nerven beruhigen soll. Im Sommer kauft er ein eigenes Boot, mit dem er gelegentlich auf der Moldau fährt; in dem für ihn typischen Geiz ärgert er sich jedoch, daß es zugleich von Fremden benutzt wird, wie er aus dem Fenster seines Zimmers beobachten kann (Br II 223). Die Entspannungsübungen in freier Natur dienen der Sammlung neuer Kräfte, die er für einen Willensakt benötigt, der ihn schlaflose Nächte kostet. In einem am 10. Juni 1913 begonnenen, aber erst sechs Tage später abgeschlossenen Brief fragt er Felice, ob sie seine Frau werden wolle. Zugleich fügt er in vertrauter Gewohnheit eine detaillierte Liste seiner Fehler und Mängel an, die gegen eine Ehe mit ihm sprechen. Es ist ein verrückter Antrag, der die Adressatin zu gewinnen sucht, indem er ihr verdeutlicht, daß sich ihr «ein ‹Ja› aufs strengste» verbieten müsse (Br II 212). In der *Beschreibung eines Kampfes* erklärt der Beter lakonisch, «Geständnisse würden am klarsten, wenn man sie widerriefe.» (B 130) Diese Kasuistik ist auch Kafkas Brief eingezeichnet: sie zeigt die Spuren einer paradoxen Form der Selbstwiderlegung, in der Sein und Schein nicht mehr zu trennen sind.

Die Stimme aus Berlin antwortet am 1. Juli 1913 in gewohnter preußischer Festigkeit und nimmt den befremdlichen Antrag trotz seiner wenig charmanten Selbstzerstörungsrhetorik an. Die Replik läßt nicht auf sich warten: «Du willst also trotz allem das Kreuz auf Dich nehmen, Felice? Etwas unmögliches versuchen?» (Br II 226) Jetzt, nachdem die äußeren Widerstände überwunden sind, erweitern sich Kafkas Zweifel an der eigenen Ehetauglichkeit zu einer ungebremsten Kaskade der Ich-Anklagen. Er greift in das komplette Register seiner Selbstverkleinerungskunst, indem er sich zum Käfer, Parasiten, Kellerbewohner, Zwerg und Affen erklärt: «Denkst Du noch an meine lange knochige Hand mit den Fingern eines Kindes und eines Affen? Und in die legst Du nun Deine.» (Br II 228) Niemals wieder werden die mit dunklen Färbungen reichlich überzogenen Briefe an Felice derart quälend masochistisch und vernichtend destruktiv ausfallen wie im Sommer 1913, nachdem sie ihr Ja-Wort gegeben hat. Er prophezeit ihr die «Selbstaufopferung» für den Fall, daß sie sich mit ihm verbinde, und kündigt ihr eine Ehe an, die ein «klösterliches Leben an der Seite eines verdrossenen, traurigen, schweigsamen, unzufriedenen, kränklichen Menschen» bedeute (Br II 215, 268). Die Argumente der Ich-Anklage scheinen nicht widerlegbar, weil sie aus einer Eiszone jenseits der sicheren Horizonte des normalen Lebens stammen: «Meine Gegenbeweise sind nicht zu Ende, denn ihre Reihe ist unendlich, die Unmöglichkeit beweist sich ununterbrochen» (Br II 226).

Nachdem er der Mutter am 3. Juli 1913, dem Tag seines dreißigsten Geburtstags, von seiner «Braut» erzählt hat, kommt es zu einem befremdlichen Intermezzo. Julie Kafka bittet ihren Sohn, Erkundigungen über Felices Familie einholen zu dürfen, damit man Solvenz und bürgerliche Reputation prüfen könne. Nachdem der Sohn, ohne vorher in Berlin um Erlaubnis zu fragen, der Mutter freie Hand gegeben hat, konsultiert diese ein Auskunftsbüro, das in den folgenden Wochen Informationen über die Familie Bauer aus Charlottenburg sammelt. Felice, der Kafka seine illoyale und wenig verantwortungsbewußte Verhaltensweise erst nachträglich gesteht, akzeptiert das gesamte Verfahren klaglos, obgleich sie im Blick auf die Familie manches zu verbergen hat, wie sich bald zeigen wird. An solchen Punkten ragt die bürgerliche Welt des 19. Jahrhunderts mit grauen Schemen in die Vorkriegsära. Die Anbahnung einer Ehe war ein sozialer Akt, der sich jenseits privater Intimität auf dem Kampfplatz der Ehre, Reputation und Moral abspielte; daß der Detektei die dunklen Zonen der Bauerschen Familiengeschichte entgingen, verrät wiederum, wie sehr die formelle Überprüfung des bürgerlichen Ansehens zu einem entleerten Ritual verkommen war. Das Dossier des Informationsbüros, das einzig Felices Kochkünste hervorhob, trägt den Charakter eines Trugbildes von schlechter Allgemeinheit: «Dabei ist es unwahr bis in jedes Wort hinein. Ganz schematisch, es sind wahrscheinlich wahre Auskünfte überhaupt nicht zu bekommen, selbst wenn das Büreau die Wahrheit überhaupt erfahren könnte.» (Br II 246) Am 24. Juli 1913 wird Hermann Kafka offiziell durch den Sohn vom Verlobungsplan informiert. Wie ein Unterhändler erklärt der Vater seine Absicht, nach Berlin zu fahren, um mit der Familie Bauer über die Höhe der Mitgift zu feilschen – ein Vorsatz, dessen Verwirklichung Kafka immerhin zu unterbinden vermag.

Seit Pfingsten trägt er sich mit Überlegungen zu einem Brief an Carl Bauer, in dem er offiziell um die Hand seiner Tochter anhält. Weder dieses Schreiben noch ein «Auskunftbureau» könne jedoch, so ahnt er, über ihn sagen, was seine literarische Arbeit verrät: die Wahrheit liegt in den Welten der Fiktion (Br II 229). Ende Juli 1913 schickt er den Brief, den er sich mühsam abgerungen hat, nach Berlin. In der ersten Augusthälfte 1913 verbringt Felice den Jahresurlaub gemeinsam mit ihrer aus der mütterlichen Familie stammenden Cousine Erna Danziger, die die Rolle der Anstandsdame versieht, in Westerland auf Sylt. Ihren Vorschlag, sie für einige Tage zu besuchen, schlägt Kafka mit dem Hinweis aus, er müsse seinen Chef im Büro vertreten (Br II 246). Ende August stimmt Carl Bauer nach einem Gespräch mit Felice und seiner Ehefrau den Verlobungsplänen zu. Das klärende Schreiben aus Berlin löst jedoch bei Kafka nochmals wachsende Angst vor dem letzten bindenden Schritt aus, der unumkehrbare Verhältnisse zu schaffen drohte; das Leben, dessen Gesetz er sich durch Entschluß zur Heirat unterwirft, offenbart in seinen eindeutig scheinenden Lösungen, daß es mit der literarischen Arbeit niemals harmonisch korrespondieren kann. Die Erfüllung der diffusen Sehnsucht nach Ehe und bürgerlicher Rollenexistenz bedeutet, wie ihm klar wird, die Zerstörung seines Ichs als Sohn und Autor. Am 28. August

1913 übermittelt er daher Felice in einem Brief, den sie nach seinen Wünschen an ihren Vater weiterleiten soll, eine wüste Orgie der Selbstanklage. Die Liste der Fehler, die er einräumt, ist kunstvoll komponiert, denn sie gehorcht dem Prinzip der wechselseitigen Ergänzung und Steigerung negativer Attribute: «Ich bin schweigsam, ungesellig, verdrossen, eigennützig, hypochondrisch und tatsächlich kränklich.» (Br II 273) Felice unterdrückt den Brief entschlossen, weil sie die verheerende Wirkung, die er auf ihre Eltern nehmen würde, absehen kann, ist aber merklich verletzt und enttäuscht. Kafkas aufschießende Selbstzweifel sind für sie nur undurchsichtige Vorwände, die ihr, nachdem sie seinen Antrag angenommen hat, fremd und grotesk erscheinen. Ihr gesunder Menschenverstand kann nicht begreifen, daß hier ein Lebensentwurf auf dem Spiel steht, der zerbrechen muß, wenn die Ehe Realität wird. Es ist der Entwurf des Künstlers, der nur als Sohn, nicht aber als Gatte zu schreiben vermag.

Die Verteidigung des Ichs, das einzig aus «Litteratur» besteht, erfolgt durch rituelle Manöver, die den Rückzug in die Welt des Solipsismus bezeichnen (Br II 271). Gegen die Preisgabe an das gewöhnliche Leben, die sich im Vollzug des als Norm akzeptierten Ehegebots bekundet, setzt Kafka die Selbstreflexion des Junggesellen. Anfang September 1913 liest er die Grillparzer-Biographie Heinrich Laubes (1884), in der er Indizien zu finden meint, welche die Bedeutung radikaler Einsamkeit für das Gelingen des Schriftstellerlebens unterstreichen (Br II 280). Der Ton der Schreiben, die er seit dem Spätsommer 1913 an Felice richtet, wird eisiger. Am 15. August heißt es: «Ein großer Briefverkehr ist ein Zeichen dafür, daß etwas nicht in Ordnung ist. Der Frieden braucht keine Briefe.» (Br II 263) Zu diesem Zeitpunkt hat Kafka Felice bereits 287 Briefe gesendet; Frieden herrscht zwischen ihnen offenbar nicht.

Von Wien zum Gardasee

Am Sonnabend, dem 6. September 1913 bricht Kafka in Begleitung von Otto Pick nach Wien auf. Um Felice Ruhe zum Nachdenken zu verschaffen, schlägt er ihr vor, während seiner Reise auf die Fortsetzung der Korrespondenz zu verzichten. Im Zug leidet er, wie schon bei der Osterfahrt nach Berlin, unter Picks selbstverliebtem Gerede über den Literaturbetrieb. «Ziemlicher Widerwillen», vermerkt das Tagebuch. «Er tyrannisiert mich, indem er behauptet, ich tyrannisiere ihn» (R 111). In Wien möchte Kafka mit seinem Vorgesetzten Eugen Pfohl und dem Anstaltsdirektor Robert Marschner am *Internationalen Kongreß für Rettungswesen, Unfallverhütung und Hygiene* teilnehmen; danach ist vage eine Weiterreise nach Norditalien geplant, auf der ihn Pick begleiten soll, was aber angesichts der offenkundigen Dissonanzen während der Bahnfahrt nicht mehr ernsthaft in Erwägung gezogen wird.

Wiener Prater, 7. September 1913; neben Kafka v. l. n. r. Albert Ehrenstein, Otto Pick und Lise Weltsch

Kafka bezieht Quartier im *Hotel Matschakerhof* an der Seilergasse; sein Zimmer liegt, nur durch einen Flur getrennt, unmittelbar neben dem Picks. Abends trifft er Lise Weltsch, Felix' Schwester, die mit ihrem Vater die Sitzungen des seit sechs Tagen dauernden *Neunten Zionistischen Weltkongresses* besucht (Br II 280). Über sie hatte Kafka Mitte Juni 1913 bemerkt: «(...) ich kenne in Prag kein Mädchen, das ich so gut leiden kann (...)» (Br II 211). Die junge Frau, die eben 25 Jahre alt geworden ist, fühlt sich durch ihre Familie gefesselt und läßt sich in diffuser Sehnsucht nach einem großen Aufbruch treiben. Im Frühjahr 1914 hatte sie Prag verlassen und war nach Berlin gezogen, um dort gemeinsam mit Leo Herrmann, einem Freund ihres Bruders, für das Zionistische Zentralbüro zu arbeiten. Lise Weltsch weicht Kafka, den sie erotisch anziehend findet, in den folgenden beiden Tagen nicht von der Seite. Sie reiht sich in die Serie der Schwesternfiguren ein, die in Kafkas Leben ihre eigene Rolle spielen. Von ihnen geht zwar ein sexuelles Versprechen aus, das vom Flair des Vertrauten bestimmt scheint, doch besitzen sie für ihn Bedeutung vor allem als Helferinnen, die auch dann, wenn sie selbst leiden, den Boden unter den Füßen nicht verlieren.

Am Nachmittag des 7. September trifft Kafka gemeinsam mit Pick den Wiener Schriftsteller Albert Ehrenstein, der fünf Monate zuvor im *Berliner*

Tagblatt die *Betrachtung* als «merkwürdig feines Buch eines genialen Dichters» gepriesen hatte.[36] Das Werk Ehrensteins, der als Lyriker gern in der Rolle des Erotomanen auftrat, hat Kafka, ähnlich wie Max Brod, wenig geschätzt.[37] Abends unternimmt er mit ihm, Pick und Lise Weltsch einen Praterbesuch. Gemeinsam läßt man sich in einer Flugzeugattrappe photographieren, die Kafka an das Meeting von Brescia erinnert haben mag. Lise Weltsch besteht darauf, daß man sich die obligaten Jahrmarktsvergnügungen – Schießstand, Karussell und Riesenrad – nicht entgehen läßt. Erneut leidet Kafka unter Picks aufgedrehter Geschwätzigkeit; auch zu dem persönlich liebenswürdigen Ehrenstein kann er kein vertrautes Verhältnis entwickeln, weil ihm dessen schriftstellerisches Selbstverständnis und die spannungsarm-routinierte Diktion seiner Texte innerlich fremd bleiben: «Mit seinen Gedichten weiß ich nicht viel anzufangen.» (Br II 280) Der Abend verebbt in einem Wiener Caféhaus, wo man Felix Stössinger (dem künftigen Herausgeber der Werke Hermann Brochs) und dem Schriftsteller Ernst Weiß begegnet, den Kafka bereits Ende Juni flüchtig in Prag kennengelernt hatte.

Mit Lise Weltsch besucht Kafka am 8. September den Kongreß der Zionistischen Weltorganisation, die im August 1897 von Theodor Herzl in Basel gegründet worden war. Ihren Sitz hatte sie seit Herzls Tod nicht mehr in Wien, sondern in Deutschland, zunächst in Köln, ab 1911, mit Beginn der Präsidentschaft des Naturwissenschaftlers Otto Warburg, in Berlin. Die offizielle Kongreßsprache ist Deutsch (was sich erst nach dem Weltkrieg ändert); insgesamt versammeln sich in Wien knapp 10 000 Teilnehmer, die aus ganz Europa, aber auch aus Palästina, Kanada und den Vereinigten Staaten angereist sind.[38] Das bunt gemischte Programm vermittelt den Eindruck einer chaotischen Unordnung: theoretisch ambitionierte Referate zu Problemen der zionistischen Identitätsbildung, Sprachenpolitik und jüdischen Kultur stehen neben praxisorientierten Erfahrungsberichten palästinensischer Arbeiterdelegierter, Ausführungen zu Agrarökonomie und Kollektivwirtschaft, zum Siedleralltag und zur Schulausbildung. In den einzelnen Sektionen, die bis tief in die Nacht dauern, entbrennen oftmals heftige Kontroversen, wobei zuweilen auch das Hebräische als Diskussionssprache genutzt wird. Während Lise Weltsch Papierkugeln in den Saal wirft, weil sie sich langweilt, verfolgt Kafka die Beiträge mit immer wieder aufflackernder Aufmerksamkeit, auch wenn er die meisten Diskussionen als «nutzloses Jagen» betrachtet. Das Schicksal des Zionismus, so weiß er, wird sich nicht im Kongreßsaal, sondern auf dem Boden Palästinas entscheiden (Br II 281, 283).

Der Besuch der Zionistenversammlung bleibt nur ein kurzes Intermezzo. Einen Tag später, am 9. September, wird der Kongreß über das Rettungswesen eröffnet, an dem teilzunehmen Kafka aus dienstlichen Gründen verpflichtet ist. Er findet, da sich 200 Referenten und 1000 Zuhörer angemeldet haben, im riesigen Reichsratsgebäude statt, wo sonst die österreichischen Parlamentsabgeordneten tagen. Auch hier präsentiert sich ein bunt gemischtes Programm, das Kafka freilich weniger interessiert haben dürfte als jenes des Weltkongresses. Die Themen konzentrieren sich auf versicherungstechnische Fragen, Arbeitsorganisation und Unfallschutz: ein Wiener Gewerbeinspektor referiert über *Verhütung und Bekämpfung der Feuerexplosionsgefahr in Benzinwäscherein*, ein Ingenieur führt eine *Güteprobe für Beton zum Zwecke der Verhütung von Einstürzen bei Bauten* vor; sehr zeitgemäß – und publikumswirksam – gerät ein mit Filmbildern dokumentiertes Referat über *Unfallverhütung und Kinematographie* (AS 328f.).[39] Am 11. September spricht Eugen Pfohl über *Die Organisation der Unfallverhütung in Österreich*; Kafka hatte den auf grundsätzliche Fragen der modernen Arbeitssicherheit zielenden, intellektuell ambitionierten Beitrag Ende April, wie er behauptete, «mit dem leersten Kopfe» ausgearbeitet (Br II 175). Am 12. September spricht Robert Marschner, auch er auf der Grundlage eines von Kafka vorbereiteten Textes, über die Geschichte der Prager Versicherungsanstalt.

Den meisten Referaten folgt Kafka ohne Aufmerksamkeit, von Gedanken an Felice und die bevorstehende Reise beherrscht. Den festlichen Empfängen, die den Kongreßteilnehmern am 11. September in der Hofburg und zwei Tage später im prunkvollen Wiener Rathaus bereitet werden, darf er sich nicht entziehen; auf einen Besuch der geschlossenen Abendvorführungen an den Hoftheatern verzichtet er jedoch mit Rücksicht auf seinen zerrütteten Gemütszustand. Wie so häufig seit Beginn des Sommers fühlt er sich innerlich tot und ausgebrannt, kaum fähig zur Aufrechterhaltung der alltäglichen Routine. Weder von den Kongreßempfängen noch von den Gesprächen am Rande der gigantischen Tagung ist in seinem Reisejournal die Rede.

In den Frühstunden des 14. September 1913 fährt Kafka mit der Bahn allein nach Triest, wo er lediglich den Abend und die Nacht verbringt. Von dort setzt er am folgenden Tag mit dem Dampfer bei stürmischem Wetter nach Venedig über; die Erfahrung der «kleinen Seekrankheit», die ihn während der Fahrt befällt (Br II 281), geht später in eine Szene des *Proceß*-Romans ein, wo es heißt, Josef K. habe sich gefühlt «wie seekrank» (P 84). In der Lagunenstadt nimmt er sich ein Zimmer im *Hotel Sandwirth*, das von einem Österreicher geführt wird. Es liegt an jener Stelle der Riva degli Schiavoni, die das Becken von San Marco säumt. Vom Fenster kann Kafka die schönste Promenade Venedigs überschauen und auf das nicht weit entfernte *Hotel Danieli* blicken, in dem achtzig Jahre zuvor George Sand und Alfred de Musset logiert hatten. Als er am Morgen des 16. September vom Bett aus «den klaren venezianischen Himmel» sieht, scheint er plötzlich davon überzeugt, daß es mit Felice keine gemeinsame Zukunft geben werde. Die Sprache der Liebesbriefe ist verstummt und wird nie wieder so zu hören sein wie während des zurückliegenden Winters, als die Imagination sie steuerte: «Wir müssen Abschied nehmen.» (Br II 282)

Venedig ist für Kafka eine Stadt ohne Schrift. Verabredungsgemäß verzichtet er darauf, weitere Briefe an Felice zu schreiben, führt aber auch kein Tagebuch. Trotz seines elenden Zustands beginnt jetzt der morbide Zauber der Kanäle, Brücken und Gassen auf ihn zu wirken. Den Reizen Venedigs, so bemerkt er gegenüber Max Brod, könne man sich auch im Stadium tiefer Niedergeschlagenheit kaum entziehen: «Wie es schön ist und wie man es bei uns unterschätzt!» (Br II 283) Einzig der Anblick der Hochzeitsreisenden erregt in ihm Ekel und Widerwillen; «Entsetzen» erfaßt ihn bei der Vorstellung, er müsse mit Felice denselben Ritualen eines formellen Glücks gehorchen (Br II 286). Nach drei venezianischen Tagen, in denen er sich ohne klares Bewußtsein dem pulsierenden Rhythmus der zu dieser Jahreszeit besonders dichten Besucherströme eingefügt hat, fährt Kafka mit dem Zug nach Verona. Erneut agiert er in der Rolle des Beobachters, wenn er sich unter die Gäste eines (aus Anlaß des Nationalfeiertags am 20. September veranstalteten) Volksfests mischt und den Feiernden beim Tanzen zusieht. Am Nachmittag besucht er das Kino und kann angesichts der rührenden Filmhandlung seine Tränen nicht zurückhalten. Auf dem Programm stand vermutlich das Melodram *Poveri Bimbi*, die Geschichte zweier Kinder, die, von ihren Eltern getrennt, einen «traurigen Leidensweg» durchlaufen; im Foyer des Kinos spielte man zur Unterstützung des sentimentalen Effekts Caruso-Arien vom Grammophon ab.[40] «Das Genießen menschlicher Beziehungen», so vermerkt Kafka mit Blick auf seine Beobachterrolle frostig, «ist mir gegeben, ihr Erleben nicht.» (Br II 295)

Von Verona reist er nach Desenzano am Gardasee, von dort mit dem Dampfer nach Riva, wo er sich am 22. September im luxuriösen Sanatorium des Dr. von Hartungen einmietet. Es handelt sich um ein prominentes Haus für Wasserkuren, dessen ausgedehnte Anlage am See bereits Heinrich und Thomas Mann, Rudolf Steiner und Otto Brod als Gäste besucht hatten (Br II 51G). Im Gegensatz zum ersten Aufenthalt von 1909 vermittelt sich Kafka jetzt, nur vier Jahre später, ein Bild gesteigerter Unrast; in Riva wetteifern inzwischen 14 Hotels um die Touristen, die aus aller Welt anreisen.[41] In den folgenden Tagen zwingt er sich jedoch dazu, seinen Hang zur Einsamkeit zu zügeln. Er beteiligt sich an der Konversation der Sanatoriumsgäste, verbringt den Abend im Gemeinschaftszimmer und läßt sich durch eine «junge, sehr reiche, sehr elegante Russin» die Karten legen («am letzten Ende ganz nichtssagend») (Br II 288). Während der Mahlzeiten sitzt er mit einer «kleinen, italienisch aussehenden Schweizerin» und einem pensionierten K. u. K.-Offizier am Tisch (Br II 285). Über ihn heißt es am 28. September in einem Brief an Max Brod, daß er zumeist schweige, sich aber, wenn er rede, «allen andern überlegen» zeige (Br II 285). Es handelt sich um den 66jährigen Generalmajor Ludwig von Koch aus Neusiedl in Ungarn, der seit wenigen Monaten das Leben eines Pensionärs führt. Er leidet unter einer schweren Neurasthenie, die er auf Anraten der Ärzte durch Bäderkuren zu bekämpfen sucht, ohne dabei jedoch nennenswerte Erfolge zu erzielen. Sein Name wäre normalerweise vergessen wie der jedes anderen Patienten, der neben Kafka im September 1913 in Hartungens Sanatorium logierte. Aber am Morgen des 3. Oktober 1913 nimmt sich Koch in seinem Zimmer mit einem Revolver durch einen Kopfschuß das Leben; der Vorfall wird in der örtlichen Presse publik, eine polizeiliche Untersuchung scheint unvermeidlich, die Hotelleitung sucht besorgt die Wogen zu glätten.[42] Es ist merkwürdig, daß Kafka über dieses dramatische Ereignis niemals ein Wort berichtet hat. Womöglich vermied er es, die Angelegenheit gegenüber den Prager Freunden zu erwähnen, weil sich im Schatten dieses Selbstmords eine Geschichte mit ganz anderer Dramaturgie entwickelte: die Liebesbeziehung zu seiner Schweizer Tischnachbarin.

Wir wissen wenig über die junge Frau, mit der Kafka seit den ersten Oktobertagen ein vertrautes (wenngleich nicht intimes) Verhältnis verband. Aus Gründen der Diskretion benutzt er im Tagebuch nur die Initialen «G.W.». Die Schweizerin ist 18 Jahre alt – «ein halbes Kind» (Br 139) – und nach Kafkas knappen Charakteristiken märchengläubig, naiv, unbefangen-schwärmerisch. Sämtliche Versuche, ihre Identität zu ermitteln, sind gescheitert. Sogar mit Hilfe von Fälschungen wurde versucht, der großen Unbekannten in Kafkas Leben einen vollständigen Namen, eine Biographie und ein Gesicht zu schenken.[43] Daß G.W. ihre Rolle als Rätselfigur behauptet hat, besitzt freilich seine eigene Schlüssigkeit. In Kafkas literarische Existenz paßt sie sich fugenlos ein, weil sie wie die Helden der späteren Romane auf die Initialen beschränkt bleibt. Die Schweizer Geliebte entstammt einem Zwischenreich aus Leben und Literatur, das sich nicht eindeutig vermessen läßt: wer weiß, wo hier die Erfahrung endet und die Imagination beginnt?

Kafka ist bereits nach den ersten Begegnungen von der Spontaneität der Schweizerin gefesselt, die sich deutlich von Felice Bauers unsentimental-pragmatischem Geschäftsgeist unterscheidet. Ihre «Selbstvergessenheit» und Begeisterungsfähigkeit hebt später ein Tagebucheintrag ebenso hervor wie ihren «kleinen lebendigen Körper» (T II 234). Hier zeigt sich ein erotisches Grundmuster, das Kafkas Leben fortan bestimmt: die Neigung zu jungen Frauen, die ihn anziehen, weil sie noch jenseits fester Rollenklischees und Normen zu leben scheinen. Offenkundig unter dem Eindruck der italienischen Erfahrung bemerkt er am 10. November 1913, er «bemitleide» jedes Mädchen aufgrund der ihm bevorstehenden «Umwandlung zur Frau»

(Br II 297). Daß er in seiner Vorliebe für den Typus der Kindsbraut selbst einer klassischen Männerphantasie unterlag, dürfte ihm bewußt gewesen sein; die Widersprüche der eigenen Position suchte er hinter der Unschuld seines juvenilen Auftretens zu verbergen. Auf die Schweizerin scheint umgekehrt jener Zauber zu wirken, der zahlreiche Frauen in seiner Umgebung fesselte. Kafkas Geheimnis liegt in der scheinbaren Absichtslosigkeit, die sein – keineswegs planloses – Verhalten ihnen gegenüber auszeichnet. Er ist der Verführer ohne Verführungsvorsatz; in dieser Rolle wird er zeitlebens agieren – als Sohn, von dem kein Wille zur Vaterschaft ausgeht.

Mit der Schweizerin unternimmt Kafka Kahnfahrten auf dem Gardasee, läßt sich unter dem spätsommerlichen Himmel treiben, befreit von der Diktatur der Briefe und den Forderungen der Literatur (auch in künftigen Jahren wird er seine Aufenthalte in Sanatorien als Ruhephasen nutzen, in denen er auf das Schreiben gänzlich verzichtet). Knapp zwei Wochen lang, bis zu seiner Abreise, dauert das Liebesverhältnis. In melancholischer Färbung erinnert er sich später: «Die Süßigkeit der Trauer und der Liebe. Von ihr angelächelt werden im Boot. Das war das Allerschönste.» (T II 199) Abends verständigt man sich durch Klopfzeichen an der Zimmerdecke (die Schweizerin wohnt unmittelbar über ihm), flirtet über die Balkone hinweg miteinander, beläßt die Affäre aber strikt in einem platonischen Stadium. Voller Ironie registriert Kafka einen Monat später, daß «die Bekanntschaft mit der W.» eine intime Annäherung an die ihn umgarnende elegante Russin unterbunden habe (T II 197). Nicht ohne inneren Zwang entscheidet er sich für die Schülerliebe, gegen die Verlockungen des Triebs, der, wie seine Romane zeigen werden, in die staubigen Aktenberge der Registraturen und die Bierpfützen des Ausschanks führt: in die Niederungen des Schmutzes.

Die biographische Bedeutsamkeit der italienischen Romanze vermerkt Kafka Mitte Oktober 1913 ausdrücklich: «Ich verstand zum ersten Mal ein christliches Mädchen und lebte fast ganz in seinem Wirkungskreis.» (T II 194) Der Abschied ist quälend; Kafka muß «große Veranstaltungen treffen», um zu verhindern, daß die Schweizerin «nicht vor der ganzen Gesellschaft zu schluchzen anfing» (Br II 311). Sie nimmt ihm das Versprechen ab, ihre Identität niemals preiszugeben. Ihr Wunsch erklärt sich nicht nur aus der Rücksicht auf seine Verlobung, über die sie im Bilde ist. Er verrät zugleich eine fast kindliche Lust am Versteckspiel, die sie mit Kafka, dem Meister der Chiffrierungen, teilt. Daß er Wochen später, im herbstlichen Prag, davon träumt, Märchen für sie zu schreiben, entspricht diesem Spielcharakter sehr genau (T II 197). G. W. ist, so scheint es, eine Kindsbraut, die aus dem Rollenrepertoire einer verspäteten, müde gewordenen Romantik stammen könnte.

Nachdem Kafka am 13. Oktober 1913 aus Italien zurückgekehrt ist, vermeidet er es zunächst, Felice über sein Urlaubsabenteuer aufzuklären. Erst als die Korrespondenz im Frühwinter nahezu vollständig zu erliegen droht, offenbart er ihr die Liebesbeziehung des Herbstes (worauf sie zunächst mit wochenlangem Schweigen reagiert). Aus Vorsicht beschreibt er das Mädchen lediglich als «Schweizerin, die aber in Italien bei Genua lebt» (Br II 311), ohne seine nähere Identität preiszugeben. Die abgeklärte Zurückhaltung, mit der er Felice die Beichte ablegt, verdeckt, daß ihn die Erinnerung an die Geliebte auch später noch einholt. Als er im Juli 1914 von Berlin nach Lübeck fährt, sitzt ihm im Zug eine junge Schweizerin gegenüber, die ihn an G. W. erinnert. Wieder nutzt er – wie im Fall von Hedwig Weiler und Felice Bauer – die Technik der Distanzierung, wenn er seine Mitreisende als Doppelgängerin der Urlaubsfreundin beschreibt: «Häßlicher, ungepflegter kleiner Körper, schlechtes billiges Kleid aus einem Pariser Warenhaus. Sommersprossen im Gesicht. Aber kleine Füße, ein trotz Schwerfälligkeit infolge seiner Kleinheit ganz beherrschter Körper, runde feste Wangen, lebendiger nie verlöschender Blick.» (T III 28) Im Verlauf der Beschreibung gleitet Kafkas Auge auf die Schönheit eines Gesichts, das er vorsätzlich verfremden muß, um sich seinen Reizen zu entziehen. Der Versuch, die Erinnerung an die Geliebte zu unterdrücken, schlägt fehl. Einem Archetyp gleich lagert sich ihr Bild in seinem Gedächtnis ab, in der Momentaufnahme vom Herbst 1913 am Gardasee, als sie die Mitverschworene auf der Flucht vor der Ehe mit Felice war.

Grete Bloch interveniert

«In der Ecke einer Elektrischen sitzen, den Mantel um mich geschlagen.» (T II 195) Das Selbstbildnis des im Schatten der Anonymität durch die Stadt fahrenden Einzelgängers ist bezeichnend für die Stimmung, in der sich Kafka nach der Rückkehr aus Riva Mitte Oktober 1913 befindet. Er hat den Part des Schweigers übernommen, der sich in die Schutzzonen seines Innenlebens zurückzieht. Am 29. Oktober 1913 meldet sich Felice erstmals wieder mit einem Brief. Aber das Schreiben führt in neue Labyrinthe, in denen sie sich heillos verirrt; im Sommer hat sie erkannt, daß das Terrain der Schrift ein Schauplatz ist, auf dem Kafka sie mühelos beherrscht. Nachdem sie ihre Möglichkeiten erschöpft hat, muß sie die Strategie wechseln. Sie bittet daher ihre neue Freundin Grete Bloch, als Vertreterin ihrer Interessen in Prag mit Kafka zu sprechen: nicht das Medium des Briefs, sondern die menschliche Stimme soll helfen, die unübersichtlich gewordene Situation zu bewältigen.

Margarethe Bloch, die Felice im April 1913 auf der Reklame-Messe kennengelernt hat, ist 21 Jahre alt und arbeitet als Stenotypistin für die Firma Zeiss in Frankfurt. Sie steht kurz vor dem Umzug nach Wien, wo sie zum 1. November 1913 in die Repräsentanz der Büromaschinenhersteller Eliott-

Grete Bloch, um 1914

Fisher eintreten soll.[44] Die Familie lebt in Berlin-Wilmersdorf in einer großen Wohnung an der Holsteinischen Straße. Der Vater, Louis Bloch, ist ein nur mäßig erfolgreicher Handelsreisender, der häufig in Geldschwierigkeiten steckt. Der jüngere Bruder Hans, den Grete Bloch mit ihrem Einkommen unterstützt, studiert Medizin; er scheint vielseitig interessiert und umtriebig, versucht sich an kleineren Erzähltexten, die Kafka später zur Probe vorgelegt werden (F 576, 594), und gehört als aktiver Zionist einer der schlagenden Verbindungen jüdischer Studenten an, wie sie seit Ende des 19. Jahrhunderts vor allem in Berlin und Breslau unter dem Namen *Kartell-Convent* existierten.[45] Am 29. Oktober 1913 bittet Grete Bloch Kafka in einem Brief aus Aussig, wo sie Zwischenstation auf der Fahrt nach Wien macht, um eine Unterredung in Prag. «Ich danke Ihnen für Ihre Einladung», lautet seine knappe Antwort, «ich werde natürlich kommen, bestimmen Sie die Stunde nach Ihrem Belieben (...)» (Br II 293).

Am 30. Oktober trifft Grete Bloch gegen Mittag in Prag ein und steigt im Hotel *Schwarzes Roß* ab. Es kommt, ehe sie am 1. November nach Wien reist, zu drei längeren Unterhaltungen mit Kafka, von denen die beiden ersten bis tief in die Nacht dauern. Schon diese äußere Konstellation zeigt eine merkwürdige Verschiebung der Gewichte. Innerhalb weniger Tage lernt Kafka die aus Berlin entsandte Vermittlerin so genau kennen, wie es ihm im Fall seiner Briefgeliebten bisher nicht gelang. Zunächst ist er von der eleganten Erscheinung der jungen Frau irritiert, die keineswegs dem von ihm geschätzten Repertoire der unschuldigen Mädchenfiguren entstammt, sondern, in Pelzstola, Muff und Schleier gehüllt, den Typus der leicht verruchten Dame von Welt zu repräsentieren scheint. Jedoch gewinnt er im Gespräch, nachdem die Fesseln des Rollenspiels gelockert worden sind, rasch Vertrauen zu Grete Bloch. Wieder bewegt sich das Leben langsamer als die Literatur, denn der Name der neuen Bekannten ist identisch mit jenem der inzestuös begehrten Schwester Gregor Samsas aus der ein Jahr zuvor entstandenen Novelle *Die Verwandlung*. Kafka, der solche Mechanismen des Imaginären kennt, vermag die Sprache der Zeichen zutreffend zu deuten: die Arbeit der Vermittlerin steht sogleich unter dem Diktat des verbotenen Eros.

Grete Blochs Intervention verdeutlicht Kafka, wie wenig er von seiner Berliner Geliebten weiß. Die Abgesandte spricht offen über Felices Ängste und ihre Krankheiten; in quälender Ausführlichkeit schildert sie das Zahnleiden der Freundin, das sie zu wiederholten operativen Eingriffen zwang (Br II 297). Sie beschreibt Felices geschäftliches Verhalten und den persönlichen Eindruck, den sie ihr auf der Frankfurter Messe vermittelte. Nicht zuletzt aber stößt Kafka auf ein unerfreuliches Detail der Familiengeschichte, das im Dossier des Prager Auskunftsbüros fehlte. Felices Bruder Ferdinand hatte, wie Grete Bloch verrät, während des laufenden Geschäftsjahres erhebliche Veruntreuungen in der Wäschefirma seines künftigen Schwiegervaters begangen und dessen Waren zum eigenen Vorteil veräußert. Die Entdeckung seines Betrugs führte im Herbst 1913 zur sofortigen Auflösung der Verlobung mit Lydia Heilborn, die für Ferdinand Bauer einen sozialen Aufstieg bedeutete. Jetzt traten dunkle Flecken auf der Landkarte der Familienehre zutage, die man Kafka aus guten Gründen verborgen hatte. Das Schweigen, in das Felice seit seiner Rückkehr aus Italien verfallen war, entsprang nicht nur der Ratlosigkeit, sondern diente auch dem Schutz eines Geheimnisses, dessen Aufdeckung die soziale Ächtung der Familie Bauer bewirkt hätte.

Nach der aufschlußreichen Begegnung mit Grete Bloch ist Kafka überzeugt, daß er die Korrespondenz ruhen lassen und den Sprung in die Wirklichkeit wagen muß. Am 8. November 1913 fährt er ohne längere Vorbereitungen, unter knapper Ankündigung («Ich komme also Samstag»), in den Nachmittagsstunden nach Berlin (Br II 294). Der gesamte Aufenthalt gerät jedoch zu einem quälenden Fiasko. Als er gegen 22.30 Uhr am Anhalter Bahnhof eintrifft, wartet er vergeblich auf Felice. Am nächsten Tag muß er ihr durch Boten einen Eilbrief zustellen, damit sie sich an ihn erinnert. Er geht mit ihr bei regnerischem Wetter zwei Stunden im Tiergarten spazieren, ohne daß er in der Lage ist, die ihn drängenden Fragen nach ihrem Familiengeheimnis und den Gründen für ihr wochenlanges Schweigen auszusprechen. Gegen Mittag fährt Felice mit dem Taxi zu einer Beerdigung; er sieht sie zuletzt aus dem «Automobilfenster» zwischen zwei fremden Männern durch das Eingangstor gehen – eine Perspektive, die der *Proceß*-Roman, leicht variiert, übernehmen wird (Br II 299, P 25). Am Nachmittag besucht er «ein wenig trostlos» Ernst Weiß in Schöneberg; erneut bleibt Felices versprochener Telefonanruf aus, so daß er gegen 16 Uhr ohne Abschied ins herbstgraue Prag zurückfährt (Br II 299).

Nach dem Debakel des Berliner Wochenendes kommt die Korrespondenz vollständig zum Erliegen. Felice schweigt, weil sie ihm die Selbstzweifel des Sommers, als sie seinen Antrag bereits angenommen hatte, nicht verzeihen und das Vertrauen in ihn nicht wiedergewinnen kann. Zum Jahreswechsel schreibt Kafka ihr einen 35 Seiten umfassenden Brief, in dem er ein Geständnis ablegt, das auf den ersten Blick geeignet scheint, die Verwirrungen der zurückliegenden Monate aufzulösen: «Ich liebe Dich Felice mit allem was an mir menschlich gut ist, mit allem, was an mir wert ist, daß ich

mich unter den lebendigen herumtreibe.» (Br II 315) Bei genauerer Betrachtung läßt sich jedoch erkennen, daß dieses Bekenntnis unter Warnungen,
Zweifeln und Angst begraben ist. Das absolute Gefühl, von dem der Brief
spricht, wird in eine Serie von Einschränkungen und Negationen eingela-
gert, die es fundamental in Frage stellen. Kafkas Liebeserklärung kann Felice
daher nicht als eindeutiges Zeichen, sondern nur als musikalische Paraphrase
seiner früheren Selbstvorwürfe deuten. «Wo ich bin, ist keine Klarheit», hatte er ihr am 6. November 1913 geschrieben (Br II 294).

Während des Spätherbstes 1913 beginnt Grete Bloch in eine ihr offenbar
nicht unangenehme Rolle zu wechseln. Sie ist jetzt Felices Stellvertreterin,
an die Kafka seine Sehnsüchte und erotischen Wünsche adressiert. Der diplomatische Anlaß, der sie zusammenführte, gerät sukzessive zum äußeren
Vorwand für einen erotisch aufgeheizten Briefwechsel, dessen intimer Ton
unüberhörbar ist. Kafka spricht von der Angstlust, die ihm der Anblick von
Frauen in Pelzmänteln bereite (F 582), über seinen Ekel vor Zahnkrankhei-
ten (Br II 297), das Vergnügen an Schmerzphantasien (Br II 302), seine Eitelkeit und sein Mitleidsvermögen (Br II 322); umgekehrt erzählt Grete Bloch
von einer schwelenden Liebesaffaire mit einem älteren Mann in München,
von ihrer Migräne, Schlafstörungen und Geldsorgen (Br II 323, 330ff.). Elias
Canetti hat behauptet, jetzt wiederhole sich, freilich in beschleunigtem Tempo, die Annäherung an Felice.[46] Diese Hypothese läßt jedoch einen wesentlichen Unterschied außer acht: während Kafka Felice gegenüber erotische
Dimensionen nur in den Bildern des Schreibens und der Schrift berührt, ist
der Ton hier direkter, unverstellter, eindeutiger. Seine Briefe an Grete Bloch
bringen den Sexus zu einer eigenen, körperlich-plastischen Sprache. Er suche, so formuliert er in einem – freilich nie abgesendeten – Entwurf vom
15./16. Dezember 1913, in ihr gesamtes Leben bis zu dem Punkt einzudringen, an dem es «heiß wird» (Br II 306). «Liebes Fräulein Grete», schreibt er
am 15. April 1914, «ich habe eine ganz offenbare und wirkliche Sehnsucht
nach Ihnen.» (F 550) Einen Monat später gesteht er ihr, daß er bei der ersten
Begegnung im Oktober 1913 von ihrer Nerzstola erschreckt worden sei,
wobei er sein Bekenntnis in einer schwebenden Tonlage vorträgt, die seine
sexuelle Affizierung deutlich erkennen läßt: «Heute allerdings dürften Sie
von 500 solchen Pelzen umwickelt sein und ich getraute mich, Sie aus allen
zu befreien.» (F 583)

Grete Bloch ist, anders als Felice, keine Wächterin bürgerlicher Moral, die
bis zur Lüge um die Wahrung des äußeren Scheins kämpft. Sie wirkt nervös,
kokett, ein wenig kapriziös; in Wien führt sie, gefesselt von beruflichen
Pflichten, ein chaotisches Leben am Rand der Verausgabung. Sie arbeitet bis
spät in die Nacht, schläft kaum, verstrickt sich immer wieder in wechselnde
Romanzen und Liebschaften. Kafka agiert ihr gegenüber wie ein älterer

Bruder, der zu größerem Regelmaß mahnt; andererseits fühlt auch er sich betäubt, ausgebrannt und orientierungslos, so daß ihm Grete Blochs alltägliche Verirrungen als Spiegelbilder der eigenen Stimmungslage entgegentreten. Im Unterschied zu ihrer Vertrauten erscheint Felice, selbst wenn sie von abendlichen Bällen und vom Tangotanzen berichtet, wie die Inkarnation eines preußischen Wachoffiziers, der noch in der Liebe pünktlich und diszipliniert bleibt. Nicht zuletzt wird Kafka die Differenz der Positionen bewußt geworden sein: Grete Bloch ist die Unbekannte, die er umwerben kann, weil er sie erst erschreiben muß; Felice dagegen hat die Welt der Phantasie verlassen und die Aura, die ihr die Sprache seiner Briefe zuerkannte, an die konventionellen Zwänge eines bürgerlichen Lebensplans verraten. Ihn darf der Sohn Kafka heimlich bewundern, aber niemals ausfüllen.

Grete Bloch, die Spurenleserin, Deuterin und Dolmetscherin, treibt freilich in den folgenden Monaten bis zum Sommer 1914 ein kaum durchschaubares Doppelspiel.[47] Sie zitiert gegenüber Felice aus Kafkas Briefen, trägt ihr seine Einwände gegen die Ehe zu, rät ihm aber umgekehrt, den eingeschlagenen Weg fortzusetzen und eine Heirat anzustreben. Ihre eigene Lebenssituation ist zu diesem Zeitpunkt durch die Gefühlsturbulenzen einer folgenreichen Liebesaffaire beherrscht. Ende 1914 oder zu Beginn des Jahres 1915 bringt Grete Bloch, wie sie selbst später angibt, einen unehelichen Sohn zur Welt (Br II 592). In zwei Briefen an Felice, die vom 31. August und 1. September 1916 stammen, verweist Kafka auf ein «Leid» Grete Blochs, das ihm «sehr zu Herzen gehe», ohne daß seine Ursache näher spezifiziert wird (F 689f.). Das Kind starb, wie die Mutter 1940 dem Musiker Wolfgang Alexander Schocken berichtete, Ende 1921 knapp siebenjährig in München.[48] Max Brod hat – unter Bezug auf eine mißverständliche Formulierung Grete Blochs – die irrige Vermutung geäußert, daß Kafka der Vater dieses Jungen gewesen sei.[49] Ein intimes Verhältnis zwischen beiden dürfte aber, selbst wenn man eine wechselseitige Attraktion unterstellt, nie bestanden haben; allein die räumliche und zeitliche Konstellation ließ das nicht zu. Nach dem Sommer 1914 hat Kafka Grete Bloch offenbar aus den Augen verloren. Vermutlich traf er sie nochmals im März 1922 in Prag. Ihr Besuch scheint die alte erotische Anziehung geweckt zu haben; im Tagebuch ist von «Träumereien Bl. betreffend» die Rede (T III 226).[50]

Die Bestellung des Verteidigers

Während Grete Bloch wie eine Doppelagentin zwischen den Fronten wandert, sucht sich auch Kafka einen Vertreter, der seine Interessen im Kampf mit Felice wahrt. Er findet ihn in Ernst Weiß, den er gemeinsam mit Max Brod an einem Abend Ende Juni 1913 kennengelernt hatte. Der 1882 geborene Weiß stammte aus Brünn, war ein assimilierter Westjude, ein mo-

Ernst Weiß

derner, nicht unneurotischer Intellektueller mit erheblichen Reserven gegenüber dem Zionismus, von scharfem Verstand und naturwissenschaftlich geschultem Denkvermögen, voller Haß gegen bürgerliche Konventionen und mediokren Karrierismus. Er hatte in Prag und Wien Medizin studiert, nach der 1908 erfolgten Promotion eine chirurgische Facharztausbildung in Bern und Berlin absolviert und seit 1911 in Wien am Wiedener Krankenhaus gearbeitet. Eine Lungenerkrankung zwang ihn zur Kündigung; da seine angegriffene Gesundheit einen Klimawechsel verlangte, heuerte er 1912 für mehrere Monate als Schiffsarzt an und reiste über Port Said nach Indien, Japan und China. Mit dem Schreiben begann er bereits während des Studiums, ohne aber seine Texte zu publizieren. Im Jahr 1913, kurz nachdem sich Weiß als freier Autor in Berlin angesiedelt hatte, erschien sein erster Roman, *Die Galeere*, dessen Manuskript zunächst von 23 Verlegern abgelehnt worden war, im experimentierfreudigen S. Fischer-Verlag.

Bereits bei der ersten Prager Begegnung ist Kafka von Ernst Weiß angezogen, weil er seine eigene Rolle des Assimilierten ohne religiöse Identität in ihm gespiegelt findet. «Jüdischer Arzt», vermerkt das Tagebuch am 1. Juli 1913 über ihn, «Jude von der Art, die dem Typus des westeuropäischen Juden am nächsten ist und dem man sich deshalb gleich nahe fühlt.» (T II 179) Anfang September trifft er Weiß in Wien wieder, doch kommt es aufgrund der unruhigen Caféhaus-Runde um Ehrenstein und Pick nicht zum intensiven Gespräch. Der Kontakt wird in den folgenden Monaten enger und gewinnt den Charakter einer tieferen Freundschaft, wie sie Kafka nach der Studienzeit kaum noch zuläßt. Bezeichnend ist, daß es zwischen Weiß und ihm zum vertrauten «Du» kommt – ein Indiz jener Intimität, die Kafka in anderen Fällen meist zu unterbinden pflegt.[51]

Am 9. November 1913 besucht Kafka Weiß in Berlin-Schöneberg, wo dieser sich nach seiner Weltreise niedergelassen hatte. Hier lernt er auch seine Lebensgefährtin, die 20jährige Verlagsangestellte Johanna Bleschke kennen, die von einer Karriere als Schauspielerin träumt (ihre Bühnenlaufbahn wird sie 1916 unter dem Künstlernamen Rahel Sanzara beginnen). Zur Jahreswende 1913/14 trifft man sich häufiger in Prag und verbringt «viel Zeit gut» miteinander (T II 222). Starkes Interesse zeigt Kafka für Weiß' Debütroman, den er mit nahezu pedantischer Genauigkeit liest. *Die Galeere* erzählt in kühlem Ton die Geschichte des jungen Röntgenforschers Erik Gyldendal, der, aus begütertem Hause stammend, seinem beruflichen Ehrgeiz das private Glück und die Gesundheit opfert. Wie Gottfried Benns Rönne aus dem erstmals 1915 in Schickeles *Weißen Blättern* veröffentlichten Prosastück *Gehirne* ist Erik ein neusachlicher Held nach dem Geschmack der nervösen Moderne: egoistisch, kalt, unmoralisch, ein Vivisekteur der Seele.[52] Im Januar 1914 schickt Kafka ein Exemplar des Romans an Grete Bloch, bittet sie um ihren Lektüreeindruck und lobt sie schließlich für ihr positives Werturteil: «Daß Ihnen die Galeere gefallen hat, freut mich sehr.» (Br II 326) Im Tagebuch formuliert er freilich im Dezember 1913 Vorbehalte, die insbesondere dem Aufbau des Textes, seiner allzu durchsichtigen Ordnung und den in sie eingelegten Kolportageelementen gelten: «Konstruktionen in Weiß' Roman. Die Kraft sie zu beseitigen, die Pflicht, das zu tun.» (T II 213) Trotz solcher Einwände hat Kafka Weiß' Erzählkunst, die sich der Prosa Brochs und Musils an die Seite stellen läßt, stets hoch eingeschätzt und seine Arbeiten auch in den folgenden Jahren mit größter Aufmerksamkeit zur Kenntnis genommen.

Nach dem Treffen in Berlin weiht Kafka den Freund regelmäßig in seine Konflikte mit Felice ein. Im Dezember 1913 schickt er ihm mehrfach Briefe, in denen er über ihr beharrliches Schweigen klagt (die Korrespondenz ist nicht erhalten). Am 17. Dezember ersucht er Weiß, eine kurze Nachricht bei Felice im Büro abzugeben und ihre rasche Antwort zu erbitten, die die Gesprächsverweigerung der zurückliegenden Monate erklären soll. Während der folgenden Wochen scheint sich Weiß keineswegs auf die Rolle des Nachrichtenübermittlers beschränkt, sondern in Kafkas Auftrag auch ausführlicher mit Felice gesprochen zu haben. Wer zum Zentrum der Macht nicht selbst vorstoßen kann, muß sich der Dienste eines Rechtsanwalts oder Boten versichern: diese Konstellation werden Kafkas große Romane wenige Jahre später in unterschiedlichen Versionen beschreiben. Ernst Weiß ist wie der Advokat Huld im *Proceß* ein sophistischer Rhetoriker; er ist wie der Bote Barnabas im *Schloß* ein uneigennützig agierender Helfer. Ob er aber tatsächlich ins innere Arkanum der von Felice gehüteten Lebenszonen vorzudringen vermochte, dürfte auch Kafka bezweifelt haben. Die Vermittlergestalt betrügt ihren Auftraggeber um die Einsicht, daß sich die authentische Erfahrung der fremden Autorität niemals ersetzen läßt. So räsoniert der vermeintliche Landvermesser K.: «(…) solche Helfer aber, die ihn statt ins Schloß, dank einer kleinen Maskerade in ihre Familie führten, lenkten ihn ab, ob sie wollten oder nicht, arbeiteten an der Zerstörung seiner Kräfte.» (S 43) Kafka selbst weiß, daß es letzthin nur die eigene Angst ist, die ihn von Felice fernhält. Darin gleicht seine Liebesgeschichte den Konstruktionen der Macht in seinen Romanen, die ihrerseits die objektiv erscheinenden Manifestationen subjektiver Furcht bilden.

Seit Anfang November 1913 wohnt Kafka mit den Eltern im *Oppelt-Haus* an der nordwestlichen Ecke des Altstädter Rings. Es liegt schräg gegenüber dem Deutschen Gymnasium, so daß der Umzug auch eine Rückkehr in die Vergangenheit bedeutet. Das neue Domizil bietet sechs Zimmer und ist besser ausgestattet als die Wohnung in der Niklasstraße. Das Haus selbst verfügt über elektrisches Licht – vor dem Krieg ein Merkmal modernen Wohnstils – und einen großen Fahrstuhl. Für Kafka endet jetzt auch der Alltag in einem Durchgangsraum, der ihn dem Lärm der Familie ausgesetzt hatte. In seinem Zimmer genießt er eine herrliche Fernsicht auf die Nikolauskirche und das Prager Umland, die er wenige Wochen nach dem Umzug für Grete Bloch beschreibt: «Geradeaus vor meinem Fenster im 4ten oder 5ten Stock habe ich die große Kuppel der russischen Kirche mit zwei Türmen und zwischen der Kuppel und dem nächsten Zinshaus den Ausblick auf einen kleinen dreieckigen Ausschnitt des Laurenziberges in der Ferne mit einer ganz kleinen Kirche. Links sehe ich das Rathaus mit dem Turm in seiner ganzen Masse scharf ansteigen und sich zurücklegen in einer Perspektive, die vielleicht noch kein Mensch richtig gesehen hat.» (Br II 303) Eine Photographie aus dem Frühsommer 1914 zeigt Kafka mit Ottla vor einer der beiden hohen Säulen des Hauseingangs, mit schrägem Kopf gegen die Sonne blickend, vom eigenen Schatten bewacht.

Die Furcht vor einer dauerhaften Bindung äußert sich ab der Mitte des Jahres 1913 auf zwei gleichsam symbolischen Schauplätzen. Immer wieder spricht Kafka in Briefen an Felice von seinem eineinhalb Jahre alten Neffen

Felix, dem er nicht wie ein Onkel, sondern wie ein Bruder mit angespannter Eifersucht begegnet. Argwöhnisch verfolgt er die Liebesbeweise, die Hermann Kafka dem Kind bezeugt. Gleichzeitig möchte er Felice verdeutlichen, daß er selbst für die Vaterrolle nicht in Frage komme. Förmliche Haßtiraden erregt das ihn bei der Arbeit störende Weinen des Neffen, das er in seinem ungeheizten Zimmer mit böser Verbissenheit registriert: «Und doch, es ist ja vielleicht gar nicht das Geschrei, das mich so angreift, es gehört überhaupt Kraft dazu, Kinder in der Wohnung zu ertragen. Ich kann es nicht, ich kann nicht an mich vergessen, mein Blut will nicht

Mit Ottla vor dem Oppelt-Haus, Mai 1914

weiter strömen, es ist ganz verstockt und dieses Verlangen des Blutes stellt sich ja als Liebe zu Kindern dar.» (Br II 105; vgl. Br II 126f., 219)

Ein zweites Feld der rituellen Abgrenzung ist die Auseinandersetzung mit der Erotik, die Kafka jedoch weniger in den Briefen an Felice als im Tagebuch führt. «Die geplatzte Sexualität der Frauen», vermerkt ein Journaleintrag vom 23. Juli 1913 (T II 187). «Der Coitus» sei, heißt es drei Wochen später, eine «Bestrafung des Glücks des Beisammenseins.» (T II 188) Mit fast manischer Genauigkeit stellt Kafka eine Liste von Gründen für und gegen eine Heirat mit Felice zusammen. Bewußt bleibt ihm dabei, daß er die Nähe eines anderen Menschen während der nächtlichen Arbeit nicht ertragen könnte. Niemals hätte er ein «Mädchen geheiratet», so ahnt er, mit dem er zuvor «ein Jahr lang in der gleichen Stadt» lebte (T II 181). Jede Lüge entstehe mit dem Eintritt in zwischenmenschliche Verhältnisse: «Wieviel Unwahrheiten, von denen ich gar nicht mehr wußte, werden mit heraufgeschwemmt.» (T II 193) Die Vergiftung der sozialen Beziehungen durch die Ehe erscheint ihm zweifellos. «Ein verheirateter Freund ist keiner», erklärt er Mitte Februar 1914 dem überraschten Felix Weltsch, der sich eben mit Imma Herz verlobt hat (T II 237). Die ausführlichen Argumentationsketten, die seine Abneigung gegen eine Heirat zu begründen suchen, sind zugleich Mittel, mit deren Hilfe er sich dem gesellschaftlichen Sog, der ihn in die Ehe treibt, zu entziehen sucht: «Irgend ein geheimes Gesetz wirkt hier.» (T II 189) Acht Jahre später, im Januar 1922, vermerkt Kafka, er sei ein Mensch, der «das Ehebett zerschlägt, ehe es noch aufgestellt ist» (T III 215). Die Angst vor den Fesseln einer Bindung, die das Schreiben lähmen würde, bleibt sein ständiger Begleiter. Die literarischen Arbeiten, welche seit 1912 entstehen, umspielen diese Angst im Zeichen der Transformation ihrer privaten Bedeutung.

Neuntes Kapitel

Literarische Nachtarbeit (1912–1913)

Das Geheimnis der Psychoanalyse

Zu dem Zeitpunkt, da er seine Korrespondenz mit Felice Bauer beginnt, ist Kafka noch ein regelmäßiger Vortragsbesucher. In diesem Zusammenhang steht auch seine Auseinandersetzung mit der Lehre Freuds, die weniger auf das Studium von längeren Texten als auf Informationen durch Referate, Gesprächszirkel und Zeitungsartikel zurückgeht. So fanden im Haus Fanta am Altstädter Ring in den Jahren 1912/13 mehrfach Veranstaltungen zu psychoanalytischen Themen statt, an denen Kafka zumindest sporadisch teilnahm (einen Reflex bildet die Freud-Lektüre, die Brod und Weltsch in ihrer gleichzeitig entstandenen Studie *Anschauung und Begriff* praktizieren).[1] Vermutlich hörte er auch Alfred Adler, der Anfang Januar 1913 in Prag im Rahmen eines ausführlichen Referats sein Buch *Der nervöse Charakter* vorstellte.[2] Zu einer detaillierten Beschäftigung mit Freud hat er sich jedoch zu dieser Zeit nicht durchgerungen, weil er in dessen Arbeiten ein geschlossenes theoretisches System entfaltet wußte, wie es ihn seit den Tagen des *Louvre*-Zirkels abstieß. Im Juli 1912 schreibt er Willy Haas aus Jungborn: «Von Freud kann man Unerhörtes lesen, das glaube ich. Ich kenne leider nur wenig von ihm und viel von seinen Schülern (…)» (Br I 162).

Der hier eingestandene Umweg über die ‹Schüler› ist zumal das Resultat eines ausgeprägten Interesses an Zeitschriften. Als Leser der *Neuen Rundschau* waren Kafka aktuelle Abhandlungen über die kulturelle, ethische und medizinische Bedeutung der Lehren Freuds geläufig. So hat er 1910 fraglos den Aufsatz des süddeutschen Psychiaters Willy Hellpach zur *Psycho-Analyse* studiert, der eine populär gehaltene Gesamtwürdigung der therapeutischen und kulturellen Dimension von Freuds Arbeiten unternahm.[3] Eine zweite Quelle bildete *Die Aktion*, die Kafka nicht selbst abonniert hatte, jedoch regelmäßig in Caféhäusern las. Im Laufe des Jahres 1913 veröffentlichte hier Otto Groß, der Sohn des Kriminologen Hans Groß, sechs kürzere Abhandlungen über psychoanalytische Fragen: *Die Ueberwindung der kulturellen Krise, Ludwig Rubiners ‹Psychoanalyse›, Die Psychoanalyse oder wir Kliniker, Die Einwirkung der Allgemeinheit auf das Individuum, Anmerkungen zu einer neuen Ethik* und *Notiz über Beziehungen*.[4] Kafka lernte Groß selbst, der in Berlin als Psychiater wirkte, erst 1917 persönlich kennen, als dieser ihn auf eine mögliche Mitarbeit an einer von ihm geplanten psychoanalytischen Zeitschrift ansprach (Br 196).[5] Die Originalität von Groß' gesellschaftskritisch angelegter Auseinandersetzung mit der Lehre Freuds, die er als Beitrag zum Sturz einer autoritären Vaterordnung begriff, hat Kafka, wie er im Juni 1920 an Milena Pollak schreiben wird, zumindest punktuell erahnt (Mi 78).

Felice Bauer gegenüber behauptet Kafka Mitte Juni 1913, er verstehe es, «ein wenig Menschen zu beurteilen und in Menschen» sich «einzufühlen» (Br II 209). Bedenkt man, wie ungewöhnlich ein derartiges Bekenntnis für sein zumeist negatives Selbstbild bleibt, so fällt ihm besondere Bedeutung zu. Aus der Sensibilität im Umgang mit fremden Erfahrungen mußte notwendig ein stärkeres Interesse an der Psychoanalyse erwachsen. Ihren therapeutischen Anspruch betrachtete Kafka jedoch als Ausdruck einer Selbstüberforderung, die von monokausalen Erklärungsmustern ausging, ohne die komplexe Pathologie des modernen Individuums hinreichend zu erfassen. Der Wille zur Überwindung psychischer Defekte entspringe einem «hilflosen Irrtum», heißt es im November 1920 in einem Brief an Milena Pollak (wobei unterschlagen wird, daß gerade Freud die Aussichten einer dauerhaften Heilung neurotischer oder psychotischer Dispositionen skeptisch bewertete). Alle seelischen Krankheiten, so formuliert Kafka, seien letzthin «Verankerungen des in Not befindlichen Menschen in irgendwelchem mütterlichen Boden» – eine Hypothese, deren Bedeutung er dadurch zu unterstreichen sucht, daß er sie in einem Notizenkonvolut Ende 1920 nochmals festhält (Mi 292, G 161).

Kafka sah die Psychoanalyse zeitlebens als intellektuellen Beitrag zum Verständnis der Moderne, mit dem er sich prinzipiell zu befassen hatte, obgleich er von seiner medizinischen Leistung nicht überzeugt war. Im Oktober 1917 notiert er in Zürau: «Psychologie ist Lesen einer Spiegelschrift, also mühevoll und was das immer stimmende Resultat betrifft ergebnisreich, aber wirklich geschehn ist nichts.» (M 216; vgl. M 162) Als hermeneutischer Akt, der der seitenverkehrten Schrift des Unbewußten gilt, besitzt die psychologische Erkenntnis für Kafka substantiellen Wert, jedoch bleibt ihr therapeutischer Ertrag zweifelhaft. Schon Nietzsche vertrat in *Jenseits von Gut und Böse* (1886) die Auffassung, die Psychologie sei «an moralischen Vorurtheilen und Befürchtungen hängen geblieben» und habe «sich nicht in die Tiefe gewagt».[6] «Aus dem psychologischen [!] kommt nur Analyse», bemerkt Kasimir Edschmid in seinem programmatischen Essay *Expressionismus in der Dichtung*, der 1918 in der *Neuen Rundschau* erschien.[7] «Haß gegenüber aktiver Selbstbeobachtung» notiert Kafkas Tagebuch am 9. Dezember 1913 und folgt damit demselben Widerwillen gegen die lediglich zergliedernden Impulse des psychologischen Untersuchungsverfahrens (T II 213). Vier Jahre später ergänzt eine erläuternde Eintragung diese Formel durch den Versuch einer Begründung: «Der Beobachter der Seele kann in die Seele nicht eindringen, wohl aber gibt es einen Randstrich, an dem er sich mit ihr berührt. Die Erkenntnis dieser Berührung ist, daß auch die Seele von sich selbst nicht weiß. Sie muß also unbekannt bleiben.» (M 185) Ein derartiger Befund trifft ins Zentrum der psychoanalytischen Praxis, mit deren Hilfe das Innere des Menschen ausgehorcht und, wie Foucault bemerkt hat, zum Geständnis gezwungen werden soll.[8] Das, was die Seele in der Anamnese preisgibt, bildet nach der Diagnose des Zürauer Eintrags nur eine Demonstration ihrer Selbstvergessenheit: wenn sie von sich ‹nicht weiß›, ist es der Analytiker, der die Leerstelle mit seinen eigenen Theorien anfüllt.

Kafka hat Freuds Lehre, soweit er sie überhaupt rezipierte, als Interpretationsprogramm seiner Zeit und damit als ein historisch gebundenes hermeneutisches System verstanden.[9] Ob er die Hauptschriften der Vorkriegsära – *Die Traumdeutung, Drei Abhandlungen zur Sexualtheorie, Zur Psychopathologie des Alltagslebens, Totem und Tabu* – gründlicher zur Kenntnis nahm, dürfte jedoch zweifelhaft sein. In den Jahren vor 1917 ist es gerade seine mangelnde Sachkunde, die sein Verhältnis zur Psychoanalyse – trotz prinzipieller Neugier – ambivalent gestaltet. Vor Freuds Texten habe er, so bemerkt er im Juli 1912 gegenüber Willy Haas, «nur einen großen leeren Respekt» (Br I 162). Die Autorität der Psychoanalyse entsteht für Kafka, nimmt man diese Formulierung ernst, durch die Ohnmacht des Nicht-Wissens. Freud avanciert damit selbst zu einer Vaterfigur im Lehnstuhl, deren Aura allein auf der Bereitschaft der Söhne gründet, Körper und Geist dem patriarchalischen Gesetz zu beugen. Wenn das Tagebuch am 23. September 1912 formuliert, die Niederschrift der Erzählung *Das Urteil* sei durch «Gedanken an Freud» begleitet worden, so muß das keineswegs zwingend heißen, der Text habe psychoanalytische Deutungselemente in sich aufgenommen (T II 101). Gerade im Blick auf die Formel vom ‹großen leeren Respekt›, die der Brief an Haas zwei Monate zuvor verwendet, ist nicht auszuschließen, daß der Name Freuds hier als Chiffre für jene Vaterwelt steht, die in der Erzählung selbst, wie noch zu erläutern bleibt, eine mythische Dimension gewinnt.

Im Tagebuch gibt es neben dem genannten Passus über *Das Urteil* lediglich einen Hinweis auf ein Gespräch über die Psychoanalyse, das Kafka im Juli 1912 im Jungborner Naturheilkundesanatorium mit einem Gymnasiallehrer geführt hat, ohne daß jedoch konkrete Titel genannt werden (R 97). Es steht zu vermuten, daß er während seines Erholungsurlaubs in Zürau im Winter 1917/18 neben der Kierkegaard-Lektüre auch Freud-Studien trieb. Definitiv gelesen hat er in dieser Phase» Hans Blühers wissenschaftlich obskure Darstellung zur Rolle der Erotik in der männlichen Gesellschaft (1917), wie auch ein Traum verrät, der die Auseinandersetzung mit dem Buch verarbeitet (Br 196f.). Daß die Beziehung zu Freuds Lehre ambivalent blieb, offenbart seine Kritik an Franz Werfels Drama *Schweiger*, die er im Dezember 1922 formuliert.[10] Dort heißt es im Blick auf den «dreiaktigen Schlamm», den Werfels vulgärpsychologische Auslassungen hervorgebracht hätten, abschließend: «Es ist keine Freude sich mit der Psychoanalyse abzugeben und ich halte mich von ihr möglichst fern, aber sie ist zumindest so existent wie diese Generation. Das Judentum bringt seit jeher seine Leiden und Freuden fast gleichzeitig mit dem zugehörigen Raschi-Kommentar hervor, so auch hier.» (E 130; Br 424)

In seinem Spätwerk *Der Mann Moses und die monotheistische Religion*, das 15 Jahre nach Kafkas Tod erschien, vertrat Freud bekanntlich die – bereits in *Totem und Tabu* (1912/13) angedeutete – Auffassung, daß der Messias-Glaube des Judentums dem Schuldgefühl vergleichbar sei, das den Menschen angesichts seiner Lösung vom Vater befalle.[11] Kafka hielt dagegen den Versuch der Zusammenführung von Religion und Psychologie, dessen programmatischer Anspruch ihm aus der Zeitschriftenlektüre vertraut war, für einen Irrweg: «(...) so findet ja auch die Psychoanalyse als Urgrund der Religionen auch nichts anderes als was ihrer Meinung nach die ‹Krankheiten› des Einzelnen begründet (...)»(Mi 292f.). Seine persönliche Annäherung an eine Glaubenstradition, deren Wurzeln unter den Steinen der Moderne ruhten, konnte Kafka nicht als psychischen Akt der Restitution väterlicher Autoritäten interpretieren.[12] Für ihn bedeutete die Religion die Wiederherstellung von Lebenskräften, die der Prozeß der Ausformung neuzeitlicher Individualität verschüttet hatte, damit zugleich die Abwendung von jenem ökonomischen Realitätssinn, den die Generation Hermann Kafkas repräsentierte. Die religiöse Erfahrung mochte mütterlichen Boden bezeichnen – niemals aber die Ordnung des Vaters, dessen Haus Kafka sehnsüchtig zu verlassen wünschte.

Ein zentraler Einwand, der in Kafkas Kritik am psychoanalytischen Therapieanspruch und dem ihn fundierenden ‹hilflosen Irrtum› mitschwingt, galt dem Körperbild Freuds. Als Anhänger der Naturheilkunde war Kafka sich bewußt, daß die Krankheit des modernen Individuums auch durch die zivilisationstypische Einschnürung seines Leibes ausgelöst wurde. Freuds Heilverfahren aber blieben sprachlich begründet und vermochten diese Einschnürung nicht aufzuheben. Die Psychoanalyse weist zwar die von der Aufklärung verbannte Sexualität in das therapeutische Gespräch ein, unterstellt sie jedoch damit der Macht des Logos und dem Anspruch auf Entschlüsselung ihrer geheimnisvollen Wahrheit.[13] Der Analytiker ist ein Mann des Wortes, der Kontrolle über die physischen Befunde des Kranken anstrebt, indem er ihn durch das Medium der Sprache diszipliniert. Besonders markant zeigt sich dieser Umstand in der Auseinandersetzung Freuds mit der «Konversionshysterie», die als Phänomen betrachtet wird, bei dem der Körper Symptome aufweist, die in Stellvertretung von sprachlich zu bewältigenden seelischen Konflikten erscheinen.[14]

Freud exkommuniziert den Leib, indem er ihn unter das Gesetz des Wortes stellt. Gerade dieses Verfahren ist Kafka verdächtig, weil er in ihm die Symptome der Zivilisationsschäden symbolisch gespiegelt, nicht aber überwunden sieht. Die seelische Krankheit entsteht aus festen Verwurzelungen des Individuums, die auch seine physische Disposition bestimmen: «Solche Verankerungen aber, die wirklichen Boden fassen, sind doch nicht ein einzelner auswechselbarer Besitz des Menschen, sondern in seinem Wesen vorgebildet und nachträglich sein Wesen (auch seinen Körper) weiterbildend. Hier will man heilen?» (Mi 293) Statt in die Labyrinthe herabzusteigen und den Bann jenseits der Sprache zu lösen, bleibt Freuds Lehre dem Logos verfallen. Zum tieferen Wurzelwerk der psychischen Krankheit dringt sie nicht vor, weil sie therapieren möchte, was selbst Teil einer komplexeren Symptomatologie ist. Die Psychoanalyse zeigt der Moderne, wie Harold Bloom formuliert hat, die Landkarte der Seele, Kafka aber wird durch seine Texte demonstrieren, daß ihre Kenntnis nichts zu unserer Rettung beiträgt.[15]

Halbschlafbilder

Im Leben Kafkas ist der Schlaf eine unbeherrschbare Macht. Unaufhörlich klagt er über quälende Wachzustände zwischen Dämmern und Träumen, die ihm die Kräfte rauben. Seine Nacht bestehe, heißt es am 1. November 1912, «aus zwei Teilen, aus einem wachen und einem schlaflosen» (Br I 204).[16] Vermutlich führte die Kombination von äußerlicher Ruhe und innerer Anspannung dazu, daß der Schlaf ausblieb. Kafkas Büroarbeit endete gegen 14 Uhr; lediglich an Donnerstagen war er dienstlich zur Tätigkeit bis zum Nachmittag verpflichtet. Nach dem Essen lag er, manchmal mehrere Stunden, auf dem Sofa, bisweilen auch im Bett, ohne in der Regel fest zu schlafen. Dem anschließenden Spaziergang folgte das mit Ottla eingenommene Nachtmahl, das ihn kurz aus der Einsamkeit befreite («wir unterhalten uns meistens ausgezeichnet»), ehe er sich spätabends zum Schreiben niedersetzte (Br I 204, 266). Ein ««Manöver›leben» nennt er sein im Herbst 1910 entworfenes, jedoch immer nur periodisch durchgeführtes Programm Ende August 1920 in einem Brief an Milena Pollak (Mi 229). Ziel dieses Programms ist es, Schreiben und Schlafen im Interesse geistig-seelischer Balance gleichermaßen sicherzustellen. Kafka muß jedoch frühzeitig erkennen, daß sich diese doppelte Absicht nicht umsetzen läßt. Die literarische Arbeit schließt Entspannung aus, weil gerade die Momente der äußeren Ruhe der nervösen Produktion des Imaginären dienen. «Ich werde mich nicht müde werden lassen», erklärt er am 15. November 1910 in einer Periode quälender Untätigkeit, die ihn dazu zwingt, besondere Anstrengungen zu unternehmen, um zum Schreiben zu finden (T I 100). Kafkas Schlaflosigkeit bildet keineswegs die Folge, sondern die Bedingung seiner literarischen Arbeit.

Im Trancezustand der auf Bett oder Kanapee verbrachten Nachmittage vermischen sich Wachstadium und Schlaf, Phantasie und Traum in befremdlicher Weise. Träumen, ohne zu schlafen, so lautet die stets wiederkehrende Klageformel. «Nachmittag beim Einschlafen», notiert er am 14. November 1911: «Als hätte sich die feste Schädeldecke, die den schmerzenden Schädel umfaßt tiefer ins Innere gezogen und einen Teil des Gehirns draußen gelassen im freien Spiel der Lichter und Muskeln.» (T I 193) «Wenn ich erwache», heißt es am 2. Oktober 1911, «sind alle Träume um mich versammelt aber ich hüte mich, sie zu durchdenken.» (T I 42) Am 21. Juli 1913 bemerkt er bitter: «Ich kann nicht schlafen. Nur Träume kein Schlaf.» (T II 182)[17] Eine Woche lang habe er im Stadium des Dämmerns, erklärt er Felice Bauer am 1. November 1912, «mit einer äußerst widerlichen, Kopfschmerzen verursachenden Deutlichkeit jedes Details ihrer komplizierten Kleidung» ausschließlich «Monte[ne]griner gesehn» (was vermutlich ein Reflex des seit Oktober 1912 tobenden Krieges zwischen den Balkanstaaten und der Türkei ist; Br I 204). Zwei Jahre zuvor, am 20. Oktober 1910, schreibt er unmittelbar nach der Rückkehr aus Paris über eine vergleichbar quälende Bilderfolge: «In der ersten Prager Nacht träumte mir ich glaube die ganze Nacht durch (um diesen Traum hieng der Schlaf herum, wie ein Gerüst um einen Pariser Neubau) ich sei zum Schlaf in einem großen Hause einquartiert, das aus nichts anderem bestand als aus Pariser Droschken, Automobilen, Omnibussen u.s.w die nichts anderes zu tun hatten, als hart aneinander vorüber, übereinander, untereinander zu fahren und von nichts anderm war die Rede und Gedanke, als von Tarifen, correspondancen, Anschlüssen, Trinkgeldern, direction Pereire, falschem Geld u.s.w.» (Br I 127)

Die physische Erfahrung des urbanen Verkehrs übersetzt sich in den Rhythmus der Träume. Der Körper des Schlafenden steht unter dem Gesetz einer Anspannung, die ihn beherrscht, weil der seelische Apparat in permanenter Tätigkeit ist. Zur Ruhe vermag Kafka nicht zu finden, da die psychischen Kapazitäten, die sie herbeiführen könnten, für die Produktion der quälend exakten Traumbilder benötigt werden. Schmerzhaft brennen sich ihm die Details der imaginären Momentaufnahmen ein, die dabei ans Licht treten. Am 3. Oktober 1911 heißt es: «Wieder war es die Kraft meiner Träume die schon ins Wachsein vor dem Einschlafen strahlen, die mich nicht schlafen ließ.» (T I 44) Im November 1912 erklärt er Max Brod, er leide unter «wütend deutlichen Träumen» (Br I 239). Am 11. Februar 1914 erläutert er Grete Bloch: «Diese Art Schlaf, die ich habe, ist mit oberflächlichen, durchaus nicht phantastischen, sondern das Tagesdenken nur aufgeregter wiederholenden Träumen durchaus wachsamer und anstrengender als das Wachen. Es gibt Augenblicke im Bureau, wo ich redend oder diktierend richtiger schlafe als im Schlaf.» (Br II 330) In einer dichten Folge von Eintragungen registriert das Tagebuch seit dem Herbst 1911 die Bilder, die sein Gehirn an der Grenze zwischen Schlaf- und Wachzustand hervorbringt. Schon Ende Mai 1911 hatte Brod in seinem Journal notiert, «nichts als seine eigenen Träume» scheine den Freund «mehr zu interessieren».[18] Die Erfindungen jedoch, die das quälende Dämmerstadium zwischen Tag- und Nachtseite der Seele gebiert, zeigen poetische Konturen. Die «Halbschlafphantasien», wie sie Kafka am 26. Februar 1922 nennt (T III 223), weisen einen – freilich verschlungenen – Weg zum literarischen Text.

In Tagebüchern und Briefen hat Kafka knapp sechzig seiner Träume festgehalten.[19] Als Leser des Talmud kannte er aggadische Traumberichte, die traditionell ohne Auslegung geboten wurden.[20] Ihrem Muster folgt er im Journal, das Traumnotate, aber weder Deutungen noch erschließende Kommentare liefert. In der Rolle des Chronisten, der die Erzählungen seines Unbewußten festhält, beschränkt sich Kafka auf die reine Dokumentation. Gerade für das Tagebuch, wo sich die Traumschilderungen in den Jahren zwischen 1911 und 1913 häufen, lassen sich genaue Zahlen freilich nur schätzungsweise erheben. Oftmals sind die Grenzen zwischen Erzählversuch, Halbschlafphantasie, «zeichnerische(r) Vorstellung» (T I 230), Tagträumerei und nächtlichem Traum fließend, so daß eine klare Zuordnung unmöglich bleibt. Als Protokollant seines Unbewußten übt sich Kafka in den Akt der literarischen Erfindung ein. Das Traummaterial offenbart Möglichkeiten der erzählerischen Bildphantasie und des poetischen Entwurfs im Vorfeld der freien literarischen Erfindung. Träume zu notieren, bedeutet zunächst, sich an einem vorgegebenen Stoff abzuarbeiten, ohne daß der Sprung in die ungeschützte poetische Imagination erforderlich ist.

In seinem Aufsatz *Der Dichter und das Phantasieren* (1908) hat Freud die ‹Tagträumerei› als Motor der literarischen Arbeit bezeichnet. «Die Produkte dieser phantasierenden Tätigkeit», schreibt Freud, «die einzelnen Phantasien, Luftschlösser oder Tagträume dürfen wir uns nicht als starr und unveränderlich vorstellen. Sie schmiegen sich vielmehr den wechselnden Lebenseindrücken an, verändern sich mit jeder Schwankung der Lebenslage, empfangen von jedem wirksamen neuen Eindrucke eine sogenannte ‹Zeitmarke›.»[21] Freuds Hinweis erfaßt freilich die Komplexität der poetischen Einbildungskraft, die bei Kafka wirksam ist, nur in Grundzügen. Gerade die Verbindung aus bewußten und unbewußten Vorstellungsinhalten, wie sie die ‹Halbschlafphantasie› kennzeichnet, wird durch die kreative Leistung der Imagination ermöglicht, von der Freud nicht näher spricht. Sie stößt jene Bilderserien und Erzählfragmente an, die in Kafkas Kopf wuchern müssen, ehe er mit der literarischen Arbeit beginnt. Als Geburtshelferin des Schreibvorgangs schafft sie das Material, das später in feste Strukturen überführt werden muß. Nicht selten greift Kafka erst Jahre später auf ein Traumprotokoll zurück, um es poetisch zu nutzen. Den Stoff zur Prosastudie *Eine Kreuzung* (M 92f.), die Anfang April 1917 geschrieben wird, träumt er am 29. Oktober 1911 (T I 160f.);[22] die im Dezember 1922 entstandene Parabel *Ein Kommentar* (E 130), die die Erfahrung der Desorientierung in einer fremden Stadt schildert, stützt sich auf eine Tagebuchnotiz vom 13. Februar 1914, in der ein Traum über die Straßensuche in Berlin festgehalten wird (T II 234f.). Im glücklichen Fall ordnet sich das chaotische Gefüge der Assoziationen in den Nächten unter der Hand des Autors, der seinen Stoff auswählt und in Form bringt. Die Tagebücher und (später) die Oktavhefte verraten jedoch auch, daß Überfluß die Bedingung für Kafkas literarische Arbeit ist: kaum zählbar sind die Bruchstücke und Entwürfe, die hier in der Werkstatt der Phantasie angeliefert und schließlich verworfen werden.

Seit dem Ausgang des 19. Jahrhunderts befaßten sich Hirnphysiologen, Mediziner, Psychologen und Philosophen intensiv mit den Prozessen, die im menschlichen Gehirn beim Transfer vom Bild zum Text, von der Imagination zum Wort erfolgen. Die Forschungen der Helmholtz-Schule, die Studien von Emil du Bois-Reymond, Carl Stumpf und Wilhelm Wundt, später die *Medizinische Psychologie* Ernst Kretschmers, die das seelische ‹Halbdunkel› als Raum der Erzeugung künstlerischer Imagination verortet, aber auch Rudolf Steiners Theosophie untersuchten in verschiedenen methodischen Perspektiven das Problem, das Kafkas Tagebücher immer wieder reflektieren: die von der Psychoanalyse vernachlässigte Frage, wie das tagträumende (hypnagoge) Sehen als konstruktive zerebrale Leistung in einen Prozeß der materiellen Zeichenproduktion umgesetzt wird. Wilhelm Wundt formulierte in den *Grundzügen der physiologischen Psychologie* (1874), die Kafkas Gymnasiallehrer Gschwind außerordentlich schätzte: «Unter normalen Verhältnissen führt der Zustand des Schlafes Bedingungen mit sich, welche Halluzinationen begünstigen. Diese stellen sich zuweilen schon einige Zeit vor dem Einschlafen ein, oder sie dauern noch kurze Zeit an, nachdem man aus tiefem Schlaf erwacht ist.»[23] In Brods und Weltschs Studie *Anschauung und Begriff* bildet die Auseinandersetzung mit den ‹verschwommenen› Wahrnehmungsinhalten – die aufgeklärte Psychologie des 18. Jahrhunderts sprach von ‹perceptiones obscurae› – einen zentralen Gegenstand, den die Autoren am Beispiel von Phantasietätigkeit und Traum behandeln.[24] Die Bedeutung des ‹uneigentlich Bewußten› liegt für Brod und Weltsch gerade in der Ambivalenz, die es zwischen Klarheit und Diffusion behauptet (wobei es aufgrund seiner partiellen Steuerbarkeit dezidiert von Freuds Unbewußtem abgegrenzt wird). Ausdrücklich bezieht sich die Schrift auch auf das Produzieren von Bildern im «Halbschlaf», das, teils gelenkt, teils willkürlich-assoziativ, die «reichste Wirklichkeit» zu erzeugen vermöge.[25] Grundsätzlich heißt es über die deutlichen, aber unklaren (nämlich nicht rational hervorgebrach-

ten) Bilder des ‹uneigentlich Bewußten›: «Die psychischen Akte als Gegenstände der inneren Wahrnehmung sind nämlich meist uneigentlich bewußte
Teile der inneren Gesamtanschauung, ja in der inneren Anschauung ist das
ungegliederte, vorbegriffliche Stadium, in dem also alle Akte nur als ver-
schwommenes Material gegeben sind, noch viel dauernder und durchgrei-
fender Regel als in der äußeren.»[26] Solche Beobachtungen dürfte Kafka,
auch wenn ihn der abstrakte Charakter des Buchs abschreckte, als Bestätigung der eigenen Erfahrung aufgefaßt haben, bekräftigten sie doch die seelische Evidenz des jenseits der Kognition angesiedelten inneren Sehens, des
Tagtraums und Halbschlafs (Br II 112).

Daß der Transformationsvorgang, der ein Vorstellungsbild in ein konkretes
Zeichen verwandelt, jederzeit scheitern kann, verraten zahlreiche Passagen
des Tagebuchs. Kafka beleuchtet die Risiken, die in dem Moment entstehen,
da die Objekte der Phantasie ins Medium der Sprache eintreten müssen, als
Auslöser einer quälenden Erfahrung literarischen Versagens. Die scheinbar
exakte Imagination führt in diversen Fällen zu einer amorphen, fragmentarischen oder gänzlich unoriginellen Veranschaulichungsleistung. So heißt es
am 17. Dezember 1911: «Vor dem Einschlafen hatte ich gestern die zeichne-
rische Vorstellung einer für sich bergähnlich in der Luft abgesonderten
Menschengruppe, die mir in ihrer zeichnerischen Technik vollständig neu
und einmal erfunden leicht ausführbar schien.» Die Erwartung, daß das Bild
ohne Schwierigkeit in die Sprache der Zeichen transportiert werden könne,
erweist sich jedoch als trügerisch: «Vor Erstaunen über diese schöne Zeichnung, die mir im Kopfe eine Spannung erzeugte, die meiner Überzeugung
nach dieselbe undzwar dauernde Spannung war, von der, wann ich wollte,
der Bleistift in der Hand geführt werden könnte, zwang ich mich aus dem
dämmernden Zustand heraus, um die Zeichnung besser durchdenken zu
können. Da fand sich allerdings bald, daß ich mir nichts anderes vorgestellt
hatte, als eine kleine Gruppe aus grauweißem Porzellan.» (T I 230f.)

Eine geeignete Technik, die dazu beiträgt, solche unliebsamen Überraschungen zu vermeiden, besteht darin, die Halbschlafbilder möglichst exakt
zu protokollieren, als handele es sich um nächtliche Träume. Der damit verbundene Selbstbetrug führt zu einer Form der Entlastung, weil er die Blok-
kierung der Schreibkräfte aufhebt. Im Tagebuch vermutet Kafka am 17. Dezember 1911, sein Wunsch, eine Selbstbiographie zu verfassen, entspringe der
Ahnung, daß deren Entstehung «so leicht vor sich gienge, wie die Niederschrift von Träumen (…)» (T I 232). Die Traumprotokolle erlauben die Einübung des Schreibens auf einem experimentellen Feld, in der direkten Begegnung mit der Sprache des Unbewußten. Zugleich bieten sie Gelegenheit
zur strategischen Überwindung jener massiven Schreibwiderstände und
Stockungen, die Kafka in zyklischen Perioden immer wieder erfahren hat

(von ihnen wird noch genauer zu berichten sein).[27] Literarische Arbeit erscheint ihm im günstigen Fall wie die Umgestaltung eines bereits vorliegenden Traumberichts, die spielerisch, gelöst vom Diktat des Gelingens, erfolgt.[28] Auf diese Weise verwandelt sich das Schreiben selbst zu jener Form der ‹hellseherischen›, in Trance erfolgenden Produktivität, wie sie Kafka im März 1911 Rudolf Steiner gegenüber als konkrete Erfahrung geschildert hatte (T I 30). Das Ideal der traumartig fließenden, widerstandsfreien Imagination beherrscht aber nicht nur die Literatur, sondern auch die Regeln einer Selbstwahrnehmung, die im halluzinatorischen Dämmerzustand die eigentliche Kreativität des Ich freigesetzt sieht. Als er eines Nachmittags Max Brod besucht und beim Weg durch das Wohnzimmer dessen auf dem Sofa schlafenden Vater weckt, flüstert Kafka, auf Zehenspitzen weitergehend: «‹Bitte, betrachten Sie mich als einen Traum.›»[29]

Vollständige Öffnung des Leibes und der Seele

Wie sah sich Kafka selbst in der Rolle des Schreibenden? Seinem Ideal schriftstellerischer Arbeit entsprach es, in einen Strom der Bilder einzutauchen, um möglichst ohne Steuerung und Planung das, was in seiner Phantasie bereitliegt, als gleichsam sich selbst abspulendes Programm zu aktivieren. Dieser Vorgang besitzt für ihn eine handfeste erotische Dimension. Am 3. Oktober 1911 bemerkt er, die kreativen Kräfte in seinem Inneren müßten zum Ausbruch kommen, um sich nicht selbst zu vernichten; darin glichen sie jenen «Ergießungen», die er in der Pubertät im Verhältnis zu seiner Gouvernante unterdrückte, so daß sie sich «im Rückstoß» in ihm selbst auflösten (T I 45). Von «Erhebung» im Schreibakt ist einen Monat später die Rede (T I 195). Ins Schreiben hätte er sich «ergießen wollen», heißt es im Januar 1912 nach einem monotonen Sonntag, an dem ihm die Arbeit mißlang (T II 21). Das «nutzlose Vorüberfließen» beklagt eine Notiz am 25. September 1912 nach einem Abend ohne literarischen Ertrag (T II 103). «‹Freundchen ergieße Dich›», lautet Anfang November 1915 der kategorische Imperativ, den er sich während eines abendlichen Spaziergangs über die Karlsbrücke beim Gedanken an das Schreiben zurechtlegt (T III 113).

Die taktische Seite der eigenen Auffassung, er bestehe nur aus Literatur, hat Kafka mit einiger Selbstironie durchschaut. Sie äußert sich im Versuch, unter Bezug auf die existentielle Dimension des Schreibens narzißtisch die Rolle des Isolierten zu kultivieren und durch Einsamkeit Selbstgenuß zu erlangen. Am 2. März 1912 notiert er: «Wer bestätigt mir die Wahrheit oder Wahrscheinlichkeit dessen, daß ich nur infolge meiner literarischen Bestimmung sonst interesselos und infolge dessen herzlos bin.» (T II 47) Daß er durch sein Schreiben ‹abgemagert› sei, weil er keine freien Kräfte für Essen, Trinken, philosophisches Nachdenken, Erotik und Musik besessen habe, behauptet er am 3. Januar 1912. Auch das ist eine Form der Selbstfindung, denn das Ich schafft sich auf dem Schauplatz der Erfahrungswirklichkeit ab, um allein als Autor-Ich zu bestehen. Die Sprache bleibt für Kafka ein Medium der Identität jenseits sozialer – kommunikativer – Dimensionen, insofern sie das Ich aufbaut und zugleich hermetisch abschirmt. Solche Identität trägt stets zerbrechliche Züge, da sie sich nur augenblicksweise, in Momenten ekstatischer Schreiberfahrung ausbildet. Die Sprache besitzt, wie bereits die *Beschreibung eines Kampfes* zeigt, eine produktive und eine destruktive Potenz. Sie bringt eine auch physisch erfahrbare Identität hervor, kann aber letzthin keine Verständigung gewähren, weil sie unter dem Diktat stets variabler Zuordnungen steht. Ihre operative Leistung schafft zugleich fundamentale Verunsicherung: wie kann die Welt verbindlich erklärt werden, wenn die Sprache sie in permanent wechselnden Formen gebiert und auf diese Weise stets neu erfindet? Jede Metapher, so weiß Kafka, dekonstruiert die Realität, indem sie deren objektiven Sinn in Zweifel zieht. Das Geschenk der Sprache ist problembelastet, weil es den Menschen zur Skepsis gegenüber der Einheit seiner Wirklichkeitserfahrung nötigt.[30]

Die literarische Arbeit bleibt für Kafka Selbstzweck mit gleichsam existentiellem Charakter. Nicht die Freude am Werk, sondern die Lust am Schreiben steuert sein Rollenverständnis als Autor.[31] Es ist die Lust des Sohnes, der keine Kinder zeugen, aber den Beischlaf praktizieren möchte. «Die Süßigkeit der Produktion»», zitiert er am 9. Dezember 1911 den Maler Karl Stauffer-Bern, «täuscht über ihren absoluten Wert hinweg»» (T I 223). Die Freude, ein Buch zu publizieren, ist ihm zwar seit dem Beginn der Zusammenarbeit mit Kurt Wolff vertraut, doch steht sie nicht im Vordergrund. Kafkas notorische Distanz zum literarischen Betrieb, sein Desinteresse an Verlagsklatsch und Spekulationen über den Buchmarkt entsprechen dieser Gewichtung. Während Max Brod als umtriebiger Aktivist des Prager Kulturlebens unaufhörlich Öffentlichkeitsarbeit betreibt, ist Kafka der sich selbst genügende Held des nächtlichen Schreibens. Dahinter steht keineswegs Askese, sondern die erotische Befriedigung durch die Produktion, die bedeutsamer scheint als das endgültige (oft fragmentarische) Produkt. Zwar kennt Kafka, wie er in späteren Jahren dem Tagebuch anvertraut, den ungeheuren Genuß, den das Lesen eigener Texte in der Druckfassung herbeiführen kann. Doch überdeckt das kaum die wahren Prioritäten: den Vorrang des Schreibens gegenüber dem öffentlichen Effekt. Die Lust an der literarischen Arbeit entspringt, wie zahlreiche Journaleinträge verraten, dem Gefühl, den eigenen Körper in die Zeichen der Schrift zu überführen, ihn Gestalt werden zu lassen in einem Spiel der Bedeutungen, das das Ich zu einer komplexen Erfahrung seiner selbst bringt. Die Schrift – weitaus stärker als der gedruckte Text – ist eine Quelle der Befriedigung, die sinnliche und geistige

Erfahrung zusammenführt. Schreiben bedeutet für Kafka das Eintreten in einen Stromkreis, der geradezu religiöse Energien erschließt.[32] Gershom Scholem verweist in seiner Untersuchung zur Kabbala und ihrer Symbolik auf die traditionelle Ansicht, daß in der Schrift der Tora «die Buchstaben einen mystischen Körper der Gottheit darstellen».[33] In einer gleichsam religiösen Dimension präsentiert sich Schrift auch in Kafkas Selbstzeugnissen. Die nächtliche Arbeit ist Annäherung an einen absoluten Zusammenhang von Sinn und Sinnlichkeit, wie sie nirgends sonst sich vollziehen kann. Seinen direkten Ausdruck findet das Wissen über den spirituellen Charakter der literarischen Produktion in der berühmten Notiz von 1920: «Schreiben als Form des Gebets» (G 171). Dieser Formel entspricht die jüdische «Wortschöpfungstheologie»,[34] die in den Zeichen der ursprünglichen (adamitischen) Menschenrede die Einheit von Sprache und Welt hergestellt findet. So wie Gott durch die Benennung die Dinge schuf, kann der Mensch in Momenten gesteigerter religiöser Andacht mit dem Werkzeug seiner Sprache das Geheimnis der Wirklichkeit durchdringen (ohne es freilich dauerhaft erfassen zu dürfen).

Kafkas Auffassung vom Schreiben kommt dieser Theologie der Sprache sehr nahe. Ihr religiöser Charakter schließt jedoch Distanz zu einem emphatischen Werkverständnis und zum geplanten öffentlichen Selbstentwurf als Autor ein. Weil allein der Akt der Benennung im Vorgang des Schreibens, nicht aber dessen Resultat die Annäherung an einen meditativen Zustand ermöglicht, tritt das literarische Produkt selbst in den Hintergrund. Nur zur Hälfte zutreffend bleibt daher Adornos apodiktische Bemerkung aus der *Ästhetischen Theorie* (1970): «Der Begriff des Kunstwerks ist Kafka so wenig angemessen, wie der des Religiösen es je war.»[35] Es scheint gerade die religiös gefärbte Macht des Schreibens zu sein, die in ihrer Logik des Prozessualen die erstarrte Ordnung des Werkes von vornherein ausschließt. Zu deren faszinierenden Aspekten gehört es, daß selbst Kafkas vollendete Arbeiten ihren vorläufigen Charakter bewahren, indem sie sich der dauerhaften Präsenz eines eindeutigen Sinns entziehen. Auch die fertigen Texte sind gemäß den Überlegungen Derridas reine ‹Schrift›, nämlich Modelle einer offenen Struktur, die durch die Lektüre in immer wieder neuen Formationen erzeugt wird.[36]

Kafka beginnt seine Manuskripte zumeist ohne genaue Planung. Ordnung ist ihm, der sonst höchst pedantisch sein konnte, in diesem Punkt zuwider. Thomas Manns penible Arbeitsökonomie, wie sie die Tagebücher reflektieren, bildet den extremen Gegenpol zu einer solchen Produktionsweise. Nicht die wirtschaftliche Selbstbegrenzung des kreativen Akts, die Schreibbeginn und Schreibunterbrechung rituell festlegt, sondern die spontane Arbeitsform bleibt für Kafka charakteristisch. Zu ihr gehören der stets neu unternommene Versuch, Texte an einem Stück in möglichst großer Konzentration zu Ende zu führen und, als Kehrseite dieses Verfahrens, das Leiden an Unterbrechungen, die, anders als bei Mann, nicht organische Bestandteile der selbstverordneten Arbeitsstrategie bilden, sondern sich zu massiven Störungen der Kreativität auswachsen. Zum ungesteuerten Arbeiten paßt, daß Kafka keine Gliederungsskizzen und Konzepte anzufertigen pflegt. Die literarische Erfindung muß aus einem spontanen Spiel der Assoziationen resultieren. Ein Spiegel dieser Arbeitsform ist der zumeist unsortierte Schreibtisch, den ein Tagebucheintrag vom 25. Dezember 1910 als Theaterschauplatz schildert. Auf ihm spielen die Dinge des alltäglichen Gebrauchs – Lineal, Briefe, Kleiderbürste, Portemonnaie, Schlüsselbund, Krawatte, Rasierspiegel – die Rolle der Akteure, die vor einem imaginären Publikum auftreten (T I 108f.). Die räumliche Ordnung gerät zum Symbol für die labyrinthische Produktion des Autors, die sich wie in Fieberträumen vollzieht. Sie reflektiert die langen Reisen der Phantasie, die Kafka unternehmen muß, um die passende Struktur seiner Texte zu finden. Auf der Bühnenlandschaft des Schreibtischs unternimmt er seine Wanderungen durch eine imaginäre Welt. «Die Schrift ist für den Schriftsteller», so weiß Derrida, «eine notwendige und gnadenlose Schiffahrt.»[37]

Am späten Abend des 22. September 1912, gegen Ende eines ereignisarmen Sonntags, an dem die Familie des künftigen Schwagers Josef Pollak in der Niklasstraße zu Besuch war, beginnt Kafka mit der Niederschrift der Erzählung *Das Urteil*. Es ist Jom Kippur, das jüdische Versöhnungsfest, das er in den vergangenen Jahren häufiger in der Synagoge begangen hatte (Joseph Roth betont später, daß man vom «Sühne-Tag» sprechen müsse, um den Sinn des Jom Kippur angemessen zu erfassen).[38] Nach dem für ihn unbefriedigenden Verlauf der Feier, an dem er fremd zwischen den sich verbrüdernden Familien gesessen hat, drängt es Kafka noch an den Schreibtisch. Gegen zehn Uhr abends findet er, zunächst ohne feste Konzeption, in seine Geschichte. Er treibt sie in großem Tempo voran, indes die Nacht voranschreitet. Am nächsten Morgen um sechs Uhr, als es vor den Fenstern über der Moldaubrücke langsam hell zu werden beginnt, hat er sein Manuskript abgeschlossen. Die Erzählung entsteht in einem großen, durch den formalen Rhythmus geradezu sinnlich spürbaren Schwung. Der im Tagebuch überlieferte Text weist kaum Korrekturen auf, die spätere Druckfassung weicht nur geringfügig von der Vorlage ab. Unter dem letzten Absatz notiert Kafka die Zahl der Bogen, die das veröffentlichte Manuskript voraussichtlich beanspruchen wird: das Zeichen des Einverständnisses mit dem Gelungenen.

Am *Urteil* befriedigt Kafka nach der ersten Lektüre die Einheit der Perspektive und die treibende Dynamik des Stils, in der sich die konzentrierte Ekstase der nächtlichen Entstehung spiegelt. Der Schreibvorgang wird erfahren als mystischer Akt, in dem Körper und Geist zusammentreten, so daß auch «die fremdesten Einfälle» in einem «Feuer» der Inspiration «vergehn und auferstehn»: «Nur so kann geschrieben werden, nur in einem solchen Zusammenhang, mit solcher vollständigen Öffnung des Leibes und der Seele.» (T II 101) Der vollendete Text, in dem sich äußere Anregungen – durch Lektüre und Erfahrung – ins Eigene wandeln, erscheint im Rückblick als «regelrechte Geburt», die unter Absonderung von «Schmutz und Schleim» aus ihm «herausgekommen» ist (T II 125). Noch acht Jahre später erklärt er Milena Pollak gegenüber, die «Musik» der gesamten Geschichte hänge mit der «‹Angst›» zusammen, deren «Wunde» in «einer langen Nacht» erstmals aufgebrochen sei (Mi 235).[39] Die befremdliche Allianz zwischen Musik und Angst bleibt typisch für Kafkas literarisches Selbstverständnis, dem entsprechend Kunst allein aus dem Arsenal der seelischen Krankheit hervorgehen kann. Kaum zufällig hat er die Septembernacht, in der das *Urteil* entstand, als ‹Geburt› seines wahren Autor-Ichs betrachtet.[40]

Am Morgen nach der Niederschrift fühlt sich Kafka außerstande, ins Büro zu gehen und die prosaische Arbeitswoche zu beginnen, als sei nichts geschehen. Auf seine Visitenkarte schreibt er eine dubiose Entschuldigung für seinen Vorgesetzten Eugen Pfohl, die sich wie ein erster Kommentar zum *Urteil* liest: «Ich habe heute früh einen kleinen Ohnmachtsanfall gehabt und habe etwas Fieber. Ich bleibe daher zuhause. Es ist aber bestimmt ohne Bedeutung und ich komme bestimmt heute noch, wenn auch vielleicht erst nach 12 ins Bureau.» (Br I 172) Dem körperlichen Aufschwung, der im Zeichen der Ekstase stand, folgt die Krise: eine Bewegungsbahn, die in der Befindlichkeit des Autors das Schicksal des Protagonisten Georg Bendemann widerspiegelt. Daß er vergleichbare Nachtwachen aus psychischen und physischen Gründen nicht jederzeit wiederholen konnte, war Kafka bewußt. Das Schreiben im ununterbrochenen Zusammenhang bedeutete stets auch den Druck bedingungsloser Einsamkeit in einem Raum jenseits des Sozialen: die körperliche und seelische Ausnahmesituation. Ende Juli 1913 bemerkt er über den Zwang zur Einschließung, der seine literarische Arbeit bestimmt: «Ich muß viel allein sein. Was ich geleistet habe, ist nur ein Erfolg des Alleinseins.» (T II 184)

Bereits am Tag nach der Niederschrift liest Kafka *Das Urteil* in der Wohnung Oskar Baums vor. Die große Resonanz, die er findet, bestätigt ihm die «Zweifellosigkeit der Geschichte» (T 103); wie so häufig ist erst die Rezitation für ihn die entscheidende Probe auf die Qualität des Textes. Am Abend des 4. Dezember 1912 trägt er die Erzählung im Rahmen eines Prager Autorenabends der zwei Jahre zuvor gegründeten *Herder-Vereinigung* auf Einladung von Willy Haas in einem verspiegelten Festsaal des vornehmen Jugendstil-Hotels *Erzherzog Stephan* am Wenzelsplatz vor kleinem Publikum öffentlich vor.[41] Gegen die Kammermusik, die während der Rezitation im

Nachbarraum veranstaltet wird, setzt er sich, so berichtet er Felice Bauer, mit mühelosem Stimmaufwand durch. Als er den Schluß der Geschichte vorliest, packt ihn seine aufsteigende Erregung, so daß er eine Ansichtskarte mit einem Photo Felices, auf der er zuvor seine Hand hatte ruhen lassen, zerdrückt.[42] Am Ende steigen ihm, wie schon bei der ersten Präsentation des Textes in Baums Wohnung, Tränen in die Augen (Br I 299, T II 103). Sie zeugen von einem Grundgefühl, das Kafka im Verhältnis zu seinen Arbeiten immer wieder bestimmt. Es ist der Selbstgenuß, der, nicht frei von Hybris, durch das Bewußtsein entzündet wird, er könne unter idealen Umständen literarisch erreichen, was immer er erreichen möchte. Das Schreiben ohne Widerstände, das jede Blockierung auflöst, schwebt Kafka seit dem *Urteil* deutlicher denn je als Ideal vor. Er weiß, zu welcher künstlerischen Leistung er fähig ist. Das macht die geheimnisvolle Selbstsicherheit aus, die ihn auch dort beherrscht, wo er mit verbissener Energie gegen sich wütet.

Vor dem Vater

«Findest Du», so schreibt Kafka am 3. Juni 1913 an Felice Bauer, «im Urteil irgendeinen Sinn, ich meine irgendeinen geraden, zusammenhängenden, verfolgbaren Sinn?» (Br II 201) Die Frage ist tückisch, denn einen solchen Sinn gibt es in der «wild und sinnlos» verlaufenden Erzählung nicht (Br I 299). Felice wird abermals zum Opfer eines advokatorischen Tricks, der sie in die Falle lockt – ein Verfahren, das die Erzählung selbst an ihren Lesern praktiziert. Kafkas eigener Textkommentar erschließt anläßlich der Korrektur der Druckfahnen am 11. Februar 1913 bezeichnenderweise nur «Beziehungen», nicht aber ‹zusammenhängende› Bedeutungen (T II 125).[43] Das entspricht zumindest formal der Ordnung der Geschichte, die sich allein über die Konstruktion und Dekonstruktion von Beziehungsfeldern aufbaut. Nicht der verbindliche Sinn eines festen Erzählgefüges, sondern die veränderlichen, perspektivisch gebrochenen Verhältnisse zwischen den Figuren bilden ihr Zentrum. Sie begründen die sich verschiebenden Modelle der Macht, von denen das *Urteil* spricht. Der Text greift damit das mythische Grundmuster der frühen Prosa auf, variiert es jedoch. Der Konflikt zwischen Vater und Sohn, den die Erzählung beschreibt, verweist auf eine reiche abendländische Tradition, die in der Antike entspringt (man denke nur an Kronos und Zeus) und auch das Christentum einschließt (hier zumal die Geschichte von Isaak und Jakob). Der vielfach entfaltete Topos wird in Kafkas tödlich endenden Familiengeschichten produktiv verarbeitet und abgewandelt. In der Serie der Mythen, die seine Texte aufgreifen, bildet er einen zentralen Komplex. Ähnlich wie in der frühen Prosa operiert Kafka hier freilich mit der Technik der Verdoppelung, die den Verhältnissen eine binäre Struktur zuordnet. So erscheint der Vater in seiner Rolle als reales Familienoberhaupt geschwächt, jedoch als symbolische Gestalt, deren Konturen sich über die Angstphantasien des Sohnes vermitteln, machtvoll und stark.[44] Die Literatur zeigt uns – ähnlich wie später der Brief von 1919 – vorwiegend diesen symbolischen Vater als Personifikation der innerfamiliären Autorität: eine reine Bilderfindung, deren Produktion nach Jacques Lacan für den Ich-Entwurf typisch und notwendig ist.[45]

Anläßlich der vor dem Druck erforderlichen Korrektur des Textes setzt sich Kafka in für ihn ungewöhnlicher Bereitschaft zum Selbstkommentar am 11. Februar 1913 im Tagebuch intensiver mit dem *Urteil* auseinander. Die Dechiffrierungen, die er vornimmt, haben im Prozeß der Wirkungsgeschichte selbst einen mythischen Status gewonnen – den Charakter von Palimpsesten, die jede neue Auslegung zu überschreiben sucht, ohne sie auslöschen zu können. Georgs Verlobte Frieda Brandenfeld, so betont er knapp, weise Felice Bauers Initialen auf, «Bende» entspreche in der Lautfolge «Kafka». «Vielleicht», heißt es am Ende unter Bezug auf das Zeichenspiel des Namens, «ist sogar der Gedanke an Berlin nicht ohne Einfluß gewesen und die Erinnerung an die Mark Brandenburg hat vielleicht eingewirkt.» (T II 125) Erkennen läßt sich hier, daß Kafkas Erzählung kein Arsenal biographischer Chiffren bildet, sondern umgekehrt das Leben die Literatur nachahmt; erst im Herbst 1912 wandelt sich Felice Bauer zu jener Frieda Brandenfeld, die in der Septembernacht nach dem Versöhnungsfest im Kopf Kafkas geboren wurde. Sein Kommentar vom 11. Februar 1913 rückt die literarische Figur nachträglich in ein Verhältnis zu seiner Berliner Briefpartnerin, das man umkehren muß, möchte man die wahren Verhältnisse erschließen: nicht Frieda ist Felice, sondern Felice repräsentiert Frieda; der Archetyp der Verlobten entstammt, ehe er Wirklichkeit gewinnt, dem Depot der Phantasie. Die vermeintlich reale Person wird nach dem Modell der literarischen Gestalt im Medium des Briefs näher entworfen und umrissen. Die Grundfigur, die Kafkas Biographie strukturiert, tritt mit dem *Urteil* auf den Schauplatz der Bedeutung; das Leben bildet eine Imitation der Literatur. Die genannte Tagebuchnotiz ist vor diesem Hintergrund keineswegs ein Beitrag zur Interpretation, sondern der Versuch, die Geschichte mit anderen Mitteln fortzuschreiben. «Der Künstler», bemerkt Adorno mit dem ihm eigenen Hochmut, «ist nicht gehalten, das eigene Werk zu verstehen, und man hat besonderen Grund zum Zweifel, ob Kafka es vermochte.»[46] Ein solches Diktum übersieht die Tatsache, daß die Selbstdeutung eines Autors niemals ‹Interpretation› sein kann, sondern ihrerseits zum fiktionalen Text gehört. In diesem Sinne ist sie kein hermeneutischer Akt, vielmehr ein zentrales Element der poetischen Imagination.

Kafkas Erzählung gleicht durch ihr Darstellungstempo, den konzentriert geführten Handlungsbogen und den markanten Umschlag am Ende des Geschehens einer klassischen Novelle. In ihrem Zentrum steht, gemäß Goethes berühmter Bestimmung der Gattung, eine «unerhörte Begebenheit», die alle Maße des Faßlichen zu sprengen scheint.[47] Auf diese Begebenheit treibt die Handlung mit gleichmäßiger Beschleunigung zu.

Die Exposition zeigt Georg Bendemann noch als mit sich selbst versöhnten, in Tagträumen befangenen Briefschreiber, der über das Verhältnis zu seinem geschäftlich gescheiterten und sozial vereinsamten Freund in Petersburg nachsinnt. Am Ende steht die schneidend scharfe Anklage, die der Vater gegen den Sohn richtet: «‹Ein unschuldiges Kind warst du ja eigentlich, aber noch eigentlicher warst du ein teuflischer Mensch!›» (D 52) Die Verurteilung «zum Tode des Ertrinkens» (D 52), die Georg an sich selbst vollstreckt, vollendet die katastrophische Logik der Novelle, welche in der ‹unerhörten Begebenheit› begründet liegt.

Das Urteil setzt einen Kampf in Szene, der durch das ungeschützte Spiel der Körper modellhaft veranschaulicht wird. Die Bedeutung, die dabei der Magie der Gesten zufällt, ist offenkundig.[48] Durch die Zeichen des Leibes und ihre – oftmals changierende – Sprache entwirft der Text eine eigene Ordnung der Macht, die Walter Benjamin treffend charakterisiert hat: «Es ist sehr häufig, daß Kafka den Vorgängen gewissermaßen den Sinn abzapft, um ihren gestischen Gehalt stärker heraustreten zu lassen.» Nachdem die Prosa der *Betrachtung*, wie Benjamin vermerkt, ein allgemeines, noch sehr weitläufiges «Inventar der Gesten»[49] erschloß, gewinnen die Gebärden im *Urteil* als komplementäre Zeichen für Macht und Ohnmacht einen genau festgelegten Sinn. Wenn Georg vor dem im Befehlston sprechenden Vater niederkniet, so degradiert dieser ihn zusätzlich durch seinen beobachtenden Blick, der ihn zum Aufseher und Gemütsspion werden läßt (D 47). Umgekehrt nähert sich der Vater der Rolle des Kindes, sobald Georg ihn auf den Händen ins Bett trägt – ein Motiv aus Jakob Gordins jiddischem Stück *Gott, Mensch und Teufel*, das Löwy Kafka an einem Nachmittag Ende Oktober 1911 vorgelesen hatte (T I 153).[50] Der zur Unmündigkeit verurteilte Vater beginnt mit der Uhrkette des Sohnes zu spielen und bezeichnet damit die unkommentiert bleibende Verschiebung der Machtverhältnisse; Hegel spricht in diesem Sinne davon, daß für den Knecht das «selbständige Sein» des Herrn die Kette sei, an die er auch «im Kampfe» gebunden bleibe.[51] Zum Wesen des im *Urteil* entwickelten Familiendramas gehört es jedoch, daß sich hierarchische Beziehungen verschieben können. Nachdem Georg den Vater «zugedeckt» – begraben – hat, erhebt dieser sich in voller Größe aus dem Bett und stößt wie ein obszöner Haustyrann seine ordinären Verwünschungen aus (D 44). Das Motiv der Körpergröße besitzt hier nicht nur einen biographischen Bezug im Hinweis auf Hermann Kafka, sondern auch ein literarisches Vorbild: Herr Benjamenta, der Vorsteher des Erziehungsinstituts in Robert Walsers Roman *Jakob von Gunten*, wird gleichfalls als «Riese» beschrieben, der seine

Zöglinge gewaltig überragt.[52] In der kurzen Erzählung *Das Ehepaar*, die zehn Jahre nach dem *Urteil* entstand, schildert Kafka den Vater, zu dem der Ich-Erzähler eine Geschäftsverbindung unterhält, als ‹großen, breitschultrigen Mann›, dessen «schleichendes Leiden» jedoch den Eindruck körperlicher Stärke bereits relativiert. Wenn dieser Vater am Ende, nachdem er während der Verhandlungen eingeschlafen ist, ins Bett seines Sohnes gelegt wird, so spielt das sichtbar auf die Konstellation der Novelle an (E 134ff.).

Georgs Verlobung mit Frieda Brandenfeld, «einem Mädchen aus einer wohlhabenden Familie» (D 43), erweist sich als Symbol der Macht, die im Text über Beziehungsfelder aufgebaut wird (was der strukturellen Analyse der Macht bei Nietzsche entspricht).[53] Der Vater, der nach dem Tod seiner Frau allein ist, verliert mit Georgs Bindung den letzten Rest seiner Privilegien. Im Ringen um die familiäre Autoritätsposition unterliegt er zunächst, weil die Heirat des Sohnes seinen Regreß ins Stadium des Kindes besiegelt; geschäftliche Entmündigung und körperlicher Verfall, Tod der Frau und Vereinsamung bilden die äußeren Symptome seiner geschwächten Stellung. Aus dieser Konstellation leitet sich wiederum der Kampf um den Freund ab, den Vater und Sohn als Medium ihrer Selbstspiegelung gleichermaßen für sich gewinnen möchten. Die Verlobte Frieda Brandenfeld betrachtet den Freund als Widerspruch zum Verlobungsplan Georgs, weil sie in ihm keinen wirklichen Menschen, sondern nur eine Chiffre für das verstärkte (im Bündnis verdoppelte) Junggesellentum erblickt (D 42). Georg freilich antwortet auf ihre Bedenken ausweichend, in für ihn typischer Verstocktheit. Die kasuistische Rhetorik, die Kafka in den Briefen an Felice Bauer pflegt, wird hier bereits erprobt: die Literatur übt für die Realität.

Die Schuld des Sohnes läßt sich nicht aus seinem Handeln, sondern aus seiner Funktion im Familiengefüge ableiten. Sie bildet keine moralische, vielmehr eine strukturelle Kategorie, die durch die Ordnung der Familie bedingt wird. Die gesamte Erzählkonstruktion gehorcht einem komplizierten Gleichgewichtssystem, das auch am Ende seine interne Balance bewahrt. Der Schluß der Novelle beschreibt den Tod des Protagonisten als Folge eines Triebwillens mit unumkehrbarer Konsequenz: «Georg fühlte sich aus dem Zimmer gejagt, den Schlag, mit dem der Vater hinter ihm aufs Bett stürzte, trug er noch in den Ohren davon. Auf der Treppe, über deren Stufen er wie über eine schiefe Fläche eilte, überrumpelte er seine Bedienerin, die im Begriffe war heraufzugehen, um die Wohnung nach der Nacht aufzuräumen.» (D 52) Die Perfidie des Erzählfinales besteht darin, daß Georg die Schuld, die ihm aus der strukturellen Ordnung der Familie zuwächst, persönlich akzeptiert.[54] Sie wird – nach der von Freud in *Totem und Tabu* beschriebenen Mechanik – zu einem Schuldgefühl verinnerlicht und am Ende im Akt der Selbstzerstörung bestraft.[55]

Die gesteigerte Rhythmik der Schlußsätze, die die Strommetaphorik der Exposition aufgreifen, besitzt ihre eigene Suggestionskraft. In filmähnlicher Beschleunigung beschreibt Kafka, wie Georg durch ein magisch wirkendes Gesetz zur Vollstreckung des im Sprechakt des Vaters manifesten Urteilsspruchs gezwungen wird: «Aus dem Tor sprang er, über die Fahrbahn zum Wasser trieb es ihn. Schon hielt er das Geländer fest, wie ein Hungriger die Nahrung.» (D 52) Der Sturz in die Tiefe läßt den Protagonisten aus der von ihm usurpierten Vater-Welt in die naturhafte Sphäre des Flusses eintreten. Otto Picks Erzählung *Die Probe*, die am 15. Dezember 1911 im Insbrucker *Brenner* – dem Forum Georg Trakls und zahlreicher anderer Vertreter der österreichischen Moderne – erschien, schildert einen ähnlichen Akt der Selbstauslöschung wie *Das Urteil*. Der entrückte Held Robert begeht, obgleich ihm im Leben alles geglückt ist, in dunkler Todessehnsucht Selbstmord, indem er sich aus dem Fenster stürzt: «‹Ich komme gleich›, flüsterte er selig lächelnd, beugte sich in die laue Luft hinaus und ließ sich niedergleiten.»[56]

Kafka schrieb die letzte Szene der Erzählung, während über der Niklasbrücke die Sonne aufging. Sein Tagebuch hält diesen Moment, da das Licht vor dem Fenster einen ersten bläulichen Schimmer zeigte, mit protokollartiger Nüchternheit fest (T II 101). In einem Brief an Hedwig Weiler bemerkte er vier Jahre zuvor, als die Brücke sich noch im Bau befand, die Straße, die hier zur Moldau führe, nenne er eine «‹Anlaufstelle für Selbstmörder›» (Br I 78). Im September 1912 wird sie zum imaginären Ort der Selbstbestrafung Georg Bendemanns, deren szenische Dramaturgie mit einer expressiven Symbolik aufgeladen ist. Das Wasser steht, gemäß den Hinweisen von Freuds *Traumdeutung*, für die Geburt, für den endgültigen Regreß des im Emanzipationskampf gescheiterten Sohnes.[57] Der ‹unendliche Verkehr›, der im Moment von Georgs Sturz über die Brücke geht, zeigt die Macht des Lebens an, die massiv fortwirkt, auch wenn der Einzelne untergeht. Kafka selbst soll, wie sich Brod erinnert, «an eine starke Ejakulation» gedacht haben, als er den letzten Satz der Erzählung niederschrieb.[58] In einem weiteren Sinne könnte man ihn auch als Hinweis auf jene Gewalt des Willens deuten, in der Schopenhauer das Prinzip der Triebnatur verwirklicht sah. Der ewige – ‹unendliche› – Strom des Lebens pulsiert weiter, ohne sich vom Tod des einzelnen Menschen aufhalten zu lassen. Ihm steht das Reich der Vorstellung entgegen, das die Exposition durch das Motiv des gedankenverlorenen Briefschreibers bezeichnet hatte. Auch unter diesem Aspekt schließt sich im Finale der Bogen der wie aus einem Guß komponierten Erzählung; der Ohnmacht des Intelligiblen, das am Anfang in den Akten der Imagination des Sohnes aufgehoben schien, tritt die Macht des Lebens entgegen, das zum Schluß das schwache, zur Begründung einer eigenen Machtposition unfähige Individuum auslöscht. Ganz in diesem Sinne endet schon Thomas Manns frühe Novelle *Der kleine Herr Friedemann* (1897), die Kafka mit Sicherheit kannte: der Protagonist stürzt sich ins Wasser und ertrinkt, indessen das äußere Leben unverändert unter dem Diktat seiner naturhaften Reize fortschreitet.

Manns effektvoller Erzählschluß ähnelt dem Kafkas, weil auch er, geschult an Schopenhauer, mit einer zur Ironie gesteigerten Nüchternheit den Triumph des Lebens über das gescheiterte Individuum konstatiert: «Beim Aufklatschen des Wassers waren die Grillen einen Augenblick verstummt. Nun setzte ihr Zirpen wieder ein, der Park rauschte leise auf, und durch die lange Allee herunter klang gedämpftes Lachen.»[59]

Festzuhalten ist, daß am Ende von Kafkas Novelle auch der Vater untergeht und damit das Prinzip der Balance noch im Schreckbild der Agonie bewahrt wird.[60] In dem Moment, da Georg aus dem Zimmer stürzt, bricht er auf dem Bett zusammen. Wie der Sohn das Urteil des Vaters an sich selbst vollstreckt, so geschieht hier mit dem alten Bendemann, was Georg unter dem Bann eines – laut Freud archaischen – Tötungstriebs gewünscht hat: «‹wenn er fiele und zerschmetterte›» (D 50).[61] Der Kampf verkettet die Figuren derart, daß sie am Ende ein ähnliches Schicksal teilen. Vater und Sohn sind auch im Tod verbunden wie durch die Uhrkette, mit der der Vater spielt, als er ins Bett getragen wird. Der Sohn schließt in sich den Vater, dieser den Sohn ein. Die Suche nach Allianzen, die ihren Machtkampf steuert, entspringt dem Bedürfnis, sich selbst zu ergänzen. Leitendes Strukturmuster der Erzählung bleibt hier die innere Verknüpfung der Figuren als Spielart jenes Doppelgängertums, das schon die *Beschreibung eines Kampfes* bestimmte. Wenn mit dem Sohn am Ende auch der Vater zu sterben scheint, ist das nur folgerichtig, weil der mythische Kampf auf dem Feld einer dialektischen Machtordnung keinen Sieger kennt. Kafkas enigmatischer Kommentar der Erzählung, im Tagebuch vom 11. Februar 1913 fixiert, betont das Grundmuster der wechselseitigen Abhängigkeit ausdrücklich: «Allein bei seinem Fenster sitzend wühlt Georg in diesem Gemeinsamen mit Wollust, glaubt den Vater in sich zu haben und hält alles bis auf eine flüchtige traurige Nachdenklichkeit für friedlich.» Nimmt man dieses dunkle Postskriptum ernst, so wäre zu folgern, daß Georg sich am Ende selbst verurteilt. Der Vater ist Kafkas Notiz nach allein aus dem «Freund» ‹hervorgestiegen› und hat sich «als Gegensatz Georg gegenüber» aufgestellt (T II 125). Er erscheint wie eine Einbildung des Sohnes, der seine Schuldgefühle in einer Strafphantasie zum Ausbruch kommen läßt.[62] In einem Brief an Felice erläutert Kafka am 10. Juni 1913, daß auch in der Figur des Freundes, die laut Journal dem Vorbild des früheren Mitschülers Otto Steuer nachgebildet ist, nur «der perspektivische Wechsel der Beziehungen zwischen Vater und Sohn» sichtbar hervortrete (Br II 205, T II 126). Das muß keineswegs in Widerspruch zur

Tagebuch-Aussage vom Februar stehen. Deutlich ist vielmehr, daß sämtliche Figuren der Novelle einzig aus intersubjektiven Verhältnissen geboren werden. Ihr episches Lebensrecht gewinnen sie durch das Spiel der Verwandtschaften und deren Brechung in wechselnden Konfliktkonstellationen.[63] Nietzsches Erkenntnisoptik der Dekonstruktion erstarrter Standpunkte wird von Kafka mit eigener Konsequenz auf das Erzählverfahren übertragen. Als eigentliche Wahrheit des Kampfes, den *Das Urteil* schildert, erweist sich die Sprache der Literatur, deren Schrift die Macht, den Körper und den Tod zu Zeichen ihrer rasanten Bewegung werden läßt.

Kafka verfaßt seine Erzählung im «Schwellenjahr des europäischen Expressionismus».[64] Ihr Leitthema wird in einer Reihe von Texten der Zeit wiederkehren, dabei jedoch wesentlichen Metamorphosen unterliegen. Reinhard Johannes Sorges Schauspiel *Der Bettler* (1912) präsentiert einen Sohn – Spiegel des in der Rahmenhandlung agierenden jungen Dichters –, der seinen senilen Vater gleichfalls ins Bett trägt und in falscher Fürsorglichkeit zudeckt; wenig später tötet er ihn durch Gift und verwirklicht damit jenen dithyrambisch gefeierten Mordwunsch, der auch Georg wie ein heißer Blitz ‹durchzischt›.[65] Hasenclevers Drama *Der Sohn*, 1914 nach einem Vorabdruck in Schickeles *Weißen Blättern* bei Kurt Wolff veröffentlicht, zeigt das Zerrbild eines als autoritärer Dresseur auftretenden Vaters, der am Ende im Generationenkampf unterliegt und durch einen Herzanfall niedergestreckt wird. Franz Werfel wiederum sucht das Thema 1920 in der längeren Erzählung *Nicht der Mörder, der Ermordete ist schuldig* aufzunehmen: der junge Duschek, gepeinigt von einem allein in militärischen Ordnungskategorien denkenden Vater, verfällt einer Verschwörerclique, für die er den Auftrag übernimmt, den russischen Zaren zu ermorden; die politische Handlung mündet, nachdem die Attentatspläne durch eine Polizeirazzia durchkreuzt werden, rasch in das private Drama des Sohnes, der seinen Vater nur deshalb nicht tötet, weil er an ihm plötzlich Zeichen der heraufziehenden Altersschwäche erkennt.[66] Von den – zuweilen realitätsfernen – Hoffnungen der jungen Expressionisten grenzt sich Kafkas Erzählung durch entschiedenen Pessimismus ab. Das halluzinatorische Grauen, das über der Novelle liegt, entsteigt einer mythischen Landschaft der Seele, in der archaische Konflikte ohne eindeutigen Sieger ausgefochten werden. Für die dithyrambische Feier der Jugend war in dieser Ordnung keine Stimme vorgesehen.

Schon am 11. Februar 1913 erhält Kafka aus Leipzig die Korrekturbögen der Erzählung. Ende Mai 1913 erscheint *Das Urteil* in der von Max Brod kurz zuvor begründeten *Arkadia*, die als *Jahrbuch für Dichtkunst* zum Renommierobjekt des jungen Wolff-Verlags avancieren soll. Der erste (und zugleich letzte) Band des ehrgeizigen Almanachs versammelt dramatische Studien von Franz Blei und Franz Werfel, lyrische Texte von Franz Janowitz, Heinrich Lautensack und Otto Pick, erzählerische Beiträge von Oskar Baum, Moritz Heimann, Otto Stoeßl und Alfred Wolfenstein. Robert Walser ist mit Texten in sämtlichen drei Gattungssparten vertreten und repräsentiert die bewunderte Leitfigur des Bandes.[67] Brod selbst hat eine seiner besseren Novellen beigesteuert: *Notwehr* erzählt die düstere Geschichte eines jungen Subalternbeamten, der aus plötzlich in ihm aufsteigender Tötungslust einen Mord an einem ihn bedrohenden Kriminellen begeht, vor Gericht freigesprochen wird und fortan das Dasein eines pedantisch seine Dienstpflichten versehenden Kleinbürgers führt. Brods Novelle liefert das Gegenbild zum *Urteil*: sie beschreibt die Anpassung des Protagonisten an die Banalität des Lebens ebenso wie die Abgründe, die von den rituellen Zeichenspielen der Normalität verdeckt werden.

Eine ekelhafte Geschichte

Am Sonntag, dem 17. November 1912, liegt Kafka lange im Bett. Er hat schlecht geschlafen, unruhig geträumt. Er läßt sich von seinen Assoziationen treiben, spürt den «Jammer» seiner unklaren Beziehung zu Felice Bauer und verstrickt sich in Phantasien, die ihn über Stunden fesseln (Br I 241). Solche Momente des verzögerten Erwachens sind, wie er weiß, für ihn literarisch höchst produktiv. «Das Bewußtsein meiner dichterischen Fähigkeiten», so heißt es ein Jahr zuvor im Tagebuch, «ist am Abend und am Morgen unüberblickbar. Ich fühle mich gelockert bis auf den Boden meines Wesens und kann aus mir heben was ich nur will.» (T I 44) Zug um Zug tauchen die Schemen für eine neue Erzählung in ihm auf. Auch sie wird von einem Morgen nach unruhigem Schlaf handeln; was sie beschreibt, beansprucht jedoch ausdrücklich den Status des Realen jenseits der Hirngespinste der Nacht. Die Geschichte des zum riesenhaften Insekt gewordenen Gregor Samsa schließt programmatisch alle Interpretationen aus, die sie ins Reich des Imaginären verbannen und damit entschärfen möchten: «Es war kein Traum.» (D 93) In Dostojevskijs frühem Roman *Ein Doppelgänger* (1864), den Kafka kannte, heißt es ähnlich, nachdem der Subalternbeamte Goljädkin im Büro seinem leibhaftigen *alter ego* begegnet ist: «Nein, es war nicht nur ein Traum.»[68] Nach dem Vorbild Dostojevskijs ist auch die Exposition der an diesem Vormittag langsam in Kafkas Kopf aufsteigenden Erzählung gestaltet, die später *Die Verwandlung* heißen wird: wie der Beamte Goljädkin liegt der Handlungsreisende Gregor Samsa morgens im Bett und beobachtet sich selbst beim langsamen Vorgang des Erwachens, der ihn Zug um Zug in eine aberwitzige Wirklichkeit führt.

In der folgenden Woche entsteht das erste Teilkapitel der Erzählung, annähernd ein Drittel des späteren Gesamtumfangs.[69] Am Sonntag, dem 24. November 1912 liest Kafka Oskar Baum, Max Brod und dessen Verlobter Elsa

Taussig aus dem Manuskript vor. Die beiden folgenden Kapitel runden sich innerhalb der nächsten zwei Wochen, unterbrochen durch eine Dienstreise zum Bezirksgericht nach Kratzau, wo Kafka die Versicherungsanstalt am 26. November in einem Prozeß vertreten muß. In der Nacht zum 6. Dezember entsteht der Schlußteil des Textes. «Weine, Liebste», so fordert er Felice am frühen Morgen auf, «jetzt ist die Zeit des Weinens da! Der Held meiner kleinen Geschichte ist vor einer Weile gestorben.» (Br I 303) In der nächsten Nacht beendet Kafka das Manuskript, ohne daß ihn das Finale jedoch sogleich befriedigt (Br I 306). Am 28. Februar 1913 liest er die Erzählung bei Brod vor, wobei er förmlich «in Raserei» gerät (Br II 115). Der durch Brod informierte Werfel, der seit Beginn des Jahres offiziell als Lektor bei Kurt Wolff in Leipzig tätig ist, benachrichtigt seinen Verleger unverzüglich von der Existenz eines aufregenden neuen Manuskripts, auch wenn er dessen Inhalt selbst nicht kennt. Wolff ist sogleich interessiert und schreibt Kafka am 20. März 1913: «Herr Franz Werfel hat mir so viel von Ihrer neuen Novelle – heißt sie ‹Die Wanze› –? erzählt, daß ich sie gern kennen lernen möchte.» (Br II 572)

Kafka zögert jedoch, Wolff eine Abschrift zu übersenden, weil ihm offenbar der perspektivisch brüchige Schluß mißfällt. Am 20. Oktober 1913 liest er *Die Verwandlung* nochmals im Manuskript und gelangt zu einem ihn wenig befriedigenden Urteil («finde sie schlecht», T II 197). Eine weitere Prüfung am 23. Januar 1914 kommt zu keinem sonderlich anderen Ergebnis: «mit Widerwillen» betrachtet er jetzt den Text, das Ende hält er für ‹unlesbar› (T II 226). Dennoch scheint Kafka zu Beginn des Jahres 1914 mit dem Gedanken einer Veröffentlichung ernsthaft gespielt zu haben. Am 18. April berichtet er Felice Bauer, *Die Verwandlung* sei von S. Fischers *Neuer Rundschau* angenommen worden. Offenbar hatte er, gegen eine mit Wolff bestehende mündliche Verabredung, das Manuskript an den seit Jahresbeginn für die Zeitschrift verantwortlichen Redakteur Robert Musil geschickt (F 556). Die Ursache seines Sinneswandels mag im Privaten liegen; angesichts der fortwährenden Krisen im Verhältnis zu Felice spielte Kafka im März 1914 mit dem Plan, als freier Autor nach Berlin umzusiedeln, wofür ihm die Zusammenarbeit mit der angesehenen (und zahlungskräftigen) *Rundschau* ein willkommener Auftakt schien. Zudem hatte ihm Musil bereits Ende Februar 1914 in einem mehrseitigen Brief mit werbenden Worten eine enge Kooperation angeboten: «Betrachten Sie bitte diese ‹Zeitschrift› als ihr persönliches Organ für alles, was Sie in Kunst oder damit zusammenhängenden Gebieten durchgesetzt wissen wollen.» (Br II 579)

Die Veröffentlichung der *Verwandlung* erfolgte gleichwohl an anderer Stelle, weil der mächtige Verleger Samuel Fischer gegen den Abdruck des allzu umfangreichen Textes sein Votum einlegte. René Schickele sichert sich schließlich im Sommer 1915 als Redakteur der wirtschaftlich eng mit dem Wolff-Verlag verbundenen *Weißen Blätter*, die er von ihrem Gründer Franz Blei übernommen hatte, das verwaiste Manuskript und druckt *Die Verwandlung* bereits im Oktoberheft. Kafka erhält keine Fahnenabzüge, so daß er die endgültige Textgestalt nicht beeinflussen kann. Immerhin handelt es sich um einen durchaus attraktiven Veröffentlichungsort. Nachdem Franz Blei die *Weißen Blätter* 1913 ins Leben gerufen hatte, avancierten sie rasch zu einem der herausragenden Organe des Expressionismus. Bei Kriegsausbruch stellten die *Blätter* vorübergehend ihre Arbeit ein, ehe der Elsässer Schickele das Unternehmen zu Beginn des Jahres 1915 neu ankurbelte und zu einem Periodikum mit verstärkt politischem (antimilitaristisch-internationalistischem) Profil machte. Kurz vor Kafkas Erzählung erschienen hier in Fortsetzungen Brods Roman *Tycho Brahes Weg zu Gott*, Heinrich Manns programmatischer Zola-Essay und Hasenclevers *Der Sohn*. Später gehörten auch Gottfried Benn, Johannes R. Becher und Kasimir Edschmid zu den Autoren der Zeitschrift, die Kurt Pinthus neben Herwarth Waldens *Sturm* und Franz Pfemferts *Aktion* zu den wichtigsten Programmblättern des Expressionismus zählte.[70] Nur wenige Wochen nach dem Druck in Schickeles Journal unterbreitet Wolff Kafka nochmals ein Veröffentlichungsangebot. *Die Verwandlung* erscheint, nach schneller Drucklegung, Anfang Dezember 1915 als selbständiger Doppelband in der Reihe *Der jüngste Tag*, dem avantgardistischen Flaggschiff des Verlags.

Wie *Das Urteil* weist *Die Verwandlung* eine klassische Novellenstruktur auf, die Kafka freilich auf bestechende Weise variiert. Die ‹unerhörte Begebenheit›, die die Handlung des Textes bestimmt, wird nicht erzählt, sondern vorausgesetzt. Die Verwandlung des unverheirateten, in der Wohnung seiner Eltern lebenden Handlungsreisenden Gregor Samsa in einen großen braunen Käfer findet weder eine nähere Beschreibung noch eine Erklärung. Der Einbruch des Phantastischen in den Alltag vollzieht sich hier vollkommen lautlos, außerhalb der Zone kausaler Beziehungsfelder. Dem entspricht ein kommentarfreies Erzählverfahren, das Gregor wie durch Momentaufnahmen zu erfassen sucht, ohne jedoch damit den Rätselcharakter seiner Verwandlung aufzuhellen. Die Darstellungsperspektive beschränkt sich zumeist darauf, die Gedanken, die Gregor als Mensch im Käferkörper hegt, möglichst exakt wiederzugeben. Nicht selten aber verläßt der Erzähler seine Kameraposition knapp hinter der Hauptfigur; dann zeigt er sein tieferes Wissen, indem er den Blick über Zimmerfluchten und Hausflur schweifen läßt, in Zeitschichten der Vergangenheit eintaucht oder, wie am Ende, nach dem Tod des Protagonisten, das Sichtfeld erweitert und der Familie ins Freie folgt (D 123f., 144, 157f.). Dieses Verfahren hat in subtiler Weise stets die Totalität des Geschehens im Visier, ohne daß der Erzähler dabei die Stimme erhebt oder selbst hervortritt; statt von einem ‹einsinnigen› Prinzip sollte man von der filmischen Technik des *camera eye* sprechen, die es erlaubt, das literarische Wissen durch kaum bemerkbare Perspektivveränderungen zu demonstrieren; auch hier zeigt sich Kafka als Autor, der beim Kino in die Schule geht.[71] Aus welchem Grund der Protagonist in seinem Tierkörper mit menschlichem Intellekt und intensiver Erinnerung an sein früheres Leben (D 118, 140) ausgestattet ist, wird nicht näher erläutert. Psychische Menschenidentität und tierisches Erscheinungsbild bleiben systematisch getrennt. Symptomatisch ist in diesem Zusammenhang, daß Gregor zwar über die geistigen, nicht jedoch über die technischen Voraussetzungen zum Sprechen verfügt. Sein intellektueller Apparat ist menschlich, die mechanische Beschaffenheit des Körpers tierisch: «‹Das war eine Tierstimme›», erklärt der Prokurist nach Gregors morgendlicher Rechtfertigungsrede hinter verschlossener Tür. Der Protagonist selbst zieht daraus die Konsequenz und schweigt fortan; als Mensch erscheint er nur noch in einem psychischen Innenraum – im Feld der Phantasie und Reflexion –, wo er freilich keine Außenwirkung erzielt. Die Tragödie Gregor Samsas entsteht dadurch, daß seine Umwelt seinen seelischen Status verwirft und negiert. Das unterscheidet sein Los vom Schicksal Frankensteins, wie es Mary Shelley trivial und genial zugleich in ihrem berühmten Roman von 1818 erzählt hat. Während Frankenstein im abstoßenden Körper für einen zumindest menschenähnlichen Unhold gehalten wird, kann sich Gregor gegen die Mechanik seines Käferkörpers nicht mehr als *Homo sapiens* zur Geltung bringen; er verkümmert zu jenem ‹Es›, als das ihn am Ende die ihn verurteilende Schwester Grete anspricht: «‹Wir müssen es loszuwerden suchen›», erklärt sie im Familienrat nach Gregors letztem Ausbruch (D 150). Die Bedienstete konstatiert in ähnlichem Tonfall Gregors Tod: «‹Sehen Sie nur mal, es ist krepiert›», bemerkt sie gefühllos (D 153). In einem Brief an Felice Bauer vom 1. November 1912 behauptet Kafka, daß ihm das Nicht-Schreiben den Eindruck vermittle, er sei «wert hinausgekehrt zu werden.» (Br I 202) Diese Vorstellung entspricht dem Schluß der *Verwandlung*, der die Dienerin nüchtern erklären läßt, sie habe «‹das Zeug von nebenan weggeschafft›» (D 156).

Nicht allein Gregor, sondern auch seine gesamte Umwelt wird in Kafkas Geschichte einer komplexen Metamorphose unterzogen. Der Veränderungsprozeß, von dem wir erfahren, betrifft die Felder der Ökonomie, des Körpers und der räumlichen Ordnungen, die ihrerseits durch den Leitbegriff der Macht verknüpft sind (Nietzsche hat vom «Machtgedanken» gesprochen, der das Modell der bürgerlichen Familie schon im antiken Rom bestimmte).[72] Kafkas Text zeigt die tödlich endende Verwandlung von Machtbeziehungen im Raum privater Intimität. Er vertieft die Befunde des *Urteils*, indem er das Personal erweitert und in eine komplexere Vernetzungsstruktur stellt. Bedingt durch Gregors neue Körperlichkeit verändern sich zuallererst die ökonomischen Lebensumstände in der Familie Samsa. Zwar verfügt der Vater zur Überraschung Gregors, der in seinem Zimmer fortan zum Ohrenzeugen der Familienberatungen wird, über ein ihm bisher geheimgehaltenes Vermögen, das er aus seinem Firmenzusammenbruch gerettet hat (D 121), doch sieht sich die Familie aufgrund der rasch aufgebrauchten Ersparnisse schließlich dazu genötigt, feste Arbeitsverhältnisse zu suchen. Die Eltern gewinnen jetzt ihre alte Autonomie zurück, die sie einbüßten, als Gregor den Part des fürsorglichen Ernährers übernahm. Die sozialen Zwänge, die sie durch den Eintritt in die Berufswelt erleiden, werden mit dem Gewinn bisher ungekannter Entscheidungsfreiheiten aufgewogen. Der Vater findet zugleich in seine alte patriarchalische Rolle zurück, die er zuvor bereits verloren hatte.[73] Die Sphäre der bürgerlichen Intimität erscheint als symbolischer Schauplatz von Herrschaftsbeziehungen, wie ihn Freud in seinem Aufsatz über den *Familienroman der Neurotiker* (1909) prägnant beschrieb.[74]

Gregors physische Verwandlung setzt ungeahnte Energien in der Familie frei. Erneut ist der Körper – als «Einsatz im Wahrheitsspiel» (Foucault) – das Sinnbild für die Macht, die Menschen gewinnen oder verlieren können.[75] Neben dem in seiner dunklen Höhle verdämmernden Insekt erblüht im Wohnzimmer eine Vitalität, wie sie Carl Sternheim in seinem Komödienzyklus *Aus dem bürgerlichen Heldenleben* (1910–14) ironisch als Merkmal mittelständischen Behauptungs- und Geschäftswillens vorgeführt hat. Der alte Samsa empfängt so die Züge eines zweiten Theobald Maske, der seine Identität aus den Requisiten eines ritualisierten Alltags zusammenzimmert. Ähnlich wie im *Urteil* gewinnt der zunächst verfallen wirkende Vater im Fortgang der Erzählung überraschende Kräfte. In der Uniform des Geschäftsportiers erscheint er «recht gut aufgerichtet», neu gestrafft und selbstsicher (D 134). Mit Schimpfreden und Prügel, später mit (letzthin tödlichen) Apfelwürfen treibt er Gregor in sein Zimmer («Ich habe die Eltern immer als Verfolger gefühlt», schreibt Kafka am 21. November 1912; Br I 253). Während der Vater nach dem ersten Schrecken noch weinend die Hände vor das Gesicht schlägt – das Motiv wird der Zeichner Ottomar Starke auf dem Titelblatt der Buchausgabe von 1915 zeigen (D 107) –, erweist er sich in späteren Situationen als gänzlich mitleidslos und gewalttätig. Er schüttelt drohend die Faust (eine Stummfilm-Gebärde), stößt den Käfer mit dem Spazierstock, tritt ihn, erhebt vor ihm die Stiefelsohlen, die ihn zerdrücken könnten. Kafka mag sich hier an den Wanzenvergleich erinnert haben, mit dem sein Vater im November 1911 den Schauspieler Löwy bedacht hatte; das Bild der Wanze läßt die Gewalt ahnen, mit der man Ungeziefer ‹zerdrückt› (T I 174). Im Medium der Rollenprosa wird Kafkas Vaterbrief von 1919 das schwache

Aufbegehren des Kindes gegen die patriarchalische Autorität als «Kampf des Ungeziefers» bezeichnen, das «nicht nur sticht, sondern gleich auch zu seiner Lebenserhaltung das Blut saugt.» (G 64)

Gesteigerte Lebenskraft bezeichnen ebenso die «riesige knochige Bedienerin» (D 138), welche die Familie nach einigen Monaten anstelle des furchtsamen jungen Stubenmädchens beschäftigt, und die drei Zimmerherren, die mit ungebrochenem Hunger riesige Mengen von Fleisch und Kartoffeln vertilgen, während Gregor, der in seinem Zimmer das Geräusch ihrer malmenden Zähne vernimmt, immer weniger Gefallen am Essen entwickelt: «‹Wie sich diese Zimmerherren nähren, und ich komme um!›» (D 144) Die Gier, mit der die drei Untermieter ihre Zähne in das Fleisch graben, gemahnt schon an den Panther, der am Ende der *Hungerkünstler*-Erzählung (1922) den freigewordenen Platz im Käfig des Artisten einnehmen darf. Auch hier ist dem Motiv der Nahrungsverweigerung die animalische Lust als Prinzip des Triebs kontrastiert. Was Goethe in *Winckelmann und sein Jahrhundert* (1805) noch die «antwortenden Gegenbilder»[76] nennt, gewinnt bei Kafka die Perfidie des hochgradig ironischen Kontrasts. ‹Gegenbilder› erzeugen in seinen Texten keine glücklichen Balanceeffekte, sondern Spannungen, die unaufhebbar und verstörend die soziale Ordnung durchziehen. Die logische Figur, in der sie sich manifestieren, ist jene des Tauschs, unter deren Gesetz Gregor durch die Mächte des Lebens substituiert wird.

Eine Verwandlung durchläuft nicht zuletzt Gregors Käferkörper selbst. Erscheint er anfangs noch so «ungeheuer» (D 93) und ausgedehnt, daß sich über ihm die Bettdecke wölben kann, so verliert er im Fortgang der Erzählung Größe und Volumen. Im zweiten Teil vermag Gregor mit seinem ganzen Leib bereits das Bild der Pelzdame an der Wand zu bedecken; jetzt muten ihn die Stiefelsohlen seines Vaters im Verhältnis zu seinem eigenen Leibesumfang bereits so mächtig an, als könnten sie ihn erdrücken (D 131, 134). Der wachsende Verlust des Sehvermögens, der ihn von der Außenwelt abschneidet (D 124, 136), und das Einschrumpfen des zumeist unter dem Kanapee versteckten Körpers («vollständig flach und trocken», D 154) deuten an, daß der Prozeß der Substitution in einen Vorgang der Vernichtung von Präsenz, in den Tod münden wird. Das Urteil, das Grete über ihn verhängt, bringt diese Konsequenz klar zum Ausdruck: «‹Weg muß es›, rief die Schwester, ‹das ist das einzige Mittel, Vater.›» (D 150) Gregor bekräftigt diesen Richterspruch im eigenen Wunsch: «Seine Meinung, daß er verschwinden müsse, war womöglich noch entschiedener, als die seiner Schwester.» (D 152). Das Sterben des Käfers gleicht in der Tat einem Verschwinden, vollzieht es sich doch als gleitender Prozeß des Verhungerns und Austrocknens, den das Sich-Verstecken unter Tuch und Kanapee bereits vorwegnahm. Der Tod entspricht dem Verfahren der Ironie, das sich, wie es Kierkegaard glänzend beschrieben hat, die unendliche Freiheit der Zerstörung der Erscheinung im Akt der poetischen Imagination zugesteht.[77] Er ist ein Vorgang der Annihilation, der eine Leerstelle an den Platz der körperlichen Gegenwart treten läßt. In diesem Sinne bedeutet schon Gretes Bemerkung nicht nur die Forderung nach Gregors Exodus, sondern zugleich einen performativen Akt, der die Zerstörungsenergie der tragischen Ironie besitzt: ein Todesurteil, das der Bruder so widerstandslos akzeptiert wie Georg Bendemann.

Mit Gregors Tod ist für die zurückbleibende Familie der Weg in eine neue Existenz im Zeichen des aufbrechenden Lebenstriebs frei. Verrät aber dieser Umstand eine Schuld des Protagonisten, von der die Erzählung explizit nicht spricht? Ist auch Gregor Samsa, ähnlich wie Georg Bendemann, Kind und teuflischer Mensch zugleich? Die Spur führt zurück zu den *Hochzeitsvorbereitungen auf dem Lande*. Dort verwickelt sich Eduard Raban, während er zum Bahnhof läuft, in einen eigentümlichen Tagtraum, in dem er seinen «angekleideten Körper» zur Verlobten auf das Dorf schickt, während er selbst zu Hause bleibt: «Denn ich, ich liege inzwischen in meinem Bett, glatt zugedeckt mit gelbbrauner Decke, ausgesetzt der Luft, die durch das wenig geöffnete Fenster weht. – Ich habe wie ich im Bett liege die Gestalt eines großen Käfers, eines Hirschkäfers oder eines Maikäfers glaube ich.» (B 18) Zu Recht hat man Rabans Käfertraum als Vorbild der *Verwandlung* bezeichnet. Wie Raban ist Gregor Samsa ein Junggeselle, dessen Ich als leer und formell bleibende Hülle erscheint. Kafka sei der «Solipsist ohne Ipse», schreibt Adorno in den *Minima Moralia* (1951) und überträgt damit fahrlässig auf den Autor, was für dessen Figuren gilt: daß sie ein Selbst zu verteidigen suchen, das weder Persistenz noch Geschlossenheit aufweist.[78] Gregors früherer Lebensentwurf zeigt die Aufhebung dieses Ichs in der beruflichen Identität: unter dem Diktat der Uhr, gezwungen von Terminen, Pflichten und Rechtfertigungsnöten, hetzte er als Reisender durch trostlose Tage. Signifikant für die darin sichtbare Dispersion des Selbst ist die Welt seiner erotischen Erfahrung, die sich auf Momente einer fetischistischen Fernliebe beschränkt; das Ersatzobjekt der Frau im Pelzwerk, deren Photographie er aus einer Illustrierten ausgeschnitten hat, erinnert an Sacher-Masochs Roman *Venus im Pelz* (1869), dessen dominante Heldin Wanda ihren Lustsklaven Severin mit dem Namen ‹Gregor› belegt, um durch diesen Akt der Benennung ihre Macht über ihn zu symbolisieren (ein Reflex der tatsächlichen Liebesbeziehung, die Sacher-Masoch zur Zeit der Entstehung des Romans mit Fanny Pistor unterhielt). Bereits im September 1907 hatte Kafka Hedwig Weiler gegenüber recht eindeutig erklärt, Pelze wollten «bewundert werden und leiden machen.» (Br I 59) Grete Bloch erläutert er Ende Mai 1914 ausführlich, daß ihm ihre Pelzstola bei der ersten Begegnung «peinlich» gewesen sei und ihn dieses Kleidungsstück in früheren Jahren bei seinen Schwestern «viel geplagt» habe

(F 582). Das «Roman-Medizinerwort» Masochismus – so Karl Kraus[79] – läßt sich auf Gregors erotische Disposition anwenden: es bezeichnet nicht nur die latente Unterwerfungssehnsucht, die ihn beherrscht, sondern erklärt auch den buchstäblichen sexuellen Sinn seiner Metamorphose. Diese entspringt dem Trieb, vor dem Objekt der Begierde am Boden zu kriechen – ein Motiv, das einen wesentlichen Bestandteil der Phantasien in Sacher-Masochs Roman ausmacht.[80]

Die Gestalt des ekelhaften Riesenkäfers wird zum drastischen Ausdruck der psychisch depravierten Existenz, die Gregor geführt hat. Reduziert auf die Erfüllung seiner beruflichen Pflichten, ängstlich um sein Fortkommen bemüht, gepeinigt von der Angst vor einem geschäftlichen Fehler, ist er die Kreatur eines funktionalistischen Erwerbslebens, in dem einzig der durch soziale Anpassung ermöglichte Erfolg und die mit automatischer Regelmäßigkeit erbrachte Leistung zählen. Die Reflexionsketten, die Gregor zu Beginn in Gang setzt, um sich innerlich gegen den Vorwurf der Pflichtvergessenheit zu rechtfertigen, verraten, daß sein Ich sich unter dem Diktat von Paranoia und Versagensangst auflöst. Sein verspätetes Erwachen erscheint ihm «peinlich und verdächtig» (D 95). Ein energisches Auftreten gegenüber seinem Vorgesetzten verbietet ihm nicht nur, wie er glaubt, die wirtschaftliche Notlage der Familie, sondern auch sein schwaches Selbstvertrauen. Anstelle von persönlich ausgefüllten Beziehungen beherrscht Samsas Leben ein «immer wechselnder, nie andauernder, nie herzlich werdender menschlicher Verkehr.» (D 94) Die Verödung der Alltagsverhältnisse, die seine frühere berufliche Existenz kennzeichnet, findet sich im Vegetieren des Käfers inmitten seines schmutzigen Zimmers nur ins Extrem gesteigert. Die Verwandlung bedeutet somit keinen Umschlag in Gregor Samsas Lage, sondern nur eine radikalere Version seines sinnleeren Junggesellenlebens. Sie entspricht nach einem Wort Nietzsches dem «perspektivischen Charakter des Daseins», insofern sie die Stellung verdeutlicht, die Gregor auch zuvor schon gegenüber seiner Umwelt eingenommen hat.[81] Wie sich Josef K.'s verarmte Existenz im *Proceß*-Roman in den Raumbildern seiner Strafphantasie spiegeln wird, so verkörpert die Gestalt des Käfers Gregors seelische Verkümmerung und die Reduktion seines Ich zur Hülle ohne Identität. Die Verwandlung korrespondiert in ihrer Logik dem Gesetz der Fehlleistungen, das Freud 1901 in seiner *Psychopathologie des Alltagslebens* beschrieben hat. Durch die Käfergestalt des Protagonisten ist auf ungesteuerte Weise zum Ausbruch gekommen, was in seinem Inneren virtuell angelegt war.[82] Der Leib des Käfers gleicht dem ‹Versprecher›, der unwillkürlich die Wahrheit zum Ausdruck bringt, insofern sich in ihm eine unbewußte Ordnung manifestiert, die der Beherrschung durch die Ratio entzogen bleibt. Hier bestätigt sich Adornos Beobachtung, daß Kafka die Diagnosen der Psychoanalyse nicht als Metaphern mentaler Befindlichkeit, «sondern leibhaft» im Sinne einer physischen Realität der Seele fasse.[83]

Von eigener Ambivalenz bleibt das Verhältnis, das Grete zu ihrem Bruder unterhält. Unmittelbar nach der Entdeckung der Metamorphose übernimmt sie die Pflege des Käfers; sie füttert den Bruder mit unterschiedlichen Speisen, um seinen Geschmack zu erraten, versorgt ihn mit Nahrung und Getränken. Das «Zartgefühl» (D 117), das Gregor ihr unterstellt, dürfte jedoch in Wahrheit Ekel sein. Auch sie bleibt dem Käfer fern, spricht nicht mit ihm (Drohungen bilden die Ausnahme), trägt die von Gregor berührten Schüsseln statt auf «den bloßen Händen» aus Widerwillen «mit einem Fetzen» umwickelt davon (D 117). Daß Grete so wenig wie die Eltern in dem Käfer ein menschlich denkendes und fühlendes Wesen vermutet, verrät die Entschlossenheit, mit der sie nach einigen Wochen sein Zimmer ausräumt und seine Erinnerungsobjekte zu beseitigen sucht. Wie stark umgekehrt Gregors Beziehung zur Schwester von Inzestmotiven bestimmt ist, demonstriert sein alter Wunsch, ihr den Besuch des Konservatoriums zu finanzieren, um sie auf diese Weise in Dankbarkeit an ihn zu binden. Sein Tagtraum, «ihren Hals» zu «küssen» (D 147), bezeugt klar die erotische Komponente dieser Phantasie. Sie entspringt dem Regreß Gregors, der mit seiner Verwandlung in ein infantiles Stadium der Ich-Entwicklung zurückgetreten ist. «Die erste Objektwahl der Menschen», bemerkt Freud in seinen *Vorlesungen zur Einführung in die Psychoanalyse* (1917) über den Zusammenhang von kindlicher und neurotischer Prägung, «ist regelmäßig eine inzestuöse, beim Manne auf Mutter und Schwester gerichtete, und es bedarf der schärfsten Verbote, um diese fortwirkende infantile Neigung von der Wirklichkeit abzuhalten.»[84] «Liebe zwischen Bruder und Schwester – die Wiederholung der Liebe zwischen Mutter und Vater», notiert Kafka am 15. September 1912, dem Tag der Verlobung Vallis (T II 84).

Bezeichnend ist, daß Gretes zunehmende Gleichgültigkeit gegenüber Gregor nach jener Szene in Aggression umschlägt, da er sich ihr während des Geigenspiels, angezogen von der Musik wie von einer «ersehnten unbekannten Nahrung», in unwillkürlich raschem Tempo nähert (D 146). Unter dem Eindruck dieser Intervention hebt die Schwester die inzestuöse Annäherung endgültig auf, indem sie den Bruder zum Tode verurteilt. Gregor muß sterben, weil in Grete, wie die Schlußszene in der Elektrischen zeigt, der Trieb des Geschlechts erwacht («zu einem schönen und üppigen Mädchen aufgeblüht», D 158). Dehnt die Schwester am Ende «ihren jungen Körper» (D 158) in der Sonne, so ist das ein Sinnbild für die zynische Opposition der Bedeutungen, die den Text durchzieht: Gregors eingesunkener Leib wird durch den aufblühenden Leib Gretes, der Verfall durch die Vitalität, das Ekelhafte durch das Schöne substituiert. Signifikant für Kafkas Novelle

bleibt, daß Vater und Tochter Gregors Tod gleichermaßen herbeiführen: der
Vater durch den Apfelwurf, der den Leib des Käfers gefährlich verwundet,
die Schwester durch das Urteil, mit dem sie, ebenso wie der alte Bendemann, dem ewigen Sohn den Lebensanspruch entzieht. Auch *Die Verwandlung* erweist sich damit als gedoppeltes Familienschauspiel im Sinne der von
Freud beschriebenen neurotischen Grundkonstellationen: das Generatio-
nendrama zeigt das Scheitern der Jugend im Kampf gegen die ältere Ordnung, das Inzestdrama führt die Ablösung der Schwester aus dem Bannkreis
des sie sexuell begehrenden Bruders vor. Beide Konfliktinszenierungen enden mit dem in der ökonomischen Figur des Tausches vergegenwärtigten
Triumph der vitaleren Macht, wie sie der Vater und die Schwester verkörpern. Daß es auch zu einem anderen Ausgang kommen kann, erweist später
Arnolt Bronnens dumpfes Triebdrama *Vatermord* (1920), das den Sohn mit
der Energie des Siegers ausstattet und als neuen Herrscher auf den dunklen
Schauplatz der Familienmythen treten läßt. Hoffnung freilich ließ sich aus
solchem Sieg bei Bronnen nicht ableiten: allzu sehr steht er im Bann jener
unsublimierten Sexualität, die bei Kafka nur dezent, fast schattenhaft, ins
Spiel der Bedeutungen eindringt.

Eine «ausnehmend ekelhafte Geschichte» nennt Kafka *Die Verwandlung* am
24. November (Br I 257). Ekelhaftes taucht auch schon in der *Beschreibung
eines Kampfes* auf, so in den Gesprächen mit dem Dicken und dem rülpsenden
Betrunkenen. Die Tagebücher reihen später ganze Serien von Beschreibungen des Widerwärtigen aneinander; sie liefern Porträts häßlicher Frauen, malen Orgien des Fleischessens aus, entwerfen sexuell gefärbte Tagträume von
gealterten Prostituierten: kalte Nahaufnahmen ohne Rücksicht, mit der Ka-
meraperspektive auf das Abstoßende und Abjekte (T I 203, T II 147ff., 177).[85]
Kafka teilt diese bizarre Vorliebe für das Häßliche mit der zeitgenössischen
Prager Literatur: Rilkes *Frau Blaha's Magd* (1899) erzählt von einer furchtbaren Kindstötung, Paul Leppins *Daniel Jesus* (1905) schildert, auf oberflächliche
Schockeffekte setzend, obszöne schwarze Messen, Max Brods *Schloß Nornepygge* (1908) bietet gräßliche Szenen von Sexualorgien und perverser Gewalt,
Alfred Kubins Roman *Die andere Seite* (1909) beschreibt Seuchen, Verfall und
Schmutz, Hugo Salus' *Phantasie der Tastempfindung* (1912) liefert eine minuziöse Studie über die Arbeit eines nekrophilen Pathologen, der die Lust am
Schrecken eingezeichnet ist, Victor Hadwigers an Baudelaires *Fleurs du mal*
(1857) geschulte Stadtansichten (*Ich bin*, 1903) und seine Erzählung *Der Sarg
des Riesen* (1911) präsentieren ebenso wie Leppins früher Lyrikband *Glocken,
die im Dunkeln rufen* (1903) Nacht- und Schattengestalten an der Grenze zum
Abnormen, die auf Sensationswirkungen beim Leser zielen.

Kafkas Spiel mit dem Ekel entspringt jedoch nicht der Absicht, ästhetische
Geschmackskonventionen programmatisch außer Kraft zu setzen. Es gehört

zu seinen besonderen Prinzipien, daß es nur als Nebeneffekt aus dem geschlossenen System hervorgeht, das *Die Verwandlung* ausprägt. Die Geschichte von Gregor Samsa ist die Novelle eines Verfalls, die radikalere Züge trägt
als die Verfallsstudien Flauberts oder Thomas Manns, weil ihre Erzähltechnik
an keinem Punkt auf psychologische Erklärungsmuster zurückgreift. Kafkas
Helden, so vermerkt Adorno, würden «angewiesen, ihre Seele in der Garde-
robe zurückzulassen».[86] Durch ihren Verzicht auf analytische Erläuterungen
erscheint Kafkas Darstellung eines Dekadenzprozesses ungleich schockie-
render als Texte wie Thomas Manns *Tobias Mindernickel, Der kleine Herr Friedemann* oder *Tristan*, die Bürgerfiguren in den Verstrickungen von Lebens-
ekel und Entscheidungsangst vorführen. *Die Verwandlung* knüpft an deren
Diagnosen an, verzichtet aber auf die nähere Begründung der Katastrophe,
die Gregor Samsa widerfährt; das Kammerspiel der Seele, das Thomas Mann
zu bieten pflegt, wird bei Kafka ersetzt durch eine archaische Konfliktanord-
nung, deren Figuren die Dispositionen von Macht und Ohnmacht illustrie-
ren. Am Morgen des 7. Dezember 1912, als er die Beschreibung von Gregors
Tod im Manuskript beendet hat, erklärt er Felice Bauer, der Held sei «genug
friedlich und mit allen ausgesöhnt gestorben» (Br I 303). Das sind Kategorien, wie man sie aus der Wirkungsgeschichte der antiken Tragödie und deren Interpretation durch Hegel oder Schelling kennt.[87] Kafkas Kommentar
formuliert erneut kein Deutungsangebot, sondern schreibt die Novelle fort,
indem er sich ironisch der Perspektive Gregor Samsas anpaßt. Die ‹Versöhnung› bleibt wie das ‹Verschwinden› des Protagonisten ein Begriff, der die
gegebenen Machtverhältnisse verbirgt und die Brutalität zudeckt, die in diesem entfesselten Familiendrama tobt.

Von dem jungen Prager Autor Karl Brand (d. i. Karl Müller), der einund-
zwanzigjährig im März 1917 an einer Lungentuberkulose verstarb, wird am
11. Juni 1916 im Prager Tagblatt unter dem Titel *Die Rückverwandlung des
Gregor Samsa* eine ‹Fortsetzung› von Kafkas Novelle veröffentlicht (ein Reflex dieser Geschichte findet sich wiederum 1923 in Ludwig Winders *Turnlehrer Pravda*).[88] Brand hatte Kafka um 1913 durch Vermittlung Werfels im
Café Arco persönlich kennengelernt.[89] Er dürfte den von ihm als großes Vorbild bewunderten Autor mit seiner Version des Stoffs wenig erbaut haben,
überschritt sie doch eine Grenze zum symbolisch Aufdringlichen, die Kafka
niemals überquerte. Als der Wolff-Verlag Ende Oktober 1915 die Buchfassung der Erzählung vorbereitete, ließ er Ottomar Starke ausrichten, er möge
bei seinem Umschlagentwurf auf eine Darstellung des Käfers gänzlich verzichten: «Das Insekt selbst kann nicht gezeichnet werden. Es kann aber nicht
einmal von der Ferne aus gezeigt werden.» (Br 136) Kafka verzichtet auf eine
Begründung für dieses Verbot, so daß das Diktum einen förmlich gesetzhaf-
ten Charakter gewinnt. Sein Ziel ist es, den autonomen Status der eigenen

Arbeit gegen die falsche Klarheit der eindeutigen Auslegung zu verteidigen. Da seine Texte ihre Geschichten ins Spannungsfeld zwischen Sprechen und Verschweigen zu rücken pflegen, dürfen weder Begriffe noch Bilder erklären, was sie nur umspielen, ohne es direkt zu sagen. Die Imagination des Käfers, die aus den trüben Zonen einer morgendlichen Halbschlafphantasie in die Welt der Literatur gedrungen ist, hätte durch die Genauigkeit der Illustration ihren Schrecken verloren.

Schreibfluß und Schreibhemmung

Mitte Dezember 1911 kauft Karl Hermann eine im Prager Arbeiterbezirk Žižkov gelegene Asbestfabrik, in die Kafka als stiller Teilhaber mit einem Kapitalzuschuß seines Vaters eintritt. Das Unternehmen verfügt über 14 Maschinen und beschäftigt 25 Arbeiter, darunter auch mehrere Frauen. Gemeinsam mit dem Anwalt Dr. Robert Kafka, dem Sohn des Neffen von Hermann Kafkas Großvater, erörtert er im Oktober 1911 die rechtliche Konstruktion der Firma. Gegen seinen inneren Widerstand bestimmt der Familienrat, daß er künftig für die juristischen Fragen der Unternehmensplanungen zuständig bleiben solle.[90] Schon am 28. Dezember 1911 heißt es lapidar: «Die Qual, die mir die Fabrik macht.» (T I 253) Probleme bereitet ihm nicht nur die zeitliche Beanspruchung an den sonst freien Nachmittagen, sondern auch der Rollenwechsel, den ihm die neue Aufgabe abverlangt. Als Versicherungsbeamter vertritt Kafka die Interessen der Arbeiterschaft, in Žižkov muß er dagegen an den ökonomischen Nutzen des Betriebs denken. Die entwürdigenden Produktionsverhältnisse in der Fabrik spiegeln jene «kasernenmäßige Disziplin», die Marx für eine Bedingung der technischen Organisation eines einheitlichen, aus Individuen zusammengesetzten «Arbeitskörpers» gehalten hat.[91] Nach einer längeren Visite hebt Kafka am 4. Februar 1912 im Tagebuch den durchdringenden Lärm der Maschinen, den Asbeststaub und die Monotonie der automatisierten Fertigungsabläufe hervor, wobei er die in Unterrock und Schürze arbeitenden Mädchen nicht frei von erotischer Anziehung beobachtet zu haben scheint: «Ist es aber sechs Uhr und rufen sie das einander zu, binden sie sich die Tücher vom Hals und von den Haaren los, stauben sie sich ab mit einer Bürste (…), so sind sie schließlich doch Frauen, können trotz Blässe und schlechten Zähnen lächeln (…)» (T II 33). Der gesamte Bericht zeigt eine dreifache Rollenbesetzung, deren Mischung wenig genießbar ist: der soziale Blick erfaßt das Elend der industriellen Arbeit, der unternehmerische die Effizienz des technischen Produktionsablaufs, der männliche die erotischen Reize der aufgrund der Hitze kaum bekleideten Arbeiterinnen.

Die Teilhaberschaft beansprucht seit Beginn des Jahres 1912 Kafkas Arbeitsenergien und stört damit empfindlich seine Schreibruhe. Die Verpflich-

tung, den Schwager, den er für einen Schwätzer hielt (T I 173f.), nachmittags
bisweilen als Aufseher der Fabrik zu vertreten, beengt sein Zeitbudget auf
schmerzliche Weise. Im März 1912 kommt es zum heftigen Streit mit dem
Vater, der ihm Vorwürfe wegen seines geringen Einsatzes für das Unternehmen macht und ihn mit seinen Appellen zur Verzweiflung bringt: «Eine
Stunde dann auf dem Kanapee über Aus-dem-Fenster-springen nachgedacht.» (T II 450) Inmitten der gut voranschreitenden literarischen Arbeit
muß er im Oktober 1912 seine Funktion als Teilhaber erfüllen und regelmäßig die Fabrik besuchen, weil der Schwager eine vierzehntägige Reise
unternommen hat. Die Unterbrechung des Schreibens führt zu erneuten
Selbstmordgedanken. In der Nacht des 7. Oktober steht er lange vor seinem
Fenster im dritten Stock und überlegt, ob er sich auf die Straße stürzen solle.
Die ironische Erklärung, er habe den Sprung nicht gewagt, weil «das am Le-
benbleiben mein Schreiben (…) weniger unterbricht als der Tod», kann
nicht verdecken, daß hier ein paradoxer Punkt der inneren Belastung erreicht war, der nicht mehr überschritten werden konnte (Br I 179). Das entschlossene Eingreifen des durch Kafkas Hilferuf aufgeschreckten Max Brod
schafft schließlich ein *fait accompli*. Die Mutter erklärt sich einverstanden,
dem Vater vorzutäuschen, der Sohn überwache regelmäßig die Fabrik; tatsächlich aber übernahm diese Aufgabe an seiner Stelle Karl Hermanns jüngerer Bruder Paul, was Kafka die ersehnten freien Nachmittage retten sollte
(Br I 177ff.).

Seine ideale Arbeitssituation schildert Kafka in einem Brief an Felice Bauer vom 14./15. Januar 1913. Von sich selbst entwirft er das Bild des Höhlenbewohners, der «mit Schreibzeug und einer Lampe im innersten Raume
eines ausgedehnten abgesperrten Kellers» sitzt, seine Mahlzeiten allein einnimmt, das Tageslicht meidet und gänzlich dem anstrengungslosen, leichten
Strom seiner Ideen folgt, wie ihn die absolute Versenkung gebiert (Br II 40).
Aus Gustav Roskoffs *Geschichte des Teufels* (1869) zitiert das Tagebuch im August 1913 den Hinweis, daß bei den karibischen Ureinwohnern «‹der, welcher in der Nacht arbeitet›, als der Schöpfer der Welt» gelte (T II 187).[92] Das
Modell des schreibenden Eremiten, der sich den Forderungen des Lebens
entzieht, ist jedoch zahlreichen Gefährdungen ausgesetzt. Nicht nur äußere
Faktoren schaffen regelmäßig Grenzen, an denen Kafkas literarische Konzentration zuschanden geht. Es gehört zur Eigentümlichkeit seiner Produktion, daß sie in Zyklen verläuft, deren Grundmuster der Wechsel von
Schreibstrom und Unterbrechung bildet. Den Perioden der ekstatisch erlebten ‹Erhebung› und des Aufschwungs – so die von ihm selbst verwendeten
Begriffe – folgt mit mechanischer Konsequenz eine Blockade, die den literarischen Fluß aufhält. «Ein vollständiges Stocken der Arbeit», ist dann zu
konstatieren; und: «Ich bin an der endgiltigen Grenze, vor der ich vielleicht

wieder Jahre lang sitzen soll, um dann vielleicht wieder eine neue, wieder unfertig bleibende Geschichte anzufangen.» (T III 42, 59) Zu den Tücken solcher Perioden gehört auch, daß in ihnen die Erinnerung an Zeiten gelingenden Schreibens mit doppelter Last auf ihm liegt. «Begreifst Du es, Liebste», erklärt er Felice am Morgen des 30. November 1912, «schlecht schreiben und doch schreiben müssen, wenn man sich nicht vollständiger Verzweiflung überlassen will. So schrecklich das Glück des guten Schreibens abbüßen müssen!» (Br I 284) Zuweilen wird bereits das «Glücksgefühl» (T III 63), das abgerundete Partien vermitteln, zum sofortigen Auslöser einer neuen Hemmung, weil es den Schreibfluß unterbricht: die Ekstase des Selbstgenusses ist immer schon eine Spielart des Stockens und Sich-Verirrens.[93]

Ein gleichmäßiges Arbeiten über längere Zeiträume bleibt Kafka zeitlebens verwehrt. Die Verteilung der Energien auf überschaubare Tagesabschnitte scheint ihm unmöglich; die extrem ökonomische Lebensorganisation Goethes, Fontanes oder Thomas Manns ist das absolute Gegenstück zu seinen unbeherrschbaren Schreibzyklen. Was literarisch gelingt, glückt allein in plötzlich anbrechenden Phasen äußerster Konzentration. Auch seine längeren Texte werden mit wenigen Ausnahmen zumeist in einem gedrängten Zeitabschnitt niedergeschrieben. Perspektivschwankungen und innere Widersprüche – man denke an das Finale der *Verwandlung* – spiegeln wiederum äußere Störungen oder Unterbrechungen. In gänzlich unberechenbaren Zyklen verlaufen die großen Perioden von Kafkas literarischer Produktion. Zwischen September 1912 und Februar 1913 befindet er sich förmlich im Arbeitsrausch. In dieser Phase entstehen knapp 500 Seiten: neben den umfangreichen Briefen an Felice und den genannten Erzählungen vor allem der Roman *Der Verschollene*, von dem noch zu sprechen ist. Nach dem Februar 1913 stagniert das Schreiben für nahezu eineinhalb Jahre, ehe es im Juli 1914 für sechs Monate mit gesteigerter Intensität wieder in Gang kommt. Auch später bleibt dieser Rhythmus erhalten: das Frühjahr 1917, der Herbst 1920 und der ausgehende Winter 1922 stellen fruchtbare Phasen dar, während die dazwischen liegenden Perioden von oft monatelanger Schreibunfähigkeit beherrscht werden.[94]

Um den Schwierigkeiten zu begegnen, die aus diesem zyklischen Muster hervorgehen, versucht sich Kafka später, Ende des Jahres 1914, Klarheit über seine Produktionsweise zu verschaffen. Die Angst vor dem Beginn einer neuen Arbeit, die er zu überlisten sucht, indem er Entwürfe ins Tagebuch einträgt, erklärt er aus dem Bewußtsein, daß die «Welt» eine vollendete «Organisation» darstelle, die danach strebe, sich möglichst vollständig abzuschließen. Angesichts dieser Einsicht aber falle der Versuch schwer, das gerundete Alte durch ein Neues, das noch keine Form besitzt, zu ergänzen. Gegen solche Zweifel spricht wiederum, daß auch ein Text, der sich «noch nicht ganz entfaltet hat», seine «fertige» Struktur «in sich trägt». Es gibt folglich eine Autonomie der Kunst, die durch den Schreibakt erschlossen und entwickelt werden kann. Die gelungene literarische Arbeit setzt das Vertrauen in die Entelechie des Unfertigen als Realität des Möglichen und Versprechen einer imaginären Welt voraus (T III 65). Diesem Vertrauen aber steht die Kontingenz der äußeren Lebenswirklichkeit entgegen, die das Sich-selbst-Vollenden der Form verhindert: «Kann ich die Geschichten nicht durch die Nächte jagen, brechen sie aus und verlaufen sich (…)» (T III 68). Daß der Jäger auf diese Weise selbst zum Gejagten wird, ist offenkundig. Anfang Februar 1912 zitiert Kafka im Tagebuch Goethes Aussage über die ihn antreibende Schreibfreude während der Zeit nach der Rückkehr aus Sesenheim (Spätsommer 1771): «Meine Lust am Hervorbringen war grenzenlos» (T II 33). Die Bewunderung, die er für diese Bemerkung hegt, entspringt auch der Erfahrung des Stockens, Abirrens und Sich-Verlierens, die seine eigene Arbeit stets begleitet hat.[95]

Die Magie der großen Form

Spätestens im Juli 1909 gab Kafka den Plan auf, die *Hochzeitsvorbereitungen auf dem Lande* in der ursprünglich geplanten Romanform abzuschließen. In den folgenden Jahren verlegt er sich bewußt auf Kurztexte, um dem Risiko des Scheiterns in den Labyrinthen epischer Erzählmuster zu entgehen. Deutlich erkennbar ist die Angst vor dem weiträumigen Entwurf, die sich im Experiment mit der Etüdenform der *Betrachtung* äußert. Noch vor dem Entschluß zur Veröffentlichung des Bandes erwacht jedoch die alte Lust an einem Romansujet. Aktiviert wird jetzt der Plan eines Amerikaromans, den bereits der pubertierende Schüler verfolgt hatte. Aus dem Motiv des Bruderstreits entwickelt sich freilich die Geschichte einer Verstoßung. Karl Roßmann ist, anders als es der von Kafka erwogene Titel *Der Verschollene* (Br I 225, T III 68) andeutet, kein zweiter Robinson, der in der Neuen Welt strandet, sondern ein von seinen Eltern aus dem Haus getriebener, offenbar ungeliebter Sohn. Der Begriff ‹Verschollener› verdeckt diese Vorgeschichte in tückischer Weise, indem er die absichtsvolle Verstoßung verschweigt, die dem Protagonisten zuteil wird. Der Titel führt den Leser in die Irre und täuscht ihn über die wahren Verhältnisse. Solche Strategie wird für die Konstruktion der Romanfabel eine wegweisende Bedeutung besitzen, denn auch die Geschichte Karl Roßmanns gehorcht einer Vielzahl von perspektivischen Verzerrungen und Verschiebungen. Max Brods Umbenennung des Romans in *Amerika* wiederum war 1927 von kommerziellen Rücksichten diktiert; sie löscht die Ambivalenz des Kafkaschen Titelentwurfs und ersetzt sie durch falsche Eindeutigkeit.

Eine frühe Fassung des *Verschollenen* wird im Winter und Frühjahr 1912 zu Papier gebracht. Bis Ende März gelingt die Arbeit, am 1. April stockt sie plötzlich; «Mißlingen im Schreiben» heißt es knapp (T II 64). Das Manuskript beläuft sich zu diesem Zeitpunkt auf annähernd 200 Seiten. Mitte Juli denkt Kafka während des Urlaubs im Sanatorium *Jungborn* über das gesamte Projekt intensiver nach und erkennt die Schwierigkeiten seiner Architektur: «Der Roman ist so groß, wie über den ganzen Himmel hin entworfen», dadurch aber auch, so scheint ihm, bedenklich «unbestimmt» (Br I 158). Am 26. September 1912 beginnt er im Journal mit der völligen Neukonzeption des Manuskripts.[1] Bis Anfang Oktober ist die Reinschrift des fließend entworfenen Eröffnungskapitels abgeschlossen. Der Roman ist die «erste größere Arbeit», in der er sich «nach 15jähriger bis auf Augenblicke trostloser Plage seit 1 ½ Monaten geborgen» fühlt (Br I 225). Die emotionale Erschütterung, die das gelingende Schreiben erzeugt, äußert sich an einem der ersten Abende durch einen Weinkrampf, mit dessen «nicht zu bändigendem Schluchzen» er, wie er später Felice berichtet, die im Nebenzimmer schlafenden Eltern zu wecken fürchtet (Br I 278). «Kafka in Ekstase, schreibt die Nächte durch», vermerkt Brod bereits am 29. September beglückt im Tagebuch.[2]

Nicht aus «Prahlerei», sondern als «Selbsttröstung» meldet Kafka in diesen Wochen dem Freund, daß ihn «von außen her nichts im Schreiben stören könne» (Br I 178) – eine Annahme, die Anfang Oktober 1912 hinfällig ist, als ihn die quälenden Pflichten des Fabrikanten von der Arbeit am Roman abhalten.[3] In einem ausführlichen Brief vom 7./8. Oktober bittet er Brod indirekt um Hilfe, indem er von den Selbstmordgedanken berichtet, die ihn angesichts der drohenden Unterbrechung seines Projekts befallen hatten. Der gesamte Text trägt trotz der subjektiven Erregung, die ihn motiviert, Züge juristischer Argumentation, deren nüchterne Logik jedoch in für Kafka typischer Weise unter Paradoxien versteckt wird: «Ich lege Dir mein liebster Max das Ganze nicht vielleicht zur Beurteilung vor, denn darüber kannst Du ja kein Urteil haben, aber da ich fest entschlossen war, ohne Abschiedsbrief herunterzuspringen – vor dem Ende darf man doch müde sein – so wollte ich, da ich wieder als Bewohner in mein Zimmer zurücktreten soll, an Dich dafür einen langen Wiedersehensbrief schreiben und da ist er.» (Br I 179)

Nachdem Brods diplomatische Mission bei der Mutter, wie bereits erzählt, Kafkas Befreiung von den lästigen Besuchen in Žižkov bewirkt hat, schreitet der Schreibprozeß zunächst ungestört voran. Am 11. November liegen fünf Kapitel der «ins Endlose» treibenden «Geschichte» vor; zu diesem Zeitpunkt steckt Kafka im Kapitel *Der Fall Robinson*. Zwischen 17. November und 6. Dezember ruht das Projekt, weil er seine Kräfte für die *Verwandlung* benötigt. Die Anknüpfung gelingt im Dezember, nachdem die Novelle abgeschlossen ist, nur unter großen Mühen. Zum Jahresende ist er mit dem Schluß des (unbetitelten) siebenten Kapitels befaßt, das Karls Schicksal im Umfeld der Prostituierten Brunelda schildert (Br I 367). Der flüssige Schreibrhythmus des Frühherbsts stellt sich während dieser Phase jedoch nicht mehr ein, so daß auch das tägliche Arbeitspensum erheblich reduziert wird. Nach dem Jahreswechsel gerät der Text endgültig ins Stocken: «Er läuft mir auseinander, ich kann ihn nicht mehr umfassen (…)». Am 24. Januar 1913 erklärt Kafka, daß ihn der Roman «besiegt» habe, da der «Zusammenhang» mit ihm selbst nicht mehr sichtbar sei; der Zerfall der Form spiegelt

die wachsende Distanz zwischen Autor und Manuskript (Br II 63). In diesen
Tagen gesteigerter Niedergeschlagenheit glaubt er, während er am Morgen
in die Halle des Dienstgebäudes am Poříč tritt, in einer tagträumerischen Vision zu sehen, «daß er gleichzeitig von oben, flimmernd im unsichern Licht,
sich drehend in der Eile der Bewegung, kopfschüttelnd vor Ungeduld, durch
das ganze Treppenhaus hinunterfällt.» (Br II 82)

In der Nacht des 8. März 1913 liest er gegen seine Gewohnheit, zunächst
widerstrebend, dann in einem Sog aus «gleichgültigem Vertrauen» den gesamten Text und kommt zu der bedrückenden Einschätzung, daß einzig das
erste Kapitel brauchbar sei (Br II 128). Den in sich abgeschlossenen Exposi-
tionsteil veröffentlicht er Ende Mai 1913 unter dem Titel *Der Heizer* separat;
das rasch gefertigte Buch, das nur 47 Seiten umfaßt, erscheint zum Preis von
80 Pfennig als dritter Titel der neuen Reihe *Der jüngste Tag* bei Kurt Wolff.
Kafka befindet sich hier in bester Gesellschaft, denn die Sammlung, die mit
ihren billigen Heften auf andere Bücher des Verlagsprogramms aufmerksam
machen sollte, vereint bald die Köpfe der jungen expressionistischen Autorengeneration: Johannes R. Becher, Gottfried Benn, Ernst Blaß, Albert Ehrenstein, Walter Hasenclever, Franz Jung, Oskar Kokoschka, Ernst Stadler,
Ernst Toller, Georg Trakl, Franz Werfel. Zwar bereitet ihm die Publikation
des Fragments Unbehagen, weil sie eine «Einheit» suggeriert, die «nicht da
ist» (Br II 179), doch spielt er gleichzeitig mit dem Gedanken, es nochmals in
anderem Rahmen zu veröffentlichen: «‹Der Heizer›, die ‹Verwandlung› (...)
und das ‹Urteil›», so schreibt er am 11. April 1913 in für ihn untypischem
Nachdruck an Wolff, «gehören äußerlich und innerlich zusammen, es besteht zwischen ihnen eine offenbare und noch mehr eine geheime Verbindung, auf deren Darstellung durch Zusammenfassung in einem etwa ‹Die
Söhne› betitelten Buch ich nicht verzichten möchte.» (Br 116) Der Verleger
zeigt unverzüglich Interesse an diesem Vorschlag, scheint das Vorhaben jedoch rasch aus den Augen verloren zu haben;[4] weder die ‹offenbare› noch
die ‹geheime› Verwandtschaft der bestraften und verstoßenen Söhne Bendemann, Samsa und Roßmann kann so einem größeren Publikum sichtbar
werden. Trotz des Achtungserfolgs, den *Der Heizer* bei der Kritik erzielt,
möchte sich Kafka nicht entschließen, die übrigen Kapitel, wie Ernst Weiß'
Rezension ausdrücklich fordert, in ihrer vorliegenden Gestalt zu publizieren, da sie in ihrer fragmentarischen, wenig einheitlichen Gestalt seinem am
Urteil gewonnenen Ideal der geschlossenen Form widersprechen.[5] Im Oktober 1914 bemüht er sich nochmals um eine Fortführung des Manuskripts,
gibt aber nach zwei Wochen auf, weil er erkennt, daß der Text nicht zur Einheit zu zwingen ist. Max Brod hat den «unglücklichen» Roman (Br II 179),
der auch durch seine innere Anlage fragmentarisch bleiben mußte, erst 1927
als letzte der großen Nachlaßarbeiten veröffentlicht.

Erlesenes Amerika

Kafkas Fragment stellt neue Verkehrs- und Nachrichtentechniken, industrielle Produktion und kapitalistischen Warenaustausch, Großstadtalltag und Werbung als Merkmale einer gesellschaftlichen Lebenswelt dar, deren Elemente sich in unaufhörlicher Bewegung befinden. Die einzige Aufgabe, die der permanenten Zirkulation der Güter und Zeichen zukommt, ist die Erzeugung von Hierarchien, wie sie sich exemplarisch im Arbeitsprozeß ausprägen. Telegraphenamt, Hafenverwaltung und Hotelbürokratie erscheinen als groteske Beispiele für eine Arbeitsorganisation nach den Gesichtspunkten der strengen Gliederung, Selektion und Effizienz. In keinem anderen Text hat Kafka die Unübersichtlichkeit der modernen technischen Welt und die angespannte Mechanik ihrer zirkulären Sinnzuschreibungen mit vergleichbarer Schärfe erfaßt. Während alle erfüllte Zeit nach einem Wort Gershom Scholems mythisch ist, zeigt Kafka die «homogene und leere Zeit» des mechanisierten Fortschrittsdenkens, von der die Walter Benjamin in seiner dreizehnten These *Über den Begriff der Geschichte* sprach.[6] Die Dynamik des amerikanischen Stadtlebens, wie der Roman es beleuchtet, korrespondiert dem Automatismus einer entqualifizierten Ereignisfolge ohne besondere Konturen. Die mechanisch verrinnende Zeit der Moderne bildet das Gegenmodell zur ‹vollen Zeit› des Mythos, in der der Mensch einem verbindlich geregelten Sinn begegnet.

Kafka inszeniert die amerikanische Stadt – zunächst New York, später das fiktive Ramses[7] – als homogene Landschaft, in der automatisierte Betriebsamkeit herrscht. «Und morgen wie abend und in den Träumen der Nacht vollzog sich auf dieser Straße ein immer drängender Verkehr, der von oben gesehn sich als eine aus immer neuen Anfängen ineinandergestreute Mischung von verzerrten menschlichen Figuren und von Dächern der Fuhrwerke aller Art darstellte, von der aus sich noch eine neue vervielfältigte wildere Mischung von Lärm, Staub und Gerüchen erhob, und alles dieses wurde erfaßt von einem mächtigen Licht, (...) das dem betörten Auge so körperlich erschien, als werde über dieser Straße eine alles bedeckende Glasscheibe jeden Augenblick immer wieder mit aller Kraft zerschlagen.» (V 46) Die feine Diversifizierung der akustischen und optischen Reize macht die besondere Dynamik der Stadt aus, begründet aber zugleich ihre Anonymität. Louis-Sébastian Mercier hat diesen Effekt bereits am Ende des 18. Jahrhunderts in seinem *Tableau de Paris* – einer literarischen Phänomenologie moderner Urbanität – geradezu visionär beschrieben.[8] In der vielstimmigen und vielgestaltigen Zeichenlandschaft der Stadt besitzt der Mensch nur noch in der Masse eine (freilich spezialisierte) Funktion. Ihr wirtschaftliches Pendant ist das dynamische Gesetz der Tauschlogik, das Georg Simmels *Philosophie des Geldes* (1900) auf der Basis eines deskriptiv-phänomenologischen Verfahrens als Symbol für «den absoluten Bewegungscharakter»[9] der modernen Welt bezeichnete. Die schon von Marx' *Kapital* hervorgehobene «Geschwindigkeit, die der Zirkulation des Geldes gegenüber der aller anderen Objekte eigen ist»,[10] findet ihren direkten Ausdruck im Verkehr der Großstadt. Die Straßen der amerikanischen Metropole spiegeln auch bei Kafka jene Dynamik des Geldflusses wider, die Marx als «Verselbständigung des Zirkulationsprozesses» charakterisierte.[11] In ihrer Tendenz zur Mechanisierung von Bewegungsformen bilden Verkehr und Ökonomie im *Verschollenen* zwei funktionale Bedeutungsfelder mit ähnlicher Ordnungsstruktur aus.

Die automatisierte und sinnentleerte Arbeitswelt, die der Roman darstellt, verweist auf die Eindrücke, die der Versicherungsbeamte Kafka im Rahmen seiner Dienstreisen seit 1908 von der industriellen Welt gewonnen hatte. Seine Jahresberichte über die Sicherheitsstandards der holzverarbeitenden Betriebe, des Baugewerbes und der Bergwerke enthalten bedrückende Informationen über die inhumanen Produktionsverhältnisse in der nordböhmischen Industrieregion. Nach einem Besuch in der Asbestfabrik des Schwagers beschreibt Kafka im Februar 1912 wie unter Schock den «unaufhörlichen Lärm der Transmissionen» und den von der «automatischen aber unberechenbar stockenden» Maschine diktierten Gesichtsausdruck der Arbeiterinnen (T II 32). Die Entfremdung der Berufstätigkeit, die *Der Verschollene* darstellt, findet ihre Entsprechung in der Depersonalisierung des urbanen Alltags. Bezeichnend ist, daß die vom Roman geschilderte Stadt keine Identität, Geschichte und Physiognomie zu besitzen scheint. Weil ihr mechanischer Lebensrhythmus die Züge der Individualität vernichtet hat, wirkt sie kalt und tot; weder Hoffnung und Sehnsucht noch Melancholie und Trauer können in ihren sterilen Räumen gedeihen. Am Horizont taucht die Maschinen-Utopie von Fritz Langs *Metropolis*-Film (1926) auf, in der der Mensch nur das Rädchen einer gewaltigen Produktionsapparatur repräsentiert. Die Großstadt sieht Oswald Spengler, diesem Bild gemäß, als «steinerne Masse», die «am Ende des Lebenslaufes einer jeden großen Kultur» steht, wo ‹reiner Geist›, bloßer Zweck, unbedingte Ökonomie und eine Philosophie des «Fertigseins» herrschen.[12] Robert Musils *Der Mann ohne Eigenschaften* (1931ff.) wird später die moderne Großstadt «aus Unregelmäßigkeit, Wechsel, Vorgleiten, Nichtschritthalten, Zusammenstößen von Dingen und Angelegenheiten, bodenlosen Punkten der Stille dazwischen, aus Bahnen und Ungebahntem, aus einem großen rhythmischen Schlag und der ewigen Verstimmung und Verschiebung aller Rhythmen gegeneinander» zusammengesetzt finden.[13] Diesen Zuschreibungen entspricht Kafkas Stadtbild sehr genau, wenn es den Eindruck eines unaufhörlichen Arbeitsprozesses mit den massiven Bildern kollektiver Menschengruppen verbindet. Auch bei ihm herrscht eine permanente, nahezu amorph wirkende Bewegung, die wie ein organisches Naturgesetz die Welt der Technisierung diktiert und eine archaische Kraft auf den Schauplatz der Moderne stellt.

Daß im Koloß der Großstadt nicht zuletzt untergründige Gewaltsamkeit schlummert, verrät die scharflinige Exposition des Romans, die eine eigene Konstruktion der empirischen Wirklichkeit offeriert. Karl Roßmann erblickt vom einfahrenden Schiff im «plötzlich stärker gewordenen Sonnenlicht» die Statue der Freiheitsgöttin, über die es heißt: «Ihr Arm mit dem Schwert ragte wie neuerdings empor und um ihre Gestalt wehten die freien Lüfte.» (V 9) Das reale Symbol – die Freiheitsfackel – wird durch das Schwert als Zeichen der Gewalt substituiert. In einer Passage, die Kafka später gestrichen hat, findet sich die ergänzende Formulierung, Karl Roßmann ‹verwerfe› beim Anblick der eindrucksvollen Figur das «über sie Gelernte».[14] Was zunächst – im Sinne Freuds – wie eine Fehlleistung wirkt, ist eine programmatische Ersetzung der vertrauten durch eine subversive Symbolik. Das Amerika-Bild des Romans steht sogleich im Schatten einer düsteren Bilderwelt, in der die Verheißung der Autonomie von der Zeichensprache der Macht verdrängt wird.[15]

Arbeit und Verkehr repräsentieren die zentralen Elemente des amerikanischen Stadtlebens, wie es die ersten Romankapitel darstellen (ein Brief an Kurt Wolff bekennt sich am 25. Mai 1913 ausdrücklich zur Absicht, das «allermodernste New Jork» zu erfassen; Br II 196). In den riesigen Kontoren, die zum Geschäft des Onkels gehören, sind zahllose Angestellte tätig. Grundlage des Warenverkehrs, den das Unternehmen organisiert, ist die Kommunikation mit Hilfe technischer Medien. Die Funkentelegraphie schafft auf dem Sektor des zwischenmenschlichen Austauschs dieselben Formen der Abstraktion, die Georg Simmel zur Jahrhundertwende als universelles Gesetz des Geldes gekennzeichnet hatte; bei Kafka heißt es: «Es war daher ein Geschäft, welches in einem Käufe, Lagerungen, Transporte und Verkäufe riesenhaften Umfangs umfaßte und ganz genaue unaufhörliche telephonische und telegraphische Verbindungen mit den Klienten unterhalten mußte. Der Saal der Telegraphen war nicht kleiner, sondern größer als das Telegraphenamt der Vaterstadt, durch das Karl einmal an der Hand eines dort bekannten Mitschülers gegangen war. Im Saal der Telephone giengen wohin man schaute die Türen der Telephonzellen auf und zu und das Läuten war sinnverwirrend. Der Onkel öffnete die nächste dieser Türen und man sah dort im sprühenden elektrischen Licht einen Angestellten gleichgültig gegen jedes Geräusch der Türe, den Kopf eingespannt in ein Stahlband, das ihm die Hörmuscheln an die Ohren drückte.» (V 54) Es gehört zu den befremdlichen Aspekten dieses Geschäftsbetriebs, daß unklar bleibt, was hier genau geschieht. Die medial gestützte Kommunikation, die Gigantomanie des Fabrikbaus und die gewaltige Zahl der Angestellten re-

präsentieren eine Symbolik der ökonomischen Faktizität, die nicht hinter-
fragbar scheint. Das Wirtschaftssystem mit seinem komplizierten Gefüge
von Einzel-, Groß- und Zwischenhandel hat selbst jenen Fetischcharakter
angenommen, den Marx nur dem Warenbegriff der kapitalistischen Tausch-
ökonomie bescheinigen mochte.[16] 1910 beschrieb Alfred Weber in einem
für die *Neue Rundschau* verfaßten Essay, den Kafka kannte, «mammutartige
Einheitsorganisationen, die schon nicht mehr nur in einer Sphäre wirtschaftlichen Lebens bleiben», als Merkmal des modernen Produktions- und
Handelswesens.[17]

Der Anonymität des Geschäftstreibens korrespondiert die kollektive
Macht des Straßenverkehrs. Wenn das *Urteil* im letzten Satz den urbanen Verkehr zu einem Symbol des entfesselten Lebensstroms erhebt, so entspricht
das den Eindrücken, die Karl in Amerika gewinnt (Robert Musil wird das
Thema in der Exposition des *Mann ohne Eigenschaften* ironisch gebrochen
aufgreifen). Als ihn Pollunder am Abend in seine Villa chauffieren läßt, kann
der Protagonist die unverlöschliche Energie des Verkehrs mit eigenen Augen
wahrnehmen. Zu ihm gehört nicht nur der pulsierende Fluß der Fahrzeuge,
sondern auch der «alle Augenblicke die Richtung» wechselnde, wie in
einem «Wirbelwind» aufsteigende «Lärm», der kaum mehr von Menschen
verursacht scheint (V 60). Aus der Perspektive des Fußgängers mutet es an,
als durchziehe die Straßen ein unaufhörlich dahinfließender Strom: «Während des ganzen Tages seit dem frühesten Morgen hatte Karl kein Automobil
halten, keinen Passagier aussteigen gesehn.» (V 118) Auch der Verkehr ist ein
Bereich der jegliche Individualität nivellierenden Anonymität. Die Fahrzeuge wirken so, als seien sie gleichsam führerlos: die «meist riesenhaften Wagen» rauschen laut an den Passanten vorbei wie geheimnisvolle Boten aus
der Welt der Technik (V 110).

Immer wieder beobachtet Karl das amerikanische Leben mit den Augen
des überraschten Europäers. Eine Demonstration und eine Wahlkampfver-
anstaltung, Arbeitsrituale und Verkehrsformen werden vom Protagonisten
mit dem befremdeten Blick des Reisenden wahrgenommen. Das Leben erscheint, wie unter einem Vergrößerungsglas, ins Gigantische verzerrt. Menschen treten nicht als Individuen, sondern nur in der Masse auf. Die Macht
der Norm reguliert den Alltag und kontrolliert den Einzelnen. Charakteristisch ist hier Karls Beobachtung der amerikanischen Essensgewohnheiten:
«Während des Tages machten sie nur einmal in einem Wirtshaus Halt und
aßen davor im Freien an einem, wie es Karl schien, eisernen Tisch fast rohes
Fleisch, das man mit Messer und Gabel nicht zerschneiden, sondern nur zerreißen konnte. Das Brot hatte eine walzenartige Form und in jedem Brotlaib
steckte ein langes Messer. Zu diesem Essen wurde eine schwarze Flüssigkeit
gereicht, die im Halse brannte.» (V 115) Es ist unschwer zu erkennen, daß

man hier zum kurzgebratenen Steak Coca-Cola trinkt, die in Europa vor
1914 noch fast unbekannt war.

Als Quelle für das mehrdeutige Amerikabild des Romans wird man einen
Reisebericht Arthur Holitschers ansehen dürfen, dessen Vorabdruck in vier
Teilen 1911/12 in der von Kafka regelmäßig konsultierten *Neuen Rundschau*
erschien. Bei Holitscher, der 1911 für acht Monate im Auftrag des S. Fischer-
Verlags durch die Vereinigten Staaten gereist war, finden sich zahlreiche Motive, auf die Kafka offenkundig zurückgegriffen hat.[18] Ausdrücklich akzentuiert Holitscher die Bedeutung der Arbeit, die vorantreibt, was Walther Rathenau 1912 den «Geist der Mechanisierung»[19] nannte. Industrialisierung,
Großstadtdynamik und Verkehrssystem werden hier in ihrer zweifelhaften
Bedeutung für die technische Modernisierung kritisch beschrieben. Die
1912 veröffentlichte Langversion von Holitschers Reisebericht betont immer wieder die Hektik des Alltagslebens als Element eines Gesellschaftsmy-
thos, dessen Wirkungsmacht sich der reisende Europäer gern bestätigen läßt.
«Die Hast Amerikas» – schon für Nietzsche «das eigentliche Laster der neu-
en Welt» – gerät zum Leitmotiv der von Platitüden nicht freien Darstellung.[20] Solche Topoi gehen ebenso in den Roman ein wie Holitschers Bericht von einer Bürgermeisterwahl in San Francisco und die Beschreibung
des damit verbundenen Wahlkampfs, auf die sich das letzte abgeschlossene
Kapitel des Fragments stützt (V 248ff.).[21] Anregungen empfing Kafka hier
auch durch einen in tschechischer Sprache gehaltenen Lichtbildvortrag des
sozialdemokratischen Abgeordneten František Soukup, der im Herbst 1911
auf Einladung der Arbeiterverbände durch die Vereinigten Staaten gereist
war und am 2. Juni 1912 im Prager Repräsentationshaus kritisch über seine
Eindrücke berichtete (sein Referat erschien wenige Monate später im Verlag
der Prager Arbeiter-Zentralbücherei) (T II, 73).[22] Daß der Roman mit seinen Quellen bisweilen ironisch umgeht, verrät der Spott über die Iren, von
denen es bei Holitscher heißt: «Diese Rasse hat nämlich in Amerika den
höchst entwickelten und erfolgreichsten Typus des politischen Padrone, des
Boss, Sklavenhalters und Stimmenfängers hervorgebracht.»[23] Kafka greift
seine Vorlage spielerisch auf, ohne sie beim Namen zu nennen: «Karl wußte
nicht mehr genau, in was für einem Buch er einmal zuhause gelesen hatte,
daß man sich in Amerika vor Irländern hüten solle.» (V 105)

In sehr eigentümlicher Weise verbindet sich das pointiert gezeichnete
Amerikabild des Romans mit einer filmähnlichen Erzählform, wie sie
exemplarisch die grotesk wirkende Fluchtszene im letzten Drittel des Romans vorführt. Auf einer steil abfallenden Straße sucht Karl in rasendem, von
Luftsprüngen unterbrochenem Lauf einem Polizisten zu entkommen, der
ihn wegen seiner fehlenden Legitimationspapiere festhalten möchte. Die
Verfolgungsjagd führt zunächst über die spiegelglatte Fahrbahn, dann auf

Seitenwegen an ständig neu sich auftürmenden Hindernissen vorbei. Immer wieder dringen äußere Reize scheinbar ungeordnet auf den fliehenden Protagonisten ein, der seine Umwelt über seriell gereihte Momentaufnahmen erfaßt: so erblickt er Arbeiter am «Trottoirrand», unbeteiligt wirkende Passanten, einen an der dunklen Hausmauer zum Sprung bereitstehenden Polizisten (V 219f.). Der Erzähler beschreibt die Situation aus kameraähnlicher Perspektive, indem er die Realität in eine Folge bewegter Bilder verwandelt. Die grotesk anmutende Passage weist auf den Einfluß zweier Filme zurück, die Hanns Zischlers bedeutsame Dokumentation wieder ins Gedächtnis gerufen hat.[24] Am 10. September 1911 sah Kafka während seines Parisbesuchs im opulent ausgestatteten Vorführsaal des von zwei Kinopionieren geleiteten *Omnia Pathé* gemeinsam mit Max Brod *Nick Winter et le vol de la Joconde*. Der fünf Minuten dauernde Film zeigte die ins Komische changierende Jagd nach dem Dieb der Giaconda (*Mona Lisa*), die tatsächlich nur wenige Wochen zuvor aus dem *Louvre* entwendet worden war.[25] Die detaillierte Inhaltsangabe, die Max Brod in einem Feuilletonartikel liefert, legt die Vermutung nahe, daß sich Kafka durch die skurrilen Szenen des «Nick Winter» bei der Beschreibung von Karls Verhaftung und Flucht hat anregen lassen (BK I, 212f.). Eine zweite Vorlage bildet der Trivialfilm *Die weiße Sklavin,* der Kafka, als er ihn Mitte Februar 1911 in Prag sah, stark beeindruckte (Br I 134). Inspiriert hat ihn hier die rasante Automobiljagd, in deren Verlauf der Verlobte die zur Prostitution gezwungene Heldin aus den Fängen der Bordellbesitzer befreit. Die mechanische Bewegungslogik, die diese Sequenz auszeichnet, sucht der Roman seinerseits mit den Mitteln eines erzählerischen Perspektivismus umzusetzen, welche die äußere Wirklichkeit wie eine ausschwenkbare Kamera einfängt.

Daß das Thema der Beschleunigung von Bewegungsabläufen für die filmästhetischen Überlegungen der Freunde eine Rolle spielte, demonstriert ein Kino-Essay Brods aus dem Jahr 1913, der sich mit der Geschwindigkeit von Verfolgungsszenen befaßt.[26] Brecht vermerkt am 6. Juli 1920 in seinem Tagebuch, an den «Detektivdramen» des Kinos liebe er besonders «das Gymnastische».[27] Das «Erleben von Automobiljagden und Freudenhäusern», aber auch die Möglichkeit zum Mitfühlen bezeichnet Walter Hasenclever 1913 als Geheimnis der Kinowirkung.[28] «Der Kinematograph», bemerkt Marinetti im Mai 1912, «bietet uns den Tanz eines Gegenstandes, der sich teilt und sich ohne menschliches Eingreifen wieder zusammensetzt. Er zeigt uns auch rückwärts den Sprung eines Schwimmers, dessen Füße aus dem Wasser auftauchen und heftig auf das Sprungbrett zurückprallen.»[29] Das neue Spiel der Perspektiven entsteht durch die Manipulation von Bewegungsabläufen und die Aufhebung der Naturtotalität in nervösen Bildfolgen. Der frühe Film bevorzugt dynamische Szenen, weil er mit ihnen seine technischen Eingriffs- und Organisationsmöglichkeiten demonstrieren kann. Kafka hat dieses Stilmittel genau erfaßt, wie seine Beschreibung des Films *Die wilde Jagd* im Tagebuch vom 25. September 1912 beweist. Es handelte sich um eine reichsdeutsche Produktion über den Patrioten Theodor Körner, die unter dem Motto «Von der Wiege bis zu seinem Heldentode» aus Anlaß des Sedan-Tages am 1. September 1911 in die Kinos kam.[30] Kafkas telegrammartige Notiz hält wie eine Kamera die Bilder des Films fest, wobei sie mit dem Titel beginnt und schließlich das zentrale Objekt der Beobachtung immer genauer fokussiert: «Körners Leben. Die Pferde. Das weiße Pferd. Der Pulverrauch. Lützows wilde Jagd.» (T II 103) Der Eintrag reproduziert die lineare Abfolge der Bilder, deren Schnittchronologie er durch die unverbundene Struktur der Einzelnotizen imitiert. Als Experte für die Ästhetik der Bewegung operiert Kafka in seinem Roman mit derselben Technik eines erzählerischen Kamerablicks, der die Umwelt des Protagonisten als hektische Abfolge isolierter Momentaufnahmen erscheinen läßt.

Auch die Massenszenen des *Verschollenen* verraten eine Prägung durch den geschulten Blick des Kinogängers. Schon die gerichtsähnliche Situation im ersten Kapitel, als der Heizer sein Anliegen vor dem Kapitän vorträgt, ist filmästhetisch arrangiert (V 27ff.).[31] Ebenso verhält es sich mit der Beschreibung der Straßenszenen, den kreuzenden Automobilen und der Darstellung der Wahlversammlung, die Karl aus großer Höhe vom Balkon verfolgt (V 59f., 251f.). Erneut scheint hier eine Kamera das Geschehen einzufangen und die Bilder nach dem Prinzip der Montage zu verbinden. Über den Zusammenhang von Imagination und Film heißt es bei Hofmannsthal 1921: «(...) was alle die arbeitenden Leute im Kino suchen, ist der Ersatz für die Träume.»[32] Der Film vermittle den Menschen Bilder von so großer Intensität, daß sie sich in ihnen aufgehoben und geborgen fühlten. Laut Hofmannsthal wirkt dieser Vorgang als mystisches Ereignis, das durch die Konfrontation mit dem Kino evoziert werde. Auf den Film schaut der Betrachter so, als ob er sich plötzlich, in einem Augenblick aufblitzender Erkenntnis, einen vergessenen Traum vergegenwärtigte. Das Kino ist das Arsenal für Geschichten, die das Unbewußte schreibt.

Traumhaft verzerrt erscheint auch die Raumdarstellung des Romans, die ihrerseits von der Ästhetik des frühen Kinos beeinflußt wird. Karls Fahrt zu Pollunders Landhaus eröffnet den Blick auf kaleidoskopartig zusammengeschobene Straßenbilder mit einer «nach beiden Seiten hin in Perspektiven, denen niemand bis zum Ende folgen konnte», in «winzigen Schritten sich bewegenden Masse» von Menschen (V 60). Immer wieder verändern Räume im Verlauf des Romans ihre Ausdehnung und geraten auf diese Weise zu Zeichen der unzuverlässigen Wahrnehmung. Pollunders schloßartige Villa entfaltet erst in tiefer Nacht eine gigantische Größe, die man zunächst nur erahnen kann (V 77ff.). Als Karl das Haus nach der Verstoßung durch den Onkel im Dunkeln verläßt, muß er zu diesem Zweck eine steile Treppe ohne Geländer herabsteigen, die ihn von der hochgelegenen Wohnetage in die Tiefe führt (V 100), während er bei seiner freundlicheren Ankunft eine komfortable Freitreppe nutzen durfte. Wieder tritt hier das Zusammenspiel von Kinoblick und Traumperspektive auf: der scharfe Kontrast der Raumbilder erinnert an die harten Schnitte des Films, der seinerseits die sprunghafte Dramaturgie des Traums imitiert. Auch das Hotel «Occidental», dessen Beschreibung erneut durch Holitschers Amerika-Bericht gefärbt ist,[33] wächst im Verlauf des Romans wie unter einem magischen Zauber an (Joseph Roth wird dieses märchenhaft wirkende Motiv 1924 in seinem Roman *Hotel Savoy* aufgreifen).[34] Zunächst besitzt das Hotel fünf Etagen, dann sieben Stockwerke (V 125, 164), 30 Aufzüge, drei Mittel- und zehn Nebentore (V 145, 203); von 536 Zimmern ist zuerst die Rede, später aber von 5000 Gästen (V 136, 174). Das Oszillieren der Perspektiven offenbart die Unzuverlässigkeit einer Realität, die nicht mehr auf ein einziges Bild reduziert werden kann, sondern in zerstreuten Momentaufnahmen zur disparaten Erscheinung kommt. Die «grauenvoll verschobene Optik», die Kafkas Szenen oftmals innewohne, bemerkt Adorno am 17. Dezember 1934 gegenüber Walter Benjamin, sei keine andere «als die der schräg gestellten Kamera selber».[35] Die photographische Ästhetik der ‹verschobenen Optik› weitet sich im *Verschollenen* zur Sprache des Films, die den zersplitterten Bildern eines Traums gleicht.

Karl Roßmanns Brüder

Zu den Quellen, aus denen Kafka bei der Niederschrift des Romans schöpfen konnte, gehört nicht zuletzt der Familienmythos. Joseph Roths spöttische Bemerkung über die «sagenhaften Vettern der Ostjuden», die mit auffallender Regelmäßigkeit ihr Glück in Amerika suchten, trifft auch auf die Kafkas zu.[36] Mehrere Cousins der väterlichen Linie hatten um die Jahrhundertwende Europa verlassen und sich in den Vereinigten Staaten etabliert. Anzunehmen ist, daß Kafka über ihr Schicksal durch mündliche Berichte und Briefe informiert war. Emil Kafka, der zweitälteste Sohn der Leitmeritzer Verwandten Heinrich und Karoline Kafka, wanderte 1904 nach Amerika aus und ließ sich in Chicago nieder (sein Vater Heinrich, der jüngere Bruder Hermanns, war bereits 1886 gestorben). Erst am 9. Dezember 1914 hat Kafka ihn in Prag persönlich kennengelernt. Der Cousin berichtet von seinem amerikanischen Geschäftsleben, von den Zerstreuungen im Kino, von der Architektur Chicagos, wo er zunächst als Angestellter einer Kurzwarenfirma, später als Abteilungsleiter eines Versandhauses arbeitete. Das Unternehmen, dem er angehörte, zählte 10 000 Beschäftigte, die mit

Hilfe modernster Vertriebsmethoden – gestützt auf Katalogwerbung – einen ungeheuren Tagesumsatz erwirtschafteten. Da Kafka über die Karriere des Cousins durch die in der Familie zirkulierenden Berichte informiert war, darf man annehmen, daß einzelne Motive seiner Amerika-Erfahrungen bereits zwei Jahre zuvor in den Roman eingingen. Der Autor ließ sich im Dezember 1914 nur bestätigen, was *Der Verschollene* schon schriftlich festgehalten hatte (T III 62).

Eine andere Spur führt zu Otto Kafka, dem Sohn des ältesten Bruders von Hermann Kafka. 1897 war der knapp 18jährige vor seinen Eltern nach Paris geflohen und schließlich über Südfrankreich nach Buenos Aires gereist.[37] Einige Jahre später zog es ihn nach Paraguay und in die Vereinigten Staaten. Im Dezember 1906 sah ihn Kafka offenbar für einige Tage in Prag, wie er in einem Brief an Max Brod berichtet (Br I 48). 1911, als *Der Verschollene* zu entstehen begann, hatte Otto sich bereits in New York niedergelassen, dort eine auch gesellschaftlich lohnende Ehe mit einer nicht unvermögenden Amerikanerin, der kapriziösen Malerin Alice Stickney, geschlossen und eine leidlich prosperierende Exportfirma gegründet. Aufgrund seines (freilich stets schwankenden) geschäftlichen Erfolgs konnte er es sich leisten, ein großes Anwesen am Rande New Yorks in direkter Nachbarschaft der Rockefeller-Villa zu erwerben. Als klassischer Selfmademan dürfte er auch das Muster für Karl Roßmanns amerikanischen Onkel, den Senator Eduard Jakob darstellen, der es mit Energie und Entschlossenheit zum erfolgreichen Besitzer einer gigantischen Firmenkette gebracht hat. Das bei New York gelegene Landhaus des Bankiers Pollunder wiederum, in das Karl gegen den Willen des Onkels eingeladen wird, beschreibt Kafka vermutlich aus der Erinnerung an Familiengespräche, in denen die sagenumwobene Villa des reichen Cousins ein Thema war.

Das familiäre Vorbild für den aus Prag gebürtigen Protagonisten Karl Roßmann (V 134) entstammt der väterlichen Linie der Kafkas. Otto Kafka nahm im Sommer 1909 seinen vierzehn Jahre jüngeren Bruder Franz auf, der sich 16jährig zur Auswanderung nach Amerika entschlossen hatte. Franz, der sich in den Staaten Frank nannte, absolvierte in New York eine Handelsschule, danach ein Eliteinternat und trat später als Angestellter ins Unternehmen seines Bruders ein. Bedenkt man,

Otto Kafka und seine Ehefrau Alice im Garten ihres Hauses, Long Island (New York), 1937

daß auch Karl, wenngleich nicht freiwillig, als knapp 16jähriger nach Amerika gelangt, so dürfte die Altersparallele kaum zufällig sein. In einem anderen Punkt ist Robert Kafka, der aus Kolin stammende jüngere Bruder des Amerika-Abenteurers Otto, ein Vorbild für die Roßmann-Figur. Eine bei der Familie arbeitende Köchin hatte den vierzehnjährigen Robert, der später eine erfolgreiche Juristenlaufbahn absolvierte, 1895 angeblich verführt und sich von ihm schwängern lassen. Die Geschichte machte im Familienkreis rasch die Runde; Kafka kannte sie fraglos und griff für die Konstruktion der Romanfabel auf sie zurück. Nicht auszuschließen ist, daß Der Verschollene den Stoff jenes älteren Romanentwurfs nutzt, an dem Kafka, wie er sich im Januar 1911 erinnert, während seiner Pubertät arbeitete; auch hier ging es schließlich um eine fluchtartige Reise nach Amerika, freilich im Rahmen eines Bruderkonflikts nach dem Muster der Schillerschen Räuber (T I, 115). Kafkas Spiel mit dem Familienmythos läßt sich auch an seinem Umgang mit den Namen ablesen. Robert Kafka und Karl Roßmann weisen vertauschte Initialen auf, deren untergründiger Zusammenhang unbezweifelbar ist.[38] Der Fundus des Romans bildet die Saga von den Söhnen, die nach Amerika auswandern, weil sie erwachsen werden müssen.

Zu den Vorbildern aus den Arsenalen des Kafkaschen Familienmythos gesellt sich das literarische Modell des Bildungsromans, das den Verschollenen deutlich prägt. Karl Roßmann steht in einer illustren Reihe prominenter Helden, deren Bogen von Goethes Wilhelm Meister, Novalis' Heinrich von Ofterdingen über Kellers Heinrich Lee und Flauberts Frédéric Moreau bis zu Dickens' David Copperfield und Raabes Hans Unwirrsch reicht. Kafkas Protagonist gehört zum Geschlecht der naiven Helden, die illusionsbeladen und erfahrungsarm in die Welt aufbrechen, um sich, wie es Hegel lakonisch formuliert hat, an ihr die «Hörner» abzulaufen und «in die bestehenden Verhältnisse» einzufügen.[39] Mit dem skeptisch gebrochenen Bildungsroman des 19. Jahrhunderts teilt Der Verschollene die Absicht, seinen Helden auf einen Weg der Anpassung und Unterwerfung zu schicken, in dessen Verlauf er die unbezwingbare Faktizität der sozialen Verhältnisse als ihn bestimmendes Regulativ anerkennen muß. Neben die literarische Tradition eines seit Goethes Lehrjahren (1795/96) vertrauten Gattungsmusters tritt bei Kafka der antike Topos des einsamen Wanderers, wie er aus den Geschichten der Argonauten, Iphigenies oder Orests bekannt ist. Der Verschollene übernimmt das Motiv des Reisenden, der sich in fernen Welten mit ungeahnten Herausforderungen konfrontiert sieht. Die Erfahrung der Alterität steht im Vordergrund dieses mythischen Modells. Sie bildet ein durchgängiges Element der von Zufällen beherrschten Abenteuer, die Karl erlebt. Der Held ist in Amerika der exemplarische Fremde, der sich das weite Land mit ungläubigem Staunen erschließt, letzthin aber dabei scheitert, eine neue Heimat zu finden. Karl

Roßmann bleibt ein Verschollener, dessen Spuren sich irgendwann in den Weiten Amerikas verlieren werden. Er schlägt keine Wurzeln, sondern wird – als verstoßener Sohn – vom Wind des Zufalls getrieben. Die Erzähldiktion des *Verschollenen* folgt dem von Kafka bewunderten Modell der *Éducation sentimentale* Flauberts. An keinem Punkt läßt der Ton der Darstellung unmittelbare persönliche Betroffenheit ahnen. Kafkas Roman setzt damit den bereits an Flaubert ausgerichteten Stil der *Hochzeitsvorbereitungen auf dem Lande* fort. In größtmöglicher Distanz zum Innenleben seines immer wieder neu enttäuschten und beschädigten Helden beschreibt er die Geschichte einer Verstoßung. Die soziale Ordnung findet sich durch jene der Kunst gespiegelt: der Mitleidlosigkeit Amerikas entspricht die Kühle des Tons, die der Erzähler durchgängig bewahrt. Wie das kalte Objektiv einer Kamera folgt er den Ereignissen, ohne sie näher zu kommentieren. Zwar blitzen mehrfach Elemente eines auktorialen Stils auf, die verraten, daß er mehr weiß als sein Held, doch dient dieses Wissen einzig dazu, die Ausweglosigkeit zu verdeutlichen, in die sich der Protagonist stets neu verrennt.[40]

Auf der Ebene der Handlungsführung erweist sich *Der Verschollene* als Kontrafaktur des klassischen Bildungsromans. An Goethes *Lehrjahre* erinnert das Grundmodell – die Prägung des Helden durch wechselnde Mentoren (vom Heizer über den Onkel, Robinson und Delamarche bis zur Oberköchin, Therese und Brunelda). Kafkas Protagonist durchschreitet jedoch keinen in sich geschlossenen Bildungsprozeß, vielmehr scheitert er bei seinen verschiedenen Anläufen immer wieder auf neue Weise. Seine Geschichte gehorcht keinem inneren Telos, sondern dem Prinzip der desillusionierenden Variation; auch darin gleicht sie Flauberts *Éducation sentimentale*, dem Haupt- und Grundbuch des Bildungsromans ohne Bildungskonzept. Georg Lukács hat der Gattung 1914 vorgeschrieben, sie müsse «die Geschichte der Seele» erzählen, «die da auszieht, um sich kennenzulernen».[41] Kafkas Roman unterläuft diese Forderung mit ironischer Eleganz, denn sein Protagonist erschließt sich weder die Welt noch das eigene Ich. Er sammelt Erfahrungen, vermag sie aber nicht reflexiv zu verarbeiten. Als Schüler, Stellungsuchender, Liftjunge und Diener experimentiert Karl erfolglos mit wechselnden Rollen. Seine (unter falschem Namen verbuchte) Beschäftigung als ‹technischer Arbeiter› beim Naturtheater von Oklahoma entspringt letzthin einer Mischung aus Betrug und Zufall, ohne daß er die nötige Qualifikation für die neue Tätigkeit aufweist (der Fragmentcharakter des Textes verhindert, daß dieses Mißverhältnis entlarvt oder im Sinne einer positiven Utopie aufgehoben wird). Statt sich aber mit der ihn fordernden Wirklichkeit auseinanderzusetzen, entzieht sich Karl ihren unerfreulichen Zwängen. Nicht die Reibung mit der Realität, von der Hegel sprach, sondern die Flucht bildet –

neben der Verstoßung – ein zentrales Strukturmuster des Romangeschehens. Vor Green und Pollunder flieht Karl ebenso wie vor dem Oberportier, dem Polizisten und seinen zweifelhaften Freunden Robinson und Delamarche. Seine Reise durch Amerika gleicht einem Angsttraum, der das Scheitern an der Realität im Motiv der Flucht darstellt. Als Bildungsroman ‹on the road› zeigt *Der Verschollene* die Deformation der Freiheit in den Travestien jener Selbstbestimmung, die Karl ersehnt, ohne sie jemals zu finden.[42]

Die Begriffe ‹Freiheit› und ‹Autonomie›, auf die sich Wilhelm Emrichs lange Zeit einflußreiche Interpretation stützte, spielen für Kafkas Roman keine Rolle.[43] Weder Unabhängigkeit noch Selbstbestimmung liegen im Bereich des für Karl Roßmann Erreichbaren. Wo immer er mit der amerikanischen Welt konfrontiert wird, stößt er auf Macht und Zwang. Sie sind, wie auch im *Urteil*, strukturell bedingt, insofern sie aus den intersubjektiven Beziehungen hervortreten und sich gleichsam stumm, mit der Lakonie des Faktischen, zur Geltung bringen. «Jedes ist nur das auf seinem Platze, was es durch die andern ist»[44] – diese Bemerkung des Novalis, die sich aus Fichtes Subjektphilosophie ableitet, bezeichnet den dunklen Grund, auf dem Kafkas Konstruktion des Romanverlaufs ruht. Sie zeigt den Menschen beherrscht durch eine heteronome Ordnung, deren Symbole ihn bestimmen, ohne daß er sich ihrem Einfluß entziehen kann. Kafkas Helden träumen zwar von der Kontrolle der Wirklichkeit, doch überschätzen sie dabei als typische Söhne die ihnen verfügbaren Kräfte. In dieser Überschätzung wiederum gründet ihre verkappte Schuld.

Der Held und seine Erzieher

Im Vergleich mit dem *Proceß*-Roman notiert Kafka am 30. September 1915 über seinen Helden: «Roßmann und K., der Schuldlose und der Schuldige, schließlich beide unterschiedslos strafweise umgebracht, der Schuldlose mit leichterer Hand, mehr zur Seite geschoben als niedergeschlagen.» (T III 101) Aus dieser Bemerkung läßt sich jedoch keine umfassende Absolution für Karl ableiten. Zu seinen Eigentümlichkeiten zählt es, daß er Naivität und taktisches Denken verbindet. Er verkörpert einen gebrochenen Charakter, den Opportunismus und Unoffenheit ebenso regieren wie Gutmütigkeit und Unschuld. Daß der unfreie Sohn Karl das Opfer seiner gestrengen Eltern ist, wird schon in der Exposition des Romans sichtbar. Karl aber besitzt Züge, die es nicht erlauben, in ihm nur das schuldlose Objekt einer rücksichtslosen Erziehung zu sehen. Schon das Eröffnungskapitel zeigt den Helden als Strategen, der allein sein persönliches Interesse zu wahren sucht. Im Gespräch mit den Offizieren offenbart er «Schlauheit» (V 21), dem um sein Recht kämpfenden Heizer empfiehlt er taktisches Verhalten. Der Egoismus des Protagonisten spiegelt bereits zu Beginn die verwilderten Gesellschaftsverhältnisse Amerikas; daß man in einem Land, wo das Stehlen offenbar auf der Tagesordnung stehe, «auch hier und da lügen könne», bleibt seine feste Überzeugung (V 25). Karl repräsentiert damit den wendigen Prototyp des bürgerlichen Zeitalters, den Nietzsche «unschuldig-verlogen» nennt.[45] Der Protagonist beginnt seinen Amerika-Aufenthalt im Bewußtsein der Benachteiligung, jedoch mit dem entschiedenen Ehrgeiz zum sozialen Aufstieg. Er lernt Englisch, erhält Reitstunden, arbeitet an einem gewaltigen Schreibtisch, träumt von eigenen Berufserfolgen. Dabei gerät er immer wieder in merkwürdige Tagesphantasien, die ihn von seinen wahren Möglichkeiten und Chancen ablenken. Statt den Sinn für die Realität zu bewahren, verliert er die Wirklichkeit aus dem Auge. Wie in einem Kaleidoskop brechen sich die Farben, die die bunte und fremde Welt Amerikas ausstrahlt. Daß er selbst nur ein europäischer Mittelschüler ohne überzeugende Leistungen und auffällige Talente ist, vergißt Karl ständig. Charakteristisch für die irritierende Selbstüberschätzung des Protagonisten ist seine Hoffnung, er könne durch sein in Wahrheit dilettantisches Klavierspiel die eigene Lebenssituation verbessern: «Karl erhoffte in der ersten Zeit viel von seinem Klavierspiel und schämte sich nicht wenigstens vor dem Einschlafen an die Möglichkeit einer unmittelbaren Beeinflussung der amerikanischen Verhältnisse durch dieses Klavierspiel zu denken.» (V 50) ‹Dilettantismus› bleibt der Leitbegriff, unter dem Karl Roßmanns Bemühungen um Aufstieg und Erfolg zu verbuchen sind. Bei Nietzsche, Bourget, Hofmannsthal und Thomas Mann gewinnt diese Kategorie seit dem Ende des 19. Jahrhunderts eine eigene Dignität als Element eines Charaktertypus, der weder in der Kunst noch in der sozialen Wirklichkeit auf der Höhe des Augenblicks steht. Kafkas Held ist wie Hofmannsthals Claudio (aus *Der Tor und der Tod*) oder Thomas Manns Bajazzo ein Unfertiger, der die Nervenpunkte des Lebens verfehlt. Nicht jedoch die für den Ästhetizismus typische «Lust an geistigem Anschmecken»,[46] die Nietzsche bei Richard Wagner diagnostiziert, bestimmt ihn, sondern die Selbstüberschätzung des Ungebildeten. Sein Dilettantismus birgt weder die nobilitierende Bedeutung des dekadenten Künstlertums ohne Vitalität noch die Note des eitlen Dandys, wie ihn Franz Blei 1905 in der *Neuen Rundschau* beschrieb.[47] Karl Roßmann bleibt ein ahnungsloses Kind, das an einer Gesellschaft scheitert, die ihm weder Wissen noch Identität zu vermitteln vermag.

Es gehört zur Konsequenz der negativen Bildungsgeschichte, die Kafka erzählt, daß der Protagonist in wachsendem Maße von seinen Lebensträumen abkommt. Die Logik, die hier regiert, ist die des Abstiegs: am Beginn steht die Aussicht auf ein Millionenerbe, am Ende die Nivellierung der Individualität in einem zweifelhaften Utopia.[48] Nachdem ihn der Onkel verstoßen hat, sucht Karl lediglich, eine erträgliche Arbeit zu finden. Das Hotel

«Occidental», das ihm eine erste Anstellung bietet, repräsentiert eine geschlossene Welt, deren Gesetzen er sich bedingungslos unterwirft, ohne sie kritisch zu prüfen. Das Hotel ist ein Sinnbild der transitorischen Existenz, in dem sich, ähnlich wie im urbanen Verkehr, die Flüchtigkeit der modernen Lebensverhältnisse spiegelt. Siegfried Kracauer hat darauf hingewiesen, daß das Hotel ein Symbol der unaufhörlich pulsierenden Kommunikation, seine Eingangshalle einen Umschlagplatz für Informationen darstelle.[49] Im gewaltig aufragenden «Occidental» begegnet Kafkas Protagonist einem typischen Modell der sozialen Wirklichkeit des modernen Amerika. Die groteske Hierarchie der Dienstgrade, die hier paramilitärisch aufrechterhalten wird, bezeichnet eine zum Fetisch gewordene Ordnungsvision, wie sie für die gesamte Arbeitswelt des Romans charakteristisch ist. Die Episode im «Occidental» beleuchtet jedoch auch die Grundmisere Karl Roßmanns, der sich den herrschenden Umständen unterwerfen möchte und gerade an diesem Willen zur Subordination scheitert. Wenn sich Karl nach seiner Entlassung als Liftjunge nur noch in die bestehenden Verhältnisse einzupassen sucht («er würde sich schon rasch und unauffällig in irgend einen Betrieb einfügen»; V 247), so bezeichnet das einen Unterwerfungsdrang, der mit der Zerstörung des Ichs identisch scheint. Aus dem Traum vom Erfolg wird wie bei Gregor Samsa der Wunsch, möglichst unkenntlich und unsichtbar zu sein: das Dementi des Autonomieanspruchs.

Karl Roßmann ist, wie alle Helden Kafkas, der Repräsentant eines dissoziierten, zersplitternden Ichs. Symptomatisch für die Zerbrechlichkeit seiner Identität, die sich einzig auf Akte der Scheinsouveränität stützt, sind die schwankenden Angaben über sein Alter; während ihn die Exposition als ‹Siebzehnjährigen› bezeichnet, erklärt er selbst gegenüber der Oberköchin, er werde «‹nächsten Monat sechzehn›» (V 9, 136). Kafka hat diesen Widerspruch zwar vor der Drucklegung des *Heizers* behoben, indem er den Eröffnungssatz korrigierte (D 55), doch scheint er für die Konstruktion des Erzählverfahrens durchaus programmatisch. Die Ambivalenz der Darstellung entspringt einem an Nietzsche geschulten Perspektivismus, der das Wissen über die Unbeständigkeit von Identität, Rolle und Person vermittelt. Das Subjekt, dessen Geschichte der Roman erzählt, fügt sich in jeder Situation zu einer neuen Gestalt ohne stabile Konturen. Dem schwankenden Ich-Profil des Protagonisten entspricht die Vielzahl der Erziehergestalten, denen er auf seinem Weg durch Amerika begegnet. Letzthin kann keine dieser Figuren dauerhaft Einfluß auf ihn nehmen, weil er sich mit dem Wandel seiner äußeren Lebensverhältnisse wie ein Proteus selbst verändert. Karls psychische Struktur gehorcht in für Kafkas Figuren charakteristischer Weise einer Mehrdeutigkeit, die mit den Techniken realistischer Erzählkunst nicht mehr erfaßbar wäre. Der Held ist die Summe seiner zersplitterten Ich-

Zustände, deren Anatomie im Roman durch die Konfrontation mit unterschiedlichen Lebensprinzipien beleuchtet und modifiziert wird.

Karls erster Erzieher ist der Onkel, der ihn in die eindrucksvollen, zugleich unheimlichen Dimensionen des amerikanischen Geschäftslebens einführt. Als klassischer Selfmademan, der seine Härte hinter täuschender Sentimentalität verbirgt, erinnert er an die Familientradition der Kafkas. Da ihm persönliche Bindungen letzthin nichts mehr bedeuten, ist er, seit er in Amerika lebt, von seinen «europäischen Verwandten», wie er betont, «vollständig abgetrennt» (V 32). Anders als der Heizer verkörpert er keinen Vaterersatz,[50] sondern die unerbittliche Kälte des modernen Berufsverständnisses. Karl erzieht er im Geist eines bedingungslosen Asketentums, der an das Ideal der von Max Weber analysierten protestantischen Leistungsethik erinnert. Arbeit bedeutet für ihn, der sich als «Mann von Principien» (V 96) bezeichnet, Webers Formel gemäß den «Selbstzweck des Lebens überhaupt» – eine Position, die Kafka im April 1919 durch die in einer tschechischen Ausgabe gelesenen Lebenserinnerungen Benjamin Franklins reflektiert fand.[51] Der eigentliche Gegenspieler des Onkels ist daher der nach einer Figur aus Hamsuns Romanen *Pan* (1895) und *Benoni* (1908) gestaltete Kaufmann Mack, für den Geld nur deshalb nicht «das allgemeine Interessenzentrum» (Simmel) darstellt, weil er es im Übermaß geerbt hat.[52]

Karls Ankunft in Amerika, so betont der Onkel, gleiche einer Geburt (auch die beiden späteren Romane werden ihre Helden an vergleichbare radikale Formen des Neuanfangs führen).[53] Als Geburtshelfer möchte er für die materiellen Rahmenbedingungen sorgen, die Karls Eingliederung in die neue Ordnung erleichtern sollen. Typisch für seine – erneut auf Max Weber zurückdeutende – Pädagogik der Leistungsethik ist, daß er dem Neffen einen riesigen Schreibtisch schenkt, an dem «selbst der Präsident der Union» für «jeden seiner Akten einen passenden Platz gefunden» hätte (V 47). Jegliche Unterbrechung des Karl auferlegten Arbeitspensums betrachtet er als persönliche Kränkung. Daß er ihn verstößt, nachdem Pollunder ihn für einen Tag in seine entfernte Landvilla eingeladen hat, entspricht dieser befremdlichen Sichtweise. So manifestiert sich in seinem Handeln, ähnlich wie im Fall der Eltern, allein die strukturelle Geltung der Macht, die keiner Begründung und Rechtfertigung bedarf (V 96f.). Als Chiffre für die protestantische Leistungsethik des kapitalistischen Amerika steht die Figur des Onkels für einen Transformationsprozeß, in dessen Verlauf sich die Gesetze des Geschäftslebens auf die Privatsphäre übertragen haben. Georg Simmel sieht in der «Treulosigkeit», mit der sich das Geld «von jedem Subjekt löst», eine soziale Ordnung bezeichnet, die jenseits der wirtschaftlichen Prinzipien des modernen Tauschverkehrs auch die zwischenmenschlichen Beziehungen regelt.[54] Nach seiner zweiten Verstoßung, die der Vertreibung aus der Heimat folgt, bleibt Karl, wie Gregor Samsa im Fall der Frauenphotographie, nur das Ersatzobjekt: er schläft ein, indem er sein Gesicht auf das Bild seiner Eltern legt, von dem, bezeichnend genug, eine merkwürdige Kühle ausgeht (V 107). Der Bankier Pollunder wiederum ist ein falscher väterlicher Freund, der den Protagonisten vom rechten Weg abbringt. Er begegnet ihm als Versucherfigur mit deutlich homosexueller Tönung, scheint er doch an Karl, wie es euphemistisch heißt, «ein besonderes Gefallen zu finden»; die Art, in der er seine Hand hält und ihn anblickt, verrät eine erotische Komponente (V 56). Der dicke Pollunder steht, ähnlich wie der Onkel, für das kapitalistische Amerika mit seinen ubiquitären Wirtschaftsprinzipien. Er und sein Geschäftspartner Green – verkappte Doppelgänger (V 86) – weisen eine Körpergröße auf, die der Erzähler – man fühlt sich an den Vater aus dem *Urteil* erinnert – als ‹riesenhaft› beschreibt (V 64). Simmel vermerkt über den Zusammenhang von Subjektivität und Ökonomie pointiert, Geldbesitz führe zur «Ausdehnung des Ich».[55] Bei Kafka bezeichnet, dem entsprechend, die physische Erscheinung die überdimensionale Weite des amerikanischen Handelslebens, das der Bankier repräsentiert. Die verwirrende Lage des Protagonisten spiegelt sich wiederum in Pollunders Villa, in deren dunklen labyrinthischen Gängen er sich hoffnungslos verläuft, so daß ihm ein Diener bei der Orientierung helfen muß. Als lichtlose Höhle symbolisiert Pollunders Haus Reichtum ohne Wärme: eine Topographie der ökonomischen Macht jenseits persönlicher Bindungen.

Der Ire Robinson und der Franzose Delamarche konfrontieren Karl nach dem fluchtartigen Abschied aus Pollunders Villa mit den sozialen Schattenseiten des Lebens. Sie sind Tramps, Schürzenjäger, Glücksritter, die am Rande der Kriminalität existieren. Wie viele Menschen im Land der angeblich unbegrenzten Möglichkeiten träumen sie vom Mythos plötzlichen Reichtums. Robinsons Paradies ist die Region der Goldwäscher in Kalifornien (Anfang Juli 1913 wird Kafka mit Interesse den Film *Sklaven des Goldes* sehen, der im Milieu der Desperados des amerikanischen Westens spielt; T II 180). Der handfest wirkende Delamarche, dessen Führungsrolle frühzeitig sichtbar wird, möchte hingegen «‹in Butterford Stellen erzwingen›» (V 115). Bereits 1867 erklärt Marx über die Situation in den Neu-England-Staaten, daß «die Emigrationswelle von Europa die Menschen rascher dorthin auf den Arbeitsmarkt wirft, als die Emigrationswelle nach dem Westen sie abspülen kann.»[56] Robinson und Delamarche sind so melancholische wie tückische Clowns (Becketts Landstreicher aus *En attendant Godot* [1953] entstammen demselben Geschlecht). Ihr ständiger Hunger, die dilettantische Experimentierlust und die animalische Triebhaftigkeit, die sie steuert, siedeln sie in einem

Grenzbereich zwischen Naivität und Dämonie an.[57] Die Lebenslehre, die
Karl von ihnen erhält, verdeutlicht, daß die moderne bürgerliche Gesellschaft, wie es Hegels Rechtsphilosophie in hellsichtiger Prägnanz formuliert
hat, einem «Kampfplatz» gleicht, auf dem die Privatinteressen der Individuen
ungeschützt zusammenstoßen.[58] Mit feiner Ironie berichtet der Erzähler
von einer Szene in einem Wirtshaus, die diesen illusionslosen Befund beglaubigt: «Das Erstaunliche aber war, daß weder Robinson noch Delamarche
irgendwelche Sorgen wegen der Bezahlung hatten, vielmehr hatten sie gute
Laune genug, möglichst oft Anknüpfungen mit der Kellnerin zu versuchen,
die stolz und mit schwerem Gang zwischen den Tischen hin- und hergieng.
(…) Schließlich als man vielleicht das erste freundliche Wort von ihr erwartete, trat sie zum Tisch, legte beide Hände auf ihn und fragte: ‹Wer zahlt?›
Nie waren Hände schneller aufgeflogen, als jetzt jene von Delamarche und
Robinson, die auf Karl zeigten.» (V 116)

Robinson und Delamarche folgen dem Diktat des Überlebenskampfes, in
dem nicht Moral, sondern allein Stärke zählt. Unter dem geheimnisvollen
Gesetz der Wiederholung, das die Struktur der Romanhandlung prägt, gerät
Karl stets neu in ihre Fänge. Bekräftigt der Onkel die Verstoßung durch die
Eltern, so reproduzieren Robinson und Delamarche die niedrigen Mächte
des Lebens, die Karl nach seiner Etablierung im Hotel «Occidental» zu Fall
bringen.Wenn er am Ende den Part des zweiten Dieners der ekelerregenden
Prostituierten Brunelda übernimmt,[59] so haben diese Mächte den Sieg über
die – laut Hegel für jeden jugendlichen Romanhelden leitenden – «unendlichen Rechte des Herzens» errungen.[60] Der nackte Behauptungswille
bleibt zum Schluß, jenseits aller Moralität, oberstes Prinzip für den gequälten Protagonisten: «Selbsterhaltung», wie Schopenhauer schrieb, als «Kette
von Martertoden».[61]

Die Oberköchin aus dem «Occidental» ist die einzige Erzieherfigur, die
für die Belange des Gefühls sorgt. Ihre literarische Herkunft verweist auf das
London des 19. Jahrhunderts und die Romanwelt von Charles Dickens. Die
Oberköchin wirkt wie eine Nachfolgerin der treuen Pegotty aus dem *David
Copperfield*, den Kafka mit einer gewissen Ambivalenz bewunderte (im
Herbst 1917 nennt er die Formlosigkeit des Romans «barbarisch»; T III 168).
Zunächst scheint es, als begegne Karl gemäß dem Strukturmuster der Variation in ihr einer zweiten Mutterfigur, die die familiäre Verstoßung kompensieren könnte; bezeichnend ist, daß er die Photographie der Eltern, deren
Vorbild ein Porträt Jakob und Franziska Kafkas darstellt, kurz vor dem Einzug ins Hotel verliert und nicht mehr wiederfindet (V 130f.).[62] Am Ende
freilich erweist sich die neue Verbündete, die ihn altruistisch zu protegieren
sucht, als ohnmächtig; sie kann sich gegen den Einfluß des Oberportiers
nicht durchsetzen und muß Karls Entlassung widerstandslos hinnehmen.

Daß die Oberköchin im entscheidenden Moment des Verhörs an seiner Unschuld zu zweifeln beginnt, entspricht der Logik der innerfamiliären Macht,
wie sie Kafka als Kind selbst kennengelernt hatte (so seine Erinnerung noch
1919; G 34). Die Mutter schlägt sich, wenn die Lage bedrohlich wird, auf die
Seite des Vaters und hebt damit ihre Rolle als Unterstützerin des Sohnes auf.
Dessen Agonie ist folgerichtig, weil die Partei der Ankläger eine zweifach
besetzte Übermacht bildet; gerinfügig abgewandelt wiederholt sich hier die
Situation aus der Erzählung *Das Urteil* (V 190ff.).

Die Funktion der altruistischen Helferin versieht auch Therese, die Sekretärin der Oberköchin. Sie begegnet Karl in der Rolle der jüngeren, schutz-
bedürftigen Schwester, die ihm für kurze Momente die verlorene Identität
des Sohnes zurückgibt. Der Roman arrangiert hier eine Schlüsselszene, die
Kafkas Biographie bestimmt: der verstoßene Held, der gegen den eigenen
Willen erwachsen werden sollte, flüchtet sich im Verhältnis zu einer imaginären Schwester – die mit ihm die Erfahrung des Elternverlusts teilt – in die
Rolle des scheinsouveränen Bruders. Nur durch den Namen erinnert Therese an die pragmatische Mutterfigur aus Goethes *Lehrjahren*, die Kafka während des vorletzten Gymnasialjahrs im Deutschunterricht bei Karl Wihan
kennengelernt hatte. Als bedingungslos liebende Schwester bewegt sie sich
außerhalb moralischer Wertmaßstäbe, wie ihre indifferente Haltung in der
Verhörszene zeigt (im *Proceß*-Roman wird Leni diesen Part übernehmen)
(V 195). Thereses Funktion liegt einzig darin, Karl im symbolischen Bezie-
hungsspiel der Familienordnung die Identität des Bruders zu verleihen, was
eine inzestuöse Ebene, wie das Gespräch am Bett zeigt, einschließen kann
(V 139ff.).[63] Die Geschichte vom Sterben ihrer Mutter bringt, gerade weil sie
fast schmucklos – im Stil der Kafka aus der eigenen Arbeitswelt vertrauten
Unfallberichte – erzählt wird, eine bedrückende Note ins Spiel. Sie bezeichnet die Inhumanität einer allein den Egoismus belohnenden Gesellschaft,
die dem Menschen sogar das Recht auf einen würdigen Tod verweigert
(V 153ff.).[64] Es ist bezeichnend, daß Karls Verhältnis zu Therese frei von
sexuellen Konnotationen bleibt und sich auch dort, wo Erotisches angedeutet wird, jenseits der zirkulären Ökonomie des Triebs ansiedelt. Die Welt der
Sexualität scheint in Kafkas Roman allein mit dem Raum der Macht verbunden, der Unfreiheit und Abhängigkeit begründet.

Bereits das Eröffnungskapitel verdeutlicht, daß sich sexuelle Erfahrung im
Verschollenen an asymmetrische Verhältnisse knüpft. Karl ist, so vernimmt
man, von einem Dienstmädchen «verführt» worden, das schließlich «ein
Kind von ihm bekommen hatte» (V 9). Daß er den geschlechtlichen Akt wie
ein willenloses Objekt der fremden Begierde erlebte, verdeutlicht seine Reminiszenz; die Frau, erinnert er sich, hatte ihn zu ihrem Bett geführt, in die
Kissen geworfen, «drückte ihren nackten Bauch an seinen Leib, suchte mit

der Hand, so widerlich daß Karl Kopf und Hals aus den Kissen heraus schüttelte, zwischen seinen Beinen, stieß dann den Bauch einigemale gegen ihn, ihm war als sei sie ein Teil seiner selbst und vielleicht aus diesem Grund hatte ihn eine entsetzliche Hilfsbedürftigkeit ergriffen.» (V 36) Es ist bemerkenswert, daß diese Szene die konventionelle Rollenteilung der Geschlechter aufhebt, indem sie die Frau zum dominierenden Mann werden läßt, Karl aber − «doppelt ‹fehlbesetzt›» − in die Rollen des unschuldigen Kindes und der vergewaltigten *Virgo intacta* zwingt.[65] Der Koitus selbst erscheint hier, wie Schopenhauer bemerkt hat, als seelenloses Zeichen der Zeugung: in der libidinösen Gier manifestiert sich der Wille, der in Schwangerschaft und Geburt nach dem Gesetz des Lebens seine eigene Objektivation gewinnt.[66] Karl wiederum erfährt den sexuellen Akt, ohne wirklich an ihm beteiligt zu sein, denn er begreift nicht, was mit ihm geschieht.[67] Noch als der Onkel auf dem Schiff von seiner Verführung erzählt, versteht er kaum, aus welchem Grund man daraus «eine große Geschichte zu machen» sucht (V 36). Zum Status des doppelt besetzten Objekts − Kind und Jungfrau − gehört hier auch die mangelnde Einsicht, Objekt gewesen zu sein. Wenn der menschliche Trieb, Schopenhauer gemäß, die reflektierende Selbstverständigung durch Urteil und Intellekt ausschließt, so findet er gerade im Mißbrauch Karl Roßmanns seine furchtbare Realität: das Medusengesicht des nackten Irrationalen ohne Bewußtsein.

Die entsetzliche Verführungsgeschichte, die der Text im Rückblick erzählt, erscheint als Grundmuster sexueller Erfahrung. Karls Vergewaltigung durch das Dienstmädchen gewinnt den Charakter einer Urszene, die sich später in verschiedenen Versionen wiederholt. *Der Verschollene* ist ein Roman der sexuellen Initiationsrituale, über die sich, wie es Foucault formuliert hat, die Dispositive sozialer Herrschaftsformen zur Geltung bringen.[68] Immer wieder rückt man Karl in bedrängender Weise auf den Leib, wobei die Gewalt von Männern und Frauen gleichermaßen ausgeht: der Heizer drückt ihn in das Bett, auf dem er sitzt, zurück, so daß er sich nicht mehr erheben kann (V 13); der Bankier Pollunder hält ihn, während er mit ihm in seinem Automobil spricht, fest bei der Hand und zieht ihn später «zu sich zwischen seine Beine» (V 59, 83); seine Tochter Klara, die den Typus der neusachlichen Frauenfigur der 20er Jahre antizipiert, wie sie Kracauer beschrieben wird, tobt an ihm ihre sadistischen Triebe aus, indem sie ihn schlägt, boxt und würgt (V 72f.);[69] die Prostituierte Brunelda, an der Kafka die für ihn leitende Koinzidenz von Ekel und Trieb vorführt, begegnet Karl mit ähnlicher Verfügungsgewalt wie Pollunder: «‹Sieh mal den Kleinen›, sagte Brunelda, ‹er vergißt vor lauter Schauen, wo er ist.› Und sie überraschte Karl und drehte mit beiden Händen sein Gesicht sich zu, so daß sie ihm in die Augen sah.» (V 255, vgl. 257)[70]

Ist der sexuellen Annäherung in diesen Szenen eine brutale Komponente unterlegt, so gewinnt in anderen Fällen die Gewalt eine sexuelle Färbung. Wenn der Oberportier im Hotel «Occidental» Karl mißhandelt, indem er ihn festhält, am Arm drückt, kneift und boxt, dann artikuliert sich darin auch eine perverse Lust an der Bestrafung (V 184, 197, 201). Die repressive Struktur der Herrschaft, die der Arbeitswelt eingezeichnet ist, gelangt in den Zeichen der Sexualität, wie schon Adornos Essay von 1953 betont, zu ihrem unverhüllten Ausdruck.[71] Das Gebot der Askese, das gerade der Onkel und der Oberportier vertreten, wird von der subversiven Sprache der Begierden durchkreuzt, die sexuelle und soziale Gewalt als ursprungsgleich ausweist. Nietzsches psychologische Analyse des Verhältnisses von individuellem Trieb und öffentlicher Moral findet sich an diesem Punkt durch den Roman eindrucksvoll bekräftigt.[72] Sexualität ist im *Verschollenen* stets an gesellschaftliche Abhängigkeiten gebunden, die ihrerseits in den Beziehungen der Körper gespiegelt werden. Das zeigt sich insbesondere in der Verhörszene des *Robinson*-Kapitels mit ihrem ungebremsten Sadismus. Der Oberkellner und der Oberportier handeln als Vertreter einer unsichtbaren Anklagebehörde, indem sie den Protagonisten auch physisch bedrohen (V 181ff.). Karl hat in diesem Verhör keine Chance, sich wirklich zu verteidigen, weil die, die ihn befragen, ihr Geschäft mit einer sexuell gefärbten Lust am Quälen vollziehen. Der objektive Geltungsanspruch der Anklage wird durch die triebhaften Obsessionen ihrer Vertreter unterlaufen: eine Konstellation, die zwei Jahre später auch *Der Proceß* beleuchtet.

Techniken der Ironie

Kafkas Roman bedient sich der Ironie als Form eines subversiven Erzählverfahrens, in dem sich Skepsis, Melancholie und Zerstörungslust mischen. Auf verzerrte Weise spiegelt die Ironie die Perversionen der sozialen Realität und die Herrschaftspraktiken, welche sie befestigen. Sie vollzieht einen tückischen Akt der Mimikry an Hierarchien, deren Evidenz sie insgeheim in Frage stellt. Gerade ihre täuschende Exaktheit entspringt der Einsicht in die Unbeständigkeit der Ordnung. Die Ironie ahnt, daß das, was sie wahrnimmt, beliebig sei; das begründet ihre anarchische Willkür, mit der sie den ernsthaften Geltungsanspruch gesellschaftlicher Systeme zersetzt. Sie verachtet die Wirklichkeit, weil sie das Wissen über deren Kontingenz in sich trägt. In überraschender Übereinstimmung mit der Technik der romantischen Reflexionspoesie, die eine unendliche wechselseitige Spiegelung der Erscheinungen ermöglicht, arbeitet die Ironie bei Kafka als Mittel der ständigen Trennung und Umgruppierung, der Verzerrung und Verschiebung; die Seele des ironischen Stils sei, so hat Kierkegaard diesbezüglich vermerkt, «fortwährend auf Wanderschaft».[73] Indem die Ironie die Ordnungen der

Macht in wechselnden sozialen Beziehungen vorführt, zerstört sie deren verbindlichen Sinn. Ihre Anpassung an die Hierarchien der Gesellschaft ist das Element der Täuschungsrhetorik, wie sie Kierkegaard kongenial am Beispiel der sokratischen Rede analysiert hat. Durch die scheinhaft genaue Darstellung sozialer Mikrostrukturen destruiert sie deren strikten Geltungsanspruch und gibt ihn der Lächerlichkeit preis. Das ironische Selbstbewußtsein aber entspringt, wie Nietzsche sagt, der melancholischen Ahnung, daß der Zusammenbruch der geltenden Ordnungen von Wissen, Recht und Religion unmittelbar bevorstehe.[74] Die Zerstreuungskunst der Ironie, die Regeln und Gesetze aufhebt, verweist auf das Wissen des Skeptikers, der den Untergang der ihn umgebenden Wirklichkeit erwartet.

Kafkas Ironie beobachtet die hierarchischen Strukturen der Bürokratie und die Katastrophen des Alltags mit unterschiedsloser Genauigkeit. Über die Verschwörung der Dinge gegen den Menschen heißt es in einem Brief vom Sommer 1909 unter Bezug auf seine Dienstpflichten in der Versicherungsanstalt: «Denn was ich zu tun habe! In meinen vier Bezirkshauptmannschaften fallen – von meinen übrigen Arbeiten abgesehn – wie betrunken die Leute von den Gerüsten herunter, in die Maschinen hinein, alle Balken kippen um, alle Böschungen lockern sich, alle Leitern rutschen aus, was man hinauf gibt, das stürzt hinunter, was man herunter gibt, darüber stürzt man selbst. Und man bekommt Kopfschmerzen von diesen jungen Mädchen in den Porzellanfabriken, die unaufhörlich mit Türmen von Geschirr sich auf die Treppen werfen.» (Br I 108) Der chaplineske Effekt dieser Szene, auf den schon Max Brod hinwies, entsteht durch die Präzision der Beobachtung.[75] Der ironische Briefschreiber steigert den Ordnungsverlust, indem er ihn so gründlich wie möglich erfaßt. Kafkas Vergnügen an solchen Szenen entspringt der Freude über die Störung des reibungsfreien Betriebs und der Furcht vor dem Ritual. Auch das Kichern anläßlich der Danksagung für die Beförderung zum Konzipisten im April 1910 hatte diese Quelle, weil ihm der Direktor der Behörde die «Audienzhaltung unseres Kaisers» zu imitieren schien und im mißglückten Habitus des würdigen Vorgesetzten «genug Lächerlichkeit» erzeugte (Br II 27). Wenn Kafka in seinen Romanen immer wieder Ordnungsapparate beschreibt, so folgt er dem Versuch, deren ritualisierte Logik des Vollzugs durch genaue Charakterisierungskunst in ihrer absurden Form bloßzustellen. Die exakte Anpassung an den Gegenstand der Entlarvung ist dabei ein Element der ironischen Strategie, wie sie Kierkegaard ähnlich im Blick auf Sokrates hervorhob.[76]

Kafkas Roman weist eine Vielzahl von Szenen auf, in denen Ordnungsstrukturen mit nachgerade perfider Genauigkeit beschrieben werden. Die Uniform, die Karl als Liftboy im «Occidental» vom Hotelschneider erhält, ist derart eng, daß man kaum in ihr atmen kann (V 144): ein Sinnbild für die

Inhumanität der amerikanischen Arbeitsverhältnisse. Die Anforderungen, die das Hotel an die Liftboys stellt, verraten einen nahezu absurden Ordnungswahn. Keiner der Jungen darf während seines vielstündigen Dienstes den Fahrstuhl verlassen; jeder hat für perfekte Reinlichkeit zu sorgen und muß unbedingte Höflichkeit an den Tag legen. Der am Eingang sitzende Oberportier erwartet, daß er von den Liftboys, die «täglich hundertmal» an ihm vorüberkommen, immer wieder neu gegrüßt wird (V 177). Ähnlich absurde Rituale, die pädagogischen Anspruch zum Selbstzweck machen, beschreibt Robert Walser in seinem von Kafka geschätzten Roman *Jakob von Gunten* als Kennzeichen des Erziehungsinstituts «Benjamenta».[77] Mit ironischer Trockenheit heißt es im *Verschollenen*: «Schon nach der ersten Woche sah Karl ein, daß er dem Dienst vollständig gewachsen war. Das Messing seines Aufzugs war am besten geputzt, keiner der dreißig andern Aufzüge konnte sich darin vergleichen und es wäre vielleicht noch leuchtender gewesen, wenn der Junge, der bei dem gleichen Aufzug diente auch nur annähernd so fleißig gewesen wäre und sich nicht in seiner Lässigkeit durch Karls Fleiß unterstützt gefühlt hätte.» (V 145f.) Hinter solchen Beschreibungen steht das Wissen des Ironikers, daß, wie Kierkegaard bemerkt, jede Wirklichkeit ihre innere, durch Ordnung nur äußerlich aufhebbare Kontingenz besitzt.[78] Die Pedanterie, mit der Kafka die Hierarchien des sozialen Lebens beschreibt, ist eine Spielart der Negation, weil sie scheingenau, also subversiv bleibt. Thomas Mann hat der Ironie in den *Betrachtungen eines Unpolitischen* (1918) bekanntlich bescheinigt, sie sei «rückwärts gewandte Skepsis» und damit eine Version des Konservatismus, der die Veränderung der gesellschaftlichen Strukturen der Gegenwart mit Distanz zur Kenntnis nimmt.[79] Kafkas Ironie ist dagegen nicht konservativ, sondern anarchisch, da sie dem Vergnügen an der Zerstörung der herrschenden Verhältnisse entsteigt. Darin gleicht sie der hybriden Organisationsmacht der romantischen Ironie, die ihre paradoxe Identität in der Destruktion und Neuschöpfung der Wirklichkeit erfüllen möchte.

Immer wieder stößt Karl während seiner schlingernden Bildungsreise durch Amerika auf Ordnungssysteme, vor denen er letzthin kapitulieren muß. Je weiter der Roman fortschreitet, desto illusionsloser verhält sich Karl gegenüber den Vertretern dieser Systeme. Während er zu Beginn seines Weges die Obrigkeit für sich gewinnen möchte, sucht er am Ende nur noch seinen bescheidenen Platz in der sozialen Wirklichkeit möglichst unbeschädigt zu behaupten. Typisch für diesen Wandel ist die ironische Beschreibung des Verhörs, das ein Polizist mit ihm anstellt, nachdem er das Hotel «Occidental» verlassen hat und sich in einen Streit mit einem Chauffeur verwikkelt sieht – eine Szene, die auf die Beschreibung einer Protokollaufnahme nach einem Pariser Unfall in Kafkas Reisejournal vom Herbst 1911 zurückdeutet (R 77f.). «‹Zeig Deine Ausweispapiere›, sagte der Polizeimann. Das war wohl nur eine formelle Frage, denn wenn man keinen Rock hat, wird man auch nicht viel Ausweispapiere bei sich haben. Karl schwieg deshalb auch, um lieber auf die nächste Frage ausführlich zu antworten und so den Mangel der Ausweispapiere möglichst zu vertuschen. Aber die nächste Frage war: ‹Du hast also keine Ausweispapiere?› und Karl mußte nun antworten: ‹Bei mir nicht.› ‹Das ist aber schlimm›, sagte der Polizeimann, sah nachdenklich im Kreise umher und klopfte mit zwei Fingern auf den Deckel seines Buches.» (V 214f.) Die Ironie entspringt hier einer, wie Kierkegaard sagt, ‹kontemplativen› Haltung, die auf Beobachtung abstellt, Kommentare jedoch verweigert.[80] «‹Und ohne Rock bist Du entlassen worden?› fragte der Polizeimann. ‹Nun ja›, sagte Karl, also auch in Amerika gehörte es zur Art der Behörden, das was sie sahen noch eigens zu fragen.» (V 215) Die Macht der Obrigkeit ist eine Definitionsmacht, die selbst das offenkundig Sichtbare eigens zu bestimmen sucht. In dieser abstrusen Logik äußert sich die unmittelbar spürbare Evidenz der Ordnung. Ähnlich wie später im *Proceß*-Roman beschreibt Kafka solche Evidenz so detailliert, daß sie – was Hegel der Ironie generell vorwirft – unter dem akribischen Blick des Zergliederers zum reinen Schein verfremdet wird.[81]

Gerade die sinnentleerte Welt der sozialen Hierarchie übt freilich im *Verschollenen* eine repressive Wirkung auf den Menschen aus. Die Perfidie des ironischen Verfahrens liegt darin, daß es Nichtigkeit und Gewalt der Macht gleichermaßen vor Augen führt. Noch in ihrer Substanzlosigkeit erweist sich die Ordnung der Konventionen, Autoritäten und Apparate als Dispositiv, dem das Individuum bedingungslos unterworfen bleibt. Den Zwängen von Gesetz, Norm und Obrigkeit kann Karl daher so wenig entkommen wie später Josef K. dem Gericht. Erst in seinem zweiten Roman jedoch wird Kafka das Kunststück vollbringen, die Anatomie der Macht so darzustellen, daß sie als objektive Manifestation subjektiver Angstzustände erscheint. Die Ironie ist damit, wie Kierkegaard schreibt, in den Vibrationen der Ordnung zu einem allgemeinen Prinzip der Welt, zu einer Ontologie der Gesellschaft geworden.[82]

Karneval im Welttheater

Zeigt sich für Karl Roßmann ein Ausweg aus der amerikanischen Hölle? Wo sollte seine Reise enden? Kafka hat, so scheint es, mit einer Lösung experimentiert, ohne sie aber detailliert auszuarbeiten. Daß er sich dabei eines Topos bedient, der einer reichen literarischen Tradition entstammt, betont erstmals Benjamin in seinem Aufsatz von 1934: «Kafkas Welt ist ein Welttheater. Ihm steht der Mensch von Haus aus auf der Bühne.»[83] In besonderem Maße mag dieser Befund für das Kapitel über das «Naturtheater von Oklahama» gelten, mit dem das Fragment des *Verschollenen* abbricht. Es wurde zwischen dem 5. und 18. Oktober 1914 während eines zweiwöchigen Bürourlaubs niedergeschrieben, der ursprünglich für die Fortführung des *Proceß*-Romans geplant war. Inmitten der Arbeit an diesem Vorhaben entschied Kafka spontan, sich nochmals dem liegengebliebenen Manuskript des Amerika-Projekts zuzuwenden. Der unerledigte Text sollte nun einen Schluß finden, Karl Roßmanns Weg auf einer neuen Ebene enden.

Kafkas Manuskript nennt den amerikanischen Bundesstaat, in dem er seine finale Vision ansiedelt, irrtümlich «Oklahama». Der Fehler geht zurück auf eine Photographie in Holitschers *Amerika*-Buch, dessen starker Einfluß an dieser Stelle besonders hervortritt. Das betreffende Bild, das aus einem längeren Kapitel über Holitschers Erfahrungen im Mittleren Westen stammt, zeigt eine Gruppe weißer Männer neben einem erhängten Schwarzen; es trägt, als Kommentar zu einem kritischen Bericht über den Rassenwahn, den zynischen Titel «Idyll aus Oklahama».[84] Auch im Text selbst benutzt Holitscher die falsche Schreibung, die Kafka seinerseits reproduziert. Das Theater von ‹Oklahama› bezeichnet die vorläufig letzte Station auf Karls Weg. Hier scheint er seine Bestimmung zu finden und seine künftige Lebensbahn endlich fester zu begründen. Tatsächlich aber wird die Vision des Schlußkapitels von dubiosen Zügen bestimmt; bereits die Art und Weise, wie die Mitglieder des Theaters für ihr Vorhaben werben, wirkt marktschreierisch und unseriös: «Karl sah an einer Straßenecke ein Plakat mit folgender Aufschrift: ‹Auf dem Rennplatz in Clayton wird heute von sechs Uhr früh bis Mitternacht Personal für das Teater in Oklahama aufgenommen! Das große Teater von Oklahama ruft Euch! Es ruft nur heute, nur einmal!›» (V 295) Die «Verlockung», die für Karl von diesem Plakat ausgeht, besteht darin, daß der Text niemanden ausschließt: «‹Jeder war willkommen›, hieß es. Jeder, also auch Karl. Alles, was er bisher getan hatte, war vergessen, niemand wollte ihm daraus einen Vorwurf machen.» (V 295) Die Verheißung des Neuanfangs verweist auf den amerikanischen Mythos vom Erfolg. Er gewinnt in den Szenen des Schlußkapitels eigene Konturen, ohne dabei aber die Gestalt einer ernstzunehmenden Utopie mit dem Anspruch auf ein «Totum» (Ernst Bloch) zu empfangen.[85]

Mit der «Untergrundbahn» fährt Karl nach Clayton (V 296) – eine Konstellation, die an Kafkas Besuch im Hippodrom von Longchamps am letzten Tag seines Parisaufenthalts 1910 erinnert, das er über die Metro erreichte (R 72f.).[86] Auf dem Rennplatz erblickt Roßmann eine merkwürdige Szenerie, in der sich Zirkusstimmung und sakrale Atmosphäre mischen: «Vor dem Eingang zum Rennplatz war ein langes niedriges Podium aufgebaut, auf dem hunderte Frauen als Engel gekleidet in weißen Tüchern mit großen Flügeln am Rücken auf langen goldglänzenden Trompeten bliesen. Sie waren aber nicht unmittelbar auf dem Podium, sondern jede stand auf einem Postament, das aber nicht zu sehen war, denn die langen wehenden Tücher der Engelkleidung hüllten es vollständig ein.» (P 297) Die hier beschriebene Szene ist in einem Halbschlaftraum vorweggenommen, den das Tagebuch am 29. Mai 1914 notiert. In ihm tauchen «nackte Mädchen» auf, die «wie auf Carnevalswagen besserer Länder» vorbeifahren: «Rosenbüsche stehn zu meiner Seite, Weihrauchflammen brennen, Lorbeerkränze werden herabgelassen, man streut Blumen vor und über mich, zwei Trompeter wie aus Steinquadern aufgebaut blasen Fanfaren (…)» (T II 152f.).[87] Ein Akt der Selbstzensur wandelt die nackten Mädchen bei der Niederschrift in Engel um, sonst aber gleicht das Szenario des Romans jenem des Traums auffällig. Die wirklichkeitsfern scheinende Stimmung der Theatervorbereitungen in Clayton gewinnt ihre traumähnliche Struktur durch solche Details, die sich den literarischen Halbschlafphantasien Kafkas verdanken. Dazu paßt, was Robert Walser über die Bühne schreibt: sie sei ein Pendant der menschlichen Träume, «ihr großgeöffneter wie im Schlaf sprechender Mund.»[88]

Verheißungsvoll ist das Angebot des Theaters für Karl, weil es auch den Dilettanten des Lebens offensteht. Der Posaunenchor der Engel bläst ohne Abstimmung unter schrillen Mißtönen. Die Trompeten scheinen zwar fein gearbeitet, werden aber von den Bläsern allein zum «Lärmmachen» mißbraucht (P 299). Karl erfährt, daß es sich um das größte Theater der Welt handele, das hier seine Mitglieder rekrutiere. Die pragmatische Maxime des Unternehmens lautet: «'Wir können alle brauchen.'» (V 302)[89] Diese mehrfach variierte Wendung erinnert an die von Kracauer in seinem *Angestellten*-Essay (1929) analysierten Werbeformeln der modernen Versicherungsfirmen, aber auch an die Musterungspraktiken nach dem Ausbruch des Weltkriegs, der zum Zeitpunkt der Niederschrift des Textes bereits zwei Monate andauerte.[90] Daß Karl sich bei der Anmeldung des falschen Namens ‹Negro› bedienen kann, ist symptomatisch für die Entpersonalisierung des gesamten Verfahrens; wenn ‹Negro› hier als Synonym für die letzte Stufe der gesellschaftlichen Rangordnung steht, so erinnert das fraglos auch an jene Formen der Rassendiskriminierung, wie sie Kafka bei Holitscher beschrieben fand. Die Aufhebung des Individuums in der Tilgung des unverwechselbaren Namens – Leitmotiv der späteren Romane – markiert den vorläufig letzten Punkt auf der abfallenden Lebensbahn des Helden.[91] Erneut bildet sich die Grundfigur der Wiederholung als zentrales Strukturmuster aus: in der Begegnung mit einer seelenlos-mechanisierten Bürokratie und der Herabstufung seines Tätigkeitsfeldes – vom «Ingenieur» zum «technischen Arbeiter» (V 306ff.) – erfährt Karl nochmals die soziale Degradierung des gescheiterten Sohnes, der ziellos durch die Fremde treibt. Der Rennplatz in Clayton gleicht, dem korrespondierend, einem Asyl der Hoffnungslosen: «Was für besitzlose verdächtige Leute waren hier zusammengekommen und wurden doch so gut empfangen und behütet.» (V 316) Wenn Kafka im September 1915 davon spricht, der Held werde am Ende «strafweise umgebracht», jedoch «mehr zur Seite geschoben als niedergeschlagen» (T III 101), so bezeichnet diese Formulierung die Ambivalenz des Theatermotivs. Die Aufnahme in Clayton ist zugleich ein ‹Abschieben› des Protagonisten, das ihn dauerhaft in die Rolle des subalternen Dienstboten ohne individuellen Namen und persönliche Identität zwingt. Nicht der Mythos des Neuanfangs, sondern das rituelle Spiel der Wiederholungen bestimmt die negative Utopie des Naturtheaters.[92] Karl, so scheint es, wird rettungslos in den Weiten Amerikas untergehen wie später die singende Maus Josefine in der Geschichte ihres Volkes.[93]

Mit der Fahrt ins entfernte Oklahoma bricht das Fragment ab. Das fehlende Ende des Romans bedingt es, daß man das Theater unter den verschiedensten Sinnaspekten hat deuten können. Als Spielart des Jüngsten Gerichts wurde es ebenso ausgelegt wie als Version der frühneuzeitlichen Utopie in der Nachfolge eines Morus, Campanella oder Bacon, als Bild des *Theatrum mundi*, Prozeß seelischer Therapie oder Todestraum des Helden.[94] Diese Interpretationen gehen von der irrigen Annahme aus, Kafka bediene sich hier eines traditionellen allegorischen Verfahrens, das sich auf einen exakt bezeichneten Hintergrundsinn bezieht. Allegorien wirken aber nur dann als Bilder eines ihnen vorausliegenden Begriffs, wenn sie auf einen genau umrissenen metaphysischen Horizont zurückgreifen können. Einer solchen Zuordnung gehorcht die Allegorie im Mittelalter und in der Frühen Neuzeit durch die unbeschädigte Einheit des christlichen Weltbildes. Wenn dieser spirituelle Rahmen im Verlauf des 18. Jahrhunderts kollabiert und die Literatur ihr autonomes Geltungsrecht behauptet, gerät die Allegorie folgerichtig unter Legitimationsdruck. Ihr ästhetisches Programm scheint seine Rechtfertigung nur aus einer externen Bedeutungswelt zu beziehen, deren Existenz mit dem Beginn der Moderne hinfällig geworden ist. Kafka äußert sich kritisch über die poetische Leistung der Allegorie, die, sofern sie keinen eigenen Wert als Kunstform besitzt, «nirgends ins Tiefere geht und ins Tiefere zieht.» (F 596) Für ihn ist wahre literarische Substanz jenseits allegorischer Darstellung im nicht mehr Deutbaren angesiedelt.[95] Die aufdringliche Zeichensprache der Allegorie zerstört den ästhetischen Effekt durch ihren permanenten Anspruch auf Enthüllung. Nur als Mittel der Verschlüsselung ohne Schlüssel, als Medium der Selbstrepräsentation von Literatur jenseits klarer Sinnzuordnungen kann sie in Kafkas Augen überzeugen.[96] Gerade darin aber besteht die Leistung der modernen Allegorie, wie sie Walter Benjamin und Paul de Man unter Bezug auf Baudelaire und Rilke herausgearbeitet haben.[97] Allegorisches Schreiben ist nach Nietzsches Botschaft vom

Tod Gottes nur noch Darstellung einer Differenz, denn in ihr enthüllt sich der Abstand zwischen Zeichen und Bedeutung als unüberbrückbarer Hiatus, den keine metaphysische Evidenz mehr schließt.[98] An die Stelle eines geregelten Sinns tritt das Spiel der Sprache, das diesen Hiatus permanent sichtbar macht. Die geheime Rede der Allegorie, die Benjamins Baudelaire-Studien als «Armatur der Moderne»[99] beschreiben, beleuchtet keine metaphysische Wahrheit, sondern den Abgrund, der die Zeichen von den Dingen trennt.[100] Nur in solchem Sinn läßt sich das Schlußkapitel des *Verschollenen* als Allegorie auffassen, illustriert es doch die Differenz zwischen der konkreten Erfahrung des Helden und der Suggestion einer allgemein zugänglichen sozialen Gemeinschaft, wie sie das Theaterprojekt vermittelt. Eine derartige Lesart, die sich jenseits einer metaphysischen Deutung bewegt, muß jedoch auch den skeptischen Blick auf die besondere Wirklichkeit der im Theaterunternehmen bezeichneten «Verlockung» (V 295) einschließen.

Bereits Adorno hat – indirekt gegen eine Interpretation Benjamins – Zweifel an der Schlüssigkeit der Verheißungen formuliert, die der Schluß des *Verschollenen* vermittelt.[101] Die Degradierung des Subjekts ist im allegorischen Traum vom ‹Oklahama›-Theater nur scheinbar aufgehoben. Das letzte Kapitel liefert kein Gegenbild zu einer entfremdeten Gesellschaft, sondern zeigt eine Utopie, die deren Ordnungsstrukturen mit anderen Mitteln erneuert. Gegen den Traum von einer Wirklichkeit, in der alles gleichgültig geworden ist, setzt es die Vision eines *Theatrum mundi*, in dem alles gleich gültig, damit aber wieder austauschbar scheint. Die Auslöschung humaner Beziehungsinhalte, wie sie das moderne Amerika kennzeichnet, vermag dieser Traum nicht aufzuheben. Die Utopien der Frühen Neuzeit entwarfen, so erklärte Ernst Bloch, «das Eiland der Abstraktion und der Liebe».[102] Das Naturtheater entzieht sich solchen Indikatoren, denn es erscheint weder als Medium der Lösung von den Zwängen der Gesellschaft noch als Erfüllung einer persönlichen Glücksverheißung im Bann des Gefühls. Weil es ‹jeden braucht›, kann es dem Einzelnen gerade keine Erfüllung, sondern nur die ewige Reproduktion des Immergültigen bieten. Der Regisseur, der sein monotones Repertoire bestimmt, ist die Kontingenz, mithin dieselbe Instanz, die das Leben der Metropolen beherrscht. Die Vernichtung des Individuums, die sich im Amerika des Romans vollzieht, wird hier mit anderen Mitteln fortgesetzt.[103] Das Theater bildet nur eine weitere Spielart der anonymisierten Arbeitswelt, des irrwitzigen Verkehrs, des Großstadtlebens und der Werbung. In ihm wird das Individuum nach seiner Brauchbarkeit geprüft, derart jedoch aufgehoben und wie eine Nummer gelöscht. Die Vision des absoluten Neuanfangs, von der sich Karl anziehen läßt, mündet wieder nur in einen amerikanischen Alptraum: in die Utopie als Karneval.

Ein erster Entwurf des Kapitels, der Ende Juni 1914 im Tagebuch notiert wird, läßt den Protagonisten noch als Anwärter auf die Rolle eines Schauspielers auftreten (T III 12). Im Herbst treibt Kafka dann das geplante Finale voran, ohne den Oklahama-Abschnitt abschließen zu können. Karl Roßmanns Untergang in der endlosen Weite Amerikas war kaum angemessen darzustellen. Gerade die Kontingenz der Utopie, die fehldeutet, wer in ihr einen Hoffnungsschimmer bezeichnet findet, bewegte sich offenbar außerhalb des Erzählbaren. Das völlig Hoffnungslose ließ sich auch für Kafka nicht mehr beschreiben. Es besitzt seine eigene Wirklichkeit allein im Bruchstück, in der düsteren Ahnung des Scheiterns.

Elftes Kapitel
Der Proceß (1914–1915)

Verlobung und Gerichtstag in Berlin

Ende Februar 1914 reist Kafka nach dreimonatiger Pause erstmals wieder in die preußische Hauptstadt. Es ist ein spontaner Besuch, den er nicht angekündigt hat. Am Sonnabend, dem 28. Februar überrascht er Felice in ihrem Büro an der Großen Frankfurter Straße, verbringt mit ihr die Mittagspause in einer Konditorei und begleitet sie später auf einem längeren Spaziergang, bei dem sie Arm in Arm wie ein Ehepaar durch die Straßen laufen. Am Abend nimmt sie allein an einem Ball teil, den sie, wie sie schroff erklärt, «aus geschäftlichen Gründen nicht versäumen» dürfe (Br II 338). Der fassungslose Kafka entschließt sich, da er die Einsamkeit der leeren Dämmerstunden fürchtet, Martin Buber eine kurze Visite in dessen Privatwohnung abzustatten. Am 16. Januar 1913 hatte er Buber zuletzt in Prag gehört, wo er über den *Mythos des Judentums* referierte. Zwei Tage später bei einem Gespräch im Caféhaus, an dem auch Baum, Brod, Pick und Werfel teilnahmen, fand er ihn, entgegen früheren Eindrücken, «frisch und einfach und bedeutend»; Felice gegenüber betont er jedoch ausdrücklich, daß er seine kulturpolitischen Veröffentlichungen für ‹lauwarm› halte (Br II 48). Als er Buber jetzt erneut begegnet, gerät er mit ihm in eine religiöse Debatte über Fragen der Psalmauslegung und das Motiv der gottlosen Richter (Ps. 82), die ihn auf sein großes literarisches Thema des Jahres 1914 – die Gerichtsbarkeit ohne verbindliche Rechtsbasis – einstimmt;[1] die durch wechselseitigen Respekt geprägte Unterredung wird, wie er Ende November 1915 schreibt, die «reinste Erinnerung» schaffen, die er «von Berlin» besitzt.[2]

Die Nacht verbringt er allein in der großen Stadt, in Gedanken darüber, wie weit er gerade dann von Felice entfernt bleibt, wenn er sich ihr räumlich nähert. Am folgenden Vormittag trifft man sich zu einem langen Spaziergang im Tiergarten, der Gelegenheit zu einer Zwischenbilanz nach Monaten des Schweigens bieten soll, und setzt sich anschließend in ein Café, wo es zu einer Zufallsbegegnung mit Ernst Weiß kommt; nachmittags hat Felice Familienbesuche zu absolvieren, an denen Kafka sich nicht beteiligen mag. Wieder gehen die äußeren Uhren in unterschiedlichem Takt, verfehlen sich die Lebensrhythmen (sie habe «‹nicht alles›» gesagt, schreibt sie später über die Unterredung im Tiergarten; Br II 362). Beide werden in diesem Moment der gescheiterten Kommunikation darüber nachgedacht haben, ob es nicht besser sei, sich nur noch an die Zeichen der Schrift zu halten, um die immer wieder neu verstörenden Gespenster der Realität zu verdrängen. Kafka fährt nachmittags deprimiert nach Prag zurück, ohne von Felice am Bahnhof verabschiedet zu werden. Ihre kühle Zurückhaltung erscheint ihm wie eine Folter: «Es könnte nicht schlimmer sein. Jetzt käme das Pfählen daran.» (Br II 336)

Die Dramaturgie der Beziehung gleicht in ihrer zyklischen Entwicklung Kafkas literarischer Produktion. Ihr inneres Gesetz, das von den schwankenden Impulsen der Expansion und des Rückzugs diktiert wird, ahmt die vertrackte Logik der Schreibprozesse nach. Dem Fluß glücklicher Phasen folgen Blockaden, Widerstände und Unterbrechungen, ihnen wiederum bilanzierende Anknüpfungen und Neueinsätze. Das Pendeln zwischen Ekstase und Ernüchterung, Suggestion und Enttäuschung ist in beiden Fällen beherrschendes Prinzip. Krisenperioden werden durch den Wechsel des Bezugsobjekts ertragen: die Fixierung auf Grete Bloch entspricht dem Ausweichen in eine andere Geschichte, das Kafka in Phasen stockenden Romanschreibens praktiziert. Beide Strategien korrespondieren; so wie sich die erotische Neigung zur Freundin der Geliebten im Schatten der privaten Krise ohne Erwartungsdruck entspannt entwickeln kann, entstehen die Ausweichtexte – Urteil, Verwandlung – frei und gelöst von Versagensangst. Das Verhältnis zu Felice aber behandelt Kafka wie seine Romane: es ist ein unabschließbares Manuskript, das zunächst im Rausch entsteht, dann jedoch, nach mehreren Versuchen auf Nebenschauplätzen – man denke an Grete Bloch und die Schweizerin –, unabänderlich ins Stocken gerät. Die Liebesgeschichte muß ein Fragment bleiben wie der Text, der bald in ihrem Schatten wachsen wird: Der Proceß.

Im März plant man trotz des mißratenen Überraschungsbesuchs, sich zu Ostern nochmals in Berlin zu treffen. Kafkas Vorschlag, zuvor in Dresden – auf neutralem Boden – zusammenzukommen, wird von Felice unfreundlich abgelehnt. Sie zieht sich zurück, ergeht sich in Andeutungen, ignoriert seine Fragen, schreibt tagelang nicht. Erneut zeitigt dieses Verhalten, das sie bereits im Herbst 1913 praktiziert hat, Erfolg. Am 21. März ruft Kafka sie, seine Telefon-Phobie überwindend, in Berlin an. Am selben Tag schreibt er ihr einen Brief, den man als erneuerten Antrag betrachten kann, auch wenn er sich auf bezeichnende Weise einen Rückweg offenhält: «Warum also willst Du Dich opfern, warum? Frage nicht immer, ob ich Dich will!» (Br I 363) Wenig später lautet die prosaische Formel: «Ich muß mich aus meinem gegenwärtigen Leben herausreißen entweder durch die Heirat mit Dir oder durch Kündigung und Abreise.» (Br II 368) Daß er nur acht Tage zuvor Grete Bloch den unzweideutigen Vorschlag unterbreitet hat, mit ihm ein Wochenende in

Gmünd an der tschechisch-österreichischen Grenze zu verbringen, kann Felice nicht ahnen (Br II 352). Felice antwortet postwendend, zunächst telegraphisch, dann, am 23. März 1914, mit einem längeren Brief. Auf seinen halb verdeckten Antrag erwidert sie, daß sie sich eine Ehe mit ihm trotz aller «Befürchtungen» (Br II 366) vorstellen könne. Anfang April beschließt man bei einem Telefonat, sich Ostern in Berlin zu treffen und den Eltern die inoffizielle Verlobung mitzuteilen. In typischer Weise nimmt Kafka diese Annäherung auf einem Nebenschauplatz durch einen rituellen Akt gleichsam symbolisch zurück. Am 7. April schickt er Grete Bloch ein Paket mit Grillparzers *Armem Spielmann*: die Geschichte eines notorischen Einzelgängers und Junggesellen bezeichnet die literarische Kontrafaktur zur bevorstehenden Eheschließung. Der Sohn rebelliert gegen den drohenden Rollenwechsel, der seine Identität als Künstler gefährdet; Grillparzers Erzählung weist den Weg nach Innen, wo sich alle Kräfte dem Vollzug der externen Lebensgebote widersetzen.

Am 12. April – es ist Ostersonntag – fährt Kafka mittags nach Berlin und trifft sich gegen halb acht Uhr abends im *Askanischen Hof* mit Felice. Am folgenden Tag beschließt man, nachdem ein Gespräch mit Felices Vater stattgefunden hat, die Verlobung, deren offizielle Feier auf Pfingsten festgesetzt wird. Daß die künftige Ehefrau nach Prag ziehen wird, ist, den Konventionen gemäß, selbstverständlich. Zunächst möchte man eine Dreizimmerwohnung mieten, die im Mai gemeinsam ausgesucht werden soll; zum 1. August 1914 plant Felice bei ihrer Firma ohne weitere Sicherheiten zu kündigen (F 553). Am Abend des 13. April reist Kafka mit dem Spätzug nach Prag zurück: für ausgelassene Freude jenseits des prosaischen Arrangements ist offenbar kein Platz. Am 21. April veröffentlicht das *Berliner Tageblatt*, am 24. April das *Prager Tagblatt* die Verlobungsanzeigen. In suggestivem Tonfall erklärt Kafka schon kurz nach der Rückkehr aus Berlin: «Ich habe, F., gewiß niemals bei irgendeiner Handlung mit solcher Bestimmtheit das Gefühl gehabt, etwas Gutes und unbedingt Notwendiges getan zu haben wie bei unserer Verlobung und nachher und jetzt.» (F 548) Die beschwörende Form dieses Satzes läßt Zweifel an seiner Wahrheit aufkommen. «Hätte er eine Luftspiegelung beschreiben wollen, er hätte sich nicht anders ausdrücken können», heißt es später im *Proceß* (P 259).

Die Litanei der Selbstbezichtigungen scheint jetzt verstummt. Die Skepsis weicht einer mechanisch wirkenden Rhetorik der optimistischen Verlautbarungen, die an die Beschwörungsformeln der Berichte zur Unfallstatistik erinnern. Kafka hat das Register gewechselt; gegenüber Felice wagt er es nach dem Tag der Verlobung offenbar nicht mehr, Zweifel an der Evidenz der gemeinsamen Entscheidung zum Ausdruck zu bringen. Gedämpft klingt seine Stimme dagegen in den zahlreichen Memoranden an Grete Bloch, die das

Scherbengericht, das er in seinem Inneren vollzieht, leise und zurückhaltend kommentieren. Sie sind die einzigen auf das private Ereignis bezogenen Briefe, die wir von Kafka aus dem Verlobungssommer besitzen. Die Schreiben, die er zwischen Ende Mai und Mitte Juli 1914 an Felice Bauer schickt, sind nicht mehr erhalten; im Konvolut, das Felice 1955 an den Verleger Salman Schocken in New York verkaufte, fehlten sie, weil die Besitzerin sie als allzu intime Dokumente ausgliederte und vernichtete.

Im Hintergrund spielte sich unterdessen in der Familie Bauer ein erneutes Drama ab. Felices Bruder Ferdinand hatte sich nach der Veruntreuung von Geldern in der Firma seines Chefs zu Beginn des Jahres 1914 weitere geschäftliche Unregelmäßigkeiten zuschulden kommen lassen, die nun auch die Kriminalpolizei aufmerksam machten. Ferdinand Bauer verließ im März 1914 fluchtartig Berlin, reiste in Richtung Hamburg und schiffte sich unverzüglich nach Amerika ein, um dort eine neue Existenz aufzubauen. Kafka gegenüber hat Felice die betrügerischen Verstrickungen ihres Bruders niemals erwähnt. Dahinter steckten nicht nur Motive, die den bürgerlichen Ehrenkodex betrafen, sondern auch sehr handfeste Ursachen: gemeinsam mit ihrem Vater mußte Felice die hohen finanziellen Verbindlichkeiten ausgleichen, die der Bruder auf sich genommen hatte. Kafka war jedoch nicht ahnungslos: Ende Oktober 1913 offenbarte ihm Grete Bloch bekanntlich die wahren Gründe für die Auflösung der Verlobung mit Lydia Heilborn, so daß er wußte, was sich hinter den Kulissen abspielte. Der Bericht über Ferdinand Bauers Verfehlungen habe ihm, schreibt er im November 1913 mit leiser Ironie an Grete Bloch, die gesamte Familie «auf's äußerste lebendig» gemacht (Br II 297). Felice läßt er freilich nicht wissen, daß er durch ihre indiskrete Freundin besser informiert ist, als sie ahnt; auch das gehört zu den Machtspielen, die im Umfeld der Verlobung von ihm inszeniert werden. Zweideutig erklärt er Grete Bloch, nachdem ihm Felice im März 1914 von der Ausreise des Bruders berichtet hat, ohne ihn über die genauen Hintergründe aufzuklären: «Ob es ein Geheimnis ist, weiß ich nicht, Ihnen gegenüber gewiß nicht.» (Br II 349) Was immer er von diesem ‹Geheimnis› erfahren hat, die Literatur kannte es bereits, ehe es sich ihm punktuell offenbarte. *Der Verschollene* erzählt von den beiden großen Familienkatastrophen, welche die Bauers 1912 und 1913 heimsuchten: von unehelicher Schwangerschaft und Auswanderung.

Am 1. Mai 1914 besucht Felice Bauer erstmals seit der 20 Monate zurückliegenden Begegnung in der Brodschen Wohnung wieder Prag. Kafka hat für die gemeinsame Besichtigung eine am Stadtrand gelegene Dreizimmerwohnung mit zwei Balkonen reservieren lassen, die Felice jedoch nicht zusagt, weil sie zu dunkel ist. Das Ritual der Wohnungssuche quält ihn, denn es erinnert ihn an seine eigenen Visionen vom Schreiben im abgeschiedenen

Keller, die er jetzt unterdrücken muß. Wie Eduard Raban mag er für einen Moment davon geträumt haben, nur seinen «angekleideten Körper» (B 18) durch die Straßen zu schicken, selbst aber inkognito im Bett zu bleiben.

Ohne äußere Regung absolviert er in diesen Maitagen seine Pflicht als Verlobter, innerlich abgestoßen durch den konventionellen Geschmack, den Felice bei der Skizzierung der gemeinsamen Zukunft entwickelt. Am 16. Mai 1914 mietet er für die Zeit nach der Heirat eine Wohnung mit drei Zimmern in der zentral gelegenen Langen Gasse 923/5 nahe der Teinkirche. Wieder folgt dem offiziellen Annäherungsschritt ein subversiver Kommentar: nur zwei Tage später schickt er Grete Bloch ein Widmungsexemplar der *Betrachtung* nach Wien; die Junggesellenprosa des ewigen Sohnes erscheint als versteckte Kritik der Ehe, die Schrift als Widerlegung des Lebens.

Am 30. Mai, Pfingstsonntag, fährt Kafka in Begleitung seines Vaters zur Verlobung nach Berlin. Im Zug sitzt er schweigend und starrt auf die vorüberziehende Landschaft. Die Mutter und Ottla sind bereits vier Tage zuvor abgereist, um das Fest vorzubereiten. Am 1. Juni 1914 findet die offizielle Feier bei der Familie Bauer in Charlottenburg statt. Kafka beobachtet die gesamte Zeremonie mit dem Gefühl inneren Abstands, in das sich die Empfindungen der Enge und des Ekels mischen. «War gebunden wie ein Verbrecher», heißt es eine knappe Woche später selbstquälerisch im Tagebuch (T II 153). Dem gemeinsamen Essen folgt ein festlicher Abend im erweiterten Familienkreis, zu dem auch Grete Bloch geladen ist. Die tanzende Felice flößt ihm tiefen «Widerwillen» ein, wie er vier Monate später gesteht. Die «unzähligen Augenblicke vollständigster Fremdheit» lassen sich nicht aufheben, noch weniger aus dem Gedächtnis tilgen (T III 39). Am Dienstag nach Pfingsten, wenige Stunden vor seiner Abreise, besucht man gemeinsam ein Möbelgeschäft. Mit seinem Vorschlag, die Einrichtung nach eigenen Plänen bei den *Deutschen Werkstätten* in Hellerau herstellen zu lassen, kann Kafka nicht durchdringen (F 591). Angesichts der massiven Eichenkredenz, die Felice auswählt, ist ihm, als läute «in der Ferne des Möbellagers ein Sterbeglöckchen» (F 650). Bleischwer liegt auf ihm später die Erinnerung an die Momente der Fremdheit, die seinen Berlinbesuch durchziehen. Im Journal drängen sich in diesen von Depression belasteten Tagen die Skizzen für neue Geschichtenanfänge.

Nach der Rückkehr in das heiße Prag, wo sich einer der wärmsten Sommer des Jahrhunderts ankündigt, wird Kafka von unaufhörlichen Selbstzweifeln beherrscht. Er fühlt sich «ungesellig bis zum Verrücktsein» (F 606) und steigert sich in zerstörerische Visionen einer bevorstehenden Katastrophe, die ihm körperliche Schmerzen bereiten. Immer wieder tritt ihm das drohende Bild von der Auslöschung der eigenen Identität als Autor und Sohn vor Augen. Die Ehe wird erneut als Gefährdung des nur durch Einsamkeit zu bewahrenden Künstlertums erkannt. Nichts bleibt mehr vom ostentativ zur Schau gestellten Eindruck, ‹etwas Gutes und unbedingt Notwendiges› getan zu haben. Die Behauptung, er sei nicht Felices «Bräutigam», sondern ihre «Gefahr» (F 609), deckt die Angst vor dem nächsten Schritt nur mit der routinierten Rhetorik der Selbstanklage zu.

Verschärft wird die Situation dadurch, daß die Verlobten jetzt Verbündete suchen, die im weiteren Verlauf des Geschehens wie Anwälte vor Gericht agieren. Felice gewinnt in Grete Bloch eine zweideutige Verteidigerin, deren Motive freilich kaum durchschaubar sind. Nachdem sie zunächst auf eine Annäherung des Paars drängte, scheint sie unter dem Eindruck von Kafkas düsterer Skepsis ihrerseits unsicher über die Aussichten einer bevorstehenden Ehe. Grete Bloch bleibt in der Konfliktsituation, die sich Anfang Juni 1914 zu entwickeln beginnt, die undurchsichtigste Figur. Die Tatsache, daß sie ihre Zuneigung zu Kafka nicht ausleben darf, erzeugt eine eigene Form der Frustration, die sich in der neurotischen Konsequenz durch gesteigerte Loyalität gegenüber der Freundin äußert.

Kafkas Vertrauter ist erneut Ernst Weiß, auch er ein Bündnisgenosse mit nicht ganz reinen Motiven. Im Winter 1913 hatte er erstmals die Rolle des Anwalts versehen, der, wie die Rechtsvertreter der Angeklagten im wenig später entstehenden *Proceß*-Roman, Eingaben formulierte, um das Gericht – Felice – zum Einlenken zu veranlassen. Zwar hat er sich als Dolmetscher von Kafkas Interessen glänzend bewährt, doch möchte er nun, da die Verlobung geschlossen ist, seine eigenen Bedenken gegenüber der spießbürgerlichen Braut nicht mehr zurückhalten. Mitte Juni 1914 besucht er, offenkundig besorgt, Kafka in Prag. Wieder wird über die Unwägbarkeiten der Ehe und die Zwänge des Zusammenlebens diskutiert, die das mißratene Verlobungsfest wie die Zeichen einer düsteren Zukunft sichtbar gemacht hatte. Weiß' große innere Gelassenheit empfindet der zum Zerreißen angespannte Kafka als beruhigend. Zugleich erkennt er, daß er dem Advokaten seines Liebesprozesses die eigenen Lasten auf die Dauer nicht zumuten kann: «Die Sorgen die er für mich trägt. Wie sie heute früh, als ich um 4 nach festem Schlafe aufwachte, in mich übersiedelten.» (T II 160)

Am 27. Juni 1914, einen Tag vor der Ermordung des österreichischen Thronfolgers in Sarajewo, fährt Kafka mit Otto Pick bei glühender Hitze nach Hellerau und Leipzig. Erwartet hat man ihn an diesem Wochenende in Berlin; statt dessen schreibt er nach der Rückkehr aus Leipzig, wo er seinen Verleger verpaßt hat, in hektischer Folge Briefe an Grete Bloch, in denen er sie von seiner Eheangst zu überzeugen sucht. Geradezu verschwörerisch klingen die Wendungen, die er ersinnt, um ihr Verständnis zu gewinnen: «Kein Anruf, sondern ein In-die-Augen-schauen.» (F 606) Grete Bloch ist entsetzt über die illusionslose Rigorosität, mit der Kafka die Verlobung als schwerwiegenden Fehler betrachtet. «Ich sehe auf einmal so klar und bin ganz verzweifelt», schreibt sie ihm am 3. Juli, seinem einunddreißigsten Geburtstag. «Daß ich mit Gewalt in einer Verlobung ein Glück für Sie Beide sehen wollte und Sie so bestimmt habe, schafft – das ist sicher – eine grenzenlose Verantwortung, der ich mich kaum mehr gewachsen fühle.» (F 608) Der Druck, den Grete Bloch verspürt, entweicht jedoch in eine heikle Richtung: Ende Juni zeigt sie Felice die sie betreffenden Passagen aus Kafkas Briefen und beschwört damit eine Katastrophe herauf.

Kafka ahnt Anfang Juli 1914 nichts von den bevorstehenden Verwicklungen. Er plant einen Sommerurlaub in Gleschendorf bei Lübeck an der Ostsee, den er, bemerkenswert genug, ohne seine Verlobte zu verbringen gedenkt. Am Sonnabend, dem 11. Juli, bricht er in Prag auf. Felice verlangt, daß er auf dem Weg an die Ostsee in Berlin Station mache, damit man eine Aussprache führen kann. Da er zu später Stunde am Anhalter Bahnhof ankommt, trifft er sich mit Felice erst am folgenden Tag, dem 12. Juli. Die Unterredung findet gegen 11 Uhr im *Askanischen Hof* statt – auf dem für das Paar erinnerungsträchtigen Schauplatz der gescheiterten Annäherungen, der Mißverständnisse und Verwerfungen.[3] Zu seiner Überraschung erscheint die Verlobte in Begleitung von Grete Bloch und Erna Bauer, was der Szene öffentlichen Charakter verleiht. Es ergibt sich eine gerichtsähnliche Situation mit Felice als Klägerin, Kafka als Beklagtem sowie Freundin und Schwester als Geschworenen (Ernst Weiß bleibt, anders als es ein biographischer Mythos will, dem prekären Treffen fern[4]). Gegenüber dem Briefwechsel hat sich die Rolle der Braut verändert; sie ist jetzt nicht mehr Kafkas Verteidigerin, sondern in den Part der Staatsanwältin übergewechselt. Die erdrückenden Beweisstücke der Anklage liegen in ihrer Handtasche bereit: Kafkas Schreiben an Grete Bloch, die ihr von der Freundin zensiert – allzu intime Passagen schnitt sie heraus – zur Verfügung gestellt worden sind.[5]

Felice, die gründlich auf die Begegnung vorbereitet ist, setzt ihre Worte mit verletzender Genauigkeit und demonstriert durch ihre Kasuistik, daß sie von ihrem Verlobten gelernt hat. Als Anklägerin arbeitet sie, wenngleich sie äußerlich abwesend und müde wirkt, mit der Präzision einer gut geölten Maschine (T III 24). Sie liest aus Kafkas Briefen an Grete Bloch, aber auch aus den Schreiben vor, die er in den zurückliegenden Wochen an sie selbst gerichtet hat.[6] Offenkundig zeigt er sich hier als Proteus: gegenüber Grete Bloch tritt er als Zweifler auf, den die Eheangst in den Bann schlägt, während er vor Felice die Rolle des mit seinem Glück einverstandenen Bräutigams spielt, der endlich den richtigen Weg eingeschlagen hat. Verletzend findet die Anklägerin zumal die Tatsache, daß er seine Zweifel mit der Kunst des rhetorischen Seiltänzers vor der Freundin ausbreitete; die von ihm schon in Riva praktizierten Spiele auf rituellen Nebenschauplätzen sind für sie nach der Verlobung nicht mehr akzeptabel. Das Material ist erdrückend, die Beweise lassen sich kaum widerlegen. Kafka setzt sich, ähnlich wie Georg Bendemann im *Urteil*, widerstandslos den Vorwürfen der Anklage aus. Am Ende akzeptiert er Felices Vorschlag, die Verlobung im beiderseitigen Interesse aufzuheben. Wie mag man sich am frühen Nachmittag des 12. Juli 1914 getrennt haben? Keiner der Beteiligten wird sich je detailliert über die quälende Unterredung und ihren näheren Ablauf äußern.

In der Hitze des schwülen Julitages begleitet Kafka Grete Bloch zu ihrem Quartier. Obgleich er fassungslos über ihre Indiskretion gewesen sein dürfte, vermag er ihr keine Vorwürfe zu machen, weil er die Unvermeidlichkeit der Anklage erkennt. Das Tagebuch wird später vom «Gerichtshof im Hotel» sprechen – eine Formel, die auch auf das für Karl Roßmann im «Occidental» veranstaltete Tribunal und damit auf die Welt der Literatur verweist (T III 24; V 178ff.). Am Nachmittag besucht Kafka Felices Eltern, um ihnen in aller Form die Trennung mitzuteilen. Der Vater, der erst in der Nacht von einer Geschäftsreise aus Malmö eingetroffen ist, zeigt Verständnis, die Mutter weint. Kafka entschuldigt sich für die Enttäuschungen, die er den Eltern bereitet, spricht mechanisch, als sage er eine «Lektion» auf. Das Tagebuch findet dafür dieselbe Formel, mit der Georg Bendemann im *Urteil* von seinem Vater charakterisiert worden war: «Teuflisch in aller Unschuld.» (T III 24) Wieder hilft die Literatur, das Leben zu verstehen, das sie schon beschrieb, ehe es sich noch ereignet hat.

Am Abend sitzt Kafka allein auf einem Sessel im Hotelgarten und beobachtet die Gäste. Es ist immer noch warm, von fern brandet der Lärm der Großstadt heran. Kafka verwandelt sich wie unter Hypnose in ein reines Medium, das kein Inneres zu besitzen scheint. Die eineinhalb Wochen später rückblickend verfaßten Tagebuchnotizen reihen protokollartig Impressionen aneinander: Momentaufnahmen, zusammengesetzt aus Verkehrsgeräuschen, Gerüchen, Wortfetzen, Physiognomien, Körperreflexen, einem dumpfen Schmerz. Nachts sucht er vergeblich Schlaf, arbeitet sich in Gedanken an Gesprächserinnerungen ab. Sie zeigen ihm Felice in der Rolle einer glänzend vorbereiteten Anklägerin, die «gut Durchdachtes, lange Bewahrtes, Feindseliges» sagt. Am folgenden Morgen schreibt er einen Entschuldigungsbrief an ihre Eltern, in dem er sie bittet, sie mögen ihn nicht in schlechter Erinnerung behalten; es ist seine «Ansprache vom Richtplatz» (T III 24f.).

Am 13. Juli trifft sich Kafka mit Erna Bauer in einem Restaurant an der Strelauer Brücke unweit des Spreeufers. Man trinkt Wein, täuscht Normalität vor und flüchtet sich ins Gespräch über Alltäglichkeiten. Es mag sein, daß Erna Bauer Kafkas Lage besser versteht als die Anklagevertreterin Grete Bloch, weil sie seit ihrer folgenreichen Dresdner Affaire, die zwei Jahre zurückliegt, die eigenen Gesetze einer asymmetrischen Liebesbeziehung kennt. Sie sucht ihn aufzumuntern, obgleich er, wie er zugeben muß, «nicht traurig», sondern nur «trostlos» über sich selbst ist (T III 25). Den weiteren Nachmittag verbringt er am Flußbad neben der Strelauer Brücke, das ihn an die Prager Zivilschwimmschule erinnert haben mag. Gegen Abend fährt er mit dem Spätzug von Berlin nach Lübeck, wie betäubt und unfähig zu einem klaren Gedanken. Der äußere Anlaß für die abrupte Abreise ist eine vage Verabredung mit Ernst Weiß, der wie Kafka seine Ferien an der Ostsee verbringen möchte. Nach der Ankunft unternimmt er am folgenden Tag in großer Hitze «traurig und unentschlossen» (Br 311) einen Ausflug nach Travemünde, wo er barfuß am Strand spazieren geht («als unanständig aufgefallen», T III 26). Am Abend trifft er sich in Lübeck mit Weiß, der wenige Stunden zuvor in Begleitung seiner Lebensgefährtin Johanna Bleschke aus Berlin eingetroffen ist.

Am 16. Juli reist Kafka, nachdem er seine Zimmerbuchung in Gleschendorf telefonisch abgesagt hat, gemeinsam mit Weiß und seiner Freundin ins dänische Ostseebad Marielyst im südlichen Falster. Mit einer gewissen Befreiung läßt er die Erinnerung an Berlin, den Gerichtshof im Hotel und die unerbittliche Anklägerin hinter sich. Der natürliche Rhythmus des Meeres soll seine angegriffenen Nerven beruhigen, erzeugt jedoch bei ihm gemischte Stimmungen. Er badet täglich, langweilt sich an den leeren Stränden, ißt Fleisch und verspürt deshalb Schuldgefühle. Dem Spiel der Brandung unter dem hohen Horizontbogen, der den Blick auf das deutsche Festland freigibt, vermag er keine Reize abzugewinnen. Noch im Frühjahr 1920 wird er Felix Weltsch gestehen, das Meer sei ihm wie das Gebirge zu «heroisch» (Br 274). Ein Photo zeigt ihn im Schneidersitz am Strand, lächelnd und jungenhaft, ohne daß äußerlich die Spuren der schlaflosen Nächte zu erkennen wären. Ernst Weiß hat die Druckfahnen seines zweiten Romans nach Dänemark mitgebracht und arbeitet an den Korrekturen. Kafka, der das Manuskript bereits im Mai lesen durfte, diskutiert mit ihm Fragen des Stils und Formulierungsdetails – eine Rolle, die er auch im Prager Freundeskreis bei Brod, Weltsch und Baum gern zu übernehmen pflegt. Der Roman, der den Titel *Der Kampf* trägt, erzählt die Geschichte der jungen Pianistin Franziska, die zwischen Kunst und Privatleben zerrissen zu werden droht. Ihr Lebensgefährte Erwin steht seinerseits unter dem Druck einer Entscheidungssituation, weil er nicht nur Franziska, sondern auch die junge Büroangestellte Hedy liebt. Die triviale Konstruktion der kolportageartigen Handlung wird relativiert durch eine Sprache von beweglicher Intelligenz und geradezu metallischer Schärfe. Kafka bescheinigt der Arbeit im Mai 1914, daß sie «heiß und schön wie die Galeere» sei, in der epischen Ökonomie jedoch geschlossener als der Debütroman (F 575). Eine Rezension für die *Weißen Blätter* Schickeles lehnt er freilich, nachdem der Roman mit kriegsbedingter zweijähriger Verzögerung bei S. Fischer unter dem Titel *Franziska* erschienen ist, Mitte April 1916 ab (Besprechungen verfaßt er zu diesem Zeitpunkt grundsätzlich nicht mehr, aus Furcht vor der öffentlichen Rolle des Kunstrichters, die ihm Unbehagen bereitet). In einem Brief vom 28. Mai 1916 betont er die generische Ähnlichkeit, die der Typus des Erwin mit ihm selbst aufweise: in seiner Unentschlossenheit spiegele sich das Elend des Westjuden, der nur deshalb kein ‹vollendeter Teufel› sei, weil seine Indifferenz von Kraftlosigkeit begleitet werde. Das Urteil über den ästhetischen Wert des Romans fällt jetzt freilich, im Blick auf seinen konventionellen Stoff, kritischer aus als 1914 (F 658f.).

In Marielyst sucht Kafka Pläne für eine Zukunft ohne Felice zu entwerfen. In einem nicht abgesendeten Brief an seine Eltern erklärt er mit ungewohnt optimistischem Ton, er werde im Büro kündigen und danach mit seinen Ersparnissen, die sich auf 5000 Kronen belaufen, als freier Autor nach Berlin oder München umsiedeln (O 23). Jetzt endlich fühlt er sich ungebunden genug, die Fesseln der bürgerlichen Berufszwänge abzuwerfen. Die private Krisensituation vermittelt ihm das täuschende Gefühl, den nötigen Mut zu einer konsequenten Umgestaltung seines Lebens zu finden. Den Gedankentraum von der freien literarischen Existenz muß er jedoch nicht in der Wirklichkeit erproben. Die Gewitterwolken über Europa haben sich mittlerweile bedrohlich zusammengezogen. Dem militärischen Konflikt geht das Sperrfeuer der Rhetorik voran; zwischen den Regierungen Österreichs, Deutschlands und Englands kommt es zu einem hektischen Notenwechsel mit Anfeindungen, Erpressungen und Aggressionen. Am 23. Juli richtet Österreich-Ungarn ein Ultimatum an Serbien. Drei Tage später fährt Kafka über Lübeck nach Berlin, um dort für wenige Stunden Erna Bauer zu treffen, die ihre Hoffnungen auf eine Versöhnung zwischen ihm und Felice nicht aufgeben möchte. Aber sämtliche Versuche, eine Lösung zu durchdenken, versanden wie das Gespräch: schweigend geht man am lauen Abend von der Elektrischen zum Lehrter Bahnhof. Den Zug nach Prag füllen Sommerurlauber, die sich auf der Rückreise nach Österreich und Böhmen befinden; im Coupé beobachtet Kafka eine junge Schweizerin, die ihn an die Affaire in Riva erinnert («das erste Leben, das seit vielen Monaten Menschen gegenüber in mir war»; T III 28). Zwei Tage später stürzt die Welt des alten Europa in sich zusammen: am 28. Juli, einen Monat nach dem Attentat von Sarajewo, erfolgt die österreichische Kriegserklärung, am 31. Juli die allgemeine Mobilmachung.

Nächtliche Ekstase

Den Kriegsausbruch nimmt Kafka als einen Vorgang wahr, der von seiner intimen Erfahrungswelt streng getrennt bleibt. Die Notiz vom 2. August 1914 ist bezeichnend für diese nüchterne Aufspaltung der Realitätsfelder: «Deutschland hat Rußland den Krieg erklärt. – Nachmittag Schwimmschule.» (T II 165) Der Eintrag besagt keineswegs, daß Kafka die politische Zäsur, die dieses Ereignis bedeutete, nicht erfaßte; er zeigt lediglich die unspektakuläre Fortdauer eines privaten Lebens neben den zeitgeschichtlichen Verwerfungen der Epoche an. Auf dem Graben verfolgt Kafka den feierlich organisierten Abzug der Artillerie. Den Truppen wünsche er, gesteht er, «mit Leidenschaft alles Böse» (T II 166). Wenige Tage später beobachtet er mit gemischten Empfindungen eine Kundgebung des Bürgermeisters, die in eine Jubelhymne auf Kaiser Franz Joseph I. mündet: «Ich stehe dabei mit meinem bösen Blick.» (T II 167) Ein solcher Affekt entspringt keinem radikalen Pazifismus, sondern dem Gefühl der Fremdheit angesichts der heftigen Ausbrüche des kollektiven Enthusiasmus. Dennoch mischt sich ein Moment der Zweideutigkeit in diese Einstellung. Weil Kafka den Krieg nicht prinzipiell – aus politischen und humanen Gründen – ablehnt, zeigt er sich empfänglich für mythische Legendenbildung. Die allgemeine Mobilmachung vermittelt ihm eine dunkle Vision von diffus ersehnten Gemeinschaftserfahrungen, die ihn die abstoßenden Züge des Militarismus zunächst übersehen läßt: «Neid und Haß gegen die Kämpfenden» (T II 166). Zugleich ist sich Kafka bewußt, daß er auch künftig nur für seine literarische Arbeit existieren wird. Am 6. August 1914 bemerkt das Tagebuch vor dem Hintergrund der großen europäischen Krise: «Der Sinn für die Darstellung meines traumhaften innern Lebens hat alles andere ins Nebensächliche gerückt, und es ist in einer schrecklichen Weise verkümmert und hört nicht auf zu verkümmern.» (T II 167) Bereits am 21. November 1913 hieß es, nach der Lektüre älterer Tagebücher: «Ich bin auf der Jagd nach Konstruktionen.» Die «Gewalt des Lebens» ist nur das sinnliche Zeichen des dunklen Wahrheitsgrundes, der jenseits der materiellen Emanation der Erscheinungen liegt. Ihn zu erschließen vermag einzig das nächtliche Arbeiten: in den prägnanten Momenten einer traumhaften Imagination, die alle Kräfte der Phantasie mobilisiert (T II 205ff.).

In seinen Erinnerungen schreibt Max Brod, er habe am Tag der österreichischen Mobilmachung, getrieben von seinen gereizten Nerven, «unterirdische Trommeln unter den Hügeln vor Prag» gehört.[7] Solche Furcht vor dem Krieg als Zeichen der Apokalypse blieb freilich im heißen Sommer des Jahres 1914 eine Ausnahme. Die böhmischen Juden reagieren auf die staatliche Propaganda, ähnlich wie die Mehrzahl ihrer österreichischen und deutschen Glaubensbrüder, weitgehend mit Gefolgsbereitschaft. Den Tod des antisemitisch eingestellten Erzherzogs Franz Ferdinand betrauert man nicht, jedoch kommt es nur selten zu kritischen Tönen gegenüber der offiziellen Linie. Die aggressiv judenfeindliche Politik des russischen Zaren galt gerade in zionistischen Kreisen als Hauptgrund für die Unterstützung der österreichischen Kriegsziele. Unter den jüdischen Intellektuellen und Künstlern der

Monarchie verurteilen zunächst nur Sigmund Freud, Arthur Schnitzler und Karl Kraus die auf militärische Konfrontation setzende Regierungspolitik.[8] Die Prager Zionisten steuern hingegen in den ersten Monaten nach der Mobilmachung einen staatsfreundlichen Kurs. Im August 1914 zeigen sie entschieden proösterreichische Gesinnungen und fast uneingeschränkte Kaisertreue. Sie nutzen die Gelegenheit zur nationalen Profilierung auch, um sich von den Tschechen abzugrenzen, an deren militärischer Zuverlässigkeit man zweifelt, weil sie in der Stunde der patriotischen Propaganda als potentielle Verbündete Rußlands gelten. Die Zahl der jüdischen Kriegsfreiwilligen ist gerade in Prag außerordentlich hoch. Die *Selbstwehr* feiert die Mobilmachung als nationales Ereignis. Mit dem Krieg verbindet sie die Hoffnung auf eine Verbesserung der Lage der Ostjuden, die in Rußland unter dem Joch von Pogromen und Boykotten litten. Von pazifistischen Strömungen ist im Kreis der Prager Zionisten vorerst nichts zu spüren. Lediglich Tomáš Masaryk entzieht sich dem Taumel des Patriotismus; der Chef der tschechischen Realistenpartei emigriert 1915 nach Frankreich, um dort seine politischen Aktivitäten im Rahmen publizistischer Tätigkeit, in späteren Jahren durch den Aufbau einer nationaltschechischen Exilregierung fortzusetzen.

Die Konsequenzen des Kriegsausbruchs liegen für Kafka vorerst auf privater Ebene. Da Karl Hermann bereits am 1. August einberufen wird – Kafka begleitet ihn gemeinsam mit Elli zur Bahn –, muß er sich fortan wieder stärker um die Interessen der Fabrik bemühen, deren Produktionstätigkeit im Spätsommer mit Rücksicht auf die wirtschaftliche Situation nach der Mobilmachung eingestellt wird. Zwar übernimmt Paul Hermann, der Bruder des Schwagers, die Überwachung des ruhenden technischen Betriebs und die Betreuung der Gläubiger, jedoch bedeutet die neue Lage für Kafka zumindest eine Art von Bereitschaftsdienst, der am Nachmittag die gewohnte Freiheit einschränkt. In der Wohnung im *Oppelt-Haus* räumt er unverzüglich sein Zimmer, weil Elli mit den Kindern zu den Eltern übersiedelt. Am 3. August bezieht er zunächst in der Bílekgasse 10 die Wohnung Vallis, die nach der Einberufung ihres Mannes Josef am 1. August vorübergehend zu ihren Schwiegereltern nach Český Brod gereist ist (später wird auch sie bei den Kafkas unterkommen). Von Anfang September 1914 bis zum 9. Februar 1915 wohnt er im Domizil Ellis und Karls in der Nerudagasse 48 im neu ausgebauten, früher ländlich geprägten Viertel Prag-Weinberge. Erstmals seit seiner Geburt lebt der 31jährige Kafka damit außerhalb des unmittelbaren Einflußkreises seiner Eltern. Die späte Ablösung bleibt freilich ein Produkt der Kriegsumstände; der ewige Sohn verläßt das Elternhaus nur unter dem Druck der Verhältnisse – und wird früher, als er zu diesem Zeitpunkt vermutet, zurückkehren.

Während der ersten Monate nach Kriegsbeginn bricht Kafkas Schreibenergie in ähnlicher Heftigkeit durch wie zwei Jahre zuvor, im Herbst 1912. Noch im Februar 1914 konnte er Robert Musil, der ihn um Beiträge für die *Neue Rundschau* gebeten hatte, nur die seit 15 Monaten abgeschlossene *Verwandlung* anbieten (im Augustheft rezensierte Musil die *Betrachtung* und den *Heizer* nicht ohne kritische Untertöne) (T II 132).[9] Nach dem Bruch mit Felice aber drängen Kafka alle Kräfte zum Schreiben. Wieder ist jetzt der innere Zwang größer als die permanente Blockierung, die der Angst vor der Unterbrechung entspringt. Der immerhin vage Plan, die Fesseln des Büros abzuwerfen, verdeutlicht, daß die Trennung neue Energien freisetzt: sie entsteigen der Trauer über die Selbstzerstörung und den Untiefen der wachsenden Einsamkeit. «Wenn ich mich nicht in einer Arbeit rette, bin ich verloren», heißt es nach der Rückkehr aus Dänemark im Journal (T III 27).

Am 29. Juli 1914, zwei Tage vor Kriegsausbruch, nähert sich Kafka wie in Trance einem neuen Stoff. Das Tagebuch zeigt die Spuren der verschlungenen Assoziationswege. Geschildert wird zunächst die Szene eines abendlichen Spaziergangs, der Josef K., den «Sohn eines reichen Kaufmanns», an einem Handelshaus vorbeiführt, vor dem ein «Türhüter» steht. Am selben Tag entsteht die knappe Skizze einer Schuldphantasie, in der ein Angestellter von seinem Vorgesetzten des Diebstahls bezichtigt und entlassen wird (T III 30ff.). Die Bausteine zu einer Geschichte von Urteil und Strafe drängen sich rasch auf. Sie werden in der Imagination gesammelt, aber noch nicht geordnet. Erst zwei Wochen später, am Dienstag, dem 11. August 1914, beginnt Kafka mit der konzentrierten Ausarbeitung. Frühzeitig scheint ihm bewußt zu sein, daß das Projekt auf eine Romankonstruktion zusteuert. Der Titel – *Der Proceß* – ist relativ schnell gefunden; spätere Kapitelüberschriften, die bisweilen auf den Typoskriptseiten des *Heizers* fixiert werden, weisen nur noch das Kürzel «P» auf. Bei der Konzeption des Textes sucht Kafka aus den Erfahrungen, die *Der Verschollene* vermittelte, möglichst entschiedene Konsequenzen zu ziehen. Gegen seine sonstige Gewohnheit legt er jetzt einen Plan an, um nicht erneut in die Dämmerzonen ungeordneter epischer Phantasien abzuirren. Sein Ziel ist es, das Muster der geschlossenen Form, wie er es an Kleist und Stifter bewundert, auf die eigene Arbeit zu übertragen, sich aber im Binnenraum seines Romans von den einengenden Festlegungen einer detaillierten Disposition freizuhalten. Das erste und das letzte Kapitel entstehen daher während der ersten Augusthälfte nahezu zeitgleich, in fast parallelen Arbeitsgängen, die dem Manuskript einen genauen Rahmen setzen.[10] Anders als im Fall des *Verschollenen* (und des späteren *Schloß*-Romans) wissen wir folglich, wie Kafka selbst seine Geschichte zu Ende führen wollte. Der *Proceß* treibt nicht auf das Niemandsland der freien Assoziationen hinaus, sondern findet in der Agonie seines Helden einen klar umrissenen katastrophischen Schluß.

Nach wenigen Tagen schon beschleunigt Kafka sein Schreibtempo, weil er sich erstmals seit zwei Jahren wieder «in die Arbeit eingekrochen» fühlt. Der Zustand gesteigerter Konzentration erlaubt es ihm, über das Medium der fortschreitenden Geschichte ein «Zwiegespräch» mit sich selbst zu führen. Sein «leeres, irrsinniges junggesellenmäßiges Leben» findet so, wie er spürt, eine innere Wahrheit (T II 169). Bis Mitte Oktober entstehen knapp zweihundert Manuskriptseiten, zunächst in weit ausladender, schön rhythmisierter, später in eng zusammengedrängter, oft gestauter Handschrift. Nach einer Unterbrechung in der zweiten Oktoberhälfte, während der die *Strafkolonie*-Erzählung und das letzte Kapitel des *Verschollenen* zustandekommen, kann die Arbeit am neuen Roman nur stockend fortgesetzt werden. Bis zum 20. Januar 1915 schreibt Kafka nochmals achtzig Seiten, dann läßt er das Manuskript in der Schublade liegen. Es bleibt ein Fragment, das Anfang und Ende aufweist: schon in seiner Struktur ein paradoxes Gebilde.

Rhetorik der Schuld

«Jemand mußte Josef K. verleumdet haben, denn ohne daß er etwas Böses getan hätte, wurde er eines Morgens verhaftet.» (P 9) Die vermutlich berühmteste Exposition eines modernen deutschsprachigen Romans beginnt mit der Feststellung eines Rätsels. Rätselhaft bleibt nicht nur, warum K. verhaftet wird, wenn er nichts Böses getan hat. Unklar ist auch, worin ‹das Böse› bestehen und ob es womöglich jenseits des ‹Tuns› liegen könnte. «Was heißt das auch, etwas Böses tun?» fragt Kleist in einem Brief vom 15. August 1801 seine Verlobte Wilhelmine von Zenge. «Sage mir, wer auf dieser Welt hat schon etwas Böses getan?»[11] Wenn K. nichts ‹Böses getan› hat, muß er es gedacht oder sich vorgestellt haben. Oder besteht das Böse, das seine Verhaftung veranlaßt, wiederum nur in seiner spezifischen Lebensform? Ist K. ein anderer Georg Bendemann, ein Bruder Gregor Samsas – ein schuldiger Sohn, der das ihm aufgetragene Lebensprogramm nicht erfüllen konnte? Erinnert man sich an die Beschreibung der Prager Feiern aus Anlaß des Kriegsbeginns, die uns Kafkas Tagebuch vom 6. August 1914 liefert – «Ich stehe dabei mit meinem bösen Blick» (T II 167) –, so läßt sich ahnen, daß das Böse, von dem der Roman spricht, außerhalb der Ebene der Tathandlung liegt. Seine Evidenz empfängt es durch seine psychische Wirklichkeit und die juristischen Sanktionen, die sich, befremdlich genug, aus ihr ableiten. Das Böse, schreibt Bataille, «ist nie eindeutiger das Böse, als wenn es bestraft wird.»[12]

Im ersten Satz der Manuskriptfassung des Romans hieß es ursprünglich, K. sei «gefangen»[13] worden; in der letzten Textversion bedient sich später einer der Wächter derselben Formulierung (P 11).[14] Sie ruft das Bild einer Vernetzung wach, der man nicht entkommt. K., so scheint es, steht im Bann einer Gewalt, die ihm die Freiheit nimmt. Welcher Art diese Gewalt ist und von wem sie ausgeht, bleibt zunächst offen. Die Formulierung der Exposition hat Kafka nach einem Korrekturdurchgang abgewandelt, indem er «gefangen» durch «verhaftet» ersetzte (P 9). Das neue Wort bringt eine rechtliche Dimension ins Spiel, läßt aber auch an einen bürokratischen Ordnungsapparat denken, der das Geschehen steuert. Zur ungreifbaren Dimension der Gefangenschaft, die Schopenhauers Vorstellung des Lebens als «Strafanstalt»[15] berührt, tritt die vermeintlich objektive Bedeutung einer juristisch wirksamen Verhaftung. Die Opposition dieser beiden Sinnebenen wird für die Geschichte, die der Roman erzählt, ihr eigenes Gewicht gewinnen.

Kafkas Eröffnungssätze sind, wie schon Thomas Anz bemerkt hat, keineswegs ein Produkt freier Erfindung.[16] Sie haben ihr Vorbild in einem Zeitungsartikel, der im Herbst 1913 für Furore gesorgt hatte: Mitte November berichtete Franz Pfemfert in der *Aktion* von der Arretierung des Psychiaters Otto Groß, die in Berlin auf Veranlassung seines Vaters, des Kriminologen Hans Groß geschah. «Sonntag, den 9. November mittags wurde der bedeutende Wissenschaftler Doktor Otto Groß in seiner Wilmersdorfer Wohnung von drei kräftigen Männern, die sich angeblich als Kriminalbeamte legitimiert haben sollen, besucht und bis zum Abend dort zwangsweise festgehalten.»[17] Die Situation des Otto Groß, der noch am Tag seiner Verhaftung in eine psychiatrische Anstalt verbracht wurde, ähnelt auffallend jener des Josef K. Kafka dürfte sich als Leser der *Aktion* auch deshalb für den Fall interessiert haben, weil Hans Groß sein eigener Strafrechtslehrer gewesen war. Die Vater-Sohn-Tragödie, die sich hinter den dürren Worten des Artikels abzeichnet, ist aus demselben Stoff gewirkt wie *Das Urteil*: sie beglaubigt durch Authentizität, was im Medium der Literatur wie eine groteske Form der Übertreibung erscheint.

Der *Proceß*-Roman verarbeitet den Mythos von Schuld und Gericht, dessen traditionelle Wurzeln in der chassidischen Überlieferung liegen. Das Ostjudentum kennt zahlreiche Geschichten von Klägern und Beklagten, von himmlischem Gericht und Strafe, undurchsichtigen Behörden und unverständlichen Anklagen; solche Motive erscheinen zumal in polnischen Sagen, wie sie Alexander Eliasberg 1915 in einer modernisierten Edition, die Kafka sogleich erwarb, herausgab.[18] Bereits das Buch *Sohar*, das grundlegende frühkabbalistische Werk (13. Jahrhundert), umreißt die Vorstellung eines hierarchisch strukturierten Himmelsgerichts, das für den Menschen unsichtbar bleibt, aber seine Lebenswelt massiv beeinflußt. Jiddisch-hebräische ‹Volksbücher› wie das 1705 erstmals veröffentlichte *Kav ha-Jaschar* des polnischen Rabbiners Zwi Hirsch Kaidanover kennen die Idee eines göttlichen Gerichts, das den Menschen im Traum verhört. Auf solche Konstruktionen wiederum stützt sich die chassidische Legendendichtung, die Kafka durchaus vertraut war. Hier finden sich auch Geschichten von plötzlich in die Le-

benswelt des Menschen eindringenden Gerichten, deren bedrohliche Zurüstungen jedoch durch die Intervention geschickter Advokaten durchkreuzt werden. Der Einzelne, so lautet die chassidische Lehre, ist einem an-
dauernden Gerichtstag ausgesetzt; seine gesamte Existenz steht im Bann
von Anklagen und Vorwürfen, gegen die er sich unter Berufung auf sein
frommes Handeln zu verteidigen hat. Die Apologie ist, ähnlich wie im Fall
Josef K.s, die einzig angemessene Haltung, mit der man den eigenen Lebensentwurf behaupten kann.

Trotz derartiger Bezüge, die aufgedeckt zu haben das Verdienst des Judai-
sten Karl Erich Grözinger ist,[19] wäre es falsch, in der Umsetzung der jüdischen Gerichtserzählungen den archimedischen Punkt von Kafkas Roman
zu sehen. Die mythischen Stoffe aus dem Umfeld der religiösen Tradition
treten nur als Fermente in den Text ein. Indem er sie ihrerseits neu gruppiert
und auslegt, gewinnt der Roman seine eigene Ordnungsstruktur, deren Bedeutungssystem autonomen Charakter trägt. Da sich die Kategorien der
Schuld und der Strafe bei Kafka neu definiert finden, können sie auch nicht
nach einem religiösen oder juristischen Vorverständnis bewertet werden.
Schon im *Urteil* tritt zutage, daß konventionelle Rechtsbegriffe in Kafkas
Welt keine Geltung haben. Statt seine erzählerischen Konstruktionen immer
wieder auf die nominell existierenden Rechtsordnungen in Geschichte oder
Gegenwart zu beziehen, sollte man sie aus ihrer internen Systematik zu verstehen suchen. Kafka hat die Kategorien des normativen Wissens in seine
fiktiven Realitätsmodelle eingeschlossen, wo sie einen rein imaginären Wirkungsraum gewinnen. Jeder Versuch, sie juristisch dingfest zu machen, religiös zu transzendieren oder auf ein realhistorisches Substrat wie den Totali-
tarismus des 20. Jahrhunderts zu beziehen, verfehlt daher ihre Bedeutung.
Anders als Adorno erklärt hat, ist es nicht die «eklatante empirische Unmöglichkeit des Erzählten»,[20] die Kafkas ästhetisches Profil bestimmt, sondern die
einzigartige Akribie, mit der er eine rein fiktive Ordnung beschreibt und als
abgedichtetes Sinnsystem behauptet.

Kafka ist ein suggestiver Begriffszauberer. Seine Kunst erweist sich als eine
Kunst der Umwertung, die aus dem Mißtrauen in die bestehende Realität
hervorgeht; darin gleicht sie Nietzsches «Schule des Verdachts», die der Erstarrung des normativ-historischen Denkens am Ende des 19. Jahrhunderts
den freien Geist der Dekonstruktion entgegensetzt.[21] Kafka arbeitet allerdings nicht mit der Methode der psychologischen Entlarvung, wie sie
Nietzsche praktiziert, sondern führt die Begriffe in den Raum seiner Texte
ein und unterstellt sie dort einer eigenen – mit einem Terminus der System-
theorie: autopoietischen – Bedeutung jenseits externer Einflüsse.[22] Zwar ist
es möglich, daß in ihrer außerliterarischen Umwelt ähnliche oder sogar
identische Kategorien existieren, jedoch bestimmen diese ihren spezifischen

Sinn innerhalb der Romanerzählung nicht. So verführerisch es sein mag, Kafkas Rechts- und Ordnungskonzepte auf die soziale Wirklichkeit des 20. Jahrhunderts zu beziehen, so illegitim wäre dieses Verfahren im Blick auf ihre exklusive Bedeutungslogik. K.s Schuld, die Zurüstungen des Gerichts und die Arbeit seiner Organe lassen sich allein aus der internen Struktur des Romans begreifen.

Zu den eindrucksvollsten Merkmalen des *Proceß*-Romans gehört seine Kunst, die Bilder einer subjektiven Strafphantasie so zu verknüpfen, daß sie einen objektiven Charakter annehmen. K.s Schuld ist zunächst ein Schuldgefühl, das seine Entsprechung in den Aktivitäten der Rechtsbehörden findet. Diese wiederum zeigen zwar durch die fehlende Trennung von judikativer, legislativer und exekutiver Macht einen totalitären Zug, jedoch sollte man der Versuchung widerstehen, sie aus diesem Grund als literarisches Zeugnis einer Kritik an undemokratischen Rechtsbegriffen aufzufassen. K.s Geschichte ist der Traum von der Schuld – ein Angsttraum, der sich in den imaginären Räumen einer befremdlichen juristischen Ordnung als Widerschein psychischer Zustände abspielt.[23] Man kann den Roman folglich als Reflexion dieser Schuld, zugleich aber auch als unheimliche Beschreibung eines Rechtsapparates lesen, den sich das individuelle Schuldbewußtsein selbst vorstellt. Die damit verbundene Furcht vor der Bestrafung erzeugt wiederum in Kafkas Protagonisten den Mechanismus der Verdrängung im Zeichen von Hybris und Selbstherrlichkeit. K. kennt, wie der Wächter bei der Verhaftung vermerkt, «das Gesetz nicht und behauptet gleichzeitig schuldlos zu sein.» (P 15) Schon in der zweiten Fassung der *Beschreibung eines Kampfes* erklärt der Beter, als der Erzähler ihn aus der Kirche stößt: «Ich weiß ja nicht, in welchem Verdachte Sie mich haben, aber unschuldig bin ich.» (B 123) Freud hat in seiner Abhandlung über *Totem und Tabu*, deren Teile 1912 und 1913 in der Zeitschrift *Imago* erschienen sind, die Grundform der neurotischen Verdrängung mit der ritualisierten Abwehr bei primitiven Völkern verglichen.[24] Das Tabuisierte wird in beiden Fällen ausgeschlossen, auf diese Weise aber mit einem eigenen Code versehen, der es auszeichnet und qualitativ hervorhebt. K. verfährt so mit dem Komplex der Schuld, den er als Tabu betrachtet, über das nachzudenken er sich verbietet. Das Verdrängte freilich taucht in den Bildern des Schuldgefühls machtvoll wieder auf. Die neugierigen Nachbarn, die voyeuristischen Bankbeamten und der Direktor-Stellvertreter repräsentieren es im Verlauf des Romans ebenso wie die labyrinthischen Räume des Gerichts oder die von K. zuvor ignorierte ‹Rumpelkammer› der Bank, in der der Prügler die Wächter Franz und Willem züchtigt.

Bereits die Romaneröffnung demonstriert die Macht, die der Dramaturgie des Unbewußten zufällt. Erneut erfolgt die einschneidende Veränderung, die das Leben des Protagonisten bestimmt, im Halbschlaf. Ähnlich wie bei Gregor Samsa, dessen Verwandlung nach einer Nacht mit «unruhigen Träumen» (D 93) stattfindet, scheint in der *Proceß*-Exposition der Übergang zwischen Schlaf und Wachstadium durch jene prekäre Spannung ausgezeichnet, die, Kafkas Tagebuchnotaten korrespondierend, unbewußte Phantasien hervorbringen kann. Vom «Halbtraum» als Magazin gesteigerter Erfahrung spricht vergleichbar Gustav Meyrinks berühmter *Golem* (1915).[25] In der ursprünglichen Fassung des ersten Romankapitels erklärt K. seinen Wächtern: «Man ist doch im Schlaf und im Traum wenigstens scheinbar in einem vom Wachen wesentlich verschiedenen Zustand gewesen (...)»; der Moment des Erwachens sei daher «der riskanteste Augenblick im ganzen Tag», weil er plötzlich den untergründigen Zusammenhang von Traum und Realität zu Bewußtsein bringe. Kafka hat diese beiden allzu expliziten Sätze später ersatzlos gestrichen.[26] Josef K.s Geschichte könnte vor ihrem Hintergrund als Traumphantasie an der Schwelle zum eigentlichen Erwachen gelten, als erzählerisches Vexierbild eines verdrängten Schuldgefühls, das im Vorfeld des Tagesbewußtseins literarische Muster findet, um sich selbst darzustellen.[27]

Schon die äußeren Umstände von K.s Verhaftung zeigen, daß man es mit einer Strafphantasie zu tun hat, unter deren Gesetz das Geschehen mit mechanischer Folgerichtigkeit abrollt. Der Protagonist ruft die beiden Wächter und den Aufseher, die seine Verhaftung vollziehen, selbst herbei, indem er läutet. Auf die Frage, wer er sei, antwortet der Wächter bezeichnenderweise mit der Gegenfrage: «Sie haben geläutet?» (P 9) Es ist K., der den Auftritt der Gerichtsvertreter veranlaßt und alles, was nachfolgend geschieht, aktiv auslöst. Das Innere des Menschen mobilisiert unter dem Diktat eines Schuldgefühls die Ordnungen des Gesetzes. Entsprechend erklärt der Wächter K.: «Unsere Behörde, soweit ich sie kenne, und ich kenne nur die niedrigsten Grade, sucht doch nicht etwa die Schuld in der Bevölkerung, sondern wird wie es im Gesetz heißt von der Schuld angezogen und muß uns Wächter ausschicken. Das ist Gesetz.» Ein «Irrtum» im Sinne einer Verwechslung, wie sie K. vermutet, ist deshalb ausgeschlossen, weil die Gerichtsbehörde in fast mechanischer Logik zu den Schuldigen gelangt (P 14). Das Ich des Helden bildet den zentralen Schauplatz des Geschehens, insofern allein seine inneren Kräfte das Gericht herbeizwingen. Wenn er am Abend die Situation der Verhaftung nochmals vor seiner Nachbarin Fräulein Bürstner darstellt, übernimmt er die Rolle des Aufsehers und ruft mit lauter Stimme «Josef K.» (P 37). Diese Reduplikation des Ichs in einer theaterähnlichen Szene beleuchtet die Verhaftung nachträglich als subjektive Phantasie.[28] Indem K. sie spielerisch vergegenwärtigt, zeigt er, daß sie eine Imagination des Ich ist, das seine verdrängten Ängste durch Zeichen – Räume und Figuren – zur Anschauung bringt. Im dritten Teil der *Vorlesungen zur Einführung in die Psycho-*

analyse, der 1916/17 entstand, bemerkt Freud: «Wir setzen also das System des Unbewußten einem großen Vorraum gleich, in dem sich die seelischen Regungen wie Einzelwesen tummeln. An diesen Vorraum schließe sich ein zweiter, engerer, eine Art Salon, in welchem auch das Bewußtsein verweilt. Aber an der Schwelle zwischen beiden Räumlichkeiten walte ein Wächter seines Amtes, der die einzelnen Seelenregungen mustert, zensuriert und sie nicht in den Salon einläßt, wenn sie sein Mißfallen erregen.»[29] Es bleibt offenkundig, daß diese Beschreibung auch auf die Inszenierung der Verhaftung im Roman anwendbar ist, die dem psychischen Geschehen Räume, Akteure und Wächterfiguren als Zeichen für die ‹seelischen Regungen› des Menschen zuordnet.

Die schauspielerische Qualität von K.s Demonstration ergänzt aber zugleich den privaten Charakter der Verhaftung als Phantasma durch ein öffentliches Moment, das für das gesamte Rechtsverfahren bezeichnend bleibt. Wächter, Aufseher, Nachbarn, nicht zuletzt die unangemeldet erschienenen Bankbeamten – Nachfolger der drei Zimmerherren aus der *Verwandlung* – bilden schon in der Verhaftungsszene eine feste Gruppe der Zuschauer, die wie der Chor der antiken Tragödie das Geschehen gespannt verfolgen (Brods fünf Jahre ältere Erzählung *Ein tschechisches Dienstmädchen* liefert ein ähnlich voyeuristisches Bild).[30] K.s Prozeß ist ein allgemein bekanntes Ereignis, von dem zahlreiche Menschen – die Frau des Gerichtsdieners und der Bankgehilfe, der Advokat Huld, der Fabrikant und Block – zu wissen scheinen (P 47, 97, 107, 141, 183). Privates und öffentliches Bezugsfeld verhalten sich zueinander wie Psyche und Recht, insofern sie komplementäre Ordnungen ausbilden, welche die Geschichte Josef K.s in der Spannung zwischen Schuldphantasie und Symbolik der Macht ansiedeln. Kafkas besondere Kunst besteht gerade darin, daß er beide Momente nicht auf einer höheren Ebene aufhebt, sondern ständig gegenwärtig hält. Als Abbild einer psychischen Gemengelage ist der Prozeß, in den der Bankbeamte K. verwickelt wird, zugleich ein Modell des juristischen Diskurses und seiner strukturellen Macht. Die Seelenarbeit, die der Roman beschreibt, bedient sich einer rechtswissenschaftlichen Hermeneutik, die das menschliche Innenleben als Fallgegenstand zu erfassen sucht. Das entspricht Kafkas eigener Neigung, psychische Vorgänge unter dem Brennspiegel der juristischen Perspektive zu betrachten. «Kämest Du unsichtbares Gericht!» heißt es schon am 20. Dezember 1910 in der knappen Zusammenfassung einer Tagesphantasie (T I 106). Nach einem Spaziergang in frühlingshafter Stimmung erscheine ihm, so schreibt er Anfang März 1915 über seine seelische Verfassung, die «Anordnung im Gerichtssaal» (F 630) verändert. «Er hat viele Richter», formuliert später das Journal, «sie sind wie ein Heer von Vögeln, das in einem Baum sitzt.» (T III 177) Das Ich, das sich hier beobachtet, steht unter dauerhafter Anklage, weil es das, was es verdrängte, nicht permanent vergessen kann. Zugleich zeigt sich in solchen Vorstellungsbildern, die der Roman beständig umspielt, die – von Freud nur beiläufig untersuchte – sprachanaloge Struktur des Unbewußten, mit deren Aufbau und Zeichenorganisation sich seit dem Ende der 30er Jahre die psychoanalytischen Arbeiten Jacques Lacans befaßten.[31]

Es wäre daher falsch, K.s Prozeß als Verhandlung über eine allgemeine Existenzschuld zu sehen, wie dieses Martin Buber vorgeschlagen hat.[32] Gerade die innere Dimension von Verhaftung und Anklage verbietet es dem Leser, dem Roman einen metaphysischen Hintergrund zu verleihen. Zwar variiert Kafka zahlreiche Deutungsmuster im Spannungsfeld von christlicher und jüdischer Tradition, Neuem Testament und Kabbala, doch gewinnt sein Text eigene Kontur erst dort, wo er die mythisch verfestigten Muster auflöst und in ein psychologisches Drama überführt (die Existenz eines «transzendenten und unerkennbaren Gesetzes» haben schon Deleuze und Guattari im Blick auf das Rechtssystem der Romane Kafkas bestritten).[33] Die faktische Gestalt der äußeren Wirklichkeit, der K. ausgeliefert wird, bleibt ebenso wie die im Roman vorgeführte Hermeneutik ein Spiegel der subjektiven Ängste des Helden. Dieses wiederum teilt *Der Proceß* mit der Ordnung eines Traums: alles, was in ihm geschieht, bildet den objektiv verfestigten, durch nichts erklärten Widerschein innerer Zustände des Subjekts. Gerade das begründet die Wirkung des Romans, dessen Suggestionskraft den Leser selbst in die Rolle des schuldbewußten Angeklagten treibt, der mit entsetztem Blick auf den verwirrenden Schauplatz der Psyche starrt.[34]

Der Rechtsbegriff, den der Roman benutzt, besitzt eine metaphorische Bedeutung, die seine normative – verallgemeinerbare – Funktion ausschließt. Bei Hegel heißt es: «Vor den Gerichten erhält das Recht die Bestimmung, ein erweisbares sein zu müssen. Der Rechtsgang setzt die Parteien in den Stand, ihre Beweismittel und Rechtsgründe geltend zu machen, und den Richter, sich in die Kenntnis der Sache zu setzen. Diese Schritte sind selbst Rechte; ihr Gang muß somit gesetzlich bestimmt sein (…)».[35] Mißt man das von Kafka geschilderte Verfahren an diesen Kriterien, so zeigt sich, daß es gegen die einfachsten Grundlagen des hier definierten abendländischen Rechtsverständnisses massiv verstößt. Dem Rechtsgedanken, der es trägt, eignet keine ‹Bestimmung›, sondern ein Moment gänzlicher Unbestimmtheit. Der ‹Rechtsgang› setzt die Parteien keineswegs in den Stand, ‹Beweismittel und Rechtsgründe geltend zu machen›, vielmehr finden ausschließlich Verhöre statt, die keiner den Angeklagten bekannten Ordnung zu folgen, mithin im Sinne Hegels auch nicht gesetzlich determiniert scheinen. Die Bücher des Gerichts bleiben den Angeklagten unbekannt, denn «das Gesetz», so erläutert der Advokat Huld, «schreibt Öffentlichkeit nicht vor.»

(P 120) Die juristischen Schriften, die die Angeklagten studieren, sind für Laien faktisch unverständlich und dienen primär dem Zweck, die Sonderstellung der Richter und Advokaten einzuschärfen (P 205f.). Auch hier enthüllt sich, daß K. zwar in einem «Rechtsstaat» (P 12) lebt, der Prozeß aber, dem er sich aussetzen muß, außerhalb von dessen Geltung angesiedelt ist.

Das Recht, das der Roman beschreibt, bezeichnet die metaphorische Chiffre für eine nicht mehr absichtsvoll gesteuerte, durch unlenkbare seelische Kräfte angestoßene Form der Selbstbeobachtung.

Das Gericht gewinnt in Kafkas Roman seine besondere Funktion als Medium des Unbewußten, das Jean Paul das «innere Afrika» des Menschen nannte.[36] Dieses speichert, was das Ich verdrängt oder vergessen hat: «Es geht kein Akt verloren, es gibt bei Gericht kein Vergessen.» (P 167) *Der Proceß* beschreibt in der Konfrontation zwischen K. und der Gerichtsbehörde das schwierige Verhältnis zwischen Bewußtem und Unbewußtem, Verdrängung und Schuldgefühl. Er folgt damit sehr genau der Nomenklatur Freuds, der dieses Verhältnis selbst in einem einprägsamen Bild erläutert hat: «Die Regungen im Vorraum des Unbewußten sind dem Blick des Bewußtseins, das sich ja im anderen Raum befindet, entzogen; sie müssen zunächst unbewußt bleiben. Wenn sie sich bereits zur Schwelle vorgedrängt haben und vom Wächter zurückgewiesen worden sind, dann sind sie bewußtseinsunfähig; wir heißen sie verdrängt.»[37] K. steht vor dem Gerichtshof des eigenen Ichs, das den aufsteigenden Inhalten des zuvor verdrängten Unbewußten einen im Verlauf des Romans immer schwächer werdenden Widerstand entgegensetzt. Sein Prozeß ist ein Vorgang der Selbstanklage, dem er unmöglich zu entkommen vermag. K. kann dem Gericht nicht ausweichen, weil es mit ihm selbst identisch ist.

Seine besondere Konfliktstruktur gewinnt der Roman dadurch, daß Josef K. dem Schuldgefühl, das sein Unbewußtes gespeichert hat, mit massiver Abwehr begegnet. Gemäß Freuds Modell tritt sein Bewußtsein als Wächter auf, das die andrängenden Bilder der Furcht hinter die Schwelle zurückzutreiben sucht. Sämtliche Abgesandte des Gerichts behandelt er daher mit Hochmut: den Aufseher und die Wärter in der Verhaftungsszene, den Untersuchungsrichter (was «ungünstig» für ihn aufgenommen wird; P 61), den Gerichtsdiener und den amtlichen «Auskunftgeber» (P 79ff.); ähnlich herablassend verhält er sich gegenüber den Angeklagten und seinem Advokaten (P 75f., 130, 178ff.). Seine scheinbare Souveränität bezieht er aus der Rollenidentität, wie sie ihm die Stellung als Prokurist beschert. «In der Bank», so erklärt er seiner Vermieterin über die Verhaftung, «bin ich vorbereitet, dort könnte mir etwas derartiges unmöglich geschehn, ich habe dort einen eigenen Diener, das allgemeine Telephon und das Bureautelephon stehn vor mir auf dem Tisch, immerfort kommen Leute, Parteien und Beamte; außerdem aber und vor allem bin ich dort immerfort im Zusammenhang der Arbeit, daher geistesgegenwärtig, es würde mir Vergnügen machen dort einer solchen Sache gegenübergestellt zu werden.» (P 29) Der Bankbeamte, so hat Siegfried Kracauer ironisch vermerkt, halte sich selbst für «die Krone der Angestelltenschöpfung».[38] K.s Selbstbewußtsein bleibt an seinen sozialen Status gebunden, bricht aber zusammen, wenn er sich außerhalb der geschützten Zone seiner Rollenidentität bewegt. Die Verhaftung ist bezeichnenderweise ein Vorgang, der sich im privaten Milieu vollzieht und folglich dem nackten Individuum, nicht aber dem hinter seinen Akten verschanzten Berufsmenschen gilt.

Eine echte Auseinandersetzung mit seinem Schuldgefühl vermag K. nicht zu führen. Aus den vielfältigen Informationen, die er über den Prozeß gewinnt, zieht er keine Schlußfolgerungen; so bleibt er bis zum Ende in sämtlichen Gesprächen, die er führt, ahnungslos und unwissend. Seine Neigung zur Selbstbeobachtung bleibt auf einer formalen Ebene stehen, indem sie Denkvorgänge und Urteilsakte kommentieren hilft, ohne aber zur Infragestellung des eigenen Standpunkts zu führen (diese Haltung erinnert an die von Brentano formulierte Hypothese, daß der wahrnehmende und reflektierende Mensch seine Tätigkeit unaufhörlich observiere).[39] Nachdem er den Prozeß zunächst zu verdrängen sucht, betrachtet K. ihn schließlich als Aufforderung zum «Kampf» (P 70), die er annehmen möchte, als handele es sich um «ein großes Geschäft» (P 132). Zur besonderen Konsequenz des Romans gehört es, daß die Anklagebehörde den Helden niemals mit Vorwürfen konfrontiert, sondern ihn widerstandslos gewähren läßt. Der Untersuchungsrichter der Verhörszene nimmt bereitwillig K.s massive Vorwürfe gegen seine Verfahrensführung zur Kenntnis, ohne das Gespräch selbständig zu steuern. Hans Groß' *Handbuch für Untersuchungsrichter* (1893), das Kafka aus dem Studium kannte, verlangt von den Beamten im Umgang mit den Angeklagten «Schneidigkeit»;[40] vergleicht man diese Bestimmung mit dem Auftreten der Behördenvertreter im *Proceß*, so fällt deren Passivität besonders stark ins Auge. Das Gericht reagiert stets nur auf die Initiativen des Protagonisten, zeichnet aber dem Verfahren keinen klar umrissenen Weg vor. Auch darin zeigt sich, daß es eine Spiegelung von K.s Unbewußtem ist, das selbst als heimlicher Regisseur des Geschehens fungiert.

Durchweg versäumt es der Protagonist, der inneren Logik des Prozesses genauer nachzugehen. An die Stelle einer tieferen Auseinandersetzung mit dem Wesen des ihn verfolgenden Gerichts tritt die innere Anspannung des stets Verteidigungsbereiten, die K. als psychische Grunddisposition mit den Helden der frühen Arbeiten teilt. Paranoia und Arroganz, Verdrängung und Selbstrechtfertigung markieren die Punkte im unheilvollen Koordinatensystem der Seelenlandschaft, die der Roman seinem Protagonisten zuordnet

(Adorno hat von den «vernichteten Existenzen» gesprochen, die Kafkas Texte vorführen).[41] Als Konsequenz aus dieser gespannten Grundanlage ergibt sich ein verarmter Lebensentwurf, den Kafka illusionslos beschreibt. Vom Ehrgeiz zerfressen, stets um seinen Vorteil bemüht, zeigt sich K. als kalter Berufsmensch, der allein egoistischen Antrieben folgt. Weder zur Mutter, die in ihm den «Direktor der Bank» sieht (P 275), noch zu Onkel, Cousine und Geliebter unterhält K. ein engeres Verhältnis. Die Familie erscheint hier als ein totes Gefüge, das, wie Nietzsche bemerkt, am Ende des bürgerlichen Zeitalters «immer blasser und ohnmächtiger» wird.[42] Der Verfall der privaten Ordnungen, in denen das 19. Jahrhundert Intimität zulassen konnte, bekundet sich bei Kafka zumal durch die Darstellung erotischer Beziehungen. Die Liebe, von der der Roman erzählt, ist das Zerrbild des modernen Wissens über die Sexualität: ein illusionsloses Spiel des Begehrens, nach Freud.

Männerphantasien – Frauenkörper

Die Frauen des *Proceß*-Romans bezeichnen Versuchungen, denen Josef K. auf seinem schlingernden Weg widerstandslos verfällt. Nicht als Charaktere, sondern als erotisch aufgeladene Typenfiguren innerhalb männlich besetzter Ordnungen spielen sie ihre genau umrissenen Rollen. Fräulein Bürstners amoralisches Privatleben flackert hinter den Andeutungen der Zimmerwirtin auf und wird in ihrem obszönen Namen programmatisch (den Kafka, der Spieler, im Manuskript zumeist mit den geschwungenen Initialen «F. B.» abkürzt); Lenis Promiskuität entspringt ihrer Lust an den Angeklagten; die Frau des Gerichtsdieners ist als scheinbar willenloses Objekt den Trieben des Untersuchungsrichters ausgeliefert; die Weinstubenkellnerin Elsa prostituiert sich tagsüber und regelt ihre intimen Beziehungen mit geschäftsmäßiger Nüchternheit; Helene, die Geliebte des Staatsanwalts Hasterer, verbringt ihre Tage im Bett und liest dort, «recht schamlos» posierend, Trivialromane (P 258); die vulgär wirkenden Mädchen in den Fluren des vom Gerichtsmaler Titorelli bewohnten Hauses, die ihre Schürzen – schon im *Verschollenen* ein Sinnbild sexuell konnotierter Schmutzigkeit – aufreizend glattstreichen, verlocken K. durch «eine Mischung von Kindlichkeit und Verworfenheit» (P 149). Selbst an Frau Grubach, seiner ältlichen Zimmervermieterin, nimmt K. zumal den «mächtigen Leib» als Signal erotischer Anziehung wahr (P 25). Einzig K.s Cousine, eine Randfigur, scheint dem Kreislauf der Sexualität entzogen. Sie ist es, die den Onkel auf K.s Prozeß hinweist und damit dessen Intervention sowie die Einschaltung des Advokaten veranlaßt. Die Cousine trägt den Namen der älteren Schwester Felice Bauers: Erna ist im Roman wie in der Realität die Beobachterin des Prozesses, weder zur Anklage noch zur Verteidigung gehörig; als eine jenseits der Macht agierende Figur bleibt sie ohne sexuelle Prägung.

K.s Verhältnis zu den Frauen ist vorrangig von Triebimpulsen bestimmt, die sich nicht primär auf den Körper, sondern auf fetischistische Ersatzobjekte richten (in ihrer Eindeutigkeit wirken Kafkas Beschreibungen wie aus Krafft-Ebings *Psychopathia sexualis* entlehnt).[43] Mehrfach ist von der weißen Bluse die Rede, die K. im Zimmer Fräulein Bürstners aufgehängt sieht (P 18, 37); bei Frau Grubach registriert er gewohnheitsmäßig («wie so oft») das «Schürzenband», das «unnötig tief» in den Körper «einschnitt.» (P 24f.) Während des abendlichen Gesprächs, in dem er sich für die aufgrund der Verhaftung vorgefallenen Unannehmlichkeiten entschuldigt, vergräbt er seine Hände in den Strümpfen, die sie strickt (P 27f.). Die Frau des Gerichtsdieners weckt sein Begehren, als sie ihm die Dessous zeigt, die der Untersuchungsrichter ihr geschenkt hat (P 66). K.s Geliebte Elsa ist, wie Leni an ihrer Photographie erkennt, «stark geschnürt» und präsentiert dem Betrachter nach einem «Wirbeltanz» den «Faltenwurf» ihres offenbar freizügigen Kostüms (P 114). Auch die Ledermontur des Prüglers, die Schürzen der Mädchen auf der Treppe zu den Gerichtskammern und das kurze «Röckchen» der Halbwüchsigen vor Titorellis Atelier (P 87, 46, 148) bezeichnen erotische Symbole, die anziehende Wirkung auf K. auszuüben scheinen. Beim Anblick der Frau des Gerichtsdieners durchfährt ihn die Vorstellung, daß «dieser üppige gelenkige warme Körper im dunklen Kleid aus grobem schweren Stoff durchaus nur» ihm «gehörte.» (P 68)

Von Kafkas Frauen geht das zweifelhafte Versprechen einer gänzlich unökonomischen Form der sexuellen Verschwendung aus. Als Produkte von Männerphantasien bezeichnen sie die absolute Hingabe ohne einschränkende Bedingungen, die Verfügbarkeit jenseits sozialer Konventionen. Typisch ist, daß Hysterie, das mächtige weibliche Krankheitsbild um 1900, bei Kafka, anders als bei Schnitzler, Hofmannsthal, Strindberg, Wilde und Huysmans, keine Rolle spielt. Sexualität erscheint hier in unverstellter, reiner Form ohne kulturelle Verdrängungsleistung und zivilisatorische Einschnürung, die ihrerseits die hysterische Symptomatologie begründen.[44] Die Frauen in Kafkas Romanen erinnern an die Satyrn der antiken Tragödie, wie Nietzsche sie beschrieb; sie bilden einen «Chor von Naturwesen, die gleichsam hinter aller Civilisation unvertilgbar leben und trotz allem Wechsel der Generationen und der Völkergeschichte ewig dieselben bleiben.»[45] Blickt man zum Vergleich auf das Register literarischer Frauenfiguren der Jahrhundertwende, so fällt auf, daß nicht nur die Hystera, sondern auch die *Femme fatale* in Kafkas Figurenrepertoire fehlt. Der Frauenkörper, den sein Roman vorführt, ist ein Körper ohne psychische Zeichen, der jenseits seines erotischen Codes von differenzierten seelischen Einflüssen ausgeschlossen bleibt. Seine funktionale Ökonomie beschränkt sich auf den reinen Sexus, dem eine tiefenpsychologische Motivierung vollständig fehlt. Was in den Frauenfiguren des Romans zur Präsenz kommt, ist ein archaischer Triebgrund, der sinnlich anschaubare Oberfläche geworden ist. Die Verführungskraft, die von ihnen ausgeht, besitzt eine fast gewaltsame Energie; darin zumindest ähneln sie der von Männerphantasien erzeugten *Femme fatale* Lulu in Wedekinds *Erdgeist* (1895) oder der Titelheldin in Ewers phantastischem Roman *Alraune* (1911).

Otto Weiningers Schrift *Geschlecht und Charakter* (1903), gleichermaßen Zeugnis des jüdischen Selbsthasses und der obsessiv gesteigerten Furcht vor der weiblichen Sexualität, umreißt ein Frauenbild, das jenem des *Proceß*-Romans an zahlreichen Punkten nahekommt. Daß Kafka das Werk zumindest in Grundzügen kannte, wird man vermuten dürfen, auch wenn er es nicht selbst besaß (vgl. Br 320). Insbesondere der Typus der Prostituierten, wie ihn Weininger als der ‹Mutterschaft› kontrastierten Rollenentwurf des Weiblichen beschreibt, erinnert an die Konfigurationen des Romans. Weiningers Dirne verkörpert den reinen, durch keine höhere Sittlichkeit sublimierten Trieb. Aufgrund ihrer besonderen Rolle vermag sie eine Herrschaft über den Mann auszuüben, die sich jenseits der gesellschaftlichen Regelungszonen «vom Turnverein bis zum Staat»[46] bewegt. In ihrer Machtfülle gleichen die Prostituierten bei ihm den großen Eroberern und Politikern, die ein ähnliches Verhältnis zur Öffentlichkeit pflegen, insofern sich beide der Masse hingeben, weil sie Gefallen daran finden. Weiningers fatales Psychogramm besitzt Bedeutung für Kafkas Roman, denn es erschließt die Symptomatik des männlichen Blicks auf die Frau.[47] Auch K. sieht in den Frauen Verfügungsobjekte, die er in dem Moment, da er sie sexuell besitzt, verwirft. Das Begehren, das sie in ihm wecken, schlägt, sobald sie ihm zu Willen waren, in Abscheu um. Die gängige – durch das Diktum des Geistlichen in der Dom-Szene vermeintlich abgesicherte – Behauptung, K. lasse sich durch die Frauen von seinem Weg ablenken, ist folglich zu modifizieren (P 223).[48] K. selbst antwortet auf den Vorwurf des Geistlichen ausweichend, die Frauen besäßen «eine große Macht» (P 224). Diese zweideutige Charakteristik bestätigt, daß der Roman ein weibliches Rollenmuster darstellt, das durch die männliche Optik modelliert wird. Kaum zufällig erinnert K.s Diktum an Weiningers obsessive Beschreibung der Dirne als Beherrscherin des Mannes, die das «Analogon zum großen Eroberer» verkörpere.[49] Zugleich aber wird in solchen Zuschreibungsakten sichtbar, daß Kafka die Setzungen einer ideologisch geprägten Geschlechterkonstruktion nicht ungefragt reproduziert, sondern auf ihre Zeichenregister und Erklärungsstrategien durchleuchtet; der Roman zeigt in den Klischeebildern seiner Frauenfiguren die Obsessionen und Verwerfungen des männlichen Wissens über die weibliche Sexualität.[50]

Leni, die Haushälterin und Geliebte des Advokaten, bündelt die von der Männerphantasie geprägten Rollenmuster auf besonders markante Weise. Als «Hexe» und ‹kleines schmutziges Ding› bezeichnet sie K.s Onkel, puppenartig wirkt sie auf den Helden selbst (P 107, 104, 116). Leni verführt K. in einem entscheidenden Moment, da er Auskunft über den Prozeß erlangen könnte, und löst ihn damit aus der Welt der juristischen Ordnung, indem sie ihn in die Sphäre des Triebs herabzieht. Diese Bewegungsform ist schon für die Verführerinnen der romantischen Literatur charakteristisch, die als Medusen oder Hexen den Mann umgarnen und schließlich in die Tiefe der Lust locken. Der sexuelle Akt gerät zum Absturz in eine diffuse Unterwelt, in der eigene Gesetze gelten: «Da glitt ihr Knie aus, mit einem kleinen Schrei fiel sie fast auf den Teppich, K. umfaßte sie, um sie noch zu halten, und wurde zu ihr hinabgezogen. Jetzt gehörst Du mir, sagte sie.» (P 116) Weil Leni nur in der Unterwelt des Triebs herrscht, kann sie K. erst in dem Moment, da er fällt, sexuell besitzen und, wie es nach einer ökonomischen Zeichenlogik heißt, gegen seine Geliebte Elsa ‹eintauschen› (P 116).

Leni gehört zu den Sirenenfiguren, die Kafkas spätere Texte immer wieder präsentieren. Schon äußerlich wird dieser Bezug an ihrem körperlichen «Fehler» manifest: «‹Ja›, sagte Leni, ‹ich habe nämlich einen solchen kleinen Fehler, sehen Sie.› Sie spannte den Mittel- und Ringfinger ihrer rechten Hand auseinander, zwischen denen das Verbindungshäutchen fast bis zum obersten Gelenk der kurzen Finger reichte.» Das merkwürdige «Naturspiel», das diese «hübsche Kralle» (P 115) für K. bedeutet, betont Lenis Verwandtschaft mit den Sirenen, jenen verführerischen Lockvögeln der Antike, die Kafka Ende Oktober 1917 in einer seiner Kontrafakturen des Mythos auf sehr eigenwillige Weise beschreiben wird. (M 168f.) Diese mythische Dimension verweist zurück auf die archaische Bedeutungsstufe, die der Geschlechtsakt im Roman markiert. Wie in Kleists *Penthesilea* gehören zur Welt der Sexualität die Riten der Aggression und Gewalt («sie nahm seinen Kopf an sich, beugte sich über ihn hinweg und biß und küßte seinen Hals, biß selbst in seine Haare.»; P 116)[51] Leni freilich ist eine friedlichere Verwandte der mordenden Amazonenkönigin, sanfter auch als die sadistische Klara Pollunder, die sich an dem unzureichend aufgeklärten Roßmann vergeht: ein tauschbares Zeichen einer Sprache, die nur auf dem Schauplatz des Leibes verständlich wird. Leni, so weiß Huld, findet «die meisten Angeklagten schön», «hängt sich an alle, liebt alle» (P 194). Die vermeintliche Wahllosigkeit ihres promiskuösen Liebesverhaltens entspringt einer magischen Anziehungskraft, die von den Angeklagten ausgeht (wie auch die Wächter der Verhaftungsszene betonen). Mit leiser Ironie hat Kafka an diesem Punkt seine eigenen Erfahrungen mit dem Eros ins geheimnisvolle Romangeschehen eingebaut: ihn, den imaginär Schuldigen, lieben die Frauen, weil von ihm die dunkle Aura des Verführers ohne Absichten ausgeht.

Die merkwürdigen Schwimmhäute, die Lenis Finger verbinden, erinnern nicht nur an die mythischen Sirenen, sondern auch an ein Wasser- oder

Sumpfwesen. Walter Benjamin hat hier auf die intellektuelle Verwandtschaft zwischen Bachofens *Mutterrecht* (1861) und Kafkas suggestiven Bildern eines weiblichen Verhaltensmythos verwiesen. Die Darstellung der Frau als hetärisches Nacht- und Mondgeschöpf, das den Mann durch die Herrschaft des Triebes bezwingt, bezeichnet in der Tat die Strukturen einer matriarchalischen Ordnung, deren symbolische, soziale und kulturelle Anatomie von Bachofen genau beschrieben wird.[52] Diese mythische Dimension verdeutlicht aber zugleich, daß Kafkas Frauenfiguren in einem Raum jenseits der psychologischen Differenzierung angesiedelt sind. In ihrer Triebhaftigkeit wirken sie wie unpersönliche Fabelwesen, die mit archaischer Magie die Welt des Irrationalen verkörpern. Der Gegensatz der Geschlechter, der sich im Spannungsfeld von Eros und Logos ausbildet, scheint unüberbrückbar. In einem während des Winters 1917/18 entstandenen Aphorismus formuliert Kafka: «Eine der wirksamsten Verführungen des Teuflischen ist die Aufforderung zum Kampf. Er ist wie der Kampf mit Frauen, der im Bett endet.» (M 164 I)[53] Anders als Ibsen, Strindberg, Zola und Wedekind, die den Geschlechterstreit am Ende des 19. Jahrhunderts als existentiellen Konflikt dargestellt haben, läßt Kafka es in seinen Texten jedoch zur wirklichen Auseinandersetzung zwischen Mann und Frau niemals kommen. Der Kampf wird bei ihm nur sichtbar in der Sprache der Körper und jener versteckten Gewaltsamkeit, die dem mechanisch vollzogenen Liebesakt innewohnt.

Die Sexualität verbindet sich auf bemerkenswerte Weise mit K.s Prozeß. Bereits die obszönen Gesetzbücher, die libidinöse Gier des Untersuchungsrichters und die sadomasochistische Prügler-Szene verrieten den Bezug zwischen Gericht und Sexus. Michel Foucault hat darauf hingewiesen, daß das moderne, in der Psychoanalyse augenfällig entwickelte Verständnis von Sexualität durch den Anspruch bestimmt sei, die Wahrheit über das geheime Begehren des Körpers zu erfahren.[54] Die Sexualität wird, so zeigt es schon die berühmte Hysteriebehandlung Charcots im ausgehenden 19. Jahrhundert, in der wissenschaftlichen Untersuchung zum Gegenstand eines Rechtsverfahrens, das die Aufdeckung der dunklen Kräfte des Trieblebens als Geständnis des Leibes erzwingen möchte. Die Wahrheit der Sexualität, von der Kafka im *Proceß* erzählt, beruht darin, daß sie zum Komplex des Unbewußten gehört, dessen Landschaften der Roman ausbreitet. Vor diesem Hintergrund ist es nur konsequent, wenn der Text das Motiv des Sexuellen in der Kernzone des Gerichts ansiedelt.[55] Im Zentrum des gegen K. angestrengten Prozesses steht die Frage nach der Evidenz des Lebens, das der Protagonist führt. Ihr kann er sich nicht aussetzen, ohne immer wieder auf den Bereich des Eros zu stoßen. Vom Gericht geht daher auch keineswegs, wie ältere Auslegungen annahmen, die Aufforderung zur Askese aus.[56] Vielmehr schließt es die Welt des Triebs in ihren vielfältigsten Färbungen zwischen Unterwerfung und Macht, Perversion und Entgrenzung notwendig ein. Das Geheimnis des Gerichts, «das fast nur aus Frauenjägern besteht» (P 224), scheint wesentlich verbunden mit der dunklen Anziehungskraft des Sexus. In diesem Sinne läßt sich Lenis an K. gerichteter Rat als Spiegel eines Willens zum Wissen lesen, der den Leib zur Aufdeckung seiner arkanen Wahrheit nötigen möchte: «Machen Sie doch bei nächster Gelegenheit das Geständnis. Erst dann ist die Möglichkeit zu entschlüpfen gegeben, erst dann.» (P 114) Die Wahrheit über die Sexualität wird, wie Foucault sagt, durch das Geständnis des Körpers erzwungen.[57] Im Medium des Gerichts begegnen K. mit den Manifestationen seines Unbewußten auch die dunklen Mächte des eigenen Triebs, die Leni als Agentin des Eros hervorzulocken sucht. Freud hat in einem 1906 an der Universität Wien gehaltenen Vortrag, der im selben Jahr in Hans Groß' *Archiv für Kriminalanthropologie und Kriminalistik* veröffentlicht wurde, auf die Analogie zwischen psychoanalytischer Anamnese und der Arbeit des Untersuchungsrichters verwiesen. Psychoanalyse und «Tatbestandsdiagnostik» gleichen sich in der Absicht, Formen des Geständnisses – über sexuell bedingte Neurosen oder Delinquenz als Spielarten der Devianz – durch das Medium der Sprache zu erzwingen.[58] Kafkas Roman führt beide Bereiche mit lakonischer Selbstverständlichkeit zusammen, indem er die Sexualität inmitten des Gerichts, den Trieb im Inneren des institutionellen Zeichengefüges verankert.

K. bewahrt sich gegenüber der sexuellen Botschaft seines Prozesses dieselbe Haltung der Abwehr wie im Fall der Schuldvorwürfe. Die Frauen betrachtet er im Habitus des besitzergreifenden Verführers, wiederum also als Vertreter einer Rolle, die das Register der Gewalt einschließt: Fräulein Bürstner küßt er «auf den Hals, wo die Gurgel ist, und dort ließ er die Lippen lange liegen.» (P 39); in einem unvollendeten Kapitel heißt es: «(…) er wußte, daß Fräulein Bürstner ein kleines Schreibmaschinenfräulein war, das ihm nicht lange Widerstand leisten sollte.» (P 252) Indem K. die Beziehung zum anderen Geschlecht über das Modell des Kampfes gestaltet, entzieht er sich einer tieferen Auseinandersetzung mit seinem eigenen Triebleben. Geboren aus der Verdrängung, erneuert seine Haltung das männliche Bild femininer Erotik, wie es für das *Fin de siècle* typisch ist. In der Position des rücksichtslosen Verführers wiederholt Kafkas Held die obsessive Ablehnung des Weiblichen, die in Weiningers Schrift ihre für die gesamte Epoche bezeichnende Dokumentation fand. Damit wird auch sichtbar, daß der *Proceß* nicht von Sexualität, sondern vom spätbürgerlichen Wissen über sie handelt. In den Bildern und Zeichen seiner fiktiven Welt inszeniert sich dieses Wissen als literarische Phänomenologie des Triebs und seiner Deutung durch den männlichen Blick.

Richter, Advokaten und Angeklagte

Die Ordnung der Bürokratie bildet im Roman eine eigene diskursive und zugleich symbolische Macht. Sie stellt das selbständige Beziehungsgeflecht dar, in dem sich K. unrettbar zu verfangen scheint. Die Bürokratie, wie sie der Roman, genährt durch die Arbeitserfahrungen Kafkas, beschreibt, erzeugt Macht als kompliziertes Netzwerk, das, nach einer These Foucaults, einer eigenen inneren Wahrheit und Logik gehorcht, die den Menschen durchgreifend determiniert.[59] Wo immer K. mit dem Gericht in Verbindung tritt, muß er erfahren, daß es streng hierarchisch, aber in letzter Konsequenz unüberschaubar gegliedert ist.[60] Profanität und Würde, Symbolik und Trivialität liegen hier unmittelbar nebeneinander; der «Ernst des Symbolischen» sei im spätbürgerlichen Zeitalter «zum Kennzeichen der niederen Kultur geworden», vermerkt, dazu passend, Nietzsche.[61] Die Besucher, die K.s Verhör durch den Untersuchungsrichter verfolgen, tragen Abzeichen «in verschiedener Größe und Farbe» auf den Revers; den Gerichtsdiener erkennt man an einer Jacke, an der sich «zwei vergoldete Knöpfe» befinden; der amtliche «Auskunftgeber» zeichnet sich durch elegante Kleidung aus, die ihn von der grauen Schar der sonstigen Beamten abhebt (P 58, 72, 82). Im Arbeitszimmer des Advokaten Huld hängt ein großes Bild, das einen Mann im «Richtertalar» zeigt, der «auf einem hohen Tronsessel» mit Goldverzierung sitzt; ironisch spielt Kafka hier auf den pompösen Huldigungsstil Anton von Werners und Hans Makarts an, den schon der *Kunstwart* scharf angegriffen hatte. Die exakte Abstufung der Hierarchien, die arkanen Regeln des Verfahrens, die komplizierten Gesetzestexte, die strengen Kriterien für Eingaben und Anträge bekräftigen den Eindruck, es handele sich beim Gericht um ein genau differenziertes administratives Gefüge, das zwar der Mehrheit der Bevölkerung unbekannt ist, aber dennoch seine eigene Realität als Ordnungsmacht besitzt (P 120ff., 82). Andererseits sind die provisorischen Züge der Organisation kaum zu übersehen; zu den ärmlich wirkenden Uniformen der Beamten paßt, daß das Gericht an Sonntagen in den Wohnungen von Mietshäusern am Rande der Stadt tagt und seine Kanzleien hinter Bretterverschlägen in den darüberliegenden Dachkammern unterbringt (eine vergleichbar bedrückende Topographie hat Hermann Broch mit deutlichem Bezug auf Kafka in seinem Roman *Die Schuldlosen* [1950] beschrieben).[62] Zum Moment des Unheimlichen tritt so eine nachgerade triviale Dimension: überrascht bemerkt K. beim Anblick der dürftig ausgestatteten Kanzleien unter dem Dach, «wie wenig Geldmittel diesem Gericht zur Verfügung standen» (P 71). Die wahre Macht der Behörde besteht jedoch in ihrer Omnipräsenz; gerade weil das Gericht K.s komplettes Leben beherrscht, muß es beweglich bleiben: sein provisorisches Erscheinungsbild ist die andere Seite seiner Allgegenwart.

Zu den markanten Aspekten der Gerichtsordnung gehört es, daß die subalternen Beamten nur diejenigen Abschnitte der Prozesse kennen, die sie selbst behandeln. «Das Verfahren vor den Gerichtshöfen», so erklärt Huld, «sei aber im allgemeinen auch für die untern Beamten geheim, sie können daher die Angelegenheiten, die sie bearbeiten in ihrem fernern Weitergang kaum jemals vollständig verfolgen, die Gerichtssache erscheint also in ihrem Gesichtskreis, ohne daß sie oft wissen, woher sie kommt, und sie geht weiter, ohne daß sie erfahren, wohin.» (P 124) In solche – durchaus ironischen – Beschreibungen des administrativen Ablaufs geht Kafkas präzise Kenntnis bürokratischer Apparate ein. Die Anonymisierung des Verwaltungsakts impliziert den Entzug persönlicher Verantwortung und die Auslöschung der Individualität, die in den amtlichen Ordnern wie eine Nummer verschwindet. Im Blick auf derartige Effekte spricht Kafka in einem Brief an Milena Pollak Ende Juli 1920 davon, die Versicherungsanstalt sei «mehr phantastisch als dumm» (Mi 168). Ein Element dieses phantastischen Gefüges ist seine entfremdete Struktur, der Kafka am Pořič täglich begegnete, wenn er eine Akte über einen der 45 000 Betriebe anlegte, die bei der Anstalt versichert waren, ohne jemals eine lebendige Anschauung von dessen besonderer Realität zu gewinnen. Auch im Proceß arbeiten die Beamten nur als Räder in einem großen Gefüge, das sie kaum in Ansätzen erfassen. In eigentümlichem Kontrast dazu heißt es über das Verfahren selbst: «Jeder Fall wird für sich untersucht, es ist ja das sorgfältigste Gericht.» (P 184) Der Anonymität der Verwaltung steht die persönliche Dimension des einzelnen Prozesses entgegen, denn das Unbewußte ist keine kollektive, sondern eine individuelle Größe. Subjektive Logik und ironische Überdetermination von Ordnung treten damit in Kafkas Roman spannungsvoll zusammen.

Rangieren die Richter auf einer unerreichbaren Ebene, so stellen die Advokaten eine Vermittlungsinstanz dar, welche die Verbindung zwischen Gericht und Angeklagten schafft. Die Aufgabe der Anwälte besteht darin, regelmäßig Anträge zu verfassen, die ein hermetisches Rechtswissen verarbeiten und den Prozeß zugunsten der Mandanten beeinflussen sollen. Daß die Advokaten, auch wenn sie den Angeklagten gegenüber mit eigenen Machtansprüchen auftreten, bei Gericht nur eine subalterne Rolle spielen, zeigen zahlreiche Exempel (P 125f.). In ihren Eingaben pflegen sie sich «auf geradezu hündische Weise» zu demütigen und «Schmeicheleien» für die Beamten vorzutragen (P 186). Sie wünschen keine «Verbesserungen» der bestehenden Rechtspraxis, halten vielmehr konsequent am Status quo fest (P 126). Diese Einstellung ist zwingend, wenn man sie auf die verdeckte psychische Topographie des Romans bezieht. Die Anwälte entsprechen den Wächtern, die nach Freud an der Schwelle zum Bewußtsein stehen und die Mächte des Unbewußten – als Repräsentanten der Anklagebehörde – zurückzudrängen

suchen. Da sie aber zu einem System gehören, dessen Elemente funktional aufeinander angewiesen sind, dürfen sie seinen Bau nicht verändern. Gericht, Angeklagte und Advokaten bilden komplementäre Bestandteile innerhalb einer psychischen Ordnung, durch deren Darstellung Kafkas Roman eine Umwertung jener Willenspsychologie vollzieht, die Nietzsche gefordert hatte: nicht die seelischen Grundlagen der Macht, sondern die Machtstrukturen im inneren Apparat des Menschen bilden sein Thema.[63]
Auf der unteren Stufe des Gerichtsgefüges sind die Angeklagten angesiedelt. K. begegnet ihnen zunächst nur im Kollektiv, als er seinen zweiten Besuch in den Räumlichkeiten der Untersuchungsbehörde abstattet. Die Angeklagten sitzen auf den Fluren der Kanzleien in einer langen Reihe auf Holzbänken. Ihre Hüte haben sie unter die Bank gestellt (P 75) – ein Zeichen der Devotion, wie es in ähnlicher Weise Kafka von seinem Besuch bei Rudolf Steiner im März 1911 berichtet (T I 29). Bei den Angeklagten handelt es sich um Männer, die den höheren Klassen angehören (P 75). Frauen sind nicht darunter, repräsentieren sie doch im Roman eine aus der Perspektive männlicher Imagination wahrgenommene Gegenwelt, in der es kein Bewußtsein und daher auch keine Schuld gibt. Diesem Bild entspricht die traditionelle jüdische Bestimmung, nach der Frauen vom Talmudstudium ausgeschlossen bleiben (über ihre Konsequenz für das Verhältnis der Geschlechter innerhalb der Familie hat Kafka im Winter 1911 mit Löwy diskutiert; T I 246f.). Während die männlichen Angeklagten mühsam die schwierigen Gesetzestexte zu erfassen suchen (P 186), stehen die Frauen ohne intellektuelles Interesse außerhalb der Ordnung der Schrift. Bereits die Verhaftung K.s kommt seiner Zimmerwirtin daher «wie etwas Gelehrtes vor», das sie nicht versteht, «aber auch nicht verstehen muß.» (P 28)
Eine Mittlergestalt zwischen Behörde und Angeklagten ist der Gerichtsmaler Titorelli. Die bohemienartige Figur scheint dem 1891 in geistiger Umnachtung verstorbenen Maler Karl Stauffer-Bern nachgestaltet, dessen autobiographische Aufzeichnungen Kafka Anfang Dezember 1911 in der Nachlaßedition Otto Brahms las (T I 223ff.). Die Bilder, die Titorelli im Auftrag der Behörden malt, spiegeln die symbolische Omnipräsenz des Gerichts wider, die sich ähnlich auch in den Raummodellen des Romans und der Logik der Türhüter-Legende abzeichnet.[64] Als Informant, der K. über die Usancen des Anklageverfahrens aufklärt, ist er, wie es heißt, zugleich geschwätzig und lügnerisch (P 142). Die Hilfsangebote, die von ihm ausgehen, müssen aber auch deshalb mit Vorsicht beurteilt werden, weil sie sich allein auf K.s selbstgewisse Erklärung stützen, er sei «unschuldig» (P 156). Titorellis optimistische Offerte – «Ich allein hole Sie heraus» (P 158) – bleibt ein trügerisches Rettungssignal, da die Voraussetzungen, von denen sie ausgeht, zweifelhaft sind. K. selbst stellt fest, daß er seine Unschuldserklärung dem

Maler gegenüber «ohne jede Verantwortung» formuliert habe (P 156). Was immer dieser ihm rät, gehorcht einer ungeprüften Voraussetzung, folglich logisch bedenklichen Bedingungen.

Titorelli nennt K. drei mögliche Verfahren, mit deren Hilfe er sich dem Druck des Prozesses entziehen könne: die «wirkliche Freisprechung», die jedoch nahezu ausgeschlossen sei, die «scheinbare Freisprechung», welche eine nur vorübergehende Aufhebung des Verhaftbefehls bedeute, und die «Verschleppung», die darin bestehe, das Verfahren «dauernd im niedrigsten Proceßstadium» zu erhalten (P 160ff.). Noch im günstigsten Fall verbleibt der Anklagevorgang also im Zustand der Latenz, ohne zu einem Abschluß zu finden. Bei positivem Verlauf kann er, wie auch Huld weiß, «eine reine Wunde» werden (P 129): eine vollständige Heilung scheint undenkbar, dauerhafte Freiheit unerreichbar. Die Denkfigur des Aufschubs hat Jacques Derrida in seinem berühmten Freud-Aufsatz von 1967 als Spielart einer «Ökonomie des Todes» gelesen, die das Bewußtsein der Endlichkeit der eigenen Existenz stillzustellen versucht.[65] Im Aufschub ist jedoch die Präsenz des Todes nur verlagert wie das seelische Problem in der Neurose oder die Angst im Totem. Selbst Titorellis zunächst verheißungsvoll wirkende Vorschläge dokumentieren daher einzig die fatale Lage des Angeklagten, der dem Prozeß so wenig entrinnen kann wie dem eigenen Unbewußten. Erneut überträgt Kafka hier seine Erfahrungen mit Recht und Verwaltung auf die unwegsame Topographie der Seele. Daß die Strategien der Bürokratie für ihn auch eine psychische Wirklichkeit des Schmerzes bezeichnen, belegen zahlreiche Zeugnisse aus der Zeit vor 1914: «(…) dort im Bureau ist die wahre Hölle», heißt es am 7. April 1913, «eine andere fürchte ich nicht mehr» (Br II 158f.).

Die Dramaturgie des Romans zeigt, daß K. in wachsendem Maße von seinem Prozeß beherrscht wird. Zu konzentrierter Arbeit ist er kaum mehr fähig, weil er beständig von Überlegungen zu seiner Verteidigung bestimmt bleibt: «Der Gedanke an den Proceß verließ ihn nicht mehr.» Wenig später erklärt der Erzähler: «Die Verachtung die er früher für den Proceß gehabt hatte galt nicht mehr.» (P 118, 131) Daß Kafka an solchen Punkten mit dem Doppelsinn des Begriffs spielt, der K.s Verfahren, aber zugleich auch den Titel des Romans bezeichnet, ist offenkundig. Diverse Passagen des Textes lassen sich als versteckte Reflexion über das eigene Schreiben und dessen Wirkungen lesen; so heißt es: «(…) seine Stellung war nicht mehr vollständig unabhängig von dem Verlauf des Processes, er selbst hatte unvorsichtiger Weise mit einer gewissen unerklärlichen Genugtuung vor Bekannten den Proceß erwähnt, andere hatten auf unbekannte Weise davon erfahren, das Verhältnis zu Fräulein Bürstner schien entsprechend dem Proceß zu schwanken – kurz, er hatte kaum mehr die Wahl, den Proceß anzunehmen oder abzulehnen, er stand mitten darin und mußte sich wehren.» (P 131f.;

vgl. 133, 196) Der gesamte Passus umspielt auf einer allegorischen Ebene zentrale Aspekte von Kafkas Selbstverständnis als Autor: die Abhängigkeit vom Verlauf des Schreibens, die ihn letzthin quälende Neigung, aus reinem Selbstgenuß über aktuelle Vorhaben zu sprechen, die schwankende Wechselbeziehung zwischen Liebesverhältnis (Fräulein Bürstner als Felice Bauer) und literarischer Arbeit, unter deren Gesetz sich Eros und Kunst nach gleichen Regeln entwickeln. K.s Prozeß ist stets auch ein Widerschein des Romans und seiner das gesamte Leben Kafkas absorbierenden Kräfte – nicht zuletzt wie das literarische Projekt ein Produkt der unbegreifbaren, im Moment der Fixierung schon entgleitenden Ängste des Unbewußten. Die Arbeit am Manuskript folgt jener paradoxen Dynamik der Unverfügbarkeit, in der Derrida die Figur der *différance* bezeichnet fand; diese ist es, «die in einem die Gegenwärtigkeit zerspaltet und verzögert und sie so im selben Zug der ursprünglichen Teilung und dem ursprünglichen Aufschub unterwirft.»[66] Die Niederschrift des Romans schafft einen Zwischenzustand, der die Furcht nicht bannt, sondern die permanente Annäherung an sie im «Verrat» am Leben vollzieht.[67] Sie gleicht damit der mäandernden Bewegung des Prozesses, der Josef K. zum inneren Gericht führt.

Wenn K. sich mit dem Plan trägt, eine Eingabe anzufertigen, die «eine kurze Lebensbeschreibung» (P 118) enthält, so verrät das deutlich, daß er begriffen hat, wie eng der Prozeß mit seiner individuellen Biographie verbunden ist. Im letzten Gespräch mit dem Advokaten verweist K. selbst auf die innere Logik, der diese wachsende Identifikation mit dem Prozeß gehorcht. Während er früher den Prozeß «vollständig» und ohne Erinnerungsrest vergessen habe, wenn man ihn nicht erwähnte, bemerke er nun die «Last» des gegen ihn eröffneten Verfahrens uneingeschränkt (P 196). Das Vergessen stellt eine der Verdrängung im Effekt ähnliche Fehlleistung dar, die Freud als Ausdruck eines unbewußten Gegenwillens bezeichnet.[68] Je weiter daher der Prozeß fortschreitet, desto schwieriger wird es für K., die erforderlichen Abwehrenergien gegen das sich festsetzende Schuldgefühl zu mobilisieren, die ihm ein Verharren in der Normalität erlauben. Zeit ist im Fortgang des Romans nur als Zeit zum Tode gegenwärtig: als symbolische Chiffre jenseits empirischer Gesetze.[69]

Auch dort aber, wo K. die Last des Prozesses spürt, vermag er sich nicht intensiver mit seiner Botschaft zu befassen. Zwar bricht das Unbewußte aus der Dämmerzone hervor, jedoch darf es den von Freud so genannten Salon des Vorbewußten nicht betreten (die psychoanalytische Modellbeschreibung dient erneut als Muster für die Strukturen des Erzählvorgangs). In diesem Punkt versagt K. vor den Anforderungen, die der Prozeß an ihn stellt – ähnlich wie sich Kafka versagen fühlte, als er dem ‹Gerichtshof im Hotel› gegenüberstand. K. selbst wird das eigene Scheitern in der faszinierendsten

Szene des Romans vor Augen geführt. Während er an einem trüben Vormittag im dunklen Dom auf einen italienischen Geschäftsfreund wartet, ruft ihn
der Geistliche, der auf einer schmalen Kanzel erscheint, zu sich und verwickelt ihn in ein Gespräch. Als Gefängniskaplan (P 235) kennt auch er K.s
Verfahren, über dessen Aussichten er wenig Gutes zu berichten vermag. Ein
ungünstiges Ende, so erklärt er, rücke in greifbare Nähe: «Weißt Du, daß
Dein Proceß schlecht steht?» Weil K., wie der Geistliche bemerkt, das Wesen
des Gerichts falsch beurteilt und in seiner Verbohrtheit «nicht zwei Schritte
weit» sieht, erzählt er ihm zur Erklärung eine Geschichte (P 223f.). «Nicht
die Kinder bloß», so räsoniert schon Lessings Nathan, «speist man | Mit
Märchen ab.»[70]

Die Legende

Gershom Scholem hat in der Logik der Türhüter-Geschichte ein
Streben nach dem verlorenen Geheimwissen der Offenbarung bezeichnet
gefunden, wie es die Kabbala erschließt.[71] Mit den aus dem Mittelalter stammenden Schriften der jüdischen Mystik, die Kafka selbst kaum näher ge-
kannt haben dürfte, teilt sie die Tendenz, im Medium einer klar umrissenen
Erzählung eine unendliche Vielzahl von Deutungsperspektiven zu eröffnen.[72] Das Motiv des Gesetzes und die talmudische Kasuistik der Auslegungen, mit denen der Geistliche operiert, verweisen schon bei oberflächlicher
Betrachtung auf das jüdische Religionsverständnis. Kafka hat diesem äußeren Bezug Rechnung getragen und den kurzen Text der Prager *Selbstwehr*
zur Veröffentlichung überlassen, wo er auf der zweiten Seite der Neujahrs-
nummer von 1915 erschien (drei Monate später folgte ein Einzeldruck in
Kurt Wolffs Reihe *Der jüngste Tag*). Dennoch wäre es problematisch, die Geschichte vorrangig aus einem religiösen Horizont abzuleiten. Ihre innere
Geschlossenheit gewinnt sie durch eine eigenständige Erzählform, die sich
von Vorbildern inspirieren, nicht aber beherrschen läßt. Der Text ist keine
Parabel oder ein Gleichnis, wie man oft behauptet hat, vielmehr eine Legende, die «den einleitenden Schriften zum Gesetz» (P 226) entstammt: der
Gegenstand einer reichen Überlieferungstradition, der einem offenbar verschütteten Wissen entsprungen und daher erklärungsbedürftig zu sein
scheint.[73] Von «Legende» spricht Kafka selbst Mitte Dezember 1914 im Tagebuch, dort unter Bezug auf das «Zufriedenheits- und Glücksgefühl», das
ihm der Text, freilich mit hemmendem Effekt für sein weiteres Schreiben,
beschert habe (T III 63).
Der Geistliche erzählt K. im Dom die Türhütergeschichte, um ihm das
Wesen des Gerichts zu verdeutlichen, in dem er sich nicht ‹täuschen› solle
(P 225f.). Als Legende, die zum Gesetz gehört, ist sie selbst ein potentielles
Objekt der Auslegung. Das anschließende Gespräch zwischen dem Geist-

lichen und K., das der Einschätzung ihres Gehalts gilt, muß daher einige Aufmerksamkeit beanspruchen. Der Geistliche verweist ausdrücklich auf die unterschiedlichen Meinungen, die über sie in Umlauf sind. Auch das Gespräch gehört zu jener Serie von Kommentaren, die offenkundig unbeendbar ist; in ihm spiegelt sich, vermittelt über die Geschichte der Deutungen, die Schwierigkeit jeder hermeneutischen Erfassung mehrsinniger Texte.[74] Weil keine Interpretation ihre exegetische Autorität nachzuweisen vermag, kann der Streit über die Legende nicht entschieden werden. Kafka hat hier, hellsichtig und ironisch zugleich, einen Kommentar zur Wirkungsgeschichte seiner eigenen Texte geliefert. «Es giebt keinen Thatbestand», erklärt Nietzsche, «alles ist flüssig unfaßbar, zurückweichend; das Dauerhafteste sind noch unsere Meinungen.»[75]

Die erste Überraschung, mit der die Geschichte aufwartet, wird durch die Beschreibung des Gesetzes vermittelt. Dieses repräsentiert keine abstrakte Kategorie, deren Lehren in den Buchstaben einer Schrifttafel oder eines gebundenen Werkes niedergelegt werden. Das Gesetz der Legende stellt vielmehr ein Gebäude dar, das aus zahllosen Sälen besteht, vor denen jeweils Türhüter Wachen halten. Ob die gesamte Flucht der Räume zum Gesetz führt oder mit diesem schon identisch ist, bleibt unklar. Die innere Topographie des Gebäudes scheint dunkel, unerforschlich und geheimnisvoll. Sie entspricht einem Labyrinth, ähnlich wie die Ordnung der Dachkammern, die K. im Laufe seines Prozesses kennenlernt. In der Struktur des Gebäudes bildet sich so die Ordnung des Gerichts ab, von dem der Roman erzählt. Mit der *Proceß*-Geschichte selbst teilt die Legende die Tendenz zum Verzicht auf erläuternde Auslegungen. Sie beschreibt nur, was ‹vor› dem Gesetz ist, und bleibt, wie ein Kommentar Derridas bemerkt hat, dessen Innenräumen fern, ohne sie in zureichender Weise aufzuhellen.[76] Der Vorgang des Erzählens spiegelt seinerseits die unerfüllbare Annäherungsabsicht, welche die Legende darstellt, indem er den paradoxen Versuch unternimmt, hinter seine eigenen Ursprünge zurückzutreten. Sein Gegenstand ist ein Gesetz, das vor ihm existierte und doch nur durch die von ihm mitgeführten Auslegungen Bestand hat: ein Reflex aller kulturellen Vermittlungsarbeit, die mit ihren Objekten auf irreversible Weise durch die Schwierigkeit verbunden ist, einen absoluten Anfang zu denken.

Der Protagonist der Legende, der Mann vom Lande, verkörpert eine feste Typenfigur aus der jüdischen Religionsgeschichte. Hinter ihm verbirgt sich der *am ha-arez*, der als bäuerlich-einfältiger Charakter in der hebräischen Überlieferung häufig vorkommt.[77] Kafka selbst hat sich Ende 1911 in seinen Gesprächen mit Jizchak Löwy intensiver mit dem talmudischen Bild des Mannes vom Lande befaßt (T I 215). In Fromers Studie zum *Organismus des Judentums* (1909), die eine umfassende Phänomenologie religiöser und areli-

giöser Haltungen liefert, heißt es über diesen Typus, er sei zumeist ein Unge-
bildeter, der seine Gebete nicht «nach Vorschrift» verrichte, «keine Tefilin
(Gebetsriemen)» anlege und die Tora studiere, ohne den Rat der Rabbiner
einzuholen. Im frommen Kreis der Schriftgelehrten charakterisierte man die
fehlende Würde des *am ha-arez* mit dem drastischen Wort, man könne ihn
‹wie einen Fisch zerreißen›; das gleiche Bild benutzte der aufgebrachte Hermann Kafka, wenn der Sohn ungehorsam war (G 23).[78] Der religiöse Horizont der Legende ist freilich, wie sich zeigen läßt, nicht ausschlaggebend für
ihre Botschaft. Zu ihrer besonderen Strategie gehört es, daß Kafka sie, nach
einer Bemerkung Harold Blooms, zu einem Text mit individueller dialektischer Logik werden läßt, der die Sinnsuche des Menschen als einen unab-
schließbaren Prozeß ohne klar umrissenes Ziel ausweist.[79] Scholem notiert
am 24. November 1916 in seinem Tagebuch: «Die Tora ist kein Gesetz, ge-
nausowenig wie das Judentum eine Religion ist. Die Tora ist die Überlieferung von Gott und den göttlichen Dingen und das Prinzip der allmählichen
Wiederfindung der Wahrheit, die im Schriftlichen angedeutet ist, deren Verständnis aber verlorengegangen ist.»[80] Hält man sich diesen Befund vor Augen, so verbietet sich eine Deutung der Legende als Darstellung der Suche
nach einer jüdischen Glaubensoffenbarung; ihr talmudischer Charakter entsteht allein durch ihre kasuistische Form, nicht aber durch den Tenor ihrer
Botschaft, dessen Dialektik keine klare Aussage im religiösen Sinn zuläßt.

Im Zentrum der Geschichte steht ein offenkundiger Widerspruch, an
dem sich später auch der Disput zwischen K. und dem Geistlichen entzündet. Einerseits heißt es, daß das «Tor zum Gesetz» offen bleibe, andererseits
erfahren wir von einem Türhüter, der den Eingang bewacht und dem Mann
den Eintritt vorerst untersagt («jetzt aber nicht», P 226). Dieser Türhüter, der
mit seinem «dünnen schwarzen tartarischen Bart» und dem «Pelzmantel»
wie ein galizischer Chassid wirkt, bleibt eine dubiose Figur.[81] Er beschreibt
sich als «mächtig», ohne daß er diese Charakteristik beglaubigen könnte. Da
er den Anblick schon des dritten Türhüters aufgrund von dessen Machtfülle
nicht zu «ertragen» vermag, möchte man an der Evidenz seiner Selbstcha-
rakterisierung zweifeln (P 226). Die innere Hierarchie des Gesetzes ist auch
ihm nicht näher zugänglich, was an die Beamten der Anklagebehörde erinnert, die, wie der Advokat Huld ausführt, nur jenen Teil des Prozesses kennen, «der vom Gesetz für sie abgegrenzt ist» (P 124). Gleichwohl gilt es zu
betonen, daß die Macht, die der Türhüter ausübt, objektive Geltung hat, insofern der Mann vom Lande sie unbefragt akzeptiert. Während das Gesetz
keine nähere Erklärung findet, läßt sich seine Autorität über die Sprechakte
des Verbots und der Zurückweisung konkret erfahren; sie bildet den einzigen Bedeutungsbereich des Textes, der präzis und zweifelsfrei bezeichnet
scheint. In der ursprünglichen Manuskriptfassung stattet Kafka den Türhüter

mit einem «Stab» aus, der es ihm erlaubt, den Mann vom Lande aus dem unmittelbaren Bereich des Eingangs zu vertreiben.[82] Er hat diesen Hinweis später gestrichen, weil er die im Medium der Sprache begründete Macht des Türhüters durch ein allzu aufdringliches Symbol betont hätte. Die Legende ist ein Lehrstück über Hierarchien und Ordnungen, die allein durch jene Formen der Selbstbeschreibung hergestellt werden, die Foucault als Indikatoren diskursiver Herrschaftspraxis bezeichnet.[83]

Erst am Ende, da sein Sehvermögen fast völlig vergeht, nimmt der Mann vom Land den «Glanz» wahr, der «unverlöschlich» aus dem Inneren des Gesetzes «bricht» (P 227). In dem Maße, in dem seine Energie nachläßt, wächst das Begehren nach dem Inneren des geheimnisvollen Gebäudes und mit ihm die Anziehungskraft, die von ihm ausgeht. Die Ende August 1920 entstandene Studie *Zur Frage der Gesetze* wird eine ähnliche Konstellation beschreiben, die jedoch andere Folgen zeitigt: die Unkenntnis der juristischen Ordnung führt hier zu deren Mißachtung (G 106ff.). Sterbend bittet der Mann vom Lande am Schluß den Türhüter um eine Erklärung für den merkwürdigen Umstand, daß, obwohl doch alle Menschen nach dem Gesetz streben, nur er selbst hier «Einlaß verlangt hat.» Der Türhüter kommentiert diese Frage zunächst mit einem Tadel: «Du bist unersättlich», erklärt er mißbilligend (P 227). Gershom Scholem berichtet von einer Geschichte, in der ein Kabbala-Gelehrter 1924 einen jungen Mann nur unter der Voraussetzung zur Unterweisung in die geheimen Lehren der Mystik annahm, daß er keine Fragen stellte.[84] Der Zugang zur inneren Wahrheit des Religionsgesetzes, in der sich Gottes Gegenwart (‹Schechina›) offenbart, erfolgt nicht auf dem Weg des Fragens.[85] Das Fragen führt zu keinem tieferen Verständnis, weil es jene Versenkung verhindert, die Bedingung für das Eintreten in die Weisheit ist. Die Antwort des Türhüters folgt dieser Auffassung, indem sie dem Mann verdeutlicht, daß seine Position aussichtslos, sein Vorgehen falsch ist: «Hier konnte sonst niemand Einlaß erhalten, denn dieser Eingang war nur für Dich bestimmt. Ich gehe jetzt und schließe ihn.» (P 227)

Die Vorstellung, daß jedem Menschen ein individueller Zugang zum Gesetz eingeräumt wird, mutet freilich nach abendländischem Verständnis absurd an. Sie verstößt gegen die grundlegende Definition des Gesetzes, dessen Wesen es ist, auf einheitlichem Weg erreichbar zu sein. In Hegels *Grundlinien der Philosophie des Rechts* (1821), die Kafka im Sommer 1904 durch Hans Groß' Vorlesung kennengelernt hatte, heißt es: «Was Recht ist, erhält erst damit, daß es zum Gesetze wird, nicht nur die Form seiner Allgemeinheit, sondern seine wahrhafte Bestimmtheit.»[86] Diese normative Dimension, die neben dem juristischen auch den religiösen Gesetzesbegriff – etwa des Talmud – prägt, verletzt der Schluß der Parabel eindeutig. Das Gesetz gewinnt hier eine individuelle Signatur, welche die Negation jedes öffentlichen Anspruchs einschließt. Nicht die allgemeine Regelungsleistung, vielmehr die persönlich wirksame Anziehung ist für den von der Legende umspielten Begriff des Gesetzes wesentlich. Seine Bedeutung empfängt es, ähnlich wie die Macht des Türhüters, durch eine rein pragmatische Ebene außerhalb normativer Bezüge: zum Gesetz wird das, was Attraktionskraft ausübt und den Menschen in seinen Bann zieht. Das Streben nach dem Gesetz ist folglich motiviert durch einen Antrieb jenseits von rationalen Verhältnissen. Kafkas Text beschreibt dieses Streben so, als besitze es eine unhintergehbare Faktizität. In der Struktur der Geschichte enthüllt sich wiederum die Archäologie der menschlichen Psyche als die komplexe Beziehungsordnung des im Unbewußten wirksamen Begehrens, das seine geheimnisvolle Wirklichkeit gegen die – von Freud stets neu bemühten – Modelle der Kausalität behauptet.

Das anschließende Streitgespräch über die Legende beleuchtet die Eigentümlichkeit dieser Perspektive. Der Geistliche betrachtet die ‹Eindeutigkeit› der Schrift als Zeichen ihrer Faktizität jenseits von Begründungsverhältnissen. K. wiederum, darin dem durchschnittlichen Leser vergleichbar, möchte verstehen, was geschehen ist, und das Handeln der Figuren unter logischen wie moralischen Aspekten bewerten. Beide Positionen lassen sich offenkundig nicht vereinbaren, weil sie von unterschiedlichen Einschätzungen der Überlieferung ausgehen. K.s Kritik am Verhalten des Türhüters, der den Wartenden getäuscht habe, stellt der Geistliche die monolithische Ordnung der Buchstaben des Textes entgegen: «Die Schrift ist unveränderlich und die Meinungen sind oft nur ein Ausdruck der Verzweiflung darüber.» (P 230) Diese Auffassung erinnert an eine wichtige Konfiguration des jüdischen Glaubensgesetzes – an die Interpretation des babylonischen Talmud durch die Gemara, die das in der mündlichen Überlieferung (Mischna) festgehaltene Wissen kommentiert (36 von 63 Traktaten finden hier eine ausführliche Erläuterung).[87] Die Unveränderlichkeit der Buchstaben, von welcher der Geistliche redet, entspricht dem religiösen Gesetz, das sie festhalten. Sie besagt jedoch noch nicht, daß sie auch einen eindeutigen Sinn kommentieren. Der Unveränderlichkeit der Schrift steht gerade, wie auch in der religiösen Auslegung der Mischna durch die Gemara, die Konkurrenz der Kommentare im Streit um die Klärung einer verbindlichen Aussage entgegen.[88] Weil schon der Text der Mischna auf der Grundlage mündlicher Überlieferung seit dem 2. Jahrhundert in Schichten gewachsen ist, bleibt die religiöse Wahrheit mehrdeutig: sie ist Palimpsest und sichtbares Zeichen, verborgene Botschaft und offenbarte Erkenntnis gleichermaßen.

Die im jüdischen Religionsgesetz hervortretende Textkonfiguration wiederholt Kafka auf mehreren Ebenen. Korrespondiert die Legende selbst den erzählerischen Darstellungsformen des Talmud, wie sie in der Aggada überliefert sind, so gemahnt das nachfolgende Streitgespräch an die Kommentierungsarbeit der Gemara. Es gehört zur Tradition, daß diese nicht frei von Widersprüchen bleibt, sondern unterschiedliche Meinungen festhält; die aus dem 16. Jahrhundert stammende Ausgabe des babylonischen Talmud druckt den Mischna-Text von Kommentaren umgeben, die fortlaufend in die Lektüre der heiligen Lehren einbezogen werden sollen. Den argumentativen Gestus solcher Erläuterungen, welche die Macht des religiösen Gesetzes bekräftigen, indem sie es durch Deutung in Praxis überführen, ahmt das im Roman gelieferte Gespräch über die Legende offenkundig nach.[89] «Richtiges Auffassen einer Sache und Mißverstehen der gleichen Sache», so weiß der Geistliche, «schließen einander nicht vollständig aus.» (P 229) Es ist jedoch auffällig, daß Kafka mit der Betonung der Schrift als Medium, in dem sich die Legende vermittelt, einen wesentlichen Bereich jüdischer Tradition abschneidet. Zionisten wie Martin Buber und Franz Rosenzweig haben daran erinnert, daß der hebräische Ausdruck für die Heilige Schrift ‹mikra› – ‹Geruf› – bedeute, was die ursprüngliche mündliche Überlieferung bezeichne.[90] In der rabbinischen Tradition existiert ein förmliches Schreibverbot, das die Konzentration auf die Versenkung in den Ton des heiligen Wortes unterstützen sollte.[91] Die Akzentuierung der Schrift relativiert mithin einen ursprünglichen religiösen Gehalt, der allein durch die Sprache Gottes in der mündlichen Übermittlung zustande kommt.[92] Kafkas Legende trägt den Charakter eines Gesetzestextes, ohne daß man sie als dezidiert religiöses Programm auslegen sollte. Vornehmlich durch ihre Form – die anschauliche Erzähltechnik der Aggada – partizipiert sie an den Überlieferungen der jüdischen Glaubenskultur. Ihre ambivalente Botschaft schließt jedoch auch prinzipielle Fragen der Psychologie der Macht ein, die jenseits des religiösen Horizonts liegen.[93]

K. lenkt das Gespräch über die Legende sogleich auf das Terrain der Moral, das durch die Begriffe Täuschung und Pflichtvergessenheit bezeichnet wird (P 227ff.). Bedeutsamer aber als die Frage, ob der Mann durch den Türhüter betrogen worden sei, bleibt das Nachdenken über die Motivation, die ihn dazu treibt, das Gesetz aufzusuchen. Offenbar wird er von der fremden Ordnung, die der Türhüter repräsentiert, in den Bann geschlagen (diese Attraktion überträgt sich auf K., der sich seinerseits durch die Geschichte «sehr stark angezogen» fühlt; P 227). Der Wächter steht für eine geschlossene Systemlogik, die auch von K. im Gespräch mit dem Geistlichen nicht näher durchleuchtet wird. Macht, so weiß bereits Nietzsche, ist attraktiv, weil sie ihre eigene suggestive Evidenz birgt.[94] Der Mann vom Lande wird nicht vom Gesetz verfolgt, sondern durch seine Vertreter angezogen.[95] Das verbindet sein Schicksal mit dem Weg K.s, der die Wächter, die ihn verhaften, am Morgen durch sein Läuten selbst herbeiruft.

Das Gesetz bildet seine eigene innere Ordnung wie der religiöse Gehalt der Tora, die sich, nach einem Wort Gershom Scholems, nur über ihre interne Gestalt wahrhaft erschließen läßt.[96] Die Legende zeigt jedoch an keinem Punkt, wie ein Zugang zu dieser Ordnung hergestellt werden kann. Sie erzählt allein vom Begehren und von der Macht, nicht aber vom Erreichen eines Ziels. Damit wird sie zu einer Geschichte über Hoffnung und Vergeblichkeit. Der Mann vom Lande beschränkt sich auf die Rolle des Wartenden, der das Verbot der Autorität bedingungslos akzeptiert und gegen die ihm auferlegten Regeln niemals verstößt. Daß gerade diese Haltung in einer überraschenden Verbindung mit Kafkas religiösem Verständnis steht, verrät ein Aphorismus vom 4. Dezember 1917, in dem es heißt: «Der Messias wird erst kommen, wenn er nicht mehr nötig sein wird, er wird einen Tag nach seiner Ankunft kommen, er wird nicht am letzten Tag kommen, sondern am allerletzten.» (M 182) Die Erlösung steht immer im Zeichen der Verspätung; die ihr zugeschriebenen Zeitperspektiven sind jene der Erwartung und der Nachträglichkeit. Dieser ironisch eingefärbten Diagnose entspricht die Stellung des Mannes vor dem Gesetz. Da die Erlösung stets zu spät eintritt, kann man sie niemals erreichen. Sie erzwingen zu wollen, bedeutete eine Mißachtung ihrer eschatologischen Dimension. Wer auf sie wartet, kommt ihr nach Kafkas Verständnis so nahe wie möglich.

Der Geistliche hatte K. die Legende erzählt, um ihn über die Täuschung aufzuklären, in der er gegenüber dem Gericht befangen sei. Ihre «leere Lehre»[97] – als Quintessenz einer negativen Pädagogik – erschließt sich allerdings nur über Umwege jenseits von Metaphysik, Religion oder Recht. Da die Geschichte gemäß Derridas Einsicht ‹vor dem Gesetz› verharrt, bietet sie keine Einblicke in dessen innere Struktur. Eindeutig sind allein die Erkenntnisse, die die Legende über die Macht und das Begehren vermittelt. So wie der Bereich des Gesetzes allein durch die Anziehungskraft bestimmt bleibt, die es erzeugt, ist die Macht definiert durch die Unterwerfung, die sie provoziert. Beide Felder werden über das Verhalten des Mannes und des Türhüters in ihrer nackten Faktizität hinreichend klar bezeichnet. Jenseits von Begehren und Macht aber bietet die Legende weder Handlungsanleitungen noch Erklärungen. Die Täuschung, die K. hinsichtlich des Gerichts hegt, kann folglich nur darin bestehen, daß er sein eigenes Streben, ins Gesetz einzudringen, und das Geheimnis der Macht, mit der er konfrontiert wird, gleichermaßen falsch einschätzt. Der Prozeß ist ein Ausdruck des von ihm selbst verdrängten Wunsches, die labyrinthische Ordnung des Unbewußten zu betreten. Sowohl das Gesetz als auch die Macht besitzen keine objektive Geltung, sondern einzig den Charakter subjektiver Bestimmungen, welche die seelische Struktur des Individuums spiegeln. Der Geistliche trägt diesem Umstand Rechnung, indem er K. abschließend erklärt: «Das Gericht nimmt dich auf wenn du kommst und es entläßt dich wenn du gehst.» (P 235) Das Gesetz entspringt auch dort, wo es fremd erscheint, der produktiven Imagination des Subjekts. Dieser Sachverhalt begründet jedoch gerade nicht die persönliche Freiheit des Menschen, sondern seine Unfreiheit. Weder K. noch der Protagonist der Legende verfügen über die Lizenz zur autonomen Entscheidung.[98] Verhaftung und Streben nach dem Gesetz bezeichnen vielmehr Formen der äußersten Abhängigkeit, denen die aus subjektiven Bestrafungs- und Angstphantasien hervorgehende Symbolik der Macht bildhaften Ausdruck verleiht. Eine Veränderung der bestehenden Lage, die zur Befreiung von den unsichtbaren Fesseln führen könnte, scheint nicht in Sicht. Zu Beginn des Jahres 1918 vermerkt Kafka in einem Oktavheft: «Es gibt ein Ziel, aber keinen Weg. Was wir Weg nennen, ist Zögern.» (M 232) Allein in diesem Sinne ist auch der Mann vom Lande auf dem Weg in das Gesetz.

Die Henker als Tenöre

Der Ausgang des Romans lag zwar bereits im August 1914 fest, doch befriedigte er Kafka nicht. Noch im Juli 1916 experimentiert er mit neuen Varianten des Schlusses. «Sonderbarer Gerichtsgebrauch», heißt es da: «Der Verurteilte wird in seiner Zelle vom Scharfrichter erstochen, ohne daß andere Personen zugegen sein dürfen.» (T III 135) Der archaische Tötungsakt erinnert an ein älteres Rechtssystem, das grausige «Feste der Martern» (Foucault) zu veranstalten pflegte,[99] der Ausschluß der Öffentlichkeit jedoch an moderne Exekutionsmethoden, wie sie das 20. Jahrhundert kennt. Daß K.s Prozeß mit der Todesstrafe enden könnte, wird nur an wenigen Punkten des Romans angedeutet. Der Onkel, der ihn in der Bank besucht, zeigt sich entsetzt über die Passivität seines Neffen: «Willst Du denn den Proceß verlieren? Weißt Du was das bedeutet? Das bedeutet, daß Du einfach gestrichen wirst.» (P 101) Daß K. im Dom ein Altarbild sieht, welches «eine Grablegung Christi in gewöhnlicher Auffassung» (P 217) darstellt, mag als ironischer Hinweis auf seinen bevorstehenden Tod zu lesen sein. Der Geistliche umreißt wenig später im Gespräch die drohende Möglichkeit eines schlechten Ausgangs: «Man hält Dich für schuldig. Dein Prozeß wird vielleicht über ein niedriges Gericht gar nicht hinauskommen. Man hält wenigstens vorläufig Deine Schuld für erwiesen.» (P 223)

Gegen Ende des Romans ziehen sich die Kreise immer enger um den Helden. «Das Urteil», so hatte der Geistliche erklärt, «kommt nicht mit einemmal, das Verfahren geht allmählich ins Urteil über.» (P 223) In wachsendem Maße sieht sich K. von den Gefühlen seiner Schuld umstellt, die durch die Ordnungen des Gerichts abgebildet werden. Die Agonie tritt so folgerichtig ein, wie es der Geistliche angekündigt hatte. Am Vorabend seines einunddreißigsten Geburtstags erscheinen zwei Herren in K.s Wohnung.

Sie sind «bleich und fett», tragen dunkle Gehröcke und «Cylinderhüte», die wie unverrückbar auf ihrem Kopf sitzen. Der Protagonist, der sie beim «Anblick ihres schweren Doppelkinns» für «Tenöre» (P 237) hält, ist von ihrem Auftritt nicht überrascht: «Ohne daß ihm der Besuch angekündigt gewesen wäre, saß K. gleichfalls schwarz angezogen in einem Sessel in der Nähe der Türe und zog langsam neue scharf sich über die Finger spannende Handschuhe an, in der Haltung wie man Gäste erwartet.» (P 236) Josef K. ahnt, was nun geschehen wird: «‹Sie sind also für mich bestimmt?› fragte er. Die Herren nickten, einer zeigte mit dem Cylinderhut in der Hand auf den andern.» (P 236) In zahlreichen Tagebuch-Phantasien hat Kafka das Szenario, das der Romanschluß umreißt, bereits vorweggenommen (T II 134ff., 194). Zugleich bildet es eine Variante der Prosastudie *Unglücklichsein* aus der *Betrachtung*, die den Einbruch des Unheimlichen in die Welt des isolierten Junggesellen mit abgründiger Ironie beschrieben hatte.

Den stummen Auftritt der Henker beobachtet K. mit jenem dritten Auge, das nach Nietzsche den Sinn für die ästhetische Dimension der Welt schärft.[100] Die gesamte Szene gerät ihm zu einem imaginären Bild, dem die Genauigkeit des Traums eingezeichnet ist. Seine nachdrücklich formulierte Frage – «‹An welchem Teater spielen Sie›» – greift eine Leitmetapher des gesamten Romans auf (P 236). Bereits die Verhaftung nimmt K. als «Schaustellung» wahr; im Gespräch mit Fräulein Bürstner ahmt er die morgendliche Szene wie ein Bühnenakteur nach (P 15, 37). Immer wieder ist davon die Rede, K. spiele Situationen und Argumente durch (45, 136f.). Bezeichnet wird mit dieser Theatralität ohne Theater, wie sie Kierkegaard als Signum ritueller Wiederholungshandlungen schilderte, die Priorität der psychischen Erfahrung, die sich mit Hilfe der Einbildungskraft auf einer imaginären Bühne zur Geltung bringt.[101] Auch die Henker agieren, unterstützt durch die schon von Walter Benjamin wahrgenommene Sprache der Gebärden, auf einem fiktiven Theater, das K.s Unbewußtes geschaffen hat. In einer frühen Version der Türhütergeschichte, die das Tagebuch am 29. Juli 1914 festhält, heißt es über die Rolle eines Wächters: «Diese stummen untergeordneten Personen machen alles, was man von ihnen voraussetzt, dachte er.» (T III, 30) Die Henker der Schlußszene sind, damit vergleichbar, Bilder aus dem Magazin der Seele, welche die Strafphantasie des Helden vollenden. Daß Kafka bei der frühzeitigen Niederschrift des letzten Kapitels auch den literarischen Arbeitsvorgang reflektiert, verrät ein Gedanke K.s: «Soll man mir nachsagen dürfen, daß ich am Anfang des Processes ihn beenden und jetzt an seinem Ende ihn wieder beginnen will.» (P 238) Das läßt sich fraglos auf die Situation des Schreibenden beziehen, der seinen Roman, nachdem er ihn durch das letzte Kapitel scheinbar abgeschlossen hat, wieder aufnehmen muß, um den leeren Raum zwischen Exposition und Ende zu füllen.[102]

Anders als zu Beginn seines Prozesses begreift Josef K. jetzt, daß alles, was geschieht, seinem Ich entspringt. Weil er sich am Ende seines Weges weiß und die Niederlage im Kampf gegen das Gefühl der Schuld erkennt, müssen die Henker keine Gewalt anwenden, um ihn abzuführen. An Grete Bloch schreibt Kafka Mitte Oktober 1914, sie hätte im *Askanischen Hof* während der Aussprache mit Felice Bauer scheinbar als «Richterin» über ihn amtiert: «(…) aber es sah nur so aus, in Wirklichkeit saß ich auf Ihrem Platz und habe ihn bis heute nicht verlassen.» (F 615) Lenis Hinweis, das Gericht hetze K. (P 215), bezeichnet keine Situation der Bedrohung durch eine fremde Macht, sondern eine innerseelische Bestrafungsphantasie. Die «Göttin der Jagd» (P 153f.), die K. in der Justitia-Darstellung Titorellis antrifft, ist in diesem Sinne als Objektivation des Gerichts zugleich eine Figur des Selbstbezugs, in der sich die psychischen Vorgänge mythisch veranschaulichen. Besonders markant tritt die hermetische Form der Bestrafung zutage, wenn die Henker K. in ihre Mitte nehmen und mit festem Griff zum Richtplatz führen (ein Bild, das Kafka einem Traum vom März 1913 entnimmt; Br II 86f.): «K. gieng straff gestreckt zwischen ihnen, sie bildeten jetzt alle drei eine solche Einheit, daß wenn man einen von ihnen zerschlagen hätte, alle zerschlagen gewesen wären. Es war eine Einheit, wie sie fast nur Lebloses bilden kann.» (P 237) Verschmilzt K.s Körper mit dem Leib seiner Henker, so bedeutet das, daß die Repräsentation des Gerichts auch physisch an ihm manifest wird. Die Freiheit zur Selbstbestrafung, die Kafka seinen Helden als finales Vorrecht einzuräumen pflegt, vermag K. jedoch, wie sich zeigt, nicht angemessen wahrzunehmen. Sein letzter Weg wird eine Reise zur Selbsterkenntnis, aus der er keine Konsequenzen für sein Handeln ableitet.

Auf dem Gang durch die abendliche Stadt begegnet der von seinen Henkern geführte K. nochmals Fräulein Bürstner, der Helferin ohne Mandat. Bei ihrem Anblick, der ihm wie eine «Mahnung» erscheint, durchfährt ihn eine plötzlich aufblitzende Einsicht: «Ich wollte immer mit zwanzig Händen in die Welt hineinfahren und überdies zu einem nicht zu billigenden Zweck.» (P 238) Bewußt wird K. in diesem Moment, daß er durch Unruhe und Oberflächlichkeit den Zugang zu den inneren Zentren seines eigenen Lebens verfehlt hat («Alle menschlichen Fehler sind Ungeduld, ein vorzeitiges Abbrechen des Methodischen, ein scheinbares Einpfählen der scheinbaren Sache», notiert Kafka 1917; M 228). Zu spät kommt für K. die Erkenntnis, an fehlender Entschlußkraft gescheitert zu sein; sein Wille zur Selbstbehauptung bleibt ein Produkt der Täuschung, welche die Ordnung der Vernunft aufhebt: «Die Logik ist zwar unerschütterlich, aber einem Menschen, der leben will, widersteht sie nicht.» (P 241) Hier scheint nochmals die Sehnsucht nach einem vitalen Bekenntnis zur Wirklichkeit auf, die bereits Kafkas frühe Arbeiten bestimmt. Es ist eine Sehnsucht, die der Logik, welche Nietzsche als Garantin für die «begriffliche Verständlichkeit des Daseins» bezeichnet hat, gerade entzogen bleibt.[103] Den Schauplatz der Exekution bildet ein Steinbruch am Rande der Stadt. Im Jahresbericht für 1914 wird Kafka während des Sommers 1915 an einem langen Rapport über die Sicherheitsvorkehrungen in böhmischen Steinbruchbetrieben arbeiten und damit jene Topographie beschreiben, die er ein Jahr zuvor für das Finale seines Romans ausgewählt hatte (KKAA 378ff.). K. muß seinen Oberkörper entkleiden und sich an einen losgelösten Bruchstein lehnen. Während er das Ende erwartet, erblickt er einen Menschen im Fenster eines «angrenzenden Hauses». Der nicht näher bezeichnete Beobachter erinnert an die Alten, die K.s Verhaftung vom Fenster aus beobachtet hatten. Die Beschreibung des Romans gleicht an diesem Punkt jener der Türhüterlegende, die zum Schluß den Mann vom Lande mit einem aus dem Inneren des Gesetzes hervorbrechenden «Glanz» (P 227) konfrontiert: «Wie ein Licht aufzuckt in der Finsternis, so fuhren die Fensterflügel eines Fensters dort auseinander, ein Mensch schwach und dünn in der Ferne und Höhe beugte sich mit einem Ruck weit vor und streckte die Arme noch weiter aus. Wer war es? Ein Freund? Ein guter Mensch? Einer der teilnahm? Einer der helfen wollte? War es ein einzelner? Waren es alle? War noch Hilfe?» (P 241) Die Kaskade von Fragen treibt ins Leere. Sie findet keine Antwort, weil die Sprache an diesem Punkt nicht mehr erfassen kann, was geschieht. K. (im Manuskript fällt Kafka hier in die Ich-Form) «hob die Hände und spreizte alle Finger.» (P 241) Die Gebärde, die eine letzte Sehnsucht nach Rettung bekundet, ersetzt die Ordnung der Worte. K. hat verstanden, daß ihn die Kasuistik seiner Verteidigungsreden nicht mehr schützen kann. «Wo war das hohe Gericht bis zu dem er nie gekommen war?» Die Antwort auf K.s Frage kann allein lauten, daß er hier, im Steinbruch vor der Stadt, an einem kühlen Abend, vor diesem Gericht steht. «Nur unser Zeitbegriff läßt uns das Jüngste Gericht so nennen», heißt es im Herbst 1917, «eigentlich ist es ein Standrecht.» (M 179)

Die Hinrichtung selbst vollzieht sich unter dem Gesetz der Ironie wie ein bizarres Höflichkeitsritual, bei dem sich die zögernden Henker unter Gesten der Devotion abwechselnd die Mordwaffe reichen. «K. wußte jetzt genau, daß es seine Pflicht gewesen wäre, das Messer, als es von Hand zu Hand über ihm schwebte, selbst zu fassen und sich einzubohren.» (P 241) Ein Henker legt dem Helden schließlich die Hände «an die Gurgel», was an K.s vampirähnlichen Überfall auf Fräulein Bürstner erinnert, der andere stößt ihm das Messer ins Herz, wo er es «zweimal» dreht («Vorstellung eines in meinem Herzen gedrehten Messers», heißt es am 2. November 1911 im Tagebuch; T I 172). Wenn davon gesprochen wird, daß die Schergen «die Entscheidung beobachteten», so verdeutlicht das die Ahnung der Freiheit, die über K.s Tod liegt. Er selbst jedoch empfindet diesen Tötungsvorgang als entwürdigend, weil er zwar von ihm beschlossen, aber nicht vollzogen wird. «Wie ein Hund! sagte er, es war, als sollte die Scham ihn überleben.» (P 241) Wie ein Mensch wäre K. nur gestorben, wenn er, seiner eigenen Ahnung gemäß, sich ohne fremde Initiative gerichtet hätte. Eine höhere Bedeutung besitzt sein Ende einzig durch die Scham, die ihn als Gefühl überdauert. In Nietzsches *Zarathustra,* den der junge Kafka liebte, heißt es: «So spricht der Erkennende: Scham, Scham, Scham – das ist die Geschichte des Menschen!»[104] Stirbt K. auch ‹wie ein Hund›, so bleibt doch die Scham zurück, die allein Menschen empfinden können. Sie aber ist bekanntlich – als Folge der Vertreibung aus dem Paradies – das Resultat des Wissens über die Differenz von Gut und Böse. Was den Menschen vom Tier unterscheidet, bildet zugleich das Stigma seiner Schuld.

Zwölftes Kapitel

Kriegsjahre ohne Entscheidungen (1915–1918)

Mit Felice in Bodenbach und Karlsbad

Mitte Oktober 1914 gerät Kafka wie unter Sogkräften, die er nicht beherrscht, erneut in eine Periode tiefer Niedergeschlagenheit. Sein zweiwöchiger Urlaub neigt sich dem Ende zu, die Arbeit am *Proceß* stagniert, der Text selbst scheint sich in wachsendem Maße einem ordnenden Zugriff zu widersetzen. Das Tagebuch deutet Selbstmordpläne an; an Max Brod schreibt er einen Brief «mit vielen Aufträgen», die vermutlich die spätere Verwendung seiner Manuskripte betreffen (T III 40). Aus dem Zustand schwerer Depression schreckt ihn eine Nachricht Grete Blochs auf, die ihn mit größtem Nachdruck, abweichend von ihren früher geäußerten Überzeugungen, um eine Versöhnungsgeste gegenüber Felice Bauer bittet. Diese hatte sich Wochen zuvor direkt an Kafka gewendet und ihn aufgefordert, sein Berliner Verhalten zu erklären, doch war ihr Schreiben offenbar verlorengegangen – eine merkwürdige Parallele zum stockenden, von Postversehen bestimmten Beginn der Korrespondenz im Herbst 1912. Kafka entschließt sich Ende Oktober, nachdem er von Felice «wie von einer Toten» geträumt hat (T III 41), zu einer ausführlichen Antwort, die kaum Hoffnung auf eine Veränderung der bestehenden Verhältnisse macht und zudem verbittert die «Wertlosigkeit» von «Briefen» konstatiert (F 616). Nur wenige Tage später, am 5. November 1914, stirbt Carl Bauer im Alter von 58 Jahren überraschend an einem Infarkt. Felice wird in diesem Moment das Gefühl gewonnen haben, daß das Unglück seit Kafkas Eintritt in ihr Leben nicht mehr von ihr gewichen ist: die Schwangerschaft ihrer Schwester, der Dauerstreit der Eltern, der Geschäftsbetrug und die gescheiterte Verlobung des Bruders, jetzt der Tod des Vaters bilden eine Kette privater Desaster, die im Herbst des Jahres 1912 einsetzten (erst 1919 wird sie mit dem Selbstmord ihrer jüngsten Schwester Toni enden, die sich durch Gas das Leben nimmt). Kafka, der Spezialist für imaginäre Familienkatastrophen, scheint einen unheilvollen Einfluß auf die Welt der Bauers auszuüben.

Die Trauer um den Tod des Vaters weckt gleichwohl Felices Bedürfnis nach einer Aussprache mit Kafka. In einem Brief vom 2. Dezember 1914 bittet Erna Bauer ihn mit fast insistierenden Formulierungen um ein klärendes Wort. Ihr persönlich gehaltenes Schreiben verrät, daß Felice die schroffe Konfrontation im *Askanischen Hof* bedauert und eine Klärung wünscht.[1]

Anfang Januar 1915, nach der Rückkehr aus einem gemeinsam mit Max und Elsa Brod im ostböhmischen Kuttenberg verbrachten viertägigen Urlaub, trifft Kafka erste Vorbereitungen für eine Reise nach Berlin, die aufgrund der geltenden Kriegsgesetze durch ein Visum genehmigt werden muß. Die überraschende Einberufung Paul Hermanns (der jedoch schon einen Monat später in Prag stationiert wird) zwingt ihn erneut dazu, seine freien Stunden der Verwaltung der leerstehenden Fabrik zu widmen («mein dauernder Versöhnungstag», T III 68). Am Wochenende des 23./24. Januar 1915 kommt es schließlich, auf Drängen Grete Blochs, zu einem Treffen mit Felice in Bodenbach an der Grenzstation zwischen Österreich und Deutschland. Kafka kannte die Gegend durch seine erste Dienstreise für die Versicherungsanstalt, die ihn Anfang September 1908 nach Nordböhmen geführt hatte.

Die Begegnung am symbolträchtigen Ort, der Schnittstelle zwischen den im Krieg verbündeten Staaten, wird zu einem Fiasko, dessen Ausmaß die ehemaligen Verlobten deprimiert. Kafka durchschaut die innere Distanz, die ihn von Felice trennt, mit großer Klarheit, wagt aber nicht, daraus Konsequenzen zu ziehen. Der sie beherrschende konventionelle Denkstil, ihr bürgerlicher Geschmack und preußischer Ordnungssinn stoßen ihn ab; sie stellt seine Uhr, die seit dem Berlinbesuch im Juli 1914 eineinhalb Stunden nachgeht, auf die Minute korrekt ein, besteht auf einer geregelten Tageseinteilung, möchte ihn zur strengen Erfüllung von Amts- und Fabrikpflichten erziehen. Als er ihr im Hotelzimmer aus dem *Proceß* vorliest, liegt sie, erschöpft von der Reise, mit geschlossenen Augen auf dem Sofa und wirkt wie abwesend. Lediglich die Türhüterlegende nimmt sie konzentriert zur Kenntnis, zeigt «gute Beobachtung» und führt ihn selbst zu einem tieferen Verständnis des Geschriebenen: «Mir gieng die Bedeutung der Geschichte erst auf (...)». Am Ende freilich zerstören beide die Aura des Textes, indem sie «mit groben Bemerkungen» in ihn eindringen und damit auf unheimliche Weise das Gespräch des Geistlichen mit Josef K. wiederholen, das die «einfache» Legende durch fortwährende Interpretationsversuche «unförmlich» macht (T III 75, P 234). Leidet Kafka darunter, daß er, statt auf die unmittelbare Wirkung seines Lesens vertrauen zu dürfen, für jeden Satz Erklärungen anbieten muß, so ist Felice enttäuscht, weil sie vom ersten Treffen an einem verschwiegenen Ort außerhalb Berlins – jenseits der Familie und ihrer Überwachungssysteme – eine erotische Annäherung erwartet hat, die jetzt ausbleibt. Während sie sich intime Nähe wünscht, liest er ihr aus seinem Romanfragment vor und lockt sie damit wieder auf das Terrain der Schrift, wo er seine wahre Befriedigung findet. Selbst als sie die Situation mit bezeichnender Ironie kommentiert («Wie brav wir hier beisammen sind»), kann Kafka sich nicht zwingen, seine Distanz aufzugeben: «Ich schwieg, als hätte während dieses Ausrufes mein Gehör ausgesetzt.» (T III 74)

Es grenzt an ein Wunder, daß nach der mißglückten Begegnung in Bodenbach der Kontakt zwischen Berlin und Prag nicht zum Erliegen kommt, sondern verstärkt wird. Freilich bewegt sich die Kommunikation wieder in den bekannten Bahnen; neuerlich beginnt ein Briefverkehr, der von Kafkas Selbstvorwürfen, rhetorischen Entlastungen und Ausweichmanövern diktiert ist. «Ich habe gefunden», so heißt es kurz nach der Rückkehr aus Bodenbach, «wir beide sind erbarmungslos gegen ein[an]der; nicht etwa weil dem einen zu wenig an dem andern liegen würde, aber erbarmungslos sind wir.» (F 624) Zum Leitmotiv von Kafkas Briefen wird seine Wohnungssituation, die seit dem Kriegsausbruch durch wechselnde Provisorien, Umzüge und Enttäuschungen bestimmt ist. Daß er bis zum Sommer 1914, als er durch die Rückkehr der Schwestern ausquartiert wurde, bei den Eltern lebte, lag neben der ihn lähmenden Lethargie und Entscheidungsfurcht auch in seinem Geiz begründet; noch Ende August 1916 spricht er vom «Beamtenlaster» der «Sparsamkeit», das ihn regiere (T III 136). Wenn er im Juli 1914 ein Privatvermögen von 5000 Kronen – mehr als sein damaliges Jahressalär – angesammelt hat, so verdankt er das auch der Tatsache, daß er nie einen eigenen Haushalt führen mußte (O 23). Dieser Zustand wird erst zu Beginn des Jahres 1915, nachdem er 5 Monate in der Nerudagasse 48 im Quartier der Hermanns wohnte, beendet. Am 10. Februar 1915 nimmt sich Kafka als Untermieter ein eigenes Zimmer in der Bílekgasse 10, wo auch das von ihm im August 1914 benutzte Domizil Vallis liegt. Schon während der ersten Nacht quält ihn freilich die Unterhaltung eines Nachbarn mit der Wirtin: «Ist es so in jeder Wohnung?» (T III 77) Zum 1. März kündigt er aufgrund der Hellhörigkeit, die ihn nicht zur Arbeitsruhe kommen läßt, und bezieht Mitte des Monats ein Zimmer im Haus *Zum Goldenen Hecht* in der Langen Gasse 105 / 18; da es sich in der fünften Etage befindet, beschert es ihm einen freien Blick auf die Teinkirche: eine Raum-Konstellation, die ihn an das Domizil in der Zeltnergasse erinnert haben mag, wo er mit den Eltern während der Studienjahre wohnte. Bereits nach wenigen Tagen klagt er auch hier über die Unruhe, die nicht nur die Nachbarn, sondern zugleich die sonntägliche Messe und der Straßenverkehr auslösen. Trotz fortwährender Beschwerden aber bleibt er länger, als er zunächst geplant haben mag; zwei Jahre wird es dauern, ehe er die verhaßte, für das Schreiben untaugliche Wohnung wieder verläßt (F 629).

Am 23. / 24. Mai 1915 verlebt Kafka die Pfingsttage mit Felice, Grete Bloch und deren Freundin Erna Steinitz in der Böhmischen Schweiz. Felice hat einen Photoapparat im Gepäck, verwechselt jedoch bei den Vorbereitungen das Deckpapier mit dem Film, so daß die Aufnahmen mißlingen und «kein lebendiger Hauch» festgehalten wird: die Dämmerzone der Annäherung, wo noch immer die Schatten der Vergangenheit liegen, läßt sich nicht in Bilder bannen (F 641). Ende Juni 1916 treffen sie sich erneut für einige Urlaubstage in Karlsbad, wo sie ihm eine antiquarische Ausgabe von Dostojevskijs *Die Brüder Karamasoff* schenkt (F 643ff.). Bereits Ende Dezember 1913 scheint Kafka den Roman seines «Blutsverwandten» (Br II 275) gelesen zu haben (T II 218); ein Jahr später führt er mit Max Brod eine Debatte über Dostojevskijs Charaktere, die darauf hindeutet, daß ihn das Buch weiterhin fasziniert (T III 66). Im November 1914 studiert er, weil ihn das wechselvolle Schicksal des Autors anzieht, Nina Hoffmanns Dostojevskij-Biographie, die 1899 erschienen war (T III 42). Zu seinem 32. Geburtstag, den man gemeinsam in Karlsbad feiert, erhält er von Felice ferner Strindbergs mystisch gefärbtes Krisentagebuch *Inferno*, nachdem sie ihm bereits Anfang Mai 1915 die Erinnerungen des schwedischen Dramatikers zur Lektüre geschickt hatte (T III 73).[2] Seine Vorliebe für Strindberg kannte sie, hatte sie ihr doch schon am 9. Dezember 1912 geschrieben, er bewundere dessen Novellen sowie Einzelstücke aus der Porträtsammlung *Die gotischen Zimmer* (Br I 313). Über Strindbergs Memoiren wird er im Mai 1915 bemerken: «Ich lese ihn nicht um ihn zu lesen sondern um an seiner Brust zu liegen.» (T III 89)

Das Verhältnis zu Felice scheint sich äußerlich zu festigen, ohne daß man jedoch über die nähere Zukunft spricht und Pläne schmiedet. Die wachsende Nähe löst in Kafka gleichzeitig jene Abwehrreflexe aus, die schon im Sommer 1914 die Trennung erzwangen. Am 20. Juli 1915 reist er für zehn Tage allein ins Sanatorium Frankenstein bei Rumburg in Nordböhmen, wo er den Blick auf ein «einfaches, hügeliges aber noch nicht bergiges Land» genießt. Sein ursprüngliches Ziel war Wolfgang am See in Österreich, das ihm allerdings zu weit von Prag entfernt schien. Der eigentliche Fehler, unter dem er leide, sei «Ungeduld oder Geduld», erklärt er in selbstironischer Zweideutigkeit am Tag der Ankunft (F 641). In das Exemplar der *Brüder Karamasoff*, das sie ihm im Juli in Karlsbad schenkte, hatte Felice noch erwartungsvoll geschrieben: «Vielleicht lesen wir es recht bald gemeinsam.»[3] Kafka mögen damals erneut Zweifel gekommen sein, ob diese Hoffnung auch die seine war.

Zionistische Politik

Bereits nach der Begegnung mit Löwy hatte sich Kafka seit Beginn des Jahres 1912, angeregt durch die Veranstaltungen des *Bar-Kochba*, gründlicher mit den praktischen Programmen des Zionismus befaßt. In seiner privaten Umgebung nimmt die Zahl derjenigen, die das gelobte Land bereisen, deutlich zu. «Alle diese Palästinafahrer», heißt es am 12. September 1912, «haben gesenkte Blicke, fühlen sich von den Zuhörern geblendet, fahren mit den gestreckten Fingern auf dem Tisch herum, kippen mit der Stimme um, lächeln schwach und halten dieses Lächeln mit etwas Ironie aufrecht.» (T II 83) Durch die militärische Entwicklung im ersten Kriegsjahr gewinnt die Auseinandersetzung mit der jüdischen Tradition für die Prager Intellektuellen einen neuen Charakter, der kaum noch an die akademischen Diskussionen der Zeit vor 1914 erinnert. Aufgrund der russischen Offensive, die im Juni 1916 unter General Brussilow im Frontabschnitt vor Lemberg mit beträchtlichen österreichischen Gebietsverlusten ihren Höhepunkt erreichte, waren zahlreiche galizische Juden zur Flucht gezwungen worden. Die von marodierenden Kosaken in den unsicher gewordenen Grenzregionen veranstalteten Pogrome, Vergewaltigungen, Plünderungen und Brandschatzungen nahmen schon im Oktober 1914 bedrohliche Ausmaße an; eine erste Flüchtlingswelle erreichte im Spätherbst 1914, nach den russischen Vorstößen in Galizien und der Bukowina, den Westen. In Prag, wo sich zu Beginn des Jahres 1915 bereits 16 000 Vertriebene sammelten, gründete man Komitees, die den Ankömmlingen die Integration erleichtern sollten (F 675).[4] Kafka beobachtet Ende November 1914 in der Tuchmachergasse eine Hilfsaktion für die galizischen Emigranten, die die jüdische Gemeinde unter der Leitung von Max Brod organisiert. Der Anblick der zerlumpten Flüchtlinge, die von der Furcht vor Seuchen und Ansteckung beherrscht sind, verstört ihn, weckt aber zugleich in ihm den Eindruck, daß ihre wahre Heimat unverlierbar ist, da sie jenseits aller Verwerfungen und Erschütterungen durch die religiöse Identität verbürgt wird. Noch Anfang September 1920 gesteht er Milena Pollak, das Erscheinungsbild der russisch-jüdischen Auswanderer, denen Joseph Roth «traurige Schönheit» attestiert,[5] fessele ihn, weil er in ihrem Elend zugleich Selbstsicherheit, Ursprung, aber auch Zukunft sehe (T III 56, Mi 257f.).

Max Brod beteiligt sich an den Hilfsmaßnahmen der jüdischen Gemeinde, indem er bis zum Beginn des Jahres 1916 die Leitung eines literaturgeschichtlichen Kurses für eine Mädchenklasse übernimmt. Gemeinsam mit Weltsch besucht Kafka zuweilen die Unterichtsstunden und lernt dabei die junge Ostjüdin Fanny Reiß kennen, die aus dem Kreis von Brods Schülerinnen stammt. Am 6. Januar 1915 heißt es über sie im Tagebuch: «Gedanken an die Lembergerin. Versprechungen irgendeines Glückes, ähnlich den Hoffnungen auf ein ewiges Leben.» (T III 69) Wieder flüchtet Kafka in eine Fernliebe, in der sich der erotische Reiz des jungen Mädchens, das zu verführen der Anstand verbietet, mit dem Traum vom authentischen Ostjudentum verbindet. Über Fannys Schwestern Esther und Tilka notiert er im November 1915, sie seien «wie Gegensätze des Leuchtens und Vergehens.» Und er fügt hinzu: «Besonders Tilka schön: olivenbraun, gewölbte gesenkte Augenlieder, tiefes Asien.» (T III 111) Mehr als ein Theaterbesuch, sporadische Treffen im Caféhaus und Spaziergänge auf dem Wenzelsplatz werden Kafka jedoch von den Eltern nicht gestattet. Die erotische Seite der Begegnung mit den galizischen Juden bleibt eine platonische Angelegenheit.

Seit dem Spätherbst 1914 nimmt Kafka bei dem fünf Jahre jüngeren Friedrich Thieberger, mit dem er Ende 1912 in einer Buchhandlung ins Gespräch gekommen war, Hebräischunterricht. Thieberger, dessen Vater Rabbiner war, hatte bei August Sauer Germanistik studiert und lehrte nach der Promotion an einem Prager Gymnasium. Er gehörte zu den aktiven Mitgliedern des *Bar-Kochba* und beteiligte sich intensiv am jüdischen Leben Prags; seine beiden jüngeren Schwestern Nelly und Gertrude schwärmten, wie man ihren späteren Erinnerungen entnehmen kann, leidenschaftlich für den charmant auftretenden Schüler ihres Bruders, der ihnen zuweilen Bücher schenkte und sie in Briefen mit Blick auf ihre Lebensplanung beriet.[6] Die Hebräischstunden bei Thieberger dauern bis zum Herbst 1917 und werden danach durch einen zweiten Kurs abgelöst, den Kafka mit Brod und Weltsch bei Jiři (Georg) Langer, einem frommen Ostjuden und Bekannten Brods, belegt (zum Schülerkreis gehört auch die junge Irma Singer, die 1920 nach Palästina auswandern wird, um in einem Kibbuz zu arbeiten). Der 1894 geborene Langer, der in einer assimilierten Familie aufgewachsen war, vollzog 1913 seine Annäherung an den Chassidismus. Im Zug fuhr er annähernd dreißig Stunden nach Belz in Ostgalizien, um dort eine authentische Religiosität kennenzulernen; als er nach einigen Monaten zurückkehrte, hatte er «Belz mitgebracht».[7] Trotz des Spotts seiner Familie, auf die der «religiöse Exhibitionismus»[8] des Sohnes einen peinlichen Eindruck machte, vollzog der 19jährige Langer entschlossen seinen Übertritt in ein orthodoxes Judentum, trug Kaftan, Bart und Schläfenlocken, folgte einem Schweigegelübde – er sprach nur, wenn man ihn anredete –, studierte die Tora, vertiefte sein Hebräisch und begann sich mit kabbalistischen Texten zu befassen.

Kafka lernte Langer durch dessen älteren Bruder František kennen, mit dem er kurz vor dem Krieg in Kontakt gekommen war. Als Redakteur der Monatsschrift *Umělecký měsíčník*, in der er schon Ende 1913 auf den *Heizer* aufmerksam gemacht hatte, wandte sich František Langer im April 1914 an ihn, weil er Übersetzungen einzelner Stücke aus der *Betrachtung* zu veröffentlichen wünschte (der Plan wurde nie realisiert) (Br 127).[9] Ehe Kafka bei Jiři Langer Hebräischlektionen nimmt, bahnt sich bereits 1915 ein persönliches Verhältnis an. Langer erzählt ihm in tschechischer Sprache Anekdoten und Geschichten über chassidische Bräuche, erläutert ihm Tora-Regeln und erklärt deren Kommentare in der Gemara (T III 108ff, 116ff.). Im Juni 1915 besucht Kafka, angeregt durch Langer, in der Alt-Neu-Synagoge einen Vortrag über die Mischna und unterhält sich auf dem Heimweg mit dem Talmudgelehrten Isidor Jeiteles über Probleme der religiösen Exegese («Großes Interesse an einzelnen Streitfragen», heißt es lapidar im Journal; T III 115).[10] Nach der ersten, noch äußerlich bleibenden Begegnung mit den ostjüdischen Flüchtlingen gewinnt Kafka jetzt einen tieferen Eindruck vom authentischen Glauben und seinen Normen, ohne deren Kenntnis ihm auch das Votum für den Zionismus leer und formell erscheint. Am 11. September 1915 stattet er dem als Flüchtling nach Prag gelangten Grodeker Rabbiner, einem «Wunderrabbi», im Prager Vorort Žižkov mit Brod und Langer einen Besuch ab. Die rituellen Handlungen, die der Rabbiner im Umkreis seiner auf engstem Raum bei ihm wohnenden Anhänger vollzieht, charakterisiert Kafka den Freunden gegenüber zwar als «Aberglauben», der an einen «wilden afrikanischen Volksstamm»[11] erinnere, jedoch kann er sich der Aura des Auftritts nicht vollends entziehen: «Schmutzig und rein, Eigentümlichkeit intensiv denkender Menschen», heißt es vorsichtig im Tagebuch (T III 97f).

Im Frühjahr 1915 veranstaltet der *Jüdische Volksverein* in Prag einen Vortragszyklus über Ost- und Westjudentum, der die Frage nach dem spannungsvollen Verhältnis zwischen Orthodoxie und Zionismus thematisieren soll. Theodor Herzls Staatsidee hatte nicht nur in assimilierten Milieus, sondern auch unter frommen Juden Widerstand ausgelöst. Zwar setzte die Trennungsorthodoxie auf die strenge Abgrenzung jüdischer von christlichen Gemeinden, doch vertrat sie dabei keine nationalpolitischen Ziele. Martin Bubers kulturelle Erneuerungsvisionen wiederum stießen bei den frommen Ostjuden auf Reserven, weil sie ihnen als künstliches Produkt einer westlich-assimilierten Geisteshaltung galten. «Einem ostjüdischen Chassid und Orthodoxen», so erklärte der aus Galizien stammende Joseph Roth, «ist ein Christ näher als ein Zionist.»[12] Die romantische Erneuerung der chassidischen Überlieferung in modernem Geist blieb für die Ostjuden ein problematisches Unternehmen, das aufgrund seiner kulturpolitischen Instrumentalisierung des Glaubens irreligiöse Züge trug. Wie sehr Bubers Position zwischen sämtliche Fronten zu geraten drohte, zeigt der Umstand, daß der mit dem Katholizismus sympathisierende Franz Werfel 1920 in seiner Erzählung *Nicht der Mörder, der Ermordete ist schuldig* gegen «die romantischen Goim» wie die «jüdischen Entwerter» gleichermaßen polemisierte und derart die gängige Kritik an der Säkularisierung der Assimilierten mit einem Angriff auf den Kulturzionismus verknüpfte.[13] Der junge Gershom Scholem, zunächst ein begeisterter Anhänger des neuen Weges, schreibt am 24. Dezember 1915 in sein Tagebuch: «Buber will die schlechte Rassentheorie dadurch besser machen, daß er sie durch Rassenmystik ersetzt.»[14]

Kafka verfolgt die Veranstaltungen des Volksvereins aufmerksam, jedoch mit der für ihn typischen Haltung interessierter Distanz (T III 82). Am 24. März 1915 hält hier Max Brod einen stark beachteten Vortrag über *Religion und Nation*, in dem er sein zionistisches Bekenntnis ablegt. Seit Bubers Prager Auftritt vom April 1910 fühlte sich Brod in zunehmendem Maße von dessen Lehre angezogen. Der Roman *Jüdinnen* (1911) hatte noch ein wertfreies Bild der assimilierten Lebensformen vermittelt, ohne klar Partei zu ergreifen, was Brod die Kritik der *Selbstwehr* und ihres Herausgebers Hermann eintrug. Der Protagonist Alfred verkörpert den Typus des traditionsfernen Juden, der von seinem Lieblingsautor Otto Weininger den fanatisch gesteigerten Selbsthaß übernimmt.[15] Der *Arnold Beer* (1912) deutet hingegen ein neues Sensorium für Aspekte der jüdischen Identität an, das sich seit 1913 auch in Brods – von Kafka zunächst skeptisch betrachtetem – Engagement im *Bar-Kochba* äußerte (T II 205f.).[16] Seine Beiträge für die *Selbstwehr* und Bubers neugegründete Zeitschrift *Der Jude*, die erstmals im April 1916 erschien, gewinnen zunehmend die Züge eines religiösen Zionismus. Sie richten sich, in Übereinstimmung mit engagierten Vertretern der Nationalidee wie Bergmann und Weltsch, entschieden gegen die fortdauernde Assimilationspraxis, der zahlreiche Intellektuelle Österreichs und Böhmens auch nach dem Beginn des Krieges noch folgten. Ihre zentrale Kritik galt der Wiener Literaturszene, deren jüdische Vertreter die eigene Religionszugehörigkeit zumeist systematisch zu verwischen suchten. Siegmund Kaznelson, zwischen 1913 und 1918 Herausgeber der *Selbstwehr*, beschimpfte im Februar 1916 die assimilierten Kritiker Maximilian Harden, Alfred Kerr und Karl Kraus als «Dirnen dieser Zeit».[17] Mit vergleichbar polemischer Verve attackierten Brods Zeitschriftenbeiträge während der Kriegsjahre den von ihm in *Schloß Nornepygge* noch selbst gepflegten, in *Arnold Beer* bereits distanzierter geschilderten ästhetischen Individualismus jüdischer Autoren ohne zionistisches Bewußtsein (für symptomatisch hielt er hier Kraus), dem er den rigiden Anspruch auf eine ethische Selbstbindung des Kulturbetriebs entgegensetzte. Der scharfe Tonfall von Brods Artikeln stieß freilich bei zahlreichen Intellektuellen außerhalb der Prager Szene – so bei Stefan Zweig und Franz Werfel in Wien, aber auch bei Walter Benjamin und Gershom Scholem in Berlin – auf gewisse Reserven.[18]

In seinem Essay *Unsere Literaten und die Gemeinschaft*, der im September 1916 in Bubers *Der Jude* erschien, nahm Brod Kafka ausdrücklich von seinem Vorwurf der jüdischen Selbstverleugnung aus, da dieser sich auch dort, wo er Einsamkeit als Bedingung seiner literarischen Individualität suche, stets an einem hohen Ideal von Gemeinschaft orientiere.[19] Das war zwar in der Absicht, den Freund fester an die zionistische Idee zu binden, rhetorisch übertrieben, traf aber zugleich einen virulenten Sachverhalt. Auf die intensivere Auseinandersetzung mit dem Verhältnis von Subjektivität und religiösem Kollektiv verweisen zahlreiche Texte in Kafkas Bibliothek, die er nach 1911 angeschafft hat, darunter ein durch den *Bar-Kochba* 1913 veröffentlichtes Kompendium *Vom Judentum*, Max Mandelstams *Eine Ghettostimme über den Zionismus* (1901), Adolf Böhms *Zionistische Palästinaarbeit* (1909), eine Publikation des Kartells jüdischer Verbindungen (*Der zionistische Student*, ca. 1912) und ein Widmungsexemplar von Abraham Grünbergs Gedenkschrift

über das Pogrom von Siedlce im Jahr 1906, in das der Verfasser, ein junger
Emigrant aus Galizien, Ende Oktober 1916 die Worte eintrug: «Nicht Natio-
naljude sein, heisst nur zwei oder drei Generationen zurückdenken
wollen.»[20] Mit Grünberg, den er durch das Flüchtlingskomittee kennengelernt hatte («ein sehr bedeutender Mensch», T III 113), spricht Kafka im
Herbst 1916 ausführlicher über die bedrohliche Ausweitung antisemitischer
Kräfte in den Donauländern und im Zarenreich. Zur selben Zeit liest er Arnold Zweigs mit dem Kleistpreis gewürdigtes Trauerspiel *Ritualmord in Ungarn* (1914) über einen tatsächlichen Rechtsfall aus dem Jahr 1882, bei dem in
Tisza-Eszlar Juden aufgrund falscher Zeugenaussagen wegen der angeblichen Tötung einer jungen Christin vor Gericht gestellt und erst nach
mehrjährigem Verfahren freigesprochen wurden. Insbesondere Zweigs Dokumentation des Prozesses mit seinen von antisemitischem Haß diktierten
Verhören, in denen Unterstellungen und Verdächtigungen den Ton vorgeben, hat Kafka tief beeindruckt: «Bei einer Stelle mußte ich zu lesen aufhören und mich auf das Kanapee setzen und laut weinen.» (F 736)

Auf Vermittlung Brods bittet Buber, der nach publizistischen Bündnissen
sucht, Kafka Mitte November 1915 um die künftige Mitwirkung an seiner
Zeitschrift *Der Jude*. Das Journal versteht sich als Organ eines politisch ausgerichteten Kulturzionismus, der von der Idee einer jüdischen Volksidentität
auf säkularer Grundlage jenseits nur traditionell begründeter Formen der religiösen Selbstbindung ausgeht. Anders als die seit 1898 bestehende *Jüdische
Rundschau* und die von Herzl 1897 ins Leben gerufene *Welt* (die 1914 ihr Erscheinen einstellen mußte) vertritt Bubers Zeitschrift einen liberalen Zionismus, der die eigene Kulturprogrammatik im Kontext der Moderne kontrovers diskutiert zu sehen wünschte. Damit trat das Journal auch in Konkurrenz zu den zeitgleich gegründeten *Neuen Jüdischen Monatsheften*, unter
deren Herausgebern der angesehene Neukantianer Hermann Cohen, der
Vorsitzende des Zentralvereins Eugen Fuchs und der Übersetzer Alexander
Eliasberg waren.[21]

Kafka lehnt Bubers freundliches Angebot zur Kooperation mit dem Hin-
weis auf seine unsichere Stellung in der Gemeinschaft und sein fehlendes
Recht, «mit der geringsten Stimme» darin zu reden, am 29. November 1915
unumwunden ab.[22] Brod wird dagegen bald einer der aktivsten Beiträger
des *Juden*; im ersten Jahrgang (1916/17) erscheinen sieben Artikel aus seiner
Feder, darunter ein Erfahrungsbericht über die Beschulung ostjüdischer
Flüchtlingskinder, eine Skizze über jüdische Volksmelodien, ein Porträt
Oskar Baums, die schon genannte Studie über das prekäre Verhältnis der
Schriftsteller zur zionistischen Gruppenidentität und eine kritische Würdigung der Annäherung Werfels an das Christentum (ein Text, der das Zer-
würfnis der früheren Weggefährten provoziert); später folgen Arbeiten über

den Taylorismus, Probleme der Bildungsphilosophie, Aspekte von Politik und Ethik. Zu Bubers Mitarbeitern der ersten Stunde zählen herausragende Vertreter der jüdischen Intelligenz wie Hermann Cohen, Gustav Landauer, Franz Rosenzweig und Arnold Zweig; Hugo Bergmann liefert in der ersten Periode einen Beitrag über jüdischen Nationalismus, Felix Weltsch ist mit einer Reihe von Aufsätzen über religionstheoretische Themen präsent. Vergegenwärtigt man sich die einzigartige Arbeitskonstellation, die sich hier abzeichnete, so wird sichtbar, was es bedeutete, wenn Kafka der Zeitschrift aus eigenem Entschluß fernblieb. Es gehörte zu den großen Enttäuschungen Brods, feststellen zu müssen, daß er den von Zweifeln gequälten Freund nicht für eine aktive Rolle in der kulturzionistischen Publizistik, die ihm selbst so außerordentlich am Herzen lag, gewinnen konnte.

Im Spätsommer 1916 reicht Kafka Buber immerhin, wenngleich ohne große Begeisterung, das kurze Stück *Ein Traum* zur Veröffentlichung ein. Brod äußert den Wunsch, der Text möge am Ende seines Essays *Unsere Literaten und die Gemeinschaft* gedruckt werden, jedoch findet der Herausgeber die Kombination der beiden Texte unpassend und bittet Kafka um Verständnis für seinen Verzicht (F 704f.). Die Skizze erscheint Ende 1916, auf Bubers Vermittlung, in der Zeitschrift *Das jüdische Prag*, einem Ableger der *Selbstwehr*. Erst im Frühjahr 1917 kommt es zur Zusammenarbeit mit dem *Juden*; am 22. April schickt Kafka zum Zweck der Auswahl zwölf Prosastücke, von denen Buber *Schakale und Araber* und den *Bericht für eine Akademie* im Oktoberheft druckt. Eine Fortführung der Kooperation gelingt jedoch, trotz Brods großer Bemühungen, nicht mehr. Bubers neuere Arbeiten – *Daniel. Gespräch von der Verwirklichung* (1913), *Die jüdische Bewegung* (1916) – nennt Kafka Ende Januar 1918 «widerwärtige Bücher», die man nur ertragen könne, wenn man «eine Spur wirklicher Überlegenheit über sie» besitze: «So aber wächst mir ihre Abscheulichkeit unter den Händen.» (Br 224) Daß der Gescholtene sozialistischen Ideen nahestand – er rechnete zur Zeit der Münchner Räteregierung (1918/19) zu den Vertrauten Eisners und Landauers –, dürfte Kafka keineswegs unsympathisch gewesen sein, doch mißfiel ihm die Verknüpfung religiöser und politischer Motive in seinem Denken, die er für eine letzthin unsaubere Synthese hielt, welche weder dem Zionismus noch dem frommen Glauben des Ostens Gerechtigkeit widerfahren ließ. Fremd blieb ihm auch der Kult, den Bubers jugendliche Gefolgsleute mit ihrem Meister trieben; bereits vor dem Krieg sprach man, wie sich Gershom Scholem erinnert, im Blick auf solche Formen der Verklärung spöttisch von der «Bubertät» seiner Anhänger.[23]

Wie stark sich Kafka in den Kriegsjahren von jener spontanen Begeisterung für die jüdische Tradition entfernt hat, die ihm die Schauspieler aus Lemberg 1911 vermittelten, erkennt man an der Skepsis, mit der er Mitte Juli

1916 den mit Langer unternommenen Besuch bei einem Wunderrabiner in Marienbad kommentiert. Er faßt die rituelle Ordnung, die den Umgang mit dem heiligen Mann bestimmt, als ihm unzugängliche Form auf, die verschlossen bleibt, weil der Weg der Tradition versperrt ist. Wahrzunehmen glaubt er dagegen ein Gefüge der Macht, das so bedrohlich scheint wie die moderne Bürokratie, deren Steuerungsmechanismen der *Proceß* beschrieben hatte (Br 142ff.).[24] Dem zionistischen Ideal der Gruppenidentität, das sich aus dem Gemeinschaftsanspruch der religiösen Erfahrung ableitet, steht Kafka ratlos gegenüber, da er sich ihm persönlich nicht gewachsen fühlt. Im Tagebuch heißt es schon am 8. Januar 1914: «Was habe ich mit Juden gemeinsam? Ich habe kaum etwas mit mir gemeinsam und sollte mich ganz still, zufrieden damit daß ich atmen kann in einen Winkel stellen.» (T II 225) Das ist ein stets wiederkehrender Topos der Selbsteinschätzung, dem entsprechend die Kräfte allein zur Organisation des subjektiven Lebensentwurfs ausreichen, ohne daß Raum für eine allgemeine Bestimmung des Verhältnisses zwischen Individuum und Gemeinschaft bleibt. Nicht zuletzt aber mißtraut Kafka dem Eudämonismus der zionistischen Kulturprogramme, deren spirituell gefärbte geschichtliche Erwartung für ihn kein Gegenstand der religiösen oder politischen Ideologie, sondern ein fernes, einzig individuell erreichbares Ziel sein kann. Die paradoxe Form der zur Aktivität gewillten, jedoch nur durch Negation, Absenz und Mangel bestimmten Frömmigkeit, die Kafkas Haltung seit 1914 zunehmend beherrscht, beleuchtet eine von Scholem berichtete Anekdote über den alten Hermann Cohen. Auf die Frage seines Adepten Franz Rosenzweig, aus welchem Grund er die Zionisten innerlich ablehne, soll der Philosoph, der 1912 sein Marburger Ordinariat gegen ein Dozentenamt an der Berliner *Hochschule für die Wissenschaft des Judentums* eintauschte, geantwortet haben: «Die Kerle wollen glücklich sein!»[25]

Wunsch, Soldat zu werden

Angespannt verfolgt Kafka über das *Prager Tagblatt* und die *Selbstwehr* den Verlauf des Krieges. Die österreichischen Niederlagen in Galizien, welche die kaiserlichen Truppen unter dem Druck der russischen Truppen in die Karpaten zurücktreiben, erfüllen ihn mit «Traurigkeit». Daß die Serbien-Offensive Mitte Dezember 1914 zum Erliegen kommt, verärgert ihn und nährt seinen Zweifel an der Autorität der k. u. k.-Generalstäbe: «die sinnlose Führung» (T III 38, 65). Kafkas Verhältnis zum Krieg bleibt so zwiespältig wie seine Einschätzung der politischen Möglichkeiten des Zionismus. Der Rausch der nationalen Begeisterung stößt ihn ab, jedoch darf das nicht als Indiz für eine pazifistische Grundhaltung gewertet werden (T II 167). Die meisten böhmischen Juden erlebten den Kriegsausbruch ähnlich wie ihre deutschen Glaubensbrüder als befreiend, weil er sie von den Pressionen des

Antisemitismus entlastete. Die Beschwörung der nationalen Einheit kaschierte vorübergehend die inneren Spannungen, denen der Vielvölkerstaat unterlag: die Lunte, die schon zum Pulverfaß führte, wurde unterbrochen. Daß es sich dabei nur um ein kurzes Intermezzo handelte, zeigte sich jedoch schon Ende des Jahres 1914, als nach den ersten Niederlagen der österreichischen Truppen antisemitische Stimmen ertönten, die den jüdischen Offizieren die Schuld am Scheitern der Offensive in Serbien gaben.

Auf Felice Bauers Frage, was für ihn der Krieg bedeute, antwortet Kafka am 5. April 1915 in befremdlich lakonischem Ton: «Äußerlich leide ich durch ihn, weil unsere Fabrik zugrunde geht (...)» (F 632). Nicht ohne Pointierung fügt er hinzu: «Außerdem leide ich am Krieg am meisten dadurch, daß ich noch nicht selbst dort bin. Aber das sieht, so glattweg niedergeschrieben, fast nur dumm aus.» (F 633) Die Unzufriedenheit mit dem Status des Zivilisten ist, wie die Einschränkung signalisiert, nur die Chiffre für Kafkas generelle Sehnsucht nach einer befreienden Tathandlung. Die Wirklichkeit freilich mußte solche Modellkonstruktionen, in denen der Krieg zum Symbol der Entfesselung umgedeutet wurde, zweifelhaft erscheinen lassen. Betroffen vernimmt Kafka die Schilderungen seines Schwagers Josef Pollak, der während eines kurzen Urlaubs Anfang November 1914 über seine Fronterfahrungen berichtet. Der Eindruck der psychischen Verwirrung, den Pollak vermittelt, als er von einer Situation erzählt, in der er nach eigener Überzeugung aufgrund göttlicher Fügung dem Tod im Schützengraben entrann, erschreckt ihn zutiefst: «Schreiend, aufgeregt, außer Rand und Band.» (T III 55)

Bis zum Sommer 1915 werden die meisten von Kafkas Freunden, Bekannten und Verwandten eingezogen: Hugo Bergmann, Otto Brod, Willy Haas, Karl Hermann, Egon Erwin Kisch, Otto Pick, Ernst Weiß, Franz Werfel; lediglich Max Brod erfährt aufgrund seiner körperlichen Behinderung eine dauerhafte Befreiung vom Kriegsdienst. Ottlas Lebensgefährte Josef David muß Ende März 1915 an die Front; am 11. Juni 1915 kommt Oskar Pollak am Isonzo unter den Kugeln der Italiener um, die zweieinhalb Wochen zuvor Österreich den Krieg erklärt hatten. Kurt Wolff wird in Leipzig schon am 2. August 1914 einberufen und übergibt, während er als Leutnant an der Westfront stationiert ist, seinem Prokuristen Georg Heinrich Meyer die Verlagsleitung. Kafka dagegen bleibt aufgrund seiner als staatswichtig eingestuften Funktion in der AUVA zunächst von einer Musterung verschont, was er mit einer merkwürdigen Unentschlossenheit zur Kenntnis nimmt. «Mich freiwillig zu melden», heißt es am 5. April 1915, «hindert mich manches Entscheidende, zum Teil allerdings auch das, was mich überall hindert.» (F 633)

Ein Eindruck vom Chaos des Krieges vermittelte sich den Zivilisten in den überfüllten Zügen, die zwischen Böhmen und den östlichen Kampfabschnitten verkehrten. Ende April 1915 begleitet Kafka seine ängstliche

Schwester Elli auf einer Bahnfahrt über Budapest nach Nagy Mihály in den Nordosten Ungarns, wo sie ihren Mann besucht, der dort 80 Kilometer hinter der Front als Leutnant bei einer Versorgungseinheit stationiert ist. Er selbst verbringt nach der Ankunft nur einen Tag in der von Militäreinheiten besetzten Stadt, geht abends, während die Schwester das Wiedersehen mit ihrem Ehemann feiert, in ein überfülltes Caféhaus und fährt am 26. April mit kurzer Zwischenstation in Wien allein nach Prag zurück. Im Tagebuch fixiert er leuchtende Beschreibungen von Bahnhofsszenen, Stimmungsbilder vom Perron, Impressionen aus dem Abteil und Porträts der österreichischen Offiziere, deren selbstverliebte Gebärdensprache unterstreicht, daß sie sich als die Herren der Stunde betrachten. Das Panorama der «vor Strammheit und Größe» erstarrenden Chargen, das im Journal entworfen wird, erinnert an die Schilderungen aus Jaroslav Hašeks *Schwejk*-Roman, der den Krieg als von eitlen Befehlshabern veranstaltetes Verwirrspiel der fehllaufenden Planungen und Strategien darstellt (T III 83ff.).[26]

Anfang Mai 1915 wird Kafka durch das Militärkommando in Prag mitgeteilt, daß er innerhalb von vier Wochen mit einer Musterung zu rechnen habe. «Du sollst wünschen», schreibt er an Felice, «daß ich genommen werde, so wie ich es will.» (F 638) Seine Sorge, er könne «wegen Herzfehler untauglich» sein, bestätigt sich nicht; eine ärztliche Untersuchung, die am 3. Juni 1915 – acht Tage vor dem Kriegstod Pollaks – stattfindet, bescheinigt Kafka die unumschränkte Eignung zum Waffendienst in der Infanterie (T III 91). Noch ehe ein Einberufungsbefehl ergeht, interveniert jedoch am 10. Juni der Vorstand der *AUVA* und beantragt mit der Begründung, daß er für die Anstalt aufgrund seiner großen administrativen Erfahrung «unentbehrlich» sei, eine Freistellung vom Dienst im ‹Landsturm›. Obgleich die Zuteilung zur 3. Ersatzkompanie des 28. Infanterieregiments bereits in den Akten vorgenommen worden war, bewilligt das k. u. k.-Militärkommando den Antrag des Direktoriums am 23. Juni «auf unbestimmte Zeit» (Kafkas Kollegen Alois Gütling dispensiert man hingegen nur für wenige Monate) (AS 403f.).[27] Das «Heilmittel», das die Einberufung in seinen Augen bedeutet, wird ihm auf diese Weise «entzogen» (F 644), die Aussicht auf einen tiefgreifenden Bruch mit seinem bürgerlichen Leben durchkreuzt. Daß Kafka im Krieg nicht nur eine Möglichkeit zur persönlichen Flucht vor Fesseln und Entscheidungsängsten, sondern – trotz der desillusionierenden Zeitungsnachrichten – auch ein politisch gerechtfertigtes Ereignis sieht, beweist er Anfang November 1915, als er für 2000 Kronen österreichische Kriegsanleihen – die dritte Serie seit August 1914 – zeichnet. Durch dieses finanzielle Engagement, für das auch die jüdische Presse pflichtbewußt geworben hatte, fühlt er sich nach dem Abklingen seines ‹Aufregungszustands› in gesteigertem Enthusiasmus «unmittelbar am Krieg beteiligt» (T III 112f.). Zu den Büchern, die er im Spätherbst 1915 liest, gehört ein Almanach des S. Fischer-Verlags, der agitatorisch gefärbte Artikel prominenter Hausautoren – unter ihnen Richard Dehmel, Gerhart Hauptmann, Alfred Kerr, Thomas Mann – versammelt, in denen das Fronterlebnis als ‹heilige Erfahrung› gepriesen wird («In einem solchen Kampfesstrudel den Tod zu finden ist herrlich»).[28]

«Im Feld wäre es besser» – so lautet die verblendete Formel, mit der Kafka in den folgenden zwölf Monaten obligate neurasthenische Spannungen wie den Kopfschmerz als Folge der ausbleibenden militärischen Bewährung interpretiert (F 652). An Robert Musil, der ihn am 14. April 1916 in der Uniform eines Oberleutnants der Infanterie besucht, glaubt er zu erkennen, daß Symptome der physischen Schwäche durch den Kriegsdienst beherrschbar seien: «krank, aber doch recht gut in Ordnung.» (F 653) Wenn er es gleichwohl unterläßt, den Schritt zur freiwilligen Meldung bei den Militärbehörden zu vollziehen, so deutet das an, daß er den Illusionscharakter seiner Erwartungen zumindest erahnt. Am 8. Mai 1916 schreibt er einen zweideutig formulierten Brief an seinen Vorgesetzten Marschner, in dem er für den Fall eines baldigen Kriegsendes einen längeren Urlaub «ohne Gehalt», bei Fortdauer der Kampfhandlungen aber die Aufhebung seiner Freistellung erbittet. Ein drei Tage später stattfindendes Gespräch mit dem Direktor gewinnt die absurden Züge eines Dialogs, der aus Kafkas frühen Erzählungen stammen könnte: Marschner ignoriert die Militärpläne seines Beamten, gewährt ihm einen sofortigen dreiwöchigen Urlaub unter Fortzahlung seiner Bezüge und hält die Angelegenheit damit für erledigt (F 656). Am 21. Juni 1916 wird Kafka nochmals gemustert, wieder für tauglich erklärt, jedoch erneut auf Antrag der Versicherungsanstalt wegen kriegswichtiger Tätigkeit vom Dienst an der Waffe dispensiert. Er betrachtet das als Niederlage, weil es ihn der Notwendigkeit enthebt, seine diffuse Sehnsucht nach der soldatischen Gemeinschaft auf die Probe zu stellen; am 19. Februar 1917 heißt es: «In den schweren Stiefeln, die ich heute zum erstenmal angezogen habe (sie waren ursprünglich für den Militärdienst bestimmt) steckt ein anderer Mensch.» (M 61)

Auch im vorletzten Kriegsjahr gelangt Kafka nicht zu einer grundsätzlichen Ablehnung der staatlichen Propaganda, obgleich ihn deren Folgen zunehmend erschüttern. Als ihn der Wiener Literarhistoriker Josef Körner am 17. Dezember 1917 zur Mitarbeit an dem auch von Brod, Hofmannsthal, Rilke und Salus unterstützten patriotischen Periodikum *Donauland* einlädt, das er im Rahmen seiner Militärpflichten redaktionell betreut, findet Kafka vorsichtige Worte für die aktuelle politische Konstellation. Einerseits lehnt er eine Kooperation ab, weil er «die ausgesucht frevelhafte Mischung, aus der die Zeitung hervorgekocht worden ist» abstoßend findet (was zu sagen ihm schwerfällt, da Körner ihn zwei Monate zuvor in seinem Aufsatz *Dichter und Dichtung aus dem deutschen Prag* derart gelobt hat, daß ihm das eine «Orgie

der Eitelkeit verursachte»); andererseits beeilt er sich, obgleich er Körners
distanzierte Einstellung zur Propagandalinie der ihm übertragenen Zeitschrift kennt, hinzuzufügen: «Ich sage damit nichts gegen Österreich, nichts
gegen Militarismus, nichts gegen den Krieg (...)» (Br 210). Es ist Kafkas Vorstellung einer die Zwänge des Individualismus aufhebenden Gemeinschaft,
die hier die politischen Urteile steuert. «Die Möglichkeit aus voller Brust zu
dienen» hält er noch im Februar 1922, über drei Jahre nach Kriegsende, für
eine Erfahrung, in welcher der Einzelne verlöschen darf, um im Kollektiv
wieder aufzuerstehen (T III 220). Die umgekehrte Perspektive umreißt Anfang Dezember 1912 ein Brief an Felice, in dem von der physischen Lust am
Befehlen die Rede ist: «Weißt Du, Menschen kommandieren oder wenigstens an sein Kommando glauben – es gibt kein größeres Wohlbehagen für
den Körper.» (Br I 298) Zu solchen Phantasien paßt, daß Kafka, der sich, wie
erinnerlich, seit dem Parisbesuch 1911 von der Figur Napoleon Bonapartes
angezogen fühlt, Anfang Oktober 1915 nach der Lektüre der 1907 veröffentlichten Übersetzung der Memoiren des Generals Marcellin de Marbot im
Tagebuch eine 18 Punkte umfassende Liste der strategischen Fehler anlegt,
die der französische Kaiser während seines Rußlandfeldzugs beging (T III
102ff.).[29] Am 10. November 1917 notiert er im Journal ausführlich den Traum
von einer Schlacht am Tagliamento-Fluß an der italienisch-österreichischen
Front, dessen exakt wiedergegebene Ereignisfolge in die «Selbstverständlichkeit» eines «Todesganges» mündet, der während des Erwachens «rührend,
erhebend und siegverbürgend», schließlich aber erlösend auf ihn wirkt: die
Nachtphantasie des Davongekommenen, der überleben darf, weil sich andere opfern mußten (T III 170f.).[30]

Die Auffassung vom Krieg als Gemeinschaftserlebnis verweist nicht zuletzt darauf, daß Kafka seit 1912 von der zionistischen Volkstumsideologie
angezogen wurde, die neben dem nationalen Treibsatz den kollektivistischen
Anspruch des Palästinagedankens zu stärken suchte. Für die Siedlerbewegung war die Bedeutung sozialistischer Leitideen, wie sie vor allem bei Gustav Landauer Gewicht gewannen, ein tragendes Element der wirtschaftlichen Selbstorganisation.[31] Bereits Theodor Herzl hatte im Januar 1893 in
einem Brief an den Wiener Abgeordneten Friedrich Leitenberger erklärt,
auf den Antisemitismus könne nur der «Socialismus»[32] antworten. Besitz-
enteignung, Verzicht auf Privateigentum, kollektive Formen des Lebens und
Arbeitens, Aufhebung des bürgerlichen Individualismus und Erziehung zur
Gruppenidentität bildeten zentrale Bestandteile der zionistischen Programmatik. Die Erörterung des neuen Gemeinschaftsideals spielte in zahlreichen Beiträgen zum ersten Jahrgang von Bubers Zeitschrift *Der Jude*, darunter in zwei Essays des russischen Zionisten und Tolstoj-Anhängers Aharon
David Gordon, eine wichtige Rolle.[33] Gordon betont, daß die Arbeit für das

zionistische Aufbauwerk in Palästina nicht den Charakter des Broterwerbs annehmen dürfe, sondern Herzenssache sein müsse; das aber verbiete es, die mitteleuropäischen Standards der technischen Produktion als Maßstab zu betrachten, weil sich das Verhältnis zur eigenen Tätigkeit nur ändere, wenn die kapitalistischen Arbeitsstrukturen einen Transformationsprozeß durchliefen, der in eine neue Gemeinschaft der Aktivität und Verantwortung zu münden habe. «Alles, was wir in Palästina wünschen, besteht darin, daß wir mit unseren eigenen Händen tun, was das Leben ausmacht; daß wir eigenhändig alle Arbeiten, Werke und Taten vollbringen, angefangen von den gelehrtesten, feinsten und leichtesten bis zu den gröbsten, verächtlichsten und schwersten; daß wir alles fühlen, denken und erleben, was der diese Arbeiten verrichtende Arbeiter fühlt, denkt und erlebt; dann werden wir eine Kultur haben, denn dann werden wir Leben haben.»[34] Max Brod greift das Konzept kollektivistischer Organisationsformen, das Landauer und Gordon vertreten, in seinem 1920 veröffentlichten Essay *Zionismus im Sozialismus* auf. Kafkas Skizze *Die besitzlose Arbeiterschaft*, die im Frühjahr 1918 entstand, verdichtet den radikalen Anspruch solcher Programme zum asketischen Entwurf eines politisch motivierten Zölibats. Seiner inneren Ökonomie entspricht neben der bescheidenen Existenzform im «Lager der Ärmsten», dem Verzicht auf Lohn, Geldverkehr, Eigentumserwerb und Spezialistentum ein prinzipieller «Ausschluß von Selbstständigen, Verheirateten und Frauen», der den Aufbau familiärer Hierarchien verhindern und das «Arbeitsleben als eine Angelegenheit des Gewissens» zu gestalten erlaubt (M 221f.). Die gesellschaftliche Ordnung soll nach diesem Modell auf ihre existentiellen Grundlagen zurückgeführt werden, um eine durchgreifende Katharsis zu ermöglichen, die sämtliche Elemente des bürgerlichen Besitzdenkens und der daraus abgeleiteten Hierarchisierung wie die Viren eines erkrankten Körpers durch Fieberschübe auszutreiben hat.

Es ist möglich, daß Kafkas antipatriarchalisches Bild der sozialen Gemeinschaft im Krieg auf die Idee des hier skizzierten Kollektivismus zurückgeht, wie sie in den politischen und kulturellen Konzepten nahezu sämtlicher Avantgardebewegungen der Zeit um 1918 auftritt.[35] Gordon schrieb in der elften Nummer des *Juden*, die im Februar 1917 erschien: «Irgendwo in der Seele ist etwas, das eine gewisse Bewunderung für die grandiose Gewalt des Krieges hat. Irgend etwas ist es, das wie ein Vulkan oder dergleichen große Weltkräfte auf uns wirkt.»[36] Die militärische Konfrontation findet sich hier zu einem mythischen Ereignis verklärt, das Naturmächte ungeschützt aufeinander prallen läßt und am Ende die Purgierung einer kranken, von der eigenen Dekadenz gezeichneten Gesellschaft herbeiführt. Metaphern der Reinigung, die das Geschehen an der Front mit einer griechischen Tragödie vergleichen, deren Agon schließlich zur Katharsis führt, tauchen in zahlrei-

chen Texten dieser Jahre auf. Weil der Krieg die Aufhebung der verhaßten
bürgerlich-familiären Ordnung zu ermöglichen scheint, wird er auch von
Kafka zum Loslösungserlebnis verklärt, das durch die Auslöschung des Individuums eine Neubestimmung der gesellschaftlichen Gemeinschaft herbeiführt: zu einem Akt des symbolischen Vatermords, dessen furchtbare Realität
jedoch den Nachteil hatte, daß er die Söhne zuerst in den Tod riß.

Die Träume von Dienst, Kollektiv und Kommandoordnung hindern Kafka nicht daran, die inhumanen Auswirkungen der Materialschlachten des
Krieges mit der ihm eigenen Sensibilität zur Kenntnis zu nehmen. Es
scheint so, als ob mit dem Moment der letzten Dienstfreistellung vom Sommer 1916, die ihn endgültig von der Front fernhält, auch das Bewußtsein für
die Gefahren und Abgründe gewachsen sei, denen er damit entrann. In
einem Brief an Felice schreibt er am 25. September 1916 über die Erkenntnisse, die aus historischen Ereignissen gewonnen werden können: «Die üblichen Versuche, die Geschichte als das Beweismaterial des Satzes: Die Welt-
geschichte ist das Weltgericht hinzustellen, sind verfehlt und gefährlich. Man
soll vielmehr unter Verzicht auf die an sich unmögliche historische Beweis-
führung sich nur auf die psychologische Darstellung der Verwüstung beschränken, welche die Gewalt in der Seele des Täters und des Vergewaltigten
anrichtet.» (F 707) Der Sinn für die Qualen der Opfer verhindert, daß Kafka
seinen falschen Soldatenträumen dauerhaft erliegt. Einer, der die Schmerzen
der Psyche kannte, vermochte auch die Brutalität des Krieges nicht zu verdrängen. Daß er diese Verdrängung immerhin für einige Zeit vollzog, verrät,
welche Dunkelheit seit dem Sommer 1914 in Kafkas innerer Welt herrschte.

An den Rändern der Wirklichkeit

In den ersten Kriegsjahren kommt Kafkas literarische Produktion fast
gänzlich zum Erliegen, ehe sie sich 1917 beschleunigt und – ähnlich wie
1912 nach der vorangehenden Schreibkrise – ekstatisch steigert. Im Zeitraum zwischen Dezember 1914 und Januar 1917 entstehen nur vier gewich-
tigere literarische Arbeiten, von denen drei unabgeschlossen bleiben: die beiden Erzählfragmente *Der Dorfschullehrer* (Dezember 1914–Januar 1915) und
Blumfeld, ein älterer Junggeselle (Februar–April 1915), das gleichfalls bruch-
stückhafte Dramolett *Der Gruftwächter* (Ende 1916) und der kurze Prosatext
Der Kübelreiter (Anfang 1917), den Kafka als einzige Arbeit dieser Periode
veröffentlicht. Die Gemeinsamkeit der formal sehr heterogenen Texte liegt
darin, daß sie phantastische Ereignisse jenseits des real Faßbaren schildern,
dabei jedoch einen verdeckten Bezug zur politischen und sozialen Wirklichkeit der Kriegsjahre aufweisen, der sich erst dem zweiten Blick offenbart.

Das Fragment *Der Dorfschullehrer*, das am Abend des 18. Dezember 1914
begonnen wurde («fast bewußtlos geschrieben», T III 65), entstand unter

dem Eindruck der Kriegsschilderungen Josef Pollaks, der Anfang November 1914 während eines kurzen Prag-Urlaubs von den Schrecknissen des Frontalltags berichtet hatte: «Geschichte vom Maulwurf, der im Schützengraben unter ihm bohrte und den er für ein göttliches Zeichen ansah, von dort wegzurücken. Kaum war er fort, traf ein Schuß einen Soldaten, der ihm nachgekrochen war und sich jetzt über dem Maulwurf befand.» (T III 55) Kafka, der Pollaks Darstellung in gehetztem Telegrammstil festhält, verarbeitet deren Leitmotiv sechs Wochen später im *Dorfschullehrer*.[37] In kunstlos wirkender Diktion vermeldet der Ich-Erzähler, ein «Kaufmann» (in der ersten Fassung ein «Beamter»),[38] er suche die Existenz eines Riesenmaulwurfs zu prüfen, ohne jedoch über empirisches Anschauungsmaterial zu verfügen. Seine einzige Quelle ist die Schrift des alten Dorfschullehrers, die die phantastisch anmutende Existenz eines nahezu zwei Meter großen Maulwurfs beweisen möchte (B 156, 161). Die Geschichte bewegt sich auf der Ebene der Wissenschaftssatire, indem sie die Bodenlosigkeit einer Erkenntnissuche vorführt, die jenseits aller Erfahrung zur Farce verkommt (einem ähnlich diffusen Projekt der Erforschung tierischen Lebens verpflichtet sich der «junge ehrgeizige Student», den ein Ende Dezember 1914 begonnenes Fragment beschreibt; B 177ff.).[39] Der komische Effekt entspringt dem Umstand, daß die wissenschaftliche Analyse im Text nicht vorgeführt, sondern nur selbst untersucht und kommentiert wird. Wissen verwandelt sich seinerseits zum Objekt einer Beobachtungspraxis, die an den Platz eines überzeugenden epistemologischen Verfahrens tritt und dafür sorgt, daß die Leitdifferenz von ‹wahr› und ‹falsch› kollabiert.

Das Wissen, das Kafkas Fragment beschreibt, ist sich nicht «selber offenbar geworden»,[40] wie es Nietzsche von einer gelehrten Kultur verlangt, die ihren Sitz im Leben finden könnte, sondern erstarrt in formellen Abstraktionen, aus denen jeglicher Geist gewichen scheint. Die Parodie des gelehrten Meinungsstreits, der sich hier im Medium der Schrift vollzieht, erinnert in seiner Kasuistik an die labyrinthischen Strukturen des Rechtsdiskurses, wie ihn der *Proceß*-Roman vorführt. Zugleich enthält das Tiermotiv einen latenten Bezug zur Kriegssituation; Maulwürfen gleich gruben sich die Soldaten in den ersten Monaten der Kampfhandlungen in ihren Stellungen ein, so daß Kafka nicht nur durch die Erzählung seines Schwagers, sondern auch durch Zeitungsberichte über die Entwicklungen an der Front an seinen eigentümlichen Stoff geraten sein dürfte. Noch eindringlicher als hier wird er neun Jahre später in der Erzählung *Der Bau* auf die Konstellation des Grabenkriegs anspielen und sie in den Bildern einer von Verfolgungsangst getragenen Schreckphantasie verdichten.

Über die *Blumfeld*-Erzählung, die im Februar 1915 zur Zeit des Umzugs in die Bílekgasse begonnen und zwei Monate später abgebrochen wird, vermerkt Kafka, sie stelle eine Variation von Flauberts Romanfragment *Bouvard et Pécuchet* (1881) in einem frühen Stadium dar (T III 77). Die Gemeinsamkeit entsteht durch die ironische Haltung, in welcher der Text die Kollision eines Sonderlings mit der Realität schildert. Ins Zentrum der Geschichte treten zwei Leitmotive, die an frühere Arbeiten Kafkas erinnern: die Phänomenologie einer Dingwelt, die ein überraschendes Eigenleben entwickelt (man denke an die *Beschreibung eines Kampfes*), und das Junggesellensujet, das auf die Prosa der *Betrachtung* zurückweist.[41] Der Sonderling Blumfeld findet eines Tages in seinem Zimmer «zwei kleine weiße blaugestreifte Celluloidbälle» vor, die sich aus eigener Kraft («ganz selbständig») bewegen und ihn zu verfolgen scheinen (B 182f.). Als er sich zur Nachtruhe begibt, springen sie unter sein Bett, am Morgen erwachen sie, offenbar erfrischt, mit ihm. Kafkas Text gehorcht dem Slapstick-Mechanismus eines Kinofilms, wenn er den grotesken Kampf des Junggesellen gegen die Bälle schildert: «Sofort flüchten sie sich, aber Blumfeld drängt sie mit auseinander gestellten Beinen in eine Zimmerecke und vor dem Koffer der dort steht, gelingt es ihm einen Ball zu fangen.» (B 183) Zur Ökonomie des Slapstick gehört auch der Verzicht auf jede Form der psychologischen Analyse, die Herkunft und Beschaffenheit der merkwürdigen Eindringlinge zu erfassen sucht; das Phantastische wird vom Protagonisten hingenommen, als sei es etwas Selbstverständliches: «Schade, daß Blumfeld nicht ein kleines Kind ist, zwei solche Bälle wären für ihn eine freudige Überraschung gewesen, während jetzt das Ganze einen mehr unangenehmen Eindruck auf ihn macht.» (B 183) Am Ende gelingt es Blumfeld zwar, die beiden Störenfriede in den Schrank zu sperren, so daß er seinen Geschäftsalltag scheinbar friedlich beginnen kann; die Irritation jedoch, die der Aufstand der Dinge evozierte, überdauert diesen Augenblick einer tückischen Beruhigung.

Der zweite Teil des Fragments liefert eine gleichfalls ironisch gefärbte Schilderung des modernen Berufslebens. Blumfelds dienstliche Aufgabe besteht darin, daß er in einer Wäschefabrik «den gesammten Waren- und Geldverkehr mit den Heimarbeiterinnen besorgt» – eine Tätigkeit, der man, wie es heißt, nur gerecht werden könne, wenn man sie im Kontext der «ganzen Verhältnisse» des Unternehmens betrachte (B 198). Ähnlich wie im *Verschollenen* taucht in der *Blumfeld*-Geschichte das Geldmotiv als Element eines modernen Kommunikationsverkehrs auf, dessen Zirkulationslogik Marx und Simmel aus unterschiedlicher methodischer Perspektive mit ähnlicher Diagnostik beschrieben haben.[42] Die Konsequenz der ökonomischen Modernisierung besteht auch bei Kafka in der Abstraktion der Geschäftsbeziehungen und der Anonymisierung von Arbeitsabläufen, die kein Einzelner mehr überschauen kann.[43] So ist die *Blumfeld*-Erzählung ein Spiegel der toten Erstarrung, in die zwischenmenschliche Beziehungen unter dem Diktat einer ubiquitären Wirtschaft geraten. Wenn die Bälle, die der unorganischen Wirklichkeit der Dinge entstammen, ihr autonomes Leben entfalten, dann ist das bereits ein Zeichen für die bedrohliche Verselbständigung der zum Fetisch verwandelten Waren- und Geschäftsrealität, in deren Bann der zweite Teil der Geschichte Blumfeld zeigt. Der von Kafka selbst betonte Bezug zu *Bouvard et Pécuchet* deutet nicht nur auf das Junggesellenmotiv, sondern zugleich auf die Formen einer hypostasierten Lebenswelt, die ihren Zwang weniger durch Personen als durch die Netzwerke der mikrologisch wirksamen Macht des Alltäglichen ausübt. Wie die aufgrund einer Erbschaft vermögend gewordenen Subalternbeamten Flauberts ist Blumfeld ein Außenseiter, der von der Realität, die er in einem automatisierten Lebensablauf scheinbar perfekt geregelt und stillgestellt zu haben scheint, auf irritierende Weise überrumpelt wird.

Das Motiv der selbständig springenden Bälle wird am Ende durch die Beschreibung der unfähigen Praktikanten Blumfelds fortgeführt. Sie entstammen dem Geschlecht der Kafkaschen Narrenfiguren, wie sie bereits die *Betrachtung*, *Der Verschollene* und *Der Proceß* vorführen (im *Schloß* werden sie als Gehilfen des Landvermessers K. nochmals auftreten).[44] Ähnlich wie die Bälle enervieren sie Blumfeld durch ihre nutzlos-aufdringliche Gegenwart: «Den Praktikanten eine kleine Besorgung aufzutragen, war gewagt, einmal hatte einer etwas nur paar Schritte weit bringen sollen, war übereifrig hingelaufen und hatte sich am Pult das Knie wundgeschlagen.» (B 202) Erneut zeigt sich hier die Omnipotenz der Dinge, die den Menschen verspottet, indem sie seine sinnentleerten Aktivitäten auf penetrante Weise kommentiert. In der Unfähigkeit der Praktikanten spiegelt sich, das Motiv der Bälle wiederholend, Blumfelds fehlgeleitetes Vertrauen in die Beherrschbarkeit der äußeren Erscheinungen.[45] Mit Blick auf den geplanten Fortgang von *Bouvard und Pécuchet* bemerkte Flaubert resümierend über das Schicksal seiner Helden: «So ist ihnen alles unter den Händen zerbrochen.»[46] Auch Blumfeld, dessen Geschichte nach Kafkas Überzeugung ein ‹sehr frühzeitiges› Stadium von Flauberts Roman repräsentiert, verkörpert einen Don Quixote der modernen Geschäftswelt, der untergeht «in der riesenhaften Arbeit, die ihm auferlegt ist.» (B 198)

Zwei Texte aus dem dritten Kriegsjahr verweisen deutlicher als diese ironische Erzählung über die Farcen des Bürolebens auf politische und soziale Zeithintergründe. Im Dezember 1916 schreibt Kafka an einem dramatischen Dialog, dem Max Brod den Titel *Der Gruftwächter* verlieh; Oskar Baum erinnert sich, daß der Text *Die Grotte* oder *Die Gruft* heißen sollte.[47] Das kleine Drama – Kafkas einziger Versuch in dieser Gattung – lebt offenbar aus der Erinnerung an die Exposition von Shakespeares *Hamlet*, wo die wachhabenden Offiziere Horatio über die Gespenstererscheinung berichten, die nachts die Patrouille heimsucht. Während der Arbeit an seinem Manuskript las Kaf-

ka in der Auslage einer Buchhandlung am Prager Klaarplatz nahezu täglich
im aufgeschlagenen Exemplar einer *Hamlet*-Ausgabe den berühmten Dialog
der Dramaneröffnung.[48] Von Shakespeare erbt das *Gruftwächter*-Fragment
die Intention, politische Destabilisierung im Zeichen von Machtwechsel
und Diskontinuität vor Augen zu führen.[49] Der Text zeigt in der Gestalt des
Fürsten einen Herrscher, der erst seit einem Jahr amtiert und noch um die
Festigung seiner Autorität ringen muß; das erinnert fraglos an die historische
Konstellation nach dem Tod Franz Josephs I. am 21. November 1916, der
eine 68 Jahre währende Epoche beendete und den als politisch schwach geltenden kaiserlichen Großneffen Karl I. auf den Thron führte. Bereits der
erste Satz des Dramas liest sich wie eine Travestie des höfischen Befehls-
systems, wenn der Kammerherr erklärt: «Natürlich wird alles was Hoheit an-
ordnen ausgeführt werden, auch wenn die Notwendigkeit der Anordnung
nicht begriffen wird.» (M 16) Das imaginäre, szenisch nicht gegenwärtige
Zentrum des Dramas ist die Gruft als symbolischer Ort der «Grenze zwischen dem Menschlichen und dem andern» (M 16), an dem ein alter Wächter nachts mit den Geistern der verstorbenen Fürsten ringt. Sie nähern sich
dem Wächter in der Dunkelheit, provozieren ihn durch Spottreden und
zwingen ihn zu einer offenen Konfrontation, über deren Ausgang die
«Atemkraft» der Kombattanten (M 24) entscheidet. Hier greift Kafka die
Thematik des Kampfes auf, wie sie das Frühwerk bietet, und verknüpft sie
mit Mustern des dynastischen Denkens, die in das groteske Szenario eines
nächtlichen Duells mit den Gespenstern der Macht transformiert werden.

Schon vor dem Tod Franz Josephs führte man in Österreich bekanntlich
eine heftige Diskussion über Probleme der Herrscherfolge, die von der
Furcht vor einer Staatskrise diktiert wurde. Wie in zahlreichen Texten der
Zeit nach 1917 befaßt sich Kafka im *Gruftwächter* mit dem Problem der physischen Repräsentation von Macht und deren Verhältnis zur dynamischen
Logik der Zeit. Der jeweils aktuelle Herrscher steht in einer Linie der
Machttradierung dynastischer Prägung, die er nicht verlassen kann, weil er
ihr seine Position und die damit verbundenen Befugnisse zuallererst verdankt. In den Kämpfen des Wächters wird die Dauer des Herrscheramtes
durch die Verkörperung einer institutionellen Kontinuität sichtbar, die sich
der wechselnden Personen nur als Medien bedient, um anschaulich zur Geltung zu gelangen. Der Wächter ist nicht mehr in der Lage, die Zeitverhält-
nisse angemessen abzuschätzen; dem jungen Fürsten erklärt er: «Dreißig Jahre diene ich Dir als Gruftwächter», worauf dieser ihn korrigiert: «Nicht mir,
meine Regierung dauert kaum ein Jahr.» (M 19) Der scheinbar wahrheits-
widrigen Aussage des Wächters entspricht jedoch die Konstellation, die das
Drama durch das Motiv des Kampfs mit der Geisterwelt demonstriert. Die
herrscherliche Macht erweist sich als zeitimmun, denn sie überdauert alle

äußeren Veränderungen in der Stellvertretung der Institution, wie sie durch die Totenerscheinungen der Gruft auf groteske Weise vorgeführt wird. Kafka inszeniert damit eine Travestie jener Lehre von den zwei Körpern des Herrschers, die Ernst H. Kantorowicz in seiner wegweisenden Studie anhand der politischen Theologie des Spätmittelalters rekonstruiert hat.[50] Bei Kafka trennt sich, was Kantorowicz ‹body natural› und ‹body politic› nennt: während der natürliche Leib des Herrschers den Prinzipien des zeitlichen Verfalls im Zeichen der Sterblichkeit unterliegt, verwandelt sich der institutionelle Leib zur Geistererscheinung, die eine Zersetzung der Amtsautorität sichtbar werden läßt. Die für die politische Theologie verbindliche Einheit zwischen sterblicher Person und unsterblicher Institution ist hier unter dem Diktat einer bedrohlich anmutenden Krisenkonstellation aufgelöst. *Der Gruftwächter* läßt sich damit als Drama über den Untergang des josephinischen Zeitalters und die Degradierung der Würde des Kaisertums lesen. Bereits in dem Ende 1914 entstandenen Bruchstück *Der Unterstaatsanwalt* greift Kafka das Problem der Erosion staatlicher Autorität auf, indem er einen Prozeß beschreibt, der den Tatbestand der Majestätsbeleidigung verhandelt. Der Vertreter der Anklagebehörde erweist sich dabei als ohnmächtiger Popanz, der seine eigene Macht überschätzt und eine Autorität vorschützt, die er nicht mehr besitzt: auch das ein allegorisches Bild des Verfalls der k. u. k.-Monarchie im letzten Stadium ihrer geschichtlichen Dauer (B 171ff.).

Zu Beginn des Jahres 1917 entsteht die kurze Geschichte *Der Kübelreiter*, die ihre Anregungen aus den Eindrücken des nicht nur in Böhmen durch eine extreme Verknappung des Heizmaterials bestimmten Kriegswinters 1916/17 bezieht. Kafka plante den *Kübelreiter* ursprünglich für den neuen Erzählband (*Ein Landarzt*) ein, den er im Juli 1917 mit Wolff verabredet hatte; die Titelliste, die er am 20. August 1917 an den Verleger sendet, führt die Geschichte noch an der dritten Stelle der Sammlung. Ende des Jahres 1917 bot er sie gemeinsam mit dem kurzen Stück *Ein altes Blatt* Paul Kornfeld für dessen Monatsschrift *Das junge Deutschland* an, ohne daß es allerdings zu einer Publikation kam. Am 25. Dezember 1921, eineinhalb Jahre nach Erscheinen des Erzählbandes, wurde der Text erstmals in der Weihnachtsbeigabe der *Prager Presse* veröffentlicht. Die Gründe für seine Ausgliederung aus dem *Landarzt*-Konvolut liegen im Dunkeln – ob es sich um ein technisches Versehen des Verlags handelt oder ob Kafka den direkten thematischen Bezug auf den Hungerwinter als problematisch empfand, läßt sich nicht verbindlich klären.[51] Vom Maler Friedrich Feigl stammt ein Bild einer Lesung des *Kübelreiter*-Textes, die der Autor vermutlich nach dem Krieg im privaten Kreis veranstaltete. Feigl hatte im Altstädter Gymnasium die Klasse unter Kafka besucht; dessen älterer Bruder Karl war bis 1896 sein direkter Mitschüler, ehe er die Schule verlassen mußte («etwas sehr Unfähiges und Langes in der letzten Bank», F 689). Der Arbeit Feigls («den ich sehr hoch stelle»; F 683) brachte Kafka seit 1912 ein gesteigertes Interesse entgegen, auch wenn er seine Kunsttheorien ‹matt› fand (Br I 281).

Die Erzählung von der vergeblichen Kohlensuche des Kübelreiters läßt sich nicht nur als Auseinandersetzung mit der Brennstoffknappheit des vorletzten Kriegswinters, sondern auch als chiffrierte Form der Reflexion über die literarische Arbeit kennzeichnen.[52] Der Kübelreiter steht für die Suche nach der wärmenden Inspiration, derer der Autor im ‹Frost des unglückseligsten Zeitalters› (D 206) bedarf. Die eigentümliche Bewegung des Reitens, die der Text schildert, erschließt sich bei näherer Betrachtung als Allegorie des Schreibens: «Als Kübelreiter, die Hand oben am Griff, dem einfachsten Zaumzeug, drehe ich mich beschwerlich die Treppe hinab, unten aber steigt mein Kübel auf, prächtig, prächtig, Kameele niedrig am Boden hingelagert steigen sich schüttelnd unter dem Stock des Führers nicht schöner auf.» (M 46) Der ‹Griff› als ‹einfachstes Zaumzeug› erinnert an den ‹Griffel›, der Zeile für Zeile ‹beschwerlich› hinabeilt, ehe er am unteren Rand des Blattes mit Leichtigkeit ‹aufsteigt›, um seine Tätigkeit auf dem folgenden Bogen fortzusetzen. Der Ritt gleicht damit dem stets stockenden Gang des Schreibens und den wellenförmigen Rhythmen, die seinen Ablauf gliedern.

Es ist vor diesem Hintergrund bezeichnend, daß die Frau des Kohlenhändlers, der den nötigen Betriebsstoff zur Befeuerung des Ofens bereithält, den Kübelreiter nicht wahrnimmt: «Sie sieht nichts und hört nichts, aber dennoch löst sie das Schürzenband und versucht mich mit der Schürze fortzuwehn.» Der Händler entdeckt zwar den über ihm kreisenden Kübelreiter, wird aber von seiner Ehefrau daran gehindert, mit Kohlen auszuhelfen. Die am Normalmaß des Alltags («‹sechs Uhr läutet es›») orientierte Frau gerät für den Kübelreiter zu einer Figuration des ‹Bösen›, das ihn in die «Regionen der Eisgebirge» jagt, wo er sich «auf Nimmerwiedersehn» verliert (M 48). Wenn die Frau den Kübelreiter mit ihrer Schürze zu vertreiben sucht, so erinnert das an die erotische Bedeutung des Motivs, die aus dem *Proceß*-Roman vertraut ist.[53] Die Macht des erdgebundenen Eros (in einem Keller «tief unten» wohnen der Händler und seine Frau; M 46) ist dem flüchtigen Wesen des Reiters und seinem merkwürdigen Flugapparat wie eine tellurische Gewalt dem luftigen Charakter der Einbildungskraft kontrastiert. Über Felice Bauer notiert Kafka unter dem Eindruck des mißglückten Bodenbacher Treffens, für sein Schreiben habe sie «fast keine Frage und keinen sichtbaren Sinn.» (T III 74)[54] Aus dieser Perspektive gleicht sie der Ehefrau des Kohlenhändlers, die die Nöte des Kübelreiters nicht erkennt, weil ihr das Sensorium für seine Lage fehlt («‹ich sehe nichts, ich höre nichts›»; M 48).

Den Apparat, auf dem der Kübelreiter zum Kohlenhändler schwebt, hat Kafka nach dem Vorbild einer Nachtphantasie geschildert, wie sie sich in einer Tagebuchnotiz vom 21. Juli 1913 bezeichnet findet: «Heute habe ich im Traum ein neues Verkehrsmittel für einen abschüssigen Park erfunden. Man nimmt einen Ast, der nicht sehr stark sein muß, stemmt ihn schief gegen den Boden, das eine Ende behält man in der Hand setzt sich möglichst leicht darauf, wie im Damensattel, der ganze Zweig rast dann natürlich den Abhang hinab, da man auf dem Ast sitzt wird man mitgenommen und schaukelt behaglich in voller Fahrt auf dem elastischen Holz.» (T II 182f.) Vergleichbare Träume über technische Erfindungen beschreibt Kafka in Briefen an Felice Bauer vom November 1913 und Max Brod vom Januar 1919 (Br II 301ff., Br 250). Als Allegorie der Schrift ist der Kübelreiter zugleich eine Figur aus den Magazinen des Traums, die das Bildmaterial für den literarischen Text liefern. In beiden Fällen herrscht ein selbstreferentielles Modell vor, das für Kafkas Arbeit typisch ist; verweist der allegorische Sinn der Geschichte auf die Bewegung des Schreibens, so deutet dessen Illustration durch das Fluggerät auf den Quellgrund, den dieses Schreiben in den Sprachen des Unbewußten findet. Solche Selbstreferenz offenbart zugleich Kafkas Auffassung vom Schriftstellerleben, das unter den Bedingungen der radikalen gesellschaftlichen Isolation steht. Für den Autor, dessen Stimme – dem Schicksal des Kübelreiters gleich – in der Welt des normalen Alltags ungehört verhallt, bleibt nur der Rückzug aus allen Formen der sozialen Gemeinschaft, wie es ein Tagebucheintrag vom 5. Dezember 1914 mit schneidender Deutlichkeit formuliert: «Ein Bild meiner Existenz in dieser Hinsicht gibt eine nutzlose, mit Schnee und Reif überdeckte, schief in den Erdboden leicht eingebohrte Stange auf einem bis in die Tiefe aufgewühlten Feld am Rande einer großen Ebene in einer dunklen Winternacht.» (T III 61)

Nochmals Ehepläne

Notorische Schlaflosigkeit und starke neurasthenische Beschwerden («Werde die Kopfschmerzen nicht mehr los», T III 115) bestimmen Kafkas Gesundheitszustand seit dem Herbst 1915. Ein Mitte April 1916 konsultierter Neurologe diagnostiziert nervöse Herzstörungen und schlägt eine Elektrotherapie vor, der sich der Patient freilich aus Zweifel an den Erfolgsaussichten der Behandlung nicht unterziehen möchte. Der Hausarzt Dr. Mühlstein rät ihm Mitte August 1916 nach einer näheren Untersuchung zur Enthaltsamkeit bei Nikotin, Alkohol und Fleischgenuß – eine Empfehlung, die er als seit Jahren überzeugter Temperenzler und Vegetarier «sehr komisch» findet (F 695). Die Anspannung, die Kafka spürt, wächst auch deshalb, weil er die literarische Arbeit seit Februar 1915, als das *Proceß*-Manuskript endgültig abgebrochen wurde, nahezu eingestellt hat. Eine Folge der Aufstauung ungenutzter Kräfte besteht darin, daß sich, wie er im Juni 1916 notiert, die erotische Reizbarkeit steigert. Von der Erfüllung des asketischen Anspruchs hält

Kafka wie so oft die – als «innerliche Schuld» empfundene – Sehnsucht nach dem anderen Geschlecht ab: «Was für Verirrungen mit Mädchen trotz aller Kopfschmerzen, Schlaflosigkeit, Grauhaarigkeit, Verzweiflung. Ich zähle: es sind seit dem Sommer mindestens 6. Ich kann nicht widerstehn, es reißt mir förmlich die Zunge aus dem Mund, wenn ich nicht nachgebe eine Bewunderungswürdige zu bewundern und bis zur Erschöpfung der Bewunderung (die ja geflogen kommt) zu lieben.» (T III 124)

Im Mai 1916 beschließen Kafka und Felice Bauer in neuer Einmütigkeit, die bevorstehenden Ferien gemeinsam in Marienbad zu verbringen. Anders als im Sommer 1914 verzichten sie auf die Hilfe von Boten und Vermittlern, weil sie wissen, daß dadurch keine Lösungen gefunden werden. Es mag kein Zufall sein, wenn Kafka Anfang April 1916 den Bruch mit Ernst Weiß vollzieht, der anläßlich eines Pragbesuchs vor der Versöhnung mit Felice warnt, jedoch zurückgewiesen wird. «Wir wollen nichts mehr miteinander zu tun haben, solange es mir nicht besser geht», heißt es wenige Tage später (F 653). Am 11. Mai 1916 erklärt er Felice über das Zerbrechen der früheren Freundschaft: «Unser Auseinandergehn, zuerst von mir, dann von ihm verursacht und schließlich von mir veranlaßt, war sehr richtig und erfolgte auf Grund eines vollständig zweifellosen Entschlusses, wie er bei mir doch gewiß nicht häufig ist.» (F 655) Auch die intensive Korrespondenz mit Weiß, deren Zeugnisse verloren sind, kommt jetzt zum Erliegen: wie Josef K. kündigt Kafka seinem Advokaten, weil er den Weg zum Gericht allein zu finden hofft.

Während einer Dienstreise inspiziert Kafka Mitte Mai 1916 in Marienbad mögliche Unterkünfte und Restaurants, die seinem vegetarischen Lebensprogramm entsprechen. Am 2. Juli 1916 wird er, nachdem er vormittags in Prag noch die Hochzeit seines Cousins Robert Kafka – eines Sohns seines Onkels Filip – gefeiert hat («die ganze Ceremonie nichts als Märchennachahmung», Br 137), am Marienbader Bahnhof von Felice abgeholt, die schon früher angereist ist. Am 3. Juli – an Kafkas 33. Geburtstag – übersiedelt man vom Hotel *Neptun* ins Hotel *Schloß Balmoral und Osborne*, wo man zwei nebeneinander liegende Zimmer mietet. «Mühsal des Zusammenlebens» heißt es noch am 5. Juli 1916 in Marienbad, dem dritten gemeinsamen Tag. Felice verärgert ihn, während er aus dem Manuskript der *Blumfeld*-Erzählung vorliest, durch hektische Meinungsänderungen und banale Zwischenbemerkungen (T III 130). Die körperliche Nähe kann er kaum ertragen, weil sie eine Mischung aus «Fremdheit, Mitleid, Wollust, Feigheit, Eitelkeit» erzeugt (T III 128). «Unglückliche Nacht», vermerkt er am 6. Juli, vermutlich im Blick auf das Scheitern einer intimen Annäherung; noch fünfeinhalb Jahre später, im Winter 1922, erinnert er sich an die Mühen «der schmerzvollen Grenzdurchbrechung», die der Weg zur erotischen Vertrautheit mit Felice verlangte (T III 213). Dann jedoch lösen sich wie durch ein Wunder die Spannungen, ohne daß er begreift, was geschieht. Am 12. Juli notiert er, nicht frei von sentimentalen Anklängen: «Mit F. war ich nur in Briefen vertraut, menschlich erst seit 2 Tagen. So klar ist es ja nicht, Zweifel bleiben. Aber schön der Blick ihrer besänftigten Augen, das Sichöffnen frauenhafter Tiefe.» (T III 131) Am 13. Juli 1916 reist Felice ab, während Kafka noch elf Tage in Marienbad bleibt. Nach ihrem Auszug siedelt er in ihr Zimmer über, weil man sein eigenes Quartier, während er sie zum Bahnhof brachte, bereits neu vermietet hat. Er leidet unter der Lautstärke der übrigen Gäste, fühlt sich als «der Behorcher alles Lärms» (F 664) und nährt sich melancholisch von den Erinnerungen an die vergangenen Tage unerwarteter Übereinstimmung. Die Tonlage der Briefe an Felice gemahnt an die Korrespondenz vom Spätherbst 1912: nie wieder wird sie so beschwörend-intim sein. Zugleich aber stellt sein Tagebuch im Rückblick die Momente der erotischen Vertrautheit als Urszenen dar, in denen er – wie Josef K. durch Leni – in einen dunklen Abgrund aus Verlockung und Selbstvergessenheit gezogen wurde: «Ich will nichts nur mich entreißen | Händen der Tiefe die sich strecken | mich Ohnmächtigen hinabzunehmen.» (T III 132) Wie ein Leitmotiv ziehen sich Formulierungen, die von ‹Tiefe› und ‹Nehmen› sprechen, durch die Journaleintragungen der Marienbader Tage. Als «Geflecht aus Narrheit und Schmerz» bedeutet die erotische Vertrautheit eine Form der Verstrickung, die das Ich im ambivalenten Sinn aufhebt: steigert und vernichtet (T III 130).

Im August 1916 bewirbt sich Felice um eine ehrenamtliche Tätigkeit im *Jüdischen Volksheim* in Berlin-Charlottenburg, das die seit der Mitte des 19. Jahrhunderts in Österreich und Deutschland bestehende Tradition jüdischer Wohltätigkeitsvereine auf zionistischer Grundlage erneuerte (F 679). Die charitative Institution, zu deren Förderern Brod, Buber und Gustav Landauer gehören, hatte man im Mai 1916 unter Verantwortung des 24jährigen Medizinstudenten Siegfried Lehmann gegründet. Die Reichshauptstadt war neben Frankfurt diejenige deutsche Metropole mit dem größten jüdischen Bevölkerungsanteil; er lag 1910 bereits bei 4,3 Prozent und steigerte sich, ebenso wie in Prag, während der ersten Kriegsjahre durch die Flüchtlingsströme aus den galizischen Frontgebieten nochmals erheblich.[55] Im *Volksheim* wurden Kinder ostjüdischer Zuwanderer sozial betreut und im Geist des Zionismus unterrichtet. Felice übernimmt im September 1916 eine nebenamtliche Tätigkeit als Lehrerin, die vor allem für Lektürekurse zuständig ist. Kafka, der ihre Initiative nachdrücklich unterstützt, schickt ihr zahlreiche Buchempfehlungen für den Unterricht und befaßt sich intensiv mit ihren pädagogischen Erfahrungen. Mit großem Interesse liest er die Jugendlehre des in Wien lehrenden Philosophen und Erziehungswissenschaft-

lers Friedrich Wilhelm Foerster, die man im *Volksheim* auf jüdische Fragen –
Reinheitsgebote, Naturverständnis, Ideal des einfachen Lebens, Geschlech-
terbeziehungen – anzuwenden sucht (F 710ff.). Mitte September berichtet
Felice von einer heftigen Diskussion zwischen Lehmann und dem jungen
Gershom Scholem, der anläßlich einer feierlichen Werfel-Rezitation im
Volksheim beklagt hatte, daß man eine «Atmosphäre ästhetischer Ekstase»
aufbaue, statt sich um die kulturpolitisch gewichtigeren Fragen des Hebrä-
ischunterrichts und der Besiedlungsprogramme zu bemühen.[56] Kafka
nimmt Felices Schilderung aufmerksam zur Kenntnis und unterstützt die
Intervention des ihm persönlich unbekannten Scholem (der nach seinem
Tod zum entschiedensten Anwalt einer jüdisch-religionsphilosophischen
Lesart seiner Texte wird). Der Ton freilich, in dem er das pragmatische Plädoyer des jungen Zionisten bekräftigt, ist von jener abgründigen Logik beherrscht, die an die negative Dialektik der *Betrachtung* erinnert: «(…) ich neige im Geiste immer zu Vorschlägen, die das Äußerste verlangen und damit
gleichzeitig das Nichts.» (F 703f.)

Sukzessive beginnt die aktuelle politische Situation auch auf Kafkas
berufliche Arbeit Einfluß zu nehmen. Der 1915 entstandene Jahresbericht für
1914, an dem er mit 70 Seiten beteiligt ist, behandelt erstmals die Lage in den
Fabriken unter Berücksichtigung des kriegsbedingten Einsatzes ungelernter
Arbeitskräfte (KKAA 306ff.). Er enthält eine minuziöse statistische Dokumentation über die neu erfaßten Unternehmen in den 106 böhmischen Bezirken, die damit verbundenen Einsprüche der Industriellen, die juristischen
Reaktionen der Anstalt und die im Einzelfall geführten Prozesse, daneben
eine Aufstellung über die eingegangenen Beiträge und wiederum Ausführungen zu schutztechnischen Problemen, insbesondere im Bergbau. Kafka
erweist sich hier als souverän urteilender Experte, der auf eine fast zehnjäh-
rige Erfahrung als Verwaltungsjurist zurückgreifen kann. Bemerkenswert ist
aber auch, daß gerade dieser Bericht, der ein durch Personalmangel verur-
sachtes Anwachsen der Unfallquoten vermerken muß, die persönliche Stimme vollends zum Schweigen bringt; selbst zwischen den Zeilen kann man
sie in diesen «Novellen des Versicherungsalltags»[57] nicht hören, da die Fach-
diktion mit Macht durchschlägt. Vermutlich liegt die literarische Arbeit seit
Beginn des Jahres 1915 auch deshalb brach, weil Kafka im Büro neben den
üblichen Beratungsterminen über Gebühr durch Schreibpflichten belastet
ist. Von den Aktenbergen, die sich auf seinem Tisch stapeln, findet er keinen
Weg in die Welt seiner Geschichten. Zwar erscheint ihm der Dienst im Amt
nicht selten, wie er Felice Anfang April 1913 schreibt, als eine «gespensterhaf-
te Tätigkeit» (Br II 153), doch läßt sich mit den Gespenstern am Pořič kein
produktiver Verkehr herstellen; sie bleiben unheimlich, ohne zum Schreiben
zu locken: «die wahre Hölle» (Br II 158).

Kafkas berufliche Beanspruchung nimmt 1915 zu, da die *AUVA* aus ihren organisatorischen und finanziellen Mitteln fortan die Entschädigung der Kriegsopfer und der Hinterbliebenen zu regeln hat; aufgrund der damit verbundenen Mehrarbeit erweitern sich zum 1. Januar 1916 seine Bürozeiten um zwei Nachmittagsstunden zwischen 16 und 18 Uhr. Neben der Unfallversicherung der Fabriken gehört nun die juristische Überprüfung von Versorgungsansprüchen der Kriegsverletzten zu Kafkas Dienstpflichten. Hier begegnet er, der von soldatischer Gemeinschaft und kollektiver Erfüllung geträumt hatte, erstmals den gräßlichen Auswirkungen der Materialschlachten: dem Heer der Verstümmelten und Entstellten, der Versehrten und seelisch Gebrochenen, die ein kümmerliches Dasein am Rande des sozialen Abgrunds fristen.[58] Aus der unmittelbaren Erfahrung der Kriegsfolgen, die ihm im täglichen Aktenstudium zu Bewußtsein kommen, setzt er sich im Oktober 1916 für eine öffentliche finanzielle Unterstützung bei der «Errichtung einer Krieger- und Volksnervenheilanstalt in Deutschböhmen in Prag» ein. Der von ihm verfertigte Aufruf zu Spenden, dessen rhetorischer Wirkung man sich kaum entziehen kann, erklärt mit Blick auf den «Krieg der Nerven», der hinter den Verwüstungen der Schlachtfelder zutage trete: «Wieviel Nervenkranke werden aus der Kriegsgefangenschaft zurückkommen? Unübersehbares Elend wartet hier auf Hilfe. Der nervöse Zitterer und Springer in den Straßen unserer Städte ist nur ein verhältnismäßig harmloser Abgesandter der ungeheueren Leidensschar.» Kafkas Aufruf wird von annähernd hundert Personen des öffentlichen Lebens, darunter Robert Marschner und Otto Přibram, unterschrieben (KKAA 503f.) Er habe ursprünglich, so berichtet er Felice am 30. Oktober 1916, zum Vorbereitungskomitee gehört, es dann jedoch vorgezogen, nur in der Gruppe der Unterzeichner zu erscheinen (F 737). Die Scheu vor praktischer Verantwortung, die ihn hier wie im Fall des Zionismus befällt, ist der besondere Modus seines sozialen Gewissens. Für den ewigen Sohn bleibt die Tatbeobachtung auch im Fall caritativer Maßnahmen die einzig mögliche Strategie, mit der er die Verwerfungen des Lebens ertragen kann.

Die Schreiben, die Kafka in den ersten acht Monaten des Jahres 1917 an Felice schickt, sind verloren. Vermutlich klang in ihnen die erotische Vertrautheit des Marienbader Zusammenlebens auf sehr intime Weise nach, so daß Felice sie, ebenso wie die Texte vom Sommer 1914, aus dem 1955 an Schocken verkauften Konvolut ausgliederte, um sie jeder Öffentlichkeit zu entziehen. Einem Brief, den Julie Kafka am 9. August 1916 an Anna Bauer nach Berlin sendet, läßt sich entnehmen, daß die neue Annäherung den Eltern nicht verborgen geblieben ist (F 678f.). Gegenüber den Familien deutet das Paar in diesen Wochen die Absicht an, nach Kriegsende zu heiraten und sich in Prag niederzulassen. Mit Blick auf solche Zukunftsprojekte sucht

Kafka seine dienstliche Stellung zu verbessern und beantragt daher am 5. Februar 1917 die Beförderung zum *Sekretär*, die auch mit einer erheblichen Gehaltserhöhung verbunden wäre. Aufgrund der allgemeinen Finanzsituation, die durch die kriegsbedingten Versicherungszuschüsse bei Hospitalbehandlungen und Kuren extrem angespannt ist, lehnt der Vorstand den Antrag jedoch am 4. Mai 1917 ab und bewilligt lediglich eine geringfügige Gehaltserhöhung. Kafka, der nie zuvor bei einem Beförderungsgesuch gescheitert ist, muß seine Wünsche angesichts der Krisenlage des vorletzten Kriegsjahres zurückstellen. Eine andere Last ist freilich zu diesem Zeitpunkt von ihm abgefallen: im März 1917 wird die verrottende Asbestfabrik in Žižkov, deren Produktion bereits seit 30 Monaten ruht, endgültig stillgelegt, im Dezember erfolgt die Streichung aus dem Handelsregister.

Im Frühjahr 1917 beschließen Kafka und Felice unter dem Eindruck des gewachsenen Vertrauens erneut die Heirat, einigen sich jedoch angesichts ihrer gemeinsamen Vorgeschichte auf ein pragmatisches Verfahren. Abweichend von den Überlegungen der vorangehenden Monate plant man, daß Kafka mit Kriegsende nach Berlin umzieht, dort als freier Autor arbeitet und Felice, anders als 1914 erwogen, berufstätig bleibt.[59] Die Verlobung wird Anfang Juli in Prag ohne größeres Fest vollzogen, um keine Erinnerungen an die Pfingsttage 1914 aufkommen zu lassen. Nahezu offiziellen Charakter tragen dagegen die Antrittsbesuche, die das Paar am 9. Juli 1917 bei den Freunden Brod und Weltsch absolviert; Brod erinnert sich später an den «Anblick der beiden ziemlich verlegenen Menschen» und Kafkas «ungewohnt hohen Stehkragen», der der Situation einen ‹rührenden›, aber zugleich ‹schauerlichen› Charakter verliehen habe.[60] Am 11. Juli fahren die Verlobten über Budapest, wo Kafka den alten Freund Jizchak Löwy wiedersieht, in das südöstlich gelegene Arad zu Felices verheirateter Schwester Else.[61] In einem Budapester Atelier entsteht am frühen Nachmittag des 12. Juli 1917 das berühmte Verlobungsphoto, welches das Paar in konventioneller Haltung zeigt – sie sitzend mit Medaillon, er aufrecht, aber leicht gebeugt in hellem Sommeranzug. Felices äußere Erscheinung entspricht sehr genau dem Porträt, das Kafkas Tagebuch fünf Jahre zuvor, am 20. August 1912, unter dem Eindruck der ersten Begegnung, skizziert hatte: «Knochiges leeres Gesicht, das seine Leere offen trug. Freier Hals. Überworfene Bluse.» (T II 79)

Für ausgedehnte gemeinsame Unternehmungen bleibt in Ungarn keine Zeit. Am 16. Juli trennt man sich in Arad bereits wieder; Kafka reist über Wien allein nach Prag zurück, während Felice noch einige Tage bei ihrer Schwester verbringt. In Wien hat der Prager Autor Rudolf Fuchs, den Kafka aus Werfels *Arco*-Runde kannte, ein Hotelzimmer für ihn reserviert. Zu später Stunde besucht man gemeinsam das verlassen wirkende *Café Central*;[62] am Abend des folgenden Tages bringt der zuvorkommende Fuchs Kafka

Mit Felice Bauer, Budapest, 12. Juli 1917
(Verlobungsphoto)

zum Nordwestbahnhof. Da die Züge aufgrund des Krieges nur unregelmäßig verkehren, ist der Nachtexpreß überfüllt, so daß Kafka auf dem Korridor vor dem Abteil Platz nehmen muß. Neben ihm läßt sich eine Familie mit einem Kleinkind nieder, das zwischen dem Gepäck auf einem provisorischen Lager zur Ruhe gebracht wird. Kafka kommt mit den Reisenden ins Gespräch und bemerkt rasch, wen er vor sich hat. Es handelt sich um den ihm durch seine Arbeiten aus der *Aktion* bekannten Psychoanalytiker Otto Groß, den Sohn seines früheren Strafrechtslehrers, und dessen Lebensgefährtin Marianne Kuh, begleitet von ihrem Bruder, dem zur Wiener Bohème zählenden Schriftsteller Anton Kuh. Während der trinkfreudige Kuh lärmende Gesänge anstimmt («befangen-unbefangen»; Mi 78) und die wenige Monate alte Tochter Sophie von der Mutter versorgt wird, ergeht sich Groß vor dem übernächtigten Kafka in einem endlosen Monolog, der die Stunden bis zur Ankunft füllt. Von seinen beredten Ausführungen über die seelischen Strukturen autoritärer Macht und die Diktatur des Patriarchats, die er nur unterbricht, um sich «Einspritzungen» im Waschraum zu verabreichen, versteht Kafka, wie er später einräumt, «nicht das Geringste» (Mi 79). Bevor man sich am frühen Morgen auf dem Bahnhof trennt, verabredet man jedoch, den Kontakt in den nächsten Wochen fortzusetzen.

Am 23. Juli 1917 trifft Kafka Groß in einer größeren Runde, zu der jetzt auch Werfel und der Musiker Adolf Schreiber stoßen, in Max Brods Prager Wohnung wieder. Groß plant die Gründung einer Zeitschrift mit dem Titel *Blätter zur Bekämpfung des Machtwillens*, die als Plattform für eine revolutionäre Überwindung patriarchalischer Herrschaftsformen dienen soll. Bereits 1913 hatte er in seinem Essay *Zur Ueberwindung der kulturellen Krise* bemerkt: «Man kann erst jetzt erkennen, dass in der Familie der Herd aller Autorität liegt, dass die Verbindung von Sexualität und Autorität, wie sie sich in der Familie mit dem noch geltenden Vaterrecht zeigt, jede Individualität in Ketten schlägt.»[63] Kafka, dem solche Sätze unmittelbar einleuchten mußten, war von Groß' Planungslust beeindruckt, auch wenn er rasch feststellen konnte, daß das Journalprojekt über das Entwurfsstadium nicht hinausgelangte. Sigmund Freud hatte Groß 1908 bescheinigt, er sei neben Jung der einzige der ihm nahestehenden Analytiker, der dem gemeinsamen therapeutischen Arbeitsprogramm «auch etwas vom Seinen geben» könne: eine Prognose, die sich allerdings zur Zeit des Weltkriegs in einer Richtung bestätigte, die den Lehrer kaum erbaute.[64] Nach Groß' Tod – er starb am 11. Februar 1920, einen Monat vor seinem 43. Geburtstag, an den Folgen seines Drogenmißbrauchs – erinnert sich Kafka mit lakonischen Worten: «(…) daß hier aber etwas Wesentliches war das wenigstens die Hand aus dem ‹Lächerlichen› hinausstreckte, habe ich gemerkt.» (Mi 78)

Dreizehntes Kapitel

Krankheit und neue Fluchtwege (1917–1918)

Die Verschwörung von Kopf und Lunge

Nach Foucault sind Krankheiten soziale Zeichen, deren Ausprägung sich epochenspezifisch verändert.[1] In pathologischen Zuständen manifestieren sich nicht nur die Gebrechlichkeiten der *conditio humana*, sondern zugleich die gesellschaftlichen Determinanten, die Leib und Seele des Menschen formen. Wie die venerischen Krankheiten der Frühen Neuzeit den Mangel an intimer Hygiene spiegeln, der Schlagfluß im 18. Jahrhundert falsche Ernährungsgewohnheiten dokumentiert, die Hysterie um 1900 die Einschnürung des weiblichen Körpers sinnfällig macht, so ist auch die weit verbreitete Lungentuberkulose für das 19. und beginnende 20. Jahrhundert ein *mal de siècle* mit sozialer Dimension. Die gesellschaftliche Symptomatik der Tuberkulose verweist auf die Ära der Industrialisierung und Bürokratisierung, die das Individuum in eine fortschreitende Entfremdung von Natur und Physis treibt. Wie eine Metapher für die technischen und administrativen Zwänge dieser Epoche, in der die Menschen unter dem Staub der Fabriken und der Stickluft der Behörden kaum zum Atmen kamen, wird die Tuberkulose zum Stigma des Modernisierungsprozesses: ein Zeichen jener ins Agonale gesteigerten Körpererfahrung, von deren Abgründen und Höhenreizen Thomas Manns *Zauberberg*, der in Kafkas Todesjahr 1924 erstmals publiziert wurde, als Bildungsroman der Krankheit exemplarisch erzählt.[2]

Während des ausgehenden 19. Jahrhunderts stieg die Zahl der Tuberkulose-Opfer unaufhörlich an. 1910 starben allein im deutschen Reich 90 000 Menschen an der Krankheit; in den letzten beiden Kriegsjahren steigerte sich diese Quote, bedingt durch Seuchen, miserable Ernährungsbedingungen und die Verknappung des Heizmaterials, nochmals erheblich. Bis zum Beginn der 20er Jahre machte die Tuberkulose-Mortalität mehr als zehn Prozent aller Sterbefälle aus.[3] Erst nachdem Alexander Fleming 1928 die antibiotische Wirkung des Penicillin entdeckt hatte, aus dem aufgrund der Arbeiten von Ernst Boris Chain und Howard Florey Anfang der 40er Jahre ein bakterientötender Stoff gewonnen werden konnte, war eine effektive Bekämpfung der Tuberkulose möglich. An Max Brod schreibt Kafka im April 1921 prophetisch und zugleich skeptisch: «Es ist auch glaubwürdig, daß die Tuberkulose eingeschränkt wird, jede Krankheit wird schließlich eingeschränkt. Es ist damit so wie mit den Kriegen, jeder wird beendet und keiner hört auf.» Lapidar fügt er hinzu: «Es gibt nur eine Krankheit, nicht mehr, und diese eine Krankheit wird von der Medizin blindlings gejagt wie ein Tier durch endlose Wälder.» (Br 320) Die Krankheit zum Tode, auf die Kafka hier anspielt, können weder moderne Laborforschung noch Naturheilkunde erfolgreich bekämpfen; in ihren therapeutischen Unternehmungen scheint ihm die Medizin auf ähnliche Irrwege zu geraten wie die Psychoanalyse, weil sie die finale Determination des Menschen zu ignorieren droht (Mi 292).[4]

Die Vorboten der schweren Krankheit treten bei Kafka Anfang August 1917, einen Monat nach der zweiten Verlobung, auf. In der Zivilschwimmschule hustet er in diesen Tagen Blut; der Vorgang wiederholt sich mehrfach, ohne daß er ihm große Bedeutung beimißt. Er sah das Ausgeworfene, wie er sich später erinnert, «ein Weilchen an und vergaß es gleich.» (Mi 153) Die sonst gut geschulte Überwachungsmaschine versagt, kaum zufällig, dort, wo die Lage objektiv bedrohlich ist. Der hypochondrischen Selbstbeobachtung scheint die faktische Gefahr zu entgehen, weil ihr Sicherungssystem allein auf die Zeichen des Imaginären geeicht ist, die nichts anderes als die Angst andeuten, der sie entspringen. Am 13. August 1917 erleidet Kafka in seiner Wohnung im *Schönborn-Palais* zwischen vier und fünf Uhr früh einen Lungenblutsturz, der zehn Minuten dauert. Als das «Quellen aus der Kehle» (F 753) nachläßt, fällt er, wie unter dem Einfluß einer kathartischen Erleichterung, in tiefen Schlaf. Am Morgen ist die Hausangestellte Rúsenka entsetzt, weil das Bettzeug und die Teppiche dunkelrot gefärbt sind; schonungslos prophezeit sie dem Kranken, daß er vermutlich nicht mehr lange leben werde: «Pane doktore, s Vámi to dlouho nepotrvá.» (Mi 6, O 39) Nur zwei Tage vor diesem Ereignis beschreibt Kafka in seinem Journal eine Wachphantasie, die auf unheimliche Weise den Blutsturz anzudeuten scheint: «‹Nein, laß mich, nein laß mich!› so rief ich unaufhörlich die Gassen entlang und immer wieder faßte sie mich an, immer wieder schlugen von der Seite oder über meine Schultern hinweg die Krallenhände der Sirene in meine Brust» (T III 157). Noch bevor die Wunde ihre sichtbaren Zeichen ausstreut, weiß der Text, den Kafka hier notiert, von dem Übel, das ihn ereilen wird. Die Tagebuchvision bannt die drohende Gefahr der Krankheit ins Bild, ehe diese ausbricht. Fortan wird die Sirene mit den Krallen, die sich in die Brust graben, nicht mehr aus seinem Leben weichen.

Der Familienarzt Gustav Mühlstein, den Kafka sogleich am Nachmittag des 13. August 1917 aufsucht, diagnostiziert einen Bronchialkatarrh, korrigiert sich jedoch, nachdem sich der Blutverlust in der folgenden Nacht wiederholt; der Befund lautet jetzt auf Katarrh der Lungenspitzen. Da er trotz der beschwichtigenden Erklärungen Mühlsteins beunruhigt ist, läßt Kafka eine Woche später Röntgenaufnahmen anfertigen, die allerdings die

Diagnose zunächst bestätigen. Max Brod, der den allgemeinmedizinischen Untersuchungsergebnissen mißtraut, rät an diesem Punkt zu einer genaueren Überprüfung der Symptome. Am 4. September, einen Tag nach dem Röntgenbefund, konsultiert Kafka daher in Begleitung Brods den Lungenspezialisten Professor Gottfried Pick, dessen eindeutiges Urteil – Tuberkulose beider Lungenspitzen – die düsteren Ahnungen des Freundes bestätigt. Über das Resultat der Untersuchung informiert Kafka zunächst nur seine Dienstvorgesetzten, Felix Weltsch, Oskar Baum und Ottla. Die Verlobte («Schwer ist es jetzt») benachrichtigt er erst fünf Tage nach der Visite bei Pick: «Arme liebe Felice – schrieb ich zuletzt; soll es das ständige Schlußwort meiner Briefe werden? Es ist kein Messer, das nur nach vorne sticht, es kreist und sticht auch zurück.» (Br 160, F 754)

In den folgenden Wochen beginnt Kafka, der geschulte Selbstbeobachter, seine Symptome unter einem psychologischen Blickwinkel zu deuten. «Immerfort suche ich eine Erklärung der Krankheit, denn selbst erjagt habe ich sie doch nicht.» Die Tuberkulose wird ihm zum Ausdruck für die Überlastung des Kopfes, zum Indiz seelischer Überforderung, das die Logik psychosomatischer Prozesse beglaubigt. «So geht es nicht weiter hat das Gehirn gesagt und nach fünf Jahren hat sich die Lunge bereit erklärt, zu helfen.» (Br 161) Kafka hält die Tuberkulose unter solchen Umständen für eine ihm längst vertraute Macht, die aus den seelischen Kämpfen der Vergangenheit als sichtbares Zeichen der Verletzung hervorgegangen ist. «Daß eine Krankheit ausbrach, hat mich nicht erstaunt, daß Blut kam, auch nicht, ich locke ja durch Schlaflosigkeit und Kopfschmerzen die große Krankheit schon seit Jahren an und das mißhandelte Blut sprang eben hinaus (...)» (F 753). Der Röntgenbefund zeigt ihm das Bild seiner psychischen Verfassung in einer scheinbar konkreten körperlichen Ausprägung, wobei ihn nur wundert, daß ihn nicht das Herz, wie er stets glaubte, sondern die Lunge im Stich läßt, ohne in der «Familie die geringste Vorgängerin zu haben» (F 753). Zur Tuberkulose verhalte er sich, da sie ihm die eigene Befindlichkeit anschaulich vor Augen führe, «wie ein Kind zu den Rockfalten der Mutter, an die es sich hält.» (Br 161) Die Krankheit ist ein Zeichen für den Krisenzustand in Permanenz – ein intimer Begleiter der durchwachten Nächte, in denen, wie er sich später erinnert, seine Schläfenhaare weiß werden.

Während die Prognose Picks relativ optimistisch klang («Tuberkulose rechts und links», die aber ohne erforderlichen Ortswechsel «vollständig und bald ausheilen» werde; Br 168), äußert Mühlstein Ende September 1917 im Licht der ihm zur Verfügung gestellten Untersuchungswerte des Spezialisten, der Patient könne Besserung nur in Intervallen erwarten. Die Auspizien haben sich verdüstert, aber gerade das nimmt Kafka mit selbstquälerischer Erleichterung zur Kenntnis. Wenn die Krankheit eine Metapher ist, so läßt

ihre Zeichensprache keine Zweifel an der Bedeutung, die sie vermittelt. Der
Arzt erweist sich als Schattenfigur, die, indem sie den Schauplatz verläßt, die
Aussicht auf das Ende freigibt. «Es ist», schreibt Kafka am 22. September 1917
an Brod, «als hätte er mir mit seinem großen Rücken den Todesengel, der
hinter ihm steht, verdecken wollen und als rücke er jetzt allmählich beiseite.
Mich schrecken (leider?) beide nicht.» (Br 168)

Ein Winter auf dem Land

Am 1. September 1917 gibt Kafka das kalte Quartier im *Schönborn-
Palais* auf und zieht in das elterliche Domizil am Altstädter Ring, wo er Ottlas Zimmer übernimmt. Der Ausbruch ist gescheitert, der verlorene Sohn
zurückgekehrt: hier wird er auch fortan, mit wenigen – durch Reisen veran-
laßten – Unterbrechungen wohnen. Am 6. September erörtert er mit seinem Vorgesetzten Eugen Pfohl die von ihm angesichts der Diagnose Picks
ernsthaft erwogene Möglichkeit einer Pensionierung. Am folgenden Tag
wird er zu Direktor Marschner bestellt, der ihm erklärt, daß eine Versetzung
in den Ruhestand nicht in Frage komme, da man auf seine Dienste nicht
verzichten könne. Marschner bewilligt ihm lediglich eine längere Freistellung zu Erholungszwecken; daß man den Grad seiner Erkrankung in der
Anstalt unterschätzt, führt Kafka nicht zuletzt auf sein melodramatisches
Verhalten zurück: «(...) die ein wenig sentimentalen Abschiedskomödien,
die ich nach alter Gewohnheit mir nicht versagen kann, wirken hiebei auch
etwas gegen meine Bitte, also bleibe ich aktiver Beamter und gehe auf Urlaub.» (F 753f.) Den Eltern verschweigt er seine Krankheit – sie werden erst
Ende November durch Ottla eingeweiht – und spricht ihnen gegenüber nur
von gesteigerter Ruhebedürftigkeit aufgrund nervöser Zustände durch
Schlafmangel, die einen Landaufenthalt erforderlich mache.

Am 12. September 1917 reist Kafka mit dem Schnellzug in das zwei Bahn-
stunden von Prag entfernte, auf dem Weg nach Karlsbad gelegene Zürau.
Hier unterhält Ottla seit Mitte April einen kleineren landwirtschaftlichen
Betrieb, dessen Besitzer der Schwager Karl Hermann ist. Kafka benötigt mit
dem Pferdewagen, der ihn am Vorplatz abholt, nochmals dreißig Minuten,
ehe er Ottlas Anwesen erreicht (Br 173). An einem Sonntag zu Beginn des
Juni hatte er sie bereits in ihrem neuen Domizil besucht; nun kommt er, um
einen auf drei Monate berechneten Erholungsurlaub bei ihr zu verbringen.
Es war eine Flucht aus der Welt der Familie, die Ottla nach Zürau getrieben
hatte. Seit ihrem 17. Lebensjahr mußte sie mit Ausnahme eines freien Nachmittags und des Sonntags durchgehend im väterlichen Geschäft arbeiten,
morgens um viertel nach sieben dessen Türen öffnen und die Angestellten
einlassen, in der Mittagspause das Personal überwachen, während die Eltern
ihre Mahlzeit einnahmen, und oft bis in den späten Abend hinein den

Warenbestand inventarisieren. Im vorletzten Kriegsjahr sucht Ottla jene Distanz zum Elternhaus, die Kafka für sich nicht hatte erkämpfen können. Sie verläßt ihre Stellung im Geschäft, übernimmt das hochverschuldete Anwesen ihres Schwagers und beginnt, sich zur Landwirtin zu schulen.[5] Die selbstgesetzte Aufgabe entspricht ihrem umtriebigen Naturell, ihrer Tatkraft und Energie (zu stiller Lektüre war sie ebenso unfähig wie zu ausdauernder Schreibtischarbeit). Die erforderlichen Kenntnisse hatte Ottla sich zu Beginn des Jahres 1917 im Rahmen eines Schnellkurses notdürftig angeeignet; eine vertiefte Ausbildung folgt, von Kafka ausdrücklich unterstützt, im Frühwinter 1918 an der *Landwirtschaftlichen Winterschule* in Friedland (O 61ff.). Offenkundig folgt die Schwester mit ihrer neuen Tätigkeit einem provokanten Gegenentwurf zur bürgerlichen Welt der Eltern; über die in assimilierten Kreisen verbreiteten Vorurteile gegen die wohlgenährten ‹jüdischen Landmädchen›, die «für drei» essen und «für vier» arbeiten, finden sich aufschlußreiche Passagen in Brods Roman *Jüdinnen* (1911), die verraten, wie wenig normkonform Ottlas Entschluß zur Flucht in die Züraer Verhältnisse war.[6]

Das Leben in Zürau ist für die junge unerfahrene Frau äußerst entbehrungsreich und anstrengend. Das Anwesen, das sich auf 20 Hektar beläuft, besteht aus 25 parzellierten Äckern und einigen Hopfenbeeten; den Viehbestand erweitert Ottla, schafft ein Schwein, einige Ziegen und ein kräftigeres Pferd an (Milchvieh ist für sie unerschwinglich). Dennoch wirft der Hof, zu dem drei landwirtschaftliche Helfer gehören, wenig ab. Im kalten Winter 1917/18 muß man um die nackte Existenz kämpfen, weil die Lebensmittelvorräte aus der eigenen Produktion rasch zur Neige gehen. Angewiesen bleibt man auf die Paketsendungen von den Eltern aus Prag, die auch im dritten Kriegswinter trotz Rationierungsmaßnahmen relativ komfortabel leben.[7] Am Beginn des Jahres 1918 erhält Ottla Unterstützung durch ihre Cousine Irma, die ebenso wie sie aus Hermann Kafkas Geschäft, in dem sie seit 1911 beschäftigt war, austrat, um den Schikanen des Haustyrannen zu entkommen. Gemeinsam versuchen die beiden Frauen, die harte landwirtschaftliche Arbeit auch unter den klimatisch extremen Bedingungen des kalten Jahreswechsels zu bewältigen.

Kafka bezieht nach seiner Ankunft das dunkle Zimmer der Schwester zu ebener Erde. Durch die vergitterten Fenster fällt kaum Licht, die Einrichtung mutet spartanisch an, der Putz bröckelt von der Wand. Das trübe Wetter mit zumeist bewölktem Himmel läßt schon ab Beginn des Herbstes den langen Winter ahnen, der hier droht. Kafka steht spät auf, frühstückt im Bett, liegt dann am Fenster oder, in Decken gehüllt, lesend auf einem Stuhl vor dem Haus (Br 200). Regelmäßige Spaziergänge durch die eintönig wirkende, leicht hügelige Landschaft führen ihn am frühen Abend auf einem sich

kurvig windenden Weg ins benachbarte Oberklee oder nach Michelob. Von
der Krankheit spürt er in diesen Wochen wenig; gelegentlich meldet sich ein
leichter Husten, die Körpertemperatur ist geringfügig erhöht, bei längerer
Anstrengung stellt sich Kurzatmigkeit ein, jedoch schläft er besser als sonst
und leidet kaum noch unter dem sonst quälenden Kopfschmerz (F 754). Inmitten der Aktivitäten Ottlas und ihrer Helfer empfindet er seine kontemplative Haltung zuweilen als «demütigend», genießt aber zugleich die Möglichkeit, einsam inmitten einer Gemeinschaft zu leben (Br 201).

Mit wachsender Distanz zum Prager Alltag gelangt Kafka zu der Einsicht,
daß er angesichts der medizinischen Diagnose, die ihm gestellt ist, die Verbindung mit Felice Bauer auflösen müsse. Zwar leidet er unter seiner
Krankheit kaum physisch, doch begreift er sie als Signal, das ihm seinen «allgemeinen Bankrott» (F 756) verdeutliche. Mitte September kündigt Felice
ihren Besuch in Zürau an. Er schreibt ihr darauf einen Abschiedsbrief, der
«allerdings mehrdeutig» (T III 162) ausfällt und daher nicht abgesendet wird.
Am 20. September trifft Felice nach einer beschwerlichen, über 30 Stunden
währenden Bahnreise bei ihm ein; er empfängt sie kühl und «gänzlich gefühllos», ohne daß er ihr jedoch seine Trennungsabsichten offenbart. Statt
sich ihr anzuvertrauen, verschließt er sich, schweigt zumeist und betrachtet
jede Form des höflichen Gesprächs als «Komödie». Felice nennt er «eine unschuldig zu schwerer Folter Verurteilte», der er als Täter und Opfer gegen-
überstehe: «(…) ich habe das Unrecht getan, wegen dessen sie gefoltert wird
und bediene außerdem das Folterinstrument.» (T III 164) Als sie am Abend
mit Ottla auf dem Pferdewagen zum Bahnhof fährt, tritt er an den Teich vor
dem Haus und kommt ihr «noch einmal nahe», aber es ist eine müde Gebärde des Abschieds, mit der dieser mißglückte Tag endet (T III 164).

Trotz der bedrückenden Einsicht, daß seine private Zukunft unsicherer als
je zuvor ist, entwickelt Kafka in Zürau eine ihn selbst überraschende Zufrie-
denheit. Noch im April 1914 hatte er Grete Bloch erklärt, er sei «immer auf
dem Land traurig» (F 551), da man die Weite der unbesiedelten Natur im
Gegensatz zu einer großstädtischen Straße nicht sofort in sich aufnehmen
könne. Es ist das Verdienst seiner Schwester, daß er jetzt die Furcht vor der
Einöde verliert und sich auf den spröden Rhythmus des Landlebens einzulassen lernt. Mit Ottla lebt er, wie er Brod schon Mitte September schreibt,
«in kleiner guter Ehe», nicht «auf Grund des üblichen gewaltsamen Strom-
anschlusses, sondern des mit kleinen Windungen geradeaus Hinströmens.»
(Br 165) Während die Verbindung mit der Verlobten eine Stockung aller Impulse bewirkt, welche die Selbstwahrnehmung blockiert und Manöver auf
erotischen Nebenfeldern erzwingt, ist die ‹kleine› Ehe mit der Schwester ein
Raum, in dem die Lebenskräfte wie die Flüsse der Natur unter ‹Windungen› frei dahingleiten können. Die inzestuöse Neigung hat Kafka, anders als

das Verhältnis zu Felice, ohne Schuldgefühl genossen, denn sie erlaubt es ihm, die Rolle des Sohnes in jener des Bruders einzufrieren. In der Gemeinschaft mit der Schwester ist er Liebhaber, ohne seine wahre Identität innerhalb des Familiendramas, dessen Regeln er bedingungslos folgt, auslöschen zu müssen.

Um sich dem beschämenden Gefühl der Untätigkeit zu entziehen, das ihn nach den ersten Wochen überfällt, hilft Kafka, wie er es während früherer Landaufenthalte in Triesch getan hatte, bei der Fütterung des Viehs, beim Reparieren der Zäune und bei der Pflege des Gemüsegartens (Br 201). Es existiere «kein behaglicheres und vor allem kein freieres Leben als auf dem Dorf», versichert er Felix Weltsch Anfang Oktober 1917 (Br 181). Seine Sehnsucht nach körperlicher Tätigkeit entsprach dem Traum zahlreicher jüdischer Intellektueller, die ihre mitteleuropäische Schreibtischexistenz gegen ein Leben unter freiem Himmel einzutauschen wünschten. Das neue Palästina benötige «Fanatiker der Arbeit», hatte Aharon David Gordon 1916 in seinem ersten Beitrag für Bubers *Juden* gefordert.[8] Während er die ungewohnte körperliche Anstrengung genießt, hält sich Kafka von literarischen Projekten angesichts der neuen Lebenssituation fern, weil er fürchtet, sie könnten seine wachsende innere Ruhe gefährden. Zu den Konsequenzen der Krankheit gehört auch in den folgenden Jahren, daß er seine Schreiblust zu unterdrücken sucht: die radikalste Form der Askese, um die er jemals gekämpft hat – und zugleich ein auf die Dauer erfolgloses Programm.

Die äußere Monotonie der Züraer Tage schafft zumindest die erforderliche Ruhe für regelmäßige Lektüre. In den ersten Wochen liest Kafka Stendhal und den Briefwechsel der Božena Němcová im französischen bzw. tschechischen Original (Br 170ff., 180), daneben Dickens' *David Copperfield*, den er seit dem Studium liebt. Je länger der Züraer Aufenthalt währt, desto stärker wächst der Wunsch nach systematischer Gedankenarbeit. Literarische Texte werden jetzt vom Studium der Bibel, das er bereits in Jungborn und Marienbad betrieben hatte, von aktuellen populärwissenschaftlichen Untersuchungen (Theodor Taggers und Hans Blühers) sowie philosophischen Arbeiten (Schopenhauers und Kierkegaards) verdrängt. Taggers Streitschrift *Das neue Geschlecht* liefert eine Zeitdiagnose, die, provoziert durch Carl Sternheims Essay *Kampf der Metapher!* (1917), einen fundamentalen Verlust der lebensweltlichen Authentizität und eine Tendenz zur analytischen Entzauberung der Wirklichkeit konstatiert – Denkmotive, denen man auch beim jungen Walter Benjamin wiederbegegnen kann.[9] Wo Sternheim «aus dem Urwald von Allegorien, Apotheosen, Utopien und großen Abgängen durch die Mitte» das «Licht menschlicher Tatsachen» zu ziehen ankündigt, folgt Tagger dem Ziel, die bodenständige Kraft des Individuums gegen die dekadenten Verwirrungen eines seelenanalytisch geschulten Zeitgeists zur

Geltung zu bringen.[10] Der Autor, der in den folgenden Jahren als Dramatiker unter dem Namen Ferdinand Bruckner mit Arbeiten wie *Krankheit der Jugend* (1924) und *Elisabeth von England* (1930) für Furore sorgen wird, polemisiert zumal gegen das Vorherrschen der Psychologie, deren analytischen Anspruch («Anblicke unsauberer Berechnung»)[11] er mit stereotypen Vokabeln anprangert. Kafka, der den Text «elend, großmäulig», aber «stellenweise gut geschrieben» findet, fragt angesichts des mit klirrenden Militärmetaphern aufwartenden Plädoyers für eine neue Unmittelbarkeit der Erfahrung verärgert: «Was für Recht hat er aufzutrumpfen? Ist im Grunde so elend wie ich und alle.» (T III 166)

Der Freudianer Blüher, auf dessen Werk ihn Brod aufmerksam gemacht hatte, vermittelt Kafka wiederum Erkenntnisse über die Konstitution des homoerotischen Sexualtriebs, aber auch Einsichten in die Verbindung von Libido und Angst, die ihm aus der eigenen Anschauung vertraut war.[12] Die von Gedanken der Jugendbewegung getragene Verklärung der Knabenliebe zum Gründungselement neuer Formen der sozialen Gemeinschaft – Brod spricht ungenau von einer «Hymne auf die Päderastie» (BK II 176) – dürfte ihn an Blühers Buch freilich kaum interessiert haben. «Im übrigen», schreibt er Mitte November 1917 an Brod, «hat es das mit allem Psychoanalytischem gemein, daß es im ersten Augenblick erstaunlich sättigt, man aber kurz nachher den gleichen alten Hunger wieder hat.» (Br 196f.) Das berühmte Diktum «Zum letztenmal Psychologie!», das Kafka in sein Züriauer Oktavheft einträgt, gilt womöglich auch Blüher, von dessen Studie er bis in seine Träume verfolgt wird (M 244, Br 196f.). Gegenüber Felix Weltsch erklärt er im Oktober 1917, sie beide seien von dem «verdammten psychologischen Theorienkreis», obgleich sie ihn nicht anziehend fänden, «besessen» (Br 187). Trotz solcher Einwände scheint ihn Blüher auch später gefesselt zu haben; zu seiner *Secessio Judaica* (1922), in der er als Analytiker der Geschichte des Judentums die fragwürdige Rolle des ‹Antisemiten ohne Haß› zu übernehmen suchte, plant er noch im Mai 1922 eine Rezension, die er im Tagebuch aber nur bruchstückhaft skizziert, ohne sie abzuschließen (T III 234f.). Angesichts von Blühers Platitüden sinke ihm, so schreibt er am 30. Juni 1922 an Robert Klopstock, die Hand, obgleich er eine klare Reaktion für geboten halte (Br 380).

Die gleichförmigen, oftmals leeren Tage des asketischen Lebens, das Kafka in Züriau führt, werden nur durch gelegentliche Besuche – von Max und Elsa Brod, seinem Vorgesetzten Eugen Pfohl oder seiner Sekretärin Julie Kaiser – aufgelockert. Am 22. Dezember 1917 fährt er kurz nach Prag zurück, wo er drei Tage später Felice trifft. Jetzt wagt er endlich ein offenes Wort und bittet sie, mit Rücksicht auf seinen Gesundheitszustand, der eine Ehe nicht zulasse, die Auflösung der Verlobung zu akzeptieren. Bereits drei

In Zürau, Anfang November 1917
(2. v. l. Irma Kafka, dann Ottla und Julie Kaiser, Kafkas Sekretärin)

Monate zuvor hatte er ihr prognostiziert, er werde die Krankheit nicht mehr überwinden, «weil es keine Tuberkulose ist, die man in den Liegestuhl legt und gesund pflegt, sondern eine Waffe, deren äußerste Notwendigkeit bleibt, solange ich am Leben bleibe.» (F 757) Am Abend des 25. Dezember 1917 macht man einen zuvor bereits verabredeten Besuch bei Brod und seiner Frau; das zur Trennung entschlossene Paar wirkt, wie Brods Tagebuch festhält, erstarrt, als stehe es unter einem Schockzustand.[13] Am folgenden Nachmittag unternehmen Kafka und Felice, begleitet von den Ehepaaren Baum, Brod und Weltsch, einen Ausflug zum – bevorzugt von Burschenschaftlern frequentierten – *Schipkapaß*, das zu den beliebtesten Lokalen im Westen Prags gehört. Daß das Paar, das die Aufhebung seiner Verlobung beschlossen hat, hier von Eheleuten umgeben ist, dürfte die letzten Stunden der Gemeinsamkeit kaum entspannt haben. Am Morgen des 27. Dezember 1917 bringt Kafka Felice zum Bahnhof und sieht zu, wie sie in den Zug nach Berlin steigt; er wird ihr niemals mehr begegnen. Am Vormittag besucht er Max Brod in seinem Büro in der Prager Postdirektion, wo er, der sonst ein Meister der Selbstkontrolle ist, weinend zusammenbricht.[14] In einem Brief an Milena Pollak zieht er am 31. Mai 1920 die mitleidslos klingende Bilanz seiner zerstörten Liebesbeziehung: «Fast 5 Jahre habe ich auf sie eingehauen (oder, wenn Sie wollen, auf mich) nun, glücklicherweise, sie war unzerbrechlich, preussisch-jüdische Mischung. Ich war nicht so kräftig, allerdings hatte sie nur zu leiden, während ich schlug und litt.» (Mi 30) In Eliasbergs Sammlung polnischer Märchen konnte Kafka als Schlußsatz der Geschichte

Die verschmähte Braut lesen: «Darum soll man es nicht für gering halten, eine Verlobung zu lösen.»[15]

Kierkegaard-Studien

Am 27. Oktober 1917 hält Max Brod vor dem Zionistenverein in Komotau unweit von Zürau einen Vortrag, den Kafka ohne wirkliche Anteilnahme auf sein Drängen besucht (F 758f.). Am folgenden Tag fahren die Freunde, innerlich angespannt und bedrückt, gemeinsam zurück zu Ottla. Brod wirft Kafka vor, er genieße sein Unglück und richte sich untätig in der Verzweiflung ein. Daß er diese Form der Selbstbezogenheit vor dem Hintergrund seines eigenen kulturpolitischen Engagements bedenklich finde, hatte er ihm bereits Anfang Oktober geschrieben (BK II 179). Kafka antwortete entschieden, nicht ohne juristische Kasuistik: «Wenn einer im Unglück glücklich ist, so heißt das zunächst, daß er den Gleichschritt mit der Welt verloren hat, es heißt aber weiter, daß ihm alles zerfallen ist oder zerfällt, daß keine Stimme ungebrochen ihn mehr erreicht und er daher keiner aufrichtig folgen kann.» (Br 181) Wer in einem nicht mehr synchronisierten Verhältnis zur Wirklichkeit lebt, darf auch ihren Hilfsofferten nicht vertrauen. Die Krankheit hat diese Konstellation, die bereits nach dem Bruch der ersten Verlobung deutlich hervorgetreten war, in Kafkas Augen nochmals zugespitzt.

Angesichts der gestörten Beziehung zur Außenwelt bietet sich jedoch Gelegenheit zu einem intellektuellen Moratorium. Die Lungenkrankheit steigert, wie es Thomas Mann im *Zauberberg* darstellen wird, das Bewußtsein einer womöglich auch auszeichnenden Absonderung vom Leben. In Zürau beginnt Kafka Anfang 1918 mit der gründlichen Lektüre von Kierkegaards Schriften *Entweder-Oder* und *Die Wiederholung* (jeweils 1843), denen er, unter Bezug auf seine labile Lage, skeptische Einsichten in Fragen der ästhetischen Erfahrung, moralischen Selbstbindung und religiösen Determination abgewinnt.[16] Im August 1913 hatte er sich erstmals mit Kierkegaards Tagebüchern aus den Jahren von 1833–1855 befaßt, die er in einem von Hermann Gottsched übersetzten Auswahlband (*Buch des Richters*, 1905) las. An Kierkegaard ziehen ihn zunächst autobiographische Berührungspunkte an; in dessen konfliktträchtiger Verlobung mit der jungen Regine Olsen, die er nach einjähriger Verbindung im Oktober 1841 aus Furcht vor der dauernden Selbstpreisgabe gegen den Willen der Braut auflöste, findet Kafka Parallelen zu seiner eigenen Situation. «Wie ich ahnte», vermerkt er am 2. August 1913, «ist sein Fall trotz wesentlicher Unterschiede dem meinen sehr ähnlich zumindest liegt er auf der gleichen Seite der Welt. Er bestätigt mich wie ein Freund.» (T II 191) Auch *Furcht und Zittern* (1843) hatte Kafka vor dem Winter 1918 bereits studiert; im Herbst 1917 erklärt er gegenüber Oskar Baum, er kenne von Kierkegaards Hauptschriften ausschließlich diesen Text

(Br 190). Neben *Entweder-Oder* liest er in späteren Jahren, wie der Bestand seiner Bibliothek vermuten läßt, *Der Begriff Angst* (1844), *Stadien auf des Lebens Weg* (1845), *Die Krankheit zum Tode* (1849) und das ‹Stundenbuch› *Der Pfahl im Fleisch* aus den *Erbaulichen Reden* (1844).[17] Kierkegaards Tendenz, theoretische Fragen in erzählerischer, das Paradoxon einschließender Einkleidung abzuhandeln, kam Kafkas Furcht vor begrifflicher Abstraktion entgegen, wenngleich er erkannt haben dürfte, daß ihm für eine genauere Auseinandersetzung mit seinen Ideen die detaillierte Kenntnis philosophiegeschichtlicher Traditionen – insbesondere des deutschen Idealismus – fehlte («ein Stern, aber über einer mir fast unzugänglichen Gegend», Br 190). So stehen biographische Bezüge auch in Zürau im Vordergrund: durch Kierkegaards Nachdenken über den Gegensatz von ästhetischer und ethischer Lebensform, den *Entweder-Oder* reflektiert, stößt Kafka auf die Grundspannung des eigenen Selbstentwurfs, der die Askese im erotisch gesteigerten Vergnügen am Verzicht zu desavouieren droht. Kierkegaards schonungslose Entlarvung des Künstlers als Betrüger und Vertreter moderner Tartüfferie bestätigte ein ihm vertrautes Unbehagen am Narzißmus der literarischen Arbeit, die er in krisenhaften Momenten angesichts der Lust, welche sie bereiten konnte, für eine Form des Lebensopfers im Zeichen moralisch zweifelhaften Ich-Genusses hielt.[18] Das Vergnügen, das die ästhetische Erfahrung bereitet, bleibt für Kierkegaard gebunden an eine Psychologie der Zerstreuung: «Das Ethische ist gleich langweilig in der Wissenschaft wie im Leben.»[19] Aber auch die ästhetische Existenz scheint angewiesen auf fremde Energien, ohne die sie, selbst unfrei und durch externe Impulse konditoniert, nicht bestehen kann. Da der Ästhet, wie ihn Kierkegaards *Tagebuch des Verführers* zeigt, auf das Beobachten fixiert ist, bleibt er abhängig von den äußeren, ihm in letzter Konsequenz unzugänglichen Lebenssubstanz. Am Typus des Johannes, den die Erzählung des dänischen Philosophen als Vertreter des ästhetischen Ich-Betrugs profiliert, nimmt Kafka die Schattenseiten seiner auf das Schreiben fixierten Existenz wahr, die sich vampirgleich durch fremde Kräfte ernähren muß, will sie nicht im Spiegelkabinett ihres Narzißmus dem Irrsinn der permanenten Selbstbegegnung verfallen.

In einem an Kafka gerichteten Brief vom 19. März 1918 deutet Max Brod Kierkegaard als christlichen Philosophen, der allein durch die Erfahrung von Schmerz und Verzicht zu Gott gelangen könne. Diesem negativen Gottesbegriff konfrontiert er den jüdischen Jahwe, der den Genuß nicht verbietet, andererseits aber, weil man ihn mit keinem moralischen Prinzip der Entsagung identifizieren kann, auch undurchsichtige, schwer greifbare Züge trägt: «Bei mir steht Gott und Natur (Sinnlichkeit) auf der einen, menschliche Pflicht auf der andern Seite. – Bei Kierkegaard stand Gott auf der einen

Seite, menschliche Pflicht und Sinnlichkeit auf der andern.» (BK II, 244) Kafka widerspricht dieser Position doppelt, indem er ihre hermeneutische Kompetenz im Blick auf das Denken des dänischen Philosophen anzweifelt und sie aus der Sicht seines eigenen Lebensentwurfs in Frage stellt. Die von Kierkegaard immer wieder geltend gemachte Suche nach der wahren Bahn der Gotteserkenntnis schlage, so bemerkt ein Ende Februar 1918 unter dem Eindruck der erneuten Lektüre von *Furcht und Zittern* entstandener Eintrag, in eine formale Attitüde um, der Züge des Selbstgenusses anhaften. Weil die Reflexion zum Exerzitium des brillanten Kopfes gerate, der sich im Streben nach Askese seiner intellektuellen Freiheit versichere, unterliege sie einer geheimen Tendenz zur Hybris: «Er hat zuviel Geist, er fährt mit seinem Geist wie auf einem Zauberwagen über die Erde, auch dort wo keine Wege sind. Und er kann es von sich selbst nicht erfahren daß dort keine Wege sind. Dadurch wird seine demütige Bitte um Nachfolge zur Tyrannei und sein ehrlicher Glaube auf dem Wege zu sein zum Hochmut.» (M 220f.) Zugleich hält Kafka daran fest, daß für seinen eigenen Fall nur eine streng asketische (darin christliche) Perspektive, die er keinesfalls mit dem von Brod vorgeschlagenen Begriff des Negativen identifiziert wissen möchte, Lösungsmöglichkeiten anbiete. Wo immer der Mensch in der sinnlichen Welt agiert, verfällt er einer Schuld, die in einem einzig durch die innere Erfahrung steuerbaren Glauben getilgt werden kann. Der Verrat an Felice Bauer, den er durch die Aufhebung der Verlobung begangen hat, ist nach Kafkas Auffassung allein in der Askese zu sühnen. Erst diese Askese ermöglicht es ihm, ‹Ich› zu sagen: sie entspricht dem Ideal der Reinheit, das er dauerhaft anstrebt und stets punktuell verrät. In der paradoxen Rhetorik, mit der er solches Scheitern kommentiert, scheint er wiederum Kierkegaard ähnlicher, als er sich eingestehen möchte, auch wenn er keine Begabung zum intellektuellen ‹Hochmut› besitzt (Br 234ff., 237ff.).

Paradoxe Erlösungsvisionen

Obwohl Kafka entschlossen ist, in Zürau nicht literarisch zu arbeiten, entstehen ab Oktober 1917 zahlreiche Notizen, häufig aphoristischen Zuschnitts, gelegentlich sogar kürzere Erzählanfänge, bruchstückartige Verse und Parabeln. Das Tagebuch wird im November 1917 abgebrochen und erst zwei Jahre später, im Juni 1919, wieder aufgenommen. Die Funktion des Journals versehen jetzt die Oktavhefte, deren Eintragungen jedoch den persönlich-privaten Bezug in den Hintergrund treten lassen. Aus den Notizen dieser Hefte hat Kafka 109 Aphorismen im Rahmen einer durchnumerierten Handschrift gesammelt, von denen er nachträglich acht Texte streicht. Die zu gnomischen Formeln verdichteten Reflexionen, die Max Brod und Hans-Joachim Schoeps erstmals 1931 unter dem auftrumpfenden Titel *Be-*

trachtungen über Sünde, Hoffnung, Leid und den wahren Weg publizierten, bilden eine Summe der strengen Denk-Exerzitien, die der Patient in der Landeinsamkeit veranstaltete. Fast scheint es, als habe der leidenschaftliche Körperbeobachter Kafka im Bewußtsein der Erkrankung seine Physis verloren. An die Stelle der verfeinerten Wahrnehmung äußerer Zustände, die den Leib zum Schauplatz eines imaginären Theaters der Selbstobservation verwandelte, rückt in den während des Winters 1917/18 verfaßten Aphorismen die strenge Reflexion metaphysischer Themen. Die Notizen kreisen um die Begriffe von Schuld, Erkenntnis, Tod, Wahrheit und Erlösung, experimentieren jedoch spielerisch mit deren Bedeutungsofferten. Indem sie die Grenzen eines dogmatischen Umgangs mit den letzten Dingen markieren, wahren sie Distanz zu allen orthodoxen Varianten abendländischer Metaphysik. Die Aphorismen zeigen sich hier von der Optik Nietzsches geprägt, dessen Technik der Dekonstruktion ihren Umgang mit jüdischen und christlichen Erlösungsmotiven bestimmt.[20] Gesteuert aber wird dieses Verfahren durch die zum Leitthema aufsteigende Auseinandersetzung mit dem Tod und die Ahnung, daß ohne ihn, wie es Schopenhauer betont hat, keine Philosophie getrieben würde: Zürauer Eschatologie.[21]

Kafkas Grundgedanke lautet, daß das Böse allein Bewußtsein von sich selbst gewinnen könne, während das Gute die Differenz, die es von seinem Gegenteil trennt, nicht erfasse. Einzig das Böse besitzt eine Form der Selbsterkenntnis, weil es den nötigen Abstand zu dem halten kann, das erkannt werden soll. Das Gute dagegen, das in sich ruht, ist seiner nicht bewußt und bleibt sich undurchschaubar – ein Stadium, das Kafka mit dem Zustand vor dem Sündenfall vergleicht (M 202ff.). «Wahrheit», so heißt es in einem später gestrichenen Text, «kann sich also selbst nicht erkennen; wer sie erkennen will, muß Lüge sein.» (M 241, vgl. G 166)[22] Das bedeutet zunächst, daß der Gewinn der Wahrheit nur möglich ist, wenn man sich außerhalb ihrer Ordnung bewegt, also zur Nicht-Wahrheit gehört. Angesichts dessen existiert einzig der Ausweg der Beobachtung, wie sie die Literatur vollzieht. Sie nimmt eine Position der Distanz ein, ohne Erkenntnis anzustreben, indem sie sich jenseits der Differenz von Wahrheit und Lüge ansiedelt – eine Funktionsbeschreibung, die an Nietzsches Kritik der Moral und ihre Apotheose des freien Geistes erinnert, aber deren radikalen Individualismus nicht wiederholt.[23] Kafka wird die Überzeugung, daß die Kunst Abstand von den Verstrickungen der Welt ermögliche, vier Jahre später mit der Formel von der ‹Tat-Beobachtung› als ‹erlösendem Trost des Schreibens› bekräftigen (T III 210).[24]

Die Zürauer Bibellektüre mündet in Überlegungen zum Sündenfall, die ihrerseits durch den religionspsychologischen Blick Kierkegaards inspiriert

scheinen. «Ungeduld und Lässigkeit» seien, so heißt es im dritten Aphorismus, die «Hauptsünden» der Menschen: «Wegen der Ungeduld sind sie
aus dem Paradiese vertrieben worden, wegen der Lässigkeit kehren sie nicht
zurück.» (M 228) ‹Ungeduld› ist eine Variante jenes Begehrens, das die
Schlange der Genesiserzählung in den Menschen entfesselt, aber nicht neu
schafft. Hinter ihr steht, was Kierkegaard in seiner Schrift *Der Begriff Angst*
über das Verhältnis von Zeiterfahrung und Bösem bemerkt hat: «In dem Augenblick, da die Sünde gesetzt ist, ist die Zeitlichkeit Sündigkeit.»[25] Das Begehren, das Kafka ‹Ungeduld› nennt, bildet einen Modus der Zeitdynamik,
die aus der Kenntnis des eigenen Mangels hervorgeht. Es bezeichnet keinen
Erklärungsgrund für den Erfolg der Intervention der Schlange, sondern eine
menschliche Prädisposition zum Bösen. Die Zuschreibung, die Kafka dabei
vornimmt, unterliegt jedoch einer Verwechslung von Ursache und Wirkung, wie sie für Urszenen des Bösen charakteristisch bleibt. Ist das Paradies
als Ort des ewigen Lebens gerade zeitlos, dann verlangt ‹Ungeduld› eine Erfahrung von Zeitlichkeit, die erst nach dem Sündenfall möglich scheint; der
Ursprung des Bösen erweist sich so als Ursprung zweiter Ordnung, als kulturell vermittelter Vorgang der ästhetischen Repräsentation eines Anfangs,
der unvorstellbar ist, weil das Denken niemals hinter die Konsequenzen zurücktreten kann, die er herbeiführte. Auch Kafkas Versuch, die Logik des
Sündenfalls in der Erschließung eines Ursprungs einzuholen, verharren in
den Widersprüchen einer kulturellen Reflexion, die den absoluten Anfang
nicht zu erfassen vermag.[26]
    «Es gibt», heißt es in den Oktavheften vom Winter 1917/18, «kein Haben,
nur ein Sein, nur ein nach letztem Atem, nach Ersticken verlangendes Sein.»
(M 178)[27] Das Leben des Menschen ist ein Dasein zum Tode, dem die Sterblichkeit als Telos eingezeichnet bleibt. Den Ausgangspunkt für diese pessimi-
stische Philosophie bildet eine Deutung der Sündenfallerzählung, in deren
Zentrum nicht die Frage nach der Erkenntnis, sondern jene nach dem
paradiesischen Baum des Lebens steht. Im 82. Aphorismus der Züracher
Betrachtungen heißt es: «Warum klagen wir wegen des Sündenfalles? Nicht
seinetwegen sind wir aus dem Paradiese vertrieben worden, sondern wegen
des Baumes des Lebens, damit wir nicht von ihm essen.» (M 241)[28] Der fragile Zustand des sterblichen Menschen wird nach Kafka durch zwei Fehl-
handlungen begründet, die unmittelbar aneinander geknüpft scheinen: «Wir
sind nicht nur deshalb sündig, weil wir vom Baum der Erkenntnis gegessen
haben, sondern auch deshalb, weil wir vom Baum des Lebens noch nicht gegessen haben.» (M 242) Begabt mit Erkenntnisvermögen, begehrt der
Mensch die Früchte vom Baum des Lebens, da er durch sie jene Unsterblichkeit zu erlangen sucht, die ihm vor dem Sündenfall verliehen war. Die
Erkenntnis, über die er verfügt, entfacht die Sehnsucht nach dem Baum des

Lebens immer wieder neu, scheidet ihn aber auch dauerhaft von ihm ab, insofern sie nur um den Preis der Vertreibung aus dem Paradies verliehen wird. Sein irdisches Dasein kann er nicht genießen, weil er Unsterblichkeit erstrebt; sein Erkenntnisvermögen hilft ihm nicht fort, da es das Verlangen nach Leben schürt, das Objekt der Begierde jedoch zugleich auf Distanz hält. Der existentielle *circulus vitiosus*, den Kafkas Aphorismen in stets abgewandelten Variationen aus dem Modell des Sündenfall-Mythos ableiten, begründet eine dunkle Philosophie des Lebens, deren logische Grundfigur die der Ausweglosigkeit scheint. Sie bleibt gebunden an die Bedeutung des Unbewußten, die den Urgrund des Mythos abgibt: das rastlose Begehren, das ihm entsteigt, ist der Motor für das Handeln des Menschen.[29] Kafkas Zürauer Eschatologie erweist sich damit als Lehre des ewigen Sohnes, den das permanente Verlangen nach einem Absoluten antreibt, weil er dem Zentrum des Lebens fernsteht.

Die radikale Auffassung von der Negativität der Existenz läßt Kafka, wie schon Harold Bloom bemerkt hat, in einen scharfen Gegensatz zu Denkmustern der Gnosis und der Kabbala treten.[30] Auch hier wird sichtbar, daß die jüdische Tradition ihm zwar die formalen Strukturen für Fragetechniken und Argumentationsmuster zur Verfügung stellt, jedoch keinen Einfluß auf seine skeptische Einschätzung metaphysischer Erlösungsangebote nimmt. Durch diese Skepsis geraten die Zürauer Aphorismen auch in Opposition zur Lebensemphase der zeitgenössischen Literatur, wie sie bereits der junge Kafka an den rhetorischen Vitalismus-Inszenierungen des *Kunstwart* hatte studieren können.[31] Während Autoren wie Hauptmann, Dehmel, Wedekind, Hofmannsthal und Rilke unter dem Patronat eines sentimentalisch entgrenzten Naturbegriffs in ihren Texten eine teils melancholisch, teils pathetisch eingefärbte Feier des Lebens anstimmen, zweifelt Kafka entschieden, ob der Mensch unter den Bedingungen des Sündenfalls zu einer irdischen Existenz jenseits von Angst, Sorge und Selbstbetrug überhaupt finden könne.[32] Seine Position grenzt sich damit von den Überzeugungen einer negativen Theologie, die jede konkrete Vorstellung des letzthin inkommensurablen Göttlichen verwirft, aber auch vom kabbalistischen Denken und seiner Seelenwanderungslehre entschieden ab; der ‹wahre Weg›, auf den Brods Sammeltitel irrtümlich anspielt, liegt ebenso im Dunkeln wie das Ziel, das der Einzelne zu verfolgen hat.[33]

Anregend auf den skeptischen Lebensbegriff der Zürauer Aphorismen wirkt an diesem Punkt die Ideenwelt Schopenhauers. In der Studienzeit hatte sich Kafka mit Schopenhauers Denken trotz des persönlichen Einflusses von Brod, der als dezidierter Anwalt einer Philosophie des Pessimismus auftrat, noch nicht intensiv beschäftigt. Erst im Sommer des Jahres 1916 setzt eine gründlichere Lektüre ein; Kafka erwirbt die zwölfbändige Werkausgabe des Cotta-Verlags, die Rudolf Steiner zwischen 1894 und 1896 ediert hatte, und liest gemeinsam mit Ottla Abschnitte aus *Die Welt als Wille und Vorstellung.* Bestimmend für die Zürauer Genesis-Exegese werden die *Nachträge zur Lehre vom Leiden der Welt* aus der 1851 publizierten Sammlung der *Parerga und Paralipomena*, mit denen sich Kafka im Zusammenhang seiner Studien auch deshalb befaßte, weil ihr aphoristischer Zuschnitt seinem eigenen Denkstil entsprach. In den *Nachträgen*, die sich als Kommentar zu Schopenhauers Hauptwerk lesen lassen, findet sich ein Passus über den Sündenfall, der seiner Aufmerksamkeit gewiß nicht entgangen ist. Dort heißt es, daß das Leben, als ständiger Prozeß des Leidens und der Qual, als «Hölle», «Strafanstalt» und «penal colony», eine Manifestation der Erbsünde vorstelle. Der Sündenfall bilde umgekehrt, so Schopenhauer, nur die «Allegorie» des Lebens, eine «metaphysische» Exemplifizierung der Qualen unseres Diesseits im Spiegel der Vertreibung aus dem Paradies.[34] Kafka hat diese Bestimmung des Lebens als fortgesetzte Leidenserfahrung in seinen Aphorismen übernommen, sie aber durch eine Interpretation des Sündenfallmotivs ergänzt, die an Kierkegaards psychologisch fundierter Existenzphilosophie geschult scheint.

Kierkegaard leitet seine Interpretation der Erbsünde aus dem Grundgefühl der Angst ab, das den Menschen vor und nach der Vertreibung aus dem Paradies gleichermaßen beherrsche. Er deutet den Sündenfall als psychischen Vorgang, der sich – angestoßen durch Gottes Verbot, vom Baum der Erkenntnis zu essen – im Kopf Adams zuträgt. Kierkegaards methodische Setzung besteht darin, daß er Adams Geist als Medium beschreibt, das zwar den Frieden des paradiesischen Zustands erfahren kann, zugleich aber innere Unruhe und Anspannung erzeugt. Den Gegensatz, der zwischen der Freiheit des Geistes und der durch das göttliche Verbot geschaffenen Bedingtheit herrscht, nennt Kierkegaard ‹Angst›. Diese Angst entsteigt der Arbeit des träumenden, seiner selbst noch nicht bewußten Geistes, der die Ruhe des Paradieses als ‹Nichts› erfährt. Der Schritt zur Verführung, vom Baum zu essen, vollzieht sich in einem emergenten Prozeß, der aus der Unruhe der Angst hervorgeht und in den Willen zur Tat mündet. Das Böse entspringt dem Selbstgespräch Adams, ohne daß Gott an ihm beteiligt wäre; es erscheint hier, anders als in jenen metaphysischen oder moralphilosophischen Deutungen, die es als Macht des in der Schlange manifesten Begehrens oder als Ausfluß falsch verstandener Freiheit begreifen, auf die innere Welt des Menschen beschränkt.[35] Indem Kierkegaard zu beschreiben sucht, was sich in Adams Gehirn in den Minuten vor dem Sündenfall abspielt, liefert er eine psychologische Interpretation der Genesisgeschichte, die vom Ende der Macht Gottes handelt. Erlösung bietet bei ihm einzig der Glaube, der die Angst in einer aktiven Vertrauensentscheidung aufhebt, welche wiederum Freiheit nur als Folge der unbedingten Preisgabe an Gott kennt.[36] Mit Kierkegaard legt Kafka den Sündenfall als psychologischen Prozeß aus, der in die irdische Lebenssituation des Menschen hineinführt und das sie beherrschende Grundgefühl der Angst freisetzt. Der Gewinn der Erkenntnis, der mit dem Fall verbunden ist, erweist sich als Last, weil der Mensch ihn nicht zu nutzen wagt, insofern er sich vor seinen Konsequenzen – dem Bewußtsein eines dauerhaften Verlusts des ewigen Lebens – fürchtet. Im Zeichen dieser Angst verfolgt er, wie Kafka bemerkt, den «Versuch, die Tatsache der Erkenntnis zu fälschen, die Erkenntnis erst zum Ziel zu machen.» (M 243) Unter dem Gesetz des Sündenfalls trachtet der Mensch willentlich, sein eigenes Erkenntnisvermögen zu mißachten, um derart den Irrglauben an die eigene Unsterblichkeit bewahren zu können. Auch hier wird die negative Dimension von Kafkas Lebensbegriff sichtbar, die von der Auffassung getragen bleibt, daß sich das Individuum zwangsläufig in Selbsttäuschung, Lüge und Betrug verstricken müsse, wenn es nach einer Verbesserung seiner irdischen Lage strebe.[37]

Die Rückkehr ins Paradies, die Kleists Aufsatz *Über das Marionettentheater* (1810) als das letzte Kapitel von der Geschichte der Welt bezeichnet hatte,[38] ist für Kafka ein Ereignis nach deren Ende: «Es gibt für uns zweierlei Wahrheit, so wie sie dargestellt wird durch den Baum der Erkenntnis und den Baum des Lebens. Die Wahrheit des Tätigen und die Wahrheit des Ruhenden, in der ersten teilt sich das Gute vom Bösen, die zweite ist nichts anderes als das Gute selbst, sie weiß weder vom Guten noch vom Bösen. Die erste Wahrheit ist uns wirklich gegeben, die zweite ahnungsweise. Das ist der traurige Anblick. Der fröhliche ist, daß die erste Wahrheit dem Augenblick, die zweite der Ewigkeit gehört, deshalb verlischt auch die erste Wahrheit im Licht der zweiten.» (M 204) Der Aphorismus wiederholt die aus dem Chassidismus vertraute Überzeugung, daß das Leben als Medium göttlicher Wahrheit das Individuum in einer höheren Einheit aufhebe.[39] Aus Kafkas Sicht gerät die intellektuelle Erkenntnis zum Agens des Bösen, weil sie als Instrument der Diversifizierung wirkt, das die in Gott gegebene Identität des Menschen zerstört. Gegen die Verheerungen, die das Wissen nach dem Sündenfall anrichtet, hilft nur die Geduld eines religiösen Vertrauens: «An Fortschritt glauben heißt nicht glauben daß ein Fortschritt schon geschehen ist. Das wäre kein Glauben.» (M 236; vgl. M 228) Die Heilserwartung bleibt damit an die Form des Paradoxons gebunden, die auch Kierkegaard im Blick auf die Prüfung Abrahams durch Gott als Grundelement der menschlichen Glaubenssituation kennzeichnet; sie setzt ein Wissen über den Mangel der Welt voraus, verlangt aber zugleich die Bereitschaft, sich deren Einflüssen in der Pflicht gegenüber Gott zu entziehen.[40]

Kafkas Faszination für die Offerten der religiösen Sinndeutung entspringt seiner untergründigen Gemeinschaftssehnsucht, von der er weiß, daß sie unter den Bedingungen der literarischen Arbeit niemals erfüllt werden kann. Im Februar 1918 notiert er mit Blick auf seine fehlende Verwurzelung in einem festen Glauben, er sei weder «von der allerdings schon schwer sinkenden Hand des Christentums ins Leben geführt worden wie Kierkegaard», noch habe er den «letzten Zipfel des davonfliegenden jüdischen Gebetsmantels (...) gefangen wie die Zionisten.» (M 215) Religiöse Erfahrung bedeutet für ihn eine unerreichbare Aufhebung der Isolation des Ichs in einem kollektiven Raum, der durch Verbindlichkeit und Übereinkunft abgesteckt ist. Wenn Georges Bataille betont, Kafka habe nicht vor der Realität zu fliehen, sondern ausgeschlossen zu leben gesucht,[41] so steht das keineswegs in Widerspruch zu dieser Einsicht. Das Bedürfnis nach Gemeinschaft und die Exklusion aus dem sozialen Zusammenhang bilden die paradoxe Einheit seines Selbstverständnisses als Autor, das vom Bewußtsein gesteuert wird, daß Schreiben das ‹Einschließen der Ausschließung›: isolierte Existenz und Leiden an ihr bedeutet.[42]

Im intellektuellen Dezisionismus der Zürauer Aphorismen praktiziert Kafka ein Denken des nackten Lebens, das ohne Sicherheit und ohne Zukunft ist, weil ihm nur so die Erkenntnis des Absoluten als Reflexion einer unteilbaren Wahrheit jenseits der Angst möglich scheint.[43] Sein Plädoyer für das «neue Geschlecht» hatte Theodor Tagger mit einem Satz eingeleitet, der Kafka, trotz seines Widerwillens gegen den tagesbefehlartigen Verlautbarungsstil des Autors, in diesem Sinne überzeugt haben dürfte: «Es kommt nicht darauf an weise zu sein, sondern entschlossen.»[44] Der apodiktische Ton der Zürauer Betrachtungen läßt für gedankliche Kompromisse, methodische Mediation oder Lösungen im Zeichen der intellektuellen Synthese keinen Raum. Vom Bild eines «bittern und lebensabgewandten Seelenzustandes» spricht Oskar Baum, der Kafka in der zweiten Januarwoche 1918 in Zürau Gesellschaft leistet und mit ihm eine nicht für die Öffentlichkeit bestimmte Rezension des Manuskripts von Max Brods utopischem Roman *Das große Wagnis* (1918) verfaßt.[45] Der strengen Form der Gedankenführung entspricht die Entschlossenheit zur zölibatären Askese, wie sie sich im bereits erwähnten Schema *Die besitzlose Arbeiterschaft* und in den Skizzen zur Rolle der Frau als ‹Repräsentantin des Lebens› abzeichnet (M 221ff., 213). Letzthin werden die sozialen Entwürfe und metaphysischen Studien jedoch durchgehend von der Auseinandersetzung mit dem eigenen künstlerischen Selbstbild motiviert. Wie stark Kafka auch in dieser Periode, da er auf die literarische Arbeit programmatisch verzichtet, als Schriftsteller denkt, verrät eine aufschlußreiche Meinungsäußerung aus der Zürauer Zeit.

Im Oktober 1917 war in der *Neuen Rundschau* Thomas Manns – später in die *Betrachtungen eines Unpolitischen* eingegangener – *Palestrina*-Aufsatz erschienen, der eine konventionelle Verteidigung des Ästhetizismus bot.[46] Gegenüber Max Brod, der solche Formen eines narzißtischen Künstlerbildes bereits 1916 in seinem Essay *Unsere Literaten und die Gemeinschaft*[47] aus zionistischer Sicht als moralisch verwerflich angeprangert hatte, lobt Kafka Manns Text ausdrücklich als «wunderbare Speise» (Br 182). Zwar vermag er seiner glättenden Neuromantik, die das Wesen der Kunst mit einer dem Umkreis des *Zauberberg*-Manuskripts entstammenden Formel aus der «Sympathie mit dem Tode»[48] ableitet, wenig abzugewinnen, doch findet er in Manns Ästhetizismus seine eigene Position deutlicher gespiegelt als in Brods Kulturzionismus. Aus ethischer Sicht kann er, wie er weiß, seine künstlerische Arbeit nicht beschreiben, denn gerade das Bewußtsein des Abstands gegenüber der Gemeinschaft bildet deren operative Voraussetzung. Umgekehrt ist Manns komfortable Eingemeindung des Todesbanns als kulturelles Phänomen für Kafka undenkbar, da der Zwangscharakter der ästhetischen Produktivität in seinen Augen nie die ihm eingezeichnete dämonische Macht verlieren kann. «Unsere Kunst», heißt es im November 1917, «ist ein von der Wahrheit Geblendetsein: Das Licht auf dem zurückweichenden Fratzengesicht ist wahr, sonst nichts.» (M 186)

Nachrichten über die politischen Ereignisse der Zeit – den Staatsstreich der Bolschewisten in Petersburg, die letzten österreichischen Offensiven an der Isonzo-Front, den verstärkten Kriegseinsatz Amerikas, Wilsons Friedensplan vom Januar 1918 – dringen nur sporadisch in den Zü'rauer Winter; sie zeigen die Kontur einer fernen Außenwelt, deren Spuren man bloß ahnen kann, wenn man die Aufzeichnungen dieser Monate liest. Es ist eine Situation der Einkapselung, die Kafka hier bewußt herbeiführt; gesucht wird der Weg in die Zone jener eindeutigen Entscheidungen, die für ihn einzig unter den räumlichen Bedingungen der Einsamkeit möglich sind. Als im November die große Kälte beginnt, steigert sich die Abgeschiedenheit nochmals durch die verhaltene Stimmung des Winters, der vor der Zeit einbricht. Wie eine dichte Decke, welche die Geräusche dämpft, scheint der früh fallende Schnee alles zu umhüllen. «Friede Rußland», heißt es lapidar Anfang Dezember 1917, ähnlich nüchtern wie beim Kriegsausbruch im August 1914, als die Weltpolitik den Besucher der Schwimmschule kaum zu stören schien (M 209). Aber die Schatten an der Wand lassen sich nicht übersehen; das kommende Jahr wird im Zeichen tiefgreifender Veränderungen stehen, denen sich niemand entziehen kann.

1918: Der große Umsturz

Kafkas Erholungsurlaub, der zunächst nur auf drei Monate bemessen war, wird am 2. Januar 1918 nochmals verlängert, sein erneuter Antrag auf Pensionierung jedoch abgelehnt. Erst am 30. April kehrt er aus Zürau nach Prag zurück und tritt zwei Tage später seinen Dienst im Büro wieder an. Im

Frühsommer knüpft er Kontakte zum Institut für Obstbaumzucht in Troja nördlich von Prag, wo er ab Mai nach seinen Dienststunden arbeitet, um die in Zürau vertraut gewordene körperliche Tätigkeit zumindest sporadisch fortzuführen («Land gegen Stadt», kommentiert Brod am 1. Juli 1918 in seinem Tagebuch).[49] In der Familie vollziehen sich zur gleichen Zeit Zäsuren, die dem Sohn verdeutlichen, daß er die zweite Hälfte des Lebens erreicht hat. Der Vater, der im September 66 Jahre alt wird, verkauft Anfang Juli 1918 sein Geschäft an Bedřich Löwy, einen Cousin Julie Kafkas, und zieht sich in den Ruhestand zurück. Mit Hilfe des erzielten Gewinns kann er sich während der ihm noch verbleibenden 13 Jahre komfortabel, wenngleich nicht luxuriös einrichten. Bereits sechs Monate zuvor hatte er für 500 000 Kronen ein zur Zeit der Jahrhundertwende errichtetes mehrstöckiges Mietshaus in der Bílekgasse erworben, ohne jedoch das Domizil am Altstädter Ring aufzugeben – ein Indiz für das nicht unerhebliche Kapital, das Hermann Kafka als genau kalkulierender Kaufmann in 35 Geschäftsjahren erworben hatte.[50]

Kafka kehrt im Frühjahr 1918 in ein politisch gärendes Prag zurück. In zahlreichen Teilen Böhmens beschlossen Arbeiterversammlungen Resolutionen, die einen tschechischen Nationalstaat forderten. Im Juli 1918 konstituierte sich unter der Leitung Karel Kramářs, des führenden Vertreters der Jungtschechen, ein Nationalausschuß, dessen Ziel der Aufbau eines autonomen bürgerlichen Staates war. Am 6. September wurde der zumal durch Mitglieder der Arbeiterpartei getragene *Sozialistische Rat* ins Leben gerufen, der seine Aufgabe in der Vorbereitung einer nationalen Revolution sah. In den folgenden Wochen kam es zu inoffiziellen diplomatischen Verhandlungen zwischen Exilpolitikern und den Regierungen der Westalliierten, mit dem Ziel, die Gründung eines von der Monarchie unabhängigen tschechischen Staates voranzutreiben. Auch im Inland mehrten sich die Anzeichen dafür, daß das Königreich Böhmen im Begriff stand, sich von der österreichischen Krone zu lösen, zumal selbst konservative Kräfte wie die klerikalen Parteien – Katholiken und Christdemokraten – für den Aufbau eines autonomen Bundes «unabhängiger Nationalstaaten» eintraten.[51] Kafka scheint von diesen dramatischen Ereignissen kaum Notiz genommen zu haben; weder Briefe noch Tagebücher reflektieren die politischen Konstellationen des Spätsommers 1918, an denen der Autoritätsverlust der Monarchie und der fortschreitende Zerfall des alten Staates deutlich abgelesen werden konnten.

Die zweite Hälfte des Septembers 1918 verbringt Kafka in Turnau am Südrand des Isergebirges in einem Hotel, um sich von der Büroarbeit zu erholen. Als er nach Prag zurückkehrt, ist sein körperliches Befinden jedoch keineswegs zufriedenstellend. Bedingt durch die schlechte Ernährungslage des letzten Kriegsjahres, leidet er unter einer erheblichen Gewichtsabnahme, die wiederum das Immunsystem schwächt. Mitte Oktober 1918 steckt er sich an der Spanischen Grippe an, die sich einen Monat zuvor, nachdem eine erste, durch amerikanische Truppentransporte ausgelöste Epidemiewelle bereits verebbt war, über Frankreich in ganz Europa verbreitet hatte. Angesichts von Kafkas schlechtem Gesamtzustand gerät die Familie in höchste Sorge, als das Fieber innerhalb weniger Tage auf 41 Grad in die Höhe schnellt. Man quartiert den Kranken im Schlafzimmer der Eltern ein und wacht an seinem Bett. Am 14. Oktober schreibt Ottla, nachdem sie das Fehlen des Bruders in der Versicherungsanstalt entschuldigt hat, an ihren Freund Josef David: «Die Mutter weinte den ganzen Tag, ich beruhigte sie, so gut ich konnte, aber ich selbst machte mir keine solchen Sorgen, ich habe immer Angst um jemanden, wenn ich weit entfernt bin, aber wenn ich bei ihm bin, habe ich immer eine gewisse Sicherheit, daß es gut wird.» (O 183) Daß Kafka durch seine Erkrankung in Todesgefahr schwebte, dürfte freilich auch Ottla gewußt haben. Ein knappes halbes Jahr zuvor, am 29. Mai 1918, war Kafkas Cousine Irma, gerade dreißigjährig, der Spanischen Grippe erlegen. Weltweit forderte die Epidemie innerhalb eines Jahres 21 Millionen Tote – darunter in Deutschland allein 225 000 –, ehe sie zum Ende des Winters 1919 so plötzlich verschwand, wie sie gekommen war.

Während Kafka mit dem Fieber kämpft, überstürzen sich in Prag die politischen Ereignisse. Im Laufe des Herbstes 1918 erkennen Frankreich, Großbritannien, Italien, Rußland und die Vereinigten Staaten den Nationalausschuß als neue tschechische Regierung an. Mitte Oktober erklärt der Sozialistische Zentralrat der Arbeiterschaft in Böhmen einen Generalstreik, in dessen Gefolge es in mehreren Provinzstädten – Pilsen, Mährisch-Ostrau, Pisek und Strakonitz – zur Ausrufung der Republik kommt.[52] Am 17. Oktober veröffentlicht der Kaiser ein detailliert vorbereitetes Manifest an «seine getreuen österreichischen Völker», das föderale Zugeständnisse macht, indem es den Tschechen das prinzipielle Recht auf politische Selbstbestimmung einräumt, die alte Territorialordnung der Monarchie aber nicht antastet. Der von der österreichischen Regierung zur Annahme des Entwurfs aufgeforderte (und dadurch als Institution offiziell anerkannte) Nationalrat lehnt das Wiener Manifest zwei Tage später ab und verlangt im Gegenzug unumschränkte staatliche Autonomie, den Abzug der tschechischen Truppenteile aus dem k. u. k.-Heer und die aktive Beteiligung an den gesamteuropäischen Friedensverhandlungen. Am 14. Oktober 1918 bildet der Sozialdemokrat Edvard Beneš, ein enger Vertrauter Tomáš Masaryks, eine provisorische Exilregierung mit Sitz in Paris, welche die Grundlagen für die innere Organisation des neuen tschechischen Staates ausarbeiten und als diplomatischer Ansprechpartner der Westalliierten fungieren soll.[53] In Prag konstituiert sich zur selben Zeit unter Mitwirkung Max Brods der *Jüdische Nationalrat*, der unter dem Eindruck der veränderten Machtverhältnisse eine Kooperation mit den Vertretern der fortschrittlichen tschechischen Kreise, insbesondere der Sozialdemokraten, anzubahnen sucht. Bereits am 16. August 1918 hatte sich die *Selbstwehr* mit einem verzweifelten Aufruf zu Wort gemeldet, in dem sie die im Schatten des nationalen Emanzipationskampfes zunehmende antisemitische Stimmung beklagte. Die sich schemenhaft abzeichnende Neuordnung eines tschechischen Staates bot, wie die Prager Zionisten rasch erkannten, noch keine Garantie für die gesicherte soziale Integration der jüdischen Bürger.

Während der letzten Oktoberwoche erleiden die österreichischen Truppen nach kurzzeitigen Gebietsgewinnen nochmals verheerende Niederlagen an der Italienfront. Der Wiener Regierung ist zu diesem Zeitpunkt bewußt, daß sich der Zusammenbruch der Monarchie nicht aufhalten läßt. Den Streikbewegungen in den böhmischen Provinzen und den Straßenausschreitungen in Prag, in deren Verlauf kaiserliche Wappen von öffentlichen Gebäuden entfernt werden, setzt sie keinen Widerstand entgegen; die «Ausrufung des Standrechtes» sei unter «den gegebenen Umständen» nicht möglich, meldet der Prager Stadtkommandant General Eduard Zanantoni nach Wien, zumal die Verhängung des Ausnahmezustands zur Eskalation der Gewalt in einem Bürgerkrieg führen würde.[54] Am 26. Oktober wird Tschechisch zur offiziellen Amtssprache erklärt (ein Beschluß, dessen praktische Umsetzung jedoch nur zögerlich anläuft), einen Tag später Heinrich Lammasch zum letzten offiziellen Ministerpräsidenten unter österreichischer Ägide ernannt. Lammaschs Versuch, dem Aufbau einer föderalen Monarchie mit selbständig verwalteten Einzelstaaten im Sinne des kaiserlichen Manifests den Weg zu ebnen, scheitert jedoch an den zügigen Aktivitäten der jetzt ungewöhnlich geschlossen auftretenden nationaltschechischen Bewegung. Als Österreich am 27. Oktober in einer Note an den amerikanischen Präsidenten Wilson um einen Separatfrieden zu den Konditionen der Entente-Mächte ersucht, was eine bedingungslose Kapitulation bedeutet, sehen die Nationalratsmitglieder darin das endgültige Zeichen für die Auflösung der Monarchie. Am 28. Oktober trifft sich Karel Kramář mit dem aus Paris angereisten Beneš in Genf, um die künftige Zusammenarbeit zwischen Jungtschechen und Sozialdemokraten als stärksten Kräften innerhalb der politischen Topographie des neuen Staatsgebildes vorzubereiten. In Prag wird am selben Tag durch einen Vertreter des Nationalrats auf dem Wenzelsplatz die Gründung der selbständigen tschechischen Republik verkündet, gegen Abend ein Aufruf an die Bevölkerung verlesen. Am 30. Oktober konstituiert sich ein Präsidium des Nationalausschusses, das die Verwaltung des Landes koordinieren und künftig die kriegswichtigen Versorgungseinrichtungen, die für die Lebensmittel- und Brennstoffverteilung zuständig sind, kontrollieren soll. Die Regierung in Wien unternimmt keine militärischen

Schritte gegen den auch aus ihrer Sicht unaufhaltsamen Abspaltungsprozeß; am 11. November 1918 entbindet Kaiser Karl seine Länder vom Treueid und dankt ab – die k. u. k.-Monarchie ist nur noch Geschichte. Am 14. November 1918 tritt in Prag die Tschechische Nationalversammlung zur ersten Sitzung zusammen. Der neue Ministerpräsident Kramář verkündet in einer programmatischen Rede das politische Ende des Hauses Habsburg und verpflichtet die Republik auf die Grundlagen der provisorischen Verfassung, die der Jurist Alfred Meißner zuvor innerhalb weniger Stunden schriftlich fixiert hatte. Masaryk, der erst eine Woche später aus dem Exil zurückkehrt, wird in Abwesenheit zum Präsidenten gewählt, sein Bündnispartner Beneš übernimmt das Amt des Außenministers.[55] So überraschend dieser friedliche Übergang in einen selbständigen Staat für die meisten Tschechen kommt, so täuschend ist die Ruhe, die im November 1918 in Prag nach der Ausrufung der Republik herrscht. Nur vierzig Kilometer nördlich der Hauptstadt liegt das Zentrum der deutschböhmischen Kräfte, die sich dem neuen Staat verweigern und einen autonomen politischen Status für sich fordern; auch die ungarischen Bevölkerungsgruppen der Slowakei leisten erbitterten Widerstand gegen ihre – von Masaryk und Beneš mit militärischem wie diplomatischem Druck forcierte – Eingliederung in den tschechischen Staat. Obgleich acht Monate später die slowakischen Länder Prag zufallen und die Deutschböhmen eine formalrechtlich gesicherte Stellung erhalten, dauern die ethnischen Konflikte künftig mit unverminderter Heftigkeit an.[56] Die auch selbstverschuldete Last, die die junge Republik in diesem Punkt zu tragen hat, verringert sich im Lauf der Jahre keineswegs.

Kafka liegt in den vier Wochen, die Prag und Böhmen revolutionär verändern, fiebernd im Bett. Nur mühsam kommt er nach der schweren Krise, die ihn Mitte Oktober ereilt hat, wieder zu Kräften; daß er die Infektion übersteht, ist ein Indiz dafür, wie relativ stabil sein körperlicher Gesamtzustand trotz der Tuberkulose in dieser Phase seines Lebens noch ist. Als cr am 19. November 1918 seine Arbeit am Pořič nach einmonatiger Unterbrechung wieder aufnimmt, hat sich die politische Welt, die ihn umgibt, fundamental umgestaltet. Er ist jetzt nicht mehr der Untertan eines Kaisers im sozialen Gefüge einer fragwürdig gewordenen deutsch-österreichischen Kulturhoheit, sondern der Bürger einer Republik, in der Tschechisch als offizielle Amtssprache gilt. Der tiefgreifende Umbau des Staates macht sich in der Versicherungsanstalt sehr rasch bemerkbar, galt es doch für die Vertreter der neuen Ordnung, die Schlüsselpositionen der Verwaltung möglichst zügig zu kontrollieren. Kafkas direkter Vorgesetzter, der Abteilungsvorstand Eugen Pfohl, muß, da er als typischer Repräsentant Deutschböhmens gilt, den Dienst ebenso quittieren wie Robert Marschner, der im März 1919 um Ver-

setzung in den Ruhestand bittet.[57] Zum Zweck der Neuorganisation der
Anstalt wird ein aus zwanzig Personen bestehender tschechischer Verwal-
tungsausschuß gegründet, der die Beamtenschaft auf ihre potentielle Loyalität gegenüber dem neuen Staat zu durchleuchten hat. Das Gremium wählt
am 14. März 1919 Bedřich Odstrčil, einen engen Vertrauten des Staatspräsidenten Masaryk, zum neuen Direktor, Albert Hošek zum Vorsitzenden des
Verwaltungsrats.

Unter der Ägide Odstrčils werden zahlreiche deutsche Beamte frühzeitig
pensioniert, weil sie als politisch unzuverlässig gelten. Zumal aus dem Kreis
der mit leitenden Aufgaben Betrauten scheiden die Deutschen durchgehend
aus; wer die Anstalt nicht verlassen muß, hat zumindest mit einer Umsetzung
zu rechnen, die häufig einer Degradierung gleichkommt. Kafka bleibt von
derartigen Säuberungsaktionen verschont und darf seinen Dienst in der
technischen Abteilung fortsetzen, was er primär dem Umstand verdankt,
daß er im Unterschied zu den meisten deutschböhmischen Beamten die
neue Landessprache sicher beherrscht. Da man ihm ein ressentimentfreies
Verhalten gegenüber seinen tschechischen Kollegen bescheinigen kann,
votiert die Kommission, die zur Prüfung der einzelnen Personalakten eingerichtet worden ist, einhellig dafür, ihn auch fortan als *Vizesekretär* im vertrauten Aufgabenkreis der Gefahrenklassifikation zu beschäftigen.[58] Scheinbar
bruchlos tritt Kafka damit in die Ordnung des neuen Staates ein, der ihm so
fremd bleiben wird wie das versunkene Kaiserreich.

Vierzehntes Kapitel
Protokolle des Schreckens (1914–1919)

Vortragsabend mit ‹Blutgeruch›

In den ersten beiden Kriegsjahren scheint Kafkas literarische Arbeit von den exakt entworfenen Miniaturen des Frühwerks, wie sie im impressionistischen Stil der *Betrachtung* ihre vollkommene Form finden, weit entfernt. Es sind die Katastrophen der Zeitgeschichte, die seinen Texten seit dem Sommer 1914 eine gesteigerte Drastik und Konsequenz verleihen. Im Februar 1915 vermerkt eine Tagebuchnotiz unter Bezug auf die abgebrochene *Blumfeld*-Erzählung: «Wenn sich die beiden Elemente – am ausgeprägtesten im ‹Heizer› und ‹Strafkolonie› – nicht vereinigen, bin ich am Ende. Ist für diese Vereinigung Aussicht vorhanden?» (T III 77) Kafka läßt hier offen, was ‹die beiden Elemente› genau bezeichnen. Führt man den Begriff auf die genannten Beispiele zurück, so könnte *Der Heizer* die täuschenden Manöver der Ironie und die Organisationsleistung der scheinbar naiven Darstellung, die *Strafkolonie*-Erzählung aber die Sprache einer Schreckphantasie repräsentieren, wie sie ansatzweise bereits *Die Verwandlung* ausbildet. Der Wunsch nach einer Synthese der beiden Formtendenzen, den der Tagebucheintrag reflektiert, bleibt während der Kriegsjahre zumeist unerfüllt: in die dunklen Welten der zu dieser Zeit entstehenden Prosa vermag das Licht der Ironie nur selten zu dringen.

Zwischen 5. und 18. Oktober 1914 nimmt Kafka einen zweiwöchigen Urlaub, der die Fortsetzung des *Proceß*-Manuskripts fördern soll. Statt jedoch den Roman voranzutreiben, schreibt er während dieser Tage in ekstatischem Tempo, ohne nennenswerte Unterbrechung und Störung, den Text der Erzählung *In der Strafkolonie* nieder. Wie schon im Fall der *Verwandlung* entlastet ihn das Gefühl, im Schatten eines Großprojekts mit seinen Organisations- und Planungszwängen frei von dispositorischen Notwendigkeiten arbeiten zu können. Am 2. Dezember 1914 liest er die Erzählung bei Franz Werfel in Gegenwart von Otto Pick und Max Brod vor, ohne daß ihn jedoch ihre Bogenführung vollauf überzeugt. Vor allem das Finale mißfällt ihm («die überdeutlichen unverwischbaren Fehler»; T III 59), weil es durch einen Perspektivwechsel – ähnlich wie das Ende der *Verwandlung* – das ihm vorschwebende Ideal der dichten Form verletzt; mehrfach hat er in späteren Jahren die Schlußpassagen neu durchdacht und variiert, ohne zu einer ihn befriedigenden Version zu finden. Die Veröffentlichung der Erzählung verzögert sich, da Kafka zunächst auf die Gelegenheit zur Korrektur hofft, schließlich aber den «Niedergang» (T III 39) seiner produktiven Kräfte konstatieren und den Text liegenlassen muß. Erst am 7. April 1915 bietet er René Schickeles *Weißen Blättern* das unveränderte *Strafkolonie*-Manuskript als Option für den Fall an, daß die *Verwandlung* sich als zu umfangreich erweisen sollte. Nachdem Schickele die ältere Novelle trotz ihrer beträchtlichen Seitenzahl publiziert hat, schlägt Kafka am 15. Oktober 1915 Kurt Wolffs Prokuristen Georg Heinrich Meyer vor, die aktuelle Erzählung mit *Urteil* und *Verwandlung* zu einem Band *Strafen* zusammenzufassen (Br 134). Der Plan ist aufschlußreich, weil er verrät, daß sich Kafkas literarisches Selbstverständnis unter dem Einfluß des Krieges gewandelt hat. Noch im April 1913 beschäftigte ihn, wie erinnerlich, die Idee, ein Buch mit dem programmatischen Titel *Söhne* zu veröffentlichen. Wenn er nun zwei der für diesen Band vorgesehenen Texte aus dem Komplex der Familiengeschichten löst und unter die neue Rubrik *Strafen* stellt, so zeigt das eine Verschiebung seines Interesses. Die nahezu obsessive Konzentration auf den privaten Schauplatz weicht einer Beschäftigung mit den öffentlichen Spielfeldern der Macht, die Kafka während der folgenden Jahre unaufhaltsam in den Bann ziehen. Unter dem Eindruck des Krieges scheint das Bewußtsein dafür gewachsen, daß die Familie nur eine besondere Form der Repräsentation von Gewaltstrukturen darstellt, wie sie sich seit dem Sommer 1914 mit ganzer Deutlichkeit auf dem verdüsterten Terrain der europäischen Politik abbilden.

Das neue Sammelband-Projekt wird jedoch niemals verwirklicht, weil die äußeren Umstände ihm nicht günstig sind. Durch Wolffs Vertreter Meyer erfährt Kafka im August 1916, man halte ein Buch mit dem Titel *Strafen* für unverkäuflich. Wolff selbst, der im Mai 1916 auf Intervention des Großherzogs von Hessen mit unbeschränktem Urlaub zur Weiterführung seiner verlegerischen Tätigkeit aus dem Militärdienst entlassen worden ist, vermag sich auch zu einer Einzelveröffentlichung der *Strafkolonie*-Erzählung in der Reihe *Der jüngste Tag* nicht durchzuringen (Br 146ff.). Es läßt sich kaum ausschließen, daß Rücksichten auf die Zensur bei der Ablehnung eine Rolle spielten.[1] Vermutlich fürchtete Wolff, der Text könne als Allegorie des Krieges und seiner barbarischen Technisierung gelesen werden; in einem Brief an Kafka betont er im Herbst 1916, daß er die Geschichte als provokant-schmerzhafte Form der Auseinandersetzung mit den Tötungsexzessen der eigenen Zeit auffasse und gerade aus diesem Grund vor einer Publikation zurückschrecke.[2]

Am 10. November 1916 reist Kafka auf Einladung des Buchhändlers und Galeristen Hans Goltz, der in den vergangenen Monaten Lesungen Salomo Friedlaenders, Else Lasker-Schülers und Alfred Wolfensteins veranstaltet hatte, zu einem Rezitationsabend nach München.[3] Er mag während der Zug-

Zur Zeit der Lesung in München

fahrt an seinen 13 Jahre zurückliegenden
Besuch gedacht haben, als er in den Münchner Caféhäusern saß, die Tage verdämmerte,
wahllos Zeitungen las und letztmals mit
dem Gedanken spielte, das ungeliebte Jura-
gegen ein Germanistikstudium einzutauschen. Daß er die Stadt jetzt als «trostlose Ju-
genderinnerung» bezeichnet, verfälscht die
Stimmung, in der der 20jährige München
erlebte, durch jenen Gestus der Resigna-
tion, mit dem Kafka die eigene Biographie
bevorzugt betrachtet (Br 153). Am frühen Abend des 10. November trifft er
Felice Bauer, die eigens von Berlin aus angereist ist, um ihn zu sehen; man
steigt im noblen Hotel *Bayerischer Hof* am Promenadeplatz ab, vermutlich in
getrennten Zimmern, wie es die Konvention verlangt. Ab 20 Uhr liest Kafka in
der am Odeonsplatz neben dem Café *Luitpold* gelegenen Galerie *Neue Kunst*,
die Hans Goltz zu einem Forum der expressionistischen Avantgarde gemacht
hatte, Gedichte aus Max Brods noch ungedruckter Anthologie *Das gelobte
Land*, danach die *Strafkolonie*-Erzählung (den restriktiven Gepflogenheiten
der Kriegszeit gemäß mußte die Textauswahl einige Tage zuvor dem Innen-
ministerium zur Genehmigung vorgelegt werden, so daß man den verräterischen Titel der Geschichte in der Zeitungsankündigung durch das Wortun-
getüm *Tropische Münchhausiade* ersetzte).[4] In dem ungeheizten Raum, dessen
Deckenbeleuchtung ein fahles Licht wirft, versammeln sich knapp dreißig
Zuhörer; unter ihnen ist auch Rilke, der im Jahr zuvor als Leser der *Weißen
Blätter* auf *Die Verwandlung* gestoßen war und den Autor jetzt selbst erleben
möchte.[5] Kafka nimmt zwischen großformatigen, polychromen Ölbildern
von Malern der Münchner *Neuen Sezession* Platz und beginnt, «schräg gegen
sein Pult sitzend», mit leiser, genauer Intonation sein Programm.[6] Unter dem
Eindruck der von der *Strafkolonie* entfalteten Schock-Dramaturgie mit ihren
schwer erträglichen Folterbeschreibungen verlassen mehrere Zuhörerinnen
während des Vortrags den Saal; die Behauptung eines Besuchers, daß drei
Frauen aufgrund des ‹faden Blutgeruchs›, den die Lesung verströmt habe, in
Ohnmacht gefallen seien, dürfte dagegen übertrieben sein – durch die damaligen Zeitungsberichte über den Abend wird diese Reminiszenz nicht bestätigt.[7] Die Reaktion der Kritiker trägt überwiegend negative Züge, wobei der
Erzählstoff als geschmacklos, die gewählte Form als undiszipliniert getadelt
werden. Hans Beilhack nennt Kafka in der *Münchner Zeitung* einen «Lüstling
des Entsetzens», der «selbst das Widerliche und Ekelhafte» nicht scheue. Eine

scharf formulierte Kritik der *Neuesten Nachrichten* charakterisiert die gesamte Rezitation als ungünstige «Probe» eines «wenig erquicklich» wirkenden Talents, das keinen «künstlerischen Eindruck» vermittelt habe.[8] Dem Münchner Auftritt, seiner zweiten öffentlichen Präsentation nach dem Prager Autorenabend vom Dezember 1912, hat Kafka, verstört von solchen Stimmen, niemals wieder einen Vortrag vor fremdem Publikum folgen lassen.

Im Anschluß an die mißglückte Rezitation besuchen Kafka und Felice noch ein in der Nähe gelegenes Restaurant. Einige Zuhörer begleiten sie, darunter der Schriftsteller Gottfried Kölwel, der Journalist Eugen Mondt und der Schweizer Graphologe Max Pulver, der sich neben Kafka setzt, um ihn durch aufdringliche Fragen in Beschlag zu nehmen. Mit Kölwel, der 1914 bei Wolff mit seinem – vom Vorbild Werfels inspirierten – Band *Gesänge gegen den Tod* debütiert hatte, trifft er sich am nächsten Tag im Caféhaus.[9] Er läßt sich einige seiner neueren Arbeiten vortragen, hält aber in gewohnter Weise ein genaueres Urteil zurück. Erst wenige Wochen nach der persönlichen Begegnung gesteht er dem Autor: «Diese Gedichte trommelten mir zeilenweise förmlich gegen die Stirn. So rein, so sündenrein in allem waren sie, aus reinem Atem kamen sie; ich hätte alles was ich in München angestellt hatte, an ihnen reinigen wollen.» (Br 154) Als Kölwel ihm Wochen später mehrere Abschriften neuer lyrischer Texte nach Prag schickt, zeigt Kafka sich von ihrer sensiblen Diktion, die jegliche Nähe zum auftrumpfenden Ton des Expressionismus meidet, erneut beeindruckt: «Wie groß ihr Reich ist!» (Br 155) Felice Bauer gesteht er zwar, daß die schriftliche Fassung der einem «unschuldigen Herzen» entstammenden Gedichte – sie werden in den Band *Erhebung* (1918) eingehen – ihn weniger berührt habe als die Privatlesung Kölwels im Caféhaus. An der Wertschätzung, die er den Texten des Lyrikers auch in den folgenden Jahren entgegenbringt, ändert das jedoch nichts – sie verrät die schon bekannte Sympathie, die Kafka für einen unprätentiös-einfachen Stil hegt (lediglich seine Werfel-Begeisterung scheint hier eine Ausnahme zu bilden) (F 748).[10]

Julius Konstantin von Hoeßlin hatte in seiner Rezension der Münchner Lesung bemängelt, daß die *Strafkolonie*-Erzählung ein spannungsreicheres Finale fordere, in dem die Geschichte «nicht so endlos langsam verebben» dürfe.[11] Neun Monate nach der mißratenen Lesung, im August 1917, experimentiert Kafka, womöglich auch unter dem Eindruck dieser Kritik, mit zahlreichen Varianten des Erzählschlusses, ohne jedoch eine ihn befriedigende Lösung zu finden (T III 152ff.). Kurt Wolff gegenüber erklärt er am 4. September 1917 verärgert und resigniert, die letzten drei Seiten der *Strafkolonie* seien «Machwerk», weil der organische Zusammenschluß der Teile fehle: «(…) es ist da irgendwo ein Wurm, der selbst das Volle der Geschichte hohl macht.» (Br 159) Die Unzufriedenheit mit der Architektur des Textes

führt dazu, daß Kafka mehrere Optionen für die Veröffentlichung erwägt.
Im Frühjahr 1917 scheint er die Erzählung Theobald Taggers neuer Zweimonatsschrift *Marsyas* – womöglich aufgrund einer Anfrage des Herausgebers – angeboten zu haben; das Verzeichnis der Mitarbeiter, das im Anhang
von Taggers Pamphlet *Das neue Geschlecht* abgedruckt ist, listet Kafkas Namen wenig später neben Autoren wie Brod, Döblin, Einstein, Hofmannsthal,
Sternheim, Weiß und Werfel auf.[12] Zu einer Publikation in Taggers Periodikum kommt es aber nicht, da das Manuskript zu umfangreich für den *Marsyas* ist; eine Veröffentlichung bei Kurt Wolff, der seine früheren Vorbehalte
gegenüber dem Text hat fallen lassen und im Spätsommer 1917 den Vorschlag unterbreitet, die Erzählung als Einzelband zu drucken, lehnt Kafka zu
diesem Zeitpunkt wiederum ab, weil er darauf hofft, noch Gelegenheit zu
einer durchgreifenden Revision des Schlusses zu finden.

Erst nachdem Kafka im November 1918 den Plan der Korrektur aufgege-
ben hat, einigt er sich mit dem Verlag auf eine Publikation der Erzählung als
Einzelband. Im Mai 1919 publiziert Wolff, der dem Autor sein «Grauen und
Entsetzen über die schreckhafte Intensität des furchtbaren Stoffes» offen ein-
gesteht, *In der Strafkolonie* mit einer Auflage von 1000 Exemplaren in der ge-
diegen gestalteten Serie der *Neuen Drugulin-Drucke* auf Bütten mit schönem
Satzspiegel und kontrastscharfem Buchstabenbild.[13] Die Verschleppung des
Veröffentlichungszeitpunkts war nicht nur die Folge der nachkriegsbeding-
ten Papierknappheit, sondern auch die Konsequenz der vom Prokuristen
Georg Heinrich Meyer praktizierten Unternehmensstrategie, die Kafkas
Arbeiten zwar eine noble Ausstattung zubilligt, sie aber in der internen
Werthierarchie an den Rand des Programms drängt. Der Interimschef, 1868
geboren und damit knapp zwanzig Jahre älter als Wolff, steuerte einen konservativen Kurs, der vor allem an Verkaufsquoten orientiert blieb. Meyers
eigene Verlagsunternehmungen waren vor dem Krieg in Leipzig und Berlin
gescheitert, so daß ihn nun ein starkes ökonomisches Sicherheitsbedürfnis
bestimmte. Da er primär auf den Absatz neuer Titel setzte, konnte sich Meyer in den Jahren nach 1914 nicht dazu entschließen, Kafka einen Programm-
platz für ein Romanfragment zur Verfügung zu stellen oder den aus seiner
Sicht riskanten *Söhne*-Band zu realisieren.[14] Es ist aber offenkundig, daß
auch Wolff, nachdem er 1916 in die Verlagsleitung zurückgekehrt war, eine
spürbare Distanz zu Kafka aufzubauen begann. Mit einer verräterischen Formulierung umreißt er später das schwierige Verhältnis, das er zu seinem Autor unterhielt: er habe sich «Kafka gegenüber gehemmt» gefühlt, «nicht gewillt, in seine Welt einzudringen.»[15]

Zu solchen inneren Reserven traten äußere Ursachen, die den Abstand begründeten, der hier trotz persönlicher Schätzung herrschte. Zwar versicherte
Wolff Kafka wiederholt, wie wenig ihn der äußere, in Absatzzahlen meßbare

Erfolg seiner Bücher interessiere, doch blieb das nur die halbe Wahrheit. Gerade in den letzten Kriegsjahren und in der Periode der Inflation mußte er wirtschaftlich kalkulieren, um die gestiegenen Ausstattungs- und Papierpreise finanzieren zu können. Wolffs Behauptung, er habe Kafka ohne Rücksicht auf den buchhändlerischen Erfolg uneingeschränkt unterstützt, folgt einem Topos ohne letzten Realitätsgehalt, denn auch der Schutzpatron der jungen Avantgarde hatte, wenn er in neue Bücher investierte, die harten Gesetze des Marktes zu berücksichtigen. Verstärkt förderte Wolff gut verkäufliche Autoren wie Heinrich Mann, dessen gesammelte Werke ab 1918 in zehn Bänden zu erscheinen begannen, und Gustav Meyrink, der 1915 bei ihm seinen erfolgreichen *Golem* veröffentlicht hatte. Die 1916 gegründete Reihe *Der Neue Roman*, in der nach dem Krieg auch *Der Untertan* veröffentlicht wurde, war vor diesem Hintergrund ein primär auf Wirtschaftlichkeit zielendes Unternehmen. Zu den problematischen Auswirkungen der stärker ökonomisch ausgerichteten Verlagsstrategie gehörte freilich auch, daß Wolff den individuellen Austausch mit den Schriftstellern seines Hauses erheblich einschränkte. Er sei, so schreibt Kafka Ende Januar 1918 entschuldigend an Josef Körner, der sich um einen persönlichen Kontakt bemühte, ein «unter Autoren begrabener» Mann (Br 228). Bereits im November 1917 hatte sich Max Brod bei seinem Freund beklagt, daß Wolff ihm von 25 000 verkauften Exemplaren seines zwei Jahre zuvor publizierten *Tycho Brahe*-Romans nur 8000 Stück verrechne: «Die Schlamperei dort scheint maßlos zu sein und doch nur so, daß sie nirgends den Vorteil des Verlags angreift.» (BK II, 191) Angesichts der fortschreitenden Vereisung der Beziehungen, in deren Geschäftscharakter sich die verstärkt auf Profitabilität setzende neue Unternehmenslinie manifestierte, mochten sich Brod und Kafka sehnsüchtig an die Verhältnisse des Jahres 1912 erinnern, da die Kontakte noch das Air freundschaftlich-privaten Austauschs trugen. Die fröhliche Aufbruchsstimmung des Spätsommers 1912, als man in Leipzig Pläne für eine glanzvolle literarische Zukunft schmiedete, war längst in der Prosa der Verhältnisse versunken.

Maschinen des Gesetzes

Bereits der erste Satz der *Strafkolonie*-Erzählung macht deutlich, daß nicht der Mensch, sondern ««ein eigentümlicher Apparat» (D 161) – mit Freuds Begriff von 1923 ein das Ich determinierendes ‹Es› – das Zentrum der Aufmerksamkeit bildet.[16] Um diesen ‹Apparat› – der Begriff erinnert zugleich an ein administratives System[17] – gruppieren sich die Akteure: der europäische Reisende, der die offenbar auf einer asiatischen Insel liegende Strafkolonie[18] in nicht ganz klarer Inspektionsabsicht besucht, der als Anhänger des verstorbenen früheren Kommandanten auftretende Offizier, ein subalterner Soldat und ein von ihm bewachter Verurteilter. Man erfährt, daß in einem abgeschiedenen Tal bei sengender Hitze eine Exekution stattfinden soll, welche die Maschine vollstrecken wird, deren Konstruktion auf einem detaillierten Entwurf des alten Kommandanten beruht. Der Offizier erläutert zwar den Mechanismus des Apparates genauer, jedoch bleiben die Grundlagen und Normen des vorangehenden Rechtsverfahrens dunkel und mysteriös. Die Maschine besteht aus einer Art Bett, einer ‹Egge›, die dem Delinquenten Nadeln in den Rücken treibt, und einem Zeichner, der diese Nadeln bewegt. Die Hinrichtung, die zugleich ein Akt der schwersten Folter ist, erstreckt sich über zwölf Stunden. Während dieser Zeit liegt der Verurteilte gefesselt auf dem Bett, indessen ihm die Egge eine Buchstabenschrift in den Rücken ritzt, die sein Vergehen bezeichnen soll. Sie ist mithin Tötungsapparat und zugleich Schreibmaschine: eine teuflische Erfindung, von deren Inhumanität auch die euphemistische Schilderung des Offiziers nicht ablenken kann. Mit befremdlichem Pathos erklärt dieser, der Gefolterte erkenne nach sechs Stunden den Sinn des ihm eingegrabenen Urteilsspruchs: «Verstand geht dem Blödesten auf»; später ist sogar von der Form einer «Verklärung» die Rede, die sich dem Sterbenden offenbare (D 173, 178). Dem Reisenden freilich gelingt es nicht, die von Zieraten umgebene Schrift der Schablone zu entziffern, so daß das Medium des Urteils sogleich in eine Dämmerzone rückt: Begreifen und Nicht-Begreifen treten in eine massive Spannung, weil eine Entscheidung über die Evidenz des Verstehensanspruchs, den das vom Offizier geschilderte Rechtsverfahren erhebt, nicht verbindlich herbeigeführt werden kann.

Das Strafsystem des alten Kommandanten birgt seine hermetische Ordnung, da es exklusiv ist, ohne einen Bezug zu anderen Bestrafungsformen zu unterhalten. Man kann es nur aus seinem inneren Selbstverständnis beschreiben, denn schon die Frage, ob die versprochene Erkenntnis sich dem Sterbenden faktisch vermittle, bezeichnet eine Position außerhalb des Systems. Die Tücke dieser Konstruktion liegt wiederum darin, daß die Inhumanität des Strafverfahrens es nahezu unmöglich macht, eine derartige Position der Distanz als Ausdruck moralischen Urteils zu umgehen.[19] Mit Rücksicht auf Kafkas Neigung zur hermetischen Begriffsverwendung scheint es jedoch zunächst erforderlich, die Bedeutung der vom Offizier erläuterten Vollstreckungspraxis ohne Wertungen zu erschließen. Nietzsche bestimmt 1873 im Rahmen seiner Basler Rhetorik-Vorlesungen das Wesen der «Wahrheit» lapidar als «bewegliches Heer von Metaphern», das sich dem Geltungsradius analytischer Termini entziehe.[20] Gemäß dieser Auffassung steckt die Wahrheit der von der Erzählung beleuchteten Rechtsvorstellungen in der metaphorischen Ordnung des Textes jenseits eines klar umrissenen juristischen bzw. politischen Standpunkts. Kafka leiht sich zwar für die novellistische Darstellung des hier geschilderten ‹Falls› einzelne Elemente aus der Geschichte der Strafpraxis im Zeitalter des Kolonialismus, definiert aber seine zentralen Kategorien autonom, frei von historischen oder sozialen Setzungen, innerhalb des Raums der Sprache und der Strukturen der Schrift. Der Verurteilte, so erfährt man, ist für schuldig befunden worden, da er gegen seine Dienstpflichten verstieß. Ihm fiel die durch keinen höheren Sinn gerechtfertigte Aufgabe zu, nachts stündlich vor der Tür seines Vorgesetzten zu salutieren (D 168). Als er gegen Morgen schlafend angetroffen wurde, meldete man dieses dem Offizier, der ohne weitere Anhörung das Urteil verkündete, daß dem Delinquenten der Satz «Ehre deinen Vorgesetzten!» in den Leib gegraben werden solle (D 166). Das Verfahren, das hier beschrieben wird, verletzt in mehrfacher Hinsicht die Grundsätze der modernen Zivilisation. Es widerspricht dem Gedanken der Gewaltenteilung, insofern der Offizier – als letzter Gefolgsmann des alten Kommandanten – Richter und Exekutor zugleich ist; es läßt aus Prinzip keine Verteidigung zu; es endet stets mit der Todesstrafe, da das zwölfstündige ‹Einschreiben› der Urteilsformel den Delinquenten zwangsläufig umbringen muß. Zu den Eigentümlichkeiten dieser Rechtspraxis gehört jedoch, daß die Tötung nicht Ziel, sondern Folge des Urteils ist; es bezeichnet einen kategorischen Imperativ, dessen Eintragung in den Körper stets letal endet. Aus Sicht der Ankläger bleibt ein solches Verfahren legitim, weil die Schuld keiner Überprüfung bedarf, insofern sie «immer zweifellos» (D 168) ist. Diese Formel taucht an zwei späteren Stellen des Textes in markanter Variation auf: der Reisende findet die «Ungerechtigkeit des Verfahrens und die Unmenschlichkeit der Exekution» seinerseits «zweifellos»; für ihn scheint es daher auch «zweifellos», daß er sich nicht zum Helfer des Offiziers machen möchte, wenngleich er sich auf dunkle Weise von dessen Maschine angezogen fühlt (D 173, 185).

Im Rahmen seines nüchtern vorgebrachten Berichts erinnert der Offizier daran, daß die Hinrichtungen in der Vergangenheit vor einem großen, durch Kinder erweiterten Publikum stattfanden. Diese Form der Schaustellung verweist auf das für Mittelalter und Frühe Neuzeit charakteristische Verfahren der öffentlichen Exekution, über das Foucault bemerkt hat: «Die peinliche Strafe deckt also nicht jede beliebige körperliche Bestrafung ab. Sie ist eine differenzierte Produktion von Schmerzen, ein um die Brandmarkung der Opfer und die Kundgebung der strafenden Macht herum organisiertes Ritual – und keineswegs das Außersichgeraten einer Justiz, die ihre Prinzipien vergessen und jedes Maß verloren hätte.»[21] Der Schauspielcharakter, der in der Strafkolonie zur rituellen Ordnung des Tötens gehört, ist inzwischen jedoch, wie der Offizier ausdrücklich beklagt, einem Akt gewichen, der unter Ausschluß der Öffentlichkeit vonstatten geht. Der neue Kommandant umgibt sich mit einer Schar empfindsamer Damen, befaßt sich aus scheinbar spielerischem Interesse mit Hafenbauten, lehnt die alte Hinrichtungsart ab und bleibt der Exekution ostentativ fern, ohne freilich aktiv gegen das tödliche Procedere einzuschreiten (D 178ff.). Die souveräne Macht, in deren Namen der Delinquent umgebracht wird, läßt das Ritual der Hinrichtung so geschehen, daß sie in ihm nicht äußerlich, sondern nur über die Vollstreckung des Urteils gegenwärtig wird.

In einer ähnlich ambivalenten Rolle wie der neue Kommandant tritt der Reisende auf. Er ist ein zunächst gelangweilter, sukzessive aber vom Apparat faszinierter Beobachter ohne Bereitschaft zum Handeln. Zwar verwirft er die mangelnde Humanität des Rechtsverfahrens, doch wagt er es nicht, in die bestehenden Verhältnisse einzugreifen. Vorbilder für diese zweifelhafte Figur sind, wie Walter Müller-Seidel zeigen konnte, zwei zeitgenössische Kriminologen, die durch ihre Arbeiten einer breiteren Öffentlichkeit bekannt wurden: Robert Heindl, der 1912 im Berliner Ullstein-Verlag unter dem Titel *Meine Reise nach den Strafkolonien* einen Bericht über seine Inspektion von Gefängnislagern in Australien, China und Neukaledonien publizierte, und Hans Groß, Kafkas Strafrechtslehrer in den Jahren 1903–04, der 1909 einen Aufsatz über die juristische Evidenz der Deportationspraxis veröffentlichte (der berühmteste Fall einer solchen Strafe war jener des wegen Landesverrats angeklagten jüdischen Offiziers Alfred Dreyfus, der 1895 von einem Pariser Gericht unschuldig zur Verbannung auf die Teufelsinsel vor der Küste von Französisch-Guayana verurteilt wurde).[22] Die Texte von Heindl und Groß schildern die herrschenden Rechtszustände in den Kolonien und suchen ihr Verhältnis zum europäischen Strafrecht zu beleuchten, indem sie programmatisch den Gestus des Beobachters an den Tag legen, der jenseits moralischer Kriterien die Arsenale der kriminologischen Praxis auf die Wirksamkeit hinreichend restriktiver Methoden durchsucht. Zumal bei Groß dominiert der kalte Blick des Technokraten, der allein Funktionskriterien für die Bewertung des von ihm analysierten Rechtssystems in Anschlag bringt, ohne sich von sittlichen Imperativen leiten zu lassen. Der Verzicht auf ein dezidiert ethisches Urteil erinnert an die Haltung des Reisenden, der die humanitären Wertmaßstäbe eines christlich-aufgeklärten Mitteleuropäers nur formal, kaum aber moralisch überzeugend und damit handlungswirksam vertritt.[23]

Der Verurteilte wiederum zeigt sich schon in der Expositionsszene aus der Sicht der Erzählers als ein «zum Mitleid gar nicht auffordernder Mensch» (D 175), der auf das Stadium der kreatürlichen Existenz reduziert ist; an seiner Kette wirkt er so «hündisch ergeben, daß es den Anschein hatte, als könne man ihn frei auf den Abhängen herumlaufen lassen und müsse bei Beginn der Exekution nur pfeifen, damit er käme» (D 161). Im Sinne von Giorgio Agamben bezeichnet Kafkas Delinquent den aus der antiken Sklavenhaltergesellschaft bekannten Typus des als rechtlos ausgestoßenen *Homo sacer*, dessen Tötung kein Götteropfer, sondern allein die Auslöschung des nackten Lebens im Dienste der Erhaltung der souveränen Staatsmacht be-

deutet.[24] Durch die Figur des Verurteilten verweist die Erzählung auf die Se-
lektionspraktiken der vom alten Kommandanten verkörperten Ordnung,
die sich selbst mit Hilfe biopolitischer Akte der Ausschließung und Tötung
zu stabilisieren sucht. Der ‹hündische› *Homo sacer* beleuchtet eine Herr-
schaftsstruktur, deren Gewaltmonopol die Vernichtung des nackten Lebens
zum Zweck ihrer Selbsterhaltung einschließt – eine aus der Antike vertraute
Praxis, die im kolonialen System des imperialistischen Zeitalters ihre moderne Fortführung auf maschineller Basis erfuhr. Als Text, der das Recht als
Vollstreckungsinstrument der Biopolitik vorführt, beschreibt die Erzählung
eine technische Organisation des Tötens, die auf die Verbrechen des Nationalsozialismus vorausdeutet.

Ihre überraschende Peripetie findet die Erzählung in dem Moment, da
sich der Reisende vor dem ihn umwerbenden Offizier, der die alte Hinrich-
tungsform gegen den neuen Kommandanten zu verteidigen sucht, als «Gegner dieses Verfahrens» ausweist (D 185). Daß der Text, ähnlich wie *Urteil* und
Verwandlung, der Logik der Tragödie gehorcht, verrät die Formulierung von
der «Ahnung irgendeines großen Umschwungs», die dem Verurteilten ein
«breites, lautloses Lachen» auf das Gesicht zaubert (D 190). Während er und
der ihn zuvor bewachende Soldat in die Rolle jener das Geschehen panto-
mimisch kommentierenden Narrenfiguren wechseln, wie sie Kafka seit der
Beschreibung eines Kampfes liebt, übernimmt nun der Offizier, der erkennt,
daß sein Plädoyer für den ‹Apparat› wirkungslos blieb, die Rolle des Delinquenten. Nachdem er den Verurteilten losgesprochen hat («Du bist frei»,
D 186), entkleidet er sich selbst, degradiert sich durch das Zerbrechen seines
Degens und legt sich unter die Egge, um sein nacktes Leben als neuer *Homo
sacer* dem Geschäft der Marter preiszugeben. Das vom Offizier eigenhändig
betätigte Laufwerk der Maschine arbeitet zwar gleichmäßig, aber mit uner-
hörter Beschleunigung, denn die Egge zerschneidet in rasender Schnellig-
keit seinen Leib. Der Reisende, der den Akt der Selbsttötung ohne innere
Beteiligung beobachtet, zeigt sich allein darüber «beunruhigt», daß der Apparat «offenbar in Trümmer» geht (D 192). Wie im Fall seiner Observation
des Verurteilten erweist sich damit die Mitleidslosigkeit als Signum des kalten Blicks, der die Ereignisse einfängt, ohne selbst von ihnen gefangen zu
werden. «Der Wahrnehmende», notieren Adorno und Horkheimer unter
Bezug auf die Tötungsexzesse des Nationalsozialismus, «ist im Prozeß der
Wahrnehmung nicht mehr gegenwärtig.»[25]

Der Offizier hatte bei der Erläuterung der Maschine in offenkundiger
Anspielung auf die Passionsgeschichte Christi behauptet, daß sich im Gesicht des Verurteilten nach sechs Stunden der ununterbrochenen Folter die
Spuren der Erkenntnis abzeichneten: «Um die Augen beginnt es. Von hier
aus verbreitet es sich.» (D 173) Später heißt es mit ähnlichem Tenor: «Wie

nahmen wir alle den Ausdruck der Verklärung von dem gemarterten Gesicht, wie hielten wir unsere Wangen in den Schein dieser endlich erreichten und schon vergehenden Gerechtigkeit.»» (D 178) Wenn zum Schluß zu lesen ist, daß sich keine «Erlösung» auf dem Gesicht des toten Offiziers zeige, so bleibt das zweideutig (D 193), denn nicht von ‹Erlösung› hatte er selbst gesprochen, sondern von ‹Erkenntnis› und ‹Verklärung›. Auch diese Merkmale fehlen freilich: das Gesicht des Toten offenbart dieselben Züge, die es «im Leben» aufgewiesen hatte (D 193). Am Ende trägt Kafkas Erzählung die Indizien für eine metaphysische Lesart des Hinrichtungsprozesses konsequent ab. Der Tod des Offiziers ist kein Märtyrertod, vielmehr ein Werk der Selbstvernichtung, der die Selbstdegradierung zum rechtlosen *Homo sacer* vorausging. Die Maschine wird hier nicht mehr erprobt, sondern zerstört, denn sie mordet nur, ohne zu schreiben. In der Schlußszene des Textes, die Karl Heinz Bohrer als Potenzierung der Gewalt in einem Prozeß der «Akkumulation an sadistischer Phantasie»[26] gedeutet hat, funktioniert sie anders als in den Erläuterungen des Offiziers; sie ritzt nicht über zwölf Stunden des Tages ununterbrochen ein Urteil in den Leib, vielmehr tötet sie sofort, binnen weniger Minuten. Die Erzählung zeigt den Untergang eines Rechtssystems, von dem wir nicht zu sagen wissen, was es bedeutet, weil wir nur erfahren, wie es sich selbst – aus der Sicht des Offiziers – beschreibt, ohne es in seiner Arbeit objektiv beurteilen zu können. Das verweist auf die Differenz zwischen der Maschine, die das Programm einer zweifelhaften, nur unter den Bedingungen der Folter in Aussicht gestellen Erkenntnis repräsentiert, und denjenigen, die sie zum Zweck der Herrschaftssicherung bedienen. Während die Menschen in der Erzählung auf zwei Rollen fixiert sind, insofern sie entweder Macht ausüben dürfen oder Macht ertragen müssen, scheint der Status des ‹Apparates› im Dunkeln zu liegen. Zu prüfen ist nun, ob sich eine klare Aussage über die Funktion der Maschine gewinnen läßt, deren Programm Kafkas Geschichte in widerspruchsvollen Brechungen beschreibt.

Die tödlichen Spuren der Schrift

«Die Lust, Schmerzliches möglichst zu verstärken, haben Sie nicht?» fragt Kafka Grete Bloch am 18. November 1913 (Br II 302). An Milena Pollak schreibt er Mitte November 1920: «Ja, das Foltern ist mir äußerst wichtig, ich beschäftige mich mit nichts anderem als mit Gefoltert-werden und Foltern.» (Mi 290) Ein früherer Brief zeigt dazu die Zeichnung einer Maschine mit Riemen für Hände und Beine, in die ein Delinquent eingespannt ist, der von einem mit verschränkten Armen an einer Säule lehnenden Aufseher beobachtet wird (Mi 271). Schon im Dezember 1914 gesteht Kafka sich ein, daß er Freude an der Darstellung von Sterbeszenen habe, die er, da ihm der

Gedanke an die Auslöschung des Ich eine zufriedene Erwartung des eigenen Todes verschaffe, als «Spiel» betrachte. Während der Leser das Sterben seiner Figuren, das zumeist von überraschenden Begleitumständen bestimmt sei, in der Regel verstörend finden müsse, so daß er ‹gerührt› werde, empfinde er selbst ein geheimes Vergnügen an der literarischen Inszenierung des Todes (T III 63). Wie der *Proceß* entspringt die *Strafkolonie*-Erzählung einer Schmerzphantasie, der die Lust an der imaginären Überschreitung existentieller Grenzen eingezeichnet bleibt.

Der Apparat, den der Text schildert, repräsentiert die Einheit von Schrift und Tod, von Ekstase und Thanatos – darin gleicht er Freuds ‹Es›, in dem Stillstellung und Konsumtion von Zeit als Impulse zusammenwirken.[27] Die Schrift, die dem Verurteilten den Grundsatz, gegen den er verstieß, in den Leib gräbt, ist eine Figur der Verzögerung. In ihr kommt der Sinn nicht zur vollen Gegenwart, sondern bleibt abwesend (der Reisende kann, bezeichnend, die Schablonen nicht entziffern). Gemäß Jacques Derridas Begriff der Schrift als Figur der ‹différance›, des permanenten Aufschubs, vollzieht sich das Schreiben in Kafkas Erzählung wie ein Akt der Retardation. Die Bedeutung, die der Verurteilte am eigenen Leib buchstabieren lernt, produziert sie Zug um Zug. «Sie bringt den Sinn hervor», heißt es bei Derrida über die Schrift, «indem sie ihn verzeichnet, indem sie ihn einer Gravierung, einer Furche, dem Relief einer Fläche anvertraut, von dem man verlangt, daß sie unendlich übertragbar sei.»[28] Erst kurz vor dem Tod kann der Verurteilte, folgt man den Erläuterungen des Offiziers, genau entziffern, was ihm in den Leib gegraben wurde. Die sinnhafte Bedeutung des Urteils, die den Aufschub unterbricht und die Verzögerung überwindet, läßt sich allein jenseits des Lebens begreifen. Es mag sein, daß Kafka hier auch die eigene Erfahrung des Schreibens als Annäherung an ein Absolutes, das nur im Tod erreichbar scheint, verarbeitet hat. Jede Schrift ist, wie Derrida bemerkt, lediglich Verzögerung, Verschleppung, nie aber völlige Offenbarung eines in ihr vergegenwärtigten Sinns. Dieser Prozeß der aufgeschobenen, stets vorläufigen Repräsentation bleibt hier mit dem Moment der Gewalt verknüpft, wie es ein Brief an Milena Pollak vom 13. August 1920 unter deutlichem Bezug auf die Bilderwelt der *Strafkolonie*-Erzählung hervorhebt: «Weißt Du wenn ich so etwas hinschreiben will wie das folgende, nähern sich schon die Schwerter, deren Spitzen im Kranz mich umgeben, langsam dem Körper, es ist die vollkommenste Folter: wenn sie mich zu ritzen anfangen, ich rede nicht vom einschneiden, wenn sie mich also nur zu ritzen anfangen ist es schon so schrecklich daß ich sofort, im ersten Schrei, alles verrate, Dich, mich, alles.» (Mi 215) Die Stimme, die sich im ‹Schrei› artikuliert, gibt preis, was die Zeichen auf dem Papier nicht sagen. Sie gesteht die Wahrheit, die in der Schrift immer nur als jene ‹Verzeichnung› präsent ist, von der Derrida gesprochen hatte.

Es wäre jedoch falsch, in der Hinrichtungsmaschine allein eine Metapher des Schreibens zu sehen, weil das die herausfordernde Rechtskritik des Textes und die damit verbundenen sozialhistorischen Aspekte ausblenden würde.[29] In einem Brief an Kurt Wolff konzediert Kafka am 11. Oktober 1916, daß die Erzählung keineswegs von «Peinlichem frei» sei, gerade darin aber der aktuellen Zeit entspreche (Br 150). Gegen das Pathos der von ihm wenig geschätzten expressionistischen Kriegsliteratur, die zwischen Pazifismus und Todesverklärung changiert, setzt er einen eigenen Versuch, den politischen Gewaltcharakter der Epoche zu erfassen.[30] Andererseits zeigt der Reisende eine ähnliche Neigung zur indifferenten Beobachtung wie Kafka selbst im Verhältnis zu den patriotischen Massenaufmärschen in den Tagen des Kriegsausbruchs, nur wenige Wochen vor der Niederschrift der Erzählung. Im August 1914 hatte er vermerkt, er stehe mit «bösem Blick» am Rande, voller Verachtung für die Begeisterung der Menschen; zugleich ahnt er, daß ihn keine moralischen Gründe zu dieser Distanz veranlassen, sondern die Gefühle des Ausgeschlossenseins und der Fremdheit (T II 167). Ähnlich bleibt auch die Haltung des Reisenden gegenüber der barbarischen Exekutionspraxis in der Strafkolonie schwankend zwischen Abscheu und Faszination, jedoch stets frei von einem moralischen Impetus, der zum Einschreiten aus ethischen Motiven hätte anhalten können.[31]

Anregungen empfängt diese Position weniger durch den pornographischen Blick Octave Mirbeaus, dessen Kafka vertrauter Roman *Le jardin des Supplices* (1899) mit voyeuristischem Vergnügen eine sadomasochistische Folterszenerie schildert, als durch einen weitaus unspektakuläreren Text. Im Sommer 1914 veröffentlichte die *Neue Rundschau* unter dem Titel *Südsee* einen umfangreichen zweiteiligen Reisebericht von Norbert Jacques, der eine Erkundungsfahrt deutscher Offiziere in den Pazifik beschrieb.[32] Jacques, ein gebürtiger Luxemburger, hatte nach der Jahrhundertwende ausgedehnte Reisen in die südostasiatische Region unternommen und galt als vorzüglicher Kenner der dortigen Inselwelt. In späteren Jahren erlangte er durch Fritz Langs Verfilmung seines bei Ullstein veröffentlichten Kriminalromans *Doktor Mabuse, der Spieler* (1921) größere Popularität (Mabuse verkörperte neben Alraune, Caligari und Nosferatu die typische Schreckgestalt des frühen Kinos). Die Perspektive des Berichts entspricht jener des Reisenden bei Kafka, der den *Südsee*-Essay als regelmäßiger Leser der *Neuen Rundschau* kannte (zu seiner Bibliothek gehörte auch ein Exemplar von Jacques' 1917 bei S. Fischer veröffentlichtem Erfolgsroman *Piraths Insel).*[33] In beiden Fällen wird die exotische Welt aus der Sicht kolonialistischer Arroganz dargestellt, wobei ein emotional unbeteiligter Blick dominiert, der das Fremde nochmals in die Distanz einer kaltsinnigen Betrachterhaltung rückt. In Jacques' Aufsatz erfährt der Leser Näheres über die Besiedlung entlegener Inseln, die Organisation der Leitungsaufgaben und den militärischen Aufbau der Planungsstäbe. Die Funktion des Kommandanten versahen hier, wie geschildert wird, degradierte Offiziere, die in die Südsee strafversetzt wurden. Jacques berichtet von einem über zwölf Jahre auf einer vormals brachliegenden Insel tätigen Hauptmann, der den deutschen Forschungsreisenden als sachkundiger «Agrarier, Offizier, Freidenker, Philosoph»[34] begegnet – mithin in ähnlicher Rollenvielfalt, wie sie bei Kafka der frühere Kommandant aufwies, der «Soldat, Richter, Konstrukteur, Chemiker, Zeichner» (D 166) in einer Person war. Es ist offenkundig, daß die Erzählung hier durch den mit kalter Nadel verfaßten Bericht von Jacques inspiriert wird.

Kafkas Text bietet keine Metaphysik des Bösen, sondern ein nüchternes Protokoll, das den Schrecken festhält, ohne ihn zu verklären oder unter dem Pathos der sozialen Anklage zu verbergen.[35] Die Foltermaschine vollzieht jenes «Fest der Martern», in dem Foucault die Merkmale einer alteuropäischen Exekutionspraxis bezeichnet sah.[36] Sie arbeitet öffentlich, vollstreckt Todesurteile und bildet in den körperlichen Ausprägungen der Strafe die Schuld ab. Nietzsche weist in seiner Studie *Zur Genealogie der Moral* (1887) darauf hin, daß noch in der Frühen Neuzeit Feiern «grössten Stils ohne Hinrichtungen, Folterungen oder etwa ein Autodafé nicht zu denken» waren.[37] An zwei Punkten ist der Archaismus dieses Systems jedoch bereits von den Spuren der Moderne durchsetzt. Die Zeichen, welche die Maschine den Delinquenten auf den Leib schreibt, siedeln sich auf der Abstraktionsstufe der Schrift an und sind kein direktes Abbild der Schuld (wie im Fall der abgeschlagenen Hand des Diebes). Nicht zuletzt bewegen sie sich in einem pädagogischen Horizont, sollen sie doch dem Bestraften die Gelegenheit geben, das Wesen der ihm zugedachten Schrift zu entziffern. Dem entspricht Kafkas Glaube daran, daß die religiöse Wahrheit nur über den Schmerz zu gewinnen sei, wie es die Zürauer Aphorismen 1917 formulieren.[38]

In Übereinstimmung mit dem neuen Kommandeur fühlt sich der Reisende juristischen Normen verpflichtet, die ein genaueres forensisches Verfahren und mildere Strafen vorsehen. Nietzsche hat, wiederum in der *Genealogie der Moral*, die Behauptung aufgestellt, daß eine Milderung des Strafrechts auf ein gewachsenes soziales Selbstbewußtsein verweise, da sie eine strukturelle Macht der Gesellschaft jenseits der Geschlossenheit der juristischen Ordnung zur Geltung bringe.[39] Bemerkenswert ist bei Kafka jedoch, daß gerade die humanere Rechtsform sich selbst ohne Überzeugungskraft präsentiert. Der Kommandant wirkt aus der Ferne wie ein vergnügungslustiger *décadent*, der Reisende wiederum beschränkt sich auf eine nahezu ausschließlich juristische Bewertung des Geschehens, die ihm strenge Zurückhaltung gegenüber dem unbekannten System auferlegt. Zwar findet er die «Ungerechtigkeit des Verfahrens und die Unmenschlichkeit der Exekution» völlig «zweifellos», doch klammert er sich gleichzeitig an den Grundsatz, daß es «bedenklich» sei, «in fremde Verhältnisse entscheidend einzugreifen.» (D 175) Das strikte Rechtsdenken des Reisenden führt hier zur äußersten Formalisierung, unter deren Diktat moralische Prinzipien ihr Gewicht verlieren, weil sie nicht zum Handeln anleiten. Die zu einem abstrakten Modell degradierte Humanität des mitteleuropäischen Rechtsverständnisses tritt als Gespenst der Aufklärung zutage.[40]

In wachsendem Maße ist der Reisende, der sich zunächst für die Ausführungen des Offiziers kaum zu interessieren schien, von der Maschine fasziniert. Der Erzähler vermerkt lakonisch, er sei nach den ersten Erläuterungen «schon ein wenig für den Apparat gewonnen» (D 165). Ähnlich wie Josef K. vom Gericht (und später K. von den Schloßbehörden) fühlt sich auch der Reisende durch eine ihm fremd erscheinende Macht magnetisch angezogen. Kein Zufall ist es, daß ihn am Ende nicht der Selbstmord des Offiziers, sondern die Zerstörung der Maschine «beunruhigt» (D 192f.). Sein an den Soldaten und den Verurteilten gerichteter Hilferuf gilt nicht der Rettung des (längst getöteten) Offiziers, vielmehr dem Versuch, die sich selbst vernichtende Apparatur aufzuhalten, um sie vor dem endgültigen Zusammenbruch zu bewahren. Der Reisende zeigt sich hier als Vertreter eines ausgehöhlt und kraftlos wirkenden Humanitätsanspruchs, der, hinter juristischen Ordnungsmustern verschanzt, nur unzureichend gegen die Verlockungen der archaischen Gewalt schützt.

«Aus der Geschichte unseres Volkes», so schreibt Kafka am 31. August 1920, «werden schreckliche Strafen berichtet. Damit ist allerdings nichts zur Verteidigung des gegenwärtigen Strafsystems gesagt.» (G 112)[41] Im Inneren des liberalen Rechtsdenkens schlummert die moralische Indifferenz, an der sich die dialektische Verbindung von Gewalt und Humanität offenbart. Ähnlich wie im *Urteil* erweist sich bei genauerer Beobachtung, daß die Grenzen zwischen den Vertretern unterschiedlicher Werthaltungen verschwimmen. Der Reisende begegnet dem System der Folter mit einer Mischung aus Faszination und Erschrecken, die seine Position in die Zone der Zweideutigkeit rückt. Wenn es gegen Schluß der Erzählung, nachdem der Offizier die Vorkehrungen zur Selbsttötung bereits getroffen hat, heißt, der Besucher sei «entschlossen, bis zum Ende zu bleiben» (D 191), so bestätigt das diesen Eindruck explizit. Die Anziehung, die von der Apparatur der Gewalt ausgeht, scheint magisch und unüberwindlich: das ist die ‹peinliche› Botschaft dieser Geschichte aus den dunklen Distrikten des Schmerzes.

Stille Arbeit in der Alchimistengasse

In den ersten Wochen des Jahres 1915 bemüht sich Kafka vergeblich, den wieder versiegenden Schreibstrom neu zu fördern. Am 18. Januar 1915 notiert er im Tagebuch den Anfang der Arbeit an einer längeren Erzählung, die ihn jedoch zwinge, anderes, so den *Proceß* und den *Dorfschullehrer*, liegen zu lassen: «Nun stehen vor mir 4 oder 5 Geschichten aufgerichtet wie die Pferde vor dem Cirkusdirektor Schumann bei Beginn der Produktion.» (T III 71) Die Pflichten in der Asbestfabrik, wo er den an die russische Front kommandierten Schwager vertritt, nötigen ihn jedoch bald zum Abbruch seiner Vorhaben. Schon im Dezember 1914 hielt ihm der Vater wütend vor, er trage für seine Beteiligung an dem im Krieg kaum noch profitablen Unternehmen die alleinige Verantwortung («Du hast mich hineingetanzt»; T III 65). Nur wenige Monate zuvor mußte Kafka zudem feststellen, daß Paul Hermann, der Bruder seines Schwagers, sich selbst für die von ihm geleisteten Überwachungsdienste offenbar reichlich entlohnt und 1500 Kronen aus der Kasse veruntreut hatte, was er ihm mit ironisch-sanftem Tadel vorhält (T III 57). Berufliche Zwänge, die durch kriegsbedingte neue Aufgaben innerhalb der Versicherungsorganisation entstehen, halten ihn während des gesamten Jahres 1915 neben den enervierenden Wohnungswechseln durchgehend in Unruhe. Es beginnt eine lang andauernde Periode der literarischen Stagnation, die erst im Herbst 1916 beendet wird.

Zugleich aber mehren sich in dieser Zeit die Hinweise auf eine zunehmende öffentliche Wirkung Kafkas, unter deren Einfluß auch neue Verlagskontakte angebahnt werden. Im Oktober 1915 entschließt sich Carl Sternheim, die Summe von 800 Reichsmark, die er für den ihm kurz zuvor verliehenen Fontane-Preis erhalten hat, als Zeichen seiner Anerkennung an Kafka weiterzuleiten. Der Preis, mit dem herausragende Prosarbeiten belohnt werden sollten, war 1913 von Otto Flake ins Leben gerufen und durch den – auch für Wolff tätigen – Mäzen Ernst Schwabach finanziell gestützt worden; in den vorangehenden Jahren hatte man die Münchner Autorin Annette Kolb und Leonhard Frank ausgezeichnet. Sternheim, der nach seiner Eheschließung mit der Millionenerbin Thea Löwenstein im Juli 1907 in glänzenden Verhältnissen lebte und bei Brüssel ein schloßähnliches Landhaus bewohnte, war auf das Preisgeld, das er für seine drei bei Kurt Wolff publizierten Novellen *Busekow*, *Napoleon* und *Schuhlin* erhalten hatte, selbst nicht angewiesen. Bei der Auswahl eines geeigneten Protegés beriet ihn der in diesem Jahr als Preisrichter amtierende Franz Blei, der Kafka seit seinen ersten Publikationen im *Hyperion* außerordentlich schätzte. Sternheim selbst hatte vermutlich das bei Wolff publizierte *Heizer*-Fragment und *Die Verwandlung* gelesen – auf beide Titel nimmt die Pressemitteilung über die Weitergabe des Preises Bezug.

Am 6. Dezember 1915 berichtet das *Prager Tageblatt* von der Entscheidung Sternheims, über die Kafka bereits sieben Wochen zuvor durch eine inoffizielle Nachricht des Verlags informiert worden war («Sie sind also der reinste Hans im Glück»).[42] Ein wenig ratlos schreibt er am 15. Oktober an Wolffs Prokuristen Meyer: «So wichtig natürlich auch der Preis oder ein Anteil am Preis für mich wäre – das Geld allein ohne jeden Anteil am Preis dürfte ich wohl gar nicht annehmen, ich hätte glaube ich kein Recht dazu, denn jene notwendige augenblickliche Bedürftigkeit besteht bei mir durchaus nicht.» (Br 133) Erst auf Drängen des Verlags, der durch die bestehende Konstellation in der glücklichen Lage ist, zwei seiner Autoren als Preisträger präsentieren zu können, versteht sich Kafka dazu, das Geld zu akzeptieren. Ob er Sternheims vitalistische Philosophie und die vertrackte Bürger-Apotheose seiner Dramen sonderlich schätzte, mag zweifelhaft sein (Br 135). Gelesen hat er von ihm definitiv nur die *Napoleon*-Novelle aus dem Jahr 1915, wie einem Brief an Kurt Wolff zu entnehmen ist, in dem er auf deren Illustration durch Ottomar Starke hinweist, der seinerseits das Titelblatt für die *Verwandlung* entwarf (Br 134). Daß seine öffentliche Anerkennung durch die Preisvergabe gewachsen ist, erfährt Kafka erst in den folgenden Jahren, als ihn mehrfach Anfragen von Zeitschriften erreichen, die ihn als Mitarbeiter gewinnen möchten. Generell erschließen sich ihm jetzt neue Publikationsmöglichkeiten: Ende Februar 1918 ersucht ihn der Berliner Verleger Erich Reiß, er möge in eine nähere Verbindung zu ihm treten; nur einen Monat später bietet ihm Paul Cassirer die Kooperation mit seinem renommierten Haus an (Br 237). Angesichts der durch die Kriegsfolgen angespannten Marktlage rät Max Brod dem Freund jedoch davon ab, die Zusammenarbeit mit Kurt Wolff aufzukündigen, obgleich er selbst über die Arbeit des Verlags zunehmend Klage führen muß (BK II 249).

Ein Gerücht besagt, Kafka sei ein Schriftsteller ohne zeitgenössische Wirkung gewesen. Es läßt sich mühelos widerlegen, wenn man daran erinnert, daß die Liste der zu seinen Lebzeiten veröffentlichten literarischen Texte 57 Eintragungen umfaßt (die amtlichen Schriften werden hier nicht gezählt).[43] Zwar steht zu bedenken, daß diese Liste bisweilen Mehrfachpublikationen derselben Arbeiten aufweist, jedoch muß zugleich der relativ überschaubare Zeitraum von 16 Jahren bedacht werden, auf den sie sich beschränkt. Zu den Organen, in denen Kafka veröffentlichte, gehören anerkannte Zeitschriften wie der *Hyperion* und *Die neue Rundschau*, Reihen wie *Der jüngste Tag* und *Die weißen Blätter*. Unter seinen Verlegern sind neben Kurt Wolff Ernst Rowohlt und Samuel Fischer, deren Programme die Protagonisten der deutschsprachigen Moderne versammeln. Zum Kreis seiner Rezensenten zählen bedeutende Autoren wie Kurt Tucholsky, Robert Musil, Ernst Weiß, Kasimir Edschmid, Robert Müller und Kurt Pinthus. Seine Arbeiten werden nicht nur im Rahmen von Kritiken besprochen, sondern seit 1916 auch in Aufsätzen und Essays diskutiert.[44] Die Rede von Kafkas Nichtpräsenz im zeitgenössischen Literaturbetrieb ist mithin ein Mythos ohne Substanz.

Zwischen März 1915 und März 1917 wohnt Kafka in einem Zimmer in der Langen Gasse 18. Mit der veränderten Lebenssituation ist er erneut unzufrieden, weil ihn der Straßenlärm vom Schreiben ablenkt. Im Herbst 1916 verstärkt er, zermürbt von den Störungen des Alltags, die Suche nach einem stilleren Quartier. Im November 1916 mietet Ottla aus eigener Initiative ein kleines Haus in der Alchimistengasse, die malerisch auf der Prager Burg liegt. Hier schließt sich die Stadt in die hohen Mauern ihrer Tradition ein und begründet ihre Identität aus den steinernen Symbolen der Vergangenheit. Der Lärm des Verkehrs verebbt in den am Rande des Doms sich windenden Miniaturstraßen; nur gelegentlich hallt das Pflaster von den Schritten der Spaziergänger, die sich in die verwinkelten Gassen oberhalb der Moldau verirren. Max Brod spricht von der «märchenhaften Stille der Kleinseite», die das tägliche Leben weich und entspannend umhülle.[45] Die Ruhe wirkt wie das Zeichen vergangener Jahrhunderte, die hier konserviert scheinen. Als sei die Uhr stehengeblieben, halten die schmalen Straßen um den Hradschin die unversehrten Spuren früherer Jahrhunderte fest. Hier ist Prag nicht Metropole, sondern eine mittelalterliche Festung, die sich gegen die Zeit und ihre Logik des Vergessens abzusperren sucht. Wer an diesem Punkt wohnt, tritt ein in die Ordnung des Gedächtnisses, die sich hinter den steinernen Fassaden der gedrungenen Häuser verbirgt. Die Stadt mutet da wie ein Palimpsest an, ein verdichtetes Gefüge, in dem die neuen Zeichen sich auf einem Grund aus mehrfach überschriebenen Schichten breiten.

Da Ottla selbst das neue Quartier, das aus einem Zimmer und einer kleinen Küche besteht, vorerst nicht zu beziehen plant, nutzt Kafka es an den Nachmittagen und Abenden für die stille Schreibtischtätigkeit. Am 26. November 1916 arbeitet er erstmals im Haus Nummer 22; bis zum Mai 1917 hält er an regelmäßigen Besuchen in der ruhigen Klause oberhalb der lebhaften Stadt fest. Seine eigene Wohnung in der Langen Gasse kündigt er in den ersten Tagen des März 1917; statt dessen mietet er für die Nächte zwei möblierte Zimmer im stilvollen *Schönborn-Palais* an der Marktgasse auf der Kleinseite, die man von der nicht weit entfernten Alchimistengasse über die Schloßstiege erreichte. Die im zweiten Stock gelegene Unterkunft, in der zuvor eine verarmte Komtesse gelebt hatte, ist kalt und zugig (F 751). Kafka nutzt sie daher nur zum Schlafen, arbeitet aber weiterhin in Ottlas Wohnung; später ist er davon überzeugt, daß die kühle Luft im *Schönborn-Palais* seine Lungenkrankheit befördert habe.

Die neue Lebenssituation verschafft Kafka erstmals das Maß an Einsamkeit, das ihm in der Mitte der Familie stets gefehlt hat. Aber diese Einsamkeit zeigt

Um 1917

jetzt auch eine Seite, die nicht nur Ekstase, sondern zugleich Angst hervorruft. So sehr er über
die Störungen durch die hektisch lärmenden
Verwandten geklagt hat, so stark leidet er jetzt gelegentlich unter der Isolation, die seine aktuelle
Lage erzeugt. Es verhält sich hier wie mit seinen
asketischen Neigungen, von denen er bevorzugt
dann spricht, wenn er sich für sinnliche Genüsse
zu bestrafen sucht. Das Alleinsein ist ein Reser-
vat, in das er sich wünscht, sofern es ihm fehlt,
und das er fürchtet, sobald es sich ihm ohne
Widerstände öffnet. Der Januscharakter der hermetischen Existenz, der für
Kafka im Herbst 1916 deutlicher als je zuvor zutage tritt, wird ihn in den letzten acht Jahren seines Lebens begleiten. Wie die Krankheit erweist sich die
Einsamkeit des Schriftstellers in dunklen Stunden als Geist, den der Zauber-
lehrling, nachdem er ihn selbst beschworen hat, nicht mehr abschütteln kann.

Bis Anfang Mai 1917 unterwirft sich Kafka einem genau gegliederten Ta-
gesablauf: den um zwei Uhr beendeten Dienstzeiten im Büro folgen die Ar-
beitsstunden in der Alchimistengasse, ehe er nachts, nachdem er zumeist das
Abendessen bei den Eltern eingenommen hat, in seine Wohnung im *Schönborn-Palais* zum Schlafen zurückkehrt. Ottla begleitet ihn in gewohnter Be-
reitwilligkeit durch den Alltag; sie heizt mittags den schlecht ziehenden
Ofen der kleinen Wohnung in der Alchimistengasse und bringt ihm, sofern
er die Eltern nicht sehen möchte, zu später Stunde die Mahlzeiten. In der
schneidenden Winterkälte behilft sich Kafka, wenn im Ofen nachgefeuert
werden muß, zuweilen auch mit alten Manuskripten (O 32). Solche Autoda-
fés sind nicht nur Zeichen unerfüllter Ansprüche an das eigene Schreiben,
sondern zugleich Indizien der Hybris; sie bekunden seine Ahnung, daß er
mit einer hermetischen Konzentration zu arbeiten vermag, wie sie kaum ein
anderer Autor je erreichen kann. Was ohne die gesteigerten Kräfte der
nächtlichen Ekstase in stockendem Rhythmus entstand, wandert daher ins
Feuer, weil es den Maßstäben nicht genügt, die er aus der Evidenz des singulären Gelingens ableitet.

Nach langer Stagnation beginnt für Kafka in der Alchimistengasse eine
Zeit enormer Produktivität, die dritte Periode des ‹heißen› Schreibens nach
dem Spätherbst 1912 und dem Sommer 1914. Zwischen November 1916
und Juni 1917 entstehen in gedrängter Folge die Erzählungen und Studien,
die den *Landarzt*-Band bilden. Sie gehören zu den bedeutsamsten Prosa-
texten, die Kafka jemals geschrieben hat. Eine vergleichbare erzählerische

Dichte der thematischen und formalen Verflechtungen, die von einer außerordentlichen Folgerichtigkeit des genetischen Prozesses zeugt, wird ihm niemals wieder gelingen. Die Qualität des Geleisteten scheint ihm bewußt, denn bereits im Februar 1917 stellt er in einem ungewöhnlichen Moment der Planungslust eine erste – später mehrfach korrigierte – Liste von möglichen Einzeltexten für einen Erzählband zusammen. Im Spätsommer erscheinen drei kurze Studien aus diesem Konvolut – *Der neue Advokat, Ein Brudermord, Ein altes Blatt* – in Taggers Zweimonatsschrift *Marsyas*, dem zuvor auch die *Strafkolonie* vorgelegen hatte. Am 7. Juli 1917 übersendet er Wolff auf dessen ausdrücklichen Wunsch 13 Prosamanuskripte (darunter die später zurückgezogene *Kübelreiter*-Geschichte), die der Verleger schon Ende des Monats für die Publikation annimmt. Am 7. Januar 1918 teilt das Leipziger Haus Kafka jedoch mit, daß aufgrund der kriegsbedingten Papierverknappung der geplante Erscheinungstermin im Frühjahr 1918 verschoben werden muß.[46] Als sich Wolff während der folgenden Wochen nicht mehr äußert, erwägt Kafka im März 1918 vorübergehend einen Wechsel zu Erich Reiß oder zu Paul Cassirer nach Berlin (Br 237).[47] Obgleich sich jetzt Max Brod persönlich für eine Beschleunigung der Herstellung des Bandes einsetzt, stockt die Produktion bis zum Sommer 1919, weil die Druckerei die für den vorgesehenen großen Satzspiegel erforderliche Schrifttype nicht verfügbar hält und den Text nur in größeren Abständen setzen kann. So kommt es dazu, daß der Band mit mehr als eineinhalb Jahren Verzögerung erst Ende April 1920 erscheint.

Der ursprünglich vom Verlag geplante Untertitel *Neue Betrachtungen*, der an die erste Prosasammlung von 1912 erinnern sollte, wird von Kafka in den Fahnen durch *Kleine Erzählungen* ersetzt. Gewidmet ist der Band dem Vater – eine Geste, die Kafka Friedrich Thieberger gegenüber als Ironie ausgegeben haben soll.[48] Die unfreundliche Reaktion Hermann Kafkas, der das Buch nicht näher zur Kenntnis nahm, hat ihn tief gekränkt, obwohl er vergleichbare Verhaltensweisen bereits aus der Vergangenheit kannte (G 47). Auch dieses Leiden an der Zurückweisung hat die Literatur, Kafkas Schauplatz der Prophezeiung, vorweggenommen. In den traurigen Märchen, die die Geschichten des *Landarzt*-Bandes erzählen, ist die Ahnung der unerfüllten Anerkennung immer wieder durch das Motiv des endlosen Prozesses einer letzthin scheiternden Annäherung bezeichnet. Ihre Helden verirren sich in Schneewüsten, kaiserlichen Höfen oder nächtlichen Gassen, ohne jemals an das Ziel ihrer Wege zu gelangen. Der ewige Sohn, der den Vater nie erreicht, hat in den verdichteten Geschichten dieses Bandes die abweisende Gebärde Hermann Kafkas antizipiert.

Traum und Film

Für die Prager deutsche Literatur um 1900 ist der Traum ein zweideutiger Gott der Nacht, der über die Welt des Triebs und des Schreckens
herrscht. Die verschwommenen Visionen eines Paul Leppin (*Daniel Jesus*,
1905), die zwischen Milieurealismus und neuromantischer Symbolik angesiedelten Schreckbilder Gustav Meyrinks (etwa *Der violette Tod*, 1903), nicht
zuletzt Alfred Kubins aus dem Mittelmaß des Kunstgewerblichen herausragender Roman *Die andere Seite* (1909) setzen Motive des phantastischen
Traums ein, um die Unzuverlässigkeit einer nur scheinbar objektiven
Realitätswahrnehmung zu betonen. Max Brod greift diese Technik auf,
wenn er in seinem Roman *Das große Wagnis* (1918) den Helden durch eine
Traumreise schickt, die ihn aus der Realität des Krieges in den utopischen
Staat «Liberia» führt.[49] Franz Werfels erster Gedichtband *Der Weltfreund*,
das Erfolgsbuch des Jahres 1911, liefert wiederum eine gedrängte Serie von
konventionell gehaltenen, der atmosphärischen Ausgestaltung einer impressionistischen Stimmung dienenden Traummotiven.[50] Nacht und Schlaf,
Phantasie und Halluzination bilden Leitthemen auch in Werfels zweiter
Lyriksammlung *Einander* (1915), die den Traum als Medium der geschärf-
ten, synästhetisch organisierten Wahrnehmung vorführt.[51] Im dämmernden
Schwebezustand zwischen Tag und Nacht bewegt sich das träumende Ich
hier staunend durch eine frei entworfene Wirklichkeit, in der die vom Alltag
gelähmten Sinnesorgane durch eine Schule des neuen Sehens und Fühlens
geleitet werden. Nur wer träumt, so lautet Werfels Credo, kann die besondere Realität der Imagination trennscharf erfahren, weil er sie wie ein Kind
unbefangen und überrascht erfaßt. Schon Rilke hatte dem Traum in seinem
ersten Lyrikband *Larenopfer*, der 1895 erschien, eine geheime Kraft von ma-
gischer Intensität zugeschrieben[52]. Das Gedicht *Der Träumer* erklärt, der Schlaf
bündele Energien aus «dem Riesenstamm der Lebenssäfte», so daß sich in
ihm ein Weltgesetz von kosmischer Dimension entfalte, das dem Menschen
im Wachzustand niemals zu Gesicht komme. Auf ähnliche Weise entwarf der
junge Hofmannsthal in seinem *Traum von großer Magie* (1895) die Vision eines
orgiastisch-schönen Lebensbildes, in dem die subtile Verbindung aller Erscheinungen der Natur erfahrbar wird.[53] Der Reigen der Figuren und Formen, die sich in diesem Lebenstraum sammeln, verweist auf die Aufhebung
der Individuation, welche allein jenseits der Ordnung der Vernunft im Medium für die Phänomene verdichtenden Erkenntnisweise erfolgen kann:
ein Motiv, das Hofmannsthal ähnlich wie der junge Rilke von Schopenhauer übernimmt.[54]

Daß auch Kafkas Arbeiten durch die Muster des Traums bestimmt scheinen, haben bereits frühe Leser wie Kurt Tucholsky, Oskar Walzel, Bertolt
Brecht und Theodor W. Adorno wahrgenommen.[55] Seine Texte beschrän-

ken sich jedoch nicht auf die Beschwörung einer mythisch-geheimnisvollen Welt des Imaginären, sondern gehorchen den formalen Gesetzen des Traums, indem sie seine assoziativen Bilderfolgen nachahmen. In diesem Sinne kann man Kafkas Prosa mit Willy Haas eine eigene «Traum-Dichte» und «Traum-Logik» attestieren, die sich, anders als im Fall Meyrinks oder Kubins, nicht aus der Wahl phantastischer Stoffe, sondern aus der formbildenden Produktivität des Traums selbst ableitet.[56] Freud, der Poesie und Psyche zu verwechseln liebte, vermerkt 1907, die Dichter seien in der «Seelenkunde» den «Alltagsmenschen weit voraus, weil sie da aus Quellen schöpfen, welche wir noch nicht für die Wissenschaft erschlossen haben.»[57] «Traum und Dichtung sind fast identische psychische Mechanismen», erklärt der Freud-Schüler Wilhelm Stekel 1909 in einer Studie über die kulturbildende Leistung der Neurose apodiktisch.[58] Die unbedingte Konsequenz, mit der dieser Satz auftritt, entspricht Kafkas Texten nicht weniger als der inhaltliche Befund, den er verkündet.

Zahlreiche Arbeiten des *Landarzt*-Bandes sind durch Träume Kafkas angeregt oder zumindest präformiert worden. Ein typisches Beispiel liefert ein Tagebuchprotokoll vom 9. November 1911, dessen Traumschilderung die Prosastudie *Auf der Galerie* adaptiert, die Anfang 1917 entstand. Im Traum sieht sich Kafka in der Rolle des Theaterbeobachters, der abwechselnd «oben auf der Gallerie» (T I 186) und auf der Bühne sitzt. Als Darstellerin tritt ein ihm persönlich bekanntes Mädchen auf, das seinen «biegsamen Körper» artistisch spannt und dehnt: ähnlich wird es später im literarischen Text heißen, die Kunstreiterin wiege sich in den Hüften, während das Pferd sich «im Kreise» drehe (D 207). Ebenso wie im Traum ist auch hier der Betrachter nicht nur Zuschauer; am Ende des ersten Teils stürzt er in die Manege, um der Vorführung ein Ende zu machen, weil er die Kunstreiterin, die allein als Objekt der Zuschauerbegierde figuriert, bedauert. Hinzu treten zwei weitere Bezugsfelder, die das Porträt der Artistin beeinflußt haben, ohne jedoch seinen Charakter als Traum-Produkt in Frage zu stellen. Das Bild des schmalen, kindlich anmutenden Körpers, das der Text entwirft, verweist auf die physische Erscheinung der jungen Schweizerin aus Riva, wie sie Kafkas Tagebuch in seinen Erinnerungen an die Begegnung vom Herbst 1913 beschreibt (T II 234). Robert Walsers kurzes Prosastück *Ovation* wiederum, das eine vom Beifall umrauschte Künstlerin schildert, betont den Aspekt des Kindlichen als Signum der Artistenwelt explizit. Kafka kannte den Text, der 1913 im Band *Aufsätze* bei Wolff erschien, mit großer Sicherheit. Sowohl die Lektürespur, die zu Walser führt, als auch die Erinnerung an die Schweizerin erklären die entschiedene Betonung der naiv-mädchenhaften Züge («Enkelin», «die Kleine»; D 207f.) in der Figur der Zirkusreiterin. Während Walsers Szene jedoch aus der Höhe einer «umdunkelten, dichtbevölkerten Galerie herab»[59] beschrieben wird, ist bei Kafka die Einsamkeit des Betrachters der Blickpunkt, vor dem die verschiedenen Versionen der Wirklichkeit bestehen müssen.

Der Schlußsatz der Studie vermerkt, daß der Zuschauer während des letzten Marschs des Orchesters «wie in einem schweren Traum versinkend» weint, «ohne es zu wissen.» (D 208) Damit hat Kafkas kurze Geschichte den Weg zur Ordnung des Unbewußten, deren erzählerischer Struktur sie entsteigt, zurückgefunden. Die Perspektive, die der Text *Auf der Galerie* umreißt, entspricht jener des Zuschauers im Traum, der Abstand zu den unterschiedlichen Lebensbildern hält, um sie aus der Ferne – «oben auf der Gallerie» (T I 186) – zu beobachten. So liefert die Studie ein Spiel der Wahrnehmungen, das in ein literarisches Experiment mit unterschiedlichen Versionen der Wirklichkeit mündet. Der ‹schwere Traum›, von dem der Schlußsatz spricht, verweist zugleich auf die Distanz zum Leben, die – als Bedingung jeglicher Beobachtungspraxis – die Haltung des Schriftstellers bezeichnet, der nur arbeiten kann, wenn er den erforderlichen Abstand gegenüber der Welt der Erfahrung wahrt. Das Finale des Textes, das die Leiden der *vita contemplativa* ahnen läßt, könnte durch Werfels Gedicht *Kindersonntagsausflug* aus dem *Weltfreund* (1911) inspiriert worden sein, wo es im Habitus der Melancholie heißt: «Ich ging ans Ufer mit kleinen, ganz unsicheren Schritten / Und hörte wie im Traum vom Restaurationsgarten her die donnernde Militärmusik.»[60]

Kafkas Text – laut Kurt Wolff ein «Prosa-Juwel» – gewinnt seinen besonderen Kunstcharakter durch die Syntax, deren «Wunderbau» Oskar Baum 1929 gerühmt hat.[61] Punktuell erinnert ihre Struktur an die zusammengehörenden Stücke *Wunsch, Indianer zu werden* und *Die Bäume* aus der *Betrachtung*, deren innere Einheit sich erst dem vertiefenden Blick erschloß. Der vom ersten Teil in Möglichkeitsform geschilderten Szenerie eines desillusionierenden Zirkusalltags folgt die Beschreibung einer kausal plausiblen Reaktion des Zuschauers, der die Qualen der ‹hinfälligen Kunstreiterin› beendet, indem er entschlossen interveniert. Der im Indikativ verfaßten zweiten Hälfte wiederum ist die gänzlich irritierende Reaktion des Betrachters entgegengesetzt, der angesichts des ungeheuren Erfolgs der Artistin auf der Brüstung der Galerie weinend zusammensinkt. Es wäre falsch, den Kunstgriff des Textes, älteren Interpretationen folgend, in der Vertauschung von Möglichkeit und Wirklichkeit auf der Grundlage einer formal antithetischen Struktur zu sehen.[62] Beide Abschnitte zeigen konkurrierende Formen der Zirkus-Realität, indem sie deren jeweiligen Charakter übersteigern: zunächst offenbart sich das ins Extrem getriebene Porträt einer desillusionierenden Welt der mechanischen, gleichsam maschinellen Bewegung, zu der die Dampfhämmer-Klänge des Beifalls ebenso gehören wie die «homogen

und leer» (Walter Benjamin)[63] in einem gleichförmigen Kontinuum verstreichende Zeit («immerfort weiter sich öffnende graue Zukunft», D 207);
anschließend kommt das Extrem der pathetisch-selbstverliebten Zirkus-
Inszenierung zu Gesicht, das ein bis zum Lächerlichen überzogenes Stimmungsbild von Schönheit, Grazie, Artistenruhm und Publikumsekstase vermittelt. Der personale Erzähler offeriert hier zwei Versionen der Wirklichkeit an, zu denen sich der fiktive Betrachter unterschiedlich – eingreifend
oder abwartend – verhalten kann. Weder die erste noch die zweite Spielart
bietet ein höheres Maß an realistischer Evidenz, weil beide jeweils Überstei-
gerungen der Verhältnisse liefern, die in der Welt des Zirkus herrschen. Der
Schmerz, der zur Produktion der Kunst gehört, wie der feierliche Ernst des
Gelingens finden sich in beiden Fassungen gleichermaßen travestiert; zwar
werden die einzelnen Versionen als Lichtseite (Indikativ) und Schattenseite
(Konjunktiv) der Kunst vorgeführt, doch besagt das keineswegs, daß sie
einen graduell unterschiedenen Anspruch auf Realitätsmacht besitzen.

Mit seiner Darstellung der Zirkuswelt schließt sich Kafka an eine durch
Baudelaire (*La muse vénale, Le vieux saltimbanque*) und Mallarmé initiierte
literarische Tradition an.[64] Auch in der Malerei hat das Sujet seit dem französischen Impressionismus Konjunktur: Degas und Toulouse-Lautrec, später
zumal der junge Picasso haben sich vom Zirkusmilieu anziehen und inspirieren lassen. Im Louvre sah Kafka 1911 Georges Seurats Bild *Le Cirque*
(1890, jetzt im *Musée d'Orsay*), das eine Tänzerin zeigt, die auf einem galoppierenden Schimmel, vom befrackten Direktor mit der Peitsche angetrie-
ben, scheinbar schwerelos durch die Manege jagt.[65] Bei Georg Heym heißt
es im Sonett *Die Seiltänzer* (1911), dessen Motive Klabund einige Jahre später
aufgreifen wird: «Das Haus ist übervoll von tausend Köpfen, | Die wachsen
aus den Gurgeln steil, und starren | Wo oben hoch die dünnen Seile knar-
ren. / Und Stille hört man langsam tröpfeln.»[66] Kafkas Studie handelt jedoch
nur scheinbar von der Kunst als Rollenentwurf jenseits des bürgerlichen
Lebens, wie ihn das Zirkusmilieu spiegelt. Das kokette Spiel mit dem zweifelhaften Ambiente der *low culture*, die den seit Beginn des 19. Jahrhunderts
gültigen Normen einer modernen – zweckfreien und zugleich bedeutungs-
gesättigten – Ästhetik zuwiderläuft, ist bei Kafka nicht wie in der europäischen Spätromantik und im Symbolismus durch die Lust am abgründig
Unbürgerlichen motiviert. Die Zirkusskizze liefert vielmehr eine Studie
über die Problematik der Wahrnehmung, die unterschiedliche Entwürfe der
Wirklichkeit präsentiert, welche den Betrachter zu divergierenden Reaktionen zwingen. In ihnen erweist sich nicht die Priorität eines bestimmten
Realitätsmodells, sondern die Macht, die psychische Kräfte auf das Individuum ausüben. Wenn der Betrachter am Ende weint, ‹ohne es zu wissen›, so
kehrt er in die Welt des Imaginären, des Unbewußten zurück. Die Annah-

me, daß eine objektive Realität existiere, ist reine Fiktion, denn Bedeutung gewinnen einzig ihre subjektiven Versionen, die im Kopf des Menschen bestehen.

Auch *Ein Traum* beleuchtet die Macht des Irrealen, indem er in einer archetypischen Szene den Akt des Schreibens als Konsequenz der Lebensverweigerung schildert.[67] Der Künstler, der mit seinem Bleistift mühevoll einen Grabstein traktiert, kann erst in dem Moment seine Arbeit frei und ungezwungen vollenden, da der ihm zuschauende K., der ihn als Figur gleichsam verdoppelt, in die Tiefe stürzt. Schreiben erfordert ein «Hinabgehen zu den dunklen Mächten», wie es Kafka am 5. Juli 1922 in einem Brief an Max Brod behaupten wird (Br 384). Allein der Tod seines *alter ego*, das ihn unaufhörlich in gespannter Neugier beobachtet, löst den Künstler von den Stockungen, denen seine Tätigkeit unterliegt; in automatisch wirkender Bewegung scheint die Schrift, nachdem K. im Grab versunken ist, «mit mächtigen Zieraten» (D 234) über den Stein zu jagen. K. träumt hier eine Schreibszene, die Kafka vertraut ist: die künstlerische Arbeit verlangt eine radikale Konsequenz des Lebensentzugs, da sie nur gelingt, wenn das sich selbst observierende Ich alle Fäden zur Wirklichkeit durchtrennt und abstirbt, damit der ‹innere Mensch› zur ästhetischen Produktion findet. In gesteigerter Form veranschaulicht *Ein Traum*, daß allein die äußerste Realitätsdistanz des Autors, die zahlreiche Tagebucheintragungen beschwören, die Bedingung seiner Kunst bildet.[68] Ähnlich zeigt auch die kurze Studie *Die Brücke*, die Mitte Dezember 1916 als einer der ersten Texte in der Alchimistengasse entstand, wie eng der Akt der Erkenntnis mit der Auflösung irdischer Sicherheiten verbunden bleibt (M 39f.). Im Februar 1920 heißt es: «Man entfaltet sich in seiner Art erst nach dem Tode, erst wenn man allein ist.» (T III 184)

Zur Logik des Traums kann, wie schon im *Verschollenen*, die Dramaturgie des Films treten. Die Erzählung *Ein Brudermord* läßt sich unter diesem Aspekt als Drehbuch zu einem Stummfilm lesen, bei dem die Darstellung von Gestik und Aktion, Schauplatz und Geschehensablauf der Struktur kinematographischer Regieanweisungen unterliegt.[69] Die Redetexte der Akteure erinnern an die suggestiven Kurzdialoge auf den Tafeln zwischen den stummen Bildern des Films; ihre Gebärden korrespondieren der ausdrucksvollen Körpersprache von Schauspielern; die Gegenstände, die in der Erzählung beschrieben werden – Messer, Glocke, Schlafrock und Pelz – gewinnen den Charakter theatertypischer Requisiten, die den Sinn der Ereignisse demonstrativ unterstreichen sollen. Im Tagebuch vom 2. Februar 1914 notiert Kafka, nachdem er wenige Monate zuvor das ‹Festhalten› von Kinobildern als literarische Übung postuliert hat: «Die Tür öffnete sich zu einem Spalt. Ein Revolver erschien und ein gestreckter Arm.» (T II 232, 180) Hier begegnet uns das imaginäre Szenario eines Stummfilms, wie es ähnlich das Gedicht

Kinematograph beschreibt, das Jakob van Hoddis 1913 in der *Aktion* publiziert: «Ein lautlos tobendes Familiendrama | Mit Lebemännern dann und Maskenbällen. | | Man zückt Revolver, Eifersucht wird rege (...)».[70] Unter Bezug auf den *Brudermord* hat Walter Benjamin erklärt: «Kafka reißt hinter jeder Gebärde – wie Greco – den Himmel auf; aber wie bei Greco – der der Schutzpatron der Expressionisten war – bleibt das Entscheidende, die Mitte des Geschehens die Gebärde.»[71] Am Leitfaden der Gesten erzählt Kafka seine knappe Geschichte in protokollähnlich nüchternem, nur gelegentlich von ironischem Pathos durchdrungenem Stil. Wie die Akteure auf einer Theaterbühne bringen die Figuren, was sie innerlich bewegt, mit den Mitteln der Körpersprache zum Ausdruck. Schmar, der Mörder, wetzt seinen Dolch, bis die Funken stieben, an den Steinen des Straßenpflasters; später kühlt er an denselben Steinen sein vom Verbrechen glühendes Gesicht; der zum Opfer bestimmte Wese tritt nur zögerlich in die nächtlich stille Straße, wo der Täter auf ihn wartet, und blickt «unwissend» in den klaren Himmel, dessen Zeichen jedoch schweigen: «alles bleibt an seinem unsinnigen, unerforschlichen Platz.» (D 230f.) Der Privatier Pallas und Weses Frau wiederum beobachten das Geschehen vom Fenster aus als stumme Theaterzuschauer, denen das laute Klingen einer Türglocke den Beginn des Spiels anzeigt. Zum Schluß bricht die Ehefrau über dem am Boden liegenden Opfer zusammen, indessen ihr Pelz sie bedeckt. Wie im frühen Film, der seinerseits bei der antiken Tragödie in die Lehre gegangen ist, bildet sich am Ende eine «Menge», die die Ereignisse stumm verfolgt. Die letzte Szene zeigt, wiederum in der Sprache der Gebärden konzentriert, den seinen Mund an die Schulter eines Schutzmanns drückenden Mörder, der, geschüttelt von Ekel vor dem blutigen Leichnam, unter den Augen der Öffentlichkeit abgeführt wird (D 231).

Als Filmszenario, das dem Muster der Beiträge zu Wolffs *Kinobuch* (1914) folgt, ist *Ein Brudermord* eine Kriminalgeschichte mit den tragenden Elementen von Verbrechen und Strafe, nicht zuletzt aber die Travestie einer klassischen Tragödie, deren erhabener Ton hier eine ironische Kontrafaktur findet. So setzt die Mordtat beim Protagonisten kathartische Gefühle frei, die sich in einem dithyrambischen Monolog bekunden dürfen: «Seligkeit des Mordes! Erleichterung, Beflügelung durch das Fließen des fremden Blutes!» Dieses gurgelnde Pathos wird kontrastiert durch die drastische Beschreibung des Mordes selbst, in der sich Ästhetik des Schreckens und protokollartige Sachlichkeit mischen: «Und rechts in den Hals und links in den Hals und drittens tief in den Bauch sticht Schmar. Wasserratten, aufgeschlitzt, geben einen ähnlichen Laut von sich wie Wese.» (D 231) In einem Brief an Felice Bauer vom 20./21. Januar 1913 erklärt Kafka seinen Widerwillen gegen die «wie Wasserratten» aussehenden jüdischen Würste in Prag, deren gespannte Haut «beim Aufschneiden einen Klang» verursacht, den er seit «Kinderzeiten» im Ohr habe (Br II 50f.).[72] Das Tagebuch vom 16. September 1915 hält lapidar fest: «Die ergiebigste Stelle zum Hineinstechen scheint zwischen Hals und Kinn zu sein. Man hebe das Kinn und steche das Messer in die gestrafften Muskeln.» (T III 99) Vom hochfliegenden Pathos der Tragödie bleiben in der Erzählung am Ende, nach dem Höhepunkt der gräßlichen Mordszene, nur das Theatergeschwätz der Akteure und die stumme Gewalt der wie ein Chor auf dem Schauplatz des Verbrechens versammelten Menge. Das Drama wird vom Kino adaptiert, in dessen gestischer Sprache die Geschichte mit elegischer Bildfolge und verzögertem Rhythmus ausklingt. So bleibt es müßig, nach den Motiven der handelnden Personen zu fragen, denn diese agieren einzig in einem expressiven Theater der Gebärden, ohne über psychologische Tiefenstrukturen zu verfügen. Die Metaphysik von Moral, Sühne und Schuld ist an die äußere Ökonomie der Zeichen abgetreten worden, die der Beobachter Pallas geltend macht, wenn er dem Mörder befriedigt erklärt: «‹Alles bemerkt, nichts übersehen.›» (D 231) Wo der Himmel dem ahnungslosen Opfer keine Warnsignale mehr sendet, fällt auch der Bereich der Moral als Urteilsystem gänzlich aus. Der Mord, der hier im Wechsel von kunstvollem Pathos und naturalistischer Brutalität beschrieben wird, läßt sich weder aus metaphysischer noch aus ethischer oder psychologischer Sicht erklären. Das Verbrechen ist auf die Spiele der Körpersprache und damit auf ein mit automatisierter Folgerichtigkeit geschildertes Kinoereignis im Medium der Literatur beschränkt worden.

Das Fehlläuten der Nachtglocke

Die im Februar 1917 entstandene *Landarzt*-Erzählung gehört zu den eindrucksvollsten Texten, die Kafka geschrieben hat. In ihrer strengen Rhythmisierung, dem raschen Fluß der Darstellung, dem zeichenhaften Spiel der Figurengesten und den irritierenden Sprüngen der Handlung erinnert sie an *Das Urteil*. Erneut verarbeitet Kafka einen Mythos, die christliche Überlieferung vom ewigen Juden Ahasver, der dazu verdammt ist, unerlöst durch die Fremde zu streifen; Schopenhauer nennt ihn «die Personifikation des ganzen jüdischen Volks», das, «seit bald zwei Tausend Jahren aus seinem Wohnsitze vertrieben, noch immer fortbesteht und heimathlos umherirrt».[73] Mit einer Anspielung auf den aus der Zeit der Kreuzzüge stammenden Ahasver-Mythos endet die Erzählung: «Nackt, dem Froste dieses unglückseligsten Zeitalters ausgesetzt, mit irdischem Wagen, unirdischen Pferden, treibe ich mich alter Mann umher.» (D 206) Die aus der Druckfassung ausgeschiedenen Schlußsätze der wenige Wochen früher entstandenen *Kübelreiter*-Erzählung entwerfen ein identisches Szenario: «Auf dem hohen keinen Zoll breit einsinkenden Schnee folge ich der Fussspur der kleinen arktischen Hunde. Mein Reiten hat den Sinn verloren, ich bin abgestiegen und trage den Kübel auf der Achsel.»[74] Hier findet sich ein mythisches Modell erneuert, das Kafkas künftige Arbeiten bis zum *Schloß*-Roman mehrfach nutzen werden. In ihm verknüpft sich der Topos der Reise, wie er aus dem *Verschollenen* vertraut ist, mit dem Motiv der zirkulären Zeiterfahrung, in der das Individuum auf die scheinbare Indifferenz einer unförmig-diffusen Wirklichkeit stößt. Das gemeinsame Dritte, das diese beiden Ebenen vereinigt, ist die Macht des libidinösen Triebs, von der die *Landarzt*-Erzählung in einer demonstrativ-ironischen Bildersprache berichtet.

Am 15. September 1917 notiert sich Kafka im Tagebuch: «Ist die Lungenwunde nur ein Sinnbild, wie Du behauptest, Sinnbild der Wunde, deren Entzündung Felice heißt, ist dies so, dann sind auch die ärztlichen Ratschläge (Licht Luft Sonne Ruhe) Sinnbild. Fasse dieses Sinnbild an.» (T III 161) Die geheime, jede körperliche Symptomatik überschreitende Bedeutung der Lungenwunde beleuchtet ein Brief an Max Brod vom April 1921, in dem es heißt: «Die Tuberkulose hat ihren Sitz ebensowenig in der Lunge, wie z. B. der Weltkrieg seine Ursache im Ultimatum.» (Br 320) Diese lapidare Feststellung läßt die Folgerung zu, daß auch die *Landarzt*-Erzählung, die das Thema der Wunde verarbeitet, noch ehe es Kafkas bewußtes Leben beherrscht, keine eindeutigen Zuordnungen gestattet. Die Zeichen, die der Text arrangiert, bleiben vielmehr ambivalent, weil sie gleitende Verschiebungen durchlaufen, die ihnen stets neue, zuweilen auch widersprüchlich erscheinende Sinnmöglichkeiten erschließen.

«Ich war in großer Verlegenheit» lautet der erste Satz der Erzählung, der so knapp wie vielstimmig die innere Spannung des Protagonisten zur Sprache bringt. ‹Verlegenheit› bezieht sich nicht allein auf die Tatsache, daß dem zu einem Patienten in einem «zehn Meilen entfernten Dorfe» (D 200) gerufenen Arzt das Pferd für den Schlitten fehlt, den er durch die verschneite Winterlandschaft lenken kann. Zugleich erschließt der Begriff das Feld der Scham, Peinlichkeit und Triebverdrängung, das der Text fortan immer wieder berührt. Die *Strafkolonie*-Erzählung hatte mit derselben Formulierung die – latente Anziehung verbergende – Reaktion des Reisenden auf die enthusiastische Beschreibung der Hinrichtungsapparatur durch den Offizier gekennzeichnet («in großer Verlegenheit»; D 200, 179). Im Zuge der Suche nach einem Pferd macht der Arzt eine überraschende Entdeckung, die dem Zufall, nicht aber bewußter Steuerung zu verdanken ist: «Ich durchmaß noch einmal den Hof; ich fand keine Möglichkeit; zerstreut, gequält stieß ich mit dem Fuß an die brüchige Tür des schon seit Jahren unbenützten Schweinestalles.» Als das Geläß sich öffnet, erblickt er, was er an dieser Stelle nicht erwartet hat: «zwei Pferde, mächtige flankenstarke Tiere», mit ihnen einen Mann, der, «zusammengekauert in dem niedrigen Verschlag» sitzend,

sich als «Pferdeknecht» ausweist. Das Dienstmädchen erklärt die grotesk anmutende Situation mit aufschlußreichen Worten: «‹Man weiß nicht, was für
Dinge man im eigenen Hause vorrätig hat›, sagte es und wir beide lachten.»
(D 200f.) Die grammatische Konstruktion des Satzes legt eine Spur zu jener
Ordnung, die das geheimnisvolle Geschehen von Kafkas Erzählung be-
stimmt. Das ‹Es› erschließt die Wahrheit über den Schweinestall, dessen Inhalt der Landarzt über Jahre verdrängt und vergessen hat. Die gesamte Konstellation erinnert deutlich an Josef K.s Beziehung zur ‹Rumpelkammer› im
Gebäude der Bank, in der der Prügler seine sadistische Arbeit tut (P 87f.).
Ein im März 1917 entstandenes Prosastück, dem Max Brod den Titel *Der
Schlag ans Hoftor* gab, beschreibt einen vergleichbaren Prozeß des Eintretens
in eine geheimnisvolle Raumordnung als Akt der unerlaubten Überschreitung, der am Ende bestraft wird (M 83f.). Derartige Topographien des Ver-
borgenen gehören zu Kafkas Denkwelten, die das Imaginäre auch im Alltag
präsent halten. Mit Blick auf seine laxe Ordnungsauffassung als Versicherungsbeamter fragt er Felice Bauer Ende Dezember 1912 nach ihrem
Schreibtisch: «Gibt es kein Geheimfach, wo sich alte unerledigte Sachen wie
ekelhafte Tiere drängen?» (Br I 348) Daß Kafka wiederum die eigenen Texte
in seine empirische Wirklichkeit einzubeziehen pflegt, verrät eine Tagebuchnotiz vom 27. Januar 1922, in der es heißt, man erlebe immer wieder
«Überraschungen», wenn man sich trostlos fühle, denn es könne «erfahrungsgemäß aus Nichts etwas kommen, aus dem verfallenen Schweinestall
der Kutscher mit den Pferden kriechen.» (T III 210)

In seiner Abhandlung *Eine Schwierigkeit der Psychoanalyse*, die im selben
Jahr wie Kafkas Erzählung entstand, bemerkt Freud mit einer berühmt gewordenen Formel, zur kränkenden Botschaft seiner Lehre zähle die Erkenntnis, «daß das Ich nicht Herr sei in seinem eigenen Haus.»[75] Diesem
Befund entspricht – überdeutlich und daher nicht frei von Ironie – die Exposition der Erzählung, die den Landarzt mit einer ihm bisher dunklen Seite
seines ‹Hauses› konfrontiert.[76] Zu ihr gehören die Pferde, die sogleich ‹aufrecht› stehen, und der Pferdeknecht, der sie mit den Worten «Hollah Bruder,
hollah, Schwester» herbeiruft. Die sexuelle Dimension, die durch die Bewegung der Pferde angedeutet wird, tritt vollends hervor, als der Knecht die
Dienstmagd, die beim Anschirren helfen soll, wie ein ‹Vieh› anfällt und «sein
Gesicht an ihres» schlägt, so daß «zwei Zahnreihen in des Mädchens Wange»
erscheinen (D 201). Die schockartige Traum-Dramaturgie des Textes verdeutlicht das gewaltsame Hervorbrechen einer bisher kontrollierten Triebwelt, die in dem Moment, da sich der Schweinestall als Sinnbild des Unbewußten öffnet, mit unbeherrschbarer Macht zutage tritt.

Das Dienstmädchen empfängt seinen Namen ‹Rosa› im Text erst in dem
Augenblick, da es in die Gewalt des Knechts zu fallen droht (er mag durch

Hamsuns Roman *Rosa* angeregt worden sein, den Kafka in der ersten deutschen Übersetzung von 1909 besaß).[77] Dem entspricht die Tatsache, daß der
Arzt das Mädchen nur dort, wo es als Opfer männlicher Sexualität erscheint,
wirklich registriert. Während er es zuvor höchst unaufmerksam wahrgenommen zu haben scheint («von mir kaum beachtet», D 203), gewinnt es
nun für ihn eine außerordentliche Anziehungskraft. Daß Rosa der ent-
hemmten Triebgewalt anheimfallen wird, ist offenkundig, denn noch im
Moment des Aufbruchs hört der Arzt, «wie die Tür meines Hauses unter
dem Ansturm des Knechtes birst und splittert» (D 202). Der sexuelle Impuls
hat hier eine anschauliche Gestalt angenommen, die der – zum ‹eigenen
Haus› gehörende – Knecht repräsentiert. Die Reminiszenzen, mit denen der
Arzt fortan Rosa – «dieses schöne Mädchen» (D 203) – zu vergegenwärtigen
sucht, verraten das schlechte Gewissen, das sein Wunschdenken enthüllt und
ihn als Täter in der Imagination entlarvt. Während der Arzt in überirdischem
Tempo zum Patienten reist, wütet in einem Haus, dessen Souverän er nicht
mehr ist, jene dunkle Seite seines Ich, die nach Freud das ‹Es› heißt.[78]

Die Pferde hat der Arzt damit im Sinne einer für zahlreiche Texte Kafkas
geltenden wirtschaftlichen Denklogik gegen das Dienstmädchen als «Kauf-
preis» eingetauscht (D 201). Tausch und Trieb verbindet, daß sie einem Mangel entspringen; Ökonomie und Sexualität folgen hier einer parallelen Gesetzmäßigkeit, die ihrerseits den Verlauf der Erzählung strukturiert.[79] Zunächst widerwillig, auf Kommando des Knechts, aber zugleich fasziniert von
den starken Pferden, beginnt der Arzt seine Fahrt im Schlitten. Die Pferde
ziehen ihn in wundersamem Tempo – ein aus Alexander Eliasbergs Sammlung chassidischer Sagen stammendes Motiv[80] – durch die nächtliche Landschaft, während ihm «Augen und Ohren von einem zu allen Sinnen gleichmäßig dringenden Sausen erfüllt» sind (D 202). In einer Notiz vom 1. Dezember 1917 heißt es: «Je mehr Pferde Du anspannst desto rascher gehts –
nämlich nicht das Ausreißen des Blockes aus dem Fundament, was unmöglich ist, aber das Zerreißen der Riemen und damit die leere fröhliche Fahrt.»
(M 181) ‹Leer und fröhlich› ist auch die Fahrt des Landarztes, weil sie die
Riemen zerreißt, mit denen die Vernunft den Trieb zu binden sucht.

Man kann sich hier an das berühmte Gleichnis aus Platons *Phaidros* erinnern, in dem die Seele des Menschen mit zwei Pferden und einem Lenker
verglichen wird.[81] Anders als bei Kafka, der ein *Phaidros*-Exemplar in der
von Rudolf Kassner besorgten Übersetzung des Jenaer Diederichs-Verlags
(1904) besaß, werden die Pferde in Platons Dialog jedoch streng unterschie-
den: während das eine weiß, hochgewachsen, edel und steuerungswillig ist,
zeigt sich das zweite von häßlicher Gestalt, schwarz, gedrungen und wild, allein «der Peitsche und dem Stachel» gefügig.[82] Repräsentieren die Pferde bei
Platon Vernunft und Trieb, so lassen sich bei Kafka keine vergleichbaren Ab-

grenzungen vornehmen. Komplementär zu jenen Auslegungen, die in ihnen die Zeichen «einer offen phallischen Imagination»[83] erblicken, gilt es ihre ambivalente Rolle genauer zu erfassen. Die Pferde stehen unter dem Kommando des Knechts, dem sie wie ‹Bruder› und ‹Schwester› zugehören,[84] und scheinen auf dieser Ebene mit dem Bereich des Triebs identisch; wenn der Arzt von ihnen auf der Fahrt «wie Holz in der Strömung» (D 201f.) davongerissen wird, so bekräftigt das diese Dimension der libidinösen, vernunftfernen Steuerung. Zugleich offenbaren sie jedoch einen ‹unirdischen› Charakter (D 206), der sich erst im zweiten Teil der Erzählung erschließt. Die Pferde bleiben auch nach der Ankunft des Arztes beim Patienten die stummen Zeugen des Geschehens, stecken ihre Köpfe durch ein Fenster des Bauernhauses, in dem der Kranke liegt, und «wiehern» während der Anamnese («der Lärm soll wohl, höhern Orts angeordnet, die Untersuchung erleichtern»; D 204). Veranlaßt durch dieses Wiehern, zwingt sich der Landarzt zur genauen Untersuchung des Patienten, dessen Wunde, wie zu zeigen ist, ein Sinnbild des gehemmten Triebs und damit auch der mißratenen Existenz darstellt. Die Pferde repräsentieren nicht nur eine entfesselte phallische Sexualität, sondern auch Kräfte, die zu einer zwar unheilvollen, aber notwendigen Erkenntnis führen können; in ihnen ist Lebensgier und zugleich die Einsicht in Formen der Lebensverfehlung bezeichnet.

Die Beschreibung der Wunde, die der Arzt nach anfänglicher Fehldiagnose bei seinem Patienten entdeckt, erzeugt ein Bild mit deutlich sexueller Dimension: «In seiner rechten Seite, in der Hüftgegend hat sich eine handtellergroße Wunde aufgetan. Rosa, in vielen Schattierungen, dunkel in der Tiefe, hellwerdend zu den Rändern, zartkörnig, mit ungleichmäßig sich aufsammelndem Blut, offen wie ein Bergwerk untertags.» (D 204) Ein ausführlicher Traumbericht, den Kafka am 9. Oktober 1911 in sein Tagebuch einträgt, nimmt das zentrale Bild der Erzählung vorweg. Kafka schildert, wie er durch eine Häuserreihe schreitet, deren über Verbindungswege auf sämtlichen Ebenen passierbare Zimmerflucht in ein Bordell mündet, wo er mehrere Prostituierte vorfindet, die am Boden liegen. Die Dirne, der er sich zuwendet, weist auf dem Rücken eine Wunde aus «siegellackroten Kreisen mit erblassenden Rändern und dazwischen versprengten roten Spritzern» auf, deren «wie von einem zerschlagenen Siegel» stammende «Partikelchen» er mit «Vergnügen» betastet (T I 59). In ähnlichen Worten («hellwerdend zu den Rändern», «mit ungleichmäßig sich aufsammelndem Blut») beschreibt die *Landarzt*-Erzählung jetzt, mehr als fünf Jahre nach dem Traumbericht, die Wunde des Jungen. In beiden Fällen tritt eine sexuelle Bedeutung zutage, die das Wundmotiv als Bild für das Geschlechtsteil der Frau kenntlich macht. Wo der Traum – nach Freud – seinen Inhalt durch Verschiebung erzeugt, bedient sich die Erzählung der rhetorischen Figur der Metonymie.[85]

Mit Hilfe der syntaktisch ungewöhnlichen Eröffnungsposition des Attributs («Rosa, in vielen Schattierungen, dunkel in der Tiefe») stellt Kafkas Wundbeschreibung einen offenkundigen Bezug zur weiblichen Sexualität her, wie sie durch das Dienstmädchen als Triebobjekt bezeichnet ist.[86] Die Wunde repräsentiert die begehrte Frau – Rosa –, mit der sich der Arzt vereinigen möchte, zugleich aber einen Lebenswunsch: die Sehnsucht nach Teilhabe an einer vitalen Ordnung jenseits des Frosts der Verdrängung.

Die durch ihre Distanzlosigkeit verstörende Schilderung des Wundinneren, die jene Ästhetik des Ekelhaften erzeugt, wie sie auch die *Morgue*-Gedichte Benns entwickeln (1912), lenkt den Blick folgerichtig auf die Zeichenspuren des Sexualakts: «Würmer, an Stärke und Länge meinem kleinen Finger gleich, rosig aus eigenem und außerdem blutbespritzt, winden sich, im Innern der Wunde festgehalten, mit weißen Köpfchen, mit vielen Beinchen ans Licht.» (D 204) Das Bild der in der Wunde umhertreibenden Würmer dürfte, so hat man vermutet, «auf männliche Spermien anspielen.»[87] In für Kafkas Erzählstil typischer Weise gelangt hier das Innere nach Außen, gewinnt das Unbewußte durch die Bilder des Logos seine Repräsentation im literarischen Text. Der Traum, so vermerkt Freud in seinen 1917 veröffentlichten *Vorlesungen zur Einführung in die Psychoanalyse*, verwende eine archaisch anmutende Ausdruckssprache, die vermeintliche Gegensätze bisweilen so darstelle, daß ihre strukturelle Einheit hervortrete.[88] Im Sinne dieser von Kafkas Erzählung genutzten Traumlogik ist das Bild der Wunde ein Zeichen für den vom Landarzt verdrängten Trieb, das auf komplexe Weise weibliche und männliche Sexualität abzubilden vermag. Wenn sich der Arzt schließlich nackt ins Bett des Patienten legen läßt, so verrät das keinen homoerotischen Impuls, wie manche Interpreten vermuten, sondern den Wunsch nach der Erfüllung des in der Wunde verdeutlichten, auf Rosa verweisenden Triebversprechens.[89]

Indem der Text die Zeichen, die das libidinöse Begehren veranschaulichen, beim Wort nimmt, vollzieht er eine Auflösungsbewegung, in der sich die Sprache des Unbewußten selbst bloßstellt und dekonstruiert. Es wäre daher falsch, wollte man die in dieser Sprache manifeste Sexualtopographie als alleiniges Zentrum der Geschichte betrachten.[90] Kafka hat den bildhaften Bezug zur Triebwelt mit derart ironischer Aufdringlichkeit hergestellt, daß man sich hüten muß, in ihm den unhintergehbaren letzten Sinn des Textes zu identifizieren. Kommentatoren, die ihn ‹aufdecken›, geraten in die Falle des Autors, wenn sie meinen, hier sei das tiefste Geheimnis der Erzählung zu fassen. Sie verhalten sich wie jene Interpreten Thomas Manns, über die Adorno höhnisch vermerkt hat, sie zögen aus den Werken «tautologisch» heraus, «was zuvor in sie hineingesteckt ward».[91] Das ausführlich beschriebene Rollendilemma, dem sich der Arzt ausgesetzt sieht, verdeutlicht, daß die

sexuelle Chiffrensprache des Textes am Ende mit einer durch die Psycho-
analyse nicht mehr erklärbaren Lebensproblematik verbunden ist.[92] Der therapeutische Blick des Protagonisten scheint von vornherein getrübt; den
Jungen hält er für einen Simulanten, ehe ihn das Wiehern der Pferde auf das
Offensichtliche lenkt. Helfender Arzt könnte er nur sein, wenn er die Balance zwischen Bewußtem und Unbewußtem in sich selbst geschaffen hätte.
Da er das Triebleben an einem dunklen Ort versteckt, der nur deshalb zum
‹Schweinestall› wird, weil er keine Beachtung findet, muß er diese Balance
notwendig verfehlen. Der Rollendruck, unter dem er leidet, entspringt der
inneren Disharmonie des in mechanische Zwänge eingespannten Menschen. Der «vom Bezirk» schlecht bezahlte Arzt tut seine Pflicht «bis zum
Rand» (D 203), kann aber nicht helfen, da er selbst seelisch krank, im Zeichen von Hemmung und Verdrängung, lebt. Die ‹Rettung› seiner Patienten
– der Begriff taucht mehrfach auf (D 202, 204, 206) – muß er verfehlen, da er
nicht Herr im eigenen Haus ist. Im Ton der späteren Erzählung heißt es am
5. März 1912 im Tagebuch: «Diese empörenden Ärzte! Geschäftlich entschlossen und in der Heilung so unwissend, daß sie, wenn jene geschäftliche
Entschlossenheit sie verließe, wie Schuljungen vor den Krankenbetten stünden.» (T II 49)
Die larmoyante Selbstrechtfertigung des Ich-Erzählers verbirgt sein objektives Versagen: «Immer das Unmögliche vom Arzt verlangen. Den alten
Glauben haben sie verloren; der Pfarrer sitzt zu Hause und zerzupft die
Meßgewänder, eines nach dem andern; aber der Arzt soll alles leisten mit seiner zarten chirurgischen Hand.» (D 205) Der Vorwurf, man überfordere ihn
mit hohen Erwartungen, verdeckt nur, daß er sein inneres Lebenszentrum
verfehlt hat. Wenn der Arzt am Ende entkleidet und zum Patienten ins Bett
gelegt wird, so verdeutlicht das, vermittelt durch das Motiv der Wunde, nicht
allein die Macht der ihn unbewußt steuernden Triebwünsche, sondern auch
die aus eigener Heilungsbedürftigkeit resultierende Ohnmacht seiner medizinischen Bemühungen. Man mag hier an Kafkas Ende 1920 formuliertes
Diktum denken, das dem «therapeutischen Teil» der Psychoanalyse «hilflosen
Irrtum» bescheinigte (Mi 292, G 161).[93] In diesem Sinne gewinnt die Fehldiagnose des Arztes eigene Signifikanz, insofern sie sich als ironischer Hinweis auf die Wirkungslosigkeit der psychoanalytischen Praxis werten läßt.
Der Arzt kann nicht helfen, da er selbst von den Gespenstern des Irrtums
und den Kräften der Verdrängung bestimmt wird, die den wütenden Pferdeknecht in den Schweinestall verbannen.
Auffällig ist, daß die sexuelle Bedeutung der Wunde im Schlußteil der Erzählung nochmals variiert wird. «Mit einer schönen Wunde kam ich auf die
Welt, das war meine ganze Ausstattung», erklärt der Patient (D 205), wobei
das Attribut wiederum auf das ‹schöne Mädchen› Rosa verweist (D 203). Die

Erläuterung des Arztes hebt die auszeichnende Bedeutung dieser Geburts-
wunde hervor: sie sei «so übel nicht», denn viele «bieten ihre Seite an und
hören kaum die Hacke im Forst, geschweige denn, daß sie ihnen näher
kommt.» (D 206) Der Trieb, so läßt sich folgern, ist dem Menschen durch
seine kreatürliche Existenz a priori gegeben. Er entwickelt sich nicht im
Prozeß des Älterwerdens, sondern bleibt, der Wunde des Jungen entsprechend, eine Mitgift der Geburt, ein permanentes Lebenszeichen. Im Januar
1922, fünf Jahre nach der Niederschrift des *Landarztes*, wird Kafka vom «Geschenk des Geschlechtes» sprechen, das er nicht habe akzeptieren können
(T III 199). Eine vergleichbare Form der Verweigerung offenbart sich am
Ende der Erzählung, wenn der Arzt die gegenüber dem Jungen formulierte
Einsicht in die Gesetze des Triebs nicht auf die eigene Situation bezieht,
sondern vor ihrer Wirklichkeit zu fliehen sucht: «Aber jetzt war es Zeit, an
meine Rettung zu denken.» (D 206)[94]

In Zürau notiert Kafka am 20. Oktober 1917, an einem Tag, den er bis
zum Abend im Bett verbringt, den schon zitierten Satz: «Es gibt zwei
menschliche Hauptsünden aus welchen sich alle anderen ableiten, Ungeduld
und Lässigkeit.» (M 163) Der Arzt zeigt diese beiden ‹Hauptsünden› im Umgang mit der von der Wunde bezeichneten Sexualität gleichermaßen. Die
‹Rettung›, die er anstrebt, ist die Chiffre für die ‹Ungeduld›, mit der er die
ihn beherrschenden Triebimpulse verdrängt, aber auch das Indiz für die
‹Lässigkeit›, mit der er sie ‹zerstreut› von sich abzuschütteln sucht. In einem
Brief an Max Brod erklärt Kafka am 5. September 1917 über den Zusammenhang zwischen der Erzählung und seiner Krankengeschichte: «Auch
habe ich es selbst vorausgesagt. Erinnerst Du Dich an die Blutwunde im
‹Landarzt›?» (Br 160) Die Krankheit bezeichnet eine Form der Lebensdistanz, die in die Katastrophe führen muß, weil sie das ‹Geschenk des Geschlechts› verweigert und die von ihm ausgehenden Triebimpulse verdrängt.
Die Psychoanalyse, die das Alphabet für die Buchstabenschrift der Erzählung
liefert, fördert zwar die Diagnose des Konflikts, kann ihn aber praktisch
nicht überwinden. Die Triebhemmung des Arztes ist letzthin eine Lebens-
krankheit, der kein therapeutisches System gewachsen ist, weil sie wie eine
Urschuld auf dem Menschen lastet.

In suggestiv wirkenden Traumbildern schildert der Erzählschluß die Konsequenzen, die aus der Verstrickung in die Netzwerke der Verdrängung resultieren. Der Arzt hat sich zwar in seinen Schlitten gerettet, kann aber nicht
nach Hause gelangen, da die Pferde ihren Dienst versagen; nackt, ohne Pelz,
schleppt er sich durch die Kälte: «‹Munter!› sagte ich, aber munter gings
nicht; langsam wie alte Männer zogen wir durch die Schneewüste (…)»
(D 206). In einem fünf Jahre nach der Erzählung entstandenen Fragment,
dem Max Brod den Titel *Der Aufbruch* gab, begegnet uns eine zweite Version

des Landarzt-Schicksals. Der Ich-Erzähler des traumähnlich anmutenden Textes besteigt hier ein Pferd, um sich auf einen nicht näher beschriebenen Weg zu begeben; auf die Frage seines Dieners, wohin er reite, antwortet er: «Immerfort weg von hier, nur so kann ich mein Ziel erreichen.» Die «wahrhaft ungeheuere Reise» (E 11) ist zugleich ein ‹Aufbruch› in eine offene Zukunft, wie ihn Kafka in seinen Phantasien erträumt, wenn er die Flucht aus Prag imaginiert. Auch der Landarzt wird schließlich zur unbeendbaren Lebensreise gezwungen, in die ihn das «Fehlläuten der Nachtglocke» treibt, ohne daß er sich ihren Gesetzen entziehen kann (D 207). Sein Schicksal erneuert das Los des ewigen Juden Ahasver, des ruhe- und heimatlosen Wanderers, von dem die mittelalterliche Legende spricht.

Die mythische Schlußszene greift mit ironischer Pointierung nochmals das Leitmotiv der Sexualität auf. In einem Brief an Milena Pollak vom 9. August 1920, der über seine erste Liebesnacht berichtet, stellt Kafka den Zusammenhang zwischen der Ahasver-Legende und dem Bereich der Libido her: «Dieser Trieb hatte etwas vom ewigen Juden, sinnlos gezogen sinnlos wandernd durch eine sinnlos schmutzige Welt.» (Mi 198) Das Triebschicksal, das der moderne Mensch erfährt, scheint in der Erzählung bezeichnet durch die alptraumartige Langsamkeit der Fahrt über die leeren Flächen der Schneewüste. ‹Nackt› bleibt der Arzt dem ‹Froste dieses unglückseligsten Zeitalters› ausgesetzt, ohne von der Stelle zu kommen. Das ‹Fehlläuten der Nachtglocke› ist kein Signum der Täuschung, sondern ein Zeichen, das ihn auf die Abwege der zuvor verdrängten Sexualität führt. Wenn er zum Schluß die Strafe der ewigen Fahrt durch den Winter einer unfreundlichen Welt erleiden muß, so spiegelt das die zirkuläre Ökonomie des gehemmten Triebs, der erst im Tod an sein Ende kommen kann.[95] «Betrogen» (D 207) ist er deshalb, weil er die Indizien seines libidinösen Begehrens übersehen und sich in der Selbsttäuschung behaglich eingerichtet hat. Die Lebensfahrt des zum Ahasver gewordenen Arztes bedeutet eine Reise durch die Wiederholungszwänge der Sexualität, die sich verdrängen, aber nicht auf Dauer im Stall einsperren läßt.

Am 25. September 1917 heißt es resümierend im Tagebuch: «Zeitweilige Befriedigung kann ich von Arbeiten wie Landarzt noch haben, vorausgesetzt daß mir etwas derartiges noch gelingt (sehr unwahrscheinlich) Glück aber nur, falls ich die Welt ins Reine, Wahre, Unveränderliche heben kann.» (T III 166f.) Wenige Sätze Kafkas sind derart häufig mißverstanden worden wie dieser. Man hat in ihm die Spuren einer nachidealistischen Poetik entziffert, die an die ästhetischen Entwürfe und die Kunstfrömmigkeit der Zeit um 1800 denken ließ.[96] Eine solche Auslegung führt in die Irre, denn sie ignoriert die Trennung der Sphären, die der Satz grammatisch prägnant festschreibt. Die Literatur hat mit dem Glück, das an eine sittliche Ebene gebunden bleibt, nichts zu schaffen. Keineswegs soll sie selbst die Welt in einen wahren, reinen Zustand versetzen; von einer derartigen Aufgabe, die sie zum Medium der Erziehung verwandeln würde, ist hier nicht die Rede. Gelungene literarische Arbeiten können Befriedigung bieten, ohne an eine moralische Bedeutung geknüpft zu sein. Sie bleibt vielmehr der *vita activa*, der Zone des sozialen Handelns zugeordnet, wie sie durch den Ausdruck ‹heben› bezeichnet scheint. «Das Glück an den Kunstwerken ist jähes Entronnensein, nicht ein Brocken dessen, woraus Kunst entrann»,[97] bemerkt Adorno über die Eigentümlichkeit ästhetischer Erfahrung, die unterschätzt, wer in Kafkas Formulierung die Gleichsetzung von Literatur und Weltanschauung vollzogen sieht. In einem Brief an Felice Bauer vom 1. Oktober 1917 wird die sechs Tage zurückliegende Tagebuchnotiz auf versteckte Weise erläutert. Sein Ziel, erklärt Kafka, sei es nicht, «ein guter Mensch zu werden»; er strebe vielmehr danach, die ganze «Menschen- und Tiergemeinschaft zu überblicken», um aufgrund der daraus abgeleiteten Kenntnisse und der Rolle, die er im Status des Beobachters versehe, als Sünder von seinen Lastern freigesprochen zu werden, ohne die «ihm innewohnenden Gemeinheiten» aufgeben zu müssen. An die Stelle des ethischen Imperativs tritt hier der ästhetische Genuß, der ein Betrug «ohne Betrug» ist, weil er Distanz zum Leben, aber auch naive Absichtslosigkeit einschließt (F 755 f.). In ihr ist das Geheimnis der Kunst bezeichnet, die erst dort, wo sie das Schweben über den Begriffen von Recht, Glauben und Moral gelernt hat, ihre eigentliche Bestimmung verwirklicht.

Literarische Rätselspiele

«Das Zwischen-Zeilen-Lesen ist ja übrigens bei Euch Modernen eine Nothwendigkeit», schreibt Alfred Löwy am 20. Dezember 1913 an seinen Neffen nach Prag (Br II 578). Das klingt wie ein Motto für zahlreiche Stücke des *Landarzt*-Bandes, denen nicht selten die Tendenz innewohnt, sich selbst in chiffrierter Form zu kommentieren und zu spiegeln. Ein besonders markantes Muster liefern hier die Texte *Elf Söhne* und *Ein Besuch im Bergwerk*, bei denen es sich, wie Malcolm Pasley überzeugend nachgewiesen hat, um «literarische Mystifikationen»[98] selbstreferentiellen Charakters handelt: die elf Ingenieure des Bergwerks verkörpern, angeregt durch den Verlagsalmanach *Der neue Roman*, der 1917 erschienen war, unterschiedliche Autoren Kurt Wolffs – darunter Heinrich Mann, Carl Sternheim, Maxim Gorki und Hugo von Hofmannsthal; hinter den elf Söhnen verbergen sich wiederum, gemäß einer Andeutung Kafkas, die in der Liste vom Februar 1917 ursprünglich für den Band vorgesehenen Geschichten, deren ästhetische Stärken und Schwächen hier anthropomorphe Züge annehmen.[99] Insbesondere das zweite Beispiel ist aufschlußreich für Kafkas Neigung, die literarische

Arbeit unter einer psychophysischen Perspektive zu betrachten. Der literarische Text rückt hier selbst in jene Rolle, die für ihn Bedingung des Schreibens ist: die des Sohnes. Indem die einzelnen Erzählungen über die Figuren der Söhne körperliche Gestalt gewinnen, erlangen sie zugleich eine Form der Präsenz, die Kafka im idealen Schreibvorgang als ekstatische «Öffnung des Leibes und der Seele» registrierte. (T II 101) Über ihre anthropomorphe Veranschaulichung empfangen nicht nur die Texte, sondern auch ihre Entstehungsumstände eine physische Vergegenwärtigung.[100] Sie schließt die Reflexion des Gelingens ein («schön, schlank, wohlgebaut» heißt es über den zweiten Sohn, dem die Legende *Vor dem Gesetz* entspricht; D 224), aber zugleich kritische Einwände gegenüber kompositorischen Mängeln und Gebrechen (als «Schmerzenskind» wird der achte Sohn bezeichnet, der auf die *Kübelreiter*-Erzählung verweist, welche Kafka später aus dem Konvolut aussonderte; D 227). Der Körper gerät in den *Elf Söhnen* zur Allegorie des literarischen Textes, dessen Bedeutung eine Form der Selbstreflexion erzeugt, wie sie Derrida als besonderes Merkmal des Schriftmediums charakterisiert hat: «Schreiben heißt wissen, daß das, was noch nicht im Schriftzeichen erzeugt ist, keine andere Bleibe hat und uns nicht als Vorschrift (…) in irgendeinem göttlichen Verstehen aufwartet. Der Sinn muß warten, bis er benannt und geschrieben wird, um sich selbst bewohnen zu können und um das zu werden, was er in seinem Hingehaltensein ist: der Sinn.»[101]

Kafkas *Landarzt*-Band unterliegt einer spezifischen Leitstruktur des nichtpsychologischen Erzählens. Exemplarisch läßt sich der Verzicht auf einen analytischen Realismus an der parabolischen Tendenz der Sammlung zeigen, die zumal *Die Sorge des Hausvaters, Der neue Advokat* und *Eine kaiserliche Botschaft* dokumentieren. *Die Sorge des Hausvaters* formuliert schon zu Beginn ein entschiedenes Deutungsverbot, das die meisten Kommentatoren ignorieren. Odradek, der Name des merkwürdig zwischen Ding und Mensch schwankenden, an eine «Zwirnspule» erinnernden Protagonisten der Geschichte, sei, so heißt es, ein notorischer Gegenstand gelehrter Streitigkeiten, dessen «Sinn» jedoch weder die slawische noch die deutsche Etymologie zu erschließen helfe (D 222). Trotz solcher klaren Hinweise hat die Literaturwissenschaft immer wieder neu versucht, das Geheimnis der Odradek-Gestalt über die Wortgeschichte zu verorten und aufzuhellen.[102] Sie reproduziert damit jene Meinungsdispute, von denen der Text selbst spricht, und reflektiert auf tragikomische Weise die Aporien, die Kafkas Erzähler mit sparsamen Worten umreißt. Odradek nämlich ist ein Wesen, das eine Form, nicht jedoch eine Bedeutung aufweist: «(…) das Ganze erscheint zwar sinnlos, aber in seiner Art abgeschlossen.» (D 223)

Die fünf Abschnitte des Textes spiegeln eine Dramaturgie wider, die vom Allgemeinen zum Besonderen, vom ‹Man› des wissenschaftlichen Meinungsstreits zum ‹Ich› einer persönlichen Sorge führt. Nachdem die vier vorangehenden Absätze Odradek aus etymologischer, äußerlicher, ökonomisch-funktionaler und individueller Sicht beschrieben haben, bringt der letzte Abschnitt den jetzt in der Ich-Form sprechenden Erzähler ins Spiel. Er ist der Hausvater, dessen Sorge darin besteht, daß Odradek unsterblich sein und, da er niemals ein Ziel verfolgt habe, in immerwährender Gleichförmigkeit ihn selbst «überleben» könnte (D 223). Die Geschichte bietet fünf Versionen der Odradek-Besichtigung an, die sich wechselseitig aufheben und punktuell widerlegen. Zunächst erscheint Odradek als Name, der einzig in der Welt des Logos lebt, aber keinen klaren Sinn aufweist. Sein Äußeres zeigt ihn, wie es im folgenden Absatz heißt, als sternförmige Spule auf zwei Holzstreben, die ihm Bewegung ermöglichen; ein Ding scheint er gleichwohl nicht zu sein, da er sich aus eigener Kraft bewegt. Der Gedanke, daß Odradek eine verlorene oder vergessene Ordnung dokumentiere, wird im dritten Absatz zurückgewiesen: er sei kein Bruchstück, sondern ‹in seiner Art abgeschlossen›. Der vierte Abschnitt wechselt die Perspektiven und stellt vom ‹Es› auf das ‹Er› um. Der grammatischen Vermenschlichung Odradeks entspricht die Handlungsebene, wird er doch nun als kindlich anmutendes Wesen beschrieben, das auf einfache Fragen knapp zu antworten pflegt, mithin über Sprachfertigkeiten verfügt (von denen er allerdings selten Gebrauch macht). Die letzte Odradek-Version erzeugt einen Beziehungssinn: am Schluß ist es der Hausvater, der über ihn nachdenkt und anmerkt, daß seinem Leben das Telos, damit aber zugleich die Begrenzung fehle.

Walter Benjamin hat Odradek als «Form» bezeichnet, «die die Dinge in der Vergessenheit annehmen.»[103] Gegen diese Hypothese spricht freilich, daß die Geschichte selbst einen dynamisch-veränderlichen Charakter von Odradeks ‹Form› ausdrücklich dementiert. Wenn Odradek den Prozeß der Auslöschung im Verblassen von Konturen und Profilen bezeichnete, hätte der Text andere Eigenschaften der Figur betonen müssen. Plausibler erscheint die Annahme, daß das Verhältnis zwischen dem Hausvater und Odradek Kafkas Beziehung zu seinen Texten nachgebildet ist. Davon zeugt die Bemerkung, das «Ganze» erscheine «zwar sinnlos, aber in seiner Art abgeschlossen.» (D 223) Der Beherrschung durch die Form steht die fehlende Bestimmung des Sinns – als Zeichen der Beliebigkeit – gegenüber. Die Geschichte beschreibt Merkmale der Struktur und Rezeption von Kafkas Texten: die fehlende Bedeutungssicherheit, das Spiel der semantisch offenen, gleichwohl ein Ganzes bildenden Formen, den Meinungsstreit der Interpreten. Von einiger Ironie ist vor diesem Hintergrund der Hinweis auf Odradeks ‹Nachleben› nach dem Tod des ‹Hausvaters›. Mit spielerischer Klarheit umreißt Kafka hier die künftige Wirkung seiner Texte als Geschichte von Interpretationen, die das Ereignis der sinnlosen Form immer wieder neu zu erfassen und zu kommentieren suchen. Der Odradek-Text eröffnet folglich keinen metaphysischen Horizont, sondern nur eine klar umrissene Struktur, der die Ebene der Referenz fehlt (es sei denn, man verstünde darunter die Selbstrepräsentation der Literatur). Im Dezember 1917 notiert sich Kafka in Zürau, daß Sprache allein ein Instrument zur Darstellung des sinnlich Wahrnehmbaren sei, nicht aber «vergleichsweise» auf eine transzendente Bedeutung verweisen könne (M 184). Das gilt auch für *Die Sorge des Hausvaters*, die in ihren Beschreibungsversionen die unbeendbare Rede aller Kafka-Texte wiederholt.

Das Prosastück *Der neue Advokat*, mit dem der Band eröffnet wird, liefert, in diesem Punkt der Odradek-Exposition über den wissenschaftlichen Meinungsstreit vergleichbar, eine ironische Darstellung des gelehrten Studiums unter den Bedingungen einer alexandrinischen Epoche. Auf gänzlich unspektakuläre Weise beschreibt der Text eine jener Metamorphosen, die Kafkas Prosa in dieser Zeit immer wieder zu schildern pflegt.[104] Bucephalus, das erprobte Pferd Alexanders des Großen, welches historischer Überlieferung zufolge 326 v. Chr. nach der Schlacht von Hydaspes starb, ist unter den Bedingungen einer unheroischen Zeit Mitglied der französischen Anwaltskammer geworden.[105] Das Pferd, das ohne Herr und Führung kaum noch an das frühere Streitroß erinnert, versenkt sich nun nachts in Gesetzestexte und ‹alte Bücher›. Der legendenhafte Mythos überlebt, da der Weg zur epochalen Handlung versperrt scheint, einzig noch im Studium, in der Haltung der kulturellen Erinnerung; das Heroische begegnet sich selbst im Akt der Lektüre, denn das Streitroß liest in den ‹alten Büchern› notwendig von den eigenen Leistungen und Verdiensten.

Kafka hatte sich 1910 mit Michael Kusmins aktuellem Roman *Taten des großen Alexander* befaßt, dessen Detailfülle ihn dazu veranlaßte, im Tagebuch bizarr anmutende naturphilosophische Überlieferungen aus dem altgriechischen Mythos aufzulisten (T I 107). Die Auseinandersetzung mit der Alexander-Gestalt führte wiederum auf die Figur Napoleon Bonapartes, die ihn in dieser Zeit stark fesselte.[106] Im Herbst 1911 las er die *Berühmten Aussprüche und Worte Napoleons von Corsika bis St. Helena*, die 1906 in einer Leipziger Edition zusammengestellt worden waren. Am 12. November 1911 hörte er im Rudolfinum einen Vortrag des französischen Schriftstellers Jean Richepin, der über *La légende de Napoléon* sprach (T I 190ff.). Im Januar 1914 studierte er die Lebenserinnerungen der Gräfin Thürheim, die ein Panorama Österreichs zur Zeit Napoleons boten und ihrerseits Schlaglichter auf die Figur Bonapartes warfen (T II 229). Am 1. Oktober 1915 stellt er nach der Lektüre des dritten Bandes der neu aufgelegten Memoiren des Generals Marcellin de Marbot (1907), die sich mit der Niederlage von Waterloo beschäftigten, in einer Liste für das Tagebuch die militärstrategischen Fehler

Napoleons zusammen (T III 102ff.). Bonaparte selbst sah sich, wie mehrere seiner Selbstaussagen verraten, in der geschichtlichen Nachfolge Alexanders des Großen. Jacques-Louis Davids berühmtes Gemälde *Bonaparte au mont Saint-Bernard* (1800) porträtiert den Eroberer auf dem Pferd, in symbolischer Pose mit dem Zeigefinger den Weg vorgebend, wie eine Inkarnation von Hegels späterem Diktum aus dem Brief an Niethammer vom 13. Oktober 1806, hier sei die «Weltseele» zu Pferde sichtbar.[107] Das ist gleichsam das Urbild der Geschichte Kafkas, die ikonische Darstellung der versunkenen Epoche, in der das Schlachtroß noch unter dem Diktat seines zur Führung entschlossenen Herren stand. Die neue Rolle befreit zwar das Pferd von den Zwängen des Zügels, nötigt es aber zugleich zur Anpassung an eine Zeit ohne Helden. Sie bezeichnet den Gewinn, der Bucephalus erwächst, insofern er jetzt unabhängig vom Willen eines Herren leben und die Seiten der Bücher ‹wenden› kann, jedoch auch das Fehlen klarer Sinnvorgaben («niemand zeigt die Richtung», D 199), das ihn in ein Arrangement mit dem Mittelmaß der Moderne zwingt.

Kafkas Text beschreibt Vertauschungsvorgänge, die ausschließlich beobachtet, jedoch nicht bewertet werden (die melancholische Emphase, in der die Erzählerstimme über den Verlust der Orientierung klagt, ist offenkundige Inszenierung). An den Platz der Tat tritt das Gesetz, an die Stelle der wegweisenden Funktion des Königsschwerts die Lektüre der alten Bücher. Fällt es dem Rechtsdenken zu, die Regeln zu bestimmen, nach denen soziales Handeln normiert wird, so der Erinnerung, das Wissen über die Vergangenheit zu speichern. Am Portal des *Landarzt*-Bandes steht damit ein Text, der die gedächtnisbildende Lektüre als Produkt einer unheroischen Zeit beschreibt, welche keine historischen Leitfiguren mehr kennt. Die eingreifende Tat des großen Individuums ist durch das Studium der Schrift substituiert worden – ein Motiv, das an den seit dem Späthumanismus vertrauten, im ausgehenden 18. Jahrhundert erneuerten und bei Nietzsche nochmals kulminierenden Topos der Gelehrtenkritik erinnert. Eine Notiz aus dem Konvolut der Zürauer Betrachtungen, die vom Winter 1917/18 stammt, fügt dem eine therapeutische Dimension hinzu: «Der Tod ist vor uns, etwa wie im Schulzimmer an der Wand ein Bild der Alexanderschlacht. Es kommt darauf an, durch unsere Taten noch in diesem Leben das Bild zu verdunkeln oder gar auszulöschen.» (M 243) Dieses Szenario gibt die Problemlage vor, die der Bucephalus-Text beschreibt: in einer Welt ohne bedeutende Akteure ist das im Gemälde geronnene Erbe der Vergangenheit eine Hypothek, die abgetragen werden muß, soll neuer Sinn gestiftet werden. Nicht die Erinnerung, sondern deren Tilgung erlaubte die Überwindung jener tödlichen Erstarrung, in die uns die Jetztzeit versetzt hat. Kafkas Aphorismus, der die Antithetik der Bucephalus-Geschichte auflöst, liefert einen Kommentar aus dem

Geist Nietzsches, indem er zum zeitkritischen Ausgangspunkt des Textes zurückführt. Es ist das allein sekundäre Fakten erschließende Studium der ‹alten Bücher›, das uns den Weg in eine heroische Zeit versperrt, weil es in seiner antiquarischen Sammelwut das Leben der Gegenwart vernichtet.[108] Die Zürauer Notiz aber formuliert ein Rezept, das eine Rettung vor dem falschen Wissen ermöglicht: gegen die Macht der Bilder, die den Heroismus einfriedet, tritt hier die Tat, die den tödlichen Stupor der Erinnerung aufhebt.

Die parabolisch gehaltene Geschichte *Eine kaiserliche Botschaft* findet in dem kurzen Text *Das nächste Dorf* gleichsam ihre Vorstudie. In beiden Fällen werden wir mit einer exotischen Welt konfrontiert, die tief in der Vergangenheit zu liegen scheint. *Das nächste Dorf* entwirft eine Skizze der subjektiv-verzerrten Erfahrung von Raum und Zeit, wie sie Träumen eigentümlich ist. Der Weg zu Pferd ins nächste Dorf wirkt auf den alten Mann, von dem der Text berichtet, so unendlich weit, daß er den Eindruck gewinnt, als ob schon «‹die Zeit des gewöhnlichen, glücklich ablaufenden Lebens für einen solchen Ritt bei weitem nicht hinreicht.›» (D 221) Kafkas Gleichnis liest sich wie eine Parabel auf Einsteins Relativitätstheorie, nach der die Messung von Raum und Zeit an die externen Parameter gebunden bleibt, die man benutzt. Den Effekt der Lähmung, den die Einsicht in die Bedingtheit scheinbar fester physikalischer Größen freisetzt, beleuchtet ähnlich die am 21. Oktober 1917 entstandene Studie *Ein alltäglicher Vorfall*, in der sich zwei Geschäftspartner auf ihrem Weg zueinander permanent verfehlen, weil Entfernungen, physische Anstrengungen, Widerstände und Unterstützung durch äußere Verhältnisse oder fremde Personen nicht rational kontrolliert werden können (M 165).

Eine kaiserliche Botschaft, ursprünglich ein Ausschnitt der im Frühjahr 1917 verfaßten Erzählung *Beim Bau der chinesischen Mauer*, handelt von den Problemen der Überlieferung und den Gefährdungen der Tradition im Zusammenhang gestörter Raum-Zeit-Relationen. Die Botschaft, die der auf dem Sterbebett liegende Kaiser einem ausgewählten Boten übermittelt – eine an Kleists *Gebet des Zoroaster* (1810) erinnernde Konstellation[109] –, soll den ‹winzigen› Untertan am Rande des Machtzentrums im Rahmen eines kulturell gesicherten, durch Wiederholung begründeten Rituals erreichen: «Den Boten hat er beim Bett niederknien lassen und ihm die Botschaft ins Ohr zugeflüstert; so sehr war ihm an ihr gelegen, daß er sie sich noch ins Ohr wiedersagen ließ.» (D 221) Auch in chassidischen Geschichten wird zuweilen von Nachrichten erzählt, die sich auf sonderbare Weise übermitteln; so liest man von Briefen des heiligen Baal-Schem, der nach seinem Tod wie Gott selbst auf das Treiben der Menschen schaut und sein überirdisches Wissen in überraschenden Prophetien kundtut, die auf verschlungenen Wegen die Gläubigen erreichen.[110] In Kafkas Prosastück wird dieses Motiv jedoch deformiert, denn die Botschaft des Kaisers gelangt niemals an das ihr zugedachte Ziel. Der mäandernde Weg, den der Bote durchläuft, verweist auf die verschlungenen Kanäle des bürokratischen Systems, das Kafka aus der Versicherungsanstalt sehr genau kannte. Ähnlich wie die Akten in der administrativen Ordnung verschlungene Bahnen durchqueren, wandert der Bote mit der mündlich überlieferten Nachricht durch endlos wirkende Räume von Hof zu Hof, von Palast zu Palast (eine Topographie, die wiederum an den Bau des Gesetzes im *Proceß* gemahnt), ohne sein Ziel je zu erreichen. Wenn Kafkas Geschichte uns bis zum Schluß den Inhalt der kaiserlichen Botschaft verschweigt, so wiederholt sie nur die Figur der Verfehlung, die der traumähnliche Verlauf des Textes inszeniert. Der Adressat der Botschaft und der Rezipient der Parabel verschmelzen hier, insofern sie Nicht-Wissende bleiben, die das Geheimnis der Nachricht niemals erschließen dürfen. Der letzte Satz, der die Logik des Aufschubs beschreibt, liefert damit ein genaues Bild des Kafka-Lesers, der vergebens auf die Entschlüsselung der Text-Botschaft wartet: «Du aber sitzt an Deinem Fenster und erträumst sie Dir, wenn der Abend kommt.» (D 222)

Auf einer ersten Ebene bietet Kafkas Geschichte einen Reflex jenes Kaiserkults, den zahlreiche jüdische Untertanen der Monarchie pflegten, weil sie in Franz Joseph I. einen Anwalt ihrer Interessen erblickten (in der Tat hatte die josephinische Gesetzgebung, die 1849 das staatliche Eheschließungsverbot aufhob, die Judenemanzipation entscheidend gefördert). Kafkas Text entstand im März 1917, vier Monate nach dem Tod des Kaisers, der am 21. November 1916 im Alter von 86 Jahren in Wien gestorben war. Von seinem Nachfolger Karl I. wußte man zwar, daß er im Gegensatz zum ermordeten Franz Ferdinand keine antisemitischen Positionen vertrat; jedoch suchte er mit den seit 1910 zunehmend populären nationalkonservativen Parteien zu kooperieren, um seiner Regierung die erforderliche Massenbasis zu verschaffen, was notwendig die staatlichen Schutzgarantien für die jüdischen Mitbürger in Frage stellen mußte.[111] Über den Irrweg des vom Kaiser mit einer unbekannt bleibenden Nachricht ausgestatteten Boten heißt es in der Erzählung unter verdecktem Bezug auf die österreichische Situation: «Niemand dringt hier durch und gar mit der Botschaft eines Toten.» (D 222) Auf einer psychologischen Ebene spricht der Text damit «von der großen Abwesenheit»[112] einer herrscherlichen Vaterfigur, wie sie Franz Joseph I. gemäß seiner patriarchalischen Selbstinszenierung zu verkörpern gesucht hatte. In Kafkas Parabel muß der Vater, anders als in zahlreichen expressionistischen Texten – man denke an Sorge und Bronnen –, nicht ermordet werden, weil er gleichsam naturhaft dem Strudel des Vergessens anheimfällt, der seine Macht vernichtet und seine Botschaften versanden läßt.

Auf einer zweiten Ebene handelt die Parabel von den Schwierigkeiten der Nachrichtenübermittlung unter den Bedingungen einer labyrinthisch erscheinenden Welt. In Bezug auf die Bedeutung der mündlichen Überlieferung für die Konstitution des Schriftmediums hat Jan Assmann bemerkt, die «Urszene des Textes» sei «das Boteninstitut.»[113] Kafkas Geschichte erzählt jedoch nicht vom gelingenden Nachrichtenverkehr, sondern vom Scheitern der Kommunikation. An diesem Punkt enthüllt die Parabel einen Bezug zum Kriegsgeschehen, wie er auch im *Dorfschullehrer*-Fragment von 1914/15 durchscheint. Die technischen Kommunikationsverfahren der Telegraphie und des Telefons führten dazu, daß seit 1914 insbesondere an der Westfront ein Nachrichtenkampf tobte, bei dem die ständige Überwachung gegnerischer Boten und Meldegänger zum militärstrategischen Konzept gehörte. Da sich die Truppen, wie es eindringlich Ernst Jüngers Kriegstagebuch *In Stahlgewittern* (1920) beschrieben hat, in ihren Schützengräben auf engstem Raum wechselseitig abhören konnten, herrschte eine Situation permanenter Überwachung und Spionage vor. Die Geschichte von der Nachricht, die nicht ankommt, ist daher auch ein Reflex des Krieges der Kommunikation, der an den westlichen Frontabschnitten ausbrach; die ergebnislosen Mühen des Boten wiederum, dem die «Menge» (D 221) der Menschen den Weg zum Ziel versperrt, erweisen sich als Metapher für die verfahrene militärische Lage, in welche die österreichischen Truppen nach vorübergehenden Erfolgen im zweiten Kriegssommer zu Beginn des Jahres 1917 geraten waren.[114]

Mit dem Hinweis auf das Scheitern der Nachrichtenübermittlung berührt Kafka jedoch nicht nur die Situation des Krieges, sondern auch Aspekte seiner literarischen Arbeit. Der Bote, der sich gegen äußere Zwänge einen Weg durch das Labyrinth von Höfen und Palästen erkämpfen möchte, entspricht dem Schriftsteller, der in den verwirrenden Ordnungen seines Manuskripts eine Bahn des Gelingens sucht. So wie der Bote «nutzlos» (D 221) mit den Tücken seiner Aufgabe ringt, wartet der Autor in Phasen geminderter Produktivität vergebens auf den Strom, der ihn durch die Widrigkeiten seines Vorhabens bis zum Ende des Textes fortträgt. Die *Kaiserliche Botschaft* erzählt von den Stockungen, die während der ‹gnadenlosen Schiffahrt›[115] des Schreibens dafür sorgen können, daß, obgleich das Medium selbst reibungslos funktioniert, das Ziel niemals erreicht wird: eine Geschichte über das – nicht nur literarische – Scheitern in unheiligen Zeiten.[116]

Imaginäres Judentum

Im zweiten Stück der *Unzeitgemäßen Betrachtungen* (1873) bezeichnet Nietzsche das Vergessen als Merkmal einer gleichsam animalischen Existenzstufe, der die verfeinerte Kultur der Erinnerung als Indikator der Zivilisation entgegenzusetzen sei. Während das Tier «unhistorisch» lebe, handele der Mensch unter der «Last des Vergangenen», die ihn beschwere, ohne daß er ihr entkommen könne.[117] Der Zwang der Erinnerungsarbeit ist nach Nietzsches Befund der Unfähigkeit zum Schlaf vergleichbar; in der Nacht seines Bewußtseins wacht der vom Druck der *Memoria* belastete Mensch, weil er sich von den Zeichen der Vergangenheit nicht zu befreien vermag. Nietzsches Szenario, das unter dem Diktat einer programmatischen Kritik des Historismus steht, schließt daher die Erkenntnis ein, daß gerade Tilgung, Löschung und Vergessen zu den Triebkräften der menschlichen Entwicklungsgeschichte gehören. Nur dort, wo das Gattungswesen sein Wissen auswählt, vermag es seine äußeren Lebensumstände zu verbessern; einzig die Abscheidung des Vergangenen stiftet die Bedingungen für die Etablierung neuer Gesellschafts- und Lebensformen. Jede Kultur läßt sich tragen vom Willen zum Vergessen, ohne den sie unter der Last ihrer eigenen Evolutionslogik zusammenbräche. Ihre Geschichte ist, wie Nietzsche betont, kein einsinniger Prozeß der Erinnerungsbildung, sondern auch der dynamische Vollzug von Selektionsakten; so repräsentiert sie einen Text, der unaufhörlich über ältere Buchstabenlagen geschrieben wird, welche sich unter seinem Fortschreiten wie Palimpseste erhalten.

Die beiden Tiergeschichten des *Landarzt*-Bandes – *Schakale und Araber*, *Ein Bericht für eine Akademie* – stellen Erzählungen vom Vergessen, zugleich aber Parabeln über die Widersprüche der jüdischen Lebenswelt dar. Am 22. April 1917 schickte Kafka zwölf Prosastücke nach Heppenheim zu Martin Buber, der ihn schon Ende 1915, auf Brods Vorschlag, zur Mitarbeit an seiner Zeitschrift *Der Jude* eingeladen hatte. Anhand von Bubers Auswahl veröffentlichte das Journal schließlich im Oktober 1917 *Ein Bericht für eine Akademie* und *Schakale und Araber*. Zwar dementierte Buber stets die Behauptung, er publiziere allein solche Manuskripte, die einen klaren Bezug zur jüdischen Welt unterhalten, doch wird man kaum bestreiten können, daß beide Erzählungen stärker als die anderen des übersendeten Konvoluts mit Problemen des Judentums verbunden sind. Kafka selbst mochte, wie er in einem Brief an Buber vom 12. Mai 1917 erklärte, die Texte nicht als «Gleichnisse», sondern nur als «Tiergeschichten» kennzeichnen (so lautete schließlich auch der übergreifende Obertitel).[118] Die Druckfassung der beiden Erzählungen wird ihm im Herbst 1917 nach Zürau in die Einsamkeit des Landlebens gesendet. Mit einem ihm unheimlichen Selbstgenuß («Eichhörnchen im Käfig») studiert er am 19. Oktober 1917 *Schakale und Araber* und spricht von einer «Orgie beim Lesen der Erzählung» (M 161).

Die Geschichte von den Schakalen, die dem Reisenden aus dem Norden ihr schweres Los unter den sie fütternden Arabern klagen, ist eine Tierfabel, die aus mehreren Blickwinkeln erzählt wird. Während die Schakale den Arabern vorhalten, daß sie Tiere schlachten und unrein leben, betrachten die

Araber die Schakale als gieriges, aasfressendes Wüstenvolk, das sich parasitär von den Kadavern nährt, die man ihnen überläßt. Die Schakale beklagen, daß die Araber die Hammel ‹abstechen›, während doch nach ihren eigenen Vorstellungen «alles Getier» ‹ruhig krepieren› sollte (D 215). Diese Auffassung erinnert an das jüdische Schlachtgesetz, dem gemäß das getötete Tier ausbluten muß, ehe es verzehrt werden darf. Das Gebot geht zurück auf 3. Mos. 17,10, wo es heißt: «Und wer vom Haus Israel oder von den Fremdlingen unter euch auf der Jagd ein Tier oder einen Vogel fängt, die man essen darf, soll ihr Blut ausfließen lassen und mit Erde zuscharren.»

Auch in anderen Punkten berührt die Erzählung durch ihre Charakteristik der Schakale Aspekte des Judentums. So ist der Umstand, daß diese im Gefolge der Araber leben, ein Hinweis auf die jahrhundertelange Exilsituation der Juden, die sie zur Abhängigkeit von einem ‹Wirtsvolk› verurteilte. Nicht zuletzt verarbeitet Kafka antisemitische Topoi, wenn er die ‹hündische› Existenzform der ebenso feigen wie hinterhältigen Schakale, die den Erzähler heimlich zur Tötung der Araber auffordern, mit jüdischen Reinheitsgesetzen in Verbindung bringt. Von Stifters Erzählung *Abdias* (1843/47) über Heines *Hebräische Melodien* (1851) (hier das Gedicht *Disputation*) bis zu Alfred Döblin reicht der Bogen der Autoren, die in ihren Texten die Juden mit den Schakalen vergleichen, welche sich parasitär von fremdem Blut nähren.[119] Jakob Wassermann bemerkt 1921 in seiner Autobiographie, die Christen behandelten ihre jüdischen Mitmenschen «als Ratten und Parasiten», fordert aber zugleich in assimilatorischer Absicht dazu auf, das Judentum solle sich mit seinen «Wirtsvölkern» vereinigen (in der zionistischen Publizistik tauchten seit 1914 Formeln auf, die umgekehrt einen Zusammenhang zwischen der Assimilation und der parasitären Existenz von Hyänen oder Vampiren herstellten).[120] Antisemiten wie Otto Weininger und Oswald Spengler adaptierten die Metapher von den ‹Wirtsvölkern›, die sich schon bei Schopenhauer findet, wenn sie die Existenzform des europäischen Judentums als Zustand der strategischen Mimikry beschrieben; in Hitlers *Mein Kampf* wird der Begriff des Parasitentums später zu einem monotonen Leitmotiv des fanatischen Judenhasses ausgebaut.[121] Der Umstand, daß solche Vergleiche in der Literatur jedoch nicht affirmativ, sondern – wie exemplarisch bei Heine – im Rahmen von Rollenfiktionen benutzt werden, weist den Weg zu Kafkas Geschichte. Auch er bediente sich antisemitischer Deutungsmuster, um sie im Rahmen der Experimentiersituation der Tierfabel mit eigener Pointierung durchzuspielen. Es ist psychologisch bezeichnend, daß gerade die deutsche Nachkriegsgermanistik diese Dimension des Textes nicht wahrnehmen wollte oder verdrängt hat.[122]

Die eigentliche Pointe der Erzählung liegt im Hervortreten des Widerspruchs zwischen Reinheitsgebot und Gier, der am Ende das Verhalten der

Schakale bestimmt. In dem Moment, da ein Araber ihnen einen Kamel-Kadaver vorwirft, zeigen die Schakale ihren authentischen Charakter. Ihr Purismus erweist sich als Selbsttäuschung, hinter der die ungehemmte Lust am Verzehr toter Tiere aufbricht. Auch darin spiegelt sich ein antisemitisches Vorurteil, wie es Nietzsche benutzte, als er 1887 schrieb: «Wenn Juden als die Unschuld selber auftreten, da ist die Gefahr groß geworden (…)».[123] Zur habituellen Verlogenheit der Schakale Kafkas gehört die Neigung zum Betrug, die in ihrer Schamlosigkeit jedoch für die Araber leicht erkennbar ist: «‹Eine unsinnige Hoffnung haben diese Tiere; Narren, wahre Narren sind sie. Wir lieben sie deshalb; es sind unsere Hunde; schöner als die Eurigen.›» (D 216) Das ‹Wirtsvolk› bezeugt hier höhnisch seine Überlegenheit gegenüber den Schakalen, die in der Abhängigkeit verharren und auch dort, wo sie heimlich Mordpläne schmieden, keine Gefahr darstellen, weil sie den Arabern passiv und feige begegnen: «‹Wir laufen doch schon vor dem offenkundigen Anblick ihres lebenden Leibes weg (…)›» (D 214).

Zwischen Reinheitsanspruch und Gier liegt der Abgrund des Selbstbetrugs. Im Spiel mit antisemitischen Vorurteilen über Opportunismus und Parasitentum der Juden, das eine spezifisch literarische Version des Selbsthasses repräsentiert, tritt hier eine psychologische Komponente zutage.[124] Kafka berührt in seiner Geschichte auch das eigene Problem der Suche nach einer freien, von den Spuren des Triebs gereinigten Lebensform. Hinter dieser Suche steht, so ahnt er, die unaufhebbare Determination durch die Sinnlichkeit, die sich nicht abschütteln, sondern nur feststellen läßt. «Schmutzig bin ich», erklärt er Ende August 1920 Milena Pollak, «endlos schmutzig, darum mache ich ein solches Geschrei mit der Reinheit.» (Mi 228) Die zum *Landarzt*-Konvolut gehörende Studie *Ein altes Blatt* spiegelt das Motiv des Schmutzes durch die Schilderung der Nomaden, die die Kaiserstadt heimsuchen und mit ihrer unstillbaren Gier nach Fleisch erschrecken. Über den Schlachter heißt es: «Kaum bringt er seine Waren ein, ist ihm schon alles entrissen und wird von den Nomaden verschlungen.» (D 209) Daß die Nomaden sich untereinander «ähnlich wie Dohlen» verständigen (D 209), dürfte eine Anspielung auf die tschechische Bedeutung des Namens ‹Kafka› und ein Indiz dafür sein, daß der Autor hier sein Selbstbild des ‹endlos schmutzigen› Menschen in chiffrierter Form reflektiert hat.

Im Zeichen des wahren Triebs, der die Schakale der Erzählung angesichts des Kadavers überfällt, entlarvt sich der Reinlichkeitsfanatismus als Betrug. Sichtbar wird jetzt eine von der Gier gesteuerte Existenzform, in der das Unbewußte die Oberhand gewinnt. Das doppelt verwendete Signalwort ‹Vergessen› bezeichnet diesen Vorgang auf charakteristische Weise: «Sie hatten die Araber vergessen, den Haß vergessen, die alles auslöschende Gegenwart des stark ausdunstenden Leichnams bezauberte sie.» (D 216f.) Dort, wo der nackte Trieb herrscht, hat das Gedächtnis keine Funktion mehr. Der Schmutz bezwingt den Willen zur Reinheit, das Unbewußte das Bewußtsein. Am Ende steht damit ein psychologisches Szenario, das auf Kafkas Bild des unsauberen Asketen zurückverweist.[125] Das Finale des Textes beleuchtet den vertrauten Schauplatz eines gescheiterten Ich-Entwurfs: das unerfreuliche Mißglücken des anachoretischen Lebensplans, das Versinken in den Niederungen der Sexualität, die Selbstbeschmutzung des nach Sauberkeit Strebenden. Angesichts dieses Szenarios der Entlarvung wartet die Erzählung in ihrem Schlußsatz mit einer überraschenden Pointe auf, die den Prozeß der Erkenntnis ins Paradoxe verkehrt; Verlogenheit, Betrug und Täuschungsabsichten ändern nichts daran, daß die Schakale eine spezifische Attraktivität entfalten: «‹Wunderbare Tiere, nicht wahr?›» (D 217). Es ist die Schönheit der Angeklagten, die hier sichtbar wird: hinter ihr steht jedoch, wie hinter dem Gesang der Schakale, eine tief im Inneren wurzelnde Schuld.

Auch *Ein Bericht für eine Akademie* ist eine Erzählung über das Vergessen, in der sich freilich der Verlust der Erinnerung als Bedingung für das Überleben unter den Gesetzen des Zwangs ausweist.[126] Der Eintritt in die Ordnung der Zivilisation läßt sich nur vollziehen, wenn das, was jenseits ihrer Grenzen liegt, unter den Zeichen des neuen Lebens ins Dunkel zurücksinkt. Wie so oft in Kafkas Geschichten aber zeigt sich auch hier, daß die Dialektik des Vergessens den Akt der Gedächtnisbildung herbeiführt. Was im Prozeß der Anpassung von der Macht der Gegenwart verdrängt worden ist, tritt über Umwege wieder ans Licht. Der Affe, der sein ‹Vorleben› vergessen zu haben vorgibt, erinnert sich an den Schmerz, der seine Menschwerdung begleitete. Auf diese Weise beleuchtet die Erzählung die kulturelle Bedeutung des Vergessens in der Spur des Leidens, das die Anpassung an die Zivilisation freisetzt.

Nachdem Elsa Brod die zwei Monate zuvor veröffentlichte Geschichte am 19. Dezember 1917 – gegen Kafkas Wunsch – öffentlich im Prager *Klub jüdischer Frauen und Mädchen* mit großem Effekt vorgetragen hat, bemerkt Max Brod in einem Artikel für die *Selbstwehr*, es handele sich um die «genialste Satire auf die Assimilation, die je geschrieben worden» sei.[127] Elsa Brod meldet Kafka am 20. Dezember nach Zürau: «Der Affe ist ein Meisterwerk. – Die Wirkung war gut, so gut!» (BK I, 216) Nach Kriegsende nahm der mit Kafka persönlich bekannte Rezitator Ludwig Hardt den *Bericht für eine Akademie* regelmäßig in sein Vortragsprogramm auf. Der bemerkenswerte Publikumserfolg resultierte aus den rhetorischen Qualitäten des Textes und aus den Effekten der phantastischen Rollenfiktion, die seit Klaus Kammers kongenialer Adaption vom Herbst 1963 bis zum heutigen Tag zahlreiche Darsteller zur Interpretation gereizt hat. Aufgrund der öffentlichen Vorführung durch Elsa Brod und Ludwig Hardt fand die Geschichte zurück in jene Schau-Welt, von der sie inspiriert worden war. In der Zeit vor dem Krieg hatte Kafka in Prag

nicht nur regelmäßig die Kabaretts, sondern bisweilen auch das Varieté besucht, wo neben Tanzvorführungen die Kunststücke von Gauklern oder artistische Einlagen mit dressierten Tieren vorgeführt wurden. Im *Théâtre Variété*,
das im nordöstlichen Außenbezirk Karolinenthal lag, sah er, wie das Tagebuch
andeutet, vermutlich Ende November 1909 eine Vorführung japanischer Seiltänzer, «die auf einer Leiter klettern, die nicht auf dem Boden aufliegt, sondern auf den emporgehaltenen Sohlen eines halb Liegenden» (T I 15). Im selben Haus trat im September 1908 bzw. April 1909 ein dressierter Schimpanse
auf, der unter dem Namen «Konsul Peter» Kunststücke präsentierte, welche
die Prager Presse begeistert feierte.[128] Nicht nur der Name des Affen («Rotpeter»), sondern auch das Varieté-Ambiente seiner Geschichte legen die Vermutung nahe, daß Kafka eine dieser Vorführungen gesehen hat.[129]

Der Bericht des Affen Rotpeter ist als wissenschaftliche Rede komponiert, deren sachlicher Ton – von gelegentlichen Ausfällen gegen die Desin-
formationspolitik der Presse abgesehen (D 236) – konsequent durchgehalten
wird. Den Gegenstand des Vortrags bildet jedoch nicht, wie die Akademie
gewünscht hatte, Rotpeters Erinnerung an sein «äffisches Vorleben» (D 234),
das als Form der instinkthaften Existenz im Dunkel bleiben muß, sondern
die Schilderung eines Anpassungsvorgangs, der ihn zum Mitglied der Men-
schengemeinschaft gemacht hat. Das ambivalente Indiz dieses Vorgangs bildet die durch einen «frevelhaften» Schuß der Jagdexpedition der Firma Ha-
genbeck erlittene Wunde «unterhalb der Hüfte», die der Affe seinem Publikum ohne Scham vorzuführen pflegt: «Alles liegt offen zutage; nichts ist zu
verbergen; kommt es auf Wahrheit an, wirft jeder Großgesinnte die allerfein-
sten Manieren ab.» (D 236f.) Die Verletzung, die die Wunde anzeigt, ist das
Zeichen für die erschütterte Lebenssicherheit des Affen und die Beschädi-
gung seiner kreatürlichen Freiheit. Wenn er nach dem Beginn seiner Gefangenschaft über sein künftiges Leben zu entscheiden hat, so weiß er, daß es
nicht um die Wiedergewinnung dieser «Freiheit», sondern nur um einen
«Ausweg» geht. Die Freiheit, so betont er, bilde unter Menschen ohnehin
ein Objekt des Selbstbetrugs, während sie in der unumschränkten Natur der
Affenwelt selbstverständlich gegeben sei (D 238). Freud vermerkt 1930: «Die
individuelle Freiheit ist kein Kulturgut. Sie war am größten vor jeder Kultur, allerdings damals meist ohne Wert, weil das Individuum kaum imstande
war, sie zu verteidigen.»[130] Bei Adorno heißt es mit anderer Perspektive, aber
in ähnlicher Tendenz: «(…) Freiheit, die doch Freiheit vom Prinzip des Besitzes wäre, kann nicht besessen werden.»[131] Kafkas Geschichte hält an diesem Punkt fest, daß Freiheit für den Menschen Selbstbetrug oder Objekt
diffuser Hoffnungen, niemals aber Resultat seines zivilisierten Lebens ist.[132]

Der Affe weiß, daß er nicht die Autonomie, sondern im günstigen Fall
einen Kompromiß wählen darf, um seinem Käfig auf dem Schiff, das ihn von

der Goldküste nach Europa bringt, zu entkommen. Lernen bildet hier eine Überlebensstrategie, Zivilisation die Folge von Anpassungszwängen, wie es der von Kafka in der Gymnasialzeit gelesene Darwin in seiner bahnbrechenden Studie über die Entstehung der Arten (*On the Origin of Species by Means of Natural Selection*, 1859) beschreibt. Zu den Konsequenzen dieser Strategie gehört die Einsicht, daß das Sprachvermögen aus der Mimikry hervorgeht; der Affe findet zum Reden erst über den Umweg des Schnapstrinkens, das er, gegen seinen tiefsten inneren Widerwillen, durch einen Matrosen lernt. Die ironische Travestie des Bildungsromans, die Kafka hier in der gedrängten Form der kurzen Erzählung liefert, verbietet es, von einem ‹Fortschritt› zu reden. Die «Erfüllungen», an denen der Affe am Ende seines Anpassungsweges teilhat, suggerieren «Versprechungen», die ihm früher gleichgültig gewesen wären (D 241). Weder die private Biographie des einzelnen Geschöpfs noch die allgemeine Kulturgeschichte gehorchen jener teleologischen Dynamik, wie sie die aus der typologischen Bibelhermeneutik stammenden Begriffe ‹Versprechung› und ‹Erfüllung› zu verheißen scheinen.[133] Hinter den Denkfiguren des Fortschrittsoptimismus kommen Täuschung und Selbstbetrug zutage, denn weder Freiheit noch Vervollkommnung, sondern die Anpassungszwänge der nach einem Ausweg suchenden, gequälten Kreatur bilden die innere Ökonomie der hier dargestellten Geschichte. Sie gipfelt zwar in einer Verwandlung, die das Schicksal Gregor Samsas umzukehren scheint, läßt sich aber kaum als Allegorie der Emanzipation lesen. Wo die Autonomie der freien Entscheidung fehlt, kann es zwar zu pragmatischen Lösungen, nicht jedoch zur Begründung authentischer Selbstbestimmung kommen. Insofern unterscheidet sich der Weg des Affen von dem Samsas nur darin, daß er nicht unter dem Diktat des Unbewußten, sondern im Zeichen des Willens steht; in beiden Fällen bleibt das Ziel die Einfügung in eine kalte soziale Ordnung, die Nischen, aber keine Spielräume bietet.[134] Vor diesem Hintergrund verfremdet Kafkas Geschichte mit ironischer Schärfe die Werte, die der zivilisierte Mensch als höchste Güter für sich reklamiert: Freiheit existiert in ihrer Welt nur als Täuschung, Sprache bildet einen gleichsam physiologisch begründeten Reflex dumpfer Subordination, Fortschritt ist einzig das Ergebnis unaufhörlicher Anpassung an äußere Zwänge.

«Was ist der Affe für den Menschen? Ein Gelächter oder eine schmerzliche Scham», so heißt es in Nietzsches *Zarathustra*-Schrift (1883–85).[135] Scham begleitet das Gefühl, das der Affe hegt, wenn er sich an seine animalische Natur zu erinnern sucht; Scham blockiert aber zugleich den Prozeß, der diese Erinnerung produktiv machen könnte, weil Ekel freigesetzt wird. Symptomatisch bleibt, daß der Affe die Schimpansin, die ihm an den Abenden im Rahmen eines philiströs geordneten Lebensentwurfs als Partnerin zur Verfügung steht, tagsüber «nicht ertragen» kann, da sie «den Irrsinn des verwirrten dressierten Tieres im Blick» trägt. Die neue Identität verlangt nach einer Ordnung der Differenz, die für die erforderliche Abgrenzung gegenüber der animalischen Welt sorgt. Die Äffin, die der Sphäre entstammt, welche Rotpeter zurücklassen mußte, als er einen Ausweg suchte, ist das lebende Zeichen für den Verdrängungsprozeß, den er durchlaufen hat (D 245). Auch Rotpeter gehört daher zu jenen Figuren Kafkas, die vom Vergessen beherrscht scheinen. Der Verlust des Gedächtnisses bildet die Prämisse für die Aneignung der Menschenkultur, die dort beginnt, wo die alte Identität vertrieben worden ist.[136] Erst als die Affennatur «sich überkugelnd» aus ihm ‹herausrast›, vermag er sich ein neues Rollen-Ich zuzulegen (D 244). Am Ende seiner eigentümlichen Bildungsreise zur conditio humana steht für den Affen eine Entscheidung zwischen zwei Möglichkeiten an, seine künftige Existenz zu gestalten. Den Weg in den Zoologischen Garten verwirft er, weil er hier erneut die Welt hinter Gitterstäben wahrnehmen müßte, wie es Rilkes Der Panther aus dem ersten Teil der Neuen Gedichte von 1907 beschreibt;[137] er bevorzugt daher das Varieté als Ort, an dem er das Kunststück seines neuen Lebensentwurfs zur Unterhaltung interessierter Zuschauer öffentlich vorführen darf. Hier läßt sich erkennen, daß die Geschichte des Affen, wie Brod annahm, jene innere Logik der jüdischen Assimilation bezeichnet, die Nietzsche gehässig als eine dem Schauspielerwesen nahekommende «Anpassungskunst par excellence» apostrophierte.[138] Das Varieté, in dem Rotpeter am Ende seiner Lehrzeit größte Erfolge feiert, ist nach einem treffenden Wort Gerhard Neumanns «das Ghetto der Halbwelt».[139] Es bezeichnet ein Zwischenmilieu, das den Affen als Fremdling aufnimmt, der am Rande der sozialen Ordnung steht. Wenn Kafkas spätere Künstlergeschichten ihre Leser immer wieder in die Atmosphäre von Varieté und Zirkus zurückführen, dann verrät das die starke Anziehung, die dieses spezifische Ghetto für ihn besaß. Die Künstler erscheinen hier als die geduldeten Außenseiter der bürgerlichen Gesellschaft, deren Nutzen darin besteht, daß sie ihre exotisch-fremde Rollenexistenz öffentlich zur Schau stellen. Ist der Affe am Ende im Varieté angekommen, so bezeichnet das den labilen Zwischenzustand des assimilierten Juden, der einen Ausweg, aber keine Freiheit gefunden hat. Die bittere Ironie, die Kafkas Geschichte begleitet, kann schwerlich von der Trauer ablenken, die das Vergessen der eigenen Ursprünge herbeiführt. Ihr ist der Schmerz eingeschrieben, der selbst dann nicht vergeht, wenn die Anpassung gelungen, das Gedächtnis gelöscht, die alte Identität aufgehoben ist. In diesem Sinne liefert Kafkas Bericht für eine Akademie nicht nur eine Travestie des Assimilationsvorgangs, sondern auch eine Satire auf die abendländische Geschichte der Zivilisation als Schauplatz von irreversiblen Verwerfungen und Zerstörungsakten.

Fünfzehntes Kapitel

Julie Wohryzek und Milena Pollak (1919–1921)

Die Tochter eines Tempeldieners

Am 30. November 1918 reist Kafka, von der Spanischen Grippe ent-
kräftet, vom stets wiederkehrenden Fieber ausgezehrt, in Begleitung seiner
Mutter nach Schelesen zur Kur. Er logiert in der Pension *Stüdl*, wo zu dieser
Zeit – die Urlaubssaison ist längst vorüber – kaum andere Gäste wohnen.
Über den Jahreswechsel kehrt er, immer noch geschwächt, nach Prag zurück. Am 12. Januar 1919 verlängert die Anstalt aufgrund seines – drei Monate beantragenden – Gesuchs den Urlaub um drei Wochen, am 7. Februar erfolgt eine weitere Bewilligung für vier Wochen. Zwar werden ausgedehnte
Freistellungen aus juristischen Gründen in der Direktoriumsetage am Pořič
als bedenklich betrachtet, jedoch zeigt man sich bei knapper befristeten An-
trägen, auch in Erinnerung an die vorzüglichen Dienstbeurteilungen, äußerst entgegenkommend und großzügig. Bedřich Odstrčil, der Vorsitzende
des Verwaltungsausschusses, und Kafkas neuer Abteilungsleiter Jindřich Va-
lenta schätzen ihren Vizesekretär als zuverlässigen Beamten, auf dessen Erfahrung sie nicht dauerhaft verzichten möchten. Seine Genesung liegt daher,
wie die offiziellen Bewilligungsschreiben signalisieren, ‹im amtlichen Interesse› und wird nach Kräften durch die Vorgesetzten unterstützt.

Am 22. Januar 1919 fährt Kafka nochmals allein nach Schelesen, wieder in
die Pension *Stüdl*. Er schreibt nicht, liest wenig, geht spazieren, sucht das
sonst ausschwingende innere Triebwerk stillzustellen. Die Selbstbeobach-
tungspraxis des Tagebuchs – die Kunst der Schlange – hat er aufgegeben
(M 170). Ein Reisejournal führt er seit sechs Jahren nicht mehr, die Oktavhefte werden kaum noch geöffnet. Kafkas literarische Arbeit ist in dieser Lebensphase zum Erliegen gekommen. Nach dem großen Aufschwung des
Jahres 1917 entstehen nur sporadisch kürzere Texte; sieht man von einer kurzen Phase im Herbst 1920 ab, so wird diese Periode der Schreibabstinenz bis
1922 dauern. Nahezu fünf Jahre lang ist Kafka ein Autor, der sich selbst zu
einem Leben ohne Schrift verurteilt, weil er Ekstase und Absturz, Glück und
Schrecken der literarischen Produktion gleichermaßen fürchtet.

In der menschenleeren Pension lernt der einsame Gast die gleichfalls lun-
genkranke Julie Wohryzek kennen.[1] Sie ist knapp achtundzwanzig Jahre alt,
eine tschechische Jüdin, Tochter eines frommen Kustos, der als gelernter
Schlachter in Zájezdec bei Kolín eine Fleischerei betrieben hatte, 1888 nach

Prag gegangen war und jetzt als Gemeindediener («Schammes») in der Synagoge des Vorortes Weinberge amtierte. Ähnlich wie Hermann Kafka schlug
Eduard Wohryzek zunächst den Weg in die Selbständigkeit ein, fällte dann
jedoch eine Entscheidung gegen die Karriere im Zeichen der Assimilation.
Die Familie lebte, da der Vater als Kustos der Synagoge dürftig verdiente, in
ärmlichen Verhältnissen. Julie absolvierte eine Ausbildung an der Handelsschule, arbeitete als Büroangestellte und stieg später, ähnlich wie Felice Bauer, zur Prokuristin auf. Ihren Verlobten, einen bekennenden Zionisten, hatte
sie im Krieg verloren; auch sie selbst stand, ohne sich mit politischen Fragen
intensiver zu befassen, zionistischen Überzeugungen nahe. Die einzige
Photographie, die wir von ihr kennen, zeigt eine spöttisch und zugleich melancholisch blickende junge Frau mit streng gescheitelter Frisur in schwarzer
Trauerkleidung.[2] An Brod schreibt Kafka über sie: «Eine gewöhnliche und
eine erstaunliche Erscheinung. Nicht Jüdin und nicht Nicht-Jüdin, nicht
Deutsche, nicht Nicht-Deutsche, verliebt in das Kino, in Operetten und
Lustspiele, in Puder und Schleier, Besitzerin einer unerschöpflichen und un-
aufhaltbaren Menge der frechsten Jargonausdrücke, im ganzen sehr unwissend, mehr lustig als traurig – so etwa ist sie.» (Br 252)
   In der ersten Woche kommt es zwischen den beiden Gästen zu einer pan-
tomimischen Annäherung, die Kafka bedrückt, weil sie zweideutige Züge
trägt: «Wir lachten einige Tage lang, wenn wir einander begegneten, ununterbrochen beim Essen, beim Spazierengehen, beim Einander-gegen-
über-sitzen. Das Lachen war im Ganzen nicht angenehm, es war ohne sichtbaren Grund, es war quälend, beschämend.»[3] Angesichts der gesteigerten
Peinlichkeit dieser Begegnungen entschließt sich Kafka endlich, die junge
Frau anzusprechen. Zwar bleibt es zunächst bei einem förmlichen Dialog,
doch sind die Spuren erotischer Anziehung für beide deutlich spürbar. Die
Kafka verwirrende Fröhlichkeit («grob gerechnet habe ich in den letzten
fünf Jahren nicht so viel gelacht wie in den letzten Wochen»; Br 253) gewinnt jetzt einen lösenden Charakter und verliert ihre schmerzlichen Seiten. Er zeigt sich gefangen von Julie Wohryzeks Spontaneität, ihrem handfesten Humor und der leichten Melancholie, die sie dennoch umgibt. Daß
sie wie er die gelegentliche Komik des Alltags kennt, schafft ein Gefühl von
Verwandtschaft und Nähe. Mit Felice Bauer kamen solche Momente des
Einverständnisses nicht zustande, weil sich das Paar im Schatten der Schrift,
unter der Last der allen Erfahrungen vorausgehenden Korrespondenz, niemals zwanglos begegnen konnte. Kafka lernt Julie Wohryzek jedoch außerhalb des Bannkreises, den das Schreiben zieht, kennen (eine geringfügige
Ausnahme bilden die kleinen Notizzettel, die sie verschwörerisch am Pen-
sionstisch austauschen). Die Briefe, die sie im Frühsommer 1920 von ihm
aus Meran erhalten hat, sind heute verloren, als müßte sich das Gesetz der

Julie Wohryzek

Schriftlosigkeit, unter dem ihre Begegnung stand, jenseits aller tradierbaren Zeichen fortsetzen. Bei klirrender Kälte unternimmt man kürzere Ausflüge durch die nordböhmische Winterlandschaft, die wenig einladende Züge trägt. Sehr schnell kommt es zu offenen Gesprächen über private Erfahrungen: Kafka erzählt von seiner zweifachen Entlobung, Julie vom Tod ihres Bräutigams; einig scheinen sich beide darin, daß sie angesichts dieser Vorgeschichten keine Ehe mehr schließen möchten – die Tatsache, wie rasch das heikle Thema angeschnitten wird, hat freilich etwas Verräterisches. Ende November 1919 erinnert sich Kafka, daß er nach der Begegnung mit Julie – «der ersten richtig treffenden Berührung» – einen Schmerz in einem ihm bekannten «Wundkanal» verspürt habe, der ihm den Schlaf raubte.[4] Die erotische Attraktion, die die beiden Gäste im einsamen Sanatorium zusammenzwingt, unterliegt einer eigenen Folgerichtigkeit: das zum Rückzug nach Innen nötigende Winterwetter, die Situation der hermetischen Einschließung, die Isolation, die – an Thomas Manns *Zauberberg* erinnernde – Stimmung aus Fiebrigkeit und Langeweile treiben sie einander förmlich entgegen. Zwar bleibt die Annäherung platonisch, doch lassen sich die Zeichen der Zuneigung nicht übersehen: «Immerhin sagten wir uns noch gar nicht Du und daß ich hie und da während der 6 Wochen die kleine Hand länger als nötig in meiner gehalten habe, dürfte, soweit ich mich erinnere, bis auf einen kleinen häuslichen Briefwechsel das wichtigste Ereignis gewesen sei[n].»[5]

Anders als Felice Bauer scheint Julie Wohryzek an Literatur kaum interessiert; im traditionellen Sinn ist sie ungebildet, zwar für Fragen des Zionismus und der Zeitgeschichte offen, jedoch intellektuell nicht geschult, so daß ihr die Lektüre längerer Texte Mühe bereitet. Mit einiger Irritation bemerkt Kafka, wie sie sich in Zeitungsdebatten über Bubers Kulturgedanken vertieft, ohne ihnen systematisch folgen zu können. Max Brods Abhandlung *Die dritte Phase des Zionismus* liest sie im Februar in Schelesen, so notiert er anmaßend ironisch, mit «einer besonderen Art mädchenhaften Augenblicksverständnisses» (Br 253). Daß Julie Wohryzeks Innenleben komplizierter war, als es im Licht ihres unbefangenen Verhaltens schien, dürfte Kafka in der ersten Phase der Bekanntschaft kaum geahnt haben. Befremdet registriert man die kühle Distanz, aus der er sie in seinem Brief an Max Brod vom 5. Februar 1919 als reizvolles Insekt ohne Geist charakterisiert: «Und dabei ist sie im

Herzen tapfer, ehrlich, selbstvergessend – so große Eigenschaften in einem Geschöpf, das körperlich gewiß nicht ohne Schönheit, aber so nichtig ist, wie etwa die Mücke, die gegen mein Lampenlicht fliegt.» (Br 252) Julie gehört offenbar auch zum Kreis jener Kafka-Frauen, wie sie die Romane porträtieren: sie wird zum Verfügungsobjekt des Mannes degradiert, auf reine Sexualität beschränkt, wahrgenommen nur als physisches, nicht aber als seelisch differenziertes Individuum. Kafka hat sich ihr genähert wie Josef K. der Hausdienerin Leni; für ihn ist Julie ein fremdes ‹Sumpfwesen› aus den Tiefen von Bachofens *Mutterrecht*, eine Sirene ohne Psyche und damit zugleich eine Männerphantasie jenseits individueller Züge. Wie klischeehaft sein Urteil in diesem Punkt war, scheint ihm selbst nicht bewußt; er bleibt ‹teuflisch in aller Unschuld›, gemäß dem Selbstbild des Sohnes, der auf Nachsicht hofft, wenn er zynisch wird.

Anfang März fährt Julie Wohryzek mit dem vagen Versprechen eines erneuten Treffens nach Prag zurück. Kafka, der nochmals eine Urlaubsverlängerung auf Abruf – mit der Auflage sofortigen Dienstantritts bei Anforderung – erlangt hat, folgt ihr drei Wochen später. Die Wiedersehensfreude trägt den Charakter einer Eruption, die aus inneren Spannungen resultiert. In für beide offenbar überraschender Heftigkeit «fliegen» sie, so erinnert sich Kafka Ende November 1919 in einem Brief an Julies ältere Schwester, zueinander «wie gejagt»: «Es gab keine andere Möglichkeit, für keinen von uns. Die äußere Führung hatte allerdings ich.»[6] Erst in Prag vollzieht sich der Übergang in ein erotisches Verhältnis, vor dem Kafka in Schelesen noch zurückschreckte. Wieder weiß das Tagebuch (und damit die Literatur) früher als das Leben, dessen Uhren langsam gehen, was geschieht. Am 10. März 1912 heißt es in einer fiktiven Skizze, die den Versuch eines Erzählanfangs darstellt: «Er verführte ein Mädchen im Isergebirge, wo er sich einen Sommerlang aufhielt um seine angegriffenen Lungen wiederherzustellen.» (T II 51) In Übereinstimmung mit dieser eingebildeten Szene spricht Kafka am 11. Dezember 1919 von der «Verführung auf dem Graben» und bezeichnet damit eine Situation, welche die vorsichtige erotische Annäherung wiederholt, die sich Ende März während eines längeren Spaziergangs vom Riegerpark zur Prager Flaniermeile vollzogen hatte.[7] «Lügenhaft und wahr, lügenhaft im Seufzen, wahr in der Gebundenheit, im Vertrauen, im Geborgensein», vermerkt das Journal am 30. Juni 1919, wenige Tage, nachdem er seine für 20 Monate unterbrochenen Eintragungen wieder aufgenommen hat (T III 172).

Sobald die Dämme eingestürzt und die Grenzen der Intimität überschritten sind, stellt sich die alte Konstellation ein, die Kafka seit der ersten Liebesnacht kennt: «Immerfort der gleiche Gedanke, das Verlangen, die Angst.» (T III 172) In einem Brief an Max Brod vom Frühjahr 1919 beklagt er: «Alles, was ich besitze, ist gegen mich gerichtet, was gegen mich gerichtet ist, ist nicht mehr mein Besitz.» (Br 254) Zugleich aber mehren sich die Anzeichen der Entspannung, zu der die Ahnung einer ohne Schuldgefühl genossenen Lust gehört, wie sie ihm kaum vertraut ist. Der Prager Sommer begünstigt die Rendezvous mit der Geliebten; man trifft sich in den Wäldern der Umgebung, badet in Černošic, flaniert abends durch entlegene Winkel der Stadt.[8] Für wenige Monate gelingt es Julie Wohryzek offenbar, Kafka ein unbefangeneres Verhältnis zur eigenen Sexualität zu ermöglichen. Das Tagebuch registriert überrascht einen inneren Wandel: «Aber doch ruhiger als sonst, so als ob eine große Entwicklung vor sich gienge, deren fernes Zittern ich spüre.» Daß solche Formen der Entlastung zugleich Selbsttäuschungen bedeuten können, scheint ihm jedoch bewußt, wenn er lakonisch ergänzt: «Zuviel gesagt.» (T III 172)

Den Eltern und der eifersüchtigen Ottla berichtet Kafka im Sommer 1919 nichts Näheres über Julie Wohryzek. Fast scheint es, als ob er alle Formen der Deutung, des Kommentars und der Erklärung aus seinem Verhältnis zu Julie entfernen möchte, so wie er die Schrift zu bannen sucht, weil sie stört, wo die Möglichkeit einer erotischen Erfahrung jenseits der Sprache aufblitzt. Es mag kein Zufall sein, daß die sinnliche Intensität der neuen Liebesbeziehung sich in einem Moment steigert, da Kafka glauben darf, die Geister der Vergangenheit hinter sich gelassen zu haben. Am 30. April 1919 informiert ihn Brod von der am 25. März erfolgten Heirat Felice Bauers mit dem 14 Jahre älteren Berliner Bankprokuristen Moritz Marasse (aus der Ehe werden bald zwei Kinder hervorgehen). Kafka zeigt sich über die Nachricht, wie Brod in seinem Tagebuch notiert, erleichtert, denn sie entlastet ihn von der Furcht, er habe durch seinen Bruch vom Dezember 1917 Felices Lebensbalance dauerhaft gestört: «Ist das Mädchen allein geblieben? Nein, ein anderer ist zu ihr vorgedrungen, leicht und ungehindert.» (G 80)[9] So scheint, auch wenn die Krankheit Schatten wirft, im Frühjahr 1919 der Weg zu einem Neubeginn geebnet: die Zürauer Askese ist aufgehoben, das Verarbeiten der in der Entlobung aufgehäuften Schuld nicht mehr notwendig, der Übergang in eine intime Verbindung ohne die Mißverständnisse des Briefverkehrs und die Projektionen der Fernliebe überraschend leicht vollzogen.

Selbst das Büro, wo Kafka zum 1. April 1919 wieder den Dienst antritt, bildet in diesen relativ aufgehellten Monaten keinen Ort des Schreckens. Die neuen Vorgesetzten zeigen sich ihm gegenüber im Alltag so kultiviert und umgänglich wie ihre suspendierten deutschen Vorgänger. Das Tschechische ist seit dem November 1918 interne Amtssprache, im externen Schriftverkehr wird es jedoch erst während des Jahres 1919 eingeführt. Seit April 1919 diktiert Kafka zahlreiche seiner Briefe – insbesondere in Vorstandsangelegenheiten – auf Tschechisch und liest kaum noch deutsche Fachliteratur. Zum Vorbild wird ihm der Anstaltsdirektor Odstrčil mit seiner «geradezu

schöpferischen Sprachkraft», dessen ‹lebendiges› Tschechisch er nachzuah-
men sucht (in späteren Jahren beklagt er, daß diese kreative Begabung bei
Odstrčil durch die Rederoutinen des «Bureaukratismus» erloschen sei;
Br 308). Zwar schleichen sich in Kafkas schriftlichen Ausdruck zuweilen
Fehler ein, doch ist seine mündliche Verständigung mit den tschechischen
Kollegen offenbar makellos.[10] Auch in diesem Punkt fügt sich der Beamte
Kafka als Künstler der Anpassung ohne sichtbare Konflikte mit großer
Selbstverständlichkeit in die neue Situation.

Der dritte Versuch

Mitte September 1919 verlobt sich Kafka in Prag mit Julie Wohryzek.
Nachdem man sich noch im Frühjahr einig wußte, daß eine Ehe nicht in
Frage kam, scheint sich die Konstellation während des Sommers, bedingt
durch die zunehmende intime Vertrautheit, geändert zu haben. Kafka folgt
einem bürgerlichen Impuls, wenn er die Verlobung als Form der Legitimation einer unerlaubten Liebesbeziehung interpretiert: «(…) denn das ver-
hältnismäßige friedliche Glück des damaligen Zustandes hielt ich meiner
zur Ehe strebenden Natur nach für unberechtigt und glaubte ihm wenigstens eine nachträgliche Berechtigung durch die Ehe geben zu können oder
zumindest durch die äußerste, nichts schonende Anstrengung zur Ehe zu
kommen.»[11] Der Heiratsentschluß erscheint hier, anders als im Fall der ersten beiden Verlobungen, nicht als kategorischer Imperativ, dessen Vollzug
den einsam lebenden Junggesellen-Künstler in den Mittelpunkt des Lebens
zurückführen soll, sondern als formelle Rechtfertigung einer zuvor unerlaubt genossenen Intimität. Der intellektuelle Abstand, der Kafka von Julie
trennt, bedeutet für ihn bei der Verlobungsentscheidung keine Barriere. Daß
sie, wie er im Februar aus Schelesen geschrieben hatte, «zum Volk der
Komptoiristinnen gehört» (Br 252), mithin ihm an Bildung klar unterlegen
ist, steigerte womöglich die Anziehung, die sie auf ihn ausübte. Folgt man
der Argumentation, mit der Kafka im November 1919 rückblickend den
Entschluß zur Ehe mit Julie erläutert, so stellen Eros und Verlobung jedoch
zwei Felder dar, die nur formal, nicht innerlich-folgerichtig aufeinander bezogen scheinen. Die erotische Erfahrung wird, ungewöhnlich genug, als
‹friedliches Glück› wahrgenommen, das zur Hochzeit führen muß, weil es
ohne die legitime Bindung ‹unerlaubt› ist. Kafka argumentiert in der Rolle
des Juristen, wenn er das Institut der Ehe als *ultima ratio* der Gemeinschaft
der Geschlechter bezeichnet, das sie rechtlich begründet: «Es sollte meiner
Meinung nach zwar eine Liebesheirat, noch eigentlicher aber eine Vernunft-
heirat im hohen Sinne sein.»[12]

Max Brod wird erst am 11. September 1919 über Kafkas Ehepläne informiert; «Frl. Wohryzek, sehr arm, Tochter eines Tempeldieners», notiert er sich

kommentarlos in seinem Tagebuch.[13] Am 23. September 1919 vermerkt Brod im Journal, eine gemeinsame Bekannte habe negative Urteile über die mittellose Familie Julies in Umlauf gebracht: «Wie es ihm sagen – Vielleicht wissen es seine Eltern?»[14] Daß Brod Hermann Kafka auf die problematischen Aspekte des Verlöbnisses hinwies, ist auszuschließen. Die nachteiligen Gerüchte über die Familie Wohryzek haben den Vater offenkundig auch ohne Brods Intervention erreicht. In beleidigendem Ton, der den Sohn durch seine Rücksichtslosigkeit an frühere Erfahrungen der Degradierung und Entwürdigung erinnert, bezeichnet er die bevorstehende Heirat als schwerwiegenden Fehler. Ausschlaggebend für sein schroffes Urteil ist die Armut der Familie Wohryzek, die die materiellen Erwartungen, welche er mit der Eheschließung seines Sohnes verband, enttäuschen mußte. In den Augen des bürgerlichen Aufsteigers Hermann Kafka repräsentiert Julie ein Mädchen der Unterschicht, das sich auf der Suche nach einer halbwegs einträglichen Partie befindet: «Sie hat wahrscheinlich irgendeine ausgesuchte Bluse angezogen, wie das die Prager Jüdinnen verstehn und daraufhin hast Du Dich natürlich entschlossen sie zu heiraten.» Die Reize, die sie ihm biete, könne der Sohn auch im Bordell finden: «Wenn Du Dich davor fürchtest, werde ich selbst mit Dir hingehn.» (G 57) Hermann Kafkas derbe Reaktion auf die Heiratspläne des Sohnes wiederholt nur, was die Literatur schon weiß; im sieben Jahre zuvor entstandenen *Urteil* wütet der alte Bendemann auf ähnlich vulgäre Weise gegen Georg, wenn es heißt: «Weil sie die Röcke gehoben hat›, fing der Vater zu flöten an, ‹weil sie die Röcke so und so und so gehoben hat, hast du dich an sie herangemacht (…)›». (D 49) Die Erzählung beschreibt dieselbe ‹tiefe Demütigung› (G 57), die der Sohn 1919 empfindet, nachdem der Vater seine Verlobung als Indiz seiner Unfähigkeit zur ökonomischen Form der Tiebbefriedigung interpretiert hat. Es ist unwahrscheinlich, daß Kafka die Parallele zwischen Literatur und Leben übersah, als er in dieser Form zur Rede gestellt wurde. Die Verletzung, die ihm Hermann Kafkas Verhalten zufügt, spiegelt sich in einem Text, der als Anklagerede selbst die Züge einer fiktionalen Konstruktion trägt: im Brief an den Vater, den er Mitte November 1919 schreiben wird.

Zwar gelingt es Kafka, sich innerlich gegen die vulgäre Form des väterlichen Verdikts zu behaupten, jedoch kann das die schwerwiegende Kränkung nicht aufheben. In allzu glatt wirkender Dialektik bezeichnet er rückblickend den gegen die Verlobung gerichteten «Widerstand» Hermann Kafkas als «Beweis für die Richtigkeit dessen», was er plant; das ist eine Formel, die den Psychologen in ihm so wenig überzeugt haben dürfte wie den Schriftsteller.[15] Im Gegensatz zu früheren Jahren findet Kafka zumindest für kurze Zeit die Kraft, gegen den väterlichen Protest zu handeln: Ende Oktober 1919 wird auf dem Prager Standesamt das Aufgebot beantragt, die Hochzeit für die erste Novemberwoche geplant. Überraschend ergibt sich die angesichts der schwierigen Nachkriegssituation seltene Möglichkeit, eine kleine, relativ teure Wohnung im Neubauviertel von Wrschowitz (Vršovice) zu beziehen, das an der südöstlichen Peripherie Prags liegt, wo auch Julies Eltern leben (Mi 51). Am 31. Oktober erfährt das Paar jedoch, daß die Wohnung, deren Miete – 3400 Kronen – knapp die Hälfte von Kafkas Jahreseinkommen verschlungen hätte, bereits vergeben ist.[16] Dem ewigen Junggesellen bietet sich jetzt die letzte Gelegenheit zur Flucht vor seiner Entscheidung für die Ehe: «Das war der Wendepunkt, nachher war es nicht mehr aufzuhalten, die Frist, welche mir für diesmal gegeben war, war abgelaufen, was bisher von der Ferne gewarnt hatte, donnerte mir jetzt Tag und Nacht ins Ohr (...)».[17] Der Schritt zur Umkehr, der hier als Resultat eines mit innerer Folgerichtigkeit abrollenden Naturprozesses erscheint, trägt letzthin den Charakter des bewußten, aus wachsenden Zweifeln genährten Entschlusses. Kafka gesteht Julie seine Furcht vor der dauerhaften Bindung und sagt den Hochzeitstermin ab, weiht jedoch vorerst nur Ottla in seine Entscheidung ein. Im November 1919 weiß er zumindest die Stimmung zu beschreiben, in der er sich nach der Verlobung befand. Ähnlich wie im Fall der Verbindung mit Felice muß er erkennen, daß er in dem Moment, da er eine Heirat plant, «nicht mehr schlafen kann, der Kopf glüht bei Tag und Nacht, es ist kein Leben mehr» (G 59). Die Angst nach dem Entschluß scheint nur aufhebbar durch die Revision des Entschlusses selbst.

Am 4. November 1919 fährt Kafka mit Brod nochmals nach Schelesen in die Pension *Stüdl*. Daß Julie in Prag zurückbleibt, ist ein erstes Indiz für den Bruch, der sich nach dem zum Symptom erhobenen Mißlingen der Wohnungssuche vollzieht. Kafka sucht ein sichtbares Zeichen des Scheiterns, das ihm das Recht gibt, seinen Weg allein fortzusetzen; so wird die Realität zu einem Medium, das die inneren Impulse, die in ihm gegen die Ehe wirken, an entscheidenden Punkten mechanisch fortzeugt: der psychische Widerstand findet seine äußere, scheinbar objektive Gestalt in den Symbolen fehlgehender Lebensplanungen. Während Brod nach wenigen Tagen wieder abreist, bleibt Kafka zweieinhalb Wochen in Schelesen. Die Beziehung der Freunde leidet in dieser Phase an der enormen Differenz der Aktivitätsstufen; während Kafka sich unter dem Eindruck der Krankheit zunehmend aus dem gesellschaftlichen Leben zurückzieht, steigert Brod in den Jahren nach 1918 sein öffentliches Engagement mit dem Hast des ewig Ruhelosen. Seit der Gründung der tschechischen Republik hatte er neben seiner unaufhörlichen Publikationstätigkeit eine Vielzahl von neuen Verpflichtungen übernommen, als Präsidiumsmitglied des *Jüdischen Nationalrates* Politik getrieben, seine publizistische Werbung für den Zionismus in der Zeitschrift Bubers fortgesetzt und sich in der jetzt von Felix Weltsch herausgegebenen *Selbst-*

wehr engagiert. Gesteigert wurde Brods Nervosität durch eine schwelende Ehekrise, die nur scheinbar eine Parallele zu Kafkas Zweifeln an seiner eigenen Bindungsfähigkeit bildete, weil sie nicht der Sehnsucht nach dem Rückzug in die Einsamkeit, sondern einer hektischen Promiskuität entsprang. Wo Brod die permanente Attraktion der äußeren Reize sucht, unterwirft sich Kafka einer Bewegung der Repulsion, die ihn in die «Tiefe des Selbst» führt;[18] Ende des Jahres 1919 wird deutlicher denn je, daß die Lebensuhren der Freunde nicht im gleichen Takt gehen.

Das formale Modell für Kafkas Beziehung zu Julie Wohryzek bildet erneut die literarische Arbeit. Wieder gibt der vertraute Rhythmus des Schreibens seinem Liebesverhältnis die innere Dramaturgie vor, auch wenn er in diesem Fall, belehrt durch die Erfahrung mit Felice Bauer, das Medium der Schrift als Schauplatz des Eros nicht zuläßt. Wie die großen literarischen Projekte gestaltet sich die Entwicklung vom zögerlich-spielerischen Auftakt (man denke an das leicht quälende Lachen in Schelesen) über die zum Rausch gesteigerte Phase der Intensität («flogen wir zueinander wie gejagt»)[19] bis zur Stockung («die Widerstände in mir»)[20] und Unterbrechung der Annäherung («Das war damals der Wendepunkt»).[21] Auch die Kafka aus der schriftstellerischen Tätigkeit vertraute Strategie des Ausweichmanövers, die drückende Spannungen verdrängen soll, tritt wieder zutage. In der Pension *Stüdl* lernt er nach Brods Abreise inmitten eines kleinen Kreises jüngerer Patienten die 18jährige Minze Eisner kennen, die jetzt die Rolle der Schweizerin des Riva-Intermezzos versehen darf. Sie ist eine Teplitzer Jüdin aus gut situierter Familie, schwer unter der «Hysterie einer unglücklichen Jugend» (O 75) leidend, von einem «leeren Leben» in die Lungenkrankheit getrieben.[22] Das Mädchen, das in der Pension *Stüdl* seine Rekonvaleszenz abschließen soll, trauert um seinen kurz zuvor verstorbenen Vater und fürchtet sich vor einer ungenau umrissenen Zukunft ohne konkrete Lebensaufgabe. Über den alltäglichen Kontakt in Schelesen entwickelt sich ein intensiveres Vertrauensverhältnis, in dem Kafka den Part des väterlichen Ratgebers übernimmt. Er sucht die junge Frau von der Notwendigkeit praktischer Arbeit zu überzeugen und bekräftigt sie in ihrem Entschluß, vom vorgezeichneten Weg der höheren Tochter abzuweichen, die ergeben auf die Heirat mit einem begüterten jungen Mann wartet. Minze Eisner wird seine Vorschläge in die Tat umsetzen: 1921 tritt sie auf einem Gut in Pommern eine Lehrstelle an und läßt sich zur Handelsgärtnerin ausbilden. Kafka, der in Zürau und Troja eigene Erfahrungen auf dem Gebiet des Landbaus gesammelt hat, erbittet dann von ihr regelmäßig Auskünfte über den Fortgang ihrer Arbeit, prüft ihren Dienstvertrag auf seine juristische Seriosität und kommentiert ihre zuweilen desillusioniert klingenden Berichte mit leicht ironischen Ratschlägen («ich habe immer lieber die Bäume verletzt als mich»; Br 311). Daß

Kafkas Beziehung zu Minze Eisner eine deutlich affektive Färbung aufweist, ist seinen Briefen selbst dort zu entnehmen, wo er sich auf lebenspraktische Erläuterungen verlegt; fast stets dringt in seine Empfehlungen ein Moment der Koketterie, der Anspielung oder Andeutung, ohne daß seine Sprache jedoch den Geruch des Zweideutigen annimmt. Minze Eisner erwidert seine Neigung offenkundig; aus Pommern schickt sie ihm ihre Photographie, deren sinnliches Flair ihn an ein aus der Kinderzeit vertrautes Porträt der Portia aus Shakespeares *Kaufmann von Venedig* erinnert (Br 268). Verhältnisse ähnlicher Art entwickeln sich in den folgenden Jahren häufig – so zu Puah Ben-Tovim, Tile Rössler und Dora Diamant. Durchgehend sind es sehr junge Frauen, die Kafka mit einem Gemisch aus Bewunderung und erotischer Neigung begegnen. Es wäre jedoch falsch zu vermuten, daß sich in solchen Konstellationen ein Rollenwechsel des ewigen Sohnes vollzieht; Kafka weiß, weshalb alle Ausbrüche aus dem verhexten Zirkel des Selbstentwurfs scheitern müssen: die Lösung vom angestammten Lebensmuster, welche die vertraute Identität «ausgestrichen» hätte, birgt «etwas von Wahnsinn und jeder Versuch wird fast damit gestraft.» (G 60) Wenn jüngere Menschen Kafka in wachsendem Maße als Ratgeber schätzen, so erklärt sich das nicht daraus, daß der Sohn den Part des Vaters übernommen hat, sondern aus der fortdauernden Identität des Sohnes, der die Bedrohlichkeit kennt, die von der Welt der Autoritäten ausgeht.

Am 20. November 1919 kehrt Kafka aus Schelesen nach Prag zurück, wo er seine alte Beziehung zu Julie Wohryzek wieder aufnimmt. Angesichts der ungeklärten Verhältnisse verlangt Käthe Nettel, Julies verheiratete ältere Schwester, von ihm ein eindeutiges Bekenntnis zu seinen früheren Eheabsichten. Kafka schreibt ihr am 24. November 1919 einen stellenweise dunklen Brief, in dem er sein Vorgehen zu rechtfertigen und für Verständnis zu werben sucht. Mit kasuistischen Argumenten demonstriert er, daß er die Verlobung mit Julie aufgehoben habe, weil sie aus einem falschen Entscheidungszwang hervorgegangen sei, die Liebesbeziehung zu ihr aber nicht aufkündigen könne, da sie «über alle meine Schwäche hinweg» einem inneren Zusammengehörigkeitsgefühl entspringe.[23] Man mag sich an den zweideutigen Brief erinnern, den er Carl Bauer Ende August 1913 geschickt hatte, um seine Werbung gleichzeitig zu rechtfertigen und zu widerlegen. Das Motto des damaligen Schreibens – «Ich beklage im Grunde nichts von alledem, es ist der irdische Widerschein höherer Notwendigkeit» (Br II 272) – bestimmt jetzt auch Kafkas Absicht, mit Julie in einem eheähnlichen Verhältnis ohne Trauschein zu leben. Daß dieser Plan bald durchkreuzt wird, konnte er im Spätherbst 1919 noch nicht ahnen.

Milena, eine verheiratete Frau

Zu Beginn des Jahres 1920 versetzt die Direktion der Versicherungs-anstalt Kafka in den gehobenen Rang eines *Sekretärs (tajemník)*. Durch diese Beförderung, die ein Zeichen der Anerkennung des tschechischen Vorstands für die langgeübte Loyalität seines kranken Beamten ist, wird er Abteilungs-leiter mit erweiterten Befugnissen, die jenen eines Prokuristen gleichen. Im März 1920 vollzieht man zudem eine Gehaltserhöhung auf 4900 Kronen Sa-lär, 1600 Kronen Quartiergeld und 1625 Kronen Teuerungszulage jährlich. Zwar war am 10. April 1919 nach einem Parlamentsbeschluß vom 25. Februar eine Währungsumstellung von österreichischen auf tschechische Kronen erfolgt, jedoch erhielt Kafka seine Dienstbezüge zunächst noch in altem Geld, das als Zahlungsmittel weiterhin seine Gültigkeit besaß.[24] Erst im Mai 1920 fand in seiner Diensttabelle – rückwirkend zum 1. März – eine Anpas-sung statt, die vor allem deshalb erforderlich wurde, weil die neue Währung innerhalb weniger Monate ihren Wert gegenüber den österreichischen Kro-nen erheblich gesteigert hatte; nach der Umrechnung lag Kafkas Einkom-men nominell bei 18 802 tschechischen Kronen (AS 407).[25] Zum zentralen Kompetenzbereich des frisch ernannten Sekretärs gehört der Aufbau eines Konzeptreferats, in dem sämtliche juristischen Schriftwechsel der Anstalt koordiniert, rechtliche Stellungnahmen und Gutachten überprüft, redigiert und an die Fachsektionen weitergeleitet werden. Gegenüber den insgesamt zwanzig Abteilungen der Anstalt hat dieser Dienstbereich eine exponierte Kontrollfunktion, die darauf abzielt, die Effizienz der internen Arbeitsorga-nisation zu steigern. In seiner letzten Berufsphase, die freilich durch lange Beurlaubungszeiten unterbrochen wird, gewinnt Kafka gründlicher denn je Einblick in die Regelungsdichte eines netzwerkartig ausgebauten Verwal-tungsapparates. Eine ironische Spiegelung der bürokratischen Überwa-chungsmechanismen, die sein eigenes Referat in Gang hält, bietet 1922 der *Schloß*-Roman, dessen labyrinthisch anmutende Behördenwelt ein Zerrbild der administrativen Verhältnisse in der Versicherungsanstalt darstellt.

Ende Februar 1920 heißt es in einem Gutachten des Facharztes Dr. Ko-dym, daß Kafkas Lungeninfiltration sich in einem fortgeschrittenen Stadium befinde, das einer dreimonatigen therapeutischen Behandlung in einem Sa-natorium bedürfe. Nachdem ihm durch den Vorstand ein achtwöchiger Ur-laub gewährt worden ist, reist Kafka Anfang April 1920 nach Meran, um dort in wärmerem Klima eine Kur zu absolvieren (AS 435, 305). Zunächst mietet er sich im luxuriösen Hotel *Emma* ein, das er aber nach einer Woche wieder verläßt, weil es seine finanziellen Möglichkeiten übersteigt; die hohen Le-benshaltungskosten in Meran beklagt er auch in den folgenden Wochen mit der Verbitterung des Geizigen, den die ungewohnten Ausgaben schmerzen (O 79ff.). Am 10. April zieht er in die Pension *Ottoburg* in Untermais, auf deren vier Stockwerke sich knapp dreißig Zimmer verteilen. Die vegetarische Küche, die man hier anbietet, ist phantasielos, der Speisesaal niedrig, die Servietten werden nach den Mahlzeiten nicht gewechselt («Schneewittchen hätte keine Lust gehabt, hier Späße zu machen»; O 78); aber Kafka bevorzugt die einfacheren Verhältnisse, weil ihm die relativ niedrige Pensionsmiete einen ausgedehnteren Aufenthalt erlaubt. «Der Vater», kommentiert er gegenüber Ottla ironisch, «würde sagen: ‹Wenn man ihn nicht prügelt und hinauswirft, ist es eine großartige Pension›.» (O 89) Der Kuraufenthalt verlängert sich am 15. Mai 1920 nochmals um Kafkas regulären fünfwöchigen Jahresurlaub, nachdem Ottla bei Direktor Odstrčil um eine Bewilligung gebeten hatte; zuvor war sie durch ihren Bruder exakt instruiert worden, wie sie sich in der Vorstandsetage verhalten müsse: «(…) überreichst ihm das Gesuch mit einem Knicks (ich habe dir solche Knickse schon öfter vorgemacht) und sagst, daß ich mich ihm schön empfehle (…)» (O 86). Zu den neuen Bekanntschaften in Untermais gehören jüdische Kurgäste aus sämtlichen Teilen Europas, mit denen Kafka während der Mahlzeiten als geübter Alleinreisender rasch ins Gespräch kommt. Ihr individuelles Schicksal ist auch ein Spiegel der neuen Anpassungszwänge, denen das Judentum aufgrund der veränderten politischen Verhältnisse nach dem Krieg ausgesetzt ist. Nicht ohne Ironie kommentiert er den Fall eines Prager Juden, der seinen Sohn am Tag der Ausrufung der Republik vom deutschen Gymnasium abgemeldet und auf die tschechische Realschule geschickt, seine Mitgliedschaft im deutschen Kasino gekündigt und seinen Namen gegen Bestechung aus der Vereinsliste hat streichen lassen, um nicht als Befürworter der Vorkriegsordnung und ihrer klaren nationalen Hierarchien zu erscheinen (Br 270). Solche Formen des Opportunismus drohten das antisemitische Ressentiment gegen die angebliche jüdische Tendenz zur sozialen Mimikry zu bestätigen; die Prager Zionisten der *Selbstwehr* wiederum sahen in ihnen eine Standpunktlosigkeit, die sie als charakteristisch für die ältere Generation der assimilierten Westjuden betrachteten.

Im Speisesaal der Meraner Pension schlägt Kafka ein unverhüllter Antisemitismus entgegen, dessen Ausmaß ihn tief erschreckt. Aberwitzige Gerüchte über jüdischen Defätismus, Sabotageakte und Weltverschwörungen kursieren – Themen, die seit Kriegsende in der rechtsgerichteten Presse Hochkonjunktur haben; Jakob Wassermann erklärt 1921 mit Blick auf die von reaktionären Zeitungen geschürte Erwartung einer zionistischen Revolution, die Juden seien «die Jakobiner der Epoche».[26] Erregt diskutieren die Meraner Gäste, unter ihnen pensionierte Offiziere aus Österreich und Deutschland, über die politischen Gesinnungen des Judentums, deren unzumutbares Extrem man im Engagement zionistisch denkender Sozialisten für die Münchner Räterepublik anzutreffen glaubt. Ihnen «verzeiht man nichts», berichtet Kafka

1920

Anfang Mai 1920 lakonisch, «die ertränkt man in der Suppe und zerschneidet man beim Braten.» Der Antisemitismus zeige bei Tisch, heißt es unter Bezug auf die aggressiven Vergeltungsphantasien der Runde sarkastisch, «seine typische Unschuld.» (Br 275) In Untermais beginnt Kafka Anfang April 1920 die Korrespondenz mit der in Wien lebenden 23jährigen Journalistin Milena Pollak. Sie hatte sich bereits im Februar brieflich an ihn gewandt und um Erlaubnis gebeten, den *Heizer* ins Tschechische übersetzen zu dürfen; in Prag kam es einen Monat vor Kafkas Abreise nach Meran zu einem ersten Treffen im *Café Arco*, an das er sich schon wenige Wochen später nur undeutlich erinnern kann (Mi 5).[27] Milena Pollaks bisheriges Leben war abenteuerlich verlaufen, geprägt von intellektuellem Selbstbewußtsein, Freiheitsdrang und psychischem Behauptungsvermögen.[28] Sie wurde am 10. August 1896 in Prag als Tochter des Kieferorthopäden Jan Jesenský geboren, der neben seiner erfolgreichen Praxis eine Professur an der Karls-Universität innehatte. Milena Jesenská, deren Bruder früh gestorben war (Kafka fahndet später in ihrem Auftrag nach seinem Grab auf dem Olschaner Friedhof), besuchte zwischen 1907 und 1915 das 1890 gegründete Prager Mädchengymnasium *Minerva* und erhielt dort eine vorzügliche Ausbildung in liberalem Geist. Die Mutter, die unter der Egozentrik ihres Mannes litt, erlag noch vor dem Abitur der Tochter einer unheilbaren Anämie. Die intelligente Schülerin, die begeistert Autoren der europäischen Moderne von Hamsun bis zu Dostojevskij las, neigte zu exzentrischen Regelverstößen und Provokationen, mit denen sie sich auch gegen ihren selbstgerechten Vater auflehnte, der zu autoritären Erziehungsmethoden neigte. Sie sammelte frühzeitig sexuelle Erfahrungen, mußte noch vor dem Beginn des Studiums eine Abtreibung vornehmen lassen, experimentierte mit Morphium aus der väterlichen Praxis, wurde bei Ladendiebstählen verhaftet, präsentierte sich herausfordernd in langen Kleidern, Schals und Hüten gemäß der Mode der Bohème. Als Sechzehnjährige flanierte sie, begleitet von ihren (auch in der Korrespondenz mit Kafka vielfach erwähnten) Freundinnen Staša Procházková und Jarmila Ambrožová, mit wiegenden Hüften vor entzückten Studenten und entsetzten älteren Damen über den Franzenskai. Nicht selten mischte sich in solche Inszenierungen eine androgyne Maskerade und ein lesbisches Rollenspiel mit den Freundinnen, das auf öffentliche Provokation abzielte.[29]

Nach dem Abitur studierte Milena Jesenská ab 1915 zunächst zwei Semester Medizin, wechselte jedoch danach zur Literaturwissenschaft und Publizistik. Gemeinsam mit ihren Freundinnen durchstreifte sie die Prager Künstlerlokale und gab sich, in langen Gewändern nach dem Vorbild Else Lasker-Schülers, als mondäne Intellektuelle im Geist eines neuen erotischen Libertinismus. Bereits 1914 lernte sie im *Café Arco* den zehn Jahre älteren Ernst Pollak kennen, der als Fremdsprachenkorrespondent für eine Prager Bank arbeitete, und begann eine heftige Liebesaffaire mit ihm. Ihr Vater mißbilligte die Beziehung nicht nur, weil Milena in dieser Phase mehrfach Unterschlagungen verübte, um den Freund finanziell unterstützen zu können; wesentlicher noch blieb, daß er als tschechischer Nationalist und Antisemit massive Vorurteile gegen den assimilierten Juden Pollak hegte. Mit rigorosen Mitteln – sie erinnern an die gewaltsamen Erziehungsmethoden eines Hans Groß – suchte er das Verhältnis seiner Tochter zu unterbinden; auf dem Höhepunkt des Konflikts, im Juni 1917, ließ er Milena in eine Nervenheilanstalt in Veleslavin bei Prag einweisen, um sie Pollaks Einfluß zu entziehen. In diesem Sanatorium verbrachte sie insgesamt neun Monate, ehe sie, nunmehr volljährig geworden, Pollak im März 1918, gegen den entschiedenen Willen des Vaters, heiratete. Bereits im Frühsommer 1918 zog das Paar, von Jesenský gedrängt, nach Wien, wo Pollak in der Hauptniederlassung seiner Bank als Korrespondent angestellt wurde. Die Ehe gestaltete sich jedoch spannungsreich; Pollak verbrachte seine Nachmittage und Abende im Caféhaus, betrog Milena permanent mit anderen Frauen und erwartete von ihr, die sich vereinsamt fühlte, unbedingte Toleranz für seine erotischen Eskapaden. Kafka nahm Pollak, noch ehe er Milena kennenlernte, im *Café Louvre* und im *Union* als selbstherrlich sich inszenierenden Dandy wahr, der hektische Betriebsamkeit vorschützte: «Besonders gefiel mir zu einer Zeit seine Eigenheit in jedem Kaffeehaus am Abend einigemal antelephoniert zu werden. Da saß wohl jemand statt zu schlafen beim Apparat, dämmerte hin, den Kopf auf der Rückenlehne und schreckte von Zeit zu Zeit auf um zu telephonieren.» (Mi 23)

Die österreichische Metropole war 1919 noch spürbar von den wirtschaftlichen Folgen des Krieges und des sozialen Umbruchs beherrscht. In der *Tribuna* schrieb Milena Pollak am 30. Dezember 1919 über die aktuelle Lage: «Wien praßt, Wien tanzt, Wien amüsiert sich, Wien singt und spielt Walzer und unsinnigere Operetten als je zuvor. Und dasselbe Wien siecht dahin, stirbt, ist voller Reparationskommissionen, und seine politischen Führer reisen in der ganzen Welt herum, um Hilfe zu erbitten. Die Züge fahren nicht, die Bevölkerung hat kein Brot, kein Mehl, keine Kartoffeln, Post, Telephon, Telegraph, alles funktioniert mit Müh und Not unglaublich langsam (...)».[30] Angesichts der schwierigen materiellen Lage, in der das Einkommen eines Bankangestellten kaum für den täglichen Lebensbedarf ausreichte, gab Mi-

Milena Pollak

lena die Rolle der narzißtischen Muse auf und bemühte sich um stärkere finanzielle Unabhängigkeit von ihrem notorisch unzuverlässigen Ehemann. Sie übernahm eine Stelle als Haushaltshelferin (aus der sie bald wegen eines Schmuckdiebstahls entlassen wurde), arbeitete auf dem Westbahnhof als Kofferträgerin und erteilte privat Tschechischunterricht.[31] Ende des Jahres 1919 begann sie, kleine Artikel zu schreiben und an Prager Zeitungen zu schicken. Seit Dezember 1919 druckte die *Tribuna*, für die auch Jaroslav Hašek und Egon Erwin Kisch schrieben, regelmäßig Milenas Essays und verschaffte ihr damit erste finanzielle Freiräume. Bis zu ihrem Tod im Mai 1944 verfaßte sie mehr als 400 Zeitungsbeiträge, die ein breites Themenspektrum von Literatur, Theater, Architektur und Kunst bis zu Mode, Film und Tanz umfaßten. Ende 1922 wechselte sie von der *Tribuna* zur finanziell besser gestellten nationalkonservativen Zeitung *Národní Listy*, in der sie, obgleich sie ihre politische Linie mißbilligte, fortan regelmäßig publizierte.

Den praktischen Ausgangspunkt der Korrespondenz zwischen Kafka und Milena Pollak bildet die Verständigung über Fragen der Literatur. Kafka prüft Milenas Übersetzungen, schlägt zuweilen eine andere Wortwahl vor, äußert aber prinzipiell sein unbedingtes «Vertrauen» in ihre Arbeit (Mi 15). Am 22. April 1920 erscheint ihre *Heizer*-Übertragung in der Zeitschrift *Kmen*; es folgen am 16. Juli eine tschechische Fassung von *Unglücklichsein*, am 9. September Übersetzungen von sechs Stücken aus der *Betrachtung* (darunter *Das Unglück des Junggesellen* und *Der Kaufmann*), schließlich Ende September die tschechische Fassung des *Berichts für eine Akademie* in der *Tribuna*.[32] 1923 wird die Zeitschrift *Cesta* Milena Pollaks Übertragung der Novelle *Das Urteil* publizieren, die der Redaktion bereits längere Zeit im Manuskript vorlag. Das bleiben neben einer nicht-autorisierten ungarischen Übersetzung der *Verwandlung*, die der junge Sándor Márai – der spätere Autor der *Glut* – 1922 in zwei Kaschauer Zeitungen veröffentlichte, die einzigen fremdsprachigen Druckfassungen von Kafkas Texten bis zu seinem Tod.[33]

Der Ton der Korrespondenz gewinnt innerhalb weniger Wochen einen intim-beschwörenden Charakter, obgleich man sich in Prag bloß flüchtig kennengelernt hatte: «Nur wie Sie dann zwischen den Kaffeehaustischen weggiengen, Ihre Gestalt, Ihr Kleid, das sehe ich noch.» (Mi 5) Auf Kafkas ausdrücklichen Wunsch schreibt ihm Milena ab Ende April in ihrer vertrauten Sprache («also tschechisch, bitte»; Mi 9), während er selbst deutsch antwortet.

Das Tschechische erzeugt für ihn seit Kindertagen ein sinnlich-emotionales Flair, das seinen aus Fremdheit und Anziehung gemischten Reiz auch im Alltag nicht verliert; immer wieder untersuchen seine Briefe an Milena Pollak einzelne tschechische Wendungen auf phonetische Wirkung oder onomatopoetischen Effekt, um die Seele dieser Sprache zu ergründen. Bereits Anfang Juni, knapp zwei Monate nach dem Beginn der Korrespondenz, wechselt Milena aus eigener Initiative die Anredeform und nennt ihn «Du» – ein Vorstoß, den Felice Bauer schwerlich riskiert hätte.[34] Der Prozeß der Annäherung, der sich hier vollzieht, ist erstaunlich: zwei Menschen, die sich für wenige Stunden im Caféhaus begegnet sind, breiten nach wenigen Tagen des Briefverkehrs ihre Lebensängste und Zukunftssorgen, ihr körperliches Selbstbild, ihre Vorstellungen von Einsamkeit und Gemeinschaft, von Liebe und Sexualität, Ehe und Ehebruch wechselseitig voreinander aus, als existierte für sie keine andere Form der Verständigung jenseits der intimen Kommunikation. Kafka scheint deutlich bewußt, daß die erregende Konstellation, die beiden Partnern eine derart vorbehaltlose Ich-Aussprache erlaubt, flüchtig und vergänglich bleiben muß: «– dies ist natürlich nur die Wahrheit eines Augenblicks, eines Glück- und Schmerz-zitternden Augenblicks (…)» (Mi 54). Zugleich zeigt er sich in Meran entschlossen, diesen transitorischen Zustand der unbedingten Übereinstimmung festzuhalten und zu genießen, auch wenn ihn die Furcht vor seinem plötzlichen Verschwinden packt: «Du mußt in solchen Briefen den großartigen Kopf der Medusa haben, so zucken die Schlangen des Schreckens um Deinen Kopf und um meinen allerdings noch wilder die Schlangen der Angst.» (Mi 60f.) Es mildert die Sorge, die die ekstatischen Aufschwünge seiner Liebesbriefe unterbricht, zumindest geringfügig, daß er Milena Pollak frühzeitig die Geschichte seiner Verlobungen erzählt und in diesem Zusammenhang auch von seinem Arrangement mit Julie Wohryzek spricht; das Verhältnis, berichtet er nach Wien, «lebt noch, aber ohne jede Aussicht auf Ehe, lebt also eigentlich nicht oder lebt vielmehr ein selbstständiges Leben auf Kosten der Menschen.» (Mi 10)

Kafka sendet seine Briefe an Milena unter dem Decknamen «Kramer» an eine Wiener Postfachadresse in der Bennogasse, damit Ernst Pollak sie nicht abfangen kann (es ist jedoch fraglich, ob der notorisch selbstbezogene Bonvivant die sich anspinnende Affaire seiner Frau überhaupt wahrnahm).[35] Seine Schreiben an Milena unterscheiden sich deutlich von der Korrespondenz mit Felice Bauer; sie sind knapper, ärmer an Wiederholungen, Explikationen, Rechtfertigungen: zum Briefwechsel des Winters 1912/13 verhalten sie sich wie eine expressionistische Novelle zu einem realistischen Roman des 19. Jahrhunderts. Das Moment der Selbsterklärung tritt in ihnen zurück, der Stil der Ich-Anklage wirkt ironischer, der Duktus der Argumentation mutet geradliniger an – der Autor, der hier schreibt, verfügt so souverän über die

Techniken seines Selbstentwurfs, daß er es bei Andeutungen und Skizzen belassen kann. Im Gegensatz zu Felice Bauer wird Milena Pollak, wie es scheint, in den Briefen nicht erfunden, sondern direkt angesprochen; Kafka sucht die unmittelbare Verständigung, indem er auf Projektionen, Stellvertreterkämpfe und rhetorische Umwege verzichtet. Milena darf die unbedingte Präsenz verkörpern, obgleich sie physisch abwesend und über flüchtige Erinnerungen nur unvollkommen zu vergegenwärtigen ist. Die Grundfigur des Aufschubs, welche die Korrespondenz mit Felice in einen Prozeß der permanenten Verzögerung und Verschleppung trieb, tritt hier nicht in Erscheinung; vielmehr beschwören die Briefe an Milena den konkreten Augenblick sinnlicher Erfahrungen, Eindrücke und Empfindungen, der sich über symbolische Details und Zeichen vermittelt. Ähnlich wie in den frühen Schreiben an Max Brod läßt Kafka miniaturartige Momentaufnahmen und Kurzporträts seiner aktuellen Lebenssituation in seine Meinungsäußerungen einfließen; gerade die Meraner Frühsommerbilder vibrieren förmlich in sinnlich greifbarer Wärme und südlichem Licht. Exemplarisch für die glühende Stimmung des Schreibers ist die erotisch gefärbte Etüde, die er in seinem Brief vom 13. Juni 1920 im Rahmen einer atemlosen Parenthese liefert: «Heute etwas, was vielleicht manches erklärt Milena, (was für ein reicher schwerer Name vor Fülle kaum zu heben und gefiel mir anfangs nicht sehr, schien mir ein Grieche oder Römer nach Böhmen verirrt, tschechisch vergewaltigt, in der Betonung betrogen und ist doch wunderbar in Farbe und Gestalt eine Frau, die man auf den Armen trägt aus der Welt, aus dem Feuer ich weiß nicht und sie drückt sich willig und vertrauend dir in die Arme, nur der starke Ton auf dem i ist arg, springt dir der Name nicht wieder fort? Oder ist das vielleicht nur der Glückssprung, den du selbst machst mit deiner Last?)» (Mi 59).

Zwar bleibt die Liebe in solchen Passagen ein Produkt der Imagination, doch gewinnt sie deutlicher sinnliche und physische Dimensionen als in den Briefen an Felice Bauer. Umgekehrt ist zu vermuten, daß die zweite – verstummte – Stimme in dieser Korrespondenz polyphoner klang als die der Berliner Verlobten. Milenas eruptive Briefe wagt Kafka bisweilen erst Tage nach ihrer Ankunft zu lesen, weil sie ihn wie eine «Sturmglocke» aufstören und mit ihrem fordernden Ton noch in die schlaflosen Nächte verfolgen (Mi 60). Der leidenschaftlichen Schreibpartnerin gegenüber inszeniert er sich in der Rolle des Kindes, das von ihr als «Lehrerin» und «Mutter» erzogen werden muß (Mi 23, 136, 234);[36] «Mutter Milena» nennt er sie, die Dreiundzwanzigjährige, auch unter dem Eindruck ihrer sinnlichen Sprache, die der Eros des Tschechischen verlockend durchdringt (Mi 104). Ihr Gegenstück findet diese Apotheose des Sinnlichen in der Metaphorik des ‹Schmutzes›, die, bisweilen mit einer ironischen Reflexion seiner fragilen jüdischen Identität verbunden, Kafkas Briefe an Milena durchzieht (Mi 136, 198f., 262). Schon frühzeitig bezeichnet der Schmutz-Topos das Moment der Selbstbezichtigung angesichts des Wunsches, Milena körperlich näher-zukommen: «(…) ich werde Dir ja die Hand nicht zu reichen wagen, Mäd-chen, die schmutzige, zuckende, krallige, fahrige, unsichere, heiß-kalte Hand.» (Mi 59) Es ist bezeichnend, daß die ‹Mutter› in der Bestrafungsphan-tasie des Verführers zum ‹Mädchen› mutieren muß, das als widerstandsloses Opfer erscheint. Mit ganz ähnlichen Worten hatte Kafka sieben Jahre zuvor Felice gegenüber sein Schreckbild der Vereinigung zwischen Reinheit und Schmutz beschrieben, das er hinter seinen Verlobungsplänen aufblitzen sah: «Denkst Du noch an meine lange knochige Hand mit den Fingern eines Kindes und eines Affen?» (Br II 228)

In den ersten Juniwochen erwägt Kafka immer wieder, von Milena ge-drängt, während seiner letzten Urlaubstage nach Wien zu fahren. Das Wech-selspiel aus Liebeswerben («was wäre von Dir zu ertragen schwer?»; Mi 54) und Imagination («Du gehörst zu mir, selbst wenn ich Dich nie mehr sehen würde»; Mi 57), aus Reiseentschluß («dann komme ich»; Mi 39) und De-menti («ich glaube aber, ich komme nicht»; Mi 55) unterliegt zwar ähnlichen Mechanismen wie die Korrespondenz mit Felice, gehorcht jedoch einer strafferen Dramaturgie. Als sich der Kuraufenthalt seinem Ende nähert, weiß Kafka, daß er nicht mehr strategisch operieren kann; alle Kräfte ziehen ihn jetzt zu Milena, der er die Hand ‹nicht zu reichen› wagte. Am 28. Juni 1920 fährt er mit dem Nachtzug von Meran nach Wien und mietet sich am Mor-gen nach der Ankunft im Hotel *Riva* neben dem Südbahnhof ein.[37] Am 29. Juni durchstreift er, weil Milena offenbar durch eine Verabredung mit ih-rem Ehemann verhindert ist, «möglichst unsichtbar» die Umgebung ihrer Wohnung an der Lerchenfelder Straße im 8. Bezirk (Mi 81). Am 30. Juni holt sie ihn um zehn Uhr vor dem Hotel ab («überrasche mich nicht durch Von-der-Seite oder Von-Rückwärts-Herankommen, ich will es auch nicht tun»; Mi 81); aus Furcht, von Ernst Pollak entdeckt zu werden, unternimmt sie mit ihm bei mediterran anmutendem Sommerwetter eine ausgedehnte Wande-rung in die Umgebung der Stadt. Das Paar meidet die inneren Bezirke und verbringt auch die folgenden Tage an der Peripherie der Metropole; die ei-gentliche Intimität entsteht in den Randzonen jenseits des Zentrums – auf dem Feld der Liebe erfüllt sich hier, was das Schema über die ‹kleinen Litte-raturen› im Dezember 1911 beschworen hatte: das «fröhliche Leben», das dem Nutzen des Sich-selbst-Genügens entspringt (T I 253). Am 3. Juli zele-briert das Paar Kafkas 37. Geburtstag mit einem Ausflug in den Wiener Wald, der jene erotische Annäherung ermöglicht, die der vorangehende Schrift-verkehr nicht ersetzt, sondern zuallererst stimuliert hatte: «Und darum hast Du recht, wenn Du sagst, daß wir schon eins waren und ich habe gar keine

Angst davor, sondern es ist mein einziges Glück und mein einziger Stolz und ich schränke es gar nicht auf den Wald ein.» (Mi 202) In Wien scheint sich die Intimität des Briefwechsels mühelos auf die körperliche Ebene zu übertragen. Die «Liebe als Passion» – so Nietzsches Formel – schließt jetzt die Sexualität ein.[38] Sie vollzieht sich jedoch nicht in «jener halben Stunde im Bett», die Milena Pollak in einem ihrer Briefe abschätzig als «Männer-Sache» apostrophiert hatte, sondern als gesteigerte Form einer Gemeinsamkeit, die Kafka mit dem Begriff des ‹Glücks› kennzeichnet, der sonst in seinem Sprachregister für die Beschreibung menschlicher Sexualität keine Verwendung findet (Mi 202). Die körperliche Ebene, die im Verhältnis zu Felice stets von Angst besetzt war, bildet jetzt einen Erfahrungsraum, der Selbstvergessenheit und Selbstgefühl in Einklang bringt: «Darum bin ich ja so dankbar (Dir und allem) und so ist es also samozřejme [selbstverständlich], daß ich neben Dir höchst ruhig und höchst unruhig, höchst gezwungen und höchst frei bin, weshalb ich auch nach dieser Einsicht alles andere Leben aufgegeben habe. Sieh mir in die Augen!» (Mi 203) Kafka darf Milena als Liebender vorbehaltlos begegnen, weil er für sie keine Vorbildfigur in seinen eigenen Texten finden kann. Milena ist weder eine Frieda Brandenfeld wie Felice Bauer noch eine Leni wie Julie Wohryzek; sie entspringt keiner literarischen Imagination, unter deren Diktat sie zur Einschreibfläche eines Phantasmas gerät, vielmehr behauptet sie ihre eigenen intellektuellen und sinnlichen Ansprüche, die sie selbständig und entschieden zur Geltung bringt.[39]

Als Kafka am 4. Juli 1920, wie betäubt von den vier mit Milena verbrachten Tagen, mit dem Frühzug von Wien nach Prag zurückfährt («nun aber warst Du plötzlich nicht mehr da»; Mi 82), ist er entschlossen, die Konsequenzen zu ziehen, die ihm sein neues Liebesverhältnis abverlangt. Noch am Abend seiner Ankunft (die sich verzögert hat, da man ihm in Gmünd die Einreise wegen seines abgelaufenen Visums verweigert) trifft er sich mit Julie Wohryzek, um ihr von Milena zu berichten und die Trennung vorzuschlagen. Da er jedoch während des Gesprächs seinen Vorsätzen untreu wird und zu zweideutigen Formeln greift, kommt es zu keiner Klärung; am nächsten Abend spricht er nochmals mit ihr in der Hoffnung, jetzt deutlicher sein zu können, umgeht aber auch hier das entscheidende Wort. Am 5. Juli 1920 beginnt wieder der Büroalltag, der ihm schmerzlich Milenas Abwesenheit ins Bewußtsein bringt: «(…) zu allem läutet eine kleine Glocke im Ohr: ‹sie ist nicht mehr bei dir›, allerdings gibt es auch noch eine gewaltige Glocke irgendwo am Himmel und die läutet: ‹sie wird dich nicht verlassen›, aber die kleine Glocke ist eben im Ohr.» (Mi 85f.)

Am 7. Juli 1920 muß Kafka das Quartier seiner verreisten Schwester Elli in der Manesgasse beziehen, da der aus Paris zu Besuch kommende Alfred

Löwy für zwei Wochen sein Zimmer bei den Eltern am Altstädter Ring beansprucht. Der Wechsel ist ihm, der sonst Unterbrechungen im Lebensrhythmus fürchtet, keineswegs unangenehm; in Wohnungen, «welche voll Erinnerungen an Menschen sind und vorbereitet für weiteres Leben», fühle er sich, wie er Max Brod zwei Jahre später erklärt, besonders heimisch, da sie ihm die Teilhabe an der fremden Gemeinschaft ermöglichten (Br 415).

Nochmals trifft Kafka in diesen Tagen Julie Wohryzek, die ihn angesichts seiner scheinbaren Unentschlossenheit mit der Geste freiwilliger Unterordnung erpreßt, indem sie verkündet: «‹ich kann nicht weggehn, schickst du mich aber fort, dann gehe ich.›»(Mi 91) Auf ihr energisches Drängen gestattet der hilflose Kafka Julie, mit Milena in Briefkontakt zu treten – eine Indiskretion, die an die unerquickliche Episode vom Sommer 1913 erinnert, als er seiner Mutter erlaubte, eine Detektei mit der Auskundschaftung von Felice Bauers Familie zu beauftragen. Julie Wohryzeks Schreiben, das sie schon der Prager Hauptpost anvertraut hatte, ehe sie es nochmals zurückforderte, um es von ihrem früheren Verlobten an Milena senden zu lassen, wird in Wien mit kühler Herablassung beantwortet – Kafka selbst empfahl, freundlich und zugleich streng zu replizieren (Mi 92, 95).[40] Am 6. Juli 1920 trifft er sich letztmals mit Julie und beendet am Abend auf einem längeren Spaziergang eine Liebesbeziehung, die nicht zu den rühmlichsten Episoden seines Lebens zählt. Sie präsentiert ihn in der Rolle des selbstbezogenen Mannes, der seinen Egoismus zelebriert, ohne jenseits ritualisierter rhetorischer Formeln auf die Gefühle seiner Partnerin Rücksicht zu nehmen.

Julie Wohryzek heiratete im November 1921 den deutlich älteren Prokuristen Josef Werner, der eine Filiale der Prager Kreditbank im Arbeiterbezirk Žižkov leitete. Die Ehe blieb kinderlos; das Paar verbrachte mehrere Jahre in Bukarest, wo Josef Werner als Repräsentant seiner tschechischen Arbeitgeber tätig war, kehrte aber in den 30er Jahren in die Tschechische Republik zurück. Am 19. November 1943 wird Julie Wohryzek in Prag von der SS verhaftet, am 19. April 1944 nach Auschwitz verschleppt und dort vier Monate später, am 26. August 1944, ermordet.[41] Milena Jesenská, wie sie sich nach der Scheidung von Ernst Pollak wieder nannte, war drei Monate vor ihr im Konzentrationslager Ravensbrück, wo die Gestapo sie als Widerstandskämpferin zum Zweck der ‹politischen Umerziehung› eingesperrt hatte, an den Folgen ihrer Haft gestorben.[42] So vereint die beiden Geliebten Franz Kafkas am Ende das gleiche Schicksal in der Shoa.

Nach der Liebe

Am 15. Juli 1920 heiratet Ottla Kafka den tschechischen Katholiken Josef David. Ihr künftiger Ehemann, ein Jahr älter als sie selbst, teilt mit ihr den optimistisch-tatkräftigen Charakter. 1913 war er nach dem Schulabschluß für mehrere Monate ohne finanzielle Mittel nach England gegangen, wo er seinen Lebensunterhalt als Kino-Pianist und Kellner verdiente. Im Juni 1914 übernahm er die Position eines Praktikanten der Prager Stadtsparkasse; sein Rechtsstudium, das er selbst finanzieren mußte, schloß er erst nach dem Krieg, 1919, ab. David ist anglophil, interessiert sich für Sport – vor allem für Fußball – und tritt als chauvinistisch denkender Tscheche auf, der im Kreis der Familie nicht duldet, daß man deutsch spricht.[43] Ottlas Verbindung mit einem katholischen Nationaldemokraten, der das Kampfblatt *Národní listy* liest und die liberale *Tribuna* verachtet, empfindet nicht nur Hermann Kafka als Affront. Offenkundig muß sie sich von den Fesseln ihrer Eltern, aber auch von den Zwängen der engen Bindung an ihren Bruder mit Hilfe eines Gegenentwurfs lösen. Noch im Mai 1920 schreibt ihr Kafka aus Meran, daß er ihre Eheschließung gleichsam als Stellvertretungsakt im Sinne eines symbolischen Inzests begreife: «Beide sollten wir nicht heiraten, das wäre abscheulich und da Du von uns beiden dazu gewiß die geeignetere bist, tust Du es für uns. Das ist doch einfach und die ganze Welt weiß es. Dafür bleibe wieder ich ledig für uns beide.» (O 88) Die Ironie, mit der er die bevorstehende Hochzeit kommentiert, täuscht darüber, daß er das Ereignis als einschneidenden Akt begreift, der ihn formell von Ottla löst. Grete Samsa ist erwachsen geworden und tritt ins Eheleben, indes der Bruder einsam zurückbleibt. Die Zeremonie auf dem Standesamt im Prager Ratshaus und das anschließende Festessen, bei dem er neben Davids Schwestern sitzt, erlebt Kafka, ähnlich wie im Fall der Hochzeiten Ellis und Vallis, in gedämpfter Stimmung, getragen von der Ahnung des Verlusts: «Nachmittag. Myrte im Knopfloch, halbwegs bei Vernunft trotz gequälten Kopfes (Trennung, Trennung!).» (Mi 118)

Die Gemeinsamkeit, die der Besuch bei Milena schuf, wird in diesen Juliwochen wie ein verblassender Mythos beschworen. Ein erneutes Rendezvous in Wien lehnt Kafka jedoch ab, da sie Pollak inzwischen über ihre Affaire informiert hat und er eine Begegnung mit dem Gatten fürchtet. Seine Angst spiegelt sich in einer zur selben Zeit entstandenen hochkomischen Groteske, in der er ein klassisches Eifersuchtsdrama beschreibt, das den Kampf zwischen einem Ehemann und seinem spitzbärtigen Nebenbuhler («Komm zu mir, süßes Frauchen») in der Loge eines Theaters schildert (G 137f.). Um zumindest ein kurzzeitiges Wiedersehen zu ermöglichen, schlägt Kafka Milena am 1. August vor, man möge sich auf halber Strecke zwischen Prag und Wien am Grenzort Gmünd treffen. «Also schnell», heißt es in seinem Brief, «das ist die Möglichkeit, wir haben sie jede Woche; daß sie mir nicht früher einfiel; allerdings muß ich zuerst den Paß haben (...)» (Mi 173). In der Tat überrascht es, daß ihm sein Vorschlag ‹nicht früher einfiel›, war er doch mit dieser Variante einer tschechisch-österreichischen Liebeszusammenkunft aus der Vergangenheit bestens vertraut: «Ich habe die Fahrpläne schon durchgesehn. Wären Sie nicht begierig einmal Gmünd zu sehn? Es liegt gerade auf der Mitte des Wegs, die Züge laufen geradezu einander entgegen, jeder, Sie und ich, fährt etwa um 4 Uhr von zuhause weg und kommt um 7 Uhr, ich etwa ½ 8 erst, in Gmünd an. Nächsten Abend fahren wir mit den gleichen, nur gewechselten Zügen wieder nachhause.» (Br II 352) So schrieb Kafka am 13. März 1914, wenige Wochen vor der Verlobung mit Felice Bauer, an Grete Bloch nach Wien. Wenn Milena glaubte, er habe den Plan für ein geheimes Rendezvous an der Grenze eigens für sie ersonnen, dann täuschte sie sich. Er entstammte dem Repertoire eines Verführers, der wie absichtslos – «die Züge laufen geradezu einander entgegen» – auf sein Ziel zusteuern konnte; wenn Grete Bloch seinen Vorschlag damals ablehnte, dann zeigt das, daß sie sich der Konsequenzen bewußt war, die ein derartiges Treffen für sie herbeigeführt hätte.

Am Wochenende des 14./15. August 1920 sieht Kafka Milena, seinem Vorschlag folgend, in Gmünd. Sogar die Reisedaten entsprechen seiner alten Fahrplanauskunft vom März 1914: er verläßt Prag, da er zuvor noch seinen Dienst im Büro absolvieren muß, kurz nach vier Uhr und erreicht um halb acht die Grenzstation, wo Milena eine halbe Stunde zuvor angekommen ist (Mi 175). Gmünd erscheint als Ort, an dem sich die seit Kriegsende herrschenden politischen Verhältnisse symbolisch spiegeln: der Bahnhof gehört zum Terrain der tschechischen Republik, die Stadt dagegen zu Österreich. Die Schnittstelle zwischen den Staaten wird der Punkt, an dem das Liebespaar zusammenfindet; daß man sich – nach der «selbstverständlich traurig und schön» ablaufenden Begrüßung an der Perrontür – im Bahnhofshotel einquartiert, ist somit konsequent, bezeichnet es doch einen zweideutigen Ort, in dem das Tschechische und das Österreichische kaum voneinander zu scheiden sind, weil es sowohl zur Station als auch zur Stadt gehört (Mi 147). Am Sonntag fährt Kafka bereits um halb fünf Uhr nachmittags wieder nach Prag zurück; Milena wiederum reist für zehn Tage allein, ohne ihren Ehemann, in den Urlaub nach St. Gilgen am Wolfgangsee. Über den gemeinsamen Abend und die nachfolgende Nacht spricht Kafka, anders als im Fall der Wiener Begegnung, in seinen Briefen kaum. Nahezu obsessiv umkreisen sie während der folgenden Wochen eine Erfahrung der Nähe, die mit sprachlichen Mitteln nicht darstellbar und daher für ihn auf unheimliche Weise inkommensurabel bleibt. «Und es ist mir gerade jetzt», erklärt er am 17. August 1920, «als hätte ich Dir einiges Unsagbare, Unschreibbare zu sagen, nicht um etwas gut zu machen, was ich in Gmünd schlecht gemacht habe, nicht um etwas Ertrunkenes zu retten, sondern um Dir etwas tief begreiflich zu machen, wie es mit mir steht, damit Du Dich nicht von mir abschrecken läßt, wie es doch trotz allem schließlich geschehen könnte unter

Menschen.» (Mi 217) Wenige Tage später heißt es in eisigem Ton: «Ja, die Lüge war groß und ich habe sie mitgelogen, aber noch ärger, im Winkel, für mich, als Unschuld.» (Mi 223) Hier taucht die seit der Korrespondenz mit Hedwig Weiler bekannte Rhetorik des Rückzugs mit ihren ominösen Warnungen und Spitzfindigkeiten auf, in deren Fegefeuer das Glück in ein Symbol der Strafe für eitle Selbstvergessenheit und Ich-Genuß verwandelt wird. Ein erstes Drohzeichen steigt über den Horizont, das anzeigt, daß der prägnante Moment von Gmünd ein singuläres Ereignis bleiben wird.

Während der folgenden Wochen kommt es zu merkwürdigen Wiederholungen älterer Lebensgesetze. Wie im Fall der Verwicklungen mit Felice Bauer drängt sich in Kafkas Verhältnis eine Freundin der Geliebten ein: Jarmila Reinerová (Ambrožová), die ihr seit gemeinsamen *Minerva*-Schulzeiten Vertraute. Kafka besucht Jarmila erstmals am 16. August, einen Tag nach der Rückkehr aus Gmünd, auf Wunsch Milenas – auch das eine Parallele – in ihrer Prager Wohnung (Mi 218). Sie befindet sich in einer schweren psychischen Krise, die durch Schuldgefühle und Depressionen gekennzeichnet ist: ihr Mann Josef Reiner, der als Redakteur bei der *Tribuna* beschäftigt war, nahm sich im Februar 1920 zweiundzwanzigjährig mit Gift das Leben, nachdem er von Jarmilas Liebesverhältnis mit Willy Haas erfahren hatte (Mi 58).[44] Kafka nennt diesen Vorfall, den er durch einen Bericht Max Brods kannte, eine «Geschichte», vor der man sich «verstecken» müsse – eine Formulierung, die sich auch auf seine zu diesem Zeitpunkt beginnende Affaire mit Milena und deren drohende Analogie zum Fall Reiner bezieht (Mi 59). Bis zum Herbst 1920 begegnet er Jarmila mehrfach; sie trifft ihn zu Hause oder im Büro, in oft unklarer Mission. «Ich weiß nicht genau, warum sie kam», erklärt er, nachdem sie ihn Ende August in der Versicherungsanstalt besucht hat. «Sie saß da bei meinem Schreibtisch, wir sprachen ein wenig von dem und jenem, dann standen wir beim Fenster, dann bei Tisch, dann setzte sie sich wieder und dann gieng sie.» (Mi 241) Jarmila, die Willy Haas in seinen Memoiren als «merkwürdige» Frau bezeichnet, ist die Botin ohne Auftrag – eine Figur, die eineinhalb Jahre später im *Schloß*-Roman in der androgynen Gestalt des Barnabas erneut auftreten wird.[45] Wie Grete Bloch spielt sie den Part der mit undurchsichtigen Motiven agierenden intimen Beraterin, die selbst einen Teil der erotischen Energie, die der Geliebten gilt, auf sich zieht, zugleich aber – das ist die neue Komponente – deren Verhältnis mit «Eifersucht» beobachtet (Mi 223). Nach den Begegnungen mit Kafka schickt sie Milena Briefe und Telegramme, in denen sie ihr Mißfallen über eine Affaire äußert, in der sich für sie auch die Tragödie spiegelt, die der Tod ihres Mannes bedeutete. Daß Jarmilas Schuldprojektionen wiederum Kafkas eigene Furcht vor den Folgen seiner Beziehung zu Milena steigern mußten, ist einleuchtend. Aus den Erfahrungen des Frühsommers 1914 zieht er die

Konsequenz, im sich anbahnenden Dreieck Vorsicht walten zu lassen; anders als gegenüber Grete Bloch verzichtet er im Fall Jarmilas auf Werbungsstrategien jeglicher Art. Daß ihn Milenas Freundin trotz ihres unscheinbar wirkenden Aussehens («eigentlich sehr wenig hübsch»; Mi 241) auf ambivalente Weise anzieht, verrät eine Bemerkung in einem Brief vom 6. September 1920, der über einen Besuch bei Jarmila berichtet, das Gespräch sei in förmlicher Konversation erstarrt: «Die Hauptsache aber war, daß ich (allerdings sehr gegen meinen Willen) endlos langweilig, bedrückend wie ein Sargdeckel und sie, Jarmila, erlöst war, als ich weggieng.» (Mi 254f.) Der Satz hat einen doppelten Boden, denn er beschreibt oberflächlich – zum Zweck der Beruhigung Milenas – das Scheitern einer persönlichen Näherung, gesteht aber untergründig ein, daß dieses Scheitern nicht beabsichtigt war («gegen meinen Willen»). Im *Schloß*-Roman tritt eine analoge Konstellation auf, wenn K., der von seiner Geliebten Frieda getrennt ist, den Avancen ihrer Konkurrentin Pepi in einer Weise widersteht, die zugleich die Anziehung verrät, die sie auf ihn ausübt (S 372ff.).

Eine zusätzliche Einmischung von Milenas Freundin Staša, die ihn für «nicht verläßlich hält» und daher intervenieren möchte, verhindert Kafka auch deshalb, weil er angesichts des zweideutigen Charakters seines Liebesverhältnisses weitere Verwirrungen kaum ertragen könnte (Br 330, Mi 255f.). In einem Brief vom 6. September 1920 überlegt er erstmals, ob es besser sei, die Korrespondenz mit Milena gänzlich einzustellen. Mit einer suggestiven Formulierung, deren rhetorischer Tücke schwer zu entkommen ist, heißt es: «Sonst aber stimmst Du mit mir schon seit langem überein, daß wir einander jetzt nicht mehr schreiben sollen; daß ich es gerade gesagt habe, war nur Zufall, Du hättest es ebenso gut sagen können.» (Mi 264) Ende September fragt er insistierend: «Warum Milena schreibst Du von der gemeinsamen Zukunft, die doch niemals sein wird, oder schreibst Du deshalb davon?» (Mi 275) Kafkas Einsicht, «daß wir niemals zusammenleben werden und können» (Mi 279), entspringt wesentlich seinem gesteigerten Schuldgefühl angesichts einer moralischen Selbsteinschätzung, die mit wachsender Distanz zu den Treffen in Wien und Gmünd radikalere Züge annimmt. Der Ehebruch, den er mit Milena begangen hat, wird in seinen Augen auch durch den Umstand nicht gerechtfertigt, daß Pollak seiner Frau notorisch untreu ist. Mitte Oktober erwägt er zwar einen längeren Kuraufenthalt in Grimmenstein, der ihm die Gelegenheit zum Besuch im 80 Kilometer nördlich gelegenen Wien ermöglicht hätte (Mi 280), aber einige Wochen später verwirft er diesen Plan wieder. Der österreichische Lyriker Albert Ehrenstein, den er Ende März 1913 gemeinsam mit seinem Bruder Carl im Berliner *Café Josty* kennengelernt hatte (Br II 143), empfiehlt ihm nach einem Prager Vortragsabend Anfang November 1920, er solle sich für ein Leben mit Milena entschließen, weil allein sie die Kraft habe, seine Krankheit zu bannen (Br 322). Solche Ratschläge dringen freilich in dieser Phase nicht mehr zu ihm durch, weil er sich mit Erklärungen gepanzert hat, deren innere Konsequenz kaum widerlegbar scheint. Das «Waldtier», als das er sich beschreibt, hat sich aus seiner «schmutzigen Grube» entfernt, da es der Hoffnung gehorchte, in der Fremde «zuhause» sein zu dürfen, doch muß es jetzt zu seinem einsamen «Ursprung» zurückkehren, wo seine «wirkliche Heimat» liegt (Mi 262). Wie zur Warnung vor weiteren Versuchen, einen Ausbruch aus der ‹Wald›-Existenz zu riskieren, heißt es apodiktisch: «(...) im Umkreis um mich ist es unmöglich, menschlich zu leben; Du siehst es, und willst es noch nicht glauben?» (Mi 290f.) Bereits im Oktober scheint er den Entschluß gefaßt zu haben, weitere Begegnungen mit Milena konsequent zu meiden. «Kafka hat indessen wieder seiner Liebe entsagt», notiert Brod mit einer Mischung aus Sachlichkeit und Pathos in seinem Tagebuch.[46] Ende Dezember 1920 schickt er ihr einen vorerst letzten Brief, der «nur um eine Gnade» bittet: «nicht mehr zu schreiben und zu verhindern, daß wir einander jemals sehn.» (Br 295)

Wie Milena selbst Kafka in den unterschiedlichen Phasen ihrer sechsmonatigen Liebesbeziehung wahrgenommen hat, läßt sich nur mutmaßen. In der *Tribuna* erscheint am 15. August 1920 – an dem Tag, da sie sich in Gmünd mit ihm trifft – ein Artikel aus ihrer Feder, in dem es heißt: «Von Briefen erwarten wir keine Kunst, von Briefen erwarten wir Menschliches.»[47] Dieses ‹Menschliche› schließt in Milenas Verhältnis zu Kafka ein Paradoxon ein, denn es impliziert die Tatsache, daß sie den «Traum-Schrecken» (Mi 263) seines psychischen Lebensentwurfs akzeptieren und ebenso in Frage stellen möchte. Am 9. August 1920 schreibt er ihr: «Die schönsten Briefe unter den Deinigen (und das ist viel gesagt, denn sie sind ja im Ganzen, fast in jeder Zeile, das Schönste, was mir in meinem Leben geschehen ist) sind die, in denen Du meiner ‹Angst› recht gibst und gleichzeitig zu erklären suchst, daß ich sie nicht haben muß.» (Mi 201) Daß Milena an Kafka die Kräfte des Rückzugs, zu denen auch die Verschleierung des Ichs und ein Sich-Einrichten in der Undurchschaubarkeit gehörten, sehr genau wahrnahm, läßt sich an ihrem Nachruf erkennen, den sie am 6. Juni 1924 in den *Národní listy* veröffentlichen wird: «Er war zu hellsichtig, zu weise, um leben zu können, zu schwach, um mit der Schwäche der edlen, schönen Menschen zu kämpfen, die den Kampf nicht aus Furcht vor Mißverständnissen, Lieblosigkeiten und geistiger Lüge meiden, obwohl sie im voraus wissen, daß sie machtlos sind, und die so unterliegen, daß sie den Sieger bloßstellen.»[48]

Milena konnte sich mit Kafkas Verharren in der Rolle des Sohnes, die eine aktive Steuerung der eigenen Biographie ausschloß, dauerhaft nicht begnügen, weil sie seine rituelle Praxis der Selbstbestrafung am Ende, ähnlich wie

Felice Bauer, als Ausdruck der Mißachtung ihrer eigenen Person empfand. Wenn sie seine Schuldgefühle durch Optimismus zu überwinden suchte, so verfehlte das freilich deren Zentrum – den Anspruch auf die Bestätigung jener ‹Wald›-Existenz, die Identität durch Einschließung sicherte. Auch die Liebe blieb für Kafka, was schon ein Motto der 1904 begonnenen *Beschreibung eines Kampfes* formulierte: «Beweis dessen, daß es unmöglich ist zu leben.» (B 61) In Momenten der gesteigerten erotischen Nähe vermochte Milena ihn aus der zirkulären Ordnung seiner Unglückserwartung zu lösen. Aber jedes Moratorium im fernen Prag rückte ihn in zunehmenden inneren Abstand zu ihr, weil er wußte, daß ein prägnanter Moment nicht ausreichte, um diese Ordnung permanent zu bannen. Der Sohn beharrte auf seinem Recht: nach der Ekstase suchte er die Einsamkeit als Raum seiner ureigenen Identität, in dem der Eros verging.

Kur in Matliary

Der Prager Herbst 1920 zeigt ein ungemütliches Gesicht, dem die Spuren von Haß, Aggression und Ressentiment eingegraben sind. Zwischen 16. und 19. November kommt es zu schweren antisemitischen Übergriffen auf den Straßen, die, nach dem Versagen von Gendarmerie und berittener Polizei, nur durch die Intervention der im Oktober neu formierten Armee eingedämmt werden können. Die von tschechischen Nationalisten geschürten Unruhen richten sich nicht allein gegen das Jüdische Rathaus, dessen Archiv mit seinen kostbaren Tora-Rollen geplündert und zerstört wird, sondern auch gegen deutsche Zeitungen und Theater.[49] Der Prager Bürgermeister verteidigt die Vandalen, indem er öffentlich ihre nationaltschechische Gesinnung hervorhebt und eine Verstrickung in politisch motivierte Gewalttaten dementiert. Daß die Juden auf dem Territorium der tschechoslowakischen Republik den Status einer offiziell anerkannten Minderheit mit Schutzanspruch innehatten, spielte unter den Druckwellen des Straßenterrors keine Rolle mehr. «Die ganzen Nachmittage bin ich jetzt auf den Gassen», schreibt Kafka Mitte November an Milena, «und bade im Judenhaß.» Entschieden fügt er hinzu, daß die Konsequenz aus den antisemitischen Aggressionen dieser Woche – Adorno und Horkheimer werden sarkastisch von einem «Ritual der Zivilisation» sprechen[50] – nur der Schritt in die Emigration sein könne: «Ist es nicht das Selbstverständliche, daß man von dort weggeht, wo man so gehaßt wird (Zionismus oder Volksgefühl ist dafür gar nicht nötig)?» Die «widerliche Schande», die es für ihn bedeutet, als Jude «immerfort unter Schutz» leben zu müssen, um nicht den antisemitischen Fanatikern in die Hände zu fallen, steigert seinen Wunsch, Prag rasch zu verlassen (Mi 288). Zu diesem Zeitpunkt hatte sich der Anteil der auf dem Staatsgebiet der Tschechoslowakei angesiedelten Juden unter dem Druck des Antisemitismus bereits erheblich verringert. Anfang des Jahres 1921 lag die Zahl der jüdischen Bürger, bedingt durch den 1919 einsetzenden Auswanderungsschub, nur noch bei 125 000 – das entsprach 1,2 Prozent der gesamten Bevölkerung. 28 Prozent von ihnen, knapp 32 000 Juden, lebten in Prag, das auch nach dem Krieg große Anziehungskraft besaß, weil es den Selbständigen – Handwerkern, Kaufleuten, Ärzten, Anwälten – berufliche Betätigungsfelder bot.[51]

Ende August 1920 liefert eine erneute ärztliche Untersuchung bei Kafka einen enttäuschenden Befund. Die Meraner Kur hat offenbar wenig Erfolg gezeitigt, der Gewichtsverlust ist fortgeschritten. Am 14. Oktober wird im Rahmen einer Untersuchung durch den Anstaltsarzt eine verstärkte tuberkulöse Infiltration beider Lungenspitzen diagnostiziert (AS 435). Die Krankheit läßt sich nicht abschütteln: die Röntgenbilder werden zu Schattenkarten, die den Tod ahnen lassen. Der November verstreicht mit wechselnden Reiseprojekten, die Kafka jedoch durchgehend verwirft, weil die Kosten für die ins Auge gefaßten österreichischen Sanatorien seine Finanzmittel übersteigen. Am 13. Dezember 1920 bewilligt ihm das Direktorium der *AUVA* einen Urlaub, der bis zum 19. März 1921 befristet ist. Unter dem Zeitdruck, den diese Entscheidung erzeugt, entschließt sich Kafka endlich für ein konkretes Reiseziel. Ausgewählt wird ein modernes Lungensanatorium im ungarischen Matliary in der Hohen Tatra, das auf 900 Metern Höhe liegt. Noch im Herbst hatte er Milena seinen Widerwillen gegen den Aufenthalt in einem solchen Institut signalisiert: «Was soll ich dort? Vom Chefarzt zwischen die Knie genommen werden und an den Fleischklumpen würgen, die er mir mit den Karbolfingern in den Mund stopft und dann entlang der Gurgel hinunterdrückt.» (Mi 280) Das jetzt avisierte Lungensanatorium hat in Aufbau und Organisation einen für die Nachkriegsepoche typischen Charakter. Die meisten Patienten wohnen in der zentralbeheizten «Hauptvilla», wo auch der Speisesaal sowie die Billard- und Musikräume liegen («geradezu ‹hochelegant›», vermerkt Kafka; O 99); daneben steht ein spartanisch eingerichtetes Sommerhaus, das dem Personal und den Schwerkranken Quartier bietet. Im Hauptgebäude befinden sich ein Gemeinschaftsbalkon für Liegekuren, ärztliche Untersuchungszimmer und die Gästewohnungen; im weitläufigen Keller sind die Labors und Röntgenkammern untergebracht. 1898 waren erste Institute dieser Art in Österreich gegründet worden, wobei das Qualitätsspektrum – je nach Preis – vom Standard eines Luxushotels bis zum Niveau einer gutbürgerlichen Pension reichte.[52] Daß auch die gehobene Ausstattung der besseren Sanatorien die trostlose Atmosphäre des Alltags unter Kranken nicht unterbinden kann, ist Kafka jedoch bewußt: «Das sind ausschließliche Lungenheilanstalten, Häuser, die in ihrer Gänze Tag und Nacht husten und fiebern, wo man Fleisch essen muß, wo einem gewesene Henker die Arme auskegeln, wenn man sich gegen Injektionen wehrt, und wo bartstreichende jüdische Ärzte zusehn, hart gegen Jud wie Christ.» (Mi 240)

Am Abend des 18. Dezember 1920 kommt Kafka bei dichtem Schneetreiben in Matliary an. Anders als der Landvermesser K. im *Schloß*-Roman wird er schon erwartet; ein Schlitten steht bereit, der ihn und sein Gepäck «bei Mondschein» durch den «Bergwald» ins Sanatorium befördert. Das unbeheizte düstere Quartier, das man für ihn reserviert hat, tauscht er gegen das freundlichere Nachbarzimmer ein, das ursprünglich für Ottla vorgesehen war (die hochschwangere Schwester, die ihm eine Woche Gesellschaft leisten sollte, hatte die Reise mit Rücksicht auf ihren physischen Zustand kurzfristig abgesagt). Als er sich am folgenden Morgen auf den Weg zum Speisesaal im benachbarten Hauptgebäude macht, wirkt der in der Nacht bedrückende Ort bereits erfreulicher auf ihn. Von der Rodelbahn läuten die Glocken der Schlitten, in die Balkone scheint die Sonne, der abendliche Wind hat sich gelegt, die Sanatoriumsanlage trägt gepflegten und großzügigen Charakter. Zu diesem Zeitpunkt ahnt er noch nicht, daß er acht Monate und acht Tage auf der Hohen Tatra bleiben wird – länger, als er zuvor je aus Prag abwesend war (O 95ff.).

Matliary ist, wie Giuliano Baioni bemerkt hat, Kafkas ‹Zauberberg›: der geeignete Ort für die Einhegung der Zeit jenseits der Verwerfungen des ‹Flachlands›.[53] Was Thomas Manns Hans Castorp widerfahren wird, erlebt auch Kafka, der rasch erkennt, daß die Wahrnehmungsroutinen des Alltags in der hermetischen Welt des Sanatoriums suspendiert sind: «Schon Mittagessen-Läuten! Der Tag ist so kurz. Man mißt 7mal Temperatur und hat kaum Zeit das Ergebnis in den Bogen einzutragen, schon ist der Tag zuende» (O 101). «Das Essen», konstatiert er als geübter Reisender befriedigt, «ist genug erfindungsreich, ich erkenne die Dinge, aus denen es zusammengesetzt ist, gar nicht auseinander; es wird zum Teil eigens für mich gekocht, trotzdem an 30 Gäste da sind.» (O 98). Die physischen Auswirkungen der Kur machen sich rasch bemerkbar: im März kann er bereits sechs, im Juni acht Kilogramm Gewichtszunahme nach Prag melden (O 114, 127). Der medizinisch erwünschte Heileffekt wird jedoch mit dem Abweichen vom streng vegetarischen Lebensplan erkauft und – nach seiner Selbstdiagnose – von unangenehmen Nebenerscheinungen begleitet («dieses Fleisch hat wieder die Hämorrhoiden geweckt»; Br 305). Zuweilen erschreckt ihn die Gier, mit der er wie eine «Hyäne» auf die Mahlzeiten lauert und «lüstern» die «Leichen herausfrißt», die in Konservendosen lagern: die Kehrseite des Gesundens ist der Ekel vor dem Trieb, der es ermöglicht (O 106).

Die dreißig Patienten, die das Sanatorium im Winter 1921 versammelt, stammen aus den unterschiedlichsten Teilen Osteuropas – vertreten sind

Ungarn, Slowaken, Tschechen, Russen und Österreicher. Zunächst hält Kafka den überwiegenden Teil von ihnen für Christen («so daß man schön im Dunkel bleibt»; O 97); wenig später berichtet er jedoch korrigierend, es seien «in der Mehrzahl Juden», die hier logierten (Br 286). Auch der leitende Arzt Leopold Strelinger, der sich für zionistische Fragen interessiert und den Kafka als Abonnenten der Prager *Selbstwehr* gewinnt, gehört zur jüdischen Glaubensgemeinschaft. Die nicht-jüdischen ungarischen Gäste wiederum, deren Sprache ihm «süßlich aber hart» (O 96) vorkommt, zeigen nicht selten antisemitische Gesinnungen; eine alleinstehende Patientin, die Kafka für einen Christen hält, äußert unverhohlen ihren Haß auf die Juden, die, wie sie erklärt, «‹ausgerottet›» werden müßten. Als er ihr gegenüber seine Identität offenbart, gibt sie sich nach außen «ein wenig freundlicher», vermag aber das Unbehagen nicht zu zerstreuen, das ihn «fast körperlich» erfaßt hat (O 107, Br 298). In solchen eisigen Momenten wirkt das Sanatorium auf Kafka wie das steingewordene Sinnbild für jene Krankheit der Zeit, die er im Herbst 1920 auf den Straßen Prags entsetzt beobachtet hatte. Andere Kurorte scheinen ihm jedoch vollends ungeeignet: «Und Bayern? Das hat mir noch kein Arzt angeraten (trotzdem sich auch ein solcher finden würde) auch nehmen sie dort Fremde nur sehr ungern an und Juden nehmen sie nur auf, um sie zu erschlagen.» (O 116)

Nicht allein der Antisemitismus weckt in ihm düstere Stimmungen. Angesichts der zahlreichen Moribunden, die ihn umgeben, gewinnt er in Matliary, wie er in einem Brief an Odstrčil schreibt, erstmals einen Eindruck von «der wirklichen Bedeutung» seiner Krankheit (AS 308). Auch gegenüber Ottla erklärt er, daß er durch die alltägliche Konfrontation mit schweren Fällen erkenne, wie gefährlich sein Zustand tatsächlich sei (O 107). Neben Kafka logiert ein knapp fünfzigjähriger, an Kehlkopftuberkulose leidender Patient, der ihm abends vor einem Spiegel seine schwelenden Halsgeschwüre vorführt und ihn damit an den Rand einer Ohnmacht treibt (Br 293). Im April 1921 nimmt sich der Mann durch den Sprung aus einem Schnellzug, der ihn über Ostern zu einem Wochenendaufenthalt nach Prag bringen sollte, das Leben (Br 314). Zwar hat Kafka bereits im September 1917 vom Todesengel gesprochen, der mit der ersten Diagnose in Erscheinung getreten sei, doch blieb das eine rhetorische Formel: ein Bann der Bedrohung durch die Schrift, die bekannte Imagination der Erfahrung im Medium der Worte. In Matliary erkennt er den Abgrund, an den ihn die Krankheit führt, erstmals in seiner vollen Konsequenz.

Zu den Kafka verordneten Therapien gehören die täglich mehrstündige Liegekur auf dem Balkon, die er ab dem Frühjahr nackt absolviert, die Bestrahlung durch die Höhensonne, Spaziergänge in frischer Luft zur Kräftigung der Atemwege und die Einnahme reichhaltiger Mahlzeiten. Die behandelnden Ärzte erwägen zeitweilig die Anwendung desinfizierender Halsinjektionen, verzichten am Ende jedoch auf die schmerzhafte Prozedur (die Kafka erst 1924 in Ortmann erdulden muß) (O 116, Br 322). Seine Situation erinnere ihn, schreibt er Max Brod, «ein wenig an das alte Österreich. Es ging ja manchmal ganz gut, man lag am Abend auf dem Kanapee im schön geheizten Zimmer, das Thermometer im Mund, den Milchtopf neben sich und genoß irgendeinen Frieden, aber es war nur irgendeiner, der eigene war es nicht.» (Br 289) Als er im März kurz vor Ablauf seines Urlaubs die Heimreise antreten möchte, droht ihm der leitende Arzt Strelinger, er werde kollabieren, wenn er «jetzt nach Prag» fahre, verspricht aber im Gegenzug «annähernde Gesundung» für den Fall, daß er «bis zum Herbst bleibe» (Br 305, O 111). Auch hier mag man an Manns *Zauberberg* denken, wo Hofrat Behrens dem Patienten Castorp prognostiziert: «Das sage ich Ihnen aber gleich: ein Fall wie Ihrer heilt nicht von heute bis übermorgen, Reklameerfolge und Wunderkuren sind dabei nicht aufzuweisen.»[54] Ende März bewilligt die Versicherungsanstalt Kafka, der in diesem Fall Max Brod um eine persönliche Petition bei Odstrčil gebeten hat, eine Verlängerung des Urlaubs für weitere zwei Monate, im Mai, aufgrund eines weiteren Gutachtens Strelingers, eine nochmalige Ausweitung der Freistellung bis Mitte August (AS 436f.). Angesichts der Rücksichtnahme seiner Vorgesetzten fühlt er sich beschämt, denn der Direktor verwandle sich in solchen Momenten, wie er erklärt, «in einen Engel, man senkt unwillkürlich die Augen (...)» (O 115). Während des Sommers festigt sich sein körperlicher Zustand, der Husten tritt seltener auf, die Körpertemperatur normalisiert sich, «Auswurf, Atemnot sind schwächer geworden», doch handele es sich, fügt er skeptisch hinzu, eher um «eine Wetter- als Lungenverbesserung». (Br 319) Unverändert bleiben seine Schlafstörungen, die auf die ihm lange bekannte Lärmempfindlichkeit zurückgehen; er sei, schreibt er im Mai 1920 sarkastisch, «der Vater von Matliary, der erst einschlafen kann, wenn auch das letzte quietschende Stubenmädchen im Bett ist.» (Br 328) Während für die Tatra charakteristische, extrem kalte Winter den Aktionsradius notgedrungen begrenzte, dehnt Kafka mit Beginn der warmen Jahreszeit sein Wanderpensum aus. Im Juni wagt er einen Tagesausflug nach Taraika, wo er in einem Wirtshaus in 1300 Metern Höhe einkehrt; trotz der «Touristen» und der bestellten «Zigeunermusik» gefällt es ihm dort gut, denn der Ort erscheint ihm «wild und schön» (Br 335).

Seine Kontakte zu den meist sehr jungen Patientinnen, die in Matliary eine große Gruppe bilden, gestaltet Kafka bewußt förmlich und distanziert. «Von den Frauen als solchen habe ich mich», schreibt er Ottla im Februar, «nach Deinem Rat ganz zurückgehalten, es macht mir nicht viel Mühe (...)» (O 105). Noch Anfang Mai erklärt er, «kein Mädchen» binde ihn hier; später klingt ein gewisses Bedauern darüber an, daß er, obgleich «die Konstellation sehr günstig ist», seinem inneren Imperativ folgen und erotisch enthaltsam bleiben muß (Br 322, 331). Lediglich zu Irene Bugsch, der Tochter eines der beiden Inhaber des Sanatoriums, entwickelt er ein vertrauteres Verhältnis, ohne daß er jedoch die selbstgezogene Grenze überschreitet. Tiefere Freundschaft schließt Kafka mit dem Medizinstudenten Robert Klopstock, den er Anfang Februar 1921 näher kennenlernt. Klopstock ist ein «junger Mensch von 21 Jahren groß breit stark, rotbäckig» (O 115), ein «Budapester Jude, sehr strebend, klug, auch sehr literarisch, äußerlich übrigens trotz gröberen Gesamtbildes Werfel ähnlich, menschenbedürftig in der Art eines geborenen Arztes, antizionistisch, Jesus und Dostojewski sind seine Führer» (Br 302). Man kommt sich näher, weil Klopstock Kierkegaards Schrift *Furcht und Zittern* liest, die Kafka zuletzt in Zürau intensiv beschäftigt hatte. Gemeinsam verbringt man während der Frühjahrsmonate zahlreiche Stunden auf Spaziergängen bei Gesprächen, die Fragen der Gewissensethik und Religion betreffen; gelegentlich schließt sich der kleinen Gruppe der Dentist Glauber an, ein Freund Klopstocks, über dessen frühen Tod im August 1923 sich Kafka später äußerst schockiert zeigen wird (Br 443).[55] Klopstock lehnt den Zionismus ab, weil er in ihm ein rein politisches Programm erblickt, dem er eine aus dem christlichen Moralbegriff entwickelte Vorstellung von der sittlichen Selbstverpflichtung des Menschen entgegensetzt. Im Mittelpunkt der Debatten steht die Beschäftigung mit Kierkegaards Deutung der Abraham von Gott auferlegten Glaubensprobe, an deren unterschiedlichen Versionen Kafka und Klopstock ihre Auffassungen einer individuellen religiösen Bindung entwickeln. Kafka versieht die Rolle des Skeptikers, der die Zumutungen der von Gott verhängten Prüfungssituation als Sinnbild für die labyrinthische Struktur des menschlichen Lebens begreift, während Klopstock aus ihr die Quintessenz ableitet, daß das Vertrauen in eine spirituelle Instanz gerechtfertigt sei, insofern irdische Verstrickungen letzthin ihre metaphysische Auflösung fänden (Br 333). Kafka zeigt sich von Klopstocks beharrlichem Glaubenseifer fasziniert, zuweilen aber auch irri-

In Matliary, Frühsommer 1921; links außen Robert Klopstock, daneben Dentist Glauber

Robert Klopstock

tiert: «Man weiß nicht, sind es gute oder böse Mächte die da wirken, ungeheuerlich stark sind sie jedenfalls. Im Mittelalter hätte man ihn für besessen gehalten.» (O 115)

Klopstock, der sein Medizinstudium unterbrochen hat, um eine leichte Tuberkulose auszukurieren, erweist sich zugleich als praktischer Helfer; schon im März 1921, wenige Wochen nach der ersten Bekanntschaft, charakterisiert ihn Kafka als «äußerst klug, wahr selbstlos zartfühlend» (O 115). Klopstock legt ihm fachkundig die Umschläge während der Ruhekur an, vermittelt «ohne die allergeringste Aufdringlichkeit» engere Kontakte zu den Ärzten und trägt seine Bitten an das Küchenpersonal weiter (O 108). Anfang Juni reist der neu gewonnene Freund nach Budapest ab, wo er seine Studien wiederaufnimmt. Kafka beginnt jetzt einen Briefwechsel mit ihm, in dem er die in Matliary geführte Diskussion über Abrahams Verhältnis zu Gott aus Kierkegaards Sicht fortspinnt und durch eigene Deutungsvarianten psychologischer Provenienz ergänzt (Br 332ff.). Dem Stil seiner späteren Schreiben ist das Maß der Vertrautheit zu entnehmen, das die beiden während der Frühjahrsmonate im Sanatorium gewonnen haben. In Kafkas letzter Lebensphase wird sich der ebenso begeisterungs- wie leidensfähige Klopstock als guter Geist erweisen, der zur Stelle ist, wo immer seine Unterstützung benötigt wird.

Während des Sommers liest Kafka erstmals nach längerer Pause wieder einen Text von Karl Kraus, die dramatische Satire *Literatur oder Man wird doch da sehn* (1921). Kraus liefert eine gallige Parodie auf den pathetisch-ausschwingenden Stil von Franz Werfels Theaterarbeiten, die Kafka, wie er Milena Pollak noch im Oktober 1920 schrieb, durchaus schätzte (Mi 281). Attakiert wird zumal die Geste des expressionistischen Bilderstürmers, der im Namen einer ostentativ zur Schau gestellten Modernität ältere Traditionen zu vernichten sucht: «Wir haben Epochen | Im Sturme zerbrochen. | Was sollen die Formen | den Neuen, Enormen.»[56] Im Horizont dieses Programms steht für Kraus die zeittypische Ahnung, daß der Künstler aus den überlieferten Bindungen der Sprache und Kultur gelöst, orientierungslos und isoliert ist. Kafka interessiert allein diese Diagnose, während ihn die detaillierte Stilkritik des Textes wenig zu berühren scheint, da er an Werfels expressionistischen Dramen gerade den – hier verspotteten – Verkünderton bewundert.[57] Die Kraus-Lektüre veranlaßt ihn im Juni 1921 zu Überlegungen, die den Standort des jüdischen Autors in der westlichen Welt betreffen. Ihn nehme er, wie ein

Brief an Brod erklärt, als ‹Mauschler› wahr, der in einer ‹organisch› gewachsenen «Verbindung von Papierdeutsch und Gebärdensprache» rede (Br 336.).
Das große Problem der jüdischen Schriftsteller liege darin, daß sie sich eine
eigene Sprache zu erarbeiten hätten, die aus der «Asche» eines traditionslosen
Zustands geboren werden müsse, da sie weder auf überlieferten Dialekt noch
auf eine literarische Hochkultur zurückgreifen könnten. So bewegten sich die
jüdischen Autoren, wie es heißt, in einem dreifachen Spannungsfeld zwischen
der «Unmöglichkeit, nicht zu schreiben, der Unmöglichkeit, deutsch zu
schreiben, der Unmöglichkeit, anders zu schreiben» (Br 337f.). Fern von Prag
richtet sich Kafkas Blick auf den Schauplatz der deutschen Sprache, den sich
die jüdischen Schriftsteller unter Verwerfungen, Kränkungen und Beschädi-
gungen erobern möchten, ohne ihn jedoch, nach seinem Verständnis, dauerhaft besetzen zu können. «Die Haltlosigkeit unseres Lebens führt dazu», notiert Aharon David Gordon 1917 über die kulturellen Folgen der Assimilation,
«daß wir Luftmenschen sind, nicht nur ökonomisch, sondern auch geistig.»[58]
   Bis zum 25. August 1921 bleibt Kafka als Kurgast in Matliary. Seine Tage
vergehen «in Müdigkeit, im Nichtstun, im Anschauen der Wolken, auch in
Ärgerem.» (Br 313) Es scheint, als gehorche sein inneres Triebwerk ähnlich
wie in Zürau einem ruhigeren Gang; literarische Projekte sind nicht überliefert, Manuskripte nicht erhalten. Sollten hier Texte geschrieben worden
sein, so hat Kafka sie später verbrannt; in seinem Nachlaß fanden sich «zehn
große Quarthefte», deren «Inhalt vollständig vernichtet» war.[59] Nicht ausschließen läßt sich, daß Arbeiten aus der Zeit in Matliary den in Prag veranstalteten Akten der Selbstzensur zum Opfer fielen. Die Annahme, Kafka
habe gänzlich auf die literarische Produktion verzichtet, ist unwahrscheinlich; gleichzeitig bleibt aber zu bedenken, daß er während seiner Kuraufent-
halte, ähnlich wie früher in den Urlaubsperioden, kaum zu arbeiten pflegte,
obgleich die für Prag geltenden externen Widerstände – Bürotätigkeit und
Verpflichtung zum Nachtschlaf – hier außer Kraft gesetzt waren. Näher liegt
daher die Vermutung, Kafka habe in Matliary, ebenso wie in Meran, das
Schreiben weitgehend eingestellt. Der Ekstase, die im Frühling 1917 die
Texte des *Landarzt*-Bandes hervortrieb, folgt das ihm bekannte Erstarren der
produktiven Kräfte. So erscheint die große Stille der Jahre zwischen 1920
und 1922 als charakteristisches Signum für das Stocken der Schreibbewe-
gung, dessen Gesetze eine Eigenmacht besaßen, die nicht zu steuern war.
   Am 14. April 1921 informiert Milena Kafka in einem ausführlichen Brief
darüber, daß bei ihr eine – auf eine ältere Infizierung zurückdeutende – Lungenerkrankung ausgebrochen sei; gleichzeitig kündigt sie vage einen Besuch
in Prag an, ohne jedoch ihre Pläne konkreter zu fassen (Br 316). Am selben Tag
noch bittet Kafka Max Brod, er möge ihn rechtzeitig über Milenas Eintreffen
benachrichtigen, damit er seine Rückkehr verzögern und sich einer Begeg-

nung mit ihr entziehen könne: «Denn eine Zusammenkunft, das würde nicht mehr bedeuten, daß sich die Verzweiflung die Haare rauft, sondern daß sie sich Striemen kratzt in Schädel und Gehirn.» (Br 317) Über Milenas Tuberkulose, die sich bereits durch erste Symptome in der Vergangenheit angekündigt hatte, äußert er sich ohne spürbare Regung, fast mitleidslos: «Jetzt soll es schwerer sein, nun, sie ist stark, ihr Leben ist stark, meine Phantasie reicht nicht aus, M. krank mir vorzustellen.» (Br 316) Milena wird in den folgenden Jahren, nach kürzeren Sanatoriumsaufenthalten, von der Tuberkulose geheilt. Vor diesem Horizont ist Kafkas Diagnose zutreffend, doch ändert das wenig an der vernichtenden inneren Kälte, die sie ausstrahlt.

Die hermetische Lebenssituation, die Kafka sich in der Tatra geschaffen hat, ermöglicht es ihm, nicht nur unter Bezug auf sein gescheitertes Liebesverhältnis Bilanz zu ziehen. Im Vergleich mit seinen engsten Freunden Brod, Weltsch und Baum erscheint ihm, was er geleistet hat, dürftig. Brod hat als überzeugter Zionist seinen Platz in der jüdischen Gemeinschaft gefunden und besitzt Reputation als Kulturpolitiker, Schriftsteller, Kritiker, Komponist; Weltsch verfolgt als Herausgeber der zionistischen *Selbstwehr* einen erfolgreichen publizistischen Kurs, der das Periodikum über die Grenzen Prags bekannt macht, und pflegt neben der Tätigkeit als Bibliothekar seine theoretischen Interessen im Spannungsfeld von Philosophie und Religionswissenschaft; Baum hat trotz seiner Behinderung eine feste Stellung im Prager Literaturleben erobert und befindet sich als freier Autor, der zugleich Musikkritiken schreibt, in der Lage, die eigene Familie ohne Brotberuf zu ernähren. Zudem sind die drei Freunde eheliche Bindungen eingegangen, die in Kafkas Augen die symbolische Bekräftigung ihrer sozialen Existenz bedeuten. Die Quintessenz seiner eigenen Frauenbeziehungen fällt hingegen bedrückend aus: lieben könne er nur, so heißt es in Matliary, wenn das Objekt seines Begehrens für ihn «unerreichbar» werde; sobald ein erotisches Verhältnis spezifische Kraft und Präsenz gewinne, zerstöre es ihn (Br 317). Was er angesichts seiner «über den ganzen Körper vagierende[n] Hypochondrie» für dieses Leben noch erträume, erklärt er Mitte April 1921, sei annähernde Gesundung, der Aufenthalt in einem südlichen Land («es muß nicht Palästina sein») und ein «kleines Handwerk»: «Das heißt doch nicht viel gewünscht, nicht einmal Frau und Kinder sind darunter.» (Br 315)

Alte Lasten und kaum Erleichterung

Am 26. August 1921 reist Kafka in einem überfüllten Zug zwischen Sommerurlaubern und Pensionären zurück nach Prag (Br 348). Drei Tage später beginnt er, im Glauben an eine erhebliche Stabilisierung seines Gesundheitszustands, seine Arbeit im Büro. Die vom Direktorium anberaumte ärztliche Untersuchung führt jedoch zwei Wochen danach zu einem uner-

freulichen Befund; das Gutachten konstatiert am 13. September eine gesteigerte Lungeninfiltration und rät zur Fortsetzung des Kuraufenthalts. Schon
Ende September muß Kafka für einige Tage den Dienst quittieren, da ihn
ein starker Husten quält (AS 311). Anfang Oktober besucht ihn Irene
Bugsch, die Tochter des Sanatoriumsbesitzers aus Matliary, für einen Nachmittag in Prag. Daß ihn nur die Erinnerung an die Verstrickungen früherer
Affairen von einer Vertiefung des Kontakts abhält, verrät ein Brief an Klopstock, in dem er sie «lieb und zart» nennt (Br 359).

Am 8. Oktober 1921 trifft Kafka, erstmals nach vierzehn Monaten, Milena
Pollak wieder, die für mehrere Wochen ihren Vater in Prag besucht. Offenkundig unterliegt er, gegen seine in Matliary gefaßten Vorsätze, dem Diktat der
Repetition, dem er sich bereits im Verhältnis zu Felice Bauer beugen mußte:
der Schmerz, den die Erinnerung an die frühere Erfahrung freisetzt, kann
nicht verhindern, daß sie rituell erneuert wird. Angesichts solcher zirkulären
Selbstwidersprüche sucht er sein «lebendig gewordenes Gedächtnis» zu lö-
schen, um nicht ständig an die Wiederholungszwänge gemahnt zu werden,
die sein Handeln beherrschen: er übergibt Milena seine alten Tagebücher, insgesamt elf Hefte und ein gutes Dutzend aus dem zwölften Heft abgetrennter
Blätter (bereits im Juli 1920 hatte er ihr den in der Pension *Stüdl* geschrie-
nen Brief an den Vater überlassen) (T III 187, Mi 85). Dieser Vorgang bedeutet, oberflächlich betrachtet, ein Zeichen des tiefen Vertrauens, denn er erlaubt
Milena Einblick in die Formen jener imaginären Intimität, die sein Journal im
Grenzbereich zwischen Lebensbeschreibung und Literatur, leibseelischer Erfahrung und Phantasma zu erzeugen pflegt (eine Geste der Offenheit, die er
sonst nur gegenüber Max Brod wagte). Zugleich aber handelt es sich um einen
Prozeß der Entlastung, der die Rolle des Anklägers vom Ich auf die Freundin
überträgt. «Hast Du in den Tagebüchern etwas entscheidendes gegen mich gefunden?» lautet die Frage, mit der er den Part des Staatsanwalts abtritt und die
Funktion des unparteiischen Richters übernimmt (T III 202). Die Preisgabe
seiner persönlichen Aufzeichnungen, die Milena als unbedingten Vertrauensbeweis interpretiert haben dürfte, bleibt ein zweideutiger Akt, der das Zentrum der Anklage von der Selbst- in die Fremdbeobachtung verlagert: ein zur
Verschiebung der Machtverhältnisse führender Vorgang der «Verschleppung»,
in dem der Beschuldigte, wie Josef K. im *Proceß*-Roman durch den Maler Titorelli erfahren darf, das höchste Maß der ihm erreichbaren Freiheit erlangen
kann (P 168). Bezeichnend scheint nicht zuletzt, daß Kafka in dem Moment,
da die alten Tagebücher seine Schreibtischschublade verlassen haben, das Journal nach 20monatiger Pause fortführt; der erste Eintrag, auf der letzten Seite
des dezimierten zwölften Heftes, findet sich am 15. Oktober 1921, als die
Übergabe des gesamten Konvoluts eine Woche zurückliegt: es ist ein Anfang,
der sich über seine eigene Vorgeschichte betrügt.

Im Herbst 1921 sucht Kafka trotz seines schlechten Gesundheitszustands wieder stärker am Prager Kulturleben teilzunehmen, das in der Nachkriegsära, anders als die im Niedergang begriffene Wiener Szene, durch die belebende Einbeziehung internationaler avantgardistischer Kunstströmungen geprägt wurde. Anfang Oktober 1921 lernt er den Rezitator Ludwig Hardt näher kennen, der schon mehrfach Teile seines umfangreichen Programms im *Café Edison* vorgetragen hatte (das Lokal trug diesen Namen seit einem Prag-Besuch des amerikanischen Erfinders im Jahr 1911).[60] Zu Hardts Repertoire gehören Texte von Ludwig Börne, Johann Peter Hebel, Robert Walser und Kafka selbst (darunter *Elf Söhne*). Über den ersten Vortragsabend, der am 1. Oktober 1921 das Publikum im Mozarteum laut Max Brod «zu Begeisterungsstürmen hinriß»,[61] äußert sich die Prager Presse voller Lob. Hardt, der bei seinen Lesungen im Gegensatz zu Schauspielern wie Alexander Moissi, Ernst Deutsch oder Fritz Kortner auf eine artistische Stimmodulation gänzlich verzichtete, brachte Kafkas «kristallklare Prosa» zu dichtester Wirkung, wie Brod und Otto Pick in ihren Rezensionen rühmten.[62] Am 4. Oktober besucht Kafka den Rezitator im Hotel *Blauer Stern*, wo neun Jahre zuvor Felice Bauer auf der Durchreise nach Budapest gewohnt hatte; er führt mit ihm ein fesselndes Gespräch über das Vorlesen literarischer Texte (ein ihn stets faszinierendes Thema), wagt es aber später nicht, den Faden fortzuspinnen, obgleich ihn die Unterredung «verhältnismäßig sehr beschäftigt» hat (T III 187). Im Tagebuch beleuchtet er seine Unfähigkeit zur Beschreibung zwischenmenschlicher Beziehungen, die ihm ein Gefühl vermittle, als sei er «nicht mehr am Leben» (T III 187). Ein Exemplar des *Landarzt*-Bandes überreicht er Hardt nach dem ersten Vortragsabend mit der Widmung «Ich danke Ihnen für diese Stunden des Herzklopfens».[63]

Am Sonntag, dem 23. Oktober 1921 sieht Kafka im *Lido Bio* an der Havlíčekgasse einen Film über Palästina, der Bilder von der Landschaft bei Akko und Jaffa, Impressionen von den heiligen Stätten in Jerusalem, aber auch Eindrücke vom Leben der Siedler vermittelt.[64] Aus Furcht vor antisemitischen Ausschreitungen zeigt das Kino den Film an zwei aufeinanderfolgender Nachmittagen nur in geschlossenen Vorstellungen. Kafkas Tagebuch vermerkt lediglich den sonntäglichen Besuch im *Lido Bio*, ohne sich über die Vorführung selbst näher zu äußern (T III 121). Am 3. November 1921 meldet sich nach längerer Pause Kurt Wolff wieder und bittet ihn in einem werbenden Schreiben, veranlaßt durch ein Gespräch mit Ludwig Hardt, er möge ihm eines seiner neuen Manuskripte überlassen: «Aus aufrichtigem Herzen kommt mir die Versicherung, daß ich persönlich kaum zu zwei, dreien der Dichter, die wir vertreten und an die Öffentlichkeit bringen dürfen, innerlich ein so leidenschaftliches Verhältnis habe wie zu Ihnen und Ihrem Schaffen.»[65] Wolff, dessen ostentativ zur Schau gestellte Loyalität keineswegs so grenzenlos bleiben sollte, wie er hier behauptet, hat bei seiner Anfrage vor allem die beiden Romanfragmente im Auge, von deren Existenz ihn Brod informiert hat.[66] Die Anerkennung, die sein Brief bedeutet, wird relativiert durch den Druck, den er innerlich auf Kafka ausübt. Weil er ahnt, daß das Unfertige nicht abzuschließen und das in seinen Augen Mißlungene nicht zu korrigieren ist, umgeht er eine Antwort auf Wolffs Offerte. Den Traum, einen Roman ohne Unterbrechung in einer Serie von stillen Tagen und Nächten zu schreiben, gibt er nicht preis, aber er weiß, daß auch ein gesunder Körper kaum erlaubt hätte, ihn zu verwirklichen. Zumindest eine indirekte Erwiderung auf die Anfrage des Verlegers findet er im Spätherbst 1921, als er eine Notiz für Max Brod aufsetzt, die seine «letzte Bitte» enthält: «alles Geschriebene oder Gezeichnete» ohne Einschränkung «restlos und ungelesen zu verbrennen.»[67]

Zu den Gesprächspartnern des traurigen Herbstes 1921 gehört auch der 18jährige Gustav Janouch, den Kafka vermutlich Anfang April 1919 nach seiner Rückkehr aus Schelesen in der Versicherungsanstalt kennengelernt hatte.[68] Janouch war der Sohn eines Kollegen, dessen Büro im dritten Stockwerk, eine Etage unter dem Kafkas lag.[69] Der junge Mann, ein schwärmerisch veranlagter Gymnasiast, steckte in einer Adoleszenzkrise, die durch die zerrüttete Ehe seiner Eltern und bedrückende Schulerfahrungen ausgelöst wurde; statt den Unterricht zu besuchen, floh er in die städtische Bibliothek, wo er wie besinnungslos Romane verschlang. Da er Gedichte schreibt, vermittelt der nüchterne, in literarischen Fragen ahnungslose Vater im Frühjahr 1919 den Kontakt zu Kafka, der den jungen Mann freundlich empfängt und sich in den folgenden Wochen regelmäßig von ihm nach der Bürozeit auf dem Weg zum Altstädter Ring begleiten läßt. Janouch sehnt sich nach künstlerischem Erfolg, ist von Ehrgeiz zerfressen, zugleich unberaten und orientierungslos. In seinen Briefen an Milena nennt Kafka ihn nicht ohne Ironie, unter dem Eindruck seiner zuweilen störenden Besuche im Büro, den «Dichter» (Mi 135, 255). Nach seiner Rückkehr aus Matliary setzt er den Kontakt mit Janouch fort, auch wenn ihn seine outrierten Stimmungswechsel («weinend, lachend, schreiend») punktuell abstoßen und ratlos machen: «Welcher Teufel heizt dieses Feuer?» (Br 352) Kafkas pädagogischer Eros, der mit zunehmendem Alter auratische Züge gewinnt, muß auf Janouch unerhört suggestiv gewirkt haben. Seine Eindrücke gab er später – 1951 – unter dem Titel *Gespräche mit Kafka* in einem Erinnerungsbuch wieder, dessen Quellenwert jedoch fragwürdig scheint. Janouch ist nicht «Kafkas Eckermann», sondern ein zweifelhafter Zeuge, dessen Reminiszenzen in zahlreichen Fällen unzuverlässig bleiben und daher als Dokumente für ernstzunehmende Forschung außer Betracht bleiben müssen.[70]

Am 22. Oktober 1921 empfiehlt ein amtsärztliches Attest von Dr. Kodym, das der Anstalt übersendet wird, Kafkas vorzeitige Pensionierung, da er keine dauerhafte Gesundung erwarten könne. Das Direktorium schreckt jedoch vor dem entscheidenden Schritt zurück; am 29. Oktober wird er erneut nur für drei Monate beurlaubt. Mit Rücksicht auf seine finanzielle Lage verzichtet er zunächst auf einen Sanatoriumsaufenthalt und absolviert statt dessen in Prag eine Kur, die aus Entspannungsübungen, Spaziergängen, geregelter Ernährung und Gymnastik besteht. Wieder entwickelt sich eine Ich-Wahrnehmung, deren Bewegung er als Teufelskreis empfindet: «Unentrinnbare Verpflichtung zur Selbstbeobachtung. Werde ich von jemandem andern beobachtet, muß ich mich natürlich auch beobachten, werde ich von niemandem sonst beobachtet, muß ich mich umso genauer beobachten.» (T III 195) Zu derartigen Formen der Bezichtigung tritt bei Kafka freilich auch das Bewußtsein, daß er, sobald er sich zurückzieht und einkapselt, nur in eingeschränktem Sinne moralisch handeln kann. Wann immer die Berührung mit dem gesellschaftlichen Zusammenhang der Menschen unterbleibt, erscheint die sittliche Selbstbindung gelockert: «Alle Tugenden sind individuell, alle Laster social», heißt es bereits im Februar 1920 (T III 183). Mit dieser Sichtweise kehrt Kafka die berühmte Formel Bernard de Mandevilles um, dessen *Fable of the Bees* (1705) im Untertitel das Programm einer doppelten Moral ausgegeben hatte: *Private Vices, Publick Benefits*. Die Tugend ist für Kafka die Inversion des Lasters, die Innenseite jener kollektiven Schuld, wie sie in ihrer häßlichsten Form der «Judenhaß» offenbarte, der ihm im November 1920 auf den Straßen Prags entgegenschlug (Mi 288).

Am 29. Oktober 1921 absolviert Kafka seinen letzten Diensttag vor dem erneuten Krankenurlaub; daß er nie wieder ins Büro zurückkehren wird, kann er zu diesem Zeitpunkt nicht ahnen. Im November besucht ihn Milena mehrfach in der Wohnung seiner Eltern am Altstädter Ring, aber die Vertrautheit der intimen Stunden vom Juli 1920 («Dein Gesicht über mir im Wald», Mi 202) läßt sich nicht erneut herbeizwingen. Es scheint, als habe Kafka die Tore verriegelt, die er in Wien und Gmünd für einen kurzen Moment öffnete. Nachdem sich Milena am 1. Dezember 1921 von ihm verabschiedet hat, weil sie am folgenden Tag Prag verläßt, bemerkt er jedoch die kreisförmige Bewegung seiner Verlustwahrnehmung: «Ein langer Weg von da, daß ich über ihre Abreise nicht traurig bin, nicht eigentlich traurig bin bis dorthin, daß ich doch wegen ihrer Abreise unendlich traurig bin.» (T III 196) Das «Nachdenken» über die «Schuld», die eine Trennung stets bedeute, schrieb er schon Ende April 1920 aus Meran, sei «unnütz»: «Es ist so wie wenn man sich anstrengen wollte, einen einzigen Kessel in der Hölle zu zerschlagen, erstens gelingt es nicht und zweitens, wenn es gelingt, verbrennt man zwar in der glühenden Masse, die herausfließt, aber die Hölle bleibt in ihrer ganzen Herrlichkeit bestehn. Man muß es anders anfangen.» (Mi 10)

Sechzehntes Kapitel

Selbstentwürfe und Parabeln (1917–1922)

Das Phantasma der Kindheit

«Die kindliche Überschätzung der Eltern», so bemerkt Freud 1909, «ist auch im Traum des normalen Erwachsenen erhalten.»[1] Für Kafka war diese Überschätzung ein Element der Identitätsbildung, das er mit Beharrlichkeit verteidigte. Am 7. März 1914 schreibt er an Grete Bloch: «Es gibt mehr oder wenigstens dauernder verkannte Eltern als es verkannte Kinder gibt.» (Br II 344) Die imaginäre Überhöhung der Elternmacht gehörte seit der Pubertät zu den festen Bestandteilen seiner psychischen Erfahrung. Daß sie auch sein literarisches Selbstverständnis begründete, war ihm zweifellos bewußt. Die Rolle des ewigen Sohnes verschaffte Kafka, wie er selbst ahnte, das Sensorium für die feine Wahrnehmung von Macht und Ohnmacht, deren permanentes Wechselspiel seine Texte durchzieht. Die Überschätzung der elterlichen Autorität erwies sich hier als quälendes, aber zugleich produktives Trauma, das Kafkas Autorschaft ermöglichte. «Wer arbeiten will», bemerkt schon Kierkegaard lakonisch, «gebiert seinen eigenen Vater».[2]

Der in der späteren Maschinenfassung 45 Seiten starke Brief an Hermann Kafka, den er im November 1919 in Schelesen niederschreibt, bildet den Versuch, die unauflöslichen Spannungen eines belasteten Verhältnisses mit der formalen Logik der Rechtswissenschaft und den Techniken der Literatur zu beleuchten. Die Wahl der Waffen entschied bereits über die Strategie: der Angriff wurde auf dem Feld der juristischen Rede geführt, was jedoch den Einsatz poetischer Kunstmittel einschloß. Kafka mag schon während der Entstehungsphase geahnt haben, daß er das Manuskript niemals an den Adressaten schicken würde. Als er Milena Pollak Anfang Juli 1920 die Übersendung des Konvoluts ankündigt (vor der er dann freilich zurückschreckt), charakterisiert er das Schreiben als «Advokatenbrief» voller «Kniffe» (Mi 85). Die kasuistische Rhetorik und Dialektik des Textes verbietet es, in ihm eine ungefilterte Quelle der biographischen Darstellung zu sehen. Seine habituellen Strategien der «Selbstverurteilung», wie er sie exemplarisch in den Briefen an Felice Bauer praktizierte, bezeichneten, so gesteht Kafka im Juli 1922 Max Brod, gleichermaßen «Wahrheit» und «Methode»; während die Wahrheit keines Kommentars bedürfe, weil sie für sich selbst stehe, nötige die Methode, die sich auf rein formale Techniken stütze, das Gegenüber zwangsläufig zum Widerspruch (Br 375). Auch im Brief an den Vater bewegt sich Kafkas Argumentationssystem auf einem schmalen Grat zwischen Authentizität und Strategie, Evidenz und Suggestion, Beweis und Experiment. Sein Grundmuster ist die imaginäre Wechselrede, eine selbst wieder taktisch eingesetzte Spielart des Dialogs, in der sich die Stimmen von Ankläger und Verteidiger auf schwer entwirrbare Weise mischen. Der hier manifeste literarische Charakter beschränkt die biographische Verwertbarkeit des Textes, erschließt jedoch zugleich eine fiktive Ordnung, in der sich die Regie eines auktorialen Erzählers abzeichnet, der seinen Stoff souverän beherrscht: der Sohn bewältigt sein Leben, wenn er es schreibend erfinden darf.[3]

Der Brief an den Vater greift drei Grundfiguren auf, die auch Kafkas literarische Arbeiten strukturieren: Angst, Kampf und Tausch. Die Angst wird wiederholt als charakteristisches Grunderlebnis des Kindes beschrieben. Wie intensiv Kafka Erfahrungen der Furcht noch als Erwachsener wahrnimmt, zeigen seine Traumprotokolle. Am 19. April 1916 vermerkt das Tagebuch einen Traum, in dem er seinen Vater, der zugleich Züge seines Neffen Felix trägt, wie ein Kind an den «Kettchen» seines Schlafrocks über das Balkongitter hält, damit dieser eine Parade besser beobachten kann, die auf der Straße stattfindet (T III 117f.). Der Brief an Hermann Kafka beleuchtet dreieinhalb Jahre später eine Umkehrung dieser deutlich das *Urteil* variierenden Konstellation, die der traumatischen Erinnerung an das dritte Lebensjahr entspringt: das in der Nacht weinende Kind wird vom Vater auf den Balkon getragen, damit es endlich Ruhe gibt und den Schlaf der Eltern nicht mehr stört (G 14). Der Traum illustriert auf dem Umweg des Rollentauschs eine biographische Urszene, die der Brief an den Vater mit literarischen Mitteln zu einer kurzen Novelle aus dem bürgerlichen Alltagsleben des sinkenden 19. Jahrhunderts verarbeitet. Traum und Novelle verdeutlichen das Stigma der Erinnerung, welche die Prägungen der Kindheit in unverlierbaren Schreckbildern festhält. Der Sohn kann nicht erwachsen werden, weil ihn die Angst beherrscht, die ihn unaufhörlich als das Signum seiner Identität begleitet. In ihr manifestiert sich das Trauma der frühkindlichen Erfahrung, das durch Kafkas Brief – dem vermutlich «wichtigsten literarischen Dokument über die zwanghafte Beschaffenheit des Subjekts im 20. Jahrhundert» – reflektiert wird.[4]

Angst ist für Kafka immer wieder eine existentielle Chiffre, denn sie bildet das Kontaktmedium, über das er die Wirklichkeit und das eigene Ich erfährt. Sie wird nicht ausgelöst durch konkrete Ereignisse, sondern markiert bei ihm einen Grundzustand, unter dessen Diktat die soziale Kommunikation funktioniert. Der Brief umreißt eine Reihe von Konfigurationen, die für das Kind angstbesetzt zu sein schienen: die drohende Köchin, das Schulläuten, den schimpfenden Vater, die Mathematikprüfungen. Zum archetypischen Vergleichsmodell für solche Erfahrungen gerät die Szene einer Hinrichtung, deren Vorbereitung der Verurteilte als sadistisch gesteigerte Form der Quälerei miterleben muß (G 29). Weniger die konkreten Straferfahrungen der Kindheit als die elementaren Gefühle der hilflosen Ohnmacht, die sie freisetzen, determinieren Kafkas Selbstwahrnehmung. In der Angst stößt er auf ein ungeschütztes, jeglicher Rollenmaskerade entkleidetes Ich, hinter dem der nackte Mensch ohne Recht, Besitz und Stimme steht. Nachts, in Momenten der Schlaflosigkeit, auf Reisen, aber auch im Büro kann diese Angst in Kafka aufsteigen. Sie zeigt ihn selbst im Spiegelbild des Verurteilten, der als *Homo sacer* zum Opfer nicht taugt, weil er außerhalb aller Ordnungen lebt.[5]

Zu den literarischen Mitteln des Briefs gehört die Rollenprosa, die es Kafka erlaubt, die Position des Vaters einzunehmen, um sie danach widerlegen zu können (G 64f.). Typisch für dieses Verfahren ist es, daß der Brief das Verhältnis von Vater und Sohn durch das Bild des Kampfes darstellt. Kafka greift auf einen zentralen Mythos seiner Texte zurück, wenn er den Vater fiktiv bemerken läßt: «‹Ich gebe zu, daß wir miteinander kämpfen, aber es gibt zweierlei Kampf. Den ritterlichen Kampf, wo sich die Kräfte selbstständiger Gegner messen, jeder bleibt für sich, verliert für sich, siegt für sich. Und den Kampf des Ungeziefers, welches nicht nur sticht, sondern auch zu seiner Lebenserhaltung Blut saugt. Das ist ja der eigentliche Berufssoldat und das bist Du.»» (G 64) Das Bild vom Ungeziefer reproduziert die Perspektive der *Verwandlung*, deren Charakter als Strafphantasie hier durch das Moment der Rollenprosa verstärkt wird. Der Text baut, genuin literarisch, den Vater zum imaginären Ankläger auf, der die Regeln des Kampfes festlegt und die Normverstöße des Sohnes ahndet. Eine «Art Friede» (G 11) zwischen den Streitenden bilde, so erklärt Kafka einleitend, angesichts der Entfremdung zwischen Vater und Sohn ein zentrales Ziel seines Briefes. Man mag zweifeln, ob diese Formulierung mehr als eine rhetorische Geste ist, da doch seine Argumentation nicht nur die Beschreibung eines – früheren – Kampfes, sondern auch den Nachweis seiner aktuellen Unvermeidlichkeit bietet.

Die dritte Gedankenfigur des Textes wird durch das Modell des Tausches bezeichnet. Sie erscheint schon, wie erinnerlich, in der *Verwandlung*, wo Gregor Samsa seine Vitalität gegen das Siechtum des Vaters eintauscht, während der Vater die frühere Kraft des Sohnes gewinnt. Ähnliche Strukturen der Zirkulation von Macht und Ohnmacht bilden auch *Das Urteil* und *Der Verschollene* aus, wenn sie den Wandel hierarchischer Ordnungen auf den Wechsel von Körperkraft, Größe und physischer Präsenz zurückführen. Im Brief heißt es nun: «Ich hatte vor Dir das Selbstvertrauen verloren, dafür ein grenzenloses Schuldbewußtsein eingetauscht.» Kafka zitiert in dem Zusammenhang – frei und nicht im Wortlaut – den Schlußsatz des *Proceß*-Romans: «In der Erinnerung an diese Grenzenlosigkeit schrieb ich von jemandem einmal richtig: ‹Er fürchtet, die Scham werde ihn noch überleben.›» (G 41) Nur auf den ersten Blick bezeichnet diese Situation eine eindeutige

Hierarchie, in der die Rollen von Macht und Ohnmacht klar verteilt sind. Betrachtet man sie genauer, so wird sichtbar, daß das ‹grenzenlose Schuldbewußtsein›, das der Sohn im Kampf mit dem Vater gegen sein Selbstvertrauen ‹eingetauscht› hat, die Bedingung seiner Identität, mithin sein unverlierbares Eigentum ist. Zum Medium der Macht wird dieses Eigentum dort, wo es den Sohn befähigt, im Schatten von Angst und Selbsthaß seine literarische Autorschaft auszubilden. Denn das Schreiben bedeutet den späten Sieg des Unterlegenen im innerfamiliären Machtkampf, die Aura des Verlierers, die Schönheit des Angeklagten. Die Neugeburt in der Schrift, die Kafka vollzieht, verschafft ihm nicht nur eine spezifische Identität, sondern auch das Medium seines späten Triumphs. Heute ist das Bild des Vaters, von dessen Autorität der Brief aus strategischer Perspektive spricht, durch die Wirkung dieser Schrift verstellt: in dem langgestreckten Geschäftsraum am Prager Altstädter Ring, wo bis 1918 Hermann Kafkas Galanteriewarenladen untergebracht war, werden jetzt Kafkas Bücher in nahezu sämtlichen Weltsprachen verkauft (und größere Umsätze erzielt als je zuvor an diesem Ort). Der Sohn ist zwar gestorben, ohne Kinder zu zeugen, aber er hat sich selbst durch die Schrift verewigt und damit das väterliche Desinteresse an seiner Produktion in eine ironische Fußnote der eigenen Rezeptionsgeschichte verwandelt.

Der auf dem Schauplatz der Schrift gelingende Sieg des Sohnes ist die eigentliche Quintessenz eines Briefes, dessen friedensstiftende Absicht pure Rhetorik bleibt. Die advokatorische Technik der Argumentation, die Kafka selbst eingestand, spiegelt sich in den Rochaden des Spielers, der tatsächlich keinen offenen Kampf führt, sondern über den Umweg der Selbstanklage die Schuld des Gegners zu erweisen sucht. Nur äußerlich erfüllt der Brief daher den Zweck eines Geständnisses, das Vater und Sohn «ein wenig beruhigen und Leben und Sterben leichter machen kann.» (G 66) Die literarische Dimension dieser nicht unpathetischen Schlußwendung liegt in ihrer provisorischen Grundanlage, die den Wettstreit zwischen Vater und Sohn offenhält. Das Geständnis artikuliert sich in der Beschreibung eines Kampfes, dessen agonale Konsequenz dort aufdämmert, wo von Leben und Tod – dem Vorrecht des Sohnes und dem Schicksal des Vaters – die Rede ist.

Im Mahlstrom der Bedeutungen

In *Jenseits von Gut und Böse* (1886) bemerkt Nietzsche: «Alles, was tief ist, liebt die Maske; die allertiefsten Dinge haben sogar einen Haß auf Bild und Gleichniss.»[6] Diese Doppelformel gilt für zahlreiche Prosaskizzen und Studien, die Kafka seit der Zürauer Zeit in seinen Oktavheften notierte. Ihr Geheimnis liegt auf paradoxe Weise offen zutage, denn sie arbeiten mit der Technik des Verbergens, verzichten aber auf hermetische Chiffrierungen. Das Arkanum dieser Texte entsteht durch die spielerische Selbstverständlichkeit, mit der sie ihre einander widersprechenden Aussagen formulieren. Hinter der Simulation der Eindeutigkeit offenbaren sich die Erscheinungsformen jenes «bodenlosen Tiefsinns», den Walter Benjamin für ein besonderes Signum der Allegorie gehalten hat.[7] Kafkas Perspektive gleicht hier der Position des Spiegelbeobachters in René Magrittes berühmtem Bild *La réproduction interdite* (1937), der nicht sein eigenes Antlitz sieht, sondern sich als Figur in der Rückenansicht wiederholt. Kafkas ästhetische Maskerade – als Zeichen der ‹allertiefsten Dinge› – entspricht der Struktur solcher Wiederholungen, die ins Bodenlose treiben, ohne Ursprung und Ende zu kennen.

Charakteristisch für diese Konstellation ist das Fragment *Der Jäger Gracchus*, das vermutlich Ende des Jahres 1916 begonnen wurde. In den Text gingen topographische Erinnerungen an den zweifachen Aufenthalt in Riva – 1909 und 1913 – ein;[8] bereits Ende Oktober 1913, nach der Rückkehr aus dem Sanatorium Hartungen, notiert Kafka einen Erzählanfang, der den Hafen eines kleinen Fischereidorfs beschreibt, dessen behaglich-verschlafene Atmosphäre dem Gedanken an den italienischen Urlaubsort entsprungen sein dürfte – genährt womöglich durch eine von Brod stammende Passage aus *Anschauung und Begriff* (1913), in der am Beispiel einer Riva-Reminiszenz die Struktur ‹verschwommener Erinnerungsbilder› dargestellt wird (T II 198).[9] Die mehr als drei Jahre später begonnene *Gracchus*-Erzählung greift Momente der Tagebuchskizze auf; auch sie beginnt im Zeichen einer nahezu beschaulichen Ruhe, deren kontemplative Wirkung durch die gleichförmige, parataktische Satzkonstruktion unterstützt wird. Mit der Ankunft der Barke, die an das Totenfloß der antiken Mythologie erinnert, wächst die Dynamik des Textes. Der Bootsführer, die Träger und seine Frau entsteigen dem Kahn, Tauben flattern vor einen Hauseingang, eine Schar von Knaben stellt sich zum Spalier auf, während die Ankömmlinge mit der Trage das Hausinnere betreten. Die gesamte Szenerie gewinnt den Charakter einer rituellen Begrüßung, die sich am Schluß des Mittelteils in eine Totenfeier wandelt, wenn neben der Trage im dunklen Zimmer lange Kerzen aufgestellt und entzündet werden. Gracchus ist, wie das Gespräch mit dem Bürgermeister verrät, das Opfer eines doppelten Falls.[10] Als Wolfsjäger im Gebirge setzte er eines Tages einer Gemse nach und stürzte tödlich in den Abgrund. Eine ergänzende Version des Gesprächs, die wenig später entstand, enthält hier eine klarere Formulierung: «Hätte mich nicht die Gemse verlockt – so, nun weißt Du es – hätte ich ein langes schönes Jägerleben gehabt, aber die Gemse lockte mich, ich stürzte ab und schlug mich auf Steinen tot.» (M 100) Das Wortfeld des ‹Verlockens›, das Kafka auch in anderen Zusammenhängen benutzt, deutet auf eine erotische Attraktion (*Verlockung im Dorf* ist ein am 21. Juni 1914 im Tagebuch notiertes Fragment betitelt, ‹verlockend› findet Josef K. die Frau des Gerichtsdieners; P 67, T III 12ff.); berücksichtigt man, daß «Gemse» im Wiener Jargon der Zeit das Synonym für eine Prostituierte war, so wird diese Dimension vollends sichtbar: Gracchus hat, ähnlich wie Kierkegaards Adam, aus träumerischem Verlangen einen Sündenfall getan, der hier mit dem Tod bestraft wird.[11] Daß die Anziehung durch das Weibliche zum Auslöser des Sturzes wird, beweist die schillernde Formulierung, mit der Gracchus die Ehefrau des Bootsführers als «Grundfehler meines einstigen Sterbens» bezeichnet (M 43).

Der Gestürzte darf freilich nicht ins Jenseits eintreten, weil Charon, der Lenker der Barke, im entscheidenden Moment versagt: «‹Mein Todeskahn verfehlte die Fahrt, eine falsche Drehung des Steuers, ein Augenblick der Unaufmerksamkeit des Führers, eine Ablenkung durch meine wunderschöne Heimat, ich weiß nicht was es war, nur das weiß ich, daß ich auf der Erde blieb und daß mein Kahn seither die irdischen Gewässer befährt.›» (M 42) Diese Version des Scheiterns – gespiegelt findet sie sich drei Jahre später in der Studie *Der Steuermann* (G 147f.) – liefert eine Dekonstruktion der antiken Überlieferung; sie psychologisiert die mythische Ordnung, indem sie Charon zum Opfer einer Fehlleistung werden läßt, welche aus Zerstreutheit resultiert – mithin aus jener Haltung, die zahlreiche Protagonisten Kafkas an den Tag legen, sobald sie starken inneren Spannungen ausgesetzt sind. Die Fehlleistung des unaufmerksamen Charon, der das Steuer in die falsche Richtung lenkt, erzwingt eine ewige Reise, die das Kontinuum der Zeit aufhebt. Gracchus gerät zu einer Figur des Übergangs, deren transitorische Existenz sich darin manifestiert, daß sie unaufhörlich auf dem Weg in den Tod ist, ohne ihn finden zu können. Dem Grundmuster der *Kaiserlichen Botschaft* gleicht das zweite Bild der Erzählung, mit dem Gracchus seinen Status als Reisender, der sein Ziel nie erreicht, näher umreißt: «‹Ich bin›, antwortete der Jäger, ‹immer auf der großen Treppe die hinaufführt. Auf dieser unendlich weiten Freitreppe treibe ich mich herum, bald oben bald unten, bald rechts, bald links.›» (M 43) Das Motiv der Freitreppe erinnert an Roßmanns nächtliche Flucht aus dem Haus Pollunders, das ‹Herumtreiben› an den Schluß der *Landarzt*-Erzählung. Zwar existiert ein «Tor» (M 43), das in der Ferne leuchtet – wiederum eine Reminiszenz an die Türhüter-Legende –, doch kann Gracchus es nicht erreichen; die Treppe, auf der er rochiert wie eine fremdgesteuerte Schachfigur, breitet sich nicht nur in die Höhe und Tiefe, sondern verzweigt sich auch seitlich: ein Sinnbild für die Dispersion der Bewegung, in der sich die permanente Passage manifestiert, die Gracchus zu vollziehen verdammt ist. Dieser Form der unbeendbaren Annäherung an die letzten Dinge entspricht Kafkas vergeblicher Versuch, die Geschichte selbst zu Ende zu bringen. Dem hier untersuchten Hauptstück des *Gracchus* folgen vier Anläufe, in denen er den Faden der Erzählung fortzuführen sucht, indem er die Lebensgeschichte des Jägers zunächst monolo-

gisch, später im Dialog mit dem Bürgermeister nachträgt. Das Gesetz der
Unbeendbarkeit, das den Mythos reproduziert, prägt sich auch der literarischen Arbeit auf, die nicht mehr abgeschlossen werden kann, weil das, was
sie erzählt, im Unendlichen verschwindet (M 44f., 96ff.).

Wenn der Text verstummt und mit dem Wort «Kahn» ausklingt, so erfüllt
die Unterbrechung der Rede nicht nur das Prinzip des Fragmentarischen,
sondern auch die innere Struktur des neuen Mythos, der den Jäger zum dauerhaften Übergang – einem «rite de passage» – verurteilt (M 100).[12] Gracchus
unternimmt eine Reise im Meer des Triebs, wie sie Schopenhauer als Verharren in einem Prozeß des ewigen Anfangens und Nicht-zur-Ruhe-Kommens
definiert: «Jedes erreichte Ziel ist wieder Anfang einer neuen Laufbahn, und
so ins Unendliche.»[13] Daß Kafka über das Wort ‹gracchio›, das im Italienischen ‹Dohle› heißt, auf die Etymologie seines Familiennamens anspielt, bekräftigt die Umwertung der Triebbindung zum Merkmal der Strafe und der
Schuld; angedeutet wird mit dieser Chiffre die Interpretation der sexuellen
Lust als Quelle von Angst und Sehnsucht, wie sie Kafkas Brief an Milena Pollak vom August 1920 vollzieht (Mi 196). Gracchus ist als Toter kein Vampir,
der zu ewigem Leben gezwungen bleibt, sondern eine Metapher für die Zirkulation des Willens, die nie endet.[14] Diesem Befund korrespondiert eine aus
zersplitterten Einzelstücken hervorgehende Erzählstruktur ohne feste Umrisse, deren Elemente sich übereinander lagern, so daß die Form des Palim-
psests entsteht: ein Bild der erstarrten Unruhe, die auch Gracchus verkörpert.[15]

«Paradoxien», so schreibt Luhmann, seien «nichts anderes als Darstellungen
der Welt in der Form der Selbstblockierung des Beobachtens», denn ihr Sinn
bleibe darauf angelegt, die «Unbeobachtbarkeit» der Realität zu symbolisieren.[16] In dieser Form entspricht *Der Jäger Gracchus* wie viele Geschichten Kafkas dem Strukturmuster der Paradoxie. Was der Text erzählt, führt zu keinem
eindeutigen Befund, weil er, wie sein Protagonist selbst, dauerhaft in Bewegung ist, ohne zu einem festen Ziel zu finden. Seine Weltsicht scheint geprägt
von dem Bewußtsein, daß stets mehrere Versionen der Wahrnehmung existieren, die sich wechselseitig einschränken oder aufheben. Der Prozeß der
Beobachtung gewinnt in ihm einen zirkulären Charakter, dem sich kein ein-
dämmendes, strukturierendes Gliederungsvermögen mehr entgegenstellen
kann. Den Strudel des Ordnungsverlusts, der in den ständig umschlagenden
Perspektiven des Textes abgebildet wird, stellt der *Jäger Gracchus* im Mahl-
strom eines – dem Wortsinn gemäß – endlosen Lebens dar.

Nach der Rückkehr aus Meran entstehen im Spätsommer und Herbst
1920 zahlreiche kurze Prosastücke, die Kafka nie veröffentlicht hat. Die Titel,
unter denen sie in der Nachlaßedition bekannt wurden, stammen zumeist
von Max Brod. Zu ihnen zählen *Das Stadtwappen, Gemeinschaft, Nachts, Die
Abweisung, Zur Frage der Gesetze, Die Truppenaushebung, Die Prüfung, Der Geier,*

Der Steuermann, Der Kreisel und *Kleine Fabel* (G 99ff.).[17] Kurt Wolff schlug Kafka im Oktober 1918 nochmals eine intensivierte Kooperation vor, da er eine Edition bibliophiler Einzelpublikationen in der *Drugulin*-Druckerei plante, die der Verlag jetzt selbst übernommen hatte.[18] Es ist nicht auszuschließen, daß Kafka einige der oben aufgeführten Texte für die Veröffentlichung vorsah. Nach der Zusammenstellung des *Landarzt*-Bandes unternahm er jedoch keine Anstrengung mehr, Wolffs Wünschen entgegenzukommen, so daß die kurzen Studien vom Herbst 1920 unpubliziert blieben.

In zwei parabelartigen Geschichten, die Ende 1920 entstanden, hat Kafka die Widrigkeiten beleuchtet, denen die menschliche Erkenntnisfähigkeit in Relation zu ihren eigenen Gesetzmäßigkeiten und den Kräften des Lebens unterliegt. Die Studie *Der Kreisel*, die Ende November 1920 verfaßt wurde, charakterisiert jene «Seekrankheit auf festem Lande», von der bereits die *Beschreibung eines Kampfes* sprach, als Signum fehlgehenden Wahrheitsstrebens (B 74). Der Philosoph möchte einen sich drehenden Kinderkreisel erforschen, denn er hat die Einsicht gewonnen, daß individuelle Erkenntnis nicht beim Allgemeinen, sondern beim Besonderen anzusetzen habe. Das Bild vom Kreisel stammt aus der Aphorismensammlung, mit der Kierkegaard den ersten Band von *Entweder-Oder* (1843) eröffnet.[19] Der Kreisel wird hier wie bei Kafka zum Inbegriff der intellektuellen Suche, zugleich aber zur Chiffre für die Zurückweisung, die der Suchende erfährt. Während der Philosoph, indes er auf den Kreisel lauert, den Lärm der ihn umgebenden Kinder ignorieren kann, erfährt er deren «Geschrei» in dem Moment, da er das Objekt ergreift, mit umso heftigerer Intensität (G 177). So endet das Streben nach Erkenntnis in einer Groteske; der Philosoph läßt das Spielzeug fallen und jagt davon: «(…) er taumelte wie ein Kreisel unter einer ungeschickten Peitsche.» (G 177) Der Suchende lernt, daß der Gegenstand, den er erfaßt, nicht mit dem identisch ist, den er zuvor erforschen wollte. Die Faszination, die vom drehenden Kreisel ausgeht, verliert sich, sobald er als «Holzstück» in seiner Hand liegt (G 177). Damit aber beleuchtet die Parabel das Dilemma eines Erkenntnisanspruchs, der nicht zu den Erscheinungen selbst vordringt, sondern sie in hilflosen Akten der Mimikry imitiert. Auf den Philosophen paßt eine Formulierung, die Kafka im Winter 1917 notierte: «Er läuft den Tatsachen nach wie ein Anfänger im Schlittschuhlaufen, der überdies irgendwo übt, wo es verboten ist.» (M 239)

Nietzsche hatte 1887 in der Vorrede zur *Genealogie der Moral* bemerkt: «Wir sind uns unbekannt, wir Erkennenden, wir selbst uns selbst: das hat seinen guten Grund. Wir haben nie nach uns gesucht – wie sollte es geschehn, dass wir eines Tags uns fänden?»[20] Selbsterkenntnis wiederum ist die Bedingung jeder tieferen Einsicht in die transsubjektiven Verhältnisse der Welt. Der Philosoph, der Ich und Außen gleichermaßen verstehen möchte, muß jedoch neue Wege beschreiten. In einer kurz vor der Parabel vom Kreisel verfaßten Studie erklärt Kafka mit nahezu talmudischer Dialektik: «Wer die Fragen nicht beantwortet, hat die Prüfung bestanden.» (G 151) Wenn der Philosoph durch das, was er begreifen möchte, ergriffen wird, so entspricht das zunächst dem Bild der idealen Erkenntnis, das Kafka vorschwebt. In Zürau erklärte er in Übereinstimmung mit rabbinischen Formen der Tora-Deutung: «Es gibt kein Haben, nur ein Sein, nur ein nach letztem Atem, nach Ersticken verlangendes Sein.» (M 233)[21] Die religiöse Wahrheit bildet ein Absolutum, das sich allein erschließen läßt, wenn man in sie eindringt, um mit ihr eins zu werden. Der Philosoph der Parabel gerät jedoch zur Karikatur des kontemplativen Geistes, weil er ‹wie ein Kreisel› taumelt, ohne ein Kreisel zu ‹sein›. Hier erfolgt nicht die mystische Verschmelzung mit dem Objekt des Wissens, das die Kabbala beschwört, sondern eine Travestie der Versenkung in die heiligen Dinge.[22] In einer kurzen Studie über die Gleichnisse, die Ende 1922 entstand, beleuchtet Kafka die Differenz von Sein und Schein, von Identität und Besitz auf ironische Weise. Einzig der, so heißt es, der den Gleichnissen «folgen» kann, dringt in ihre spezifische Wahrheit ein und darf die Last der «täglichen Mühe» abwerfen. Wer wiederum die Logik dieses Satzes zu begreifen sucht, hat nur «in Wirklichkeit», nicht aber in der geistigen Welt der Gleichnisse den Sieg der Erkenntnis errungen (E 131f.). Auch hier wird die Situation der *Kreisel*-Erzählung umrissen, die ihren Lesern den Unterschied einschärft, der zwischen der Annäherung an die Wahrheit und der Verschmelzung mit ihr besteht. Derjenige, der das Gleichnis deutet, ist von seinem tieferen Sinn getrennt, weil er nicht in ihm wohnt. Das Denken muß mithin den völligen Übertritt in die Dinge vollziehen, denn der «Geist wird erst frei, wenn er aufhört, Halt zu sein.» (M 239) Wie die paradiesische Sprache, für die – Gershom Scholem gemäß – Zeichen und Sache identisch waren, bleibt die Erkenntnis auf die Tilgung der Differenz angewiesen, welche sie von ihrem Objekt trennt.[23]

Vergleichbarer Logik folgt die abgründige Geschichte, die Kafka von der Katze und der Maus erzählt. Die Maus, die über die wachsende Enge der Welt und die Ausweglosigkeit ihrer Existenz klagt, ist in jedem Fall zur Rolle des Opfers verdammt; setzt sie ihren Weg fort, so geht sie in die Falle der Menschen, ändert sie ihre «Laufrichtung», dann frißt sie die Katze (G 163). Der Text liefert jedoch nicht das «Beispiel der tragischen Ironie des Lebens»,[24] sondern erneut die Bestätigung der Differenz zwischen Realität und Fiktion, mithin auch eine metapoetische Reflexion über die Hermetik der Erkenntnis. Wer ihn als düsteres Exempel für die verzweifelte Hoffnungslosigkeit einer stets in den Tod treibenden Entscheidungssituation liest, bewegt sich außerhalb seiner Welt im Bezirk der Deutungen, die bei Kafka bekanntlich niemals zum inneren Arkanum des Gesetzes, der Wahrheit und

Erlösung führen. Die Geschichte ist daher auch, anders als es Brods nachträglicher Titel vermuten läßt, keine traditionelle ‹Fabel›, sondern eine Erzählung, die ihren Lesern den Täuschungscharakter aller Auslegungen vor Augen stellt. Ihre Interpretation veranlaßt nur die Klage über den dunklen Sinn des Lebens und wiederholt damit die Position der Maus, die sich ausweglos zwischen verschiedenen Varianten ihres Todes eingesperrt findet. Der Kommentator des Textes gleicht zwangsläufig dem Philosophen, der die Bewegungen des Kreisels nachahmt, ohne mit ihm eins zu werden. Die verdeckte Quintessenz der kurzen Erzählung offenbart sich durch den Akt der gleichsam mystischen Versenkung, nicht aber durch den hermeneutischen Annäherungsprozeß. Zu ihr vorzudringen vermag allein, wer das Wissen nicht als Besitz, sondern als Zustand erfährt. Diese Transgression schließt mit Nietzsches *Zarathustra* die letzte und zugleich gefährlichste Form der Erkenntnis ein, die dem Erkennenden gegeben ist: «Aber der schlimmste Feind, dem du begegnen kannst, wirst du immer dir selber sein; du selber lauerst dir auf in Höhlen und in Wäldern.»[25]

Parodien des Mythos

In Pascals *Pensées* (1670) heißt es: «Deux erreurs. 1. Prendre tout littéralement. 2. Prendre tout spirituellement.» («Zwei Irrtümer. 1. Alles buchstäblich aufzufassen. 2. Alles geistlich aufzufassen.»)[26] Der hier bezeichneten Aporie entspringt auch Kafkas Auseinandersetzung mit dem Mythos, wie sie mehrere Prosastücke reflektieren, die 1917 entstanden. Seine Nacherzählungen mythischer Stoffe greifen in kunstvoller Verdopplung nicht nur die Facetten der Überlieferung, sondern zugleich deren Deutungsgeschichte auf. Weil der Mythos weder im Wortsinn noch allegorisch auszulegen ist, versuchen Kafkas Texte den Weg der Neufassung des mythischen Materials selbst zu gehen. Im Erzählen ist die Absicht bezeichnet, den Mythos aus dem Gefängnis der Tradition zu befreien und dem Zustand der Versteinerung zu entreißen, in den ihn die abendländische Kulturgeschichte versetzt hat.

Ein erstes Beispiel für dieses Verfahren bietet ein am 21. Oktober 1917 entstandener Text über Cervantes' Sancho Pansa, der, ähnlich wie *Der neue Advokat*, eine Bibliotheksphantasie über den Mythos repräsentiert (M 167). Den *Don Quichote* (1605/15) besaß Kafka in einer aus dem Jahr 1912 stammenden Ausgabe Will Vespers, des späteren Hitler-Vasallen und NS-Staatsdichters.[27] Seine Version der zur modernen Legende gewordenen Geschichte vom traurigen Ritter kehrt Cervantes' Fassung um, indem sie Sancho Pansa zum *Spiritus rector* des Geschehens erklärt; dieser habe seinen «Teufel, dem er später den Namen Don Quichote gab», mit Geschick und List dazu veranlaßt, daß er «haltlos die verrücktesten Taten ausführte» (M 167). Wenn Sancho Pansa in der Gestalt des traurigen Ritters sein *alter ego* mit den Zügen des Teufels gebiert, so zeigt das die Abgründe, die in Cervantes' Roman unter der Oberfläche einer satirischen Konstruktion schlummern. Aus der Geschichte über die Verirrungen fehlgeleiteter Lektüre erwächst bei Kafka eine Skizze über das Böse als Ursprung des alltäglichen Wahnsinns. Seine Version des *Don Quichote* reduziert die Vorlage auf einen einzigen Grundzug – die Genese einer teuflischen ‹Verrücktheit› – und gewinnt auf diese Weise den Charakter der «Auslegung», die Cervantes' Roman in einem Miniaturbild von formaler Vollkommenheit zusammenfaßt.[28] Sie praktiziert damit, gemäß einem Erklärungsmodell Harold Blooms, das Verfahren der «Askesis», mit dessen Hilfe die Quelle – der «Hypotext»[29] – verschlankt und verknappt wird.[30] Literarische Werke entfalten nach Bloom ihre produktive Kraft, wo sie Vorbilder zu überschreiben suchen, so daß diese am Ende zu einem Palimpsest geraten, dessen Zeichen strukturell in der neuen Erzählordnung noch präsent sind. Diese Technik begründet auch die ironische Qualität der Mythos-Reformulierungen, die Kafka im Modus der Überschreitung ihrer vermeintlich festliegenden Grenzen vorführt.

Seit dem Herbst 1917 hat sich Kafka mehrfach mit den Mythen des antiken Griechenland befaßt. Seine eigenwilligen Varianten des klassischen Bestands liefern Beispiele für eine Erneuerung erstarrter Traditionen. Die Ordnung der Sprache bezeichnet hier ein Wissen, das nur noch verstreut vorliegt. Der Zusammenhang zwischen den kommunizierbaren Zeichen und den Objekten der Überlieferung ist zerrissen, so daß einzig Restmomente der alten Überlieferung erhalten bleiben; was nicht im Medium der Sprache aufbewahrt werden kann, verliert – so Foucault – wiederum seinen Sinn und tritt in den Fluß des Vergessens zurück.[31] Kafkas Arbeit am Mythos trägt diesem Vorgang Rechnung, indem sie die Fragmente eines alten Wissens aus dem Lethe-Strom der Kulturgeschichte emporhebt und – als letztes Reservoir erhaltener Motive – zu rekomponieren sucht. Die neue Zusammensetzung aber bringt einen anderen Sinn hervor, der sich von jenem der verblassenden Überlieferung sichtbar unterscheidet. Was Kafka hier leistet, entspricht dem Verfahren der ‹bricolage›, wie es Claude Lévi-Strauss in seiner *Strukturalen Anthropologie* (1958) als Kennzeichen einer die spiralförmigen Organisationsformen des Mythos erfassenden Deutungspraxis beschrieb.[32] Ähnliche Versuche der Neuerzählung haben nach Kafka auch Autoren wie Brecht, Camus oder Heiner Müller unternommen; sein eigentlicher Vorläufer dürfte Kierkegaard gewesen sein, der in *Furcht und Zittern* (1843) vier Varianten der Geschichte von Abrahams Prüfung durch Gott erzählt, um deren religiösen Sinn in seiner Bedeutung für das Individuum und die Geschichte des Glaubens zu erschließen.[33]

Kafka verzichtet darauf, die mythischen Stoffe mit programmatischen Inhalten zu belasten. Er möchte an ihnen keine politische oder philosophische

Lehre nachweisen, sondern sich auf die Umgruppierung ihrer Bausteine beschränken. Am Ende seiner Versuche steht eine neue Geschichte, deren Sinn dem Leser auf den ersten Blick verborgen bleibt. Bezeichnend ist in diesem Zusammenhang, daß Kafka die mythische Zentralgestalt der deutschsprachigen Moderne ignoriert: keiner seiner Texte befaßt sich mit Dionysos, dem Gott des Rausches, der Zerstückung und Wiedergeburt, an dem zahllose Autoren seit Hegel und Hölderlin die Spuren eines christlichen oder lebensphilosophischen Erneuerungsgedankens abgelesen haben. Das Thema der dionysischen Regeneration, wie es Nietzsche, Hofmannsthal, Thomas Mann und Rilke aus unterschiedlichsten Blickwinkeln behandeln, ist Kafka fremd.[34] Als jüdischer Schriftsteller hat er, trotz seiner humanistischen Schulbildung, ein ambivalentes Verhältnis zur mythischen Welt Griechenlands, das ihm keine kulturprogrammatische Deutung ihres Bestands, sondern lediglich dessen Travestie ermöglicht. Es gehörte zu den wesentlichen Intentionen der jüdischen Religionsphilosophie des Mittelalters, eine «bilderlose Gottesverehrung» zu fördern, in der sich eine «Absage» an die alte Welt der Mythen und Symbole verbarg. Die «Liquidation des Mythos», von der Gershom Scholem spricht, stand am Beginn einer neuen Frömmigkeit, die sich in gelehrtem Textkommentar, worttreuer Schriftüberlieferung und kontemplativer Lektüre manifestierte.[35] Für Kafka repräsentiert die mythische Tradition daher ein Arsenal von Bildern, deren dunkler Sinn nicht, wie im Programm ihrer christlichen Eingemeindung, bedenkenlos aktualisiert, sondern einzig dekonstruiert und umgestaltet werden kann.

Das am 23. Oktober 1917 in Zürau entstandene Prosastück *Das Schweigen der Sirenen* – der Titel stammt von Brod – formuliert die berühmte Szene aus dem zwölften Buch von Homers *Odyssee* um, in der Odysseus nach vorangehenden Instruktionen durch die Göttin Kirke mit seinem Schiff unbehelligt den Felsen der Sirenen passiert.[36] An drei Punkten variiert Kafka die Vorlage: Odysseus ist jetzt ein Einzelgänger, der nicht von Gefährten begleitet wird; er schützt sich nicht nur, indem er sich am Mast festketten läßt, sondern verstopft auch seine Ohren mit Wachs (was bei Homer allein die Gefährten tun); die Sirenen schließlich verfügen bei Kafka über «eine noch schrecklichere Waffe als ihren Gesang, nämlich ihr Schweigen.» (M 169) Der entschlossene Odysseus überwindet die Sirenen nicht, weil er über jene instrumentelle Vernunft verfügt, in der sich nach Adornos und Horkheimers Auslegung der Umschlag von Aufklärung in Herrschaftstechnologie abzeichnet,[37] vielmehr als naiver Held, der die Gefahr, die ihm droht, gelassen ignoriert. Da er vom Schweigen der Sirenen nichts weiß, fährt er «in unschuldiger Freude über seine Mittelchen» (M 168) dem Abenteuer entgegen und besteht es souverän. Für diese Version allein gilt das Motto des kurzen Textes, das besagt, es handele sich hier um einen «Beweis dessen, daß auch unzulängliche, ja kindische Mittel zur Rettung dienen können.» (M 168)

Das Vergessen ist kein Indiz für Verdrängung und daraus folgende Fehlleistungen wie im Fall Georg Bendemanns, dessen schwindende Aufmerksamkeit ein Zeichen seiner ungesicherten psychischen Existenz bleibt. Vielmehr stellt es bei Odysseus ein Merkmal des Lebenswillens dar, der ihn zum Sieger über die verlockenden Naturgötter werden läßt. Weil er im Moment der Passage die Sirenen vergißt, kann er sich allein auf seine Aufgabe besinnen und das erforderliche Selbstvertrauen sammeln, um sie zu lösen. Nietzsche erklärt in der zweiten der *Unzeitgemäßen Betrachtungen* (1874): «(…) es ist möglich, fast ohne Erinnerung zu leben, ja glücklich zu leben, wie das Thier zeigt; es ist aber ganz und gar unmöglich, ohne Vergessen überhaupt zu leben.»[38] Nietzsches Lob des Vergessens, das zur Grundlage der modernen Metaphysikkritik wurde, besitzt eine lebensphilosophische Option, die auch für Kafkas Odysseus geltend gemacht werden kann. Erst das Vergessen erlaubt es dem Helden, im Vertrauen auf seine Mittel zur Rettung zu finden. Was dem Landarzt versagt bleibt, gelingt dem mythischen Heros Odysseus: die Flucht vor den Sirenen der Selbstbeobachtung. Die Reformulierung des Mythos erweist sich so als Geschichte über die Macht der Naivität und die Risiken der rationalen Wahrnehmung. Bezeichnend ist, daß die von Odysseus' Sicherheit geblendeten Sirenen, die im Zeichen eines für Kafka charakteristischen Machtwechsels vor dem Helden erstarren, nur deshalb nicht an ihrer Niederlage zugrunde gehen, weil sie kein «Bewußtsein» besitzen (M 169).[39]

An diesem Punkt, der den Triumph der Unschuld über die Götter darstellt, bleibt Kafkas Text allerdings nicht stehen. Zum «Beweis» tritt ein «Anhang», der, anders als es der Begriff nahelegt, keine bloße Kommentierung des Geschehens liefert, sondern den Sieg des von sich selbst überzeugten Individuums wieder ins Zwielicht rückt. Im ‹Anhang› heißt es, Odysseus habe den gesamten Vorgang nur zum Schein inszeniert, um seine wahre Vernunft zu verbergen (eine Version, die Brecht in seinen *Berichtigungen alter Mythen* adaptiert).[40] Die beunruhigende Auskunft, daß diese List «mit Menschenverstand nicht mehr zu begreifen» sei, befreit den Leser kaum von dem Bedürfnis, sie genauer zu erklären und zu deuten. Was sich in Kafkas Text vollzieht, entspricht einer literarischen Fortschreibung und Dynamisierung des – selbst schon poetisch tradierten – Mythos. Auf der ersten Ebene korrigiert er das ursprüngliche Arrangement der homerischen Erzählung durch die Veränderung der Konfliktsituation; aus der übermächtigen Bedrohung durch die Sirenen wird so ein Vexierspiel wechselseitiger Täuschung. Auf der zweiten Ebene dementiert Kafka den Sinn dieser Erzählung, indem er sie als Produkt von Odysseus' List ausgibt; die alte mythische Spannung zwischen den göttlichen Mächten und dem intellektuellen Widerstand des vernunftgestützt handelnden Menschen ist derart erneuert worden. Erste und zweite Version verdeutlichen gleichermaßen die Freiheiten, mit denen die Literatur den Mythos bearbeitet, indem sie ihn umformt.[41] Zur mythischen Vorlage verhält sich die Poesie so, wie der Mythos sich, einer These Roland Barthes' gemäß, zur Sprache verhält. In beiden Fällen wird der Sinn einer Vorlage zur neuen Form, die eine zweite Bedeutung erzeugt.[42] Indem der literarische Text den Mythos in eine andere Version transferiert, veranschaulicht er aber zugleich dessen strukturelle Offenheit. Die mythische Überlieferung wandelt sich zur Form einer Erzählung, die sie fortführt, indem sie ihr eine modifizierte Bedeutung zuspricht. Auch diese Bedeutung aber ist, wie Kafkas ‹Anhang› demonstriert, nicht exakt festgelegt, sondern veränderlich; so treibt die Literatur den Mythos in eine unendliche Serie von Spiegelungen, ohne ihn irgend stillzustellen.

Zum *Schweigen der Sirenen* liefert ein Brief an Robert Klopstock vom November 1921 einen versteckten Kommentar. Er beleuchtet die Motive der Sirenen, denen man, wie er vermerkt, «unrecht tut, wenn man glaubt, daß sie verführen wollten, sie wußten, daß sie Krallen hatten und keinen fruchtbaren Schoß, darüber klagten sie laut, sie konnten nicht dafür, daß die Klage so schön klang.» (Br 362) Nicht die romantische Trauer über den Tod des Schönen, sondern die Schwermut über die Präsenz des Häßlichen ist nach dieser Auslegung der Geburtsort der ästhetischen Praxis. Gegen den Gesang aber hilft nur die List des sich naiv stellenden Menschen, der seiner Magie entkommt, weil er vernünftig ist. Wer sich nicht wappnet, wird das Opfer einer Kunst, die verführt, ohne es zu beabsichtigen. Kafkas späte Erzählungen werden diese Konstellation in Szenen von düsterer Melancholie wiederholen. Wer immer hier als Künstler auftritt, handelt unter dem Zwang der ungewollten Täuschung, des unbewußten Betrugs und ahnungslosen Verrats.

Die am 16. Januar 1918 entstandene *Prometheus*-Erzählung Kafkas bietet vier Versionen über den Mythos. Die Überlieferung ist in der Tat schwankend; es gibt zahlreiche Versionen einer Prometheus-Geschichte, die schon in der Antike konkurrieren. Die Auseinandersetzung mit dem Stoff scheint von vornherein durch hermeneutische Vorentscheidungen bestimmt, die das Profil der Prometheus-Gestalt und den Sinn ihrer Bestrafung betreffen. An diesem Punkt setzt Kafka ein, wenn er mit ironischer Entschiedenheit eine Begrenzung des tradierten Materials auf vier Muster vornimmt, um darin den Mythos – als Objekt eines komplexen Überlieferungsgeschehens – nach einem Wort Hans Blumenbergs zu ‹erledigen›.[43] Die Erzählung des Mythos ist identisch mit seiner Auslegung, welche wiederum der Logik des Kampfes gehorcht, der bei Kafka stets auch die hermeneutische Arbeit unterworfen bleibt. «In Wahrheit ist Interpretation», bemerkt Nietzsche 1886, «ein Mittel selbst, um Herr über etwas zu werden.»[44] Indem Kafka die Deutung des

Mythos jedoch sequenziert und in eine Zeitstruktur einlegt, die durch eine sich steigernde Verknappung des tradierten Stoffs geprägt wird, entschärft er diese Herren-Rede der Auslegung mit den Mitteln der Literatur.[45] Der Mythos enthüllt sich als Interpretationsgeschichte, die erzählerisch präsentiert werden muß, weil ihre Zeiterfahrung, wie Bohrer mit Bezug auf Gershom Scholems Kabbala-Exegese bemerkt, nicht in Begriffe auflösbar ist.[46]

Kafka berichtet von vier Stufen, an denen sich ablesen läßt, weshalb die «Sage», wie es zu Beginn heißt, «aus einem Wahrheitsgrund kommt» und wieder «im Unerklärlichen enden» muß (M 192). Die erste Stufe bezeichnet die dem Leser vertraute mythische Urszene, indem sie vom vermessenen Zeus-Gegner Prometheus spricht, der die Götter «an die Menschen verraten hatte» und zur Strafe für seine Listen im Kaukasus an einem Felsen, dem Schnabel des seine Leber fressenden Adlers ausgeliefert, schmachten muß. Die zweite Version erzählt vom Schmerz des Prometheus, der ihn in den Felsen hineindrängt, so daß er schließlich mit ihm «eins» wird (M 192). Hier läßt sich erstmals die Bedeutung erkennen, welche die Kategorie der Zeit für Kafkas Mythos-Auffassung besitzt: erst die temporale Dynamik ermöglicht es Prometheus, daß er in den Felsen eintritt und mit ihm verschmelzen kann. Die dritte Stufe bezeichnet einen Punkt der Entfremdung, an dem Prometheus und seine Geschichte im Fortgang der Zeit vergessen werden. Zu diesem Vergessen gehört, wie die vierte Version verrät, auch das Ermüden der Überlieferung: der Mythos erscheint als das «grundlos» Gewordene (M 193), als Phänomen, das keinen Ursprung mehr kennt, weil man es aus dem Gedächtnis gelöscht hat. In der Studie *Der Geier* wird Kafka im Herbst 1920 solche Grundlosigkeit auf die Erfahrung des Todes zurückführen. Nachdem der Geier den Erzähler mit seinem Schnabel «wie ein Speerwerfer» durchbohrt hat, muß er selbst untergehen: «Zurückfallend fühlte ich mich befreit wie er in meinem alle Tiefen füllenden, alle Ufer überfließenden Blut unrettbar ertrank.» (G 152) Der Tod ist der Ort der ‹befreienden› Auslöschung des letzten Gedächtnisses, das auch die Naturgewalt vernichtet.

Anders verhält es sich in Kafkas Prometheus-Fabel, die am Ende konstatiert: «Blieb das unerklärliche Felsengebirge.» (M 193) Dieser Schlußsatz, der die Überlieferung auf eine letzte Aussage reduziert, weist drei Bedeutungen auf. Zum einen wird hier klar, daß der Mythos im historischen Prozeß nicht in den Logos eintritt, wie das Ernst Cassirer in seiner *Philosophie der symbolischen Formen* (1923–29) annimmt, sondern in eine Welt jenseits aller Erklärbarkeit mündet.[47] Am Ende erweist sich folglich die Natur, in die Prometheus selbst einging, als Ursphäre, die kein Verstehen mehr aufhellen kann. Zweitens bezeichnet der Schluß die Beruhigung der im Eingangssatz beschriebenen Bewegung vom Wahrheitsgrund zum Unerklärlichen. Drittens offenbart sich die Mythos-Erzählung als Abbildung dieses Prozesses, insofern auch sie von der ‹wahren›, vertrauten Version zu einer unzugänglichen letzten Stufe zurückschreitet. Der Mythos ist in dem Maße begreifbar, in dem er uns nahe bleibt; mit dem Vergessen wächst der Grad der Unverständlichkeit, steigert sich seine Dunkelheit.

«Die Sage versucht das Unerklärliche zu erklären» (M 192): diesen Hinweis auf die Lesbarkeit des Überlieferten hat Kafka zunächst am Schluß seines Textes plaziert. Dort läßt ihn die ältere Edition von Max Brod auch stehen; mit dem Wort «enden» endet hier die kurze Erzählung. Die Formel, nach der die ‹Sage› ein Unverständliches zu explizieren suche und daher aus einem «Wahrheitsgrund» aufsteige, ehe sie ins Vergessen münde, umschreibt die Bewegung des Textes selbst. Sie ist eine Form der Metareflexion des Erzählvorgangs, dessen vier Versionen des Prometheus-Mythos keineswegs, wie Blumenberg meint, eine «Mythisierung» der «Rezeptionsgeschichte», sondern Varianten des Verschwindens – vom Körper zum Felsen, vom Grund zum Grundlosen, vom Erklärbaren zum Unerklärlichen – vorführen.[48] Zu diesen Varianten verhält sich die Sage als Versuch, das Vergessen und das Verschwinden aufzuhalten. Die literarische Mythos-Erzählung macht das Felsengebirge erklärbar, weil sie in Erinnerung ruft, daß es den Schauplatz für den Schmerz des Prometheus bildete. Wenn Kafka in der letzten Manuskriptstufe durch ein unzweideutiges Zeichen den ursprünglichen Appendix seiner Geschichte an den Anfang rückt – dem entspricht der Abdruck der kritischen Werkausgabe –, dann hält diese Umstellung die Pointe des Textes fest. Das, was am Ende der ‹Sage› steht, bildet jetzt ihren Anfang. Die Bewegung, die sie beschreibt, vollzieht der Text nach, allerdings so, daß das Unerklärliche nun verständlich wird. Zwar endet der Mythos im Stein des Felsengebirges, doch sind seine Elemente gerade nicht vergessen. Die Literatur nämlich kann dem Vergessen entgegenwirken und ein Gedächtnis für den Mythos bilden. Indem sie dessen Deutungsgeschichte als Geschichte des Verschwindens erzählt, hält sie die Ursache des «Gewordenen» gegenwärtig, das durch sie nicht «grundlos» scheint, sondern zum Bestandteil einer überlieferungshistorischen Bewegung gerät (M 193). Die «eschatologische Melancholie», die Blumenberg als besonderes Fluidum des Textes ausgemacht hat, wird von der Ahnung überdeckt, daß die Trauer, welche die Literatur freisetzen kann, der Effekt ihrer Erinnerungskraft ist.[49]

Das kurze Prosastück über Poseidon, das im September 1920 entsteht, schließt die Serie der mythischen Geschichten ab. Ähnlich wie das Streitroß Bucephalus ist Poseidon seiner ursprünglichen Würde entkleidet worden. Er erscheint als der verschleppte Gott, der sich in der Rolle des Buchhalters der Meere sehnsüchtig seiner früheren Macht erinnert.[50] Die Institution tritt hier an die Stelle der Natur, deren bedrohliche Gewalt sie durch die Organisation mächtiger Apparate zu bewältigen sucht. Poseidon herrscht nicht mehr über die Ozeane, sondern verwaltet nur ihre Ordnung. Zwar sitzt er auf dem Meeresgrund, jedoch kennt er die ihm angestammte Sphäre allein durch die Akten, die er täglich bearbeitet. Die einzige Aussicht, das Meer erneut zu «durchfahren», bietet der «Weltuntergang», der Poseidon einen stillen «Augenblick» verschaffte, in dem er sein ozeanisches Reich durchqueren könnte (G 130). Die alten Verhältnisse des Mythos, die durch eine verwaltete Wirklichkeit ersetzt worden sind, könnte nur die Apokalypse wiederherstellen. Adorno hat in einem Exkurs der *Dialektik der Aufklärung* darauf verwiesen, daß schon die homerische Epik durch die «Leistung» der gliedernden «Vernunft» gestützt werde, «die den Mythos zerstört gerade vermöge der rationalen Ordnung, in der sie ihn spiegelt.»[51] Kafkas Poseidon-Geschichte überträgt diese Destruktion auf die Welt des Gottes, der sein eigenes Reich nur noch administriert, ohne es zu beherrschen. Die Schwermut, die aus der Deformation des Mythos emporsteigt, bildet zugleich das Signum seiner poetischen Neuerzählung. Die Wunde, die sie erzeugt, ist die Wunde der Erinnerung – das Stigma des Nicht-Vergessen-Könnens, das die Sprache der Literatur an sich trägt.

Exotische Masken

Die Bruchstück gebliebene Erzählung *Beim Bau der chinesischen Mauer* entsteht vermutlich im Frühjahr 1917; einen zentralen Ausschnitt des Textes publiziert Kafka unter dem Titel *Eine kaiserliche Botschaft* am 14. September 1919 zum jüdischen Rosch ha-Schana in der *Selbstwehr* und wenig später im *Landarzt*-Band. Walter Benjamin hat mit Bezug auf die hier auftretende ambivalente Schilderung der sozialen Gemeinschaft daran erinnert, daß Kafkas Arbeiten nicht, dem berühmten Napoleon-Wort gemäß, die Politik, sondern «die Organisation als Schicksal» des Menschen definieren.[52] Tatsächlich ist die in exotischer Landschaft lokalisierte Geschichte ein Text über die Verlockungen und Gefahren des Lebens im Kollektiv, das die Menschen zusammenführt, aber zugleich von Gott, der nur in der Einsamkeit erfahrbar ist, entfernt. In den fragmentarischen Prosastudien *Die Abweisung, Zur Frage der Gesetze* und *Die Truppenaushebung*, die im Herbst 1920 unter dem Eindruck der Meraner Lektüre tibetanischer Reisebeschreibungen verfaßt wurden, siedelt Kafka das Thema der gesellschaftlichen Einbindung des Individuums und seiner Subordination unter das Diktat eines Machtapparates nochmals in exotischem Ambiente an. Hier erscheint eine soziale Welt der Armut und Einfachheit jenseits von Besitz und Reichtum, die durch geheimnisvoll wirkende Adelskasten beherrscht wird (G 100ff.). Für den nach persönlicher Entfaltung strebenden Einzelnen ist in dieser fremden Realität, die Kafka selbst «trostlos verlassen» nennt, kein Raum vorgesehen, da durchgreifende Regulative ihn in die Maschinerie des Kollektivs zurückzwingen

(Mi 35). Während Kafka in Zürau mit Visionen eines asketischen Gemein-schaftslebens sympathisierte, tritt hier ein Moment der kritischen Distanz zutage, das auch künftig sein Verhältnis zu Palästina und zum Leben im Kib-buz bestimmt. Andererseits bleibt jedoch bemerkenswert, daß er seit 1917 verstärkt mit Metaphern des Soldatischen operiert, welche die dezisionisti-sche Denkhaltung der Zürauer Aphorismen unterstreichen.[53] Das Leben, das sie beleuchten, steht unter dem Vorzeichen des permanenten Entschei-dungszwangs, der Notwendigkeit der Grenzsicherung und Verteidigung. Aus den Kampfbeschreibungen der frühen Arbeiten sind Phantasmen einer kollektiven Welt geworden, in denen sich Kafkas zwischen Hoffnung und Widerwillen schwankende Auffassung geschlossener sozialer Ordnungssy-steme spiegelt.[54]

Das chinesische Sujet, das die Erzählung über den Mauerbau trägt, ist cha-rakteristisch für Kafkas Interesse an Fragen der asiatischen Kulturgeschichte. Zu seiner Bibliothek gehörte eine Sammlung chinesischer Volksmärchen, die 1914 im Diederichs-Verlag in Jena erschienen war; 1917 schenkte er Ott-la das Buch mit der Widmung «von dem ‹Schiffer, der polternd in seine Bar-ke sprang».[55] China liefert dem Text die Chiffre für eine Darstellung der zionistischen Diskussion über die Schaffung des Nationalstaats und den Ver-lust der traditionellen Frömmigkeit. Daß die Wurzeln der ostjüdischen Kul-tur außerhalb Europas lägen, hatte Martin Buber mehrfach betont.[56] Kafkas Erzählung über den Bau der chinesischen Mauer greift diese These auf, ohne sie jedoch streng anzuwenden, denn der Text handelt nicht vom Ostju-dentum, sondern vom gesamten jüdischen Volk. Wenn der in der Rolle des Historikers berichtende Erzähler schon am Beginn erklärt, daß das «System des Teilbaues» innerhalb der «zwei großen Arbeitsheere, des Ost- und des Westheeres befolgt» wurde, so verweist das deutlich auf die verbindende Wirkung einer sozialen Aufgabe, die eine zuvor unbekannte Geschlossen-heit der unterschiedlichen Volksgruppen herstellt (M 65). Der als durchgrei-fendes Bildungsprojekt gestaltete, über Jahrzehnte geplante, auf ungeheure Zeitdauer angelegte Mauerbau stiftet die Idee der Gemeinschaft als physisch manifestes Ereignis, das den Einzelnen in einen kollektiven Leib eintreten läßt: «Einheit! Einheit! Brust an Brust, ein Reigen des Volkes, Blut, nicht mehr eingesperrt im kärglichen Kreislauf des Körpers, sondern süß rollend und doch wiederkehrend durch das unendliche China.» (M 68)

Zugleich soll das Projekt den Weg zu Gott bahnen, indem es eine reine, von freiem Gewissen und tiefer Frömmigkeit getragene Wiederholung des Turmbaus zu Babel ermöglicht («Erst die große Mauer werde zum ersten-mal in der Menschenzeit ein sicheres Fundament für einen neuen Babel-turm schaffen»; M 69). In einer offenbar programmatischen Schrift habe, so berichtet der Text, ein «Gelehrter» die Idee der Verbindung von Mauer- und

Turmbau beschworen – eine Anspielung auf Herzls *Judenstaat* mit seinem Postulat der Synthese aus Nationalidee und Glaubensidentität. Wenn der Erzähler ironisch über den Verfasser bemerkt, daß er nicht begreife, «wie er sich diesen Turmbau dachte», dann gerät Kafkas Geschichte zum Reflex der Diskussion über die Siedlerbewegung und deren Auffassung religiöser Praxis (M 69).[57] Der Bau erscheint als in sich widerspruchsvolles Unternehmen, das in atomistischen Teilkonstruktionen steckenbleibt, seine ursprüngliche Funktion, «gegen die Nordvölker» (M 65) zu schützen, nicht erfüllt und in seinem Bezug zu Gott unklar bleibt. Damit verbirgt Kafka in seiner Geschichte die eigenen Zweifel an der religiösen Evidenz der zionistischen Bewegung, die als Gemeinschaftswerk anlegt, was nur dem Einsamen gelingen kann: im Glauben zu leben. In der kurzen Studie *Das Stadtwappen* wird er drei Jahre später am Beispiel des babylonischen Turmbaus eine vergleichbare Allegorie des Unmöglichen liefern. Die hektische Betriebsamkeit, mit der hier das Volk seit Generationen unter den stets wechselnden Vorgaben seiner Oberen ein architektonisches Projekt verfolgt, das nicht abschließbar ist, zeigt Hybris und Unsinn des Unternehmens gleichermaßen (G 143 f.). Wer Gott nahezurücken wünscht, muß sich, so lautet Kafkas Überzeugung, in die Tiefe der Welt versenken, nicht ihr auf luftigen Wegen zu entkommen suchen: «Wir graben den Schacht von Babel.» (E 95)

Neben der religiösen steht auch eine sozialpolitische Sinndimension, die den Text über den chinesischen Mauerbau ähnlich wie das *Gruftwächter*-Fragment zum Spiegel der sinkenden k. u. k.-Monarchie werden läßt. Die ungeheure Ausdehnung des Landes und die fast unwirklich erscheinende Figur des entrückten Kaisers verweisen sichtbar auf solche Zeitbezüge.[58] Das Kaisertum, heißt es in einer ebenso prägnanten wie ironischen Formulierung, gehöre «zu unsern allerundeutlichsten Einrichtungen» (M 73). Seine Problematik liegt offenkundig im Spannungsverhältnis zwischen Institution und Person begründet, das die Einheit von Amt und Mensch zur Fiktion werden läßt: «Das Kaisertum ist unsterblich, aber der einzelne Kaiser fällt und stürzt ab, selbst ganze Dynastien sinken endlich nieder und veratmen durch ein einziges Röcheln.» (M 74) Die beiden Körper des Herrschers, welche die Garantie für die Stabilität der politischen Ordnung und die Unantastbarkeit der Erbfolge bilden, haben sich, vergleichbar dem Befund des *Gruftwächter*-Dramas, getrennt.[59] Die politische Assoziation, die dieses Bild des Zerfalls im Hinblick auf die Krise der Monarchie kurz vor dem Ende des Weltkriegs freisetzen mußte, wird wiederum durch einen Bezug zum Ostjudentum ergänzt. Im Frühherbst 1915 hatte sich Kafka, belehrt durch Jiři Langer, mit der Rolle religiöser Hierarchien in den Denkordnungen des Chassidismus befaßt. In einem elenden Quartier am Rande des Prager Vororts Žižkov lebte damals, umgeben von seinen Anhängern, der aus Galizien geflohene Rabbiner von Grodek, der als Weiser und Wunderheiler galt. Befremdet hält Kafka einen Monat nach seinem Besuch beim Rabbiner im Tagebuch vom 6. Oktober 1915 die autoritären Grundsätze des Chassidismus fest: «Einem Zaddik soll man mehr gehorchen als Gott.» (T III 108)[60]

Vor diesem Hintergrund bilden das Fehlgehen der herrscherlichen Botschaft und die Entrückung des Kaisers Indizien für einen Entfremdungsprozeß, der das Volk in eine kaum überwindbare Distanz zu seinem Oberhaupt getrieben hat. Wenn es heißt, daß das Volk «nicht dazu gelangt, das Kaisertum aus der Pekinger Versunkenheit in aller Lebendigkeit und Gegenwärtigkeit an seine Untertanenbrust zu ziehn», so verrät das eine Form des Bindungsverlusts, in der sich die Situation des Westjudentums spiegelt, das die Anlehnung an eine Autorität gleichermaßen wünscht und fürchtet (M 78). In seinem Aufsatz *Der Familienroman der Neurotiker* bemerkt Freud, daß Träume «vom Kaiser» versetzte Vaterträume seien.[61] In Kafkas Text erscheint die Vaterfigur als Gestalt, die sich ständig entzieht und den, der sich ihr nähern möchte, zu einer ewigen Reise verdammt: zur Ahasver-Existenz, die auch Gracchus führen muß.[62]

Ostjüdische Inspirationen

In Kafkas Bibliothek stehen 1920 zahlreiche Bücher und Broschüren, die sich mit Geschichte und Idee der jüdischen Religion befassen. Zu ihnen gehören Abraham Geigers *Was hat Mohammed aus dem Judenthume aufgenommen?* (1902), Moriz Friedländers *Die religiösen Bewegungen innerhalb des Judentums im Zeitalter Jesu* (1905), Adelbert Merx' *Die Bücher Moses und Josua* (1907), Wilhelm Nowacks *Amos und Hosea* (1908), Georg Hollmanns *Welche Religion hatten die Juden, als Jesus auftrat?* (1910), Paul Torges *Aus Israels Propheten* (1914), Otto Eißfeldts *Israels Geschichte* (1914) und Paul Fiebigs *Das Judentum von Jesus bis zur Gegenwart* (1916). Das Interesse an jüdischen Fragen berührt bis in die Kriegsjahre bei Kafka zunächst eine kulturpolitische Ebene. Zu den zentralen Themen zählt hier das Problem der Annäherung von Ost- und Westjudentum, das in Prag seit Bubers ersten Auftritten heftig debattiert wurde. Am 9. März 1915 fand im Hotel *Bristol* ein Diskussionsabend des *Jüdischen Volksvereins* statt, bei dem man das schwierige Verhältnis von Chassidismus und Zionismus erörterte. Kafka notiert seine Beobachtungen fünf Tage später und betont die «Verachtung» der Chassidim gegenüber den Westjuden, deren kulturpolitisches Programm ihnen unorganisch und letzthin areligiös erscheint. Anders als Max Brod betrachtet er den Gegensatz von authentischer religiöser Bindung und moderner jüdischer Romantik als unüberbrückbare Differenz. Jeden Einspruch gegen diese Differenz hält er für Selbstbetrug, weil der Versuch einer programmatischen Verbindung der Lager ihre historisch gewachsene Identität ignorierte. Die Schlußformel des

Eintrags vom März 1915 lautet lakonisch: «Und doch Hoffnung», ohne daß die Quelle dieser Prognose näher vermerkt ist (T III 80). Der Schnittpunkt, an dem Kafka selbst das Ostjudentum aus der Perspektive des modernen Zionismus erfahren kann, vermittelt sich über die Welt der Erzählungen: er begegnet dem Chassidismus in den Märchen und Legenden, die seit dem 18. Jahrhundert tradiert wurden.[63]

Bereits am 8. Januar 1913 notiert Kafka im Tagebuch, Felix Weltschs Vater habe ihm eineinhalb Stunden lang Geschichten aus der alten Prager Judenstadt erzählt (Br II 25). Unter dem Einfluß der Begegnung mit Jiří Langer liest er im Herbst 1916 chassidische Legenden, die in einer Bearbeitung von Alexander Eliasberg beim Münchner Müller-Verlag erschienen waren.[64] Diese *Sagen polnischer Juden* bieten eine Reihe von Anregungen für die Prosa des *Landarzt*-Bandes, deren Sujets, Rhythmik und Tonlage sie beeinflussen. Das Motiv der märchenhaft schnellen Reise, die Prüfung des Menschen durch ein göttliches Gericht, Anklage und Verteidigung, Überwachung und Bestrafung, Mißtrauen und Verdacht bilden zentrale Themen bei Eliasberg, dessen Held zumeist der heilige Baal-Schem, der Begründer des Chassidismus ist.[65] Auch Jizchak Leib Perez' Sammlung *Aus dieser und jener Welt*, eine Edition jüdischer Geschichten, die 1919 in deutscher Übersetzung publiziert wurde, gehörte zu Kafkas Bibliothek. Im Gegensatz zu Eliasberg ist Perez um eine ästhetisch ambitionierte Darstellung bemüht, was eine spannungs- und variantenreichere Sprache, aber auch die dezidierte Reflexion von Bezügen zum Talmud einschließt. Zu Perez' Personal zählen Kabbalisten, Rabbiner und fromme Schriftgelehrte, deren vorbildliche Lebenspraxis in zuweilen anekdotisch zugespitzten Geschichten beleuchtet wird. Durch die explizite Ausrichtung an den Lehrsätzen und Normen des Talmud repräsentiert Perez eine Überlieferungstradition, die sich von Eliasbergs populärem Stil entfernt, auch wenn bei ihm ostjüdische Motivelemente einfließen.[66] Daneben besaß Kafka eine Edition jüdischer Sagen von Micha Josef Bin-Gorion, die zwischen 1913 und 1919 in drei Bänden im Insel-Verlag erschienen war, und den Band *Sippurim*, eine Sammlung jüdischer Volkssagen in einer Ausgabe von Wolf Pascheles.[67]

Angesichts dieser Bibliotheksbestände wird man davon ausgehen dürfen, daß die Märcheneinflüsse, die Kafkas Prosa aufweist, keinen zufälligen Charakter tragen. Die kulturellen Traditionen der Chassidim werden jedoch wie Spurenelemente eingearbeitet, ohne daß sie sich programmatisch markiert und ausgewiesen finden. Walter Benjamin hat schon 1936 bemerkt, daß Kafkas Texte sich zwar in der Form der Aggada als Gleichnisse über die – traditionell in der Halacha aufgehobene – religiöse Wahrheit präsentieren, diese aber nicht mehr in sich tragen.[68] Selbst wenn man die spekulativen geschichtsphilosophischen Folgerungen von Benjamins Lektüre nicht nachvollziehen möchte, bleibt seine Beobachtung im Kern zutreffend. Insbesondere die kleinen Erzählstudien der Nachkriegsjahre vermitteln Formen des Wissens ohne Wissen, Gleichnisse ohne Lehre, weil sie das, was sie darstellen, stets schon überschritten und hinter sich zurückgelassen haben. So wird auch der Glaube, wie der antike Mythos, zum Zeichen einer großen Leere, an die das Gedächtnis der Literatur erinnert, um den Verlust einzuschärfen, den der Mensch erlitt, als er die Religion wie eine Bürde abwarf, um in die Moderne aufzubrechen.

Im Februar 1922 notiert Kafka: «Das Schreiben versagt sich mir. Daher Plan der selbstbiographischen Untersuchungen. Nicht Biographie, sondern Untersuchung und Auffindung möglichst kleiner Bestandteile. Daraus will ich mich dann aufbauen so wie einer, dessen Haus unsicher ist, daneben ein sicheres aufbauen will, womöglich aus dem Material des alten.» (E 10) Seit dem Beginn der 20er Jahre nehmen Kafkas Arbeiten, dem hier umrissenen Programm gemäß, Bezug auf die gesellschaftlichen, religiösen und politischen Ordnungen der Zeit, indem sie deren Elemente ins Verfahren der ‹selbstbiographischen Untersuchungen› transponieren und damit subjektiv aufladen. Ab Mitte Januar 1920 entsteht im Tagebuch ein Konvolut kürzerer Texte, die in Er-Form gehalten sind.[69] Sie verknüpfen knappe aphoristische Elemente im Stil der Zürauer Betrachtungen mit erzählerischen Zügen, die sich wie Bruchstücke einer chassidischen Überlieferung ausnehmen. Kafka greift hier vertraute Leitmotive auf: Kampf, Strafe und Gericht, Lebensangst und Lebenssehnsucht bilden die zentralen Themen dieser kleinen Studien. Charakteristisch ist das Bild des Menschen, der sich im Gefängnis wähnt, obwohl er «eigentlich frei» ist und die «Gitterstangen», die ihn umgrenzen, «meterweit» auseinanderstehen (T III 175). «Er hat viele Richter», heißt es wenig später, «sie sind wie ein Heer von Vögeln, das in einem Baum sitzt.» (T III 177) Eine ähnliche Perspektive taucht in den Sagen Eliasbergs und den Texten von Perez auf, wenn dort die Überwachung des Menschen durch ein himmlisches Gericht mit stets wechselnden Spionen und Sendboten beschrieben wird.[70] Kafka lernte solche Sujets, wie sie für die ostjüdische Tradition charakteristisch sind, nicht allein über die Lektüre, sondern auch durch seine Gespräche mit Langer kennen. «Erfahrung, die von Mund zu Mund geht», schreibt Benjamin 1936, «ist die Quelle, aus der alle Erzähler geschöpft haben.»[71]

Bezeichnend bleibt jedoch, daß Kafka die religiös imprägnierten Geschichten von Strafe und Einsamkeit, Schuld und Gericht kunstvoll variiert, indem er die unpersönliche Diktion der Sagen Eliasbergs, die keine Individuen, sondern Typenfiguren vorführen, in eine elegant gleitende Prosa mit aphoristischer Prägnanz transformiert. So wandelt sich das Motiv der Überwachung durch eine himmlische Macht zum Indiz für die Position des Be obachters, in der sich Kafka selbst sieht; Isolation und Unfreiheit bezeichnen keine göttlichen Strafen, sondern Momente einer Existenzschuld, die das Subjekt auf sich geladen hat (T II 178f.). Während das Leben eine endlos scheinende Zahl von Möglichkeiten der Partizipation bietet, kann die Figur des ‹Er› nur die Rolle des Zuschauers versehen, der jenseits der Gemeinschaft steht. Solche Umwertungen verraten den Einfluß Martin Bubers, der schon in seinen Prager Reden vor dem Krieg die Befreiung der jüdischen Seele von den Zwängen der Assimilation gefordert hatte.[72] Zwar teilt Kafka Bubers kulturphilosophischen Optimismus nicht, doch übernimmt er von ihm die Technik, religiöse Themen auf das Feld der Psychologie zu transferieren. Das Problem der Assimilation impliziert für ihn auch die Situation individueller Vereinsamung und Isolation jenseits des authentischen Glaubens. Der Westjude lebt, wie es im Zyklus von 1920 heißt, «in der Zerstreuung», weil seine psychische Welt nach dem Verlust des Glaubens haltlos geworden ist (T III 176). Die Dispersion des Ichs, die Kafkas Texte seit der *Beschreibung eines Kampfes* mit stets neuen Bildern zeigen, erweist sich hier als Resultat eines säkularen Existenzentwurfs.

Mehrfach reflektiert das Notizenkonvolut die gesellschaftliche Situation des Westjudentums im Zeichen der Ablösung von den religiösen Traditionen, die in Zeiten der Frömmigkeit ein Nervenzentrum auch der sozialen Identität ausmachten. «Er war früher Teil einer monumentalen Gruppe. Um irgendeine erhöhte Mitte standen in durchdachter Anordnung Sinnbilder des Soldatenstandes, der Künste, der Wissenschaften, der Handwerke. Einer von diesen vielen war er. Nun ist die Gruppe längst aufgelöst oder wenigstens er hat sie verlassen und bringt sich allein durchs Leben.» (T III 180f.) Diese Erinnerung an eine Identität einheitlicher Prägung, die durch die jüdische Religionsgemeinschaft aufgebaut wurde, hat großes Gewicht für Kafkas späte Arbeiten. Immer wieder kreisen sie um die Vorstellung eines Kollektivs, das dem instabilen, fragmentierten Ich eine Heimat und mit ihr auch psychische Konturen jenseits des Irrsinns der Selbstbeobachtung zu verleihen vermag. Zum Subjekt wird der Mensch einzig durch die gesellschaftliche Ordnung, in der er seine Identität durch Formen der Differenzierung ausbildet. Die Glaubensbindung, wie sie für die Ostjuden noch charakteristisch ist, schafft eine «Familie», ohne die das Ich kein Profil gewinnen kann: «Er lebt nicht wegen seines persönlichen Lebens, er denkt nicht wegen seines persönlichen Denkens.» (T III 181) Die eigentliche Sünde des modernen Individuums besteht darin, daß es in einer, wie Ernst Bloch schreibt, «amystischen Bürgerzeit»[73] das Bewußtsein für seine Gruppenzugehörigkeit verloren und die Möglichkeit seiner Wiederherstellung verspielt hat.

Die im Februar 1922 entstandene Studie *Fürsprecher* beschreibt die Konstellation der Entwurzelung mit den für Kafka typischen Rechtsmetaphern.

Der Ich-Erzähler befindet sich in einem gerichtsähnlichen Gebäude und hofft, daß ihm die während des Prozesses befragten «Verwandten und Fremden» ein positives Zeugnis ausstellen: «Hier ist es dringendst nötig, Fürsprecher zu haben, Fürsprecher in Mengen, am besten Fürsprecher, einer eng neben dem andern, eine lebende Mauer (…)» (E 14). Während das Ich die Stufen auf dem Weg zum Gericht emporsteigt, löst es sich freilich von der Welt, die es umgibt. Statt in einer sozialen Gemeinschaft Zeugen zu gewinnen, die den eigenen Lebensentwurf beglaubigen, entfernt es sich aus den schützenden Zonen des Kollektivs. «Ich müßte an einem Ort sein», so heißt es, «wo vielerlei Menschen zusammenkommen, aus verschiedenen Gegenden, aus allen Ständen, aus allen Berufen, verschiedenen Alters, ich müßte die Möglichkeit haben die Tauglichen, die Freundlichen, die, welche einen Blick für mich haben vorsichtig auszuwählen aus einer Menge.» (E 14f.) Der Text spiegelt hier das Gemeinschaftsideal des Zionismus, der Individuen unterschiedlichster Herkunft ‹an einem Ort› zusammenzuführen hofft. Der Erzähler erkennt jedoch, daß er keiner sozialen Ordnung zugehört, und spürt, wie die «Stufen» seines Wegs unter seinen «steigenden Füßen» unaufhörlich «aufwärts» wachsen, indes die Zeugen, die seine ‹Fürsprecher› sein könnten, hinter ihm zurückbleiben (E 15).

Angesichts des Verlusts der Glaubensgemeinschaft bedeutet das Schreiben für Kafka einen – freilich nicht unproblematischen – Ersatz religiöser Erfahrung. Die Einsamkeit, in der es stattfindet, wird zunächst durch die Entgrenzung aufgehoben, welche die Akte der Imagination vollziehen. Der Schreibende nimmt sich durch die Begegnung mit der ‹ungeheuren Welt› (T II 179), die er in seinem Kopf aufbaut, über ein Gefüge fiktiver Realitätsbezüge wahr. Die Risiken dieses Surrogats sind Kafka freilich gut vertraut; sie liegen dort, wo das phantasierende Ich in einen Zirkel der Selbstbeobachtung eindringt, der ihm über die Bilder des Außen einzig die Reflexe der eigenen Weltkonstruktion zuspielt. Der Autor, der diesen Kreislauf durchlebt, muß wie Kafkas Romanhelden erkennen, daß die Wirklichkeit, in der er existiert, eine Fiktion darstellt, die aus den Untiefen seines Unbewußten aufgestiegen ist.

«Schreiben als Form des Gebets» heißt es, wie erinnerlich, in einer Ende 1920 formulierten Notiz (G 171). Die hier eingenommene Perspektive, die keineswegs in Widerspruch zur sonst von Kafka erfahrenen erotischen Aufladung des Schreibakts steht, beleuchtet die mystische Überschreitung der Grenze zwischen Stimme und Schrift. Eine Anfang Oktober 1920 verfaßte Studie schildert die Ruhe der Nacht als angemessenen Rahmen für jene gleichsam religiösen Akte der Versenkung, die Kafka während der literarischen Arbeit vollzog: «Warum wachst Du? Einer muß wachen, heißt es, einer muß dasein (…)» (G 99). Im Schreiben erhebt sich eine einsame Stimme, die durch den Charakter des Gebets zu einem Zeichen wird, das eine Reise in die offenbarte Wahrheit des Wortes antritt, ohne sie je dauerhaft zu erreichen. Bedenkt man die Furcht, die Kafka vor den Geräuschen des Telefons und Grammophons hegte, so läßt sich begreifen, daß es dieses tentativen Charakters bedurfte, um ihn mit dem Phänomen der Stimme – dem unheimlichen «Privileg der Präsenz» (Derrida)[74] – zu versöhnen. In der betenden Stimme verhüllt sich der Logos in einem Prozeß der Annäherung, der dem Aufschubcharakter der Schrift entspricht.[75] So verwandelt sich beim Betenden das geflüsterte Wort, das ursprünglich zur geistigen Gegenwart des Sinns führt, im idealen Selbstbild des Autors Kafka zum Zeichen, das über das Papier gleitet. Beten und Schreiben erstreben die Wahrheit über einen Weg, der unabschließbar und nicht im Erreichen eines Ziels beendbar ist. Allein der dynamisch-offene Charakter der Schreibtätigkeit erlaubt es Kafka, die religiöse Erfahrung des Hinabsteigens in die Tiefe zu gewinnen, in der sich der Ausgleich für den Verlust der spirituellen ‹Familie› vollzieht, den das ‹Er›-Konvolut beklagt. Sobald das Schreiben in die Schrift übergegangen ist, verstummt freilich auch die Stimme des Betenden, der in der Welt der Imagination verschwunden scheint. Wir können sie nicht erneut zum Tönen bringen, sondern uns nur vorstellen, wie sie klang, als Kafka schrieb, was wir jetzt lesen.

Fahrt nach Spindelmühle

«Nächtlicher Entschluß», notiert Kafka am 22. Januar 1922 ohne nähere Erklärung im Tagebuch (T III 204). Die knappe Formulierung bezieht sich auf die Entscheidung zu einer längeren Reise, die ihn in einer Periode schwerer Niedergeschlagenheit aus der Monotonie des Prager Alltags befreien soll. Allein der Ortswechsel scheint zu Beginn des Jahres 1922 eine Möglichkeit zu bieten, einen Damm gegen die angespannte Nervosität der zurückliegenden Monate zu errichten. Während des gesamten Winters befindet sich Kafka in einem katastrophalen Zustand; das Tagebuch spricht von «Zusammenbruch», Schlaflosigkeit, «Wildheit des inneren Ganges». Wie so oft wird bilanziert, jetzt im Vorgriff auf das Erreichen eines neuen Lebensabschnitts: «Gib dich zufrieden, lerne (lerne 40jähriger) im Augenblick zu ruhn (doch, einmal konntest du es).» (T II 198) Die Erinnerung an diesen Moment der großen Ausnahme von der pulsierenden inneren Bewegung bezieht sich auf das Gmünder Treffen mit Milena, das ihn im August 1920 für kurze Zeit ‹im Augenblick zu ruhn› erlaubte. Angesichts des exzeptionellen Charakters solcher Erfahrungen aber gilt es, das Scheitern sämtlicher Liebesbeziehungen einzugestehen: «Was hast Du mit dem Geschenk des Geschlechtes getan? Es ist mißlungen, wird man schließlich sagen, das wird alles sein.» (T III 199) Am 17. Januar 1922 besucht ihn der Dramatiker Georg Kaiser, der sich zu Vorträgen in Prag aufhält, auf Vorschlag Max Brods in der Wohnung seiner Eltern, ohne daß Kafka in der Lage ist, mit dem ungebetenen Gast ein konzentriertes Gespräch zu führen: «Merkwürdig und nicht ganz angenehm ihn so vor sich zu sehn, halb ein Berliner Kaufmann, fahrigfröhlich, halb ein Verrückter.» (Mi 309) Eine Woche später wird Kafkas Urlaub aufgrund des Ende Oktober erstellten Attests von Kodym um drei Monate verlängert. Die trüben Tage dehnen sich ungegliedert und monoton, wie die stummen Zeichen der Todestrauer, die den Kranken befallen hat.

Ende Januar fährt Kafka in Begleitung seines Hausarztes Otto Hermann, der ihm eine rasche Klimaveränderung empfohlen hat, nach Spindelmühle im Riesengebirge. Der eine halbe Tagesreise von Prag entfernte Ort liegt 1430 Meter hoch, unmittelbar an der Elbe. Kafka bezieht ein Zimmer im Hotel *Krone*, das sich im Bezirk Friedrichstal am rechten Elbufer befindet. In das Gästebuch trägt man ihn als «Josef Kafka» ein; das Journal erwägt lapidar:

«Soll ich sie aufklären oder soll ich mich von ihnen aufklären lassen?» (T III, 210) Während der folgenden Tage fährt Kafka Schlitten, unternimmt längere Spaziergänge und besucht, sehr beeindruckt von der Körperbeherrschung der Sportler, ein Skispringen. Immer wieder ist im Tagebuch von «Angriffe[n]», Flucht und «Kampf» die Rede, ohne daß der Zusammenhang mit der aktuellen Lebenssituation sogleich einleuchtet (T III, 212ff.). Ganz offensichtlich handelt es sich um einen Widerschein der inneren Auseinandersetzung mit dem Schreiben; seit dem Frühjahr 1917 hatte Kafka mit Ausnahme zweier kürzerer Perioden im Spätsommer und Winter 1920, in denen Texte wie *Zur Frage der Gesetze* und *Die Truppenaushebung* entstanden, nicht mehr literarisch gearbeitet: es war die längste Periode der Schreibabstinenz, die er in seinem Schriftstellerleben jemals durchlief. Der ‹Kampf› wird unter Schmerzen entschieden, im Bewußtsein, daß die «wahrscheinliche Höchststärke des Negativen» seine Existenz «zwischen Irrsinn und Sicherung» bestimme: Schreiben und Nicht-Schreiben bilden für ihn im Winter 1922 nur noch unterschiedliche Versionen des Unglücks, jener Logik des Scheiterns, die sich durch Tätigkeit und Untätigkeit gleichermaßen einstellt (T III 216). In Spindelmühle, unter dem Eindruck der schneebedeckten Gebirgslandschaft, hat Kafka, nach der Niederschrift einer dreiseitigen Studie über die Szene einer abendlichen Ankunft, die Arbeit am *Schloß*-Roman begonnen: der ‹nächtliche Entschluß› mündet damit auf verschlungenen Wegen in ein neues Romanvorhaben, das zugleich sein letztes sein wird.[1] Der Druck, der angesichts jahrelangen Schreibverzichts auf ihm lastet, ist außerordentlich; der Einstieg in ein neues Projekt kann daher nur im Schatten der autobiographischen Fiktion erfolgen, unter dem Vorwand, eine Variante der wenige Tage zuvor erlebten Anreise im winterlich verschneiten Spindelmühle zu schildern: «Es war spät abend als ich ankam.»[2]

Wieder ist es die Winterstimmung, die Kafkas Arbeitsenergie in Gang setzt, obgleich er noch wenige Monate zuvor geklagt hatte: «Die Unselbständigkeit des Schreibens, die Abhängigkeit von dem Dienstmädchen, das einheizt» (T III 196). Je kälter es um ihn wird, desto wärmer läuft jetzt die Maschine der Imagination; schon die *Landarzt*-Erzählungen entstanden 1917 unter ähnlichen Bedingungen winterlicher Einsamkeit wie der neue Text. Am 27. Januar 1922 vermerkt das Journal kurz nach dem Beginn der Arbeit am Manuskript: «Merkwürdiger, geheimnisvoller, vielleicht gefährlicher, vielleicht erlösender Trost des Schreibens; das Hinausspringen aus der Totschlägerreihe Tat-Beobachtung (...)» (T III 210). Das ist wieder die Kameraeinstellung der *Betrachtung*, wie sie schon in der Mitte Februar 1920 festgehaltenen Reminiszenz an das Laurenziberg-Erlebnis des Gymnasiasten reaktiviert wird (T III 179). Zugleich registriert Kafka unter dem Eindruck gelöster Schreiblust mit den Metaphern der *Landarzt*-Erzählung die «Heranführung neuer Kräfte»: «Hier allerdings gibt es Überraschungen, das muß der trostloseste Mensch zugeben, es kann erfahrungsgemäß aus Nichts etwas kommen, aus dem verfallenen Schweinestall der Kutscher mit den Pferden kriechen.» (T III 210) Das gelingende Schreiben erlaubt die Entfesselung ungekannter Energien als jenes gesteigerte Ereignis, in dem Nietzsche die Epiphanie des freien Geistes vollzogen fand.[3] Es schließt jedoch auch die Angst vor der Unterbrechung ein, die Kafka so sehr fürchtet, daß er sich seit dem Ausbruch der Krankheit immer häufiger in eine selbstverordnete Untätigkeit zu flüchten sucht. Die literarische Arbeit ist eine Schlittenfahrt durch den ‹Frost dieses unglückseligsten Zeitalters›, die mit Pferden aus dem Schweinestall bestritten wird; die eigene Nacktheit und die Unberechenbarkeit des Weges machen diese Fahrt nicht komfortabler (D 206).

Ein den Topos der Tat-Beobachtung ergänzendes Bild entwirft ein Tagebucheintrag vom 16. Januar 1922. «Diese ganze Litteratur ist Ansturm gegen die Grenze und sie hätte sich, wenn nicht der Zionismus dazwischen gekommen wäre, leicht zu einer neuen Geheimlehre, einer Kabbala entwikkeln können. Ansätze dazu bestehn.» (T III 199) Dem Schreiben fällt nicht nur die Funktion zu, den Automatismus des sozialen Handelns in Frage zu stellen, wie es das Bild vom ‹Hinausspringen aus der Totschlägerreihe› andeutet; als ‹Ansturm› gegen Markierungen und Gräben gewinnt Literatur zugleich die Bedeutung einer quasireligiösen Kraft, die alte Konventionen löst und neue Bindungen schafft. Ihre wahren Möglichkeiten entfaltet sie dort, wo sie das Individuelle auslöscht, indem sie es als Produkt von Beziehungen verschiedener historischer und sozialer Determinanten vorführt.[4] Die Vision vom jüdischen Tatwillen, die Bubers Prager Reden von 1909 umrissen hatten, fasziniert Kafka, bleibt ihm aber, wie sein skeptischer Satz über die Intervention des Zionismus verrät, zugleich fremd.[5] Für die literarische Arbeit ist sie untauglich, denn das Schreiben kann das Beobachtete nur durch perspektivische Umschichtung ändern, ohne selbst gesellschaftlich-praktische Evidenz zu gewinnen: es ist ein Akt, der die Sperrmauer zur Realität nicht durchbricht, jedoch den Zweifel daran nähren darf, ob diese Realität so substantiell ist, wie das Alltagswissen behauptet.[6]

Kafka beginnt das Schloß-Manuskript mit Bleistift, weil er in Spindelmühle offenbar nicht mit ausreichendem Schreibwerkzeug ausgestattet ist (KKAS, App.-Bd. 63). Ähnlich wie im Fall des Proceß benutzt er ein hochformatiges Heft, dessen Seiten dicht gefüllt werden. Die Handschrift weist nur eine geringe Anzahl von Korrekturen auf; die Ersetzung der zunächst gewählten Ich-Form durch die Chiffre «K.» erfolgt erst relativ spät, in der Mitte des dritten Kapitels kurz vor der Beschreibung des Liebesakts, den K. mit Frieda vollzieht.[7] Ende Februar 1922 kehrt Kafka aus dem immer noch frostklirrenden Spindelmühle nach Prag zurück. Eingezogen in seine Eremitenexistenz versucht er, die drängende Schreibenergie weiterhin festzuhalten. Mitte und Ende März 1922 liest er Max Brod aus dem Roman vor, ohne daß das Tagebuch Details über die Wirkung vermerkt. Bis Ende Juni 1922 sind 16 Kapitel – mehr als die Hälfte des uns erhaltenen Manuskripts – abgeschlossen.[8] Die nahezu gleichbleibend enge Handschrift verrät am Anfang und am Ende der Hefte einen schwankenden Rhythmus, der offenbar durch den Wechsel der Schreibmedien bedingt ist.[9] Bis zum 31. Juli 1922 ist der Schluß der Bürgel-Episode – das 23. Kapitel – beendet; in der letzten Augustwoche bricht Kafka die Arbeit am Roman jedoch ab, weil ihm die Fäden der Handlung entgleiten.[10] Der Text entfaltet eine merkwürdige Asymmetrie, die die ursprünglich «einfache» Geschichte, wie es im *Proceß* unter Bezug auf die Exegese der Legende heißt, ‹unförmlich› werden läßt (P 234). Je weiter der Roman fortschreitet, desto ausufernder, detaillierter und anschwellender werden seine Dialoge. Einzelne Figuren der Exposition – so der Graf Westwest oder der Sohn des Kastellans – geraten im Fortgang der Arbeit am Manuskript in Vergessenheit. Da Kafka keine genaue Disposition der Rahmenkonstruktion anlegt, scheint die Erzählung über das Schicksal K.s, der im Dorf Aufnahme begehrt, in ein imaginäres Unendliches fortzusteuern. Anders als im Fall des *Proceß* weiß der Autor offenbar nicht, wohin sein Roman treibt. Die inneren Brüche der Konstruktion erweisen sich am Ende als unüberwindlich, so daß Kafka Mitte September 1922 resigniert erklärt, er habe «die Schloßgeschichte offenbar für immer liegen lassen müssen» (Br 413).

Schwarze Romantik in Böhmen

Das Arrangement der Exposition ist so knapp wie kunstvoll: eine Winternacht in Einsamkeit und Nebel, ein dunkel umhülltes Schloß, eine zum Dorf führende Holzbrücke, ein müder Wanderer, der ein Schlaflager sucht (S 9). Man hat davon gesprochen, daß diese Eröffnung Motive des europäischen Schauerromans des späten 18. und 19. Jahrhunderts aufzugreifen scheine;[11] in der Tat mag Kafkas düsterer Beginn an die Topographie von Walpoles *The Castle of Otranto* (1765), Ann Radcliffes *The Mysteries of Udolpho* (1794), Matthew Gregory Lewis' *The Monk* (1796), E. T. A. Hoffmanns *Elixiere des Teufels* (1815/16) oder Bram Stokers *Dracula* (1897) erinnern. Von den vordergründigen Mustern der Schauerliteratur unterscheidet sich die Expositionsszene des Textes freilich dadurch, daß sie den dunklen Ort der Anziehung und Bedrohung nur ahnen läßt: «Vom Schloßberg war nichts zu sehn, Nebel und Finsternis umgaben ihn, auch nicht der schwächste Lichtschein deutete das große Schloß an.» (S 9) Das Zentrum dieser Eröffnung ist eine Leere, um die fortan das Denken des Protagonisten kreisen wird – ein erahnter Mittelpunkt, den man imaginieren, aber kaum direkt erfahren kann.

Erst am Tag nach seiner Ankunft vermag K. das erhöht auf einem Berg liegende Schloß zu erkennen. Es besteht aus «vielen eng aneinanderstehenden
Bauten» (S 16), in deren Mitte die «Mauerzinnen» eines Turms wie «von
ängstlicher oder nachlässiger Kinderhand gezeichnet» in den Winterhimmel
ragen (S 17). Daß dieses Schloß wie ein «elendes Städtchen» erscheint, das
sich als «ausgedehnte Anlage» ohne architektonischen Glanz in der Ferne erstreckt, unterstützt das Moment der Irritation, die den Fremden bei seinem
Anblick befällt (S 16). Wenn der Erzähler nach dieser Beschreibung von
einem «angeblichen Schloß» spricht (S 17), dann bestätigt das die Uneindeu-
tigkeit der Wahrnehmung, die zwischen wechselnden Eindrücken – ‹Städtchen›, Sammlung von ‹Dorfhäusern› – schwankt. Das Zentrum hat eine Gestalt gefunden, jedoch bleibt sie proteisch wie die Beamtenschaft, die im
Schloß residiert; der Eindruck der Ungreifbarkeit der gesamten Anlage («die
Blicke des Beobachters konnten sich nicht festhalten und glitten ab»; S 123)
wird sich später im Symptom der Unübersichtlichkeit ihrer Administration
wiederholen.[12] Angesichts dieses Befundes bleibt die Frage zweitrangig, ob
Kafkas Beschreibung durch Impressionen angeregt wurde, wie sie das kleine
Schloß in Hermann Kafkas Geburtsort Wosek oder die Residenz Albrecht
von Wallensteins vermittelte, die er während seiner Friedland-Reise Anfang
Februar 1911 vor winterlicher Schneelandschaft sah («mit Epheu vollge-
stopft»; Br I 132).[13] Das Schloß des Romans, das unklare Umrisse aufweist,
bildet zunächst keinen realen Ort, sondern nur einen entfernten Blickpunkt
für das Auge. So wie die Leere, in die K. in der Nacht der Ankunft empor-
schaut, eine ‹scheinbare› bleibt, ist das Gebäude in der Ferne nur ein ‹angeb-
liches› Schloß. Wo selbst die Aussagen über die sichtbare Welt derart unsicher ausfallen, geraten Erfahrung und Urteil notwendig ins Schwanken.

Zeit, Raum und Körper gehorchen im gesamten *Schloß*-Roman, ähnlich
wie im *Proceß*, den Gesetzen der Verfremdung. Erneut offenbart sich Kafka
als raffinierter Arrangeur, der die Elemente der externen Welt in Zeichen
psychischer Befindlichkeiten verwandelt. Die Zeit, die der Text vorführt, ist
eine Zeit der fortwährenden Stagnation, in der Monotonie und Bewegungslosigkeit herrschen. Wie ein Sinnbild der Erstarrung hüllt der Schnee
die Landschaft ein und läßt unter trübem Himmel dauerhafte Dämmerung
über dem Dorf liegen. Die Hütten der Bewohner, selbst die Amtsstube des
Vorstehers wirken wie düstere Höhlen, in denen die Zeit zum Stillstand gekommen ist. Im Tagebuch bemerkt Kafka am 16. Oktober 1921 über den irritierenden Eindruck der Stagnation: «Das Unglück eines fortwährenden
Anfangs, das Fehlen der Täuschung darüber, daß alles nur ein Anfang und
nicht einmal ein Anfang ist, die Narrheit der andern, die das nicht wissen
und z. B. Fußball spielen, um endlich einmal ‹vorwärts zu kommen›, die eigene Narrheit in sich selbst vergraben wie in einem Sarg, die Narrheit der

andern, die hier einen wirklichen Sarg zu sehen glauben, also einen Sarg, den man transportieren, aufmachen, zerstören, auswechseln kann.» (T III, 187)[14] Auch K. unterliegt, so scheint es, dem ‹Unglück eines fortwährenden Anfangs›, denn er ist dazu verurteilt, die Szene seiner Ankunft mehrfach zu wiederholen. Wo immer er auftritt, bleibt er der aus der Schneekälte in die gewärmte Stube eindringende Fremde, den niemand kennt. Zu dieser Monotonie des ewigen Beginnens, das über die vage Ahnung eines Anfangs nicht hinausgelangt, paßt die dauernde Nacht, die zu K.s Irritation im Dorf – ähnlich wie in Alfred Kubins Traumstadt Perle (*Die andere Seite*, 1909) – herrscht: «Und bis vor kurzem war gleichmäßige Tageshelle gewesen, erst jetzt die Finsternis. ‹Kurze Tage, kurze Tage›, sagte er zu sich, glitt vom Schlitten und ging dem Wirtshaus zu.» (S 27)[15] Die Magd Pepi berichtet K., daß der Winter die dominierende Jahreszeit im Dorf bleibe: «(…) in der Erinnerung, jetzt, scheint Frühjahr und Sommer so kurz, als wären es nicht viel mehr als zwei Tage und selbst an diesen Tagen, auch durch den allerschönsten Tag fällt dann noch manchmal Schnee›.» (S 375)

Dieses Bild der Monotonie suggeriert das Vorherrschen jenes Wiederholungsprinzips, das als mythisches Gesetz der Zeit den gesamten Roman zu steuern scheint. Hinter ihm verbirgt sich jedoch eine Selbstreflexion des Erzählvorgangs, die dem entspricht, was Kafka als Ausdruck des Bewußtseins dafür bezeichnete, ‹daß alles nur ein Anfang und nicht einmal ein Anfang ist›. Nach Derrida erweist sich das Strukturmuster der Wiederholung als reine Fiktion, da es vom Anspruch auf Vergegenwärtigung eines Ursprungs getragen wird, der seinerseits einen Mythos der Metaphysik bildet.[16] Wo Kafkas *Schloß*-Roman seine Exposition variierend wiederholt, indem er den Protagonisten immer wieder neu in den Häusern der Dorfgemeinde – bei Lasemann, der Barnabas-Familie, im Herrenhof, beim Vorsteher und beim Lehrer – als Fremden ankommen und vorsprechen läßt, beschreibt er mithin keine einfache Reproduktion scheiternder Annäherungsbemühungen, sondern eine Spiegelung des ihn tragenden Fiktionsprinzips und damit eine Reflexion seines Kunstcharakters.[17] In den Akten der scheinbaren Wiederholung, die den Prozeß der Ankunft des Landvermessers strukturieren, erfaßt der Roman die Regeln seines erzählerischen Verfahrens, das auf die vergebliche Suche nach einem Ursprung zurückweist.

Die narrativen Formen der Zeitdarstellung unterliegen einer subjektiven Ordnung, die keine exakte Messung mehr zuläßt. Der Vater des Boten Barnabas ist, wie es heißt, während der letzten drei Jahre aufgrund der allgemeinen Ächtung seiner Tochter Amalia rasch zum Greis geworden, obgleich er zuvor noch wie ein «junger Mann» (S 230) wirkte; Barnabas selbst wiederum hat sich in derselben Zeit, welche die Familie als Martyrium durchlitt, übergangslos vom Kind zum Erwachsenen gewandelt (S 276). Zeit gerät zum Zeichen für eine gestörte, nicht mehr erfaßbare Ordnung, in der Veränderung nur im Sprung von Zustand zu Zustand, im Paradoxon dynamischer Statik erfahrbar zu sein scheint. Der Fragmentcharakter des Romans bildet dabei die einzig angemessene Form für eine Zeitkonstruktion des unentwegten Beginnens, das niemals enden kann, weil es nicht von der Stelle kommt. Sein Leben sei ein «stehendes Marschieren», notiert Kafka am 23. Januar 1922 kurz vor der Fahrt nach Spindelmühle, unter Abwandlung einer zehn Jahre älteren Formulierung vom «stehenden Sturmlauf» der inneren Uhr, die eine Denkmechanik im Zeichen gespannter Ruhe freisetze (T III 206, T I 202). Das Zeitmodell des Romans, in dem Bewegung und Bewegungslosigkeit gemäß dem Aphorismus des Zenon von Elea ununterscheidbar wirken, greift diesen Befund wieder auf; Zeit läßt sich nur als Paradoxon erfassen, das Statik und Dynamik auf befremdliche Weise einander überlagern läßt, wie es Nietzsche in *Menschliches, Allzumenschliches* betont, wenn er erklärt, ihr Verstreichen sei einzig über die Hilfskonstruktion der Zahl, nicht aber durch die Automatismen der Wahrnehmung objektivierbar.[18]

Auch der Körper des Menschen bleibt im Koordinatensystem von Dorf und Schloß den Gesetzen des normalen Alltags entzogen. K. wird von den Dorfbewohnern mehrfach durch den Schnee fortgerissen, als sei er schwerelos. Die Handwerker Lasemann und Brunswick tragen ihn schweigend aus ihrer Hütte, weil er ein fremder, unerwünschter Gast ist (S 22f.). Barnabas, später Olga führen K. mit gewaltigen Körperkräften wie ein willenloses Kind durch die unwegsame Winterlandschaft (S 41, 44). Der Gehilfe Jeremias wirkt physisch verändert und deutlich gealtert, wenn er K. allein, ohne seinen Kollegen Artur, nach dem Verlassen des Dienstes entgegentritt (wobei er im Kontrast zu seinem äußeren Erscheinungsbild gerade jetzt souveräner scheint) (S 282f.). Der Leib, die letzte Begründungsinstanz menschlicher Identität, ist ähnlich wie die unbelebte Welt kein zuverlässiges Zeichen mehr, sondern das Indiz für die Dissoziation des urteilenden Blicks.

Zum Sinnbild für die amorphe Ordnung, in die sich K. verirrt (S 10), wird die winterliche Landschaft. Der Raum, den der Protagonist durchquert, weist keine genauen Lineamente und Gliederungssignale auf. Im Schneetreiben schwankt er durch die Gassen, gezeichnet von der «Mühe, die ihm das bloße Gehen verursachte» (S 40). Der Taumel ist die Chiffre eines Zustands des Entgleitens, in dem K. sich während seines gesamten Aufenthalts befindet. Daß sich daraus eine verzerrte, nicht mehr objektivierbare Wahrnehmung des Raums ableitet, demonstriert der scheiternde Versuch des Protagonisten, die Schloßanlage auf dem Fußweg zu erreichen: «Die Straße nämlich, diese Hauptstraße des Dorfes führte nicht zum Schloßberg, sie führte nur nahe heran, dann aber bog sie ab und wenn sie sich auch vom Schloß nicht entfernte, so kam sie ihm doch auch nicht näher.» (S 19) Die topographischen Verhältnisse gestatten keine strikte Trennung von Dorf und Schloß, weil beide ineinander übergehen. Verfließende Linien bestimmen nicht allein die Schneelandschaft, sondern auch die Bezüge innerhalb der sozialen Welt, in die K. gerät. Hierarchien sind nur die Kehrseite einer undurchschaubaren Verflechtung, die der Neuankömmling kaum entwirren kann. K.s Fehler liegt in seinem beharrlichen Glauben, daß die Realitäten von Dorf und Schloß trennbar seien. Die Wirklichkeit erweist sich jedoch als von ‹nachlässiger Kinderhand› entworfenes Zeichengebilde, dessen Struktur «zum literarischen Gegenstand selbst» wird, der, nach Derrida, reine Konstruktion ohne Bedeutung bleibt.[19] Hinter der scheinbaren Differenz, welche die Phänomene scheidet, offenbart sich ein Prozeß des Gleitens und Verschwimmens, unter dessen Diktat Grenzziehungen unmöglich werden. Schwarzer, der Sohn des Kastellans, hatte K. schon wenige Stunden nach seiner Ankunft erklärt, was ihm später auch der Lehrer bestätigt: «‹Dieses Dorf ist Besitz des Schlosses, wer hier wohnt oder übernachtet, wohnt oder übernachtet gewissermaßen im Schloß.›» (S 9, 19)

Ein Fremder

Ein Photo zeigt Kafka am 27. Januar 1922 bei der Ankunft in Spindelmühle während dichten Schneetreibens neben einem großen Schlitten, zur Seite gelehnt, ein wenig schräg vor der Landschaft stehend: ein Fremder, der im Begriff ist, einen ihm unbekannten winterlichen Ort näher in Augenschein zu nehmen. Wenig später wird man ihm im Hotel ein Zimmer anweisen und seinen Namen falsch ins Gästebuch eintragen. Die Bezüge zur Exposition des *Schloß*-Romans sind offenkundig: auch K. trifft im tiefen Schnee als unbekannter Gast im Dorf ein und nimmt bei der Befragung durch den Sohn des Kastellans, freilich aus eigenem Entschluß, eine offenbar unrichtige Identität an. Die Tatsache, daß Kafka seinen Text zunächst in der Ich-Form begann und die Chiffre ‹K.› erst im Zuge der Ausarbeitung – während der Niederschrift der Liebesszene zwischen dem Protagonisten und Frieda – benutzte, bekräftigt die Analogie der Konstellationen.

Der Fremde besitzt in einer geschlossenen Gesellschaft keine Individualität. Zum Individuum wird hier nur, wer zu einer Gruppe gehört und in ihr eine genau zugeschnittene Rolle versieht. Individualität ist gebunden an Formen der Inklusion, die, wie Niklas Luhmann gezeigt hat, den Aufbau jener «Komplexität» erzeugen, ohne die das Ich sozial nicht bestehen kann.[20] Über seine eigene gesellschaftliche Position vermerkt Kafka am 29. Januar 1922 in Spindelmühle, er werfe einen «Schatten» in die Welt, scheine aber nicht direkt mit ihr verbunden; da man ihn «ausgewiesen» habe, sei er gezwungen, die Wurzeln, über die er verfüge, durch seine «Vertreter, klägliche, ungenügende Komödianten», nähren zu lassen (T III 212). Der Fremde, als den sich Kafka

Ankunft in Spindelmühle, 27. Januar 1922

hier beschreibt, ist – mit einer auf Maurice Blanchot zurückgehenden Formulierung Agambens – der eingeschlossene Ausgeschlossene: seine soziale
Funktion liegt darin, das Andere der Gesellschaft zu markieren, damit ihr Eigenes befestigt werden kann.[21] Auch K. tritt seinen Weg durch den Roman
im Zeichen eines Selbstverlusts an, der seiner Ankunft vorangegangen ist: da
ihn keiner kennt, besitzt er a priori kein soziales Ich, das ihn eingliedert und
behaftbar macht. K. ist ein *Homo sacer*, der nachts auf der Brücke zum Dorf erscheint und ziellos durch die Nacht irrt. Peter Weiss hat in seinem autobiographischen Roman *Fluchtpunkt* (1962) mit Blick auf die fragile Subjektkon-
struktion in Kafkas Text bemerkt: «Hier war alles Außenwerk abgeschält, und
das Ich des Buches stand schutzlos und entkleidet da.»[22]
    K. tritt aus einer dunklen Vergangenheit auf den Schauplatz des Gesche-
hens; anders als Karl Roßmann, dessen Vorgeschichte genau umrissen wird,
erfahren wir wenig über sein Vorleben. K. ist ein moderner Ahasver, der, Kafkas Landarzt vergleichbar, durch die winterliche Fremde zieht. Wie der ein-
fältige *am ha-arez* aus der Türhüterlegende hat er seine Heimat verlassen, ohne
daß wir die Gründe für seine Reise kennen. Im Gegensatz zu seinen Vorgän-
gern trägt er jedoch energische, tatkräftige Züge; kein anderer Protagonist
Kafkas ist derart aktiv und umtriebig wie K., keiner aber auch vergleichbar
skrupellos in der Wahl seiner Mittel. K.s aggressives Streben nach Anerkennung und Bestätigung deutet auf seinen Status als Fremder zurück. Ende 1920
notiert Kafka unter offenkundigem Bezug auf seine Zürauer Aphorismen zur
Unteilbarkeit der Wahrheit: «Das was man ist kann man nicht ausdrücken, denn
dieses ist man eben; mitteilen kann man nur das was man nicht ist, also die
Lüge.» (G 166f.) In diesem Sinne ist K.s Behauptung, er sei ein vom Grafen

Westwest bestellter Landvermesser, eine Notlüge, zu der er greift, weil er sich im Dorf durch ein Amt auszuweisen sucht, um als Fremder eine klar umrissene Identität anzunehmen (S 11). Seine Unkenntnis der örtlichen Hierarchie dokumentiert K. schon kurz zuvor, als er auf die Aussage Schwarzers, man benötige eine durch das Schloß ausgefertigte Erlaubnis zum Übernachten, antwortet: «In welches Dorf habe ich mich verirrt? Ist denn hier ein Schloß?» (S 10) Äußerst unglaubwürdig wirkt es daher, wenn K. im nächsten Schritt erklärt, der Graf habe ihn als Landvermesser «kommen lassen.» (S 11) Vom Grafen ist nach K.s Begegnung mit dem Lehrer, der ihm die Nennung seines Namens in Rücksicht auf die «Anwesenheit unschuldiger Kinder» untersagt (S 18), im Roman nie wieder die Rede. Unklar muß daher bleiben, ob K. seine Identität womöglich durch die Berufung auf eine nur fiktive Person zu begründen sucht («Wie sollte ich ihn kennen?» antwortet der Lehrer auf die Frage nach dem Grafen).[23] Wenn K. den Herrn des Schlosses als Referenz für seine vermeintliche Identität als Landvermesser ins Spiel bringt, bekräftigt er auf diese Weise nur seine Rolle als Fremder, der lügt, sobald er von sich selbst spricht. Denn der Graf ist nicht Teil der Gemeinschaft, sondern – unabhängig von der Frage seiner realen Existenz – eine prinzipiell ausgeschlossene Instanz, über die zu reden verboten ist. Indem er seine Identität an die des Grafen bindet, bestätigt K. ahnungslos seinen eigenen Status des Exkludierten, Nicht-Integrierten. Als Fremder ist er, wie die Wirtin erklärt, «überzählig und überall im Weg», zudem «hinsichtlich» der «Verhältnisse entsetzlich unwissend» (S 63, 70). Die Entschiedenheit, mit der er die Gunst der gräflichen Behörden gewinnen möchte, bildet nur eine Spielart dieses Nichtwissens gegenüber einer sozialen Welt, die, wie Benjamin bemerkt hat, in Kafkas Romanen älter als der Mythos ist, weil ihre Ursprünge jenseits der menschlichen Erinnerung liegen.[24]

Ein Brief des Kanzleivorstands Klamm bestätigt K. zu seiner eigenen Überraschung, daß er in den Dienst des Schlosses aufgenommen sei, ohne aber zunächst den Begriff ‹Landvermesser› anzuführen. Es ist bezeichnend, daß die Behörde sich des Mediums der Schrift bedient, um K. über ihren Willen zu benachrichtigen. Die Schrift schafft eine Distanz, die keine echte Annäherung an den Sender des Briefs ermöglicht, sondern nur deren Simulation erzeugt. Nach einem Wort des Rabbi Elieser, das Derrida in der *Grammatologie* zitiert, kann das Medium der Schrift die mündlich tradierte Weisheit der Tora niemals erreichen.[25] Wo die Stimme die «Selbstpräsenz» des Geistes im Atem erzeugt, vollzieht die Schrift nur eine endlose Reise durch das Meer der Zeichen, ohne den Sinn, den sie erschreiben möchte, festhalten zu können.[26] So ist der Brief der Kanzlei nicht das Indiz für K.s Anerkennung als Landvermesser, sondern der Reflex seiner Sehnsüchte jenseits ihrer faktischen Erfüllung. Aufschlußreich bleibt, daß nur die Behörde schriftlich mit K. kommuniziert, während dieser gerade aufgefordert wird, seine Wünsche dem Boten Barnabas mündlich zu übermitteln, damit er sie an Klamm weitergeben darf. Empfängt die Behörde mit der Stimme auch den Logos in seiner eigentümlichen Form, so bleibt K. nur dessen Surrogat – ein Brief ohne leserliche Unterschrift (S 33).

K. interpretiert das amtliche Schreiben mit der Pedanterie eines geschulten Juristen, mißversteht jedoch seine Aussage, wenn er sich jetzt widerspruchslos in die soziale Gemeinschaft aufgenommen wähnt. Wieder erscheint die Hermeneutik als Grundmuster der Selbstreflexion und zugleich als Medium der Macht, die sich wie ein Netzwerk in der Konstruktion der gedeuteten Welt aufbaut (S 33ff.). Der Brief gewinnt unter dem Diktat der Exegese eine eigene Realität, deren Evidenz zwar später durch die Lektüre des Vorstehers in Frage gestellt, aber nicht aufgehoben wird (S 89f.).[27] K. ist in diesem Punkt der charakteristische Nachfolger der früheren Romanhelden, insofern er das Geschehen permanent deutet und ihm dadurch einen Sinn zuweist, dessen heteronomer Charakter die Freiheit seines Ichs einschränkt. Das Nicht-Identische, das hier in Form des Diktats, des Zwangs und der Unterdrückung regiert, ist das Resultat der Sinnzuschreibung, die K. vornimmt, um sich in der Welt einrichten zu können: die Macht steigt aus der Interpretation hervor und manifestiert sich wie das im Halbschlaf gerufene Gericht in den Bildern des Imaginären. Mit Hilfe der Sprache gliedert der Protagonist den leeren, weißen Raum, der ihn umgibt – der Winter wird so zur Chiffre des unbedingten Anfangs –, schafft jedoch auf diese Weise einen Bedeutungszusammenhang, der ihn selbst determiniert.[28] Schloß und Schloßbehörde baut er wie einen Apparat auf, den er danach als objektives Faktum betrachtet; das ist die Urszene einer Weltsetzung durch die Imagination, wie sie Luhmann als Leistung der produktiven Einbildungskraft des Menschen beschrieben hat.[29] Im Prozeß der Realitätssimulation – «von nachlässiger Kinderhand gezeichnet» (S 17) – spiegelt Kafka die Funktionsformen des literarischen Darstellungssystems, das die Welt nicht repräsentiert, sondern nach eigenen Maßgaben erschafft. Die auf unheimliche Weise anziehenden Bilder von Schloß und Amt, die K. in seinem Kopf gebiert, reflektieren Kafkas Verständnis der literarischen Imagination, die Freiheit und Zwang gleichermaßen hervorbringen kann.

Die Lage des Fremden, der einen Zugang zum Schloß sucht, gleicht auf ironische Weise der Situation des Kafka-Lesers, der sich dem Text mit hermeneutischem Anspruch nähert. In der fehlgehenden Annäherung an die Behörde, die der Roman in der mehrfach variierten Wiederholung seiner Expositionsszene auf traumähnliche Weise vorführt, spiegelt sich, ähnlich wie im Fall der Türhüter-Legende, die Tragödie des Interpreten, der eine klare Bahn zum Ziel sucht, dabei aber scheitern muß, weil der Weg nicht teleologisch, sondern labyrinthisch verläuft. Olga erklärt K. in doppelbödiger Ironie: «Es gibt mehrere Zufahrten ins Schloß. Einmal ist die eine Mode, dann fahren die meisten dort, einmal eine andere, dann drängt sich alles hin. Nach welchen Regeln dieser Wechsel stattfindet, ist noch nicht herausgefunden worden.» (S 264) Dem Schloß entsprechend, das in düsterer Ferne auf den Betrachter zu schauen scheint, verhalten sich Kafkas Texte zu ihren Rezipienten: sie fixieren sie aus unterschiedlichen Perspektiven («‹Ich behalte Sie im Auge›», heißt es in Klamms zweitem Brief an K.; S 147). Ähnlich wie es Paul de Man für Rilkes Gedicht *Archaischer Torso Apolls* (1907) reklamiert hat, liest der Roman in seinen Lesern, indem er sie unter verschiedenen Blickwinkeln beobachtet.[30] Das Schloß bildet keine Chiffre mit klarem Sinnbezug, sondern ein Geflecht von Bedeutungen, die sich ständig verschieben und verändern; es ist ein Indikator jener Dekonstruktionsbewegung, die Kafkas Texte unaufhörlich in Gang zu halten wissen.

Über den vermeintlichen Landvermesser steht in einem geheimen Dossier der Behörde geschrieben: «Zur Wahrheit gelangt man erst, wenn man genau in seinen Spuren, die wir von der Ankunft angefangen, hier aufgezeigt haben, bis zu der Verbindung mit Frieda geht. Hat man dann die haarsträubende Wahrheit gefunden, muss man sich freilich auch noch gewöhnen sie zu glauben, aber es bleibt nichts anderes übrig.»[31] Dieser Passus, den Kafka aufgrund seiner allzu deutlichen Sprache im Manuskript gestrichen hat, wiederholt die Bewegung des Romans auf modellhafte Weise. Die Geschichte K.s von seiner Ankunft bis zur Verbindung mit Frieda offenbart eine geheime Wahrheit, die sich kaum darin erschöpft, daß hier ein Fremder um Aufnahme in einer ihn abweisenden Gesellschaft kämpft. Sie läßt sich dort ahnen, wo die Realität, die der Roman schildert, letzthin als Zeichengefüge sichtbar wird, das die Psyche K.s spiegelt. Wie im *Proceß* liegt die besondere Brisanz dieser Konstellation darin, daß das Labyrinth der Seele als ein soziales System erscheint, in dem Hierarchien, Kommunikationsstrukturen und symbolische Codes mit genau umrissenen Funktionen zutage treten.

Das Dorf als hermetischer Ordnungsraum

Die Topographie des Romans gehorcht dem Verfahren der Veräußerlichung innerer Zustände, das Kafka seit der *Beschreibung eines Kampfes* nutzt. Dorf und Schloß bilden die externen Zeichen einer spannungsvollen innerseelischen Disposition; jeder Versuch, sie transzendental, religiös oder sozialhistorisch auszulegen, muß scheitern, weil er diesen Zeichencharakter übersieht. Wie der Mann vom Lande den Eintritt ins Gesetz, so begehrt K. den Eintritt ins Schloß, da von ihm eine magische Verlockung ausgeht. In seinem teleologischen, auf rationale Erklärungen abzielenden Denken verfehlt er jedoch die Strukturen, die seine neue, ihm noch fremde Umwelt ausbildet.

Schloß und Dorf repräsentieren eine Ordnung, in der es keine kausalen Verhältnisse, sondern nur dyadische Beziehungsfelder – zwischen Männern und Frauen, Beamten und Bauern, Vätern und Söhnen – gibt.[32] Das entspricht wiederum der Logik des Traums, die auf einem Spiel von Zeichenrelationen und Symbolverschiebungen beruht, ohne daß diese durch eine externe Beobachterposition begründet oder erklärt werden. Die eigentümliche Konfliktsituation, in die K. früh gerät, resultiert daraus, daß er selbst auf einer entschiedenen Trennung von Dorf und Schloß beharrt. Eine solche Trennung ist freilich, folgt man den topographischen Schilderungen des Romans, objektiv nicht gegeben, denn das Dorf gehört konstitutiv zum Schloß. Dort vorgelassen zu werden, bleibt zwar ein Vorrecht ausgewählter Personen, doch bedeutet das noch nicht, daß eine grundsätzliche Unterscheidung beider Bereiche existiert. So ist es auch für K. unumgänglich, Mitglied der Dorfgemeinschaft zu werden, weil er nur auf diese Weise Eingang ins Schloß findet.[33]

Die innere Beziehung, die Dorf und Schloß ausbilden, ist dialektisch, insofern die Beamten des Schlosses auf die Unterwerfungsbereitschaft angewiesen sind, die das Dorf seinen Vertretern entgegenbringt. Die Anerkennung, so hatte Hegel erklärt, stelle die Voraussetzung für das Selbstbewußtsein des Mächtigen dar. «Der Herr bezieht sich auf den Knecht», schreibt Hegel, «mittelbar durch das selbständige Sein; denn eben hieran ist der Knecht gehalten; es ist seine Kette, von der er im Kampfe nicht abstrahieren konnte und darum sich als unselbständig, seine Selbständigkeit in der Dingheit zu haben erwies.»[34] In der unbedingten Anerkennung des Schlosses durch das Dorf findet aber nicht nur die höhere, sondern auch die niedrigere Instanz ihr Selbst. Gemäß Hegels Konstruktion des Dialektischen ist die Differenz von Dorf und Schloß die Begründung der Identität beider, die sich ihrerseits in einem Verhältnisraum aufbaut, der sie zur funktionalen Einheit zusammenschließt. Dorf und Schloß bilden die jeweils komplementäre Seite innerhalb des abgedichteten Systems der Macht: «die eine das selbständige, welchem das Fürsichsein, die andere das unselbständige, dem das Leben oder das Sein für ein Anderes das Wesen ist; jenes ist der Herr, dies der Knecht.»[35]

Zum Schauplatz einer derartigen Dialektik wird der Herrenhof, dessen Name auf das Wiener Literatencafé anspielt, in dem Milenas Ehemann Ernst Pollak mit Robert Musil, Joseph Roth und Franz Werfel verkehrte. Der Herrenhof, wo die Sekretäre des Schlosses übernachten, trägt Züge eines dörflichen Bordells, in dem klare Machtverhältnisse herrschen. Olga prostituiert sich dort für die Knechte Klamms, während Frieda die Rolle des Schankmädchens versieht; Fremden ist der Aufenthalt in den Gastzimmern nicht gestattet, weil die Sekretäre, die ««äußerst empfindlich»» seien, deren Anblick ««unvorbereitet»» (S 45) nicht ertrügen – eine Formulierung, die das

Bedürfnis nach klandestiner Intimität ahnen läßt. Olga selbst berichtet, «gerade anrüchige Leute» würden in den Schloßdienst aufgenommen, und bekräftigt damit den befremdlichen Zusammenhang, der hier Triebwelt und Administration verknüpft (S 271). Der später erst geschilderte Umstand, daß die Sekretäre im Herrenhof bis tief in die Nacht Akten studieren, hebt den zweideutigen Charakter der Konstellation nicht auf, sondern bestätigt nur Kafkas Kunst, Sexualität als Dispositiv unterschiedlichster Lebensformen auszuweisen (S 312ff.). Die Beschreibung der Herrenhof-Szenen scheint inspiriert durch Ernst Weiß' Roman *Tiere in Ketten* (1918), der in einem mit nüchterner Akribie geschilderten Bordellmilieu angesiedelt ist. Er erzählt die Geschichte der Prostituierten Olga, die vergebens versucht, sich aus den Fängen ihres Zuhälters Franz zu befreien, und am Ende, nachdem sie ihre Nebenbuhlerin Mizzi erschossen hat, «vom Wahnsinn überwältigt» in einer Irrenanstalt stirbt.[36] Weiß' düsterer Detailrealismus, der die im Stoff angelegten Kolportageelemente souverän auflöst, und die *desinvolture* des auf ‹taghelle Sachlichkeit›[37] gestimmten Erzähltons haben die Herrenhof-Exposition im *Schloß*-Roman beeinflußt. Von Weiß' Beschreibung des trostlosen Bierausschanks, der zugleich als Freudenhaus fungiert, übernimmt Kafka bei der Darstellung der Dorfschenke und der sich prostituierenden Olga, die auf Weiß' Protagonistin zurückdeutet, wesentliche Züge. Daß er den Roman kannte, geht aus einem Brief an Carl Seelig vom Herbst 1923 hervor, in dem er auf den Text als Musterbeispiel für Weiß' neuere Produktion mit ihrem «unbegreiflich starken, wenn auch schwer zugänglichen» Charakter ausdrücklich verweist (Br 450).

Olgas Bereitschaft zur Unterwerfung ist nur die radikalste Spielart eines befremdlich anmutenden Dienstwillens gegenüber der Schloßbehörde, den der Roman den Dorfbewohnern generell zuschreibt. Während die Frauen bereitwillig den ‹Rufen› der Sekretäre zu folgen pflegen, bewahren die Männer eine Haltung der Unterwürfigkeit und des Respekts. Die Handwerker, der Lehrer und der Vorsteher verkörpern eine unbedingte Loyalität gegenüber der Behörde, die sich in der Weigerung bekundet, deren Geltungsrecht skeptisch zu durchleuchten. Das Dorf steht für eine Gemeinschaft, die ihre individuellen Lebensansprüche tilgt, zugleich aber im Dienst am Schloß ihre Identität findet. Deutlich sichtbar spiegelt sich hier das westjüdisch perspektivierte Bild des Ostjudentums wider, das aus der Perspektive der Assimilation als hermetisch und irritierend wahrgenommen wird.[38] Der Lügenhaftigkeit des Einzelnen, die K. repräsentiert, ist das Kollektiv kontrastiert, das seine Existenz nicht rechtfertigen muß, weil es ein unhinterfragbares Ganzes repräsentiert. «Einzig im Chor», schreibt Kafka Ende 1920, «mag eine gewisse Wahrheit liegen.» (G 167) Am 29. Oktober 1921 notiert er im Tagebuch über das Dilemma seiner eigenen Position: «Dieses Grenzland

zwischen Einsamkeit und Gemeinschaft habe ich nur äußerst selten überschritten, ich habe mich darin sogar mehr angesiedelt als in der Einsamkeit
selbst. Was für ein lebendiges schönes Land war im Vergleich hierzu Robinsons Insel.» (T III 193) Zugleich heißt es am 2. Februar 1922 in Spindelmühle nach dem Besuch eines Skiwettbewerbs: «Glück mit Menschen beisammen zu sein.» (T III 216) Kafka beginnt seinen letzten Roman zu einem
Zeitpunkt, da er sich zwar in eine gewisse Distanz zum Zionismus begeben
hat, zugleich aber durch seine Hebräisch- und Talmudstudien den religiösen
Wurzeln des Judentums nochmals näherrückt.[39] Spuren dieser Annäherung
dringen über Umwege auch in das *Schloß*-Fragment ein; dessen Reflexe jüdischer Identität vermitteln sich primär über die Strukturen der Erzählung
und die Rückblenden, die in sie eingelegt werden.

Dorf und Schloß weisen eine eigene Geschichte auf, die K. sukzessive,
aber stets nur punktuell durch Erzählungen kennenlernt. Diese Konstellation taucht seit 1917 in zahlreichen Texten Kafkas auf: hinter den vordergründigen sozialen Ordnungen liegt eine zweite Welt der Vergangenheit, die
archäologisch erschließen muß, wer die erste begreifen möchte.[40] So sprechen *Der Gruftwächter, Forschungen eines Hundes, Beim Bau der chinesischen
Mauer* und *Der Jäger Gracchus* von mythologisch-historischen Traditionen,
die in nahezu normativer Weise auf das aktuelle Geschehen einwirken. Ähnlich verhält es sich im Fall des *Schloß*-Romans, der eine Vielzahl von Retro-
spektiven bietet, durch die eine eigene soziale Mythologie des Dorfes sichtbar wird. Seine Wirklichkeit ist reich an Verwicklungen, die zu gesellschaftlichen Verwerfungen, Allianzen oder Konfrontationen führen. Die Berichte
des Dorfvorstehers über frühere Anordnungen der Behörden, die Geschichte von Amalias Weigerung, dem Beamten Sortini sexuelle Dienste zu leisten
(auf deren Anforderung die ‹gemeinen Ausdrücke› seines Briefes deuten;
S 234), und die Erinnerungen der Wirtin Gardena an ihre Zeit als Geliebte
Klamms beleuchten ein Wissen über die gesellschaftliche Ordnung, die K.
auch deshalb fremd ist, weil er ihre historischen Ursprünge nicht kennt.

Bezüge zur Situation des Westjuden, der die Traditionen seines Volkes vergessen hat, drängen sich hier förmlich auf. Aber K., der als Unwissender
kommt, erlangt sukzessiv neue Kenntnisse über die Gemeinschaft, in der er
sich ‹verirrt› hat (S 10). Im letzten Drittel des Fragments berichten Olga,
Pepi und die Wirtin K. ausführlich und detailreich Episoden aus der näheren
und ferneren Vergangenheit des Dorflebens.[41] Es ist die Macht des Erzählens
und seiner schier endlosen Selbstdeutungen, die sich dem Roman hier im
Zeichen seines Fortschreitens einschreibt. Der Text bildet so ein Medium
von narrativen Akten, die dazu dienen, K. eine soziale Identität zu verschaffen. Wenn er am Ende seine hochfahrend-hybriden Züge abstreift, so gründet das auch in dem Wissen, das ihm das Erzählen vermittelt hat. Wie der

Westjude, der sich über die mündlichen Berichte der Gläubigen den ihm zuvor unzugänglichen Überlieferungen seiner Religion annähert, gelangt K., der Fremde, mit den zunehmenden Kenntnissen über die Vergangenheit des Dorfs in dessen Gemeinschaft. Dem fromm gewordenen Assimilierten vergleichbar, gewinnt er so die Aussicht auf eine provisorische Identität, die zwar seinen Status nicht vollends aufhebt, aber die Einsamkeit überwinden hilft, in der er als Ausgeschlossener gelebt hatte.

Komödien des Unbewußten

Kafkas Romane verarbeiten das Wissen des 19. Jahrhunderts, das sie aus derselben ironisch-subversiven Perspektive betrachten wie Nietzsche die akademische Gelehrsamkeit seiner Zeit. Die Ordnungen der Bürokratie, die Geltungsmacht des bürgerlichen Rechts, das Vertrauen in die innere Struktur der Geschichte, die Welt der jüdischen Assimilation und die Sprachen der Triebökonomie bilden die Objekte einer ironischen Dekonstruktion, die sich in Kafkas Romanen unter dem Diktat eines jagenden Zerstreuungsrhythmus unaufhörlich vollzieht. Die Krise der Repräsentation, die Foucault für den Beginn des 19. Jahrhunderts diagnostiziert, bekundet sich im Verfall der symbolischen Herrschaftsordnungen, die Macht und Ohnmacht öffentlich sichtbar zur Schau zu stellen pflegten.[42] Ein Prozeß der Invisibilisierung verlegt die Autorität jetzt in die Strukturen einer neuen bürokratischen Unübersichtlichkeit, wie sie Alfred Weber 1910 in seinem *Rundschau*-Essay als Signum der Moderne bezeichnete.[43] Kafka waren die Symptome dieses Vorgangs aus der alltäglichen Berufsarbeit und den Usancen der Bürokommunikation vorzüglich vertraut. Allein im Jahr 1913 wurden in der Prager Unfallversicherungsanstalt laut Statistik 314 269 Schriftstücke bearbeitet (AS 374): solche Zahlen verraten eine Dimension des administrativen Verfahrens, die, in literarische Ordnungen übersetzt, geradezu komisch wirken mußte.

Im *Schloß*-Roman hat Kafka seine eigene Erfahrung im Umgang mit anonymen Verwaltungsmaschinerien und deren verwirrender Topographie letztmals literarisch verarbeitet, indem er sie ironisch dekonstruiert.[44] Die Macht, von der Kafka erzählt, manifestiert sich in den Netzwerken der Schloß-Administration. Sie bildet einen gigantischen Apparat aus, dessen selbstgesetzte Normen die Regeln der Kommunikation vorgeben. Die Organisationsformen, die dieses bürokratische System aufbaut, gewinnen die Züge eines grotesken Labyrinths, in dessen Gängen tiefste Dunkelheit herrscht.[45] Kafka bleibt bei solchem Befund jedoch nicht stehen, sondern verschafft dem bürokratischen Apparat menschliche Attribute, die ihn nicht – aus der Sicht einer an Marx geschulten Kritik bürokratischer Entfremdung – als ganz Anderes des Subjekts, sondern als dessen spezifische Spiegelung erscheinen lassen. Die Ironie, mit der er die Wirrnisse der Administration darstellt, verwandelt das System der Macht zur *comédie humaine*, in deren Beschreibung das Wissen der Psychoanalyse eingeht: «Nirgends sonst hatte K. Amt und Leben so verflochten gesehen wie hier, so verflochten, daß es manchmal scheinen konnte, Amt und Leben hätten ihre Plätze gewechselt.» (S 74) Das Medium, durch welches K. zunächst mit den Schloßbehörden in Verbindung tritt, ist das Telefon. Die Kontaktaufnahme erweist sich jedoch als schwierig, da sich nur ein diffuses Rauschen im Apparat erfassen läßt: «Es war wie wenn sich aus dem Summen zahlloser kindlicher Stimmen – aber auch dieses Summen war keines, sondern war Gesang fernster, allerfernster Stimmen – wie wenn sich aus diesem Summen in einer geradezu unmöglichen Weise eine einzige hohe aber starke Stimme bilde, die an das Ohr schlug (…)» (S 30). Walter Benjamin vermerkt 1932 rückblickend, das Telefon habe in seiner Frühphase die Stimmen so eigentümlich übermittelt, daß sie wie Geräusche einer fernen Welt erklungen seien: «Die Nacht, aus der sie kamen, war die gleiche, die jeder wahren Neugeburt vorhergeht.»[46] Am 22./23. Januar 1913 beschreibt Kafka Felice Bauer einen Traum, in dem er, auf einer Brücke stehend, telefoniert. Die besondere Pointe der Sequenz besteht darin, daß er zwar die Hörer gegen das Ohr hält, aber nur diffuse Töne erfaßt: «aus dem Telephon» habe er «einen traurigen, mächtigen, wortlosen Gesang und das Rauschen des Meeres» empfangen (Br II 55). Der Versuch der telefonischen Kontaktaufnahme scheitert im Traum wie im Roman an einem banalen akustischen Widerstand. Modernes Medium und archaisches Geräusch bilden eine eigene Spannung, die jeglichen Akt der Kommunikation ausschließt. Diese Spannung bezeichnet eine für den Roman immer wieder typische Konfliktlage: Kafkas Protagonist versagt gerade dort, wo er nicht begreift, daß er in seiner Umwelt den Formationen seines Selbst begegnet.

Die Administration des Schlosses setzt K. so wenig Widerstand entgegen wie die Anklagebehörde des *Proceß*-Romans.[47] Über die Beamten, deren Namen – Bürgel, Erlanger, Galater – teils religiös aufgeladene Chiffren der Wuncherfüllung bilden, heißt es: «Sie trugen förmlich jede Last, alles konnte man ihnen auferlegen und selbst blieb man unberührt und frei.» (S 75) Die Verwaltung gleicht einem psychischen System, das die Erfahrungen, mit denen es versorgt wird, verarbeitet, aber nicht deutet. Nachdem sich K. als Landvermesser ausgewiesen hat, nimmt die Behörde seine – offenbar unwahre – Erklärung ernst und bestätigt ihn in einem Amt, das, wie der Dorfvorsteher einräumt, nutzlos und überflüssig bleibt (S 13, 75); der Brief, den Klamm später sendet, spricht ihm ausdrücklich die «Anerkennung» für seine geleistete Arbeit aus und fordert ihn zu deren Fortsetzung auf (S 147). Als K. sich gegenüber dem Beamten Oswald als ‹alten Gehilfen Josef› bezeichnet (Kafkas Reflex des Fehleintrags im Spindelmühler Gästebuch), wiederholt dieser am Telefon: «Du bist der alte Gehilfe.» (S 31) K.s Lügen werden objektive Realität, weil die Instanz, der gegenüber er sich verstellt, ein Echo-Raum seines eigenen psychischen Apparates ist. Aufschlußreich bleibt hier die große Scheu der Beamten, die sich vor der Zudringlichkeit fremder Menschen verstecken wie nach Freuds Lehre die Traumgedanken – Klamm wagt erst aus dem Gasthof zu treten, als K. außer Sichtweite ist (S 135), die Sekretäre können ihre Türen am Morgen nur dann öffnen, wenn der fremde Eindringling sich aus den Fluren des Herrenhofs entfernt hat und in den Ausschank zurückgekehrt ist (S 339).[48] Die gesamte Behörde läßt sich an diesem Punkt mit einem sensiblen psychischen System vergleichen, das hochdifferenziert, aber auch extrem störanfällig und neurotisch auf seine Umwelt reagiert.[49]

Wenn der Dorfvorsteher K. über die Mechanismen der Administration ins Bild setzt, so tritt diese Analogie deutlich zutage. Der Vorsteher übermittelt dem Protagonisten keineswegs «Nachrichten aus einer verwalteten Welt»,[50] sondern Hinweise auf eine veränderlich-dynamische Topographie mit genau arbeitenden Funktionselementen, die einem seelischen Apparat gleicht. So existieren im Schloß, wie der Vorsteher berichtet, «nur Kontrollbehörden»; daß «mit Fehlermöglichkeiten überhaupt nicht gerechnet wird», deutet ebenso wie die gleichförmige Zirkulation der Akten – niemals gehe ein Akt verloren, heißt es über die Gerichtsadministration des *Proceß*-Romans (P 167) – auf die kreisende Bewegung des Nachrichtenverkehrs hin (S 82). Ähnlich wie ein psychisches System verfügt die Schloßverwaltung über ein Erinnerungsvermögen, das die eigene Geschichte im Gedächtnis verfügbar hält (S 79ff.); zugleich aber sorgen stets neue Aufgaben für den Zwang zur Verdrängung des Vergangenen (S 87), so daß kaum Zeit zum Innehalten und Ausruhen besteht. Alfred Weber erklärte, die moderne Arbeitswelt vollziehe eine «Theokratisierung» der Behörden, die eine «ideelle Transsubstantiation» herbeiführe und den «Götzendienst vor dem Beamtentum» provoziere.[51] Kafkas Roman zeigt dagegen nicht die von Weber betonte «Mystik» der Verwaltung, sondern die psychische Dimension des administrativen Gefüges. Auch wenn K. von der «bewunderungswürdigen Einheitlichkeit des Dienstes» (S 73) spricht – was wiederum Webers Formel von der «Fiktion der ‹Einheit›» des Apparates variiert[52] –, kann das schwerlich darüber täuschen, daß die einzelnen Sektoren der Schloß-Verwaltung opak und undeutlich wie ein unsichtbares seelisches System bleiben. Der Psyche des Menschen gleicht die hier beschriebene Ordnung, wo sie Wirkungen freisetzt, ohne daß man Einblick in ihr Inneres gewinnt. Der Gott der Moderne, als den Weber die Administration des Kaiserreichs beschreibt, hat bei Kafka, wie bereits im *Proceß*-Roman, die Züge einer geheimnisvollen Seelenlandschaft angenommen, deren labyrinthische Struktur anziehend und erschreckend zugleich wirkt.

Dorf und Schloß werden durch die Figur des Boten verbunden, die in Kafkas Texten seit der *Landarzt*-Periode eine wichtige Rolle spielt. Der Bote verkörpert das Dritte, das als Figur der Intervention wie ein Medium operiert. Der androgyn wirkende Barnabas, dessen geschlechtliche Doppelidentität den Vermittler ahnen läßt («Männlich und doch sanft»; S 32), ist in dieser Rolle eine homoerotisch gefärbte Gestalt aus dem Repertoire jüdischer Märchen. Bei Perez, dessen *Jüdische Geschichten* (1919) Kafka besaß, verkörpert der Bote eine typische Mittlerfigur, die keine eigenen Absichten verfolgt, sondern einzig das Resonanzfeld für die ihm aufgetragene Nachricht bildet. Die Geschichte *Der Botengänger* beschreibt diese Gestalt als pflichtbewußten Diener, der sich trotz seines hohen Alters heroisch durch die Winterkälte kämpft, um seine Mission zu erfüllen, am Ende aber im Schneesturm umkommt.[53] Es läßt sich kaum übersehen, daß die Atmosphäre von Perez' Erzählung auf die Stimmung des *Schloß*-Romans abgefärbt hat. Barnabas ist ein jüngerer Verwandter des alten Boten bei Perez: ein Medium, das keinem eigenen Willen zu folgen scheint. Seine Identität bestimmt sich über die Aufträge, die er zu erledigen hat, ohne daß er in der Lage wäre, ihren Sinn zu ergründen. K. überschätzt daher Barnabas, wenn er ihn zum Hoffnungsträger verklärt; was wie der Schein einer verheißungsvollen Zukunft wirkt, ist in Wahrheit nur der Schatten der Projektion, die K. auf eine weiße Wand wirft: ein leeres Zeichen, Botschaft ohne Sinn.

Auch die Figur des Gemeindevorstehers besitzt bereits in den *Sagen polnischer Juden* literarische Dimensionen. Schon Eliasbergs Bearbeitung kennt die Überblendung von Alltag und Traum, Realität und Märchen. Die Welten der Bürokratie stehen unmittelbar neben dem göttlichen Gericht, als dessen direkter Abgesandter der heilige Baal-Schem gilt.[54] Das Aktenchaos beim Vorsteher und die heillose Unordnung, in der im Herrenhof Drucksorten ausgeteilt werden, offenbaren, daß Kafkas Roman die unbeherrschbaren Energien des Unbewußten als Determinanten des administrativen Apparates darstellt. Aus dem göttlichen Gericht Eliasbergs wird die Welt der Psyche, die das Verwaltungsgeschehen unter das Gesetz des Traums, des Schlafs und der Trance treibt. Symptomatisch ist der Vorgang der Aktenübergabe, den K. am frühen Morgen unerlaubt im Herrenhof beobachtet. Die Bürodiener, die die Akten auf einem kleinen Wagen anliefern und stapelweise vor den Zimmern der Sekretäre deponieren, müssen einen förmlichen Kampf absolvieren, um zum Ziel zu gelangen. Die noch schlaftrunkenen Beamten wehren sich gegen die Annahme der Papiere und werden zuweilen nur durch «List» dazu genötigt, das ihnen zugedachte Konvolut zu akzeptieren (S 335); manche weinen und schluchzen wie Kinder, nachdem sie von den Dienern überrascht wurden, andere gießen Wasser aus «Waschbecken» über die störenden Schloßboten (S 336, 332). In seinen *Vorlesungen zur Einführung in die Psychoanalyse* (1917) greift Freud zum Zweck der Illustration psychischer Verdrängungsvorgänge auf eine der von ihm geschätzten topischen Erklärungen zurück, welche eine analoge Bildaussage liefert: das Verdrängte werde durch den Zensor «an der Schwelle» zurückgewiesen und nicht in das System des Vorbewußten eingelassen.[55] Im Sinne Freuds operieren die Beamten in Kafkas Szene als Zensoren, die wie Wärter die «Schwelle der verschlossenen Tür» (S 335) bewachen, um zu verhindern, daß sie ohne Prüfung überschritten wird. Das Scheitern dieser Bemühung, das in Slapstick-Aktionen kulminiert, deutet wieder auf die ironische Konsequenz, mit der Kafka die Analogie von psychischem und administrativem System beschreibt; vergleichbare topische Ausprägungen des seelischen Apparats hatte schon der *Proceß*-Roman seiner Darstellung der Bürokratie zugrunde gelegt.

Ähnlich wie Klamm, der den Herrenhof in der Kutsche erst verlassen kann, nachdem K. seinem Blick entschwunden ist, dürfen es die Beamten nur wagen ihre Arbeit zu beginnen, wenn sie sich unbeobachtet wissen (S 341f.). Selbst Sortini, der wenig später Amalia eine unzweideutig sexuell gefärbte Einladung senden wird, zeigt sich betreten, als die Dorfbewohner sein Werben verfolgen, und bedeutet ihnen mit einem Wink, daß sie sich zurückzuziehen haben (S 233). Scham und Verklemmtheit, Kontaktscheu und Angst, Schweigen und Versteckspiel bestimmen das Verhalten der Beamten gegenüber den Dorfbewohnern.[56] Sie gleichen an diesem Punkt den Behörden des *Proceß*-Romans, deren merkwürdige Widerstandslosigkeit auf ihre Funktion als Spiegelungen von Josef K.s Ich verwies. Erneut deutet sich damit an, daß die Vertreter der Schloßbehörde wie die Elemente eines psychischen Systems erscheinen, das K. umschließt, ohne selbst aktiv zu sein. Wo immer er diesem System begegnet, erfährt er daher keinen Widerspruch, sondern nur die Bestätigung seiner Winkelzüge. K. ist für die Behörde, was er zu sein vorgibt – ein Landvermesser oder der Gehilfe Josef –, da im psychischen Apparat kein transzendentaler, moralischer oder juristischer Urteilsmechanismus existiert, der es erlaubte, das Wahre vom Falschen zu sondern. Die Räume der Verwaltung gleichen laut Freud «einer psychischen Lokalität», deren Beschaffenheit aber, wie Paul Ricœur bemerkt hat, «nicht mit anatomischen Örtlichkeiten verwechselt» werden darf.[57] Diese Lokalität funktioniert als Apparat, der Erinnerungsreste verarbeitet und in Traumbilder überführt; er erscheint bei Freud als System, das keine Autonomie besitzt und daher von den Daten des Erfahrungsschatzes gespeist werden muß.

Immer wieder tritt im Zusammenhang der Schloßordnung das Motiv des Schlafes hervor, das auf deren Zusammenhang mit der Welt des Unbewußten verweist.[58] K. gerät in der Kutsche Klamms, benebelt von süßem Likör, ins Stadium dämmernder Bewußtlosigkeit (S 128f.); Klamm selbst, dessen somnambulen Charakter bereits Walter Benjamin betonte,[59] sitzt gewöhnlich halbwach, mit geschlossenen Augen, vor seinen Akten, putzt sich wie «im Traum» den Zwicker (S 219) und benötigt lange Ruhephasen, die er in schlafähnlichem Zustand vor einem Glas Bier in einem abgeschlossenen Wirtshauszimmer verbringt. Zu diesem Bild der Trance paßt, daß man in den Kanzleien nur «flüsternd» diktiert, um die dortige Stille nicht zu stören (S 218). Von der Schläfrigkeit der höheren Beamten berichtet der Verbindungssekretär, der K. Einblicke ins Verhörgeschehen verschafft: «‹Natürlich›, sagte Bürgel lachend, ‹hier ist jeder müde.›» (S 312) Müdigkeit, Dämmern und Schlaf sind Zustände, in die K. im Kontakt mit der Behörde folgerichtig selbst verfällt. Wer mit dem durch die Behörde veranschaulichten Unbewußten kommunizieren möchte, muß sich in einem Stadium jenseits der rationalen Kontrolle befinden. Die Annäherung an den Apparat gelingt nur in Passagen, die zwischen Wachen und Träumen vermitteln – den symptomatischen Übergangsmomenten, die schon der *Proceß*-Roman als Signum gesteigerter Wahrnehmungssensibilität beschrieb.[60]

Angesichts der Analogie von Psyche und Verwaltung verwundert es nicht, wenn sich der Sekretär Klamm – der ranghöchste Behördenvertreter, den der Roman vorführt – als Spiegelung K.s erweist. Er werde ihn «nicht aus den Augen verlieren», heißt es im ersten Brief, den er ihm durch Barnabas zustellt (S 33); mit dieser Ankündigung scheint die Funktion des Beobachters umrissen, die für den Roman maßgebliche Bedeutung hat. Klamm ist veränderlich wie ein Proteus; er nimmt ständig eine wechselnde Gestalt an und spiegelt damit die Beziehungen, die die Menschen des Dorfes zur Macht unterhalten. «‹Er soll›, so berichtet Olga, ‹ganz anders aussehn, wenn er ins Dorf kommt und anders wenn er es verläßt. Anders ehe er Bier getrunken hat, anders nachher, anders im Wachen, anders im Schlafen, anders allein, anders im Gespräch und, was hienach verständlich ist, fast grundverschieden oben im Schloß.›» (S 216) Klamm illustriert die Bedeutung des Beziehungssinns, den Kafkas Texte vorzuführen pflegen; er ist nichts, das für sich steht, sondern existiert nur aus dem Verhältnis, das andere ihm gegenüber aufbauen.[61] Damit verkörpert er eine Figur des Dritten, die die dyadischen Konstellationen des Romans zu einer Triade erweitert.[62] Wenn die Wirtin behauptet, K. sei «nicht imstande», Klamm «wirklich zu sehn» (S 63), so entspricht das dem proteischen Charakter des Sekretärs, der keine verbindlich erfaßbare Gestalt gewinnt, aber auch der Funktion, die er im Roman erfüllt: K. kann Klamm nicht erkennen, weil er als Dritter die Beziehung bezeichnet, die er selbst zu anderen Personen unterhält. Vergleichbare Metamorphosen bestimmen zahlreiche Figuren des Textes: die zunächst souverän wirkende Frieda nimmt, nachdem sie sich mit K. verbunden hat, Züge eines durchschnittlichen, unfreien, fast ängstlichen jungen Mädchens an; die Gehilfen altern sichtbar, sobald K. sie aus seinen Diensten entlassen hat; Barnabas verliert seine androgynen Reize und wird zu einem schwerfälligen Handwerkerssohn, wenn er Botschaften überbringt, die mißverständlichen Charakter aufweisen (S 167, 282f., 148). Der Roman überträgt hier die Leistung der seelischen *Imago*, deren Bedeutung für die Ich-Produktion die Psychoanalyse betont hat, auf das Feld der körperlichen Erscheinung des Menschen: sein äußeres Bild verändert sich mit dem Wandel seiner sozialen Situation und der Machtmöglichkeiten, die sie ihm verschafft.[63]

Kafkas Roman gerät zur Komödie, wo er die normative Geltung des gesellschaftlichen Ordnungssystems und die Ohnmacht des Einzelnen zusammenstoßen läßt. Adorno hat über die Komik in «radikalen Kunstwerken» der Moderne – Wedekinds und Becketts zumal – angemerkt, daß sie aus der Vernichtung des «Anspruchs der Subjektivität» resultiere.[64] Eine solche Form der Vernichtung ist auch die Keimzelle für die komischen Effekte, die Kafkas Roman durch die Dekonstruktion seiner Figuren herbeiführt. Exemplarisch zeigt sich das an den Gehilfen Artur und Jeremias, die als Abgesandte des Schlosses auf dessen Verwaltung und die psychologischen Aspekte ihrer Organisation verweisen. Die Gehilfen verkörpern die subversiven Kräfte der Travestie, die in ihrem Verhalten zeichenhaft manifest werden. Sie agieren wie Figuren eines Stummfilms, deren Komik durch die übertriebene Deutlichkeit ihrer Gesten entsteht.[65] Ihre Vorläufer sind die unzulänglichen Praktikanten der Blumfeld-Erzählung (1915), die, statt ihre Arbeit zu tun, im gesamten Büro nur Unheil stiften. Über sie heißt es: «Aber auch dieser Eifer der Praktikanten war nur äußerlich, wie wirkliche Kinder wollten sie sich manchmal auszeichnen, aber noch viel öfter oder vielmehr fast immer wollten sie die Aufmerksamkeit des Vorgesetzten nur täuschen und ihn betrügen.» (B 202) Vergleichbar kindisch ist das Benehmen der Gehilfen: sie treiben permanent «Unsinn», müssen zuweilen von Frieda und K. angekleidet werden und repräsentieren – ähnlich wie die drei subalternen Bankangestellten Rabensteiner, Kullich und Kaminer im *Proceß* – jene unermüdliche Beobachtungslust, in der sich eine unzensierte sexuelle Energie bekundet (S 58, 159). Als leidenschaftliche Voyeure observieren sie K. und Frieda beim Liebesakt; ungehemmt fahren sie mit den Händen durch ihre Bärte und lassen deren Länge von Frieda schätzen (S 58, 60) – ein Motiv, das bereits im *Proceß* eine phallische Bedeutung trägt (P 67). Artur und Jeremias kommunizieren vorwiegend durch Gebärden, während ihnen das Mittel der Rede nur eingeschränkt zur Verfügung steht. Ihre erregte Gestensprache verweist auf einschlägige Klischees über die Ostjuden, wie sie von assimilierten Westjuden kultiviert, aber auch von Kennern wie Joseph Roth tradiert wurden, die mit dem Chassidismus vertraut waren.[66] Die fremden Züge der Behörde, die K. anziehen, sind in den Gehilfen unmittelbar veranschaulicht als das Komische des Unbewußten und als Spielart der ostjüdischen Identität, deren groteske Wirkung nicht verdecken kann, daß sie ein tieferes Geheimnis birgt. In einer gestrichenen Passage des Romans erklärt der Beamte Erlanger über die ‹Unruhe› der

Verwaltung: «Es sind darunter die lächerlichsten Dinge, was gar nicht so sehr zum Verwundern ist, denn äusserste Lächerlichkeit und äusserster Ernst haben nicht weit zu einander.»[67] In diesem Sinne muß K. verstehen lernen, sich dem Unbekannten zu nähern, ohne es a priori zu unterschätzen. Ehe er sukzessive zu dieser Einsicht gelangt, gerät er jedoch in die Verlockungen des Eros, dem er sich anheimgibt, weil er in ihm irrtümlich das Medium für den Zugang zum Schloß zu finden glaubt.

Das Wissen der Frauen

Wie im *Proceß* erscheinen die Frauen auch in Kafkas letztem Roman zunächst als subalterne Stützen der Macht. Frieda ist Klamms «Geliebte» (S 50), Barnabas' Schwester Olga die Hure seiner Knechte, das junge Schankmädchen Pepi vom Ehrgeiz zerfressen, den Beamten zu gefallen; noch die alternde Brückenhofwirtin bezieht ihre Identität wesentlich aus der Erinnerung an jene vergangenen Zeiten, da Klamm sie zu intimen Zusammenkünften rief und mit Geschenken verwöhnte. Die Ausnahme unter den sich bereitwillig unterwerfenden Frauen des Dorfs bildet Amalia, die sich dem männlichen Trieb widersetzt; als der Beamte Sortini Amalia mit obszönen Worten zu sich befiehlt, wehrt sie dieses Ansinnen ab, was zur sozialen Ächtung ihrer Familie führt. Die von Olga geschilderte Szene auf dem Feuerwehr-Fest, das Amalia ins Blickfeld Sortinis rückte, trägt ähnlich wie die Wundbeschreibung der *Landarzt*-Erzählung die Züge einer hochironischen Travestie des phallischen Phantasmas. Getragen wird dieser Effekt durch die aufdringliche Beschreibung der vom Vater der Familie angeschafften Feuerwehrspritze, von der es heißt, sie habe «ihn glücklich» gemacht, so daß er sie während des Festes unaufhörlich «zu betasten» suchte (S 231).[68] Über ihre Schwester berichtet Olga dagegen: «Nur Amalia kümmerte sich um die Spritze nicht, stand aufrecht dabei in ihrem schönen Kleid und niemand wagte ihr etwas zu sagen, ich lief manchmal zu ihr und faßte ihren Arm unter, aber sie schwieg.» (S 232) Überdeutlich ist hier die phallische Metaphorik, wie sie ähnlich durch die Wundwürmer des *Landarzts* vergegenwärtigt wird. Wenn Amalia sich um die Spritze ‹nicht kümmert›, so nimmt das bereits ihre Verweigerungshaltung vorweg, die sie wenig später Sortini gegenüber an den Tag legt. Die sexuelle Bedeutung der Bildsprache, die Olgas Erzählung durchzieht, setzt einen Hof von Assoziationen frei, deren ironischer Charakter unübersehbar ist. Das Geheimnis des Körpers muß hier, anders als im *Proceß*, nicht durch das ‹Geständnis› hervorgezwungen werden, da es offen zutage liegt.

Olga repräsentiert den Gegenentwurf zu Amalia, wenn sie Sexualität als Handelsware und Tauschobjekt benutzt. Sie gibt sich den Knechten hin, weil sie hofft, auf diesem Weg das Schloß zu versöhnen und den Fluch von ihrer

Familie nehmen zu können. Ähnlich wie K., von dem sie sich bezeichnenderweise stark angezogen fühlt, instrumentalisiert sie den Trieb für ihre Zwecke, scheitert dabei jedoch (S 56, 206). Das Schloß kann den Bann, der die Familie getroffen hat, offenkundig nicht aufheben, insofern er nicht von ihm ausgegangen ist. Die sonst vorherrschende Einheit von Dorf und Schloß scheint in diesem Fall aufgelöst; das Dorf straft seine Mitbewohner, ohne daß das Schloß beteiligt wäre. Das ist eine Urszene der Gesellschaftskonstitution, in der sich die Ausbildung der Gemeinschaft als selbständige Kraft über Akte der Ausgrenzung vollzieht; sie begründet jenes dialektische – Hegels Modell von Herr und Knecht spiegelnde – Verhältnis zwischen Dorf und Schloß, das K. erst spät zu begreifen beginnt.[69]

Im Inneren der Macht nistet, wie im Fall der Gerichtsbürokratie des *Proceß*-Romans, die Sexualität.[70] Ihre Einführung in den Roman ist mit einer signifikanten Form der Umstellung des narrativen Verfahrens verbunden. Kafka ändert erst kurz vor der Liebesszene im dritten Kapitel die Erzählperspektive und ersetzt die Ich-Form durch eine personale Darstellung. Erstmals nutzt er die Chiffre «K.» in dem Satz «schon hatte Frieda das elektrische Licht ausgedreht und war bei K. unter dem Pult» (S 55).[71] Es ist bezeichnend, daß die Beschreibung des intimen Akts für Kafka die Notwendigkeit der Distanzierung impliziert. Fast scheint es, als ob die Schilderung der sexuellen Begegnung ihn zum Abstand nötige, der einzig durch die Er-Form ermöglicht werden kann. Die Grammatik der Liebe ist eine Sprache der Differenz, die das Ich in der personalen Erzählperspektive aufhebt und auslöscht: «Dort vergiengen Stunden, Stunden gemeinsamen Atems, gemeinsamen Herzschlags, Stunden, in denen K. immerfort das Gefühl hatte, er verirre sich oder er sei soweit in der Fremde, wie vor ihm noch kein Mensch, eine Fremde, in der selbst die Luft keinen Bestandteil der Heimatluft habe, in der man vor Fremdheit ersticken müsse und in deren unsinnigen Verlockungen man doch nichts tun könne als weiter gehen, weiter sich verirren.» (S 55) Die höchste Intimität, wie sie durch das Bild vom gemeinsamen Atem unüberbietbar bezeichnet ist, verknüpft sich mit der äußersten Form der Einsamkeit, die dem Protagonisten in ganzer Deutlichkeit die eigene Unbehaustheit vor Augen führt. Im Manuskript steht anstelle von «er sei soweit in der Fremde» zunächst noch «er habe einen grossen Verrat begangen».[72] Der Liebesakt ist eine Szene des Verrats, in der K. sich in eine Welt verirrt, die ihm nochmals ferner scheint als Dorf und Schloß.

Wie die beiden vorangehenden Romane erzählt auch *Das Schloß* von jenen «schrecklichen Paarungen», die Sinnbild der Beziehungslosigkeit der Geschlechter sind.[73] Bereits die erste Begegnung K.s und Friedas steht im Zeichen der Verbindung von Sexualität und Schmutz, wenn sie auf dem Boden hinter dem Wirtshausausschank «in den kleinen Pfützen Bieres und dem

sonstigen Unrat» kopulieren. Die Szene spult das Programm einer Liebestra-
gödie in nuce ab: ihrer romantisch-sentimentalen Exposition («‹Mein Liebling! Mein süßer Liebling!› flüsterte sie») folgt die ekstatische Vereinigung,
ihr die zum Ekel gesteigerte Desillusion. Wenn K. im Liebesakt das Gefühl
des Sich-Verirrens überfällt, so erinnert das an die Beschreibung des Ge-
schlechtsverkehrs im *Verschollenen*. Von Karl Roßmanns entfremdeter Wahrnehmung des sexuellen Geschehens – «ihm war als sei sie ein Teil seiner
selbst und vielleicht aus diesem Grund hatte ihn eine entsetzliche Hilfsbedürftigkeit ergriffen» (V 36) – ist auch K. nicht weit entfernt. Zwar entsteht
zwischen K. und Frieda eine Form der physischen Einheit – «Stunden gemeinsamen Atems, gemeinsamen Herzschlags» –, jedoch erlebt sie der Protagonist einzig als äußerste Form der Verlorenheit. In Frieda begegnet er dem
Fremden, das sich hier paradox über den Augenblick der leiblichen Nähe manifestiert. Die Liebe ist kein Medium der Intimität, sondern fördert Distanz
und Selbstverlust gleichermaßen; durch sie läßt sich die Krankheit des Lebens, die im Schreckbild der ewigen Heimatlosigkeit offenbar wird, nicht
heilen. Wenig später scheitert die Wiederholung der sexuellen Annäherung
auf groteske Weise: «(…) ihre Umarmungen und ihre sich aufwerfenden
Körper machten sie nicht vergessen, sondern erinnerten sie an die Pflicht zu
suchen, wie Hunde verzweifelt am Boden scharren so scharrten sie an ihren
Körpern und hilflos enttäuscht, um noch letztes Glück zu holen, fuhren
manchmal ihre Zungen breit über des andern Gesicht.» (S 59f.) Im Glücken
und im Versagen des Liebesakts liegt dieselbe Logik der Einsamkeit begründet, denn Ekstase und Hemmung bilden nur Aspekte einer jeweils identischen Fremdheitserfahrung; das ist die bedrückende Botschaft, die Kafkas
erotische Szenen zu vermitteln haben.

Wenn es heißt, Frieda sei Klamms «Geliebte» gewesen, so muß beachtet
werden, daß die Wirtin diese Charakteristik «für eine sehr übertriebene Bezeichnung» hält (S 64). Der Roman berichtet nur, Klamm pflege Frieda zu
rufen, ohne Details über das Verhältnis des Schankmädchens zum Sekretär
zu schildern. Die Stimme bezeichnet im Gegensatz zur Schrift, über die das
Schloß mit K. kommuniziert, nach einer Formulierung Derridas die «Gegenwart» des Logos; wo die Schrift verzögert, erzeugt die Stimme durch
unbedingte Präsenz die Unmittelbarkeit des Bewußtseins.[74] Der ‹Ruf› verdeutlicht folglich nichts anderes als die Anwesenheit Klamms durch sein Erscheinen in der Stimme: die Repräsentation des Dritten, das sonst nur über
Beziehungsfelder erfahrbar ist. Wenn Frieda K. später, nachdem sie mit ihm
in den Brückenhof gezogen ist, erklärt, Klamm habe sie «‹verlassen›» (S 69),
so bedeutet das folgerichtig, daß er ihr gegenüber seine Gegenwart mit dem
Verzicht auf das Rufen getilgt hat. Als Geliebte war Frieda nur diejenige, die
Klamm rief; sie verliert diesen Status, sobald er auf den Ruf verzichtet und

seine Präsenz löscht. Die in der Forschung vertraute Unterstellung, daß hier eine sexuelle, von männlich-phallischem Besitztrieb geprägte Beziehung bezeichnet sei, wird durch den Text zwar nicht ausgeschlossen, jedoch keineswegs explizit unterstützt.[75] Was Frieda nach dem Ruf bei Klamm tut, beschreibt der Roman nicht näher; ob sie ihn, wenn sie gerufen worden ist, im biblischen Sinn des Wortes erkennt oder dieses Erkennen schon durch die Reaktion auf den Ruf vollzogen wird, bleibt offen.

In Kafkas Roman ist nicht nur die psychologische Substanz eines Liebesverhältnisses bedeutsam, sondern auch sein sozialer Effekt. Schon hier wird sichtbar, daß zur Erotik notwendig die Logik der Macht gehört. Als K. am Morgen nach der Liebesnacht mit Frieda erwacht, offenbart sich eine Verschiebung der Herrschaftsverhältnisse: «Und so war es wenigstens zunächst für ihn kein Schrecken, sondern ein tröstliches Aufdämmern, als aus Klamms Zimmer mit tiefer befehlend-gleichgültiger Stimme nach Frieda gerufen wurde. ‹Frieda›, sagte K. in Friedas Ohr und gab so den Ruf weiter.» (S 55) Es ist der letzte Ruf Klamms, den K. hier ‹weitergibt›; auch die Wirtin, die gleichfalls die Geliebte des Sekretärs war, weiß davon zu berichten, daß er plötzlich ausblieb: «‹Dreimal hat mich Klamm rufen lassen und zum vierten Mal nicht mehr und niemals mehr zum vierten Mal!›» (S 101) Der Ruf, der für die Zionisten einen sakralen Akt impliziert – ‹Geruf› bedeutet ‹mikra›, die mündliche Überlieferung der Heiligen Schrift –, erzeugt eine Form der unbedingten physischen Präsenz, ohne daß aber im Text von erotischen oder sexuellen Signalen die Rede wäre. Die Gegenwart des Rufenden in der Stimme schafft eine körperliche Dimension der Macht, an der K. für einen Moment zu partizipieren sucht, indem er sie ‹weitergibt›. Kafka zeigt das Spiel der Liebe an diesem Punkt als Operator im hierarchischen Gefüge der sozialen Ordnung jenseits einer intimen Bedeutungsebene.

An Frieda, deren äußere Reizlosigkeit der Roman dezidiert betont (S 48), begehrt K. daher folgerichtig ihren Status als Geliebte Klamms, der sie zu einer ‹respektablen Person› werden läßt (S 50). «(...) wenn ich dem Löwen die Löwin wegheirate, werde ich», so räsoniert er in einer später gestrichenen Passage aus dem Gespräch mit der Wirtin, «wohl auch soviel Bedeutung für ihn haben, dass er mich wenigstens anhört.»[76] Der sexuelle Akt ist für K. nur der Zugangsweg zur Macht; die Erwartung, über Frieda zu Klamm zu gelangen, spiegelt ein naives Bild der körperlichen Einheit wider, dem gemäß der Liebhaber im Leib der Geliebten repräsentiert sei. K. kehrt hier gleichsam das feudale Element des *ius primae noctis* um; nicht der Herrscher, sondern der ihm Unterworfene nimmt sich das Recht auf freie Sexualität, das, wie es Foucault beschrieben hat, den Besitz der Macht impliziert.[77] Jedoch unterliegt K. einer doppelten Täuschung, wenn er glaubt, auf diese Weise zum Ziel zu gelangen. Zum einen nämlich ist, wie oben angedeutet,

Frieda nur in einem höchst dunklen Sinn des Wortes Klamms ‹Geliebte›, ohne daß ihr Verhältnis zu ihm näher beschrieben wird; ob sie K. nutzen kann, bleibt so zweifelhaft wie der Helferinnenstatus der Frauen im *Proceß*-Roman. Zum anderen zerstört K. durch seine Verbindung mit Frieda deren Beziehung zu Klamm. Der Ruf Klamms – das Zeichen seiner Gegenwart – dringt zu K., der ihn seinerseits an Frieda weitergibt und sich so an die Stelle Klamms setzt. Der Proteus Klamm wird durch K. substituiert, der fortan übersieht, daß das folgerichtige Ziel seines Strebens der Weg zum eigenen Selbst wäre. Über Frieda heißt es später: «Die Nähe Klamms hatte sie so unsinnig verlockend gemacht, in dieser Verlockung hatte sie K. an sich gerissen und nun verwelkte sie in seinen Armen.» (S 167)

Daß Sexualität und Macht verbunden sind, zeigt auch die Figur der Lehrerin Gisa, die als «blondes großes schönes nur ein wenig steifes Mädchen» mit deutlich sadistischen Zügen beschrieben wird (S 158). Der Kastellanssohn Schwarzer liebt, wie es heißt, die Lehrerin so sehr, daß er durchgehend im Dorf lebt und aus Bewunderung für sie keine ihrer Unterrichtsstunden «am Podium zu Gisas Füßen» versäumt (S 200). Gisa aber begegnet Schwarzer mit ungewöhnlicher Herablassung, denn die Bewunderung, die die übrigen Frauen des Dorfs für die Vertreter der Beamtenschaft hegen, ist ihr fremd: «die Ehrung von einem Kastellanssohn geliebt zu werden, verstand sie gewiß nicht zu würdigen und ihren vollen üppigen Körper trug sie unverändert ruhig dahin, ob Schwarzer ihr mit den Blicken folgte oder nicht.» (S 201) Die einzige Gunst, die Gisa ihm gewährt, besteht darin, daß sie ihm gestattet, beim Korrigieren der Klassenhefte zu helfen. Die Lehrerin gehört in den Reigen jener Frauenfiguren Kafkas, die, aus dem traditionellen Arsenal der *femme fatale* stammend, Männer zu Marionetten degradieren. Sie folgt damit der Sängerin Brunelda aus dem *Verschollenen*, die ihrerseits in Clara Pollunder ihre jugendliche Wahlverwandte findet.

Barnabas' Schwestern Amalia und Olga verkörpern einander polar entgegengesetzte Lebensprinzipien: Amalia die moralische Freiheit, die rasch zur sozialen Ausgliederung führt, Olga die absolute Bereitschaft zur Unterwerfung. Beide Verhaltensmodelle schaffen gleichermaßen das Leiden an der Fremdbestimmung, weil sie den Zwang der direkten oder indirekten Ächtung durch die Gemeinschaft einschließen. Olga repräsentiert die Figur des Opfers, das sich den sozialen Mächten subordiniert, Amalia wiederum muß die Unabhängigkeit, die sie sich erkämpfte, als sie sich dem Ruf des Beamten Sortini entzog, teuer mit gesellschaftlicher Isolation bezahlen.[78] Pepi dagegen beschreitet den Weg Friedas und beschränkt sich auf den Versuch, sie möglichst perfekt zu imitieren. Sie folgt ihr als Mädchen im Ausschank nach, wartet auf Klamms Werben («wenn doch jetzt Klamm käme»; S 363f.) und nähert sich K. in deutlich erotischer Absicht (S 373). Pepi besitzt keine eigene Identität, sondern erwacht nur über Beziehungen zum Leben. Als Kämpferin, die mit höchster Anspannung das selbstgesteckte Ziel zu erreichen sucht, gleicht sie, wie sie betont, dem Landvermesser.: «(...) also ob wir uns beide zu sehr, zu lärmend, zu kindisch, zu unerfahren bemüht hätten, um etwas, das z. B. mit Friedas Ruhe, mit Friedas Sachlichkeit leicht und unmerklich zu gewinnen ist, durch Weinen, durch Kratzen, durch Zerren zu bekommen (...)» (S 372). Hier tritt jene «Ungeduld» hervor, die Kafka 1917 als doppelte Ursache für die Vertreibung aus dem Paradies und die Unmöglichkeit einer Rückkehr bezeichnet hat (M 230). Ihr unterliegt auch der Landvermesser, der in permanenter Überforderung seiner Kräfte den Kampf mit der Behörde sucht, ohne zu begreifen, daß ihn allein ‹Ruhe› und ‹Sachlichkeit› dem selbstgesetzten Ziel näherbringen. In seiner Fixierung auf den weiblichen Eros verfehlt K. den angemessenen Weg, der zum Paradies der sozialen Gemeinschaft führen könnte. Zu den Einsichten, die er im Verlauf des Romans gewinnen muß, gehört die Erkenntnis, daß das Wissen der Frauen nicht im Geheimnis ihres Körpers, sondern in den Lebensgeschichten verborgen liegt, die sie erzählen.

Betrug und Asyl

Form und Modell des *Schloß*-Romans hat Kafka in zwei Briefen umspielt, die seine Disposition zur ständigen Selbstanklage näher erläutern. ‹Betrügen ohne Betrug› wolle er, schreibt er am 30. September 1917 an Felice Bauer (wobei er die Bedeutsamkeit der Diagnose unterstreicht, indem er sie im Tagebuch wiederholt; T III 167f.). Zugleich betont er hier, daß er zum Kampf verurteilt sei, weil Gerichtsgewalt und Sehnsucht nach Freispruch in ihm um Priorität stritten (F 756). Das ist das formale Muster, dem auch der Roman folgt, wenn er die Geschichte seines Helden als Verstrickung in einen imaginären Betrug darstellt. Gegenüber Milena Pollak erklärt Kafka am 14. September 1920, ein «Traum-Schrecken» entstehe aus dem Bewußtsein, «irgendwo wo man nicht hingehört, sich aufzuführen, als ob man zuhause sei» (Mi 263). Diese Bemerkung beschreibt wiederum die Grundsituation des *Schloß*-Romans, zu dessen Leitmotiv der ‹Traum-Schrecken› wird, welcher aus der gedankenlosen Begegnung des Protagonisten mit einer ihm fremden Gesellschaft hervorgeht.

Zunächst vermag K. nur in der Form seines latent gewalttätigen Machtstrebens, darin dem Protagonisten des *Proceß* ähnlich, Kontakt zur Gemeinschaft herzustellen. Die Nachricht, das Schloß habe seine Ernennung zum Landvermesser bestätigt, betrachtet er bezeichnenderweise als Ausdruck dafür, daß man «den Kampf lächelnd aufnahm.» (S 13)[79] Im ersten Entwurf des Romans erklärt der im Dorf eingekehrte Protagonist: «Zum Kampf bin ich ja hier, aber ich will nicht angegriffen werden vor meiner Ankunft.»[80] Vor der Unterredung mit dem Dorfvorsteher betrachtet er die scheinbare Nachgiebigkeit der Behörde als Gefahr, weil sie ihn um die Möglichkeit «leichter Siege» betrüge (S 73). In Zürau hatte Kafka Mitte Oktober 1917 vermerkt, alle Menschen müßten sich letzthin demselben Kampf stellen, in dem je identische Waffen zur Verfügung stünden (M 160). K.s Verhalten bestätigt die Bedeutung dieser Aussage, gilt sein Kampf doch der Erlangung elementarer Formen der Anerkennung, wie sie jeder Mensch begehrt. In seiner Fixierung auf das leitende Ziel übersieht der Protagonist aber, daß neben dem Kampf auch andere Mittel existieren, die ihn zum Erfolg zu führen versprechen.

Als Fremder sucht K. nicht, die Gesetze des Dorflebens und der Schloßbürokratie zu durchschauen, vielmehr maßt er sich a priori ein abgeschlossenes Urteil über sie an. Statt im Licht der Erfahrung das, was ihm unbekannt ist, näher zu prüfen, sucht er, wie er dem Brückenhofwirt gegenüber erklärt, seine Autonomie um jeden Preis zu wahren. Ohne sich in eine Gemeinschaft anpassungswillig einzufügen, möchte er kämpfend einen Platz im Leben erringen. Sein Motto lautet: «‹Ich will immer frei sein.›» (S 14) Vor dem Gespräch mit dem Vorsteher heißt es: «K. war, wenn er manchmal nur an diese Dinge dachte, nicht weit davon entfernt, seine Lage zufriedenstellend zu finden, trotzdem er sich immer nach solchen Anfällen des Behagens schnell sagte, daß gerade darin die Gefahr lag.» (S 73) Mit seinem tiefen Mißtrauen aber versperrt sich K. zunächst den Weg in die soziale Welt des Dorfes; er zahlt den Preis für eine Lebenssicht, die Kafka bereits in der *Beschreibung eines Kampfes* (1904/05) als Grundmuster der gesellschaftlichen Isolation gekennzeichnet hatte; auf vergleichbare Weise beleuchten Autoren wie Georg Kaiser (*Von morgens bis mitternachts*, 1917), Carl Sternheim (*Das Fossil*, 1923), Bertolt Brecht (*Mann ist Mann*, 1926) und Alfred Döblin (*Berlin Alexanderplatz*, 1929) den Kampf als Grundmuster einer automatisierten sozialen Lebenswelt, in der sich die kalten Gesetze eines nur mühsam versteckten archaischen Machtdenkens offenbaren.

Durch seine Fixierung auf den Kampf ignoriert K. zunächst wesentliche Hilfsangebote und Erklärungen, die ihm Einsichten in das ihn dunkel anziehende Ordnungsgefüge der Schloßwelt und deren Analogie zu seinem eigenen psychischen Apparat vermitteln könnten.[81] Erst die nächtliche Begegnung mit dem Sekretär Bürgel verschafft K. auf eine paradox anmutende Weise die Möglichkeit zur Erkenntnis, weil ihn hier der Schlaf übermannt, so daß er den Bericht über das bürokratische System und die Windungen der Amtsgänge nicht bewußt verfolgen kann; eine Vorstufe dieser Erfahrung bildet der Genuß von Klamms süßem Kognak, der K. in die Welt seines Unbewußten entführt (S. 318ff., 128f.). Noch während er einschläft, glaubt er, er könne Bürgel besser verstehen, weil jetzt das «lästige Bewußtsein», das ihn sonst beherrscht, ausgeschaltet bleibe (S 319). Die verbreitete Meinung, K. verschenke eine Gelegenheit zur Annäherung an das Schloß, indem er den Bericht des Sekretärs in fahrlässiger Weise verdämmere, ist daher problematisch.[82] Im Zustand des ‹halben Schlummers› («er war noch nicht in der Tiefe des Schlafs»; S 317, 319) tritt K. vielmehr die Wahrheit über sich selbst und damit auch ein Widerschein seiner Sehnsucht nach dem Schloß entgegen; daß er die Botschaft des Unbewußten wie Hans Castorp im «Schnee»-Traum von Thomas Manns *Zauberberg* sogleich wieder vergessen muß, gehört zur Konsequenz des hier beschriebenen Modells ungesteuerter Wahrnehmung. Während Bürgel spricht, träumt K., er feiere in großer Gesellschaft mit Champagner einen Sieg. Irritierend bleibt, daß er erst nach dem Jubelfest den Kampf ausfechten muß, für dessen Ausgang er sich hat rühmen lassen; hier offenbart sich das Grundmuster des Betrugs, das K.s Auftritt und Rolle im Roman beherrscht. Im Traum ringt er mit einem nackten Beamten, der der Statue eines griechischen Gottes ähnelt, und bezwingt ihn überraschend leicht, ohne daß der Gegner Widerstand leistet: «Es gab kein ernstliches Hindernis, nur hie und da ein Piepsen des Sekretärs.» Nach seinem großen Erfolg aber sieht er sich einsam, ohne menschlichen Kontakt: «(…) K. war allein in einem großen Raum, kampfbereit drehte er sich herum und suchte den Gegner, es war aber niemand mehr da, auch die Gesellschaft hatte sich verlaufen, nur das Champagnerglas lag zerbrochen auf der Erde, K. zertrat es völlig.» (S 319)

Der Protagonist begegnet im Traum den geheimen Wünschen, die sein Handeln steuern. Das Zertreten des Champagnerglases entspricht einem jüdischen Hochzeitsritus und verweist in Verbindung mit der homoerotischen Konnotation der gesamten Szenerie auf den Zielpunkt von K.s Begehren.[83] In einer eigentümlichen Überlagerungsbewegung treten Sexualität und Macht zusammen, so daß sie eine kaum noch auflösbare Einheit bilden. Die Transposition des Triebs zur Chiffre der Macht führt nicht nur dazu, daß K.s Sehnsucht nach einer Schloßaudienz erotische Züge gewinnt, sondern verleiht umgekehrt dem Schloß einen erotischen Aspekt. Wenn K. im Halbbewußtsein während des Erwachens erfährt, daß der griechische Gott des Ringkampfs Bürgel selbst gewesen ist, bestätigt sich diese Koinzidenz (S 320). Die geträumte Wunschphantasie erzeugt ein Bild des widerstandslosen Triumphes, der jenem Sieg entspricht, den K. scheinbar mühelos bei Frieda errang. Daß K. die Bilder seiner Imagination jedoch nicht in Frage stellt, ist symptomatisch für sein Ich-Verständnis, das auf derselben Struktur beruht, die den Angeklagten Josef K. von der Einsicht in seine Schuld abhält. An solchen Punkten funktioniert Kafkas Protagonist wie sein Vorgänger als Repräsentant gegensätzlicher psychischer Prinzipien; in ihm sind die Kräfte des Triebs, des Wunsches, der Verdrängung, Selbstbeobachtung und Selbstverleugnung, Narzißmus und Ich-Haß gleichermaßen präsent. Jenseits einer realistischen Psychologie der literarischen Person führt Kafka seine Figur als vielfältig gebrochene Chiffre vor Augen, die in einer archetypischen Seelentopographie agiert.

Ein zweites Leitmotiv, das den Roman durchzieht, ist der Topos des Betrugs. Immer wieder läßt sich an kleinen Indizien, die Kafka kunstvoll in den Text einstreut, erkennen, daß K. nicht die Wahrheit sagt. Die Unterredung mit der Wirtin bestätigt am Ende, daß sein vermeintlicher Auftrag erlogen ist. Den Vorwurf der Wirtin − «‹Warum sagst Du denn nicht die Wahrheit?›» − beantwortet er mit der entlarvenden Bemerkung: «‹Auch Du sagst sie nicht.›» (S 378) Das Komplement zum ‹Betrug› ist der ‹Verrat›; beide Begriffe scheinen einander in raffinierter Weise zu ergänzen. Nachdem K. sich mit Frieda vereinigt hat, fürchtet er, im Kampf mit den Schloßbehörden zu unterliegen, «da alles verraten war» (S 56). Als «grossen Verrat» läßt das Manuskript bekanntlich in seiner ersten − später gestrichenen − Version K. den Geschlechtsakt mit Frieda erfahren.[84] Wieder ist hier Sexualität eine Form des Geständnisses, wie es Foucault für das bürgerliche Zeitalter beschrieben hat. Der Koitus fördert die verschwiegene Wahrheit über den Körper zutage; nur wenn diese Wahrheit aber im Dunkeln bleibt, könnte K., so glaubt er, zum Schloß vordringen.

Im Fortgang des Romans erscheint K. immer deutlicher als Lügner. Sein Betrug entspringt dem Wunsch, seine Freiheit gegen andere unumschränkt durchzusetzen, sich aber gleichzeitig mit einer Aufgabe gesellschaftlich ausweisen zu können (S 14). Nur in der Form des Kampfes kann K. mit seiner sozialen Umwelt verkehren. In seiner merkwürdigen Fixierung auf das Schloß übersieht er, daß man ihn längst aufgenommen hat. Als Landvermesser gehöre er zum Schloß, erklärt ihm bereits zu Beginn der Fuhrmann Gerstäcker (S 24). Die Behörden tun, was K. wünscht: sie legitimieren ihn, obgleich sein Anspruch auf ein Amt vermutlich unbegründet ist; die Beamten und Verwaltungsvertreter begegnen ihm freundlich, ohne Zwang, bereitwillig seinen Wünschen entsprechend. In seiner Verblendung übersieht K., daß er die Möglichkeit besitzt, freiwillig in die fremde Gemeinschaft einzutreten. ««(...) es gibt Dinge, die an nichts anderem als an sich selbst scheitern»», erklärt ihm Bürgel lakonisch (S 327). Das gemahnt daran, daß der Widerstand, den das Schloß für K. bedeutet, ein Widerstand seines Ichs ist.[85] So wie sich sein Blick bei der Ankunft in der Nacht auf die ‹scheinbare Leere› richtet, bleibt K. durchgehend auf eine Welt fixiert, deren Symbole er für autonome Zeichen hält, obgleich sie auf sein eigenes Inneres zurückdeuten. Die Anerkennung, die er sucht − auch die *Josefine*-Erzählung wird mit diesem Begriff arbeiten (D 289) − entspringt dem Gefühl der Fremdheit gegenüber den Tiefen des Selbst.

Das Schloß zeigt, stärker noch als die beiden anderen Romanfragmente, eine Vielzahl von handwerklichen Unebenheiten, stilistischen Wiederholungen, Abstimmungsfehlern und Versehen. Im Dezember 1914 heißt es nach einer längeren Lektüre des *Proceß*-Romans, «daß jedes Zufriedenheits- und Glücksgefühl» sofort durch eine Stockung des aktuellen Schreibflusses «bezahlt werden muß» (T III 63). Kafka hat sich aufgrund solcher Erfahrungen im Fall des *Schloß*-Textes dazu gezwungen, beendete Kapitel während der Arbeit am Manuskript nicht zu korrigieren. Der Umstand, daß es sich um ein unfertiges Gebilde handelt, spielt für die Wirkung des Romans gleichwohl keine Rolle. Zu seiner Dramaturgie des mäandernden Kreisens paßt eine fragmentarische Struktur, die unabgeschlossen bleiben muß wie die Geschichte, der sie Kontur gibt. Die Singularität von Kafkas Arbeiten entspringt gerade dort, wo sie nur Schrift und nicht durchgestaltetes ‹Werk› sind. Als Muster einer vollkommenen – nämlich sprechenden – Form vollzieht der letzte Roman die Annäherung an ein Absolutum, dessen Offenbarung unaufhörlich aussteht.

In Zürau hatte Kafka 1917 geschrieben: «Wir sind, mit dem irdisch befleckten Auge gesehen, in der Situation von Eisenbahnreisenden, die in einem langen Tunnel verunglückt sind undzwar an einer Stelle wo man das Licht des Anfangs nicht mehr sieht, das Licht des Endes aber nur so winzig, daß der Blick es immerfort suchen muß und immerfort verliert wobei Anfang und Ende nicht einmal sicher sind.»(M 163) Diese Konstellation entspricht der Lage K.s, dem der Weg in die Vergangenheit versperrt ist, weil er seine Heimat verloren zu haben scheint, und der daher auf das schwache Licht hofft, das sich am Ende des Tunnels abzeichnet. Das Leben, das er führt, unterliegt keiner freien Wahl, sondern einzig dem Zwang des Vorwärtsschreitens, unter dessen Gesetz er sich selbst begegnet, ohne es zu wissen.

K.s Weg in die Welt des Dorfes ist ein Weg zur Erfahrung erzählten Lebens jenseits der advokatorischen Kunststücke des Betrugs und Selbstbetrugs, mit denen der Protagonist zu Beginn des Romans operiert. K. findet, so scheint es, eine Form der sozialen Integration, die ihm die Gemeinschaft des Dorfes durch die Preisgabe ihres Wissens ermöglicht. Es wäre allerdings falsch, darin die Bestätigung einer Fundamentalontologie im Sinne Heideggers zu sehen, die über die Negativität zum ‹positiven Sein› gelangt.[86] Kafkas Protagonist stößt nicht zu einer bewußten, verstehenden Form der gesellschaftlichen Einbindung vor, vielmehr überwindet er den Status des Ausgeschlossenen, indem er sich in einen sozialen Zusammenhang einfügt, den er zunehmend als geltende Ordnung akzeptiert. Dieser Prozeß bietet keine Anknüpfungspunkte für eine Neudeutung der Negativität, die durch die Romanexposition im Zeichen von Nacht, Kälte und Fremdheit umrissen wird. Hoffnung auf eine Ankunft in der Gemeinschaft ist für K. möglich;

Am Altstädter Ring, um 1922

von einer erlösenden Perspektive im Zeichen der Transzendenz oder einem Sich-Emporarbeiten zur Erfahrung einer höheren Form der Realitätsmächtigkeit im Sinne der Ontologie kann dagegen nicht die Rede sein.[87] Je weiter der Roman fortschreitet, desto deutlicher wird K.s Anpassung an das Dorf. Anders als in früheren Texten kommt es jetzt zu Ansätzen von Verständigung, die das Stocken der Kommunikation durchbrechen. Am Ende, im Gespräch mit Pepi, redet K. über die Administration des Schlosses und die Würde Klamms mit jenem Respekt, der an die Sichtweise des Vorstehers erinnert. Dennoch ist der Weg in die Gemeinschaft von Barrieren bestimmt, die auf das Motiv des Betrugs zurückdeuten. Ein aus der Endfassung des Manuskripts wieder ausgeschlossener Abschnitt, der das Protokoll des Sekretärs Momus wiedergibt, spricht in drastischen Wendungen von einer ‹Schuld› K.s, die allerdings «nicht leicht» zu beweisen sei. Das Wesen der Schuld wird darin gesehen, daß K. einzig egoistische Ziele verfolge und sich «aus Berechnung schmutzigster Art» der Hilfe Friedas bedient habe.[88] Trotz solcher Befunde sucht die Behörde, anders als im Fall des *Proceß*, den Protagonisten nicht zu bedrängen; sie ist entgegenkommend, hilfsbereit und gewillt, seine Absichten ernstzunehmen: ein Echo-Raum seiner psychischen Wünsche, keine entrückte Instanz der Gnadengewährung.[89] Kafkas Roman beschreibt damit ein Szenario nach dem Zusammenbruch der unbedingten Sinnkonstruktionen der alten Metaphysik, wie es Derrida als Ausgangspunkt für ein Denken bezeichnet hat, das aus dem Ende des Logozentrismus hervorgeht: «Für das, was nun ‹beginnt›, ‹jenseits› des absoluten Wissens, sind *unerhörte* Gedanken gefordert, die durch das Gedächtnis der alten Zeichen hindurch zu suchen sind.»[90] Kafka zeigt diese Form des ‹Unerhörten› als neuen Anfang nach dem Kollabieren der abendländischen Metaphysik, dessen literarische Substanz auf fatale Weise verfehlt wird, wenn man in ihm eine transzendentalphilosophische oder religiöse Verheißung erblickt.[91]

K. darf, wie sich in den letzten Bruchstücken des Manuskripts abzeichnet, die Aussicht auf eine künftige Integration in die Gemeinschaft erlangen. Das wachsende Wissen über die Ursprünge der herrschenden Ordnung ver-

schafft ihm eine Form der Zugehörigkeit, die seinen Status als Fremder aufhebt. In dem Maße, in dem er seinen Kampf um das Absolute und den Glauben an die paradiesähnlich-offenbarende Bedeutung des Schlosses aufgibt,
findet er zu einem sozialen Arrangement, das die Möglichkeit eines sinn-
vollen Lebens verheißt.[92] An den Platz des unbedingten Willens zur konsequenten Durchleuchtung des Unerklärlichen, wie ihn noch der intellektuelle Dezisionismus von Kafkas Zürauer Aphorismen reflektiert hatte, tritt
im dritten Roman der Wunsch nach Teilhabe an der Gemeinschaft.[93] Die
letzte Szene läßt die Normalität der gesellschaftlichen Partizipation ahnen:
Gerstäcker, der vom Landvermesser Unterstützung für einen Behördengang
erhofft, stellt sich bei K. ein; gemeinsam laufen sie durch den Schnee zur
Hütte des Fuhrmanns, wo sie die Wärme des Herdfeuers empfängt – ein
versöhnliches Bild, das am Ende des Fragments steht (S 380). Die falsche
Identität – «Soll ich sie aufklären oder soll ich mich von ihnen aufklären lassen?» (T III, 210) – hindert nicht am Eintritt in die Gemeinschaft. Man hat
sich an K. gewöhnt; er ist angekommen und darf, auch wenn man ihn kaum
sonderlich schätzt, bleiben. Mehr kann ein Mensch nach Kafkas Überzeugung nicht verlangen.

Achtzehntes Kapitel
Nach der Pensionierung (1922–1923)

Als Ottlas Gast in Planá

Ende Februar 1922 kehrt Kafka aus dem Riesengebirge nach Prag zurück. Während der folgenden zwei Monate spinnt er sich in die Arbeit am *Schloß*-Roman ein. Er korrespondiert nicht, beschränkt sein soziales Leben auf familiäre Kontakte, sieht auch die alten Freunde kaum. Vom Büro ist er aufgrund eines Attests, das Kodym am 24. Januar 1922 vorgelegt hatte, bis zum 1. Mai beurlaubt. Die hermetische Zurückgezogenheit beruhigt seine labile psychische Situation und schafft eine innere Balance, wie er sie zuletzt im literarisch produktiven Herbst 1920 gewonnen hat. Obgleich das Manuskript flüssig vorankommt, quält ihn tiefes Mißtrauen in die Substanz des *Schloß*-Projekts. Gegenüber Robert Klopstock, der eine Fortsetzung seines Studiums an der Karls-Universität plant, äußert er Zweifel an der dauerhaften Wirksamkeit der ihn fesselnden Konzentration: «Ich habe, um mich vor dem, was man Nerven nennt, zu retten, seit einiger Zeit ein wenig zu schreiben angefangen, sitze von sieben Uhr abends etwa beim Tisch, es ist aber nichts, eine mit Nägeln aufgekratzte Deckung im Weltkrieg und nächsten Monat hört auch das auf und das Bureau fängt an.» (Br 374)

Körperlich ist Kafka während dieser Wochen in schlechterer Verfassung denn je. Er hat im Winter Gewicht verloren, schläft wenig, hustet stark und kann längere Spaziergänge nur mit regelmäßigen Atempausen absolvieren. Seine krankheitsbedingte Freistellung, die Ende April ausläuft, läßt er bis Anfang Juni um seinen regulären fünfwöchigen Jahresurlaub verlängern. Am 14. Februar 1922 hatte ihn der Vorstand noch zum *Obersekretär* ernannt und für den Fall der Rückkehr in den aktiven Dienst eine Erhöhung seines Jahresgehalts von 18 800 auf 20 000 Kronen in Aussicht gestellt (AS 407f.). Ein vom 26. April 1922 stammendes Gutachten Kodyms bescheinigt dem Patienten fortdauernde Arbeitsunfähigkeit und prognostiziert, daß mit einer Besserung des Gesundheitszustands in «absehbarer Zeit» nicht zu rechnen sei (AS 429). Unter dem Eindruck seines schlechten Gesamtbefindens sucht Kafka im Frühsommer 1922 mit ungewöhnlicher Entschiedenheit, die endgültige Pensionierung durchzusetzen. Schon zwei Jahre zuvor, im Mai 1920, hatte ihm Ottla mitgeteilt, daß man im Vorstand am schwerwiegenden Charakter seiner Erkrankung keinen Zweifel hege: «Aus den Worten des Direktors könnte man annehmen, daß er sehr bereit wäre, mich zu pensionieren.

Es ist doch sinnlos einen Beamten zu halten, den man für so erholungsbedürftig hält, daß man immer wieder ihm Urlaub geben will. Oder ist es das Zeichen weiteren Weltuntergangs?» (O 91) Am 7. Juni 1922 stellt Kafka den Antrag auf Versetzung in den Ruhestand, wobei ein aktualisiertes Attest Kodyms das Gesuch befürwortet. Die Diagnose, die der Facharzt stellt, läßt am letalen Ausgang der Erkrankung keinen Zweifel: «In absehbarer Zeit ist auch bei ununterbrochener Kurbehandlung keine wesentliche Besserung zu erwarten. Nach mehrmals wiederholter geeigneter Behandlung könnte vielleicht eine gewisse Besserung eintreten.» (AS 439)

Am 23. Juni 1922 fährt Kafka, ohne Näheres über die Bearbeitung seines Antrags gehört zu haben, nach Planá in den Böhmerwald. Robert Klopstock, der sich in Prag aufhält, um – letzthin erfolglos – seinen Wechsel an die Karls-Universität vorzubereiten, verabschiedet ihn am Bahnhof. In Planá wohnt Kafka bei Ottla, die hier mit ihrem Mann eine zwei Zimmer umfassende Wohnung in einem Landhaus gemietet hat. Die Schwester war ein Jahr zuvor, am 27. März 1921, erstmals Mutter geworden; mit ihr und der Tochter Věra verbringt er die folgenden Sommermonate, unterbrochen von drei kurzen Prag-Visiten, im Böhmerwald. Die ‹kleine Ehe› lebt nochmals auf, unter veränderten Bedingungen freilich, denn Ottlas neue Rolle als Mutter und die regelmäßige Gegenwart Josef Davids, der seine Familie an den Wochenenden besucht, erlauben keine unbegrenzte Nähe mehr. Bereitwillig zieht Ottla zu Věra und dem Dienstmädchen in ein kleines Zimmer, damit der Bruder im größeren Raum der Wohnung bei günstigen Lichtverhältnissen arbeiten kann. In seiner «vollständig armen, aber unhotelmäßigen Einrichtung» habe sein Quartier, so erklärt er Brod mit einer Formulierung aus Hölderlins *Hälfte des Lebens*, «etwas, was man ‹heilige Nüchternheit› nennt.» (Br 379) Wie in Zürau herrschen in Planá Abgeschiedenheit und Ruhe jenseits des automatisierten Rhythmus des urbanen Alltags. «Das Land schlägt die Sehnsucht an, die unendliche», notiert Kafka bereits im Januar 1922, kurz vor der Fahrt nach Spindelmühle (T III 203).

Am 30. Juni 1922 erhält er von der Versicherungsanstalt einen Bescheid über die dauerhafte Versetzung in den Ruhestand. Die Personalabteilung hatte vier Möglichkeiten für die Berechnung der Pensionsbezüge erarbeitet, die aktuelle Gehaltsstufen und bis zum regulären Ausscheiden verbleibende Dienstjahre in unterschiedlicher Weise berücksichtigten. Die für Kafka ungünstigste Lösung hätte eine Pensionsleistung von 9888 Kronen, die günstigste 10 908 Kronen erbracht. Am Ende entschied man sich für eine Variante, bei der 10 608 Kronen gezahlt wurden – mithin die Hälfte der Bezüge, die man ihm im Februar 1922 nach der Beförderung für den Fall des Dienstantritts in Aussicht gestellt hatte. Aufgrund der steigenden Inflation reicht diese Summe knapp zum Leben, erlaubt aber keine weiten Reisen. Den Aufenthalt in teuren Sanatorien und Bädern kann Kafka mit seinen begrenzten Mitteln nicht mehr finanzieren. Wenn die Krankheit in den folgenden 20 Monaten rapide fortschreitet, so erklärt sich das auch aus den finanziell beschränkten Möglichkeiten des Pensionärs. Kafka, der im Winter in die Wärme des europäischen Südens hätte reisen müssen, um sich angesichts der fortschreitenden Lungeninfiltration den Prager Frosttemperaturen zu entziehen, tritt in die agonale Phase seiner Krankheit ein, weil er sich den Luxus einer angemessenen Behandlung nicht leisten kann.

Ende Juni 1922 plant er, Oskar Baum im südlich von Gotha gelegenen Georgenthal zu besuchen. Die Vorbereitung der wenige Stunden dauernden Reise bereitet ihm innere Qualen, Schlaflosigkeit, Kopfschmerz. Der alte Teufelskreis, den schon die Briefe an Felice Bauer ausschritten, ist wieder in Gang gekommen, als sei er ein mythisches Gesetz. In einem ausführlichen Schreiben an Baum analysiert er die innere und äußere Unbeweglichkeit, die ihn an einen Ort fesselt, als Resultat des Versuchs, den Kontrollzwängen einer höheren Macht zu entkommen. «Im letzten oder vorletzten Grund ist es ja nur Todesangst. Zum Teil auch die Angst, die Götter auf mich aufmerksam zu machen; lebe ich hier in meinem Zimmer weiter, vergeht der Tag regelmäßig wie der andere, muß natürlich auch für mich gesorgt werden, aber die Sache ist schon im Gang, die Hand der Götter führt nur mechanisch die Zügel, so schön, so schön ist es, unbeachtet zu sein, wenn bei meiner Wiege eine Fee stand, dann war es die Fee ‹Pension›.» (Br 382) Nach einer quälenden Nacht entschließt sich Kafka am 5. Juli, die Reise zu Baum abzusagen, um nicht in den Lichtkreis der Überwachung zu treten, den die Götter gezogen haben. Die ländliche Ruhe in Planá, die nur gelegentlich durch Prager Schulkinder, den morgendlichen Aufbruch von Jagdexpeditionen oder Ottlas kleine Tochter gestört wird, verschafft ihm vorübergehend das Gefühl, den Gespenstern des Wiederholungszwangs entronnen zu sein. Mitte Juli 1922 reist er für eine knappe Woche nach Prag, um seinen Vater zu besuchen, der nach einer Darmoperation, unter «Schmerzen, Unbehagen, Unruhe, Angst» leidend, im Krankenhaus liegt («vielleicht wird es doch gut ausgehen»; Br 407). In diesen Tagen trifft er auch Max Brod und überläßt ihm das Schloß-Manuskript. Nachdem er am 19. Juli 1922 zu Ottla zurückgekehrt ist, bemüht er sich um eine Fortführung des Romans, beschließt aber Ende August, sein Vorhaben endgültig aufzugeben. Bis zum 18. September bleibt Kafka, unterbrochen nur von zwei kurzen Prag-Besuchen, in Planá, eingesponnen in eine hermetische Welt, die den zudringlichen Blicken der Götter, kaum aber den unheimlichen Mechanismen der Selbstbeobachtung entzogen ist.

Planá gewährt Kafka die Ruhe, die es ihm erlaubt, im Grundsätzlichen über seine literarische Tätigkeit nachzudenken. Daß er ohne Hoffnung auf einen Abschluß des Romans ist und kein neues Projekt verfolgt, erklärt die düstere Bilanz, die er jetzt zieht. Nie zuvor hat er so prägnante, sich ins Gedächtnis einbrennende Bilder für seine Produktion gefunden wie hier. In einem detaillierten Brief an Brod vom 5. Juli 1922 bezeichnet er das Schreiben als «Lohn für Teufelsdienst» und «Entfesselung von Natur aus gebundener Geister». Lügnerisch bleibe die literarische Arbeit, weil sie jene «Eitelkeit und Genußsucht» freisetze, die das Ich umringe wie ein Sonnensystem, so daß es sich in ihr spiegeln und bewundern könne. Nicht «Wachheit», sondern «Selbstvergessenheit» sei, wie Kafka bemerkt, die «erste Voraussetzung des Schriftstellertums», da sie es erlaube, sich in gesteigerten Zuständen der Imagination zu verlieren. Diese Konstellation begründet aber zugleich das Gefallen an einem Ich, das sich und seine Welt schreibend entwirft; die spannungsreiche Form des Selbstverlusts wird zur Bedingung jenes höheren Selbstgenusses, der die ästhetische Produktion stets begleitet (Br 384f.). Indem sich der Autor als empirisches Subjekt abschafft, erlangt er zugleich die Fähigkeit, sich in seiner Tätigkeit auf übergeordneter Ebene narzißtisch zu spiegeln. Paul Celan hat, dem entsprechend, in seiner *Meridian*-Rede von 1960 den Künstler als «Selbstvergessenen» bezeichnet, der im Stadium der «Ich-Ferne» arbeite, insofern er sich in eine empirische und eine phantasmagorische Seite aufspalte.[1] Kafka formulierte eine vergleichbare Diagnose schon Ende Januar 1918 in Zürau, als er von «Eitelkeit» und «Selbstvergessenheit» in Bezug auf die Beobachtung des eigenen Befindens sprach (M 199).

Bedingung des Schreibens ist die Verdopplung von Ich und Realität – deren Brechung in einen erfahrungsgestützten und einen ästhetischen Zustand. Kafkas Trauer über die ‹Eitelkeit›, die das Schreiben schaffen und befriedigen kann, spiegelt diesen Vorgang wider. Sie entspringt dem Unbehagen angesichts des fiktiven Charakters, den das Selbst des Autors unter dem Einfluß seiner Arbeit annimmt. Das «Dasein des Schriftstellers», so erklärt er Max Brod, «ist ein Argument gegen die Seele, denn die Seele hat doch offenbar das wirkliche Ich verlassen, ist aber nur Schriftsteller geworden, hat es nicht weiter gebracht; sollte die Trennung vom Ich die Seele so sehr schwächen können?» (Br 386) Die Lebenslüge des Autors besteht darin, daß er durch seine Tätigkeit eine scheinhafte Identität annimmt, mit deren Hilfe er Grenzsituationen des Lebens erprobt, ohne sich ihnen auszusetzen. Ethische Maßstäbe, die Handlungsoptionen eröffnen, kann Literatur daher niemals schaffen; statt dessen ermöglicht sie die Simulation von Welten, die dem, der sie erdenkt, einen gesteigerten, letzthin aber mit dem Verlust authentischer Erfahrung erkauften Genuß verschaffen.[2]

Die Urszene für die hier dargestellte Konfiguration hatte 1914 bereits das Prosastück *Ein Traum* aus dem Umfeld des *Proceß*-Romans geschildert. Dem Zeichner gelingt es erst in dem Moment, da Josef K. in den Boden sinkt, seine ins Stocken geratene Schrift fortzuführen. Vor den Augen des in die Grube stürzenden Zuschauers, der Zeuge der eigenen Beerdigung wird, ‹jagt› «sein Name mit mächtigen Zieraten über den Stein.» (D 234) Schreiben ist nur unter der Bedingung einer nächtlichen Existenz möglich als doppelter ‹Teufelsdienst›, der im Bann des Lebensentzugs und des narzißtischen Selbstgenusses steht.[3] Die Schrift arbeitet Derrida gemäß an der Erzeugung einer nicht zu schließenden Differenz, indem sie den Gegensatz aufreißt, der zwischen Zeichen und Geist besteht. Sie ist das Medium der Trauer, der Melancholie und des Todes, denn sie schafft keine Präsenz, sondern nur eine unbeendbare Annäherung an den inneren Raum des Unterschieds, der Materie und Intelligibles trennt. Mit Blick auf Platons Kritik im *Phaidros* heißt es bei Derrida: «Die Schrift im geläufigen Sinn ist toter Buchstabe, sie trägt den Tod in sich. Sie benimmt dem Leben den Atem.»[4] Platons Auffassung der Schrift als Gegensatz zur Seele (*pneuma*), zum Atem und zum in der Stimme sich äußernden Logos entspricht Kafkas Selbstbild des von der Tiefe der Nacht beherrschten Autors, der in den Buchstaben wohnt und das Leben von sich abscheidet. Wenn die Schrift den Tod ‹in sich trägt›, so bedeutet das aber auch, daß sie das innere Telos des Lebens repräsentiert. Durch ihre fortschreitende Bewegung bezeichnet sie den Verbrauch von Zeit im Prozeß der permanenten Annäherung an ein fernes Ziel und damit die innere Dynamik des *bios*. Die Schrift ist wie der Mensch auf dem Weg zum Tod: das bleibt die ebenso düstere wie offenbarende Botschaft des Briefes vom 5. Juli 1922.

Das Leben in Planá verläuft ähnlich eintönig wie der viereinhalb Jahre zurückliegende Aufenthalt in Zürau. Spaziergänge in Begleitung eines Hundes – eine Inspiration für die Niederschrift der *Forschungen* im Juli 1922 –, gemeinsame Mahlzeiten mit der Schwester und deren Kind, oft aber auch Langeweile und Ödnis bestimmen die Tage. Nach vertrautem Muster verlegt sich Kafka auf die Haltung des Beobachters, der das Landleben wie ein Afrikareisender observiert. Erotisch anziehend findet er die Bäuerinnen, die anders als die «halbnackten Frauen» in Prag «gar nicht gefährlich und doch prachtvoll sind». Während ihn die «wie ein schöner Giftschwamm» wirkenden Urlauberinnen abstoßen, könnte er sich, so bemerkt er gegenüber Brod, in die Dorfbewohnerinnen, deren Körper durch «Wind, Wetter, Arbeit, Sorgen und Gebären» geprägt sind, «von der Ferne verlieben» (Br 405f.). Die Blickreisen, mit denen Kafka seine Umgebung durchwandert, haben jedoch nichts mehr von jenem Voyeurismus, mit dem der Autor der *Betrachtung* ‹das Straßentreiben Prags erschloß. Sie besitzen jetzt den Charakter von melancholischen Ritualen, die es dem Sterbenskranken erlauben, sich Zug um Zug aus der sinnlichen Welt zu verabschieden.

Während der sich häufenden Perioden der Depression erleichtert ihm einzig Ottlas Nähe das Leben. Zugleich zwingt ihn seine zunehmende Lethargie in gesteigerte Abhängigkeit; da er das Haus kaum noch verläßt, selbst eine kurze Bahnfahrt fürchtet und sich bevorzugt im Bett aufhält, bleibt er auf Ottlas Hilfe angewiesen (Br 418). Als die Schwester, die Uneingeweihte zuweilen für seine Ehefrau halten, ihm Ende August 1922 erklärt, sie werde in zehn Tagen nach Prag zurückkehren, bricht Kafka zusammen. Der Gedanke, für mehrere Wochen in Planá allein bleiben und sich durch das Gasthaus versorgen zu müssen, erfüllt ihn mit Schrecken (Br 415). Nach kürzerer Überlegung verschiebt Ottla ihre Abreise und vertreibt damit die Gespenster, die jede Änderung des alltäglichen Ablaufs in Kafkas Innerem heraufbeschwört. Die alte Lust an der Einsamkeit, die stets ambivalente Züge trug, ist in den letzten beiden Lebensjahren deutlich gebrochen. Sie wird von der Furcht vor dem Irrsinn verdrängt, der die Selbstbeobachtungsrituale der langen Nächte durchzieht.

Ein dunkler Prager Winter

Am 18. September 1922 kehrt Kafka endgültig aus Planá nach Prag zurück. Schlafstörungen und Depressionen bestimmen in den folgenden Monaten quälend sein Leben. Er befindet sich an einem Tiefpunkt, den er nur mit den Zusammenbrüchen vom Herbst 1913 und Juli 1914 vergleichen kann. Den November und Dezember verbringt er nahezu ausschließlich im Bett, unfähig, einen normalen Alltag zu bewältigen. Zwingt er sich gelegentlich zum Ankleiden, so reicht die Kraft bloß für wenige Schritte aus: «Sitze beim Schreibtisch, bringe nichts zuwege, komme kaum auf die Gasse.» (T III 236) Am 2. Dezember 1922 kehrt Ludwig Hardt zu weiteren Rezitationsveranstaltungen nach Prag zurück, ohne daß Kafka ihn hört (T III 224). Über den ersten Vortragsabend, zu dessen Repertoire jetzt auch die Parabel *Das nächste Dorf* zählt, heißt es im *Prager Tagblatt*, Hardt habe das Publikum «mit Stimme, Gebärde und einer Geistigkeit» gefesselt, «die ihn über die Legion der sonstigen Sprecher von Vers und Prosa hinaushebt.» Die Resonanz ist enorm: «Man jubelte dem Zauberer zu.»[5]

Die Prager politischen Verhältnisse schienen am Beginn der 20er Jahre normalisiert, auch wenn die ethnischen Spannungen latent fortwirkten. Die Zionisten hatten ihren Frieden mit der tschechischen Republik geschlossen und ihre während des Krieges ausgeprägte – vorwiegend taktisch bedingte – proösterreichische Gesinnung abgelegt. Die junge Republik wiederum zeigte sich bemüht, harmonische Beziehungen zwischen Christen und Juden anzubahnen. Tomáš Masaryk trat entschieden für die volle gesellschaftliche Integration der jüdischen Bürger ein, was bei ihm auch Wohlwollen gegenüber der zionistischen Bewegung einschloß. Als deutschnationale Professorenkreise im November 1922 aus Anlaß der Wahl des jüdischen Historikers Samuel Steinherz zum Universitätsrektor an der Hochschule antisemi-

tische Stimmungen schürten, bewies die tschechische Regierung Format:
sie drohte den Nationalisten für den Fall, daß sie mit ihren aggressiven Pro-
testaktionen fortfahren würden, die Einschränkung der Universitätsautono-
mie an.[6] Solche eindeutigen Signale konnten zwar den latenten Antisemitismus nicht unterbinden, markierten aber in wünschenswerter Deutlichkeit
die auf Interessenausgleich zielenden Grundsatzpositionen der Republik.
Die Ausschreitungen, die während der ersten Jahre nach der Staatsgründung
in Prag zur unheimlichen Regel geworden waren, nahmen seit 1921 deutlich ab. Als Reaktion auf diese Entwicklung steuerte die *Selbstwehr*, ähnlich
wie das früher tschechenfeindlich argumentierende *Prager Tagblatt*, einen re-
publikanischen Kurs und unterstützte die Regierung Masaryks in program-
matischem Stil. Zwar wurde der Umbau des Staates vom unüberwindlich
scheinenden Nationalitätenkonflikt zwischen Deutschen und Tschechen
überschattet, doch blieben die jüdischen Bürger in den ersten Jahren von
seinen Auswirkungen verschont, weil die neue Administration – anders als
die Regierungen in Wien und Berlin – kein Verständnis für antisemitische
Tendenzen zeigte.

Von den politischen Verhältnissen dieser Jahre erfährt man in Kafkas Korrespondenz wenig. Wenn er zeitgeschichtliche Ereignisse kommentiert, so
klingt zumeist eine zynisch wirkende Bitterkeit an, die von Illusionsverlust
und Hoffnungslosigkeit zeugt. Über das Attentat auf Walther Rathenau, der
am 24. Juni 1922 in Berlin von zwei Mitgliedern der rechtsradikalen *Organisation Consul* im offenen Automobil erschossen worden war, heißt es lakonisch: «Unbegreiflich, daß man ihn so lange leben ließ, schon vor zwei Monaten war das Gerücht von seiner Ermordung in Prag (…)». Der tödliche
Anschlag gegen den Außenminister gehöre «so sehr zum jüdischen und zum
deutschen Schicksal», daß man ihn förmlich habe erwarten müssen. «Aber»,
so fügt Kafka hinzu, «das ist schon zu viel gesagt, die Sache geht über meinen Gesichtskreis weit hinaus, schon der Gesichtskreis hier um mein Fenster
ist mir zu groß.» (Br 378) Obgleich er die öffentliche Zurückhaltung des
Freundes kennt, schlägt Max Brod ihm bereits im Sommer 1922 vor, anstelle
des von zahlreichen Verpflichtungen überhäuften Martin Buber die Redaktion der Zeitschrift *Der Jude* zu übernehmen. Kafka lehnt entschieden ab
(«Nein, nein»), weil er, wie er erklärt, weder die erforderliche gesellschaftliche Einbindung noch die hinreichende religiöse Überzeugung für diese
Aufgabe mitbringe: «Wie dürfte ich bei meiner grenzenlosen Unkenntnis
der Dinge, völligen Beziehungslosigkeit zu Menschen, bei dem Mangel jedes festen jüdischen Bodens unter den Füßen an etwas derartiges denken?»
(Br 403f.) Kafka trägt hier dieselben Argumente vor, mit denen er Ende November 1915 Martin Bubers Einladung zur Mitarbeit an der neugegründe-
ten Zeitschrift ausgeschlagen hatte.[7] Die Auseinandersetzung mit zionisti-

schen Fragen führt er in den letzten Lebensjahren ausschließlich auf dem Terrain der Selbstreflexion als Form einer privaten Verständigung über den eigenen Lebensentwurf. Im Sommer 1922 liest er Theodor Herzls Tagebücher, die er seiner Schwester Elli und dem Schwager ausdrücklich empfiehlt, weil sie ein menschlich «rührendes» Bild des Autors vermittelten; bezeichnend ist, daß in diese Bewertung keine kulturpolitische oder religiöse Einschätzung von Herzls Programm mehr einfließt (El 31).

Mit dem konsequenten Rückzug aus dem sozialen Leben offenbart sich bei Kafka die Tendenz zum Unduldsamen, insbesondere auf dem Feld der literarischen Diskussion. Während er früher mit ironischer Noblesse über das aus seiner Sicht künstlerisch Mißlungene sprach – die Briefe an Felice Bauer bildeten hier eine Ausnahme –, urteilt er in späteren Jahren kompromißlos und zuweilen sogar verletzend. Symptomatisch ist hier eine Auseinandersetzung mit Franz Werfel, der ihn Mitte November 1922 in Prag besucht und von Kafka für sein neues Drama *Schweiger* scharf kritisiert wird. Das Stück liefert die mit kolportagehaften Elementen durchwirkte Darstellung einer vergessenen Schuld: Schweiger, der Jahre zuvor in einem Anfall geistiger Umnachtung auf eine Schar Kinder geschossen und eines seiner Opfer tödlich getroffen hat, ist durch einen antisemitischen Psychiater aus einer gegen Freud eingestellten Analytikerschule geheilt und in eine zweite bürgerliche Identität entlassen worden. Der zynische Arzt jedoch zerstört Schweigers neues Leben, indem er dessen ahnungsloser Frau das furchtbare Geheimnis ihres Mannes offenbart. In einem Akt tätiger Buße rettet Schweiger am Ende zahlreiche Kinder aus dem flammenden Inferno eines Schiffsbrandes, tötet sich aber schließlich selbst, weil seine Frau ihn verlassen hat, ohne ihm die frühere Schuld zu vergeben.[8] Kafkas Kritik entzündet sich an der oberflächlichen Darstellung der Freud-Schule, die Werfel gegen ihre antisemitischen Kritiker zu verteidigen gesucht hatte. Vor allem verärgert ihn der allzu offenkundige Bezug auf Zeitfragen, die nach seiner Überzeugung nur in verdeckter Weise literarisch zu verarbeiten waren: «Wer hier nicht mehr zu sagen hat als die Psychoanalyse dürfte sich nicht einmischen.» (E 129) In einem ausführlichen Briefentwurf vom Dezember 1922 entschuldigt sich Kafka bei Werfel zunächst für seinen scharfen Ton: «Das Gespräch damals am Abend lag nachher zu schwer auf mir, die ganze Nacht über und hätte nicht am Morgen eine unerwartete Zufälligkeit mich ein wenig abgelenkt, ich hätte Ihnen gewiß gleich schreiben müssen.» (E 127) Max Brod erläutert er jedoch zum selben Zeitpunkt mit überraschender Unbefangenheit, er habe sich «ein wenig Ekel vom Herzen» zu schaffen gesucht und den befreundeten Autor daher heftig attackiert (Br 424). In seinem endgültigen Schreiben an Werfel nimmt Kafka die Kritik am Drama folgerichtig nicht zurück, sondern unterstreicht sie durch einen Hinweis auf den literarischen Rang des Gescholtenen, der den Anspruch verfolgen müsse, jungen Lesern eine programmatische Leit-orientierung zu verschaffen: «Und nun dieses Stück. Es mag alle Vorzüge ha-ben, von den theatralischen bis zu den höchsten, aber es ist ein Zurückwei-chen von der Führerschaft, nicht einmal Führerschaft ist darin, eher ein Verrat an der Generation, eine Verschleierung, eine Anekdotisierung, also eine Ent-würdigung ihrer Leiden.» (Br 425)

Das schroffe Urteil über *Schweiger* wiegt besonders schwer, da Kafka Wer-fels frühere Theaterstücke mit großer Bewunderung gelesen hatte. An *Spie-gelmensch* (1920), einem nach dem Modell des Mysterienspiels gebauten Sta-tionendrama, faszinierte ihn die Darstellung des nach Verwirklichung seines Ichs strebenden, zunächst scheiternden, am Ende aber in eine mystische Ge-meinschaft aufgenommenen Menschen; gegenüber Milena Pollak erklärt er im September 1920, die «Fülle der Lebenskraft», die selbst in der Krankheit «üppig» wirke, ziehe ihn an diesem Stück mächtig an (Mi 283). Das Drama *Bocksgesang* (1921 / 22) wiederum, das er in Fortsetzungen in der *Prager Presse* las, lobt er in einem Brief an Klopstock mit unmißverständlichen Worten. Auch hier wurde die Geschichte einer Schuld thematisiert: der monströs entstellte Sohn eines reichen Gutsbesitzers bricht aus dem Stall aus, in dem man ihn jahrelang aus Furcht vor Entdeckung gehalten hat, und zerstört als rasender Dämon die ländliche Ordnung. «Äußerst interessant ist es», schreibt Kafka an Klopstock: «Dieser Kampf mit den Wellen und immer wieder kommt er hervor, der große Schwimmer.» (Br 363) In beiden Dramen ver-nahm Kafka einen pathetisch-feierlichen Ton, den er dem an Schnitzlers Diktion erinnernden Parlando des *Schweiger*-Dramas deutlich vorzog. Wo seine hohen literarischen Ansprüche nicht erfüllt wurden, sah er keine Ver-anlassung, sein negatives Urteil zurückzuhalten. Auch die unaufhörlich spru-delnde Produktion Max Brods bedachte er regelmäßig mit klar formulierter Kritik, ohne den Freund über Gebühr zu schonen.

Im Dezember 1922 liest Kafka nochmals intensiv Kierkegaards Haupt-schriften: *Entweder-Oder* (1843), *Der Begriff Angst* (1844), *Stadien auf des Lebens Weg* (1845) und *Die Krankheit zum Tode* (1849) (T III 236). In den *Stadien* konnte er, wie schon in Kierkegaards Tagebüchern, seine eigene Furcht vor der Heirat gespiegelt finden: «Ich behaupte also nicht, daß die Ehe das höch-ste Leben ist, ich kenne ein höheres, doch wehe dem, welcher ohne ein Recht dazu die Ehe überspringen will.»[9] Während des Winters 1922/23 unterliegen Kafkas Lektüren allerdings, anders als in früheren Jahren, physi-schen Grenzen, weil die Konzentration auf größere Textmengen ihm zu-nehmende Schwierigkeiten bereitet. Die Krankheit, die in ihrem ersten Sta-dium nur durch Fieber und Husten gegenwärtig schien, schreitet schlei-chend fort. Sämtliche Versuche, ihren stillen, zerstörerischen Gang zu belau-schen, schlagen fehl. Gerade darin liegt die Tücke der Tuberkulose, die auch hier wie das Sinnbild seiner psychischen Situation anmutet. Daß man den eigenen Zustand nicht «enträtseln» könne, weil er hinter den äußeren Zeichen verborgen sei, bilde, so schreibt er ein Jahr später in seinem vorletzten Brief an Milena Pollak, den unheimlichen Ursprung aller «Angst» (Mi 321). Im Winter 1922/23 ist Kafka endgültig zur Familie zurückgekehrt. Die große Wohnung am Altstädter Ring bleibt der einzige Ort, an dem er noch Formen der sozialen Kommunikation aufrecht erhält. Hier trifft er regelmäßig seine Nichten, die 1912 geborene Gerti Hermann und deren ein Jahr jüngere Cousine Marianne Pollak, die Tochter Vallis. Gerti Hermann erinnert sich später an eine Begegnung mit dem Onkel auf der Straße, bei der er ein «Taschentuch vor dem Mund» hielt, weil er «sehr darauf bedacht» war, «niemanden anzustecken.»[10] Im letzten Prager Winter treten die selbst kränklichen Eltern erneut ins Zentrum seiner enger werdenden Lebenskreise. Die Rekonvaleszenz des Vaters, der die Folgen seiner schweren Darmoperation nur langsam überwindet, verfolgt Kafka mit fürsorglicher Teilnahme. Zugleich aber ahnt er, daß er wie seine literarischen Figuren als Sohn vor den Eltern sterben muß. Schon im Mai 1914 räsonierte er hellsichtig, in Frageform ohne Fragezeichen: «Ob sie mich auch noch ins Grab legen werden nach einem durch ihre Sorgfalt glücklichen Leben.» (T II 143)

Die Sprache des Gelobten Landes

Zu Beginn der 20er Jahre verfolgt Kafka die zionistische Kulturpolitik mit erneutem Interesse, das freilich die bekannte Skepsis gegenüber der Idee eines jüdischen Nationalstaates einschloß. Die Balfour-Deklaration vom 2. November 1917 hatte dem Aufbau einer jüdischen ‹Heimstätte› in Palästina die offizielle Unterstützung zugesagt.[11] Diese noch ohne konkrete Umsetzungspläne formulierte Willenserklärung war 1919 durch die Pariser Friedensverträge und 1920 auf der Konferenz von San Remo nachdrücklich bekräftigt worden. Entgegen der ursprünglichen Bestimmung, die eine internationale Administration mit starker französischer Beteiligung vorsah, fiel das vom Völkerbund verliehene Verwaltungsmandat jedoch an England, das zu einem diplomatischen Kurs gezwungen war, wollte es seine arabischen Verbindungen nicht gefährden. Unter der Führung ihres Generalsekretärs Kurt Blumenfeld, der seit 1912 wachsenden Einfluß errang, setzte sich die Zionistische Weltorganisation verstärkt für eine aktive Besiedlungspolitik ein. Nach 1918 gewann die Fraktion der Jüngeren, die sich allein auf die Arbeit in Palästina zu konzentrieren suchten, im Verband die Oberhand. Dagegen trat die Förderung des nationaljüdischen Bewußtseins in den Diaspora-Gemeinden, die Herzl als Kernbereich des zionistischen Programms hervorgehoben hatte, deutlich in den Hintergrund.[12] Innerhalb der Organisation spielten die Prager Zionisten eine führende Rolle, deren Wirksamkeit durch die von ihnen redigierte *Jüdische Rundschau* auch publizistisch unterstützt wurde. Ihre dominierenden Repräsentanten waren, nachdem Siegmund Kaznelson in Berlin als Verlagsleiter neue Aufgaben übernommen hatte, Hugo Bergmann, Felix Weltsch und sein jüngerer Bruder Robert. Sie standen der zionistischen Siedlerbewegung um Chaim Arlosoroff nahe, die ihrerseits den europäischen Ableger des palästinensischen Vereins *Hapo 'el Hatza'ir (Der junge Arbeiter)* bildete. Hier wurde ein antimarxistischer Sozialismus auf der Grundlage einer praktischen Gesellschaftsethik verfolgt, deren Programm, wie es exemplarisch Gustav Landauer vertrat, im Kollektivismus des Landlebens ihr anschauliches Vorbild hatte. Man setzte dabei auf eine evolutionäre Perspektive, indem man keinen radikalen Umsturz der als dekadent betrachteten bürgerlichen Welt, sondern den organischen Aufbau einer neuen Ordnung anstrebte, die in Palästina erprobt werden sollte.[13]

1920 veröffentlichte Max Brod seine Denkschrift *Sozialismus im Zionismus*, in der er unter Bezug auf Josef Poppers Studie *Die allgemeine Nährpflicht als Lösung der sozialen Frage* (1912) das Modell einer teils auf kollektiven, teils auf wirtschaftsliberalen Elementen basierenden Staatsidee entwikkelte. Nach Brods an Popper angelehnten Vorstellungen, die sich dezidiert gegen die im Zeichen des Taylorismus vollzogene Mechanisierung des arbeitenden Menschen richteten, sollten Männer dreizehn, Frauen acht Jahre lang in den Diensten der staatlichen Produktion arbeiten, damit die Gemeinschaft die erforderlichen Versorgungsgüter hervorbringen konnte. Jenseits dieser kollektiven Wirtschaftsform galt jedoch das Augenmerk der Förderung der individuellen Initiative, die den nivellierenden Tendenzen einer sozialistischen Organisationsstruktur entgegenzuwirken hatte. Brod strebt hier, nicht ohne naiven Idealismus, nach einer gesellschaftlichen Steuerung des Produktionsprozesses, die den Menschen ein Höchstmaß an Identifikation mit ihrer Arbeit erlaubt. Die Zeit, die durch technische Innovationen gewonnen wurde, sollte den persönlichen Bedürfnissen des Individuums zugute kommen und nicht in neuerliche Berufstätigkeit investiert werden.[14] Anders als Kafka, der 1918 in seinem Schema über die besitzlose Arbeiterschaft eine radikale Enteignung postuliert hatte («Kein Geld, keine Kostbarkeiten»; M 221), möchte Brod einen mit liberalen Elementen angereicherten Staatssozialismus begründen, der freiheitliche und dirigistische Komponenten gleichermaßen enthält. Durchaus hellsichtig muten dabei seine Zweifel an, wenn er zu bedenken gibt, daß der Freizeitüberschuß, der mit Hilfe seines Organisationsmodells erreicht werden könne, eine Verflachung der Alltagskultur herbeizuführen drohe: «(...) der Süßigkeitsmorast [von] Wiener Operetten wird bis an die Wolken spritzen.»[15]

Kafkas Verhältnis zu Brods weit ausgespannten Entwürfen ist von jener Distanz geprägt, die ihn, wie er im Januar 1922 formulieren wird, zur «Tat-

Beobachtung» anhält, welche ihm das eigene Eingreifen in die Welt der Politik verbietet (T III 210). Wenn er die zionistischen Diskussionen gleichwohl mit Aufmerksamkeit verfolgt, so faszinieren ihn weniger die sozialen als die kulturellen Dimensionen ihrer Programmentwürfe. Insbesondere für die Volksheim-Bewegung hegt er starke Sympathien, da ihre Ziele seinen pädagogischen Interessen entsprechen. Franz Rosenzweig, Verfasser des wirkungsvollsten philosophischen Werkes des Zionismus – *Der Stern der Erlösung* (1921) –, hatte schon 1920 in Frankfurt die Leitung einer zentralen Einrichtung der jüdischen Erwachsenenbildung übernommen. Das von ihm ins Leben gerufene *Freie Jüdische Lehrhaus* stellte bald auch für andere Großstadtgemeinden ein institutionelles Vorbild dar, dessen organisatorische Grundstruktur Mustercharakter besaß. Vorträge und Seminare, die von herausragenden jüngeren Intellektuellen wie Leo Baeck, Erich Fromm, Leo Löwenthal und Gershom Scholem bestritten wurden, vermittelten im *Lehrhaus* Kenntnisse des Hebräischen, der jüdischen Religionsphilosophie und der Kabbala.[16] Kafka beobachtet solche institutionellen Bemühungen um die Erschließung der Quellen jüdischer Identität seit der Begegnung mit den Lemberger Schauspielern im Herbst 1911 mit wachsender Aufmerksamkeit. Gegenüber Milena Pollak nennt er sich zwar im November 1920 den «westjüdischeste[n] der Westjuden» (Mi 294), doch setzt gerade dieser Selbstentwurf die Faszination für die ihm unerreichbaren religiösen Traditionen frei. In einem charakteristischen Paradoxon beschreibt er sich Ende Januar 1922 als ewigen Emigranten, der mit seiner Geburt das Heilige Land verlassen und in der Fremde das «Vatererbe» der Assimilation abgearbeitet habe. Nachdem er «40 Jahre aus Kanaan hinausgewandert» sei, müsse er jetzt seinen Status als «der Kleinste und Ängstlichste» in einer Welt ertragen, die selbst «für die Niedrigsten blitzartige Erhöhungen», aber auch «meerdruckartige tausendjährige Zerschmetterungen» bereithalte (T III 211).

Im Februar 1918 bezeichnet Kafka den Gewinn eines fruchtbaren Bodens für den Glauben als «ursprünglichste Aufgabe», die er nach dem Scheitern seiner großen Existenzprojekte – Ehe, Familie, Beruf – zu verfolgen habe (M 215). Ein Brief an Felice Bauer vom 9./10. Februar 1913 beschrieb das Gefühl für «ununterbrochene Beziehungen» zwischen dem Einzelnen und einer «beruhigend fernen, womöglich unendlichen Höhe oder Tiefe» als Indikator der authentischen Religiosität; wer diesem Maß entspreche, müsse das Leben nicht als «kalte Winternacht» empfinden, aus der man «in das Grab zu schlüpfen» Verlangen trage (Br II 82). Die Sehnsucht nach einer sinnlich und geistig greifbaren Glaubenserfahrung führt Kafka seit 1914 zur Annäherung an die hebräische Sprache. Ein wesentliches Motiv dürfte dabei die Vermutung gewesen sein, daß das Hebräische sich, wie es Scholem formulierte, die adamitische Einheit von Zeichen und Sache bewahrt, mithin sei-

nen paradiesischen Charakter konserviert habe.[17] Das Wort sollte den sinn-
lich-physischen Zugang zum religiösen Erlebnis schaffen, wie ihn auch die
Annäherung an das Jiddische verhieß.

Schon im vorletzten Kriegsjahr beginnt Kafka im Selbststudium Hebräisch zu lernen, wobei er sich auf das am modernen Wortschatz orientierte
Unterrichtswerk von Moses Rath stützt; Max Brod notiert im September
1917, daß der Freund bereits 45 der 150 Lektionen absolviert habe, ohne ihn
zuvor über sein Vorhaben zu informieren.[18] In den Monaten vor seiner Erkrankung besucht Kafka gemeinsam mit Felix Weltsch und der jungen Irma
(Mirjam) Singer, einer entfernten Bekannten Brods, einen Hebräischkurs
bei Jiři Langer.[19] Irma Singer erinnert sich, daß er die Schwierigkeiten des
Spracherwerbs ironisch kommentierte: «Die Prager Zionisten beginnen im
September bei der ersten Moses-Rath-Lektion und lernen fleißig bis zum
Juni. Während der Ferien gelingt es ihnen, alles Gelernte wieder zu vergessen und dann fangen sie im September wieder mit der ersten Moses-Rath-
Lektion an.»[20] Im Winter 1917/18 in Zürau und wenig später, im September
1918 in Turnau führt Kafka seine Studien ohne Anleitung fort. Im Herbst
1918 beginnt er bei dem 30jährigen Gymnasiallehrer Friedrich Thieberger
in Prag Einzelunterricht zu nehmen. Thieberger, der von August Sauer mit
einer literaturgeschichtlichen Arbeit im Fach Germanistik promoviert worden war, verfügte als Sohn eines Rabbiners über vorzügliche Kenntnisse des
biblischen, nicht jedoch des modernen Hebräisch.[21] Als Arbeitsgrundlage
diente daher neben Raths Standardwerk ein Bibellesebuch, das Isidor Pollak
und Gustav Weiner 1918 zusammengestellt hatten. Kafka, der sich durch seine Lektionen nicht auf einen Palästina-Aufenthalt vorbereiten, sondern zunächst das Geheimnis der authentischen Glaubenssprache erschließen wollte, war, wie sich Thieberger erinnert, ein engagierter Schüler: «Durch viele
Wochen hindurch kamen wir nun zu genau festgesetzten Stunden bei ihm
zusammen, zumeist in einem Hofzimmer hinter der Küche. Er nahm es mit
Vokabelheft und schriftlichen Übungen sehr genau und war sehr ungehalten
über eine Ungenauigkeit im System des Buches. Nur einmal entschuldigte
er sich wegen der versäumten Aufgabe mit den Worten, die er Hebräisch
sagte: ‹Ich bin krank, ich bin sehr krank.›»[22]

Die Lektionen bei Thieberger enden, als Kafka im Dezember 1920 seine
Kur in Matliary antritt. Thiebergers Nachfolgerin wird im Spätherbst 1922
die 19jährige Palästinenserin Puah Ben-Tovim. Sie entstammte einer russischen Familie, die schon 1888 ausgewandert war, hatte in Jerusalem Deutsch
gelernt und dort 1921 ihr Abitur abgelegt.[23] Im September 1922 kam sie auf
Empfehlung Hugo Bergmanns nach Prag, das sie als Zentrum des europäischen Kulturzionismus näher kennenzulernen wünschte. Sie erhielt in der
Wohnung von Bergmanns Mutter ein Zimmer zur Untermiete und begann

Puah Ben-Tovim

an der Karls-Universität ein Mathematikstudium. Es entsprach den Erwartungen des Großrabbiners der Prager Synagoge, daß Puah ehrenamtlich Hebräischunterricht erteilte.[24] Kafka lernte sie über Vermittlung der Bergmanns vermutlich im Spätherbst 1922 kennen und nahm seine Lektionen bei ihr Ende des Jahres auf. Die Arbeit mit Thieberger hatte ihm demonstriert, daß die Aneignung des fremden Idioms allein durch die lebendige Kommunikation vollzogen werden konnte, die wiederum eine intensivere Beschäftigung mit dem modernen Hebräisch verlangte. Gerade die mündliche Verständigung bereitete den Auswanderern erhebliche Probleme, wie Aharon David Gordon 1917 in einem Essay über die Sprachbarrieren im Gelobten Land bemerkt: «Unser Hebräisch in Palästina ist ein klarer Spiegel unseres Lebens in Palästina. Und in diesem Spiegel sehen wir am klarsten, wie groß die Schwierigkeiten in unserem Tun und Schaffen sind, die aus uns selbst, aus unserem inneren, geistigen Golus [Exil] kommen.»[25]

Puah Ben-Tovim, die das Hebräische fehlerfrei beherrschte, bleibt bis zum Frühjahr 1923, als sie nach Berlin übersiedelt, Kafkas Lehrerin. Zunächst stand nicht der Spracherwerb im Vordergrund, sondern der Austausch über Palästina; erst nach einigen Wochen ging man zu einem geregelten Studium von Grammatik, Vokabeln und Idiomatik über. Die Lektionen bilden für Kafka während des Winters 1922/23 die einzigen festen Punkte im gedrosselten Tempo seines Alltags, den er nahezu durchgehend im Bett verbringt. Über den Unterricht bei Puah lernt er neben dem biblischen verstärkt auch das zeitgenössische Hebräisch kennen, das ihm über den Logos eine Welt offenbart, die Traditionsbewußtsein und Tatkraft verbindet. Die junge Palästinenserin repräsentiert in seinen Augen ein optimistisches, aktives Judentum, das seine Identität nicht mehr hinter Gesten der Anpassung verstecken muß, weil es die «Angst vor Pogromen und Demütigungen» abgeworfen hat.[26] Nach den Erinnerungen Langers beherrschte Kafka zu Beginn der 20er Jahre das Hebräische so sicher, daß er ein Gespräch auch über schwierigere Themen führen und sich mit einfachen Worten schriftlich ausdrücken konnte.[27] Ein solcher Standard übertraf die Kenntnisse der meisten Palästinafahrer erheblich; die überlieferten vier Notizhefte, in die er seine Vokabellisten eintrug, dokumentieren eine Sorgfalt und Genauigkeit, die ihrerseits Kafkas hohe Lernmotivation verdeutlichen.[28] Es kennzeichnet die Sprachsituation, in der er seit 1918 lebt, daß er die Vokabeln zwar deutsch lernt, aber ein tschechisches Lehrbuch des biblischen Hebräisch – *Leson Has-sefarim* – benutzt, das 1892 von Jaroslav Sedlacek verfaßt worden war.[29] Die eigentümlich spannungsreiche Prager Konstellation übersetzt sich damit in den Hebräischunterricht, der tschechische, deutsche und jüdische Identität ins Verhältnis wechselseitigen Austauschs bringt.

Mit Interesse dürfte Kafka in dieser Zeit auch die öffentliche Diskussion um eine neue Übersetzung der Bibel ins Hebräische verfolgt haben. Martin Buber betrieb das Projekt bereits kurz nach Kriegsende gemeinsam mit dem Publizisten Efraim Frisch und Moritz Heimann, dem Cheflektor bei S. Fischer, gab es jedoch angesichts der Überlastung seiner beiden Mitstreiter vorübergehend auf. Gemeinsam mit dem freilich schwer erkrankten Franz Rosenzweig näherte er sich erst Mitte der 20er Jahre auf Drängen des Heidelberger Verlegers Lambert Schneider dem alten Vorhaben, das in der jüdischen Öffentlichkeit kontrovers diskutiert worden war.[30] Kafka schätzte an den großen kulturzionistischen Projekten der Zeit, daß sie Vertrauen in die Lebendigkeit der Tradition vermittelten. Auf seiner eigenen Lebensbahn, die ihm «die umgekehrte Wüstenwanderung» vorzuzeichnen schien, befriedigte es ihn, die Pilger zu beobachten, die sich mit sicherem Schritt dem Gelobten Land näherten. Im Schatten der letzten Krankheitsphase erwägt aber auch er die Möglichkeit einer Reise nach «Kanaan», die ihn aus der Ödnis der Diaspora hätte befreien können (T III 211).

Aufflackernde Palästina-Pläne

Noch Anfang Dezember 1921 bemerkte Kafka in einem Brief an Robert Klopstock sarkastisch: «Hauptsächlich gilt es ja nur für die Durchschnittsmassen der Juristen, daß sie erst zu Staub zerrieben werden müssen, ehe sie nach Palästina dürfen, denn Erde braucht Palästina, aber Juristen nicht.» (Br 365) Im Tagebuch notiert er Ende Januar 1922, er sei «als Ausländer» sowohl in der Diaspora als auch im Gelobten Land ein Fremder, dessen Lebensschicksal ihn zu einer ewigen Wanderung verurteile, die von den Ursprüngen und Quellengründen des Glaubens fortführe (T III 211). Trotz dieser düsteren Lagebeschreibung rückt Kafka in seiner letzten Lebensperiode dem Gedanken einer Palästinareise nochmals näher, was auch durch den Eindruck der stetig zunehmenden Emigrationsbewegung motiviert wird.[31] Mitte April 1923 kommt Hugo Bergmann, der seit 1920 als Angestellter der Universitätsbibliothek in Jerusalem arbeitet, auf Einladung des *Palestine Foundation Fund* nach Prag. Er hält Vorträge in der Produktenbörse, veranstaltet Diskussionsrunden und informiert die zionistischen Glaubensbrüder über die aktuelle Situation in Palästina. Am 26. April trifft Kafka Bergmann gemeinsam mit dem Ehepaar Brod und Felix Weltsch bei Oskar Baum. Angeregt durch die Gespräche mit dem Schulfreund, schmiedet er neue Pläne zu einer Jerusalem-Reise, die für einige Wochen die Gespenster des Winters vertreiben. Hinter dem neuen Vorhaben steht die Sehnsucht nach dem Eintritt in den Stromkreis einer geschichtlichen Gemeinschaft, über die Aharon David Gordon 1917 in Bubers *Der Jude* geschrieben hatte: «Das ist der Vorzug von Palästina für uns, daß wir in ihm bei uns sind, bei uns in allem, was wir sind und was wir erleben – ob wir es nun fühlen oder nicht.»[32] Auch die Erinnerung an den Film über Jaffa und Jerusalem, den Kafka im Oktober 1921 sah, mag auf die Pläne des Sommers 1923 Einfluß genommen haben.[33] «Es ist sehr gut denkbar», notiert er damals im Tagebuch, «daß die Herrlichkeit des Lebens um jeden und immer in ihrer ganzen Fülle bereit liegt, aber verhängt, in der Tiefe, unsichtbar, sehr weit.» (T III 189f.)

Daß Kafkas Reisepläne im Frühsommer 1923 konkreten Charakter gewinnen, verraten die Briefe, die Hugo Bergmann nach seiner Ankunft in Jerusalem an seine für einige Wochen in Prag zurückbleibende Ehefrau Else sendet. Bergmann hat, wie diesen Schreiben zu entnehmen ist, einen Besuch Kafkas nicht nur fest verabredet, sondern ihm auch ein Logis in seiner Privatwohnung offeriert. Nach einigem Nachdenken zeigt er sich freilich besorgt über die mögliche Konsequenz seiner Einladung, weil er die Last fürchtet, die der pflegebedürftige Freund für die fünfköpfige Familie – mit zwei Söhnen und einer Tochter – bedeuten könnte. «Du weißt», schreibt er seiner Frau im Sommer 1923, «daß ich Franz sehr gern habe und gern bei mir hätte, aber ich bitte Dich nur, keine Verpflichtung auf Dich zu nehmen und keine Hoffnungen zu erwecken.»[34] Nach diesem deutlichen Signal bemüht sich Else Bergmann, das eilfertig unterbreitete Angebot Kafka gegenüber zu relativieren und auf die Mühen zu verweisen, die ein gemeinsamer Alltag schaffen könnte. Sein Taktgefühl ließ ihn rasch erkennen, daß er für die Familie Bergmann in seiner kritischen körperlichen Verfassung ein unzumutbarer Gast wäre. Zudem bedeutete die Aussicht auf ein Leben im Kreis dreier kleiner Kinder für den lärmempfindlichen Kafka eine Qual, der er sich realiter nur ungern ausgesetzt hätte.

Auch aus anderen Gründen erweisen sich die spontan gefaßten Reisepläne im Laufe des Sommers 1923 als undurchführbar. Während Bergmann in Jerusalem über eine Lösung der Unterkunftsfrage nachdenkt, hat Kafka sich innerlich bereits gegen die Fahrt entschieden, weil er weiß, daß sie seinen physischen Zustand überforderte. Bergmann wird Anfang August 1923 einen neuen Mitarbeiter der Jerusalemer Universitätsbibliothek kennenlernen, der ihm als anregender Gesprächspartner den ausbleibenden Besuch Kafkas ersetzt: den jungen Gershom Scholem, den Berliner Freund Walter Benjamins. Umgekehrt bleiben die Palästinaträume für Kafka ein Projekt, das Stellvertreter wie Bergmann in die Praxis umsetzen mußten. Das Grundmuster der «Tat-Beobachtung» ließ sich nicht aufheben, weil es tief verinnerlicht und durch die fortschreitende Krankheit nochmals bekräftigt worden war (T III 210). Im Sommer 1923 ahnt Kafka, daß er die Reise ins Gelobte Land niemals wird antreten können. Robert Klopstock schrieb er bereits ein Jahr zuvor, im Juni 1922, unter dem Eindruck der ihn tief verärgernden Lektüre von Blühers antisemitischer *Secessio Judaica*, gegen die öffentlich zu protestieren ihm die Kraft fehle («gleich sinkt mir die Hand»): «(…) irgendwo in meiner Geschlechterfolge wird doch hoffentlich auch ein Talmudist sitzen, aber er muntert mich nicht genug auf (…)» (Br 380). Am Ende entschieden nicht die frommen Gelehrten aus einer versunkenen Familientradition, sondern die ‹von Natur aus gebundenen Geister› der Nacht über die Reise nach Kanaan, indem sie ihr Veto einlegten: der Sohn durfte den väterlichen Boden der Diaspora nicht verlassen (Br 384).

Die Quintessenz der gescheiterten Palästinapläne nimmt das parabelartige Prosastück *Ein Kommentar* vorweg, das bereits im Dezember 1922 entstand. Kafkas Quelle ist eine Tagebuchnotiz vom 13. Februar 1914, die einen Traum beschreibt, in dem er als Ortsfremder durch Berlin läuft und einen älteren Polizisten um Auskunft über die städtischen Sehenswürdigkeiten bittet. Die Hinweise des Schutzmanns scheinen dem Ratsuchenden kaum verständlich, weil er die Entfernungen, von denen die Rede ist, nicht angemessen einschätzen kann, so daß er desorientiert und verwirrt zurückbleibt (T II 234f.). Die knapp neun Jahre später verfaßte Parabel schildert dieselbe Szene, wenn der Ich-Erzähler berichtet, wie er früh am Morgen zum Bahnhof eilt, mit Schrecken seine Verspätung bemerkt, einen Schutzmann um die Beschreibung des richtigen Weges bittet, von diesem aber nur lakonisch abgefertigt wird: «‹Gibs auf, gibs auf›, sagte er und wandte sich mit einem großen Schwunge ab, so wie Leute, die mit ihrem Lachen allein sein wollen.» (E 130) In der Stimmung des Traums, die über der unwirklich amutenden Szenerie liegt, nimmt Kafka die Konstellation des Sommers 1923 vorweg, die ihm den unerfüllbaren Charakter seiner Reisephantasien offenbart. Der Text umreißt jene angstbesetzte Situation, die er sich ausmalt, nachdem er verstanden hat, daß er auf Bergmanns Unterstützung nicht hoffen kann. Er wird, so ahnt er, zu spät an einem Bahnhof eintreffen, dessen genaue Lage er nicht kennt, verlassen von jenen, die ihm helfen könnten, ohne Beistand durch Familie und Freunde. Die möglichen Ratgeber wenden sich von dem, der verzweifelt sein Ziel sucht, mit einem Lachen ab, weil sie ihren eigenen Weg längst gefunden haben. In der düsteren Formel ‹Gibs auf› offenbart sich der Angsttraum des Zurückgelassenen, für den Palästina nicht nur das gelobte, sondern auch das unerreichbare Land bleiben wird.

Die zweite Kindsbraut: Dora Diamant

Mit Beginn der wärmeren Jahreszeit verbessert sich Kafkas physischer Zustand geringfügig; das Fieber sinkt, das Körpergewicht – von Brod streng überwacht – steigt leicht an (bereits im Spätsommer wird es jedoch wieder auf den Tiefststand von 54 Kilogramm fallen; Br 443). Kafka lernt täglich mehrere Stunden Hebräischvokabeln und frischt seine Italienischkenntnisse auf, die seit dem zweiten Besuch in Riva im Frühherbst 1913 brachlagen. Anfang Juni 1923 besucht ihn letztmals Milena Pollak, aber die Begegnung evoziert nur ein an Schuldgefühlen erstickendes Erinnerungsritual und keine Wiederholung der prägnanten Momente von Wien oder Gmünd. Am Morgen des 5. Juli reist er gemeinsam mit Elli und deren beiden Kindern, dem zwölfjährigen Felix und der elfjährigen Gerti, nach Müritz an die Ostsee. Auf halber Strecke macht er, während die Schwester direkt nach Müritz fährt, kurz in Berlin Zwischenstation und besucht am Nachmittag das in der Augsburger Straße nahe beim *Kaufhaus des Westens* gelegene Büro des Verlags *Die Schmiede*, wo er erste Vorgespräche über einen Autorenvertrag führt.[35] Zwar steht ihm ein Sammelband mit neueren Erzählungen nur vage vor Augen, doch scheint Kafka angesichts seiner schlechten Finanzsituation zu einer Publikation in nächster Zukunft fest entschlossen. Da ihn Wolffs gebremstes Engagement für seine letzten Arbeiten enttäuscht hat, entscheidet er sich ungewöhnlich spontan, in Berlin neue Kontakte zu knüpfen.

Der Ende November 1922 gegründete Verlag *Die Schmiede*, dessen Inhaber der ehemalige Theateragent Julius Berthold Salter und der Nationalökonom Fritz Wurm waren, verstand sich als Organ der expressionistischen Avantgarde. Das Programm blieb einem jüngeren bürgerlichen Lesepublikum verpflichtet, bot jedoch auch sozialistischen Autoren eine Heimstatt. Die kurze Existenzdauer des Verlags, der bereits 1927 aus dem Handelsregister gelöscht wurde, war wesentlich auf den Programmkurs des Lektorats zurückzuführen, das anspruchsvolle Titel förderte, ohne auf Verkäuflichkeit zu achten.[36] In den fünf Jahren ihres Bestehens veröffentlichte *Die Schmiede* knapp hundert Bücher – eine für damalige Verhältnisse ungewöhnlich hohe Publikationsquote. Zu den – teils von Wolff abgeworbenen – Hausautoren gehörten Gottfried Benn, Alfred Döblin, Walter Hasenclever, Egon Erwin Kisch, Carl Sternheim und Ernst Weiß (der neben Brod den Kontakt zum Verlag vermittelte); die Titelillustrationen stammten zumeist von Georg Salter, einem Bruder des Gründers, und von Arthur Holitscher, dessen Amerika-Berichte Kafka bekanntlich aufmerksam gelesen hatte.[37] Unter den fremdsprachigen Texten waren Romane von Francis Carco und Raymond Radiguet, nicht zuletzt der erste Band von Marcel Prousts *A la recherche du temps perdu* in der Übersetzung Rudolf Schottlaenders (unter dem Titel *Der Weg zu Swann*) und dessen Fortführung (*Im Schatten der jungen Mädchen*), die Walter Benjamin und Franz Hessel übertrugen.

Die Berliner Gespräche mit der Verlagsleitung gestalten sich angenehm und enden mit der gemeinsamen Entscheidung, in nicht allzu ferner Zukunft einen Erzählband Kafkas ins Programm zu nehmen. Nach diesem erfolgreichen Intermezzo ist ein gleichsam offizielles Rendezvous zu absolvieren, vor dem sich Kafka innerlich fürchtet: am späteren Nachmittag trifft er sich mit der jungen Emmy Salveter, die seit mehr als zwei Jahren Max Brods Geliebte ist. Der Freund war ihr Anfang 1921 in einem Berliner Hotel begegnet, wo sie als Zimmermädchen arbeitete. Emmy Salveter träumte von einer künstlerischen Laufbahn, die Brod bald förderte, indem er ihren Gesangsunterricht finanzierte. Affiziert schrieb er Ende Januar 1921 unter dem Eindruck der ersten Nacht, die er mit ihr verbracht hatte, an Kafka nach Matliary: «In der Liebe habe ich das Intermittierend-Göttliche am ehesten, am häufigsten erlebt.» (Br 297) Während der folgenden zwei Jahre bat der verheiratete Brod Kafka mehrfach um Rat, wie er seine Situation zwischen zwei Frauen bewältigen könne. Zugleich signalisierte er freilich, daß er seine Lage eitel genoß, auch wenn sie ihn gelegentlich quälte. In einem Brief vom 16. August 1922 schlug Kafka überraschend freimütig eine *Ménage à trois* vor; die «Selbstzerstörung» könne der Freund nur verhindern, wenn er sich entschließe, mit seiner Ehefrau nach Berlin umzusiedeln und dort mit ihr und der Geliebten «zu dritt zu leben» (BK II, 412). Immer wieder hatte Brod ihn gedrängt, die Freundin kennenzulernen, damit er sich einen persönlichen Eindruck von ihr verschaffen könne. Das Berliner Treffen verläuft nun in entspannter Atmosphäre, so daß sich Kafkas Befürchtungen rasch zerstreuen. In der Rolle des Boten ohne Absichten agiert er gewohnt überzeugend, da sie seinem Selbstbild des zaudernden Beobachters vorzüglich entspricht. Wenige Tage später beschreibt er die Begegnung in einem Brief an Brod mit erleichterten Worten: «Sie ist reizend. Und so ganz und gar auf Dich konzentriert. Es gab keinen Anlaß, aus dem nicht auf Dich Bezug genommen wurde.» (Br 435)

Gemeinsam mit Emmy Salveter möchte Kafka am Abend des 5. Juli 1923 Puah Ben-Tovim besuchen, die in Eberswalde nordöstlich von Berlin als Betreuerin einer jüdischen Kinderkolonie arbeitet, um sich dort zur Sozialpädagogin auszubilden. Angesichts der großen Entfernung, die noch bevorsteht, verzichtet Kafka jedoch in Bernau, wo es bereits dämmert, spontan auf die Weiterfahrt.[38] Wenn er Brod später schreibt, «Emmys Hausgott» habe die Unterbrechung der Fahrt erzwungen, so lenkt das vom eigentlichen Grund der Umkehr ab: zur alten Angst vor plötzlichen Ortswechseln tritt jetzt zunehmend die Einsicht, daß sein Körper größere Belastungen nicht mehr erträgt (Br 435). Am 6. Juli 1923 reist Kafka nach Müritz weiter, wo er sich für

Dora Diamant, Anfang der 20er Jahre

vier Wochen in derselben Pension wie Elli und
ihre Kinder einmietet (der Schwager Karl Hermann wird später zu ihnen stoßen). Den Aufenthalt am Meer betrachtet er als Versuch, die Grenzen der eigenen Belastbarkeit kennenzulernen;
an Hugo Bergmann in Jerusalem schreibt er:
«Um meine Transportabilität zu prüfen, habe ich
mich nach vielen Jahren der Bettlägerigkeit und
der Kopfschmerzen zu einer kleinen Reise an die
Ostsee erhoben.» (Br 436)
    Seine Tage verbringt Kafka im Strandkorb, in-
dem er liest, den Neffen beim Fußballspiel beobachtet, den Kindern an der
Wasserkante zusieht – ein Voyeur wie Thomas Manns Gustav von Aschen-
bach, freilich nicht in der schwülen Luft des venezianischen Lido, sondern
im hellen Hochsommerlicht der Ostsee. «Das Meer», schreibt er am 13. Juli
an Else Bergmann, «ist wahrhaftig in den letzten 10 Jahren, seitdem ich es
nicht mehr gesehen habe, schöner, mannigfaltiger, lebendiger, jünger geworden.» (Br 437) In unmittelbarer Nachbarschaft – «50 Schritte» von Kafkas
Pension – liegt eine Feriensiedlung, die von Mitgliedern des *Jüdischen Volksheims* aus Berlin frequentiert wird. Wenn Kafka auf seinem Balkon sitzt, kann
er das Treiben der jungen Gäste verfolgen – «gesunde, fröhliche Kinder, an
denen ich mich wärme» (Br 437). Nach einer Theateraufführung der Urlauber lernt er das 16jährige Lehrmädchen Tile Rössler aus Berlin kennen. Die
junge Frau arbeitet in der Buchhandlung *Jurovics* und kennt Kafka daher als
Autor des *Heizer*-Bandes; später wird sie nach einer Ausbildung bei Gret Pa-
lucca, der Schülerin von Mary Wigmann, in Dresden eine Laufbahn als Tänzerin beginnen.[39] Tile Rössler zeigt sich durch den 24 Jahre Älteren, den sie
zunächst für den Vater von Ellis Kindern hält, stark angezogen; sie besucht
ihn am Strandkorb, geht mit ihm spazieren, läßt sich von ihm Literatur und
Filme empfehlen. Durch Vermittlung Tile Rösslers lernt Kafka am 13. Juli
die 25jährige Dora Diamant kennen, die als Küchenleiterin für das *Jüdische
Volksheim* arbeitet – eine Begegnung, die sein letztes Lebensjahr durchgreifend bestimmen wird.
    Dora Diamant wurde 1898 im polnischen Brzezin, das zum damaligen
Westpommern gehörte, geboren (der verbreitete, von ihr selbst nie dementierte Hinweis auf das Geburtsjahr 1902 ist falsch). Sie entstammte einer, wie
Puah Ben-Tovim sich erinnert, «ultrakonservativen orthodoxen Familie»,[40]
verband jedoch in ihrem Denken traditionelle religiöse Elemente mit einem
modernen Lebensverständnis, das ihr Selbstbewußtsein, Tatkraft und Cou-

rage verlieh. Sie selbst beschreibt sich rückblickend mit sentimentaler Stilisierung als «ein dunkles Geschöpf voller Träume und Vorahnungen, wie aus einem Roman von Dostojewski entsprungen.»[41] Dora Diamant war durch die Kriegswirren aus ihrer Heimat vertrieben und zuerst nach Breslau, dann nach Berlin verschlagen worden, wo sie sich nach 1918 in den Dienst des *Jüdischen Volksheims* stellte. Die bemerkenswert attraktive Frau schlägt Kafka in ihren Bann; umgekehrt macht er auf sie sogleich «einen starken Eindruck», wie sie sich noch zwei Jahrzehnte später erinnert: «Er war groß und schlank, hatte eine dunkle Haut und machte große Schritte, so daß ich zuerst glaubte, er müßte ein Halbblut-Indianer sein und nicht ein Europäer.»[42] Auch Dora Diamant hält Elli Hermann zunächst für Kafkas Ehefrau, den Neffen und die Nichte für seine Kinder – die inzestuöse Tendenz, welche die Beziehungen zu seinen Schwestern aufweist, spricht ihre eigene, äußerlich sichtbare Sprache. Als schließlich am 1. August Puah Ben-Tovim in Müritz ankommt, ist das Arrangement für den Beginn der letzten Liebesgeschichte, die Kafka durchlebt, komplett. Die Schwester und die ihn umschwärmenden jungen Mädchen werden eifersüchtige Zeugen der raschen Annäherung, die sich zwischen Dora und Kafka vollzieht. Gemeinsam liest man Hebräisch, geht am Strand spazieren, blickt bis zum Abend, sofern Dora keinen Küchendienst versehen muß, auf das Meer hinaus. Die enttäuschte Tile Rössler reist schon in der ersten Augustwoche nach Berlin zurück, weil sie die Szenen wachsender Vertrautheit kaum ertragen kann. In einem Brief an sie charakterisiert Kafka einige Tage später Dora, mit der er «am meisten beisammen» sei, gänzlich unbefangen als «wunderbares Wesen» (Br 439).

Nach der Schweizerin aus Riva ist Dora Diamant Kafkas zweite Kindsbraut, zugleich aber eine Reinkarnation der Mutter: eine unermüdlich Tatkräftige, voller Vitalität auch in den dunklen Stunden der Depressionen, die den Kranken regelmäßig heimsuchen. Dora avanciert zur ständigen Begleiterin der letzten zwölf Monate, zur Lebenspartnerin, die seine Vertraute, Schwester und Geliebte, am Ende aber vor allem die Heldin seines Alltags wird, der ihr unter dem Diktat der Krankheit zunehmend größere Lasten aufbürdet. Felice Bauer hatte zu ertragen, daß ihr Kafka ein Rätsel blieb, Milena Pollak mußte hinnehmen, daß er den endgültigen Schritt zu ihr nicht wagte. Beide scheiterten, weil sie den Sohn zum Ehemann zu bekehren und dabei – ohne es zu wissen – seine Identität zu zerstören suchten. Mit Dora Diamant teilt Kafka dagegen sein Leben frei von der Angst, seine Freiheit zu verspielen. An der Schwelle des Todes durfte die Furcht vor dem Selbstverlust in der Bindung nicht mehr zählen, weil die letzten Schritte in der Wüste fern von Kanaan bevorstanden.

Am 8. August 1923 verläßt Kafka Müritz ohne Dora Diamant. Auf der Durchreise macht er in Berlin Halt, wo er mit Tile Rössler und ihren Freun dinnen im *Deutschen Theater* eine Aufführung von Schillers *Räubern* besucht. Nach der Rückfahrt aus Berlin bleibt er nur wenige Tage in Prag. Mitte August begleitet er Ottla und ihre Kinder nach Schelesen, um sich dort für fünf Wochen in einer Privatunterkunft einzuquartieren. Die spätsommerlichen Tage wirken beruhigend auf ihn, doch spürt er, daß die Krankheit ihn zu besiegen beginnt. «Die Gegend ist mir recht lieb», schreibt er an Brod, «und das Wetter war bisher freundlich, aber ich muß ein kostbarer Besitz der Gegenkräfte sein, sie kämpfen wie der Teufel oder sind es.» (Br 443) Am 21. September fährt er nach Prag zurück, bricht jedoch zwei Tage später wieder auf. Das Ziel ist Berlin, Anhalter Bahnhof; dort wartet Dora Diamant auf ihn – mit Plänen, die seiner Angst vor dem Sterben trotzen werden.

Neunzehntes Kapitel

Späte Erzählungen (1922–1924)

Artisten in der Zirkuskuppel

In den ersten Jahren nach dem Ausbruch der Krankheit versuchte Kafka gegen die Verlockung des Schreibens zu kämpfen. Ab 1917 ist er ein Schriftsteller, der sich die Arbeit verbietet, weil er weiß, daß jeder Höhenflug des Glücks angesichts fließender Produktivität im Moment des Stockens an Abgründe von Trauer gerät. Dennoch gelingt es ihm auch auf diesem Feld nicht, das Programm der Askese dauerhaft durchzuhalten. Wieder zeigt sich, daß die Liebe und das Schreiben bei Kafka im Scheitern wie im Gelingen ähnlichen Gesetzen gehorchen. Das Jahr 1922 bietet nochmals die für ihn selbst unerwartete Erfahrung erfolgreicher literarischer Arbeit, so wie 1923 eine letzte erotische Bindung entsteht, die er, gezeichnet von der agonalen Phase seiner Krankeit, ohne Widerstand zuläßt. Ehe sein Leben endet, verstößt Kafka erneut gegen das eigene Gebot der Askese, indem er sich der Schrift und der Liebe überläßt; er wiederholt damit die Inkonsequenz, mit der er in der Vergangenheit ekstatische Erlebnisse suchte, obgleich er wußte, daß sie Schuldgefühle nach sich zogen, die er kaum zu ertragen vermochte.

Die Erzählungen, die seit dem Winter 1922 entstehen, reflektieren die Gefahren der Künstlerexistenz und die tödliche Konsequenz, die ihrem Weltflucht-Charakter innewohnen kann. An die Stelle der Schuld- und Strafthemen ist jetzt die bohrende Reflexion über die Widersprüche des Artistenlebens getreten. Wenn die späten Texte – zumal *Erstes Leid* und *Ein Hungerkünstler* – Zirkusfiguren ins Zentrum der Aufmerksamkeit rücken, so greifen sie ein Sujet auf, das seit dem Ende des 19. Jahrhunderts literarische Konjunktur hatte.[1] Gaukler und Artisten verkörpern bereits in der Lyrik des französischen Symbolismus Typengestalten von einiger Prominenz – so bei Baudelaire, Mallarmé und Verlaine.[2] Frank Wedekind eröffnet bekanntlich seinen *Erdgeist* (1895) mit einem Prolog im Zirkusmilieu, in dem der Direktor die Protagonistin Lulu als «das wilde, schöne Tier» preist.[3] Rilkes *Neue Gedichte* (1907/08) und die fünfte der *Duineser Elegien* (1922) fangen Momente einer Jahrmarkts- und Artistenwelt ein, in denen sich Spuren des Grotesken mit melancholischen Elementen mischen. In Hofmannsthals Lustspiel *Der Schwierige* (1921) beschreibt Hans Karl Bühl den Auftritt des Clowns Furlani als schwebendes Spiel mit der Absichtslosigkeit, hinter dem «angespannter Wille und direkt Geist» stehen, ohne daß sie sichtbar werden:

«(...) er ist förmlich schön vor lauter Nonchalance».[4] Die Zirkuskunst, die keine eindeutige Aussage oder Botschaft lanciert, bildet den Spiegel einer rein ästhetischen Welt jenseits von Zwecken und Zielen. In diesem Sinne darf sie als (idealisiertes) Modell einer scheinbar autonomen, dem Diktat der Mimesis enthobenen Produktivität gelten, wie sie Hofmannsthals Protagonist durch den Begriff des ‹Absichtslosen› charakterisiert.

Kafkas Zirkusartisten fehlt freilich die Leichtigkeit, welche die Mühsal der Perfektion hinter der Geste der ästhetischen Eleganz verbirgt. Sie sind traurige Spaßmacher für ein lebenshungriges Publikum, das Kunst allein zum Zweck der Entspannung konsumiert und erbarmungslos stets neue Sensationen verlangt.[5] Es gehört zur bitteren Ironie dieser späten Texte, daß Künstler und Zuschauer einander nicht verstehen können, weil sie von fundamental entgegengesetzten Interessen bestimmt bleiben. Treibt den Artisten zu seiner Kunst innerer Zwang, so sucht das Publikum Unterhaltung für wenige Stunden: ein unüberbrückbares Mißverhältnis, das in dem Moment tragische Züge annimmt, da der Erfolg den alternden Künstler verläßt. In Zeiten des Ruhms und in Perioden fehlender Anerkennung aber bewohnt der Artist, wie Kafka ihn zeichnet, gleichermaßen eine Eiswüste radikaler Einsamkeit. Das Künstlerselbstbild schließt an diesem Punkt nicht nur die Melancholie der Lebensdistanz, sondern auch den Vorwurf des Betrugs ein. Das eigene Lamento über Krankheit und Zurückgezogenheit erscheine ihm, gesteht Kafka im November 1922, als «Tartüfferie» (T III 236). Der Künstler, der seine Isolation beklagt, unterliegt dem analogen Mechanismus der Täuschung, weil er ignoriert, daß das Alleinsein Bedingung seiner Arbeit und Identität ist.

Die kurze Erzählung *Erstes Leid*, die im Frühjahr 1922 entstand, bildet den Auftakt für den Reigen der Künstlererzählungen. Kafka überließ das Manuskript der Zeitschrift *Genius*, deren Herausgeber Hans Mardersteig mit Kurt Wolff befreundet war; dort erschien die Geschichte im Herbst 1922, was Wolff als Zeichen einer neu sich anknüpfenden Verbindung des Autors mit seinem Verleger wertete.[6] Kafka war jedoch mit seiner Arbeit unzufrieden und betrachtete es als Fehler, sie dem Journal offeriert zu haben. Am angenehmsten wäre es ihm, so schreibt er am 26. Juni 1922, wenn er «die widerliche kleine Geschichte aus Wolffs Schublade nehmen und aus seinem Gedächtnis wischen könnte» (Br 375). Die kritische Selbsteinschätzung hat ihn nicht daran gehindert, den Text im März 1924 in seinen letzten Erzählband – *Ein Hungerkünstler* – zu integrieren, den er kurz vor seinem Tod für den Druck abschloß. Als Erzählung über die Ekstasen und Schrecknisse der Artistenexistenz steht *Erstes Leid* am Beginn der Sammlung: das Indiz für ein gewandeltes Urteil, das sich mit dem strengen Verdikt vom Sommer 1922 nicht zur Deckung bringen läßt.

Die Geschichte vom Trapezkünstler, der das Leben nur erträgt, wenn er sich in der Zirkuskuppel aufhält, bezeichnet Kafkas persönliche Erfahrungen mit den wechselnden Amplituden literarischen Schreibens. Solange er im Trapez wohnt, kann der Artist seinen Alltag jenseits der Normalität bewältigen; in den Phasen, da der Zirkus seine Zelte abbricht, läßt er sich in ‹Rennautomobilen› oder Schnellzügen zum neuen Auftrittsort fahren. Das Gepäcknetz wird zum notdürftigen Surrogat für das Trapez, kann aber das wahre Existenzzentrum – den luftigen Ort in der Kuppel – nicht angemessen ersetzen (D 250). Das Schwanken zwischen dem Leben in der Höhe und den Unterbrechungen, die das Reisen erzwingt, erinnert an Kafkas verunsichernde Selbsterfahrung als Autor, die durch die extreme Oszillation seiner Produktivitätskurven bedingt wird. Auch er muß immer wieder das Trapez verlassen, das er im Zeichen ekstatischen Aufschwungs erklomm, um die Niederungen des Lebens ohne Schreibkonzentration zu durchlaufen. Die fehlende Bodenhaftung des Artisten, dessen eigentliche Sphäre die Luft ist, erweist sich daher nicht als Signum seiner Wirklichkeitsdistanz, sondern als immanentes Gesetz seiner Kunst.[7] Er ist kein unglücklich in die profane Realität Verliebter wie Thomas Manns Tonio Kröger (eine Erzählung, die Kafka sehr schätzte; Br I 42), vielmehr die reine Figuration einer ästhetischen Praxis, die zur Existenz in luftiger Höhe nötigt.[8]

Am 15. Februar 1920 erinnert sich Kafka im Tagebuch, er habe in den Gymnasialjahren versucht, das Leben als «natürliches schweres Fallen und Steigen», als «Traum» und «Schweben» zu erfassen (T III 179). Dieses Bild nimmt die Geschichte vom Trapezkünstler vorweg, dessen erstes Leid dort entspringt, wo er begreift, daß sein Dasein auf Provisorien beschränkt bleibt. Das ‹Schweben› stören jene Passagen, in denen der alte mit dem neuen Auftrittsort verbunden wird; der ‹Traum› der permanenten Entrückung ist so unerfüllbar wie Kafkas Wunsch, schreibend die Nächte zu durchwachen, ohne den Pflichten des Tages unterworfen zu sein. Die Surrogate, die der rührend bemühte Impresario – eine an Max Brod erinnernde Figur – dem Künstler verschafft, können den Schmerz nur geringfügig mildern, den die Unterbrechung der ihm angemessenen Lebensform bedeutet. Die Einsicht in die Zwänge der eigenen Identität, die im unumkehrbaren Rollenentwurf aufgehoben sind, setzt die Trauer frei, die sich am Ende im zuvor kindlichen Gesicht des Trapezartisten eingräbt.[9]

Zugleich findet sich die Figur des Künstlers – charakteristisch für die späten Texte – auch mit den Zügen des assimilierten Juden ausgestattet, der außerhalb seiner Religionsgemeinschaft lebt. In Aharon David Gordons *Briefen aus Palästina* hatte Kafka 1917 einen Satz gelesen, der diesen Bezug aufdeckt: «Unsere geistige Welt ist eine Art Spinngewebe aus Äther, aus fremder Luft.»[10] Auch der Trapezkünstler muß in der fremden Luft existieren, ohne jemals die Erfahrung des mütterlichen Bodens zu gewinnen, wie sie der Zionist Gordon in Palästina, der Mutter Erez Israel, antrifft.[11] Der Artist repräsentiert den Typus des assimilierten Westjuden, der sein Leben jenseits von Traditionen und Gemeinschaften führen muß. Ihm fehlen die Wurzeln, die ihn an die Erde binden, weil er sich seiner religiösen Identität entledigt hat. Wenn Joseph Roth bemerkt, die ideale Rolle des Ostjuden im Zirkus sei die des Clowns, so besitzt das innere Konsequenz: wo Kafkas Trapezkünstler einzig in der Höhe leben kann, bleibt der Clown dem Boden zugeordnet, den er nicht zu verlassen vermag; dem luftigen Dasein des Westjuden steht die – aus assimilierter Sicht zuweilen grotesk anmutende – Erdhaftung des Ostjuden entgegen.[12]

Kafkas kurze Erzählung über den Künstler, der in den Höhen oberhalb des Lebens haust, ist durch eine kühle Sprache des Protokolls bestimmt. Hinter ihr steht nicht der Maschinenrhythmus jenes «mathematischen Tatsachenstils»,[13] in dem Ernst Jüngers *Arbeiter*-Essay 1932 die Schemen eines neuen, antibürgerlichen Intellektualismus aufblitzen sieht, sondern die Fähigkeit zu Konzentration und Gliederung. Bleibt das stilistische Ethos der frühen Arbeiten durch den Willen zur Detailschilderung geprägt, so tritt jetzt eine ordnende Kraft zutage, die Überfluß durch Ausgrenzung bewältigt. In den Bildermassiven, die Kafkas Imagination erbaut, schafft dieser Impuls der Ausgrenzung klare Strukturen, deren Kargheit programmatisch anmutet. Von den zahllosen Fragmenten der Quarthefte heben sich die abgeschlossenen Texte durch die Kunst der Auswahl und Verdichtung ab; nicht die mäandernden Assoziationen der Notizensammlungen, sondern die strikte Verknappung des Materials ermöglicht das ästhetische Gelingen. Voraussetzung dieses Ordnungsprozesses ist freilich die Gelegenheit zur unbedingten Versenkung ins Schreiben im Zeichen jener Konzentration, die Kafka verzweifelt gegen die monotonen Forderungen des Alltags zu verteidigen suchte.

Hungern als Zwang

Ein Hungerkünstler entsteht Ende Mai 1922, als die Arbeit am *Schloß*-Roman ins Stocken geriet. Wie so oft – man denke an *Verwandlung* und *Strafkolonie* – sucht Kafka die Schreibkrise zu überwinden, indem er ein neues Vorhaben in Angriff nimmt. Der Text wird ohne größere Unterbrechungen innerhalb zweier Tage vollendet (T III 233). Ende Juni 1922 vermerkt Kafka in Planá, er finde die Geschichte «erträglich» (Br 379); daß er sie danach rasch zur Veröffentlichung bringt, bekräftigt die ungewöhnlich positive Selbsteinschätzung. Vermutlich hat er das Manuskript aus eigener Initiative, damit einem älteren Wunsch Brods folgend, im Sommer an die *Neue Rundschau* geschickt. Nachdem ihm der Redakteur Rudolf Kayser die Annahme mitgeteilt hat, erscheint der Text schon im Oktoberheft. Es ist Kaf-

kas erste und einzige Veröffentlichung in der von ihm seit den Jugendjahren
außerordentlich geschätzten Zeitschrift. Eine Vorstudie zur *Hungerkünstler*-Erzählung skizziert das Tagebuch im Juli
1917. Dort ist vom «Hofnarrentum» die Rede, das seine Aura eingebüßt habe
und sich «aus dem Besitz der Menschheit verlieren» werde (T III 143f.). Noch
weiter führt die Spur, die auf einen Brief an Oskar Pollak vom Januar 1904 zurückdeutet. Die Figur des Hungerkünstlers erinnert an die Gestalt des einsamen Narren, der sich, wie ein wenig atemlos berichtet wird, zum Gespött der
Leute macht, indem er schweigend durch die Stadt geht und eine kleine
Schachtel in der Hand trägt, die zwei Milchzähne enthält. Der Sonderling
zieht zunächst die Aufmerksamkeit der neugierigen Masse auf sich, verliert
jedoch in dem Maße seinen Reiz, in dem man ahnt, daß er tatsächlich anders
als die Mehrheit der Menschen ist. «Nun, Neugierde, derartige Neugierde
wird nicht alt und Spannung lockert sich», so schreibt der 20jährige Kafka resümierend an Pollak (Br I 34). Dieser ironische Befund läßt sich auf die Darstellung des Publikums übertragen, wie sie die *Hungerkünstler*-Erzählung liefert, denn auch hier tritt nach dem Höhepunkt des Interesses ein rapider
Rückgang der öffentlichen Aufmerksamkeit ein, der den Wankelmut der Zuschauer bezeugt. So bekräftigt die Geschichte nicht zuletzt die Diagnose, daß
‹Spannung sich lockern› und auflösen kann, indem sie die Amplituden schildert, denen die menschliche Neugierde unterworfen ist.

Bereits der Titel der Erzählung weckt Befremden, da die beiden Elemente des Kompositums ‹Hungerkünstler› in einem auffallenden Spannungsverhältnis zueinander stehen. Während Hungern ein Zustand ist, impliziert
Kunst gemeinhin eine wie immer produktive Praxis. Wird das Hungern zur
Kunst, so empfängt diese Praxis eine widersinnige Bedeutung, da sie durch
ein passives Moment determiniert wird. Kunst besteht hier aus der Negation
des tätigen Hervorbringens und entspricht einem defizitären Modus, der ertragen, aber schwerlich gestaltet und ästhetisch bewältigt werden kann. Es
gehört zu den ironischen Aspekten des Textes, daß er diese Spannung zwischen Aktivität und Passivität kommentarlos vorführt, ohne sie systematisch
aufzulösen. Kafka beschränkt sich wie stets darauf, mit der ungelösten Paradoxie zu arbeiten, als sei sie eine Selbstverständlichkeit. So entsteht ein Verfahren der diskursiven Verschließung, das Begriffen ein eigenes Geltungsrecht verschafft, indem es sie reibungslos in die imaginäre Ordnung der fiktiven Geschichte einfügt.

Das Schauhungern bildete am Ende des 19. Jahrhunderts in den USA und
Europa eine zirkusähnliche, von der Presse aufmerksam verfolgte Attraktion.
Der Amerikaner Tanner, der sich 1893 in London das Leben nahm, hungerte
1880 40 Tage lang, der Italiener Succi 30 Tage.[14] Es ist zu vermuten, daß Kafka solche Formen des Schauhungerns kannte, spiegeln sich doch in der pu-

blikumswirksamen Inszenierung des Impresarios Elemente eines zirkustypischen Selbstverständnisses wider.[15] Dennoch spielen reale Hintergründe für die Erzählung keine zentrale Rolle, weil sie die Paradoxie ihres Kunstverständnisses nicht erklären helfen. Wieder zeigt sich an diesem Punkt, daß Kafka – wie mit anderen Mitteln Nietzsche – die Ordnungen unserer Begriffe umgestaltet, um eigene Kategorien für Wahrnehmung und Urteil zu gewinnen. Der zirzensische Charakter des Schauhungerns bildet nur den externen Rahmen für eine Geschichte, die von den inneren Zwängen der ästhetischen Produktion handelt. In ihr Zentrum tritt nicht der Künstler, sondern die Frage nach dem Arkanum der Kunst. Das unterscheidet sie von zeitgenössischen Künstlererzählungen, wie sie Thomas Manns *Tonio Kröger* und *Tristan* (jeweils 1903), Heinrich Manns *Pippo Spano* (1905) und *Die Branzilla* (1908) oder Hesses *Gertrud* (1910) repräsentieren.

Die Erzählung, die im Aufbau ähnlich geschlossen wie das *Urteil* wirkt, weist drei Abschnitte auf. Am Beginn steht der Rückblick auf die Blütezeit des von einem geschäftstüchtigen Impresario unterstützten Hungerkünstlers, dem das Publikum mit Respekt und Bewunderung begegnet. Dem Impresario fällt die Funktion zu, den Zustand des Hungerns öffentlich zu machen und derart in seinem Kunstcharakter auszustellen. Seine Vermittlungsaufgabe liegt darin, daß er das Hungern im Rahmen einer ausgeklügelten Inszenierung beobachtbar werden läßt, damit es zum Objekt der ästhetischen Erfahrung avancieren kann. Erst die Schautafel, welche die Dauer des Hungerns anzeigt, verwandelt den bewußt ausgehaltenen Mangelzustand zur Kunst, deren Wirkung, wie Luhmann betont hat, an die Möglichkeit der Beobachtung gebunden bleibt.[16] Nicht nur das Medium der Tafel, die das Inkommensurable meßbar macht, sondern auch die mit Rücksicht auf das schwindende Publikumsinteresse nach vierzig Tagen (ein biblischer Zeitrahmen)[17] erfolgende rituelle Aufhebung des Hungerns gehört zur öffentlichen Werbestrategie des Impresarios. Zwei Damen – sie erinnern an den Hofstaat des neuen Kommandanten der Strafkolonie – nehmen sich des grotesk abgemagerten Hungerkünstlers an und präsentieren ihn, Revuegirls gleich, als sei er der Sieger eines Sechstagerennens (eine Veranstaltungsform, die nach 1914 zum massenwirksamen Showereignis aufstieg und, wie Georg Kaisers Drama *Von morgens bis mitternachts* demonstrierte, auch die Literatur zu interessieren begann) (D 266). Kafka beschreibt jedoch nicht nur den öffentlichen Ruhm, den der Künstler genießt, sondern zugleich die ambivalente Form der Überwachung, die man ihm angedeihen läßt. Mehrere Wächter, «merkwürdigerweise gewöhnlich Fleischhauer» (D 262), harren Tag und Nacht in seinem Käfig aus, um sicherzustellen, daß er keine Nahrung zu sich nimmt. Weder die Wächter noch der Impresario können begreifen, daß der Hungerkünstler unter dem Mißtrauen der Öffentlichkeit ebenso wie unter der zeitlichen Begrenzung seines Hungerns leidet. «Durch das Hungern geht der Weg», so heißt es in den während des Frühherbstes 1922 entstandenen *Forschungen eines Hundes*, «das Höchste ist nur der höchsten Leistung erreichbar, wenn es erreichbar ist, und diese höchste Leistung ist bei uns freiwilliges Hungern.» (E 84) Eine solche Lehre des asketischen Verhaltens bildet das Gegenmodell zur Rolle des Hungerkünstlers, der zum Märtyrer allein deshalb wird, weil er nicht unbefristet hungern darf.

Der zweite Teil der Erzählung setzt mit der Darstellung des ‹Umschwungs› (D 268) ein, der dazu führt, daß das Interesse am Schauhungern unerklärlich rasch abnimmt. Der Hungerkünstler schließt sich einem großen Zirkus an, wo er nur noch eine Pausenattraktion im Käfig darstellt, die das Publikum auf dem Durchgang zur Sektion der Raubtiere besucht, ohne ihr mehr als flüchtige Aufmerksamkeit zuzuwenden. Der dritte Teil fügt sich, ähnlich wie der Schlußabschnitt der *Strafkolonie*-Erzählung, recht abrupt an, vermittelt jedoch die entscheidende Botschaft der Erzählung: gehungert hat der Künstler nur, weil er, wie er auf dem Sterbelager gesteht, «die Speise» nicht «finden konnte, die mir schmeckt.» (D 273) Seine Kunst entspringt einem Mangelzustand, den sie ihrerseits nur ausstellt, indem sie unter der Regie des Impresario einen Zwangscharakter simuliert, der ihr nicht anhaftet.[18] Es bildet ein besonderes Merkmal der Rollenauffassung des Hungerkünstlers, daß er trotz dieser impliziten Täuschungstendenz seiner Arbeit die Bewunderung des Publikums einfordert. Obwohl er selbst weiß, daß er kein «Märtyrer» (D 266) ist und ohne asketische Überwindung hungert, möchte er für seine kunstlose Kunst adoriert werden. In dem schon genannten Brief vom 5. Juli 1922 – nur sechs Wochen nach der Entstehung der Erzählung – hat Kafka diesen symptomatischen Widerspruch als Merkmal seiner Rollenauffassung als Autor bezeichnet. Das Schreiben sei, so heißt es, «Lohn für Teufelsdienst» und damit Preis einer moralisch fragwürdigen Tauschleistung. Das «Teuflische» der literarischen Produktion liegt darin, daß «Eitelkeit und Genußsucht» den Schriftsteller wie Trabanten permanent umkreisen.[19] Die Selbstbeobachtung und das Streben nach Ruhm mischen sich in die nächtliche Arbeit und verunreinigen sie, indem sie dem Schreiben, das doch aus «Selbstvergessenheit» (Br 384) hervorgehen sollte, einen abgründigen Charakter verleihen. In ihm steckt die Dämonie des Narzißmus, der die reine Kunst trübt, weil er darüber täuscht, daß sie nicht der Askese, sondern innerer Notwendigkeit entspringt. «Mißtrauen gegen die Selbstbeobachtung», formuliert Nietzsche 1886 in einer Gliederungsskizze aus dem Konvolut *Der Wille zur Macht*: «Thatsächlich sehen wir den Kampf nicht, der sich unter dem Tische abspielt ––».[20]

Indem der Hungerkünstler seine Kunst auf letzthin betrügerische Weise ausstellt, macht er sich der Lüge verdächtig. Der Text illuminiert an diesem

Punkt die Täuschungsstrategie des öffentlich wirksamen Künstlers, der Selbstgenuß statt Selbstvergessenheit anstrebt. Dieser verdeckt wissentlich, daß seine Kunst ein Nicht-anders-Können ist, mithin keine Bewunderung, sondern bestenfalls Mitleid verdient. Wenn der sterbende Hungerkünstler darauf hinweist, daß er die Speise des Lebens nicht fand, so gesteht er seine defizitäre Existenzform offen ein. Anders als im Fall der Künstlererzählungen Thomas Manns entspringt ihr, für Kafka eigenes Rollenverständnis typisch, kein ‹Werk›, vielmehr deckt sich die Täuschungspraxis der falschen Kunst mit dem mangelbestimmten Lebenszustand des Protagonisten: das Defizit wird als Leistung ausgegeben, die Negation zum Modus der ästhetischen Produktion erklärt.[21] Der prächtige Panther, der dem gestorbenen Hungerkünstler im Käfig nachfolgt, ist dagegen ein Wesen voller Kraft, dessen Vitalität auch durch die Gitter nicht eingeschränkt werden kann, weil sie in den Zähnen steckt. Der tote Artist wird durch ein Symbol energischer Selbstbehauptung ersetzt und auf solche Weise doppelt vernichtet; sein physisches Ende wiederholt sich in der Annihilation durch das Leben, das achtlos über ihn hinweggeht. Mit diesem Schluß gelingt Kafka eine ironische Inszenierung des Todes, der, wie Foucault bemerkt, «seinen alten tragischen Himmel verlassen» hat und als «unsichtbare Wahrheit des Menschen»[22] nur noch durch die Literatur anschaulich gemacht werden kann.

So liefert Kafkas Erzählung auch eine Studie über den alternden Künstler, der am Ende seines Lebens nicht mehr die erforderliche Aura hat, um Wirkung entfalten zu können. Wie Gregor Samsa ‹verschwindet› der Hungerkünstler vor den Augen des Publikums, indem er sich immer tiefer in das Stroh eingräbt, das ihn bald vollständig bedeckt. Baudelaire hat in *Le vieux saltimbanque* (*Der alte Marktschreier*) aus *Le Spleen de Paris* (1869) den vergreisten Ausrufer, für den sich kein Zuschauer mehr interessiert, als Allegorie des Schriftstellers am Abend seines Lebens beschrieben («l'image du vieil homme de lettres»).[23] Wie der Marktschreier einsam im Schatten des bunten Treibens steht, sieht Baudelaire auch den alternden Schriftsteller als isolierten Künstler, der unter Schmerzen an die Zeiten seines Ruhms zurückdenkt. Mit diesem melancholischen Bild teilt Kafkas Erzählung die Reflexion der Trauer über den Verlust des Erfolgs und die Verlassenheit des vom Publikum ignorierten Artisten. Der 38jährige Autor hat hier nicht nur eine Parabel über die zwanghaften Züge der ästhetischen Praxis, sondern auch ein scharflsiniges Porträt vorgelegt, das den Künstler als alten Mann zeigt.

Der Blick auf *Erstes Leid* und die *Hungerkünstler*-Erzählung demonstriert, wie stark Kafka in den letzten Lebensjahren um eine Bestimmung seiner komplizierten Rollenselbstbilder bemüht ist. Seine Künstlerfiguren empfangen Anregungen zumal durch die Philosophie Schopenhauers und deren Theorie des Willens als Urquell der Wiederholungszwänge, denen das menschliche Leben gehorcht. Schopenhauers Schriften lernte Kafka, wie erinnerlich, erst in den Jahren nach 1916 näher kennen, als er sie gemeinsam mit Ottla in der frisch erworbenen Cotta-Ausgabe Rudolf Steiners zu studieren begann (O 235). Ende März 1921 erläutert er Minze Eisner in einem Brief aus Matliary Schopenhauers Kritik an einer eudämonistischen Weltauffassung, die zugleich eine Verwerfung des Augenscheins als Maß des Urteils impliziert (Br 310). Die Auffassung von der menschlichen Determination durch den Willen und die daraus abgeleitete Beschränkung seiner Freiheitsfähigkeit dürfte Kafkas pessimistischer Anthropologie entsprochen haben. In Blühers Buch *Die Erotik in der männlichen Gesellschaft* konnte er schon im Spätherbst 1917 lesen, daß Schopenhauers Kategorie des Willens letzthin ein Deckbegriff für den libidinösen Impuls sei.[24] Dem gemäß stellen die Künstlererzählungen die ästhetische Produktivität als Gegenwelt des Triebs dar, die jedoch dem Leben in letzter Instanz unterliegen muß, weil sie aus dem Grund der Schwäche geboren wird. Was sich dem magischen Gesetz der permanenten Wiederholung zu entziehen sucht, fällt ihm am Ende anheim: Trauer und Tod des Künstlers repräsentieren die Zeichen eines Selbstbetrugs, der über die wahren Machtverhältnisse täuscht, da er das Individuum für stärker hält als den Willen, der es determiniert.

Am Ende der Erzählung steht folgerichtig der Triumph des animalischen Lebens, der Sieg des Leibes, welcher freilich im Text, wie stets bei Kafka, den Charakter eines Phantasmas mit imaginären Zügen trägt.[25] Nachdrücklich wird an dem Panther, der den Käfigplatz des toten Hungerkünstlers einnimmt, die Lust hervorgehoben, mit der er seine Nahrung verzehrt (D 273). In einem Brief an Grete Bloch bemerkt Kafka am 18. Mai 1914, allein Raubtierzähne seien «zum Zerreißen der Fasern» eines Stücks Fleisch in der Lage, während der Mensch durch Fleischgenuß sein Gebiß ruiniere (F 579). Hier schwingt jenes aus Ekel und Lust kombinierte Mischgefühl mit, das Kafka stets verspürt, wenn er von vitalen Formen des Essens spricht. Im Fleisch fressenden Panther findet die animalische Ungebundenheit ihre in einem ursprünglichen Sinn des Wortes kraftvollste Inkarnation. Auch hinter den Gittern des Käfigs bleibt das Raubtier frei – darin Rilkes Panther aus dem ersten Teil der *Neuen Gedichte* (1907) vergleichbar –, weil man den Trieb, den es verkörpert, nicht einsperren kann («ein Tanz von Kraft um eine Mitte», heißt es bei Rilke).[26] Die Welt der Askese ist dagegen unter die Strohballen gekehrt worden, wo der Hungerkünstler, vergessen vom Publikum, sein Leben aushaucht. Den Tod des Verlierers überdeckt, wie in Kafkas Novellen über das Scheitern der Söhne, ein mächtiger Lebensstrom – eine ironische Pointe, deren literarisch inszenierter Charakter sie freilich ins Ambivalente bricht: die Natur, die hier triumphiert, ist der Schrift unterworfen, die sie aufzeichnet.

Das Bild des Artisten, der den Kräften des Willens unterliegt, wird im Medium der ästhetischen Erinnerung erfaßt und damit auf einer höheren Ebene gegen die Mächte des Lebens verteidigt. Zwar hinterläßt der Hungerkünstler kein Werk, doch übernimmt es die Literatur, seine Geschichte zu erzählen und ihm damit ein Gedächtnis zu stiften. Vom nachträglichen Sieg der Kunst über den Tod spricht auch ein Fragment, das im Februar 1922 entstand. In ihm hat Kafka den unverlöschlichen Effekt, der seine Texte bis heute begleitet, so hellsichtig wie ironisch beschrieben. Die melancholische Anspielung auf das Zirkusmilieu, die hier mitschwingt, impliziert die Reflexion über die eigene Kunst und den Schwebezustand, den sie jenseits des Lebens einnimmt: «Es ist eine schöne und wirkungsvolle Vorführung, der Ritt den wir den Ritt der Träume nennen. Wir zeigen ihn schon seit Jahren, der welcher ihn erfunden hat, ist längst gestorben, an Lungenschwindsucht, aber diese seine Hinterlassenschaft ist geblieben und wir haben noch immer keinen Grund den Ritt von den Programmen abzusetzen, umsoweniger, als er von der Konkurrenz nicht nachgeahmt werden kann, er ist, trotzdem das auf den ersten Blick nicht verständlich ist, unnachahmbar.» (E 18)

Die Musik der Tiere

Nach ostjüdischem Glauben gehört es zu den Strafen, die Gott den sündhaften Menschen zudenkt, daß er sie im Leib eines Tieres fortleben läßt.[27] Die Tiere verkörpern in diesem Sinne bei Kafka keine Gegenmacht, die der humanen Welt konfrontiert ist, sondern eine verfremdete Version anthropologischer Anlagen, Spannungen und Konflikte.[28] Das Bild des Menschen, das sich in Kafkas Tieren manifestiert, ist allerdings von jener Negativität bestimmt, die auch die Junggesellen, Söhne, Angeklagten und Künstler seiner sonstigen Texte auszeichnet. Bereits der Affe demonstrierte durch den Bericht über seine Assimilation, daß die Verheißungen der Zivilisation nicht Autonomie, sondern nur das Überleben unter den Bedingungen der Fremdbestimmung ermöglichten. Die düstere Botschaft, daß Freiheit eine Fiktion der Moderne sei, spiegelt sich in den seelischen Strukturen der Tierfiguren. Der Hund der *Forschungen*, später auch der Dachs im *Bau* und die singende Maus Josefine vertreten einen sozialen Typus, der Kafkas Romanhelden nicht unähnlich scheint: als paranoide Einzelgänger bleiben sie Einsame am Rand der gesellschaftlichen Systeme, denen sie ursprünglich zugehören. Kafkas Tiere tragen die komplexe Psyche des Menschen, aber auch dessen begrenzte Erkenntnisfähigkeit in sich; ihr Körper ist nur das Sinnbild für den Zwang, den sie innerhalb der sie konditionierenden seelischen und geistigen Ordnung erleiden.

Kafkas Tiergeschichten beleuchten die Lebensform des Individuums, das sich durch seine wissenschaftliche oder künstlerische Tätigkeit von der Ge-

meinschaft abgesondert hat. Sie verarbeiten damit die Selbstdiagnose, die
Kafka mit der ihm eigenen Mischung aus Trauer und Ironie im Frühherbst
1917 in einem seiner letzten Briefe an Felice Bauer formuliert hatte: «Wenn
ich mich auf mein Endziel hin prüfe, so ergibt sich, daß ich nicht eigentlich
danach strebe, ein guter Mensch zu werden und einem höchsten Gericht zu
entsprechen, sondern, sehr gegensätzlich, die ganze Menschen- und Tiergemeinschaft zu überblicken, ihre grundlegenden Vorlieben, Wünsche, sittlichen Ideale zu erkennen, sie auf einfache Vorschriften zurückzuführen, und
mich in dieser Richtung möglichst bald dahin zu entwickeln, daß ich durchaus allen wohlgefällig würde (…)» (F 755). Der sozial Vereinsamte sehnt
sich nach Anerkennung und träumt vom Status des Auserwählten, der seine
Verlassenheit nobilitieren könnte. Felice gegenüber betont Kafka, er wünsche sich, die Menschenwelt in der Rolle des Fremden zu beobachten, um,
wenn es zum Jüngsten Gericht komme, als einziger Sünder freigesprochen
zu werden (F 756). In diesem Sinne spiegelt die Einsamkeit der Tiere das am
5. Juli 1922 gegenüber Max Brod skizzierte Selbstbild des in sich versunkenen Schriftstellers, der, weil er dem Leben fernbleibt, eine geringere Schuld
als seine Mitmenschen auf sich lädt, zugleich aber mit der gesellschaftlichen
Isolation seines Alltags auch den Preis für seinen narzißtischen Rollenentwurf zahlen muß.[29]

Die – von Brod später so betitelten – *Forschungen eines Hundes*, die im Juli
1922 in Planá entstehen, erzählen eine ironische Geschichte über scheiternde Erkenntnissuche unter den Bedingungen eines eingeschränkten Bewußtseins. Nahrung und Musik der Hunde bilden die Objekte der wissen-
schaftlich-akribischen, letzthin aber fehlgehenden Untersuchungen, die der
Erzähler in seiner natürlichen Umwelt betreibt. Motiviert wird sein For-
schungsinteresse durch die Begegnung mit sieben singenden Hunden, die
ihm frühzeitig die Ahnung vermittelt, daß in seiner Welt «eine kleine Bruch-
stelle vorhanden war», deren Geheimnis er fortan zu ergründen sucht. Über
die Erscheinung seiner sieben Artgenossen berichtet der erzählende Hund:
«Sie redeten nicht, sie sangen nicht, sie schwiegen im allgemeinen fast mit
einer gewissen Verbissenheit, aber aus dem leeren Raum zauberten sie die
Musik empor.» (E 51) Daß die sieben Hunde unter heller Beleuchtung aufgerichtet laufen, indem «einer die Vorderpfoten auf des anderen Rücken
stützte» (E 52), und der Erzähler sich zum Zweck ungestörten Zuschauens
«in ein Gewirr von Hölzern» zurückziehen kann, läßt den Leser ahnen, was
hier beschrieben wird: offenkundig treten die sieben Hunde in einem Varieté auf, dessen Zuschauerraum dicht bestuhlt ist, so daß der Beobachter sich
unter den Sitzen verbergen darf.[30] Wenn die Geschichte den ursächlichen
Zusammenhang, in dem die Vorführung der sieben Hunde steht, an keinem
Punkt explizit nennt, so bezeichnet das ein Bewußtseinsdilemma, das tiefere

Erkenntnisse verhindert. Unbestreitbar ist der Erzähler nicht fähig, den massiven Einfluß zu begreifen, den die Menschenwelt auf den Alltag der Hunde nimmt. Das Wort ‹Mensch› taucht im gesamten Text nirgends auf; die Forschungen werden unter dem illusionären Anspruch begonnen, Sachverhalte so zu erklären, als handelten die Hunde frei und ohne Bindung an eine übergreifende soziale Ordnung.

Jakob von Uexküll hatte 1909 in einer für die moderne Biologie grundlegenden Untersuchung betont, daß die Umwelt der Tiere nichts objektiv Gültiges sei, sondern aus den Möglichkeiten ihres Wahrnehmungsapparates jeweils spezifisch erschlossen werden müsse. Die «Umgebung», in der sich das Tier bewegt, ist kein Raum frei verfügbarer Erfahrung, vielmehr ein Konstrukt der Perzeption.[31] Martin Heidegger hat, angelehnt an die Arbeit Uexkülls, 1929/30 in seiner Freiburger Vorlesung über *Die Grundbegriffe der Metaphysik* das Tier als ‹weltarmes› Geschöpf beschrieben und vom ‹weltbildenden› Menschen abgegrenzt: «Weil das Tier aufgrund seiner Benommenheit und aufgrund des Ganzen seiner Befähigungen innerhalb einer Triebmannigfaltigkeit umgetrieben ist, hat es grundsätzlich nicht die Möglichkeit, auf das Seiende, das es nicht ist, sowie auf das Seiende, das es selbst ist, sich einzulassen.»[32] Auch Max Brod und Felix Weltsch setzen sich in ihrer Studie *Anschauung und Begriff* mit der defizitären Wahrnehmungstechnik von Tieren auseinander; unter Bezug auf Heinrich Gomperz' *Weltanschauungslehre* (1905/08) wird die fehlende Unterscheidungsfähigkeit des Hundes, der Menschen aufgrund ihres Geruchs, nicht aber als Reaktion auf ihr Aussehen anbelle, als Beispiel für eine mangelhafte Distinktionsfähigkeit des Perzeptionsapparats angeführt.[33] Kafkas Erzählung trägt solchen Diagnosen Rechnung, indem sie die ‹Umwelt› des Hundes als eine Schattenzone ausweist, die, wie Heidegger vermerkt, das begrenzte Bewußtsein determiniert, obgleich dieses sie nicht wahrnimmt.[34] Zur ironischen Perspektive des Textes gehört es dabei, die private Form der Erfahrung so zu schildern, daß sie auch auf den Menschen und seine defizitären Erkenntnistechniken bezogen werden kann.

Der erste Gegenstand der Untersuchung ist die Nahrung der Hunde. Bereits die mühevoll errungene Einsicht, daß «der Hauptteil der Nahrung, die dann auf der Erde liegt, von oben herabkommt» (E 77), verweist auf die Rolle, die der Mensch beim Vorgang der Fütterung spielt. Eine vertiefende Einsicht vermag der Erzähler aus seinen Studien jedoch nicht abzuleiten, da er in Akten der «Gier» (E 80) die Objekte seiner Untersuchung zu verschlingen pflegt («den Fraß vor sich zu sehn und dabei wissenschaftlich experimentieren, das hält man für die Dauer nicht aus»; E 81). In einem nächsten Schritt beschließt der Hund folgerichtig, in der Zeit seiner Forschungen auf Nahrung zu verzichten – ein ironischer Reflex des von Schopenhauer vertretenen Ideals der Askese als «Quietiv des Willens» und *conditio sine qua non* der Erkenntnis.[35] Auch hier freilich scheitert er, weil er durch das neue Verfahren seine Konzentration steigert, ohne das Bewußtsein zu erweitern: «Aber in vereinzelten Fällen geschah doch etwas anderes, etwas eigentlich Wunderbares, die Speise fiel nicht, sondern folgte mir in der Luft, die Nahrung verfolgte den Hungrigen.» (E 80) Absurd ist es, wenn die ältere Forschung an diesem Punkt von der Bekräftigung eines metaphysischen Individualismus oder von einer sirenenhaften Verlockung durch die Speise spricht.[36] Die Szene liefert vielmehr ein tragikomisches Bild fehlgehender Erkenntnis: der Hund nimmt nicht wahr, daß es der Mensch ist, der ihn füttert, sondern bleibt blind für die faktischen Ursprünge seiner Nahrung. Seine Wissenschaft ist, wie es Kafka 1917 in Zürau formulierte, nur «Hülse», eine leere «Metodik», die «im Hinblick auf das Absolute» den Charakter eines Provisoriums trägt, das zu keinem höheren Ziel führt (M 160). Wenn der Erzähler später über das Geheimnis jener Hunde nachsinnt, die «in der Luft› ‹schweben› zu scheinen, so übersieht er, daß sie im Schoß der Menschen schlafen und dort ein «Lotterleben» führen (E 66f.).[37] Interpreten, die hier eine metaphysische Form der irdischen Existenz chiffriert finden, unterliegen derselben Verblendung wie der forschende Hund, der den Kontext nicht bedenkt, welcher die Rolle der ‹Lufthunde› konditioniert, und sie als ‹Künstler› bezeichnet, obgleich sie nur dämmernd bei ihren Herren liegen.[38]

Der Hund verfügt über menschenähnliche Vernunftfähigkeiten, denn er besitzt die Vermögen der Selbstwahrnehmung, der Differenzierung von Ursache und Wirkung und der Unterscheidung nach moralischen Kategorien (so ist von «Scham» die Rede; E 54). Die Irrtümer der Erkenntnis entstehen nicht durch den Mangel an innerer Rationalität, sondern durch das Problem einer defizitären Wahrnehmung, die das, was jenseits der Hundewelt liegt, nicht erfassen kann. Als Forscher scheitert der Hund, da er nicht imstande ist, die Grenzen seines Denkhorizonts zu überschreiten. Die Momentaufnahmen, die seine Beobachtungen zutage fördern, wirken wie zensierte Photographien, aus denen wesentliche Teile entfernt worden sind. In der starrsinnigen Verteidigung seines selektiven Blicks entfaltet der Hund komische Züge, hinter denen zugleich die Allegorie menschlicher Verblendung sichtbar wird: «Alles Wissen, die Gesamtheit aller Fragen und aller Antworten ist in den Hunden enthalten.» (E 61) Offenkundig spielt Kafka hier auf die Aporien des Anthropozentrismus an, wie sie ein Jahrzehnt später auch Robert Musil in seinem Roman *Der Mann ohne Eigenschaften* zu decouvrieren sucht, indem er die Dissoziation von Person und Realität beschreibt.[39] Die Erkenntnisdefizite des Hundes, der nichts Neues über die Nahrung und die Musik in Erfahrung bringen kann, spiegeln die Hybris und Verblendung menschlicher Forschung wider. In die Irre mündet diese nicht, weil ihr methodisches Verfahren mangelbehaftet ist, sondern weil sie auf einer selektiven

Wahrnehmung der Umwelt beruht. Das Absolutum, das Kafka schon in seinen Zürauer Aphorismen als unerreichbares, aber nicht aufzugebendes Ziel jeglicher Erkenntnis beschreibt, wird auf diese Weise verfehlt.

Neben die hochironische Travestie der Erkenntnis treten in der Geschichte eine Reihe von Anspielungen auf die Rolle des Westjudentums und die Gesetze der religiösen Gemeinschaft. Der Ich-Erzähler rückt, indem er über die Grundlagen seiner Nahrung nachzudenken beginnt, in Distanz zu den Quellen des Lebens. Er, der von sich selbst erklärt, er existiere «einsam», möchte die Gemeinschaft der Hunde dazu nötigen, daß sie ihm, wie es in einer später gestrichenen Stelle heißt, «das Mark» ihrer Lebenskraft überlasse, damit er auch jenseits des Kollektivs fortexistieren könne.[40] Das Streben nach Erkenntnis bedeutet den Sturz in die Isolation einer Bewußtseinsarbeit, die nur außerhalb der Gruppe zu verrichten ist. Das bezieht sich auf die Situation des assimilierten Juden, der, weil er von den Wurzeln seiner konfessionellen und ethnischen Identität abgeschieden ist, allein über die Schaltstelle der Reflexion zu seinen Ursprüngen zurückzufinden vermag. Beleuchtet wird damit auch die Problematik des von Buber vertretenen romantischen Weges: wo die religiösen Urkräfte verschüttet sind, kann sich das europäische Judentum nicht mehr auf seine natürliche Emotionalität verlassen, sondern muß die Reise über die Ratio antreten, die jedoch, denkt man an das Erkenntnisdesaster des Erzählers, in die Irre führen kann. Der gesamte Text ist durchsetzt mit Hinweisen auf die Schuld der ‹Urväter›, durch die das Hundevolk von seinen Quellen entfernt wurde (E 73, 85). Angesichts dieser alten Schuld, die sich unschwer als Reflex der Assimilation deuten läßt, steht die Jugend vor einem Scheideweg, denn sie möchte die Fehler der Alten nicht wiederholen, vermag aber zu neuen Ufern nicht aufzubrechen: «Das Zögern meiner Generation kann ich verstehn, es ist ja auch gar kein Zögern mehr, es ist das Vergessen eines vor tausend Nächten geträumten und tausendmal vergessenen Traumes, wer will uns gerade wegen des tausendsten Vergessens zürnen?» (E 73) Eine Anspielung auf die jüdische Glausbensgemeinschaft bietet nicht zuletzt die Bemerkung, daß im Hundevolk Gebote und Gesetze existieren, die, wie es im Text heißt, von ‹Weisen› kommentiert werden (E 85). Dem Erzähler gelingt es allerdings durch seine Forschungen nicht, das tiefere Geheimnis dieser − womöglich an den Talmud erinnernden − Vorschriften zu erschließen; seine Indifferenz gegenüber dem überlieferten Wissen verdeutlicht das Stadium des Traditionsverlusts, insofern sie die Gebundenheit sämtlicher Erscheinungen des sozialen Lebens ignoriert.[41]

Am Ende der Geschichte lenkt die Begegnung mit einem fremden Jagdhund das Interesse des Erzählers erneut auf die Musik, die bereits den Auslöser seiner Forschungen gebildet hatte. Der Jagdhund scheint über die Fähigkeit zum Gesang als natürliche Gabe zu verfügen, so daß er Töne anstimmt, «ohne es noch zu wissen», und sie «nach eigenem Gesetz» in die Luft steigen und dort frei schweben lassen kann (E 90). Erneut offenbart sich jedoch die Wahrnehmung des Forschers als Irrtum, der aus der Beengung seines Bewußtseins erwächst. Der Jagdhund ‹singt›, weil dieses zu seinen Aufgaben gehört, die ihn im Dienst des Menschen dazu verpflichten, die Position des Wilds, das er verfolgt, durch sein Geheul kenntlich zu machen; die Musik, die ihn begleitet, entstammt wiederum den Jagdhörnern, die seine Tätigkeit unterstützen.[42] Ein Zeichen authentischer Ausdrucksformen ist der ‹Gesang› nur aus der Perspektive des ahnungslosen Erzählers, der sich als ein den Urspüngen seiner sozialen Identität entfremdeter Außenseiter ausweist. In seiner diffusen, rational aber unbegründbaren Sehnsucht nach dem Autochthonen, die vom Verlust des überlieferten Wissens über die eigene Lebensgemeinschaft begleitet wird, personifiziert er den assimilierten Juden Westeuropas. Auf dessen Typus läßt sich die Schlußpassage des Fragments übertragen, nach der die «Freiheit, wie sie heute möglich ist, ein kümmerliches Gewächs» und einen zweifelhaften «Besitz» darstellt (E 93). «Niemand singt so rein», schreibt Kafka am 26. August 1920 an Milena Pollak, «als die welche in der tiefsten Hölle sind; was wir für den Gesang der Engel halten, ist ihr Gesang.» (Mi 228) In nicht überbietbarer Prägnanz beschreibt dieser Satz das Dilemma der Forschungen, die der Hund betreibt. Die Musik der Tiere ist die Musik der Menschen: ein Sinnbild für die Illusion der Freiheit, die aus Fehlurteilen, Blindheit und Hybris entsteht.

Im Labyrinth

Die Erzählung *Der Bau*, deren Titel von Brod stammt, entstand im Frühwinter 1923. Nach einer freilich nicht ganz zuverlässigen Erinnerung Dora Diamants soll Kafka den Text in einem Zug vom frühen Abend bis zum folgenden Vormittag verfaßt haben – eine Schreibsituation, wie sie ihm seit dem Herbst 1912 als Ideal vorschwebte.[43] Zwar ist die Geschichte nicht vollkommen abgerundet – das Manuskript endet abrupt –, jedoch darf man vermuten, daß Kafka nur noch wenige Passagen hinzugefügt hätte, wäre es zu einer Reinschrift gekommen. Der Satz «Aber alles blieb unverändert» (E 208), mit dem Brods Edition den Text ausklingen läßt, wirkt in der Tat wie ein vorläufiger Abschluß. Die Frage, ob das scheinbar feindliche Tier, das den Ich-Erzähler ängstigt, real existiert oder nur eine Kopfgeburt darstellt, findet keine Antwort. In *Unglücklichsein*, dem letzten Prosastück der *Betrachtung*, hieß es mit prinzipiellem Tenor: «‹Die eigentliche Angst ist die Angst vor der Ursache der Erscheinung. Und diese Angst bleibt. Die habe ich geradezu großartig in mir.›» (D 35) Im *Bau* wird die Perspektive der frühen Erzählung nochmals bekräftigt, denn auch hier entspringt die Angst der fehlenden Einsicht in die Quellen ihres Auslösers, die im Dunkel bleiben.

Im November 1915 besichtigte Kafka auf der im Norden Prags bei Troja gelegenen Kaiserinsel einen für das Publikum gestalteten Schützengraben und verschaffte sich einen Eindruck von der darin herrschenden Enge, die ihm die klaustrophobischen Konstellationen des Frontalltags vor Augen führte (T III 113). Es läßt sich kaum bezweifeln, daß die Beschreibung des tierischen Baus in seiner ambivalenten Funktion, Sicherheit und Gefahr gleichermaßen zu stiften, durch die Erinnerung an den Schützengraben angeregt worden ist. Als weitere Quelle kommt zudem, wie Wolf Kittler gezeigt hat, eine kurze Kriegsgeschichte Bernhard Kellermanns in Frage, die 1915 in einem – von Kafka erworbenen – Autorenalmanach des S. Fischer-Verlags erschienen war. Kellermann, den Kafka Ende November 1910 im Spiegelsaal des Prager *Casino* bei einer Lesung erlebt hatte, beschreibt darin mit heroisierender Tendenz den Bau eines Grabens an der Westfront, der am Ende für die Pioniere zur tödlichen Falle zu geraten droht.[44] Der Mechanismus der Falle spielt auch in Kafkas Text eine zentrale Rolle. So erscheint das Tier als der ewige Soldat, der von einer absoluten Sicherheit träumt, welche unerreichbar bleiben muß. Der Seelenkampf, den der *Bau* als Prozeß der Ich-Spaltung darstellt, funktioniert nach denselben Gesetzen wie der Grabenkrieg von 1915.[45] Die Sprache der Geräusche gewinnt für das Tier in seiner einsamen Höhle eine eigene Bedrohlichkeit, die jener der Gewehrsalven und Granateinschläge unter den Bedingungen der Materialschlachten entspricht. Ernst Jünger hat in den Spuren der technischen Gewalt, die Kafkas Geschichte nur chiffriert schildert, das Signum der Moderne erblickt: «Das Klappern der Webstühle von Manchester, das Rasseln der Maschinengewehre von Langemarck – dies sind Zeichen, Worte und Sätze einer Prosa, die von uns gedeutet und beschrieben werden will.»[46]

Die Suche nach Sicherheit, die das Tier zum Bau der Höhle anhielt, führt in die Irre, so wie Kellermann konstatiert, daß der Schützengraben zum «Grab» werden kann.[47] Angesichts einer unbestimmbaren externen Bedrohung wächst die Angst des Tieres, die sich in Formen übersteigerter sinnlicher Wahrnehmung äußert (sie bilden in der phantastischen Literatur, so bei Edgar Allan Poe, ein untrügliches Merkmal des Verfolgungswahns). Kafkas Tier, das seinen Bau vollendet hat, vermag sich gegen seinen eingebildeten Feind nicht abzusichern, weil es zwar äußere, aber keine psychischen Vorkehrungen gegen die Gefahr zu treffen weiß. Bereits der erste Satz der Erzählung beleuchtet die brüchige Situation, in der das Tier – vermutlich ein Dachs – lebt: «Ich habe den Bau eingerichtet und er scheint wohlgelungen.» (E 165) Die Sicherheit, welche die unterirdische Höhle schafft, ist nur ein Produkt der Täuschung. Der Rückzug in den unterirdischen Graben schützt nicht vor den Qualen der Angst, die am Ende sogar den Schlaf unterbinden. Das Vertrauen in den gelungenen Charakter des Baus, das schon am Anfang der Erzählung fragile Züge trägt, mündet sukzessive in die Furcht vor einer unbekannten Öffnung, die einem Feind Gelegenheit zum Eindringen bieten könnte. Zur Logik der Paranoia gehört, wie sich bald zeigen wird, die besondere Dramaturgie der Schuldzuweisungen, die hier wie eine gut geölte Maschinerie abläuft.

Am Beginn steht die Selbstzufriedenheit, mit der das Tier registriert, daß es seinen Bau abgeschlossen und zur eigenen Bequemlichkeit eingerichtet habe. Der erste Teil der Erzählung beschreibt Konstruktion und Ökonomie der Höhle im behaglichen Ton der Bilanz, in den sich freilich bereits Dissonanzen mischen: seine unterirdische Wohnung ist, so weiß das Tier, keine sichere Festung, sondern kann, weil es an Schutzvorkehrungen fehlt, von feindlichen Tieren eingenommen und besetzt werden. In der Mitte des Textes vollzieht sich eine Peripetie, denn die latente Angst des Tieres schlägt jetzt in reale Furcht um. Kurz nach dem Erwachen aus dem Schlaf vernimmt es ein zischendes Geräusch, das womöglich von einem mächtigen Feind herrührt, der die Höhle beobachtet. Eine parallele Konstellation zeigt sich schon in der Ende Februar 1917 verfaßten Studie *Der Nachbar*, die eine Junggesellengeschichte aus dem Milieu der *Betrachtung* erzählt. Ein Kaufmann berichtet hier, daß die neben seinen Arbeitsräumen gelegene Wohnung von einem jungen Mann namens Harras gemietet worden sei, der, offenbar in derselben Branche wie er tätig, seine Geschäftsgeheimnisse auskundschaftet, indem er ihn an der Wand beim Telefonieren belauscht. Ähnlich wie das Tier im *Bau* vermutet der Erzähler, daß der äußere Feind ihn permanent observiere, um ihn schließlich durch genaue Kenntnis seiner Gewohnheiten vernichten zu können (Heinrich Manns Erzählung *Der Vater*, die 1917 bei Kurt Wolff erschien, behandelt eine vergleichbare Konstellation)[48] (M 90f.). In beiden Fällen entspringt die Furcht bei Kafka einer subjektiven Außenwahrnehmung, die einen zerstörerischen Kreislauf aus Selbstüberforderung und Hybris erzeugt, indem sie das Ich unter den Zwang eines unerfüllbaren Sicherheitsanspruchs stellt.

Das Tier durchläuft – mit Nietzsches Formel – eine «Schule des Verdachts»,[49] die jedoch nicht die Souveränität eines erkenntnisfähigen Mißtrauens, sondern den Nährboden existentieller Angst bezeichnet. Kaum zufällig bildet der Verlust der Selbstkontrolle den Ausgangspunkt für das Aufkommen sich steigernder Furcht; aus «Lässigkeit» hat sich das Tier auf einem seiner Lieblingsplätze dem Schlaf hingegeben, was sogleich bestraft wird (E 188). Der Verlust der Beobachtungsgenauigkeit, die Ich und Umwelt zu observieren erlaubt, mündet in die Angst vor Entdeckung: das entspricht der Logik der Verurteilungsphantasien, wie sie die Romane in Szene setzen. Bereits die Züurauer Aphorismen von 1917/18 hatten ‹Lässigkeit› als Ursache für die dauerhafte Entfernung des Menschen aus dem Paradies bezeichnet und betont, daß es der inkonsequente Gebrauch seiner Erkenntnisfähigkeiten sei,

der ihm die Rückkehr ins ewige Leben verwehre (M 228). In der Selbsttäuschung, die aus der mangelnden Einsicht in die eigenen intellektuellen
Möglichkeiten hervorgeht, liegt die Bequemlichkeit begründet, unter deren
Diktat der Einzelne seinem begrenzten, fehlerhaften Existenzplan mit mechanischer Logik folgt. Wenn das Tier durch seine ‹Lässigkeit› in Gefahr gerät, so verdeutlicht das die Risiken der intellektuellen Genügsamkeit: die
Welt, die ihm wie ein Entwurf der eigenen Phantasie erscheint, rächt sich,
indem sie bedrohliche Züge annimmt.

Das Tier sucht fortan seine Höhle genauer als zuvor zu ergründen, indem
es seine Vorräte auf unterschiedliche Plätze verteilt, die Wege abdichtet und
Strategien der Verteidigung durchdenkt. Zum Zeichen seiner Angst wird das
permanente Horchen, mit dessen Hilfe es den Feind zu lokalisieren sucht.
Schon in einem Ende 1920 entstandenen Fragment heißt es über diese Haltung: «Und ich wage nicht an der Küchentür zu klopfen, nur von der Ferne
horche ich stehend, nicht so daß ich als Horcher überrascht werden könnte.» (E 163) Ohne Näheres über den vermeintlichen Gegner zu wissen, verschanzt sich das Tier in seinen unterirdischen Gängen. Höhepunkt seiner
Angstvisionen ist die Vorstellung, es könne sich unbeabsichtigt in eine fremde Höhle eingegraben haben, deren Teil nun der eigene Bau bilde (E 204).
«Wir durchwühlen uns wie ein Maulwurf und kommen ganz geschwärzt
und sammethaarig aus unsern verschütteten Sandgewölben», schreibt bereits
der 21jährige Kafka im August 1904 an Max Brod (Br I 40). Die Furcht vor
dem Feind steigert nochmals die soziale Vereinsamung des Tiers; eingeschlossen in seine unterirdische Höhle, träumt es von einer «Verständigung»
(E 207) mit dem Gegner, ahnt jedoch, daß sie nicht möglich ist, weil das Leben von einem ewigen Verdrängungswettbewerb bestimmt wird. Die Höhle
gerät derart, nach einem Wort aus Hegels Rechtsphilosophie, zum Ort des
Kampfes «aller gegen alle»,[50] bei dem die Chance zur Versöhnung bereits an
der fehlenden Kommunikation scheitert. Die typische Ironie dieser Konstellation liegt darin, daß bis zum Schluß der Erzählung offenbleibt, ob der
Gegner des Tieres wirklich existiert. Für die Phänomenologie des Schrek-
kens, die Kafkas Arbeiten entfalten, bleibt die Antwort auf diese Frage zweitrangig: Angst erzeugt die Einbildung ebenso wie die Realität, weil hinter
ihnen gleichermaßen jene unsichtbaren Ursachen liegen, die das Leben zur
Marter machen können.

«Das Labyrinth ist die Heimat des Zögernden», bemerkt Walter Benjamin
in seinem letzten Baudelaire-Essay (1939/40).[51] Das Diktum läßt sich auch
auf Kafkas Erzählung anwenden, die von den Verirrungen in einer unüber-
schaubaren, vermeintlich vertrauten Topographie handelt. Das Labyrinth repräsentiert keine objektive Landschaft, sondern ein Abbild der Unentschlossenheit, in der Kafkas Figuren befangen scheinen. Sein Modell mag die spezi-

fische Erfahrung des Prager Spaziergängers bezeichnet haben, der sich in den topographischen Windungen der Altstadt ziellos treiben läßt. Im Bild des Labyrinths finden Kafkas klaustrophobische Raumphantasien, wie sie seine Tagträume und Halbschlafassoziationen durchziehen, die angemessene Darstellung. Labyrinthisch erscheinen bereits die Schiffsgänge im *Verschollenen*, die Dachkammern im *Proceß*, die Paläste in der *Kaiserlichen Botschaft* und die Flure des Herrenhofs, wo K. sich nachts unerlaubt aufhält. In einem Brief an Milena Pollak schreibt Kafka am 29. Mai 1920 aus Meran, daß jede Annäherung an einen fremden Menschen letzthin dazu führe, daß man «gar nicht weiter kommt, sondern nur in seinem eigenen Labyrinth noch umherläuft, nur aufgeregter, verwirrter also sonst.» (Mi 22) Legt man diese Bemerkung zugrunde, so spiegeln sich in den labyrinthischen Strukturen der literarischen Texte Kafkas nicht allein Desorientierung und Furcht, vielmehr auch die Schwierigkeiten bei der Deutung von Ich und Umwelt. Die Labyrinthe bezeichnen «hermeneutische Räume»,[52] die zur Interpretation zwingen, ohne aber klare Strukturen und Abgrenzungen aufzuweisen. Im Labyrinth seines Baus erfährt das Tier die Ohnmacht aller Urteils- und Erkenntnisakte, die zu keinem Ziel führen, weil sie in sich selbst zirkulieren und stets neu beginnen.

Erscheint die Höhlenkonstruktion des Baus als Labyrinth, so spiegelt sich darin auch das Innere des Tieres, das über einen hochdifferenzierten psychischen Apparat verfügt, ohne jedoch, ähnlich wie das beim Hund der *Forschungen* der Fall ist, seine Beobachtungen und Reflexionsketten zu einem Ende führen zu können. In der Mitte der Erzählung gesteht das Tier ein, daß es mit dem Bau verschmelze und seine Identität in ihm aufhebe («denn nichts kann uns auf die Dauer trennen»; E 185). Der Bau spiegelt mithin die labyrinthische Ordnung des psychischen Gefüges, welches das Tier dazu verurteilt, das «Wissen um das Nicht-Wissen»[53] fortzuschreiben, ohne je eine objektive Erkenntnis seiner Lage zu gewinnen. Die Irrgänge der Höhle offenbaren die Furcht des Tieres als Zeichen für ein unbeherrschbares Unbewußtes, in dem die Mächte des Irrationalen hausen. Das Labyrinth, das «archaische Souterrain» der Seele,[54] kennt keine kausale Logik, weil ihm Anfang und Ende fehlen; wo immer der Blick auf diese Logik verstellt ist, lauert bei Kafka die nackte Angst als zentrales Element eines Lebens in der Tiefe der Nacht. So ist es nur folgerichtig, daß die Geschichte keinen Abschluß findet, sondern abbricht. Das Tier verstummt, seine Stimme erstirbt, ohne daß der letzte Satz fortgeführt wird. Die Struktur des Labyrinths überträgt sich damit auf die Ordnung des Textes, der keinen Beginn und kein Ende aufweist; die plötzliche Unterbrechung im unaufhörlichen Strom der Selbstbeobachtung, die den Leser um einen Schluß zu betrügen scheint, erweist sich als die eigentliche Eschatologie der Erzählung, denn sie deutet den Eintritt des Todes in die

Ordnung der Zeit an: er ist die wahre Grenze, die dem Wort in jenem Sinn gesetzt bleibt, den Wittgenstein im Auge hatte, als er erklärte, daß man darüber schweigen solle, wovon man nicht sprechen könne.[55]

Josefine und das Judentum

Schopenhauer begreift Musik als diejenige Kunst, welche am stärksten «Objektivation und Abbild des ganzen Willens»[56] sei. In der Musik wird für ihn ein Modell der Welt ansichtig, das deren Idee nicht durch die Repräsentationslogik der Vorstellung, sondern durch «Analogie»[57] erschließt. Während der Intellekt als bloße Funktion des Willens keine Anschauung dieser Idee gewährt, vermag die Kunst durch Formen der ästhetischen Vergegenwärtigung einen unmittelbaren Zugang zu ihr zu schaffen; insbesondere die Musik verkörpert laut Schopenhauer eine Kunstgattung, in welcher der Rhythmus des Lebens als beruhigter, gestalteter Wille sinnfällig wird. Kafka, der diese Bestimmung kannte, hat mehrfach behauptet, daß er unmusikalisch sei (Br I 233, 243, Mi 65). Gerade das fehlende Sensorium für die Musik verschaffte ihm jedoch die Möglichkeit, sie als Chiffre für den proteischen Charakter der ästhetischen Erfahrung und die von ihr hervorgerufenen Täuschungen darzustellen.[58] Wenn Kunst die zweifelhafte Gewalt des Willens als treibendes Prinzip der Welt vergegenwärtigt, dann ist Musik der sinnlichste, unmittelbarste Ausdruck für dessen Wirksamkeit.[59] Kafkas letzte Erzählung, *Josefine, die Sängerin oder Das Volk der Mäuse*, bekräftigt diese Diagnose in einer Geschichte von dunkler Schönheit und ironisch gebrochener Trauer.

Zur Künstlerin wird die Maus Josefine zunächst durch das Selbstbild, das sie im Habitus der Diva lanciert. Das Pfeifen, das sie vorführt, ist ein Geräusch, das sämtliche Mäuse ohne Anstrengung hervorbringen können. Zugleich aber gelingt es ihr, das «wegen oft nicht sehr klarer Zwecke» (D 279) geschäftige Volk durch die Aura ihrer Auftritte in den Bann zu schlagen. Weil sie öffentlich und zudem mit besonders zarter Stimme pfeift, vermag sie sich als Artistin mit großer Wirkung zu inszenieren. Das Wesen der Kunst liegt einzig in den Formen der artistischen Selbstdarstellung und dem Publikumseffekt begründet, den sie freisetzen. Nicht auszuschließen ist, daß Kafkas Erzählung hier an Max Brods älteren Aufsatz *Zur Aesthetik* anknüpft, der 1906 in der *Gegenwart* erschienen war. Brods These lautete, das Schöne sei «diejenige Vorstellung»,[60] die unser automatisiertes Sehen durch neue, überraschende Kombinationen auffrische – eine Auffassung, die wenig später auch Viktor Sklovkij in seinem Essay *Kunst als Verfahren* (1917) vorträgt.[61] Daß zur Kunst erst gerät, was als solche wahrgenommen wird, bildet seit Beginn der 20er Jahre die Überzeugung zahlreicher Repräsentanten der europäischen Avantgarde. Wenn Kafkas Erzählung den Effekt von Josefines Pfeifen auf die Suggestion des Unvertrauten zurückführt, das ihm anhaftet, so persifliert sie damit ästhetische Theorien, wie sie zur selben Zeit – mit im Detail unterschiedlicher Begründung – vom französischen Surrealismus, russischen Futurismus und deutschen Dadaismus vertreten wurden.[62]

Zwar schwanken die Urteile über den künstlerischen Wert von Josefines Pfeifen, doch ändert das nichts an seiner magischen Wirkung, der sich auch die Kritiker der Sängerin kaum entziehen können. Dieser Effekt wird zumal durch die ‹Selbstvergessenheit› evoziert, mit der sie öffentlich auftritt (D 277); erneut taucht hier der Leitbegriff auf, den Kafkas Literaturbrief vom 5. Juli 1922 nutzte, um das Wesen der Schriftstellerexistenz zu umreißen (Br 385). Im Fall Josefines ist freilich das ‹Selbstvergessene› der Kunst mit der Suggestion einer Leistung verknüpft, die allein durch die öffentliche *performance* inszeniert und nur im Moment der subjektiven Wirkung greifbar wird. In einem aufschlußreichen Gleichnis sucht der Erzähler diesen Mechanismus näher zu erfassen: «Eine Nuß aufzuknacken ist wahrhaftig keine Kunst, deshalb wird es auch niemand wagen, ein Publikum zusammenzurufen und vor ihm, um es zu unterhalten, Nüsse knacken. Tut er es dennoch und gelingt ihm seine Absicht, dann kann es sich eben doch nicht nur um bloßes Nüsseknacken handeln. Oder es handelt sich um Nüsseknacken, aber es stellt sich heraus, daß wir über diese Kunst hinweggesehen haben, weil wir sie glatt beherrschten (…)» (D 276). Der Effekt der ästhetischen Praxis besteht darin, daß diese die lebensweltlichen Bezüge unklar und ambivalent werden läßt. Indem die Kunst ein alltägliches Objekt vorführt, verwandelt sie es in ein subjektiv-flüchtiges Gebilde, dem keine Eindeutigkeit mehr innewohnt. Kunst stiftet nicht Orientierung, sondern Desorientierung in einer Realität, die sich, weil sie normativ geregelt zu sein scheint, über ihre eigene Abgründigkeit betrügt.

Daß die *Josefine* das Problem des Künstlertums eng mit dem der jüdischen Identität verknüpft, zeigt zumal die Rolle, welche die Protagonistin innerhalb der sozialen Ordnung beansprucht. Josefine erstrebt eine Befreiung von der kollektiven, für die Erhaltung der Mäusegemeinschaft notwendigen Arbeit, weil sie darin das Indiz für die verbindliche Anerkennung ihrer Kunst erblickt (D 288f.). Der Erzähler, der seine Zugehörigkeit zu den Gegnern Josefines halbherzig einbekennt (D 277), betont ausdrücklich, man habe dieses Ansinnen abgelehnt. Die Wirklichkeit des arbeitsreichen Mäuselebens, das nur «eine winzige Kinderzeit», «keine Jugend» und kaum Freuden kennt, läßt es nicht zu, einzelne Mitglieder der Gemeinschaft durch die Dispension von ihren alltäglichen Fristen zu privilegieren (D 284).[63] Aus dieser Konstellation ergibt sich erneut eine Situation des Kampfes, die an Kafkas frühe Texte erinnert. Die Erzählung überschreitet jedoch die traditionelle Darstellung des Künstler-Bürger-Konflikts, wie man sie von den Brüdern Mann,

Wedekind und Hesse kennt, indem sie den Gegensatz der Rollenentwürfe in ein soziales Modell einschließt, das keine Harmonisierung der Interessen erlaubt. Josefine muß am Ende mit Erpressungsmanövern operieren, um ihr Ziel zu erreichen, weil sie durch ihre Ansprüche eine gesellschaftliche Norm in Frage stellt, die als unverletzlich gilt. Wenn der Erzähler davon spricht, daß sie «außerhalb des Gesetzes» zu leben suche, so verdeutlicht das den dramatischen Charakter eines Konflikts, in dem Ich und Gruppe einander unversöhnlich gegenüberstehen (D 287).

Josefine spiegelt das Selbstverständnis des Autors Kafka wider, der sich, um schreiben zu können, jenseits der sozialen Gemeinschaft anzusiedeln sucht. Ihr Wunsch, von der Arbeit befreit zu werden, erscheint zwar nach außen als Indiz für den hybriden Rollenentwurf einer Diva, ist jedoch dem Umstand geschuldet, daß Kunst nur ausüben kann, wer vom Zwang der alltäglichen materiellen Reproduktion befreit wird. Seine besondere Pointe gewinnt dieses Motiv durch die Tatsache, daß sich in der Darstellung der Mäusevolks die Spuren des jüdischen Selbstbildes unter den Bedingungen der Assimilation abzeichnen. So heißt es, «Müdigkeit und Hoffnungslosigkeit» bestimmten «das im ganzen doch so zähe und hoffnungsstarke Wesen» der Mäuse, was sich als Widerschein des Stereotyps vom jüdischen Phlegma auffassen läßt (D 285). Auch die Zerstreuung des Volks auf weit auseinanderliegende Gebiete und die Existenz zahlreicher Feinde erinnern an die Situation des Judentums. Die harte Arbeit der Mäuse scheint das einzige Moment zu sein, das die Gemeinschaft zusammenzwingt. Aharon David Gordon bemerkt 1917 über die Befindlichkeit des Westjudentums ohne religiöse Wurzeln: «Da gibt es kein lebendiges und belebendes Band, keine Lebenseinheit zwischen den einzelnen Menschen eines Volkes, das einzige Band, das die Menschen zu einem Streben, einem Leben verbindet, sind die gleichen, in der Hauptsache ökonomischen Interessen.»[64]

Wenn sich Josefine der Gemeinschaft entzieht, dann verstößt sie gegen die ungeschriebenen Gesetze einer Gruppe, die ihr fremd bleiben muß, solange sie sich als Künstlerin fühlt. Das entspricht Kafkas Situation des sich ausschließenden Einzelgängers, der das Kollektiv nur beobachten kann, ohne an ihm teilhaben zu dürfen. Ende November 1911 vermerkt ein Tagebucheintrag unter dem Einfluß von Erzählungen Jizchak Löwys über die Gesellschaft frommer Chassidim: «Stockt die Unterhaltung oder beteiligt sich einer nicht, entschädigt man sich mit Gesang.» (T I 215) Im Fall des Mäusevolks unterdrücken die Imperative der alltäglichen Arbeit solche Formen der ‹Entschädigung› und schaffen einen Zustand der Entfremdung, der das Kollektiv zur permanenten Tätigkeit zwingt. Der Zionismus, so erklärt Ernst Bloch, habe die für das Judentum charakteristische «Kraft des Ausgewähltseins» geleugnet und auf diese Weise die religiösen Wurzeln der jüdischen

Identität durch eine problematische Nationalstaatsidee verdrängt.[65] Das erinnert an die Position Josefines, die sich für auserwählt hält, aber letzthin die Gemeinschaft mit dem Volk, das sich durch eine kollektive Identität bestimmt, nicht mehr herzustellen vermag.[66] Über das jüdische ‹Mauscheln› schreibt Kafka im Juni 1921 nach der Lektüre von Karl Kraus' *Literatur*, es bilde die «Anmaßung eines fremden Besitzes», weil es eine Authentizität suggeriere, welche durch die Assimilation längst verspielt worden sei (Br 336).[67] In diesem Sinne reflektiert die Erzählung den Zerfall der westjüdischen Gemeinschaft und die Rolle des Künstlers, in dessen Lebensentwurf sich die Isolation einer säkularen Existenz auf schmerzhafte, zugleich aber unabdingbare Weise manifestiert.

Die großen Staatsumwälzungen des Jahres 1918, so hatte Jakob Wassermann geschrieben, bildeten die «Überpflanzung der vom Judentum empfangenen Messiasidee aus dem Religiösen ins Soziale.»[68] In diesem Sinne läßt sich auch Kafkas letzte Erzählung als Beitrag zur Positionsbestimmmung des europäischen Judentums nach dem Krieg lesen. Wassermann, der dem Zionismus skeptisch gegenüberstand, vermochte keine Lösung für die Zukunft zu erkennen, die zwischen gesellschaftlicher Anpassung und radikaler Autonomie, Staatsidee und Glaubensidentität vermittelt hätte. Kafka wiederum verlegt die Frage nach dem jüdischen Weg auf einen Bereich jenseits der individuellen Selbstfindung, den er schon 1918 im Denkmodell der besitzlosen Arbeiterschaft reflektiert hatte (M 221f.). Josefine wird im Fluß der Zeit «in gesteigerter Erlösung» untergehen, ohne daß man sich an sie erinnert, weil das Volk der Mäuse keine Geschichte treibt (D 294). Weder die Kunst noch das Subjekt, das sie ausübt, können dem Lethe-Strom entkommen, der durch die Historie rollt. Nicht als Individuum, sondern, so lautet die daraus ableitbare Quintessenz, als Glied in der Kette der Generationen ist der Mensch nützlich. Seine Lebensentscheidung verfehlt er, wenn er sich dieser Kette entzieht, indem er willentlich aus ihr austritt. Hier zeichnet sich eine antibürgerliche Positionsbestimmung ab, die Kafka mit dem sozialistischen Flügel der zionistischen Bewegung verbindet. Die Idee des gesellschaftlichen Kollektivismus, die in ihr aufscheint, schließt bei ihm jedoch eine moralische Dimension ein, die nicht durch Ideologien aufgehoben werden kann. Der Einzelne muß sich zum Volk so stellen, daß er die Rechte der Gruppe respektiert, zugleich aber sein Selbst weder verleugnet noch narzißtisch überhöht. Verfehlt er dieses Ziel, dann wird er auch die Anerkennung nicht erlangen, nach der jeder Mensch strebt. Was ihm nach dem Tod bleibt, ist einzig die ‹gesteigerte Erlösung›, in der er ‹vergessen› wird wie die Sängerin Josefine: ein zweifelhaftes Versprechen der Auslöschung des Ich durch eine unbeendbare Heilsgeschichte, die keine Individuen mehr kennt.

Nur ein Ziel, kein Weg

Am 5. November 1912 hatte Kafka an Felice Bauer geschrieben: «Freilich Berlin würde ich mir schon zu einem freien ruhigen Leben verordnen lassen, aber wo findet sich dieser mächtige Arzt?» (Br I 212f.) Elf Jahre später kennt er die paradoxe Antwort auf seine Frage: es ist die Krankheit zum Tode, die ihn als ‹mächtiger Arzt› in die Reichshauptstadt führt. Der Wegbereiter seiner großen Fahrt tritt mithin nicht in der Rolle des Therapeuten, sondern als Charon auf, der seine Barke über den Styx setzt. Am Abend des 23. September 1923 trifft Kafka in Berlin ein, von Dora Diamant am Bahnhof empfangen. Die kurze Studie *Der Aufbruch* hatte im Februar 1922 mit dem antizipierenden Wissen der Literatur beschrieben, was hier geschah: ein Reiter unternimmt eine weite Reise, deren einziges Ziel es ist, «‹nur weg von hier›» zu führen. Die Mitnahme eines Eßvorrats, die ihm ein Diener empfiehlt, lehnt er ab: «‹Ich brauche keinen›, sagte ich, ‹die Reise ist so lang, daß ich verhungern muß, wenn ich auf dem Weg nichts bekomme. Kein Eßvorrat kann mich retten. Es ist ja zum Glück eine wahrhaft ungeheuere Reise.›» (E 11)

«Es gibt nur ein Ziel, keinen Weg», formulierte Kafka im Herbst 1920 unter Bezug auf eine Notiz vom Winter 1918 (G 146, M 232). Die ‹wahrhaft ungeheuere› Reise nach Berlin scheint dieses Programm umzusetzen, denn sie läßt den Weg mühelos hinter sich, weil sie ein klar umrissenes Ziel verfolgt. Die Flucht vor Prag, dem ‹Mütterchen mit den Krallen›, mündet in ein Leben, das innerlich frei, äußerlich jedoch durch die Krankheit beherrscht bleibt. Was Kafka seit den letzten Vorkriegsjahren erträumt hat, gewinnt jetzt eine Realität des Gelingens, deren mächtiger Glanz für einen Moment die Gespenster der Nacht vertreibt. Bereits kurz nach der Ankunft nennt er mit dem Erschrecken desjenigen, dem ein großes Wagnis überraschend glückte, seine Reise gegenüber Oskar Baum «eine Tollkühnheit, für welche man etwas Vergleichbares nur finden kann, wenn man in der Geschichte zurückblättert, etwa zu dem Zug Napoleons nach Rußland.» (Br 447) In solchen Wendungen steckt die dialektische Ironie des Selbstverkleinerungsrituals, das Kafka seit der Schulzeit perfekt beherrscht. Diese Ironie entspringt der Einsicht in die vermeintliche Nichtigkeit der eigenen Lebenswiderstände, die, indem sie einer heroischen Perspektive unterzogen werden, vollends bedeutungslos anmuten. Hier liegt ein Moment der Täuschung begründet, wie es exemplarisch der Brief an den Vater beleuchtet: Kafkas Vergleich signalisiert, daß er durch seine Reise nach Berlin tatsächlich ein Eroberer ist, der sich mit Napoleon messen darf; in der Ironie, die das Selbst zu degradieren scheint, lauert der Narzißmus, der jegliches Rollenspiel in Ernst verwandelt. Die versteckte Tendenz zur Selbstverklärung enthält jedoch zugleich eine abgründige Seite, wenn man bedenkt, daß Bonapartes Rußlandzug im militärischen Debakel endete. Mit der Heroisierung verbindet sich so die Furcht vor dem Scheitern, die Kafka auch im Augenblick des Gelingens seiner Flucht aus Prag nicht verläßt.

Mit dem Gedanken eines längeren Berlin-Aufenthalts hatte Kafka in vorangehenden Jahren mehrfach gespielt. In charakteristischer Verschiebung empfiehlt er Robert Klopstock schon Anfang September 1922, er solle zum folgenden Wintersemester an die Humboldt-Universität wechseln (ein Vorschlag, der niemals umgesetzt wird; Br 417f.). Ende Juli 1923 reift in Müritz der vage Plan zum konkreteren Entschluß, dessen Verwirklichung jedoch erneut Widerstände provoziert. Obgleich er sich innerlich längst auf die Fahrt vorbereitet hat, erfolgt die Abreise aus Prag Ende September 1923, wie Kafka gegenüber Milena Pollak gesteht, «ohne Kraft, ganz begräbnishaft.» (Mi 320) Das Eintreffen in Berlin erinnert ihn an die Ankunft des Landvermessers im *Schloß*-Roman, auch wenn es sich nicht einsam in der Winternacht, sondern an einem milden Herbstmittag vor den Augen einer ihn erwartenden jungen Frau vollzieht. Eine Notiz, die aus dem Frühwinter 1923 stammen dürfte, stellt die Parallele zu seinem eigenen Text deutlich her: «Ich bin in die Fremde gegangen und habe mich bei einem fremden Volk einquartiert. Ich habe dort meinen Mantel an den Nagel gehängt, niemand hat sich um mich gekümmert. Man läßt mich gewähren, man weiß daß keine Gefahr von mir droht.» (E 222) Ein vorletztes Mal wiederholt das Leben die Literatur; der finale Akt dieser Nachahmung wird das Sterben des seiner Stimme beraubten Kranken sein, das dem Muster der Todesfälle folgt, die Kafkas Geschichten im stummen Verschwinden ihrer Helden schildern.

Nur zwei Tage nach der Ankunft zieht Kafka mit Dora, die ihr früheres Quartier gekündigt hat, nach Berlin-Steglitz in die Miquelstraße 8. Man bewohnt ein düsteres, zugiges Erkerzimmer in einer notdürftig modernisierten, mit einer schlecht funktionierenden Gasheizung ausgestatteten Villa, die einem Ehepaar mittleren Alters gehört. Kafkas Reise nach Berlin fällt in die Zeit der schwersten ökonomischen Krise, welche die Weimarer Republik seit ihrer Gründung erlebte. Im Laufe des Jahres 1922 war es in Deutschland zu einer galoppierenden Inflation gekommen, die durch Kriegsschulden, Kapitalflucht und erhöhten Importbedarf ausgelöst wurde; im Januar 1922 zahlte man für einen Dollar noch 200 Reichsmark, ein Jahr später 18 000, bald 100 000 Reichsmark. Der Kauf eines Zentners Kartoffeln verschlang im Herbst 1923 den Wochenlohn eines Fabrikarbeiters; Heizmaterial und Kleidung vertrieb man ebenso wie Zigaretten und Alkohol vorwiegend auf Schwarzmärkten. Die Steglitzer Hausbesitzerin, die sich zunächst über die finanziellen Möglichkeiten des unverheirateten Paars informiert hat, verlangt eine den gespannten wirtschaftlichen Verhältnissen angepaßte hohe Miete. Die nominell vier Millionen Reichsmark, die sie fordert, entsprechen im Wert 28 tschechischen Kronen; in den folgenden sechs Wochen steigt der Mietzins über 70 auf 180 Kronen, was einem knappen Fünftel von Kafkas monatlicher Pension entspricht (El 35, Br 448). Trotz der Erschwernis der Lebensbedingungen, wie sie die Inflation mit sich bringt, ist Kafka überzeugt, die richtige Entscheidung getroffen zu haben. Bereits einen Tag nach seiner Ankunft besucht ihn der besorgte Max Brod, der sich einen persönlichen Eindruck von den neuen Lebensverhältnissen des Freundes verschaffen möchte; gemeinsam fahren sie zum Potsdamer Platz und kehren im *Café Josty* ein, wo Kafka zehn Jahre zuvor anläßlich seiner ersten Visite bei Felice Bauer in einer großen Autorenrunde Else Lasker-Schüler, Albert Ehrenstein und Paul Zech kennengelernt hatte. Vergleichbar weite Ausflüge in die Stadtmitte wird er während der folgenden Monate kaum mehr unternehmen können, weil seine Atemkapazität nachläßt, so daß er sich nur kurze Spaziergänge zumuten darf.

Am 27. September 1923, einen Tag nach Brods Abreise, findet sich Emmy Salveter in der Miquelstraße ein. Es ist, wie Kafka ironisch an Brod schreibt, seine «erste gesellschaftliche Veranstaltung» in der neuen Wohnung; aus Furcht vor der unbekannten Aufgabe des Hausherrn habe er «einige schwere Fehler gemacht», den Besuchstermin zunächst verschlafen, den Gast wenig zuvorkommend behandelt und sich im Gespräch ungeschickt verhalten (Br 447f.). Der Part des Dolmetschers, der in Brods komplizierter Affaire zu vermitteln hat, scheint ihm jedoch, ähnlich wie schon während der ersten Begegnung im Juli, zuzusagen. Emmy Salveter, die sich bereitwillig mit den heiklen Aspekten ihrer Rolle als Geliebte arrangiert, wirkt offenkundig anziehend auf ihn. Er registriert ihr nervöses Lachen am Telefon, findet sie «lieb und zart», «tapfer und entsetzlich sehnsüchtig» (Br 448). Drei Tage später besucht er sie in ihrer Pension; am 2. Oktober gehen sie gemeinsam durch den Botanischen Garten und unterhalten sich «recht freundschaftlich» (Br 449). Kafka dürfte geahnt haben, daß sich hier eine alte Situation in umgekehrter Rollenverteilung wiederholte: ähnlich wie zehn Jahre zuvor Grete Bloch übernimmt er jetzt die Aufgabe des diplomatischen Boten, der unversehens in die Position des Werbenden gerät. Auch Emmy Salveter bemerkt, daß erotische Spannung in der Luft liegt. Man sieht sich drei Wochen lang nicht, als fürchte man weitere Verwicklungen. Ende Oktober und Anfang November kommt es zu erneuten Treffen, bei denen Kafka einen gemeinsamen Theaterbesuch mit Emmy verabredet, dessen Verwirklichung jedoch an den enormen, durch die Inflation bedingten Preissteigerungen scheitert. Am Abend des 5. November sieht sie ihn für mehrere Stunden in der Miquelstraße, danach versiegt der Kontakt, weil Kafka bewußt wird, daß er sein erotisches Grundmuster nicht nochmals durchspielen muß, um sich seine destruktive Logik vor Augen zu führen.

Anfang Oktober stellt sich auch Puah Ben-Tovim in Steglitz ein (Br 449). Sie wohnt zu diesem Zeitpunkt im *Viktoria Heim II* in der Steinmetzstraße, wo Kafka sie zunächst selbst besuchte. Auf seinen Wunsch erteilt sie ihm einige Hebräischstunden, bricht den Unterricht jedoch nach wenigen Tagen ab.[1] Mehrere Wochen lang hört er nichts von ihr und erhält auf seine Postkarten keine Antwort. Am 19. Dezember 1923 schreibt er an Robert Klopstock nach Prag: «Daß Sie Pua sehen werden, ist sehr gut, vielleicht erfahre ich dann etwas über sie. Sie ist mir unerreichbar seit Monaten. Was habe ich ihr nur getan?» (Br 470) Die Antwort lag in diesem Fall nahe: auch Puah gehörte wie Tile Rössler zur Schar der jungen Frauen, die ihr Verhältnis zu Kafka kaum ohne erotische Spannung gestalten konnten.[2] Da sie die Gegenwart Dora Diamants nicht ertrug, zog sie sich mit der ihr eigenen Entschlossenheit zurück. In Berlin lernte Puah Ende 1923 im Rahmen ihrer sozialpraktischen Arbeit den Pädagogen Josef Mencel kennen, den sie nach der Rückkehr aus Europa in Palästina heiratete. Kafka hat sie nach ihrem plötzlichen Verschwinden aus seinem Alltag nicht wiedergesehen.

Eine Art Idylle im Grunewald

Mit Dora Diamant lebt Kafka seit September in einem eheähnlichen Verhältnis. Niemals zuvor hat er einer Frau ein vergleichbares Maß fortdauernder Intimität gestattet. Weder Felice Bauer noch Julie Wohryzek oder Milena Pollak drangen zu jener Form der Vertrautheit vor, die ihn im Herbst und Winter 1923 an Dora bindet. Die Enge der Wohnung, der relativ abwechslungsarme Tagesverlauf, die innere Ruhe des ländlich anmutenden Außenbezirks im Süden der Stadt bestimmen den gleichförmigen Rhythmus des gemeinsamen Lebens. An den Vormittagen unternimmt Kafka, sofern das Wetter es zuläßt, Spaziergänge durch die stillen Straßen von Steglitz; ihre Radien fallen deutlich knapper aus, nachdem frühzeitig – bereits im November – der kalte Berliner Winter begonnen hat. An den Abenden liest er Dora häufig vor: romantische Texte wie E. T. A. Hoffmanns melancholische Erzählung *Die Bergwerke zu Falun* (nach der Vorlage Gotthilf Heinrich Schuberts), seine *Lebensansichten des Katers Murr*, immer wieder Kleist, Märchen von Andersen und kurze Prosa aus Johann Peter Hebels *Schatzkästlein des Rheinischen Hausfreundes*.[3] Im Oktober beginnt er, längere hebräische

Texte zu studieren, darunter den Roman *Schechól uchischalón (Unfruchtbarkeit und Scheitern)*, der von dem 1921 bei einem arabischen Überfall getöteten palästinensischen Aktivisten Josef Chajim Brenner stammte (Br 453).[4] Kafka führt in Berlin das Leben eines frommen Juden, das in die Liebesbeziehung Formen gemeinsamer religiöser Praxis einschließt. Mit Dora begeht er den Sabbat, liest die hebräische Bibel sowie den Raschi-Kommentar und folgt den strengen Ernährungsgewohnheiten des Ostjudentums, zu denen die Verwendung bitterer Kräuter wie Meerrettich (zur Erinnerung an die Sklaverei im ägyptischen Exil) und die Zubereitung von Süßspeisen aus Nüssen, Äpfeln, Wein sowie Zimt gehören (als Symbolisierung des Mörtels, den die Juden für den Pharao mischen mußten).[5]

Nicht die Literatur steuert das Verhältnis zu Dora Diamant, sondern ein eigener Rhythmus jenseits der Schrift. Schon die Genese der Beziehung weicht vom Muster ab, das Kafkas Liebeserfahrungen gemeinhin prägte. Dora war zunächst, wie erinnerlich, die zweite Frau in einer spannungsreichen Grundkonstellation, mithin – nach dem Vorbild Grete Blochs – die Nebengestalt, die den Schauplatz über die Hinterbühne betrat. In Müritz hatte sich anfänglich eine erotische Spannung zwischen Kafka und der 16jährigen Tile Rössler aufgebaut, ehe Dora durch ihr Erscheinen die Situation öffnete und veränderte. Sie entspricht Kafkas Ideal der begeisterungsfähigen, tatkräftigen, religiös verwurzelten jungen Frau, beläßt ihm aber zugleich die Rolle des Sohnes, den sie wie eine Mutter umsorgt und schützt. Das Verhältnis unterliegt keinen belastenden Schwankungen, weil es Kafka die Erfahrung der Sicherheit ohne die alte Furcht vor dem Selbstverlust vermittelt. Die Ordnungen des Schreibens und der Liebe sind in der Beziehung zu Dora erstmals systematisch getrennt. Der Schatten des Todes nötigt Kafka dazu, die Allianz zwischen Literatur und Eros aufzukündigen, die sein bisheriges Leben bestimmte. In Berlin erscheint ihm Dora wie die Personifikation der gelungenen Flucht vor früheren Ängsten und Verwerfungen. Aus dieser Rollenzuschreibung erklärt sich, daß er sie einige Monate später mit Nachdruck daran zu hindern sucht, ihn nach Prag zu begleiten: seine Geburtsstadt, der Ort der Erinnerung an ein überwundenes Leben, sollte von Dora geschieden bleiben wie die Schrift von der Liebe.

Dora Diamant berichtet rückblickend über ein kleines Mädchen, das weinend auf einer Bank in einem Steglitzer Park saß, weil es seine Puppe verloren hatte; Kafka habe das Kind getröstet und ihm versichert, die Puppe unternehme eine weite Reise, schicke aber nächstens ein Lebenszeichen in die Heimat. In den folgenden Wochen entwarf er Briefe und Postkarten, die er dem Mädchen täglich im Park vorlas. Dora Diamant erinnert sich, daß er die Reiseerzählungen der Puppe «in demselben angespannten Zustand» verfaßte, der ihn stets heimsuchte, «sobald er an seinem Schreibtisch saß.»[6] Um den hier entsponnenen «Roman» zu einem passenden Ende zu führen, entschloß sich Kafka, die Puppe heiraten zu lassen und auf diese Weise, wie Dora Diamant treffend formuliert, den «Konflikt eines Kindes» durch «das wirksamste Mittel» zu lösen, «über das er persönlich verfügte, um Ordnung in die Welt zu bringen»: durch die Kunst.[7] Kafkas eigene Korrespondenz gestaltete sich in den Berliner Wintertagen weniger erfolgreich als diese Rollenfiktion, die das unglückliche Mädchen mit den Techniken der Imagination tröstete. In einem längeren Brief, in dem er sich als ehemals unfrommen Juden beschrieb, der jedoch auf dem Weg zum Glauben sei, hatte er nach dem Jahreswechsel bei Doras Vater in Breslau um die Hand der Tochter angehalten. Der orthodox lebende Mann trug den Brief zum Rabbiner, der das Heiratsansinnen, nachdem er Kafkas Selbstporträt studiert hatte, mit einem unkommentierten ‹Nein› ablehnte.[8] So blieb es bei einer ‹kleinen Ehe›, der zwar der religiöse Segen, nicht aber die innere Evidenz fehlte.

Mit der kälteren Jahreszeit beschränkt Kafka sein Leben vollends auf die abgeschiedene Welt von Steglitz, während ihm die Fahrten nach Berlin-Mitte wie ein persönliches «Golgatha» erscheinen.[9] Er meidet das brodelnde Zentrum der Stadt, weil ihm die Straßenunruhen, Demonstrationen und Massenaufmärsche des Herbstes 1923 Angst machen. Die bedrohlichen Zeichen einer bevorstehenden politischen Katastrophe nimmt er einzig über die Zeitungsmeldungen zur Kenntnis. «Du mußt auch bedenken», schreibt er im Oktober 1923 an Brod, «daß ich hier halb ländlich lebe, weder unter dem grausamen, noch unter dem pädagogischen Druck des eigentlichen Berlin.» (Br 453) Er hat erneut eine exzentrische Rolle gewählt, die ihn zum ‹Tat-Beobachter› aus großer Distanz werden läßt: «Mein ‹Potsdamer Platz› ist der Steglitzer Rathausplatz, dort fahren zwei oder drei Elektrische, dort vollzieht sich ein kleiner Verkehr, dort sind die Filialen von Ullstein, Mosse und Scherl und aus den ersten Zeitungsseiten, die dort aushängen, sauge ich das Gift, das ich knapp noch ertrage, manchmal (gerade wird im Vorzimmer von Straßenkämpfen gesprochen) augenblicksweise auch nicht ertrage –, aber dann verlasse ich diese Öffentlichkeit und verliere mich, wenn ich noch die Kraft dazu habe, in den stillen herbstlichen Alleen.» (Br 453) Die unruhige Metropole in der Ferne zu wissen, genüge ihm, wie er Felix Weltsch verrät, vollkommen: «Über die nächste Umgebung der Wohnung komme ich kaum hinaus, diese ist freilich wunderbar, meine Gasse ist etwa die letzte halb städtische, hinter ihr löst sich das Land in Gärten und Villen auf, alte üppige Gärten.» (Br 451)

Setzt sich Kafka in die S-Bahn, um zum knapp zwanzig Minuten entfernten Zoologischen Garten zu fahren, so erscheint ihm das wie eine kleine Weltreise, an deren Ende er, wie er bemerkt, einen «großen Teil der Atemfähigkeit» zu verlieren pflegt (Br 448). Gelegentlich besucht er in den wärme-

Berlin, Winter 1923/24

ren Oktobertagen noch die Innenstadt; in der Friedrichstraße entdeckt er ein vegetarisches Restaurant mit erträglichen Preisen, wo er «Gemüseschnitzel, dann Nudeln mit Apfelmus und Pflaumenkompot» bestellt (Br 458). Da er eine neue Aufnahme für seinen Reisepaß benötigt, läßt er sich Mitte Oktober im Kaufhaus Wertheim an der Leipziger Straße photographieren; das letzte Bild, das wir von ihm besitzen, zeigt ein strenges Leidensgesicht, das von den dunklen, am Scheitel ergrauten Haaren gerahmt wird (Br 453). Kino und Theater bleiben ihm im Winter 1923/24 verschlossen, weil die Geldentwertung seine finanziellen Möglichkeiten schmerzlich einschränkt. Die aktuellen Inszenierungen Leopold Jessners (Schillers *Wilhelm Tell*), Jürgen Fehlings (Hauptmanns *Die Ratten* und Kleists *Das Käthchen von Heilbronn*) oder Erwin Piscators (Gorkis *Die Kleinbürger*) hat Kafka nicht gesehen. «Ins Teater zu gehn», schreibt er Anfang November 1923, «ist z. B. fast unmöglich, ich wollte in eines, allerdings eines der besten gehn, der schlechteste Sitz, auf dem man zugegebener Weise weder sieht noch hört, sich also ungestört mit dem Nachzählen der Milliarden beschäftigen kann, die man für ihn ausgegeben hat, kostet etwa 14 K.» (El 37) In Prag erhält man im November 1923 für 14 tschechische Kronen mehrere Kilogramm bester Butter, die in der Reichshauptstadt wiederum unbezahlbar ist. Angesichts der knappen Geldmittel, die ihm zur Verfügung stehen, begnügt sich Kafka mit Surrogaten: er liest die Speisekarten der Restaurants, die Spielpläne der Theater und die leuchtenden Aufschriften der Kinopaläste, ohne die Schwellen zu überschreiten, die ihn vom authentischen Genuß trennen.

Das Kino bleibt ein ferner Ort, den er auch deshalb meidet, weil er Angst vor den Menschenmassen hat, die sich in den Vorführsälen der Metropole drängen. Auch hier beschränkt er sich auf genaue Beobachtungen, welche die unmittelbare Erfahrung ersetzen müssen. Im Januar 1924 notiert er auf der Rückseite eines Briefes an seine Schwester Elli einige tschechische Zeilen für Marie Werner, die Wirtschafterin der Kafkas: «Nicht einmal vom Kino weiß ich was, hier lernt man auch wenig dazu, Berlin war so lange arm, jetzt erst konnte es sich den ‹Kid› kaufen. Ganze Monate wird er hier gespielt.»[10] Eine Aufführung von Chaplins berühmtem Film, der bereits 1920 entstanden war, hat Kafka niemals besucht. Den Tramp jedoch, der im *Kid* auftritt, kannte er längst. Er gehört zur Familie der ‹Kinder auf der Landstraße›, zu jenen heiter-naiven Helden, die, auch wenn sie zuweilen von abgrundtiefer Traurigkeit befallen werden, fest im Boden des Lebens verwurzelt sind. Chaplins Figur spiegelt das Narrentum, das von den Kindern der frühen Erzählung bis zu den Gehilfen des *Schloß*-Romans in bunten Farben durch Kafkas Texte spielt. Er mußte den *Kid* nicht sehen, weil er seinen Helden längst erfunden hatte. Die Literatur erlaubte es ihm, das Kino als exotisches Phänomen aus der Ferne zu beobachten, ohne, wie früher, die Vorstellung selbst zu besuchen. Denn in ihren Arsenalen ist der Film längst abgelaufen, angekurbelt von den Produktivkräften der Imagination und jenem geheimnisvollen Wissen, das bei Kafka stets rascher arbeitet als die Wahrnehmung der Realität.

In den dunkler werdenden Berliner Wintertagen schmiedet das Paar Palästina-Pläne. Erneut träumt Kafka von einem bodenständigen Leben ohne intellektuelle Zwänge: er möchte im Gelobten Land mit Dora ein Lokal eröffnen, in dem er selbst als Kellner arbeitet – eine Vision, deren Verwirklichung ihrerseits einem Chaplin-Film Ehre gemacht hätte.[11] Schon im September 1922 hatte Kafka aus Planá an Robert Klopstock geschrieben, Berlin ermögliche «einen stärkeren Ausblick nach Palästina als Prag.» (Br 417) Das bezog sich auf das Wirken Martin Bubers, Franz Rosenzweigs und Siegmund Kaznelsons, aber auch auf die zahlreichen zionistischen Organisationen, die in der Reichshauptstadt tätig waren. Zu Kafkas spezifischen Berliner Erfahrungen gehören im Spätherbst 1923 die Besuche in der *Hochschule für die Wissenschaft des Judentums*. Das Institut, das 1872 gegründet worden war, vertrat einen liberalen Reformkurs, der abweichend von den Regeln der Orthodoxie das Gemeindeleben zu verändern suchte und eine Anpassung der religiösen Praxis an die Lebensbedingungen der Moderne erstrebte; das schloß die Ersetzung des Hebräischen im Gottesdienst und den Verzicht auf chiliastische Deutungsmuster im Kontext der Messiasoffenbarung ein.[12] Die Akademie war seit dem Ende des Krieges nicht nur Rabbinerseminar, sondern bot zugleich einer breiteren Schülerschaft Bibel- und Talmudkurse an.[13] Inmitten des «wilden Berlin» ist die Hochschule, die Kafka erstmals am 15. November besucht, ein «Friedensort», der zu Studium und Andacht einlädt. Ausdrücklich lobt er die ‹schönen› Hörsäle, die umfassende Bibliothek und die Intimität der kontemplativen Atmosphäre des Instituts, das nur wenige Besucher anzieht (Br 470). Kafka nimmt die Hochschule als Oase der Stille inmitten der brodelnden, unter politischen Machtkämpfen und Straßenschlachten zerrissenen Metropole wahr, wenngleich ihm die Reformtendenzen, denen das Lehrangebot folgt, mißfallen. Die liberalen Muster des Unterrichts nennt er in typischer Ambivalenz «merkwürdig bis zum Grotesken und darüber hinaus bis zum unfaßbar Zarten» (Br 470); hinter solchen Urteilen steht weniger die Anlehnung an orthodoxe Tradition als die Überzeugung, daß der Glaube sein wahres Identitätsangebot nur im programmatischen Kontrast zu den Lebensverhältnissen der Gegenwart vermitteln könne. Während des Herbstes und Frühwinters zieht ein Reigen von Besuchern an Kafka vorüber. Bereits Anfang Oktober trifft er Ernst Weiß, der, wie er befremdet bemerkt, die «Nervosität des Starken» an den Tag legt und sich «verbittert-fröhlich», angespannt und ehrgeizig um seinen Erfolg als Autor bemüht zeigt (Br 449). Ende Oktober macht Tile Rössler in Begleitung eines jungen Malers eine kurze Visite in der Miquelstraße. Mitte November nutzt Max Brod ein sonntägliches Rendezvous mit Emmy Salveter, um sich vom Gesundheitszustand des Freundes zu überzeugen. Am 25. November kommt Ottla nach Berlin («ich glaube zufrieden mit allem, was sie sieht»; Br 466), gefolgt von Siegmund Kaznelson und seiner Frau Lise – der Schwester Weltschs –, von Willy Haas und Rudolf Kayser, dem Herausgeber der *Neuen Rundschau*.[14] Fast hat es den Anschein, als versammle sich in den Berliner Monaten noch einmal der Kreis der Menschen, die Kafka eng verbunden sind. Man nimmt Abschied voneinander, nicht ausdrücklich, aber im Bewußtsein, daß die Zeit der großen Trennung näherrückt.

Das ruhige Leben am Rand des Grunewalds wird beeinträchtigt durch ein zunehmend schwierigeres Verhältnis zur Vermieterin der Wohnung in der Miquelstraße, die sich als indiskret und gewinnsüchtig erweist. «Ich glaube in der ersten halben Stunde unseres ersten Beisammenseins hatte sie heraus», berichtet Kafka, «daß ich 1000 K Pension (damals ein großes, heute ein viel kleineres Vermögen) habe und danach fing sie an, die Miete und was sonst dazu gehört zu steigern und es nimmt kein Ende.» (El 35) Ende Oktober 1923 schreibt er unter dem Einfluß solcher Erfahrungen die Erzählung *Eine kleine Frau*, die später als zweites Stück in den *Hungerkünstler*-Band eingehen wird.[15] Der Text ist deutlich von den Eindrücken des privaten Konflikts mit der Steglitzer Hausbesitzerin geprägt, zeigt aber zugleich Kafkas Kunst der produktiven Transformation, indem er das authentische Material in eine Parabelstruktur überführt und auf diese Weise einer spezifischen Ambivalenz unterwirft. Die Vermieterin verwandelt sich unter der Hand in eine rätselhaft-irrlichternde Gestalt, die dem geheimnisvollen Wesen Odradek aus der *Sorge des Hausvaters* gleicht. Sie gewinnt die Züge einer phantastischen Figur, die, merkwürdig proteisch, zwischen Menschen- und Dingwelt zu stehen scheint.

Diese Doppelstruktur betont bereits der erste Satz des Textes, der deutlich an die Beschreibung Odradeks erinnert: «Es ist eine kleine Frau; von Natur aus recht schlank, ist sie doch stark geschnürt; ich sehe sie immer im gleichen Kleid, es ist aus gelblich-grauem, gewissermaßen holzfarbigem Stoff und ist ein wenig mit Troddeln oder knopfartigen Behängen von gleicher Farbe versehen; sie ist immer ohne Hut, ihr stumpf-blondes Haar ist glatt und nicht unordentlich, aber sehr locker gehalten.» (D 252) Die zweideutige Perspektive der Exposition verrät, daß die Protagonistin ein weibliches Wesen, aber ebenso ein ‹Es› verkörpert. Der Ich-Erzähler der Geschichte beschreibt seine Figur aus der Sicht des Gekränkten, der darunter leidet, allein durch seine Existenz Mißfallen zu erregen: «Diese kleine Frau nun ist mit mir sehr unzufrieden, immer hat sie etwas an mir auszusetzen, immer geschieht ihr Unrecht von mir, ich ärgere sie auf Schritt und Tritt; wenn man das Leben in allerkleinste Teile teilen und jedes Teilchen gesondert beurteilen könnte, wäre gewiß jedes Teilchen meines Lebens für sie ein Ärgernis.» (D 253) Repräsentiert die Protagonistin eine urteilende Macht, so bezeichnet der Erzähler eine fragile Gestalt, die unter dem stummen Vorwurf der Frau zusammenzubrechen droht. In deutlicher Anspielung auf die Berliner Lebenssituation heißt es apologetisch: «Ich bin kein so unnützer Mensch, wie sie glaubt; ich will mich nicht rühmen und besonders nicht in diesem Zusammenhang; wenn ich aber auch nicht durch besondere Brauchbarkeit ausgezeichnet sein sollte, werde ich doch auch gewiß nicht gegenteilig auffallen; nur für sie, für ihre fast weißstrahlenden Augen bin ich so, niemanden andern wird sie davon überzeugen können.» (D 255) Die Protagonistin übernimmt die Rolle der Angeklageinstanz, die erneut, wie schon in den Romanen, mit ironischer Brechung dargestellt, am Ende aber durch ein ungewöhnliches Bekenntnis relativiert wird; ihm gemäß glaubt der Erzähler, er könne seine bisherige Existenz «ungestört von der Welt» gelassen «fortsetzen, trotz allen Tobens der Frau».[16] Mit vergleichbar vitalem Optimismus formulierte Kafka 16 Jahre zuvor in der zweiten Fassung der *Beschreibung eines Kampfes*: «Nichts hätte uns aufhalten können; wir waren so im Laufe, daß wir selbst beim Überholen die Arme einschränken und ruhig uns umsehen konnten.» (B 119) Die Gespenster der Überwachungskunst, zu denen die ‹kleine Frau› gehört, werden auch in der Berliner Erzählung mit überraschendem Elan überwunden. So offenbart sich in einer der letzten Geschichten, die Kafka schrieb, nochmals die waghalsige Kunst des Seiltänzers, die der frühen Prosa eingezeichnet ist: das Vergnügen am Luftschwung über dem Abgrund. Daß die Vertreibung der Angst, welche die Instanzen des Gerichts in ihm auslösten, angesichts seines tatsächlichen Zustands auch ein Akt der Selbsttäuschung blieb, war ihm im Herbst 1923 fraglos bewußt.

Mitte November wechselt das Paar nach fortwährendem Streit mit der Vermieterin die Wohnung und zieht in die nur wenige Minuten entfernte Villa der Eheleute Seiffert an der Grunewaldstraße. Während Dora Diamant den Hausrat verpackt, fährt Kafka zur Hochschule und läßt sich anschließend von einem Müritzer Urlaubsbekannten spontan zum Essen einladen. Als er am frühen Abend nach Steglitz zurückkehrt, ist das neue Domizil bereits vollständig eingerichtet (O 141f.). Die Wohnung bietet zwei große –

freilich durch den Schlafraum der Vermieter getrennte – Zimmer und eine moderne Zentralheizung, die im frostigen Berliner Winter gute Dienste verspricht. An Direktor Odstrčil schreibt Kafka am 20. Dezember 1923 über die vorteilhafte Lage seiner Unterkunft: «Ich wohne in einer kleinen Villa mit Garten; ein halbstündiger Weg führt durch die Gärten zum Walde, der Botanische Garten ist 10 Minuten entfernt, andere Anlagen sind ebenfalls in der Nähe, und von meinem Wohnsitz führt jeder Weg durch andere Gärten.» (AS 320) Die idyllische Lebenssituation wird jedoch bald durch harte Tage abgelöst, in denen die fortschreitende Winterkälte Kafkas körperlichen Zustand massiv angreift. Nahezu ahnungsvoll hatte er schon Ende Oktober 1923 einen Brief an Brod mit der melancholischen Formel beschlossen: «Lebwohl und möge uns – unschuldig oder schuldig – noch einmal die Luganosonne scheinen.» (BK II 442) Die Sehnsucht nach der Flucht in den Süden blieb unerfüllt, aufgehoben im Standbild der Erinnerung. Sie wird zum Vorzeichen des Endes, dessen Nahen auch der angestrengte Optimismus, den Kafkas Berliner Briefe ausstrahlen, nicht überdecken kann.

Der Inflationswinter

Im November 1923 kostet das Pfund Butter in Berlin annähernd eine Million Reichsmark. Wer mit stabiler ausländischer Währung – bevorzugt amerikanischen Dollars – zahlt, vermag zumindest die enormen Kursschwankungen auszugleichen, die in Deutschland herrschen. Kafka verfügt weder über Dollars noch über Beziehungen auf dem Schwarzmarkt, die den Inflationsalltag erleichtern können. Von seiner monatlichen Pension kann er im Berliner Winter kaum leben, zumal die tschechischen Kronen von der allgemeinen Entwertung besonders stark betroffen sind. Beim Tausch in die Inflationswährung erleidet er massive Verluste, für die kein Ausgleich möglich ist. Wie die Preise steigen auch die Mietkosten unaufhörlich; Mitte November liegen sie bei einer halben Billion Reichsmark (El 35). In zunehmendem Maße ist Kafka auf Paketlieferungen aus Prag angewiesen, in denen ihm von den Eltern Butter, Eier, Obst, Brot und Kuchen geschickt wird. Vorübergehend erwägt er während des Winters sogar, seine Kleidung im sechswöchigen Abstand zur Reinigung nach Prag zu senden, da die bisher genutzte Berliner Wäscherei innerhalb eines Monats knapp 160 Kronen verlangt (El 45). Mit fortschreitendem Winter und steigender Inflation müssen die Eltern den Sohn immer häufiger auch finanziell unterstützen. Vor diesem Hintergrund fragt Hermann Kafka Mitte November besorgt an, ob er in Berlin Aussicht auf eine ordentlich bezahlte literarische Tätigkeit besitze. «Für die Möglichkeit eines Geldverdienens», lautet die klare Antwort, «besteht bis jetzt nicht die leiseste Andeutung für mich.» Mit der ihm eigenen Dialektik, die äußere Zwänge wie Produkte subjektiver Willkür erscheinen läßt, fügt er pointiert hinzu: «Freilich behandle ich mich hier wie einen Kranken im Sanatorium.» (El 42)

Das Berlin-Bild, das Kafkas Briefe zeichnen, wirkt spannungsvoll und widersprüchlich. Im Dezember 1910, anläßlich seiner ersten Visite in der Stadt, faszinierte ihn das Theaterleben, das er mit neugierigem Enthusiasmus verfolgte. In späteren Jahren betrachtete er Berlin dagegen als Spiegel seiner gescheiterten Beziehung zu Felice Bauer, ohne seinen Topographien, Milieus und Färbungen wirkliche Aufmerksamkeit zu schenken. Während der sieben Besuche, die er hier zwischen März 1913 und Juli 1914 absolvierte, nahm er die Metropole, gehetzt von Zeitnot, kaum wahr. Selbst die Pläne vom Sommer 1914, als er die Kündigung im Büro und den Umzug in die Reichshauptstadt erwog, wirkten wie zufällig, weil sie nicht Berlin selbst, sondern seinem Charakter als anonymisierendem Fluchtort galten. Im Winter 1923 ist Kafkas Aktivität begrenzt auf den Bannkreis des Vertrauten, dessen Intimität freilich von der Unruhe der krisenhaft zugespitzten Zeitkonstellation bedroht scheint. In Steglitz richtet sich der Kranke wie hinter einem Schutzschirm ein, der ihn von der kalten Realität des politisch und wirtschaftlich gefährdeten Berlin trennt. Die äußere Situation, gegen die er sich in seinem Refugium absperrt, ist bedrückend: auf den Straßen wird geschossen, Streiks legen das tägliche Versorgungssystem lahm, die Zahl der Arbeitslosen steigt permanent, Kabinettskrisen, Regierungswechsel und Putschgerüchte bestimmen die politische Gesamtlage.

Der Herbst 1923 zeigt Berlin von einer bedrohlichen Seite. Auf den Straßen kommt es im Oktober zu pogromartigen Ausschreitungen gegen jüdische Bürger; Geschäfte werden geplündert, Fensterscheiben eingeworfen, Passanten verprügelt. Die Nationalsozialisten organisieren im Vorfeld von Hitlers Münchner Umsturzversuch Aufmärsche, Straßenschlachten und alltägliche Übergriffe, die eine Vorahnung künftiger Heimsuchungen vermitteln. An Ottla schreibt Kafka Ende Oktober, er zittere «vor den Aufschriften» der Berliner Zeitungen, die er auf dem Steglitzer Rathausplatz lese. Zwar betont er, daß die allgemeine politische Krise mit seiner persönlichen Lebenslage nicht in Verbindung stehe, doch kann er sich von den bedrohlichen Zeichen an der Wand nicht desinteressiert abwenden. In einer vergleichbaren Situation der antisemitischen Eskalation wäre er im September 1923, so weiß er, nicht nach Berlin gereist. Es paßt zu seinem notorischen Zweifel an der Zuverlässigkeit der Realität, wenn er fragend hinzufügt: «Ja bin ich denn überhaupt weggefahren?» (O 144)

Der Gesundheitszustand des Kranken verschlechtert sich bei bitterkaltem Winterwetter rapide. Dora Diamant kocht auf Kerzenstümpfen, weil das Geld für Kohle und Gas fehlt; den Prager Verwandten und Freunden schickt Kafka eng beschriebene Postkarten, um das teure Porto für Briefe zu sparen.

Die Unbilden des Alltags und die Widrigkeiten der Versorgung nimmt er mit nahezu stoischer Geduld auf sich. «Er konnte stundenlang in Schlangen anstehen», erinnert sich Dora Diamant, «und zwar nicht nur, um etwas einzukaufen, sondern einfach aus dem Gefühl heraus: hier floß Märtyrerblut, und deshalb mußte auch seines fließen. So erlebte er die Gemeinschaft mit einem unglücklichen Volk in einer unglücklichen Zeit.»[17] Kafka fühlt, daß ihn nichts treibt, weil seine innere Zeit im Gleichmaß geht; kein Büro wartet auf ihn, kein drängender Freund nötigt ihn zum Abschluß seiner Texte. Da der Körper seinen Tribut fordert, kann er über die eigenen Kräfte nur mit größter Vorsicht verfügen. Auch die literarische Arbeit vollzieht sich auf diese Weise beiläufig, frei von manischem Zwang, in einem natürlich anmutenden Rhythmus aus Systole und Diastole. Ohne die Furcht vor dem Scheitern entstehen in Berlin die schon erörterten Erzählungen *Eine kleine Frau*, *Der Bau* und *Josefine, die Sängerin* – musikalisch gestaltete Prosaetüden, die von verzweifelten Versuchen des Einzelnen berichten, sich jenseits der sozialen Ordnungen zu behaupten.

Am 18. Oktober 1923 setzt Kurt Wolff Kafka in einem offiziellen Brief davon in Kenntnis, daß seine Bücher keinen nennenswerten Absatz mehr erzielen, und kündigt an, man werde sein Konto rückwirkend zum 1. Juli des Jahres abschließen. Das Selbstbild des altruistischen Verlegers, der ohne Einschränkung hinter seinem antriebsschwachen Autor steht, ist zerbrochen. Wolff hat es später in seinen Memoiren zu bekräftigen gesucht, doch wird es durch die brieflichen Zeugnisse stark in Frage gestellt.[18] Angesichts der gespannten wirtschaftlichen Verhältnisse zeigt Wolff kein Interesse an einer weiteren Zusammenarbeit mit Kafka. Anstelle eines Honorars bietet der Verlag die Übersendung von Freiexemplaren aus dem aktuellen Programm an; das ist ein sprechendes Zeichen der Distanzierung, das von leeren Floskeln und Loyalitätsbekundungen begleitet wird: «Wir benutzen die Gelegenheit, erneut zum Ausdruck zu bringen, daß die Geringfügigkeit des Absatzes Ihrer Bücher uns die Freude an deren Zugehörigkeit zu unserem Verlag in keiner Weise mindert.»[19] Wolff hat den Brief nicht persönlich unterzeichnet; auch das deutet auf die geschäftliche Trennung hin, die hier konsequent vollzogen wird. Daß der ehemalige Förderer der deutschsprachigen Avantgarde Anfang der 20er Jahre als saturiert-etablierter Verleger gilt, dem die jüngere Generation bereits mit Skepsis begegnet, verrät eine Bemerkung Bertolt Brechts: «Als der Geist noch in Höhlen hauste, war er unbeachtet, aber frei. Der Verlag Wolff hielt ihn noch nicht aus, aber er verbeugte sich auch nicht kokett vor Schiebern und Huren.»[20]

Erstmals seit dem Sommer 1912 ist Kafka jetzt ohne unmittelbaren Kontakt zu einem Verlagshaus. Ende des Jahres zeichnet sich jedoch ein neues Projekt ab, das diesen Zustand überwindet. Über Brod lernt Kafka Rudolf

Leonhard, den Lektor des Verlags *Die Schmiede* kennen, mit dessen Ge-
schäftsleitung er bereits Anfang Juli 1923 in Berlin verhandelt hatte. Leonhard, der durch das Erlebnis des Krieges zum Pazifisten geworden war, gehörte dem Kreis der Linkssozialisten um Franz Pfemfert an, hatte für Kurt
Pinthus' Anthologie *Menschheitsdämmerung* (1919) lyrische Beiträge geliefert
und bereits eigene politische Erfahrungen bei seiner aktiven Beteiligung an
der Niederschlagung des reaktionären Kapp-Putschs gesammelt. Mit Leonhard verabredet Kafka die Publikation eines Prosabandes, in den *Erstes Leid*,
Eine kleine Frau und – als Titelgeschichte – *Ein Hungerkünstler* eingehen sollen;
die erst Ende März abgeschlossene *Josefine*-Erzählung wird die kleine Sammlung nachträglich ergänzen. Der am 7. März 1924 unterzeichnete Vertrag fixiert eine Auflage von 2–3000 Exemplaren und eine Honorarvorauszahlung
über 800 Mark.[21] Damit gelangen zumindest diejenigen neueren Arbeiten,
die Kafka akzeptabel findet, in die Obhut eines Verlages. Sein selbstkritisches
Verhältnis zur eigenen Produktion blieb freilich während der letzten Lebens-
monate erhalten; auch in Berlin hat er nach einer Erinnerung Dora Diamants
seine frühere Gewohnheit fortgeführt und vermeintlich mißlungene Manuskripte verbrannt.[22] Auf diesem Feld existierte eine ausgeprägte Skalierung,
die er benutzte, um eine innere Abstufung des Scheiterns nach Graden vor-
zunehmen. Kleinere Skizzen, die sich nicht gerundet hatten, vernichtete er
in Perioden der Depression ohne Umstände; umfassendere Arbeiten, die er
für kompositorisch verfehlt, aber nicht für wertlos hielt, überließ er Max
Brod, der sie vor dem Autodafé verschonte.

Mitte Januar 1924 wird Kafka und Dora das Zimmer in der Grunewaldstraße gekündigt, weil die Hausbesitzerin die obere Etage geschlossen ver-
mieten möchte. Ende Januar findet Dora nach längerem Suchen ein neues
Quartier in der Zehlendorfer Heidestraße, südlich vom Waldsee, im Haus
der Witwe des 1918 verstorbenen Lyrikers Carl Busse. Die Kosten für die
zwei Zimmer übersteigen zwar die finanziellen Grenzen, die sich Kafka
selbst gesetzt hat, doch bietet der Immobilienmarkt aufgrund der extremen
Inflation kaum Wahlmöglichkeiten. Anders als in früheren Jahren stört ihn
der häufige Wohnungswechsel nicht mehr, da er zu seiner provisorischen
Berliner Existenz zu passen scheint (El 51f.). In heiterem Ton berichtet er
Anfang Februar 1924 über den Abschluß des bei strömendem Regen vollzogenen Umzugs, der durch eine kurz zuvor eingegangene Geldüberweisung
der Eltern erleichtert wird: «(…) verschiedener Krimskrams war noch mit
dem Wägelchen zu transportieren (Dinge die ich im Stand nicht heben kann
und die D. leicht zur Bahn bringt, dort die Treppen auf und ab trägt, ins
Coupé schafft u.s.w.) und dann in Zehlendorf die Viertelstunde von der
Bahn ins Haus, vor allem aber war ich in dieses Wetter zu transportieren und
die Galoschen waren schon in Zehlendorf – da kurz entschlossen, geldaus-

wattiert wie ich war, ließ ich ein Auto kommen und im Husch in paar Minuten waren wir mit allem Gepäck in der neuen Wohnung, eine Zauberei allerdings für schöne sechs Mark.» (El 57f.)

Odyssee durch Sanatorien und Spitäler

Im Winter 1917/18 hatte Kafka geschrieben: «Mit stärkstem Licht kann man die Welt auflösen. Vor schwachen Augen wird sie fest, vor noch schwächeren bekommt sie Fäuste, vor noch schwächeren wird sie schamhaft und zerschmettert den, der sie anzuschauen wagt.» (M 237) Die Scham der Welt, die jeglichen Untergang überlebt – man denke an das Ende des *Proceß*-Romans –, ist nur das Zeichen ihrer eigenen Furchtsamkeit. Wie ein Vexierbild spiegelt sie sich in der Ohnmacht der Menschen, die ihr mutlos entgegentreten. Mit dem Begriff der Scham ist eine Kategorie bezeichnet, die das Gegenstück zur Selbstvergessenheit repräsentiert. Die in Sünde gefallene Welt schämt sich ihrer eigenen Mangelhaftigkeit, derer sie im Moment gesteigerter Wahrnehmung inne wird; aus dem Bewußtsein der Schwäche aber steigt wie aus einem mythischen Grund die Gewalt, die den Einzelnen niederstreckt. In diesem tödlichen Kreislauf sah sich Kafka selbst seit dem Ausbruch der Krankheit gefangen wie ein Tier, das hinter den Gittern eines Käfigs haust. Jeder Ausweg, den er im Zeichen vorübergehender Stärke beschritt – die Reisen nach Zürau und Meran, die Gärtnerei und das Hebräischlernen, die Liebesbeziehungen zu Julie, Milena und Dora –, führte ihn am Ende in eine Position der Schwäche, die ihn zum Opfer machte, dessen Schicksal längst besiegelt war.

Im Februar 1924 verschlechtert sich Kafkas Zustand so dramatisch, daß er das Haus kaum noch verlassen kann. Die Teilnahme an einer Lesung Ludwig Hardts, der am 3. Februar im prunkvollen Kreuzberger *Meistersaal* in der Köthener Straße auftritt, muß er absagen (für ihn sitzt Dora unter den Hörern). Am 5. Februar, kurz vor seiner Abfahrt, besucht ihn Hardt persönlich in Zehlendorf. Nachdrücklich empfiehlt er einen längeren Urlaub im Süden und bietet sich als Begleiter an; beim Abschied beschließt man, über den Plan eines Italienaufenthalts ernsthaft nachzudenken. Ende Februar 1924 reist Siegfried Löwy aus Prag nach Berlin, um sich ein Bild von den äußeren Lebensumständen des Neffen zu machen; alarmiert rät er nach seiner Rückkehr der Familie, sie solle Kafka zur Übersiedlung in ein Sanatorium bewegen. Als Robert Klopstock einen Besuch in Berlin ankündigt, wehrt Kafka ab: «(…) keine so wilde Tat, wir werden auch ohne das zusammenkommen, auf stillere, den schwachen Knochen entsprechendere Art.» (Br 477) Am 1. März schreibt er an die Eltern: «Der Onkel treibt mich fort und D. treibt mich fort, ich aber bliebe am liebsten. Die stille, freie, sonnige, luftige Wohnung, die angenehme Hausfrau, die schöne Gegend, die Nähe Berlins, das beginnende Frühjahr – das alles soll ich verlassen, blos weil ich infolge dieses ungewöhnlichen Winters etwas erhöhte Temperatur habe und weil der Onkel bei ungünstigem Wetter hier war und mich nur einmal in der Sonne gesehen hat, sonst aber einigemal im Bett, wie es eben auch voriges Jahr in Prag so war. Sehr ungern werde ich wegfahren und zu kündigen wird mir ein schwerer Entschluß sein.» (El 64) Es dauert zwei Wochen, ehe die Entscheidung über die Abreise gefällt und der ‹napoleonische Feldzug› beendet ist. Am 17. März 1924 verläßt Kafka, begleitet von Max Brod und Dora, Berlin; nach dem entbehrungsreichen Winter wirkt er physisch verfallen, aber innerlich ruhiger als sonst. Im Gepäck hat er bereits das Manuskript seiner letzten Erzählung *Josefine, die Sängerin*, die er in der Zehlendorfer Heidestraße zu schreiben begann. Es ist das womöglich wichtigste Eigentum eines nahezu Besitzlosen: als ewiger Sohn kehrt Kafka nur mit dem Nötigsten versehen ins Elternhaus zurück.

Die Zeit der äußeren Ruhe findet jetzt ein Ende; in Kafkas letztem Lebensabschnitt folgen Ortswechsel, unter dem Diktat sich verschlechternder ärztlicher Diagnosen, hektisch aufeinander. Bis zum 5. April 1924 hält er sich in Prag auf, im Alltag unterstützt durch Dora, die nicht von seiner Seite weicht, obgleich er sie zunächst gebeten hatte, sie möge in Berlin bleiben, da er sie mit seinem früheren Leben nicht in Verbindung bringen möchte. Vorläufig scheint Kafka den Plan zu hegen, gemeinsam mit Siegfried Löwy ein Sanatorium in Davos aufzusuchen; in diesem Sinne äußert er sich am 19. März 1924 gegenüber dem Direktor der *AUVA*, dem er sein alarmierendes Befinden nicht mehr verschleiert (AS 323). Ende März zeigen sich in Prag erste Vorboten einer gefährlichen Verschlechterung des Gesamtzustands; Kafkas Stimme versagt immer häufiger, so daß Anlaß besteht, einen tuberkulösen Befall des Kehlkopfs zu befürchten. Am 5. April fährt er mit Dora ins Sanatorium *Wiener Wald* bei Ortmann, das eine Bahnstunde von der österreichischen Hauptstadt entfernt liegt, um sich erstmals seit dem Sommer 1921 wieder einer geregelten Therapie zu unterziehen.

Im Sanatorium wird am 7. April bei einer umfassenden Untersuchung ein fortgeschrittenes Stadium der Kehlkopftuberkulose diagnostiziert, die sich bereits in den Rachenraum ausdehnt; das ärztliche Bulletin ergibt, daß der durch Geschwüre entzündete Kehlkopf stark angeschwollen und schon von Gewebezerfall gekennzeichnet ist. Die unpersönliche, zuweilen gespenstisch sterile Atmosphäre in Ortmann belastet Kafka außerordentlich; Ende April spricht er rückblickend gegenüber Max Brod von dem «bösen bedrückenden Sanatorium» (Br 481). Der behandelnde Arzt empfiehlt dem Patienten dringend, sich in eine Wiener Spezialklinik verlegen zu lassen, wo man Alkoholinjektionen verabreichen kann, die den Zerfallsprozeß der Zellen verlangsamen sollen. Die Therapie hat nur noch auf Schmerzlinderung zu zielen, da ein operatives Entfernen der Halsgeschwüre im vorgerückten Stadium der Krankheit unmöglich ist. Max Brod, der die Hoffnungslosigkeit dieser Diagnose erahnt, notiert in seinem Tagebuch: «Alle Schrecknisse überboten am 10. April durch die Nachricht, daß Kafka vom Sanatorium ‹Wiener Wald› zurückgeschickt wurde. Wiener Klinik. Kehlkopftuberkulose festgestellt. Fürchterlichster Unglückstag.»[23]

In einem beschwichtigenden Brief an die Eltern vermeidet es Kafka unter dem Eindruck des niederschmetternden Befunds, die medizinischen Details seines Zustands offenzulegen: «Gewicht etwa 50 kg. Temperatur wird hinuntergehn, denn ich muß dreimal täglich Pyramidon nehmen, Husten wird sich bessern, denn ich bekomme ein Mittel dagegen, der Hals wurde untersucht, das scheint nicht schlimm zu sein, genaues weiß ich allerdings darüber noch nichts (…)» (El 66). Klarsichtig und illusionslos schreibt er dagegen am selben Tag an Klopstock: «Hauptsache ist wohl der Kehlkopf. In Worten erfährt man freilich nichts Bestimmtes, da bei Besprechung der Kehlkopftuberkulose jeder in eine schüchterne ausweichende starräugige Redeweise verfällt.» (Br 480) Ende Januar 1921 notierte Kafka in Matliary angesichts eines Kranken, der dieselben Symptome aufwies, die jetzt bei ihm diagnostiziert werden: «Dieses ganze elende Leben im Bett, das Fiebern, die Atemnot, das Medizineinnehmen, das quälende und gefährliche (er kann sich durch eine kleine Ungeschicklichkeit leicht verbrennen) Spiegeln hat keinen andern Zweck, als durch Verlangsamung des Wachsens der Geschwüre, an denen er schließlich ersticken muß, eben dieses elende Leben, das Fiebern u.s.w. möglichst lange fortsetzen zu können.» (Br 294)

Dora nimmt sich zunächst ein Zimmer in Wien und mietet am 8. April ein Quartier in der Nähe des Sanatoriums. Bereits am folgenden Tag beschließt Kafka, in die Wiener Universitätsklinik überzusiedeln, um sich dort durch den Facharzt Markus Hajek behandeln zu lassen. Wieder wird den Eltern nur das Nötigste berichtet, in bewußt nüchternem Ton, ohne Aufgeregtheit: «Leider ändert sich ab heute meine Adresse. Mit dem Hals werden sie hier nämlich nicht fertig, ich muß Alkoholinjektionen in den Nerv bekommen, das macht nur ein Specialist (…)» (El 68). Ein offenes Automobil ohne Verdeck bringt Kafka und Dora am 10. April 1924 von Ortmann in das 45 Kilometer entfernte Wien. Dora steht während der knapp einstündigen Fahrt aufrecht im Wagen, um den Kranken gegen den heftig peitschenden Regen zu schützen.[24] Wieder hat es den Anschein, als mobilisierten die ‹Gegenkräfte› ihre teuflische Energie. Dem kalten Berliner Winter folgt ein stürmisches Frühjahr mit kühlen Temperaturen, die Kafkas Zustand weiter schwächen.

Am 12. und 13. April 1924 besucht der Schwager Karl Hermann Kafka unangekündigt in Wien: «Das war eine hübsche Überraschung.» (El 71) Wenige Tage später bietet Klopstock, den die brieflichen Andeutungen alarmiert haben, erneut seine Hilfe an, was Kafka jedoch zurückweist: «Robert, lieber Robert, keine plötzliche Wiener Reise, Sie kennen meine Angst vor Gewalttaten und fangen doch immer wieder an.» (Br 481) Auch Franz Werfel, der seit 1918 als Gast seiner Geliebten Alma Mahler ein Anwesen in Breitenstein am Semmering bewohnt, zeigt sich angesichts der bedrückenden Nachrichten äußerst besorgt. Bereits Ende des Jahres 1923 fragt er Max Brod betroffen: «Was macht Kafka? Wie geht es ihm gesundheitlich? Ich denke so oft an ihn, sehe ihn, wie er in einem schrecklich unpersönlichen Zimmer im Bett liegt.»[25] Mit großer Geste schickt er jetzt Rosen und seinen eben abgeschlossenen Opernroman *Verdi* («mit tausend Wünschen zu baldiger Genesung»);[26] zugleich bietet er Kafka die Konsultation durch den Spezialisten Julius Tandler an, mit dem er persönlich bekannt ist. Die medizinische Versorgung an der Universitätsklinik ist zwar passabel, doch leidet der Patient unter der bedrückenden Atmosphäre, die hier herrscht. In den Zimmern seiner Abteilung liegen zahlreiche Moribunde mit einer Lebenserwartung von nur wenigen Tagen. «In den Sanatorien», schrieb Rilke im *Malte Laurids Brigge* (1910), «wo ja so gern und mit so viel Dankbarkeit gegen Ärzte und Schwestern gestorben wird, stirbt man einen von den an der Anstalt angestellten Toden (…)».[27]

Kafkas Gemütszustand verdüstert sich unter dem Eindruck der unheimlichen Stimmung fortlaufend. Mit einer kunstvollen Doppelformel versucht er seine Lage zu charakterisieren, indem er betont, für Kranke sei es «hier ausgezeichnet, für Besucher und in dieser Hinsicht auch für die Kranken abscheulich» (Br 482). Gegen den anfänglichen Widerstand Hajeks beschließt Dora Diamant daher Mitte April, ihn von den Schrecknissen der Klinik zu befreien und in ein medizinisch schlechter ausgestattetes, jedoch komfortableres Sanatorium nach Kierling bei Klosterneuburg umzuziehen. Am 16. April schreibt sie an Hermann und Julie Kafka: «Inzwischen ist das große Unternehmen gereift. Franz geht Samstag ins Sanatoryum. Es ist 25 Minuten von Wien. Der Arzt wird zur Behandlung hinkommen. Ich war heute dort, ein prachtvolles Balkonzimmer im Süden gewonnen. Es ist eine Waldgegend, liegt wunderbar.» (El 73f.) Am 19. April 1924 verläßt Kafka Wien bei aufgeheitertem, erstmals frühlingshaftem Wetter mit der Bahn, um nach Klosterneuburg zu fahren; es ist seine vorletzte Reise.

Wieder in die dunkle Arche: Kierling, 3. Juni 1924

Nach der Ankunft im Sanatorium wird der Patient zunächst den ansässigen Ärzten überstellt. Man verordnet eine Fortsetzung der Injektionen, die schmerzstillend wirken sollen. Am 2. Mai untersuchen ihn die Wiener Lungenspezialisten Wilhelm Neumann und Oscar Beck, die durch Vermittlung Felix Weltschs nach Klosterneuburg kommen. Vor Neumanns Besuch habe er, so gesteht Kafka den Eltern, «große Angst», wobei er andeutet, daß er weniger die Diagnose als die hohe Rechnung der renommierten Kapazität fürchte (El 76). Die Fachärzte vermögen nach ihrem Consilium keine Hoffnung auf Besserung mehr zu wecken. Mit deutlichen Worten schreibt Beck am 3. Mai 1924 an Weltsch: «Ich konnte im Kehlkopf einen zerfallenden tuberkulösen Prozeß konstatieren, der auch einen Teil des Kehldeckels mit einbezieht. Bei diesem Befund ist an irgendeinen operativen Eingriff überhaupt nicht zu denken, und ich habe eine Alkoholinjektion in den nervus laryngeus superior gegeben. Heute rief mich Fräulein Diamant wieder an, um mir zu sagen, daß der Erfolg nur ein vorübergehender war und die Schmerzen in derselben Intensität wieder aufgetreten sind. Ich habe Fräulein Diamant geraten, Herrn Dr. Kafka nach Prag zu bringen, da auch Professor Neumann seine Lebensdauer auf zirka drei Monate geschätzt hat. Fräulein Diamant hat dies abgelehnt, da sie glaubt, daß dem Patienten dadurch die Schwere seiner Erkrankung klar würde.»²⁸

Die Therapie wird einzig auf Schmerzlinderung durch Pantopon und Morphium abgestellt, da sich eine chirurgische Entfernung der Geschwüre beim medizinischen Standard der Zeit von selbst verbietet. In den wärmeren Frühlingstagen finden sich die Verwandten und engsten Freunde zu Abschiedsbesuchen ein. Ende April spricht Felix Weltsch vor, am 11. Mai macht Ottla, begleitet von Karl Hermann und Siegfried Löwy, ihre Visite. Am 6. Mai reist Robert Klopstock aus Prag nach Klosterneuburg, um den Todkranken während der ihm verbleibenden Tage zu pflegen; wenig später folgt Max Brod, der sich vom 13. bis zum 17. Mai in Wien und Kierling aufhält. Nach der ‹trübseliger› Stimmung verlaufenen Unterhaltung schreibt Kafka am 20. Mai 1924 im letzten Brief an seinen Freund: «Neben diesen und andern Klagedingen gibt es natürlich auch einige winzige Fröhlichkeiten, aber deren Mitteilung ist unmöglich oder eben vorbehalten einem Besuch wie dem von mir so kläglich verdorbenen. Leb wohl, Dank für alles» (Br 483).

Die Tage verbringt der Kranke in Decken gehüllt, zumeist schlafend, auf dem Balkon. Dora und Robert Klopstock wachen in den Nächten abwechselnd an seinem Lager. Doras Bericht vom 19. Mai 1924 vermittelt in seiner poetischen Sprache ein Stimmungsbild, dessen Magie jedoch die Tatsache nicht verbergen kann, daß in der Idylle der Tod haust: «Er liegt vom Morgen um 7 Uhr bis Abends 7–8 Uhr, auf dem Balkon. Bis Mittag um 2 ist Sonne dann geht sie weg zu anderen Patienten, die auf der anderen Seite liegen, und statt ihr steigt allmählig aus den Tiefen ein wunderbar berauschender Duft auf, der wie Balsam wirkt. Bis Abend steigert er sich zu einer unglaublichen fast nicht zu ertragenden Stärke. Und die Aussicht und die Klänge rings-herum, schaft dem Auge und dem Gehör auch Atem-Organe. Alle Sinne verwandeln sich zu Atem-Organen und alle zusammen atmen in sich die Genesung, den Segen, der in Fülle rings-herum verbreitet ist ein.» (El 77f.)

Das Leitmotiv des Atmens, das Doras Brief durchzieht, beschwört eine Idee des Lebens, die Kafka in seinen letzten Tagen wie ein Erinnerungsbild festzuhalten sucht. Er, der aufgrund des Kehlkopfzerfalls nur noch unter Schmerzen Luft holen kann, nimmt die berauschenden Düfte auf dem Balkon als Zeichen einer synästhetisch gesteigerten Natur wahr. «Sehen Sie den Flieder, frischer als ein Morgen» (Br 488), heißt es auf einem Notizzettel; Farben und Gerüche erfaßt der Kranke während der wärmer werdenden Tage, die er auf der Liege mit Blick in den Wienerwald verbringt, wie die Verheißungen eines intensivierten sinnlichen Genusses jenseits der Schmerzen, die das Atmen bereitet.[29] Angesichts der fortschreitenden Entzündung des Halses leidet Kafka unter unaufhörlichem Durst, den er aber kaum noch zu stillen vermag, da die Trinkfähigkeit reduziert bleibt. «Das Schlimme ist», so schreibt er, «daß ich nicht ein einziges Glas Wasser zu mir nehmen kann, ein wenig sättigt man sich auch an dem Verlangen.» (Br 488) Weil er nur noch flüssige Nahrung – Suppen, Joghurt, geschmolzenes Eis – verträgt, fühlt er sich an «Säuglingszeiten» erinnert: «Aber auch das Essen suche ich mir zu erleichtern z. B. was Dir liebster Vater vielleicht gefallen wird, durch Bier und Wein, Doppelmalz-Schwechater und Adriaperle, von welcher letzterer ich jetzt zu Tokayer übergegangen bin. Freilich, die Mengen, in denen es getrunken und die Art in der es behandelt wird, würden Dir nicht gefallen, sie gefallen mir auch nicht, aber es geht jetzt nicht anders.» (El 79)

Die Verständigung erfolgt ausschließlich schriftlich, da das Sprechen ihm unerträgliche Qualen bereitet. Zahlreiche Notizzettel haben sich erhalten, in denen er seinen physischen Zustand umreißt, Besuche kommentiert oder Erinnerungen an Reisen festhält. Gelegentlich tauchen Italien-Reminiszenzen auf, vibrierende Bilder jener südlichen Wärme, die als Chiffre für Gesundheit und Stärke erscheint. In einer Zeichnung entwirft er die Karte Siziliens, das er selbst niemals gesehen hat. Während der durchfieberten Halbschlafperioden denkt er an Badeanstalten, sommerliche Bierlokale, an Meran und die Mückenschwärme von Desenzano: «Wo ist der ewige Frühling?» (Br 490) Das gesprochene Wort, das die Welt des Bewußtseins im reinen Logos vergegenwärtigt, versiegt jetzt.[30] Am Ende, nachdem die Stimme verklungen ist, existiert nur noch die Schrift, das Medium der ewigen Verzögerung und des Aufschubs. Kafka, der allein in dieser Schrift Körper und Seele vollständig zu öffnen vermochte, stirbt schreibend, mit dem Bleistift in der Hand. Noch am Tag vor seinem Tod korrigiert er die ersten Seiten des *Hungerkünstler*-Bandes, dessen Fahnen aus Berlin eingetroffen sind.

Hermann und Julie Kafka planen Ende Mai, den Sohn in Kierling zu besuchen. In seinem letzten Brief, den er am 2. Juni schreibt, wägt Kafka die Argumente für und gegen eine Visite ab. Die Rhetorik der Beschwichtigung gewinnt hier paradoxe Züge und damit jenen schwebenden Charakter, der seine literarischen Texte kennzeichnet: «(...) alles ist wie gesagt in den besten Anfängen, aber noch die besten Anfänge sind nichts; wenn man dem Besuch – und gar einem Besuch, wie Ihr es wäret – nicht große unleugbare, mit Laienaugen meßbare Fortschritte zeigen kann, soll man es lieber bleiben lassen. Sollen wir es nicht also vorläufig bleiben lassen, meine lieben Eltern?» (El 82) Der Brief bricht in der Parenthese ab und bleibt damit ein Fragment, wie es für eine Erzählung Kafkas nicht typischer sein könnte. Das bevorstehende Lebensende wird als ‹Anfang› ausgegeben und mit einer trügerischen Bewegung ins Mehrdeutige gebrochen. Wo keine Hoffnung ist, erleichtert das Paradoxon das Leiden, indem es dafür sorgt, daß der Sterbende sich in seinem quälenden Wartestand einrichten kann. Auf denkbar prägnante Weise offenbart sich das Geheimnis von Kafkas Kunst in der Verzweiflung, die den täuschenden Optimismus grundiert.

Mit dem Paradoxon aber verbindet sich zugleich das Bewußtsein der Schuld, das, wie Kierkegaard bemerkt hat, stets an die Erfahrung der Zeit und den in ihr manifesten Sündenstatus des Menschen geknüpft ist.[31] Kafkas großer Literatur-Brief vom 5. Juli 1922 entwarf das Szenario vom Schriftsteller auf dem Totenbett, der angesichts seiner letzten Stunde erkennt, daß das Wirklichkeit zu werden droht, was er sonst nur in der Imagination erdachte: «‹Ich habe mich durch das Schreiben nicht losgekauft. Mein Leben lang bin ich gestorben und nun werde ich wirklich sterben. Mein Leben war süßer als das der andern, mein Tod wird umso schrecklicher sein. Der Schriftsteller in mir wird natürlich sofort sterben, denn eine solche Figur hat keinen Boden, hat keinen Bestand, ist nicht einmal aus Staub; ist nur im tollsten irdischen Leben ein wenig möglich, ist nur eine Konstruktion der Genußsucht.» (Br 385) Die Literatur kann das Sterben nicht bannen, indem sie es beschreibt, als sei es ein Totem des Diesseits. Vielmehr wird der reale Tod zur besonderen Strafe für den narzißtischen Genuß, den die ästhetischen Phantasmagorien des Grauens dem Schriftsteller in der Vergangenheit bereiteten. Das imaginäre Spiel mit den Extremen schlägt in die authentische Erfahrung einer Leere um, die entsteht, wo das Ich nur noch Literatur zu sein scheint. Die Emigration aus dem Leben, die Bedingung der Autorschaft war, rächt sich jetzt auf fast ironische Weise: «Mit welchem Recht erschrecke ich, der ich nicht zuhause war, daß das Haus plötzlich zusammenbricht; weiß ich denn, was dem Zusammenbruch vorhergegangen ist, bin ich nicht ausgewandert und habe das Haus allen bösen Mächten überlassen?» (Br 386)

Am Mittag des 3. Juni 1924 ist es zu Ende.[32] Über den Moment des Übergangs, der die Passage zwischen Diesseits und Jenseits bezeichnet, hatte Kafka in der Vergangenheit wiederholt nachgedacht. Am 4. Dezember 1913 notierte er im Tagebuch: «Wunderbare, gänzlich widerspruchsvolle Vorstellung, daß einer, der z. B. um 3 Uhr in der Nacht gestorben ist gleich darauf etwa in der Morgendämmerung in ein höheres Leben eingeht.» (T II 212) Furcht war in den letzten Tagen, so verraten die Notizzettel, kaum noch im Spiel. Sie verstummt am Ende wie die Stimme, da es keinen Ausweg mehr gibt. Die Angst, die Kafka stets begleitet hatte, verlor sich spürbar, je näher ihm der Tod rückte. Der eschatologische Dezisionismus, der in den Jahren seit dem Ausbruch der Krankheit sein Denken bestimmte, gewann nun eine neue Wirklichkeit; die letzten Dinge durften erscheinen, weil angesichts der fortschreitenden Aufhebung der diesseitigen Kräfte keine Entscheidungsmöglichkeiten mehr existierten. An Milena Pollak schrieb er im September 1920, er fürchte sich nicht vor dem Sterben, nur vor den Schmerzen. «Sonst aber kann man den Tod wagen. Man ist eben als biblische Taube ausgeschickt worden, hat nichts Grünes gefunden und schlüpft nun wieder in die dunkle Arche.» (Mi 277)

Anmerkungen

Vorwort

1 Literarische Texte und Lebenszeugnisse Kafkas finden sich jeweils in der fortlaufenden Darstellung belegt (zu den Siglen vgl. die Bibliographie im Anhang). Zitiergrundlage ist die Taschenbuchedition der Kritischen Werkausgabe; bei Datierungsfragen und Problemen der Textüberlieferung wurden die Apparatbände der Kritischen Kafka-Ausgabe (KKA) herangezogen. Die bis 1914 geschriebenen Briefe sind nach den bis jetzt vorliegenden Briefbänden der noch unabgeschlossenen kritischen Ausgabe zitiert, alle danach verfaßten Briefe nach der älteren Ausgabe von Max Brod und Klaus Wagenbach (1958 u. ö.) bzw. den Einzeleditionen. Eingriffe in den Textbestand der jeweiligen Ausgaben wurden auch dann nicht vorgenommen, wenn diese ihrerseits auf Modernisierungen beruhen (wie im Fall der ersten Bände der Kritischen Ausgabe, die Kafkas «ss» in ein «ß» verwandeln).

2 Anders noch M. Walser, Beschreibung einer Form, S. 11 (das Werk verarbeite die biographische Erfahrung so vollkommen, daß es sich nicht lohne, sie zu rekonstruieren).

3 W. Benjamin, Briefe, Bd. II, S. 760.

4 J. Derrida, Grammatologie, S. 11ff.

5 Vgl. P.-A. Alt, Mode ohne Methode, bes. S. 34ff.

6 M. Brod, Franz Kafkas Nachlaß, S. 107; Abdruck jetzt auch in: BK II 365.

Erstes Kapitel. Im Netz der Beziehungen

1 A. Northey, Kafkas Mischpoche, S. 8.

2 M. A. Meyer (Hg.), Deutsch-Jüdische Geschichte, Bd. III, S. 16.

3 Kritisch zu dieser Hypothese M. Brod, Der Prager Kreis, S. 104.

4 A. Wagnerová, Die Familie Kafka aus Prag, S. 40f.

5 A. Wagnerová, Die Familie Kafka aus Prag, S. 59ff.

6 J. Roth, Juden auf Wanderschaft (1927), Werke, Bd. III, S. 326.

7 A. Northey, Kafkas Mischpoche, S. 61ff., 47ff.

8 Ms. im Literaturarchiv des Schiller-Nationalmuseums Marbach a. N.: K-2-1; vgl. auch A. Wagnerová, Die Familie Kafka aus Prag, S. 46.

9 Vgl. H. Binder (Hg.), Kafka-Handbuch, Bd. I, S. 125.

10 A. Northey, Kafkas Mischpoche, S. 31f.

11 A. Northey, Kafkas Mischpoche, S. 24ff.

12 Vgl. A. Northey, Kafkas Mischpoche, S. 71ff.

13 H. Binder (Hg.), Kafka-Handbuch, Bd. I, S. 126.

14 A. Wagnerová, Die Familie Kafka aus Prag, S. 56f.

15 Dazu A. Wagnerová, Die Familie Kafka aus Prag, S. 102ff.

16 A. Northey, Kafkas Mischpoche, S. 71.

17 Vgl. H. Binder (Hg.), Kafka-Handbuch, Bd. I, S. 64.

18   F. Prinz (Hg.), Deutsche Geschichte im Osten Europas, S. 309.
19   J. K. Hoensch, Geschichte Böhmens, S. 338ff.
20   Die Fackel Nr. 222 (27. März 1907), S. 17.
21   S. Zweig, Die Welt von Gestern, S. 41.
22   J. K. Hoensch, Geschichte Böhmens, S. 377ff.
23   Th. Herzl, Der Judenstaat, S. 79.
24   P. Hilsch in: H. Binder (Hg.), Kafka-Handbuch, Bd. I, S. 11.
25   K. Marx, Das Kapital, Bd. I, S. 801.
26   Zahlen bei Ch. Stölzl in: H. Binder (Hg.), Kafka-Handbuch, Bd. I, S. 63f., R. Ro-
      bertson, Kafka, S. 10., H. Kiesel, Geschichte der literarischen Moderne, S. 78.
27   A. D. Gordon, Briefe aus Palästina. Dritter Brief, in: Der Jude, 1. Jg. (1916/17),
      Hft. 11 (1917), S. 728–736, S. 735.
28   M. A. Meyer (Hg.), Deutsch-Jüdische Geschichte, Bd. III, S. 15.
29   M. A. Meyer (Hg.), Deutsch-Jüdische Geschichte, Bd. III, S. 168.
30   A. Schnitzler, Jugend in Wien, S. 77.
31   C. Brentano, Werke, Bd. II, S. 985.
32   F. Nietzsche, Kritische Studienausgabe, Bd. XII, S. 164. Die Formel von der
      «Bierbankpolitik der Antisemiten» bei M. Horkheimer u. Th. W. Adorno, Dialek-
      tik der Aufklärung, S. 235.
33   Th. Herzl, Briefe und Tagebücher, Bd. I, S. 614.
34   M. A. Meyer (Hg.), Deutsche Geschichte, Bd. III, S. 256f.
35   H. Binder (Hg.), Kafka-Handbuch, Bd. I, S. 79f.
36   Th. Nipperdey, Deutsche Geschichte 1866–1918, Bd. I, S. 401f.
37   W. Rathenau, Schriften, S. 91.
38   Klärend hier schon E. Goldstücker in: E. Goldstücker u. a. (Hg.), Franz Kafka aus
      Prager Sicht, S. 32f.
39   J. K. Hoensch, Geschichte Böhmens, S. 366ff.
40   J. K. Hoensch, Geschichte Böhmens, S. 392ff.
41   W. Iggers (Hg.), Die Juden in Böhmen und Mähren, S. 225.
42   W. Iggers (Hg.), Die Juden in Böhmen und Mähren, S. 311.
43   Ch. Stölzl, Kafkas böses Böhmen, S. 72.
44   Ch. Stölzl, Kafkas böses Böhmen, S. 74; W. Iggers (Hg.), Die Juden in Böhmen
      und Mähren, S. 294.
45   Th. Herzl, Der Judenstaat, S. 11.
46   Ch. Stölzl, Kafkas böses Böhmen, S. 90.
47   R. M. Rilke, Werke, Bd. I, S. 11.
48   Vgl. D. Sudhoff in: H. Binder (Hg.), Franz Kafka und die Prager deutsche Litera-
      tur, S. 110.
49   J. G. Seume, Prosaschriften, S. 179.
50   E. E. Kisch, Gesammelte Werke, Bd. II/1, S. 372.
51   W. Benjamin, Gesammelte Schriften, Bd. V, S. 1050.
52   P. Leppin, Das Gespenst der Judenstadt (1914/15), in: D. Sudhoff u. M. Schardt
      (Hg.), Prager deutsche Erzählungen, S. 137–143, hier S. 137.
53   P. Valéry, Œuvres. Bd. II, S. 1015; vgl. K. Stierle, Der Mythos von Paris, S. 12f.
54   Vgl. zu diesem Konnex Ch. Schärf, Franz Kafka, S. 23.
55   W. Benjamin, Gesammelte Schriften, Bd. V, S. 700.
56   P. Leppin, Das Gespenst der Judenstadt (1914/15), in: D. Sudhoff u. M. Schardt
      (Hg.), Prager deutsche Erzählungen, S. 137–143, S. 137.
57   M. Brod, Tycho Brahes Weg zu Gott, S. 7.

58 S. Freud, Das Unbehagen in der Kultur, Gesammelte Werke, Bd. XIV, S. 428.
59 Dazu G. Scholem, Zur Kabbala und ihrer Symbolik, S. 257f.

Zweites Kapitel. **Kindheit und Schuljahre (1883–1901)**

1   H.-G. Koch (Hg.), Erinnerungen an Franz Kafka, S. 62.
2   Vgl. H. Binder (Hg.), Kafka-Handbuch, Bd. I, S. 122, A. Wagnerová, Die Familie Kafka aus Prag, S. 62.
3   R. Hermes u. a., Franz Kafka. Eine Chronik, S. 10ff.
4   M. Brod, Franz Kafka, S. 13.
5   F. Nietzsche, Kritische Studienausgabe, Bd. XII, S. 114.
6   W. Benjamin, Gesammelte Schriften, Bd. II, S. 416.
7   H.-G. Koch (Hg.), Erinnerungen an Franz Kafka, S. 64.
8   H.-G. Koch (Hg.), Erinnerungen an Franz Kafka, S. 58.
9   A. Wagnerová, Die Familie Kafka aus Prag, S. 195ff.
10 H. Broch, Die Schlafwandler, S. 38.
11 A. Wagnerová, Die Familie Kafka aus Prag, S. 88f.
12 Im Kommentar der Herausgeber (T I 331) erfolgt keine nähere Zuordnung des Eintrags vom 21.11.1911; da Marie Zemanová jedoch als einzige der Erzieherinnen Tschechin war und der im Tagebuch geschilderte Dialog mit Marie Werner und der Köchin notwendigerweise in tschechischer Sprache erfolgt sein muß, kann nur sie gemeint sein.
13 H.-G. Koch (Hg.), Erinnerungen an Franz Kafka, S. 65.
14 A. Wagnerová, Die Familie Kafka aus Prag, S. 80.
15 Dazu M. Nekula in: K.-H. Ehlers u. a. (Hg.), Brücken nach Prag, S. 272f.; jetzt auch M. Nekula, Kafkas Sprachen, S. 45ff.
16 H.-G. Koch (Hg.), Erinnerungen an Franz Kafka, S. 62; vgl. M. Nekula in: K.-H. Ehlers u. a. (Hg.), Brücken nach Prag, S. 272ff.
17 Ms. im Literaturarchiv des Schiller-Nationalmuseums Marbach a. N.; hier zit. nach A. Wagnerová, Die Familie Kafka aus Prag, S. 44.
18 Vgl. dazu S. Freud, Jenseits des Lustprinzips, Gesammelte Werke, Bd. XIII, S. 55.
19 J. Swift, Gullivers Reisen (1726), S. 82f. (I, Kap. 6).
20 E. Pawel, Das Leben Franz Kafkas, S. 41; H.-G. Koch (Hg.), Erinnerungen an Franz Kafka, S. 13.
21 W. Benjamin, Gesammelte Schriften, Bd. IV, S. 247.
22 Benjamins *Berliner Kindheit um Neunzehnhundert*, der das Zitat entstammt, entstand 1932, Kafkas Text erschien erstmals im *Jüdischen Almanach auf das Jahr 5694* (1933/34).
23 H.-G. Koch (Hg.), Erinnerungen an Franz Kafka, S. 27.
24 Vgl. K. Wagenbach, Biographie, S. 31, H. Binder (Hg.), Kafka-Handbuch, Bd. I, S. 182.
25 H.-G. Koch (Hg.), Erinnerungen an Franz Kafka, S. 27.
26 H.-G. Koch (Hg.), Erinnerungen an Franz Kafka, S. 26.
27 Brief an Max Brod vom 28. August 1947; vgl. M. Brod, Der Prager Kreis, S. 117.
28 J. Roth, Juden auf Wanderschaft (1927), Werke, Bd. III, S. 305.
29 M. Brod, Streitbares Leben, S. 347f.
30 H.-G. Koch (Hg.), Erinnerungen an Franz Kafka, S. 65.
31 H.-G. Koch (Hg.), Erinnerungen an Franz Kafka, S. 65.
32 Vgl. K. Wagenbach, Franz Kafka. Bilder aus seinem Leben, S. 33.
33 M. A. Meyer (Hg.), Deutsch-Jüdische Geschichte, Bd. III, S. 135.

34 K. Wagenbach, Biographie, S. 40f., H. Binder (Hg.), Kafka-Handbuch, Bd. I, S. 218f.

35 M. A. Meyer (Hg.), Deutsch-Jüdische Geschichte, Bd. III, S. 135.

36 H. Binder (Hg.), Kafka-Handbuch, Bd. I, S. 219.

37 W. Benjamin, Gesammelte Schriften, Bd. IV, S. 267.

38 W. Iggers (Hg.), Die Juden in Böhmen und Mähren, S. 241.

39 J. Roth, Juden auf Wanderschaft (1927), Werke, Bd. III, S. 305.

40 Zum Begriff ‹Tempel› für Gotteshäuser in größeren Gemeinden J. Fromer, Der babylonische Talmud, S. 16.

41 G. Scholem, Jugenderinnerungen, S. 30.

42 J. Fromer, Der babylonische Talmud, S. 75.

43 H.-G. Koch (Hg.), Erinnerungen an Franz Kafka, S. 15.

44 M. A. Meyer (Hg.), Deutsch-Jüdische Geschichte, Bd. III, S. 168.

45 M. Brod, Franz Kafka, S. 18.

46 Vgl. auch H. Binder (Hg.), Kafka-Handbuch, Bd. I, S. 187.

47 M. Brod, Franz Kafka, S. 18.

48 M. Foucault, Überwachen und Strafen, S. 239ff.

49 H. Binder (Hg.), Kafka-Handbuch, Bd. I, S. 311.

50 M. Brod, Beinahe ein Vorzugsschüler, S. 90ff.

51 F. Nietzsche, Kritische Studienausgabe, Bd. II, S. 221.

52 F. Nietzsche, Kritische Studienausgabe, Bd. I, S. 166.

53 F. Nietzsche, Kritische Studienausgabe, Bd. I, S. 166.

54 K. Wagenbach, Biographie, S. 35ff.

55 K. Wagenbach, Biographie, S. 41.

56 W. Wundt, Grundzüge der physiologischen Psychologie (wichtig hier zumal der 4. Abschnitt zur Assoziationspsychologie).

57 W. Wundt, Grundzüge der physiologischen Psychologie, S. 863.

58 G. A. Lindner u. F. Lukas, Lehrbuch der empirischen Psychologie, S. 4.

59 G. A. Lindner u. F. Lukas, Lehrbuch der empirischen Psychologie, S. 5. Auf Lindners Werk und dessen Bezug zu Fechner verweist erstmals H. Binder (Hg.), Kafka-Handbuch, Bd. I, S. 207f.

60 G. A. Lindner u. F. Lukas, Lehrbuch der empirischen Psychologie, bes. S. 6.

61 H.-G. Koch (Hg.), Erinnerungen an Franz Kafka, S. 34.

62 H.-G. Koch (Hg.), Erinnerungen an Franz Kafka, S. 35f.

63 H.-G. Koch (Hg.), Erinnerungen an Franz Kafka, S. 35.

64 H. Binder (Hg.), Kafka-Handbuch, Bd. I, S. 205.

65 K. Wagenbach, Biographie, S. 56f., 201, H. Binder (Hg.), Kafka-Handbuch, Bd. I, S. 201.

66 Vgl. M. Nekula, Kafkas Sprachen, S. 139ff.

67 H.-G. Koch (Hg.), Erinnerungen an Franz Kafka, S. 18.

68 H.-G. Koch (Hg.), Erinnerungen an Franz Kafka, S. 30.

69 M. Brod, Franz Kafka, S. 19.

70 Sander Gilman hat in solchen Urteilen eine auf das Leibliche bezogene Spielart des jüdischen Selbsthasses erblickt; S. Gilman, Franz Kafka, the Jewish Patient, S. 7ff., 62ff.

71 H.-G. Koch (Hg.), Erinnerungen an Franz Kafka, S. 33.

72 R. M. Rilke, Werke, Bd. III, S. 435–440.

73 H.-G. Koch (Hg.), Erinnerungen an Franz Kafka, S. 31.

74 M. Brod, Streitbares Leben, S. 69.

75 F. Nietzsche, Kritische Studienausgabe, Bd. I, S. 249.
76 Th. Mann, Die Erzählungen, Bd. I, S. 207.
77 M. Brod, Franz Kafka, S. 62.
78 M. Brod, Franz Kafka, S. 63.
79 M. Brod, Franz Kafka, S. 64.
80 Vgl. dazu Brods Schlüsselroman *Zauberreich der Liebe* (1928), S. 95f. (Kafka wird in der Figur Gartas porträtiert; vgl. M. Brod, Franz Kafka, S. 69).
81 H.-G. Koch (Hg.), Erinnerungen an Franz Kafka, S. 43.
82 H.-G. Koch (Hg.), Erinnerungen an Franz Kafka, S. 43.
83 Das verraten auch Utitz' spärliche Reminiszenzen: H.-G. Koch (Hg.), Erinnerungen an Franz Kafka, S. 39ff.
84 H.-G. Koch (Hg.), Erinnerungen an Franz Kafka, S. 61f.
85 H.-G. Koch (Hg.), Erinnerungen an Franz Kafka, S. 32, 34.
86 Auf dem Klassenphoto von 1898 fehlt Steuer noch; vgl. die Abb. auf S. 89.
87 K. Wagenbach, Biographie, S. 242.
88 H. Binder (Hg.), Kafka-Handbuch, Bd. I, S. 286.
89 M. Foucault, In Verteidigung der Gesellschaft, S. 297.
90 K. Marx, Das Kapital, Bd. I, S. 392f. (Anm. 89).
91 Mündliche Mitteilung Hugo Bergmanns gegenüber Klaus Wagenbach; vgl. K. W., Biographie, S. 61, 203.
92 M. Brod, Streitbares Leben, S. 323.
93 E. Haeckel, Die Welträthsel, S. VII.
94 E. Haeckel, Die Welträthsel, S. 299.
95 E. Haeckel, Die Welträthsel, S. 335f.
96 H.-G. Koch (Hg.), Erinnerungen an Franz Kafka, S. 20.
97 Vgl. P. Bridgwater, Kafka and Nietzsche, S. 10f.
98 F. Nietzsche, Kritische Studienausgabe, Bd. VI, S. 218.
99 M. A. Meyer (Hg.), Deutsch-Jüdische Geschichte, Bd. III, S. 268ff.
100 H.-G. Koch (Hg.), Erinnerungen an Franz Kafka, S. 14.
101 F. Nietzsche, Kritische Studienausgabe, Bd. II, S. 307.
102 Vgl. R. Robertson, Kafka, S. 189f.
103 H.-G. Koch (Hg.), Erinnerungen an Franz Kafka, S. 17.

Drittes Kapitel. **Studium und Lebensfreundschaften (1901–1906)**

1 K. Wagenbach, Biographie, S. 39.
2 H. Binder (Hg.), Kafka-Handbuch, Bd. I, S. 202.
3 Nachlaß Hélène Zylberberg, Deutsches Literaturarchiv, Marbach a. N.
4 Diesen Passus bezieht auch schon H. Binder (Hg.), Kafka-Handbuch, Bd. I, S. 255 auf die Nordseefahrt.
5 B. u. H. Heintel, Franz Kafka: 1901 allein auf Norderney und Helgoland, S. 20ff.
6 Vgl. Kafkas eigene Angaben im Einstellungsfragebogen der *Assicurazioni Generali*: K. Wagenbach (Hg.), Manuskripte, Erstdrucke, Dokumente, Photographien, S. 50.
7 In Norderney schreibt Siegfried Löwy bereits «stud. chem.» ins Gästebuch; vgl. B. u. H. Heintel, Franz Kafka: 1901 allein auf Norderney und Helgoland, S. 20ff.
8 H.-G. Koch (Hg.), Erinnerungen an Franz Kafka, S. 18.
9 Ch. Stölzl, Kafkas böses Böhmen, S. 79.
10 M. A. Meyer (Hg.), Deutsch-Jüdische Geschichte, Bd. III, S. 168.
11 M. Buber, Briefwechsel aus sieben Jahrzehnten, Bd. I, S. 269.

12 H. Binder (Hg.), Kafka-Handbuch, Bd. I, S. 74f.
13 A. Sauer, Literaturgeschichte und Volkskunde, S. 21.
14 M. Brod, Streitbares Leben, S. 68.
15 M. Brod, Franz Kafka, S. 48.
16 H. Binder, Wo Kafka und seine Freunde zu Gast waren, S. 120.
17 M. Brod, Streitbares Leben, S. 221.
18 K. Wagenbach, Biographie, S. 243.
19 A. Sauer, Literaturgeschichte und Volkskunde, S. 15f., 20f.
20 H.-G. Koch (Hg.), Erinnerungen an Franz Kafka, S. 18.
21 Dazu H. Binder (Hg.), Kafka-Handbuch, Bd. I, S. 271f.
22 Vgl. H. Binder (Hg.), Kafka-Handbuch, Bd. I, S. 291.
23 K. Wagenbach, Biographie, S. 244.
24 M. Brod, Streitbares Leben, S. 230.
25 M. Brod, Streitbares Leben, 230, Vgl. H. Binder (Hg.), Kafka-Handbuch, Bd. I,
    S. 122f.
26 Vgl. K. Wagenbach, Biographie, S. 221f. (Anm. 471).
27 N. Luhmann, Gesellschaftsstruktur und Semantik, Bd. I, S. 8.
28 H. Binder, Wo Kafka und seine Freunde zu Gast waren, S. 197.
29 H. Binder (Hg.), Kafka-Handbuch, Bd. I, S. 293.
30 M. Brod, Streitbares Leben, S. 242.
31 O. Kraus, Franz Brentano, S. 19.
32 F. v. Brentano, Deskriptive Psychologie, S. 129.
33 F. v. Brentano, Deskriptive Psychologie, S. 132ff.
34 Vgl. O. Kraus, Franz Brentano, S. 153ff.
35 A. Marty, Gesammelte Schriften, 1. Bd., 1. Abt., S. 71–93.
36 G. Th. Fechner, Zend-Avesta oder über die Dinge des Himmels und des Jenseits.
    Vom Standpunkt der Naturbetrachtung. 3 Bde., Leipzig 1851.
37 M. Blanchot, Von Kafka zu Kafka, S. 55.
38 M. Brod, Arnold Beer, S. 21.
39 M. Brod, Franz Kafka, S. 49f.
40 E. Bloch, Das Prinzip Hoffnung. Bd. I, S. 424; M. Brod, Franz Kafka, S. 50 (Brods
    Erinnerung an das ‹Literaturgespräch› bezieht sich jedoch, da der hier zitierte
    Hofmannsthal-Text erst 1904 erschienen war, auf eine Unterhaltung des über-
    nächsten Jahres).
41 M. Brod, Streitbares Leben, S. 63.
42 M. Brod, Der Prager Kreis, S. 25ff.
43 H. v. Hofmannsthal, Gesammelte Werke. Erzählungen, erfundene Gespräche,
    S. 497.
44 M. Brod, Franz Kafka, S. 59.
45 M. Brod, Streitbares Leben, S. 258f.
46 M. Brod, Schloß Nornepygge, S. 104. Zu Brods Debütroman P. Sprengel, Ge-
    schichte der deutschsprachigen Literatur 1900–1918, S. 290ff.
47 Vgl. P. Raabe in: Weltfreunde, hg. v. E. Goldstücker, S. 253–269, bes. S. 260ff.
48 H.-G. Koch (Hg.), Erinnerungen an Franz Kafka, S. 67.
49 H.-G. Koch (Hg.), Erinnerungen an Franz Kafka, S. 67.
50 M. Brod, Franz Kafka, S. 73.
51 K. Wagenbach, Biographie, S. 52, 108.
52 M. Brod u. F. Weltsch, Anschauung und Begriff, S. 4ff.
53 M. Brod u. F. Weltsch, Anschauung und Begriff, S. 247.

54 H.-G. Koch (Hg.), Erinnerungen an Franz Kafka, S. 71.
55 W. Haas, Die literarische Welt, S. 20.
56 M. Brod, Die Stadt der Mittellosen (1906), in: ders., Weiberwirtschaft, S. 219f.
57 P. Leppin, Severins Gang in die Finsternis, S. 19.
58 H.-G. Koch (Hg.), Erinnerungen an Franz Kafka, S. 60ff.
59 A. Marty, Gesammelte Schriften, 1. Bd., 1. Abt., S. 169–187, hier S. 176.
60 M. Foucault, Sexualität und Wahrheit I, S. 82ff.
61 Abzulehnen hier G. Mecke, Franz Kafkas offenbares Geheimnis, bes. S. 7ff. (mit
    der haltlosen, gänzlich spekulativ hergeleiteten These einer verdeckten Homose-
    xualität).
62 Vgl. H.-G. Koch (Hg.), Erinnerungen an Franz Kafka, S. 63.
63 K. Wagenbach, Drei Sanatorien Kafkas, S. 80ff.
64 Zu Kafkas Prüfungsdilemma H. Binder (Hg.), Kafka-Handbuch, S. 296.
65 Vgl. F. Kleinwächter, Die rechts- und staatswissenschaftlichen Facultäten in Oe-
    sterreich.
66 Vgl. die Quelle bei H. Binder (Hg.), Kafka-Handbuch, S. 298.
67 Abdruck in: K. Wagenbach, Biographie, S. 133.

Viertes Kapitel. **Frühe Prosa (1900–1911)**
1 H.-G. Koch, Erinnerungen an Franz Kafka, S. 18.
2 K. Kraus, Schriften, Bd. XI, S. 13ff.
3 P. Leppin, Glocken, die im Dunkeln rufen, S. 38; M. Brod, Die Insel Carina, in:
   M. B., Notwehr, S. 16–42, hier S. 22f.
4 E. E. Kisch, Gesammelte Werke in Einzelbänden, Bd. II/1, S. 47.
5 Dazu M. Nekula in: K.-H. Ehlers (Hg.), Brücken nach Prag, S. 253ff.
6 Erstmals bei K. Wagenbach, Biographie, S. 83ff.; vgl. zur Kritik H. Binder, Kafka
   in neuer Sicht, S. 20ff.; Ch. Stölzl in: H. Binder (Hg.), Kafka-Handbuch, S. 85ff.,
   G. Kurz in: G. Kurz (Hg.), Der junge Kafka, S. 11ff., J. Mühlberger, Geschichte
   der deutschen Literatur in Böhmen, S. 173ff.
7 F. Werfel, Der Weltfreund, S. 100.
8 M. Brod, Tagebuch in Versen, S. 50.
9 F. Nietzsche, Kritische Studienausgabe, Bd. IV, S. 48; vgl. P.-A. Alt, Doppelte
   Schrift, S. 455f.
10 W. Riedel, «Homo Natura», S. 4f.
11 Th. Nipperdey, Deutsche Geschichte 1866–1918, Bd. I, S. 832.
12 M. Brod, Jüdinnen, S. 328.
13 M. Brod, Franz Kafka, S. 59.
14 Der Kunstwart, 17. Jg. (1904), Zweites Augustheft, S. 414ff.; Erstes Septemberheft,
    S. 453ff.
15 K. Wagenbach, Biographie, S. 103ff.
16 Vgl. P. Cersowsky, ‹Die Geschichte vom schamhaften Langen›, S. 21.
17 M. Brod, Streitbares Leben, S. 245.
18 Der Kunstwart, 17. Jg. (1904), Erstes Aprilheft, S. 15ff.
19 Vgl. schon G. Kurz in: G. Kurz (Hg.), Der junge Kafka, S. 69f.
20 J. Born, Kafkas Bibliothek, S. 42.
21 Dazu K. Wagenbach, Biographie, S. 132.
22 Vgl. hier N. Luhmann, Die Kunst der Gesellschaft, S. 26.
23 F. Nietzsche, Kritische Studienausgabe, Bd. III, S. 552.
24 A. Schopenhauer, Werke, Bd. X, S. 605.

25 H. v. Hofmannsthal, Gedichte. Dramen I, S. 374, 372. Vgl. P. Sprengel, Geschichte
    der deutschsprachigen Literatur 1900–1918, S. 297.
26 Th. Mann, Erzählungen, Bd. I, S. 265; M. Brod, Über Franz Kafka, S. 295.
27 Vgl. H. D. Zimmermann, Der babylonische Dolmetscher, S. 19f.
28 M. Brod, Über Franz Kafka, S. 294.
29 R. M. Rilke, Die Aufzeichnungen des Malte Laurids Brigge, S. 10.
30 J. Born, Kafkas Bibliothek, S. 69f.
31 S. George, Werke, Bd. I, S. 138; vgl. K. Wagenbach, Biographie, S. 219, Br I, S. 409.
32 S. George, Werke, Bd. I, S. 122.
33 M. Brod, Über Franz Kafka, S. 344.
34 Vgl. zur Datierung T I, S. 213.
35 Vgl. M. Brod, Franz Kafka, S. 58; ferner H.-G. Koch (Hg.), Erinnerungen an
    Franz Kafka, S. 78.
36 J. Born, Kafkas Bibliothek, S. 105.
37 Irrig hier W. Menninghaus, Ekel, S. 412, der hinter dem Namen «Kleist» einen
    Mediziner vermutet, der Kafka Einläufe verabreicht habe.
38 Vgl. BK I, S. 468, Anm. 2.
39 Vgl. W. H. Sokel, Franz Kafka, S. 33ff.
40 Zur Textgenese vgl. die Arbeiten von L. Dietz, Datierung u. J. Ryan, Die zwei
    Fassungen, ferner, J. Schillemeit in: G. Kurz (Hg.), Der junge Kafka, S. 104ff. u.
    KKAN I, App.-Bd., S. 43ff.
41 HKAB, S. 80ff.
42 C. Einstein, Bebuquin, S. 7f.; vgl. G. Kurz, Traum-Schrecken, S. 31, P. Sprengel,
    Geschichte der deutschsprachigen Literatur 1900–1918, S. 407ff.
43 C. Einstein, Bebuquin, S. 10.
44 Ch. Baumgarth, Geschichte des Futurismus, S. 168.
45 Vgl. J. Ryan, Die zwei Fassungen, S. 557ff.
46 Vgl. H. Binder, Kafka in neuer Sicht, S. 68ff.
47 A. Döblin, Erzählungen aus fünf Jahrzehnten, S. 22ff.
48 E. Jünger, Sämtliche Werke, Bd. 14, S. 36.
49 Vgl. W. H. Sokel, Franz Kafka, S. 36ff.
50 G. Kurz, Traum-Schrecken, S. 30.
51 Th. W. Adorno, Prismen, S. 281.
52 C. Einstein, Bebuquin, S. 5.
53 H. v. Hofmannsthal, Gedichte. Dramen I, S. 373.
54 M. Foucault, Die Ordnung der Dinge, S. 369.
55 F. Nietzsche, Kritische Studienausgabe, Bd. I, S. 878.
56 S. George, Werke, Bd. I, S. 137.
57 W. Benjamin, Gesammelte Schriften, Bd. II, S. 152f.
58 G. Scholem, Tagebücher 1913–1917, S. 466.
59 So auch R. Robertson, Die Erneuerung des Judentums, S. 184 (gegen Scholem
    und Grözinger).
60 Vgl. J. Hörisch, Ende der Vorstellung, S. 65.
61 F. v. Brentano, Deskriptive Psychologie, S. 58.
62 Novalis, Werke, Bd. II, S. 438.
63 Vgl. KKAN I, App.-Bd., S. 53.
64 HKAB, Gegen zwölf Uhr […], S. 3ff.
65 F. Nietzsche, Kritische Studienausgabe, Bd. I, S. 884f.
66 H.-G. Koch (Hg.), Erinnerungen an Franz Kafka, S. 77.

67 H.-G. Koch (Hg.), Erinnerungen an Franz Kafka, S. 77.
68 Ch. Bernheimer in: G. Kurz (Hg.), Der junge Kafka, S. 172.
69 Vgl. dazu J. Kobs, Kafka, S. 210f.
70 So generell F. Beißner, Der Erzähler Franz Kafka, S. 37ff.; kritisch zu Beißner u. a. W. Müller-Seidel, Die Deportation des Menschen, S. 91ff.; vgl. J. Vogl, Ort der Gewalt, S. 75ff.
71 S. Kracauer, Theorie des Films, S. 58.
72 A. Döblin, Schriften zur Ästhetik, Poetik und Literatur, S. 121.
73 Vgl. G. Guntermann, Das Fremdwerden der Dinge, S. 19f.
74 R. Musil, Tagebücher, Bd. I, S. 11.
75 M. Brod, Zur Aesthetik I, in: Die Gegenwart, Bd. 69, Nr. 7, S. 102–104.
76 Dazu H. Binder, Kafka in neuer Sicht, S. 35ff., P. v. Matt, … fertig ist das Angesicht, S. 20ff., G. Guntermann, Das Fremdwerden der Dinge, S. 44ff., G. Neumann, «Eine höhere Art der Betrachtung», S. 33ff.
77 G. Guntermann, Das Fremdwerden der Dinge, S. 56.
78 Vgl. P. Pfaff, Die Erfindung des Prozesses, in: F. Schirrmacher (Hg.), Verteidigung der Schrift, S. 26ff.
79 Vgl. dazu G. Guntermann, Das Fremdwerden der Dinge, S. 193ff.
80 Vgl. H. v. Hofmannsthal, Gedichte. Dramen I, S. 20, 28, 311.
81 J. Urzidil, Da geht Kafka, S. 10.
82 Anschauliche, aber notwendig hypothetische Darstellung der ‹Kometennacht› bei R. Stach, Kafka, S. 3ff.
83 S. Vietta (Hg.), Lyrik des Expressionismus, S. 93.

Fünftes Kapitel. **Erste Berufszeit (1906–1912)**

1 M. Brod, Über Franz Kafka, 343.
2 M. Brod, Die Insel Carina (1907), jetzt in: M. B., Notwehr, S. 16–42.
3 Vgl. KKAN I, App. 84
4 A. Northey, Kafkas Mischpoche, S. 33.
5 Abdruck in: K. Wagenbach, Biographie, S. 225.
6 M. Brod, Franz Kafka, S. 79f.
7 Gehaltsangaben, interne Statistiken, ärztliche Gutachten, und dienstliche Expertisen über Kafka finden sich in der Edition der *Amtlichen Schriften* der Kritischen Ausgabe (= KKAA) nur auf CD-ROM, so daß bei entsprechenden Nachweisen im Interesse besserer Zugänglichkeit auf die ältere Ausgabe von 1984 (= AS) zurückgegriffen wird.
8 Vgl. KKAA 24f.
9 Ch. Stölzl, Kafkas böses Böhmen, S. 78.
10 H.-U. Wehler, Deutsche Gesellschaftsgeschichte 1849–1918, S. 908.
11 K. Marx, Das Kapital, Bd. I, S. 673.
12 Dazu K. Hermsdorf, Arbeit und Amt als Erfahrung und Gestaltung, in: Franz Kafka, Amtliche Schriften, S. 15.
13 Zu Datierung und Verfasserfrage (womöglich war Kafka nur Ko-Autor des mit «P. O.» unterzeichneten Artikels) vgl. KKAA 842f.
14 K. Hermsdorf, Arbeit und Amt als Erfahrung und Gestaltung, in: Franz Kafka, Amtliche Schriften, S. 15f.
15 Vgl. die Behandlung der Einreihungsrekurse, die in KKAA 517ff. dokumentiert ist.
16 Vgl. K. Hermsdorf, Franz Kafka und die Arbeiter-Unfall-Versicherungs-Anstalt, in: H.-G. Koch u. K. Wagenbach (Hg.), Kafkas Fabriken, S. 41–78, hier S. 42f.

17 Die gesamte Anstalt beschäftigte zu diesem Zeitpunkt knapp 260 Beamte (KKAA 26).

18 Amtliche Mitteilungen des k. k.-Ministeriums des Innern, betreffend die Unfall-versicherung und die Krankenversicherung der Arbeiter 21 (1908), Nr. 4, S. 109. Zit. nach B. Wagner, Poseidons Gehilfe, in: H.-G. Koch u. K. Wagenbach (Hg.), Kafkas Fabriken, S. 109–130, hier S. 120f.

19 Vgl. K. Hermsdorf, Arbeit und Amt als Erfahrung und Gestaltung, in: Franz Kaf-ka, Amtliche Schriften, S. 44.

20 M. Brod, Franz Kafka, S. 60; vgl. den Grundriß der Wohnung bei H. Binder, Kaf-kas *Verwandlung*, S. 118, 122.

21 H.-G. Koch (Hg.), Erinnerungen an Franz Kafka, S. 56.

22 W. Haas, Die literarische Welt, S. 19ff.; vgl. H. Binder, Wo Kafka und seine Freun-de zu Gast waren, S. 84ff.

23 M. Brod, Franz Kafka, S. 122.

24 M. Brod, Franz Kafka, S. 122.

25 Vgl. K. Wagenbach, Franz Kafka, S. 80.

26 H. Binder (Hg.), Kafka-Handbuch, Bd. I, S. 337; vgl. H. Binder, Wo Kafka und seine Freunde zu Gast waren, S. 84.

27 S. Zweig, Die Welt von Gestern, S. 104.

28 W. Benjamin, Gesammelte Schriften, Bd. I, S. 668.

29 R. Musil, Gesammelte Werke, Bd. I, S. 23.

30 Zit. nach J. Mühlberger, Geschichte der deutschen Literatur in Böhmen, S. 224.

31 E. E. Kisch, Gesammelte Werke in Einzelausgaben, Bd. II/1, S. 74ff.

32 P. Leppin, Das Gespenst der Judenstadt (1914/15), in: D. Sudhoff u. M. Schardt (Hg.), Prager deutsche Erzählungen, S. 137–143, hier S. 137.

33 O. Baum, Die Tür ins Unmögliche, S. 134.

34 R. v. Krafft-Ebing, Psychopathia sexualis, S. 198f.; dazu auch N. Largier, Lob der Peitsche, bes. S. 361ff.

35 Vgl. hier W. Menninghaus, Ekel, S. 335ff.; ferner J. Vogl, Ort der Gewalt, S. 35f.

36 S. Freud, Das Ich und das Es, Gesammelte Werke, Bd. XIII, bes. S. 268ff.

37 A. Kaes (Hg.), Kino-Debatte, S. 5.

38 M. Brod, Schönheit häßlicher Bilder, S. 135ff.

39 H. Binder, Wo Kafka und seine Freunde zu Gast waren, S. 103.

40 M. Brod, Franz Kafka, S. 121.

41 Vgl. H. Binder, Wo Kafka und seine Freunde zu Gast waren, S. 100f.

42 G. Simmel, Gesamtausgabe, Bd. 7, S. 128f.

43 W. Benjamin, Gesammelte Schriften, Bd. I, S. 530.

44 K. Kraus, Schriften, Bd. III, S. 177.

45 H. Binder, Wo Kafka und seine Freunde zu Gast waren, S. 223.

46 H. Binder, Wo Kafka und seine Freunde zu Gast waren, S. 179.

47 M. Brod, Über die Schönheit häßlicher Bilder, S. 144.

48 Vgl. W. Haas, Die literarische Welt, S. 20ff.

49 Vgl. H. Binder, Motiv und Gestaltung, S. 17ff.

50 Zur Wirkungsgeschichte K. Krolop in: Weltfreunde, hg. v. E. Goldstücker, S. 47–96, S. 59f.

51 K. Edschmid, Expressionismus in der Dichtung, in: Die neue Rundschau 29 (1918), S. 372.

52 Max Brod, Streitbares Leben, S. 13.

53 Franz Werfel, Der Weltfreund, S. 97.

54 M. Brod, Streitbares Leben, S. 179.
55 G. Kurz in: G. Kurz (Hg.), Der junge Kafka, S. 12.
56 H.-G. Koch (Hg.), Erinnerungen an Franz Kafka, S. 78f.
57 Th. W. Adorno, Minima Moralia, S. 325 (Nr. 151).
58 H. Kurzke, Thomas Mann, S. 339.
59 M. Brod, Über die Schönheit häßlicher Bilder, S. 145ff.
60 H.-G. Koch (Hg.), Erinnerungen an Franz Kafka, S. 78f.
61 Zu Kubin und Kafkas *Schloß* P. Cersowsky, Phantastische Literatur im ersten Viertel des 20. Jahrhunderts, S. 237ff.
62 M. Brod, Streitbares Leben, S. 109.
63 J. Born (Hg.), Kritik und Rezeption zu seinen Lebzeiten, S. 19f.
64 J. Born (Hg.), Kritik und Rezeption zu seinen Lebzeiten, S. 94.
65 Vgl. zur Verarbeitung im Tagebuch H. Binder, Kafka in neuer Sicht, S. 38f.
66 H.-G. Koch (Hg.), Erinnerungen an Franz Kafka, S. 68.

Sechstes Kapitel. Auf Spurensuche (1908–1912)

1   M. Brod, Franz Kafka, S. 106f.
2   H. Binder, *Der Jäger Gracchus*, bes. S. 416ff.
3   M. Brod, Franz Kafka, S. 107.
4   P. Demetz, Die Flugschau von Brescia, S. 70ff.
5   M. Brod, Arnold Beer, S. 66.
6   P. Demetz, Die Flugschau von Brescia, S. 86.
7   Ch. Baudelaire, Die Blumen des Bösen / Les Fleurs du mal, S. 182f.
8   Dazu BK I, S. 37ff., H. Binder, Kafka in Paris, S. 11ff.
9   L. Börne, Briefe aus Paris, S. 23.
10 Zu Brods Reise BK I, S. 27ff.; H. Binder, Kafka in Paris, S. 101.
11 M. Brod, Franz Kafka, S. 113f.
12 J. Born, Kafkas Bibliothek, S. 76ff.
13 S. Freud, Die Traumdeutung, Gesammelte Werke, Bd. II/III, S. 271f.
14 M. Brod, Franz Kafka, S. 125.
15 M. Brod, Streitbares Leben, S. 57; vgl. die Ausgabe: Jules Laforgue, Pierrot, der Spaßvogel, Berlin, Stuttgart, Leipzig 1909.
16 Th. Mann, Die Erzählungen, Bd. I, S. 390.
17 Vgl. dazu H. Binder, Kafka in Paris, S. 127.
18 K. Stierle, Der Mythos von Paris, S. 14; W. Benjamin, Gesammelte Schriften, Bd. I, S. 509ff.
19 Die Blumen des Bösen / Les Fleurs du mal, S. 22; vgl. W. Benjamin, Gesammelte Schriften, Bd. I, S. 638f.
20 Minuziöse Rekonstruktion bei H. Binder, Kafka in Paris, S. 127ff.
21 G. Flaubert, Lehrjahre des Gefühls, S. 478.
22 H. Binder, Kafka und Napoleon, S. 38ff.
23 W. Benjamin, Gesammelte Schriften, Bd. I, S. 675.
24 Gesprächserinnerung von M. Brod, Franz Kafka, S. 80.
25 M. Brod, Stefan Rott, S. 7, 240.
26 M. Brod, Franz Kafka, S. 53.
27 E. E. Kisch, Gesammelte Werke in Einzelausgaben, Bd. II/1, S. 384
28 Vgl. die Spiegelungen dieser Fahrten in M. Brod, Stefan Rott, S. 284f.
29 M. Brod, Franz Kafka, S. 106.
30 M. Brod, Der Weg des Verliebten, S. 59.

31   M. Brod, Franz Kafka, S. 80.
32   Vgl. R. Hermes (Hg.), Franz Kafka, S. 66.
33   Allzu vereinfachend hier M. Brod, Franz Kafka, S. 73.
34   M. Brod, Streitbares Leben, S. 273; S. Gilman, Franz Kafka, the Jewish Patient, S. 12f.
35   Das übersieht R. Stach, Kafka, S. 298ff., 470ff.
36   Vgl. W. Menninghaus, Ekel, S. 410ff.
37   Vgl. die Photographie bei K. Wagenbach, Franz Kafka, Bilder aus seinem Leben, S. 91.
38   Dazu R. Jütte, Ist das zum Essen oder zum Einreiben?, S. 49.
39   R. Jütte, Ist das zum Essen oder zum Einreiben?, S. 49.
40   R. Steiner, Gesamtausgabe, Bd. 34, S. 309ff.
41   R. Steiner, Anthroposophie, S. 211.
42   R. Steiner, Anthroposophie, S. 92.
43   R. Steiner, Anthroposophie, S. 94.
44   M. Brod, Über die Schönheit häßlicher Bilder, S. 145ff.
45   H. Zischler, Kafka geht ins Kino, S. 11.
46   A. Jason, Der Film in Ziffern und Zahlen, S. 21f.
47   H. H. Hiebel u. a., Große Medienchronik, S. 353.
48   H. Zischler, Kafka geht ins Kino, S. 17, 21.
49   H. H. Hiebel u. a., Große Medienchronik, S. 350.
50   A. Kaes (Hg.), Kino-Debatte, S. 139.
51   M. Jesenská, Alles ist Leben, S. 17.
52   E. Jünger, Der Arbeiter, Sämtliche Werke, Bd. II/8, S. 138.
53   Vgl. W. Jahn, Kafka und die Anfänge des Kinos, S. 354; P. Sprengel, Geschichte der deutschsprachigen Literatur 1900–1918, S. 33.
54   H. H. Hiebel u. a., Große Medienchronik, S. 350.
55   Vgl. A. Kaes (Hg.), Kino-Debatte, S. 37ff., 59ff., 156ff.
56   H. Bergson, L'évolution créatrice, S. 308.
57   H. Bergson, L'évolution créatrice, S. 305.
58   M. Brod u. F. Weltsch, Anschauung und Begriff, S. 142f.
59   Vgl. die Abbildung bei H. Zischler, Kafka geht ins Kino, S. 13.
60   H. Zischler, Kafka geht ins Kino, S. 15.
61   S. Kracauer, Theorie des Films, S. 58.
62   M. Brod, Über die Schönheit häßlicher Bilder, S. 68.
63   M. Brod, Über die Schönheit häßlicher Bilder, S. 68f.
64   A. Kaes (Hg.), Weimarer Republik, S. 384.
65   Vgl. H. Zischler, Kafka geht ins Kino, S. 137f.
66   W. Benjamin, Gesammelte Schriften, Bd. IV, S. 239.
67   M. Brod, Über die Schönheit häßlicher Bilder, S. 59.
68   S. H. Bergman, Tagebücher und Briefe I, S. 9.
69   K. Wagenbach, Biographie, S. 162ff.; skeptisch gegenüber der These von Kafkas Nähe zum Anarchismus H. Binder (Hg.), Kafka-Handbuch, Bd. I, S. 361ff.
70   M. Brod, Stefan Rott, S. 349.
71   M. Brod, Stefan Rott, S. 354.
72   H.-G. Koch (Hg.), Erinnerungen an Franz Kafka, S. 81ff.
73   Ch. Stölzl, Kafkas böses Böhmen, S. 85f.
74   Vgl. H. Binder (Hg.), Kafka-Handbuch, Bd. I, S. 370ff.
75   M. Brenner, Jüdische Kultur, S. 31, M. Meyer (Hg.), Deutsch-Jüdische Geschichte, Bd. III, S. 256f.

76 M. A. Meyer (Hg.), Deutsch-Jüdische Geschichte, Bd. III, S. 146.
77 W. Iggers (Hg.), Die Juden in Böhmen und Mähren, S. 238.
78 M. A. Meyer (Hg.), Deutsch-Jüdische Geschichte, Bd. III, S. 193.
79 M. Brod, Sozialismus im Zionismus, S. 8.
80 M. A. Meyer (Hg.), Deutsch-Jüdische Geschichte, Bd. III, S. 289f.
81 Vgl. D. Sudhoff in: H. Binder (Hg.), Franz Kafka und die Prager deutsche Literatur, S. 110.
82 W. Rathenau, Schriften, S. 89.
83 W. Rathenau, Schriften, S. 92.
84 G. Scholem, Tagebücher 1913–1917, S. 457.
85 M. Brod, Streitbares Leben, S. 91.
86 Die Fackel Nr. 239–240 (31.12.1907), S. 1–11, hier S. 8.
87 K. Kraus, Frühe Schriften, Bd. II, S. 305.
88 K. Kraus, Frühe Schriften, Bd. II, S. 306.
89 O. Weininger, Geschlecht und Charakter, S. 411, 436.
90 W. Benjamin, Gesammelte Schriften, Bd. IV, S. 121.
91 H.-G. Koch (Hg.), Erinnerungen an Kafka, S. 10; vgl. auch H. Binder, Franz Kafka und die Wochenschrift ‹Selbstwehr›, S. 284ff.
92 Veröffentlicht im Band: Drei Reden über das Judentum (1911); das Referat Der Sinn des Judentums trug in der Druckfassung den Titel Das Judentum und die Juden, die übrigen Titel blieben unverändert; die drei Texte jetzt in: M. Buber, Der Jude und sein Judentum.
93 R. Robertson, Die Erneuerung des Judentums, S. 176.
94 Vgl. M. A. Meyer (Hg.): Deutsch-Jüdische Geschichte, Bd. III, S. 348.
95 M. Buber, Der Jude und sein Judentum, S. 14.
96 M. Buber, Der Jude und sein Judentum, S. 22f.; vgl. zu Bubers Rede G. Baioni, Kafka, S. 24ff.
97 M. Buber, Der Jude und sein Judentum, S. 34ff.
98 M. Brod, Sozialismus im Zionismus, S. 108.
99 G. Scholem, Tagebücher 1913–1917, S. 213.
100 Vgl. detailliert R. Stach, Kafka, S. 46ff.
101 M. A. Meyer (Hg.), Deutsch-Jüdische Geschichte, Bd. III, S. 170
102 Th. Herzl, Der Judenstaat, S. 75.
103 Vgl. P. Sprengel, Scheunenviertel-Theater, S. 19f.
104 Als Autor der Sejdernacht bezeichnet das Tagebuch fälschlich «Feimann» (d. i. Sigmund Feinmann); im Prager Tagblatt wird das Stück irrigerweise «Gordon» (d. i. Jakob Gordin) zugeschrieben (T I 296).
105 Grundlegend N. Sandrow, Vagabond Stars, S. 45ff., P. Sprengel, Scheunenviertel-Theater, S. 19ff., O. Best, Mameloschen, S. 13ff. (zum Jargon).
106 Zur Schriftform N. Sandrow, Vagabond Stars, S. 419f.
107 Vgl. R. Robertson, Kafka, S. 26f.; vgl. E. Schultze, Das jiddische Theater, in: Die neue Rundschau 27 (1916), S. 940ff.
108 J. Fromer, Der babylonische Talmud, S. 9.
109 Vgl. A. Eliasberg, Sagen polnischer Juden, S. 20.
110 M. A. Meyer (Hg.), Deutsch-Jüdische Geschichte, Bd. III, S. 348; vgl. C. Magris, Weit von wo, S. 23f.
111 J. Wassermann, Deutscher und Jude, S. 31.
112 Vgl. H. Binder (Hg.), Kafka-Handbuch, Bd. I, S. 390.
113 Dazu P. Sprengel, Scheunenviertel-Theater, S. 22.

114 E. Schultze, Das jiddische Theater, in: Die neue Rundschau 27 (1916), S. 946f.
115 M. Brenner, Jüdische Kultur, S. 37f.
116 M. I. Pinès, Histoire de la littérature judéo-allemande, S. 20ff.
117 Vgl. G. Baioni, Kafka, S. 50ff., G. Neumann, «Eine höhere Art der Betrachtung»,
     S. 54ff.
118 KKAN I, Apparat-Bd, S. 97ff.
119 Vgl. M. Neklula, Kafkas Sprachen, S. 216f.

Siebentes Kapitel. **Die Kunst der Betrachtung (1908–1913)**

1   M. Brod, Franz Kafka, S. 66, J. Unseld, Franz Kafka, S. 17.
2   L. Dietz, Veröffentlichungen zu seinen Lebzeiten, S. 25ff.
3   Vgl. H. Binder, Kafka-Kommentar zu sämtlichen Erzählungen, S. 92.
4   Zu den frühen Rezensionen P. Raabe in: J. Born (u. a.) (Hg.), Kafka-Symposium,
    S. 7–20.
5   KKAT, App.-Bd., S. 169; vgl. das Faksimile in HKAQ 1, S. 56.
6   C. Sternheim, Gesamtwerk, Bd. VI, S. 206ff.
7   Daß nicht Brod hinter der Kamera stand, wie R. Stach, Kafka, S. 616 (Anm. 16)
    nahelegt, ist evident, wenn man die schlechte Qualität des Photos betrachtet.
    Brod war ein höchst professioneller Photograph (was gerade das Weimarer Rei-
    sejournal dokumentiert; R 205); über die Aufnahme heißt es bei Kafka: «Max
    zeigt dem Mann, wie es gemacht wird.» (R 87).
8   F. Schiller, Nationalausgabe, Bd. 20, S. 69f.
9   Nietzsche, Kritische Studienausgabe, Bd. II, S. 167ff.
10 Zum folgenden K. Wolff, Autoren, Bücher, Abenteuer, S. 103ff.
11 K. Wolff, Autoren, Bücher, Abenteuer, S. 13.
12 Vgl. J. Unseld, Franz Kafka, S. 58f.
13 K. Wolff, Autoren, Bücher, Abenteuer, S. 103ff.
14 Vgl. J. Unseld, Franz Kafka, S. 76ff.
15 Vgl. J. Unseld, Franz Kafka, S. 99.
16 Zit. L. Dietz, Veröffentlichungen zu seinen Lebzeiten, S. 122.
17 K. Wolff, Autoren, Bücher, Abenteuer, S. 68f.
18 K. Wolff, Autoren, Bücher, Abenteuer, S. 68f.
19 L. Dietz, Veröffentlichungen zu seinen Lebzeiten, S. 48.
20 Zur inneren Dramaturgie des Bandes knapp R. Stach, Kafka, S. 98.
21 H.-G. Koch (Hg.), Erinnerungen an Franz Kafka, S. 105.
22 K. Wolff, Briefwechsel, S. 41.
23 K. Wolff, Autoren, Bücher, Abenteuer. S. 74.
24 J. Born (Hg.), Kritik und Rezeption zu seinen Lebzeiten, S. 17ff.
25 Th. W. Adorno, Kierkegaard, S. 87ff.
26 F. Nietzsche, Kritische Studienausgabe, Bd. II, S. 16.
27 W. Benjamin, Gesammelte Schriften, Bd. V, S. 962.
28 J. Born (Hg.), Kritik und Rezeption zu seinen Lebzeiten, S. 33.
29 E. Bloch, Spuren, S. 11.
30 S. Kierkegaard, Entweder-Oder. Erster Teil. Bd. 2, S. 350f.
31 S. Kierkegaard, Stadien, S. 69ff.
32 R. Walser, Jakob von Gunten, S. 37f.
33 M. Brod, Die erste Stunde nach dem Tode, S. 24ff.
34 Zum Gespenstertopos P. Cersowsky, Phantastische Literatur im ersten Viertel des
    20. Jahrhunderts, S. 154ff.

35 J. Born (Hg.), Kritik und Rezeption zu seinen Lebzeiten, S. 24.
36 M. Schneider, Über den Grund des Vergnügens an neurotischen Gegenständen, in: Mythos und Moderne, hg. v. K. H. Bohrer, S. 197.
37 Vgl. S. Gilman, Franz Kafka, the Jewish Patient, S. 22.
38 G. Deleuze u. F. Guattari, Kafka, S. 17ff., 24ff.
39 J. Born (Hg.), Kritik und Rezeption zu seinen Lebzeiten, S. 20.
40 W. Benjamin, Gesammelte Schriften, Bd. II, S. 434.
41 J. Born (Hg.), Kritik und Rezeption zu seinen Lebzeiten, S. 33.
42 W. Benjamin, Gesammelte Schriften, Bd. II, S. 416.
43 H. v. Kleist, Sämtliche Werke, Bd. II, S. 325; vgl. dazu D. Kremer, Kafka, S. 57.
44 Vgl. H. Binder, Kafka-Kommentar zu sämtlichen Erzählungen, S. 119.
45 Vgl. J. Kobs, Kafka, S. 12ff.
46 J. Born (Hg.), Kritik und Rezeption zu seinen Lebzeiten, S. 26.
47 G. W. F. Hegel, Werke, Bd. III, S. 151.
48 Th. W. Adorno, Negative Dialektik, S. 162.
49 F. Nietzsche, Kritische Studienausgabe, Bd. XII, S. 114.
50 H. Bloom, Kafka, Freud, Scholem, S. 28; vgl. G. Neumann, Umkehrung und Ablenkung, S. 716, H. H. Hiebel, Die Zeichen des Gesetzes, S. 24.
51 Th. W. Adorno, Negative Dialektik, S. 139ff.
52 Th. W. Adorno, Negative Dialektik, S. 143f.; dazu auch F. Schirrmacher, Verteidigung der Schrift, in: Verteidigung der Schrift, hg. v. F. Schirrmacher, S. 142.
53 F. Nietzsche, Kritische Studienausgabe, Bd. III, S. 627 (Nr. 374).

Achtes Kapitel. Eine Schrift-Geliebte: Felice Bauer (1912–1913)

1 Vgl. P. v. Matt, … fertig ist das Angesicht, S. 51.
2 Vgl. N. Murray, Kafka, S. 120f.
3 Vgl. H. Binder, Wo Kafka und seine Freunde zu Gast waren, S. 50f.
4 E. Canetti, Der andere Prozeß, S. 36.
5 Vgl. zur Familiengeschichte der Bauers die instruktive Darstellung bei R. Stach, Kafka, S. 182ff.
6 Vgl. J. Derrida, Grammatologie, S. 124ff.
7 O. Wilde, Complete Works, S. 215; vgl. Th. W. Adorno, Minima Moralia, S. 222 (Nr. 108).
8 Vgl. G. Baioni, Kafka, S. 59ff.
9 Dazu S. Schwarz, ‹Verbannung› als Lebensform, S. 127ff.
10 Vgl. K. H. Bohrer, Der romantische Brief, S. 16f.; ähnlich schon G. Deleuze, F. Guattari, Kafka, S. 41ff.
11 N. Luhmann, Liebe als Passion, S. 132ff.
12 Vgl. M. Schneider, Liebe und Betrug, S. 24ff.
13 W. Benjamin, Gesammelte Schriften, Bd. V, S. 1050ff.
14 J. Derrida, Die Schrift und die Differenz, S. 308ff.
15 G. Deleuze u. F. Guattari, Kafka, S. 42; vgl. D. Kremer, Kafka, S. 15f.
16 Information von Waltraud John (Redaktion Kritische Kafka-Edition, Wuppertal).
17 J. Derrida, Die Schrift und die Differenz, S. 22.
18 G. Neumann in: Franz Kafka: Schriftverkehr, hg. v. W. Kittler u. G. Neumann, S. 164–198, hier S. 180f.
19 S. Kracauer, Schriften I, S. 228.
20 Dazu erstmals F. A. Kittler, Aufschreibesysteme, S. 458ff.; vgl. auch R. Stach, Kafka, S. 316ff.

21 Th. Mann, Der Zauberberg, S. 356.
22 A. Weber, Der Beamte, S. 1325; vgl. Th. Nipperdey, Deutsche Geschichte 1866–1918, Bd. I, S. 374.
23 Zur Übertragung dieser Photoserie auf Magnetband, die einen Sekundenfilm entstehen ließ, R. Stach, Kafka, S. 292.
24 U. Nienhaus, Büro- und Verwaltungstechnik, S. 553, H. Jüttemann, Phonographen und Grammophone, S. 26ff.
25 H. Jüttemann, Phonographen und Grammophone, S. 95.
26 Vgl. B. Siegert, Relais, S. 250ff.
27 J. Derrida, Die Stimme und das Phänomen, S. 137.
28 M. Horkheimer u. Th. W. Adorno, Dialektik der Aufklärung, S. 189.
29 Th. Mann, Der Zauberberg, S. 674.
30 M. Brod, Tagebuch in Versen, S. 19.
31 W. Benjamin, Gesammelte Schriften, Bd. IV, S. 242.
32 Vgl. hier G. Neumann in: Schriftverkehr, hg. v. W. Kittler u. G. Neumann, S. 164–198, bes. S. 167ff.
33 Dazu bereits H. Binder, Kafkas literarische Urteile, S. 211ff.
34 H.-G. Koch (Hg.), Erinnerungen an Franz Kafka, S. 45.
35 H. Zischler, Kafka geht ins Kino, S. 116ff.
36 J. Born (Hg.), Kritik und Rezeption zu seinen Lebzeiten, S. 29.
37 M. Brod, Streitbares Leben, S. 50.
38 Vgl. R. Stach, Kafka, S. 395ff.
39 K. Hermsdorf, Franz Kafka und die Arbeiter-Unfall-Versicherungs-Anstalt, in: H.-G. Koch u. K. Wagenbach (Hg.), Kafkas Fabriken S. 41–78, hier S. 64.
40 H. Zischler, Kafka geht ins Kino, S. 131ff.
41 H. Binder, Der Jäger Gracchus, S. 386.
42 A. Northey, Kafka in Riva, S. 65.
43 O. v. Fisenne, Franz Kafkas Reise, S. 5f.
44 W. A. Schocken, Wer war Grete Bloch?, S. 83–97, hier S. 93f.
45 M. A. Meyer (Hg.), Deutsch-Jüdische Geschichte, Bd. III, S. 144f.
46 E. Canetti, Der andere Prozeß, S. 57f.
47 Vgl. N. Glatzer, Frauen, S. 53f.
48 W. A. Schocken, Wer war Grete Bloch?, S. 94ff.; vgl. M. Brod, Franz Kafka, S. 256.
49 M. Brod, Franz Kafka, S. 255f. («Ich besuchte damals das Grab des Mannes, der mir so unendlich viel bedeutete, 1924 starb, seine Meisterschaft wird heute noch gepriesen. – Er war der Vater meines Jungen, der nahezu sieben Jahre alt plötzlich in München starb.»); vgl. zu G. Bloch auch R. Stach, Kafka, S. 430ff.
50 Auch Grete Bloch starb, wie zahllose der Kafka nahestehenden Menschen, als Opfer des Nationalsozialsmus: sie wurde im Mai 1944 von Soldaten der deutschen Wehrmacht in einer Pension in Florenz, wo sie sich gemeinsam mit jüdischen Gästen aufhielt, erschlagen (W. A. Schocken, Wer war Grete Bloch?, S. 97).
51 Vgl. die vom 20. Dezember 1915 stammende Widmung in Weiß' Exemplar der Verwandlung (Abb. in: H. Binder, Kafkas Verwandlung, S. 169).
52 E. Weiß, Die Galeere (1913), bes. S. 96ff., vgl. G. Benn, Gesammelte Werke, Bd. V, S. 1185ff.

Neuntes Kapitel. Literarische Nachtarbeit (1912–1913)

1　M. Brod u. F. Weltsch, Anschauung und Begriff, S. 52f., 69f., 153f.
2　H. Binder (Hg.), Kafka-Handbuch, Bd. I, S. 410f., G. Kurz, Traum-Schrecken, S. 39ff.
3　Neue Rundschau 21 (1910), S. 1652–1660.
4　Die Aktion Nr. 14, S. 384–387; Nr. 20, S. 506–507; Nr. 26, S. 632–634; Nr. 47, S. 1091–1095; Nr. 49, S. 1141–1143; Nr. 49, S. 1180–1181.
5　Th. Anz: «Jemand mußte Otto G. verleumdet haben ... «, S. 184ff., W. Müller-Seidel, Die Deportation des Menschen, S. 65ff.
6　F. Nietzsche, Kritische Studienausgabe, Bd. V, S. 38.
7　K. Edschmid, Expressionismus in der Dichtung, Die neue Rundschau 29 (1918), S. 366.
8　M. Foucault, Sexualität und Wahrheit I, S. 85ff.
9　Vgl. Th. Anz in: Kafkas *Urteil* und die Literaturtheorie, hg. v. O. Jahrhaus u. S. Neuhaus, S. 126–151.
10　F. Werfel, Die Dramen. Erster Band, S. 319–383.
11　S. Freud, Der Mann Moses, Gesammelte Werke, Bd. XVI, S. 193ff.; vgl. Bd. IX, S. 172ff.
12　Vgl. H. Bloom, The Western Canon, S. 61.
13　M. Foucault, Sexualität und Wahrheit I, S. 125ff.
14　S. Freud, J. Breuer, Studien über Hysterie, Gesammelte Werke, Bd. I, S. 180f.
15　H. Bloom, The Western Canon, S. 448.
16　Zum folgenden auch H.-G. Koch, Nachwort zu: Franz Kafka. Träume, S. 93f., P.-A. Alt, Der Schlaf der Vernunft, S. 351ff.
17　Vgl. ähnlich auch Br I 204, Br II 55, 330, T III 216. Dazu G. Guntermann, Vom Fremdwerden der Dinge beim Schreiben, S. 76.
18　Vgl. K. Wagenbach, Biographie, S. 125.
19　Vgl. M. Engel, Literarische Träume und traumhaftes Schreiben bei Franz Kafka, S. 235.
20　Vgl. G. Stemberger, Der Talmud, S. 229ff.
21　S. Freud, Der Dichter und das Phantasieren, Gesammelte Werke, Bd. VII, S. 213–223, S. 217.
22　Das Zwitterwesen aus Katze und Lamm, von dem der Text berichtet, ist hier noch ein windhundartiger Esel mit Menschenfüßen (T I 160f.).
23　W. Wundt, Grundzüge der physiologischen Psychologie, S. 647f.; vgl. auch G. A. Lindner, F. Lukas, Lehrbuch der empirischen Psychologie, S. 72ff.
24　M. Brod u. F. Weltsch, Anschauung und Begriff, S. 45ff.
25　M. Brod u. F. Weltsch, Anschauung und Begriff, S. 70.
26　M. Brod u. F. Weltsch, Anschauung und Begriff, S. 52f.
27　P.-A. Alt, Doppelte Schrift, Unterbrechung und Grenze, bes. S. 457ff.
28　Erste Beschreibungsansätze bei F. Martini, Das Wagnis der Sprache, S. 304f.; grundlegend D. Kremer, Kafka, S. 118ff.
29　M. Brod, Franz Kafka, S. 79.
30　So auch G. Neumann, *Das Urteil*, S. 185.
31　Vgl. Ch. Schärf, Franz Kafka, S. 15, 104f.
32　Das übersieht K. H. Bohrer, Ästhetische Negativität, S. 252ff.
33　G. Scholem, Zur Kabbala und ihrer Symbolik, S. 64.
34　K. E. Grözinger, Kafka und die Kabbala, S. 160f.
35　Th. W. Adorno, Ästhetische Theorie, S. 292.

36 J. Derrida, Die Schrift und die Differenz, S. 24ff.
37 J. Derrida, Die Schrift und die Differenz, S. 23.
38 J. Roth, Juden auf Wanderschaft (1927), Werke, Bd. III, S. 315.
39 Vgl. schon H. Hillmann, Dichtungstheorie, S. 9ff., 22ff.
40 G. Neumann, Das Urteil, S. 75.
41 Vgl. dazu das Bildmaterial bei H. Binder, Wo Kafka und seine Freunde zu Gast waren, S. 40f.
42 Daß es sich um eine Karte mit einem Bild Felices handelte, verrät der Kommentar im Brief vom 3. Dezember 1912, in dem er sich für deren Übersendung bedankt: «Wie schön Du im Mustersaal stehst!» (Br I 296).
43 Vgl. G. Neumann, Das Urteil, S. 43, ferner O. Jahrhaus in: Kafkas Urteil und die Literaturtheorie, hg. v. O. Jahrhaus u. S. Neuhaus , S. 241–262.
44 H. H. Hiebel, Die Zeichen des Gesetzes, S. 217.
45 J. Lacan, Schriften I, S. 65.
46 Th. W. Adorno, Prismen, S. 252.
47 J. P. Eckermann, Gespräche mit Goethe, S. 208.
48 H. Binder, Kafka in neuer Sicht, S. 240ff.
49 W. Benjamin, Gesammelte Schriften, Bd. II, S. 1229.
50 Vgl. E. Beck, Kafka and the Yiddish Theater, S. 79f., R. Robertson, Kafka, S. 52ff., K. E. Grözinger, Kafka und die Kabbala, S. 145f.
51 G. W. F. Hegel, Werke, Bd. III, S. 151.
52 R. Walser, Jakob von Gunten, S. 17.
53 Vgl. F. Nietzsche, Kritische Studienausgabe, Bd. XIII, S. 257ff.
54 Vgl. H. H. Hiebel, Die Zeichen des Gesetzes, S. 123.
55 S. Freud, Totem und Tabu, Gesammelte Werke, Bd. IX, S. 173.
56 O. Pick, Die Probe, Prager deutsche Erzählungen, S. 256.
57 S. Freud, Die Traumdeutung, Gesammelte Werke, Bd. II/III, S. 405.
58 M. Brod, Franz Kafka, S. 134.
59 Th. Mann, Die Erzählungen, Bd. I, S. 78.
60 Vgl. H. H. Hiebel, Die Zeichen des Gesetzes, S. 120f.; wenig sinnvoll dagegen die Spekulationen bei P. v. Matt, Verkommene Söhne, mißratene Töchter, S. 273ff. (deutet den Schluß als offenes Spiel, aus dem Georg auch lebend auferstehen könnte).
61 Vgl. S. Freud, Totem und Tabu, Gesammelte Werke, Bd. IX, S. 173ff.
62 G. Neumann, Das Urteil, S. 146, J. Vogl, Ort der Gewalt, S. 81ff.
63 Erstmals dazu M. Walser, Beschreibung einer Form, S. 49f.
64 H. Politzer, Kafka, der Künstler, S. 98.
65 R. J. Sorge, Der Bettler, Werke, Bd. II, S. 55 (II,6).
66 F. Werfel, Erzählungen aus zwei Welten. Erster Band, S. 163–284.
67 L. Dietz, Veröffentlichungen zu seinen Lebzeiten, S. 47f.
68 F. Dostojevskij, Der Doppelgänger, S. 76.
69 Minuziös zur Textgenese jetzt H. Binder, Kafkas Verwandlung, S. 29ff.; vgl. auch R. Stach, Kafka, S. 210ff.
70 L. Dietz, Veröffentlichungen zu seinen Lebzeiten, S. 66; H. Binder, Kafkas Verwandlung, S. 139ff.
71 F. Beißner, Der Erzähler, S. 17ff.
72 F. Nietzsche, Kritische Studienausgabe, Bd. II, S. 306 (Nr. 471).
73 Vgl. H. H. Hiebel, Die Zeichen des Gesetzes, S. 95.
74 S. Freud, Der Familienroman der Neurotiker, Gesammelte Werke, Bd. VII, S. 227ff.

75 M. Foucault, Sexualität und Wahrheit I, S. 72f.; ders., Überwachen und Strafen, S. 230ff.

76 J. W. Goethe, Sämtliche Werke, Bd. XIII, S. 415.

77 S. Kierkegaard, Über den Begriff der Ironie, S. 289f.

78 Th. W. Adorno, Minima Moralia, S. 299.

79 K. Kraus, Schriften, Bd. III, S. 13.

80 L. Sacher-Masoch, Venus im Pelz, S. 85, 91. Erster Hinweis bei K. Weinberg, Kafkas Dichtungen, S. 248 (sonst spekulativ und unzulänglich). Skeptisch dazu H. Binder, Kafkas *Verwandlung*, S. 130ff.

81 F. Nietzsche, Kritische Studienausgabe, Bd. III, S. 626 (Nr. 374).

82 Vgl. W. H. Sokel, Franz Kafka, S. 110.

83 Th. W. Adorno, Prismen, S. 258.

84 S. Freud, Vorlesungen zur Einführung in die Psychoanalyse, Gesammelte Werke, Bd. XI, S. 347.

85 W. Menninghaus, Ekel, S. 345ff.

86 Th. W. Adorno, Prismen, S. 281.

87 F. W. J. Schelling, Ausgewählte Schriften, Bd. II, S. 521ff.; G. W. F. Hegel, Werke, Bd. III, S. 534ff.

88 L. Winder, Turnlehrer Pravda, in: Prager deutsche Erzählungen, S. 324.

89 J. Urzidil, Da geht Kafka, S. 65f.

90 Vgl. R. Stach, Kafka, S. 24f.

91 K. Marx, Das Kapital, Bd. I, S. 446.

92 G. Roskoff, Geschichte des Teufels, Bd. I, S. 29.

93 Vgl. dazu D. Kremer, Kafka, S. 130ff.

94 P.-A. Alt, Doppelte Schrift, Unterbrechung und Grenze, S. 457ff.; vgl. auch G. Bachelard, L'espace littéraire, S. 69ff., R. Stach, Kafka, S. 368ff.

95 J. W. Goethe, Dichtung und Wahrheit, Sämtliche Werke, Bd. X, S. 568f.

Zehntes Kapitel. **Der Verschollene (1912–1914)**

1 H. Binder, Kafka-Kommentar zu den Romanen, S. 60; J. Schillemeit in KKAV, App.-Bd., S. 66f.

2 M. Brod, Franz Kafka, S. 133.

3 Dazu genauer J. Schillemeit in KKAV, App.-Bd., S. 58ff.

4 K. Wolff, Briefwechsel, S. 30f.

5 J. Born (Hg.), Kritik und Rezeption zu seinen Lebzeiten, S. 50.

6 G. Scholem, Zur Kabbala und ihrer Symbolik, S. 158; W. Benjamin, Gesammelte Schriften, Bd. I, S. 701.

7 Ramses bezeichnet vermutlich den Ort des ägyptischen Exils, der Entfernung vom Gelobten Land – als das sich Amerika für zahlreiche Einwanderer gerade nicht erwies.

8 L. S. Mercier, Tableau de Paris, Bd. I, S. 2f; vgl. K. Stierle, Der Mythos von Paris, S. 105ff.

9 G. Simmel, Gesamtausgabe, Bd. VI, S. 714.

10 G. Simmel, Gesamtausgabe, Bd. VI, S. 708.

11 K. Marx, Das Kapital, Bd. III, S. 340; dazu J. Vogl, Ort der Gewalt, S. 112f.

12 O. Spengler, Der Untergang des Abendlands, S. 673, S. 684ff.

13 R. Musil, Gesammelte Werke, Bd. I, S. 10.

14 KKAV, App.-Bd., S. 123.

15 B. Plachta in: M. Müller (Hg.), Franz Kafka. Romane und Erzählungen, S. 84; vgl.
    Th. Anz, Literatur der Existenz, S. 75ff.
16 K. Marx, Das Kapital, Bd. I, S. 85ff.
17 A. Weber, Der Beamte, S. 1325.
18 Zuerst W. Jahn, Kafkas Roman *Der Verschollene*, S. 144ff.; vgl. K. Fingerhut, Erlebtes und Erlesenes, S. 337.
19 W. Rathenau, Schriften, S. 144.
20 A. Holitscher, Amerika, S. 382, F. Nietzsche, Kritische Studienausgabe, Bd. III,
    S. 556.
21 A. Holitscher, Pacific und Mißissippi I, in: Neue Rundschau 23 (1912), S. 954–
    970, S. 957.
22 Vgl. H. Binder, Kafka-Kommentar zu den Romanen, S. 70.
23 A. Holitscher, Westlich von der Freiheits-Statue, in: Neue Rundschau 23 (1912),
    S. 1221–1245, S. 1224.
24 H. Zischler, Kafka geht ins Kino, S. 71ff., 47ff.
25 H. Zischler, Kafka geht ins Kino, S. 72f.
26 BK I, S. 212f.; M. Brod, Über die Schönheit häßlicher Bilder, S. 69.
27 B. Brecht, Tagebücher 1920–1922, S. 16.
28 A. Kaes (Hg.), Kino-Debatte, S. 49.
29 Ch. Baumgarth, Geschichte des Futurismus, S. 169.
30 Abbildung des Plakats: H. Zischler, Kafka geht ins Kino, S. 87.
31 W. Jahn, Kafka und die Anfänge des Kinos, S. 364ff.; vgl. B. Plachta in: M. Müller
    (Hg.), Franz Kafka. Romane und Erzählungen, S. 87f.
32 H. v. Hofmannsthal, Gesammelte Werke. Reden und Aufsätze II, S. 141.
33 A. Holitscher, Reise durch den Staat Neu York, in: Neue Rundschau 22 (1911),
    S. 1570–1590, S. 1588; grundlegend H. Binder, Der Schaffensprozeß, S. 101ff.
34 J. Roth, Hotel Savoy (1924), Werke, Bd. I, S. 138; vgl. C. Magris, Weit von wo, S. 52.
35 Th. W. Adorno – W. Benjamin, Briefwechsel, S. 90.
36 J. Roth, Juden auf Wanderschaft (1927), Werke, Bd. III, S. 346.
37 Dazu und zum folgenden die instruktive Recherche von A. Northey, Kafkas
    Mischpoche, S. 48f.
38 Vgl. A. Northey, Kafkas Mischpoche, S. 47.
39 G. W. F. Hegel, Werke, Bd. XIV, S. 220.
40 Vgl. J. Kobs, Kafka, S. 191f.
41 G. Lukács, Die Theorie des Romans, S. 78.
42 So auch B. Plachta in: M. Müller (Hg.), Franz Kafka. Romane und Erzählungen,
    S. 85.
43 W. Emrich, Franz Kafka, S. 246ff.
44 Novalis, Werke, Bd. II, S. 14.
45 F. Nietzsche, Kritische Studienausgabe, Bd. V, S. 386.
46 F. Nietzsche, Kritische Studienausgabe, Bd. I, S. 436; vgl. H. R. Vaget, Der Dilettant, S. 150ff.
47 F. Blei, Der Dandy, S. 1076–1088.
48 W. Frick, Kafkas New York, S. 288f.
49 S. Kracauer, Schriften I, S. 136, 131.
50 Vgl. W. H. Sokel, Franz Kafka, S. 349.
51 M. Weber, Gesammelte Aufsätze zur Religionssoziologie, S. 171. Zumindest
    Grundzüge von Webers Schrift *Die protestantische Ethik und der Geist des Kapitalismus* (1905) dürften Kafka durch die Zeitschriftenrezeption und Diskussionen

vertraut gewesen sein; zu Franklin H. Binder, Kafka-Kommentar zu den Romanen, S. 444f., K. Wagenbach, Biographie, S. 255.

52 G. Simmel, Gesamtausgabe, Bd. VI, S. 708; vgl. W. H. Sokel, Zwischen Drohung und Errettung, S. 252; zu Hamsun, dessen große Romane Kafka bereits vor 1911 gelesen hatte (J. Born, Kafkas Bibliothek, S. 39), W. Jahn, Kafkas Roman *Der Verschollene*, S. 144.

53 Vgl. G. Neumann, *Das Urteil*, S. 171, ders., ‹Blinde Parabel› oder Bildungsroman?, S. 407f.

54 G. Simmel, Gesamtausgabe, Bd. VI, S. 514.

55 G. Simmel, Gesamtausgabe, Bd. VI, S. 439.

56 K. Marx, Das Kapital, Bd. I, S. 801.

57 Vgl. W. H. Sokel, Franz Kafka, S. 362f.

58 G. W. F. Hegel, Werke, Bd. VII, S. 458.

59 Dazu W. Menninghaus, Ekel, S. 388ff.

60 G. W. F. Hegel, Werke, Bd. XIV, S. 219.

61 A. Schopenhauer, Werke, Bd. VI, S. 680.

62 Zur Vorlage W. Jahn, Kafkas Roman *Der Verschollene*, S. 125, H. Binder, Kafka-Kommentar zu den Romanen, S. 115.

63 Zu Therese D. Kremer in: Schriftverkehr, hg. v. W. Kittler u. G. Neumann, S. 238–253, hier S. 245; C. Liebrand, Die verschollene (Geschlechter-) Differenz, S. 146.

64 Vgl. B. Wagner, Poseidons Gehilfe, in: H.-G. Koch, K. Wagenbach, Klaus (Hg.), Kafkas Fabriken, S. 109–130, hier S. 120f.

65 Dazu erstmals C. Liebrand, Die verschollene (Geschlechter-) Differenz, S. 152ff.

66 A. Schopenhauer, Werke, Bd. IV, S. 627f.

67 Vgl. W. Menninghaus, Ekel, S. 382f.

68 M. Foucault, Sexualität und Wahrheit I, S. 104ff.

69 S. Kracauer, Schriften I, S. 265.

70 W. Menninghaus, Ekel, S. 389f.; C. Liebrand, Die verschollene (Geschlechter-) Differenz, S. 148f.

71 Th. W. Adorno, Prismen, S. 258f.

72 F. Nietzsche, Kritische Studienausgabe, Bd. V, S. 38f.

73 S. Kierkegaard, Über den Begriff der Ironie, S. 288. Vgl. zur Affinität zwischen Kafkas und Kierkegaards Ironieverständnis W. Lange, Kafkas Kierkegaard-Lektüre, S. 303.

74 F. Nietzsche, Kritische Studienausgabe, Bd. I, S. 302.

75 M. Brod, Franz Kafka, S. 92.

76 S. Kierkegaard, Über den Begriff der Ironie, S. 249ff.

77 R. Walser, Jakob von Gunten, S. 18f.

78 S. Kierkegaard, Über den Begriff der Ironie, S. 289. Vgl. H. Kraft, Mondheimat Kafka, S. 14f.

79 Th. Mann, Aufsätze, Reden, Essays, Bd. II, S. 743ff.

80 S. Kierkegaard, Über den Begriff der Ironie, S. 261; vgl. H. D. Zimmermann, Der babylonische Dolmetscher, S. 221f.

81 G. W. F. Hegel, Werke, Bd. XIII, S. 94.

82 S. Kierkegaard, Über den Begriff der Ironie, S. 255ff.

83 W. Benjamin, Gesammelte Schriften, Bd. II,2, S. 422; ebenso W. Emrich, Franz Kafka, S. 247.

84 A. Holitscher, Amerika, S. 367.

85 E. Bloch, Das Prinzip Hoffnung, Bd. II, S. 555.
86 Vgl. auch die ausführlichen Beschreibungen der *Metro* in Max Brods Reisetage-
    buch aus Anlaß des gemeinsamen Parisaufenthalts im September 1911; R 184ff.
87 Vgl. H.-G. Koch, Nachwort zu: Franz Kafka. Träume, S. 98.
88 R. Walser, Das Gesamtwerk, Bd. VI, S. 8.
89 Vgl. S. Kracauer, Schriften I, S. 219.
90 Th. Anz, Kafka, der Krieg und das größte Theater der Welt, S. 252f.
91 Vgl. G. Neumann, *Das Urteil*, S. 41.
92 So auch R. Nicolai, Kafkas Amerika-Roman, S. 230ff. u. R. Stach, Kafka, S. 277ff.
93 Vgl. W. Jahn in: H. Binder (Hg.), Kafka-Handbuch, Bd. II, S. 410f.
94 M. Brod, Über Franz Kafka, S. 323 (soziale und religiöse Erlösung), W. Emrich,
    Franz Kafka, S. 254f. (Seelentherapie), W. H. Sokel, Franz Kafka, S. 367f. (Utopie),
    G. Kurz, Traum-Schrecken, S. 158 (Todesmotiv).
95 Vgl. G. Kurz, Traum-Schrecken, S. 19.
96 Anders noch W. Emrich, Franz Kafka, S. 75ff. (positive, auf Individuelles zusteu-
    ernde Utopie).
97 W. Benjamin, Gesammelte Schriften, Bd. I, S. 336ff., P. de Man, Allegorien des Le-
    sens, S. 31ff.
98 F. Nietzsche, Kritische Studienausgabe, Bd. III, S. 480f.
99 W. Benjamin, Gesammelte Schriften, Bd. I, S. 681.
100 Unergiebig wäre die Anwendung eines traditionellen Allegoriebegriffs, wie ihn
    F. Martini, Das Wagnis der Sprache, S. 321f. diskutiert.
101 Th. W. Adorno, Prismen, S. 282; vgl. W. Benjamin, Gesammelte Schriften, Bd. II,
    S. 418.
102 E. Bloch, Das Prinzip Hoffnung, Bd. II, S. 555.
103 Anders W. H. Sokel, Franz Kafka, S. 368 u. H. Hillmann, Kafkas *Amerika*, S. 145;
    kritisch schon W. Jahn, Kafkas Roman *Der Verschollene*, S. 92f., 97f., ferner R. Ro-
    bertson, Kafka, S. 82ff.

Elftes Kapitel. **Der Proceß (1914–1915)**

1   M. Buber in: Merkur 11 (1957), S. 726.
2   M. Buber, Briefwechsel aus sieben Jahrzehnten, Bd. I, S. 409.
3   Die Zeitangabe läßt sich daraus ableiten, daß Kafka offenbar zur Mittagszeit wie-
    der in sein Hotel zurückkehrt (T III 26).
4   In einem Brief vom Frühjahr 1916 schreibt er über die Trennung von Weiß, sie
    seien unter Umständen auseinander gegangen, die «bis in Kleinigkeiten der alten
    Szene im Askanischen Hof geglichen haben.» (F 652) Dabei handelt es sich je-
    doch um eine Analogie, nicht um ein Indiz der damaligen Anwesenheit von
    Weiß (für diesen Hinweis danke ich Hans-Gerd Koch).
5   Vgl. R. Stach, Kafka, S. 502.
6   Diese Schreiben hat Felice Bauer dem Schocken-Verlag vorenthalten. Wie be-
    reits ausgeführt, fehlten sie im von ihr 1955 verkauften Brief-Konvolut.
7   M. Brod, Streitbares Leben, S. 129.
8   M. A. Meyer (Hg.), Deutsch-Jüdische Geschichte, Bd. III, S. 359.
9   Vgl. R. Stach, Kafka, S. 456ff.
10 Eine definitive Rekonstruktion der Abfolge ist nicht möglich; vgl. HKAP, Franz
    Kafka-Hefte 1, S. 7f., KKAP, App.-Bd., S. 111 (Pasley neigt jedoch, ohne triftige
    Argumente, zur Annahme, das Eröffnungskapitel sei auch zuerst entstanden).
11 H. v. Kleist, Sämtliche Werke und Briefe, Bd. II, S. 683.

12 G. Bataille, Die Literatur und das Böse, S. 159.
13 HKAP, Kap. 1, S. 2.
14 Vgl. K. Fingerhut in: H. D. Zimmermann (Hg.), Nach erneuter Lektüre, S. 38f.
15 A. Schopenhauer, Werke, Bd. IX, S. 328.
16 Th. Anz, «Jemand mußte Otto G. verleumdet haben ...», S. 184–191.
17 Die Aktion. 3. Jg. (1913), Nr. 47, S. 1091.
18 A. Eliasberg, Sagen polnischer Juden, S. 35f., 39.
19 K. E. Grözinger in: K. E. Grözinger u. a. (Hg.), Kafka und das Judentum, S. 93ff.;
   ders., Kafka und die Kabbala, bes. S. 25ff.
20 Th. W. Adorno, Ästhetische Theorie, S. 291.
21 F. Nietzsche, Kritische Studienausgabe, Bd. II, S. 13.
22 Vgl. N. Luhmann, Soziale Systeme, S. 60ff.
23 Vgl. schon F. Beißner, Der Erzähler Franz Kafka, S. 140.
24 S. Freud, Totem und Tabu, Gesammelte Werke, Bd. IX, S. 30f.
25 G. Meyrink, Der Golem, S. 7.
26 HKAP, S. 37.
27 Vgl. W. H. Sokel, Franz Kafka, S. 166ff.
28 Dazu G. Neumann, ‹Blinde Parabel› oder Bildungsroman?, S. 407f.
29 S. Freud, Vorlesungen zur Einführung in die Psychoanalyse, Gesammelte Werke,
   Bd. XI, S. 305.
30 M. Brod, Ein tschechisches Dienstmädchen, S. 103f.
31 Vgl. bes. J. Lacan, Schriften I, S. 105ff. Dazu H. Turk, «betrügen ... ohne Betrug»,
   S. 393, H. H. Hiebel, Die Zeichen des Gesetzes, S. 13f.
32 M. Buber in: Merkur 11 (1957), S. 729.
33 G. Deleuze u. F. Guattari, Kafka, S. 60ff.
34 Ch. Schärf, Franz Kafka, S. 113f.
35 G. W. F. Hegel, Werke, Bd. VII, S. 375 (§ 222).
36 J. Paul, Selina (1824/25), Sämtliche Werke, Bd. I,6, S. 1182.
37 S. Freud, Vorlesungen zur Einführung in die Psychoanalyse, Gesammelte Werke,
   Bd. XI, S. 305f.
38 S. Kracauer, Schriften I, S. 275.
39 F. v. Brentano, Deskriptive Psychologie, S. 23.
40 H. Groß, Handbuch für Untersuchungsrichter, S. 18.
41 Th. W. Adorno, Minima Moralia, S. 300.
42 F. Nietzsche, Kritische Studienausgabe, Bd. II, S. 306.
43 Vgl. W. Menninghaus, Ekel, S. 397.
44 M. Schneider, Liebe und Betrug, S. 57.
45 F. Nietzsche, Kritische Studienausgabe, Bd. I, S. 56.
46 O. Weininger, Geschlecht und Charakter, S. 299. Typisch in diesem Zusammenhang die Männerphantasien in H. H. Ewers, Alraune, S. 130ff.
47 Dazu erstmals H. Politzer, Franz Kafka, der Künstler, S. 288ff., ferner R. Stach,
   Kafkas erotischer Mythos, S. 67ff.
48 So W. Emrich, Franz Kafka, S. 277f., H. D. Zimmermann, Der babylonische Dolmetscher, S. 123.
49 O. Weininger, Geschlecht und Charakter, S. 299.
50 Daß Kafka folglich die Thesen Weiningers dekonstruiert, zeigt – gegen Stach
   (Kafkas erotischer Mythos, S. 67) – auch C. Liebrand, Die verschollene (Ge-
   schlechter-) Differenz, S. 144.
51 Vgl. H. v. Kleist, Penthesilea, Sämtliche Werke, Bd. I, S. 425 (24, v. 2981ff.): «Küsse,

Bisse, | Das reimt sich, und wer recht von Herzen liebt, | Kann schon das eine
für das andre greifen.»

52 J. J. Bachofen, Das Mutterrecht, S. 37ff.; W. Benjamin, Gesammelte Schriften,
    Bd. II, S. 429.

53 Vgl. Th. Anz in: Y.-G. Mix (Hg.), Naturalismus, Fin de siècle, Expressionismus,
    S. 500f.

54 M. Foucault, Sexualität und Wahrheit I, S. 72f.; vgl. P. Cersowsky, Phantastische
    Literatur im ersten Viertel des 20. Jahrhunderts, S. 194ff.

55 Anders hier G. Neumann in: H. D. Zimmermann (Hg.), Nach erneuter Lektüre,
    S. 137.

56 Vgl. W. H. Sokel, Franz Kafka, S. 156f.

57 M. Foucault, Sexualität und Wahrheit I, S. 63f.

58 S. Freud, Tatbestandsdiagnostik und Psychoanalyse, Gesammelte Werke, Bd. VII,
    S. 4–15; vgl. J. Vogl, Ort der Gewalt, S. 61.

59 M. Foucault, In Verteidigung der Gesellschaft, S. 38.

60 Vgl. Ch. Lubkoll in: Franz Kafka: Schriftverkehr, hg. v. W. Kittler u. G. Neumann,
    279–294, hier S. 280.

61 F. Nietzsche, Kritische Studienausgabe, Bd. II, S. 26.

62 H. Broch, Die Schuldlosen, S. 128ff.

63 Vgl. F. Nietzsche, Kritische Studienausgabe, Bd. V, S. 38f.

64 H. H. Hiebel, Die Zeichen des Gesetzes, S. 214.

65 J. Derrida, Die Schrift und die Differenz, S. 308; dieselbe Formulierung in J. D.,
    Grammatologie, S. 120. Vgl. zum Freud-Bezug H. H. Hiebel, Die Zeichen des
    Gesetzes, S. 207.

66 J. Derrida, die Stimme und das Phänomen, S. 118.; J. Derrida, Grammatologie,
    S. 77ff.

67 J. Derrida, Grammatologie, S. 47.

68 S. Freud, Vorlesungen zur Einführung in die Psychoanalyse, Gesammelte Werke,
    Bd. XI, S. 67.

69 Vgl. B. Allemann in: H. D. Zimmermann (Hg.), Nach erneuter Lektüre, S. 112.

70 G. E. Lessing, Nathan der Weise, Werke, Bd. II, S. 275 (III,6, v.373f.).

71 G. Scholem, Zur Kabbala und ihrer Symbolik, S. 22.

72 F. Schirrmacher in: Verteidigung der Schrift, hg. v. F. Schirrmacher, S. 146f.

73 Vgl. schon I. Henel, Die Türhüterlegende, S. 66ff. – Forschungsübersicht bei
    H. Binder, Vor dem Gesetz, S. 3ff.

74 G. Kurz in: K. E. Grözinger u. a. (Hg.): Franz Kafka und das Judentum, 211ff.,
    P. Pfaff in: Verteidigung der Schrift, hg. v. F. Schirrmacher, S. 11, G. Neumann,
    Traum und Gesetz, S. 21ff.

75 F. Nietzsche, Kritische Studienausgabe, Bd. XII, S. 100.

76 J. Derrida, Préjuges / Vor dem Gesetz, bes. S. 15ff., G. Neumann, Traum und Ge-
    setz, S. 26ff.

77 Dazu erstmals H. Politzer, Franz Kafka, der Künstler, S. 258ff.

78 J. Fromer, Der babylonische Talmud, S. 64f.; vgl. M. Voigts (Hg.), Vor dem Gesetz,
    S. 182.

79 H. Bloom, Kafka, Freud, Scholem, S. 29.

80 G. Scholem, Tagebücher 1913–1917, S. 433.

81 Vgl. R. Robertson, Kafka, S. 171; vgl. K. E. Grözinger, Kafka und die Kabbala,
    S. 26ff.

82 HKAP, Kap. 9, S. 45.

83 M. Foucault, Archäologie des Wissens, S. 258f.; vgl. G. Agamben, Homo sacer, S. 60.

84 G. Scholem, Zur Kabbala und ihrer Symbolik, S. 117.

85 J. Urzidil, Da geht Kafka, S. 37.

86 G. W. F. Hegel, Werke, Bd. VII, S. 361 (§ 211).

87 G. Stemberger, Der Talmud, S. 45ff.; H. L. Strack u. G. Stemberger, Einleitung in Talmud und Midrasch, S. 185ff.

88 Vgl. K. E. Grözinger, Kafka und die Kabbala, S. 60.

89 J. Vogl, Ort der Gewalt, S. 159f.

90 M. A. Meyer (Hg.), Deutsch-Jüdische Geschichte, Bd. IV, S. 144.

91 Vgl. H. L. Strack u. G. Stemberger, Einleitung in Talmud und Midrasch, S. 42ff.

92 Vgl. K. E. Grözinger, Kafka und die Kabbala, S. 154f.

93 So U. Abraham, Mose ‹Vor dem Gesetz›, S. 639f.

94 F. Nietzsche, Kritische Studienausgabe, Bd. III, S. 102f. (Nr. 113).

95 D. Kremer, Kafka, S. 87, anders K. E. Grözinger in: M. Voigts (Hg.), *Vor dem Gesetz*, S. 132f.

96 G. Scholem, Zur Kabbala und ihrer Symbolik, S. 96f.; vgl. G. Baioni, Kafka, S. 99.

97 H. H. Hiebel, Die Zeichen des Gesetzes, S. 222.

98 Anders noch W. Emrich, Franz Kafka, S. 267.

99 M. Foucault, Überwachen und Strafen, S. 44ff.

100 F. Nietzsche, Kritische Studienausgabe, Bd. III, S. 297.

101 S. Kierkegaard, Die Wiederholung, S. 30f.

102 Vgl. M. Pasley, Die Handschrift redet, S. 22.

103 F. Nietzsche, Kritische Studienausgabe, Bd. III, S. 621.

104 F. Nietzsche, Kritische Studienausgabe, Bd. IV, S. 113.

Zwölftes Kapitel. Kriegsjahre ohne Entscheidungen (1915–1918)

1 J. Born, Kafkas Bibliothek, S. 172f.

2 J. Born, Kafkas Bibliothek, S. 47, 49.

3 J. Born, Kafkas Bibliothek, S. 31, 33.

4 R. Stach, Kafka, S. 643, Anm. 1.

5 J. Roth, Juden auf Wanderschaft (1927), Werke, Bd. III, S. 300.

6 H.-G. Koch (Hg.), Erinnerungen an Franz Kafka, S. 112ff.

7 W. Iggers (Hg.), Die Juden in Böhmen und Mähren, S. 244.

8 W. Iggers (Hg.), Die Juden in Böhmen und Mähren, S. 245.

9 Vgl. J. Čermák, Die Kafka-Rezeption in Böhmen (1913–1949), S. 127f. – Zu Langer R. Robertson, Kafka, S. 234f., K. E. Grözinger, Kafka und die Kabbala, S. 41f.

10 Kafkas Gesprächspartner Isidor Jeit(t)eles, den man bisher nicht näher identifizierte, wurde im Dezember 1941, wenige Wochen nach der Deportation, mit seiner Frau Esther (geb. Bondi) von den Nationalsozialisten im Ghetto Theresienstadt ermordet (Quelle: Dutch Jewish Genealogical Data Base, The Hebrew University of Jerusalem). Zu seiner wissenschaftlichen Arbeit vgl. I. Jeiteles, Fremdes Recht im Talmud. Jahrbuch der Jüdisch-Literarischen Gesellschaft 21 (1930), S. 109–128.

11 M. Brod, Franz Kafka, S. 163.

12 J. Roth, Juden auf Wanderschaft (1927), Werke, Bd. III, S. 309.

13 F. Werfel, Erzählungen aus zwei Welten, S. 230.

14 G. Scholem, Tagebücher 1913–1917, S. 213.

15 M. Brod, Jüdinnen, S. 229.

16 R. Robertson, Die Erneuerung des Judentums, S. 176.

17 Selbstwehr Nr. 6, 11.2.1916; vgl. G. Baioni, Kafka, S. 120.
18 G. Baioni, Kafka, S. 127.
19 Der Jude, 1.Jg. (1916/17), Hft. 7, S. 457–464, S. 463.
20 J. Born, Kafkas Bibliothek, S. 137.
21 M. Brenner, Jüdische Kultur, S. 45.
22 M. Buber, Briefwechsel, Bd. I, S. 409.
23 G. Scholem, Jugenderinnerungen, S. 65.
24 G. Baioni, Kafka, S. 161.
25 G. Scholem, Jugenderinnerungen, S. 73.
26 Vgl. J. Hašek, Die Abenteuer des braven Soldaten Schwejk, S. 463f., 611f.
27 Dazu A. Northey, Julie Wohryzek, Franz Kafkas zweite Verlobte, S. 4.
28 [S. Fischer-Verlag] Das große Jahr 1914–1915, S. 173 (Zitat aus einem Artikel von Rudolf Requadt).
29 H. Binder, Kafka und Napoleon, S. 40f.
30 Vgl. Th. Anz, Kafka, der Krieg und das größte Theater der Welt, S. 250f.
31 G. Baioni, Kafka, S. 221.
32 Th. Herzl, Briefe und Tagebücher, Bd. I, S. 512.
33 Der Jude, 1.Jg. (1916/17), Hft. 1, S. 37–43, Hft. 10, S. 643–649, Hft. 11, S. 728–736, Hft.12, S. 794–801.
34 A. D. Gordon, Arbeit, in: Der Jude, 1.Jg. (1916/17), Hft. 1 (1916), S. 37–43, S. 40.
35 Vgl. dazu J. Vogl, Ort der Gewalt, S. 196ff.
36 A. G. Gordon, Briefe aus Palästina, in: Der Jude, 1.Jg. (1916/17), Hft.11, S. 728–736, S. 730.
37 W. Kittler, Grabenkrieg – Nervenkrieg – Medienkrieg, S. 290.
38 KKAN I, Apparat-Bd., S. 185
39 Vgl. W. Emrich, Franz Kafka, S. 146ff.
40 F. Nietzsche, Kritische Studienausgabe, Bd. I, S. 308 (Nr. 8).
41 Vgl. H. Politzer, Franz Kafka, der Künstler, S. 77.
42 K. Marx, Das Kapital, Bd. I, S. 128ff.; G. Simmel, Gesamtausgabe, Bd. VI, S. 714ff.
43 So auch J. Vogl, Ort der Gewalt, S. 118.
44 Vgl. G. Kurz, Traum-Schrecken, S. 188.
45 Vgl. dagegen W. Emrich, Franz Kafka, S. 108f. (die Bälle als Zeichen des ‹Universellen›). Kritisch dazu P. Sprengel, Metaphysische Moderne, S. 277ff.
46 G. Flaubert, Bouvard und Pécuchet, S. 389.
47 H.-G. Koch (Hg.), Erinnerungen an Franz Kafka, S. 68. – Für eine textgenetische Lektüre vgl. A. Schütterle, Franz Kafkas Octavhefte, S. 89ff.
48 H.-G. Koch (Hg.), Erinnerungen an Franz Kafka, S. 69.
49 Dieser Komplex dürfte bedeutsamer sein als die Anlehnung an Schopenhauer (vgl. P. Cersowsky, Kafkas philosophisches Drama, S. 56ff.); auch J. Schillemeit (in: H. Binder [Hg.], Kafka-Handbuch, Bd. II, S. 497ff.) und R. Robertson (Kafka, S. 182f.) übersehen den politischen Sinn des Fragments.
50 E. H. Kantorowicz, Die zwei Körper des Königs, bes. S. 31ff.
51 L. Dietz, Veröffentlichungen zu seinen Lebzeiten, S. 119; Resümee bei S. Schindler in: M. Müller (Hg.), Franz Kafka. Romane und Erzählungen, S. 235.
52 Vgl. D. Kremer, Kafka, S. 29f.
53 P. Cersowsky, Phantastische Literatur, S. 226f., D. Kremer, Kafka, S. 28f.
54 Kafkas Eintrag spricht von «Arbeit», meint damit aber zweifelsfrei das literarische Schreiben (vgl. den analogen Ausdruck: «Forderung nach einem phantastischen nur für meine Arbeit berechneten Leben»; T III 73).

55 M. A. Meyer (Hg.), Deutsch-Jüdische Geschichte, Bd. III, S. 33.
56 G. Scholem, Jugenderinnerungen, S. 85.
57 So die Herausgeber in KKAA 34.
58 Vgl. P. Sloterdijk, Kritik der zynischen Vernunft, S. 791 ff.
59 Zum Umzugsprojekt der Brief an Wolff vom 27. Juli 1917 (K. Wolff, Briefwechsel, S. 43).
60 M. Brod, Franz Kafka, S. 167.
61 Zur Begegnung mit Löwy vgl. KKAN I, Apparat-Bd., S. 97 ff.
62 H.-G. Koch (Hg.), Erinnerungen an Franz Kafka, S. 106.
63 O. Groß, Die Ueberwindung der kulturellen Krise, in: Die Aktion 3. Jg. (1913) (Nr. 14) S. 386.
64 S. Freud – C. G. Jung, Briefwechsel, S. 140.

Dreizehntes Kapitel. **Krankheit und neue Fluchtwege (1917–1918)**

1 M. Foucault, Die Geburt der Klinik, S. 26ff.; vgl. auch Ph. Ariès, Geschichte des Todes, S. 717ff.
2 Th. Mann, Der Zauberberg, S. 192ff., 278ff., 433ff.
3 Th. Nipperdey, Deutsche Geschichte 1866–1918, Bd. I, S. 163.
4 Vgl. S. Gilman, Franz Kafka, the Jewish Patient, S. 170ff.
5 H. Binder, Kafka und seine Schwester Ottla, S. 425ff.
6 M. Brod, Jüdinnen, S. 69.
7 H. Binder, Kafka und seine Schwester Ottla, S. 441ff.
8 A. G. Gordon, Arbeit, in: Der Jude, 1. Jg. (1916/17), Hft. 1 (1916), S. 37–43, S. 43.
9 Th. Tagger, Das neue Geschlecht, S. 27ff., W. Benjamin, Gesammelte Schriften, Bd. II, S. 75ff.; zu Tagger auch G. Baioni, Kafka, S. 192f.
10 C. Sternheim, Gesamtwerk, Bd. VI, S. 37, Th. Tagger, Das neue Geschlecht, S. 12ff.
11 Th. Tagger, Das neue Geschlecht, S. 14.
12 H. Blüher, Die Erotik in der männlichen Gesellschaft, bes. S. 76ff.
13 Wiedergabe der Tagebuchnotiz in: M. Brod, Franz Kafka, S. 176.
14 M. Brod, Franz Kafka, S. 176.
15 A. Eliasberg, Sagen polnischer Juden, S. 125.
16 Zum folgenden W. Lange, Kafkas Kierkegaard-Lektüre, bes. S. 299ff.
17 J. Born, Kafkas Bibliothek, S. 114ff.; vgl. H. D. Zimmermann, Der babylonische Dolmetscher, S. 216ff.
18 S. Kierkegaard, Entweder-Oder. Erster Teil. Bd. 1, S. 19ff.; vgl. G. Baioni, Kafka, S. 213ff.
19 Vgl. S. Kierkegaard, Entweder-Oder. Erster Teil. Bd. 2, S. 396.
20 Vgl. H. Bloom, The Western Canon, S. 454; B. Wagner, Der Bewerber und der Prätendent, S. 274 (behauptet einen Einfluß Platons).
21 A. Schopenhauer, Werke, Bd. II/2, S. 542.
22 Vgl. dazu G. Neumann, Umkehrung und Ablenkung, S. 726.
23 F. Nietzsche, Kritische Studienausgabe, Bd. V, S. 41ff.
24 Vgl. W. Fromm, Artistisches Schreiben, S. 60.
25 S. Kierkegaard, Der Begriff Angst, S. 94.
26 P. Ricœur, Symbolik des Bösen, S. 218ff.; vgl. N. Bolz, Das Böse jenseits von Gut und Böse, S. 257.
27 Vgl. über diesen Komplex P.-A. Alt, Kleist und Kafka, S. 111ff.
28 Dazu S. Kienlechner, Negativität der Erkenntnis, S. 19ff.

29 Vgl. H. H. Hiebel, Die Zeichen des Gesetzes, S. 113.
30 H. Bloom, The Western Canon, S. 451.
31 Vgl. G. Kurz, Traum-Schrecken, S. 141ff.
32 Zum Lebenskonzept W. Riedel, «Homo Natura», S. 41ff., 151ff.
33 Gegen den Begriff ‹negative Theologie› auch W. Lange, Kafkas Kierkegaard-Lektüre, S. 303f.
34 A. Schopenhauer, Werke, Bd. IX, S. 328 (§ 156).
35 S. Kierkegaard, Der Begriff Angst, S. 27ff., S. 39f.
36 S. Kierkegaard, Der Begriff Angst, S. 116f., 161f.
37 K. E. Grözinger, Kafka und die Kabbala, S. 196ff.
38 H. v. Kleist, Sämtliche Werke und Briefe, Bd. II, S. 345.
49 Vgl. K. E. Grözinger, Kafka und die Kabbala, S. 203ff.
40 S. Kierkegaard, Furcht und Zittern, S. 74ff.
41 G. Bataille, Die Literatur und das Böse, S. 139. Zu Kafkas Gemeinschaftsauffassung in den Zürauer Aphorismen R. Robertson, Die Erneuerung des Judentums, S. 190f.
42 Die Formel ‹Einschließen der Ausschließung› nach G. Agamben, Homo sacer, S. 31f.; vgl. auch ders., Ausnahmezustand, S. 42ff.
43 Vgl. zur Terminologie des ‹nackten Lebens› G. Agamben, Homo sacer, S. 91ff.
44 Th. Tagger, Das neue Geschlecht, S. 7.
45 H.-G. Koch (Hg.), Erinnerungen an Franz Kafka, S. 70.
46 Th. Mann, Essays. Bd. III, S. 43–58.
47 Der Jude, 1. Jg. (1916/17), Hft. 7, S. 457–464.
48 Th. Mann, Essays, Bd. III, S. 57.
49 Zit. in: M. Brod, Franz Kafka, S. 179.
50 R. Hermes u. a., Kafka-Chronik, S. 153, 155 (auf der Basis unpublizierter Familienzeugnisse); vgl. A. Wagnerová, Die Familie Kafka aus Prag, S. 171.
51 Z. A. Zeman, Der Zusammenbruch des Habsburgerreiches, S. 181, V. Kašik in: R. G. Plaschka u. K. Mack (Hg.), Die Auflösung des Habsburgerreiches, S. 139–146.
52 Z. A. Zeman, Der Zusammenbruch des Habsburgerreiches, S. 231.
53 J. K. Hoensch, Geschichte Böhmens, S. 416f.
54 Z. A. Zeman, Der Zusammenbruch des Habsburgerreiches, S. 236.
55 J. K. Hoensch, Geschichte Böhmens, S. 418f.
56 J. K. Hoensch, Geschichte Böhmens, S. 421ff.; J. Galandauer in: R. G. Plaschka u. K. Mack (Hg.), Die Auflösung des Habsburgerreiches, S. 432–435; Z. A. Zeman, Der Zusammenbruch des Habsburgerreiches, S. 237ff.
57 Vgl. KKAA 91f.
58 H.-G. Koch (Hg.), Erinnerungen an Franz Kafka, S. 94.

Vierzehntes Kapitel. **Protokolle des Schreckens (1914–1919)**

1 So auch J. Unseld, Franz Kafka, S. 139; vgl. K. Wolff, Briefwechsel, S. 40ff.
2 Der Brief selbst ist verloren, sein Inhalt ergibt sich aber aus Kafkas Antwort vom 11. Oktober 1916 (K. Wolff, Briefwechsel, S. 40f. bzw. Br 150).
3 Zum Lesungsprogramm der Vormonate H. Binder in: H. Binder (Hg.), Prager Profile, S. 33.
4 A. Schütterle, Eine Lesung in München, S. 154f.
5 H. Binder in: H. Binder (Hg.), Prager Profile, S. 37f. (mit überzeugendem Beweis für Rilkes Anwesenheit).

6 H.-G. Koch (Hg.), Erinnerungen an Franz Kafka, S. 132; vgl. H. Binder in: H. Binder (Hg.), Prager Profile, S. 33ff.

7 Insgesamt erschienen drei Besprechungen: J. Born (Hg.), Kritik und Rezeption zu seinen Lebzeiten, S. 120ff.; Hinweis auf die vermeintlichen Ohnmachten und den ‹faden Blutgeruch› bei Max Pulver: H.-G. Koch (Hg.), Erinnerungen an Franz Kafka, S. 132.

8 J. Born (Hg.), Kritik und Rezeption zu seinen Lebzeiten, S. 120f.; A. Schütterle, Eine Lesung in München, S. 154.

9 G. Kölwel, Gesänge gegen den Tod, bes, S. 15ff. (Werfel-Anklänge).

10 G. Kölwel, Erhebung, bes. S. 49f. (charakteristisch für die impressionistische Naturlyrik des Bandes).

11 J. Born (Hg.), Kritik und Rezeption zu seinen Lebzeiten, S. 121.

12 Th. Tagger, Das neue Geschlecht, S. 36; zur Ankündigung vom Mai 1917 vgl. L. Dietz, Veröffentlichungen zu seinen Lebzeiten, S. 102.

13 K. Wolff, Briefwechsel, S. 49. Zur Ausstattung auch die Informationen bei L. Dietz, Veröffentlichungen zu seinen Lebzeiten, S. 102.

14 J. Unseld, Franz Kafka, S. 120f.

15 K. Wolff, Autoren, Bücher, Abenteuer, S. 70.

16 S. Freud, Das Ich und das Es, Gesammelte Werke, Bd. XIII, S. 235–289. Der Fortgang der Analyse wird zeigen, daß Kafkas Hinrichtungsmaschine den Doppelsinn von Freuds Kategorie – im Bezug auf Eros und Thanatos – bezeichnet.

17 Vgl. A. Lange-Kirchheim, Franz Kafka: In der Strafkolonie und Alfred Weber: Der Beamte, bes. S. 207ff.

18 Auf diese Lage verweist das «Teehaus» (D 193).

19 Zu diesem Mechanismus generell M. Blanchot, Von Kafka zu Kafka, S. 55ff.

20 F. Nietzsche, Kritische Gesamtausgabe, 3. Abt., Bd. II, S. 374.

21 M. Foucault, Überwachen und Strafen, S. 47.

22 S. Gilman, Franz Kafka, the Jewish Patient, S. 80ff.

23 Vgl. J. Vogl, Ort der Gewalt, S. 173.

24 G. Agamben, Homo sacer, S. 91ff.

25 Th. W. Adorno, M. Horkheimer, Dialektik der Aufklärung, S. 237.

26 K. H. Bohrer, Imaginationen des Bösen, S. 207.

27 S. Freud, Das Ich und das Es, Gesammelte Werke, Bd. XIII, S. 235–289, S. 288f.

28 J. Derrida, Die Schrift und die Differenz, S. 25.

29 Mit dieser Tendenz D. Kremer, Kafka, S. 144ff., G. Baioni, Kafka, S. 100, punktuell auch K. H. Bohrer, Imaginationen des Bösen, S. 206ff.

30 Vgl. H.-G. Koch (Hg.), Erinnerungen an Franz Kafka, S. 76.

31 Vgl. U. Schmidt, Von der ‹Peinlichkeit der Zeit›, S. 434. – Zur Absenz moralischer Kategorien bei Kafka K. H. Bohrer, Die permanente Theodizee, S. 144.

32 N. Jacques, Südsee, in: Die neue Rundschau 25 (1914), S. 959–990; S. 1112–1144. – Auf Jacques verwies bisher nur U. Schmidt, Von der ‹Peinlichkeit der Zeit›, S. 443; über Bezüge zu Mirbeau H. Binder, Kafka-Kommentar zu sämtlichen Erzählungen, S. 174ff.

33 J. Born, Kafkas Bibliothek, S. 41.

34 N. Jacques, Südsee, in: Die neue Rundschau 25 (1914), S. 978.

35 Vgl. K. H. Bohrer, Die permanente Theodizee, S. 144f.

36 M. Foucault, Überwachen und Strafen, S. 44ff.

37 F. Nietzsche, Kritische Studienausgabe, Bd. 5, S. 301.

38 Vgl. R. Robertson, Kafka, S. 206f.

39   F. Nietzsche, Kritische Studienausgabe, Bd. 5, S. 308f.
40   H. H. Hiebel, Die Zeichen des Gesetzes, S. 138.
41   Datierung KKAN II, App-Bd., S. 79.
42   K. Wolff, Briefwechsel, S. 34.
43   Vgl. L. Dietz, Veröffentlichungen zu seinen Lebzeiten, S. 25ff.
44   J. Born (Hg.), Kritik und Rezeption zu seinen Lebzeiten, S. 143ff.
45   M. Brod, Streitbares Leben, S. 8.
46   K. Wolff, Briefwechsel, S. 42ff.
47   Vgl. auch L. Dietz, Veröffentlichungen zu seinen Lebzeiten, S. 106ff.
48   H.-G. Koch (Hg.), Erinnerungen an Franz Kafka, S. 12.
49   M. Brod, Das große Wagnis, S. 39ff., 101f.
50   F. Werfel, Der Weltfreund, S. 20, 23, 112.
51   F. Werfel, Einander, S. 47, 63, 65, 67ff.
52   R. M. Rilke, Werke, Bd. I, S. 35.
53   H. v. Hofmannsthal, Gesammelte Werke. Gedichte. Dramen I (1891–1898),
      S. 24f.; ähnlich auch *Traum und Umnachtung* im *Sebastian*-Zyklus bei G. Trakl, Das
      dichterische Werk, S. 80ff.
54   Vgl. A. Schopenhauer, Werke Bd. II, S. 447ff. (§§ 65ff.).
55   J. Born (Hg.), Kritik und Rezeption zu seinen Lebzeiten, S. 143, 95f.; [W. Benja-
      min], Benjamin über Kafka, S. 150; Th. W. Adorno, Prismen, S. 254; vgl. dazu
      G. Kurz, Traum-Schrecken, S. 14.
56   W. Haas, Nachwort zu: F. Kafka, Briefe an Milena (zuerst 1952), S. 212.
57   S. Freud, Der Wahn und die Träume, Gesammelte Werke, Bd. VII, S. 33.
58   W. Stekel, Dichtung und Neurose, S. 3; vgl. dazu auch F. Möbus, Sündenfälle,
      S. 119ff., W. Iser, Das Fiktive und das Imaginäre, S. 20f.
59   R. Walser, Das Gesamtwerk, Bd. I, S. 284; vgl. H. D. Zimmermann, Der babyloni-
      sche Dolmetscher, S. 20ff.
60   F. Werfel, Der Weltfreund, S. 16.
61   K. Wolff, Autoren, Bücher, Abenteuer, S. 73; H.-G. Koch (Hg.), Erinnerungen an
      Franz Kafka, S. 68.
62   Vgl. W. Emrich, Franz Kafka, S. 35f.; H. Politzer, Franz Kafka, der Künstler, S. 147;
      H. Binder, Kafka-Kommentar zu sämtlichen Erzählungen, S. 212. Differenzierter
      bereits J. Kobs, Kafka, S. 93 (mit Blick auf die Fragilität der jeweiligen Subjekt-
      konstruktionen) u. R. Hermes in: M. Müller (Hg.), Franz Kafka. Romane und
      Erzählungen, S. 224ff. (Dekonstruktion des Realitätsbegriffs).
63   W. Benjamin, Gesammelte Schriften, Bd. I, S. 701.
64   Vgl. S. Neumeister, Der Dichter als Dandy, S. 54ff.
65   Abbildung in: K. Wagenbach, Franz Kafka. Bilder aus seinem Leben, S. 92.
66   G. Heym, Dichtungen und Schriften, Bd. I, S. 435. Vgl. Klabund, Werke, Bd. 4/2,
      S. 614f.
67   Eine vergleichbare Szene beschreibt Karl Brands *Novelle im Traum*, die am
      27. August 1916, vier Monate vor dem Erstdruck von Kafkas Skizze, im *Prager
      Tagblatt* erschien (Prager deutsche Erzählungen, hg. v. Dieter Sudhoff u. Michael
      M. Schardt, S. 417); vgl. H. Binder, Karl Brand und seine Beziehung zu Kafka und
      Werfel, bes. S. 286ff., ferner M. Engel, Literarische Träume und traumhaftes
      Schreiben bei Kafka, S. 246.
68   Hierzu G. Kurz, Traum-Schrecken, S. 4ff, D. Kremer, Kafka, S. 140ff.
69   Diesen Hinweis verdanke ich Wolfgang Riedel.
70   S. Vietta (Hg.), Lyrik des Expressionismus, S. 58.

71 W. Benjamin, Gesammelte Schriften, Bd. II, S. 419.
72 Vgl. S. Gilman, Franz Kafka, the Jewish Patient, S. 112ff., W. Mennighaus, Ekel, S. 428ff.
73 A. Schopenhauer, Werke, Bd. IX, S. 284.
74 KKAN I, Apparat-Bd., S. 275.
75 S. Freud, Eine Schwierigkeit der Psychoanalyse (1917), Gesammelte Werke, Bd. XII, S. 11.
76 Vgl. T. Valk, Subjektzerfall und Dichtertheologie, S. 362f.
77 J. Born, Kafkas Bibliothek, S. 39.
78 S. Freud, Das Ich und das Es, Gesammelte Werke, Bd. XIII, S. 266ff. Vgl. D. Kremer in: M. Müller (Hg.), Franz Kafka. Romane und Erzählungen, S. 207.
79 J. Vogl, Ort der Gewalt, S. 120ff.
80 A. Eliasberg, Sagen polnischer Juden, S. 182f.; vgl. B. Nagel, Kafka und die Weltliteratur, S. 110f., R. Robertson, Kafka, S. 241.
81 Vgl. W. H. Sokel, Franz Kafka, S. 290.
82 Platon, Phaidros 253d–254e; Sämtliche Werke, Bd. IV, S. 34f.
83 D. Kremer in: M. Müller (Hg.), Franz Kafka. Romane und Erzählungen, S. 204 (zugleich mit einem Votum gegen den psychoanalytischen Reduktionismus); H. H. Hiebel, Die Zeichen des Gesetzes, S. 153ff.
84 Vgl. W. Emrich, Franz Kafka, S. 135.
85 S. Freud, Die Traumdeutung, Gesammelte Werke, Bd. II/III, S. 310ff.; J. Lacan, Schriften I, S. 107ff.; J. Derrida, Die Schrift und die Differenz, S. 317ff.; vgl. H. H. Hiebel, Ein Landarzt, S. 83ff.
86 Vgl. G. Kurz, Traum-Schrecken, S. 126.
87 W. Menninghaus, Ekel, S. 455.
88 S. Freud, Vorlesungen zur Einführung in die Psychoanalyse, Gesammelte Werke, Bd. XI, S. 183.
89 D. Kremer, Kafka, S. 162.
90 So schon H. H. Hiebel, Die Zeichen des Gesetzes, S. 158.
91 Th. W. Adorno, Ästhetische Theorie, S. 226.
92 Dazu W. Emrich, Franz Kafka, S. 131f., ferner P. Bridgwater, Kafka and Nietzsche, S. 111f.
93 Vgl. H. H. Hiebel, Ein Landarzt, S. 79f.
94 Zu Lebensbegriff und Verdrängung G. Kurz, Traum-Schrecken, S. 125ff.
95 W. Menninghaus, Ekel, S. 465ff.
96 Vgl. das Vorwort von J. Born u. E. Heller in F 17, ferner R. Robertson, Kafka, S. 284, Ch. Schärf, Franz Kafka, S. 18f.
97 Th. W. Adorno, Ästhetische Theorie, S. 30.
98 M. Pasley in: J. Born u. a. (Hg.), Kafka-Symposion, S. 21–38. Pasleys Deutung gilt inzwischen in der Forschung als unumstritten; seine Auslegung der Sorge des Hausvaters als «Nachtrag» (S. 27) zu Elf Söhne hat sich jedoch nicht durchgesetzt.
99 Kafkas Bemerkung («Die elf Söhne sind ganz einfach elf Geschichten, an denen ich gerade arbeite») bei M. Brod, Franz Kafka, S. 146. Abdruck der Liste bei M. Pasley in: J. Born u. a. (Hg.), Kafka-Symposion, S. 22; vgl. auch L. Dietz, Veröffentlichungen zu seinen Lebzeiten, S. 107.
100 S. Gilman, Franz Kafka, the Jewish Patient, S. 89; vgl. in diesem Sinne P. Cersowsky, Phantastische Literatur im ersten Viertel des 20. Jahrhunderts, S. 235f., A. Schütterle, Franz Kafkas Octavhefte, S. 263, Anm. 30.
101 J. Derrida, Die Schrift und die Differenz, S. 22.

102 Vgl. W. Emrich, Franz Kafka, S. 92f., ferner P. U. Beicken, Franz Kafka, S. 145ff.,
     H. Binder, Kafka-Kommentar zu sämtlichen Erzählungen, S. 230ff. – Kritisch
     dazu D. Kremer, Kafka, S. 169.
103 W. Benjamin, Gesammelte Schriften, Bd. II, S. 431.
104 R. Robertson, Kafka, S. 186f.
105 H. Binder, Kafka-Kommentar zu sämtlichen Erzählungen, S. 205ff.
106 H. Binder, Kafka und Napoleon, S. 38ff.
107 [G. W. F. Hegel] Briefe von und an Hegel, Bd. I, S. 120.
108 F. Nietzsche, Kritische Studienausgabe, Bd. I, S. 248ff.
109 H. v. Kleist, Sämtliche Werke und Briefe, Bd. II, S. 325f.
110 A. Eliasberg, Sagen polnischer Juden, S. 92ff.
111 Ch. Stölzl, Kafkas böses Böhmen, S. 90.
112 H. Lethen, Verhaltenslehren der Kälte, S. 231.
113 J. Assmann, Das kulturelle Gedächtnis, S. 22.
114 W. Kittler, Grabenkrieg – Nervenkrieg – Medienkrieg, S. 303ff.
115 J. Derrida, Die Schrift und die Differenz, S. 23.
116 Vgl. auch G. Baioni, Kafka, S. 152ff.
117 F. Nietzsche, Kritische Studienausgabe, Bd. I, S. 249.
118 M. Buber, Briefwechsel aus sieben Jahrzehnten, Bd. I, S. 494.
119 Dazu J. Tismar, Kafkas Schakale und Araber, S. 310f.; vgl. R. Robertson, Kafka,
     S. 218.
120 J. Wassermann, Mein Weg als Deutscher und Jude, S. 46.; J. Wassermann, Deut-
     scher und Jude, S. 25.
121 O. Weininger, Geschlecht und Charakter, S. 439f., O. Spengler, Der Untergang
     des Abendlandes, S. 767; A. Schopenhauer, Werke, Bd. IX, S. 284.; A. Hitler, Mein
     Kampf, München 1943 (zuerst 1925/27), S. 334f., 358, 630, 750.
122 Vgl. hier W. Emrich, Franz Kafka, S. 139f.
123 F. Nietzsche, Kritische Studienausgabe, Bd. XII, S. 360.
124 Vgl. S. Gilman, Franz Kafka, the Jewish Patient, S. 150f.
125 Vgl. K.-H. Fingerhut, Die Funktion der Tierfiguren, S. 148f.
126 So auch C. Albert u. A. Disselnkötter, «Grotesk und erhaben in einem Atemzug»,
     S. 130.
127 J. Born (Hg.), Kritik und Rezeption zu seinen Lebzeiten, S. 128.
128 H. Binder, Wo Kafka und seine Freunde zu Gast waren, S. 113; vgl. auch ders.,
     Kafka. Der Schaffensprozeß, S. 293ff.
129 Zu weiteren Anregungen vgl. P. Bridgwater, Rotpeters Ahnen, S. 447–462, bes.
     S. 458f.
130 S. Freud, Das Unbehagen in der Kultur, Gesammelte Werke, Bd. XIV, S. 455.
131 Th. W. Adorno, Ästhetische Theorie, S. 387.
132 Vgl. dazu auch D. Kremer, Kafka, S. 23, H. Kraft, Mondheimat, S. 40ff.
133 Vgl. G. Neumann, Ein Bericht für eine Akademie, S. 167.
134 W. H. Sokel, Franz Kafka, S. 369.
135 F. Nietzsche, Kritische Studienausgabe, Bd. IV, S. 14; vgl. K.-P. Philippi, Reflexion
     und Wirklichkeit, S. 141f.
136 Dazu schon K.-P. Philippi, Reflexion und Wirklichkeit, S. 132ff.
137 R. M. Rilke, Werke, Bd. I, S. 469.
138 F. Nietzsche, Kritische Studienausgabe, Bd. III, S. 609.
139 G. Neumann, Das Urteil, S. 157.

Fünfzehntes Kapitel. **Julie Wohryzek und Milena Pollak (1919–1921)**

1 A. Northey, Julie Wohryzek, Franz Kafkas zweite Verlobte, S. 3–16; vgl. (als Pionierstudie mit kleineren Ungenauigkeiten) den Artikel von K. Wagenbach in: J. Born (u. a.) (Hg.), Kafka-Symposium, S. 39–53 sowie D. Gerrit in: H.-G. Koch (Hg.), Erinnerungen an Franz Kafka, S. 144f.

2 R. Hermes u. a., Franz Kafka. Eine Chronik, S. 158.

3 Brief an Julies Schwester v. 24. November 1919; Abdruck in: J. Born (u. a.) (Hg.), Kafka-Symposium, hier S. 45.

4 J. Born (u. a.) (Hg.), Kafka-Symposium, S. 45.

5 J. Born (u. a.) (Hg.), Kafka-Symposium, S. 47.

6 J. Born (u. a.) (Hg.), Kafka-Symposium, S. 48.

7 Zum Riegerpark vgl. H. Binder, Wo Kafka und seine Freunde zu Gast waren, S. 161ff.

8 J. Born (u. a.) (Hg.), Kafka-Symposium, S. 48.

9 M. Brod, Franz Kafka, S. 177; R. Hermes u. a., Franz Kafka, S. 160.

10 M. Nekula, Kafkas Sprachen, S. 178ff.

11 J. Born (u. a.) (Hg.), Kafka-Symposium, S. 51

12 J. Born (u. a.) (Hg.), Kafka-Symposium, S. 49.

13 Zit. nach R. Hermes u. a., Franz Kafka, S. 161.

14 Zit. nach R. Hermes u. a., Franz Kafka, S. 161.

15 J. Born (u. a.) (Hg.), Kafka-Symposium, S. 49.

16 Vgl. H. Binder, Kafka-Handbuch, Bd. I, S. 140.

17 J. Born (u. a.) (Hg.), Kafka-Symposium, S. 52.

18 G. Kurz, Traum-Schrecken, S. 18.

19 J. Born (u. a.) (Hg.), Kafka-Symposium, S. 48.

20 J. Born (u. a.) (Hg.), Kafka-Symposium, S. 49.

21 J. Born (u. a.) (Hg.), Kafka-Symposium, S. 52.

22 D. Gerrit in: H.-G. Koch (Hg.), Erinnerungen an Franz Kafka, S. 145.

23 J. Born (u. a.) (Hg.), Kafka-Symposium, S. 53.

24 J. Faltus, Die Währungsentwicklung in der Tschechoslowakei in den Jahren 1919–1924, S. 113–138, bes. S. 113f.

25 J. Faltus u. A. Teichova, Die Nachkriegsinflation, S. 131–166, hier S. 136ff.

26 J. Wassermann, Mein Weg als Deutscher und Jude, S. 117f; vgl. M. A. Meyer (Hg.), Deutsche-Jüdische Geschichte, Bd. IV, S. 29.

27 Vgl. H. Binder, Wo Kafka und seine Freunde zu Gast waren, S. 232.

28 Dazu D. Rein in: M. Jesenská, Alles ist Leben, S. 199ff.

29 D. Rein in: M. Jesenská, Alles ist Leben, S. 201.

30 M. Jesenská, Alles ist Leben, S. 14.

31 Vgl. D. Rein in: M. Jesenská, Alles ist Leben, S. 204.

32 J. Čermák, Die Kafka-Rezeption in Böhmen (1913–1949), S. 128.

33 J. Čermák, Die Kafka-Rezeption in Böhmen (1913–1949), S. 130.

34 Rekonstruierbar anhand von Kafkas tschechischem Briefzitat vom 12. Juni 1920 (Mi 56, Anm. 2).

35 Vgl. D. Rein in: M. Jesenská, Alles ist Leben, S. 205.

36 Vgl. dazu H. Binder, Kafka-Handbuch, Bd. I, S. 140.

37 Daß Kafka den Nachtzug nutzte, läßt sich aus seiner Nachricht vom 29. Juni erschließen («schlief zwei Nächte nicht»; Mi 81).

38 F. Nietzsche, Kritische Studienausgabe, Bd. V, S. 212.

39 Vgl. M. Blanchot, Von Kafka zu Kafka, S. 133ff.

40 A. Northey, Julie Wohryzek, Franz Kafkas zweite Verlobte, S. 13.
41 A. Northey, Julie Wohryzek, Franz Kafkas zweite Verlobte, S. 13.
42 Dazu M. Buber-Neumann, Als Gefangene bei Stalin und Hitler, S. 261.
43 H. Binder, Kafkas Briefscherze, S. 537ff.
44 Haas berichtet von der Affaire in seinen Erinnerungen unter Verzicht auf eine Namensnennung (Die literarische Welt, S. 74f.).
45 W. Haas, Die literarische Welt, S. 74.
46 R. Hermes u. a., Franz Kafka. Eine Chronik, S. 172.
47 M. Jesenská, Alles ist Leben, S. 20.
48 M. Jesenská, Alles ist Leben, S. 87.
49 Ch. Stölzl, Kafkas böses Böhmen, S. 99.
50 Th. W. Adorno, M. Horkheimer, Dialektik der Aufklärung, S. 202.
51 M. A. Meyer (Hg.), Deutsch-Jüdische Geschichte, Bd. IV, S. 39f.
52 S. Gilman, Franz Kafka, the Jewish Patient, S. 235.
53 G. Baioni, Kafka, S. 235.
54 Th. Mann, Der Zauberberg, S. 193.
55 Vgl. H. Binder, Kafkas Briefscherze, S. 551ff.
56 K. Kraus, Schriften, Bd. XI, S. 13.
57 Dazu G. Baioni, Kafka, S. 234ff.
58 A. D. Gordon, Briefe aus Palästina. Zweiter Brief, in: Der Jude, 1. Jg. (1916/17), Hft. 10 (1917), S. 646–649, S. 647.
59 M. Brod, Franz Kafkas Nachlaß, S. 109.
60 J. Urzidil, Da geht Kafka, S. 15.
61 J. Born (Hg.), Kritik und Rezeption zu seinen Lebzeiten, S. 133.
62 J. Born (Hg.), Kritik und Rezeption zu seinen Lebzeiten, S. 132f.
63 H.-G. Koch (Hg.), Erinnerungen an Franz Kafka, S. 190.
64 H. Zischler, Kafka geht ins Kino, S. 145ff.
65 K. Wolff, Briefwechsel, S. 54.
66 H.-G. Koch (Hg.), Erinnerungen an Franz Kafka, S. 98f.
67 M. Brod, Franz Kafkas Nachlaß, S. 107; vgl. BK II 365.
68 Nachvollziehbar zum Zeitablauf H. Binder (Hg.), Prager Profile, S. 55. Janouch selbst datiert den Beginn der Bekanntschaft fälschlich auf das Frühjahr 1920, als Kafka sich aber nicht in Prag, sondern in Meran aufhielt (Gespräche, S. 29).
69 G. Janouch, Gespräche mit Kafka, S. 29 (zuverlässig nur im Blick auf Prager Realien).
70 Negation des Eckermann-Vergleichs und Nachweis von Ungenauigkeiten bereits bei E. Goldstücker in: C. David (Hg.), Franz Kafka. Themen und Probleme, S. 238–255, bes. S. 246ff.

Sechzehntes Kapitel. **Selbstzeugnisse und Parabeln (1917–1922)**

1 S. Freud, Der Familienroman der Neurotiker, in: Gesammelte Werke, Bd. VII, S. 231.
2 S. Kierkegaard, Furcht und Zittern, S. 24.
3 Der literarische Charakter des Briefs wird nicht zuletzt daran sichtbar, daß Kafka ihn später maschinenschriftlich abschrieb (diese Version bricht kurz vor dem Ende ab). Vgl. dazu H. G. Koch (Hg.), Brief an den Vater, S. 7.
4 G. Neumann in: Franz Kafka: Schriftverkehr, hg. v. W. Kittler u. G. Neumann, S. 199–221, S. 200.
5 G. Agamben, Homo sacer, S. 91ff.

6   F. Nietzsche, Kritische Studienausgabe, Bd. V, S. 57 (Nr. 40).
7   W. Benjamin, Gesammelte Schriften, Bd. I, S. 404.
8   H. Binder, *Der Jäger Gracchus*, S. 375ff.
9   M. Brod u. F. Weltsch, Anschauung und Begriff, S. 159.
10   Zum Sündenfall-Bezug bereits G. Kurz, Traum-Schrecken, S. 111f.
11   Dazu erstmals F. Möbus, Sündenfälle, S. 18ff, ferner H. Binder, Wo Kafka und sei-
     ne Freunde zu Gast waren, S. 88. – Vgl. zu Adams Begehren S. Kierkegaard, Der
     Begriff Angst, S. 27ff.
12   Vgl. zum Begriff (mit Blick auf Beerdigungszeremonien des Mittelalters und der
     Frühen Neuzeit) A. van Gennep, Übergangsrituale, bes. S. 142ff.
13   A. Schopenhauer, Werke, Bd. I, S. 217 (§ 29).
14   Vgl. P. Cersowsky, Phantastische Literatur, S. 263ff.
15   Dazu G. Kurz, Traum-Schrecken, S. 107ff., T. Valk, *Der Jäger Gracchus*, S. 334ff.
16   N. Luhmann, Die Kunst der Gesellschaft, S. 191f.
17   Zur Datierung K. Wagenbach in: J. Born (u. a.) (Hg.), Kafka-Symposium, S. 68ff.,
     H. Binder, Kafka-Kommentar zu sämtlichen Erzählungen, S. 245ff., ferner
     KKAN II, Apparat-Bd., S. 70ff.
18   K. Wolff, Briefwechsel, S. 49.
19   S. Kierkegaard, Entweder-Oder. Erster Teil. Bd. 1, S. 25; vgl. D. Kremer, Kafka, S. 68.
20   F. Nietzsche, Kritische Studienausgabe, Bd. V, S. 247.
21   Vgl. D. Kremer, Kafka, S. 69.
22   Anders hier D. Kremer, Kafka, S. 69f., der im Philosophen der Parabel die kabba-
     listische Erkenntnisform realisiert, nicht ihr Scheitern dargestellt sieht.
23   G. Scholem, Tagebücher 1913–1917, S. 466.
24   W. H. Sokel, Franz Kafka, S. 23.
25   F. Nietzsche, Kritische Studienausgabe, Bd. IV, S. 82.
26   B. Pascal, Pensées, Bd. I, S. 165 (Nr. 252).
27   J. Born, Kafkas Bibliothek, S. 27; vgl. auch B. Nagel, Kafka und die Weltliteratur,
     S. 140ff.
28   W. Benjamin, Gesammelte Schriften, Bd. II, S. 437.
29   G. Genette, Palimpseste, S. 14ff.
30   H. Bloom, Einfluss-Angst, S. 16ff.
31   M. Foucault, Die Ordnung der Dinge, S. 458f.
32   C. Lévi-Strauss, Strukturale Anthropologie, S. 239ff.
33   S. Kierkegaard, Furcht und Zittern, S. 23ff.
34   Vgl. grundsätzlich M. Frank, Gott im Exil, S. 80ff.
35   G. Scholem, Zur Kabbala und ihrer Symbolik, S. 118.
36   Homer, Odyssee, v. 154ff.
37   M. Horkheimer u. Th. W. Adorno, Dialektik der Aufklärung, S. 70ff.
38   F. Nietzsche, Kritische Studienausgabe, Bd. I, S. 250.
39   W. Kittler, Der Turmbau zu Babel und das Schweigen der Sirenen, S. 140.
40   B. Brecht, Gesammelte Werke, Bd. 11, S. 207.
41   Zu vereinfachend hier W. Ries, Transzendenz als Terror, S. 83ff.
42   R. Barthes, Mythen des Alltags, S. 85ff.
43   H. Blumenberg, Arbeit am Mythos, S. 685f.; vgl. D. Kremer, Kafka, S. 31.
44   F. Nietzsche, Kritische Studienausgabe, Bd. XII, S. 140.
45   Zum Aufbau D. Kremer, Kafka, S. 31ff.
46   K. H. Bohrer, Ästhetische Negativität, S. 276; ähnlich schon K. Stierle, Mythos als
     ‹Bricolage›, S. 465.

47   E. Cassirer, Philosophie der symbolischen Formen, Bd. I, S. 18ff.
48   H. Blumenberg, Arbeit am Mythos, S. 688.
49   H. Blumenberg, Arbeit am Mythos, S. 689.
50   Vgl. J. Urzidil, Da geht Kafka, S. 57.
51   M. Horkheimer u. Th. W. Adorno, Dialektik der Aufklärung, S. 58.
52   W. Benjamin, Gesammelte Schriften, Bd. II, S. 420.
53   Dazu G. Kurz, Traum-Schrecken, S. 65ff.
54   Diese Dimension übersieht die strukturale Analyse bei H. H. Hiebel, Die Zeichen des Gesetzes, S. 162f.
55   J. Born, Kafkas Bibliothek, S. 87; vgl. dazu J. Schillemeit in: S. Mosès, A. Schöne (Hg.), Juden in der deutschen Literatur, S. 269ff.
56   M. Buber, Vom Geist des Judentums, S. 9ff; vgl. G. Baioni, Kafka, S. 145, Anm. 1.
57   J. Vogl, Ort der Gewalt, S. 212.
58   Vgl. K. Stüssel, In Vertretung, S. 110f.
59   Das ignoriert R. Nicolai, Beim Bau der chinesischen Mauer, S. 40ff.
60   Vgl. R. Robertson, Kafka, S. 234ff.
61   S. Freud, Der Familienroman der Neurotiker, Gesammelte Werke, Bd. VII, S. 231.
62   H. H. Hiebel, Die Zeichen des Gesetzes, S. 162ff.
63   Vgl. K. E. Grözinger, Kafka und die Kabbala, S. 100ff.
64   G. Baioni, Kafka, S. 142, R. Robertson, Kafka, S. 200ff.
65   A. Eliasberg, Sagen polnischer Juden, S. 92ff.
66   Vgl. J. L. Perez, Aus dieser und jener Welt, S. 79ff., 97ff.
67   J. Born, Kafkas Bibliothek, S. 84f.
68   W. Benjamin, Briefe, Bd. 2, S. 763.
69   Vgl. dazu H. D. Zimmermann, Der babylonische Dolmetscher, S. 233ff.; zur Datierung J. Schillemeit, Kafka-Studien, S. 279ff.
70   A. Eliasberg, Sagen polnischer Juden, S. 92ff., J. L. Perez, Aus dieser und jener Welt, S. 79ff.
71   W. Benjamin, Gesammelte Schriften, Bd. II, S. 440.
72   M. Buber, Der Jude und sein Judentum, S. 22ff.
73   E. Bloch, Geist der Utopie, S. 320.
74   J. Derrida, Grammatologie, S. 35.
75   Vgl. J. Derrida, Die Stimme und das Phänomen, S. 104ff. – Folglich ist die religiöse Bezugsebene nichts dauerhaft Erreichbares, wie K. E. Grözinger (Kafka und die Kabbala, S. 160ff.) annimmt.

Siebzehntes Kapitel. Das Schloß (1922)

1   So M. Pasley, KKAS, Apparat-Bd., S. 62ff. Anders H. Binder, Der Schaffensprozeß, S. 310f. – Vgl. die erste Studie («Der Wirt begrüsste den Gast.») KKAS, App.-Bd., S. 115ff.
2   KKAS, App.-Bd., S. 120.
3   F. Nietzsche, Kritische Studienausgabe, Bd. II, S. 18ff.
4   G. Kurz, Traum-Schrecken, S. 7f., G. Baioni, Kafka, S. 266.
5   M. Buber, Der Jude und sein Judentum, S. 36ff.
6   Vgl. G. Bachelard, L'espace littéraire, S. 82f.
7   Vgl. KKAS, App.-Bd., S. 185, zu «67, 23» (letzte Ersetzung, danach nur noch «K.»). Von der älteren Forschung wurde diese Substitution ignoriert; vgl. nur F. Martini, Das Wagnis der Sprache, S. 310, W. Kudszus, Erzählhaltung und Zeitverschiebung in Kafkas Prozess und Schloss, S. 331–350, bes. S. 348.

8 KKAS, App.-Bd., S. 68.
9 KKAS, App.-Bd., S. 80.
10 H. Binder, Kafka-Kommentar zu sämtlichen Romane, S. 263f.
11 Vgl. M. Müller in: Franz Kafka. Romane und Erzählungen, S. 254.
12 So auch H. D. Zimmermann in: K. E. Grözinger u. a. (Hg.): Franz Kafka und das Judentum, S. 224–237, S. 230f.
13 Zu Wosek K. Wagenbach in: J. Born (Hg.), Kafka-Symposion, S. 161ff.; Abb. des Schlosses in Friedland: Br I 483; vgl. H. Binder, Kafka in neuer Sicht, S. 56f.
14 K. H. Bohrer, Ästhetische Negativität, S. 265ff.
15 A. Kubin, Die andere Seite, S. 56.
16 J. Derrida, Die Stimme und das Phänomen, S. 92ff.
17 Generell zur narrativen Selbstreflexion im Schloß G. Neumann in: Franz Kafka: Schriftverkehr, hg. v. W. Kittler u. G. Neumann, S. 199–221, S. 212ff.
18 F. Nietzsche, Kritische Studienausgabe, Bd. II, S. 41.
19 J. Derrida, Die Schrift und die Differenz, S. 29f.
20 N. Luhmann, Individuum, Individualität, Individualismus, in: Gesellschaftsstruktur und Semantik. Bd. III, S. 156.
21 G. Agamben, Homo sacer, S. 31.
22 P. Weiss, Fluchtpunkt, S. 86.
23 Dazu H. Politzer, Franz Kafka, der Künstler, S. 338.
24 W. Benjamin, Gesammelte Schriften, Bd. II, S. 415.
25 J. Derrida, Grammatologie, S. 31.
26 J. Derrida, Grammatologie, S. 47.
27 J. Vogl, Ort der Gewalt, S. 166.
28 Vgl. B. Wagner, Der Bewerber und der Prätendent, S. 293f.
29 N. Luhmann, Die Kunst der Gesellschaft, S. 16.
30 P. de Man, Allegorien des Lesens, S. 76f.
31 KKAS, App.-Bd., S. 273.
32 Vgl. Ch. Schärf, Franz Kafka, S. 182f.
33 Von der Forschung wird dieser Umstand zuweilen übersehen; vgl. nur R. Sheppard in: Kafka-Handbuch, Bd. II, S. 441–469, S. 466.
34 G. W. F. Hegel, Werke, Bd. III, S. 151.
35 G. W. F. Hegel, Werke, Bd. III, S. 150.
36 E. Weiß, Tiere in Ketten, S. 194.
37 E. Weiß, Tiere in Ketten, S. 199.
38 Vgl. R. Robertson, Kafka, S. 352.
39 G. Baioni, Kafka, S. 249ff.
40 Vgl. dazu M. Schmeling, Der labyrinthische Diskurs, S. 123.
41 Zu diesem Punkt erstmals G. Neumann in: Franz Kafka: Schriftverkehr, hg. v. W. Kittler u. G. Neumann, S. 199–221, S. 205f., ders., ‹Blinde Parabel› oder Bildungsroman?, S. 404.
42 M. Foucault, Die Ordnung der Dinge, S. 269ff.
43 A. Weber, Der Beamte, S. 1333ff.
44 Das ignoriert K. Stüssel, In Vertretung, S. 167ff. Anders dagegen schon P. Cersowsky, Phantastische Literatur im ersten Viertel des 20. Jahrhunderts, S. 237ff.
45 P. Cersowsky, Phantastische Literatur im ersten Viertel des 20. Jahrhunderts, S. 242f.
46 W. Benjamin, Gesammelte Schriften, Bd. IV, S. 242.
47 Vgl. bereits M. Walser, Beschreibung einer Form, S. 77f.

48   S. Freud, Die Traumdeutung, Gesammelte Werke, Bd. II / III, S. 344ff.
49   Diese Entsprechung übersieht B. Allemann, Zeit und Geschichte, S. 145.
50   K. Hermsdorf, Arbeit und Amt als Erfahrung und Gestaltung, in: Franz Kafka, Amtliche Schriften, S. 87.
51   A. Weber, Der Beamte, S. 1333.
52   A. Weber, Der Beamte, S. 1333.
53   J. L. Perez, Aus dieser und jener Welt, S. 207ff.
54   A. Eliasberg, Sagen polnischer Juden, S. 93f.
55   S. Freud, Vorlesungen zur Einführung in die Psychoanalyse, Gesammelte Werke, Bd. XVI, S. 354.
56   Vgl. H. H. Hiebel, Die Zeichen des Gesetzes, S. 45.
57   S. Freud, Die Traumdeutung, Gesammelte Werke, Bd. II / III, S. 541; P. Ricœur, Die Interpretation, S. 131.
58   Vgl. H.-G. Koch, Nachwort zu: Franz Kafka. Träume, S. 93.
59   W. Benjamin, Gesammelte Schriften, Bd. II, S. 409f.
60   G. Neumann in: Franz Kafka: Schriftverkehr, hg. v. W. Kittler u. G. Neumann, S. 199–221, S. 214ff.
61   Dazu bereits M. Walser, Beschreibung einer Form, S. 66.
62   G. Neumann in: Franz Kafka: Schriftverkehr, hg. v. W. Kittler u. G. Neumann, S. 199–221, S. 215.
63   C. G. Jung, Symbole der Wandlung, S. 65ff.; vgl. J. Lacan, Schriften I, S. 65f.
64   Th. W. Adorno, Ist die Kunst heiter?, in: Noten zur Literatur S. 605.
65   Vgl. D. Kremer, Kafka, S. 49.
66   J. Roth, Juden auf Wanderschaft (1927), Werke, Bd. III, S. 300; vgl. R. Robertson, Kafka, S. 346.
67   KKAS, App.-Bd, S. 442.
68   Vgl. C. Liebrand, Die Herren im Schloß, S. 312.
69   So auch C. Liebrand, Die Herren im Schloß, S. 316 (Anm. 24).
70   Vgl. H. Binder, Kafka in neuer Sicht, S. 380ff.
71   KKAS, App.-Bd., S. 185.
72   KKAS, App.-Bd., S. 186.
73   F. Möbus, Sündenfälle, S. 8.
74   J. Derrida, Die Stimme und die Differenz, S. 103; vgl. ders., Grammatologie, S. 35ff.
75   So C. Liebrand, Die Herren im Schloß, S. 310f.
76   KKAS, App.-Bd., S. 225; vgl. dazu C. Liebrand, Die Herren im Schloß, S. 311f.
77   M. Foucault, Sexualität und Wahrheit I, S. 122ff.
78   Das übersehen die verklärenden Deutungen der Episode: W. Emrich, Franz Kafka, S. 364ff., H. Politzer, Franz Kafka, der Künstler, S. 262, W. Sokel, Franz Kafka, S. 518ff.; vgl. auch K.-P. Philippi, Reflexion und Wirklichkeit, S. 64f.
79   Vgl. W. H. Sokel, Franz Kafka, S. 449f.
80   KKAS, App.-Bd., S. 116.
81   Diese Analogie ignoriert die ihrem Gegenstand auf merkwürdige Weise sich anverwandelnde Analyse der Schloß-Bürokratie von K. Stüssel, In Vertretung, S. 167ff.
82   So F. Martini, Das Wagnis der Sprache, S. 317, W. Emrich, Franz Kafka, S. 389f., K.-P. Philippi, Reflexion und Wirklichkeit, S. 196ff.
83   Vgl. C. Liebrand, Die Herren im Schloß, S. 320.
84   KKAS, App.-Bd., S. 186.
85   Vgl. G. Kurz, Traum-Schrecken, S. 160ff.

86 M. Heidegger, Sein und Zeit, S. 280ff. (§ 58, Mangel an Seinsmächtigkeit, das Problem des ‹Nicht›, Verstehen des eigenen Daseins als Mittel gegen die Schuld); kritisch zur Deutung aus der Sicht Heideggers schon W. Emrich, Franz Kafka, S. 58ff.

87 M. Heidegger, Sein und Zeit, S. 200ff. (§ 43).

88 KKAS, App.-Bd., S. 272f.

89 So aber die geraume Zeit einflußreiche Deutung von M. Brod, Über Franz Kafka, S. 331ff.; Elemente dieses Ansatzes noch bei R. Robertson, Kafka, S. 306ff.

90 J. Derrida, Die Stimme und das Phänomen, S. 138.

91 So H.-D. Zimmermann, Der babylonische Dolmetscher, S. 209ff. (mit Blick auf vermeintlich gnostische Elemente); kritisch dazu bereits W. Fromm, Artistisches Schreiben, S. 192ff.

92 Vgl. P. v. Matt, Verkommene Söhne, mißratene Töchter, S. 306f. (über die Last des Paradiesglaubens bei Kafka). Anders M. Walser, Beschreibung einer Form, S. 107f. (sieht keine Entwicklung K.s).

93 So auch G. Baioni, Kafka, S. 279.

Achtzehntes Kapitel. Nach der Pensionierung (1922–1923)

1   P. Celan, Gesammelte Werke, Bd. III, S. 193f.

2   Anders J. Vogl, Ort der Gewalt, S. 169.

3   Vgl. G. Neumann, Hungerkünstler und Menschenfresser, S. 384.

4   J. Derrida, Grammmatolgie, S. 33; vgl. Platon, Phaidros 274c–277a (Sämtliche Werke, Bd. IV, S. 54ff.).

5   J. Born (Hg.), Kritik und Rezeption zu seinen Lebzeiten, S. 136f.

6   Ch. Stölzl, Kafkas böses Böhmen, S. 104f.

7   M. Buber, Briefwechsel, Bd. I, S. 409.

8   F. Werfel, Die Dramen. Erster Band, S. 319–383.

9   S. Kierkegaard, Stadien, S. 178.

10 H.-G. Koch (Hg.), Erinnerungen an Franz Kafka, S. 198.

11 M. A. Meyer (Hg.), Deutsch-Jüdische Geschichte, Bd. IV, S. 77.

12 Vgl. M. A. Meyer (Hg.), Deutsch-Jüdische Geschichte, Bd. IV, S. 92.

13 M. A. Meyer (Hg.), Deutsch-Jüdische Geschichte, Bd. IV, S. 92f.

14 M. Brod, Sozialismus im Zionismus, S. 48ff.

15 M. Brod, Sozialismus im Zionismus, S. 81.

16 Vgl. dazu M. Brenner, Jüdische Kultur, S. 99.

17 G. Scholem, Tagebücher 1913–1917, S. 466.

18 M. Brod, Franz Kafka, S. 173.

19 Dazu H. Binder, Kafkas Hebräischstudien, S. 527.

20 H.-G. Koch (Hg.), Erinnerungen an Franz Kafka, S. 142.

21 J. Urzidil, Da geht Kafka, S. 53, 62.

22 H.-G. Koch (Hg.), Erinnerungen an Franz Kafka, S. 126.

23 H. Binder, Kafkas Hebräischstudien, S. 539.

24 H.-G. Koch (Hg.), Erinnerungen an Franz Kafka, S. 165.

25 A. D. Gordon, Briefe aus Palästina. Dritter Brief, in: Der Jude, 1. Jg. (1916/17), Hft. 12 (1917), S. 794–801, S. 798.

26 H.-G. Koch (Hg.), Erinnerungen an Franz Kafka, S. 166.

27 R. Robertson, Kafka, S. 235.

28 H. Binder, Kafkas Hebräischstudien, S. 533ff. – Die Edition der Vokabelhefte im Rahmen der Kritischen Ausgabe ist noch nicht abgeschlossen.

29 M. Nekula, Kafkas Sprachen, S. 210f.; vgl. J. Born, Kafkas Bibliothek, S. 155.

30 M. Brenner, Jüdische Kultur, S. 118.
31 H. Binder, Kafkas Hebräischstudien, S. 546.
32 A. D. Gordon, Briefe aus Palästina. Erster Brief, in: Der Jude, 1. Jg. (1916/17), Hft.
    10 (1917), S. 643–645, S. 644.
33 Vgl. H. Zischler, Kafka geht ins Kino, S. 145ff.
34 S. H. Bergman, Tagebücher und Briefe I, S. 183.
35 Nach der Erinnerung Brods (Franz Kafka, S. 209) erfolgte die Vermittlung erst
    Ende 1923; eine genaue Klärung der Kontaktanbahnung ist nicht mehr möglich
    (vgl. auch J. Unseld, Franz Kafka, S. 220ff.).
36 Dazu J. Unseld, Franz Kafka, S. 214ff., J. Born, Drucke zu Lebzeiten, S. 126f.,
    F. Hermann u. H. Schmitz, Avantgarde und Kommerz, S. B129, B135.
37 J. Unseld, Franz Kafka, S. 209f.
38 H.-G. Koch (Hg.), Erinnerungen an Franz Kafka, S. 167.
39 Vgl. H.-G. Koch (Hg.), Erinnerungen an Franz Kafka, S. 169.
40 H.-G. Koch (Hg.), Erinnerungen an Franz Kafka, S. 167.
41 H.-G. Koch (Hg.), Erinnerungen an Franz Kafka, S. 175.
42 H.-G. Koch (Hg.), Erinnerungen an Franz Kafka, S. 174.

Neunzehntes Kapitel. **Späte Erzählungen (1922–1924)**

1   G. Kurz, Traum-Schrecken, S. 93ff.
2   Vgl. W. Rasch, Die literarische Décadence, 103ff.
3   F. Wedekind, Werke, Bd. I, S. 552.
4   H. v. Hofmannsthal, Dramen IV, S. 379.
5   Vgl. S. Neumeister, Der Dichter als Dandy, S. 39.
6   K. Wolff, Briefwechsel, S. 55; H. Binder, Kafka-Kommentar zu sämtlichen Erzäh-
    lungen, S. 252ff.
7   Vgl. H. Hillmann, Dichtungstheorie, S. 69ff.
8   Th. Mann, Die Erzählungen. Bd. I, S. 224ff., 255.
9   Vgl. S. Neumeister, Der Dichter als Dandy, S. 15ff.
10 A. D. Gordon, Briefe aus Palästina. Zweiter Brief, in: Der Jude, 1. Jg. (1916/17),
    Hft. 10 (1917), S. 646–649, S. 647.
11 A. D. Gordon, Briefe aus Palästina. Erster Brief, in: Der Jude, 1. Jg. (1916/17), Hft.
    10 (1917), S. 643–645, S. 645.
12 J. Roth, Juden auf Wanderschaft (1927), Werke, Bd. III, S. 327f. Vgl. C. Magris,
    Weit von wo, S. 50f.
13 E. Jünger, Sämtliche Werke, Bd. 8, S. 280.
14 Vgl. S. Saltarino, Fahrend Volk, S. 99ff.
15 G. Neumann, Hungerkünstler und Menschenfresser, S. 357.
16 N. Luhmann, Die Kunst der Gesellschaft, S. 112ff.
17 So hungert Christus vierzig Tage in der Wüste; vgl. Matthäus 4.
18 Vgl. P. Bridgwater, Kafka and Nietzsche, S. 137.
19 Vgl. M. Blanchot, Von Kafka zu Kafka, S. 175f.
20 F. Nietzsche, Kritische Studienausgabe, Bd. XII, S. 113.
21 G. Neumann, Hungerkünstler und Menschenfresser, S. 386f.
22 M. Foucault, Die Geburt der Klinik, S. 185.
23 Ch. Baudelaire, Sämtliche Werke, Bd. VIII, S. 162.
24 H. Blüher, Die männliche Erotik, S. 101.
25 Anders G. Neumann, Hungerkünstler und Menschenfresser, S. 369.
26 R. M. Rilke, Werke, Bd. I, S. 469.

27   K. E. Grözinger, Kafka und die Kabbala, S. 121.
28   G. Deleuze, F. Guattari, Kafka, S. 49ff.; vgl. dagegen U. Abraham, Der verhörte
     Held, S. 134.
29   Vgl. M. Schneider, Kafkas Tiere, S. 91.
30   Vgl. zu dieser Lesart schon R. Robertson, Kafka, S. 358f.
31   J. v. Uexküll, Umwelt und Innenwelt der Tiere, S. 6f.; zu Uexküll auch G. Agam-
     ben, Das Offene, S. 57ff.
32   M. Heidegger, Die Grundbegriffe der Metaphysik, S. 361.
33   M. Brod u. F. Weltsch, Anschauung und Begriff, S. 87ff.
34   M. Heidegger, Die Grundbegriffe der Metaphysik, S. 360.
35   A. Schopenhauer, Werke, Bd. II, S. 359 (§ 54).
36   W. Emrich, Franz Kafka, S. 48ff., 61ff., 152ff.; W. H. Sokel, Franz Kafka, S. 235; an-
     ders R. Robertson, Kafka, S. 358ff. u. J. Stromšik, Kafkas Forschungen, S. 144f.
37   Vgl. R. Robertson, Kafka, S. 360f.
38   W. Emrich, Franz Kafka, S. 166f.
39   R. Musil, Der Mann ohne Eigenschaften, Gesammelte Werke, Bd. I, bes. S. 148ff.
40   KKAN II, Apparat-Bd., S. 358f.
41   Vgl. D. Kremer, Kafka, S. 72ff.
42   R. Robertson, Kafka, S. 359.
43   H.-G. Koch (Hg.), Erinnerungen an Franz Kafka, S. 179.
44   B. Kellermann, Der Krieg unter der Erde, in: Das große Jahr 1914–1915, S. 125ff.;
     vgl. W. Kittler, Grabenkrieg – Nervenkrieg – Medienkrieg, S. 294ff.
45   B. Kellermann, Der Krieg unter der Erde, in: Das große Jahr 1914–1915, bes. S. 129f.
46   E. Jünger, Sämtliche Werke, Bd. 8, S. 141.
47   B. Kellermann, Der Krieg unter der Erde, in: Das große Jahr 1914–1915, S. 130.
48   H. Mann in: F. Martini (Hg.), Prosa des Expressionismus, S. 236.
49   F. Nietzsche, Kritische Studienausgabe, Bd. II, S. 13; vgl. auch P.-A. Alt, Flaneure,
     Voyeure, Lauscher an der Wand, bes. S. 132ff.
50   G. W. F. Hegel, Werke, Bd. VII, S. 458 (§ 289).
51   W. Benjamin, Gesammelte Schriften, Bd. I, S. 668.
52   M. Schmeling, Der labyrinthische Diskurs, S. 115.
53   M. Schmeling, Der labyrinthische Diskurs, S. 121.
54   M. Frank, Gott im Exil, S. 53.
55   L. Wittgenstein, Tractatus logico-philosophicus, S. 85.
56   A. Schopenhauer, Werke, Bd. I, S. 324 (§ 52).
57   A. Schopenhauer, Werke, Bd. I, S. 324 (§ 52).
58   Vgl. G. Deleuze, F. Guattarri, Kafka, S. 10f.
59   Dazu G. Neumann in: Franz Kafka: Schriftverkehr, hg. v. W. Kittler u. G. Neu-
     mann, S. 199–221, S. 221.
60   M. Brod, Zur Aesthetik I, in: Die Gegenwart, Bd. 69, Nr. 7, S. 102.
61   V. Sklovskij, Die Kunst als Verfahren, S. 15f.
62   Vgl. H. Hillmann, Dichtungstheorie, S. 98f.; über den Bezug zur Avantgarde be-
     reits J. Stromšik, Kafkas Forschungen, S. 151.
63   W. Kittler, Der Turmbau zu Babel und das Schweigen der Sirenen, S. 184.
64   A. D. Gordon, Briefe aus Palästina. Dritter Brief, in: Der Jude, 1.Jg. (1916/17),
     Hft. 11 (1917), S. 728–736, S. 734.
65   E. Bloch, Geist der Utopie, S. 320.
66   Wenig überzeugend hier K. E. Grözinger, Kafka und die Kabbala, S. 188, der in
     Josefine eine Spiegelung der Rolle des sein Volk führenden Zaddik sieht.

67 Vgl. G. Neumann, «Eine höhere Art der Betrachtung», S. 54ff.
68 J. Wassermann, Mein Weg als Deutscher und Jude, S. 118.

Zwanzigstes Kapitel. **Die vorletzte Reise (1923–1924)**

1   H.-G. Koch (Hg.), Erinnerungen an Franz Kafka, S. 167.
2   Puah Ben-Tovim selbst bestreitet dies: H.-G. Koch (Hg.), Erinnerungen an Franz Kafka, S. 166.
3   H.-G. Koch (Hg.), Erinnerungen an Franz Kafka, S. 182.
4   Vgl. H. Binder, Kafkas Hebräischstudien, S. 550.
5   G. Baioni, Kafka, S. 281.
6   H.-G. Koch (Hg.), Erinnerungen an Franz Kafka, S. 177.
7   H.-G. Koch (Hg.), Erinnerungen an Franz Kafka, S. 178.
8   M. Brod, Franz Kafka, S. 220.
9   H.-G. Koch (Hg.), Erinnerungen an Franz Kafka, S. 176.
10 Unveröffentlicht; für den Hinweis auf den genauen Wortlaut der im Original tschechischen Briefnotiz danke ich Hans-Gerd Koch.
11 M. Brod, Franz Kafka, S. 214; H.-G. Koch (Hg.), Erinnerungen an Franz Kafka, S. 180.
12 H. Binder, Kafkas Hebräischstudien, S. 555.
13 M. Brenner, Jüdische Kultur, S. 76.
14 Zu den Besuchen von Haas und Kayser H.-G. Koch (Hg.), Erinnerungen an Franz Kafka, S. 182., ferner M. Brod, Franz Kafka, S. 213.
15 Zur Datierung H.-G. Koch (Hg.), Erinnerungen an Franz Kafka, S. 178; vgl. H. Binder, Kafka-Kommentar zu sämtlichen Erzählungen, S. 300.
16 Vgl. H. Hillmann, Dichtungstheorie, S. 77ff.
17 H.-G. Koch (Hg.), Erinnerungen an Franz Kafka, S. 176.
18 K. Wolff, Autoren, Bücher, Abenteuer, S. 74.
19 K. Wolff, Briefwechsel, S. 57.
20 B. Brecht, Gesammelte Werke, Bd. 15, S. 44.
21 J. Unseld, Franz Kafka, S. 226.
22 M. Brod, Franz Kafka, S. 214; H.-G. Koch (Hg.), Erinnerungen an Franz Kafka, S. 179.
23 M. Brod, Franz Kafka, S. 215
24 M. Brod, Franz Kafka, S. 215.
25 M. Brod, Streitbares Leben, S. 101.
26 J. Born, Kafkas Bibliothek, S. 56.
27 R. M. Rilke, Die Aufzeichnungen des Malte Laurids Brigge, S. 13.
28 M. Brod, Franz Kafka, S. 217.
29 Vgl. M. Brod, Franz Kafka, S. 221.
30 Vgl. J. Derrida, Die Stimme und das Phänomen, S. 108f.
31 S. Kierkegaard, Der Begriff Angst, S. 92ff.
32 Vgl. den an Klopstock angelehnten Bericht bei M. Brod, Franz Kafka, S. 224f.

Bibliographie

Die Bibliographie enthält acht Kapitel: Kafka-Werkausgaben (I), Lebenszeugnisse (II), Dokumente zu Kafkas Leben, Werk und Wirkung (III), literarische Werke und Quellen (IV), Kafka-Forschung (V), weitere literaturwissenschaftliche Forschung (VI), Studien zur Ästhetik, Philosophie und Gesellschaftswissenschaft (VII), Arbeiten zur Kultur- und Zeitgeschichte (VIII).
Siglen für Kafka-Texte finden sich in der folgenden Rubrik hinter den jeweiligen Editionen.

I Kafka-Werkausgaben (chronologisch)

Gesammelte Schriften in sechs Bänden, hg. v. Max Brod mit Heinz Politzer, Berlin, Prag 1936–37
(Bd. 1: Erzählungen und kleine Prosa; Bd. 2: Amerika; Bd. 3: Der Prozeß; Bd. 4: Das Schloß; Bd. 5: Beschreibung eines Kampfes. Novellen, Skizzen, Aphorismen. Aus dem Nachlaß; Bd. 6: Tagebücher und Briefe)
Gesammelte Schriften in fünf Bänden, hg. v. Max Brod, New York 1946
(Bd. 1: Erzählungen und kleine Prosa; Bd. 2: Amerika; Bd. 3: Der Prozeß; Bd. 4: Das Schloß; Bd. 5: Beschreibung eines Kampfes. Novellen, Skizzen, Aphorismen. Aus dem Nachlaß)
Gesammelte Werke [in Einzelbänden], hg. v. Max Brod, Frankfurt/M. 1950–58
(Der Prozeß [1950]; Das Schloß [1951]; Tagebücher 1910–1923 [1951]; Briefe an Milena, hg. v. Willy Haas [1952]; Erzählungen [1952]; Amerika [1953]; Hochzeitsvorbereitungen auf dem Lande und andere Prosa aus dem Nachlaß [1953]; Beschreibung eines Kampfes. Novellen, Skizzen, Aphorismen aus dem Nachlaß [1954]; Briefe 1902–1924 [1958] [Unter Mitarbeit von Klaus Wagenbach]
Gesammelte Werke in acht Bänden, Frankfurt/M. 1989 (Mit Ausnahme des Briefbandes textidentisch mit der Ausgabe von 1950–58)
Schriften. Tagebücher. Briefe. Kritische Ausgabe, hg. v. Jürgen Born, Gerhard Neumann, Malcolm Pasley u. Jost Schillemeit, Frankfurt/M. 1982ff.
(Das Schloß, hg. v. Malcolm Pasley [1982] = KKAS; Der Verschollene, hg. v. Jost Schillemeit [1983] = KKAV; Der Proceß, hg. v. Malcolm Pasley [1990] = KKAP; Tagebücher, hg. v. Hans-Gerd Koch, Michael Müller und Malcolm Pasley [1990] = KKAT; Nachgelassene Schriften und Fragmente I, hg. v. Malcolm Pasley [1993] = KKAN I; Nachgelassene Schriften und Fragmente II, hg. v. Jost Schillemeit [1992] = KKAN II; Drucke zu Lebzeiten, hg. v. Wolf Kittler, Hans-Gerd Koch und Gerhard Neumann [1994] = KKAD; Briefe 1900–1912, hg. v. Hans-Gerd Koch [1999] = KKABr I; Briefe 1913–1914, hg. v. Hans-Gerd Koch [2001] = KKABr II; Briefe 1914–1917, hg. v. Hans-Gerd Koch [2005] = KKABr III; Amtliche Schriften, hg. v. Klaus Hermsdorf und Benno Wagner [2004] = KKAA) (zu den Einzelbänden Apparat-Bände mit Textvarianten und Kommentar; im Fall der Briefedition textkritischer Apparat im Bandanhang)
Gesammelte Werke in zwölf Bänden. Nach der Kritischen Ausgabe hg. v. Hans-Gerd Koch, Frankfurt/M. 1994 (Bd. 1: Ein Landarzt und andere Drucke zu Lebzeiten [= D];

Bd. 2: Der Verschollene [= V]; Bd. 3: Der Proceß [= P]; Bd. 4: Das Schloß [= S]; Bd. 5:
Beschreibung eines Kampfes und andere Schriften aus dem Nachlaß [= B]; Bd. 6: Beim
Bau der chinesischen Mauer und andere Schriften aus dem Nachlaß [= M]; Bd. 7: Zur
Frage der Gesetze und andere Schriften aus dem Nachlaß [= G]; Bd. 8: Das Ehepaar
und andere Schriften aus dem Nachlaß [= E], Bd. 9: Tagebücher I: 1909–1912 [= T I];
Bd. 10: Tagebücher II: 1912–1914 [= T II]; Bd. 11: Tagebücher III: 1914–1923 [= T III];
Bd. 12: Reisetagebücher [= R]

Franz Kafka: Historisch-Kritische Ausgabe sämtlicher Handschriften, Drucke und Typo-
skripte, hg. v. Roland Reuß in Zusammenarbeit mit Peter Staengle, Frankfurt/M.
1997ff. (Es liegen bisher vor: Der Process, 1997 = HKAP; Beschreibung eines Kamp-
fes/Gegen zwölf Uhr …, 1999 = HKAB; Oxforder Quarthefte 1 & 2, 2001 = HKAQ;
Die Verwandlung. Oxforder Quartheft 17, 2003 = HKAV)

II Lebenszeugnisse

Franz Kafka. Briefe 1900–1912, hg. v. Hans-Gerd Koch, Frankfurt/M. 1999 (= Br I)
Franz Kafka. Briefe 1913–1914, hg. v. Hans-Gerd Koch, Frankfurt/M. 1999 (= Br II)
Franz Kafka. Briefe 1914–1917, hg. v. Hans-Gerd Koch, Frankfurt/M. 2005 (erschien nach
Manuskriptabschluß)
Franz Kafka. Briefe 1918–1920, hg. v. Hans-Gerd Koch (in Vorbereitung)
Franz Kafka. Briefe 1921–1924, hg. v. Hans-Gerd Koch (in Vorbereitung)
Briefe 1902–1924 [hg. v. Max Brod u. Klaus Wagenbach], Frankfurt/M. 1975 (zuerst 1958)
(= Br)
Franz Kafka: Brief an den Vater. Mit einem unbekannten Bericht über Kafkas Vater als
Lehrherr und anderen Materialien, hg. v. Hans-Gerd Koch. Mit einem Nachwort v.
Alena Wagnerová, Berlin 2004 (= V)
Briefe an Felice [Bauer] und andere Korrespondenz aus der Verlobungszeit, hg. v. Erich
Heller u. Jürgen Born, Frankfurt/M. 1967 (= F)
Briefe an Milena [Jesenská]. Erw. und neu geordnete Ausgabe, hg. v. Jürgen Born u. Mi-
chael Müller, Frankfurt/M. 1982 (= Mi)
Briefe an Ottla [Kafka] und die Familie, hg. v. Hartmut Binder und Klaus Wagenbach,
Frankfurt/M. 1974 (= o)
Max Brod-Franz Kafka. Eine Freundschaft. Bd. I Reisetagebücher, hg. v. Malcolm Pasley,
Frankfurt/M. 1987 (= BK I)
Max Brod-Franz Kafka. Eine Freundschaft. II. Briefwechsel, hg. v. Malcolm Pasley, Frank-
furt/M. 1989 (= BK II)
Briefe an die Eltern aus den Jahren 1922–1924, hg. v. Josef Čermák und Martin Svatoß,
Frankfurt/M. 1990 (= El)
Franz Kafka: Amtliche Schriften, hg. v. Klaus Hermsdorf unter Mitwirkung von Winfried
Poßner und Jaromir Louzil, Berlin 1984 (= AS)

III Dokumente zu Kafkas Leben, Werk und Wirkung

Binder, Hartmut u. Parik, Jan: Kafka. Ein Leben in Prag, München 1982
Binder, Hartmut: Kafka in Paris, München 1999
Binder, Hartmut: Wo Kafka und seine Freunde zu Gast waren, Prag, Furth im Wald 2000
Born, Jürgen u. a. (Hg.): Franz Kafka. Kritik und Rezeption zu seinen Lebzeiten,
1912–1924, Frankfurt/M. 1979
Born, Jürgen u. a. (Hg.): Franz Kafka. Kritik und Rezeption 1924–1938, Frankfurt/M. 1983
Born, Jürgen: Kafkas Bibliothek. Ein beschreibendes Verzeichnis. Zusammengestellt unter
Mitarbeit von Michael Antreter, Waltraud John und Jon Shepherd Frankfurt/M. 1990

Brod, Max: Franz Kafkas Nachlaß, in: Die Weltbühne 20 (1924), Nr. 29 (17. Juli), S. 106–109
Brod, Max: Franz Kafka. Eine Biographie, Frankfurt/M. 1963 (zuerst 1937)
Caputo-Mayr, Marie Luise u. Herz, Julius M.: Franz Kafkas Werke. Eine Bibliographie der Primärliteratur (1908–1980), Bern, München 1982
Dietz, Ludwig: Franz Kafka. Die Veröffentlichungen zu seinen Lebzeiten (1908–1924). Eine textkritische und kommentierte Bibliographie, Heidelberg 1982
Fisenne, Otto von: Franz Kafkas Reise nach Schleswig-Holstein, in: Freibeuter 61 (1994), S. 3–7 (zuerst 1985) (Quellenwert zweifelhaft)
Haas, Willy: Die literarische Welt. Lebenserinnerungen, Frankfurt/M. 1983
Janouch, Gustav: Franz Kafka und seine Welt, Wien, Stuttgart, Zürich 1965
Heller, Erich u. Beug, Joachim (Hg.): Dichter über ihre Dichtungen. Franz Kafka, München 1969
Janouch, Gustav: Gespräche mit Kafka. Aufzeichnungen und Erinnerungen, Frankfurt/M. 1968 (zuerst 1961) (Quellenwert zweifelhaft)
Koch, Hans-Gerd (Hg.): «Als Kafka mir entgegenkam …». Erinnerungen an Franz Kafka, Berlin 1995
Urzidil, Johannes: Da geht Kafka, Zürich 1965
Wagenbach, Klaus (Hg.): Franz Kafka (1883–1924). Manuskripte, Erstdrucke, Dokumente, Photographien, Berlin 1966
Wagenbach, Klaus: Franz Kafka. Bilder aus seinem Leben, Berlin 1983 (2. erweiterte Aufl. 1994)

IV Literarische Werke und Quellen

Bachofen, Johann Jakob: Das Mutterrecht. Eine Untersuchung über die Gynaikokratie der Welt nach ihrer religiösen und rechtlichen Natur (1861). Eine Auswahl hg. v. Hans-Jürgen Heinrichs, Frankfurt/M. 1975
Baudelaire, Charles: Die Blumen des Bösen/Les Fleurs du mal. Vollständige zweisprachige Ausgabe. Deutsch von Friedhelm Kemp, München 1993 (5. Aufl., zuerst 1986)
Baudelaire, Charles: Werke. Bd. VIII, hg. v. Friedhelm Kemp u. Claude Pichois, München, Wien 1985
Baum, Oskar: Die Tür ins Unmögliche, Leipzig 1913
Benn, Gottfried: Gesammelte Werke. Bd. V (Prosa), hg. v. Dieter Wellershoff, Wiesbaden 1968
Bergman, Schmuel Hugo: Tagebücher und Briefe. Bd. I 1901–1948, hg. v. Miriam Sambursky, Frankfurt/M. 1985
Bergson, Henri: L'évolution créatrice (1907), Paris 1962
Blei, Franz: Der Dandy. Variationen über ein Thema, in: Neue Rundschau 16 (1905), S. 1076–1088
Blüher, Hans: Die Erotik in der männlichen Gesellschaft. Eine Theorie der menschlichen Staatsbildung nach Wesen und Art. Neuausgabe, hg. v. Hans Joachim Schoeps, Stuttgart 1962 (zuerst 1917)
Börne, Ludwig: Briefe aus Paris (1832–34). Auswahl, Anmerkungen u. Nachwort v. Manfred Schneider, Stuttgart 1977
Brecht, Bertolt: Gesammelte Werke. 20 Bde., hg. v. Suhrkamp-Verlag in Verbindung mit Elisabeth Hauptmann, Frankfurt/M. 1967
Brecht, Bertolt: Tagebücher 1920–1922. Autobiographische Aufzeichnungen 1920–1954, hg. v. Herta Ramthun, Frankfurt/M. 1975
Brentano, Clemens: Werke. Bd. II, hg. v. Friedhelm Kemp, München 1963
Brentano, Franz von: Deskriptive Psychologie. Aus dem Nachlaß hg. u. eingel. v. Roderick M. Chisholm u. Wilhelm Baumgartner, Hamburg 1982

Broch, Hermann: Die Schlafwandler. Eine Romantrilogie (1932). Kommentierte Werk-
  ausgabe, hg. v. Paul Michael Lützeler, Frankfurt/M. 1978
Broch, Hermann: Die Schuldlosen. Roman in elf Erzählungen (1950). Kommentierte
  Werkausgabe, hg. v. Paul Michael Lützeler, Frankfurt/M. 1974
Brod, Max: Der Weg des Verliebten, Berlin u. a. 1907
Brod, Max: Schloß Nornepygge, Berlin 1908
Brod, Max: Ein tschechisches Dienstmädchen, Berlin u. a. 1909
Brod, Max: Tagebuch in Versen, Berlin 1910
Brod, Max: Jüdinnen, Leipzig 1915 (zuerst 1911)
Brod, Max: Arnold Beer. Das Schicksal eines Juden, Berlin 1912
Brod, Max: Über die Schönheit häßlicher Bilder, Leipzig 1913
Brod, Max: Die Höhe des Gefühls, Leipzig 1913
Brod, Max u. Weltsch, Felix: Anschauung und Begriff. Grundzüge eines Systems der Be-
  griffsbildung, Leipzig 1913
Brod, Max: Tycho Brahes Weg zu Gott, Leipzig 1917 (zuerst 1915)
Brod, Max: Die erste Stunde nach dem Tode. Eine Gespenstergeschichte, Leipzig 1916
Brod, Max: Weiberwirtschaft, Leipzig 1917
Brod, Max: Das gelobte Land. Ein Buch der Schmerzen und Hoffnungen, Leipzig
  1917
Brod, Max: Das große Wagnis, Leipzig, Wien 1918
Brod, Max: Sozialismus im Zionismus, Berlin, Wien 1920
Brod, Max: Zauberreich der Liebe, Zürich 1928
Brod, Max: Stefan Rott oder Das Jahr der Entscheidung, Berlin u. a. 1931
Brod, Max: Beinahe ein Vorzugsschüler oder pièce touchée. Roman eines unauffälligen
  Menschen, Zürich 1952
Brod, Max: Streitbares Leben. Autobiographie, München 1960
Brod, Max: Der Prager Kreis, Stuttgart u. a. 1966
Brod, Max: Notwehr. Frühe Erzählungen, Berlin 1990
Buber, Martin: Vom Geist des Judentums – Reden und Geleitworte, Leipzig 1916
Buber, Martin: Schuld und Schuldgefühle, in: Merkur 11 (1957), S. 705–730
Buber, Martin: Der Jude und sein Judentum. Gesammelte Aufsätze und Reden. Mit einer
  Einleitung von Robert Weltsch, Köln 1963
Buber, Martin: Briefwechsel aus sieben Jahrzehnten. In 3 Bänden, hg. u. eingel. v. Grete
  Schaeder. Bd. I: 1897–1918, Heidelberg 1972
Cassirer, Ernst: Philosophie der symbolischen Formen. Drei Teile, Darmstadt 1964
  (Nachdruck der zweiten Auflage von 1953–54, zuerst 1923–1929)
Celan, Paul: Gesammelte Werke, hg. v. Beda Allemann u. Stefan Reichert unter Mitwir-
  kung v. Rolf Bücher, Frankfurt/M. 2000
Döblin, Alfred: Erzählungen aus fünf Jahrzehnten, hg. v. Adolf Muschg u. Heinz Graber,
  Olten, Freiburg i. Br. 1977
Döblin, Alfred: Schriften zur Ästhetik, Poetik und Literatur, hg. v. Erich Kleinschmidt,
  Olten, Freiburg i. Br. 1989
Dostojevskij, Fjodor M.: Der Doppelgänger. Eine Petersburger Dichtung. Aus dem Rus-
  sischen v. E. K. Rahsin, München 1986
Eckermann, Johann Peter: Gespräche mit Goethe in den letzten Jahren seines Lebens, hg.
  v. Fritz Bergemann, Frankfurt/M. 1981
Edschmid, Kasimir: Expressionismus in der Dichtung, in: Die neue Rundschau 29 (1918),
  S. 359–374
Einstein, Carl: Bebuquin (1912), hg. v. Erich Kleinschmidt, Stuttgart 1995

Eliasberg, Alexander: Sagen polnischer Juden. Ausgewählt und übertragen von Alexander Eliasberg, München 1916

Ewers, Hanns Heinz: Alraune. Die Geschichte eines lebenden Wesens, München 1919 (zuerst 1911)

[S. Fischer-Verlag] Das große Jahr 1914–1915, Berlin 1915

Flaubert, Gustave: Lehrjahre des Gefühls (1869). Übertragen von Paul Wiegler, Frankfurt/M. 1979

Flaubert, Gustave: Bouvard und Pécuchet (1881). Mit einem Vorwort von Victor Brombert u. einem Nachwort von Uwe Japp. Aus dem Französischen übers. von Georg Goyert, Frankfurt/M. 1979

Freud, Sigmund: Gesammelte Werke, hg. v. Anna Freud u. a., Frankfurt/M. 1999 (zuerst 1940–1952)

[Freud-Jung] Sigmund Freud – C[arl] G[ustav] Jung. Briefwechsel, hg. v. William McGuire u. Wolfgang Sauerländer, Frankfurt/M. 1974

Fromer, Jakob: Der babylonische Talmud. Mit einer Einleitung: Der Organismus des Judentums, Berlin 1909

George, Stefan: Werke. Ausgabe in zwei Bänden, Stuttgart 1984 (4. Aufl., zuerst 1958)

Goethe, Johann Wolfgang von: Sämtliche Werke. Artemis-Gedenkausgabe, hg. v. Ernst Beutler, Zürich 1977 (zuerst 1948–54)

Gordon, Aharon David: Arbeit, in: Der Jude, 1. Jg. (1916/17), Hft. 1 (1916), S. 37–43

Gordon, Aharon David: Briefe aus Palästina, in: Der Jude, 1. Jg. (1916/17), Hft. 10 (1917), S. 643–649, Hft. 11, S. 728–736, Hft. 12, S. 794–801.

Groß, Hans: Handbuch für Untersuchungsrichter, Polizeibeamte, Gendarmen u.s.w., Graz 1893

Haeckel, Ernst: Die Welträthsel, Bonn 1899

Hašek, Jaroslav: Die Abenteuer des braven Soldaten Schwejk (1921–23). Aus dem Tschechischen von Grete Reiner, Berlin 2003

Hegel, Georg Wilhelm Friedrich: Werke. 20 Bände, hg. v. Eva Moldenhauer u. Karl Markus Michel, Frankfurt/M. 1986

[Hegel, Georg Wilhelm Friedrich] Briefe von und an Hegel, hg. v. Johannes Hoffmeister, Hamburg 1952–1961

Heidegger, Martin: Sein und Zeit (1927), Tübingen 1993

Heidegger, Martin: Die Grundbegriffe der Metaphysik. Welt – Endlichkeit – Einsamkeit. Gesamtausgabe. II. Abteilung: Vorlesungen 1923–1944. Bd. 29/30, hg. v. Friedrich-Wilhelm von Herrmann, Frankfurt/M. 1983

Herzl, Theodor: Der Judenstaat. Neudruck der Erstausgabe 1896, Osnabrück 1968

Herzl, Theodor: Briefe und Tagebücher. Bd. 1–7, hg. v. Alex Bein u. a., Frankfurt/M. 1983–1996

Heym, Georg: Dichtungen und Schriften, hg. v. Karl Ludwig Schneider, Hamburg, München 1964–1968

Hofmannsthal, Hugo v.: Gesammelte Werke in zehn Einzelbänden, hg. v. Bernd Schoeller, Frankfurt/M. 1979

Holitscher, Arthur: Amerika heute und morgen. Reiseerlebnisse, Berlin 1912

Iggers, Wilma (Hg.): Die Juden in Böhmen und Mähren. Ein historisches Lesebuch, München 1986

Jacques, Norbert: Südsee, in: Die neue Rundschau 25 (1914), S. 959–990; S. 1112–1144

Jeiteles, Isidor: Fremdes Recht im Talmud. Jahrbuch der Jüdisch-Literarischen Gesellschaft 21 (1930), S. 109–128

Jesenská, Milena: Alles ist Leben. Feuilletons und Reportagen 1919–1939, hg. v. Dorothea Rein, Fankfurt/M. 1984

Jung, Carl Gustav: Symbole der Wandlung. Analyse des Vorspiels zu einer Schizophrenie (1912). Gesammelte Werke. Bd. V, Olten, Freiburg i. Br. 1991 (6. Aufl., zuerst 1973)

Jünger, Ernst: Sämtliche Werke, Stuttgart 1978ff.

Kaes, Anton (Hg.): Kino-Debatte. Literatur und Film 1909–1929, Tübingen 1978

Kaes, Anton (Hg.): Weimarer Republik. Manifeste und Dokumente zur deutschen Literatur 1918–1933, Stuttgart 1983

Kierkegaard, Sören: Über den Begriff der Ironie mit ständiger Rücksicht auf Sokrates (1841). In: Gesammelte Werke, hg. v. Emanuel Hirsch u. Hayo Gerdes. 31. Abteilung, Gütersloh 1998

Kierkegaard, Sören: Entweder-Oder. Erster Teil (1843). Bd. 1 u. 2. In: Gesammelte Werke, hg. v. Emanuel Hirsch u. Hayo Gerdes. 1. Abteilung, Gütersloh 1986

Kierkegaard, Sören: Furcht und Zittern (1843). In: Gesammelte Werke, hg. v. Emanuel Hirsch u. Hayo Gerdes. 4. Abteilung, Gütersloh 1993

Kierkegaard, Sören: Die Wiederholung/Drei erbauliche Reden (1843). In: Gesammelte Werke, hg. v. Emanuel Hirsch u. Hayo Gerdes. 5. u. 6. Abteilung, Gütersloh 1998

Kierkegaard, Sören: Der Begriff Angst (1844). In: Gesammelte Werke, hg. v. Emanuel Hirsch u. Hayo Gerdes. 11. u. 12. Abteilung, Gütersloh 1991

Kierkegaard, Sören: Stadien auf des Lebens Weg (1845). In: Gesammelte Werke, hg. v. Emanuel Hirsch u. Hayo Gerdes. 15. Abteilung, Gütersloh 1994

Kisch, Egon Erwin: Aus Prager Gassen und Nächten – Prager Kinder – Die Abenteuer in Prag, in: Gesammelte Werke in Einzelausgaben, hg. v. Bodo Uhse u. Gisela Kisch, Bd. II/1, Berlin, Weimar 1975

Klabund (d. i. Alfred Henschke): Werke in acht Bänden. In Zusammenarbeit mit Georg Bogner, Joachim Grafe u. Julian Paulus hg. v. Christian v. Zimmermann, Heidelberg 1998–2003

Kleist, Heinrich von: Sämtliche Werke und Briefe. 2 Bde., hg. v. Helmut Sembdner, München 1965

Kölwel, Gottfried: Gesänge gegen den Tod, Leipzig 1914

Kölwel, Gottfried: Erhebung. Neue Gedichte, München 1918

Krafft-Ebing, Richard von: Psychopathia sexualis (1886). Nachdruck der 14. Aufl. von 1912, München 1993

Kraus, Karl: Frühe Schriften, hg. v. Johannes J. Braakenburg. 2 Bde., München 1979

Kraus, Karl: Schriften. Erste Abteilung. 12 Bde., hg. v. Christian Wagenknecht, Frankfurt/M. 1986–89

Kraus, Oskar: Franz Brentano. Mit Beiträgen von Carl Stumpf und Edmund Husserl, München 1919

Kubin, Alfred: Die andere Seite. Ein phantastischer Roman (1909). Reprint nach der Erstausgabe, München 1990

Laforgue, Jules: Pierrot, der Spaßvogel, hg. v. Franz Blei u. Max Brod, Berlin 1909

Leppin, Paul: Glocken, die im Dunkeln rufen, Köln 1903

Leppin, Paul: Severins Gang in die Finsternis. Ein Prager Gespensterroman (1914), hg. v. Dirk O. Hoffmann, Ravensburg 1988

Lessing, Gotthold Ephraim: Werke, hg. v. Herbert G. Göpfert u. a., München 1970ff.

Lindner, Gustav Adolf u. Lukas, Franz: Lehrbuch der empirischen Psychologie. Für den Gebrauch an höheren Lehranstalten, Wien 1912 (zuerst 1900; vierte, mit der dritten von Anton von Leclair besorgten gleichlautende Auflage)

Marty, Anton: Gesammelte Schriften, hg. v. Josef Eisenmeier, Alfred Kastil u. Oskar Kraus. 1. Band, 1. Abteilung, Halle a. S. 1916

Mann, Thomas: Der Zauberberg (1924), Frankfurt/M. 1978

Mann, Thomas: Die Erzählungen. 2 Bde., Frankfurt/M. 1979

Mann, Thomas: Ausgewählte Essays in drei Bänden, Frankfurt/M. 1977–78

Mann, Thomas: Aufsätze, Reden, Essays. Bd. II (1914–1918), hg. u. mit Anmerkungen vers. v. Harry Matter, Berlin 1983

Marx, Karl: Das Kapital. Kritik der politischen Ökonomie. Karl Marx u. Friedrich Engels: Werke. Bd. 23–25, Berlin 1975ff.

Mercier, Louis-Sébastian: Tableau de Paris (1782–88). Nouvelle édition corrigée et augmentée. 12 Bde., Paris 1982

Meyrink, Gustav: Der Golem (1915), München, Wien 1982

Musil, Robert: Gesammelte Werke. 9 Bde., hg. v. Adolf Frisé, Reinbek b. Hamburg 1978

Musil, Robert: Tagebücher. 2 Bde., hg. v. Adolf Frisé, Reinbek b. Hamburg 1976

Nietzsche, Friedrich: Kritische Gesamtausgabe, hg. v. Giorgio Colli u. Mazzino Montinari, Berlin, New York 1967ff.

Nietzsche, Friedrich: Sämtliche Werke. Kritische Studienausgabe in fünfzehn Bänden, hg. v. Giorgio Colli u. Mazzino Montinari, München 1999

Novalis (d. i.: Friedrich v. Hardenberg): Werke, Tagebücher und Briefe. 3 Bde., hg. v. Hans-Joachim Mähl u. Richard Samuel, München 1978

Pascal, Blaise: Pensées sur la religion et sur quelques autres sujets (1669/70), ed. Louis Lafuma, Paris 1952

Paul, Jean (d. i. Jean Paul Friedrich Richter): Sämtliche Werke, hg. v. Norbert Miller, München 1959ff.

Perez, Jizchok Leib: Aus dieser und jener Welt. Jüdische Geschichten. Deutsch v. Siegfried Schmitz, Wien, Berlin 1919

Pinès, Meyer Isses: Histoire de la littérature judéo-allemande, Paris 1911

Platon: Sämtliche Werke, nach der Übers. v. Friedrich Schleiermacher mit der Stephanus-Numerierung hg. v. Walter F. Otto, Ernesto Grassi u. Gert Plambóck, Reinbek b. Hamburg 1958

Rathenau, Walther: Schriften, hg. v. Arnold Harttung u. a., Berlin 1965

Rilke, Rainer Maria: Werke. Kommentierte Ausgabe in vier Bänden, hg. v. Manfred Engel u. a., Frankfurt/M., Leipzig 1996

Rilke, Rainer Maria: Die Aufzeichnungen des Malte Laurids Brigge (1910), Frankfurt/M. 1982

Roskoff, Gustav: Geschichte des Teufels, Leipzig 1869

Roth, Joseph: Hotel Savoy (1924), in: Werke in vier Bänden, hg. u. eingeleitet v. Hermann Kesten, Amsterdam 1975–76, Bd. I, S. 129–224

Roth, Joseph: Juden auf Wanderschaft (1927), in: Werke, hg. u. eingeleitet v. Hermann Kesten, Amsterdam 1975–76, Bd. III, S. 291–369

Sacher-Masoch, Leopold von: Venus im Pelz (1869), Frankfurt/M. 1980

Sauer, August: Literaturgeschichte und Volkskunde. Rektoratsrede, gehalten am 18. November 1907, Prag 1907

Schelling, Friedrich Wilhelm Joseph: Ausgewählte Schriften in 6 Bänden, Frankfurt/M. 1985

Schiller, Friedrich: Werke. Nationalausgabe, begr. v. Julius Petersen, fortgef. v. Lieselotte Blumenthal u. Benno v. Wiese, seit 1992 im Auftrag der Stiftung Weimarer Klassik und des Schiller-Nationalmuseums Marbach a. N. hg. v. Norbert Oellers. Weimar 1943ff.

Schnitzler, Arthur: Jugend in Wien. Eine Autobiographie, hg. v. Therese Nickl u. Heinrich
    Schnitzler. Mit einem Nachwort v. Friedrich Torberg, Frankfurt/M. 1992
Scholem, Gershom: Jugenderinnerungen. Erweiterte Fassung. Aus dem Hebräischen v.
    Michael Brocke u. Andrea Schatz, Frankfurt/M. 1994
Scholem, Gershom: Tagebücher nebst Aufsätzen und Entwürfen bis 1923. 1. Halbband
    1913–1917, unter Mitarbeit v. Herbert Kopp-Oberstebrink hg. v. Karlfried Gründer u.
    Friedrich Niewöhner, Frankfurt/M. 1995
Schopenhauer, Arthur: Werke in zehn Bänden (Zürcher Ausgabe), hg. von Arthur Hüb-
    scher unter Mitarbeit von Angelika Hübscher, Zürich 1977
Seume, Johann Gottfried: Prosaschriften. Mit einer Einleitung v. Werner Kraft, Köln 1962
Simmel, Georg: Gesamtausgabe, hg. v. Otthein Rammstedt, Frankfurt/M. 1988ff.
Sklovskij, Viktor: Die Kunst als Verfahren (1917), in: Texte der russischen Formalisten.
    Bd. I, hg. u. eingel. v. Jurij Striedter, München 1969, S. 11–35
Sorge, Reinhard Johannes: Werke in drei Bänden, hg. v. Hans Gerd Rötzer. Bd. II, Nürn-
    berg 1964
Spengler, Oswald: Der Untergang des Abendlandes. Umrisse einer Morphologie der
    Weltgeschichte (1918/1922). Sonderausgabe in einem Band, München 1923
Stekel, Wilhelm: Dichtung und Neurose. Bausteine zur Psychologie des Künstlers und
    des Kunstwerks, Wiesbaden 1909
Steiner, Rudolf: Anthroposophie, Psychosophie, Pneumatosophie. Zwölf Vorträge, gehal-
    ten in Berlin vom 23. bis 27. Oktober 1909, 1. bis 4. November 1910 und 12. bis 16. De-
    zember 1911, Dornach 1980
Steiner, Rudolf: Gesammelte Aufsätze. Luzifer – Gnosis 1903–1908. Gesamtausgabe,
    Bd. 34, Dornach 1987
Sternheim, Carl: Das Gesamtwerk, hg. v. Wilhelm Emrich u. Manfred Linke, Neuwied,
    Berlin 1963–1976
Sudhoff, Dieter u. Schardt, Michael M. (Hg.): Prager deutsche Erzählungen, Stuttgart
    1992
Swift, Jonathan: Gullivers Reisen (1726), neu übers., kommentiert und mit einem Nach-
    wort versehen von Hermann J. Real u. Heinz J. Vienken, Stuttgart 1987
Tagger, Theodor: Das neue Geschlecht. Programmschrift gegen die Metapher, Berlin 1917
Trakl, Georg: Das dichterische Werk. Auf Grund der historisch-kritischen Ausgabe von
    Walther Killy u. Hans Szklenar, München 1979 (5. Aufl., zuerst 1972)
Uexküll, Jakob von: Umwelt und Innenwelt der Tiere, Berlin 1909
Valéry, Paul: Œuvres. Edition etablie et annoté par Jean Hytier, Paris 1960
Vietta, Silvio (Hg.): Lyrik des Expressionismus, Tübingen 1990
Walser, Robert: Das Gesamtwerk, hg. v. Jochen Greven, Genf, Hamburg 1966ff.
Walser, Robert: Jakob von Gunten (1909), Frankfurt/M. 1985
Wassermann, Jakob: Mein Weg als Deutscher und Jude, Berlin 1921
Wassermann, Jakob: Deutscher und Jude. Reden und Schriften 1904–1933, Heidelberg
    1984
Weber, Alfred: Der Beamte, in: Die neue Rundschau 21(1910), S. 1321–1339
Wedekind, Frank: Werke in zwei Bänden, hg. mit Nachwort und Anmerkungen v. Erhard
    Weidl, München 1990
Weininger, Otto: Geschlecht und Charakter (1903), München 1980
Weiß, Ernst, Die Galeere (1913), Frankfurt/M. 1982
Weiß, Ernst: Tiere in Ketten (1918), Frankfurt/M. 1982
Weiss, Peter: Fluchtpunkt, Frankfurt/M. 1962
Werfel, Franz: Der Weltfreund, Leipzig o. J. (2. Aufl., zuerst 1911)

Werfel, Franz: Einander. Oden, Lieder, Gestalten, Leipzig 1917 (2. Aufl., zuerst 1915)
Werfel, Franz: Erzählungen aus zwei Welten. Erster Band, hg. v. Adolf D. Klarmann, Stockholm 1948
Werfel, Franz: Die Dramen. Erster Band, hg. v. Adolf D. Klarmann, Frankfurt/M. 1959
Wilde, Oscar: Complete Works. With an Introduction by Vyvyan Holland, London, Glasgow 1977
Wittgenstein, Ludwig: Werkausgabe. Bd. 1: Tractatus logico-philosophicus, Tagebücher 1914–1916, Philosophische Untersuchungen. Neu durchges. v. Joachim Schulte, Frankfurt/M. 1984
Wolff, Kurt: Autoren, Bücher, Abenteuer. Betrachtungen und Erinnerungen eines Verlegers, Berlin 1965
Wolff, Kurt: Briefwechsel eines Verlegers. 1911–1963, hg. v. Bernhard Zeller u. Ellen Otten, Frankfurt/M. 1966
Wundt, Wilhelm: Grundzüge der physiologischen Psychologie, Leipzig 1874
Zweig, Stefan: Die Welt von Gestern. Erinnerungen eines Europäers (1944), Frankfurt/M. 1986

V Kafka-Forschung

Abraham, Ulf: Mose ‹Vor dem Gesetz›. Eine unbekannte Vorlage zu Kafkas ‹Türhüterlegende›, in: Deutsche Vierteljahrsschrift für Literaturwissenschaft und Geistesgeschichte 57 (1983), S. 636–651
Abraham, Ulf: Der verhörte Held. Verhöre, Urteile und die Rede von Recht und Schuld im Werk Franz Kafkas, München 1985
Albert, Claudia u. Disselnkötter, Andreas: «Grotesk und erhaben in einem Atemzug» – Kafkas Affe, in: Euphorion 96 (2002), S. 127–144
Allemann, Beda: Zeit und Geschichte im Werk Kafkas, Göttingen 1998
Alt, Peter-André: Doppelte Schrift, Unterbrechung und Grenze. Franz Kafkas Poetik des Unsagbaren im Kontext der Sprachskepsis um 1900, in: Jahrbuch der deutschen Schillergesellschaft 29 (1985), S. 455–490
Alt, Peter-André: Flaneure, Voyeure, Lauscher an der Wand. Zur literarischen Phänomenologie des Gehens, Schauens und Horchens bei Kafka, in: Neue Rundschau 98 (1987), S. 121–140
Alt, Peter-André: Kleist und Kafka. Eine Nachprüfung, in: Kleist-Jahrbuch 1995, S. 97–121
Anz, Thomas: «Jemand mußte Otto G. verleumdet haben ...» Kafka, Werfel, Otto Gross und eine ‹psychiatrische Geschichte›, in: Akzente 31 (1984), Hft. 2, S. 184–191
Anz, Thomas: Franz Kafka, München 1989
Anz, Thomas: Kafka, der Krieg und das größte Theater der Welt, in: «Krieg der Geister». Erster Weltkrieg und literarische Moderne, hg. v. Uwe Schneider u. Andreas Schumann, Würzburg 2000, S. 247–262
Baioni, Giuliano: Kafka. Literatur und Judentum, Stuttgart, Weimar 1994
Beck, Evelyn Torton: Kafka and the Yiddish Theater. Its impact on his work, Madison, Milwaukee, London 1971
Beicken, Peter U.: Franz Kafka. Eine kritische Einführung in die Forschung, Frankfurt/M. 1974
Beißner, Friedrich: Der Erzähler Franz Kafka und andere Vorträge. Mit einer Einführung v. Werner Keller, Frankfurt/M. 1983
[Benjamin, Walter]: Benjamin über Kafka. Texte, Briefzeugnisse, Aufzeichnungen, hg. v. Hermann Schweppenhäuser, Frankfurt/M. 1981

Bezzel, Chris: Kafka-Chronik. Daten zu Leben und Werk, München, Wien 1975

Binder, Hartmut: Motiv und Gestaltung bei Franz Kafka, Bonn 1966

Binder, Hartmut: Franz Kafka und die Wochenschrift ‹Selbstwehr›, in: Deutsche Viertel-jahrsschrift für Literaturwissenschaft und Geistesgeschichte 41 (1967), S. 283–304

Binder, Hartmut: Kafkas Hebräischstudien. Ein biographisch-interpretatorischer Versuch, in: Jahrbuch der deutschen Schillergesellschaft 11 (1967), S. 527–556

Binder, Hartmut: Kafkas literarische Urteile. Ein Beitrag zu seiner Typologie und Ästhe-tik, in: Zeitschrift für deutsche Philologie 86 (1967), S. 211–249

Binder, Hartmut: Kafka und seine Schwester Ottla. Zur Biographie der Familiensituation des Dichters unter besonderer Berücksichtigung der Erzählungen *Die Verwandlung* und *Der Bau*, in: Jahrbuch der deutschen Schillergesellschaft 12 (1968), S. 403–456

Binder, Hartmut: Kafkas Briefscherze. Sein Verhältnis zu Josef David, in: Jahrbuch der deutschen Schillergesellschaft 13 (1969), S. 536–559

Binder, Hartmut: *Der Jäger Gracchus*. Zu Kafkas Schaffensweise und poetischer Topogra-phie, in: Jahrbuch der deutschen Schillergesellschaft 15 (1971), S. 375–440

Binder, Hartmut: Kafka und Napoleon, in: Festschrift für Friedrich Beißner, hg. v. Ulrich Gaier u. Werner Volke, Bebenhausen 1974, S. 38–66

Binder, Hartmut: Kafka-Kommentar zu sämtlichen Erzählungen, München 1975

Binder, Hartmut: Kafka-Kommentar zu den Romanen, Rezensionen, Aphorismen und zum Brief an den Vater, München 1976

Binder, Hartmut: Kafka in neuer Sicht. Mimik, Gestik und Personengefüge als Darstel-lungsformen des Autobiographischen, Stuttgart 1976

Binder, Hartmut (Hg.): Kafka-Handbuch. Unter Mitarbeit zahlreicher Fachwissen-schaftler hg. v. Hartmut Binder. Bd. 1: Leben und Persönlichkeit. Bd. 2: Das Werk und seine Wirkung, Stuttgart 1979

Binder, Hartmut: Kafka. Der Schaffensprozeß, Frankfurt/M. 1983

Binder, Hartmut (Hg.): Franz Kafka und die Prager deutsche Literatur. Deutungen und Wirkungen, Bonn 1988

Binder, Hartmut: Ein vergessenes Kapitel Prager Literaturgeschichte. Karl Brand und sei-ne Beziehung zu Kafka und Werfel, in: Euphorion 84 (1990), S. 269–316

Binder, Hartmut (Hg.): Prager Profile. Vergessene Autoren im Schatten Kafkas, Berlin 1991

Binder, Hartmut: *Vor dem Gesetz*. Einführung in Kafkas Welt, Stuttgart, Weimar 1993

Binder, Hartmut: Kafkas *Verwandlung*. Entstehung, Deutung, Wirkung, Frankfurt/M., Ba-sel 2004

Blanchot, Maurice: Von Kafka zu Kafka. Aus dem Französischen übers. v. Elsbeth Dangel, Frankfurt/M. 1993 (= De Kafka à Kafka, 1981)

Bloom, Harold: Kafka, Freud, Scholem. Aus dem amerikanischen Englisch v. Angelika Schweikhart, Basel, Frankfurt/M. 1990

Born, Jürgen u. a. (Hg.): Kafka-Symposium, Berlin 1965

Bridgwater, Patrick: Kafka and Nietzsche, Bonn 1974

Bridgwater, Patrick: Rotpeters Ahnen, oder: Der gelehrte Affe in der deutschen Dich-tung, in: Deutsche Vierteljahrsschrift für Literaturwissenschaft und Geistesgeschichte 54 (1982), S. 447–462

Brod, Max: Über Franz Kafka, Frankfurt/M. 1966 (enthält: Franz Kafka. Eine Biographie [1939,1963]; Franz Kafkas Glauben und Lehre [1948]; Verzweiflung und Erlösung im Werk Franz Kafkas [1959])

Canetti, Elias: Der andere Prozeß. Kafkas Briefe an Felice, München 1969

Caputo-Mayr, Marie Luise u. Herz, Julius M.: Eine kommentierte Bibliographie der Se-kundärliteratur (1955–1980, mit einem Nachtrag 1985), Bern, München 1987

Čermák, Josef: Die Kafka-Rezeption in Böhmen (1913–1949), in: Germanoslavica I (1994), Nr. 1–2, S. 127–144

Cersowsky, Peter: ‹Die Geschichte vom schamhaften Langen und vom Unredlichen in seinem Herzen›. Zu Fremdeinflüssen, Originalität und Erzählhaltung beim jungen Kafka, in: Sprachkunst 7 (1976), S. 17–35

Cersowsky, Peter: Phantastische Literatur im ersten Viertel des 20. Jahrhunderts. Kubin – Meyrink – Kafka, München 1989 (2. Aufl., zuerst 1983)

Cersowsky, Peter: Kafkas philosophisches Drama: *Der Gruftwächter*, in: Germanisch-Romanische Monatsschrift 40 (N. F.) (1990), Hft. 1, S. 54–65

David, Claude (Hg.): Franz Kafka. Themen und Probleme, Göttingen 1980

Deleuze, Gilles u. Guattari, Félix: Kafka. Für eine kleine Literatur. Aus dem Französischen übers. v. Burkhart Kroeber, Frankfurt/M. 1976 (= Kafka. Pour une littérature minieure, 1975)

Demetz, Peter: Die Flugschau von Brescia. Kafka, d'Annunzio und die Männer, die vom Himmel fielen, Wien 2002

Derrida, Jacques: Préjuges / Vor dem Gesetz, hg. v. Peter Engelmann, Wien 1999

Dietz, Ludwig: Die Datierung von Kafkas *Beschreibung eines Kampfes* und ihrer vollständigen Handschrift A, in: Jahrbuch der deutschen Schillergesellschaft 17 (1973), S. 490–503

Emrich, Wilhelm: Franz Kafka. Das Baugesetz seiner Dichtung. Der mündige Mensch jenseits von Nihilismus und Tradition, Frankfurt/M., Bonn 1961 (3. Aufl., zuerst 1958)

Engel, Manfred: Literarische Träume und traumhaftes Schreiben bei Franz Kafka. Ein Beitrag zur Oneiropoetik der Moderne, in: Träumungen. Traumerzählungen in Film und Literatur, hg. v. Bernhard Dieterle, St. Augustin 1999, S. 233–262

Fingerhut, Karl-Heinz: Die Funktion der Tierfiguren im Werke Franz Kafkas, Bonn 1969

Fingerhut, Karl-Heinz: Erlebtes und Erlesenes – Arthur Holitschers und Franz Kafkas Amerika-Darstellungen. Zum Funktionsübergang von Reisebericht und Roman, in: Diskussion Deutsch 20 (1989), S. 337–355

Frick, Werner: Kafkas New York, in: Orte der Literatur, hg. v. Werner Frick in Zusammenarbeit mit Gesa von Essen u. Fabian Lampart, Göttingen 2002, S. 266–294

Fromm, Waldemar: Artistisches Schreiben. Franz Kafkas Poetik zwischen *Proceß* und *Schloß*, München 1998

Gilman, Sander: Franz Kafka, the Jewish Patient, New York, London 1995

Glatzer, Nahum N.: Frauen in Kafkas Leben. Aus dem Amerikanischen von Otto Bayer, Zürich 1987

Goldstücker, Eduard, Kautmann, František, Reimann, Paul u. Houska, Leoš: Franz Kafka aus Prager Sicht, Prag 1966

Grözinger, Karl Erich u. a. (Hg.): Kafka und das Judentum, Frankfurt/M. 1987

Grözinger, Karl Erich: Kafka und die Kabbala. Das Jüdische im Werk und Denken von Franz Kafka, Frankfurt/M. 1992

Guntermann, Georg: Vom Fremdwerden der Dinge beim Schreiben. Kafkas Tagebücher als literarische Physiognomie des Autors, Tübingen 1991

Heintel, Brigitte u. Helmut: Franz Kafka: 1901 allein auf Norderney und Helgoland, in: Freibeuter 17 (1983), S. 20–25

Henel, Ingeborg: Die Türhüterlegende und ihre Bedeutung für Kafkas *Prozeß*, in: Deutsche Vierteljahrsschrift für Literaturwissenschaft und Geistesgeschichte 37 (1963), S. 50–71

Hermes, Roger u. a.: Franz Kafka. Eine Chronik, Berlin 1999

Hiebel, Hans Helmut: Die Zeichen des Gesetzes. Recht und Macht bei Franz Kafka, München 1983

Hiebel, Hans Helmut: Franz Kafka, *Ein Landarzt*, München 1984

Hillmann, Heinz: Franz Kafka. Dichtungstheorie und Dichtungsgestalt, Bonn 1964

Hillmann, Heinz: Kafkas *Amerika*. Literatur als Problemlösungsspiel, in: Der deutsche Roman. Bd. I: Analysen und Materialien zur Theorie und Soziologie des Romans, hg. v. Manfred Brauneck, Bamberg 1976, S. 135–158

Jahrhaus, Oliver u. Neuhaus, Stefan (Hg.): Kafkas *Urteil* und die Literaturtheorie. Zehn Modellanalysen, Stuttgart 2002

Jahn, Wolfgang: Kafka und die Anfänge des Kinos, in: Jahrbuch der deutschen Schillergesellschaft 6 (1962), S. 353–368

Jahn, Wolfgang: Kafkas Roman *Der Verschollene* (*Amerika*), Stuttgart 1965

Jütte, Robert: Ist das zum Essen oder zum Einreiben? Franz Kafka war ein Anhänger der Naturheilkunde seiner Zeit, in: Frankfurter Allgemeine Zeitung vom 13. April 2002 (Nr. 86), S. 49

Kienlechner, Sabina: Negativität der Erkenntnis im Werk Franz Kafkas. Eine Untersuchung zu seinem Denken anhand einiger später Texte, Tübingen 1981

Kittler, Wolf: Der Turmbau zu Babel und das Schweigen der Sirenen. Über das Reden, die Stimme und die Schrift in vier Texten von Franz Kafka, Erlangen 1985

Kittler, Wolf u. Neumann, Gerhard (Hg.): Franz Kafka: Schriftverkehr, Freiburg/Br. 1990

Kittler, Wolf: Grabenkrieg – Nervenkrieg – Medienkrieg. Franz Kafka und der 1. Weltkrieg, in: Armaturen der Sinne. Literarische und technische Medien 1870 bis 1920, hg. v. Jochen Hörisch u. Michael Wetzel, München 1990, S. 289–309

Kobs, Jörgen: Kafka: Untersuchungen zu Bewußtsein und Sprache seiner Gestalten, hg. v. Ursula Brech, Bad Homburg v. d. H. 1970

Koch, Hans-Gerd u. Wagenbach, Klaus (Hg.): Kafkas Fabriken, Marbach/N. 2002

Kraft, Herbert: Mondheimat Kafka, Pfullingen 1982

Kremer, Detlef: Kafka. Die Erotik des Schreibens, Bodenheim b. Mainz 1998 (2. Aufl., zuerst 1989)

Kudszus, Winfried: Erzählhaltung und Zeitverschiebung in Kafkas *Prozess* und *Schloss*, in: Franz Kafka, hg. v. Heinz Politzer, Darmstadt 1973, S. 331–350

Kurz, Gerhard: Traum-Schrecken. Kafkas literarische Existenzanalyse, Stuttgart 1980

Kurz, Gerhard (Hg.): Der junge Kafka, Frankfurt/M. 1984

Lange, Wolfgang: Über Kafkas Kierkegaard-Lektüre und einige damit zusammenhängende Gegenstände, in: Deutsche Vierteljahrsschrift für Literaturwissenschaft und Geistesgeschichte 60 (1986), S. 286–308

Lange-Kirchheim, Astrid: Franz Kafka: *In der Strafkolonie* und Alfred Weber: *Der Beamte*, in: Germanisch-Romanische Monatsschrift. N. F. Bd. 28 (1977), S. 202–221

Liebrand, Claudia: Die verschollene (Geschlechter-)Differenz. Zu Franz Kafkas Amerika-Roman, in: Literatur für Leser 3 (1997), S. 143–157

Liebrand, Claudia: Die Herren im Schloß. Zur Defiguration des Männlichen in Kafkas Roman, in: Jahrbuch der deutschen Schillergesellschaft 42 (1998), S. 309–327

Martini, Fritz: Das Wagnis der Sprache. Interpretationen deutscher Prosa von Nietzsche bis Benn, Stuttgart 1954

Mecke, Günter: Franz Kafkas offenbares Geheimnis. Eine Psychopathographie, München 1982

Müller, Michael (Hg.): Franz Kafka. Romane und Erzählungen. Interpretationen, Stuttgart 1994

Müller-Seidel, Walter: Die Deportation des Menschen. Kafkas Erzählung *In der Strafkolonie* im europäischen Kontext, Frankfurt/M. 1989 (2. Aufl., zuerst 1986)

Murray, Nicholas: Kafka, London 2004

Möbus, Frank: Sündenfälle. Die Geschlechtlichkeit in Erzählungen Franz Kafkas, Göttingen 1994

Nagel, Bert: Kafka und die Weltliteratur, München 1983

Nekula, Marek: Franz Kafkas Sprachen. «in einem Stockwerk des innern babylonischen Turmes …», Tübingen 2003

Neumann, Gerhard: Umkehrung und Ablenkung: Franz Kafkas ‹Gleitendes Paradox›, in: Deutsche Vierteljahrsschrift für Literaturwissenschaft und Geistesgeschichte 42 (1968), S. 702–744

Neumann, Gerhard: *Ein Bericht für eine Akademie*. Erwägungen zum «Mimesis»-Charakter Kafkascher Texte, in: Deutsche Vierteljahrsschrift für Literaturwissenschaft und Geistesgeschichte 49 (1975), S. 166–183

Neumann, Gerhard: Franz Kafka. *Das Urteil*. Text, Materialien, Kommentar, München, Wien 1981

Neumann, Gerhard: Hungerkünstler und Menschenfresser. Zum Verhältnis von Kunst und kulturellem Ritual im Werk Franz Kafkas, in: Archiv für Kulturgeschichte 66 (1984), S. 347–388

Neumann, Gerhard: Traum und Gesetz. Franz Kafkas Arbeit am Mythos, in: Das Phänomen Franz Kafka, hg. v. Wolfgang Kraus u. Norbert Winkler, Prag 1997, S. 15–32

Neumann, Gerhard: ‹Blinde Parabel› oder Bildungsroman? Zur Struktur von Franz Kafkas *Proceß*-Fragment, in: Jahrbuch der deutschen Schillergesellschaft 41 (1997), S. 399–427

Neumann, Gerhard: «Eine höhere Art der Betrachtung». Wahrnehmung und Medialität in Kafkas Tagebüchern, in: Franz Kafka. Eine ethische und ästhetische Rechtfertigung, hg. v. Beatrice Sandberg u. Jakob Lothe, Freiburg/Br. 2003, S. 33–58

Neumeister, Sebastian: Der Dichter als Dandy. Kafka. Baudelaire. Thomas Bernhard, München 1973

Nicolai, Ralf: Kafkas Amerika-Roman *Der Verschollene*. Motive und Gestalten, Würzburg 1986

Nicolai, Ralf: Kafkas *Beim Bau der chinesischen Mauer* im Lichte themenverwandter Texte, Würzburg 1991

Northey, Anthony: Kafka in Riva, 1913, in: Neue Zürcher Zeitung, 25./26.4.1987 (Nr. 95), S. 65f.

Northey, Anthony: Kafkas Mischpoche, Berlin 1988

Northey, Anthony: Julie Wohryzek, Franz Kafkas zweite Verlobte, in: Freibeuter 59 (1994), S. 3–16

Pasley, Malcolm (Hg.): *Der Prozeß*. Die Handschrift redet, Marbach/N. 1990

Pasley, Malcolm: «Die Schrift ist unveränderlich». Essays zu Kafka, Frankfurt/M. 1995

Pawel, Ernst: Das Leben Franz Kafkas, München, Wien 1985

Philippi, Klaus-Peter: Reflexion und Wirklichkeit. Untersuchungen zu Kafkas Roman *Das Schloß*, Tübingen 1966

Politzer, Heinz: Franz Kafka, der Künstler, Frankfurt/M. 1965 (= Franz Kafka. Parable and Paradox, 1962)

Ries, Wiebrecht: Transzendenz als Terror. Eine religionsphilosophische Studie über Franz Kafka, Heidelberg 1971

Robertson, Ritchie: Kafka. Judentum, Gesellschaft, Literatur. Aus dem Englischen von Josef Billen, Stuttgart 1988 (= Kafka. Judaism, Politics, and Literature, 1985)

Ryan, Judith: Die zwei Fassungen der *Beschreibung eines Kampfes*. Zur Entwicklung von Kafkas Erzähltechnik, in: Jahrbuch der deutschen Schillergesellschaft 14 (1970), S. 546–572

Schärf, Christian: Franz Kafka. Poetischer Text und heilige Schrift, Göttingen 2000

Schillemeit, Jost: Der unbekannte Bote. Zu einem neuentdeckten Widmungstext Kafkas, in: Juden in der deutschen Literatur, hg. v. Stéphane Mosès u. Albrecht Schöne, Frankfurt/M. 1986, S. 269–280

Schillemeit, Jost: Kafka-Studien, hg. v. Rosemarie Schillemeit, Göttingen 2004

Schirrmacher, Frank (Hg.): Verteidigung der Schrift. Kafkas Prozeß, Frankfurt/M. 1987

Schmidt, Ulrich: Von der ›Peinlichkeit der Zeit›. Kafkas Erzählung In der Strafkolonie, in: Jahrbuch der deutschen Schillergesellschaft 28 (1984), S. 407–445

Schneider, Manfred: Kafkas Tiere und das Unmögliche, in: Menschengestalten. Zur Kodierung des Kreatürlichen im modernen Roman, hg. v. Rudolf Behrens u. Roland Galle, Würzburg 1995, S. 83–101

Schocken, Wolfgang Alexander: Wer war Grete Bloch? In: Exilforschung. Ein internationales Jahrbuch. Bd. 4 (1986), S. 83–97

Schütterle, Annette: Franz Kafkas ›Tropische Münchausiade›. Eine Lesung in München, in: Freibeuter 75 (Januar 1998), S. 153–156.

Schütterle, Annette: Franz Kafkas Octavhefte. Ein Schreibprozeß als «System des Teilbaues», Freiburg/Br. 2002

Schwarz, Sandra: ›Verbannung› als Lebensform. Koordinaten eines literarischen Exils in Franz Kafkas ›Trilogie der Einsamkeit›, Tübingen 1996

Sokel, Walter H.: Franz Kafka. Tragik und Ironie, München, Wien 1976 (2. Aufl., zuerst 1964)

Sokel, Walter H.: Zwischen Drohung und Errettung. Zur Funktion Amerikas in Kafkas Roman Der Verschollene, in: Amerika in der deutschen Literatur. Neue Welt-Nordamerika-USA, hg. v. Siegfried Bauschinger u. Wilfried Malsch, Stuttgart 1975, S. 247–271

Sprengel, Peter: Metaphysische Moderne. Wilhem Emrichs Kafka-Bild und seine Voraussetzungen, in: Produktivität des Gegensätzlichen. Studien zur Literatur des 19. und 20. Jahrhunderts. Festschrift für Horst Denkler zum 65. Geburtstag, hg. v. Julia Bertschik, Elisabeth Emter u. Johannes Graf, Tübingen 2000, S. 275–288.

Stach, Reiner: Kafkas erotischer Mythos. Eine ästhetische Konstruktion des Weiblichen, Frankfurt/M. 1987

Stach, Reiner: Kafka. Die Jahre der Entscheidungen, Frankfurt/M. 2002

Stromšik, Jiři: Kafkas Forschungen, in: Das Phänomen Franz Kafka, hg. v. Wolfgang Kraus u. Norbert Winkler, Prag 1997, S. 139–153

Stölzl, Christoph: Kafkas böses Böhmen. Zur Sozialgeschichte eines Prager Juden, München 1975

Tismar, Jens: Kafkas Schakale und Araber im zionistischen Kontext, in: Jahrbuch der deutschen Schillergesellschaft 19 (1975), S. 306–323

Turk, Horst: «Betrügen ohne Betrug.» Das Problem der literarischen Legitimation am Beispiel Kafkas, in: Urszenen. Literaturwissenschaft als Diskursanalyse, hg. v. Friedrich A. Kittler u. Horst Turk, Frankfurt/M. 1977, S. 381–407

Unseld, Joachim: Franz Kafka. Ein Schriftstellerleben, München, Wien 1982

Valk, Thorsten: «Und heilt er nicht, so tötet ihn!» Subjektzerfall und Dichtertheologie in Kafkas Erzählung Ein Landarzt, in: Hofmannsthal-Jahrbuch 11 (2003), S. 351–373

Valk, Thorsten: Der Jäger Gracchus, in: Franz Kafka. Romane und Erzählungen. Interpretationen. Erweiterte Neuausgabe, hg. v. Michael Müller, Stuttgart 2003, S. 333–345

Vogl, Joseph: Ort der Gewalt. Kafkas literarische Ethik, München 1990

Voigts, Manfred: Franz Kafka, Vor dem Gesetz. Aufsätze und Materialien, Würzburg 1993

Wagenbach, Klaus: Franz Kafka. Eine Biographie seiner Jugend 1883–1912, Bern 1958

Wagenbach, Klaus: Franz Kafka in Selbstzeugnissen und Bilddokumenten, Reinbek b. Hamburg 1964

Wagenbach, Klaus: Drei Sanatorien Kafkas. Ihre Bauten und Gebräuche, in: Freibeuter 16 (1983), S. 77–90

Wagner, Benno: Der Bewerber und der Prätendent. Zur Selektivität der Idee bei Platon und Kafka, in: Hofmannsthal-Jahrbuch 8 (2000), S. 273–309

Wagnerová, Alena: Die Familie Kafka aus Prag, Frankfurt/M. 2001 (zuerst 1997)

Walser, Martin: Beschreibung einer Form, München 1961 (zuerst 1952 unter dem Titel: Beschreibung einer Form: Versuch über die epische Dichtung Franz Kafkas)

Weinberg, Kurt: Kafkas Dichtungen. Die Travestien des Mythos, Bern, München 1963

Zimmermann, Hans Dieter: Der babylonische Dolmetscher. Zu Franz Kafka und Robert Walser, Frankfurt/M. 1985

Zimmermann, Hans Dieter (Hg.): Nach erneuter Lektüre: Franz Kafkas *Der Proceß*, Würzburg 1992

Zischler, Hanns: Kafka geht ins Kino, Reinbek b. Hamburg 1996

VI Weitere literaturwissenschaftliche Forschung

Adorno, Theodor W.: Noten zur Literatur (1958–1968), hg. v. Rolf Tiedemann, Frankfurt/M. 1981 (zuerst 1974)

Alt, Peter-André: Der Schlaf der Vernunft. Literatur und Traum in der Kulturgeschichte der Neuzeit, München 2002

Alt, Peter-André: Mode ohne Methode. Überlegungen zu einer Theorie literaturwissenschaftlicher Biographik, in: Grundlagen der Biographik. Theorie und Praxis des biographischen Schreibens, hg. v. Christian Klein, Stuttgart, Weimar 2002, S. 22–39

Anz, Thomas: Literatur der Existenz. Literarische Psychopathographie und ihre Bedeutung im Frühexpressionismus, Stuttgart 1977

Bachelard, Gaston: L'espace littéraire, Paris 1955

Bataille, Georges: Die Literatur und das Böse, München 1987

Baumgarth, Christa: Geschichte des Futurismus, Reinbek b. Hamburg 1966

Best, Otto F.: Mameloschen Jiddisch – Eine Sprache und ihre Literatur, Frankfurt/M. 1988

Bloom, Harold: Einfluss-Angst. Eine Theorie der Dichtung. Aus dem amerikanischen Englisch v. Angelika Schweikhart, Basel 1995 (= The Anxiety of Influence, 1973)

Bloom, Harold: The Western Canon. The Book and the School of the Ages, New York, San Diego, London 1994

Bohrer, Karl Heinz: Der romantische Brief. Die Entstehung ästhetischer Subjektivität. München, Wien 1987

Bohrer, Karl Heinz: Die permanente Theodizee. Über das verfehlte Böse im deutschen Bewußtsein, in: K. H. B.: Nach der Natur. Über Politik und Ästhetik, München 1988, S. 133–161

Bohrer, Karl Heinz: Ästhetische Negativität, München 2002

Bohrer, Karl Heinz: Imaginationen des Bösen. Zur Begründung einer ästhetischen Kategorie, München 2004

Bohrer, Karl Heinz (Hg.): Mythos und Moderne. Begriff und Bild einer Rekonstruktion, Frankfurt/M. 1983

Born, Jürgen (Hg.): Deutschsprachige Literatur aus Prag und den böhmischen Ländern 1900–1925. Chronologische Übersicht und Bibliographie, München 1991

Ehlers, Klaas-Hinrich u. a. (Hg.): Brücken nach Prag. Deutschsprachige Literatur im kulturellen Kontext der Donaumonarchie und der Tschechoslowakei. Festschrift für Kurt Krolop zum 70. Geburtstag, Frankfurt/M. u. a. 2000

Frank, Manfred: Gott im Exil. Vorlesungen über die Neue Mythologie. II. Teil, Frankfurt/M. 1988

Genette, Gérard: Palimpseste. Die Literatur auf zweiter Stufe. Aus dem Französischen v. Wolfram Bayer u. Dieter Hornig, Frankfurt/M. 1993 (= Palimpsestes. La littérature au second degré, 1982)

Goldstücker, Eduard (Hg.): Weltfreunde. Konferenz über die Prager deutsche Literatur, Prag, Berlin 1967

Hermann, Frank u. Schmitz, Heinke: Avantgarde und Kommerz. Der Verlag Die Schmiede Berlin 1921–1929, in: Buchhandelsgeschichte. Aufsätze, Rezensionen und Berichte zur Geschichte des Buchwesens 1991/4, S. B129–B150

Hörisch, Jochen: Ende der Vorstellung. Die Poesie der Medien, Frankfurt/M. 1999

Iser, Wolfgang: Das Fiktive und das Imaginäre. Perspektiven literarischer Anthropologie, Frankfurt/M. 1991

Kiesel, Helmuth: Geschichte der literarischen Moderne. Sprache, Ästhetik, Dichtung im zwanzigsten Jahrhundert, München 2004

Kittler, Friedrich A.: Aufschreibesysteme 1800–1900, München 1995 (3. Aufl., zuerst 1985)

Kurzke, Hermann: Thomas Mann. Das Leben als Kunstwerk, München 1999

Lethen, Helmut: Verhaltenslehren der Kälte. Lebensversuche zwischen den Kriegen, Frankfurt/M. 1994

Lukács, Georg: Die Theorie des Romans (1916), Frankfurt/M. 1981

Man, Paul de: Allegorien des Lesens. Aus dem Amerikanischen v. Werner Hamacher u. Peter Krumme, Frankfurt/M. 1988

Matt, Peter von: … fertig ist das Angesicht. Zur Literaturgeschichte des menschlichen Gesichts, München, Wien 1983

Matt, Peter von: Verkommene Söhne, mißratene Töchter. Familiendesaster in der Literatur, München 1995

Mix, York-Gothart (Hg.): Naturalismus – Fin de siècle – Expressionismus 1890–1918. Hansers Sozialgeschichte der deutschen Literatur, Bd. 7, München, Wien 2000

Mühlberger, Josef: Geschichte der deutschen Literatur in Böhmen 1900–1939, München, Wien 1981

Rasch, Wolfdietrich: Die literarische Décadence um 1900, München 1986

Robertson, Ritchie: Die Erneuerung des Judentums aus dem Geist der Assimilation. 1900 bis 1922, in: Ästhetische umd religiöse Erfahrungen der Jahrhundertwenden, hg. v. W. Braungart u. a. Bd. II, Paderborn u. a. 1998, S. 170–193

Schmeling, Manfred: Der labyrinthische Diskurs. Vom Mythos zum Erzählmodell, Frankfurt/M. 1987

Schneider, Manfred: Liebe und Betrug. Die Sprachen des Verlangens, München 1992

Siegert, Bernhard: Relais. Geschichte der Literatur als Epoche der Post 1751–1913, Berlin 1993

Sprengel, Peter: Scheunenviertel-Theater. Jüdische Schauspieltruppen und jiddische Dramatik in Berlin (1900–1918), Berlin 1995

Sprengel, Peter: Geschichte der deutschsprachigen Literatur 1900–1918. Von der Jahrhundertwende bis zum Ende des Ersten Weltkriegs, München 2004

Stierle, Karlheinz: Mythos als ‹Bricolage› und zwei Endstufen des Prometheus-Mythos, in: Terror und Spiel. Probleme der Mythenrezeption, hg. v. Manfred Fuhrmann (= Poetik und Hermeneutik IV), München 1971, S. 455–472

Stierle, Karlheinz: Der Mythos von Paris. Zeichen und Bewußtsein der Stadt, München 1998 (zuerst 1993)

Stüssel, Kerstin: In Vertretung. Literarische Mitschriften von Bürokratie zwischen Früher Neuzeit und Gegenwart, Tübingen 2004

Vaget, H. Rudolf: Der Dilettant. Eine Skizze der Wort- und Bedeutungsgeschichte, in: Jahrbuch der deutschen Schillergesellschaft 14 (1970), S. 131–158

VII Studien zur Ästhetik, Philosophie und Gesellschaftswissenschaft

Adorno, Theodor W.: Kierkegaard. Konstruktion des Ästhetischen (1933), Frankfurt/M. 1974
Adorno, Theodor W.: Minima Moralia. Reflexionen aus dem beschädigten Leben, Frankfurt/M. 1981 (zuerst 1951)
Adorno, Theodor W.: Prismen. Kulturkritik und Gesellschaft, Frankfurt/M. 1987 (3. Aufl., zuerst 1955)
Adorno, Theodor W.: Negative Dialektik, Frankfurt/M. 1975 (zuerst 1966)
Adorno, Theodor W.: Ästhetische Theorie, hg. v. Gretel Adorno u. Rolf Tiedemann, Frankfurt/M. 1974 (2. Aufl., zuerst 1970)
[Adorno-Benjamin]: Theodor W. Adorno–Walter Benjamin. Briefwechsel 1928–1940, hg. v. Henri Lonitz, Frankfurt/M. 1994
Agamben, Giorgio: Homo sacer. Die souveräne Macht und das nackte Leben. Aus dem Italienischen v. Herbert Thüring, Frankfurt/M. 2002
Agamben, Giorgio: Ausnahmezustand [Homo sacer II.1]. Aus dem Italienischen v. Ulrich Müller-Schöll, Frankfurt/M. 2003
Agamben, Giorgio: Das Offene. Der Mensch und das Tier. Aus dem Italienischen v. Davide Giuriato, Frankfurt/M. 2003
Barthes, Roland: Mythen des Alltags. Deutsch von Helmut Scheffel, Frankfurt/M. 1964 (= Mythologies, 1957)
Benjamin, Walter: Gesammelte Schriften, hg. v. Rolf Tiedemann u. Hermann Schweppenhäuser, Frankfurt/M. 1972ff.
Benjamin, Walter: Briefe, hg. und mit Anmerkungen versehen v. Gershom Scholem u. Theodor W. Adorno. 2 Bde., Frankfurt/M. 1978 (zuerst 1966)
Bloch, Ernst: Geist der Utopie, München, Leipzig 1918
Bloch, Ernst: Spuren, Frankfurt/M. 1969 (zuerst 1930)
Bloch, Ernst: Das Prinzip Hoffnung. 3 Bde., Frankfurt/M. 1976 (3. Aufl., zuerst 1959)
Bolz, Norbert: Das Böse jenseits von Gut und Böse, in: Das Böse. Eine historische Phänomenologie des Unerklärlichen, hg. v. Carsten Colpe u. Wilhelm Schmidt-Biggemann, Frankfurt/M. 1993, S. 256–273
Derrida, Jacques: Grammatologie. Aus dem Französischen v. Hans-Jörg Rheinberger u. Hanns Zischler, Frankfurt/M. 1974 (= De la grammatologie, 1967)
Derrida, Jacques: Die Schrift und die Differenz, übers. v. Rodolphe Gasché, Frankfurt/M. 1976 (= L'écriture et la différence, 1967)
Derrida, Jacques: Die Stimme und das Phänomen. Einführung in das Problem des Zeichens in der Philosophie Husserls. Aus dem Französischen v. Hans-Dieter Gondek, Frankfurt/M. 2003 (= Le voix et le phénomène, 1967)
Foucault, Michel: Die Geburt der Klinik. Eine Archäologie des ärztlichen Blicks. Aus dem Französischen übers. v. Walter Seitter, Frankfurt/M. u. a. 1976 (= La naissance de clinique, 1963)
Foucault, Michel: Die Ordnung der Dinge. Aus dem Französischen übers. v. Ulrich Köppen, Frankfurt/M. 1980 (= Les mots et les choses, 1966)
Foucault, Michel: Überwachen und Strafen. Die Geburt des Gefängnisses. Aus dem Französischen übers. v. Walter Seitter, Frankfurt/M. 1994 (= Surveiller et punir. La naissance de la prison, 1975)

Foucault, Michel: Archäologie des Wissens. Aus dem Französischen v. Ulrich Köppen, Frankfurt/M. 1981 (= L'archéologie du savoir, 1969)

Foucault, Michel: Sexualität und Wahrheit. Erster Band: Der Wille zum Wissen. Übers. v. Ulrich Raulff u. Walter Seitter, Frankfurt/M. 1977 (= Histoire de la sexualité, I: La volonté de savoir, 1976)

Foucault, Michel: In Verteidigung der Gesellschaft. Vorlesungen am Collège de France (1975–76). Aus dem Französischen v. Michaela Ott, Frankfurt/M. 1999 (= Il faut défendre la société, 1996)

Horkheimer, Max u. Adorno, Theodor W.: Dialektik der Aufklärung (1944), Amsterdam 1968

Lacan, Jacques: Schriften I. Ausgewählt und hg. v. Norbert Haas, Frankfurt/M. 1975

Lévi-Strauss, Claude: Strukturale Anthropologie. Aus dem Französischen v. Hans Naumann, Frankfurt/M. 1969 (= Anthropologie structurale, 1958)

Luhmann, Niklas: Gesellschaftsstruktur und Semantik. Studien zur Wissenssoziologie der modernen Gesellschaft. 4 Bde., Frankfurt/M. 1980–1995

Luhmann, Niklas: Liebe als Passion. Zur Codierung von Intimität, Frankfurt/M. 1994 (zuerst 1982)

Luhmann, Niklas: Soziale Systeme. Grundriß einer allgemeinen Theorie, Frankfurt/M. 1987 (zuerst 1984)

Luhmann, Niklas: Die Kunst der Gesellschaft, Frankfurt/M. 1995

Menninghaus, Winfried: Ekel. Theorie und Geschichte einer starken Empfindung, Frankfurt/M. 1999

Ricœur, Paul: Symbolik des Bösen. Phänomenologie der Schuld II. Übers. v. Maria Otto, Freiburg, München 1971 (= Finitude et Culpabilité. II; La Symbolique du mal, 1960)

Ricœur, Paul: Die Interpretation. Ein Versuch über Freud. Übers. v. Eva Moldenhauer, Frankfurt/M. 1974 (= De l'interprétation. Essai sur Freud, 1965)

Scholem, Gershom: Zur Kabbala und ihrer Symbolik, Frankfurt/M. 1973

Sloterdijk, Peter: Kritik der zynischen Vernunft, Frankfurt/M. 2003 (zuerst 1983)

Weber, Max: Gesammelte Aufsätze zur Religionssoziologie. Bd. I, Tübingen 1963

VIII Arbeiten zur Kultur- und Zeitgeschichte

Ariès, Philippe: Geschichte des Todes. Aus dem Französischen v. Hans-Horst Henschen und Una Pfau, München 1980

Assmann, Jan: Das kulturelle Gedächtnis. Schrift, Erinnerung und politische Identität in frühen Hochkulturen, München 1999 (2. Aufl., zuerst 1992)

Brenner, Michael: Jüdische Kultur in der Weimarer Republik. Aus dem Englischen übersetzt v. Holger Fliessbach, München 2000

Buber-Neumann, Margarete: Als Gefangene bei Stalin und Hitler, München 1949

Faltus, Jozef u. Teichova, Alice: Die Nachkriegsinflation. Ein Vergleich 1918–1923, in: Österreich und die Tschechoslowakei 1918–1938. Die wirtschaftliche Neuordnung in Zentraleuropa in der Zwischenkriegszeit, hg. v. Alice Teichova u. Herbert Matis, Wien, Köln, Weimar 1996, S. 131–166

Faltus, Jozef: Die Währungsentwicklung in der Tschechoslowakei in den Jahren 1919–1924, in: Banken, Währung und Politik in Mitteleuropa zwischen den Weltkriegen, hg. v. Alice Teichova, Wien 1997, S. 113–138

Gennep, Arnold van: Übergangsrituale. Aus dem Französischen von Klaus Schomburg u. Sylvia M. Schomburg-Scherff, Frankfurt/M., New York 1986 (= Les rites de passage, 1909)

Hiebel, Hans Helmut u. a.: Große Medienchronik, München 1999

Hoensch, Jörg K.: Geschichte Böhmens. Von der slavischen Landnahme bis zur Gegenwart, München 1997 (3. Aufl., zuerst 1987)

Jason, Alexander: Der Film in Ziffern und Zahlen. Die Statistik der Lichtspielhäuser in Deutschland 1895–1925, Berlin 1925

Jüttemann, Herbert: Phonographen und Grammophone, Braunschweig 1979

Kantorowicz, Ernst H.: Die zwei Körper des Königs. Eine Studie zur politischen Theologie des Mittelalters. Übers. v. Walter Theimer, München 1990 (= The King's two Bodies. A Study in Mediaeval Political Theology, 1957; Übers. nach der zweiten, korr. Aufl. von 1966)

Kracauer, Siegfried: Theorie des Films, Frankfurt/M. 1964 (3. Aufl., zuerst 1960)

Kracauer, Siegfried: Schriften I, Frankfurt/M. 1971

Kleinwächter, Friedrich: Die rechts- und staatswissenschaftlichen Facultäten in Oesterreich, Wien 1876

Largier, Niklaus: Lob der Peitsche. Eine Kulturgeschichte der Erregung, München 2001

Magris, Claudio: Weit von wo: Verlorene Welt des Ostjudentums, Wien 1974

Meyer, Michael A. (Hg.): Deutsch-Jüdische Geschichte in der Neuzeit. Dritter Band. 1871–1918, München 1997

Meyer, Michael A. (Hg.): Deutsch-Jüdische Geschichte in der Neuzeit. Vierter Band. 1918–1945, München 1997

Nienhaus, Ursula: Büro- und Verwaltungstechnik, in: Die Technik. Von den Anfängen bis zur Gegenwart, hg. v. Ulrich Troitzsch u. Wolfhard Weber, Stuttgart 1987, S. 544–563

Nipperdey, Thomas: Deutsche Geschichte 1866–1918. Bd. I (Arbeitswelt und Bürgergeist), München 1990

Nipperdey, Thomas: Deutsche Geschichte 1866–1918. Bd. II (Machtstaat vor der Demokratie), München 1992

Plaschka, Richard Georg u. Mack, Karlheinz (Hg.): Die Auflösung des Habsburgerreiches. Zusammenbruch und Neuorientierung im Donauraum, Wien 1970

Prinz, Friedrich (Hg.): Deutsche Geschichte im Osten Europas. Böhmen und Mähren, Berlin 1993

Saltarino, Signor: Fahrend Volk. Abnormitäten, Kuriositäten und interessante Vertreter der wandernden Künstlerwelt, Leipzig 1895

Sandrow, Nahma: Vagabond Stars. A world history of Yiddish theater, New York 1986 (zuerst 1977)

Stemberger, Günter: Der Talmud. Einführung – Texte – Erläuterungen, München 1982

Strack, Hermann L. u. Stemberger, Günter: Einleitung in Talmud und Midrasch. 7., völlig neu bearbeitete Auflage, München 1982

Wehler, Hans-Ulrich: Deutsche Gesellschaftsgeschichte. Dritter Band. Von der «Deutschen Doppelrevolution» bis zum Beginn des Ersten Weltkrieges 1849–1918, München 1995

Zeman, Zbynek A.: Der Zusammenbruch des Habsburgerreiches 1914–1918, Wien 1963

Bildquellen

Personenregister

Verzeichnis der erwähnten Kafka-Texte

Danksagung

Jeder Kafka-Forscher steht im Zusammenhang mit einem dichten Geflecht älterer Arbeiten, die ihn inspirieren, zuweilen aber auch durch ihre bloße Zahl mutlos machen können. Die wissenschaftliche Auseinandersetzung mit Kafkas Œuvre stützt sich heute auf bessere Voraussetzungen als noch in den 70er und 80er Jahren. Die von Hans-Gerd Koch geleitete Forschungsstelle in Wuppertal erarbeitet seit zwei Dekaden eine Kafka-Ausgabe, die erstmals modernen Standards genügt; mit Spannung darf man den Abschluß der noch unvollendeten Briefedition erwarten. Nicht als Konkurrenzunternehmen, sondern als willkommene Ergänzung sollten Benutzer die Historisch-Kritische Ausgabe des Stroemfeld-Verlags betrachten, die unter der Regie von Roland Reuß und Peter Staengle auf der Grundlage der Handschriften entsteht. Sie bietet – auch durch ihre Faksimiles – die Möglichkeit, die Genealogie von Kafkas Texten und damit die Individualität ihrer literarischen Architektur genauer als je zuvor zu erschließen.

Klaus Wagenbach hat die jahrzehntelang maßgebliche Jugendbiographie Kafkas verfaßt, die bis heute wichtige Grundlagen für die Untersuchung seiner Bildungsgeschichte und ihrer milieuspezifischen Bedingungen bietet. Die enzyklopädischen Arbeiten Hartmut Binders – vor allem sein Kafka-Kommentar, das Kafka-Handbuch sowie die Studien zum Prager Kulturleben – haben unsere Kenntnisse über den Autor auf vorzügliche Weise bereichert. Hanns Zischler fügte dem Bild Kafkas vor knapp zehn Jahren eine neue Nuance hinzu, indem er auf der Basis exakter Quellenrekonstruktion den Kinogänger präsentierte, dessen literarische Welt von den Phantasmagorien des neuen Mediums entscheidend angeregt wurde. Unter den zahllosen Studien der Forschung haben mich selbst in den letzten zwei Jahrzehnten die Arbeiten von Detlef Kremer, Gerhard Kurz, Gerhard Neumann und Ritchie Robertson besonders gründlich belehrt, weil sie Kafka im Kontext seiner Zeit und im Geflecht seiner kulturellen Prägungen untersuchen, ohne ihm dabei sein individuelles Profil zu rauben.

Danken möchte ich den Mitarbeitern meines Bochumer und meines späteren Würzburger Lehrstuhls, die das langjährige Projekt durch Organisatorisches, Recherchen und Korrekturen unterstützt haben: Holger Bösmann, Anke Neuhaus, Alwine Schön und Mirko Wenzel, danach Gertrud Behrendt, Florentine Biere, Eva Issing, Stefan Keppler, Kalliopi Koukou und Christiane Leiteritz. Auskünfte in biographischen Problemfällen gaben Hans-Gerd Koch (Wuppertal/Berlin), Marek Nekula (Regensburg), Klaus Wagenbach (Berlin) und, last but not least, Waltraud John (Wuppertal), die stets ein offenes Ohr für meine Fragen hatte. Für die Bereitschaft, mit mir über einzelne Aspekte des Projekts zu diskutieren, bin ich meinem Freund Wolfgang Riedel (Würzburg) dankbar. Peter Schünemann war, wie schon im Fall meiner Schiller-Biographie, ein sensibler Leser des abgeschlossenen Manuskripts, dessen aufmerksame Hinweise dem Text zugute kamen. Der Verlag und sein Lektor Raimund Bezold haben meine Arbeit vertrauensvoll begleitet und das Buch gewohnt zuverlässig betreut.

Berlin und Würzburg im April 2005

Aus dem Verlagsprogramm

Biographien bei C. H. Beck

Stefan Rebenich
Theodor Mommsen
Eine Biographie
2002. 272 Seiten mit 22 Abbildungen. Leinen

John C. G. Röhl
Wilhelm II.
Die Jugend des Kaisers 1859–1888
1993. 980 Seiten mit 32 Abbildungen. Leinen
Der Aufbau der persönlichen Monarchie. 1888–1900
2001. 1437 Seiten mit 55 Abbildungen. Leinen

Günther Schiwy
Eichendorff
Der Dichter in seiner Zeit. Eine Biographie
2000. 734 Seiten mit 54 Abbildungen. Leinen

Johannes Willms
Napoleon
Eine Biographie
2. Auflage. 2005. 840 Seiten mit 36 Abbildungen und
21 zweifarbigen Karten. Leinen

Aloys Winterling
Caligula
Eine Biographie
3. Auflage. 2004. 206 Seiten mit 6 Abbildungen und 1 Stammtafel. Leinen

Roberto Zapperi
Das Inkognito
Goethes ganz andere Existenz in Rom
Aus dem Italienischen von Ingeborg Walter
4., durchgesehene Auflage. 2002. 303 Seiten mit 17 Abbildungen. Leinen